国家出版基金项目
NATIONAL PUBLICATION FOUNDATION

中国近代商会史料丛刊

汉口商会史料汇编

②

郑成林
刘望云 主编

华中师范大学中国近代史研究所
武汉市档案馆

中原出版传媒集团
中原传媒股份公司

大象出版社
·郑州·

图书在版编目(CIP)数据

汉口商会史料汇编. 2 / 郑成林, 刘望云主编. — 郑州 : 大象出版社, 2020. 3
ISBN 978-7-5711-0182-4

Ⅰ. ①汉… Ⅱ. ①郑… ②刘… Ⅲ. ①商会-商业史-史料-汉口 Ⅳ. ①F729

中国版本图书馆 CIP 数据核字(2019)第 098443 号

汉口商会史料汇编 2

HANKOU SHANGHUI SHILIAO HUIBIAN 2

郑成林　刘望云　主编

出 版 人　王刘纯
责任编辑　郑新梅
责任校对　李婧慧　耿新超　牛志远
装帧设计　付铗铗

出版发行　大象出版社(郑州市郑东新区祥盛街 27 号　邮政编码 450016)
发行科　0371-63863551　总编室　0371-65597936
网　　址　www.daxiang.cn
印　　刷　洛阳和众印刷有限公司
经　　销　各地新华书店经销
开　　本　787 mm×1092 mm　1/16
印　　张　49.25
字　　数　1195 千字
版　　次　2020 年 3 月第 1 版　2020 年 3 月第 1 次印刷
定　　价　1450.00 元(全 5 卷)

若发现印、装质量问题,影响阅读,请与承印厂联系调换。
印厂地址　洛阳市高新区丰华路三号
邮政编码　471003　　电话　0379-64606268

凡　例

1.本辑是基础文献资料的汇编,为保持文献的完整性和原始性,除明显的字词讹误外,原则上不做现代汉语规范。

2.文件标题除部分报刊资料照原文录用,大多数文件标题由编者按发文者、内容、受文者、文件类型四方面拟定。

3.原件大多无标点,由编者统一校点。

4.文件原注和说明,一律用“( )”标出,置于文内。编者注用数码①②③等标示,置于页末。

5.凡能辨明的错字、别字径改之。

6.凡残缺或难以辨认的文字,均以“□”代替。

7.文件时间一律使用公历,用阿拉伯数字标示,置于标题之下。其中,报刊资料标注的是见刊时间。

目　录

1916 年

5月

6月

7月

8月

9 月

10 月

11 月

12 月

1917 年

1 月

2月

3月

4月

5月

6月

7月

8月

9月

10月

11月

12月

1918年

1月

2 月

3 月

4 月

5月

6月

7 月

8 月

9月

10月

11月

12月

1919年

1月

2 月

3 月

4 月

5 月

6 月

7 月

8 月

9 月

10 月

11 月

12 月

1920 年

1 月

2 月

3 月

10 月

11 月

12 月

1921 年

1 月

2 月

3 月

4 月

5 月

6 月

7 月

8 月

9 月

10 月

11 月

12 月

1922 年

1 月

2 月

3 月

4 月

7 月

8 月

9 月

10 月

11 月

12月

1923 年

1 月

2 月

3 月

4 月

5 月

6 月

7 月

8 月

9 月

10 月

11 月

12 月

1924 年

1 月

2 月

3 月

4 月

5 月

6 月

7 月

8 月

9 月

10 月

11 月

12 月

1925 年

1 月

2 月

3 月

4 月

5 月

6月

7 月

8 月

9 月

10 月

11 月

12 月

1926 年

1 月

2 月

3 月

5 月

6 月

7 月

8月

9 月

10 月

11月

12 月

1927 年

1 月

2月

3月

4月

5 月

6 月

7 月

8 月

9 月

10 月

11 月

12 月

1928 年

1 月

2 月

3月

4月

5 月

6 月

7 月

8 月

9月

10月

11月

12 月

1929 年

1 月

2月

3月

4月

5 月

6 月

7 月

8 月

9 月

10 月

11 月

12 月

1930 年

1 月

2月

3月

4月

5月

6 月

7 月

8 月

9月

10 月

11 月

12月

1916 年

1 月

1.云南告警后之鄂讯
（1916 年 1 月 5 日）

昨陆军部电鄂调查各师旅营长以下及一切军佐详细履历，以便论功议叙，已由军署转饬迅速造报。又武昌总商会因巡署转来农商部关于皇帝登极酬奖实业家之电询，斟酌数日，始决定举奖布、纱、丝、麻四局总理徐荣廷，业已函复巡署查核汇办。至汉商会请奖者，闻有宋伟臣、李紫云、吴祖栋、盛炳纪等数人，亦经详报巡署核示矣。

（《申报》）

2.募集公债之奖案
（1916 年 1 月 8 日）

募集四年公债，得力人员除政务厅长胡俊采，汉口商会总理吴祖栋，协理盛炳纪、苏昌宾均获奖四等嘉禾章外，其同时获奖者有二十二人。兹为详志于下：

（甲）五等嘉禾章者，军署军需课长庶务魏联芳，巡署秘书长冯实财，政厅总务科长张傅保，又前科长涂福田，科员范庆臣。

（乙）六等嘉禾章，军署秘书罗捷，财政厅公债主张任张广陛。

（丙）八等嘉禾章者，公债处办事员杨炳华。

（丁）傅令嘉奖者，江汉道尹范守佑，武昌知事吴本义，随县知事张长佑，襄阳知事百春铭，天门知事萧继昌，南漳知事胡远芬，武昌商会协理殷尔彝，汉口商董李凌、万昭度、黄兆桢，沙市商会总理彭春膏、协理廖如川，宜昌商会总理李稷动、协理吴恭聊利。

（《申报》）

3.全国商会及华侨国民代表宪政协进会参议武昌商务总会觐贺员范迪明奏吁恳速登宸极以固国本而慰商情折

(1916年1月18日)

奏为吁恳速登宸极,以固国本而慰商情事。窃以天命有归,景运开贞元之会,人心所向,实区谱雅颂之声。溯自共和草创不适国情,君宪决定薄海同钦。徒以纶音未颁,乱逆之徒,乃得乘隙思逞弄兵潢池。虽小丑跳梁,不难指日戡定,而大宝一日未御,则商业一日不安,其于国民生计影响实多。惟有仰恳我皇帝宸衷睿断,顺天应人,早建皇极。遏乱党觊觎之渐,即慰商民吁望之殷。朝曦出海,魑魅潜踪,邦基永奠,实业踵兴,国家之福,商民之利也。更有进者,迪明新自武昌来受武昌商务总会之委托,来京觐贺,于武昌商情知之尤稔。盖自辛亥事起,汉口、汉阳罹于兵灾,鄂垣商民朝不虞夕,赖我皇帝仁育为怀,救民水火,扰乱之余,得获再生。抚今思昔,大德难忘,此感恩者一。赣宁之乱,鹤唳风声,长江上游蠢动时虞,赖我皇帝圣神文武,赫然震怒,天戈所指,一鼓荡平,锋镝之余,获安衽席,此感恩者二。此次滇逆煽乱,邪说横行,武汉为九省通衢、五方杂处,赖我皇帝天威震慑,仁政宣昭,商业安堵,市民无惊。自改元上谕电达武昌,商人扶老携幼,欢声雷动,较之他埠企戴尤殷。惟冀明诏颁布,速示定鼎之昌期,则我武昌商民将熙熙皞皞,长乐于尧天舜日之中矣。所有吁恳,下忱理合,恭折具陈。伏乞皇帝陛下圣鉴,不胜惶恐待命之至。谨奏。

(《政府公报》1916年第19期)

2月

1.汉口商会皮业议董张碧泉提出之债务诉讼结案办法意见书

(1916年2月)

结案问题,欲去迟延而改为迅速,莫如稍假商会以权力,庶弊可杜,而害可除。起草立法,先令京外法庭抄录积案,于某年月日某某有债权者,控某某负债务一案,现在拖展若干时间,在庭缮录案由,若干数目,悬挂照壁,以远年近年,凡未判决者,分出甲、乙、丙、丁。准受累最久者,来会具略,移请将卷送会,或由商会备文提案过会,即由总协理传达各议员、各帮董,开全体平议理由事实,必有端倪。再派调查,切实探访,无论何项生理,经各帮董、各议员,再开平议,或有或无,或虚或实,一问洞明,何也?盖债务根据,惟商会平时考较者深,彼负债务者不能隐瞒,有债权者亦不能盘驳,力不能偿,情有可原,力果能还,产堪拍卖,即将本案真相议决,或由本会解释,或备文咨送法庭,立即消案,均无不可。平议决后,如有负固不服者,移送法庭执行严办。至若新案发生,应请法庭限定相当完案时日,悬挂牌示,如迟延而不判决者,准受累者具略呈会,仿照陈案办理,彼绅士亦不敢关说人情,银钱亦不敢显行贿赂,即律师无到会之必要,绝旁出之偏夯,而扎台买货、伪立公司、肥卷潜逃、故意倒歇,亦因之而悉化。即请公决。

(《中华全国商会联合会会报》第3卷第2期)

2.汉口众商帮来函请将市侩奸商字样勿再沿用

(1916年2月)

敬启者,近逢贵会开会提议重要问题,当经武汉商会公举盛竹书君为代表,赴会协议,无须敝董等旁渎。惟近值国体将改,新皇登极之时,自必提倡商业,保卫商民,敝董等无不额手称颂。奈平日地方官,贱视商民之心,印入脑筋,已成习惯,或因事而指为奸商,或因上禀而斥为市侩,任意污辱,羞愤莫名,若非设法防维,后患不堪设想。谨将敝董等受辱情形,为贵会约略言之。查警察之设,原为保卫地方要政。凡在营业商帮,自应负纳捐之义务。汉口警察经费,向赖房铺各项捐款,以资挹注。嗣因稍有不敷,警厅即禀请湖北巡按使,于本年八月十三日,饬汉口商务总会议就货税抽收附捐,补助汉口警察经费。汉口商会遵于八月十一日开会讨论,敝帮等佥不承认,当由商会据情转禀湖北巡按使去后。复由湖北巡按使饬会妥议,商会遵于九月二十九日,常会期内,附带提议,敝帮均未与议。商会因恐触当道之怒,不得已禀请巡按使照货税每串加抽五十文,敝帮等十月四日接准商会通告,始知前情。比开会集议,于十五日函请商会撤销议案,另就房铺各项酌议加抽,并一面禀请汉口征收局,转禀取销未果。不料十月二十五日,巡按使已饬财政厅出示,定于十一月一日实行,敝帮等以为期促迫,渡江递禀不及,只得电禀巡按使,暂缓实行,仍就原有房铺各捐酌加等语。讵巡按使大发雷霆,严加批斥,并指系一二奸侩,意在淆乱市面,并饬江汉道尹,激查为首帮董发电姓名详办等因,敝董等悚惧莫名。幸江苏道尹范,体恤商艰,未遽拿办,复略请汉口商会,转禀巡按使核减,并蒙总协理合词吁请邀恩,始得批准减去二十文,并免予深究。惟饬以后安分营业,不得率意妄陈在卷。窃敝董等所上电禀,并非反对警捐,不过因钱庄、银楼等帮,均未认捐,而独责令纳税之帮,担负附捐,未免偏枯。故请就原有房铺各捐,再议酌加。今湖北巡按使,即如此批斥,并拟加以淆乱市面罪名,虽未见诸实行,敝董等则已视为莫大之奇耻,现已公议辞职,以免获咎。惟将来各省商民,对于官厅行政,有不便者,难免不禀请改革。若官厅竟以市侩、奸商等字样,形诸公牍,不惟失国家保护商民之意,且反启外人蔑视华商之心,凡在商会会员谁不解体?兹值部员宣布商会法之时,相应略请贵会提作议案,转请农商部,列定专条,以后商民呈禀或电禀地方长官,察核情词,分别准驳,不得再用奸商、市侩字样,以崇人格。敝董等为顾全局面起见,特将身受难堪之事,拟一杜渐防微之法。究竟如何提议,伏候付诸公决。倘蒙赞成,即希复示,寄交汉口商务总会查收,转交为盼。专此陈请,统希公鉴。

(《中华全国商会联合会会报》第3卷第2期)

3月

武昌商会改订会章

(1916年3月14日)

武昌商会依修正商会法之规定,已着手改组为总商会,所有前此会章因与现行法制不合,故由吕惠伯逐加增改,现已脱稿,凡九章二十八条,经殷友于君定期于十五日齐集议董、帮董,当场逐条讨议,以便具详。

(《申报》)

4 月

1.鄂省筹募公债办法

(1916 年 4 月 14 日)

本年内国公债鄂省额派一百万元,经巡按财厅力陈,鄂省当用兵首冲,无力募集巨额公债,请求减派,部议不允,仍电请将军协助募集,刻已由两署与财厅查照,三年各县销数成案共以七十二万二千元,派之各县余数,则由省垣各机关摊派,并责成武汉、沙、宜各大商会承销。闻财厅行文汉口商会拟请承销十五万元,该商会于日前开会提议,讵各帮董一致否认,谓须俟时局平靖市面无扰时,方可劝募,商会长俞清臣,以官厅责望甚殷,无可诿避,已决定分派各帮承认,不容推诿。至军府界方面,闻拟按薪俸配搭以一月为度,即于五月实行,惟不及二十元者,可以自由。又闻段巡按深恐各县知事或有劝募不力情事,除将中央颁布之经募奖例规则通饬查照外,并谆谕各知事,以此次派数系体察各县地方情形,参以经募三年,实数酌量核定,各该知事务须体念时艰,按额募足,凡我绅商士庶同具爱国热心,各宜踊跃认购,务期及早募足利国裕民云云。然微闻各知事多以随粮摊派肆行,勒逼为政策,故乡人对于公债莫不疾首蹙额也。

(《申报》)

2.鄂省军商之态度

(1916 年 4 月 24 日)

自滇黔事起,湖北第一师军官多数赞成,苦于兵力分散,不能首尾救应,并鉴于南湖炮队之失败,故迄今尚无举动。现南军势力既已膨胀,该师军官多要求师长转请王将军火速宣布独立,闻驻沙阳潜江之胡廷佐部下,已有欲动之情形。其中运动者,闻为蔡幼襄、吴醒洪诸人,现蔡已赴宜昌与某军官商筹一切。又闻本年公债,湖北一省派定一百万元,除由段巡按使派与各县知事七十二万二千元外,其余二十七万八千元,悉数责成商会劝办。汉口商会主要人物为此昨特开一会议,将对待方法议定,次日遂上禀正式拒绝,该省巡按使及财政厅长异常焦虑,刻已电禀中央核办矣。

(《申报》)

5 月

1.汉口商会筹办商团

（1916 年 5 月 1 日）

汉口筹办商团曾于日前开会两次议决进行，惟经济无着，殊费手续，然又必须急办，未便久延，乃由商务总会设法向中国银行商借现银二十万两为筹办之费，将来募集有款，再行归还，刻已磋商就绪，不日即签字照数兑交矣。

（《申报》）

2.武汉官商恐慌之现象

（1916 年 5 月 4 日）

旬日来鄂省雨多晴少，纵火者已不能施其伎俩，除谣言百出外，地方表面尚静谧。惟传言军界中伏有暗潮，以日前北洋二师部刑戮军官证之，此说似非尽虚，故汉口商民又皆惴惴不安。目前银号银行钱庄之存款纷纷提取，转存于外国银行，金融机关大为破坏，鄂官钱局钞票逐日跌价不已，辛亥年亦无如是之甚，而又商业停滞困窘至极。阴历三月底，比期倒闭者，将不知几许，幸商会请准军按饬财政厅、江汉道会商、官钱局、中交二银行，克日合筹现银一百万元，押借与各帮，以资周转，此比期遂不致凶险。现中交二银行因于□万难中，力筹救济，特要求商会转劝商民，存款于二行者，勿得提取移转，商会现已照办，并为著论登报及通电各省官商暨独立省份都督共同维护中交二行营业，勿视为政府所有之机关，致挽入政潮□者，此种言论能否见信于全国有力者殊不可必然。该二银行内幕之恐慌则可想见矣，尽将汉商会维持市面通启，附录于下，查此次南北战事，现已协议条件，不日可望和平解决。至于汉口市面情势，既莫各省不同，又曾受辛亥兵燹损失，痛定思痛，万不能再事糜□。凡此情形，早为爱国诸君所共鉴□。现内各省警耗时，闻本地商务不免连受影响，而其困难之处，尤以金融机关不能活动，以致市面停滞，日形恐慌。本会见此情形，业经商准财政厅、江汉道□、官钱局、中交二银行，允于即日筹备大宗款项，救济市面，此系从根本上维持，将见金融流通，商务自可渐复原状。已于昨日开全体大会，将商定办法，当场宣布共表赞同，自此以后，凡我商界同人，务各照常营业，幸勿纷纷迁徒，自相惊扰，是为至要。

（《申报》）

3.武汉金融之最近消息（1）

（1916 年 5 月 22 日）

汉口中交银行于十五日开兑后，兑票者极为拥挤，幸该二行准备充足，兑付无误，且延长办公时间，一点半钟向日四点钟闭门，今展至五点半钟，以便应兑，商民之恐慌遂渐减退。十六号后，兑票者已日少，各银行钱庄皆照旧通用。惟他省别埠之票，则不能通行，减折甚大，盖由二行不允代兑也。闻乡僻之处，不知武汉情形者，对于汉行发出之票亦多抑勒。昨为军巡二署所闻，除饬各县知事将汉行照兑情形出示布告外，并函饬武汉商会转告各商，按照现银价值一律通用，不许抑勒。又因汉口之二行与武昌之中国银行门前已无多人守兑，特于十七日将卫兵撤销，以示镇定，两行委托钱庄代兑现亦复旧。

（《申报》）

4.武汉金融之最近消息（2）

（1916年5月22日）

湖北官钱局发行钱票多至四千余万，光复后，该票遂成为不兑换券（元二年曾兑换，每人只换一串，因挤死人事遂停兑）。随时由官厅以现银或铜元向该帮收买，以资操纵市面平稳时，仍与现金一律，前因滇事发生，铜元缺乏，致价格跌落，每串在市只换铜元九十三四枚，甚至九十一二枚不等，官钱局督办高松如因与某洋行商议借款，终拟向造币厂铸铜元，于六月一日开兑，乃迁延至今，借款终未成立，计划不能实行。现武、汉商会已请造币厂赶铸银角，以代铜元，又请铸当二十铜元，以为维持官票之计。然高督办终抱开兑主旨，近向商界声言，拟展期于七月一日实行，大约借款不日可成也。现造币厂已镕化，前清制钱掺和紫铜铸币，俟官钱局开兑有期尚须加工增多铸额，又官钱票现虽不兑换，鄂人以其可纳钱粮国课，及一切官项，尚称信用，以洋一元在市换铜元一千四百文犹不足，往该局则换一千五百文有零之，纸币买卖交易如不找零，仍作足数通用，故商民尚愿以现货换之，前日因中交二行求援于官钱局，愈将纸币之洋价增高，每元换纸一千五百二十文，以吸收现金，接济二行，并为二行代兑钞票（兑出亦系该局纸币，非银元），故连日该局亦拥挤不通。

（《申报》）

5.汉口总商会等通告全国保护金融机关公电

（1916年5月）

溯自辛亥以来，各省一再称兵，金融停滞，而对内商业、对外贸易均难发展。受切肤之痛者，以吾商人为最。盖商人所依赖者，金融机关。破坏金融机关，即不啻自戕其生命。辛壬之间，幸赖国人竭力维持，尚未完全破裂。若国民对于银行、银号及钱庄等，纷纷兑现，是自窒金融流通之机，卷入政旋，恐一旦金融机关败坏，非惟亡国，且将灭种，即如印度、朝鲜、犹太皆亡国也。印度亡而受英国之金融机关所支配，朝鲜亡而受日本之金融机关所支配，故印、韩人命生计促者，种族亦日微。犹太虽亡国，其国人犹保有金融机关，能左右商业，故其生活日裕，种族日盛。近因欧战，且有犹太复国之说，是金融机关不亡，种族即随而不亡，其关系不甚重耶？夫银号、钱庄，纯系吾商人所自办，与政治毫无关系。姑置勿论，至中国、交通两银行，为全国金融机关，商股居其大半，当时立法颇具苦心。四万万人公有之物，而误认为政府独有之物，卷入政潮之中，受祸者岂非犹是吾国国民。况历经变乱，而交通银行固属无恙，即前大清银行国体变更，商存商股及一切钞票，均已陆续付清。盖保护银行、银号、钱庄本身，实保护凡赖有银行、银号、钱庄为呼吸之国民也。总之,愿我国民共保护此公有金融机关,尤愿政府念国民苦痛,不可滥借外债,增人民担负。商人等愚见所及,我邦人士明达,当不河汉斯言,民国幸甚。汉口、武昌总商会正副会长俞崇敬、王明文、殷尔彝,商办汉口第一纺织公司总理李紫云,湖北纱布丝麻四局总理徐荣廷,同叩。

(《中华全国商会联合会会报》第 3 卷第 5 期)

6 月

汉商会对于新政府之心理

(1916 年 6 月 19 日)

鄂省经募本年公债非常迟滞,现已六月将终,而收款尚不及半额。近因黎大总统继任,汉口商民无不额手称庆,财政厅乃乘此时机,恳军民两府函致各商会、各县知事催其劝募。闻汉商会接函后,以现政府应予援助,拟于日内即开大会劝募。又闻汉商界现在商会提出议案,拟联名呈恳黎总统除去现有一切苛细杂税,俾商民得获休养,其最为繁苛之印花税并拟请先行缓免,以免动辄受罚云。

(《申报》)

7 月

1.汉商会祝约法复活

(1916 年 7 月 3 日)

汉口总商会日前接到北京电报,谓奉申令恢复旧约法,召集国会,撤废参政院、肃政厅等因,即召集会董申表祝意。昨日,复接新内阁成立电报,又开会议,发电祝贺,以示足知一般元气之复活。

(《民国日报》)

2.武汉商会拟开会祝贺约法国会恢复

(1916 年 7 月 5 日)

武、汉商务总会因约法国会恢复,拟于近日内开一大祝贺会。

(《民国日报》)

3.禁阻鄂城商会擅发纸币

（1916 年 7 月 20 日）

全国商会联合会上海总事务所致湖北省事务所函云，据上海总商会交阅湖北鄂城县商会公函，内开敝处铜元缺乏官粟滞行，影响商场，良非浅鲜。敝会为维持起见，议暂发行值百文、值二百文小票，补铜元之不足，辅官票之流行。曾经函请县署备案，无如人心奸伪，惟利是图。前有人在汉口石印局假造敝会小票，幸该局严为究诘，事不果行。今因官厅拿获行用湖北官钱局伪票者，讯据供称此项伪票纯由贵镇贩回，并有欲在贵镇伪造敝会小票之语，果系实情，殊与市面前途大有妨碍，伏恳贵总会迅予转知贵镇各石印局，切勿代刷此种小票。倘遇有到该局托印者务乞转嘱扣留，捆送敝会，交官法办。除捆送来往川资概归敝会承认外，并照章奖给钱二百串，以酬劳绩。想贵总会热心公益，谅不莫外视之也，是所至祷，希即见复计送小票式二纸等情，接阅之下不胜骇异。查商会系法定机关，其应行职务载在商会法第三章第十六条不能越出范围，即谓该条第八项内开有关于市面恐慌等事，有维持及请求地方行政官维持之责任等语，亦非径由商会发行银钱、纸币。盖商会由商人集合谋为公益，既无资本，又无营业，焉得有发行纸币之权。其或因官票滞行，受官厅委托设法调剂，亦必须由该会另行组织银钱机关担负责任，方为正办，万不能即以商会名义发行纸币，且阅所附小票后面开载告白俨然官厅晓谕，尤非商会所宜。有若不严行禁阻，倘或滋生事端，于商会全体皆受影响，内地商会往往不知检束，致有官厅之挫辱大率，皆由此种不当之行为而起。本总事务所为整齐商会轨度起见，亟检附原来小票两纸，函请贵省事务所迅速查明禁阻，并即将禁阻情形，即日示复。如自行取缔，力或有所不逮，则请示知详情，由本总事务所禀部核办可也。

（《新闻报》）

8 月

1.武汉商会怪现状

（1916 年 8 月 3 日）

武汉扼扬子江上游，开埠最早，商业繁盛，故商会办理极种适法，有最近发生两种事实，大为社会所訾议，用录之以供研究。

（甲）督军兼任省长之由来，省长范守佑因病出缺，当由王占元委任政务厅长，胡俊采暂行护理，而官僚派之乘间运动者不下十余人。王复希冀兼任，始以全省文武联名电请，继专电段内阁要求保荐两日三电，均置未复。乃授意武汉商会假全省公民名义，电请简任直谓省长一缺非王莫属，而中央竟从其请，督军兼任省长之命令，遂正式宣布，社会上稍有知识者无不惊诧，佥谓王以胸无点墨之武夫，得袁氏恩遇，假以一省军权，已属不能胜任，兹复以全鄂民政重任兼并一人之手，为害实难预测。而商会之假造民意，大为清议不容，即中央所谓刷新政治改良用人者,如此可见一斑矣。

滥竽会董之暗潮　恢复约法,再造共和,其要在纳国人于法治之常规,无论政军学商界,固不得有逾越法律范围之举动,三尺孺子皆知其义矣。比者武昌商会重届选举,其结果乃有违法之投票,非法之当选出现,诚令人惊诧不已。有商界劣棍王仪宾与熊文轩者,在前清时即以倒骗为目的,其贸易皆滑头营业,共倒场奚止一次。故入民国已成游手流氓,吾目之曰商界劣棍,盖犹指前清而其在近日早已屏之商界之外矣。顾王、熊二人见时事变迁,商界颇见重于世,而商会又握商业之枢纽也。遂百计营谋,千方运动引其同类为之鼓吹联络,居然滥竽帮董之列,不知彼固无业何从有帮,迨此次选举,该二人又由帮董而得帮董,查商会选举法,载商董之资格,第一须有营业牌号地点。第二须有信用,方能当选。而王、熊于上列资格一无所有,至信用一层,以屡次倒骗之流,尚无丝毫信用可言乎,然彼竟当选矣。彼已俨然会董矣。揭晓之日,全场大哗,群起反对,王、熊不得已,乃想总理殷友于君,为人忠厚诚朴,大可利用,再三恳般,为排解,遂谓是否可以纵权当还,请俟之部覆,于是众议暂息。想王、熊于此期间又必入京,大施运动手腕矣。但商律具在,法理难逃,似此违法之投票,非法之当选人,大部必与驳斥不准,断难徇一二私人之请,而将商法、商律一笔抹倒也。然则王、熊之暂得为商董,亦不过如袁氏之皇帝热,算作一场噩梦耳。

(《民国日报》)

2.汉商会与日本人

(1916年8月6日)

汉口总商会今日发一长函分致日本人,教唆之风说法,甚为遗憾,深望此后中日两国之商业,勿为此所阻害云云。日本人方面定于明日开会集议复答,居留日人为此极为愤激云。

(《民国日报》)

3.汉口事变余谈

(1916年8月10日)

汉口肇事后,一连五日入夜即禁交通,各行商业大受其累,专恃夜市交易者尤为困苦,无异歇业,而银根亦遂吃紧,恐慌非常,汉口商会以此数日间,仅小有火警,别无事变,所传刘家庙击毙劫营党人一说,实系格毙行劫潜逃之人所误传,爰请求王督军核准,下令于四日夜起展至夜十时后,禁止交通,各团救火会之准备亦撤除,以安人心,而维商业,但各县纷乱不已,商旅停滞,至汉办货者甚稀,非将各地假名骚扰者肃清,汉口商业总难起色也。

德国租界与华街接连处最长,故该界戒严最紧。三号夜,德商团于该界拦阻行人,其人不应被枪伤一人,刻由工部局巡捕房会出示谕,略云,华界华景街一带被乱党纵火焚烧,于租界大有妨碍,自出示后,如有不法之徒,身藏炸弹手枪以及违禁物件,由租界经过,一经本界商团队及巡捕搜查盘获,立即开枪,或以凶犯论罪决不宽贷。前月中央特派蔡汉卿中将来汉招抚党人,虽用款至十七万元之巨,然闻有不妥之处,或则该党首并不在此,被人假充代表冒领,或则该党派本早已自散,为人冒名蒙领实惠,未能均沾,以致吕丹书等一呼众应,酿成不名誉之暴乱。兹虽或捕或逃，而潜藏租界内外者为数尚多，捕房既一时查逐难尽，警署亦不能一一调查。汉口商会长为地方治安计，特要求王督军再拨款项，妥定办法分别解散遣送回籍，王氏极为赞成，已电准总统，再派孙尧卿来汉，协同镇守使清查。闻拟于发给川资护照之外，并收买炸弹（每个五元）手枪（照价给半），以绝祸根，若敢私自携走，以匪论罪，闻王谕商会长云。近日捕戳之人，皆系此役犯抢之徒，其只有党案关系者，虽捕获亦未予法办可转，致各党派勿惧怕匿不受抚云云。

（《申报》）

4.湖北恐慌之未已

（1916 年 8 月 13 日）

汉口三十夜暴动后，各租界已联合将暴徒驱逐，惟闻近日，日界中又有陆续出现者，商民不免担忧，汉商会乃商请三井、三菱、日信、日清各大洋行公司之日人，由彼等向日领事要求，务将该党逐除净尽，勿再容留，以免商务受害，日商亦间接蒙福云云。闻各日商已经允许矣，连日谣言未已，放火频见，汉口警厅长周亚芬特往各警署所辖地段巡查防务，并集合各长警演说，严加告诫，以后遇变，务须各赴警署守御听候调遣，勿得仓皇四散，又因德华里火场有掷放未燃之炸弹，爆裂炸毙人民，特谕扰乱各地之巡警加意搜寻，闻警察八署于铁路外，曾寻获装药之土炮一尊，以木为架，乃该党攻击时所遗弃者。

（《申报》）

5.商会散发恤款之通告（湖北）

（1916 年 8 月 18 日）

汉口商务总会昨发出通告云，为通告事前德华里一带被焚、被抢灾户，业经本会员同四区公益会调查完竣，并一律填给查票交由各灾户收执在案。兹本会定于阴历七月十四日上午十句钟至二句钟止，在后城马路天一阁内散发恤款，凡执有本会所给查票者，务于是日限定钟点前往天一阁地方听候验票发款，为此通告即希一体知照。

（《申报》）

6.汉商劫后之悲声

（1916 年 8 月 22 日）

上月三十号暴徒蠢动以后，华景街一带，市场化成焦土，共计一千余户，损失在二百万以上，现棚户矣。黎已由鄂政府拨款万串，交令总商会施放急赈，以便□□□商店之被焚货财器具荡然一空，皆有仰屋之叹。且该地商人□□浙江甬人来鄂经营，其资本或数百万或千元皆不甚大，□□万金以上之资本者，亦不过十数家而已，远地罹难，曷胜残酷。故目下呼劝之声高彻云霄，怨怼之气，实为烟雾，且由此而发生三项风潮，闻志于下：

（一）排某之风潮。甬人多性烈，此次三十号夜之忧事，因某国藏匿匪徒，复由某国人怂恿，以致贸然蠢动惨遭巨灾，且手枪子弹均为某国人供给，故对于某国大为仇视，逐日发现无名传单实行禁售某货，有一二无赖之徒，甚至于借此名目，拟以暴徒所施之手段，施之于某国租界，故某国租界防范甚严，设不幸而扰事，则与国际至有关系也。

（二）保险之风潮。此次扰事之后，有瑞太同德益太隆等十八家在华洋各保险公司投有火险，而各该保险公司皆借口兵灾弗予赔偿，并持新闻报纸作为凭证。尽新闻家据访员报告，有军队击追匪徒一小时之语，而保险家即以此为兵事之有力证据也。然匪徒扰事，兵队弹压原为应有之事，此次火焚纯属放纵，并无双方交绥，可以谓为兵事之处，安得抓沙抵水不予赔偿。故该投有火险各家，在新庆里五十九号组织保险追赔联合会，将延请中外律师与保险业大动交涉云。

（三）赔恤之风潮。辛亥兵燹，中央据各帮追赔联合会之要求会拨款赔偿，但辛亥之役战争日久，货物尚多搬迁，此次变生仓猝，损失尤重。特由各商户发起，联合全体公同陈情商会代为请命。援辛亥成例，要求政府拨款赔偿借恤商艰，兹有益太隆致商会公函，略谓此次惨遭大灾，货物器具荡然一空，业经开具节略损失单件，陈请钧会当奉发还，询以是否欲分一万金恤款等因，仰见体谅商户，不厌求详之至意。但是属金恤款官厅颁发以济灾黎，杯水车薪，尚恐不给，商等参列营业，何敢妄生希冀与流难小民，争此区区赈恤耶？只以损失奇重，元气都尽，惨苦情状，实与灾黎无异。值此商战时代，政府之提倡商业，体谅商难固已无微不至。故此次惨劫，外人财产上之损失，闻已酌予赔偿。华商事同一律似宜一视同仁，免受向隅之叹，商等残喘余生，能力绵薄，匪敢妄事要求，钧会为维持商务总枢，务希代为请命，或陈请中央拨款赔偿，或向鄂政府设法救济，公家之所费无多，而商等受益匪浅，理合声叙情由，伏乞总协理俯赐鉴核，克日提出评议，表决进行，实为德便云云。

（《民国日报》）

9 月

1.汉商反对交涉员予以德租借后面中国街之警察权

（1916 年 9 月 15 日）

汉口交涉员吴仲贤将允德国领事之要求，予以德租借后面中国街之警察权，因受商民之大反对，目下正在踌躇云。

（《民国日报》）

2.汉口商民爱惜警权

（1916 年 9 月 16 日）

德国租借扩张警察权问题，将移北京交涉，故当地商民团体决定举代表入京。

（《民国日报》）

3.湖北 汉商民力争警权案

（1916 年 9 月 22 日）

汉口华景街警权交涉，全鄂人士俱表反对，交涉员吴仲贤虽已照会德领请将前约作废，德领事深怪官厅不力，压抑商民，谓我如实行建墙，才能保无异议，否吴交涉员不能对德领事谓既不能保障我建墙，则此事须候请彼国驻京公使训示办理，前约难远取消云云。大约已请德领使向中央政府交涉，日来吴氏上受政府省长申斥，下遭商民团攻讦，极为愤懑。闻有向部辞职之说，□傅吴前日渡江谒王督军请示，保障德人筑墙问题时，王谓其不应率订前约，吴愤然对曰，弱国无外交可办，吾与德人磋商此约实已大费斟酌，如以为不然，请参我罢其决然求去可想，但闻吴与外交当局颇有关系，未必能以此事摇动其地位也。现华景街商民一方面之主张以德人建墙，固有俄界成例可援，惟俄界并未辟门与华界往来。德界亦应效之，不准辟门。此议有两种可以扼德人之处：（一）为德人建墙断不能将铁路线与跑马场交通截断，此二处必自开辟。（二）为德界市面全恃华界商民君果阻交通德界铺屋亦受影响，并一面筹议，拟于德人实行造墙后，将华景街后何家墩三新街一带，修一马路通达大智门，然后以后街为两街，将筑墙处作为□街，则房产不致大受影响。而德人方面闻亦计划以筑墙时，如要求辟门前须按照墙外铺户门面多数完纳通门捐，否则不辟门，两方意见如此，未知后事加何。现闻在京沪之鄂人，接得通电均一致反对警权让予两院，鄂籍议员刘成万等已上书政府，略谓前次汉口匪徒之暴动，以军警保护之不力，致滋口实有警察权之要求领土主权关系匪浅，万难任其丧失，应请政府严重交涉，按约拒绝，免生效尤，旅沪鄂人张国威会亚伯等电复，汉口业主会则勿畏强权，坚持到底，同人等当极力协助。已就近商请唐外交总长维持，克日就职，自有正常办法，万一鄂交涉员不能挽回，即复归中央与德使直接交涉云云。而汉口各团联合会亦电致北京汤济武、孙尧清诸同乡，谓让予警察权誓不承认，除由当地人民电呈大总统外，兹公举在京会正王明文审查长王道铎为全体代表，就近办理，请转达主座及段总理、外交总长，据约力争，以保国土而顺舆情。

（《益世报》）

4.湖北 汉商民力争警权续闻

（1916 年 9 月 23 日）

汉口华景街交涉初由四区公益会征集，该地商民意见权反对警权之让与，不敢明阻其租界内筑墙。兹因省议会及各团体暨旅京沪之鄂人，均出相助气势大观，闻已由公益会长邓毓诩等，赴省议会与各议员协议决定，无论警察权不能让与，即筑墙亦不能承认，已推省议会长王信敷赴军署，请王兼省长令吴交涉员向德领事拒绝；一面由议会电达中央政府、国会议员，以为后盾，此十四号事也。是日，王兼省长曾因此案召集交涉员汉口镇守便警厅长县吴事各官大开会议，如何主张密不得闻。惟顷传吴交涉员已与德领议定，将前定修件修改所有华景街灰石路警察归德人雇用，而由中国警官管辖名之曰特别警察，此项条件已于十四夜在某地秘密签字，不日实行。

（《益世报》）

10 月

1.议复商业学校

（1916 年 10 月 4 日）

汉口为通商大埠，前清时代曾在文庙下首马路外建设商业学校。自阳夏兵燹，向付一炬。惟近值商战激烈之时，非商智日开，不足以挽利权。汉口总商会刻议筹集捐款，规复商业学校，以开商智而造商才。

（《崇德公报》）

2.汉口电

（1916 年 10 月 15 日）

民国五年内国公债湖北担负之额，尚未募集如额，故汉口商务总会定于二十一日开大会，讲求募集之法。

（《申报》）

3.商人之力争权利

（1916 年 10 月 19 日）

中华全国商会联合会北京总事务所密函上海商会暨各省埠总商会并各事务所略云：近日，财政部向日商订约借款五百万元，允许日商收买中国制钱以报酬。此事关系至重，本会已提出抗议，请愿国会誓死力争。特将请愿书稿寄陈贵总会。查照希即转致全省各商会，通告各商民务将本处制钱极力保存，勿贪近利。任日商入境收买以免利权外溢，脂膏枯竭，濒于危亡，仍祈贵总会迅即向国务院财政部切实电争，并联合本地商民一致抗议俾得达到废约之目的。全国幸甚云云。

附：全国商会联合会上众议院请愿书。据本会湖北黄石港商会代表汪得琛提议收买制钱，以免利权外溢。案又京兆、直隶、江苏、陕西、甘肃、山东、四川、吉林、安徽、湖北、山西、库伦等处。事务所代表冉凌云等提议政府借日款五百万元以合炼制钱为报酬。丧失国权利源外溢应合力阻止。案经本会按照议事程序审查讨论，认为与日人各炼制钱办法较之以水口太山平山两处产合办。原约损失尤巨，受祸尤烈，实属万不可行。查原约损失不过两矿，影响不过两省，此则凡有制钱之处皆受侵削之害。近来各省推日鼓铸铜元，致令辅币缺乏所生之现象。其痛苦已不可胜言。况我国人民农工生活程度极低，今销毁制钱载在条约，又无他法以济其穷行见。制钱绝迹于社会，钱荒大害波及全国。农工人民无所托命，此万不可行者一也。矿产利益藏之于地，利权所失尚在将来，而制钱则商民间所恃。为生活之媒介者一旦扫而空之，又而抵补之法。金融紊乱固不待言，而所得之利益又须分半与人，腹地未来之利妄分与人犹且不可，况甘受剥肤之害而以大利归人。不啻割肉疗饥而又分羹饲虎，此万不可行者二也。制钱既毁必须鼓铸铜元以救其弊。虽政府今日未边计及，而事势所迫必不可逃。方今铜价日昂，鼓铸铜元折阅甚巨试一思维将来祸切燃眉之际，仓皇补救不但鼓铸铜元之损失甚巨，必更有不能预计之变动发生。余利所入功不补患，政府借款欲得款耳乃得不偿失，倘苦饮鸩解渴。此万不可行者三也。政府报告炼钱以六万吨为限，是否确能限定，尚不可知即以万吨论。据本会调查，所得其余利已不下三千余万元，另附清单于后以资印证。夫五百万元之借款乃于一年半短期之中，甘以三倍于借款之大利奉之于人，苟无他项原因恐万国古今无此办法。然此犹就有利言耳，况大害所在尚有以上所举之二端乎。质言之此项办法直谓之，利则归人，害则归己。一若假借款之名专为人牟利者，且比较原约愈趋愈下，实无可允之余地。经本会大会公决，亟应严行拒绝，谨依约法第七条向贵院请愿即恳公决施行。会长吕逵先、副会长杨木森赖恩倍。

六万吨余利清单，每制钱三十一串可制成钝铜一石，〔说明〕制钱一串平均重六斤半，计制发十五串零即重百斤，可炼纯铜五十斤，故三十串即可炼纯铜百斤。每炼铜一石，购原料银元三十一元，〔说明〕现时钱价不过五钱，内外而各处收买制钱皆以斤论，每斤二百三四十文不等，每制钱一串约合银元一元。故须三十一元。每炼纯铜一石须炼费洋十元，〔说明〕系湖北原炼之数，每制钱三十一串运费银元四元六角五分。现时铜价约五十五两，约合银元七十八元，除成本外可得余利三十余元，日人合同载明六万吨，合一百万零零八千石，计共约余利三千余万元。

（《崇德公报》）

4.（汉口）总商会之大会议

（1916年10月19日）

汉口总商会于十七日下午二句钟开全体大会，到者百余人。会场整秩至两点三十分钟摇铃开会，首由正会长俞清臣君登台报告：前在京，中华全国联合会因提议加税，鄙人极不赞成，并将收税积弊呈请农商财政两部核办，自有改良办法。至于本省征收局六个月限期售完货物，近已与财政厅议妥，行栈展限一年售清，八折登记一层业已取消所有分拨票一节，复由财政厅议定，由厅发给三联票交由各商号自行填注数目。一联交买客，一联缴汉口征收局，一联存查。如查出货数有余，即须补税。如此办理真为便利。现在帖税未免太重，现正与牙帖局长磋商仍照旧章纳税，幸勿照新章缴税。近日安徽义赈会函请劝募赈款，诸君热心善举，务请慷慨捐助。再汉口前因党人设立机关，赖王督军拨款五万元并饬本会垫洋三万三千余元，遂得将党人解散。现在王督军兼省长仍议筹还此款，对于汉口商民可谓体恤。今年内国公债票诸君即宜踊跃认购，以答王督军维持秩序之苦心，于是各帮赞成争先认购。尚有帮董声明，须俟通知本帮商店，始能承认者，故数目尚难预定，惟现在商业困难，恐不如上年之踊跃。至四句钟始，振铃闭会。

（《崇德公报》）

5.汉口商务总会反对日本借款,让与收买制钱利权

(1916 年 10 月 20 日)

汉口商务总会议决反对日本借款,让与收买制钱利权,已将此旨电呈北京政府。(十九日)

(《申报》)

6.汉口商务总会反对日本兴亚借款

(1916 年 10 月 21 日)

汉口商务总会议决反对日本兴亚借款收买制钱利权一事,其态度颇为稳健,盖欲力求不害两国人之感情也。(二十日)

(《申报》)

7.汉口商务总会协议分担五年公债

(1916 年 10 月 23 日)

汉口商务总会二十日开大会,协议分担五年公债之事,其结果全部由各商民分摊,但其缴款期为本年之杪。(二十二日)

(《申报》)

8.政府接抗议法国举动呈电

(1916 年 10 月 29 日)

政府接多数督军省长及上海汉口商会电呈,对法国举动之抗议。

(《民国日报》)

11 月

1.湘鄂人对于天津交涉案之近况

(1916 年 11 月 7 日)

湖南　湘省对于天津老西开交涉案,自接到天津商务总会暨顺直省议会两次来电,力谋抵制之法。此外,旅湘顺直官商同人,亦在长沙南门外碧湘街华隆矿务公司内设立顺直旅湘公民维持国土分会,由姚君锡圭领衔通告旅湘同乡,务于十一月一号午前八时,齐集该会讨论对待方法,以期合力进行。惟昨日又得京电,此项交涉可望和平解决,则风潮不难早日平息矣。

湖北　武、汉两商会对于老西开交涉,初因不知官场意见,虽各有电答复天津商会,惟均以道

远，莫知其详，请将发生情节及事实函示，再开会公同讨论，协助进行。嗣因悉王督军已有电致政府协争，武昌商会始于一日特开大会讨论，但对于抵制办法，终取慎重主义，不敢轻于附和，第因旅汉津人已有刊布传单，主张进行，不识汉商会究竟作何对付，故公决请会长殷友于于次日赴汉与汉会商酌，一致行动。讵二日督军署已接直省长来电云，法使已承认暂为恢复原状，津埠各项抵制行动已饬停止云云。当即转录通知汉商会，遂不果开议王督军又恐军界中人演说激昂，特于前日召集各将校，谕令告诫部属，勿得轻举妄动，本督军已电京请严重交涉，应静候政府解决云云。

（《申报》）

2.商会记闻（武昌）

（1916年11月8日）

［甲］副总统之复电　武昌总商会殷会长、张副会长并转徐总理各会董，鉴承电敬悉，谬荷公推，深惭□植远，辱赐贺愧悚莫名。冯国璋，印。

［乙］广货帮之纠葛　广货帮因五家内不得新开广货店之争潮日盛一日，诉之县署亦未解决。因而两方面于昨六日在商会研究商会开导，双方均须退让但仍无结果而散。

［丙］官产处之盗卖　江夏木帮因官产处盗卖滩基，已呈由商会向该处质问。兹官产处竟于昨六号答复商会，谓已函武昌县署查复，如复称果属滩基，当然退还。由此观之，其糊涂卖地尚不知有若干矣。

（《崇德公报》）

3.老西开交涉中之武汉谈

（1916年11月13日）

汉口商民对于老西开交涉甚为愤激，虽官厅禁止不得开会，然人民尚有自由团结者。闻六日驻汉法领事又渡江会晤王兼省长，以汉上有抵制之事，并谓宜昌、沙市二埠亦有人主持排货，宜昌县知事不惟不禁止，且首先提倡，是以王兼省长昨又函饬武汉商会，警厅转谕商民不得有激切之举，如有偏于意气者，务须妥为开导，并电令宜昌知事丁春膏迅即查禁排货运动，勿得贻人口实，致干未便查，宜昌丁知事日前曾以知事名义电国会省会，请速行恢复地方自治，兹于老西开交涉，又电致省垣各法团其文云，省议会、省农会、教育总会、总商会公鉴法人强占老西开，辱我国权，恨不立死，务望同激公愤急筹抵制，协助进行，用雪国耻，宜昌知事丁春膏叩。

闻有法国前岁在我国解除武装之兵舰一支于昨日由下游开驶来汉，在该租界江边停泊，此舰之来闻由法领事鉴于汉上谣言甚多，用以防护租界者云。

（《申报》）

4.汉口商务总会拟为黄兴、蔡锷开追悼会并铸铜像

（1916年11月17日）

汉口商务总会预备为黄兴、蔡锷开盛大之追悼会，且议铸造铜像（十六日）。

（《申报》）

12月

1.维持汉口金融之经过

(1916年12月1日)

近顷,上海因现银缺乏之风潮浸及于扬子江各埠,汉口首当其冲,各国银行与沪行皆有关系。近两星期间,纷以大批现银运沪救济市面,银根遂亦紧迫,拆息突涨每银千两曰息八钱,犹无大宗可贷,各种商业皆为停滞,棉花前售银二十四五两一石,骤跌去八两,犹无人过问,无非以现银不敷周转之故。前日二十四号为阴历十月底,比期汉口市面极为紧急,是日午后一时,王子春督军因某国领事闻得湖北官钱局库向来存有不动尊一百余万元。拟请借给五十万两救济,目前请王主持汉口商会亦以钱庄不支,向官厅告贷,特召集高松如、督办张财政厅长、何政务厅长、赵江汉道尹、吴交涉员、汉口中行经理钱宗瀚、交行经理关某殖边、汉行经理黄永熙、蔡造币厂长、武汉两商会长俞崇敬、殷友于,京汉路局南段长刘淇,财政部泉币司会办陶德昆等二十余人,至军署大开会议研究临时救急与永久维持金融两项办法,并询高松如能否担任借贷,高以钱局库储现金系近来以纸币吸收之票本,本不能动,惟该局现未开兑,发放薪饷期,依阳历尚有一星期,某领事既担任不日归还似可允借,以维市面,遂由军署打电话知照局员开库起出宝银银元共合五十万两,装八十箱,专轮运交某行。又徇商会之请,以三十万元交会,贷于各钱庄,方获安然渡过此比期。王督军于解决钱局放款后,复与各员商议,严禁私运现银、银元、铜元出境问题,及毁炼制钱改铸铜元问题,运币事由交涉员财政厅江汉道京汉路局承认,分饬所属切实查禁铸铜元事,则因造币厂所存滇铜废铜杂铜已尽,东洋紫铜既贵,部中又不拨铸,本该厂长实难为无米之炊,经官钱局督办,允将该局购存制钱拨借二千石交厂试行毁铸,按二千石制钱,约有四万数千串以之化炼改铸,可造铜元八万余串,以现在日铸一千串计,几可铸三个月,但值此钱荒银贵之时,如化炼试铸可用,尚望该厂速加铸额,将官钱局所购备之九十余万串制钱,悉数改铸于维持金融,亦不无少补也。

(《申报》)

2.捕辱商董风潮详志(汉口)

(1916年12月1日)

日前有商人龚某在咸宁码头路行,警察疑其怀有烟土,无端搜索一干,地痞乘间打抢,遂将龚某官票千张竟行劫去。随由其亲戚樊步青来探听消息。警士即以系樊所为,拘至五署殴辱不堪。后知樊系总商会董,于是警察五署署长刘文轩捕辱汉口总商会会董樊步青,致各界不服,大起风潮,已迭见沪汉各报,兹复将近日见闻者调查如左。

业主会之公愤　汉口业主会近据公善保安会报告,副会长樊步青被警察五署捕辱一节大起公愤,以汉上警捐均系业主担任,今如此摧残商民,若不惩办即应停捐。当即函请汉口警察厅查核办理。

咸宁帮之会议　咸宁帮在汉商务最为繁盛。近闻帮董樊步青被警察五署捕辱，均抱不平。特于三十日下午四句钟在钟台书院开会筹议对付办法。

总商会之会议　汉口总商会以樊步青无故受捕受辱，特于二十八日二点钟开会。汉口警察厅周亚芬镇守使杜锡钧夏口县知事侯小汀闻商会开会，均前往调停，见各团联合会与商会一致进行，已议定由警厅严加惩办，以免官商生恶感云。

(《崇德公报》)

3.冤捕商董风潮益烈矣(汉口)

(1916 年 12 月 1 日)

汉口总商会会董樊步青君□警察五署署长刘文轩冤捕滥押一案，已志报端兹悉此案。自经汉口总商会及各团联合会于上月二十九日在汉总商会开会筹议对付办法。警察厅长周亚芬虽已面允惩办，至今尚未见诸明文。各界殊深疑虑，咸宁帮愈为愤激。昨在钟台书院开会，佥议五署长刘文轩自到差以来，虐待商民，屡用非刑。近闻已奉委署理汉川县篆务，此等殃民之贼，若非请惩办，良民不能安枕。今樊步青君一人受辱，即我邑全体受辱，此不请办，将来人人自危。汉口何贵有书院，惟闻此案既经总商会评议解决，究系如何情形本帮尚未预闻，应即函请汉口总商会明白答复以释群疑。如所议办法未能满意，本书院自应群策群力，万众一心，以期达到圆满目的。众皆鼓掌赞成。于是命书记员起草函请汉口总商会答复后再议进行办法。至下午五点钟始振铃闭会。

(《崇德公报》)

4.捕辱商董风潮余波

(1916 年 12 月 4 日)

汉口警察五署纵令警士捕辱商董樊步青君，各界均为不平，致起风潮，迭见本报。兹复将近日见闻者调查如左。

事主之愤激　鲁寿记因失去台票一千四百串并衣料衣服等件，在警察五署追赔。署长刘文轩已允赔偿，近因刘已撤任，诚恐避匿不面，刻议呈请警察厅将刘扣留究追。

警士之拘押　警士黄锡麟擅捕商董樊步青，周傅达复喝令，吊拷并喊警捣以枪柄，实属凶横已极。汉口警察厅近已将该警提解到厅拘押，听候严办。

议会之调查　汉口警察向来腐败。近警察五署捕辱商董樊君步青案发见，湖北省议会对于此案颇为注意。议员李宗唐君特来汉调查实在情形，以便提起弹劾云。

(《崇德公报》)

5.汉口商会拟设国际贸易事务处

(1916 年 12 月 11 日)

汉口商会鉴于该处内外贸易日渐兴盛，拟设国际贸易事务处，以图疏通内外商人之意志，

目下正在计划。(十日)

(《申报》)

6.商会催促官票兑现之建议

(1916年12月13日)

官票兑现遥遥无期,而票价异与铜元每串六七十文,则商民受其暗害实非浅显。若不急图挽救,后患不堪设想。兹武、汉两商会见票价日低,加以年关期近,市面现洋铜元必有一大吃紧。官钱局如不乘此开兑,不但市面有钱荒之虞,且币纸信用之损害亦难指计也。昨该会业将其中之利害提出建议案,送请议会公决,转催省长署暨官钱局迅备兑现以维金融而挽官票之信用云。

(《崇德公报》)

7.(汉口)总商会之大会议

(1916年12月17日)

汉口总商会于十五日开特别大会,到者数十帮。会场整秩至下午四点钟,振铃开会。首由正会长俞清臣君报告贴印花一项,仍照民国元年旧章。已与财政厅新定分拨办法及火车运汉之货加一成五后,与民船所运货物相同。读毕,俞会长请公同讨论樊步青等,以遗失分拨票科,罚洋二百元即宜减少,且须分别是否故意遗失及不可抗力遗失两种。次由李君紫云言分拨票办法最善。火车货捐酌加一成,似可赞成,于是众起立通过。次由王会长言天津老西开交涉一案尚未解决。近日天津公民已派代表某来汉陈述一切,实堪愤叹,准中法邦交素睦,今法若不退让,诸君有何良策。全体会员均异常愤激。会长喻君宣言本会办法俟公决再议,众鼓掌。次由俞会长提议本会设在租界诸多不便,天乙阁马路外原有基地三百方,拟筹款与修,诸公赞成否,众谓事关重要,均愿捐款,遂一致签名赞成。至五点钟振铃闭会。

(《崇德公报》)

8.汉口　商团互争界址之风潮

(1916年12月22日)

汉口万全保安暂与义成社,为争界址曾略请汉口各团联合会邀集评议,尚未解决。兹复于十三夜晚,为争界起衅致起互斗风潮,特调查如左:

起衅之原因　义成社于是夜派员在三义殿安设路灯,万全保安曾谓共估界,于是姚九峰喝令该会商曾将义成社员带至会中,拘留并行凶殴,经王君民仆前往解救始行住手,义成社亦派人将万全会人拏住至会,各送警察五署请予究办。

署长之调停　警察五署长叶时华见两造均是保安社未便受理,特将两社扭送到署之人均送各会自行理处,以免有伤感情。

联合会之会议　汉口各团联合会因两商团事故发生,特于十四日下午两点钟,假红十字分会开会评议,是日,各团均派代表列席,首由副会长汤子善君报告争界情形,并由王民仆君报告一切公决，万全会姚九峰甘为祸首□停战务商警擅行凶尤应查办，万全会不服，已各赴夏口地方检察厅请验矣。

（《晨钟报》）

9.欧阳惠昌公电政府反对退股，否认联合会一切举动

（1916 年 12 月 22 日）

上海报馆公会转各报馆鉴，中国银行为金融命脉，关系存亡，兹闻沪上张叶林等人，以所求不遂，力主破坏，冒用联合会名义，涉讼法庭呈请发封查张叶林等劣迹多端，倚势欺压同胞，目空一切，素为各界不齿。兹复狼狈为奸，倾复新国，图泄私愤，罔顾大局，侮辱国家银行，妨害同业权利，居心狠恶，天地不容。查中国银行自前政府停止兑现后，各界损失甚巨。幸各省官商各界极力维持保全信用，得免意外之虞。若再为少数败类挟私捣乱，则前功尽弃，孰任其咎。现已由股东欧阳惠昌等公电政府反对退股，否认联合会一切举动，本会有保管之责，应请维护主持公道外以安商民，汉口商会叩号。

（《民国日报》）

10.汉口商会反对上海中行股东退股电

（1916 年 12 月 23 日）

（上略）各报馆鉴中国银行为金融命脉，关系存亡，兹闻沪上张叶林等人以所求不遂力主破坏，冒用联合会名义，涉讼法庭声请发封查张叶林等劣迹多端，倚势欺压同胞，目空一切，业为各界不齿。兹复狼狈为奸，倾复新国，图泄私愤，罔顾大局，侮辱国家银行，妨害同业权利，居心狠恶，天地不容，查中国银行自前政府停止兑现后，各界损失甚巨，幸各省官商各界极力维持保全信用，得免意外之虞，若再为少数败类挟私捣乱，则前功尽弃，孰任其咎，现已由股东欧阳惠昌等公电政府反对退股，否认联合会一切举动，本会有保商之责，恳请维护主持公道以安商民，汉口商会叩号。

（《益世报》）

11.建筑汉口商品陈列所

（1916 年 12 月 25 日）

汉口总商会会长俞清臣君，特别会董蔡甫卿君以大局业已敉平，兴商实为急务，拟将商品陈列所即行创办。俾人工天产，因比较观摩而收改良效果。惟汉镇系商业荟萃之区，而陈列所为中外观瞻之地，建筑必须宏壮，组织尤应完全始可为各省之模范，增汉商之声誉，拟就后城马路一带，勘测适中地点，建筑房屋预算，开办经费三万余元，由俞、蔡二君劝导各商分别捐助，俾早日成立，以兴商业云云。

（《崇德公报》）

12.核定商会对于官厅之公文程式

(1916年12月28日)

各处商会对于地方官厅公文程式屡有争议解释之处,昨上海总商会接齐省长令文开准农商部咨案,据全国商会联合会呈称,据吉林乌拉商会、直隶正定商会、湖北汉口商会、湖南长沙总商会、四川联合会事务所、江苏宝山县罗店商会提出商会公文程式案三则:

(一)请商会法施行细则内所有"禀"字一律改为"呈"字。

(二)请求县知事与商会行文得互用公函之规则。

(三)商会请求与总商会一律对于中央各部署及地方最高行政长官以上用"呈",自道尹以下均用公函"请查核施行"等情,到部查该联合会所呈各节,业经本部以"禀"字改"呈"一节公文程式令,既因修改前颁公文程式之结果,只有"呈",而无所谓"禀"。其颁布在前之商会法施行细则内,所有"禀"字自应一律改"呈"。业于前准国务院法制局核定县知事,对于地方各机关行文程式案内声明,由部通咨饬遵在案,又县知事与商会得互用公函一节,商会法施行细则第十三条:商会对县知事行文得用公函之规定,自指往复通用而言,与现行公文程式令第十二条第十二款之用意隐相符合,依照该细则第十三条,当然解释,除另有特定情形,自应彼此互用,公函已于前复安徽、河南两省长,咨请核示县知事,与商会行文程式案内明白解释,并经公布在案,至第三节所请对于道尹行文一律用公函一节,商会与总商会虽无阶级之分,但其名称及职务究有不尽相同之处,既非依照其他法令,当然改正之事且于商会法之本法不免有所牵动,且修正该法施行细则颁行未久,未便据易纷更应毋庸议,除批示该会通知上列各商会遵照在案外,相应咨行查照通行一律遵照等因,除颁外合函令行通知各商会一体遵照以重法令而。

(《申报》)

13.(汉口)商会记事二则

(1916年12月30日)

依设华侨招待所　商会会长俞清丞君因泗水华侨转瞬抵汉,此后作江汉游者又复络绎而来,自应优为招待,借资振兴实业。特与董事蔡文惠、吴祖栋、孙铭新、李凌君等决定仿照北京华侨招待所成例,倡设汉口华侨招待所。昨已函京调取所章以凭依据而臻完善。

烟酒业代表赴京　本镇烟酒业两帮佥以改良税则虽由国会通过,政府尚未履行,此外另有呼吁者,遂推举王积甫君为全权代表,于昨搭车赴京,向大总统府及农商、财政两部有所请求,究不识果能邀准否。

(《崇德公报》)

1917 年

1 月

1.商会筹办学校

（1917 年 1 月 9 日）

汉口商务会长俞清臣君以汉口为商务繁盛之域，而教育一端极不发达。通镇无一商业学校。查前清时代曾由各帮捐款在后城马路设有商业专校，不幸辛亥之变同付一炬。现今商战剧烈，非商智日开不能立足。于竞争之世爰拟重办商业学校一所，以开商智。前业与各帮商董议筹经费方法，已得各帮之赞同。现已拟具简章，呈请省属立案，俟批禀复即行招生开学矣。

（《崇德公报》）

2.汉商会放款维持市面

（1917 年 1 月 15 日）

汉口商务会以阴历年关已届，为商场一大结束。近来金融恐慌达于极度，商家多难周转，设有倒塌牵累，市面不堪言状。昨由会长俞清臣氏召集各帮董讨论维持，由会措备现款二十万元。责成各帮董确查各帮商户内部盈虚。如系货未售销，账难收取，确有抵挡者酌予放款救济。大比开年筹还。故商界中谓目今钱荒之甚为数十年来所未见。然有此一端大比绝无危险云。

（《崇德公报》）

3.解释回复旧商会之疑义

（1917 年 1 月 16 日）

省长署通令三道尹暨武汉商会云为训令事，案准农商部咨开案。据全国商会联合会呈称，窃本会准浙苏姜堰商务分会函开，查商会法第四条，各地行政长官所在地或所属地工商业繁盛者得设立商会。同一行政区域有必须设立商会者,或跨连两区域。有必须特别设置经农商部认可后亦得设立商会。又第三十四条本法施行细则,前成立之商务分会或分所及同一区域。城内原设有数商会而合于第四条之规定者,自本法施行日起,得于六个月以内依第五条第十二条之程式改组商务会或分事务所,其余均即裁撤。又施行细则第二条,本法第四条第二项添设商会之认可。除在本法施行前成立者外,以距原有商会三十里以上,商务同一繁盛确有正当重要理由者为限。凡前清已经设立之各商会,自当依旧存在。新章虽有限制添设之意,并无取消固有之文意义,分明不生疑问且商会无损,于国而有裨,于民地方多一商会即公益多一补助之机关,而国家并无丝毫之耗费。应请贵会公议申明商会法第四条第四十三条及施行细则第二条,文义咨部达省饬县凡前清旧设商会,在本法施行前成立者,一律依法改组继续进行,不得执一县帮会及诬指裁并之说致相牴牾。谨贡刍议,敬候公决等语。

本会审查商会法第四十三条及施行细则。第二条之义意凡五有前清已设之商会当然不在取消裁并之列。自应准其依法改组,理合呈祈大部查核咨行各省长查照办理,以维商务等情。前来本部当以现行商会法第四条第二项所称,有必须设置两商会省及有必须特别设置商会者云云,可见同一行政区域内商会之添设,本属例外之规定。施行细则第二条之文称为本法施行前成立,非谓原在本法施行前成立,自系仅指现时继续存在者而言其业依旧。商会法取消改并者,当然不在此例。立法之本意原只在现状之维持,非概求原状之回复。若必如前清旧设之商会业依旧商会法裁并者,逐一纷纷复设而于旧商会法施行之效力全然不顾,未免专重前清之成案而蔑视民国之法令,非所宜于国体更新。法治实行之日倘有必须增设之情形,自可另照该细则第二条后假规定之标准呈请核准,复设其在前清旧置之事实,不防作为得予认可之一种理由,未便据为当然认可之,惟借口仍候咨行各省长查照酌量办理可也等语。除批该商会联合会在案外,相应咨请查照办理,并希见复等因。准此除咨复外合亟令仰该道尹转饬所属一体遵照可也。

(《崇德公报》)

4.(汉口)商会办公

(1917年1月29日)

汉口总商会前因春节正、副会长及各会董回店清理账务,不暇兼顾,特于十九号起停止办公。兹因春节已过,当于本月二十八日照常收受节略,以重商事云。

(《崇德公报》)

5.商会催解拐孩

(1917年1月30日)

汉口慈善会前准旅沪湖北同乡会函开有拐匪。张介卿拐带女孩三名,被汕头水警盘获,请派人员往提等因。当即电请汕头总商会就近函请警署将拐带犯张介卿严办,并将被拐女孩三名解汉在案。日昨汕头总商会已有函来汉,催警局照办。

(《崇德公报》)

6.议设商业学校

（1917 年 1 月 30 日）

汉口商会在前清时代，原在文庙下首马路城垣外，设有商业学堂。自辛亥兵燹同付一炬。惟值此商战时代，亟应与学以开商智。近日，汉口总商会会董王禹庭诸君议将商务善会公款提出，就原日商业学校旧址，建设商业学校，以造人才云。

（《崇德公报》）

7.（汉口总商会）催领出品

（1917 年 1 月）

汉口总商会顷发出通启云：顷准湖北出品协会事务所函开，日前巴拿马赛会，贵会代劝各商与赛物品，曾函致分别领取。敝所结束之期已届，将未取回物品各件，送交贵会分别转发，并望赐一收条，以便备查。所有遗失物品各件，敝督办已请省长转咨农商部，俟后如何赔偿，再行函达外。清单一等因，准此。除将送到物品暂存外，合就抄单转知贵会查照，刻即持证来会领取是荷。此颂。

（《中国实业杂志》第 8 卷第 1 期）

2 月

1.丙辰汉埠商业史

（1917 年 2 月 1 日）

汉口为通商大埠，自欧战发生，商业大受影响。惟去年阴历年底天气晴和，各帮乡账易于归结，市面颇为流通。查生意最获利者以洋纱帮为第一，钱帮次之，颜料帮次之，药材帮次之，匹头帮又次之，烟业帮又次之，油帮又次之，杂货又次之。其余各帮均获利有限云。

钱业为金融之机纽，关系市面最巨。闻去年汉口各钱庄颇称发达，兹据个中人述及各庄盈余数目亟为披露于左：

黄陂银行三万六千。宝善二千。谦益五万。德丰三万六千。咸丰泰三万。泰昌二万九千。同德二万七千。汇通二万五千。承康二万四千。德兴二万四千。和昌二万四千。德安庆二万一千。启泰二万。太和二万一千。钜昌二万。广大一万五千。乾巽裕一万五千。丰记一万五千。怡祥一万五千。同丰一万五千。庆丰一万五千。久和一万五千。恒和一万四千。振昌一万四千。和祥一万。怡康一万。谦字泰一万二千。保昌一万三千。乾升九千。远大八千。保丰八千。裕川八千。萃丰九千。兆元八千。华盛一万。太康八千。久裕八千。立生八千。善昌一万二千。兆昌六千。惠丰裕六千。志大成七千。裕通一万二千。协昌五千。恒春五千。恒兴五千。嘉裕五千。裕和七千。致和五千。宏昌三千。

（《崇德公报》）

2.烟酒改良之先声

(1917 年 2 月 2 日)

武汉各商会昨接全国烟酒联合会驻京总代表陈良玉君函,略云猥蒙两业同胞举为全国请愿总代表,赴京要求改良税则。幸赖各省协力争议,故请愿案得以完全通过。刻经政府发交财政讨论会尚须静候表决,然后咨复国会方可见诸施行。现尤有须与诸公商榷者计有数端:(一)团体永远坚固方足以图存。(二)经费量力协助方足以持久。(三)营业互相研究方足以改良。不因稍挫而志灰,不因有效而志满,同德同力众志自可成地有始有终精神自可贯彻。凡此数者当务之急,其余不及缕述。兹特将所送京师各机关之条陈办法十条,附录如下供众览:(一)政府整顿全国烟酒税之收入,应将公卖废止以实行收税办法为适当。(二)我国原有新旧杂税应一律归并另定统一税则,定名为烟酒统税。(三)征收查验机关,务求减少拟请径由财政部酌量情形,将从前各项征求机关并为统一机关。其偏僻地方,不防由各商会协助之。(四)我国烟酒税率应请当局与外人协商,将烟酒两项仿照洋业办法,作为特别税以昭平均而增收入。(五)我国烟酒税率受外货之影响,苦商力之薄弱,不得不袭各国绪余而偏重之,应以值百抽十五为度。(六)烟酒税之征收办法宜从简单,应仿照海关办理,由财政部制定四联单式一税通行不再重征。(七)产销宜分征,其产场与销场之划分,应以省之区域为限。(八)土产土销均系小本营生,就近销售而无通过税。应请依照额定税率折半征收,以免偏苦而保生计。(九)烟酒既完纳产销各税,后即改制他项。烟酒不再重征。(十)施行细则由当局酌量,各省情形酌定之。

(《崇德公报》)

3.(汉口商会)劝诫商民注册

(1917 年 2 月 3 日)

汉口商会奉农商部咨开为设官分职,责任各有所归。舞弊营私法律不能稍宥本部,职掌农商事属国家积极行政所,与商民接触直关生计荣枯。本总长莅任迄兹,首求有以振肃部务,整饬行政绝不妄事揣测,非法干求即如本部主管范围以内。矿业请照公司注册专利奖励,及其他事项法令各有专条准驳。惟其所命窃恐商民患切得失,存侥幸之心,狃习故常,别图方便之术。殊不知部中案牍向由本总长亲加核阅,所有部员亦皆怀率官常安为舞弄之余地。若有不肖之徒假托名义,过市招摇,非为法律所不容,亦实与当事者以不利。该民人等如遇此项情节,指名呈控本部,无不立予严惩,否则授同科事经发觉既得权利自必立予撤销,切切懔遵等因。准此合行布告,仰商民一体懔遵,特此布告。

(《崇德公报》)

4.财厅长禁发小票

(1917 年 2 月 6 日)

鄂省各大小钱店于前清时代均曾发行钱票,名曰"花票",最为紊乱币政。宣统间,已经严禁。入民国后,始行禁绝。近因铜元缺乏,官票滥滞,四乡镇市、团坊、公所、善堂发行之一二百文小票流行,武汉商民乐于使用,价值高于官票。几与铜元相等,各钱商遂援例要求花票复活,已陈请商会长殷友于,代达财政厅长、省长极力运动,希图准行。张财政厅长以四乡小票早经饬令禁绝,岂可再准钱商发票,益扰金融,决计不允。又闻汉口商会,亦有发行小票之议,已经各帮董讨论,大多数不肯赞成,未能实行云。

(《申报》)

5.官钱局筹备兑现之大会议

(1917年2月9日)

日昨,高松如特柬请财政厅长江汉道尹并军省两署秘书暨该局内部职员,齐至该局洋楼开筹备兑现会议。彼时由高氏报告讨论之案,由在席者展转磋商,颇费时间。迨至电灯燃时,方议妥。散会用将是日所议主要情形,探列于后。

(甲)开办四区分局。是日会议,首先研究兑现方法,因官票行用路远,若仅省垣开兑,凡离省窎远之区实有向隅之叹。故议决开办四区分局。俾资普及以便商民同时择定开办分局之所。(一)老河口(一)汉口(一)武穴(一)宜昌。

(乙)拨款订购铜斤。实行开兑非多铸铜元不可。是日在座者,因造币厂现因缺铜元停工。同时互相讨论维持开工之法,最后之议定由官钱局库存现银拨二十万向日订购铜斤,将来造币厂应将铜元按市价归垫以应开兑之需而资变通,高松如亦表赞同,拟即日筹备进行。

(丙)实行拍卖财产。此次筹备开兑必先期准备巨款方免临期措手不及之忧。所有押欠该局之款者,大都以财产抵押,同日议定方法除责成董达夫,催令各欠户于即日清偿,如逾限不清,实依行将财产拍卖变作现款以备兑现之用。高氏亦议举行。

(丁)停用新到官票。刻下官票之价渐有转机,若续行发售新票,则市价必有无限之低落。同时议定将此次财部发行来省之新官票四百万暂封库中,停止行使免票价无回头之望,以资维持。高氏允依议而行,拟报明财部查照云。

(《崇德公报》)

6.(汉口)商界概用银元之提议

(1917年2月17日)

汉口商会某君,目击汉上商界大宗交易,向来均以银数为本位。自民国以来,政府对于纳税等项概用银元,间有数省地方商界,亦已援照政府现行通例易用银元,以免受兑换之损失。汉上为通商大埠,自应仿照各省一律改用银元,以免暗受亏折,故特发起提议改用方法,先行致函武汉钱业董事开会,待得认可,再行函请中外银行,及各业团体等公同会议改良方针,闻拟先组织一经济会,切实提倡云。

(《崇德公报》)

7.烟酒联合会杂闻

（1917 年 2 月 18 日）

汉口商会昨接上海全国烟酒联合会会长陈良玉君来函云，窃良玉自京归后，曾将在京经过大略情形及拟改良税则办法十条印刷布达定邀览，及至于务上对内事件。现今赖汉滨君提出七条，业已公同修正通过，事关会务前途，为特印刷布达统希察核一并赐复为盼云。用将其会务条件探下：

（一）本会前因临时发生组织究未完备，所有名称除上海总事务所汉口事务所外，其余各处分会应一律定名为中国烟酒联合会。某处分会所有已成之分会，急宜立册报告。其未经分设之处，亟宜就商会或本业公所迅速组织，以期普及，总以全国脉络贯通。遇事协应为主旨。（二）本会及各分会应永远存在，将来请愿结果后应作为永久机关即着手进行改良土货之方法。（三）此次在京颇赖全国商会联合会正副会长及全体评议员鼎力维持，气谊相通各宜联络感情以取他山之助。（四）本会拟编辑一种杂志，将本埠会中要务及各处税则良否，营业盛衰暨各种应行宣布之文件，烟酒改良之方法，各地货名价目，各种市面状况分期刷印，分送以通消息而资研究。月出二册，每年每份定为六元，半年四元。如荷赞同，请先函定集有成数即行开办。（五）本会附设烟酒介绍所，不论各省旧有或新出之烟酒品数推广行销者，均可代为介绍。（六）凡我烟酒两业同胞吃用，烟酒以本会范围内之商品为限，惟万不得已时（如调剂药品之类）规为例外。（七）请愿案虽已成立，而改良办法，政府尚未宣布。据各处来函报告，公卖局在此时期内一切□□颇有变本加厉之举。如何共谋对付以期急救燃眉，尚祈各抒所见，仍以法律为范围。

（《崇德公报》）

8.湖北汉口商市与社会之状况

（1917 年 2 月 18 日）

汉口市面自辛亥后秘盛于租界，大有日新月异之观。即以戏园一业而论，从前，惟怡园与□舞台开在英界，□年英界既增新民剧场，德界复设立大舞台，而法界、日界更有花鼓戏园五六家，每园无日不座客挤满。现闻有人又在英界歆生路，另外一最新式舞台异与原有各园争胜开幕期已不远，至华界戏园现尚有满春爱国笑舞台三家，其生涯大不如租界各园。不过，汉调伶人无所托足借此以图团结而已，又屋顶花园一业，以英界之汉大旅馆楼外楼为创首获利最厚，现亦有人继起，拟仿上海新世界红云天形式，在歆生路建筑一极大游戏场，刻正积极经营闻集股至三十万元，有此资财不以之兴办实业工厂，而为此游戏营业亦可见民风之好，尚习俗之日侈也。

华景街上年被焚毁之地，因毗连租界，刻已修复，较旧日景象尤为壮观，新开立之舞台，即为前毁之庆安里基址，故顿增繁盛。该处商民求恤案，本富商大老之主张，诚恐不准。爰以一班贫苦人打前锋开报损失，仅共三十余万元。前由国会表决咨达政府，原有允予设法酌量抚郷之说，各富商正拟援案要求补报损失。近闻财政部竟以恤款难筹主咨，两院否认，但大总统之意,则拟按照损失给恤三成以济民艰,此所以求恤者尚未尽绝望也。

汉口慈善会以救孤恤贫为宗旨,所拟章程范围极广,故蒙大总统之赞助饬部拨给京汉路余地二千方,并招募七万余元,由发起人蔡辅卿领回。惟蔡等自去秋返汉,至今仅有所拨路基上填筑基地,预备建造极大会所,至于拟办之学校、工厂、养老、育婴、残废各院等,均未有若何举动。上年终由警厅移送该会收养之贫儿小丐多名,竟以无人照管有冻馁而死者,蔡与会董黄某等,惟时在会中祭神扶乱卜问休咎。日前,地震之后,并请神临鉴指示,现又于北京招来一僧(名道心)住会照料,并担任募化汉口绅商,有名人物前因蔡以慈善名义号召无不附于发起赞成之列,闻王子睿督军亦署衔于发起人之首,见此现象不无疑处讶。日来宣告脱离关系者颇多,然蔡亦不以为意也。

汉口商界团体在各商埠中堪称团结最固,全镇之保安会共有三十六团,附组保安商警者有十二团体,每团多则六十名,最少亦三十名,与官厅并立于通衢大道,保卫秩序,颇著成绩,商家咸利赖之如无辛亥兵燹破坏商场,现今全镇俱设商警矣。各保安会该管地段内,商民如彼非办法蹂躏每为力驳解救,故近年官厅多不敢滥施威权,各会并组有一总机关名曰“各团联合会”,其势力与总商会相伯仲,且有胜于商会之处,如联合会现筹五万元建筑会所于六度桥,不期月而集商会,在后城官地筹修会所,则已筹之数年,犹未观成。近恐落于联合会后方□按帮摊派,然尚不知能否达到预估八万元之目的也。

(《晨钟报》)

9.(天津)商会电复汉口商会

(1917 年 2 月 19 日)

商务总会前接汉口商会来电,以张叶林等破坏中行纸币,已电请政府惩办,并请鼓吹进行以维国权。昨经电复云,汉口商会大鉴,两电敬悉,中行停止兑现,幸赖众力维持,而张叶林等竟以私愤破坏,实犯众怒,电请惩处,以儆奸刁。敝会同情温娄两君,幸蒙谦光,并邀辅助进行感甚。敝会自当鼓动,以维国权,而洗国耻,更望共策进行临电无任切盼之至。

(《益世报》)

10.留美学生之要求

(1917 年 2 月 20 日)

本埠(汉口)商务总会昨接全国商会联合会公函,径启者,本年一月三十日奉教育部函开中国教育尚在幼稚,亟宜力谋发展以为立国之基。而近时潮会所趋,尤以注重实业教育为要,本部前据留美学生监督,呈请展长留美工科毕业实习期限以宏造就,并请咨商各部省嗣后如与美国工厂订购物品,可附带条件要求准中国学生入厂练习等情,当以事属可行。业予分咨已办,惟思公家与美国工厂订购物品固属常有之事。而殷实商号需用物品购自美国者亦复不少。拟请贵联合会分致沪、粤、津、汉等埠,商务总会妥为谋议,俾获实行所有拟定办法并希见复等因,到会除分函外,相应函达贵会即希查照妥议办法,迅赐函复以便汇案核复云云。

(《崇德公报》)

11.湖北汉口商界亦提议改用银元

(1917年2月22日)

汉口商会某君目击汉上商界大宗交易向来均以银数为本位,自民国以来,政府对于纳税等项,概用银元。间有数省地方商界亦已援照政府现行通例,易用银元以免受兑换之损失。汉上为通商大埠,自应仿照各省一律改用银元以免暗受亏折,故特发起提议改用方法,先行致函武汉钱业董事开会待得认可,再行函请中外银行及各党团体等公同会议改良方针,闻拟定组织一经济会切实提倡云。

(《晨钟报》)

12.介绍商业函授学校

(1917年2月23日)

汉口总商务会接上海总商会公函云,案据惜阴公会会员杨公炎君函称,商业竞争日见剧烈,我国商界人才之缺乏,经济之困难固已无可讳言,欲求商业学识之普及殊鲜善策。前经开办中国商业函授学校特设免费科。自三年九月二十五号开课以来,敦聘教员专用中国极浅显之文字授以商业各学科。随时通函问答,不取学费。每半年只收回邮费,讲义费银币二元,聊充经费。务期商人不废根业,不耗学金,借此增进商事知识,养成商业通才,始足以争存于世界。诚恐商界未悉函授之益,特附章程请为提倡等情。前来查我国商人不待学有深造,遽令学业商号者比比皆是。究其原因不外为贫困所致。处此商战时代,焉得而不失败?今杨君公炎开办商业函授学校略花小费足资造就,诚为当务之急。有志向学者务乞从早向杨君处径自报名。其通信处在上海美租界爱而近路,惜阴公会。若欲索阅章程,亦径向杨君函索可也。

(《崇德公报》)

13.商会发起外交后援会之先声

(1917年2月25日)

武、汉两商会中坚分子均以现在政府外交处于困难地位,吾人民亟应先筹善策为政府后盾。刻北京已有外交后援会,汉上为全国中心,为各国视线之集点。今我商人虽无武装精神,仍当奋发,自应发起联合各团体组织外交后援会作政府之后盾。日昨闻渠等拟在总商会于二十五日开筹备会讨论进行云。

(《崇德公报》)

3 月

1.对德声中之鄂讯

（1917 年 3 月 3 日）

汉口商会发起外交后援会，现正联络各方面进行。该会长俞崇敬，以此种团体责任至重，必须与官厅联合共同担任，其力始巨。爰于二十五日，设筵邀请王子春督军到会筹商。驻汉交涉员江汉道尹、镇守使、警厅长及各团联合会长、银行公会主任，暨各著名绅商均陪座席间，筹议情形，现尚无所闻。惟北京外交后援会，刻已派程涤尘来汉催促进行。省议会各议员，昨亦开非正式茶话会讨论，一切因有主张组设外交商榷会者，意见遂不能一致。

（《申报》）

2.汉口谣传德华银行倒闭

（1917 年 3 月 6 日）

汉口近日传言，德华银行倒闭，各商民提款与兑票者络绎不绝，德领事已请王督军传谕武汉商会，谓中德邦交尚未断绝，切勿轻信谣言，务须互相维持。汉口警厅亦出通告，略谓该银行既照常营业，凡我商民应仍持平日相待之态度，慎勿轻信谣言，转妨营业云云。

（《申报》）

3.武昌商会反对与德绝交

（1917 年 3 月 10 日）

武昌商会今日步汉口商会后尘，致电总统内阁，反对与德绝交。略谓中国既抗议德国无限制潜艇战略，已尽其力之所能为。中国经□清末叶及数次革命之后，民生艰困，财力支绌。今方渐有生气，对外态度尤当格外谨慎，且宜先行注重本国利益云云。（八日）以上德文电。

（《申报》）

4.汉商会反对收土

（1917 年 3 月 14 日）

近因政府有收买上海存土之举，国内舆论一致反对，汉商人士亦多愤慨，现各团体拟共同组织国民禁烟会，推举代表赴京沪接洽，一致力争必将存土完全销毁以达除毒务尽之目的。闻汉商前日接上海禁烟联合会来电后，亦集合各帮董开会讨论，由李紫云、吴干庭、盛竹书等，先后演说收买烟土，伪称制药之害，当议定电致政府，两院主张减价收买销毁，否则，由商依限自运出境，以绝流毒。

（《益世报》）

5.汉商考察工厂

（1917 年 3 月 23 日）

汉口商会正会长吴干庭君，对振兴实业夙具热忱，昨日莅沪，拟赴各工厂参观。俾知近年工业改良状况，商由国货维持会派员指引，当由该会委文牍员王伴经君于今日起，分投陪往，并先期通知各厂，妥为接洽指导，兹将所定参观各厂录后：兴华制面公司、泰丰罐头食物公司、中华兴记饼干公司、利华织造公司、景轮纺织厂、振新染织工场、德大纱厂、达丰染织工场、南洋兄弟烟草公司、商务印书馆、求新机器制造厂、三友实业社。

（《民国日报》）

6.汉口商会长续观工厂

（1917 年 3 月 26 日）

汉口商会会长吴干记，此次来沪考察各项实业。曾经国货维持会派委文牍员王伴经导引至各工厂参观等情，已记前报，兹悉吴君连日考察各厂，业已将次完毕。惟尚有高昌袜机、南洋皂厂、丽华袜厂三家。故又于昨晨，借王君续赴调查。当经各厂招待，即一一详记，以便持回编订调查表备查，并分送各界参考。

（《申报》）

7.汉商会长参观商厂续志

（1917 年 3 月 26 日）

汉口商会会长吴干庭君此次来沪考察各项实业，曾经邀由国货维持会派委文牍员王伴经导引至各工厂参观等情（已记前报）。兹悉连日分投考查所规定各厂，业已将次览毕，惟尚有高昌袜机厂、南洋皂厂、丽华袜厂三家。又于昨晨协同王君续赴调查观察当蒙各厂，招待即一一详记，以便持回编订调查表备考，并分送各界得以参考，借资仿办，亦可见吴君之热心提倡实业以达挽回利权，推销国货之目的云。

（《新闻报》）

8.外电：汉口商会议决反对加入协约，武昌总商会赞成加入协约

（1917 年 3 月 27 日）

汉口电　武汉商务总会因关外交问题“□”开大会。汉口商会议决反对加入协约。武昌总商会则信赖中央之方针，议决不加入汉商会之决议。（二十六日）

（《申报》）

9.汉口商会长赴杭
(1917 年 3 月 28 日)

汉口总商会会长吴干廷来沪调查实业,经国货维持会连日派员,引导至各工厂参观。迭志前报,兹悉吴会长因上海各厂,业已调查完竣。故于今日乘沪杭火车前往杭垣调查实业,顺道览胜西湖,勾留数日再行回沪返汉云。

(《申报》)

4 月

1.汉口商会反对中国加入战团
(1917 年 4 月 8 日)

汉口商会又电政府,反对中国加入战团。(七日)

(《申报》)

2.汉商会包办印花税
(1917 年 4 月 13 日)

汉商会包办印税,鄂省印花税分处,近日对于汉口施行印花税事积极进行。各商民因警察检查动辄受罚,群拟要求包缴,每年规定额数,由各帮摊认汇解,商会缴处,闻此事印花税处长高琦度已承认可以商量。汉口总商会长俞清臣,乃于七日召集全体会议,首由俞会长报告开会宗旨,并宣布广州总商会来函,及汉口各帮所递意见书,请各帮帮董对于零贴包缴两层公决办法。次由蔡辅卿、徐荣廷等宣言包缴最为利便,以后可使警察不再过问,惟须各帮董担负责任,将认定之数随时缴清。次由易玉田君宣言,如若包缴情愿负责,俞谓赞成包缴者请起立,众均起立,嗣讨论包缴数目公决先行试办六个月,年额总不得逾十万元,众鼓掌。所有分配办法,俟与印花税处长,磋商后再行酌议,至是散会说者,谓包缴印税于商人固称利便,但不由警察查验,则此事有一大流弊,何则盖印花税非他项税捐可比,若不查验,则商民将不遵章帖用,或帖而不足数,每月所派印花彼尽可转售于他埠,是则其缴款与不缴等,当设法以善其后云云。

(《申报》)

3.湖北汉商包办印花税
(1917 年 4 月 16 日)

鄂省印花税分处近日对于汉口施行印花税事积极进行,各商民因警察检查动辄受罚,群拟要求包缴每年规定额数,由各帮摊认,汇解商会缴处。闻此事印花税处长商琦度已承认可以商量汉口总商会长俞清臣，乃于七日召集全体会议。首由俞会长报告开会宗旨，并宣布广州总商会来函及汉口各帮所递意见书，请各帮帮董对于零贴包缴两层公决办法。次由蔡辅卿、徐荣廷等宣言包缴最为利便，以后可使警察不再过问，惟须各帮董担负责任，将认定之数，随时缴清。次由易玉田君宣言如若包缴请愿负责，俞谓赞成包缴者请起立，众均起立，嗣讨论包缴数目公决先行试办六个月，年额总不得逾十万元，众鼓掌，所有分配办法，俟与印花税处长磋商后再行酌议，至是散会说者谓包缴印税于商人固称利便，但不由警察查验，则此事有一大流弊何则盖印花税非他项税捐可比，若不查验，则商民将不遵章贴用，或贴而不足数，每月所派印花彼尽可转售于他埠，是则其缴款与不缴等当设法以善其后云云。

（《晨钟报》）

4.电召沪汉商团列席之传闻

（1917 年 4 月 16 日）

第三步对德宣战问题，政府偕各方面商榷已久，至今尚未实施。闻其原因有二，除协约国之条件诸待磋商外，余即沪汉商界陆续拍电中央，反对加入协约与对德宣战之计划，昨闻段总理以军事外交均与商家有莫大之关系，曾期将届特分电上海汉口各商团令派定代表参预议席，以便将中国刻下之国际位置及必与在远东重要关系之各国共同行动之原因；二向之宣释使疑团冰涣意见相同，然后专办外交实行，政府已决定之方针云。

（《益世报》）

5.汉商会包缴印税之进行

（1917 年 4 月 24 日）

汉口总商会为包缴印花税事，于十五号下午二时再开全体大会，到者数十帮。首由正会长俞清臣报告与印花税分处长高仲涵接洽情形，谓已议定，每年包销额十三万元，公家系八折缴款，由本会交与各帮作为九折，其余一成即作办公经费，拟先从调查入手，视其营业之大小定认印税之多少，众赞成。次由李紫云、蔡辅卿、樊步青、王禹庭、程荣卿、罗伯良诸君反复讨论派销办法，总以分配均匀利便商民为宗旨，决定在商会立机关推举主任专斯其事，众皆赞成，遂散会。又闻湖北印花税分处前由中央议定，每年以四十五万元为定额，现因高处长到任以来，支配全省销额，有把握财政部复拟增加十万元，近日正在电牍往返商榷。

（《益世报》）

6.汉口商会拟请施行市政

（1917 年 4 月 28 日）

中国政府近派陈祥秀（译音）为汉口商埠建筑筹备处长。汉口商会以粤汉、川汉两铁路现渐发展，汉口亦将随之成一大商场，拟请施行市政，即以美国借款兴建市街，现正协议一切。（二十七日）

（《申报》）

5 月

1.汉商会反对宣战电

（1917 年 5 月 8 日）

汉口总商会通电云，大总统国务院参众两院商会联合会钧鉴，各省于对德一举，诤者屡矣，成事不说，近则争传加入，又将实行各商会纷纷请求电阻不约而同，民情大可见也。窃谓政府向未尊重民意，此举大为存亡所系，不可不慎之又慎，先求上下一心。若彼亦一是非此亦一是非，相持不休，务求相胜，致使中国人从此不爱中国，已伤当事之心，且使外国人从此益轻中国，更足增大局之困，匹夫有责，不忍不言，及今审之犹未晚也，汉口总商会叩东。

（《民国日报》）

2.鄂中近讯

（1917 年 5 月 25 日）

鄂省王督军晋京倏已月余，屡传归期未果，盖中央军事会议虽早就绪，而宣战案已大起政潮，各督军既乘兴而去，自不愿扫兴而还，且王督军尚有选任省长编制，鄂军等项要务须待商洽。据最近消息，王督旋鄂之期，当在本月杪云。（按：此系二十日通信，故尚未知督军团出京情形。）围闹众院风潮发生后，鄂省王金镜代督，何佩镕护长仰承王子春意旨，仍欲施行各界请愿政策，除令军界全体电京请愿宣战外，并数次招宴武汉绅商名流，恳其结团请愿，赞助政府。各绅商领袖以他省现尚未有举动，湖北未便独先多婉言拒绝，磋商再三，惟允不再发反对政府行动之电。前日有汉商会董事多人拟呈总统总理，请严惩围闹众院首要一电，本欲用商会名义，该会长俞清臣等不允，且嘱不得用董事名义，乃以个人资格联名拍发。

（《申报》）

6 月

1.鄂省亦禁米出口

（1917 年 6 月 4 日）

湖北近日苦旱，米价飞涨，灾荒之象已见。财政厅长张寿镛，以维持民食首应禁止米谷出口，特函武汉商会云，查鄂省出口振粜米捐一案，四年冬间由汉口商董以各属岁称中稔，湘禁又开，灌输较多，供过于求，米价低落，详奉前巡按段饬由贵会核议，详复暂予弛禁。当经敝厅拟议办法，将出口米数定为一百五十万担，每担以一百斤为标准，照海关税率，捐关平银一钱，以轮连为限制定运照及捐票两种。照由厅给捐,由关收详,奉核准于五年一月十日开禁试办,曾经抄详函致贵会,查照在案,兹查此项出口米石业,经运满定额自应照案先行截止,一面由厅呈请省长核示,除函请汉关停运,并候省长批示,再行函知外合先奉告云云,则鄂省米粮禁止出口,即在目前矣。

(《申报》)

2.独立声中之鄂州

(1917年6月5日)

段内阁免职以来,全国视线集于督军团。鄂省王督军由徐归来,宣布以拥护中央维持地方为宗旨。后武汉人士之惴惴过虑者,皆为心安。商务金融,旋复原状。近数日,虽谣言不已并纷传。张勋、倪嗣冲等日与王督军文电往返,频集军官会议。然以王既表明宗旨,他省督军亦未必有所举动。不谓,三十日午电讯传来,蚌埠倪嗣冲竟已首先宣布独立,商民闻之尚疑信参半。迨三十一日风声更紧,至谓浙、闽、陕、豫四省已继起独立,人心遂非常惶惧,金融大受影响。北京中国、交通二行钞票已不通用,(午间忽有人向钱业公所受买京交票,每元售五钱六分,因复有市不知何故)拆息涨至六钱,银价高而钱值落。社会上一切人类,逢人即探听虚实。各机关中人,亦纷纷议论是非。王督军为安定人心计,除将皖已独立,明令军民政各机关知悉外,其余尚暂守秘密。闻王之宗旨本赞成督军团行动。张怀芝、倪嗣冲、吴光新等亦力求其赞助,但王手下虽有北军两师两旅,然有黎天才、石星川二师分踞荆襄、黎石皆黄陂旧人,素来忠顺实足牵掣。故不能不持镇静态度,将约同冯河间出,为调和也。第又传,在省北军将校颇多,主张激烈。前日,有天津某方面密使至汉口,曾邀军界长官多人在汉口开会,特未知所议若何耳。三十一日汉口商会长俞崇敬等,以人心恐慌往探王督军意旨。王之论调似与由徐归来时稍异,极不以宪法解散权等条文为然,惟谓须保守中立维持地方。不使湖北稍有惊扰,诸君尽可安心营业云云。是日以来,武汉地方遂大戒严。水陆军警一体划分区段,加紧巡防。如北军第二师第三第六两混成旅、省防团省会警备队均分配小排荷枪逡巡各地面昼夜不懈,各炮台要隘亦加兵驻守。闻参陆部曾来电,调留鄂北军北上。王以保境安民为词,却之谓武汉当全国中心,伏莽林立未能征发他往。又闻王督对于中央催解税款曾命汉口中国银行解现洋二十万元赴京。讵中途被汴军截回,此说确否无从证实。现一般人民以王督处事能见其大。昔川滇事起,人心浮动。湖北毗近战地,独安堵如常人民□嘉赖之今次之变性质,虽不如前而扰乱地方,则同度王督必能竭力维持军心,使无他应也。

(《申报》)

3.鄂当道最近之态度

(1917年6月6日)

一日午后二时,王督召集武汉商会长俞崇敬、王琴甫、殷友于及商董李紫云、吴祖栋等多人,暨武汉两警厅长杜镇守使等先会议,维持秩序禁止谣言各办法,继由商会长询问北京近情。王谓此次各省独立系为政见争执并无权利思想。本督军现已约合冯副座、李、张各督军电京调停，当有转圜之望。惟本督既为湖北长官，总以拥护中央维持全省商民为宗旨，现在市面所受影响在银根奇紧、金融恐慌，业已通知官钱局及各银行照常收款、放款并分饬军警严密稽查，倘有无端造谣生事者，一经查获重则就地正法，轻则依法惩办。务祈转告各商切勿轻信谣言、安心营业、一律照常，勿得自误云云。是晚，商会已据此刊发通告。

（《申报》）

4.时局恐慌中之王督宣言

（1917 年 6 月 7 日）

王督军于一日召集武汉商会领袖会议，已记昨报，兹再将王之宣言录下：予自赴京而徐归后，即以拥护中央维持秩序为职志，今者安徽倪嗣冲宣告独立，而山东、山西、陕西、河南、浙江、福建、奉天等七省相继独立，其宣言均不过为争宪法、请散国会，似殆暂与中央断绝关系而已。中央已一面与各政团协商修改适合国情之宪法，一面着手疏通从事调停。所有能担调停者，惟冯副总统最为适合，中央电予调停，予已力请于副座，谅副座老成，谋国手腕灵活不难从容解决此，诸君毋庸过虑者也。然为维持秩序起见，不能不暂行宣布特别戒严，此亦诸君所能谅者，予固籍隶他省所有以人民为前提之宗旨，始终一如黎总统之在鄂，区区此衷敢可自信？湖北乃君等之湖北，此次予当尽力保卫一草一木，或有侵害均惟予是问，如查有扰害秩序者，则唯严法惩治，不稍优容，以尽予责。庶上副大总统爱国爱民之至意，下可告无罪于贵省人民，今与诸君相见，以诚作此，披肝沥胆之谈话，尚望代为布，达劝导各安生业，勿听浮言，自相惊扰云云。当时武昌商会殷友于、张则先、徐荣庭等均唯唯表示极满足、极快慰之态度，起而谢曰："谨代全鄂商民感谢德意，当代宣布市面情形，尚恳维持。"王督军亦允随时斟酌，乃散会。

（《申报》）

5.鄂督军宣布宗旨后之状况

（1917 年 6 月 8 日）

自武汉商会将一日军署会议之内幕发布后，一般人遂认此为王督维持秩序拥护中央之一种保证，市面顿转宁静，一反其紧逼之情形，即以兑换银元一端而论，一日午前每元换票钱一串四百九十六者，午后竟换至一串五百二十二。自二日通告一出，每元只换一串五百零九文，倘所谓政争能为合法的解决，则所谓独立的流行病自可消灭，鄂省亦绝不至有传染之虞也。

（《申报》）

6.鄂省对于时局之各方态度

（1917 年 6 月 9 日）

各省独立之警耗传来，武汉谣言四起，人心恐慌以致金融紧迫，商务停滞，间接影响实非浅鲜。幸赖王子春督军坚持宗旨，以拥护中央保卫安宁，自任已训令军警，布告通衢，故得震慑无虞。三号午前十一时，武汉商会李紫云、俞清臣、徐荣廷、殷友于、王琴甫、蔡辅卿、宋伟臣、吕恂伯等齐赴军署，谒见王督，王督演说，历二句余钟。大致谓鄙人统兵鄂渚数载于兹，对于政府不敢云功，对于商民可告无罪，现值外患，孔亟内忧四起，正民国千钧一发之时，因宪法问题，酿出绝大政潮，因内阁免职，而致数省独立，此诚痛心疾首之事，鄙人忝列疆寄排难解纷，愧乏长才，然保全秩序责无旁贷，决不以私人感情及个人权利，而贻大局之害，此情此心，吾于由京返鄂之初，即已表白，想亦诸君所共谅。顷闻皖汴相继独立，吾鄂扼南北中枢，防务不得不严，外间谣言，自所不免，诸君为商界领袖，名高望重，所以特请来署一谈，希即通知各帮商户，切勿轻信谣言，一体各安生业。于□课民生裨益匪浅，况客夏南北交兵，谁不曰武汉必陷入危险旋涡者，鄙人一意维持卒获无恙。今兹时局，又非去岁可比，故鄂人之生命财产，实可担完全保护责任云云。殷友于君进叩政局，将来之结果王督军云，事已至此，殊难推测，余（王督自称）已拍电四通：（一）电请中央速筹收拾方法；（一）电请冯副座张巡阅力任调停；（一）电请段前内阁，以个人名义电劝倪张诸督军；（一）分电已宣告独立各省，切勿动兵，听候和平解决。盖中国已陷于无政府地位，若起兵戎，倘为外人借口瓜分豆剖，惨祸立见，但能否有济，实不敢知，惟有尽其在我者云云。

（《申报》）

7.鄂省之恐慌稍定

（1917年6月10日）

武汉商民日前纷纷争收现银，金融大受影响。自一日午后，军署召集绅商会议，由王督宣布宗旨后，由官钱局奉命拨出现洋十万元收买官钱票，该票价值既为提高。次日至三日，官钱局与中国银行又合共放出现银五十万元交商会担保之。各大钱庄字号借贷各商。并商交通、兴业各行将阴历月半比期应收各款，一概暂不收回转期，市面恐慌情形遂得维持，三日之银钱市价已回复原状。四日为阴历月望，毫无险象，连日苦旱，酷热之天气亦转为风雨萧萧、夹衣犹寒之状况。现各界人士皆盼望张少轩偕李合肥入京，速将所谓政争为合法之解决，以免分裂惨祸。

黎总统素为人民爱戴，乃有教育总会会长梅宝玑氏。本为附和帝制派人物，前岁项城称帝。梅在鄂发起请愿劝进团，兹闻时局危险，又有劝黎退位之电，其文云：大总统钧鉴，顷见报载闽、浙、皖、豫等省纷告独立，无任惊骇。各省独立理由是否一致，虽不可知，大概不离乎总理免职，总统违法者，近是宝玑早深杞忧。前已电请钧座于万难维系之中，妥为设法维系，不图电将达而局已破。总理应否免职，总统果否违法，在太平无事时，原可从容坐论，今则不成问题。近六年迭经变乱，民生涂炭，国本动摇，初赖清帝之一让，继赖中山之一让，终赖项城之垂让，赍志以没得以转危为安。今又发生此变，国处旋涡，民居危幕。伏思钧座救国救民。本诸夙志权利思想不容丝毫匪，但宝玑所深知亦为天下人所共见，乃者误于左右激而至此，钧座瞻前顾后，必当有以自处。将来国基固民生，安而天下人论钧座之德，当不在清帝之下也。宝玑夙荷知遇，鉴其狂愚敢贡刍言，未必有得。倘别有良法，足挽狂澜，则接舆之言犹之，河汉维钧座察焉云云。按此，虽梅氏个人意见，然暗幕中必尚有人授意者，至大多数商民，则盼望迅速调释，并不主张黎氏退位。兹录汉口商会，致冯副座王参谋长张巡阅使江电，可见一斑矣，原电云变故纷乘忧患未已，报章宣传殊骇听闻，商等目击时艰，罔识法纪。但念国家关系首在商民，一经武力动摇势必金融复慌，交通梗阻，内讧外逼，何以为生。况鄂境僻灾，旱象已成，禾苗失种，顾虑方殷更不堪以积苦，余生益增危迫，务求俯全大局，调释双方迅速解决。主张和平，以消隐祸而安人心，实深叩祷。

（《申报》）

8.时局维持中之湖北两会

（1917 年 6 月 12 日）

武汉总商会领袖，赴军署谈话情形迭详前报。兹再将汉口商会之通启录下。径启者，昨日本会会长偕同前总协理诸君渡江，晋谒督军兼省长王，询及北京秩序暨现时状况，当蒙开诚布公，谓两院与内阁稍有意见，即近日报载独立各省份系为政见争持并非他项问题，旋奉面谕。本督军既为湖北长官，总以拥护中央，维持全省商民为宗旨。业经通知官钱局及各银行照常收放，切勿听信无稽之言，并分饬军警严密稽查，倘有造谣生事者，一经拿获，重则就地正法，轻则依法惩办。务祈转嘱各商家安静营业，一律照常，勿为传言所误。等因，奉此。合亟飞远台论请，烦查照分知为盼。

（《申报》）

9.（财政总长梁启超）呈汉口商会会长俞崇敬承销印花年认巨额请从优奖励由

（1917 年 6 月 31 日）

大总统指令第一千一百五十三号

令财政总长梁启超

呈汉口商会会长俞崇敬承销印花、年认巨额，请从优奖励由，呈悉俞崇敬著传令嘉奖。此令。

大总统印

中华民国六年七月三十一日

国务总理段祺瑞

财政总长梁启超

（《政府公报》第 553 期）

7 月

1.鄂省筹饷加税之反响

（1917 年 7 月 3 日）

鄂省加征货物过境销场税，十分之一之附税，以为陆军省防团经费。刻已定于七月一日实行，查筹饷加税关系人民负担，现在省议会虽未开会，机关仍然存在，王子春竟未将此事咨行省会核议，惟以公文训令武汉商会（原文已录昨报）传知武汉各商帮，并分行各县商会遵照。武昌总商会奉令已于二十八日开帮董会议讨论，佥以本省货物税，在清季估本或多不实，光复后，已逐一按照时值估税,且由值百抽二五增至抽三,担负不为不重。现今商情困苦岂堪再加,况省防团本属陆军与警察警队性质不同,只以其薪饷薄于陆军,故别立一省防名目以示与专重国防之军有异,既明明为军队,乃令地方筹饷,向无此例,此端一开,窃恐将来尚有他项继起,故全体一致,请商会长殷友于具呈否认,但殷素以阿附官场著名,当以俟汉口商会会议如何再行决定。闻汉商会于二十九日,亦开特别会议,讨论斯事,所议如何尚不得知,惟见其传单有云:近年政潮迭起,我湖北尚能安居营业,秩序井然,皆出自督军兼省长极力维持之所赐云云。如此颂扬功德该会长等之赞成,此举可知矣,特不知多数商人,亦惟会长之命是听乎?

(《申报》)

2.烟叶提单作废

(1917 年 7 月 18 日)

浙帮源康成号客,柴启恩于七月十号在汉口声称,上海鼎记所托,向各烟行办去均州烟叶六十件,先后由太古轮装申。该客得货卷选经敝行等。查悉之下,即请汉口商会暨太古公司电告申公司,将货止提一面登报广告,将太古所出该货提单作为废纸计之。武昌第 212 次装申 85 号提单:A 唛烟叶五十件,计重九十担;又洞庭 099 次装申 43 号提单:A 唛烟叶十件,计重十八担。以上提单二纸,以无提货效力,望中外各商号切勿收受及抵押银两等情,以免交涉。特登申新两报声明,诸希公鉴。寓申汉口烟行、恒和、祥盛、俞荣昌、福顺森公启。

(《申报》)

3.提单作废

(1917 年 7 月 19 日)

启者,兹有汉口源康成号主,柴启恩畜志不良,在汉竟向复泰徐荣记等号,骗去日木耳卅廿包,A 湘莲十箱又红枣七十六包。五月廿四日,由鸿安公司长安轮进口又 T 木耳六十包,德 UU 白蜡五件。五月廿五,由太古公司武昌轮进口该货。除尝请汉口商会电咨上海商会转知两公司提单□付在案外,特再登申新两报及字林西报声明提单作废,以免在外抵押等情,特此声明!广福帮十三家同行公启。

(《申报》)

4.时局摇摇中之鄂闻

(1917 年 7 月 24 日)

汉口商会诸董于十八日致冯总统、段总理电云,此次削平巨患,民国转危为安,皆出二公之力。现在大难初平,内治宜急前日之祸变,固赖二公与各省相挽回后日之治安尤冀各省为二公之左右全国一气,万众一心。此则我商民等之所倾诚拥戴,断不容群言淆乱者也。又谓此次之变,推原祸始,实在清廷。民国成立以来,假使无优待条件之宽仁,何致有潜谋复辟之举动。试思,四百万经费罔非吾商民之膏血,果使镇定相安亦复何所顾惜。今者隐衷暴露,狡迹彰明,设觊觎相循,再经扰乱,更将不堪。我总统、总理保卫民权,巩固国本,前功底定,后患方殷,所有执政诸公对于处置清室能否确有把握,俾遏乱萌而安人心之处,商民等静以待命云云。

(《申报》)

5.时局紧急中之武汉

(1917 年 7 月 29 日)

汉口各国领事,近来对于吾国民党之在租界密设机关者,除某国外皆未正式承认保护并且加以制裁。而某国租界,因德界已为华官治权,所及形势上几如海岛之孤悬,出入交通皆须经过内地。故党人亦不愿居住该租界,以免稍一不慎即入侦探罗网。因是近日汉皋不特无所谓机关抑且并无民党首领之踪迹。凡以民党名义号召者皆系假冒,渔利之徒。闻武汉总稽查处,昨在法租界晋通栈及第二宾馆破获机关一起,当请法领签字逮捕,九人中有副司令吴某一名,系湘人。据供现,充湘督军署咨议,因来鄂有要公,调查鄂境情形并非别样意思,当以所供支离,问以既无别样意思,何以随带许多人员,印刷许多徽章(徽章内署李烈钧为护法军总司令,吕丹书为湖北总司令)等件。吴无词以对,刘处长当将吴收押随讯其余八人,均无确供,一并收押候呈明督军,解送陆军审判处讯办。汉口商会对于复辟善后之意见,已电冯、段。主张停止优待。兹武昌商会亦于二十三日电南京冯总统、北京段总理发表意见所言如下:南京冯代总统、北京段总理钧鉴,此次张逆复辟,国本动摇,不一旬而旋干转坤邦基,奠定神机伟绩,中外同钦。惟大乱方去善后,宜筹推厥祸源,实为清室不为相当惩治,何以永绝乱萌?一宜永除帝号,服从正朔,免顽固之徒犹思拥戴;二宜迁出宫廷,另定居所,免野心之徒挟以居奇;三宜酌减优待经费,借轻民国担负,免亡国大夫宗社党人觊觎。此款为造乱之资,我商民疮痍未复,风鹤频惊,方出水火之中,思登衽席,谨抒刍荛之言,拥护共和。冒昧陈言,静待后命。武昌总商会长殷尔彝、副会长张则先暨全体会董公叩漾。

(《申报》)

6.汉商会议撤销优待清室经费

(1917 年 7 月 29 日)

汉口商务总会,前日召集商董多人开会,讨论关于清室优待条件存废问题,各董主张乘此机会撤废优待条件,并不由清室帝号之存在。谓张勋此次拥溥仪复辟,全恃有四百万之经费,而利用清室虚号,以号召清室每年耗费,并不止四百万,合宫殿修葺费、陵寝费、八旗生计费,计有两千万元之谱。若能断然废此优待条件,停止支给,一方可减轻国民之负担,一方可弥无穷之隐患,因决议电请北京当局照办云。

(《民国日报》)

7.令财政总长梁启超呈汉口商会会长俞崇敬承销印花年认巨额请从优奖励由　呈悉俞崇敬著传令嘉奖此令

(1917 年 7 月 31 日)

令财政总长梁启超,呈汉口商会会长俞崇敬,承销印花,年认巨额,请从优奖励由。呈悉俞崇敬著传令嘉奖此令。

（《财政月刊》第 4 卷第 44 期）

8.呈：财政总长梁启超呈大总统汉口商会会长俞崇敬承销印花年认巨额请从优奖励文

（1917 年 7 月 31 日）

为汉口商会承销印花年认巨额，请将该商会会长俞崇敬从优奖励，以昭激劝，具呈仰祈鉴核事，窃据湖北印花税分处处长高琦度呈称：湖北印花税务历年收数全省合计至多不过十余万元，衡诸部定比额相差甚巨，汉口为著名商埠，华洋萃处，情形特异，故印花开办三年，税收迄无起色，悉心体察知迁就固非良册，操切尤碍进行只有设法利导，俾得先就范围，徐图展拓，幸该埠贤明绅商意见相同，乐为赞助，开会集议划定全年应销票额，即由商会承销，经与商会会长俞崇敬等多方策划，始经议定汉口一埠全年认销十三万元，概由商会承领分销，定于本年六月一日起实行，查湖北税务进行全视汉口为转移，此动彼应，关系匪轻，此次该埠承销印花超过历年全省收数，华洋一致遐迩倾瞩，各绅商热心匡益，实皆大著勤劳，而汉口商会会长俞崇敬以高资耆年雅负重望，始终不辞劳怨，力赞厥成，见义勇为，尤堪敬佩，亟应从优奖励，借以风示全国，查该会长俞崇敬，上年因劝办内国公债，已由湖北省长呈准奖给三等嘉禾章。应如何从优核奖之处非敢擅拟，其余出力绅商，容再择尤另案呈奖，分资鼓励等情到部。查印花税一项，既以补充国库收入即以保证人民契约，东西各国均视为最良税源，我国开办数年习惯未成，推行匪易，而通商口岸尤觉因应为难，此次汉口商会会长俞崇敬，独能体念时艰，热诚赞助，每年承销之额多至一十三万元，实属贤劳卓著、功绩昭彰，不惟有裨税收亦足矜式全国应请准如所请，优予奖励，以策来兹该会长曾经于公债案内奉给三等嘉禾章，此次办理印花税务尤为异常出力，可否特予晋给勋章，抑请明令嘉奖，伏候钧裁所有请将汉口商会会长俞崇敬从优给奖，缘由是否有当理合呈请大总统钧鉴训示谨呈六年七月三十一日已奉。

（《政府公报》第 555 期）

8 月

1.鄂财厅筹款与印花税

（1917 年 8 月 7 日）

鄂省各项税捐因时局影响近来短收甚巨，而军费则日渐增加。日前曾经王督军请命中央拟暂停应解京师各款，俾资筹备省防。讵部议以鄂省虽当要冲目前尚无军事，弗允所请。迭电来鄂，催促解款协济急于星火，均经王督转行财政厅查照，现财厅长张咏霓以本省财源涸竭罗掘俱穷，即使停止解款犹虞不足自给，焉能协济中央，顾部令恭严未便漠视，应亟设法筹措共维大局。特于三十一日邀集武汉商会领袖及关于财政之各局处所长开协议会公同讨论。由张氏先将近来财政困难情形详叙一过，谓各处厘捐短收仅及比额四五成者已属佳运，其余仅及两三成。若即时大局平靖、百货流通、商旅安然，而此两月余所短收之税额已不能补足。现在省库负欠官钱局公款已巨。节流无策、开源无方，即权且向钱局通挪，势亦有所不能。约略估计现至年终如无意外事变发生特别用途，连中央解款尚需亏二百万元，新税既难增额，旧税亦无可再加，为今之计惟有施行下之三策：(一)变卖布纱丝麻毡呢造纸各局厂；(二)以各该实业局厂作偿招募省公债；(三)借贷洋款或以省有各矿作抵押。此三者均拟请诸公审慎筹维何者有利？何者有弊？请各抒所见，以凭呈请督军核行。并云日内需款解京甚亟，贵局处所究竟有无存款，切盼挪移相助。当时各员议论庞杂，大率以赞成借洋款者为多，抵押品亦有磋商之处。至于搜罗公款，则均云报解已尽，实无余存，至向商号通挪，亦属匪易，须待筹商，再以公文呈复，云云。惟汉口商会长俞清臣，因包办印花税，已于六月实行，尚未缴过税款，当认缴解八千元，余数须候力催各帮赶急缴出汇解，是日会议仅获此结果而散。再查汉口商会包办印花税，认定每年十三万元依照定案，商会以分派各帮之劳产享一成扣头之权利。原负有垫缴税款之义务，领税票时即应缴款。以本年七个月计之应缴七万余元，彼财厅印花税处胡不遵照定章办理，任其拖延，至今缴款犹不及两成或谓商会垫款。乃因时局不靖中变想或然与。然闻鄂省近日施行印花税，以复辟影响，突然大形松懈。曾由王督军以兼省长名义通令全省变通检查办法，将拦途截查一项废去。凡行旅携带之账簿折据未贴与贴不足数，只有教导贴用之责，皆不拘罚行人。所携货物未开发票贴印花者，亦不为罪。所有检查印税官员巡警只许向铺户检查，如发见簿据未贴或不足数亦不准拘人至官署，即由员警单独报告于有权处罚之长官，持罚款若干证及收据前往交该铺户主押令缴款，必其人不认罚，然后拘署核办而罚金充赏一项亦改。旧章程仅提一成，此种办法之宽大免人民动辄拘入官署，诚为善政。然警吏辈因不能拦途骇诈赏款，又复轻微，莫不意懒心灰检查。遂等于具文影响于印税行销甚大，此又今日财政当局所无可如何者也。

(《申报》)

2.湖北之交通与商务

(1917年8月10日)

汉口茶业为对外贸易之大宗，民国三年，中央为提倡茶业计，曾由财政部税务处会同议定，减轻出洋茶税，每茶叶一担之关税原为一两二钱五分，减为一两。惟当时曾声明此项减税以茶叶为限，其余茶梗、茶砖、茶末毋庸减收，盖以出洋华茶，以叶类为最需要，是以特予减税，俾易销行也。兹汉商会以茶末亦出口大宗，完税仍照旧章，殊欠公允，特援案要求准照茶叶一样，征税银一两，业奉部处核允，惟以运销外洋者为限，但茶末既可援案，茶砖等项亦必继起要求也。

(《申报》)

3.鄂商会对于加捐之呼吁

(1917年8月29日)

鄂省陆军省防团薪饷年需四十余万元，原由国税项下支拨，前经财政部呈准停止，咨请鄂督军省长就地自筹，王兼长因水上警察经费亦不敷用，年缺二十余万元，特令财政厅将全省过境销场之货物税附加十分之一，以为该军警经费，嗣以竹木税与糖捐亦属货物，并令照加一成，于八月十五日实行，已令行鹦鹉洲、宝塔洲竹木税两专局遵办，现武汉各帮木商以民国初元改订征收竹木捐章程，凡属销场过境木把（即木排）一律丈量派木一钱一根估本钱一串文，在武汉完销场捐三十六文，入内河完销场捐四十五文，出口完过境捐六十文，量法算法仍极苛刻，三年复加出口捐钱二十二文，致令负担过重，本利难保，连年出口木把减少大半，有损于商，无益于国，四年又因筹捐江工经费，每竹木正税钱一千文，附加捐钱三十文，商等告艰求免，未蒙允准，兹为省防团经费复附加十分之一，理应谨遵办理，无奈木业由黔湘运经武汉转至赣、皖、苏各口岸，计历六省，经过常关五处，税局二十一处，层层剥削，较诸百货税捐倍重，连年各关、各局均有加征，商困甚于从前，估本千文之货，至苏所完税捐竟积至千三四百文，而洋木进口估本值百税只抽五，益以子口半税二分五厘运行全国，概不重征，故销数日畅，华木大受压制，因此收歇者举目皆是，何忍更加附捐以摧残生业乎？况由鄂出口尚有赣、皖、苏三省关局，税捐尤重，何处无防军，何地无水警，设群起援案附捐，行见华木出口绝迹，尽为洋木所并，爰将以上种种情形陈请武昌商会代为呈恳督长，俯恤商艰，难免再加。武昌商会以所陈均系实情，若果华木裹足难销，洋商乘机而起，独获大利，于国税、商情两有妨碍，特为具呈转恳免除矣。

（《申报》）

9 月

傅良佐赴湘前之鄂闻

（1917 年 9 月 5 日）

汉口商会各董，因见大批北军入湘，诚恐岳湘间首起南北战争，影响本埠商市。前日，曾由会长俞崇敬等偕著名会董蔡辅卿等十余人往谒王督军，陈述对于调和南北之意见。略云敝会鉴于南北之形势既已相持日久，迄今而果以武力解决，匪惟商业受其大害，恐国中秩序将更扰乱，陷商民于死地。曾将此意向京沪各商会联合一致运动和平解决，均经赞同。特请钧座主持入告政府云云。王督答以调停南北余之素志，但近奉大总统密电刻下调停之议正在进行，可望和平绝不致以武力解决。至傅湘督赴任为湘人欢迎只少数党人运动阻挠，现已设法消融，断不至于用武。诸君尽可放心转告商民，勿惑谣言云云，俞等遂称谢而退。

（《申报》）

10 月

1.鄂省一处四局之裁撤

（1917 年 10 月 10 日）

汉口辛亥兵燹，全市付之一炬，共和成立，各商帮清理人欠，及欠人之款达四千数百万元之巨，纠葛频繁诉讼踵起。元二年间，此项债务案件，皆由商埠地方厅判断，然以与商情隔膜，裁判每失平允，而又手续纷繁，难期速结。于是汉商会乃有要求鄂当道，组织商帮清理债权，债务处之举由官委任督办、坐办裁判各员，以商界领袖分任，评议所有债案皆归处理，如有不服判断，或狡骗抵赖，然后移付地方厅依法办理，该处系于三年春成立，曾经咨由司法部立案，法部原以该处有侵法权，特限一年为期，嗣以债案未清一再展限，遂至今仍得存在，兹司法部林总长检查旧案，以该处设立已逾三年，债案何以犹未清结。爰咨请鄂省长于今年底务将该处裁撤，所有未完案件移交法庭办理。昨省长已转令该处督办，赵道尹赶于本年内，将积案清理完毕，依限结束。

（《申报》）

2.鄂官民筹赈津灾纪详

（1917 年 10 月 19 日）

今岁各省水灾迭见，以京津为最重，川湘鄂鲁次之，前者汉口绅商以本省被水者约有二十余县，现多水势未退，不能补种。转瞬冬寒，无衣无食，殊堪怜悯。王兼省长虽已请准中央拨发帑银五万元，杯水车薪、赈济殊难普及，用是发起义赈，拟宽筹款项办理赈济，乃一般富绅巨贾以连年筹赈济灾多半懒于从事，致迁延日久，筹赈事务所迄未成立，兹王氏因迭接直鲁官场，乞赈之电以天津一带灾情最为惨重，救灾恤邻自古已然，未便漠视。爰于前日柬请武汉绅商学界领袖至署，会议筹赈办法，到者五十余人，当经议定以国内被水区域太广，今先其所急以京津为最要，次及湖北，再次及川湘各省，即于汉口总商会省公署两处设立筹赈事务所，委托财政厅武汉两商会汉口慈善会为经收赈款处，官商合力通筹。暂先由省署饬财政厅筹款五万元垫汇往津办理急赈。待由商会收集赈款之后随时归垫，如有余款再支配本省赈务。闻王氏预计全省官民尽力筹措约可得银十万元，兹将官民两方筹赈情形分记于右。

绅商　汉口商会长俞崇敬及特别会董李紫云等，在省署会议后，即召集商会全体董事会员等磋商，拟将所有在会之人一概署名，为筹赈发起人或列为赞成人。发起人各先捐一百元，赞成人各先捐五十元，如有自愿多捐或助寒衣食物各听其便，惟发起或赞成者均须担任分途劝募捐款，为数虽不拘定多寡，总须各尽其力。每人经募若干，将来造册呈报省长查核，大约经募至千元以上均有相当奖励。此刻虽未明言其意，则已显露矣。各富商大贾现均欣然承认署名，发起者有一百余人，赞成者亦有三百余人。仅此两项捐款，为数已属不赀。商会又更定一例,凡捐款十元者皆列为赞助人,与赞成人名册一并造报,其捐款之旺必可操券而获也。慈善会一方面则定于十八日,集合各团体代表善堂、董事、绅耆等筹划劝募方法。该会因以慈善定名,旦欲自办棉衣裤一万套,先行解赴天津赈济。此项棉衣每套须洋两元,商界认捐者亦极踊跃云。

(《申报》)

11 月

1.武汉商务总会为军械借款开会集议

(1917 年 11 月 14 日)

武、汉商务总会为军械借款问题,于前日晚间开会集议,当场选定委员十名,于昨日谒见王督军陈述意见。(十二日)

(《申报》)

2.王占元议派商界代表至长沙议停战事件

(1917 年 11 月 26 日)

王占元要求南军停战,南军未允,仍有进攻岳州之势,王氏因邀集武汉商务总会会长等,议派商界代表至长沙与南军司令面议停战事件,该代表已于二十四日启程。(二十五日)

(《申报》)

3.鄂商代表行

(1917 年 11 月 27 日)

东方通讯社二十五日汉口电云,王督军以刻虽向南军提议休战,而南军仍向岳州进兵不已。乃召集武、汉商务总会会长等协议后,特派商会代表赴长沙,要求南军司令停战,该代表已于昨日(二十四日)首途赴长沙云。

(《晨钟报》)

4.函汉口、武昌总商会奉财政部令发俄政府规定战时货物邮包入境章程并物品清单文

(1917 年 11 月 29 日)

径启者,案奉财政部令开案,查本部前准交通部函,开准外交部先后咨送俄国临时政府所定战时输入俄境货物及邮寄包裹章程,并允准商人运入俄境货物名目清单,并附抄原咨及章程,并物品清单,前来查该项章程及清单与吾国商务攸关,商民人等亟应知悉,除会同税务处暨

农商交通两部刊登公报外合亟抄录前项章程及清单，令行该处长遵照办理，并晓谕商民人等一体知悉可也。此令，等因。附章程清单到厅奉此查此案关系国际贸易，至为重要，除布告并函达武昌、汉口总商会外，相应抄录章程清单函请贵总会查照并希转知所属各分会一体知照实纫公谊。

12 月

1.汉口商务总会集议维持金融之法

（1917 年 12 月 5 日）

汉口商务总会自接荆州独立之报，于昨日开会集议维持汉口市场之策，汉口钱业会馆亦于昨夜开会集议维持金融之法。（四日）

（《申报》）

2.武汉两商务总会会长质问王占元有关湖北治安之维持

（1917 年 12 月 7 日）

武、汉两商务总会会长因荆州独立事，于昨日面谒王督军，就于湖北治安之维持有所质问，王氏面谕曰荆州之独立，无非使南北之调停更进一步，故湖北必无使用兵力之事，尽可安心，望转告商界云云。（六日）

（《申报》）

3.武汉商民之呼吁

（1917 年 12 月 9 日）

武汉形势紧急，虽经王督军极力镇定，并有第十一师到鄂以助防备，而市面仍极恐慌商工各界代表分电北方及西南当局要求仿照东西各国保护市政办法，将武汉区域划在战线之外，免受战祸，措辞异常悱恻，原电如左：

昊天不吊，祸患迭乘，湘衡战祸延及鄂区，主张调停固为息事宁人之计，万一各趋极端和平无望，武汉地势在所必争，辛亥惨剧行将再见于今日。回溯辛亥之役，吾鄂受创独深，至今元气未复，何能更事摧残，以绝孑遗仁人博爱当不如是也。比者战祸迫于眉睫，料想无可逃避，彷徨四顾，不知所措。惟有呼吁钧座之前，应恳电饬前敌将士，仿照东西各国保护市政办法，将武汉区域划在战线之外，俾残喘无告之孑遗深惠实受，除电请黄陂径电尊处为鄂请命外，特此电呈钧座，俯赐哀矜无任惶悚待命之至，汉口各团联合会长王明文、代理会长汤开镛、副会长杨震亨率汉口各团体暨全镇人民谨叩。

（《晨钟报》）

4.武汉商民大恐慌

(1917 年 12 月 9 日)

本埠鄂汉各坐庄号客帮连日迭接该庄来函,略谓湘省事变所有安武军北军各退兵陆续来鄂,现集武汉两处统计四千余名,虽经王督军加意严防,讵日前荆襄独立消息到达以后,竟谓此项退兵拟乘此抢劫,顿时,全市哄传,人心惶惑,至前晚愈传愈烈,并云,二点钟定欲起事,以致稍有身家之人,连夜扛搬箱笼物件贵重衣饰,寄储租界或乘轮下驶各商轮几无容足之地。至翌日,虽得无事,而武、汉两地人心仍觉惶惶,商务大受影响,尚有岳州一带避难之人,连日来者甚众,三公司及野鸡班各商轮下水时,每逢人满即行开驶。现王督军鉴于汉地人心恐慌,自即日起,派军队三营渡江至汉,每晚分投巡缉借以镇定人心。然商民仍难释疑,以此商务顿阻金融呆滞云,旅申各庄号得悉后,对于购运货品,咸持慎重,除将应销繁品酌量装运外,其余大批货品只得静观时机,再定行止云。

(《民国日报》)

5.汉口特约通信　汉商会迫切

(1917 年 12 月 12 日)

汉口商务总会于长沙失守后,中央有继续征湘之主张,曾电陈中央要求和平解决,兹因相持日久,仍无正当表示,而谣诼繁兴时危势迫,复于一号电呈总统,历叙湘汉商务关系之密切时,届冬腊银根奇紧,兵事一日未息,市面影响愈深。辛亥前车,今犹余痛,务乞俯纳李王陈曹四督之请速颁明令,和平取决以恤商困。(此节曾见本报论者按)

(《晨钟报》)

6.武汉商会希望和平之迫切

(1917 年 12 月 15 日)

湖北近因战事影响,已陷于恐怖地位,武汉人心异常惊扰。前曾电请当局将汉口按照各国保护市政通例划出战区之外,近武、汉两总商会又电致政府及黎黄陂,哀恳维持,迅予和平解决,兹录其电文如左。

致政府电　北京冯大总统、王国务总理钧鉴,西南之役其仰望和平解决者,非一人之私言也,极知中央筹维必不规规于目前,致失远大之虑,但就目前而论,亦似有两害相形宜取其轻者。窃见德、俄议和事将证实,日、美结约报不绝书,或谓欧西之战将终,远东之忧已伏,我中国即同心协力以防外侮,尚嫌日不暇给,乃竟各谋胜负,自启分崩。本是同胞,忍之则一家无碍,争之则两败俱伤,据忘弋者之求遂贻渔人之利,此就国家言之宜和平解决者一。共和告成,闾阎日希幸福乃甫经六载,屡见危机,挟权利之思,则人干非分谋补救之道而行不逮言,徒令蚩蚩者氓,力已早竭而无役不从,心知其诬而欲诉无所,颠连于烽火之中,辗转于兵戈之际,逃生无路,避地无资,必至强者无所不为,而将成流贼,弱者百无可靠,而自就沟中,此以民生言之宜和平解决者一。欧战三年,商业大受其影响,有来源而无销路,则转运不灵,降阛市而成静观,则地方日瘠，以致因而谋食者皆作间民，因而裕国者皆同涸辙，若更加以糜烂，陷之凶危，变米炭接济之区而显成敌国，当江山邻比之地而忽有战场，其气象尚可问乎，此以商务言之宜和平解决者三。又况武汉辛亥一役疮痍满目，痛定思痛何堪再有，其时伏恳大总统、王国务总理垂念民艰，主张和平解决之议，俾得从容就绪，时局转安，而后以自惜骨肉之心，图上卫社稷之用，以两忘猜疑之众，成一致拱戴之功，远大之图莫要于此，伏乞大总统、王国务总理慈鉴施行，不胜悚惶，待命之至，汉口总商会会长俞崇敬、代副会长蔡文惠，武昌总商会会长殷尔彝、副会长张椿年暨两会全体会董会员同叩。

（《申报》）

7.汉口商务总会恳求取消

（1917年12月16日）

汉口商务总会派代表前往荆州，陈说荆州独立与内外贸易皆有妨害，恳求为维持商务起见，取消荆州独立。（十五日）

（《申报》）

8.武汉商界前曾联合电请黎总统维持桑梓

（1917年12月17日）

武汉商界前曾联合电请黎总统维持桑梓，昨接津电云，府主交下尊电谨感厚意，府主因田园邱墓均在鄂中避世，虽殊爱乡，则一旦万一可以援手纵焦烂，亦所甘心，奈对此茫茫徒呼，负责乡关回首愁病交萦，仍望筹思良策，保护乡梓无任盼祷黎宅。

（《民国日报》）

9.武汉商会致政府电

（1917年12月18日）

北京冯大总统、王国务总理钧鉴，西南之役其仰望和平解决者，非一人之私言也。极知中央筹维必不规规于目前，致失远大之虑。但就目前而论，亦似有两害相形，宜取其轻者，窃见德、俄议和事将证实，日、美结约报不绝书，或谓欧西之战将终，远东之尤已伏，我中国即同心协力以防外侮，尚嫌日不暇给，乃竟各谋胜负，自启分崩。本是同胞，忍之则一家无碍，争之则两败俱伤，据忘弋者之求遂贻渔人之利。此就国家言之，宜和平解决者一。共和告成，闾阁日希幸福乃甫经六载，屡见危机，挟权利之思，则人干非分谋补救之道而行不逮言，徒令蚩蚩者氓，力已早竭而无役不从，心知其诬而欲诉无所，颠运于烽火之中，辗转于兵戈之际，逃生无路，避地无资，必至强者无所不为，而将成流贼。弱者百无可靠，而自就沟中，此以民生言之，宜和平解决者二。欧战三年，商业大受其影响，有来源而无销路，则转通不灵，降闹市而成静观，则地方日瘠，以致因而谋食者皆作闲民，因而欲国者皆同涸辙，若更加之糜烂陷之凶危，米炭接济之区而显成敌国，当江山邻比之地而忽有战场，其气象尚可问乎？此以商务言之，宜和平解决者三。又况武汉辛亥一役，疮痍满目，痛定思痛，何堪再有其时，伏恳大总统、王国务总理垂念民艰,主张和平解决之议。俾得从容就绪,时局转安而后以自惜骨肉之心,图上卫社稷之用,以两忘猜疑之众,成一致拱戴之功,远大之图,莫要于此。伏乞大总统、王国务总理慈鉴施行,不胜悚惶,待命之至,汉口总商会会长俞崇敬、代副会长蔡文惠,武昌总商会会长殷尔齐、副会长张裕年,暨两会全体会董会员同叩。

(《益世报》)

10.武汉恐怖兵祸之近况

(1917 年 12 月 19 日)

湖北第一师留省之炮马辎三营,日前因谋响应荆州,经王督军勒缴军械之后,谣言已为稍息。惟武汉各界人士以直皖二派暗潮殊甚,南北和议迄无成局,仍不改其恐怖状态,迁徙他乡者、搬往租界者,依然络绎不绝。所有军事财政交通各机关附近街巷居民几搬避一空,盖以兵端一起各该机关俱为必争之地,恐受池鱼之殃也。商民等因搬箱笼打包裹出城有禁,咸将值钱衣服层层穿着而出,有一人着皮袍三件,又衬女皮袄于内者。前日守城军警曾拿获穿衣过多者数人薄罚,并罚一男着女衣者长跪于汉阳门口,行人见之莫不失笑。嗣守城者因拿获身穿多衣之人甚众,竟择其类乡愚之流借口充公,将衣扯留希图干没。现闻省议会已公函军署以人民搬物劝阻则可处罚已属非是,岂可借此充公,又以人民搬移于本城之内者与迁徙他往不同,亦不应干涉。王督已允转令警务处卫戍司令查照办理,并以搜物充公一举并未下此命令,特令警务处查办。各城门受此影响,十四日以来遂忽松懈,凡箱笼黏有各学校各旅馆或省议会标签封条者均可通融放行,或谓此乃省议员与各学校长联请以一般旅客学生因资斧断绝,各县纷乱不得不归。若禁其回籍在省将成饿殍,故得弛禁。刻下金融之紧日甚一日,折息申汇皆已数日无市,商务真已全盘断绝,官钱票价值日落,每串只换铜元八十八枚。日用各物价值则无一不涨,米炭尤甚,各行工人又什九歇业,俨如过年景况,各大店铺亦多辞退店伙,大半仅留少数人撑持门面,计商工两项失业者何止数万人,加以各码头苦力终日无所事事,影响所及平民社会男女几尽失生机。设长此相持久无解决,平民困不得已,亦将铤而走险矣!呜呼兵祸诚无形之洪水也,然天津之水患全国人均力拯之。武汉人民恐慌失业,则只有个中人知其苦楚。前日省垣有一般劳动者,因见抚院街石星川公馆(内中仅两仆人照门,昔为石母与妻所居,今皆早避)门首犹电灯辉煌,至为愤怒群谓吾辈,今日生计断绝,皆渠独立之波累,当在途中大呼,须毁其宅而焚之灯时,聚集多人已将电灯击毁。幸警察队驰至驱散,否则难免纵火暴动矣。汉口商会为维持市面计,以外国各银行将现银收回净尽,钱庄受其逼迫,遂致全体停滞。及今挽救,惟有请求中交二行官钱局,各拨出银五十万两交本会收押,各帮专销洋商之出口土货,庶可稍资活动。闻王督军与该行局长商榷再三,又挪出一新办汉口商业银行,仅得银七十万两交会折放,月息一分二厘,业已规定章程,即日实行。正金银行亦派行员向商会声言,愿放日本洋圆(日人近年在汉口仿吾国现行银元式铸有一种银元,名曰日本洋圆,一面仍仿嘉禾式中为一元两字,一面为盘龙及大正年号,市面不甚通用)一百万元流通市面。商会比集各董讨论,佥以日人热心救济足见亲善之情,极表感意。惟现在金融已由官商筹定维持方法。一俟将来困难再行借重遂即依此意答复,又日本军队遇汉口市街不得已时,用市民名义公请保护一事,原由某某两巨商与日军当局议有成约。兹闻英国商人前日特在英商总会开万国商界联合会,除德奥外,汉商领袖齐相琴、宋伟臣、刘歆生等均被特请赴会，与各国商人一并列席（此为向来未有之事）。其议题为维持商务、保全商场，中外各商均以南北争持和议未成，诚恐战祸延至武汉，各国商务均受损害，拟定用各领事及万国商会名义通电南北速进和平，勿得以兵戎相见。万一和议不成，须将汉口划在战线以外，不得于接近二十里内交战，倘有一方面不遵者所遭损失须负完全赔偿责任。此议决后，华商领袖即提出租界华街联防办法，以欲阻止两军至汉口交战，须有实力拟于事急时华商团与洋商团联合不分界限共同守卫，此说英商似表同意。惟他国商人以兹事关系甚重，尚须熟思考量。因定下星期再议，现华商一面因虑洋商不肯赞成，聘请洋员担任教练华商团队，官厅所拨军械即由该洋员担负保管责任（现商团请枪当道惧不敢给予）以防暴徒劫夺，仍一面加入万国商团共筹自卫之策，然不识官厅方面是否允许也，现在各街巷商店民居之向洋行保险或与洋商有关系者多已高撑各国旗帜，以防事变突起，各小轮及民船泊于河中者挂洋旗亦触目皆是，水陆巡警俱不之问而船只拉兵差，对于挂洋旗者复不敢拉，因此挂者愈众。前商会各团联合会曾上府院一电请求划武汉于战线以外，又致黎黄陂一电，请其斡旋和局，勿使桑梓糜烂，顷俱已得复，惟黄陂系用黎宅名义以表其已无问事之意，各电录下黎前总统电各团联合会王会长、汤代理会长、杨副会长，总商会俞会长、蔡副会长，武昌总商会殷会长、张副会长，并转各团体两会会董会员钧鉴：奉府主交下尊电谨感厚意，府主田园邱墓皆在鄂中，避世虽殊，爱乡则一，但万一可以援手纵焦烂亦所甘心，奈对此茫茫徒呻，负负赞关，回首惭痛交萦，仍望筹思良算，保义护乡，无任拜祷谨复，黎宅文。

冯总统电，据汉口各团联合会汤会镛等阳电称，比者战祸迫于眉睫，祈饬前敌将士仍照各国保护市政办法，将武汉区域划在战线之外等语，该团体等风鹤惊心，不无过虑，务望加意防维竭力保护，不令发生事端，以安商民。并即转告该团体等各安生业，勿生惶惑。国务院电，据汉口各团联合会王明文等阳电称，请饬前敌将士照各国保护市政办法，将武汉区域划在战线之外等语，查战事迁延实出于万不得已，言念民生中心恻怛，汉镇繁区岂容再罹兵燹，执事在鄂力维治安地方赖以保障当可无虞。即望查明转致该会为要。（按：上两电均致王督转发。）

（《申报》）

11.鄂蜀闽军事近情之京讯

（1917年12月20日）

日昨由府院两方探出关于鄂北独立消息，据称接汉口某军官密电，报告一切与王督军来电所述微有不同，首言石星川此次独立，其远因系与王督军因平日军事计划有所扞格，王督防忌石氏屡欲折其兵柄，并拟将黎天才调开襄防，以除后患。其近因则以长沙陷后，岳阳危急恐湘军与荆襄联络，扼鄂上游。上月杪特调张联升旅长驻荆，一则分黎天才之势，二则监视石星川之行为，又调兵舰驻荆为示威举动，故石与黎暗中团结一气宣告独立。迨独立发表后，荆沙商民一律悬挂白旗表示欢迎，并承认军费五十万，其军舰二艘亦愿听石氏指挥。又湖北混成旅第五团驻扎公安，见荆州独立自将一团之枪械子弹，着团副雷标送往荆州，驻荆附近之北兵一营于二号夜间袭击石军，为石军所败，当枪毙十余人得枪七十余支。现在黎驻襄阳，不遽宣布自主者，实欲向王督军要求多数饷械，其通电中央不过表面敷衍王督军，其实，石黎团体已结得牢固。外传取消独立,实属希望和平者之理想言论。政府对于鄂北万不可忽视,任王督军自了,恐时日延长,变故愈大。武汉人心摇摇,一夕数惊,租界避难者大有人山人海之势,可否请总统、总理密派妥员与黎石接洽,并令王督军固守省城以待南北时局之解决。又汉口商会奉王督军命,公电荆州阻止石军并劝取消自主。闻商会发此电后另拍一电,表明前电系王督军所主张,商等平日担任款项甚巨实所不堪,特迫于威力无可如何。实希望湖北为湖北人所有体恤桑梓,俾生命财产有所保障,观此则荆襄情形似难以武力压伏。而武汉商民对于王督军敢怒而不敢言,亦可想见矣。武汉绾南北之枢,望政府审慎图之等语。闻王署总理除禀呈元首外,拟于下次国务会议时提出讨论。

(《申报》)

12.战祸日迫声中之湖北

(1917 年 12 月 29 日)

武汉商会因襄阳独立,曹张出兵湖北兵祸已难避免,深恐波及武汉。昨复通电南北,请求划武汉于战线以外,电文云:北京冯大总统、王国务总理、梧州陆巡阅使、天津曹督军、南京李督军、奉天张督军、安徽倪督军、广东陈督军、长沙谭督军、程总司令、洛阳张师长、荆州石师长、襄阳黎师长钧鉴。武汉商民辛亥之时,损失已不下万万,至后政潮迭起,一年又一年元气重伤,迄未能复,今更迫在眉睫矣,我商民无聊之希望,惟此和平解决四字,辗转于心心口口,庶几民之所欲,天必从之也,乃停战,久无明文即办法难测真际,谣诼纷起,人心惶惶,客路不来,商业尽废,境象愁迫,惟谋搬移,以致阴历十月底,比期市面大窘,从权将一切存货,押款百万敷衍了之,转瞬月半又来,并且年终伊迩,已押之货不能再押,已押之款又须筹还,商务之危,已觉不堪设想,至于以工谋食者,武汉两处不下数十万人,连家计不止数百万口,现在百业停顿,投靠无从,枵腹以游,垂头而坐者比比皆是。工业之窘又复不可终朝此即谣言无凭,市面如故,而内容至此已成万分岌岌之形,若更此处报载增兵彼处,电传自主惊魂动魄,更复何如?夫人穷则呼天,疾痛则呼父母,公皆商民等之司命也,一言和则万众更生,一言失和则万众如死,为今之计只有仍恳钧慈念民为邦本之义,重国有与立之源,似此商民生死攸关,不能姑待。先由双方宣布停战,一面和平解决,如天之福而转危为安也。我商民诚厚幸矣。即云磋商需日,不能不思患预防,亦乞彼此定约声明以武汉曾罹巨灾又近租界划为特别区域,无论他日结局奚似,其战线须在若干里外,而后乃不致以内争之故。涉及外交孑遗之民,迫其残喘,生生世世咸感仁慈,如不先将战线划开,将来设有出之意外者,不惟此地商务永堕历劫之中,并恐全球商务亦受牵连,而及之害从此如火益热,如水益深。将至莫知所届与其为渊驱鱼、为丛驱雀何如相见以天。急不择言,伏候恩命,汉口总商会长俞崇敬、副会长王明文、特别会董蔡文惠、徐荣廷,武昌商会长殷尔彝、副会长张椿年等同叩马。闻此电发后西南方面尚无动静,惟中央确曾来电分致王督及第一路司令曹锟命将武汉划出战区矣。

(《申报》)

13.全国商会联合会、武昌总商会电：天津段总理钧鉴江电敬悉义正辞严共和再造又仗我公

(1917年)

天津段总理钧鉴，江电敬悉，义正辞严共和再造，又仗我公，都市商民箪壶载道，兵贵神速，伫盼捷音，全国商会联合会会长吕逵先，武昌总商会会长殷尔彝、副会长张则先同叩灰。

(《政府公报》第533期)

1918 年

1 月

1.汉商会大宴全镇文武各官
（1918 年 1 月 6 日）

汉商会今午在普海春餐馆大宴全镇文武各官。（五日上海电）

（《晨钟报》）

2.汉口商场垫款仍行付息
（1918 年 1 月 8 日）

前次改建汉口商场垫款，现已至还本之期，政府以一时难拨巨款闻经提出阁议决定，仍按期付息暂缓还本云。

（《晨钟报》）

3.谭浩明复武汉商会电文
（1918 年 1 月 18 日）

万急，汉口总商会俞会长、武昌殷总商会长及商董诸君鉴，马电敬悉，诸君以国难迭乘物力凋敝，断求和平人同此心安不生。咸溯自权奸窃柄戕贼共和，邦内干戈由其自召前此声罪致讨谅共闻知。湘中联军自收复长沙以来，本不难直攻岳县以遏凶焰，当以苏鄂四督出主调停，遂停止进攻，以便磋商条件，三军之士亦以阋墙之事，无论胜败皆所以苦吾民，故顿兵匝月只以北兵退出岳州为停战条件。乃北京政府本无和平诚意，一面以议和诳我义师，一面增兵岳州急急备战，张军假道□境图攻湘中龙氏出兵岳州，期袭粤后，尤且叠颁伪命以帝孽段芝贵长，陆军曹锟为第一路司令，张怀芝为第二路司令，分兵南下，甚且以罢职之段祺瑞复出为参战督办，名为对外，实欲以武力征服西南种种，非法行为。全国之人共闻共见，浩明已于敬日函电全国，使知此后再有战祸，北京政府实失其咎，而当国之人，不自侮祸，乃尚以荆襄自主潮汕攻击为词，夫莫擎宇据潮汕以附段氏闽督，乃助莫扰粤理应驱之出境，荆襄宣告自主，实由北京政府以言和欺人，故不能不与义师联络，以图保障国法，国人虽愚世，岂有号称共和之国，宁徇总统一人私意，而不惜糜烂其民，以求武力解决者乎？要之浩明日来顿□湘中其希望和平，苦心实与诸君无异，而前此师行所过不忘伤及民间一草一木，此心亦可以掬示国人诸君，其毋恐其他则亦非浩明所得主也。此复湘粤桂联军总司令谭浩明沁印。

（《益世报》）

4.武汉商会力争鄂城铁矿

（1918 年 1 月 21 日）

鄂城铁矿经鄂实业厅注销矿照，武汉总商会于昨日电致国务院，以为事属误会注销失当，请仍回复矿权等语。国务院以矿业专属农部范围，当交农部核办，田总长以词出一面，无从处置，随即电鄂实业厅，克日据实禀复以凭核夺云。

（《晨钟报》）

5.汉口商人之大恐慌

（1918 年 1 月 31 日）

岳州失守，武汉人心大为动摇。日来迁居租界者不计其数，因之汉口房租非常昂贵，加以总统出京以后，南军方面知政府对于鄂防，愈将加紧，且有大兵将至，爰拟先后发制人，大有刻不可缓之势。武汉人心因而愈觉恐慌。昨夕汉口商会有急电，致鄂省旅京诸要人，大意略谓岳州陷后，近日人心惶惶不可终日，务请转恳中央，最好能再下停战之令，以救危急，如必办不到，则请将汉口一隅，划出交战区域之外，庶商人之生命财产，不至遭池鱼之殃云云。大意如此，亦足见鄂局之危险与人心之恐慌矣。

（《晨钟报》）

2 月

1.商会之大会议

（1918 年 2 月 1 日）

汉口总商会因岳州失守，市面震动，且恐溃兵来汉骚扰情事，特于三十日上午十一点钟公推正会长俞清臣，会董蔡辅卿、吴干廷、卢洪昶、苏善夫诸君渡江谒见王督军，请求维持治安并妥为安置溃兵。王督军已面允担任，并谕以安心营业，不必恐慌等语。会长俞清臣诸君与辞返汉，当即于日晚五点钟开会，当场宣布周知矣。（振利）

（《国民新报》）

2.汉口商务总会负担收容费

(1918年2月1日)

汉口电　汉口商务总会于二十九日夜开会议决,请愿王督军勿令败兵入汉口,并承认负担收容费。(三十日)

(《申报》)

3.武汉商会省议会昨均开维持秩序会

(1918年2月2日)

武汉商会省议会昨均开维持秩序会。(以上一日汉口电)

(《民国日报》)

4.汉商会进商领事团(步陶)

(1918年2月3日)

汉商会之商领事团以致电南北两军,其意盖欲免武汉于战祸也,其原因盖鉴于辛亥之战事余痕,而思有以预防也,然而汉商会固中国之商会也,南北两军固皆中国之军队也,同是中国人有何意见不可直接相商,而必依赖于领事团,以为他力之援助,此亦中国人过于崇拜他力之一种劣根性矣。且维持治安,本当地军民长官之专责,微商会、微领事团对于南北两军亦当有适当之约束,特鄂官场以地盘之关系,于北则敦促赴援,于南则力行抵拒,事实上早无中立之可言,旅津鄂人,虽对于张军有所声诉,而下文如何至今犹寂寂无所闻睹焉,然则武汉商民为自卫计,宁能不于当地官长外别求其所以自达目的之方,呜呼,谁为为之,而使我江汉商民无可告语,乃至借领事团以聊自抒其襟怀耶。

(《申报》)

5.昨日之鄂讯种种

(1918年2月3日)

昨得汉口访员东(一日)电,岳州败退之军,现分两路左路退入咸宁,右路退入嘉鱼金口一带,王督现另派张(敬尧)部田旅开赴蒲圻向羊楼峒前进,高团亦随田旅出发,又派曹(锟)部王旅开赴嘉鱼向谷花洲一带前进。闻各军均领有赏洋,田旅二万,王旅一万,高团五千。传说羊楼峒敌军颇众,田旅到后,当有战事云云。据此则嘉鱼蒲圻当未全陷,但羊楼峒一旦不守,则蒲圻决难幸免耳。又据某通信社确实调查,日前,李奎元、萧安国之兵,由蒲圻退出,现在驻守该处者只张敬尧部下两营,外间所传之蒲圻失守说,或即为李萧退兵之误,但一日晚尚有汉口发来一电,内称蒲圻失陷后,南军战线逼近咸宁等语。未知何所据而云然也。

昨询政府中人云,王督以前敌并无主帅不便指挥,连日均有急电至京,催促曹宣抚使克日南下,而不提及援鄂总司令之张勋臣似为可怪云云。按蒲圻实为嘉鱼,前方现据防电出守蒲圻者为(张敬尧)部,出守嘉鱼者为曹(锟)部,张部在前,曹部在后,是张部守第一线,曹部守第二线,况曹名居宣抚。张乃责在司令及此之时王督如为战事规划,自当以司令为重,先张而后曹,或曹张并催,乃来电仅催曹,而不及张,岂王督尚不忘调停之梦,重宣抚不重司令乎？抑王张之间实有万难融洽者,在王之本意确不愿张赴鄂乎？而又何必命其部曲开赴蒲圻,当第一线之卫也。

据某方面所得汉口电讯,谓汉口商界重要人以武汉风声鹤唳,一日数惊特商之军界拟请派兵三千人驻租界附近,以资保卫。又武汉商务总会现本月一日派代表四名与领事团协议,并向鄂省当局要求将汉口划出战线以外,该商会又虑援鄂军队军纪不严,再演前此滋扰情事,特电恳府院请饬援鄂,各路军队严饬所部,勿生扰乱。昨日参陆办公处特即分令前敌各路司令重申命令,务各遵三十日大总统明令注重军纪,一面已电复汉商会谓已令各路司令遵照矣。亚东通信社消息云,闻李秀山督军昨有电致元首略谓,纯最初对于时局慎重出兵,原为巩固苏防起见,现以武汉紧急,万不容再事踌躇,刻已先行拨派第六师中之军队六营即日出发赴鄂云。

(《晨钟报》)

6.本社专电

(1918 年 2 月 5 日)

武、汉两商会与汉商联合会、武昌冬防会议决保存官钱局现款,武汉三十里内划出战区。

(《民国日报》)

7.汉商会与时局

(1918 年 2 月 24 日)

汉口各团联合会昨电,全国商会联合会有处此民族国家之最,断难存于天壤,用特吁恳执事迅速召集全国内外二千五百商会,双方提出条件持平解决,以遏投机。如不服从或截其财源使难残民以逞,或揭开黑幕,暴其万恶于世等语,全文五百余字,极沉痛。(以上二十二日汉口电)

(《晨钟报》)

8.湖北之战局(赤水通信)

(1918 年 2 月 27 日)

武穴之现象日趋于紧迫,冯玉祥之兵自芜湖以下,均有布置,皖督怒甚,大有非战不可之势。冯军则静以待之,武穴商会以为可危,电致武汉商会请共与维持,而汉会亦以汉口商业之交通,惟长江一道可利交通,如长江有事,汉口之危可想,现由商会各团联合会,拟电京沪及长江各商会共同维持,后效如何,不得而知,惟以现势审之长江之事,虽不免然未必即在目前也。

(《申报》)

3 月

1.商会议请维持民食

(1918 年 3 月 2 日)

近日以来,米粮价值日见飞涨,其起码者每升需钱九十余文,况贫民之生计极艰,虽将按日劳动所得究难图其一饱。以故汉口总商会念及于斯,派员调查米之迭涨原因,系由来源之绝。刻拟集议,请王兼省长垫发巨款,分给官商具领,前往四川、江西以及产米各区采运,来汉办理平粜,以期维持民食云。

(《国民新报》)

2.湖北商会联合调和之意见

(1918 年 3 月 7 日)

新堤商务分会见时局扰攘无所底止,特函武汉商会及直省商会云,为战祸延长商民急迫,恳联合各省商会出作调人以息争端,而拯商厄事,窃维民国成立七载,于兹战毁迭开内讧日亟首先受祸,惟我商民每一肇毁,则商业萧条,金融停顿,市面元气于焉大伤,历溯既往诚为痛心。去岁,复以政争之嫌,酿成阋墙之祸,共处中国南北,显分豆泣釜中戈操,同至牵延数月,纷扰全邦,地黯天昏,波谲云诡,兵连祸结,罔知所届民生之颠连困苦,将士之暴露伤亡族类相残,居心何忍?龙蛇决斗血染大陆,鹬蚌争持,利在渔人,逆揣不至,惹起外人干涉不止。迩来数月之间,远者川湘闽粤,近者吾鄂荆襄以及长江上游荆棘塞道莅苻遍野,焚烧抢掠无可讳言。岳州蒲圻是其惨酷之尤者,因之商困于途,工辍于市,吞声饮泣,呼吁无门,嗟,我小民何辜至此?惟是牵一发而全身动,掇一茎而百枝摇。此外,虽不尽属战区,而混沌纷纭相持过久,商路阻梗,百货停运,银根紧迫,生计艰窘,所受影响实大况乎?战端一开,安有穷期患,若滋蔓势成燎原(中略)。贵总会维持公益,素佩热忱,登高一呼,众山响应,务恳发起全国商会调和会分电全国商会迅派代表同作调人为讲和诸君后盾,一面恳求大总统与双方前敌各将领暂停进攻,并酌派代表分与双方磋商适法之条件,以求和平之解决云云。

(《益世报》)

3.上海总商会复汉口商会调和时局电

(1918 年 3 月 13 日)

汉口总商会鉴,沪商传诵支电,遂于青日通议佥以年来,担负愈重困苦愈甚,捐税扰民,如吸骨髓虽不获安衽席尚冀苟延残喘。乃自南北启衅更受痛苦,北则津浦路货久积不装中交□价几同俄币,南则荡析离居小民昏垫长江四千里,如川湘、云贵、两广交通断绝,货物停顿,民不聊生,金融枯窘。上海为全国总枢,环顾各省商情,竟如衰病之躯,两肩重负旦夕之间,行将垂毙,既毙则捐从何来,饷从何出？时局阽危,已在眉睫,直北灾祲未已。潮汕奇祸又见边圉挑衅强邻日迫,若不速息内讧,皮之不存毛将焉附。仗义各军既以民意为从违应以舆论为进退。抑知兄弟阋墙外御其侮,罢兵息民,本无和战之可言,英人李德立君志在调和,屡电中国政府暨各省督军以协约国义务排解南北军意见,闻其言论,令人愧死其大旨与尊电相同。惟虑南军主张未能贯彻,应先分电川湘、云贵、两广各省告急,如念存亡安危,在此一举,允派代表就商,再行电致北方势如顺流,请以沪、汉两总商会名义通电各省总商会表示一致,然后,采取致电警告南军,而后转达政府,彼时召集各省商会列议未迟,至大纲条件应俟南北代表莅会,再提临电迫切,敬待后命。上海总商会溹。

(《益世报》)

4.全国商会将在天津开会

(1918 年 3 月 19 日)

持平仲裁,解决战局。全国商会联合会日昨通电,定于四月八日在津召集会议,调解时局,查此事之发起,本不在于今日。该会驻京各省评议员数月以前,曾有以全国商会名义调和时局之意,彼时以时机未至,故即搁置。最近因上海英商李德立发起媾和会议,要求共同提倡议和,李氏并声明愿为担任一切用款。全国商会联合会以解决中国时局,而用外人款项,实非至当,其时汉口商会适亦派人来京联络,该会协同调和,且言可以担任经费一万元。惟所派之员,多系旧进步党分子,该会以商人出任调解,本居第三者地位,倘若加以各党派人物前途必生阻碍,因亦拒之,但以时局日纷,商人实首受其害,不得不从速出任调解,以息纷争。乃遂决议,以纯粹商人性质出任调和,而于地点一层,则以为北京恐受政府支配之嫌,在沪汉又恐不能得北方各督之同意,因是始行择定,在天津开会,通电各省,定期四月八日召集会议。届时南北各省均可派员莅会,将来开会以后,即持平仲裁时局,如南北两方,果有厌乱之意,听其解决,自属甚妙,倘有一方不肯服从其意,该会即将解决时局之办法,一面知照各省商会,一面通电内外,声明其事,以示仲裁之意云。

(《申报》)

5.汉口商会电请调和

(1918 年 3 月 21 日)

汉商会以岳州克复,昨又再电调和。(以上二十日汉口电)

(《晨钟报》)

4 月

1.势难言和之求和声(汉口通信)

(1918 年 4 月 10 日)

和议之说已成覆瓿,在今绝对不成问题。然各省民意机关以及商人无不翘首盼望。省议会暨武汉两总商会对此已竭力进行,而天津吕逵先所发起之平和会即与南京之各省省议会联和会联合进行者,南京省议会联合会议鄂议会初拟派谢树森等代表,旋因苏李督复电冷静恐赴宁无果遂暂进行,苏督原函云,武昌省议会鉴敬电只悉深抱陆沉之警悚洞中乡疾之危言,酷爱和平昭然若揭,热诚卓识无任钦迟曩者统不自谅力与鄂赣两督联合言和,只以诚信未孚以致战端重启,问心清夜负疚滋多乃荷鉴亮苦衷仍以绥和相属在诸公尽谋国是电迟即以责功,而鄙人殷鉴匪遥一误岂可再误,兹事体大,匪异人任挟山超海自愧不能宁敢胜此重任乎?惟战祸蔓延千钧一发,纯平和素志始终不渝,但愿当代高贤力谋疏解,早息阋墙,协力同心,一致御侮,以期其维风雨飘摇之危局,国家前途庶其有豸,此则纯所祝祷者也,临电神驰欲言不尽诸希原鉴云苏督,此电足灰言和者之心,非有强有力之势力可以压倒主战派则终天和平希望,省议会昨又接湘、桂、浙、吉、鲁、苏六省代表,由宁来电,云武昌省议会鉴代表会议同人已到者六省相迟多日无任彷徨事已至今,惟期成立尊处赞成于前勿再犹预,请速派代表来宁,行期乞先示湘、桂、浙、吉、鲁、苏省议会代表同叩云云。鄂议会对于此电仍议,照前派定代表前往,力求苏督始终维持。又天津和平会定于四月十八日开会,亦电促武汉两商会,请派代表速往。现汉口商会已派定王明文,武昌商会派定殷友于定月半携手北上议定。俟开会后,然后省议会两商会共同为其后盾,务必达到最初之和平目的而后已云。

(《申报》)

2.汉商会开会推选代表赴宁列席联合会

(1918 年 4 月 11 日)

汉商会定明日开大会,推选代表赴宁列席联合会。(以上二十日汉口电)

(《晨钟报》)

3.汉商会推选代表列席,无结果

(1918 年 4 月 13 日)

汉商会昨开大会,提议推举代表列席天津联合会,无结果。(以上十二日汉口电)

(《晨钟报》)

4.武昌商会代表北上

(1918 年 4 月 14 日)

列席天津联合会之武昌商会代表殷友于定寒日北上。(以上十三日汉口电)

(《晨钟报》)

5.苏赣鄂商人之联合

(1918 年 4 月 22 日)

苏、赣、鄂三省商会将联合组织时局和平会。(以上二十一日汉口电)

(《晨钟报》)

6.武汉商人谒见合肥

(1918 年 4 月 23 日)

武汉各团体拟联合谒段总理要求,调和时局。(以上二十二日汉口电)

(《晨钟报》)

7.武昌商会会长殷友于逝世

(1918 年 4 月 25 日)

武昌商会会长殷友于昨日逝世。(二十三日)

(《申报》)

8.段内阁至汉会议之目的(汉口通信)

(1918 年 4 月 26 日)

段芝泉之来汉,挟有两项目的:一则疏释现在曹仲□之意见,一则消弭将来直皖派之冲突。故在京之时,即电邀苏、赣、湘、鲁各督至汉会议路经郑州,又携汴督赵倜以俱来,兹闻并有召皖督倪嗣冲亦至汉与会之说,倪氏是否前来尚不得知,其代表杨某则已于二十日抵汉,亦在车站欢迎段氏。现悉苏督李纯、湘督张敬尧均有应召起程之说,惟与昨传辞不至汉消息相矛盾。赣督陈光远二十一日已至九江,闻将候李纯拟与共轮上驶以便商议,苏赣采取同一态度。鲁督张怀芝则尚须两三日方能抵汉。段氏于各督到后,总须会议几次方能解决时局上重要问题,其返京之期必在一星期后也。此次会议计直、苏、鄂、赣、鲁、湘、汴七省督军,奉、皖两督之代表者(奉代表即徐树铮)若倪嗣冲亦来则为八省督军,前次徐州会议天津会议督军亲到者亦不过此数,其时国务总理并未列席。兹由段氏主席倡此盛会所议者,想必不只清湘定川平粤等项军事计划,于总统问题国会问题实行参战及借款练军各问题,均必有具体的提议。第直皖势力殊难平均利害冲突不易避免,此次会议岂能将直皖二系孰应占有孰不应占有之权利一一划分清晰乎,窃有以知其不能也。且时局变幻无常朝三暮四,今日如此明日如彼,即令汉口会议决定一切,又孰能保证其无翻覆或中变乎?是此次会议终未必能收直皖永绝冲突之效也明矣。揣段氏之意旨似欲先劝曹锟仍前进战,苟曹军与张敬尧军意见已深实不能再战,则借此会解释直派对彼之意见,另遣奉军及皖军各三旅替代曹军继续作战。俾免直派从旁制肘,现奉军第二十七师之五十四旅、第二十八师之五十六旅已全到汉而不前进,即系预备派赴湘南接替曹军,又倪嗣冲亦派员来汉。在后城马路生成里口设立安武军总兵站,该军前此在汉并无兵站,因属于第一路者只有陈德修之十营军,需统由一路司令部代办,兹设兵站。皖省之续有大军出发,可以预卜矣,段氏之决,以武力征服西南宗旨,极为坚定,抑知湘鄂及各地战区内之人民所受战祸之痛苦,否耶!此次南下名为犒师,而不知恤民伤已。武汉商会及各团体,以段为主战之中坚,欲达和平目的,必须向段要求,刻已联合公举俞清臣等代表面谒段氏,请求爱惜国脉,体念民困,早息干戈,和平解决。闻昨已备具呈文所述湘鄂商民受兵祸惨状,至为凄恻动人,然请谒时,段适以事竟未获见其,或不愿闻和平之说乎。

(《申报》)

9.武汉商会欢迎段祺瑞

(1918 年 4 月 26 日)

武昌、汉口商务总会及其各团体开联合会欢迎段祺瑞,段因忙碌,不能出席,即派秘书张伯英代理列席。宴毕后,即由秘书引代表访段氏,陈诉兵燹灾祸,并请早图平和,段氏即答,以予亦热心希望平和。然西南以兵火反抗政府,政府不得已始用武力讨伐,实大为遗憾云云。(以上二十四日汉口电)

(《晨钟报》)

10.段内阁赴宁前之鄂闻

(1918 年 4 月 29 日)

段总理之至汉,原为湘省军事停滞不前,曹锟并有撤退,所部之请,讵到汉之次日,忽接吴佩孚等报告,占领衡山进窥衡宝之捷电,段氏对于直隶派之怀疑,遂为消释大半,然以平粤定川援闽诸军之支配饷械之供给,与长江各督及前敌将领,尚有磋商之处,召集苏、赣、湘、鲁各督至汉会议一举,并未打消,顷闻鲁督张子志,已由萍乡至长沙,约张勋臣同行,日内可到,惟苏、赣两督则各派全权代表,与会并不亲来。但另据某方面消息,则谓各督至汉会议一事,曹仲珊以为非属必要,已请段阁通电作罢,此说似非事实,现段决定,俟湘鲁二督到汉晤商一切后,拟赴赣宁一晤陈李两督,然后返京,若然则世人注目之汉口督军会议,尚未毕事也。闻段未抵汉之前,直隶派各督军均有代表在汉会议迨段抵汉,各代表多已归去,仅剩湘督代表王丙坤在汉,乘便欢迎,段曾于二十一夜单传王氏详询其日前会议情形,似极注意,曹仲珊于二十二日午前十二时曾力疾至段行辕,谒见并与赵倜、王占元、徐树铮、叶恭绰、吴鼎昌等围桌会议,段亦列席,其内容甚秘,午后一时在武汉之主客,各军长官,自营长以上约共百余人齐诣行辕,请谒海军司令杜锡珪及奉调移防公安之第十六旅冯玉祥,皆在其列,段氏以会议的形式接见,向众演说,其演词略如昨报所纪。是午二时，王子春本请段渡江赴欢迎会，以事未能分身，王乃专请赵倜至署，燕会改于二十三日午前十时，假织布局燕段闻段氏甫入席，即询哪一位是武昌县知事江汉道尹指告云，王君绳高便是嗣王督军命各员皆就坐，且谓段总理曰渠等俱系地方官吏，段云都是老熟人，不必客气，于是赵道尹、崔处长、张厅长、何厅长等皆就坐，段即垂问四局近状，及武昌教育实业诸事多语，由王督军一一致答，至午后二时始散。武汉商会、汉口慈善会、粤汉路局同人、国立武昌师范学校亦发起联合商、绅、工、学各界，各于所在地开欢迎会，闻段已一致婉辞矣。此次之会议苏派参谋王兹栋，赣派参谋冉绍雄，湘派湘江道尹王丙坤，鲁派总统慰军专使蒋雁行乘便列席，皖派凤阳关监督倪道烺等均于二十二日齐集汉口，段与徐树铮因欲多得发言权，遂密令奉、晋、陕三督亦就近指派代表偕之南下，晋为旅长田应璜，陕为团长张宝麟，奉则徐树铮自行担任。各该代表于二十二、三两日在段行辕会合，直鄂汴三督军接连会议三次，闻所议各问题似已略有头绪，拟即回京，嗣因鲁督张怀芝以最近军事计划，第二路着重取粤，刻下鲁省土匪群起，必须设法安辑二路军队，原本不多，现亦须加以扩充，拟乘段阁在汉之便，当面商决，业于二十三日至长沙，乘武昌火车来鄂，段阁接电乃为特留一日，二十四日午前，张氏果由湘抵汉，与曹王赵在段行辕会议，竟日闻是日吴佩孚由衡州前敌发来无线电，云直军日克衡山，更向前进，由贺家山直逼衡州府，城南军且战且退，至二十三日即将衡州完全占领，师长已于本日入城安民云云。段以衡州为湘南之根本区域，较实庆永州尤占重要，今经直军克复，奠定全湘，即在指顾间因，又将二十四晚赴京之议打消，重与曹王赵张徐等商榷，积极攻川平粤计划，展至二十五日午后动身，惟段以此次汉口会议，苏赣二督所派代表恐未能代表二督意志，而国会总统外交等重要事件，该代表又未能与议，爰拟借回京之便，绕道金陵面与商榷，俾资确定大计，尽除隔阂，闻段于赴宁一举，初未告人，直至二十五日午临时传出，此谕鄂督当派鄂省巡轮楚材号专送赴宁，该轮是日仍泊距汉三十里之刘家庙江岸车站外间，初鲜知段已改由水行者，下午五点钟段由大智门站乘车赴刘家庙站换轮，当即起碇出口，曹、王二督于送段后，又送张、赵二督各返湘汴。徐树铮前往宜昌迎送之忙，为从来所未有云，查段氏在汉共留四日，除到汉时一拜曹宣抚，二十三日渡江赴王督欢迎会外，并未别受他界欢迎会，所有商、学、工、绅各团体之欢迎，概系派秘书随员代表前往，武汉商会之欢迎会于英界楼外楼，段遣张伯英代往席散，商会代表徐荣廷、王琴甫等要求张君介绍，谒段陈述战争以来武汉商民陷于贫不聊生之境，宜速收拾时局，以苏民困，段答谓此来本为促进和平，无如西南依然弄兵出反抗之态度，实为遗憾，现施讨伐，亦出于不得已之举，但战地距鄂愈趋愈远，此后当无所影响，祈转告商民安心营业云云。徐王等更询以报载中日新交涉是否确实，段云中日目下以亲善为宗旨，并无何等交涉，惟对德奥宣战之结果，两国于国防上须立共同防战之计划，且西比利亚形势日恶尤有共同防御之必要，故进而协议条件，惟条件尚未决定，一俟决定即当发表，外间所传中日新交涉，中日密约即系协议共同防御计划之所误云云。

（《申报》）

5 月

1.汉商会祈祷和平
（1918 年 5 月 3 日）

汉口商务总会上段总理呈文云，敬呈者，窃武汉为长江流域商务较盛之区，自南军攻陷岳州，上游失险，人情大恐，商业尽停，赖中央政府规划得宜，使岳阳既经恢复，长沙随告肃清，我商民之由危转安，木本水源实出钧座之赐，惟念普天之下本系一家疆界，虽分谁非同气，商民等视人犹已万不忍，因战争之渐远，谓痛痒之无关，又况我中央政府胞与至宏饥溺，素切其恻，然于斯民之痛苦不待言矣，此以众心言之望调和者一也。武汉、江汉合流，川湘邻比，安危利害息息相关，今则南氛，虽有渐靖之时，蜀道仍踞上游之势，施宜战耗，各报纷传，彼已存横噬之心，我又处下风之地，虽云小丑终害地方，夫急之则彼将救死不遑，而无恶不作，宽之则彼将偷生有日，而其势自消兽驯则安，鱼激辄跳，亦自然之理矣。此以本省言之望调和者二也。欧战数年，商务已困，自粤湘多事，尤有百业尽废之时，又况日用以米炭为宗，而来源已绝，长江为帆樯之国，而中道多虞，人既迫于阻饥，货又厄于不达，市场困苦，实难尽言，此以商情言之望调和者三也。我国家以维持人道之心宣布参战，而内争方急，何以御外侮也，故与其以武力统一寰中，不如以平和收拾宇内，而惜一器械，即可留一器械之资蓄一人才，即可收一人才之用，将欲与海外者并称强国，必先使域内者尽泯争心，此以外交言之望调和者四也。商民等知识下愚本，不敢妄有陈说，只以此次兵端之起，近战地者即罹于锋刃之凶，远战地者亦不免流亡之惧骨肉流离，生业萧条，田园则日见其荒芜，疫疠又相因而至，我商民死者已矣，其幸而无恙者，不能不希望政府以维持人道者，感召天和。今幸我总理钧驾临鄂，不贱刍荛，只得聪恳俯鉴下情，调和大局，全国幸甚，不止商民区区祝祷已也。

（《申报》）

2.旅沪鄂人反对奖券之通电
（1918 年 5 月 3 日）

本埠湖北善后公会通电云：北京国务院、内务部、财政部、武昌王督军、何省长、议会、商会、汉口商会钧鉴，湖北军事善后奖券发行以来，让金融累人民行同赌博，最易引起社会投机之心，非立即取消，地方将益受困，至他省各种奖券并乞，禁止不得，售于鄂境，为盼湖北善后公会径。

（《申报》）

3.汉商会祈祷和平之呼吁声
（1918 年 5 月 5 日）

汉口商务总会上段总理呈文云，敬呈者，窃武汉为长江流域商务较盛之区，自南军攻陷岳州，上游失陷，人情大恐，商业尽停，赖中央政府规划得宜，使岳阳既经恢复长沙随告肃清，我商民之由危转安，木本水源突出钧座之赐，惟念普天之下本系一家疆界，虽分谁非同气商民等视人犹已万不忍，因战争之渐远，谓痛痒之无关，又况我中央政府胞与至宏，饥溺素切，其恻然于斯民之痛苦不待言矣。此以众心言之望调和者一也。武汉江汉合流，川湘邻比安危利害息息相关。今则南氛虽有渐靖之时，蜀道仍踞上游之势，施宜战耗，各报纷传彼已有横噬之心。我又处下风之地，虽云小丑终害地方夫急之则彼将救死不边，而无恶不作宽之，则彼将偷生有日，而其势自消，兽驯则安鱼激辄跳亦自然之□矣。此以本省言之望调和者二也。欧战数年商务已困，自粤湘多事，尤有百业尽废之时，又况日用以米炭为宗，而来源已绝，长江为帆樯之国，而□道多虞人既迫于阻饥，货又厄于不达，市场困苦，实难尽言，此以商情言之，望调和者三也。我国家以维持人道之心宣布参战，而内争方暨何以御外侮也，故与其以武力统一寰中，不如以平和收拾宇内，而惜一器械即可留一器械之资蓄，一人才即可得一人才之用，将欲与海外者尽称强国，必先使域内者尽泯争心，此以外交言之，望调和者四也。商民知识下愚本，不敢妄有陈说，只以此次兵端之起，近战地者，既罹于锋刃之凶，远战地者，亦不免流亡之惧骨肉流离，生业萧条，田园则日渐其荒芜，疫疠又相因而至，我商民死者已矣，其幸而无恙者，不能不希望政府以维持人道者感召天和，今幸我总理钧亲临，鄂不弃，刍荛只得吁恳俯鉴下情，调和大局，全国幸甚，不止商民区区，祝福已也。

（《益世报》）

4.汉商会改选之正副会长

（1918 年 5 月 22 日）

汉商会改选票举王文明为正会长，万泽生为副会长。（以上二十一日汉口电）

（《晨钟报》）

5.鄂商会要求表扬殷友于

（1918 年 5 月 26 日）

武昌商会要求王督转请中央表扬已故会长殷友于。（以上二十四日汉口电）

（《晨钟报》）

6.各商会为江宽事致政府电

（1918 年 5 月 29 日）

上海总商会会同南京、汉口、九江、大通、芜湖、安庆、镇江各商会公电：北京大总统、国务院、农商部、交通部云，湖北楚材兵轮撞沉江宽一案，据招商局直隶股东张仲炤、广东股东林福成、福建股东马亦笺、江浙股东徐砚记等六百三十三人函称，楚材先撞沉江宽，船前身复撞船尾，开枪拒绝逃命搭客，惨无人道，中外哗然。董事会四次电呈大总统，五次电陈交通部，时逾一月，迄无切实答复。拟召股东大会公议对付方法，深虑各省股东志趣不一，激成他变。于商局事业国家大体均有窒碍，然中外搭客脱险来沪者，口讲指画发指眦裂，众口同声，异常愤恨，董事会仰承部意，请照普通法律谈判，因循未决，交通部一味支吾，于船本一层始终不提股东等血本，所关毫无依赖，惟有请求贵商会电达政府迅将江宽时值船本一百二十万元，由政府担任如数拨付等情，到会伏查楚材碰沉江宽，按照行船章程，错在楚材，见证确凿，通国皆知，股东等请赔偿船本抚恤难民，本毋庸再三研究，该董事会恪遵部电，请照普通法律谈判，实已仰体政府之意，股东谓其办事不力，亦非苛论，乃部电于审判机关托词，研究瞻顾迟徊，似非大公无私，拯民水火之道，万一激起意外风潮，殊觉无词以对，且长江流域各国兵轮往来如织，设遇华船被撞，更将何词折服。值兹外患纷乘内讧尤炽，所维系者，全恃人心，民不聊生，国将不国，迫于公义，不容缄默，为此联名环求俯念中外商民已动公愤，所有江宽船本一百二十万元，应提交国务院特别会议，由政府宣示担负责任，迅予偿还，以安人心，而维大局。正发电间，又据招商局声称，刻奉部电已磋商海军部加派江汉关监督理船厅，汉口商会陪审参证等语，惟此系政府审判，楚材肇祸员弁罪案之手续，于赔偿损失为另一问题，须知政府遣此兵轮肇此奇祸，众目昭彰，与普通商轮互撞情事不同，断不能待审判而定案，应请先行宣布赔偿，以顺舆情，至组织法庭汉口虽为肇事地点，而被难家属三百余家暨装运银洋货物之商人大半均居上海，且汉关税务司曾有函致商局预告回避，而请定英按察使为公正人，商会为官商兼顾，计拟请改派江海关监督及该海关理船厅，并责令商局邀请中外各轮船公司有名望之船主会同审讯，既奉大总统审办楚材之命令，应即押解楚材管带领港人等来沪指证，方足以昭折服，而成信献。倘蒙议决统求电示大局幸甚。上海总商会会同南京、汉口、九江、大通、芜湖、安庆、镇江各商会公叩勘。

（《申报》）

7.汉商会讨论外交案

（1918 年 5 月 30 日）

汉商会近日午后开会，讨论外交案。（以上二十八日电）

（《晨钟报》）

8.武汉商会要求宣布新约

（1918 年 5 月 31 日）

武、汉两商会再电政府，要求宣布新约条文。（以上二十九日汉口电）

（《晨钟报》）

9.（武昌）商会故会长之请褒扬

（1918 年 5 月 31 日）

武昌商会会长殷友于逝世，商会董事公推张副会长暨吴干丞赴军署呈请褒扬，王督军函复殷会长奔走国事、维持地方，频年以来，勋劳卓著，本督军省长实嘉佩之，所有殷会长在会成绩尚希贵会详细记载，以闻于国，俾彰不朽，至会长事务既系改选在即，此时应暂由张副会长兼理，以一事权而资熟手，昨派副官赴殷府问唁，想已察照云。

（《申报》）

6 月

1.中日共同条约之近讯

（1918 年 6 月 3 日）

又据政府某要人传出可靠消息，汉口商会三十日来电报，一道请求政府宣布，此次订立中日新约，以释国民疑虑。闻某方面即复电，该商会谓该项新约并无丧失利权之处，今已将中日两国交换文书明白公布矣云云。

（《申报》）

2.汉口英界筑墙案之近状

（1918 年 6 月 13 日）

汉口英工部局在大智门下端建筑短墙，当局一再交涉，尚无正当解决。而汉口各团联合会，亦欲将大智门接壤之马路一律建筑短墙，以示抵制，吴交涉员恐酿意外交涉，特将内中应行慎重之点，函致汉口总商会，详为讨论。兹探录原函于下：英界筑墙一案，昨据汉口各团联合会函，请在大智门歆生路口均筑短墙，以相对待等情，业由本署函达贵总会，现据警察厅报称，本月二十三日据厅属第七署报，据该区分驻所署员王伯麟报称，据大智门公立保安会函，据大智门商民函，称英人于大同里华洋交界之地建筑围墙，妨我路政，害我商务，迭经呈请商会联合会交涉署严重交涉，尚无转回之意，商民等大众一心，决定与英租界大智门马路等处一律筑墙隔断往来。除函达汉口商会联合会外，相应函达查照是荷等情。署员当即片请该会副会长陈品山、王子藩来所，据称此项用款现正筹捐，一俟筹齐，即于三五日内动工等语。据此除力为开导不得以意气用事，并不准动工外，用特报核等情，当即批令，转行开导，勿任激烈举动致滋交涉，报请核办前来查此议意在抵制外人固属公愤，但一再筹度，实觉窒碍难行，按此两处市面大都系华人营业，洋商甚属寥寥，如遽行隔断，而另辟之，马路又未筑成，则往来行远于商民均有未便，是有损于洋商者少，而有损于华人者反多也，此不可不虑者一。凡举大事，计胜必当计败，如两处筑墙之后，市面为之萧索，一时损失，何人担任，且各商民至有损之时，决不肯坚守原议，势必归咎首事之人，改易前说，此不可不虑者二。此两处洋商行店虽少，而栈房在大智门者却有多家且属英商者少，属他国商者多，万一他国洋商以并未得罪华人，无故阻碍交通，出而干预，又将何以应付，此不可不虑者三。为此函达贵总会，希即与该处保安会及各团联合会详加筹议，必须无损华人之便益，不虑他国洋商之干预，方可由贵总会函复本署核准举办，在本署未经核准之前，不得开工，已将此意行知警察厅，并希转告该会为荷。

（《申报》）

3.鄂商会之平和运动

(1918年6月16日)

已得各省商会赞同，将于南京组织会议。

商会联合会前在天津开会讨论解决时局问题，其情形已迭至本报。兹闻鄂省商会代表段作楫君回鄂以后，仍拟积极进行。日前特发出通启，约同各省商会依旧主持和议。闻南京、九江、上海、香港、芜湖、广州、长沙、岳州、安徽等处商会已经复电赞同，将于南京方面组织临时机关以促和平进行，兹将其通启照录如下：

通启者，辛亥以降，频动干戈，奇灾巨厄更迭，纷乘边警外交日趋险恶，商业凋敝，国脉伤残。近且匪氛狂炽，疫疠盛行，死人如麻，穷黎遍国矧有大变，待时猝发，如新旧国会问题、选举总统问题，即南与南、北与北亦将有问题发生矣。凡此种种皆在酝酿之中，至若欧战告终，世局变迁若何，中国影响若何，尚难逆睹，以我近兹窘状而虑于世界经济竞争之潮流内，而庶政不能与外，而邦交无以应。我人试衡情静息默察大势，欲求不亡其可得乎？我全国人民怵于亡国惨痛，哓音瘏口，呼吁和平，方冀当局诸公及时觉悟，拯救危亡于万一，此次全国商会天津会议，即以此为唯一之任务。初幸和平时期不达或能偿同人救国之本怀，竟因选举会长不得结果，内部纷更进行顿挫，虽选举瑕疵不无蛛丝马迹之可寻，而和平进行遭此打击，深为惋惜，惟际此存之危急之秋，是不能不谋继起之法，拟即以各地总商会就近要求最高军政长官，恳请和平意旨转达当局，并援照元年成例，请求双方当局速派代表，指定上海为议和地点，由上海总会担任延待。果双方当局鉴于势力均衡，断难达所谓平南北伐之计划，当能俯顺舆情共图解决。四月西南致冯总统感电与夫段总理答全国商会代表之言，已露和平倾向，足澄顾念民生，深察目前之非计，伏维贵会声大力宏，素所景仰望百极力主张务达目的，如以蠡见为可请函复汉口总商会，并致函上海商会通力合作，民国前途实利赖之肃，此恭颂崇祺，中华全国商会联合会湖北代表段作楫谨启。

(《晨钟报》)

4.湖北商会又一调和声

(1918年6月18日)

全国商会联合会湖北代表段作楫为调和南北战争事，昨致天津总商会文云，辛亥以降，频岁干戈，奇灾巨厄更迭而来，边警外交日趋险恶，商业凋敝，国脉伤残，近且匪氛狂炽，疫疠盛行，人死如麻，穷黎遍国，矧大变待时猝发，如新旧国会问题、选举总统问题即南与南、北与北亦将有问题发生矣。凡此种种，皆在酝酿之中，至若欧战告终，世局变迁若何，中国影响若何，尚难逆睹。我国近兹窘状，而处于世界经济竞争之潮流，内而庶政不能兴举，外而邦交无以因应，吾人衡情静思默察大势，我全国商人悚于亡国惨痛，哓口瘏音，呼吁和平，方冀当局诸公及时觉悟，拯救危亡于万一，惟际存亡危急之秋是不能不谋继起之法。窃拟即以各地总商会就近要求最高军政长官恳请，将和平意旨转达当局，并仍照元年成例，请求当局速派代表指定地点，由上海总商会担任延待，果双方当局鉴于势力均衡，难达所谓平南北伐之计划，当能俯顺舆情，共图解决。四月，西南致冯总统感电与段总理答全国商会代表之言，已露和平倾向，足征能顾民生，深察目前之非计，伏维贵会声大力宏，仰共极力主张，务达目的，如以□见为可，请函复汉口总商会并致上海商会通力合作，民国前途实利赖之，云云。

（《申报》）

7月

1.汉口商会维持印花税办法

（1918年7月9日）

汉口商会包销全埠印花税，议定每年十三万元，分四期解缴，早经呈准立案，自去年六月一日开办，迄今已届一周，而解款仅及半载，三、四两期税票迄未领销，于税务进行，商会信用均有妨碍。现在正副会长甫经改选就职，急欲设法变通，以维现状，其办法于汉埠各帮董中择名誉素佳数人，请其承办汉口全埠印花税务，照商会原定税额转包各帮承办帮董，从认销之日起，一律由处发给新票，每三个月为一期，承领税票清缴款项，由承办之帮董与印花税处直接办理，领销税票均九折，所有汉口商会未领三、四期之印花税票，仍由商会领足一年，汉口商会继续领票包销时，则此次承办之帮董其收解数目，承领新票均归入包销案内核算抵除。

（《申报》）

2.鄂商会改选职员

（1918年7月22日）

武昌商会定东日改选会董，灰日互选会长。（汉口二十一日电）

（《晨钟报》）

3.汉口商事公断处将实行设立

（1918年7月27日）

汉口商事公断处将实行设立。（汉口二十五日电）

（《晨钟报》）

4.武汉商会改选帮董

（1918年7月29日）

武汉商会改选帮董，昨开票计四十三帮。（汉口二十八日电）

（《晨钟报》）

8 月

1.汉商会开会讨论印花税案

(1918 年 8 月 1 日)

汉商会开大会讨论印花税案,时局问题亦略提及。(汉口三十一日电)

(《晨钟报》)

2.取缔盐贩办法

(1918 年 8 月 2 日)

食盐来源缺乏,市面恐慌,榷运局昨致公函于武汉商会云:敬启者,敝局借运芦盐,尚未抵岸,现存淮盐无多,深恐脱销滋变,故对于各商贩领购盐引,前已设法限制,乃各该商贩,始终不悉内容,以为盐将脱档,纷纷来局争购,滋扰不堆,且有冒充售盐商贩来局领购,后复在外受贿转售,如日前查获,萧钧明持敝局售盐号单,加价转售与王世元一案,业已送交夏口县,讯办在案,兹复议定临时取缔办法,每日限定只售盐二百引,每贩只准领盐一引,先在局门验明银票,并须持有已盖各该店图章条记,或同业店保,始准入内领盐,每日由敝局长□向售盐所正副所长将此二百引,挨次挂号,已于本月二十二日实行,惟查武汉三镇各售盐店铺牌名,本局并无底册,虽验有已盖图章条记其是否确系售盐铺贩,仍系无从查悉,外来水贩尤属真伪难分冒充商贩购盐贿卖之弊,终恐难免应请贵商会,即将武汉三镇区域内外售盐店铺牌名,调查的确开单送局注册,其有未经贵商会送局注册,各商贩敝局概不售盐给领,至武汉三镇以外,附近各镇水贩来局购盐,应先由该处市镇分商会开单,赴贵商会报明,必须领有贵商会盖用图记凭证,始准来局领盐,以杜蒙混,除悬牌示遵,并分函汉口、汉阳商会外相应函达贵商会,查照办理,并盼克日见复。

(《申报》)

3.商请银行放款

(1918 年 8 月 2 日)

汉口总商会总理王芹圃以值此天气炎热,各商店生意冷淡,偶尔周转不灵,即有搁浅之患,为维持市面起见,商请银行团以五十万现款交由总商会代收代放,如有不测之处,由总商会负责,已经各银行认可,不日即拨解实行。

(《申报》)

4.武昌商会选举展期

（1918 年 8 月 3 日）

武昌商会选举，因有暗潮，展期十五日举行。（汉口二日电）

（《晨钟报》）

5.救济盐荒近讯

（1918 年 8 月 9 日）

武汉商会因食盐恐慌，一再与盐局交涉，始定按日共挂二百引，汉口一百四十引，武昌四十引，汉阳二十引，后因尚不敷用，商会又起而交涉，三号盐局承认加一百九十引，汉口加一百引，武昌加六十引，汉阳加三十引。据盐局中人云，仓存四万引，新到二十万引，尚有三十万引，三星期内陆续运到，不致别有恐慌云。又闻武穴盐商，在南京十二圩地方，于初三日装有盐船，三十余号来汉，停泊李二方河面。不日起至盐局销售，汉口商民可免淡食之虞矣。

（《申报》）

6.汉口商务总会开干事会议

（1918 年 8 月 26 日）

汉口电　汉口商务总会于昨夜开干事会议，为对于中央请愿最后之和平若无效力，则全国商会联合停纳赋税以为抗盾，又金币条例之意恰是以全国金融之管理权交付朝鲜银行，非置商人于死地而何，故决定联合各省议会联合请求中央撤回云云。（二十四日）

（《申报》）

7.汉口商会之决议

（1918 年 8 月 27 日）

汉口商务总会昨晚开干事会，已决议再向中央最后请愿平和，若仍归无效，则拟联合全国商民停纳税赋，又金券条例不啻，以全国金融管理权交付朝鲜银行，拟与联合会及省议会联合会要求□□撤回云。（汉口二十四日电）

（《晨钟报》）

8.鄂商反对收买存土

（1918 年 8 月 28 日）

武汉商会昨电政府反对收买存土。（汉口二十七日电）

（《晨钟报》）

9.鄂湘食盐之恐慌

（1918 年 8 月 29 日）

武汉及各乡之食盐日来飞涨，武汉之盐由一百二十文涨至一百四十文，襄河一带及长江一带之盐，已涨至一百八十文有奇，尚有蒸蒸日上之势。此中原因殆为各路贩户无处购买，起先鄂榷运局长熊经阁以各路贩户来购者日形拥挤，恐致积压酿成风潮，遂商武昌、汉阳、汉口三商会总理，每日以四百引派销分汉口三百四十引，武昌四引，汉阳二引。乃汉口商会首先准一号以银十二两挂号，每日准持号牌购盐一引，旋又改章不挂长号，凡购者须用银一两为手续，料是以此三百四十引，盐画为汉口商人之奇货，而外路来贩盐者不得其门而入，非向已经挂号之商手中购买，不能得盐，商人既居为奇货，于是价值日高，遂成今日之现象。目前不特四乡贩户无处得盐，即汉口商人亦有难买之叹，是以纷纷向榷运局禀诉，商会总理王芹甫舞弊营私，其卷不下四十起，熊局长尚留中不发湘省食盐，刻已涨至南票六七百文，并少来路前向淮局办盐二十五票，每票五百引，业经运上。讵该盐来至汉口泊于青山峡□停而不行，因汉口亦缺乏此货，欲改计售于汉口可得现钱，如运至湖南尽得纸票，故迟不前进，湘岸局不得已禀明张督。张即电鄂谓该盐如不肯行，即当派军队前来押运，以济盐荒云云。现青山峡之盐船有一百余号，仍泊在该处也。

（《申报》）

9 月

1.商会庆祝徐世昌当选总统

（1918 年 9 月 8 日）

汉口电　湖北对于徐世昌之当选总统，在官场方面，谓徐就职后，国事当有结束，以为乐观。商界方面，谓徐为中国唯一之元老，与北洋派及西南领袖岑春煊，皆有交情，以有进行和议之便，而冯段之暗潮，从此亦可消灭，颇见欢迎，故武汉商会已发庆祝之电。惟政党方面，谓徐之被选于南北妥协，虽似稍有希望，然里面之暗潮，恐不容易融洽，则将来为第二之黎元洪，亦不可保，且有最可忧虑者，其时或有第二之张勋出现，亦未可必，是以徐之当选，未可一律庆贺也。

（《申报》）

2.汉商忽起恐慌

（1918 年 9 月 11 日）

本报前日曾载汉口商务起色，乃昨据访稿汉商忽起恐慌，显因主和久无结果所致，兹照录于下：昨旅沪汉帮接汉号来电，略谓市上谣言日盛，近三日来，银拆骤涨，各钱庄咸怀戒心，不派伙友上街,即信用素孚之号,亦只拆半月期银,市面顿现呆滞,务望沪庄即日起,暂停办货,待市面稍稳,再图进行,各汉庄已遵照暂停矣。

(《民国日报》)

3.汉商会拒土

(1918 年 9 月 15 日)

汉商会因拒土问题,于星期一续开会议。(汉口十四日电)

(《晨钟报》)

4.两湖义赈会发行副券之商榷

(1918 年 9 月 23 日)

汉口商会致两湖义赈会函云:敬启者,前准贵会公函,以仿照上海慈善救济券办法发行副券等,因当经会同武昌总商会,以贵会成立多时,虽好善本有同心,而大宗尚难遽集,实缘湘鄂比邻。此次兵灾水灾在湘省,固首当其冲,而鄂省亦相因而病,非得通力合作以从事,恐仍车薪杯水之无功。所称仿照上海慈善救济券办法发行副券,既可慰夫乐善之心,又能济其救灾之用,兼之上海业已开奖一次,信用昭然。此次开奖之期又复至,近争先购毕自在意中,一旦于不敷分配之时,忽有副券相缘而出而得,则俱得将益使好善者增兴高采烈之思,亦因所当,因并可使盼赈者获殊途同功之助,贵会所请当系斟酌尽善,而又虑,夫舍此,固无别法,事关灾赈,想为钧座之乐予赞成也,等语。转呈去后,兹准武昌总商会公函内开,本年九月八日奉省长公署一三七一号指令,内开会呈及抄折均悉,查此案已据汉口筹办,两湖义赈会具呈到署所有原拟发行副券简章略加修改,应即遵照办理,其另拟之中奖等次数目章程大致不差,事关善举,姑准备案,嗣后不得援以为例,并毋庸通令,分咨仰即转行汉口筹办两湖义赈会,一并遵照此令修改发行副券简章抄发等因,并抄发修正简章到会。查此案系由贵会主政,敝会无案可稽,除转知汉口筹办两湖义赈会遵照外,相应照抄简章函达贵会,转行遵办,并希饬记检卷将原呈会稿章程抄送过□存查等因。附抄件前来,除函复武昌总商会外合就转达贵会,请烦查照办理为盼。

(《申报》)

5.汉商会开会筹设全国商业银行

(1918 年 9 月 24 日)

汉商会定明日开会讨论筹设全国商业银行问题。(汉口二十三日电)

(《晨钟报》)

10月

为发起联合会事

(1918年10月25日)

汉口电　汉口商会会长金芳(译音)于二十一日与驻汉总统府咨议官李开侁及其余豪商数名计议组织平和促进会,以与天津之平和会相策应,并拟先开一发起会,目下正在准备中。(二十三日)

(《申报》)

11月

1.交通迟缓之訾议

(1918年11月3日)

字林报云:泰西各国之国有铁路,虽不无可指摘之处,然各路接车,则必力求便利,以惠行人。中国各铁路,装载旅客邮件于接车一层,向来无可訾议,今则不然,就邮政司之通告,观之中政府办事可谓糊涂,交通因之迟缓,是不可不严重抗议之也,据通告云,京汉铁路开车时刻表,现已改变,故由沪至汉之邮件,由沪宁夜车载出者,此后将在南京改交上水轮船寄往汉口,而上海邮件报纸,附午前七时五十五分出发者,此后传递时间,将较日前多费十七小时云。查自沪赴汉之邮件,向来全由铁路传寄,既抵南京,即过江转由津浦路线载至徐州,稍待若干时,复由徐州循陇海路线而达郑州,其地为京汉火车所经行之点,故邮件得附京汉快车直抵汉口,前后约共需四十八小时。今按各路开车时间表,上海邮件到徐州后,须等七小时三刻之久,始能附陇海车转至郑州,但陇海车到时,而京汉车已早一小时,由郑州南行矣,故行客邮件须待翌日京汉车方可赴汉,无端在郑州空费二十三小时,使陇海车可提早一小时从徐州开出,则可在郑州与京汉车相接而行,客邮件即可早抵汉口一日,奈何交通部,不于此何之意哉?事关交通沪汉商会,不宜漠视,苟无暗潮作梗,则改正时间,固易事也。

(《申报》)

2.汉口电

(1918年11月23日)

汉口商务总会等所发起之和平期成会,定于二十四日举行开会礼。(二十一日)

(《申报》)

12 月

1.商会致王占元

（1918 年 12 月 2 日）

汉口电　近日湖北有王占元归任后即将转任他处之谣，二十七日代理督军何佩瑢与江汉道尹联名电致王占元，请从速南下。武汉商会亦电致王占元，请即日回鄂，并电求总统令王占元仍回原任，以副民望，督军署接王督军来电，已于今日上午由京启程回鄂。（三十日）

（《申报》）

2.译电　汉口商会之种种建议

（1918 年 12 月 14 日）

汉口电　汉口商务会现决议赞成江苏商会之提议，即中国平和委员应全国商会公举代表附随前往，以资协助，并议决将前清以来与各国所缔结之各种不平条约，均当提出修正案，于和平会议，现已电达政府云。

（《益世报》）

3.汉商会赞助税法平等运动

（1918 年 12 月 18 日）

十一日汉口通讯云，我国海关进出口税则因受各与国协定之束缚丧失自由主权。一般有识商人夙引为国家税法之遗憾。日前，乃有中华植棉社主任穆君及福新面粉厂主任荣君，由沪来汉，先晤朱芑臣、卢鸿沧二氏，谈及此来原因，系代表沪上之税法平等会接洽运动国际税法平等事宜之进行，并历述张啬庵、朱葆三诸君发起，斯会之苦心孤诣，及希望各省同胞热心赞助，期达解除协定税则成例之目的。翌日，遂由朱、卢二君介绍于总商会晤会长王明文接洽一切，当即由王君宴、穆荣二君于普海春餐馆，并招本埠各大实业家会商进行方法，闻其着手大纲有四：（甲）考察协定税之沿革；（乙）调查华洋各货历年之价格；（丙）要求政府提案交陆子欣特使于和议席上提出动议；（丁）派实业家赴欧以备特使顾问。此为连日所得之大致情形，以后俟有所闻再行披露。

（《益世报》）

4.汉口会馆及公所

（1918 年）

中国商界中需要注意的是会馆及公所的制度。会馆是一种商人的自治团体，其有一定的规约,不管成员经营如何,由有信用的同乡人组织,各人的商业行为受到其支配。公所则不论乡里的差异,是一种同业者的组织,对其营业制定了诸般的规约。

汉口的会馆及公所并没有规定一致的界限,同一会馆内设有营业者各异的公所的情况也会有,比如说四川会馆内的药帮、船帮就是如此。

这些团体其掌管的事务虽然很多,但是主要是关于商业上的事务,即交通运输、度量衡、交易习惯及市场价格的变动等等相关的事务。各行业的交易习惯是各同业商人间多年来惯用的产物,赋予了会馆、公所组织一种不成文的法律效力。

会馆、公所的称呼一般区别不大,如河南会馆就是同乡者设立的团体,但也有称之为公所的。如茶叶会馆是同业者设立的团体的商业机关,但也有称之为会所的。

目前汉口重要的会馆及公所列举如下:

黄孝山货公所(土垱火巷)、油业公所(大火路中街)、广货公所(利济巷中路)、茯苓公所(永宁巷)、金箔公所(后堤仁里巷)、玉枢公所(存仁巷中路)、淮盐公所(十码头正街)、齐安公所(花布街)、米市公所(米厂河街)、黄帮山货公所(洪益巷)、烟帮公所(大火路堤外)、钱帮公所(芦席街)、江浙公所(横堤后三元殿)、新安公所(大新街后)、宝善公所(大火路)、茶业公所(河街)、陂邑公所(杨家河)、盐典公所(大火路下堤外)、广义公所(九如桥)、洪都公所(万寿街)、轩辕公所(从仁巷堤内)、南城公所(万年街)、长春公所(苗家码头)、混天公所(熊家巷)、建绒公所(后堤存仁巷)、齐鲁公所(万年街)、石膏公所(硚口外)、绸缎公所(三元殿)。

宁波会馆(九如桥)、香山会馆(郭家巷)、大布会馆(大夹街)、咸宁会馆(横堤外)、广东会馆(大火路中街)、长沙会馆(董家巷)、宝庆会馆(宝庆码头)、江苏会馆(万年街)、徽州会馆(大新街后)、潮嘉会馆(四官殿上首)、太平会馆(花布街)、中州会馆(郭家巷)、福建会馆(德胜街)、山陕会馆(大夹街)。

以上列举的组织虽然有会馆及会所的区别,但是汉口的会馆、公所的名称是全部混用的,很多情况下没有实质上的区别。

(东亚同文会编纂:《支那省别全志第九卷·湖北省》,1918 年)

1919 年

1 月

东京商会副会长对于自由公报之投函(夏威夷之旅)

(1919 年 1 月 10 日)

东京商会副会长雅玛希纳氏有美国之行,道经火奴鲁七岛时,特访其地华人商会,致书于华人所办之自由公报,述其感念如下:

余留岛之时光惜太局促,不得与华商会同人一集,今仅借一纸之文表余贺意。此次游美国目的在遍访其地所设各华人商会。兹知此岛亦有华人商会,不胜欣喜。去年余游中国时,多蒙华人优待,访问要人甚多,交友亦多。今次之游,余又欲多交中国友人与美国友人。余以为将来东方之和平与隆盛全在乎于中、美、日三国之友睦善戚,中国之授教于日本者实不为少,如宗教、各项工业与教育,日本皆得诸于中国,盖日本人之文化纯受中国之赐。而来吾日人既受中国之旧文化,又经美人柏利来访日本,于是西方文化逐渐东来,吾日人之受西方文化恐不如华人之热诚。今日吾人竭力谋以新文化与旧文化熔之一炉也。日本所处地位,实为中美间之媒介,吾日人今当偿还中国以吾人所受于彼者。中、日、美在此太平洋界内,均为近邻,既曰近邻,而彼此不相知,致闹意见、起纷争,是何为哉?余信中国对于日本素来有许多误会之处,即日本对于中国亦何尝不有误会之处。所幸者二国挽近日渐趋向友善以进,日本之新政变对于此颇有影响,日本之新政府责在提倡商业,为兴盛与和平而行事,既于日人有益,亦于其邻邦有益。中国一大邦也,富源无穷,唯待人力与财力之开采,日本则为一制造之国,需各项原料,中国能供给之。再中国有四万万之人民亦必需日本之制造,是故日本为购买中国原料之主顾,中国则为购买日本制造品之主顾。盖商业之为物本取四海皆兄弟之义,将来中日之感情,余敢言其必和睦也。虽然人类固不能无过,彼此皆有错误之时,如日人有得罪于华人之处,望华人告知之。吾国商业必愿与华商人表同情,日人如以为华人为然,当然尽力加以扶助,即有错过亦是中日商人决能联络,永保和平。美国将长久为吾二国之顾问。余此次游美心中怀抱此念,故欲访问各华人商会,借与华人有密切之交际也,云云。

(《汉口新闻报》)

2 月

鄂人维护矿权之进行

(1919年2月21日)

湖北同乡京官之灵乡矿交涉已详志前报,现已由议论的进为事实,昨由武昌商会某会员提出如左之议案:(一)电禀农商部声明取得矿业权之原因,要求根据成案取消鄂城公司及灵乡矿业事务所;(二)向省长公署陈诉柳夑楷不当擅请开采西雷二山,及请领执照之无理取闹;(三)请愿省议会维持四年九月之铁案,附下列各文件,(甲)前次争回鄂城公司之敬告父老书,(乙)湖北大冶象鼻山官矿往来文件,(丙)四年九月财政农商两部呈准大总统整顿湖北矿业呈文;(四)通电取消非人民公认之代表;(五)派代表入京向农商部交涉。

(《申报》)

3 月

武汉商民之和平请愿

(1919年3月22日)

东方通信社二十一日汉口电　前商务联合会长卢长伯(译音),据纠合武汉商民,组织和平请愿,以真正之民意,促双方之让步,于今日邀集武汉商务会员,磋商办法。

(《民国日报》)

4 月

1.汉口商会反对借款之事

(1919年4月14日)

汉口总商会等曾有电到京系反对借款之事,原电略谓汉口商场建筑前,闻中央政府以汉口一切收入作担保,向英商息供英金一千万镑。此事关系汉口利害,綦重市民责任所在,亟欲查悉究竟,该项借款合同内容若何,请即抄全文饬寄本会,以便讨论是为至祷云云。

(《晨报》)

2.旅沪鄂人致鄂省公团函

（1919 年 4 月 17 日）

湖北旅沪同乡会致汉口商会暨各公团函云：敬启者，本月十一日报载，有电请宣布汉口商场借款合同，一则敝同人等阅悉之余，惊骇莫名，窃思政府既以汉口一切收入作担保，向英商息借一千万镑，诚关系汉口利害，綦重勿论，内容如何，岂有不与汉口主人翁谋，并不令汉口主人翁知之理。贵总会暨各公团必待他人函请，而始电部，请将该合同宣布，纵牢可补而羊已亡矣。所差幸者，巴黎和会尚未终了，鄙俚之见，伏望一再电促政府明白宣布外，并恳速日汇交我国专使，请求一并宣布，务达撤废该合同之时，效俾轻汉口人民之担负而后已，时机难再。贵总会暨各公团诸君，痛尤切肤匍匐以图，当不待敝同人等祷祝也。再有请者，本月一日，海上各报紧要新闻栏内均载有既未经国会通过，复未经南北议和代表承认之八年公债，湖北王督军已允担任五百万元语。如果属实，贻害胡底，况非法公债，除外人国会尚多反对外，即苏、赣、皖、鲁等省议会均有忠告政府阻止实行之明文，吾鄂省议会独不闻问，令人惶惑，敝会业经去函请求该会亟应公同议决正式质问，该督有无已允担任非法公债五百万元事实，原函已载本月九日本埠新闻栏内，谅邀公鉴，尤望贵总会暨各公团诸君就近赞助，该会依法监督，勿或瞻徇致祸，全鄂为感为祷。

（《申报》）

5 月

1.湖北同乡会开会纪事

（1919 年 5 月 18 日）

湖北旅沪同乡会会长刘万青等，前日在大观楼柬邀同乡各界，提议重修湖北会馆事，来宾甚众，首由前汉口商会总理李紫云认捐洋一万元，又担认经募洋一万元，并会齐同人演说团体之利益。由刘会长等公推胡召南答复李君，大致谓日昨开会经关炯之君及各界同人演说，已发出捐册八十余本，今又得李君紫云慷慨解囊，以身作则，更不可及云云。旋举定各职员散会。

（《申报》）

2.力争青岛之汉商会电

（1919 年 5 月 29 日）

大总统国务院外交协会南北代表和平联合会军政府钧鉴。前因青岛问题电请外交协会转请饬使力争，迄今旬余，风传愈恶，报载三国会议关于中日胶州及山东问题办法，于法律公道及中国人之安宁均成失望，虽仅表正式提议，既仍未听纳并列国签字，日期恐依然未远。当此人心激烈奋不能忍之时，佥谓中国对于外强输送华工，不能谓不尽力供给原料，不能谓不有功，乃于和平会议之场，竟无平等待遇之事，则此后受人鱼肉，更何待言，兼之山东为几辅之屏潘与徐宁相衔接关系，大局一动可摇，人人自危，莫知所措，酿成意外，亦未可知。窃谓此时于前项问题别无斟酌，能抗议修正固善之善者也，次则惟有退出会外，不预签约之场列强，彼时或鉴于吾国之心坚为事后之理处犹云幸矣，否则同一生不如死之心与其奴隶而苟存，不如横决之同尽，吾固失矣，人亦未为得也，又况列强之在中国以订约论尸将及百年，以通商论更不止一埠，不惟缔交有素，并复休戚相关，出面维持，□亦势所必至乎。若谓仍可签字，惟提出山东一部声明，另商又谓设不签字，恐其他同等利益亦作无效。不知临时尚难修改，更无再张公道之时，要地既已委人，何贵他种几微之利，两害相形则取其轻，不得谓不肯签约之法，为自误也，自念杂居□□民隐易娴，既有所知不敢不告所愿钧座，从此本大局相关之谊，申一致对外之心，内讧全消，外侮可御，转祸为福，或尚有其时耶。急不择言，伏乞垂鉴汉口总商会全体同叩。

（《新闻报》）

6 月

1.湖北学界风潮之酝酿

（1919 年 6 月 5 日）

日前武汉学生联合会代表于汉口某医院会晤总商会长王琴甫，要求各节，迄今尚未得有正式答复，故该会于二十八号又派代表某某等四人复至汉商会要求，适王会长因造纸厂开幕未晤，由该商会之招待朱菊生出为接洽，询以前此之答复。据云极端赞同，惟须缓缓做去，万难急切办到，于是各代表乃复要求代为转达数事：（一）乘此时机，无论如何绝对不可涨国货之价值；（二）此时绝不可再收买某国贱价之货物；（三）请转知汉上各商行号，遇有各学生前往调查国货时，切不可发生误会，务须妥为接洽，逐一详示；（四）请即仿照津沪各商会办法，组织十人团。朱答云须俟王会长回会后再行正式答复，各代表乃即兴辞而出。又至后城马路新市场接洽一切，该市场经理陈文生一见，即首先发言曰，诸君之来意，早经洞悉，须知鄙人营此市场，系在此次风潮未发生之前，其所以将此数十百万巨资投于中国界内者，亦抱定提倡国货之宗旨耳，惟现在开幕伊始，各项货物原属各商户自备，鄙人不过略收房屋租金而已，似未便立即予以严格之取缔，一俟略有头绪，自当力为劝导，积极提倡，以符鄙人之初衷，而答诸君之来意云云，各代表即致谢而散。

（《申报》）

2.南北近事记

（1919 年 6 月 9 日）

七日汉口电　吴佩孚兵现大半在汉口。谣言纷起，谓吴佩孚向鄂督索银一千四百万两，又谓汉口商会已供给一百万两，武昌长沙铁路职员，受兵士威吓，几不能开车，详确消息，极不易得,但汉口尚无恐慌。

(《申报》)

3.汉口商埠亦罢市矣

(1919 年 6 月 11 日)

汉口电　汉口全埠商人亦激于上海罢市之爱国热潮,由十日起英租界码头□之各家商店全部闭锁,渐现激烈之□□。

(《益世报》)

4.武汉罢市之酝酿

(1919 年 6 月 12 日)

湖北王督军现以上海南、北两市均已全体罢市,武、汉两商会又接来电,要求一致行动,恐武汉各商民亦发生此种现象。特于日昨六号下午一时,传见汉商会长王琴甫、武昌商会长徐荣廷,茗谈半时,一再磋议,无论如何,总以无此行动为最切要之要求。嗣经两会长答复云,维持责任义不容辞,惟事关全体未便遽允担保,决无此举,惟视力之所能及而已,移时相继兴辞而出,武昌商会长于谒见督军后,于下午二时召集各商帮董开紧急会议。斯时汉商会长王琴甫及警务处长崔振魁氏,均列席到会,各商帮董约六七十人。首由徐氏报告上海来电,及王督传见情形征求全体意见,次由崔振魁向帮董要求万不可有此举动,请予极力维持。于是各帮董主张与沪上一致行动者,有之反对罢市者,有之主张柴、米、油、盐四项不得罢市者,亦有之纷纷争执各持一说。然各帮董之中,多有鉴于日前学生演讲所受军警残杀之惨剧,深滋隐痛,均抱不平,故主张与沪会一致行动者,占全体之过半数,又经徐氏一再从中梗劝,致无结果,惟视他方之趋向为转移。嗣复由该会长提议,提倡国货一事,经众表决,现在各商号已经购买之日货,一律准予销售,惟自今日始,不得再有私贩情事,违者重罚。至于劝业场之日货限两个月内,一律销售尽净,限满后,如再有日货发现,除将该货全营销毁外,并处该商民以严重之惩罚,后复由各帮董磋议取缔办法,迨四时余,始行散会,并闻汉口商会亦于六号晚间大开会议,以决定罢市与否之方针。

(《申报》)

5.纱业国货侦查会

(1919 年 6 月 18 日)

纱业国货侦查会致汉口电云:汉口商会学生联合会鉴青岛事起,全国同愤。切要办法,惟有抵制,而贵埠葆和祥等,在汉沪购日纱三百五十件,不顾大局,先行破坏,丧心病狂,莫此为甚。务乞贵会设法惩戒,如该号怙恶不悛,请仿宁波焚毁办法,以昭炯戒纱业国货侦查会铣。

(《申报》)

6.武汉开市后之商学界

（1919 年 6 月 21 日）

届时沪地潮流正烈，本埠亦如风起云涌，更无大宗现款为之救济，故各商店甚觉为难。现虽照常开市，而此款多未交兑，各商势难支持，当由商会要人向军民两长献议，请求官力维持，以免全失信仰，败坏市面，王、何两政长亦颇动容，急召财政厅长王嵩儒、造币厂长金峙生、官钱局长郭干卿、汉口中交两行长协议，允将地方金库存款项下提拨二百万，由官钱局、中交两行会，同武汉商会查明商号资格施放，短期官款宽限三月，以中秋节为收回之期，其前交商会救济市面之款，暂不取提，更有二百万之放出市面，金融当可安稳无虞，学界以督察长杜杰擅行率警，殴伤游行演讲之学生，业经省议会提案查办，日前武昌各商店罢市亦均要求惩办，王子春督军与何韵珊省长已允准所请，昨特会衔令行警务处将该督察长停职，发交优待所看管，听候查办。

（《申报》）

7.汉口总商会来电

（1919 年 6 月）

大总统钧鉴：顷阅各报纷传钧座具书向参、众两院辞职，惶恐万分，极知遭世多艰，责难者众。在各界热诚爱国只知行其所安，而政府实费苦心，要无不可共谅。当兹外交孔棘，立待维持，内界纷纭，立须调解。倍切万方之望，忽殷独善之思。无论继起或非，将益重火热水深之痛。即此诸艰历试，更谓如名高望重之贤，敬求我大总统曲徇民意，勉息退思，举国所关，惟公是赖，但尽心于在己，庶有望于回天，同臻河清海宴之休，咸出地厚天高之赐。竭诚上恳，伏冀垂慈。汉口总商会全体同叩。

（《政府公报》第 1211 期）

7 月

1.鄂苏商会电请速开和会

（1919 年 7 月 10 日）

湖北、江苏两处总商会以外交紧急电请速开和议电文如下：

鄂商会电（衔略），沪滨和会停顿多时，在各界已屡事电争，而代表已早同星散。现复欧盟将竣，群注远东，银团以经济相倾，既操协谋之务，胶岛为地形所重，尚在未定之天，此即努力同心以为防御，犹惧其不给也，乃因商政见致累调人各走极端，竟忘反顾，虽当道仍切断携手进行之，望而旁观，已有私心窥拟之时，其或弃隙鼓簧借端煽惑事外生事，歧中有歧，误统治之机，宜授外人以口实。国将不国，谓之何哉，众尽悚惶，同声呼吁，敬恳钧座垂慈注念，速催代表莅沪议和，凡意见之当除者除之，即决无意见，但始于时宜有碍，即不妨事后再商，惟以外御其侮为心自无两有所难之势，心同其理，急则治标，迫切上陈，伏候钧命，汉口总商会全体叩。

苏商会电（衔略），阅报载欧会拒绝签字，外交失败，祸迫燃眉，速息内争，一致对外，为万难再缓之举，乞南北当局牺牲一切意见，克期言和，以谋统一，并请新旧国会俯徇舆论，速行自决救国救民。舍此无术。临电哀鸣，俯希鉴纳。南京总商会全体泣叩歌。

（《新闻报》）

2.推销国货员之报告函

（1919 年 7 月 13 日）

华盛国货公司主任谢复初昨接派赴鄂、湘、川等省推销国货员谢景泉函，略谓自申起程于初九晚抵汉，当即登埠担延三日，并将所带各项国货样本及本公司推销简章表册，并驻沪征品处通告，转呈武汉商会，分送各实业商号去后，颇受欢迎，允为协助进行，并蒙金陵大学生章君、国立武昌高等师范生戴君，分投帮同实地调查，暨劝征推销异常热忱，惟所带本公司推销国货，及征品处通告简章，业已不敷分送，望速将以上各章续行邮寄，以资应送。俟汉埠事毕，即赴宜昌分途进行云云。该公司接函后，当将各商号续送货样连同简章表册封固邮寄。

（《申报》）

3.湘人反对张敬尧变卖纱厂

（1919 年 7 月 19 日）

致汉口商会武昌省议会电　汉口总商会武昌省议会钧鉴，湖南第一纱厂原系全省公产业已租商承办，湘民劫余一线生机实恃乎，此乃湘督张敬尧始欲将厂机卖与外商不能中止后，经湘商出认百六十万元承购，正在磋议进行，忽有鄂商李子云向张督以同一之价夺买，拟移厂机二万锭到鄂，仅万余锭留湘，不日签约。查此项厂机主权，全属湘民，前经遍登中西沪报声明，无论何人不能押卖，徒以张督贪横暴戾，难与理争。湘商为保存厂权，集资认买，已属含痛莫伸，若再夺厂归鄂，此后湘鄂争持，必致酿成恶感，殊非邻省之福，伏恳贵会就近谕止李子云迅即取消成议，免致胶葛毋任迫切，企祷之至，湖南善后协会叩元。

（《申报》）

4.政务会议复汉口总商会望力促北庭消除成见策进和平电

（1919 年 7 月 23 日）

汉口总商会鉴电，悉外交紧迫，惶悚同深，携手言和，一致御侮，为同人所切望，故自和议再停，南方代表仍留沪上，苟北庭饬令代表南来和议，不难再续，还希力促北庭消除成见，策进和平大局，幸甚政务会议鉴印。（七月十四日）

（《军政府公报》修字第九十一号）

5.吴光新拘后之情况

（1919 年 7 月 23 日）

十七日下午，武、汉两商会代表徐荣廷、万泽生、张则先、苏善夫、吴佑人、吴干丞等十余人谒见王督军。王督军将扣留吴光新之情形，原原本本，详告一切，大略如下：皖直争起，王督严守中立，对于双方毫无偏袒，吴光新为谋皖系发展起见，先调四营，王督即竭力劝阻，嗣调两旅，王督又亲过汉口面晤吴氏，谓加皖军力于武汉，直必继之。皖直互争，一旦破裂，武汉势必糜乱。我在湖北数年，承鄂人爱戴，不忍兵戎相见，涂炭生灵，吴光新乃发誓，谓决奉老大哥之命，再不调兵，此已往之事也。十六号吴氏在奉直会馆用汉口海天春番菜，宴请湖北文武行政长官，王督本拟偕省长同往，忽接电报处密告，吴光新又有密电调宜沙上游两旅，刻日来汉，王督阅电，惊诧不已。同时接吴光新电话，谓亲来军署面谈，再往奉直会馆，王督亦表欢迎。不一时吴由汉至军署，王督当即延入质问调兵理由，吴讳无其事，王督以电已证明，吴恼羞成怒，谓“调兵与你不相干”。王督谓“我是地方军政长官。应管此事”。吴愈强硬，王督谓：“你一定调兵，我就对你不起，只好将阁下扣留。”于是吴遂不能自由矣。何省长以下各官员，均在奉直会馆候驾，一闻惊信，均各鸟兽散。王督既扣留吴氏，一面电令汉口商会长万泽生会同镇守使副官毕君，赴汉口英界宏安里吴氏卫队营王营长私宅，商令缴械，王不服，以交换放出吴为辞，正研究间，枪声突起，用武装勒令缴械，王营长无法，只得遵命缴械，所有双方被伤兵士，均由汉口红十字会抬往医院诊治。其余市面惊扰人民恐慌，张敬尧逃避一切情形，谅武汉各界必已详知，不必细赘也。王督军继又叹曰：“吾于皖于直均无关系，上服从政府，下保卫地方，不知其他，吴光新逼我太甚，不得不押，将来段督办有言，我自当之，决不令湖北人当之也。吴氏与我素有交谊，现虽被留军署花园，饮食衣服一律优待，将来世界承平，吴光新与我打官司，我亦只得听之而已。”再吴光新现驻孝感两旅，旅长刘跃龙、赵汇福二人均系王督军第二师旧部营长，拨归陈二庵赴川，随由川交吴光新节制，是刘赵两旅长与王督之交深，与吴氏之交浅，吴氏被扣后。王督电慰两旅长曰：“尔等如安静，吴氏即平安。尔等如暴动，我则以相当手段对吴矣。现已派十一师暨第十六混成旅开往下游一带，监视一切。并闻赵□华旅长，已驰赴谌家几矣。”

另一消息：汉口枪声一响，武汉商人莫明真相，均起恐慌。武昌商会长徐荣廷邀同副会长张则先、会董吴干丞，并约汉口商会长万泽生、会董蔡辅卿、苏善夫、汪美堂、吴干廷、史晋生等，于十七日午后一点钟，晋见王督军，王督宣布武汉防务巩固，上下游张吴军队已有正当办法，至吴光新留住军署，盖因其蓄意不良，有碍武汉，不得已耳。但加特别优待，如其部属军队，别无非法举动，一俟大局平息，自当恢复其行动之自由。并请徐万会长等转告各商各安本业，万勿惊疑，要知迫令吴之卫队缴械，确系防范，其有扰害行为云云。徐等唯唯兴辞，临行时，督军又曰武汉以后绝无丝毫之事也。

（《申报》）

6.汉口总商会请速催代表莅沪议和电

（1919 年 7 月 23 日）

北京大总统国务院广州军政府钧鉴，沪滨和会停顿多时，在各界虽屡事电争而代表已早同星散，现复欧盟将竣群注远东银行团，以经济相倾，既操协谋之胜，青岛为地形所重，尚在未定之天，此即努力同心以思防御，犹惧其不给也，而乃函商政见致累调人各走极端，竟忘反顾虽当道，仍切携手进行之，望而旁观，已有私心窥拟之时甚或乘隙鼓簧借竞煽惑事外生事歧中有歧误统治之机，宜授外人以口实，国将不国，谓之何哉，众情惊惶，同声呼吁，敬恳钧座垂慈注念速催代表莅沪议和，凡意见之当除者，除之即决无意见，但使于时宜有碍，即不妨事后再商，惟以外御其侮为心自无两有所难之务心同此理急则治标迫切，上陈伏候钧命汉口总商会全体叩。

（《军政府公报》修字第九十一号）

8 月

1.武汉商帮忠告南北当局

（1919 年 8 月 12 日）

闻汉口商帮协会昨有一佳电忠告南北两方主持和局，其事如下：（衔略）人民一线生机系于和局非空言也，妥洽面后实践。吾民且拟作未来之监督，所望我南北双方布公开诚直接谈判，一以信义待之，如事后仍有弃盟背誓是自襄于人民，吾辈商人虽无权无势可以左右大人，无主亦不学伟人名流假民意以煽惑人心，愿为自两身家性命伸正义而张公道，惟有求最后之一途，哀痛呼吁，不知所言，武汉商帮协会叩佳。（九号）

（《晨报》）

2.鄂省赈灾之办法

（1919 年 8 月 16 日）

鄂省赈灾之办法　王、何两长官以赈抚手续，首宜划分轻重酌察办理，特依据各属报告，以汉川、天门、沔阳、京山、潜江、荆门、钟祥为最要区，汉阳、夏口、应城、孝感、黄冈、安陆、圻春、襄樊、江陵、枝江、宜都、监利、松滋等县为次要区，除王、何两长各捐廉俸外，并已商准提拨军事义券余款五万元，并政费余项内提款二万，分发赈济，兹将规定，尽先抚济之县属及办法，录列于下。先赈县属，汉川、沔阳、天门、潜江、嘉鱼、监利、圻春、鄂城、汉阳，其施赈办法：（一）施赈之款由知事委员会同公正绅耆办理；（一）凡被灾人民，按户口给赈以等级定之；（一）无屋宇栖身者，应搭盖茅屋暂住；（一）凡大批灾民集居之时，应施粥济之，每县所派之款如不敷用，由地方筹款相助。又以此次被灾各属，以襄河为甚，何省长拟定救济法二种：一北京赈款二万元恐不敷布，另由财政厅拨洋一万元分配各县散放，一函致武汉商会奖励慈善家乐捐赈济，又闻去年上游石首等县水旱频仍,省长公署已汇咨内财两部,呈准总统分别蠲缓,田赋以纾民困,十号省长已准咨复,特令财厅转行遵照。

(《申报》)

9 月

1.鄂金融之恐慌原因

(1919 年 9 月 11 日)

自停战议和以还,鄂属市面渐复原状,武汉金融日臻平稳,讵料近顷忽发生银根上之特殊恐慌,钱业中人亦莫名其妙,理财家及商业团体迭次联席会议,讨论维持金融现状,无如库帑奇绌现金稀少,遂失操纵转移之能力,各方面虽互相提挈,亦无若何效果也。自民国建元以来,鄂省财政困乏,币政紊乱达于极度,迨三四五年间,官钱局库款提挪罄尽,纸币滥发无穷,兼之前造币厂长蔡康措置,官方几至无款开铸,今厂长金氏席穷困之余尽力,整理创铸双币,推广铸额,既得大宗铜元流通市面,复代官商各银行广铸银币,便利汇兑,数年来之经济恐慌,不数月已稍活动,虽南北兴戈时代,仍能恢复官票信用,不受军事影响,至对于整理币政之根本问题,采用急进主义,先从培植厂金入手,刻已添备物料,与官钱局相辅而行,官局虽未开兑,而内部营业亦已加以整理,盖官局票本,惟官矿为之挹注,金氏兼任官矿总办,自必互相维持,至此次发生恐慌,系属临时变故,表面上虽因抵制某货,华商存货不能变,现内地土产出口减少,致无大宗外资之输入,而实则具体病根至重,且久纯由湘省之吸收现金,湘币之流毒鄂省也。查湘造币厂机件,翻新日铸五万一千串(俱双铜元),质低量轻,不能通行,长江专运鄂省内地搭配,裕湘新票大宗,收买现金每月达五六百万,鄂属现货几被搜刮殆尽,刻下湘币滥滞,鄂币几受连带影响,当局策划挽救方法,已由省长饬令,财政应禁止商人私运,现金出境。责成武汉商会通知各帮,不得允湘省代收现款,机关以大宗湘币折买,鄂币运出他境,一面由鄂厂扩充铸额,使鄂币足供流通,湘币受天演之淘汰,现货自无从吸收,连日该厂规划增铸数日,拟于日夜工之外再加三千串,合计按日出单双铜元二万五千串,昨金氏与焦、苏二科长讨论后,即召镕化碾片,桩饼印花各厂技师领工训谕一次,拟于每厂招募长夫短夫各一班,以资轮换工作,准于下星期开始施行,至银币暂行停减者,实因银价过高,币价太低(已跌至七钱六厘),每元亏耗数厘,而原定代铸工资异常微廉,此刻无从弥补,故暂尔停铸,以保厂本。俟币价稍抬,当续开铸,以济市面也。

(《申报》)

2.会议维持市面办法

(1919 年 9 月 28 日)

时届阴历中秋节,大比期本镇市面银根较前愈加奇紧,百业停滞,各铺户门市生意固云不佳，而出入口货物亦逐渐减少。汉口商务总会特于昨日下午续开大会，提议维持金融办法，以免商业停滞云。

（《汉口新闻报》）

3.各界之追悼忙（汉口商会长王琴甫去世）

（1919 年 9 月 28 日）

汉总商会长王琴甫逝世，本镇各界预备追悼，一切已志前报。兹悉追悼期间，红十字分会拟定阴历本月初五日，总商会初六日，各团联合会初七日，安徽同乡初八日，各亲友初九日，义成社初十日，均假安徽会馆为追悼会所，已由各该会函致王宅，请其派员部署，以便届期举行。王宅得函后，当经王琴甫之介弟王森甫柬请汉上各要人在本宅议决一切酬应礼节。一面派庶务员赴安徽会馆督同工役，扎彩搭棚，安置妥帖，想届时必有一番盛况也。搽丁。

（《汉口新闻报》）

10 月

1.汉商会力争航业

（1919 年 10 月 26 日）

日清轮船公司拟在汉口马王庙复设趸船一案，先经汉口各团联合会来电抗议已志报端。闻日昨汉口总商会亦有此项电报到京，照录如下：（衔略）窃汉口日清公司拟在马王庙复设趸船一案，迭据办商帮以该处当江汉合流之动，为货船往来之路，一有华洋大轮停泊于此，则无限商民之生命、财货立濒于危等情，由会呈请湖北督军省长转饬交涉员据理力争在案，现据各商帮闻得该公司尚在进行，以为在彼既无废然中止之心，在我敢忘思患预防之念，物各有主，急则呼天，拟恳钧座迅饬湖北交涉员，根据成案严重交涉，务期坚持到底，以保主权而慰众。无任情迫切待命之至，汉口总商会叩。

（《晨报》）

2.源顺花行倒闭后之账款纠葛

（1919 年 10 月 30 日）

公共租界四川路源顺花行倒欠商业银行汇通钱庄及董华卿、孙孟钧、刘擂三、李玉山等各户往来押款等项银二十万余两，经债权人控，由公共公廨将该花行股东兼经理宣晓帆、胡赓庭传案讯押等情，曾见前报。兹悉，该花行汉口尚有同兴祥分号，自沪上总行倒闭后，分号因连带关系，亦已倒闭。宣本总行经理、胡系分号经理自沪汉两处营业失败后，宣、胡二人互相諉过，故经理与经理间又发生账款纠葛。宣已延律师在公廨起诉，前日下午由廨传集各债权者，将宣、胡二人从押所提案并讯，首由宣之律师陈明控胡案情毕，即请求谕派英公馆买办为本案理账员，胡之代表律师称理账一席应派商会或公廨理账员担任,对于宣之律师请求予以反对,而各债权人之律师,亦以责成商会理账为合法,经俞奠孙襄谳与英包副领事会商之下,朱谕检卷函送总商会,将本案源顺同兴祥所有与原告往来账目查明见复,并函致汉口商会,协助上海总商会办理。

(《申报》)

11月

汉口商帮之血泪

(1919年11月7日)

汉口众商帮近在总商会,投递节略,请求详请军民两长停止加税。其文云,敬略者,窃鄂省过境销场税,自民国成立时,原定为值百抽二,嗣因财政支绌,复叠加值百抽三;旋因办理省防,又抽附税见一加一,商等已苦负担太重。近因鄂省水灾,军省两长又议加收税一成,以作修堤灾赈之款,前经贵会开会二次,提议前事全体会员一致否认。兹复闻重申前议,商帮等实难承认,谨将理由,为贵会缕晰陈之。查汉口自欧战发生,加以南北交兵,商务大受影响,近虽欧战平息,所有牛皮芝麻苎麻棉花杂粮等项,洋商不能照前购买,出口有限,兼之国内和局未定,资本家又恐战事复起,不敢投资,以致金融枯窘,商货滞销。商等尚拟呈请当道减附税以资维持,何能于附税之外,复行加税,矧鄂省税法不良,无可讳言。近日各征收局卡,票有票捐,簿有簿捐,又有印花税,凡遇商货经过,若系杂粮,则加担斗,杂货则加斤两,任意科税,名虽值百抽三,其中重重叠叠,较诸前清,超过十倍以外。若再责令加税,窃恐成本太高,洋商均赴内地直接采办,各处商货,均绕越别省出售,不惟汉口商务,日形减色,即国家税收,亦见短绌,如谓加税,首在修堤,以工代赈,关系甚重,不知修堤,关乎水利。自应由政府拨款,或由各县就地筹款,不能抽之商民,况受灾不过一隅,不能累及全局,即令灾民宜赈。日前马厂开会,汉上绅商,认捐已有二十余万,当道复通令各县募捐,将来收款,定敷灾赈,自无加税之必要,此不得不请求贵会,转恳军省两长停止加税也。抑商等更有诸者,现值汉上银根奇紧,月息涨至二分四厘,实为从来所未见。若不先行设法维持,转瞬年关将届,市面危险,何堪设想。应请贵会转恳军民两长准予拨出官款二百万,发交贵会接收,即由众商帮备抵押品,押借,以资周转而维市面,实于汉上商务,大有裨益。为此略陈会长先生台前俯赐临核,据情转呈,不胜感激盼祷之至,谨略。

(《民国日报》)

12 月

1.茶业公所改组又一说

（1919 年 12 月 4 日）

汉口六帮茶叶公所之改组前已见本报，然各帮因人数不足曾一再致函公所，力主从缓举行而发起改组。诸人进行心切，遂于初九日公推唐朗山为正会长，并闻唐君慎重，将事会当众宣言。略谓：谬承推举鄙人，实不敢担此重任，况此会缺席者有二三帮之多，似未昭公允，然重承推戴，又未敢拂诸公之意，唯就职与否当俟明年六帮云集再请公决云。又闻平江、祁门、宜昌、浙江帮仍抱缓进宗旨，对于此番之改组不无立于反对地位。然后去手续正多，不识有无持异议者否。据此推测，恐难收效果云。

（《汉口新闻报》）

2.宜昌兵变之善后

（1919 年 12 月 23 日）

各公团请惩变军、汉商会拟办商团　汉口商会以本埠为全国商务中心点，绾毂南北，萃荟东西，设不幸，而有如宜昌往事，必致动摇全局。特拟仿照上海自办商团，以谋自卫，日昨万泽生会长会同各团联合会长马中骥及各帮会董，函请汉口军警政各长官，在总商会集议，有人主张照上海万国义勇团办法，联合租界商团，协同维持华洋商场。然讨论结果只照上海自办武装商团办法，（额数）暂定二千人，先尽各保安会商警改编，不足再行添招，但以商家子弟为合格，（经费）由商家自筹，（职员）拟推杜鸿宾镇守使担任正团长。万泽生、马中骥为副团长，其他军官，则请督军与镇使遴员派充。（枪械）呈请王督拨给，一俟当道核准后，即着手改编，协同杜镇使所辖之巡辑营，防守华界商场，但此系暂拟大概，详细章程则俟开大会取决，而王督之核准与否，犹无充分把握也。至两商会所推赴京请饷之代表盛伯常、刘仁山则已于昨十九日随同督军所派之尹同俞金鼎、马德润等，乘京汉晚车北上，并携有王督最恳挚之请饷呈文，不知政府将何以应付也。（十二月二十日）

（《申报》）

3.湖北国民大会续闻

（1919 年 12 月 23 日）

十六日国民大会，三时余散后，遂于晚九时在堤口下段保安会开会，到学生代表二人，各界代表四人，讨论事后办法，以后进行问题。质问汉商会通电各方，议毕遂发通电告知该会情形，及公决条件除八条外后加二条（本埠居留某国军队与侨商问题）。暂从缓议，以待研究而散，至十二时半各代表赴汉商会见万泽生会长，质问该会情形，万会长发表意见有四：一、允赞成提倡国货;二、不认为国民大会主席;三、不准在商会附设委员会;四、以后如不在商务范围内之事,不愿接见。即见以四人为限,各代表大不谓然,有某学生大兴问罪之词,遂无结果而散,又闻昨晚十时半,国民大会临时干事会议两条件派代表唐哀陆、罗达三等六人往商会交涉,彼时会长万泽生与会董杨真生、樊作安、苏凤仪等十余人均在座,代表陈述来意,并将午间商会代表胡厚斋君,在会场签字之纸,与万一观万会长坐于主席,听代表陈述之时,瞥着双眼迨陈述毕万会长云:“不是我的是辛亥年受过很大损失的。”观他所问非所答的样子,似乎你们又来胡闹的意代表,谓我辈非革命,今日所请是求文明办法,一致对外。万会长曰:“汉口是我开的?我哪有力量呢?”代表又再三驳诘,最后结果由各帮董决议,对于第一条确定事务所允,向镇守使交涉恢复,福建会馆原状第二条抵制日货为全镇之事,必俟开会员大会后始可取,决至大会之期约在二十八日。

(《申报》)

4.汉口商民之不爱国

(1919年12月27日)

汉口来函云,汉口对于福州风潮,各界异常沉寂,如码头后马路,新市场前后花楼街一节商店陈列日货,触目皆是。而各界人士从来未见分发一纸传单,并未闻一人对此集会演说。至于日人商店,不受丝毫损失,日输所装载货客,且较他家繁盛。噫,汉口一隅岂非我国之土地,汉口人民岂非我国之人民,胡对此重大之交涉,而闻然无声耶,述之不禁黯然。

(《民国日报》)

5.鄂省之重要问题

(1919年12月29日)

省署迁回之传说,鄂人自扰之所闻,夏寿康因被逼到汉,故力持省署移汉之议,及孙传芳率部赴宜,王督又殷殷敦促,其态度已稍活动,但患痔未愈,一时无由决定,且王督究持如何意见,夏因未与亲晤,不能得其要领。(因于昨二十三日上午十一时,率同沈泽生政厅长渡江,先至督署谒王,王督迎入洋楼,茗谈良久。谈次,王仍赓续前请,希望夏氏早日到省视事,庶得就近协商一切,夏见王意恳挚,闻已面许之,但时期一时尚难遽定,并略商宜昌善后及筹措军饷两事意见,极为接近,随至省议会拜会,由刘、李两副议长招待,叙谈片刻,即赴省署召见四科科长及各职员,面嘱各自勤慎办公,又亲检阅各项公牍,因下午阎相文师长与赵荣华旅长,在汉设筵宴夏,故至四时,即行返汉。)夏氏在汉就职后,此为到省之第一次,因是盛传夏有于十年元旦日,或一月四日,实行迁省之两说,能否届时见诸事实刻尚不敢必,然夏意已活动,则确有所表现矣。顾人民方面,颇不以夏意活动为然,有潘益卿、任厚斋、张柏阶、王耀国等组织市民请愿团,于日昨以三千二百十二人名义具呈省署,请愿省署移汉以顺舆情,汉口商会帮董韩瑞廷等,今日亦电京请从前议,是官民对于此事之意见,尚未一致。

(《申报》)

6.全国各界联合会致鄂汴电

（1919 年 12 月 29 日）

致武昌电　（一）武昌督军省长公鉴，报载，公等徇日本领事之请，以戒严令，纵兵强占福建会馆、国民大会事务所，并搜捕各干事员，解散其干事会，禁阻学生集会演讲，如违则格杀勿论。查日人肆情侮辱，稍有血气，莫不忿慨，国民自谋抵卫，正官府之保卫不周耳，今公等反徇日本之请，肆情凌虐，岂中国官吏所忍出耶？媚日残民，大乖民意，望速湔谶，以顺人心，恢复国民大会干事会、学生联合会、各界联合会，以助人民救国。否则公等之罪，未尝不可宣布于天下也。（二）武昌省议会商会、汉口商会公鉴，报载，贵省军民长吏徇日本领事之请，以戒严令，纵兵强占福建会馆、国民大会事务所，并搜捕各干事员，解散其干事会，禁阻学生集会演讲，如违则格杀勿论。贵会谊关桑梓痛感切肤，噤若寒蝉，岂甘格杀，望发天良一伸民隐，若宁作官僚之附属，则本会失言矣。

（《申报》）

7.函致国务院、总统府秘书厅

（1919 年）

敬启者，本月十八日准贵国务院秘书厅抄交公府秘书厅原函一件，内开汉口总商会会长王文明等，电请主持欧洲会议提议要求改订税法一事，呈奉大总统谕交院部即筹办等语，请转知各部等因，查本部前据该商会电同前情，当经电复在案，查我国关税，以协约关系，致不能与文明各国平等，现值此欧战告终，和平大会成立，亟应及时提议改正，业经本部筹议进行办法，交由本部次长吴鼎昌，俟赴欧美视察战后财政金融时，商承陆大使提出大会，以期改正商约，恢复税权，俾符世界关税平等之公理，除分函公府、国务院秘书厅外，相应将现在筹办情形，及本部电复汉口总商会底稿抄录一份，函达贵厅查照备案，此致。

（《财政月刊》第 6 卷第 61 期）

1920 年

1 月

昨日公廨讯案纪

（1920 年 1 月 29 日）

已闭源顺花行汉口同兴祥联号经理宣晓帆控上海总行经理胡赓庭匿账不交，侵用巨款案，据胡之律师称，胡已遵谕将账交出，而原告之账不交，致总商会不能着手清理，要求准胡保出等语，并与原告之律师先后向原告盘问一过。“官判”候函致汉口商会，将该联号簿据送交上海总商会清理，胡赓庭如有必须出外料理之事，由廨派探同出。事毕，仍还押所。

（《申报》）

2 月

1.建筑汉口商埠办法

（1920 年 2 月 27 日）

汉口建筑商埠事宜，业已明令张国淦督办其事，闻政府以该项建筑费立时颇难筹措，当即责成张氏畀以借款之权，并令与内务部会商一切兴办手续。昨经内务部函致张氏，请将所有汉口建筑商场一切进行事宜，仍须查照前案会商办理云。

（《晨报》）

2.武昌商会请拒日牒书

(1920 年 2 月 28 日)

武昌商会全体董事,曾开大会议决电京,请北政府拒绝直接交涉,已推吴干丞、许雨香、吕衍伯、王子林四董起草呈请督军省长,转电北廷请为拒绝,所有原呈请书附后,为呈请事。窃吾国自加入参战以来,与协约各国立于平等地位,胜德之后,所有一切权利,自应由国际联盟会秉公议决,方属平允,固不容夙具野心者再行自相侵凌,而贻破坏协约之讥。此事理之至易明白,亦为国际法之所公认者也。咄彼东邻,乃趁欧战方酣不遑东顾之际,夺我青岛,久据不归,且于欧洲和会大施权谋,以为强霸之计,幸赖我国专使拒绝签字于前,复蒙美国上院通过保留于后,足见公理难泯,公法亦未必终不可恃。岂意欲心不死之东邻,明知情屈理亏,不能得志于欧会,近又使贪使诈,提出于直接之交还,我国政府表示如何,虽不可知,而举国函电纷驰,皆不以直接交涉为然,民情可以大见,况美国上院既已通过保留,我若贸然直接,未免辜负好意,一旦直接之后,仍无良好结果,更觉自讨没趣。近阅报载东邻所提直接交还条件,所谓铁路权也,矿业权也,收税权也,无一不在该国掌握中,其交还中国者不过土地行政权耳,如此交还,甚于不还。何也？不还则行政之费与我无干,土地出有事变亦与我无干,还则每年行政费之协济,尤属小事,万一土地出有事变,累累赔款,又将有所借口,岂亦求荣反辱,而贻后患于无穷耶？属会为商民代表,迭次开会,群情愤激,誓死力争,何敢壅于上闻,为此缕陈下情,切恳钧座转电大总统、国务院、外交部,一面拒绝直接交涉,勿堕东邻之计,一面候国际联盟会公同裁决,以求公理之伸,虽云弱国无外交,而暴强如德,终为公理战胜,要在勿自气馁而已,临呈惶悚,不胜待命之至。(下略)

(《民国日报》)

3 月

1.张国淦督办汉口商场之波折

(1920 年 3 月 1 日)

武汉商会电诘借款真相

自张国淦有督办汉口商场消息后,武汉各界以政府曾有借款之议,多怀疑虑。昨武汉商会联衔分电政府暨张国淦,请宣布合同内容,以便研究。据闻政府近日曾电致鄂当局,声明商场督办,将来如兴筑或筹款等事,均须协商地方进行,请释误会,盖欲借此消弭反对也。商会两电如下:(一)北京大总统国务院农商部钧鉴,报载政府决定特派张国淦为汉口商场督办,等因。此间各界佥以兹事体大,目前之开办,后日之进行,皆视款之能否确当为第一义,至政府前以发达汉口,借款抵押一事,屡经各界电请,大部宣示合同全文,以便讨论,迄未奉有明白答复,窃以此项合同为合市利害所关,在我或需款较殷,一切都不容深较,在人则操心甚苦,只字皆期在实行，诚恐发达，尚在拟设之间，责任已及眉睫之地，再三渎请，职此之由乃悬企方深，而报载又有此举，张本鄂籍，久客京华，桑梓忧危，或未暇悉，一旦首效开门之揖，将操入室之戈，诚恐诚惶，莫知所措，商民等千辛百苦，复此市场，回忆全镇成墟，痛定思痛，重虑他人入室，为所欲为，后顾多忧，众情倍迫，干冒代渎，不胜悚惶，待命之至，武昌汉口总商会全体同叩。（二）北京湖北同乡会请转张潜若先生鉴，报载将特派公为汉口商场督办，汉口各界，佥以兹事体大，如何筹款进行，想公确已有把握，何妨明示以便研究，至政府为发达汉口借款抵押一事，屡经各界电请宣示合同，尚无明白答复，正在疑惧，诚恐我公甘违众意，徒拥虚名一到偿还临期，而我庄严灿烂之汉口，已邻于绝地而无以自存，是以楚人陷楚人，并以楚人卖楚人也，我公桑梓望重，墟墓情长揆厥生平谅不至是，惟以前之公论，既系如彼。此日之群疑，又复如此，干冒代陈，惟公裁之，并希赐复为盼，武昌汉口总商会全体同叩。

（《申报》）

2.鄂商会请拒鲁案通牒

（1920 年 3 月 1 日）

山东问题，自上年日使通牒请求直接交涉后，外间纷电政府，力请拒绝，武昌商会全体董事，以我国若与日政府直接交涉，严酷条件，必接踵而至，故曾开大会议决，电请政府严为拒绝，已推吴干丞、许雨香、吕珩伯、王子林四董起草，昨日又呈请督军、省长转电政府，请为拒绝，原呈略谓，吾国自加入参战以来，与协约各国立于平等地位，胜德之后，所有一切权利，自应由国际联盟会秉公议决，方属平允，固不容夙具野心者再行自相侵凌，而贻破坏协约之讥。此事理之至易明白，亦为国际法之所公认者也。咄彼东邻，乃趁欧战方酣不遑东顾之际，夺我青岛，久据不归，且于欧洲和会大施权谋，以为强霸之计，幸赖我国专使拒绝签字于前，复蒙美国上院通过保留于后，足见公理难泯，公法亦未必终不可恃。岂意欲心不死之东邻，明知情屈理亏，不能得志于欧会，近又使贪使诈，提出于直接之交还，我国政府表示如何，虽不可知，而举国函电纷驰，皆不以直接交涉为然，民情可以大见，况美国上院既已通过保留，我若贸然直接，未免辜负好意，一旦直接之后，仍无良好结果，更觉自讨没趣。近阅报载东邻所提直接交还条件，所谓铁路权也，矿业权也，收税权也，无一不在该国掌握中，其交还中国者，不过土地行政权耳。如此交还，甚于不还。何也？不还则行政之费与我无干，土地出有事变亦与我无干，还则每年行政费之协济，尤属小事，万一土地出有事变，累累赔款，又将有所借口，岂非求荣反辱，而贻后患于无穷耶？属会为商民代表，迭次开会，群情愤激，誓死力争，何敢壅于上闻，为此缕陈下情，切恳钧座转电大总统、国务院、外交部，一面拒绝直接交涉，勿堕东邻之计，一面候国际联盟会公同裁决，以求公理之伸，虽云弱国无外交，而暴强如德，终为公理战胜，要在勿自气馁而已，临呈惶悚，不胜待命之至。

（《申报》）

3.汉口商场建筑问题

（1920 年 3 月 5 日）

汉口函云，日昨午后武昌商会长徐荣庭、汉口商董程庆甫等三人，晋谒王督，陈述借债修筑商场之弊病，恳转电北政府收回成命以顺民意。王谓汉口为商务最繁盛之区，如从事建筑，苟无病民之处，未始不可，如借口振兴商业之美名，而大借外债以重人民担负，自当力予反对。而顺舆情，究竟政府设立商场督办若何用意，殊不可知。容俟电询内容，再行告知云。汉口建筑商场特派监督张国淦，对于此举计划，探悉以建设模范市场为入手办法，先在后城马路及京汉铁路之间，上自六度桥，下至大智门，规定路线，开辟市面，一俟该处商务繁兴，再创修本镇五大马路，逐渐改造支路，直达江河两岸，以便输轨交通云云。

又讯汉口自鼎革以来，一片焦土，满目凄凉。民国成立后，即拟恢复原状，时因政体初更用款浩大，遂与英商三妙尔公司商借巨款，以备建筑商场之用，并以杨度为督办，不意款尚未交，欧战即起，交付停止，英商与北京政府再四磋商，缓期交付，议定以欧战终后两年内交清，现战事已终，交款在即。昨据友人由京到汉，述及北政府拟先事筹备，故任命张国淦氏为督办汉口商场事宜，先行筹划一切，俟英商三妙尔公司交款，即可着手建筑，既免临时局促，且可早观厥成，姑志之以觇其后。

（《民国日报》）

4.武汉商学联合大会议

（1920 年 3 月 7 日）

武、汉各界联合会自经官厅指为过激派后形式虽已消减，而精神依然存在。现□前派往上海全国各界联合会代表施洋君已回，特举行春节团拜□联合会议二十七日下午二时□□分，学商两界旧职员到者六十余人，公推刘有庵君为临时主席，讨论秩序如下：（一）报告往来又首推刘功辅君为临时记录。（二）请京学生代表原文萃君，报告京津学生莅饬被捕情形及往来开封、九江、南昌情形。（三）欢迎施洋君申请报告沪上经过情形，当时施君略谓，现时全国空气似惟上海较为开朗，工商学界觉悟者甚多，有堪为吾人钦佩者，即团体之坚固是也。现有该地工商新联合之团体约有一百余起，此次游行运动纯为自动官厅亦并不干涉，因为□团结力甚大，官厅亦无可如何也。（四）京代表赴衡阳常德武汉可否加派代表同往及辅助经费。（五）对于直接交涉及单独借款五百万镑案，应如何对付结果致电反对。（六）商学联合会曾□一律填写志愿书。（七）创设平民学校、平民银行及国货公司讨论结果，银行公司于二十九号再请平民学校则有两种办法。（甲）由商绅界择定地点及担任经费。（乙）学界担任义务教授，但以中等学校以上之资格为之。（八）对于南洋荷属各埠取缔华侨之十四条案，案若何主张，结果致电中央切实办理。（九）对于叶玉虎借款办实业事，应若何主张，议决反对。（九）对于汉口借款事主反对。（十）对于外交团要求以特别区为公共租界之对付，结果死力反对。（十一）对于日人要求扩充租界案，全体一致反对，议至此钟已八下，遂宣告散会，订二十九日再议办法云。

（《晨报》）

5.最近湘鄂之两大问题

（1920 年 3 月 9 日）

汉口商场督办问题、吴军辙退前防问题（汉口特约通讯员筱青）

汉口商场借款本是项城时代发生的,由前督办杨度向英商三妙尔公司订借巨款,那时仅交了三十万元余款,约定欧战停后再行交拨鄂人,见系用之于生利之途也,不甚反对。但不知借款内容是否损害主权,曾迭次要求政府明白宣示合同,乃合同尚未宣布督办的名目,因借款不能即时到手,遂致取消归并农商部办理,此是五年七月见的事情。现在欧战已停,简派大员督办之议,又复活在此党派争竞权利时,都视此为一大大的"利薮",某系"把持政柄"尤视为"禁脔",不乐他人染指。不料当局偏偏与了张国淦,某系好似冷水浇背一般,大失所望,但命令已下,又不好出面反对,只得想出一个"旁敲侧击"的方法运动。武汉人民与张作对已可从中取利,于是某系鄂籍议员郑某、陈某、贺某、胡某等均联袂返汉,大肆其运动手腕。上月中旬郑某等连日分宴武汉绅商各界要人,"挑拨怂恿"极尽,手挥目送地妙用武昌商会长徐荣廷、汉口商会长万泽生都是无识的商人,只知持筹握算,哪晓得他们党略的作用,又见议员老爷们来联络他巴结他,已觉荣耀万分,喜欢得什么似的,哪有间暇计及利害怕他们利用呢?所以迭次发现,武、汉两商会联衔反对张国淦的电报都是某系运动的,结果除如商民王明福、向承新等亦通电反对、非惟出出自己的风头,就是受了某系的嗾使,与两商会同一处于盲从被动的地位。某系运动手腕真教人佩服极了,张国淦接了些反对底电报也曾来电声明"被系鄂人必当顾及鄂省主权总期办事切实款项分明",并云不日即将来鄂,两商会以张态度强硬。前日又召集会议主席严厉拒绝,万一张悍然而来,必以相当手段对付,非达到去张目的不止。当即将此意电张挡驾,想张任命督办已得在京鄂绅同意或不至半途打消至鄂中,当道意见省长何佩镕久已归化,某系自不敢违背某系的主张。王督虽不附和某系,但日为何所引诱左右所吹嘘也,不免有些"惶惑无主"。其代反对派曾递呈文就是他无主的表现,他本是一武人,我也不去责备他。至鄂人大多数的眼光颇注视于借款底内容,倘或不损害鄂省主权自无反对底必要,若张国淦果能如彼此云"办事主张切实款项主张分明"更无须反对了。纵云张有些坏处非换他人不可,但更换张国淦督办位置,必为某系所得,将来危险更难预料,倒不如督责张宣布合同内容以求无损主权为妙。刻闻中央有添派哈汉章为副办消息,鄂人亦甚赞成并闻夏寿康、吕达先不日返籍疏通各方面意见,大约哈君副办亦可望不日发表云。

吴佩孚师长自从攻下长岳后"发扬踔厉"颇遭某派的嫉视,张敬尧更视为"眼中钉",时时造出种种谣言乱人观听,其实吴倾向和平联络二谭划界分守就是他的倾向和平的表示,至迭请撤回在湘前防更觉明露头角了,现因豫督问题发生,直派各督都代赵鸣不平。吴师长更痛诋某派把持政柄底罪恶尤为激昂,撤防的意思愈益坚决。此间连日传言吴部直军不日即可过汉北上,记者询问交通界友人亦云。吴军确有开拨北归消息,果然昨四日,自岳州开来火车有直军官佐眷属连护卫兵士约有五百余人,吴师长眷属亦在此内。看来吴军撤防已定,不管中央准不准了。在张敬尧深怕吴夺他的督军巴不得他早日离开湘境,闻彼已有电至京云彼兵力能够维持治安,吴军撤防可不妨事,大约中央见他们"一个正要来一个正要去"也就无可奈何了。另据外人方面消息,张敬尧有电王督云吴师联合谭延闿行将进窥长沙请速设法阻止,王督因为未悉虚实已电吴,诘问就是军界消息,亦谓长沙有某种的风说究竟长沙果有某种事情?抑系因吴军撤防的误会?都不能确定且听下回分解罢。

鄂省与豫境接壤,豫督问题发生后,鄂省谣传差不多日有数起,加之京汉路每一次必运来多少开封或郑州避难的家眷不说,赵、吴军队已经冲突就要说京汉路不日就要被掘,将来没有逃避的方法,人心惶惶,好像那年白狼猖獗的时候,一般王督因此不免时遣探前往侦察,并于鄂豫接境的地方施行必要的防备。四五两日谣传愈炽，谓吴部在郑州确与赵弟赵杰所部发生冲突，又或谓在许州交绥记者访于军署谓尚未接到探报，又访于吴部在汉友人彼云此系谣传。吴部在信阳州一带仅止一团，去年八九月开去护路的。今年吴督豫消息传出后，仅开去卫队三百人兵力，如是单弱何至发生冲突呢？看来冲突的事大约是谣传，不过赵倜于开封、郑州两处都派员检查电报确实消息，难得传出发生谣传自是不免的了！（三、六日）

（《晨报》）

6.张国淦关于汉口商场之谈话

（1920 年 3 月 13 日）

张国淦督办汉口商场，鄂省一部分人颇持怀疑态度，昨有某君访张于京寓，据其所谈如下，某君问外间盛传借款合同条件苛严，将不免受制外人，究竟此项合同可否给阅一遍，张答合同有可宣布者，有不能宣布者，若将合同给看，则完全宣布矣，某君问何以不能宣布，张答云，在鄙人未尝视为必不可宣布，不过关于合同内容之某项，政府有不可宣布之授意，某君云，请述其可以宣布者，张答此点可分五项说明：（一）历史，（二）款额及利息，（三）抵押品，（四）拘束力，（五）今后之计划。原汉口商场之开办，系因项城时代，英国以浦口商场乃借法款所开办，遂援例要求，以扩张其在扬子江一带经济上之势力，项城以急欲称帝之故方求其援助，遂允之，当时英公使朱迩典一再与项城商榷，认仅以五厘之利息，向英国三茂尔公司借款一千万元，其抵押品即以该商场所办之新企业（如电车等）为担保，如聘用总工程师一人，须得该国公司之同意，所用一切之材料，如中国告乏时，须尽先购买英国者。自履行契约二年后，如不发行公债，则取消其契约，当时政府派杨度督办其事，该款仅交三万元，而洪宪帝制事起，遂停顿至今，此次鄙人承乏，亦即赓续前约，并不别订合同，而外间误会则有三端：（一）向来借款多有回扣，因之亦疑及鄙人；（二）外间以政府既不欲宣布，此种难免有损失主权之处；（三）个人感情上之作用。鄙人对于第（一）之疑窦，将来拟请省议会及商会等团体，随时派员察查，对于第（二）既不敢轻易宣布，以违政府之命，惟秉我良心上之主张，以维系桑梓，且其条件之拘束力，亦固不为严苛也，对于第（三），则除已电复武汉商会解释，无不顾全桑梓外，余惟任人揣测，他日不难自见，毋庸相与多辩，至若举办计划，有与前杨皙子所计划者，不同之点，则杨系先从旧街衢入手，吾则拟先新后旧，盖旧街衢人烟已密，欲其骤然改观，实有碍难，若先由新街衢入手，则居住旧街衢者，可渐移满，然后再将旧街衢而一新之。某君最后又问其赴任日期，张答俟朱公使由英来电报告拨款手续后，即行赴汉，大约不出一月也。

（《申报》）

7.武汉商会反对张国淦

（1920 年 3 月 16 日）

武昌、汉口总商会致北京电云，北京大总统、国务院、农商部钧鉴，现在金镑价值，低落异常，借款一层，万不合算。夫政府为汉口发达计，爱汉口也。张之电曰政府将使汉口与世界最着之商埠相颉颃，夫英之伦敦、美之纽约，以汉口外观相较，似不及矣。然固不失为汉口之汉口也，并不失为中国之汉口也。如张之论，特知其一不知其二耳，诚就磅价以通盘合算，则后之视今与今之视昔，既至变无复之日，将有尽反其旧之时，一至□际，低昂悬绝，借一偿十犹恐不足，而所获之利又未知究竟何如。外人因势以为要挟，还则术乏点金，不还则势将破产，大错一铸，百劫不回，恐汉口之为汉口，将非复汉口有也，并非复中国有也。是爱之适以害之也，我汉口之于政府尊信服从，早在洞鉴，发达之举或俟汉口之元气稍复，得以自为，或待政府有余力而辅助，事机一至，水到渠成遽作饮鸩止渴之谋，致成谈虎变色之势。近来耳耳目目咸注于兹，舌难尽扪，肠回百结，敢缘几谏，伏乞三思，武昌汉口总商会同叩。

（《民国日报》）

8.鄂商请缓建汉口商场

（1920 年 3 月 20 日）

十三号武、汉两商会，呈请督军省长，转呈北政府缓办汉口商场，原文如下：武昌、汉口总商会，为会呈事，窃查建筑汉口商场一事，前因政府有特派张国淦为督办之说，曾经本会等电陈政府暨张督办，请将筹款办法，先行宣示，以便研求，并一面录稿呈请钧座临核维持在案，诚以此事关系全镇利害，至为重巨，断难漠置，致误将来。乃接张督办敬日复电，于筹款一节，仍无明白之答复，仅谓前次借款合同，并无其他秘密等语。由是观之，是政府之筹办此事，且不外于借款一途，可断言矣，并无论借款合同奚若，第就此时镑价论之，其种种受亏之处，有不得不陈明于钧座而请为代陈者，祈垂察焉。溯自欧战发生而后，金镑价值，已逊于前。比年以来，其低落之极点，即与前数年相较，又奚啻倍徙矣。此固向来未有之变局，而经济学家最宜注意者也。是故我国深识之士，亦曾欲借此时镑价之廉，建议筹还外债，只以巨资无着，奢望难酬，时不再来，方深太息。乃从悔莫可追之际，忽存急何能择之心，入穿且将益深，饮鸩亦复不顾。天下事之往必有复理之自然者也，彼镑价低昂，原无一定，而以今视昔，既有此悬绝之情形，则由后视今，难保无变迁之趋势，将来偿还期届，其镑价之继长增高，夫固可逆料而知矣。是今日借之以一值十，仍觉其有余者，他日还之以十抵一，犹恐其不足也，至于合同条件，未奉指明，但就人云亦云，言之或相期绝难就之工，而难成匪易，或并订材料向购之约，而垄断不妨，此即镑价常平，而操纵由人，已有听客所为之势，又况在我并不顾其后，而惟求借款之速成，在人或适逢其昂，而不容还期之或爽，一则操券但求如约，一则责饼未许充饥，则就地索价，名正言顺，而汉口之市面，汉口之商场，已潜移默授于债权而不容再置一说矣，嗟我汉口，伤心一炬，陈迹都非。回首十年，旧观渐复，既竭手胝足胼之力，弥切音哓口瘏之心。兹已两次电陈，未蒙赐复，古之言曰，人穷则呼天，疾病则呼父母，商民等之于此举，已疚如疾首矣，我督军省长，固所谓恺悌君子，民之父母也，今呼天虽云路远，而父母孔迩，万不得已。惟有拟恳钧座，迅赐转陈政府，准将汉口建筑商场一举，暂从缓辨，或俟汉口之元气稍复，得以自为，或待政府之财力有余，从而补助，既见水到渠成之势，尤无反客为主之虞。本会等代表商民，只求如此，心肝可向天日，并不在于对人问题也。我督军省长，垂注地方，关心民瘼，瞻依既切，忧乐相同，理合呈请督军临核转呈，俯准施行，以慰众望，无任迫切待命之至云。

（《民国日报》）

9.汉口商场督办自任命张国淦

（1920 年 3 月 26 日）

汉口商场督办自任命张国淦后，某俱乐部以张非己系人物大肆其“挑拨怂恿”的伎俩，使人出头反对，武汉两商会长都是两个市侩，只知持筹握算自然容易被人利用，多数的商民又不晓得此中利害，只要会长怎么说便怎么好。其余的小政客看见某系炙手可热，都愿拜门墙甘作走狗，所以此问题发生后，反对的风潮却也如潮似涌。后经明白的人指导，公正报纸的批评也就有些觉悟，松了反对的劲儿。但借款条约底内容仍就放心不下，一致主张，明白宣布。某系小走狗见势不佳，晓得快要失败，便手忙脚乱，一面怂恿两商会长再接再厉，并许了后日好些的利益；一面以市民黄谷安等二十八人名义发起市民大会，誓达到中央收回成命的目的。其实黄乃安徽太平人，与武汉没有什么关系，其职务又为律师，更没有市民的头衔，而乃热心奔走，其用心尚可问吗？并闻黄等尚发电数通虚张声势，说武汉已于十八日开市民大会，且怎样的激昂，冀以吓倒张国淦。武汉开市民大会，记者往在汉口岂有不知的道理，不过黄某正在多方进行，预备在爱国花园开会罢了。况且当道以黄某等发起市民大会有碍治安拟严加取缔。虽经两商会长向当道疏通，尚未有能开的表示，将来如何？还是一问题哩。至武、汉两商会也些微晓得某系的作用，前日所上当道请代转陈中央的呈文，单就借款镑价上立论于张国淦督办没有提及，大约已知道对人不成问题。兹闻当道代为转呈去后，已得农商部复电，并请就近解释以息群疑。昨已转行武、汉两商会，其文云“案准农商部文日电，开据汉口、武昌商会电称，现在金镑价值低落，汉口商场借款窒碍多端，请俟汉口元气稍复得以自为或待政府财力有余得而补助再行办理等语。查汉口商场借款，并非现时所订，系于民国三年由英商三妙尔公司订定合同，并先垫款三万镑，另附条件声明合同期限延长至欧战平和后二年为止。现时和议甫成未届延长期限至金价高低，须视交款时情形为准。张督办曾经声明，如果有害鄂省断不肯贸然赞成，在政府决不肯作饮鸩止渴之谋不计利害，但约期未届徒事争论匪惟无益事实，且恐于将来提议时转多窒碍该商等未明真相，故电前情事关对公，万不可因此别生枝节。特电奉达即希转知解释以祛群疑”等因云云。两商会以部电殊多囫囵未能满意，又约黄某等商议拟再电部辩驳，闻今日在武昌商会召开会议取决电文黄某等固可以借此出出风头，而武、汉两商会等为某系利用未免有点不值了。（三 · 二十二）

（《晨报》）

4 月

1.武汉商界仍拒张

（1920 年 4 月 3 日）

督办汉口商场张国淦不日将赴汉一节曾见本报。兹据昨日汉口电云，武汉商会联合会闻张国淦日内来汉，开紧急职员会举代表晋京挡驾云。

（《晨报》）

2.昨日午后公廨讯案纪

（1920 年 4 月 21 日）

昨日下午公共公廨第二公堂，由关谳员会同美丁副领事审讯“美商爱区伊仙能诉鼎发号赔偿损失案”，此案发生，系原告前向被告购买狗皮一万张，讵所交之货均极不佳，故原告亏本，控追损失美金洋九千元，被告告控后即将计美金洋七千四百元之汇票，一纸呈案作保，现在此案两造已经和解，因被告所存之汇票，须至纽约兑银，故检察处将该票送由工部局代为售去亏折五六百金，审时，原告之律师上堂，陈明和解情形，被告之律师即到堂对于亏折之款颇有辩论，“结果”改期再核。第三公堂，由陆襄谳会同美约副领事审讯“戴德荣诉继室翁氏辱骂殴伤请求离婚及翁氏诉戴不还值价七百余元之首饰案”，此案系续审，由原告戴德荣之律师起向戴嫂某氏诘据供称，戴续娶翁氏为妻已有六年，夫妻时常反目，惟初只小有争吵及戴置妾后，益形不睦，我目睹翁氏殴戴共有三次，一系前年六月翁氏初见戴妾时，一系去年六月因氏见戴吃食鸦片烟之故，其第三次则系因戴妾分娩翁氏得悉，骂戴为老乌龟而起，以上三次，皆系拳打脚踢，戴未受伤，次向李桂生诘据，供称在戴店内为伙，去年十二月间戴前妻所生之女回家，翁氏见女所穿之衣殊欠大方，因与戴口角继在楼上殴打，戴腰伤面破。又向戴前妻之母胡王氏诘据，供称是日送甥女归家，翁氏即骂甥女着此种衣服如婊子一样，遂与婿在楼上口角殴打各等语，旋由翁氏之律师，向以上三人盘驳一过。因为时已暮，“结果”改期再讯。第四公堂由俞襄谳会同英包副领事审讯“商业银行等环诉源顺花行股东胡赓庭宣晓帆倒欠往来抵押等款案”，前因被告等在汉口所设之同兴源联号，亦相继倒闭，曾由廨谕函请总商会致函汉口商会，将同兴源账簿移送来沪，交总商会理账在案，迄已数月。该处商会仍未将账簿送来，致总商会不能进行，是以债权人及被告之律师，均到堂请求谕令总商会从速清理，以期早日结束，而被告之律师，以被告在押已久，要求减轻交保，“结果”再函总商会从速讨论理账办法，一经定期，即须登报，并准于定期会议时，派捕带同两被告前往报告账目。此外，尚有妇人干蔡氏诉干周氏财产纠葛，及应颖生诉胡裕生股款等项纠葛两案，因各造律师未到，故已改期。

（《申报》）

3.汉口商场建筑计划

（1920 年 4 月 28 日）

汉口通函，北京政府任命张国淦为汉口商场建筑督办，兹张氏已于十八日来鄂。据其所自表，似有极大之抱负，除武昌开设商场，与继续修筑汉口街道外，准备就汉口江岸关一大道，并于汉口、武昌之江面，建筑铁桥，以谋铁路交通之衔接。然后拆除武昌城壁，由鲇鱼套起筑宽大马路，沿江直达新河口，以备将都城迁至湖北。此种计划，需费至巨，不识张氏作何筹算也。现张氏已委定总务需长吕达先，秘书长张则川等，在汉组织事务所，其已定之建筑案，为汉口大街城十条，沿河大马路一条，一俟街路告竣，即将拆卸沿河房屋，从事兴筑，其业主让出之地面，将以后湖填平基地与之交换。兹进行方法,招集与建筑有关之各业主组织“业主会”交换各方意见,以免除进行,障碍,现此种□体之组织,正在进行中云。

(《民国日报》)

5 月

1.汉口商务近况

(1920 年 5 月 6 日)

阴历二月上半月间,汉市出口货芝麻销路尚好,价已略涨,惟汉埠存货将罄,河南绩来不旺,盖内地之价,亦提涨耳,桐油皮油因价涨而销路稍减,蛋黄蛋白交易不多,豆饼出口尚旺,价亦略高,豆麦米三种市价,均见涨,以故出口无多,面粉提涨,惜原料太贵,无甚利益,纱厂虽获利颇厚,而近因实销减色,将来恐尚有见松之势,银根因各业清淡,用途不广,故市上利息,常在二钱之谱,本比官钱局放半月期五两。浙江兴业银行汉口分行放五两二钱半,其他各银行,均同各钱庄放与同业计三两六钱,观此情形,恐利息已时难以见高。申汇常在九百六十五两五钱之间,有看涨之价,银元在七钱零八九厘,当不致再高也。

二月下半月间,汉市出口货,仙令虽缩,销路仍不见旺,芝麻内地行情反高于汉,豆价过旺,油厂一律停工,暂作观察,其余杂粮,均以进价逐涨,觅利较难,无甚交易。福新第五面粉厂,日前开工,闻出货颇属精良。银根仍因各业用途无多,拆息常在二钱上下,本比期半月拆息,官钱局开四两七钱五分,银行开五两,均系预定。嗣因银根极松,月底钱庄同业开四两四,钱拆初五期者日拆二钱五分,初十期者日拆二钱七分。盖以期近则息愈小也,申汇常在九百六十八两左右,无甚上落,银元在七钱零七厘,最高到过一分,用场稍动,以后尚须看好也。

汉一函上星期间,木油,牛皮,芝麻子,五倍子,及猪鬃,均有出口交易,市价稳固,其进口之疋头货,颇有问价者,价亦不弱,棉纱市面大疲,并无交易。

汉口烟酒公所近曾开会决议反对美国烟酒借款,因疑该借款损害中国主权及利益,当致书鄂省议会请联合各省议会一致反对。

汉口市场重造筹备会昨设宴款待省议会议员,该会总务科长余君演说,请议员及公众赞助此大业,闻此重造计划中,包有于武汉间筑一铁桥之工程云。

鄂省本年所产棉子,计共二百八十万担,其在扬子流域之全部产额,则为九百八十万担,中国旧式油厂每年消耗棉子甚多,盖以子榨成油也,又新式油厂亦销用棉子不少,华人以棉子油代芝麻油,作食料之用。

据安庆消息,有学生数人在商店中搜查日货,为商人数人所殴,受伤颇重。有大批日货,由上海运至安庆,被学生会查获扣留,已一致决议焚毁。武昌警察于数月来所搜获积存之鸦片,已于四月二十八日付之一炬,约共二百斤,大半为水警所搜获者。

□阳钢铁厂总办吴君,武昌商会会长徐君,于五月一日在汉口万国体育会宴请武昌、汉口、汉阳三处实业界要人,讨论当地工商界重要问题,以便俟实业专员叶恭绰氏到汉后,向其提出。

汉口湘省茶商现预备在汉设一茶业银行分行(总行在北京),该银行系杨度发起,张弧等赞助之,汉口出口货市价如下:(以担计)上选牛皮四十四两五钱,水牛皮二十四两又二十两,黄麻五两七钱,白菜油十二两七钱,青菜油十两八钱,动物油十五两,五倍子(普通形式)一斤二两,棉子二十四两,里河棉二十七两五钱,陕西棉三十一两,汉口猪鬃(螺旋形者)一百三十三两,机器汉口猪鬃一百四十八两,芝麻子(白与黄)七两六钱,黄豆二两五钱,阔豆(包一切豆在内)二两,白豆二两三钱,芝麻子油十五两三钱,木油十四两七钱,豆油十二两五钱,蛋白九十两,蛋黄(含硼砂百分之二)十五两,以上所开为装船净重之价,其打包费、清洁费及出口税均在外。

(《民国日报》)

2.公函:特派劝办实业专使致上海、汉口、天津、广州总商会公函

(1920 年 5 月 8 日)

敬启者,兹据美国纽约装造输出协会,函送介绍券若干张,嘱为分致,查我国商人近年赴美调查实业事项,日见繁多,嗣后各地商人如有赴美需用此种介绍券者,即请贵会函致本公所声明姓名人数,以便邮寄,凡关于工厂参观商品访问种种该会,当无不尽力相助也,此致。

中华民国九年五月八日

(《政府公报》第 1550 期)

3.武汉商人反对借款

(1920 年 5 月 22 日)

(为开辟汉口商场事)

呈军民两长文,武昌、汉口两总商会为会呈事,窃奉钧署会同省长督军训令内开,案准农商部绝日密电开云云。准此行会知照,等因,奉此,当经集会宣布佥以部电指明原订借款,即以借款所举办之工程各项收入为抵押,夫曰工程必有所以植工之处曰收入必有,所以经收之源,其皆不能外汉口之地皮,而别有所酬也明矣。窃念汉口土地之权,我人民同力维持已非一事远者无论也。民国成立以后,花楼之铁门,河街之公巷,米市公所之码头,何一非性命相抗,而来今以当局之借款自由至将举汉口而弃之,其必不能嘿尔而息自在天理人情之中,且大部亦曾考察汉口之商场果何如乎,凡所谓交通便利之区,营业合宜之地,固又巳连墙对宇如栉如墉矣。自此以外,虽沧海桑田事难预卜第,就今日以论今日,则固以旧商场为天然之形,胜而肩摩谷击,谁能不由棋布星罗何必改作谅在大部洞鉴之中。若谓汉口中外通商五方杂处不能不推而广之。然如城垣马路而外麦田菜园一碧无涯果有人满之嫌,何至地荒似此设构华屋而乏人过问,已消宅妖毁旧局,而借口改良益业民怨,不解当局,何以一致径行。若惟恐人之不信,而不借借之不急而中止者,真匪夷所思矣。为今之计,诚能容纳商民等,迭此所请或俟汉口元气稍复,得以自为或待政府财力有余,得而补助再行办理,固非常之举也。至谓成命难收朝议已定则请划分界段,如在旧市场地面一切勿复过问,并声明专注地点不徒以汉口二字囫囵包之庶债权,不致旁侵而全场无虞同尽亦其次也。若夫不问地点,但使隶诸汉口即在建筑范围之中,将来驱胁

市人,撤毁房屋皆为势所必至以数百万人经营衣食之地,数十万家依托在命之源,一旦不能安其居,不能承其业,而自怜辛苦鸮毁何堪转眼流离乌栖不定于斯时也,真可谓有死之心无生之气矣。而谁为为之谁实致之将存者,必呼诸天殁者必控诸地结为怨气酿成,咎征不惟有负大部发达汉口之初衷,亦尊重民意者之所不忍出也,千急万急不暇择言,除径电张督办,请其先将合同寄知,以便研究并暂缓来汉,外理合呈请督军省长鉴核下情立赐转咨不胜惶迫待命之至,谨呈。

(《益世报》)

4.建筑汉口商场之波折

(1920 年 5 月 25 日)

湖北议员致鄂省长复电、武昌督军、省长、省议会、武汉总商会业主会钧鉴,昨日本院开会,农商部次长代理部务江天铎为汉口建筑借款事出席答辩,经刘果、黄永熙、贺觿冕等相继质问,结果该次长承认此项借款为中央借款,并云,借款合同依法应交国会。俟经过国务会议后即行提交等语。果等现正上紧催促政府赶将合同交院,好在本院同人均已洞悉利害,尚能一致进行为我鄂人除此隐患,知关廑念用特电陈,再据政府答复咨文,及江次长在院宣言督办之设基于借款合同之某款云云,则是合同未交院通过以前,督办一职毫无根据,其不能执行职务自不待闻,张氏已于一月以前派出多人在汉设立办事处及评议会,并招募卫队等,公然自由行动蔑弃法律,殊堪骇怪,伏恳我督军、省长严饬军警,勒令先行取消,以重国法,不胜盼祷,刘果、黄永熙、贺觿冕、汤用彬、李继桢同叩。

(《晨报》)

6 月

1.汉商会接济饷项

(1920 年 6 月 4 日)

日前汉口商会开会,有王君禹廷、刘君仁川等先后演说,以吴军转战长岳劳苦功高,且复维持和局,以免再见战争之惨祸。此次撤防中央又无现款发给我商家,虽迭经困苦,似应勉代设法,但国库券市面难以行使,拟变通办法由钱帮暂垫银七万两,交由王督办转交吴师长发给众军,以为勿在汉川库券之交换条件,借以酬其劳绩此银再由各帮摊派归还,众均赞成。当日即以此议转达王督,大约吴师长总可体恤商艰也。

(《益世报》)

2.汉口总商会赓续清理债权债务处广告

(1920年6月6日)

敬启者,民国八年十一月,据汉口钱业公所函称,敝业自辛亥以来,停贸理账于兹将近八载,所历一切困难谅已早邀洞鉴。刻今债权债务遵照贵处理债章程减折分期。幸可将次完全告竣,唯有从前借与各帮商号之虚票至今尚未完全收转。查该票分别虚实,早由敝公所汇造总册,呈请行政长官暨汉口总商会查存备案。其代存户所出者即为实票,其借与欠户以资通融者即为虚票。当贵处成立之初,对于此项虚实银票定章尤为特别严厉,期限六个月内责令一律依限理清,勿任久延。敝业除实票均已陆续照章应收外,其虚票一种逐年收转者固居多数,而至今未经收转者为数尚属不少。盖此种虚票一经借出则操纵之权全在借票之家,其中间有实在用出无从催索者,其故意拖延、游移观望者,实亦不乏其人。然亦思此项虚票办法既已通告在先,且经呈明有案,现在原定限制早已逾期,理债事宜亦将报竣,诚恐执此虚票者徒以甘受人愚之故,将有终归自误之时,不得不及时声明。使当贵处尚未竣事之先请求处理,庶原定之章程尚能有效,而敝业之手续亦可望清,否则故作游移,自甘放弃,不惟敝业理难终,待即贵处之公事,亦恐未便久羁,再四筹商,拟恳贵处俯赐酌核,祈将敝业于前清所出之虚票限期登报,布告周知。催令即速清理,勿任再延。如期限以前敝业尚可与借票之家会同清理一致赓续办理,如在贵处撤销以后纵有虚票之人已无清理之处,敝业即不能长此姑待,以示结束,而便遵循。盖以定限论,敝业之格外通融已如彼矣,以商情论,敝业之格外耐久又如此矣。兹复恐有为人所误,特此先事声明,语挚而望殷人同此心。想能共谅,伏候贵处查核办理,等情。据此,本会当以该公所所陈各节尚属实情,敝会赓续清理对于执票人无不妥为维持,但恐长此拖延终无了结,应由敝会拟定期限,凡执有此项虚票者或来案申诉或直接理楚由敝会先行布告各商,并登报周知,均于限期内一律清结,倘逾限不理,即属自弃权利。似此办法庶于限制之中,仍寓维持之意,等情。函请江汉道道尹转呈督军、省长鉴核批示在案。本年一月三日准江汉道道尹函开,奉湖北省长公署指令呈悉,是项限期清结办法,既据该道尹查核,尚无不合,应予备案,仰即转知汉口总商会务,于事前详细通告,妥为办理。仍候督军署核示,此令,等因。奉此,查此案前准贵会公函到道,当经转呈督军、省长两署鉴核,令遵在案。兹奉前因相应函达贵会查照办理。四月廿二日,复准江汉道道尹函开,奉湖北督军公署指令,据呈已悉,此项虚票限期清结办法尚是,应准备案,惟于事前务须详细通告,俾资周知,是为至要,仰即转致该商会遵照办理并候,省署核示,此令,等因。奉此查此案前准贵会公函过道,当即分呈,嗣奉省长指令,又经转函各在案。兹奉前因相应函达贵会,请烦查照办理各等因。准此,查此案既奉军省两署先后批示,自应遵照,兹于五月四日开全体会董会公同议决,定期自阴历四月十五日起至七月十五日止,凡持有辛亥兵燹以前各钱庄虚票之人务于期内赶速照章清理,以示限制,而资结束等因,在案除将议定限期、办法呈报湖北督军、省长暨分咨各公署备案,并遍贴布告周知,外国特登报周知,凡执有辛亥以前票据者务于限期内赶速照章清理,倘逾限不理,即属自弃权利,幸勿自误,是为至要。汉口总商会赓续理债处启。

(《国民新报》)

3.商会又开会议

（1920 年 6 月 6 日）

自直军实行撤防，吴子玉师长已将驻湘军队装运来鄂，纷纷过汉北归。但该军军饷支绌，早由湖北王督军令汉口商会将国券代筹洋十万元，业经商会开会议决，无如市面近日因受湘省战事影响，银根奇紧，刻难筹齐。会长万君泽生当于初四日下午三时，又柬请钱帮万松涛等到会开会，提议仍主张借款拨充客军费用。至五时始行散会。（由利）

（《国民新报》）

4.七日汉口电

（1920 年 6 月 9 日）

吴佩孚兵现大半在汉口，谣言纷起，谓吴佩孚向鄂督索银一千四百万两，又谓汉口商会已供给一百万两，武昌、长沙铁路职员，受兵士威吓，几不能开车，详确消息，极不易得，但汉口尚无恐慌。

（《申报》）

5.维持市面之又一声

（1920 年 6 月 19 日）

昨日夏口县汉口警察厅会衔发出布告云，案奉湖北督军、省长公署抄电，内开据汉口商会呈称，近日汉口官票价落大半，由于各钱号买空卖空，抛盘交易，现钱业公所公议，设有买空卖空官票交易者，自夏历四月二十日起或有以后未到期者，一概作为无效，请通饬出示晓谕严行禁止，并据官钱局呈称买卖官票空盘，襄阳、宜沙各有此弊，汉镇、沙市尤甚，请分电各地方官、商会速为禁绝，如查有前项情事，从严惩究。以前有此项买卖者勒令取消，各等情除分电荆襄道尹、知事、商会、警察厅局一体录电，严禁外，仰汉口警察厅、夏口县知事遵照会同布告严禁。并派员察查，查实从严惩究。仍由道尹、处长分行各知事、各警察厅局一体遵照为要，等因。奉此，查此案前准汉口总商会函同前由经本知事、厅长各出布告禁止并分传各警察署所暨委妥员查办在案。兹奉前因，合亟当衔布告，仰各县商界人等一体知悉，凡有以前空卖空买之抛盘交易，务各遵电即时取消。俾官票价值日见增高，不致再受影响，倘敢阳奉阴违，一经各署所及委员查实报告，定即传案，从严惩究，决不宽假，其各凛遵毋违。此布。（砚利）

（《国民新报》）

6.岳州危迫中之鄂两会

（1920 年 6 月 28 日）

武汉商民因岳州危急，均怀疑虑，王督恐其自相惊扰，影响市面秩序，特于昨二十三早分令武汉商会会长及各帮董,于下午一时至汉口慈善会会议,嗣因同省长往会英美各领,于四时半始行到会,共同商榷,并宣布办法,武昌商会长徐荣庭偕会董吴干丞等三十六人赴会出席,所有汉会长及董事全体均到外,并有各银行行长经理,共约一百四十人,两政长随后亦到会,主席徐荣庭请督军主席宣告宗旨,王督起而演说。略谓长沙退出之种种原因,诸公必知之甚详,毋待赘述,张督刻守岳州,并无战事,以后能否规复原防,此时无从揣测,诸君所虑者,诚恐岳州再失利,致溃兵顺流而下,任意骚扰,继以南军得陇望蜀,下窥武汉,殊不知南军得长沙,已非本意,何况毫无进行准备,且前年彼军已到蒲圻,仍为退出羊楼司,是其军无下窥武汉之心,已可概见,盖无险可守而腹背受敌故也,至于溃军入境,首收枪械,遣送回籍,不许逗留,即或不服,本督军惟有将所辖极有纪律精勇之军,与彼缺乏训练之军相搏,保全平安,确有把握,所有各边境要隘,均派重兵驻防,而十一师之军,极力担任增防,是兵力雄厚,固若金汤,诸公千万安居乐业,切勿轻信浮言,自相惊扰,在汉者毋得迁沪,在省者毋得迁汉,本督军愿以身作则,如将眷属迁徙,任凭诸公指责,此时全体赞成,决不搬家,假有经济困难,务望各银行各钱庄活动,各号商交相通融维持,绝无恐慌发现,想银行钱庄诸公,素明公益,当不致河汉斯言,王督继言两湖巡阅使,已三次坚辞,无论中央如何挽劝,决不敢承,盖时局已至此极,排解纷乱之不遑,何忍穷兵黩武,涂炭生民,徐荣庭起言吾辈自卫不暇,拟即由两会长电中央,请收回成命,王督力为阻止,以免中央又多误会,内有汉会两董事起言,过岳商船,无一不受损失,请设法救济,不然,车运既停,水运亦绝,上下不通,则市面影响,不可计量,督军省长允设法维持而散。

(《申报》)

7.湘警中之武汉商会

(1920 年 6 月 29 日)

两政长列席宣言、徐荣廷赞成募款、红会代表之提议,已得圆满之结果。

鄂函云湖北军民当局近见湘省战云经久不息,武、汉市面多抱杞忧,因于昨(二十五日)午刻召集武、汉两商会全体职员在汉口会议,计到会者二百余人。当经王占元出席宣言,略谓:余自莅任湖北地方屈指六载,始终以地方治安为已任,其视湖北地方有如桑梓,视湖北人民不啻手足。此次湘战发生,余已经严密设防力为镇定武汉内地当保无虞,惟冀两会诸君转相告语人民,照常安业,买卖务宜公平,幸勿借故操持自相惊扰,总之余一日在鄂,即担任一日之治安,幸诸君共体斯意云云。旋有徐荣廷、万泽生二氏出席宣布督军意见。随拟维持市面金融办法,大家不赞成讨论,既毕继有红十字会代表王森甫氏出席提议,略谓:岳州难民数逾二万,粮食告绝待救,如樊敝会业已派员雇输携带米粮药品前往救济,无如人数过多,杯水车薪,难期普及,惟冀在座诸君彼此提倡共募善捐,俾岳州二万生民得免饿殍,则造福子孙,诚非浅鲜等语。徐万两氏闻之当向众会员征求同意,大家一致赞同。于是议决由各帮帮董分途劝募,直至下午四时,王、何两政长始命驾渡江宣告散会。

(《益世报》)

8.汉商会电请明令停战恤商艰
（1920 年 6 月 30 日）

汉商会电请明令停战恤商艰。

（《民国日报》）

7 月

1.武昌汉口总商会陈述湘鄂应行停战之理由电
（1920 年 7 月 17 日）

广州军政府钧鉴，长沙战后，遗集岳州，战线所关，由远而近，虽鄂自为鄂，本无预局部之争，惟此欲结，纵以拒横，彼将得陇而望蜀，牵连而及，自在意中，我商民兵燹余生，饱尝忧患，此心已碎，有同觳觫之牛，一息尚存，宁作太平之犬，用陈管见，借达杞忧。汉口为著名商场，中外称便，辛亥之役，一炬无遗，现虽渐复旧观，实已大伤元气，若再从痛定思痛之后，又有一防不胜防，此不能不乞恩停战者一。湖北之米虽在丰年不够食湖北之人，去岁大水成灾，米价奇贵，方求救于湘以裕来源，乃甫许开关，尚未实受其惠，而遽同画饼，依然空感此恩，是不战已有掘鼠罗雀之荒，战则将受易子析骸之惨，势所必至，非敢谰言，此不能不乞恩停战者二。武汉市面近因银根不活，倒闭甚多，即间有勉强支持者，亦皆存与时休息之心，并非有百折不磨之力，风声一紧，根本都摇，竞诩先几，谁堪后顾，而内则军需之应付，外则客货之往来，一动百摇，所关者巨，此不能不乞恩停战者三。川陕接邻，夙多伏莽，无隙可逞，亦相与安之，然其踪虽潜，其心不死也，一旦授之以间，势将假响应之名，行盗贼之实，言讨，则力难兼顾，不讨，则民不聊生，将贻螫指断臂之忧，徒重挖肉医疮之悔，此不能不乞恩停战者四。然皆就鄂论鄂也。至以大局言之，普天之下，谁不望和，一旦以祸起一隅者，不能止于一隅，则意见愈深，困难愈大，虽使鲁连复出，蕴子再生，恐亦穷于排解之方，拙于调停之术，而前功尽弃，莫慰率土之心，两败俱伤，转贻渔人之利，此停战之关系更大者五。即以湘民言之，前此划界而守，已碍交通，今之极力而争，更深水火，此即重谋生聚加意抚绥，尚恐当迟之子孙，期之岁月，若更延兵连祸结之日，将恐有民穷财匮之时，故思之又思，仍以櫜矢戢戈为利，而止乎当止，益逐恭桑梓之心，此停战之两有所便者六。商民等夙安恒业，素乏竞心，念此内争，攸关大局，设以两有难甘之势，致成一切不顾之时，大局日非，小民愈苦，垂涕而道，庶回同室之心，几谏相从，傥获高堂所许也乎？吾鄂之幸，非独吾鄂之幸也，不胜悚惶待命之至，武昌、汉口总商会全体同叩，宥。（六月廿六日）

（《军政府公报》，修字第 192 号）

2.军政府复武昌汉口总商会已电属谭督谨守防线听候解决电

（1920 年 7 月 17 日）

汉口武昌、汉口总商会鉴，来电悉，张敬尧荼毒湘民，穷极凶恶，湘军本自决之精神，为正当之防卫，既驱张氏出境，必不令战事蔓延，叠据谭督通电声明，不侵鄂地，并经本军政府电属谨守防线，听候解决矣。特电复闻，希释疑虑为幸，军政府覃印（七月十三日）

（《军政府公报》，修字第 192 号）

3.（武昌）商会大会议

（1920 年 7 月 17 日）

昨十五日早，武昌商会召集全体会董大开会议议决各事如下：

（甲）筹设军事兑换所。当岳州失守，张军下溃，徐会长即晋见王督军，请求堵截及溃军过境，又请不许武汉停留。其热心公益，不辞劳瘁，实人所难能。兹以王督为维持治安调集军队，所有军民交易自非平日可比，除随时商请各董转告各帮特别优待外，于昨会议时首即提议筹设军事兑换所，盖因军人多持钞票购买物件，铜元找零极形不便，自非专设此种兑换机关，以资流通不可，如是佥以为然。徐会长并愿担任垫款开办，旋议定之办法如下：（一）设武胜门外四马路，经理人邱益三（即元和钱号主人）。（一）设保安门外十字街，经理人周小泉（即和昌钱号主人）。拟于十四日一律开办，所有各办事人员均由各帮派人暂尽义务，兑换铜元由商会在督军署呈领洋钱、钞票，照市价兑换。

（乙）坚持变通牙帖税。武昌商会，前清财厅体恤商艰，仿照汉商办法，从轻办理，讵财厅驳回，仍请按章办理。昨全体董事一致坚持变通办法，再商财厅。（庄利贞）

（《国民新报》）

4.商会会长之难产

（1920 年 7 月 17 日）

汉口总商会本届改选业经一再披露报载，连篇讵知，蹉跎日久，而正副会长犹未能正式选出，一般商民咸为注意。访者昨从该会方面得来消息，知该会此次改选，各帮商董均抱各自为谋主义，于是钱帮有推举万泽生者，洋行帮有推举刘歆生者，咸帮有推举蔡辅卿者，武帮有推举徐荣廷者，浙帮有推举史晋生者，汉阳帮有推举俞清臣者，聚讼纷纷，各不相下要之。除此数人外，别无希望，此席之人就中以蔡辅卿声浪较高，但伊现为建筑处会计长一事大失人心，恐其结果不免有得彼失此之忧。此外诸人固已旗鼓相当，鹿死谁手虽不得而知，而该会会长一席不出此数人以外则可断言也。（雅利）

又函云，汉商会选举会董票已照例投入，正待揭晓，忽奉部电，以时局不靖，暂不改选制止进行。但时局关系会长之一人耳，至衮衮会董此次已投入者有效乎，无效乎，开票乎，封断乎，焚而化之乎，均有耐人寻味之价值。现该会新帮董对于此重大问题定六月初一日开会解决，如何俟探悉详志。（幸贞）

（《国民新报》）

5.汉商会电赞和平
（1920 年 7 月 22 日）

汉口总商会昨复上海总商会电云，咸电敬悉，具佩卓筹，已录电呈请湖北督军省长查核办理矣，希查照并盼分复，汉口总商会哿。

（《新闻报》）

6.武汉商会忧虑汉上安全
（1920 年 7 月 23 日）

汉口枪声一响，武、汉商人莫明真相，均起恐慌，武昌商会长徐荣廷，邀同副会长张则先、会董吴干丞，并约汉口商会长万泽生、会董蔡辅卿、苏善夫、汪美堂、吴干廷、史晋生等，于十七日午后一点钟，晋见王督军，王督宣布武汉防务巩固，上下游张、吴军队，已有正当办法，至吴光新留住军署，盖因其蓄意不良，有碍武汉，不得已耳，但加特别优待，如其部属军队，别无非法举动，一俟大局平息，自当恢复其行动之自由，并请徐、万会长等转告各商，各安本业，万勿惊疑，要知迫令吴之卫队缴械，确系防范其有扰害行为云云，徐等唯唯兴辞，临行时，督军又曰，武、汉以后绝无丝毫之事也。

（《申报》）

8 月

1.汉口商埠督办张国淦停筑汉口商埠
（1920 年 8 月 18 日）

因英商不交借款，昨日汉口商埠督办张国淦又有一电致中央云，汉口建筑商场，其经费系出自英商三妙尔公司借款项下，现在该借款并未继续交付，所有建筑工程不能赓续进行。现在国家财政支绌，此项商埠建筑事宜似应置之缓图，请将汉口商埠建筑事宜暂行中止，并请将督办暂行，免去以节浮费，将来筹有的款再行开办云云。

（《益世报》）

2.汉口商场督办自请裁撤
（1920 年 8 月 19 日）

路透社十八日北京电　汉口建筑商场督办张国淦自请裁撤，而将工程事务，归政府直接管辖，总统已将此事移交财、商两部议复，现信张之出此，乃迎令靳云鹏意旨，盖靳现拟撙节特别费用也。

（《民国日报》）

9 月

1.汉口商场请撤督办之呈文

（1920 年 9 月 18 日）

（出自督办之自请）

呈为汉口商场事宜拟请仍由部收回接管，俟时局大定再行另派专员办理，恭呈仰祈钧鉴事，窃查汉口建筑商场曾于民国二年间派员督办，嗣以欧战影响由农商部接管。近因欧战告终，复蒙派国淦督办其事，视事以来详加察核。此项商场借款系由英商三妙尔公司承办，该公司除于五年曾付垫款三万镑，早经用罄外，迄未继续交款，此接次办经费仍系按照农商部八年度预算撙节开支，而部款困难仅给八年公债无处抵押，每月应用之款专恃挪借，已觉支绌万分，至公司垫款利息逾期未能照交。当此军事时期财政艰窘情形，自当共谅而债主催索日必数起，即此区区之数尚难应付，可见大局纠纷之际，断非从容建筑之时，拟恳援案仍由部收回接管，一俟时局大定，商场经费有著再行另派专员办理，庶于商场事务有裨是否有当，伏乞鉴核批准施行，谨呈大总统九年八月五日。

（《晨报》）

2.鄂商会求废商场借款

（1920 年 9 月 26 日）

武、汉两商会会衔呈请两政长，转请北政府废止建筑汉口商场合同，原呈附后，为会呈事，窃本会等，前以建筑汉口商场借款合同，已蒙农商部饬抄寄鄂，呈请钧座颁发下会，以便共同研究。旋奉钧署会同军省指令开，函禀已悉，汉口建筑商场借款合同，准予抄行该会阅看可也，等因，附抄件奉此。当将此项借款合同，照印多本，分送各帮查阅去后，兹据复以合同条件，业经详加审查，其中丧失主权之处，不胜枚举。姑无论此项合同，未经政府提交国会，当然不能发生效力。即就草合同而论，计自签字之日起，迄今已逾六年。按照合同第三十条，亦得有随时废止之权。现在汉口商场，既无建筑之必要理由，自应以取消合同，为根本之解决，务请转恳督省，陈请政府，准将该项合同，宣示以保主权而维地方等语前来，伏查建筑汉口商场一事，其种种不利情形，迭经本会等缕晰陈明，早邀洞鉴。今帮众以合同之件既苛，即主权之丧失更巨，要求作废，实为根本解决之方，当此外债未成，取消交易，一言得当，立盼回天，惟有据情呈祈督省，鉴核转陈实为公便云云。

（《民国日报》）

3.鄂人治鄂运动之效果

（1920年9月28日）

夏寿康自被任湖北省长后，各方面虽曾函电交驰，纷纷劝勉，然夏氏鉴于前途有种种之困难，遂一再向政府与乡人坚申辞意，前晚又特赴津谒见黎黄陂周少朴两氏，黎初语某君，谓仲膺此次如不就任，余当与之绝交，继而夏往求见，黄陂闻其系来津说明不能就任之理由，即拒绝面会，并传语夏云，如系相对的辞职，余尚有劝勉之义务，既抱绝对辞职之意而来，纵会面亦无话可谈，不如不会云云，夏迫不得已，乃言无论去不去，总须面商办法，黄陂始允接见，并电约周少朴及旅京同乡会代表孔庚、吕达先等，协同劝勉，当时黄陂少朴再三敦劝，并云吾鄂人反对孙振家，虽有结果，然急宜注意者，尚有三事：（一）自治章程宜参照湘苏先例，从速起草；（二）宜全体一致，劝夏火速就任；（三）我鄂人此次废督之主张，虽系应世界潮流而起之运动，然果能实行军民分治之精神，则比较空唱废督之论调，为尤切实紧要，王占元果能听吾鄂人，实行此军民分治之政治，则全体鄂人，当以维持夏省长者，维持王占元。在座者无不赞成此意，夏碍于黄陂少朴之谆谆劝勉及孔、吕两代表力述北京同乡敦劝之意，加以武汉各界连日欢迎之电报纷纷驰至，因之就职之意稍为活动，至王占元方面，前虽表示反对之意，而今鉴于鄂人之声势汹涌，亦已密令其秘书金世和来电欢迎矣。兹录其电文于下，新任湖北省长夏钧鉴：恭贺鸿禧，敬请崇安，督军署秘书厅秘书金世和叩。至湖北，教育厅长公私专门学校教职员及省议会武汉商会等，亦皆有电来京，表示欢迎之意，其措词大略相同。

（《申报》）

4.关冕钧图汉口商场督办

（1920年9月28日）

汉口商场督办，自张国淦自请收归部办以后，某系欲借此地盘以为扩张党势之计，乃由某两总长求某要人，力保关冕钧氏充任此职，闻鄂人某君，日昨已特将此种情形报告大会，群情异常愤怒，如中央冒昧下此命令，鄂人当以对付孙振家之精神对付云。

（《晨报》）

10月

1.汉口商场督办又成问题

（1920年10月6日）

（商会一再反对关冕钧）

汉口地居南北之中枢，某系极欲为关冕钧氏运动商场督办一席，以为扩充党势之计。鄂人闻此消息，群起反对各情，迭志前报，顷闻武汉总商会，昨日又有极端反对此事之电报到京，措词异常激烈。此外，闻汉口建筑商场评议部，亦特赶急将评议会组织就绪，以为与武汉商民协同御外之计，兹觅得商会原电如左：(一)武汉总商会反对关冕钧电(上略)近阅报载，关冕钧运动督办甚力。冕钧何人？姑置不论，政府必欲违反民意，其心何居？敝会痛关切肤，誓死绝不承认，究竟有无其事，希即探实电告，以便准备对待方法为盼，武昌汉口总商会暨全体商民同叩。

(《晨报》)

2.刘承恩将任汉口商场督办

(1920年10月9日)

汉口商场督办张国淦呈请辞职，曾请将该督办裁撤，收归农商部直接办理，刻下政府对于该商场是否收归部办抑仍由总统特派人员办理，例须由农商部提案，交由国务会议决施行，闻农商部已内定为刘承恩，一经阁议通过，即可发表云。

(《晨报》)

3.汉商会亦反对所得税

(1920年10月9日)

商界反对所得税声浪日高，闻汉口总商会昨亦有歌电(五日)抵京，请从缓办理，原文照录如下：(衔略)报载政府拟于十年一月实行所得税，商民等咸深惶惧。佥谓此种新税，照原订条例税率，虽属轻微，稽征易滋苛扰，恐公家之收入有限，而人民之受害无穷。又况比年以来，风潮屡起，灾祲时闻，民鲜安居，商多失业，而原有之各项税捐，名目繁多，担负已重，困益加困，其何以堪。公恳钧座垂念下情，缓收新税，以纾商困，借恤民生，无任叩祷之至，汉口总商会叩歌。

(《晨报》)

4.汉商会反对所得税

(1920年10月10日)

(公家收入有限，人民受害无穷)

商界反对所得税声浪颇高，闻汉口总商会昨有歌电(五日)抵京，请从缓办理，原文照录如下：(衔略)报载政府拟于十年一月实行所得税，商民咸深惶惧。佥谓此种新税，照原订条例税息，虽属轻微，稽征易滋苛扰，恐公家之收入有限，而人民之受害无穷。又况比年以来，风潮屡起，灾祲时闻，民鲜安居，商多失业，而原有之各项税捐，名目繁多，担负已重，困益加困，其何以堪。公恳钧座垂念下情，缓收新税，以纾商困，借恤民生，无任叩祷之至，汉口总商会叩歌。

(《益世报》)

5.张国淦表明心迹之通电

(1920年10月14日)

因汉口商场问题，汉口商场督办张国淦氏最近曾致湖北同乡通电一件，说明以前之种种困难情形，兹特录其原文于下：（上略）商场一事，经纬万端，国淦以将去之身，敬以经过情形，为同乡父老告焉。商场建筑，重在筹款，国淦计愿所及，约有数者。民国三年，曾由政府与英商三妙尔公司，借款一千万镑，签订合同，嗣于四年交付垫款三万镑，附加条件，其合同效力，以欧战和平后二年为止。在此二年期内，原定合同，尚属有效时间，届期不能交款，即可提议废约，英商当亦无可借口，此其一。如能废约，已商财政部，发行一种汉口商场建筑公债，或由汉口设立市政银行，发行一种市债，此其二。倘债票一时难以发行，则就本部筹一简易集款之法，并招徕侨商资本，以为补助，分年分段，逐渐建筑，此其三。故任事以来，对于英商垫款，不肯收用，以免将来之拘束，并就部定预算，不敢增加，以一免重国家之负担，至建筑计划，原定就旧市场与张公堤中间，开一河道，私心揣度，汉镇屏障，全仗张公堤。如就中间开河，恐襄河泛涨，两岸当其冲。且京汉铁道经过路线包括其中，则商务前途，易于发达。似新开河道，应在张公堤之外，但水平所关，非空言所能断定。故拟就地方专门人才，组织测绘队，曾经商询省署，先行测量，以为实施之标准，此经过之大概情形也。国淦从政一十年，无论担任何事，皆本最切实最光明之办法，况服务桑梓，自当为故乡谋福利，计久远，在职数月，备尝艰困，局外或不明真相，国淦则不敢稍背初心。现因时局未定，款项支绌，已呈请转仍收回部办，适又奉平政院长之命，所抱志愿，未克一二见诸实行，致负诸父老之期望，殊深惭悚。惟今日为经济竞争之时代，汉口为中国商务之中枢，商场建筑，与市政大有关系，深冀后之来者，合力进行，万勿囿于成规，坐失机会。且市政者，以市民为主体也，市政之消长，视市民之能力为上下。原设评议会，约集有关系各团体，共同讨论，匪为督办处之监督，实为市政厅之准备。但希以正当之主张，谋地方之利益，屏除党见，植立根基，此尤邦人君子所当亟亟注意者也，谨布区区，诸惟垂察，张国淦叩。

（《晨报》）

6.汉口商场督办之搁置

（1920 年 10 月 21 日）

遂鹿者纷至沓来，特派何佩瑢督办湖北象鼻山矿务事宜，业见明令，汉口商场督办，未可同时任命，惟张国淦辞去该督办后，曾呈请由农商部收回办理而一般逐鹿者，如关冕钧孙武刘承恩等，又各出全力以争衡，彼此牵制，此事遂日久搁置，近闻农商部颇主张收回部管，以便解决纠纷。

（《晨报》）

7.汉商会请停建汉口商场

（1920 年 10 月 28 日）

汉口建筑商场一事，前经政府与某国商订借款，并将合同签订。兹闻武昌汉口总商会，以所订合同，丧失主权太甚，且此项商场，现在亦无建筑之必要，昨特电致中央痛陈利害，请将此项合同，即行取消，以重主权。

（《晨报》）

8.复武昌总商会公函：收到陆十元转寄陈伯飞代购吵唧四条由

（1920 年 10 月）

经复者，准贵商会函开本年六月十九日准贵专使公函，以华商陈伯飞君函称，该处丝布吵唧两项，为入口大宗，又查南洋群岛一带销额极巨，嘱敝会转各丝布两业研究仿制，设法运销等因，并照片布样说明，及原函各一份到会，当即转知各实业工厂，去后查此项样虽有说明，该工厂难以撤悉，兹特寄上裙价六十元，仍请贵专使径函陈君每式各购一条以为模范（计贵贱价值各一式其四条），又请调查每年销数若干，是否常年用品，由汉口运至该埠水脚运费各若干。该埠是否设有代销处，统乞陈君逐细答复，以便提倡事关实业，用特函复贵专使鉴核，并盼示复等因，除将裙价陆十元转寄陈伯飞君，托其代购丝布吵唧贵贱价值各二条共四条，并请陈君详查每年销数若干，水脚运费若干，有无代销处所，俟得陈君函复再行奉达外，相应先行函复贵商会查照此复。

（《劝业丛报》第 1 卷第 2 期）

11 月

1.鄂兵围省长住宅之骇闻夏寿康逃赴汉口

（1920 年 11 月 27 日）

大陆报二十五日汉口电云：湖北第一师孙师长，今日率兵围困新省长夏寿康在武昌之住宅，夏由汉口杜镇守使于晚间救出，逃居汉口公共租界，夏在武昌履任为军阀所反对，曹锟、吴佩孚已派员来此调停，武汉商会，拟恳王占元承认夏寿康为省长。

（《申报》）

2.鄂议会武汉商会等主，留王（占元）拥夏（康寿）同时进行并电京催发欠饷，以资调和，但军人跋扈，难达目的

（1920 年 11 月 27 日）

鄂议会、武汉商会等主，留王（占元）拥夏（康寿）同时进行，并电京催发欠饷，以资调和，但军人跋扈，难达目的。

（《民国日报》）

3.武汉商会会议裁兵节饷问题

（1920 年 11 月 28 日）

武、汉两商会为裁兵节饷问题，于昨二十四日，特在汉商会开联席会议，会长、会董均列席，

佥谓裁兵节饷，为中国救亡之先决问题，急应向当局建议，以促其行，但此时鄂局杌陧不宁，纵令即时提出，在事实上万难去做，经众讨论，结果决于夏新省长就任后，正式提出，期在必行，最后又有某会董起谓，近因王督辞职，市面恐慌，金融紧迫，若不从速维持，商界必受重大影响，拟请徐、万两会长，亲谒王督，请其销假，以维商业，经众通过，徐荣廷、万泽生两人今午已联袂渡江，不知王如何答复，现鄂团体既环请慰留，府院及王士珍等又来电劝慰，王能否从此罢手，尚未可知，惟闻保护夏宅之军队两排，经夏昨日婉商撤去（一说夏宅军队乃孙传芳所派，王尚不知）。

（《申报》）

4.武汉商会要求王督切实保证秩序

（1920 年 11 月 29 日）

武汉商会因各处兵变不绝，武汉形势亦不稳，特要求王督切实保证秩序。

（《民国日报》）

12 月

1.宜昌兵变后之各方面

（1920 年 12 月 7 日）

（政府去电诘责王占元，汉商会要求撤回客军，日公使准备要求赔偿）

宜昌兵变各情，已迭志本报，兹闻政府得此消息后，对于王氏深为不满。昨午特由办公处致电王占元，略谓鄂省四处兵变，人民受害且祸及外人，中央闻之，实深焦灼，执事身为督军，责无旁贷。以后务乞设法维持，并将以前兵变详情及外人受害情形，详加报告，以谋善待，等语。其措辞较为严厉云。又闻汉口商务总会及各团联合会，鉴于宜昌兵变，特开联合协议会，为维持武汉治安，要求王督及中央速令驻屯两地之他省军队一律撤回原防。又驻京各国使署接其领事消息云，宜昌兵变城中虽已平靖，但已延至城外，美国由汉开宜之军舰，以江中水浅不能前进，该船吃水量为七尺，有一吃水四尺之英舰，已抵宜昌，日公使接得消息，谓在宜日民已无危险。日使署现正调查损失，以便向中政府要求赔偿。据目前所知者，此次日店十三所被抢、一屋被焚。宜昌商民许给大宗赎款，乱兵始不复动，现城内店铺已照常营业矣。又据四日汉口电称，宜昌自兵变后驻在该地之旅长业已严重取缔部下，遵守军纪，一方商会又筹措现洋十万元交付军队，故自三日起，市中已渐安静云。

（《晨报》）

2.武汉商会及各团体要求王占元撤退驻鄂他省军队

（1920 年 12 月 8 日）

武汉商会及各团体要求撤退驻鄂他省军队，王占元答复，谓至少须军费三百万，现恐难办，且已竭力抚慰，可保不至再有兵变。七日汉口电。

（《民国日报》）

3.宜昌兵变后之面面观

（1920 年 12 月 9 日）

宜昌兵变各情，已迭志前报，兹闻政府对于王氏深为不满，昨（六日）午特由办公处致电王占元，略谓鄂省四处兵变，人民受害，且祸及外人，中央闻之，实深焦灼，前事身为督军，责无旁贷，以后务乞设法维持，并将以前兵变详情及外人受害情形，详加报告以谋善后等语，其措辞较为严厉，又闻汉口商务总会及各团联合会，鉴于宜昌兵变，特开联合协议会，为维持武汉治安，要求王督及中央速令驻屯两地之他省军队，一律撤回原防，又驻京各国使署接其领事消息云，宜昌兵变，城中虽已平靖，但已延至城外，美国由汉开宜之军舰，以江中水浅不能前进，该船吃水量为七尺，有一吃水四尺之英舰已抵宜昌，日公使接得消息，谓在宜日民已无危险，日使署现正调查损失，以便向中政府要求赔偿，据目前所知者，此次日店十三所被抢、一屋被焚，宜昌商民许给大宗赎款乱兵始不复动，现城内店铺已照常营业矣，又据四日汉口电称，宜昌自兵变后，驻在该又筹措现洋十万元交付军队，故自三日起，市中已渐安静。

（《申报》）

4.宜昌兵变与外交团

（1920 年 12 月 11 日）

大陆报九日汉口电云：谣诼频传，谓本省军队因数月无饷，行将哗变，抢劫势将不免，居民闻此传言，惊惶无似，自昨夜起，已各将珍物移入外人租界，鄂督王占元向武汉商会要求五十万元以付军饷，惟商会能否应之，尚是疑问。

（《申报》）

5.湘鄂局势危险之外讯

（1920 年 12 月 12 日）

大陆报十日汉口电云：长沙军人逐出赵恒惕，现方在城内纵火，战祸即在目前，已据有铸币局，并围困铁路车站，收用车辆，粤汉路线总工程师考克思夫妇，适由汉口到长沙，遂困于城中，日总领事已令汉口日舰开赴长沙，现有一舰已出发。

新省长夏寿康接宜昌受害人来电，谓宜昌乱事由夏负责，观此可知宜昌之乱乃王占元造成，嫁祸夏氏，以逞其反对夏氏来鄂就职之谋，王氏扬言辞职，已电北京，请解其职，武汉商会虽已允以五十万元给与王督，分发军饷，但事局仍甚阽危。

（《申报》）

6.汉口商会代发欠饷

（1920年12月12日）

路透社十一日汉口电　闻当地华人商会，已助五十万元补发兵士欠饷，此事至少可暂时和缓时局。

（《民国日报》）

7.武汉之风鹤惊

（1920年12月15日）

武汉三埠，自夏省长被迫改就汉口商场督办办公处接印视事以来，谣言纷起，武昌及汉口居民迁入租界住家者，箱笼家具络绎于途，恐慌情形一若大乱之将至者，七号风声最紧，并有措词悖谬之传单，到处发现定于该晚十时宣布独立之谣言，歆生路及后城马路一带，十时以后，即已闭门收市，较平常提早一小时，因此一般居民惊惶更甚，竟有坐待天明及和衣而睡，竟夕不宁者，迨至天明，仍复相安无事，经记者再三探访，闻系因欠饷之故，军心不稳，谣言七号晚有所举动，幸事前由武汉商会、银行公会、盐业公所，官钱局、棉麻局等五团体，担任年内筹借鄂政府军费洋二百万元，从前欠饷，亦有候将公产抵押补还之消息，以是各军之心始安，查近来驻扎鄂省主客各军，数在十四万人以上，每月军饷需一百九十余万元，出入不敷，为数甚巨，闻此次各机关之主张，系将筹得军饷，先为就近各军安置妥当，即远外军队，自不敢冒昧来扰，是诚急则治标之法也。

（《申报》）

8.湖北之最近问题

（1920年12月19日）

王督以鄂属驻军，欠饷太多，军心不固，目前虽竭力弥缝，勉维现状，而阴历年关转瞬将届，非有大宗饷款，断难支持过去，特于十三日下午召魏财厅长、郭官钱局长等，开军事善后会议，名为善后，实则筹款，故武汉徐、万两商会长亦被邀列席，王督主张发行地方公债，徐、万则以公债难得现款，不如向商界募借，王可其议，并向徐、万道谢意，请于一星期后交款百万，现徐、万等筹商，拟由汉商会担任二百万，武商会百万，此款仍由财厅承借，官钱局担保，利息照市计算，偿还期限，有主张一年者，有主张半年者，刻尚未定，惟王督以此款纯为发给欠饷，故偿还应由中央负责，且亦不敷甚巨，拟即派第一步兵旅长尹同愈，偕同前官矿署总办、现督署顾问金鼎入京，催部速拨欠饷，年内至少须拨款三百万，至所借商款，则拟由武昌新堤宜昌三关应解中央之税款，截留偿还，尹、金二人拟今明日北上。

（《申报》）

9.鄂省之筹饷与省署两问题

（1920 年 12 月 22 日）

鄂当道筹借军饷之声，洋洋盈耳，顾此欠饷，乃积日累月所成，而独于此时筹措极力，四处张罗者，一因王宠信孙传芳过深，军心多怀反侧，一因阴历年间将届，恐再肇生意外，故力为弥缝，以冀消灭祸乱之种子，上次召连长以上军官至署，曾亲语以无论如何，我姓王的在职一日，必不令诸兄弟为难，虽破产亦所不顾，其急迫可以概见，至欠饷数目，除上次已发二百万元外，据闻尚有七百万元之多。十三日军署官商会议，王本欲徐、万两商会长担任，再借三百万，或另想方法亦可。徐、万以前垫五十万，为期仅数日，此刻碍难再筹，万不得已，只可由汉商会担任三十万，武商会担任二十万，如督军实在无法，商会惟有派一二代表，与督军所派赴京催饷之尹同愈、金鼎二代表随同北上，向政府请愿，此当日会议之实在情形，外间所传商会已承认借款三百万，以武新宜三关收入偿还之说，均属非是。惟王以欠饷太多，区区五十万，无补实际，十六日复召徐、万两商会长到署，赓续前请，徐、万依然拒绝，仅承认武商会推会董盛伯常。汉商会推会董刘仁山为代表，随同尹、金二人，赴京请愿，其余二百五十万元，若督军认为必需，只有介绍向汉口本国银行团商借，但须确实担保品，方可协议，讨论移时，亦无结果而散，王督于要求商会外，并商诸省会正副议长，请其顾全大局，妥筹善法，并浼派代表，一同入京陈情，因是省会于十六日，亦召集秘密茶话会，列席者四十一人，结果对于督军请派代表赴京催饷，均不赞同，惟可以本会名义，再电政府，请其接济，至督军之意，如银团不能借贷，则拟增印官票百六十万元，折洋百万元，再于盐厘□征附加税若干，以足其鉴，现尚守秘密，以待商会介绍借款之效果如何，再为酌定，次讨论宜昌兵变问题，佥谓鄂省主客军队，计共十四万有奇，以致军饷不济，哗变四起，不如趁此机会，要求政府撤退鄂境客军，一致赞成此议，乃责成秘书厅拟稿电京，要求拨发欠饷与撤退客军，即日拍发，又闻商会以筹款尚无进步，今日特派代表与省会三议长接洽，拟开一绅商议联席会议，以解决此难题，不识能否见诸事实。

（《申报》）

10.鄂省筹措军饷之又一法

（1920 年 12 月 23 日）

鄂省官商会筹军饷各情，迭详前报，据最近形势观察，似仍无若何发展，惟王督鉴于客军太多，饷需不济，拟于治标治本，双方并进，先将鄂境客军抽调四成，各回原防，其余六成则暂仍其旧，以维持鄂省之防务，俟大局平定一律撤退，此治本办法也，至治标则莫急于筹饷，但除两商会所承认之五十万元外，余款借无从借，故拟于京汉、湘鄂两路，加收运费二成，并酌加盐税及百货过境销场税，以供挹注，十六日省议会讨论时，颇多反对，即汉商会所允借之三十万，昨日开会筹款时，众颇怨万会长之糊涂，不应一再承诺，致予各商以困难，现当道既限一星期交款，各帮存款，又扯用一空，目前惟有由商会名义向银行商借，再由各帮摊还，虽照此决议，而大众不悦之心理，可以概见，若再增加新税，必将大遭商界之反对，微闻夏省长亦不赞成加税，以增加人民负担，顾王督方面则期在必行。故与绅、商、议三界要人接洽，异常忙碌，并已电京报告，请求核准，兹将王夏会衔令知商会原文，照录于下，查鄂省地方重要，财政艰难，改革以还，久穷应付，比年灾祲迭见，祸患频仍，以本省之税收，供本省之军饷，已虞竭蹶，时觉支吾，所有中央驻鄂各军，兵多饷巨，力实不逮，现阴阳两历年关在迩，所有驻鄂各军欠饷，核非三百万元，不足以资开发，但现在鄂款拮据，借无可借，经本督军省长再四筹商，惟有恳请中央，迅予拨发，并嗣后筹款接济，俾资维持，惟事大款巨，势非特派专员，晋谒府院，面陈一切，恐难办理完善，为此令仰尹旅长同金顾问鼎，马顾问德润，武昌总商会，汉口总商会，共同前往，和衷办理，务期现款早日拨发，嗣后筹款办法，并予核准，以利军饷，而资维持，除分令外合行令仰该商会，遵照会同办理，切切此令。

（《申报》）

11.宜昌兵变之善后

（1920年12月23日）

各公团请惩变军，汉商会拟办商团，鄂省最近旬日内兵变十数处，尤以宜昌遭劫为最巨，且殃及外商，鄂人迭次呼吁，而政府迄今仍未闻有若何彻底之办法，故省议会前日开茶话时，决议，电诘政府此项电文，业于日昨发出，略谓宜昌兵变，奸淫烧杀，殃累外商，财产损失八九千万，人民惨死百余人，因是流离失所者，又有二十余万人，际此严冬，啼饥号寒惨不忍睹，政府对此难民如何救济，对于军队之野蛮，军官之纵容有无办法，务请迅赐施行，以慰人心云云。

（《申报》）

12.异哉汉口商人之自卫

（1920年12月24日）

非驴非马之自卫团，何不组织真正商团。

本月十九日汉口商务会长万泽生联合会长马刚侯暨全体帮董会员开会，并函请杜镇守使、李稽查处长、周厅长、侯知事列席。首由商会长报告会议缘由，略谓现在外县兵变，时有所闻，恐影响汉镇，兼之近日北省灾民云集，镇守使防营空虚，难以分布，商界不能不筹自卫之计。应如何筹商，立请公决，讨论再三。始议决添招自卫团，并已蒙王占元、夏寿康核准。惟查其简章，仍倚赖官力，虽云不收无业游民。然月响自八元至六元，正经商民子弟如何肯来，则仍为变相之巡防营而已。兹姑将其组织简章披露于下。（甲）职员，该团暂定三千人，正团长公推杜锡钧氏，副团长公推马刚侯万泽生，其余下级官佐暨教练等职，均请督军派员。（乙）军械，已商准王占元在截留张敬尧军械中择其精良者发给。（丙）饷糈，全团饷糈均归商民担任，兵士分三级：甲八元，乙七元，丙六元，已由万会长筹出开办费六十万。（丁）职责，该团不干预地方事件，职责与巡防营同。（戊）地点，由桥口至刘家庙分六段巡防，并以本埠公所会馆庙宇为驻扎地点。（己）资格，专招本埠商民子弟，不收无业游民及无股实铺保者。

（《民国日报》）

13.鄂省筹措军饷之内容

（1920年12月26日）

只有剜肉补创之一法　鄂当道，此次筹措军饷，因势不得不从人民方面着想，故与议商各要人协商办法，概主秘密，以免事未成，而机先露。近据某方面消息，王督善后军事计划，确如前函所述，分治本治标两种，治本以抽调客军回防，为入手办法，而其注意点，则在驻宜第十八师该师师长王懋赏，以王督宠任孙传芳、赵荣华蔑视已部之故，颇怀恚愤，上次恳辞鄂西警备司令，以为必邀王督之慰留也，不料竟予批准，而继其后任者，又为积不相能之孙传芳，乃消息甫传出，第十八师三十五旅长王都庆反对之电即至，孙以有王援助，竟赴宜就任，而王懋赏又于前日引病再辞师长职，王督以该师军官，悉属该师长之旧部，不敢遽允，勉为慰留，且委王都庆为鄂西警备副司令，以结王旅之欢心，徐图吸收该师之势力，如其允就范围，可暂仍驻原处，否则必借口撤退客军，以令该师出境，其他如张继善与毛鸿恩等部，虽有裁汰改编之说，然王意似尚不愿遽出于此，则其所谓治本方法，亦属徒托空谈耳，顾客军既不能实行撤退，中央军饷又时虞竭蹶，为图善后故，特拟扩充常年军饷四百万元，其款则于盐斤加价，京汉路加收车费及增加印花税烟酒糖税百货过境销场税等，凑足其数。至治标方法，拟于两商会所允之五十万元外，另于官钱局乾丰银号，各筹四十万以作十二月份之饷需，至积欠各饷，则拟请财部准予添印湖北官票一千万串，维持阴历年关，所派赴京代表，即以上述各端，为与政府接洽之资料，省议会因多不赞成斯议，故拒绝王督推派代表一同赴京之请，而两商会因不敢违王意，特另具函嘱其会同赴京之代表盛伯常、刘仁山两氏，便道至津，请示于黄陂以便再作办法，盖添印官票，足致票本动摇(湖北官票已发行一万万而票本尚不够三分之一)，加收新税又增人民负担，故鄂人对王督斯议，均为疑虑。昨二十一日，各界与学生两联合会发出反对通电，略谓，探闻鄂督王占元借口军饷，于日前开军商大会，拟发官票一千万串，另加湖北常年军费四百万元，内盐斤加价一百六十万元，汉口至郑州车票每人加二元，预计百六十万元，印花税加二十万元，烟酒糖税加六十万元。业经议决，武昌商会由徐荣廷派盛伯常，汉口商会派刘仁山，督军派旅长尹同愈及顾问金鼎晋京，要挟府院允准实行，事关湖北生死存亡，务祈一致拼命抗争云云。是可知王督筹饷之大概，惟该电谓，业经议决，则尚非事实也。又据一消息，前日官商各要人在督署集议时，王督历叙军饷拮据情形，请大家援助，有徐某起谓既如此，造币厂加铸铜元项下，督署每年应存之七十万，与省署十万，似未见有何开销，何不移充军费，王闻言大为不悦，经旁坐金某，多方解释，始各不欢而散。于此可见，湖北财政紊乱，除竭泽而渔外，别无他法矣。(十二月二十二日)

(《申报》)

14.汉口商场事宜又归部管

(1920 年 12 月 27 日)

汉口商场督办，近因种种原因，曾向政府建议，将所有建筑商场事宜，仍由部收管，等因。昨闻此事，经内、农两部当局呈请大总统，以会议督办汉口建筑商场事宜，张国淦请将所管商场事宜仍由部收管，等因。拟请照准云云，已奉批呈悉，准如所拟办理云。

(《晨报》)

15.鄂人反对王占元搜括电
（1920 年 12 月 28 日）

十万火急，北京湖北同乡会、各省区自治联合会、旅京湖北学生联合会、上海湖北同乡会、湖北自治协会、旅沪各省区自治联合会、湖北学生联合会、全国各界联合会、中华民国学生联合会总会、各省湖北同乡会、湖北学生联合会、各地学生联合会、各界联合会、各团体各报馆、天津黎宋卿先生、北京周少朴先生钧鉴，探闻鄂督王占元借口军饷，于日前开军商大会，拟发湖北官票一千万串，另加湖北常年军费四百万元，内盐斤加价一百六十万元，汉口至郑州车票每人加二元，预计一百六十万元，印花税加二十万元，烟酒糖税加六十万元，业经议决武昌商会由徐荣廷派盛伯常，汉口商会由万泽生派刘仁山，督军派旅长尹同愈及顾问金鼎，晋京要挟府院，允准实行，事关湖北生死存亡，务祈一致拼命抗争，武汉学生联合会、湖北各界联合会。

（《申报》）

16.军政府复武昌汉口总商会已电属谭督谨守防线听候解决电
（1920 年）

汉口武昌、汉口总商会鉴，来电悉。张敬尧荼毒湘民，穷极凶恶，湘军本自决之精神，为正当之防卫，既驱张氏出境，必不令战事蔓延，叠据谭督通电声明，不侵鄂地，并经本军政府电属谨守防线，听候解决矣。特电复闻，希释疑虑为幸，军政府覃印。（七月十三日）

（《军政府公报》修字第 192 号）

17.汉口商团组织
（1920 年）

汉口市场之繁盛，不特为本省商人所趋集，其各省商贾无不有本店或支店设立于其间。从前省界之见未除，各自分其圈限布为自卫之策，于是有各省之帮数及各业行分之区别。综其大略，其各省之帮数，如湖北帮为市场原立之主点，所占圈限最大，商工业种类最多，其势力尤著者为杂粮牛皮棉花各行。湖南帮占水运之势力，船行营业独多，其输入品以茶米为最多，约占贸易全额十分之八，其次为杂粮、黄豆、铅矿、锑矿、铁灰、桐油、漆油、苎麻、夏布、药材、石膏、雨伞、纸、漆等类，输出品以洋货、洋布、棉纱、煤油及杂货砂糖为大宗，年贸易额约二千六百万至三千万两。宁波帮包南京在内，或合绍兴称宁绍帮。凡汉口之海产物商店及金银细工业大半为此帮所占。又长江之夹板船航运业皆属宁波商人所经营，其输入品为棉纱、棉布、绸缎、海产物等类，输出品为杂粮、黄豆、桐油、牛油、片麻、苎麻、棉米等类，年贸易额约三千五六百万至四千万两。四川帮多药材，油行、杂货等业，亦多有开设行栈而代客商卸货者。其输入品以药材、桐油、白蜡、黄丝、麻、生漆、胡椒为大宗，输出品以洋广杂货、洋布、棉布、棉纱为大宗，年贸易额约千四五百万两。广东帮包括香港在内，于外国贸易占势力，其输入品以洋广杂货、砂糖、蒲葵扇及食品为大宗，输出品以杂粮、药材、黄豆、油类、苎麻为大宗，年贸易额约三千五六百万两。江西福建帮因福建行商多经江西转运，关系密切，故联合为一帮。江西则于钱业、银楼、麻漆等业尤占势力，此帮输入品以茶、漆、瓷器、夏布、苎麻、药材及果物等为大宗，输出品以米、油、雨伞、烟叶等为大宗，年贸易额约千万两。山西及陕西帮亦称西帮，甘肃之商附焉。山西帮多扼金融界之机关，凡票庄皆山西人为之。陕帮多客商，其输入品以牛羊皮、羊毛、牛油生漆等为大宗，输出品以棉纱、棉布、南货为大宗，年贸易额约七八百万两。山东帮以祥帮为最盛，祥帮云者山东济南之各大字号以祥字冠之也。此帮转输分两路，一经上海，一经河南，以至汉口，输入品以棉纱、棉布、胶布、绸料货等为大宗，输出品以米为大宗，年贸易额约七八百万两。徽州帮包括太平帮，为安徽全省之代表，以典商及棉纱商为最盛，次之则茶业、钱业、油业及笔墨商等，年贸易额约六七百万两。其他尚有云贵帮、河南帮、天津帮等，其在汉人数不及以上各帮之伙，然输入之货为数亦巨。如云贵帮之木耳、生漆、桐油、漆油、麻油、白蜡、材木及烟土等，年约千万两以上。河南帮之大豆、胡麻、小麦、牛羊皮、药材、桐油、牛油、皮油、胡麻、油黄丝烟叶等，年约千五六百万。此汉口各省帮数之大概也。至营业行分有所谓三百六十之区别，言其大者，向称盐、茶、药材、粮食、棉花、油、广福杂货、纸为八大行。近年以牛皮商业日盛，故进牛皮业与纸业并列为八大行之一。每行多者数百家，少亦数十家，然原领部贴之老行不逮此数。如盐行凡十余家，年贸易额约四五百万两。茶行凡十余家，年贸易额约千七八(百)万两。药材行凡二十余家，年贸易额约三百万两。粮食行凡四十家，年贸易额约三千六七百万两。棉花行凡十家，年贸易额约八百万两。油行凡十余家，年贸易额约二千三四百万两。广福杂货行凡二十余家，年贸易额约六七百万两。牛皮行及纸行共十余家，年贸易额约五六百万两。此各业行分之大概也。又据民国七年汉口总商会新举各帮会员名册，所列各帮行名目尤伙，有银行帮、票号帮、本帮、钱帮、江西钱帮、绍兴钱帮、安徽钱帮、洋行帮、矿产公司帮、轮船公司帮、茶叶公所帮、茶栈帮、茶叶行帮、茶叶店帮、油行帮、黄丝木油帮、丝业行号帮、绸缎帮、棉纱帮、匹头帮、大布帮、白布行帮、府河布帮、棉花字号帮、棉花行帮、西皮棉帮、衣业帮、浙江衣帮典当帮、浙江老银楼帮、浙江新银楼帮、江西银楼帮、本帮、银楼帮、太平帮、江西字号帮、江西建昌帮、江西抚州帮、江西吉安帮、福建帮、临江油蜡药材帮、大通字号帮、广帮、广药丸帮、广葵扇帮、广报关行帮、广五金帮、广洋杂货帮、广洋杂货药材帮、广茶酒楼帮、广杂粮杂货帮、广印刷照像帮、广潮帮、山西西北皮货帮、覃怀帮、均许帮、长郡纸茶杂货帮、宝庆新化字号帮、宝庆毛板炭帮、黄州帮、四川帮、荆纱字号帮、保安布业帮、荆紫关帮、浙宁杂粮帮、汉镇汉川油饼帮、内河粮食帮、外河粮食帮、机器碾米坊帮、汾酒帮、绍酒帮、海味帮、广福折货行帮、咸宁广福折货店帮、汉阳广福折货店帮、江苏杂货帮、参燕帮、药材行帮、浙宁药材帮、折药店帮、茯苓行帮、饮片帮、西药房帮、烟叶行帮、均州烟叶帮、西烟帮、水烟店帮、承售南洋公司纸烟帮、牛皮行帮、丝头驴皮帮、笔料杂皮帮、河街山货行帮、土垱山货行帮、中段山货行帮、黄州山货行帮、半边街山货油帮、纸张山货帮、棉纸帮、夏布麻行帮、煤炭行帮、煤业店帮、漆行帮、五金帮、石膏帮、石灰行帮、木业帮、砖瓦行帮、木器帮、洋油帮、苏货帽帮、洋广货帮、转运公司帮、报关行帮、汉镇栈房帮、汉阳堆栈帮、轮栈帮、铜货帮、瓷器帮、书局仪器帮、徽墨帮、中外纸业帮、石印帮、麻袋帮、胶布店帮、蓝染色帮、红杂染房帮、印花布帮、浏阳鞭爆帮、水果行帮、本帮、杂粮行帮、花楼猪行帮、鲜鱼行帮、蛋行帮、旧货五金帮、汉镇新旧皮货帮、钱摊兑换帮、羽扇帮、后城车商帮、线带染造帮、糕饼盒子帮、面筋粉帮、面馆帮、中外瓷器兑换帮、杂贩帮、工业帮、单独营业帮。以上各帮皆以业分或兼省籍与营业地点而细分之故，有如是之繁，各帮并举有会员，亦可见汉口商团之组织日趋于复杂，而分业之精神亦于此寄也。

(民国《夏口县志》)

1921 年

1 月

1.鄂军队欠饷之危机

（1921 年 1 月 6 日）

大陆报四日北京电云：鄂督王占元之代表五人今日到京，因鄂省兵士十万人，八个月未发饷银，请中央拨款维持，政府前已有无力资助之表示，兵士形势日恶，声称无论中外一概抢劫，而武汉商会又反对鄂督就地征税筹款养兵之办法，北京使署现□鄂省各处外国教士。等之呼吁，请为设法，以免遭行将发作之惨劫。

（《申报》）

2.汉口总商会致内务部电

（1921 年 1 月 12 日）

大总统、国务总理、内务部、农商部钧鉴，昨准夏口县第二区选举事务所函，以第三届众、省两议员，选举当遵元年选举法办理，入手办法以调查选民为要素等因，除依法查报外，惟查元年办理选举之时，曾由本会等电请钧鉴，垂念汉口为共和开基唯一无二之大纪念场，兼之轮轨交通，即以将来商务而论，其市政亦宜注意。拟恳特加优异，准设汉口市省议会、众议院议员名额各一名。旋奉工商部指令，以第一届选举万难赶办，令俟修改选举时，再行具案呈请等因，遵照在案。兹届选举众、省两议员临期，既系遵照元年选举法办理，而本会前请是否已蒙加入，悬念殊深。汉口市面重新，劫灰渐复，前尘可溯，犹是肇造共和之区，初志弥坚，不改服从中央之素。拟恳恩施，准照前请，特设汉口市省议会、众议院议员名额各一名。庶几兵燹，余生尚邀旷典，国民资格不致向隅，上贤国家图强于富之心，下慰商场有怀未伸之隐，权利义务相辅弥彰。仰念钧慈，必蒙垂察，不胜惶悚，待命之至。汉口总商会全体同叩文。

（《政府公报》第 1763 期）

3.旅沪湖北自治协会请驱王电

（1921年1月17日）

各报馆鉴，顷为鄂事通电文曰：旅京湖北同乡会、各省湖北同乡会、武汉协会、各界联合会、学生联合会、本省各城镇商农工教育各会，暨全省父老昆季钧鉴，奉武汉学生联合会、湖北各界联合会马电称，王占元借口军饷于日前开军商大会，拟发湖北官票一千万串，另加湖北常年军费四百万元，内盐斤加价一百六十万元，汉口至郑州车票每人加二元，预计一百六十万元，印花税加二十万元，烟酒糖税加六十万元，业已议决，由商会派人协同尹同愈等，向北庭要挟，允准施行等语，传诵之下，全体发指。窃以王氏踞鄂七载于兹，蔑法殃民，罄竹难书，复举湖北省库所入，悉用之于养兵，养兵结果为兵变，兵变则加饷，加饷不遂，则再变饲虎噬人，是存何心？就世界之大势言，军阀主义已无存在之余地，就吾国之现状言，加饷养兵无异操刀自割，而况竭湖北之全力，以从事于自杀之一涂乎？鄂人虽弱，何忍堪此，且王氏贪囊不下六七千万，果其稍有人心，何难自解涓滴，以济将士之急，而苏鄂民之困，乃计不出此，专以强力要挟鄂人，武汉商会屈于淫威，迫不得已，反加派代表向北庭自求加重担负，引绳自缢，言之心悸，同人分属鄂籍，岂忍坐视，以为鄂人之精血有尽，王氏之诛求无厌，无论如何，万难承认。根本解决之道，惟有驱王废督之一注，对于新加之饷不特不能担负，即原有之各项税捐，均应一律停纳，倘仍以兵变为威胁鄂人之武器，吾鄂人惟执戈以观其究竟，曩者，袁段以天下莫与敌之兵力，尚不足当义师之一击，况王氏各方乌合部曲携贰乎？吾鄂绾毂中枢，治乱系全国安危，辛亥一呼，清鼎即覆，既有创造民国之魄力，当然有维持民国之责任，今日之役，不生则死，不主则奴，惟有万众一心，与贼辈相奋斗，湘人逐张，粤人逐莫，成规不远，尚可遵行，敢布腹心，惟父老昆季，实利断之，旅沪湖北自治协会叩删，等语。祈为宣布，以彰公论为荷。

（《申报》）

4.筹备国会事务局致湖北省长电（一月十五日）：湖北夏省长鉴据汉口总商会文电称请特设汉口市省议会

（1921年1月15日）

湖北夏省长鉴，据汉口总商会文电称请特设汉口市省议会众议院议员名额各一名等语，查议员名额系由选举法规定，行政机关未便变更，俟国会开会时可由该商会请愿修正，此时应依法定名额办理，希转知。筹备国会事务局删印。

（《政府公报》第1763期）

5.外商包运湘鄂商货

（1921年1月21日）

内争之害，未可专责商人无爱国心也。

汉口函云，据外交界消息，有某国驻汉某公司，以湘鄂水面商业繁盛，连年军事未已，土匪披猖，商船运货，动遭抢劫，军警几无保庇之能力，商户咸裹足不前，即外商所谓挂洋旗保水险者，亦仅能于汽船达到之区，代为运载，余亦仍无把握，乃特推广内河水险。变其名曰押运，凡湘鄂内河小湖之货品出入，均可直接代运，照章征费，并将汉滩最大宗之木商吸收包运。盖各帮木业，由黔湘内河采办木料，扎成大排运鄂，每号成本多或百余万，少亦数十万。以十八帮统计，每年贸易出入达数千万之巨。迩年洪江不靖，交通频阻，危险迭生，木商正苦保护包运之无人。某商新订木排押运条件，自黔湘购货起直抵汉滩，计水程三千七百九十里，由该公司按区以实力保护（但不知系何种实力），征收运费。照各排购货总簿，每成本千两缴纳运资二十五两，立具保单，以运到鄂滩后如数交付。如在中途有兵匪劫掠之损失，即估计成本，立予赔偿。至包运客排，均呈请该国驻地领事注册立案。刻下妥协已有数帮，即于本春采货实行试办，惟有十余帮以运费太巨，意存观望，而外商急谋一网打尽，正在派人接洽中。有某帮领袖得悉此事，独极力反对，开会研究，佥以本排运驶，其保护责任，自有军警担负。该外商变水险性质为押运，实为通商条件所未见，殊属侵占水面保商权，当议决先由本帮拒绝外，一面陈请官厅，正式交涉，取消前案，仍由各区军警切实保护，勿令一部木商托庇外人宇下，以致主权自丧，紊乱本业云。呜呼，商人犹有爱国心，彼手握兵符，徒酿内乱者，将何以自解为渊殴鱼之讥耶？

（《民国日报》）

2 月

汉口商会选新会长（地方新闻）

（1921 年 2 月 2 日）

汉口商会改选新会长，二十八日下午四点钟开会。万泽生以三十四票当选为正会长，郑似松以二十二票当选为副会长，军署派有副官，省署派有沈厅长，在场监视云。

（《民国日报》）

3 月

1.汉口将有特别裁判所之组织

（1921 年 3 月 3 日）

辛亥兵灾，招商局损失各帮之货物价约数百万，民国三年，双方争执经沪、汉两商会秉公断定，由招商局减价赔偿各帮命本一百六十万，由前董事等经手订立契约，先赔现银二十万并水脚十六万五千，以五年支配告竣，继续赔款八年，水脚票已毕，该局持势抗不履行，复由两商会以鉴定资格重提前议，追及赔偿，该局亦置不问。各帮复向部院声诉，亦电该局履行原契，概若罔闻。而各帮追赔，曾因忍无可忍，特派代表赴京向部院呼吁。刻经国务院批准，业令农商、司法两部会组特别商事裁判所审理此案。现各帮业将提单并与该局之往还契约文件检具,以便投案受审。司法部业令湖北高审长为审判长,仰该厅派推事数员并加派佥事二员,农商部亦派有佥事、审查四员,准新历三月中旬抵鄂,仰就该庭为审判庭,其成立之期决定三月二十以前,届时谅必有一番极热闹之舌战矣。(瑞利)

(《国民新报》)

2.汉口商场交代之呈报

(1921 年 3 月 9 日)

前汉口商场督办张国淦氏,现已将汉口商业事宜交代清楚,兹将日昨呈大总统之原文录下:呈为呈报交代汉口建筑商场事宜,仰祈钧鉴事。窃查汉口建筑商场事宜,前经呈奉指令,交内务、农商两部会核议复在案,嗣准农商部咨称,当经会同内务部核议呈复,奉准仍由部收管派员接收等因到处。本处已于本年一月二十七日,将关防小官印各一颗及合同、文卷、账册等项,逐一点交收讫。至本处所需经费,系按照农商部八年度原列预算开支,曾经呈明在案,此项预算,每年六万二千一百一十元,除应拨付三妙尔公司从前垫款利息银二万四千四百七十元,尚余三万八千六百余元作本处经费。查本处自上年二月奉令之日起,至本年一月交代止,连京汉两处开办费在内,共用洋二万一千三百余元。曾经财政部拨借八年公债六万元,迭由本处向中国各银行分别借押现洋二万二千元,除将本处开交所余现款并公债四万元移交农商部外,其借押款项,应由财政部查照预算搭还,所有交代建筑商场事宜各原由,理合呈请鉴核示遵,再此呈系借用平政院印,合并呈明,谨呈大总统。

(《晨报》)

3.张国淦交代汉口商场

(1921 年 3 月 10 日)

呈请东海鉴核,借用平政院印信

前汉口商场督办张国淦氏,现已将汉口商场事宜交代,兹将昨日呈东海之原文录下:呈为呈报交代汉口建筑商场事宜,仰祈钧鉴事,窃查汉口建筑商场事宜,前经呈奉指令,交内务、农商两部会核议复在案,嗣准农商部咨称,当经会同内务部核议呈复奉准,仍由部收管派员接收等因到处,本处已于本年一月二十七日,将关防小官印各一颗,及合同、文卷、账册等项,逐一点交收讫。至本处所需经费,系按照农商部八年度原列预算开支,曾经呈明在案,此项预算,每年六万二千一百二十元,除应拨付三妙尔公司从前垫款利息银二万四千四百七十元外,尚余三万八千六百余元,作本处经费。查本处自上年二月奉令之日起,至本年一月交代止,连京汉两处开办费在内,共用洋二万一千三百余元,曾经财政部拨借八年公债六万元,迭由本处向中国各银行分别借押现洋二万二千元,除将本处开支所余现款并公债四万元,移交农商部外,其借押款项,应由财政部查照预算拨还。所有交代建筑商场事宜各缘由,理合呈请鉴核示遵,在此呈系借用平政院印,合并呈明,谨呈。

(《益世报》)

4.鄂省长更换后之新潮，拒刘声浪渐高

（1921 年 3 月 15 日）

鄂省长改任刘承恩，刘已先期到鄂，据某方传说，谓刘之先期出京，乃政府所授意。盖自省长易人消息传出后，旅京鄂绅颇多表示反对，即武汉各法团，如省议会、各团联合会均先后电京，请勿无故更张，致滋纷扰，政府为敷衍王督面子，势不能不撤夏，又恐撤夏命令一下，旅京鄂人必多方阻止刘之出京，武汉各界亦必拒绝刘之返鄂，故取迅雷不及掩耳手段，阴嘱刘氏于六日晚搭车赴鄂，命令甫下人已到省，虽然阻止亦已不及，此乃政府敷衍军阀，维持假威信之苦处。而刘亦欲借以觇鄂中之风色，故亦乐于先行，自命令到鄂后，即赴省署晤夏，夏优为接待，面恳早日接篆，俾卸仔肩，刘虽逊谢不遑，然早已垂涎欲滴矣。现在反对声浪日渐加高，省议会已有青电至京留夏，留夏即所以拒刘，略谓夏省长莅鄂未久，政绩昭著，突然更易，不解何故。任疆吏如置棋，以地方为儿戏，群情惶惑，缄默未安，请即收回成命，以维鄂局，云云。领衔者系屈、刘正副两议长，列名议员有五十余人，至汉口各团体联合会与汉口商会会董，闻亦有电拒刘，依此形势观察，恐不出三日，必有拒刘团体出现，但刘氏一方既有王占元为之援助，固可不虞有重大影响也。

（《申报》）

5.汉口商会亦反对官矿督办

（1921 年 3 月 30 日）

关于中央简任湖北官矿督办问题，曾惹起鄂议会之质问，已志前报。兹闻汉口总商会亦以湖北象鼻山铁矿早经中央划归省有，向由官钱局承办，颇为切当。兹政府另设机关，简任督办，开支既巨，出入不敷，每年计算，竟亏累五十万元之多，应仍设法收回办理，以保票本，此议业经开会表决，日内即将分别进行云。

（《晨报》）

4 月

1.汉口商场督办将任刘承恩兼充

（1921 年 4 月 7 日）

本社专电　汉口商场督办将任刘承恩兼充。

（《民国日报》）

2.鄂象矿添设督办之争议

（1921 年 4 月 16 日）

湖北象鼻山铁矿，因中央自辛亥后，先后挪用湖北官钱局基金三千余万，无法偿还，始将此矿开采权让归湖北，即以开采余利作为官票票本。是象矿已确定为省有财产，而官钱局所发出一万万官票之信用，亦惟象矿是赖，故鄂省经营该矿煞费苦心，耗去资本亦近千万，讵中央近忽简派何佩镕为官矿督办，何就督办任后，署内组织大加扩充，开采计划，自由处理，鄂省各界乃群起疑虑。遂首由省议员罗树蘅等，提案质问农部，象矿性质究为国有或省有，如系国有，则应偿还鄂省之欠款，如系省有，则一切编制与开支预算应交省议会审议。汉口商会以象矿为官票命脉，官票为鄂省人民命脉，关系重大，特召集大会，亦议决电京，请取消督办，回复原定编制，此两三旬前事也。兹农部已咨复省公署，转复省议会，谓案查民国四年，中央核准湖北办理官矿时，象鼻山铁矿原案，尚未成立，迨民国七年，汉冶萍公司，迭次请采该山铁矿，日使馆更提出觉书争议，政府毅然特准湖北官矿公署领办，所以维护扶持之者，已属无微不至。该议员等犹以中央攘夺为言殊属误会，中央任命督办向例如此，民国四年该矿署首任之督办，亦即由中央简派，自于省办矿业并无妨碍，并不能因一省办之官矿，遂谓中央失其行政之职权，至铁矿国有，案已久定，并订有特准探采办法。象鼻山铁矿，既经特准湖北官矿公署开采，矿业利益自归该公署所有，原案具在，未经变更，所有矿案上行政职权，自应仍由中央依法办理，云云。观此，是农部认派督办，为无侵占省有财产之意，惟据鄂人言象矿关系票本，中央添设督办，果有益于象矿，鄂人自可赞同。然何佩镕到任后，以特任官身分署内编制，随亦增高，耗费因之加巨每月开支约一万四五千元，较之金鼎以简任资格为总办时，增至四倍，且超过省长公署开支，六七千串之多，至象鼻矿量最富，矿质最佳，开采工程亦最简易，乃以办理失当，成本销耗售砂一吨，反亏折一元九角（该矿售砂于扬子机器厂，每吨价洋四元一角，而每吨成本则须六元），如此情形，只宜设法撙节，以减轻成本。而何借口开设炼砂厂，先拟商借外款，嗣经外间反对，乃决定招股，但该矿纯为官票之基金，若一招股，势必转入少数资本家之手，把持操纵，票本反无所依托，且日人垂涎该矿已久，难保不有假名华人投资入股之事，现多数省议员及汉口商会会董等，皆以农部答复为不得要领，拟再具函质问，务必打消何之督办为止，何见此情势，拟于官矿署内组织评议会，罗致各团体领袖为评议员，给以干薪借为羁縻，不知各团体甘受其牢笼否也。武汉学生联合会九日开评议会，亦以鄂省大冶、象鼻山、汉口德产，有抵押日款消息，议决电向政府力争，电文如下，北京总统府国务院鉴，报载大冶、象鼻山、汉口特别区，均在秘密抵押中，究竟有无其事，希于电到三日内明白答复，武汉学生联合会叩炁。

（《申报》）

3.鄂官钱局焚票之舞弊

（1921 年 4 月 25 日）

湖北官钱局，自民国八年财部与币制局，限制不准滥印官票后，曾因掉换旧式龙纹官票，向财部印刷局定印新式小票六百万，解鄂后，官钱局以其中二百万纸张恶劣，印刷不明，恐影响官票前途，特商请财部币制局，饬印刷局重印二百万，鄂省愿担任重印费用之损失，经部局核准后再印，于九年八月派部员丁乡侯解鄂，并令将不便行用之废票二百万，解京销毁，该局则欲就近在鄂销毁，往返协商，今春始定，由部派丁为委员，来鄂监视焚毁，乃前日忽有人投函某报，并声明负责，谓该局所认为废票二百万，业经动用罄尽，丁委员来鄂后，拟将销毁二百万官票，逐一清点，乃皆系用旧打眼之废票，并非不便通用之新票，且此项旧票内，夹有旧皮纸，冒充若干万，似此情形，可见前所销毁之旧票内，必多不实不尽，应请各团体切实彻查云云。此消息传布后，议会中人大骇，一面与丁委接洽，请彻底清查，一面拟备函向该局质问，兹据丁委呈报军省两署文以观，内幕确有可疑，其文云："为胪呈湖北官钱局换印新票焚毁旧票经过情形事，去岁呈财政部币制局内称，印刷局印刷八年份六百万张官票，纸质恶劣，行使不堪耐久，已收回此项票纸，计有二百万张，请饬印刷局赶印二百万张，该项废票，解京焚毁等云，当蒙照准，所换新票，于阳历二月间，派员送官钱局收讫，并提旧票解京，官钱局延迟不交，复电部局，借口节省经费，请在鄂焚毁，并请印刷局派员监视，亦蒙照准，其时委员奉电回京，办理要公，官钱局去函，仍请派员来鄂，印刷局以该项废票，须点编号码，特加派工徒二人，随同来鄂，委员抵鄂，官钱局当派管理库房司事诸守笏，接洽一切，委员面请开单，官钱局长声称，逐年收下，分别开单，万难办到，委员以不好回复公事为言，官钱局允派四人，分清英文字头，印刷局工人，随时在旁照数点收，六日计六万张，英文字头相符者仅八百余张，缘此项废票，与他项废票之区别，专在英文字头，八年所印六百万张，只有 IJ 二字，故不难一望而知，及查考号码，仍多不符，计收六日，合格之票甚少，委员当将数目登册，已点之票若干箱，亲自加封，拟呈部局，请示办理，该局长知事不可掩饰，忽于本月四日，呈请部局云，前项收回八年印坏之票，值军用孔亟，又要用出，现又从他项废票内，抽换二百万张，以抵前数，一面上呈备案，一面通知委员遵照，盖欲以一手掩尽湖北三千万人耳目，自相矛盾不顾也，委员只有谨遵部批，一面仍清理大数，截至四月十二日止，计点一百五十万张，其中火烧残缺仅存片面，亦算一张，为数约十余万张，此外点出白皮纸五百张，当时该局司事，强行用票抵换，但委员已在所换之票面，注明始末，确不可掩，余票被桐油浸透黏连一气，无法清点，此皆经过实在情形，函电俱在，委员断不敢妄加诽议，再该局何以不在委员未到鄂之前，呈部声明，而在委员到鄂已开点第四日之后，饰词蒙报，论手续则前后参差，问票根则新旧混乱，而该局长复派员守催，从速销毁，并示意不必认真点查，如何居心，无从悬揣，委员职责所关，未敢冒昧，只得暂行回京，请示办理。"而在该局方面，则绝对否认，昨投函某报，谓印刷局代印官票六百万，中有二百万，纸质破裂，颜色不明，故呈准部局重印，另将此项不便行使新票二百万，封库待毁，逮至上年年底，军用孔亟，新印之票，又未解到，只得于此二百万内，择其完整者，分别使用，另于旧票内抽换抵补，曾将挑用抵补情形，呈明军省两长转报部局存案，号码虽有不同，数目毫无变更，乃丁委来鄂时，见号码不同，以为有机可乘，百端挑剔，意在索诈，敝局以报部有案，置之不理，丁委检点未竣，忽然来函，谓省寓（在一枝栖宾馆）时有多人与彼接洽，特移居汉口福昌旅馆，聊以避嚣，敝局正在骇诧之际，乃有某外报登载（湖北官钱局之大黑幕）一则，显系丁委索诈未遂，意图诬陷所为，至谓检出旧票内有皮纸，冒抵若干，何不执此作证。空谈纸上，焉足为凭，敝局刻已呈请财部币制局，另派妥员来鄂彻查云云。是此事尚在双方互讦中，真相如何，不能预断也。武汉商会及一般鄂人以官钱局此次既发生疑案，正可借此机会彻底清查，而省议会之崇正派议员，则欲借此以为打倒敌党之利器，因官钱局总提调萧树仁为平社有力议员，故对此案专注目于萧之一人。十八日崇正俱乐部曾开秘议讨论提案方法,预料六期常会开议后,此案又将为党争之一剧矣。

(《申报》)

5 月

1.汉商会摊消公债之反响

(1921 年 5 月 23 日)

汉口总商会,上年以军饷孔亟,当道商令代筹现款三十万元,商会以无可推诿。在汉口中国各银行,息借交付,在当日借款时,曾议定将来还款办法。如无地方公债,即抽收全镇房捐一月,以资抵补。现省政府已呈准中央,发行地方公债二百万元,除摊分武汉三镇及各县外,另提三十万,以为拨还上年垫款之用,但商会所垫者,为借自银行之现款,此三十万元公债势不得不设法摊消,以还银行。因是总商会特于十五日,召集汉口各团联合会、汉口业主会各代表开联席会议,讨论摊消办法。当议决按家摊派,以各户每月房租为标准,作为八成五派消,住户担认五成五,业主担认三成,若月租在十串以内者,免予摊消,惟以手续繁重,决从调查入手,特由商会推出代表八人,联合会与业主会各推代表二人专司调查责任。十六日总商会又函请联合会,分知各段保安会,将段内铺户月租数目分别查明,列表送会,颇有急剧进行之势,但此项摊消办法,已惹起几许反响,在住户方面,以为业主固确有资财者,而住户有资财与否,尚难判明,今摊消公债,住户占五成五,业户反只三成,未免有失平允,而业主方面,以此项公债,业已摊消一次,难再担任,且业主多有倚房租为生活者,或因另有关系消过公债者,此次若再摊消,则不免有所为难,并由该会副会长胡治初,提出反对意见书,交商会复议,然此项公债三十万元,乃为垫还上年军饷之款,与各县摊消者性质已自不同,且有造币厂余利担保,本息均属有着,与前议抽收房捐一月,利害更相悬殊,默察形势,摊消办法,或可审斟情形略为变更,而根本不认,则恐难做到也。(五月二十日)

(《申报》)

2.汉口商业之将来观

(1921 年 5 月 30 日)

汉口居中国之中心,陆则轨道交通,水则轮轴辐辏。即以近日之商务情形而论,已属中国之第二商埠,兼近来中外商人,均集于此,其热闹尤甚于往昔。现闻政府以商轮码头过少,不敷分配,拟从事扩充。盖现时汉口江岸各码头,自洋火厂迄刘家庙,虽云宽敞,然来往客商过多,实有拥挤之虞,不如再由刘家庙扩充至亚细亚码头为界,则商轮既可行驶方便,于商务上亦有无形之利益。况粤汉铁路现已动工,不日即可完成,该处与下新河一带连接,往来均称便利,岂不两便。故政府极力设法扩充,并有即日测量,开始修筑之说。果尔,则汉口将来之商务,其繁盛较之今日，又当增加数倍矣。

（《益世报》）

3.部委彻查鄂钱局舞弊案

（1921 年 5 月 31 日）

鄂官钱局毁票舞弊案发现后，大惹各界注目。省议员曾提出查办官钱局总办郭翰卿案数起，省署除派印花税处长刘景略彻查外，并电请财部币制局另派委员复查。现部局已派银行稽查卢炳田、热河兴业银行监理官吴彤恩为复查委员，于二十四日到鄂，其任务仅在点验丁委验过加封之二百万废票有无舞弊情事，故到鄂后，即与当道接洽，定期二十六日开始检验，军省两长除会令中刘景略为清点委员外，并函请各机关派员随同到局监视，省议会二十六日特开茶会，讨论应否推派代表前往，佥谓部委点验废票纯属查办案，范围为行政处分性质，本会无过问必要，决定不派代表。故是日莅场者，除吴、卢、刘三委员外，武昌商会代表盛伯常、易词臣，汉口商会代表杨贞生，中国银行代表汪某，中孚银行代表秦熙卿，钱帮公所代表王聘卿、余德馨等，该局均派妥员招待，首由吴、卢提议先拟定办法，再行着手点验，以免手续错误，刘委赞成其说，遂公同讨论，至二小时之久，妥订办法八条：（一）遵部局来电，由卢、吴二委员，邀请各界代表，眼同启封。（二）由部局及省派委员，转托武汉两商会，雇用点票员十名，逐张点验，点毕无误，仍由各雇员接封签名，并记明每包票数，如有张数短少情事，由各该员负责。（三）由三委员任意按包抽查，如抽查无误，亦由各委员签名于封外。（四）由各界代表从旁监视，对于所点之票，如有异议，可当场纠正。（五）每日所点票数，由各雇员出具点验凭单三纸，交委员收执，由三委员汇总，制成报告，请在场监视员签名为证。（六）每日验毕待销之票，逐箱加锁，外黏部局暨军省两署封条，并由三委员及在场监视员，签名标日。（七）每日所点验之票，至少以十万张为度。（八）每日上午十点钟起办事，办法拟妥后，已近下午四时，乃约定二十七日起，按日点验，以故有舞弊混，刻下尚难判明，惟有一事最可注意者，则举发该局舞弊之丁乡侯，并未来鄂质对，军省两长以废票票箱，均经丁委加封，既欲复查，自非丁委眼同启封，难昭大信，曾电请部局，仍饬丁委来鄂，乃部局早存息事宁人之心，不欲令丁再来，以重此案障碍，覆电谓丁已撤差离局，于是与官钱局接近者，辄扬言丁已畏罪远扬，不敢来鄂质对，实则丁固有索诈之嫌，而其举发该局舞弊事实，则亦非臆造者，现丁既未来，原箱均存放该局，点验之结果，亦可逆料矣。（五月廿七日）

（《申报》）

6 月

1.武昌兵变大浩劫续闻（汉口通讯）

（1921 年 6 月 13 日）

汉口方面，因武昌兵变影响，各团体曾于八日晨决议，由银行钱帮筹款十万，以为镇署巡缉营担任治安之代价，杜镇使亦允竭力负责。因是汉商会前昨两日均开紧急筹款会议，并主张赶办商团，以谋自卫，刘省长昨亦亲莅商会，参预会议，座有某会董面责刘身为省长，何以不能负维持治安之责，刘谢过不遑，力言已并无力制止，现已与王督妥商善后办法。希望大家维持云云。然乱事已过数日，当道只顾筹款以安军心，而于抚绥灾民，维持商业之方法，则鲜有计及之者，闻武昌灾民，拟组织灾民联合会，要求当道予以赈恤，不达目的不休，不知王、刘诸氏对此疮痍满目瓦砾遍街之景况，亦有动于中否。（六月十日）

（《申报》）

2.武昌兵变之善后（汉口通信）

（1921 年 6 月 14 日）

武昌已下戒严令，汉口人心尚惶恐，请各当道募捐充赈，并举李绍芬为正会长，吴元泽为副会长，又推定起草员拟电通告全国，请求援手。此外，武昌商会，昨亦开紧急会议，以省垣缺米，民食不足，应请当道将积谷仓陈谷五六千石，碾米平粜，不足则请财政厅以军米一二百石为补助，以维持灾民生命，当推举代表张则先等四人晋谒王督，请示赈恤办法。王对于维持民食一层，允为照办，赈恤商民，俟令灾民呈报损失确数，于本区善堂，转交商会，再由商会具报官厅，听候赈恤，凡此皆眼前治标之方法，至于根本救济，虽然有人提议，多数赞同，然处积威之下，暂难显有表示也。至汉口治安，各团体已允出十万元代价，请求杜镇守使维持，汉商会与各团联合会，几无日不有筹款之会议，然因武昌不靖影响，以致人心浮动，谣诼纷繁，端阳节晚八九时许，市上忽有杜使已逃，顷有巨变之谣传，并谓某里已被抢，某处已被焚，一般人搬箱挈笼，携老负幼，避入租界者，拥挤异常，华洋各街顿呈混乱之象，一时秩序几几不保，而杜镇使此时方在生成里二十五号军警政俱乐部内，打弹子为戏，被各团体代表寻出，骑马巡视一周，谣言始息，然今日之迁避租界者，仍络绎不绝，商民之惊慌，于此可见一般矣。（六月十一日）

（《申报》）

3.武昌兵变后之政府与鄂人

（1921 年 6 月 15 日）

此次武昌兵变，政府派去调查之金次长，虽已到鄂，尚无何等表示，至王占元，除电报敷衍政府外，直若置身事外，并无何等善后办法，而人民方面则痛极欲死。闻日向当局呼号之电，已不下数十通，其中武汉商会两电最为沉痛，兹特择录官民两面要电如左，比而观之，可以见其别有肺肠也。王占元烝电云，占元驻鄂治兵，素以整肃军纪，保卫闾阎为职志，此次鄂省退伍兵士受匪煽惑，乘夜哗变，肆行焚掠，当经竭力弹压，各该兵畏罪逃散，本拟痛加剿办，只以武昌省会重地，汉口华洋杂处，不愿有剧烈枪声，致滋惊扰，当一面劝谕该变兵缴械退伍，一面电令孝感刘旅密授机宜，已将该变兵悉数截获，明正典刑鄂境秩序无恙。知关系念用特奉闻，武昌总商会佳电云，王督所部军队抢劫我财产，杀戮我人民，我人民希望官吏保护之心，至此已绝，只有率我父老兄弟诸姑姊妹投身鄂渚，以寻死所较之军人之残酷污辱，犹获全尸以终，又烝电云，宜昌兵变秩序尚未恢复，武昌之劫接踵而起，迭电呼吁，未蒙示以办法，人民现仍在水深火热之中，务恳速谋救济，如再延宕，逼于万不得已时，惟仰求外人保护，则政府之颜面何存，国家之主权何在，临电迫切无任待命之至。

（《申报》）

4.武昌兵火后之各面观

（1921年6月15日）

鄂商会四项要求之急切，鄂同乡滑稽呈文实沉痛

外交团索赔偿且干涉裁兵，谁想到有人大颂扬王占元

鄂中各公园，对于武昌兵变事件，业已连电呼号，闻武汉总商会文日复有电致府院，对于宜武兵变，提出四项要求。（一）遣散第二师全师官兵，以免地方再遭蹂躏。（二）彻查第二师营长以上之军官，分别予以应得之处分。（三）没收王占元所有之财产，约数在三千万元以上，充作此次被损失商民之赔偿金，请立即罢免王占元本兼各职，并援照第二十一师魏师长之先例，将王占元按照军法惩处用，儆纵兵殃民之罪。

旅京鄂人，前为宜昌、武昌兵变事，曾经呈请政府罢斥王占元，未见何等回响。该鄂人等将又为第二次之呈请，并定于今日（十五）开各属代表会议往公府请愿，必达目的而后已。其第二次呈文，厉沉痛于滑稽之中，大略云，查明令又有"此次兵变，该管师旅长等，事前既漫无觉察，事后又不能立时制止，非寻常疏忽可比，应呈候严惩"等语。王占元既兼任陆军第二师师长，则令文中该师旅长等一语，当然包含督军王占元而言。又查令文中有"应由该督军查取职名"一语，王占元兼任陆军第二师师长，陆军部备案有年，国务总理早经呈报钧座，于约法钧座实为陆海军大元帅，岂至今尚不知，何待查取。

窃以为钧座所责成查取职名之督军，或系指将来继任之湖北督军而言，必非责成现在治军无状、自请议处之王占元，以王占元查取王占元之职名，虽至愚鲁，亦知其事可哂，钧座何至若是其慎乎。又查令文中有"该督军等身任疆圻，责无旁贷"等语，语中等字，究系概指何人，省长固亦属疆吏，然无管理军政之权，即习惯上亦从无省长干涉督军之恶例，省长自不应责兵变之责，师长固应与督军同负军政上责任，然师长决不能任为疆吏，由此推测，其为指兼任二师师长之王督军占元无疑。且"身任疆圻"句下紧接"责无旁贷"一语，串其义则曰，陆军第二师兵变，第二师师长之责也，即王占元之责也，应由王占元一人负之，不得以王占元应负之责旁贷他人也，云云。

又政界消息，此次宜昌、武汉接速兵变，外人方面迭来质问。日前外交团开会，领袖葡公使以病未到，日、法、美、英四公使均到会，讨论要求赔偿，并提出意见，谓宜将全国军队核减，移驻边疆，内地保安专任警察，已将此旨达到政府云。又闻去年宜昌兵变，外交当局对于外侨之损失赔偿，争持甚力，丝毫未曾让步。此次宜昌再变，外交团拟组织一委员会，与我国交涉，英使艾斯敦已派参赞赴鄂，调查武、宜两地兵变之损失，日代办昨日亦派员南下，商民之呼吁如此其惨痛，外人之诘责如此严切，我辈以为，政府苟非木石，必稍稍动心矣。乃数日以来，寂然无所闻，曾奉政府命赴鄂调查之金绍，曾乃大颂扬王占元，加以"当机立断，处置敏捷"等考语，谁谓做官人不别有肺肠哉。金氏电文如左：

（衔略）曾轸日后四时抵鄂，暂寓使署，会务王使，述及二师一部分哗变原因，系办理该师

五七八骑炮各团兵士退伍欠饷,拟于庚日遣送,不意虞日夜,突然哗变,是否有人煽惑,正在查访,经卫队营及湖北学兵营其地各队竭力弹压,未及天明,旋即渐平。日来武汉谣诼甚炽,施行戒严。武昌被灾铺户,尚未开市,损失正在调查,该兵变一千七百余名遣送至孝感,预伏机关枪,一律击毙,幸逃无几。宜昌哗变之廿旅第一团,现运回武昌南湖,暂行驻扎收束。此次武昌事变,幸赖巡阅使当机立断,处置敏捷,卒能以短促时间恢复秩序。至武昌三镇保持治安一节,亦经王巡阅使面称,本省兵力足能维持,虽有土匪鼓动,不致再生意外,现正严密防范等语。再此次事变,各官长应得处分,业经巡阅使拟定,日内即可电请发表,谨先禀闻,余俟探明续陈,曾文印。

(《晨报》)

5.商会会董轮班办事

(1921 年 6 月 21 日)

本埠商会迩来事务甚多,全侍雇员力有不逮,前日开大会时,曾由万泽生氏提议,请各会董分期到会办事一案,当付表决,全体通过。昨日,该会向各董事方面发出启事一则,另述于下:

敬启者,昨日开会公议,以现在会务增繁,应请诸君子按期分别到会相助为理,共策进行。议定自下星期一日起(即阳历五月十五日),每日下午二点钟为诸君子到会办事时间。兹将分班到会日期表函送查阅,即希查照,按期莅临为盼。附表一件。

星期一	汪美堂	余永伯	苏百来	高辅成	郑协卿	董镜伙
星期二	余德馨	刘少卿	刘银周	陈品增	秦□卿	邓慧吾
星期三	张德泽	胡茗生	周纯卿	王聘卿	高受呈	王义甫
星期四	蔡辅卿	赵典之	徐在山	贺恒夫	李荻心	黄锡九
星期五	蔡瑞卿	冀征寿	李瑞生	陈伯思	金次屏	张余仲
星期六	陈椿堂	杨松圃	洪梦卿	张康成	王森甫	蓝希周

(《汉口新闻报》)

6.商会临时会议

(1921 年 6 月 22 日)

商会因市面又发生虚惊,会长万泽生急电各董事开临时会议。至会者一百三十余人,万氏报告云:外间谣言极多,诸公不必相信,请各帮仍照常营业,切勿闭门太早。各帮董云:本埠商民已受惯惊骇,绝不早些闭门,自相惊扰,并请保安会照前数日之情形办理,通宵查街。历一小时即散会。信丙。

(《汉口新闻报》)

7.钱帮紧急会议

(1921 年 6 月 22 日)

前夕乃阴历十五日,为市面大比期,交银兑银均在是日。武昌人民迁徙来汉,汉口人民因之发生惊骇,纷纷迁避,以致交银兑银各商均缩手畏尾。钱业公会早已预料必有此种现状,乃召集临时会议,劝各商仍照常应比以维市面,无如大钱庄对于小钱庄或他商则竭力催银,又临时存款之各商并于是夕要求提款平稳之。市面因一夕之虚惊而发生多少艰困,并有大钱庄于十点钟时犹差力夫抬银于租界以防不虞。金融之恐慌于此可以概见。繁丙。

(《汉口新闻报》)

8.鄂商民要求之激昂

(1921 年 6 月 26 日)

武昌商界损失甚巨,已闭门者什之八,开始小本营业者不过什之二,现在街市中发现一种传单,谓武昌商界如不得抚恤与赔偿损失之圆满结果,则当全体罢市,不能因少数之谋小利,而贻误全城商界等语。其态度之激昂,已可见一斑矣。

(《益世报》)

7 月

1.国内专电二:决议组武装商团

(1921 年 7 月 9 日)

汉口电　汉商会阳(七)(日)开会,适英海军司令同英领来会参观,突言中英亲密,愿代保汉治安万会长婉示拒绝,因决议组武装商团,免人代谋(以上八日下午五钟)

(《申报》)

2.江苏实业厅训令第五百三十一号令六十县商会:汉口油业情形及制油法改良策(续)

(1921 年 7 月 13 日)

案奉　特派劝业专使函开本公所前派调查员谭葆寿赴各省调查制油事业,先就天津着手。因所赍报告于油业改良事宜颇有稗益,曾经摘要刊成小册,分致各实业机关在案。近复据该员呈送调查汉口油业报陈述应行改革计划。该报告所叙事项与调查天津油业报告颇有出入,缘天津产油类以花生、棉籽、蓖麻等为主,汉口产油类则以桐油、皮油、豆油等为大宗,其制造销售及应行改良诸点自与天津迥异。该报告调查颇详,所举改良办法多属简便易行。因特摘要录出付梓,并将前摘录天津油业报告重印汇刊在内,兹特捡送二份。即希贵厅查收,并转饬所属实业机关查照办理。等因,奉此并附报告到厅合即抄录奉发报告。令仰该商会转知各油业查照办理此令。

附抄件

中华民国十年七月十三日

实业厅长张轶欧

(《江苏省公报》第2731期)

3.汉口油业情形及制油法改良策(续)

(1921年7月13日)

第四节 调查汉口油行营业之情形

汉口油业之商家约分三种:一为制油之代表,管理该厂收买原料及出售油产之事业;二为外商澄油厂及出口公司之代表,赴各产地收买土油及种子,运至汉口,再从事于精细之制造,然后输出于各国;三为小贩分赴各地购买土油及原料卖于外商或分销各省。

制油原料及油类之量数以担计之。查吾国油业商家对于油类及产油原料之性质极不注意,其货常有泥土及杂质甚多。以故油厂及出口公司须将收买之货设法精制之。然后可用近数年来各洋行订立交易之条款,按物产之优劣定货价之标准,以免有失利之弊。查大豆、芝麻籽及菜籽之输出于外洋者,不准有三厘以上之杂质,而吾国农家出售之物产常有一分多之杂质,故外商出口公司不得不设法清净之。洋行之收买芝麻籽、菜籽及大豆者按货物之清净以定价值,而收买花生者,则按其仁之大小以定货价之高下。至洋商收买土油,则多用欧美油业公会所规定油类标准检定法检定之,以评优劣定货价焉。

第五节 装办油产出口之费用

土油之运至汉口者,用竹篓或小木桶装之,而油之输出于外国者须用木鼓装之,以防漏泄。故公司之办油出口者,不得不立堆栈将收买之油改装于木鼓,然后又运至外洋。今将装办油产出口之各费用录之于下,以备参考:

一、精制土油之工费每担费银一钱

二、木鼓之费用每担费银一两四钱

三、转装及刷字工费每担费银一钱

四、出口关税每担费银三钱

五、堆栈存油费油价百分之〇五

油保险费油价百分之〇五

资本之利息油价百分之一

照上数如桐油之价值每担十三两,则装办桐油出口者每担须用十五两一钱六分,运费不在其内。

办油出口之运费

汉口至上海于一千九百十七年,每担运费六钱五分,扣除延期折价百分之二十于一千九百十八年,每担运费仍为六钱五分而加即时折价百分之十。

上海至美国太平洋岸之商埠于一千九百十八年,每吨之运费美金二十三至三十五元,无折价,每担之运费约一两一钱至一两七钱五分。

上海至欧洲(走美洲路)于一千九百十八年,每吨之运费共美金六十三元半,无折价,每担之运费约三两二钱。上海至欧洲(直路)于一千九百十八年,每吨之运费美金四十八元半,延期折价百分之十,每担之运费约二两四钱。

照以上一千九百十八年之运连至美国者,每担需费用共银十七两二钱,每磅之费用共约美金一角四分(0.14gold)。桐油之运至欧洲者,每担需费用共银十八两,每磅之费用约美金一角五分。查一千九百十八年美国出售桐油之市价每磅值美金约二角至二角二,如此假定其桐油在美国照此价出售,则每磅桐油美商能得利约半角(美国内地运费不在内)。此商业诚不可谓利薄也。

第六节　调查油类之出产及内地制油旧法与其改良之必要

(一)桐油。查桐油树为罂子桐,生长甚速,高二丈许,无须特别培植,树之生活期颇短。五月间开花,淡红色,有时红褐色。内含种子三四粒,榨之即得桐油,桐果含油量为百分之二十六。其主要产地在四川,为秀山、涪陵彭水、綦江、梁山、塾山、万县等。湖北为鄙阳、宜昌、老河口等。湖南为常德、保庆、辰州、洪江、沣州、靖州、永顺等。贵州为铜仁、松桃等。广西为桂江。各属国外,如日本安南等处亦有之。千余年前,美国农部曾在吾国专门调查桐油之出产,并携种子回国试种,其西南一带均可种之。数年前,南方富罗那达州省出产之桐果榨得之油品质与吾国之桐油比较,不相上下。惟美国人工太贵,废地甚少,故种桐颇不合算,难与吾国牟利也。

制造法,查旧法制造甚为简单,先放桐籽于圆石槽中,以牛马或骡挽大石碾磨之,继取已磨碎之粉末置浅锅中炙之,复用铁器与草压成圆形饼状,终置于压榨器中。压榨器充满油饼后,开始压榨,未几褐色之油流入桶中,油气甚腥烈。微热之,用粗布炉滤过之,即出售于市。自桐籽取得油量为百分之四十。照上做法,出额既少,油质亦不净,油色褪黑不净,油底沉淀,油滓亦多,以至油量大受损失。

调查员前在美亲用机器改良制造,逐加试验其法。先用脱壳机取桐果之核,所得之核为桐果量百分之五十。二次以磨轴磨碎桐核,使成饼状。又次用蒸气热油饼至摄氏二十八度时,即放入水压机用三百五十气压以榨油,分可得油量仅为百分之四十三。再将前次压榨之残滓粉碎之,再置于三百五十气压之水压器中,温度升至摄氏六十五度时,可得残油百分之十。零七合之,得油总量为百分之五十三。零七较之,旧法增加油量为百分之三十三。有零以岁计之,产额可增无数以上,为桐油之制造新法。然则改良旧日之制造法,当如何曰我国之桐油制造家对于所用之原料极不注意,其桐果常有泥土及杂货,以故出油不良。且压榨温度过高,故榨出之油作暗棕色。压榨宜用一定之温度,可分二次压之,桐核不可置于锅内炙之,宜放入木桶中桶底,由小木枝编成。用蒸气压之,压榨可用旧日之器具。而只就上之制造新法,仿其次数而行之,油质自美,改良实易。

(二)皮油。皮油为吾国之特产,得自乌桕树,高二丈许。夏日开花黄白色,秋季实熟,转褐黑色,中含籽,籽内有细胞三个半圆形上覆以白色之质,即皮油也。其主要产地在四川之东南部,湖北之西,湖南之西北,贵州、广西及安徽浙江之交界处。

制造法,皮油之制法甚为简陋,实热后晒于日中,实干而裂,取出三个半圆形之细胞。将胞上之脂煮沸,次用竹丝网刮下之,再加热,将脂溶化,其所含之不净固体使之沉底。将面上之液脂倾于筐中,或圆形之模中凝结成固体,即为市上所售出之脂,即名皮油。其子内所含之油,另行压榨,所出之油曰子油。亦有实连脂同榨者,是为市上所售出之木油,又名毛油。以上之三种油脂，吾国人士用之以制蜡烛。近数年来，皮油之销行于外国者，与年增加。闻榨后之渣，农家用之为烟叶田之肥料。乌桕树之皮可以制药，树叶可以为黑色染料。查汉口出售之皮油，所含杂质甚多。吾国之制造家于溶油之时，宜大加注意，应先滤去其内之污物，置管滤口之下滤底之上，使油由此管流出。皮油溶化时，内中所含之杂质及水分各自浮沉。故宜令其清明之油适在滤口之下滤底之上，可由管流出，其沉下或浮上之杂质及水分不得掺杂其内。清明之皮油由管流出后，可再用细麻袋滤过数次，则油质自美，其改良固甚易行也。

（三）芝麻油。芝麻油之种类不一，有黑皮、白皮之别，出油以黑皮芝麻为最多。芝麻茎长至四五尺，夏月开花，红白色，秋季实熟，内含种子。数粒榨之，即得芝麻油。芝麻含油量约百分之五十，其主要之产地为河南、湖北二省，近于京汉铁路一带地及南方各省。

内地榨芝麻油之法，先将芝麻用细竹筛筛去土沙，入锅内炒之。炒时以铁鉇频频翻搅，火太过则出油少而味高，火不及则出油多而味薄，炒至发红色则适中矣。炒成，以石磨研之，磨后与沸水调和，俗名对浆。掺水时先以一二瓢为度，以木棍搅之使稠，然后再添水搅之，如是。数时时用瓢添水，油将出时，只添水一小茶碗，再以木棍慢搅至浆软为止。添水过度则水浆油不能分开，而油无从出；添水太少，则出油亦少。加水适宜再用长柄葫芦拍之，拍三钟许则油完全出矣。若拍一钟时而油太多，可稍取出再拍。然不可取净，如取净则油不能再出。拍完后，其余浆汁晒干，可用为农家肥料。以上之制法曰小磨香油。每百斤芝麻能出油约三十斤，内地出产之芝麻油尚有一种曰大槽油，其制法将芝麻用锅蒸熟置于油槽吗，加以木棒打之，而油出，名曰大槽油。此法出油多而味薄（以上为赵璜君调查所得）。查内地制芝麻油之土法，与外国之制造法大不相同，所出之油亦大有分别。故外商不收买土产之芝麻油也按外国之制造法其榨油之次序，先将芝麻磨碎，其压榨分二三次行之。第一次冷压所得之油，极云优良，可作调味之用。第二将前次压榨之残滓粉碎之，热至摄氏三十度时，即放入压机再压榨之，所得之油亦可供食。第三次将压榨之残滓再粉碎之，热至摄氏五十度，所得之油色深黄，可用作制造肥。旨照以上压榨三次，可得之油为芝麻百分之四十至四十五残滓，尚含油百分之八至十，可以饲畜。若吾国之油家欲输出芝麻油于外国，非从事改良不可，其制法宜照以上所述，分次压榨之法，仿而行之可也。

（四）茶油。内地茶油之制造法如何，汉口商界未有能言之者，不能妄下论断，调查员已请油业家注意考察内地制法，详细报告以备讨论。

第七节　吾国油业之希望

近数年来世界之需求植物油产日增一日，能应此种需求者，惟中国是赖。无如吾国之油业商人贪图小利，往往任意以有害之劣品掺入油内，在彼方以为可以多得利而不知于吾国出口油业之前途有极大之关系。吾国之商界因团体薄弱，资本短乏，故不能与外国争利，至挽救之策，惟有联络油类制造家及油业商人谋团体上之结合。设法改良内地之制造及出口之商业，并须谋资本上之结合，设立新厂专制优良之品，以供本地及海外之用，并开办公司，专运油出口，以挽国外贸易之利权，然后可望吾国油业之发达也。（完）

（《江苏省公报》第 2731 期）

8 月

1.湘鄂风云之外讯

（1921 年 8 月 1 日）

大陆报七月三十日汉口电云，吴佩孚之兵，未参与前敌小战事，王占元之兵，已被迫退走，吴兵未向前敌进发，谓现候萧耀南之命令行事，双方小战，刻仍在进行中。又二十九日汉口电云，萧耀南刻仍驻孝感，此间大局殊为安静，武汉商会现拟邀同外人商会上书于双方领袖，请勿轻动干戈，而言归于好，今日王占元电致吴佩孚，请勿再派兵入鄂，萧军现未前进，王所期望可大获援助之安徽亦无动静，刘湘现率大军向宜昌进发，此间各团体曾开会招待，吴佩孚驻汉之代表，声明愿欢迎吴与其军队来汉。

（《申报》）

2.汉口商业之退步

（1921 年 8 月 15 日）

海国收入锐减

去岁年底，汉口市面继宜昌兵变之余，商业萧条，人民恐慌，市面日趋险恶，谣传汉口不久兵变，及武昌军队欠饷等情。各路生意停顿，加之腊月年底，银根奇紧。迨至开年时，谣传渐息，市面颇有恢复状况，钱庄各店，因去岁营业，皆有余利，少有数万，多者数十万，对于今年生意均抱乐观。此时进口虽难一时见好，然出口市已呈起色。汉口英美洋行接本国电讯，催办牛羊皮，而以羊皮为大宗，于是羊皮市一日千里，凡出腊有存货者，莫不利市倍蓰，此开春时之状况也。入春后，各路生意发动，四乡纷纷来汉办货，洋行出口市，亦时有需要，如芝麻、棉花、桐油、牛羊皮等货，均有交易，市面可称不恶。由春入夏，市面渐疲，一蹶不起，华商有存货者，莫不大为失望。其后美国需要羊皮、芝麻等货，德国商人亦纷纷集汉，收买出口货品，市面因而略好。未几又有宜武之兵变，加之蒲节到期，武汉谣言盛行，银根吃紧。同时湖南时局不靖，米价飞涨，由五六元而涨至十九元，人民苦之，生意除少数进口匹头及洋行出口货外，国内贸易，几至全行停顿，转口及复进口货，远不及旧岁，此半年中营业大概也。金融方面，大抵不甚活动，生意虽不见多，银根依然不松，商人无正当营业，愈趋于投机，故投机事业先后发现。半年中银行业颇称不恶，所有中外大小银行，莫不获利数十万，新开银行有五家，皆系华商创办，资本均不甚大，此外银行界之大事变，即中法实业银行停业，金融界顿起恐慌，不亚昔日中、交两银行之停兑。现由中国银行公会代为兑钞，已收回中法所出汉口钞票四分之三，定于八月十一日为止，再者半年中出产记载，棉花出产尚多，品质较前略好，丝产品质较去年略有进步，新麻上市，较去年产额减少，米之产额，去岁欠丰。现各县雨水过多，汉水沿岸，多已冲破，如水能早退，仍有希望。总之汉口半年之商业，其中最发达者，莫过于鸦片营业，业此者获利动以千万，计正当营业商人反不及烟获利之丰且厚,亦可概已,本年一月至六月内,江汉关收入合计三三〇八一二七二九两,与去年同期比较,减三一三五六〇〇六两。

(《民国日报》)

3.湘鄂间之新发展

(1921 年 8 月 16 日)

十四日汉口电　吴佩孚已派代表携哀的美敦书致湘军领袖,谓若不依从条件,彼将亲率大军讨之,哀的美敦书于今夜满期,吴部下之兵驻此者,足有三万人,据确实消息,川兵现正集合,吴赴金口小驻后,已回汉口,京汉铁路已奉命备车,续运大军至汉,萧耀南到任后,见库款已为王占元卷括一空,现请中国银行及武汉商会即筹款八十万元,以充军饷。

(《申报》)

4.专电:协商停战条件

(1921 年 8 月 19 日)

汉口电　闻吴与湘赵约从寒(十)(四)日起停战三日,协商条件。

汉口电　汉商会业主会寒日联议筹饷,结果推六代表,删(十五)赴督署,声明困难,请另向京银团商借。

汉口电　各界联会发起市民大会定删在汉商会开会,因杜镇使奉吴手谕战事未毕前,不准开会派队禁阻未开成。

(《申报》)

5.武昌各团联合会发起停战运动

(1921 年 8 月 21 日)

自湘鄂战事发生,武汉商务影响甚巨,人民痛苦不堪言状,故省农会长汤丙南特与律师公会杨绵汉等发起,通知武汉各团体,于十五日午后一时在三道街法政研究会开联合会议,届时到会者,有省议会屈佩兰、时象晋,省农会宋康益(汤丙南因病未到),湖北各界自治健行会孟继旦、周亮暄,湖北全省地方自治筹备会伍造卢、夏□律师公会林丙炎,武昌律师公会杨绵汉,湖北各县市自治联合会萧经、李襄宇,湖北自治协进会胡咸林、黄彭寿,湖北省宪讨论会陈廷璧及湖北教育会、湖北教育研究会、汉口商会、武昌商会等二十余人,公同讨论调停湘鄂战事方法,其所议决条件有四:(一)先电吴子玉请其停战,如复电允许再议条件;(二)派代表赴萧耀南及汤将军处,请其向吴使为切实之劝告;(三)是会定名为武昌各团体联合会;(四)宗旨以无论何方面,有侵害吾鄂主权者,愿牺牲一切为最后之对付。

(《申报》)

6.湘鄂续战纪

（1921 年 8 月 21 日）

十九日汉口电　闻吴佩孚定计于二十二日攻陷岳州，如赵恒惕仍不服从条件，则将率全军进取长沙，武昌商会会长现允贷款一百万元，汉口商会允贷五十万元。川军助湘者已抵宜昌附近，炮船江西号，今晨自浦口开抵武昌，第十三师已全抵此，张作霖欲派兵助吴，吴婉词谢之，吴军七千名携炮船两艘，昨由簰洲进至宝塔洲，今晨拂晓之前，占据新堤，据官场宣称，英炮船格莱特号为退走之湘军轰击，英炮船回炮轰之，颇有效力。

（《申报》）

7.汉商被逼簿饷之苦况

（1921 年 8 月 27 日）

汉口业主会因总商会被军阀逼迫，开联席会议，决定借饷二十万串文，总商担任十万串，淮盐帮担任四万串，该会担任六万串，究竟如何筹借，亟宜开会论讨。特于二十一日下午五时，召集各职员开特别会议，计到会者十六人，不足法定人数，改为茶话会，由正会长万拗伯主席，报告上项议案，列席诸人沉吟久之，乃谓业主份子即商场份子，商会担任饷项，业主亦有负担，何以商会承认十万，业主又须六万，岂非重复，似难应诺。况公债之十二万元，本会担任已久，分文未收，倘再加此项，同人将何所启齿乎？主席谓此事乃商会已决之案，未便完全拒绝，请诸君再行研究，列席诸人终以到会人数不多，非全体意见，不能擅自解决，一再推诿。主席乃谓俟定期再开全体大会，征求多数意见，以决可否，遂散会。

（《民国日报》）

8.鄂战中之兵变声

（1921 年 8 月 29 日）

大陆报二十六日汉口电云，吴佩孚军队已将湘军逐往中伙铺之外，汀泗桥与中伙铺间之湘兵尚未全退，赵杰赴咸宁助战，海军攻打城陵儿之说，现经否认。北军尚未占领城陵儿，闻海军今日已开始进攻，据长沙外人消息，星期三日衡山到粤兵七千由桂省而来，行将开赴长沙，吴佩孚要求汉口商会增收一月房租指助军费，房客出四成、房主出六成，预计可得十二万元，定阴历八月一日起收，湘省赵恒惕现亦照此办理。又一电云，广水铁路业已修复，京汉车复通，官场报告，称孝感无乱事，惟孝感站之南铁道被毁，变兵为第一旅三队兵士。昨晨哗变，时司令因事往英山，变兵先在萧家港车站发难，抢去车站洋八十元，后劫附近商铺数家，黎明后分窜德安，大约将与自称湖北自治军之土匪相联合，广水闻已被抢，沿路车站现由汉口派兵保护，官派调查员，现已经过孝感萧家港花园而往广水，并电请汉口多派军队前往，前抢宜昌之第二师第六、第七、第八营空额，本在山东招兵补充，但仅募足一大队驻扎南湖，虽已开始训练，然三月未发兵饷，萧耀南接任后，以新兵训练未精，无需用枪炮之必要，故决计收回其枪械，以供前敌之用，乃新兵误会，认收械为遣散之先步，遂群情纷扰。星期三日将及半夜时，枪声忽作，变乱发生，抢劫小商铺,并要求发给回籍路费,但乱事不大,变兵旋向东桥散去,或将窜往武穴,萧耀南现已派兵追击之。同时,驻扎武建之兵士五百人,表同情于南湖兵士,亦叛变,但无枪械,司令追至虹桥,劝令回营,否则萧督必下令正法,变兵乃回萧督军队,现戒备颇严,汉口安靖,但外县则因兵士屡变,大为惶恐。

(《申报》)

9月

1.汉商会已举定出席代表

(1921年9月7日)

全国商会联合会第四届大会,前经评议会议决,应照轮省举行原议,在汉口举行,嗣因湘鄂发生战事,汉口多故,又决定仍在上海开会,业已订定开会日期,通告各省商会,速举代表,届期来沪参与在案。兹悉驻沪联合会事务所,日昨接汉口总商会函,报该会已举定张虞仲、陈伯施、蔡辅卿三君为出席代表,定于日内乘轮来沪,祈赐接洽云。

(《新闻报》)

2.汉口商会决定赴沪代表(特约电)

(1921年9月9日)

汉口七日电　此次在上海举行之全国临时商务联合会,汉口商务总会亦当派员与会,闻该总会昨日开临时大会,已举定蔡辅卿、王义甫、张余仲、陈伯恩四氏为代表云。(以上东方通信社电)

(《益世报》)

3.闻萧耀南拟禁止汉口商会组商团筹自卫

(1921年9月11日)

(本社专电汉口)汉口商会组商团筹自卫,闻萧耀南拟禁止。(十日)

(《民国日报》)

4.棉花帮另选会董

(1921年9月12日)

棉花帮会董徐松山、彭尧臣两人前因棉花交易所纷争一事,两人相继辞职。汉商会以两人辞职,会务因缺少棉花帮会董,手续上不能完备,乃派员出面从中调停。讵两氏辞职志甚坚决,调停不能收效，汉商会以会董之职最关重要，不能久悬，初九日又派员向棉花公会申明，请公会速行解决。棉花公会现拟召集大会另行投票选举会董，云云。信丙。

（《汉口新闻报》）

5.两湖弭兵会定明日开成立大会

（1921 年 9 月 19 日）

（本社专电）两湖弭兵会，推熊希龄、夏寿康为正副会长，定明日开成立大会，武汉商会均取旁观态度。

（《民国日报》）

6.汉口商会反对汤芗铭督办商场

（1921 年 9 月 27 日）

（本社专电汉口）当阳战事，川军已离沙市不远，汉口商会反对汤芗铭督办商场。廿六日。

（《民国日报》）

10 月

1.鄂商会请撤官矿督办，维持票本节省冗费

（1921 年 10 月 1 日）

湖北官票向以象鼻山矿产为票本，王占元在鄂时，为位置私人计，特添设官矿督办一席，以畀何佩镕。当时即有人反对，嗣以屈服于武力之下，未能如愿。该项矿产与票本既有密切关系，似宜与官钱局脱离，而该矿砂且拨汉冶萍旧例，将其所出额数，直接与扬子公司订立契约，其实即与包与三菱公司无异。盖汉冶萍矿砂包与该公司，订定价值，无论将来涨落，一概不论。如每年额定应缴之矿砂，有缺乏时，则须照补矿砂价格，固日高一日，中国人已受损失不小，而汉冶萍每年所出矿砂，则常有不济之患，不得已乃转购于象鼻山矿以偿之，其吃亏尤为巨大。惟汉冶萍前车既覆，象鼻山矿产急宜另行设法，乃依然蹈其覆辙，宁不危险。然汉冶萍矿砂缺乏，犹可取偿于象鼻山，象鼻山如再缺乏，即无处取偿矣，此即为维持票本，不令该矿产落于他人之手，自私自利，肥己害公，而使直接属于官钱局之理由也。查该督办一职，统计开支在两万以上，每月所费与军省两署，几无相埒。此项骈枝机关，实无设置之必要，武汉商界，持此两者理由，公请两商会长，呈请军民两署，即将此项职权裁撤，不然市面加印新票为数已多，如此票本不切实整顿，将来金融竭蹶，票本空虚，其危险诚不堪设想云。

（《民国日报》）

2.督办汉口商场之今昔

(1921年10月2日)

督办经过之三时期,杨哲子之借款复活

督办汉口商场之事迹,自民国三年洪宪时代起至今历时已七年矣,中间时起时伏,有如波涛,溯厥事实,殊难毕述。况其中黑幕重重,今又死灰复燃,旧事重提,已转轮回之商场督办一席,又将产生汤四将军矣。

欲知督办汉口商场过去与现在之事实,概括分之,可别为三个时期,第一为杨哲子时代,第二为张潜若时代,第三即现在也。此三时期历七年之久,中间所谓整理汉口市政之起因,借款之行动,停顿之内幕,张潜若与汤铸新之继起,反对于赞成之内幕,皆物外有物,不易得其真相,今就记者见闻所及,按三个时期之事实,分述如后,以饷阅者。

杨哲子时代。民国三年洪宪皇帝谋国时,著名六君子首领杨度,因谋筹安会经费,暨洪宪皇帝之登基费无处可筹,杨度南来,与现汉口之滑头贾□某等往还。适英商有谋改造汉口商场之议,宋与杨等遂投机与伦敦三妙尔公司之汉口代表协议,以督办汉口市政为名,借款三百万金镑,双方合同签字,借款成立。杨度为汉口市政督办,由袁世凯任命,开始用款,仅用三十万金镑,而袁皇帝倒,六君子逃,所谓督办汉口市政者遂划然而止。然当时合同秘密,无人知其内容,而汉口人不注意,竟无一言及者,而贷款之三妙尔公司又因欧战大起,伦敦经济恐慌,无资贷出,以为有合同在,可待将来,遂亦不催问。两方各有所碍,各具其意,因此搁置而无人言及矣。

张潜若时代。督办汉口市政,人民既不知究竟,而北京政府与英商各有他故不暇顾及。此案无人提者数年,殆欧战既停,而此款遂有人希冀,各党系起而竞争。其结果卒为研究系之鄂人派胜利。于是易从前袁皇帝时代之名曰督办汉口商场事宜,此督办一席为张国淦氏所得矣。张既获此席,赞成者暨政府一方面,以为以鄂人办鄂事,鄂人当无言,不知当时安福正盛,安福中人之谋此失败者,谋为反抗。于是安福鱼郑万瞻等南来,假汉口大旅馆邀集武汉之安福鱼兵,秘商反对之法。结果乃有所谓市民大会反对张国淦之传单出现,传单之列名者,除少数安福鱼秧之外,所有印刷工人、苦力,暨已死之人外,余多从国朝诗别裁中拼合而来,此真黑幕中之黑幕。传单散于市上,真市民见其中人物,除不知者外,皆为汉口投机之流氓,以其又借此投机,遂直不理。当是时,商会业主暨汉口各帮,均起而为正当之反对,第恐彼无聊之徒,假市民混合,特别申明反对督办商场,对人(即指张国淦)不生问题。惟借款督办商场万不可行,所极力反对者在事不在人,自各法团有此表示后,如安福鱼子鼯鼠之技已穷,无法再现,张国淦氏始以经费无着。兼之三妙尔公司接洽困难,遂缓南下,既因经费筹到每月一千二百串,于是南来,以捷成洋栈为督办汉口商场事宜处,声势赫赫,冠履盈庭。而前之反对张氏主张开市民大会列名之人物,则反对其所为,表示曾为研究走狗,又趋而欢迎张氏,张当时但求进行顺利,虽知其技不怪亦不纳。(未完)

(《民国日报》)

3.督办汉口商场之今昔

（1921 年 10 月 3 日）

张国淦不干之故，市民反对“汤四”声

惟汉口商会主席等以张氏惠□肯来，汉口将亡，对张个人，绝不攻击，但□求张氏宣布借项合同，群情激烈，张无如何，即行应允，然甚望当值之赞助。时督军为王占元，以张又破其门罗主义之趋势，绝不之理，省长为何佩镕，何固安福鱼也，亦不赞张。张氏之势孤立，于是一面运动另一部分人为之对抗，一面推延宣布借款合同。汉口商会业主会竭力反对，张氏摇动，于时乃有所谓后湖业主会出现。后湖业主为刘祥等一干人组织，以为市政成功，则沿铁路一带地皮可以高涨，故起而赞成，相持甚久，则赞成与反对皆不生问题。而张氏始终以三妙尔公司之借款不能到手，每月一千二百串之经费又无着落，不得不急求去。北庭亦以所希望者在借款，借款不能到手，虚耗经费，殊无意味，乃允张所请。查其时借款不能到手之原因，实因欧战以后，经济大恐慌，伦敦金镑暴落，三妙尔所施行之发售债券政策，完全不能行销，故无款可付，张督办遂不得不去也。方张辞职将准之时，而闻香不能进之汤老四（芗铭）则竭力运动，一面奔走京津，一面有在汉口发起市民大会之一般人，因迎张不能得手，乃为迎汤运动，其时汤氏自以为督办为己，万无一失。而此般朝三暮四之人，则组织市政学会以应，不知政府熟察英款一刻不能到手，无设督办之必要，汤四遂空开一场，而迎汤之市政学会，亦于是烟消火熄矣。张国淦派吕超伯南来，将督办事宜处收束，一切结清，仅留小童为收信人，一块招牌，仍回北京农商部矣，此张国淦督办时代之事迹也。

现在情形。在汉流寓多时谋取省长之汤老四（芗铭）既不得手，乃变其宗旨，而谋当时所想之商场督办，时值三妙尔公司亦有此动议，穷极无聊之政府，既得此穴，喜不自胜。而汤四投机而入，彼此适合，于是提交阁议，阁议通过，命令已发，汉口商会业主会闻之大骇，已起而反对，惟前者反对张国淦市民大会中人，则自以为捧汤重要分子，连日望汤督办，急欲死矣，呜呼汉口。（完）

（《民国日报》）

4.建筑汉口商场新讯

（1921 年 10 月 6 日）

汉口商场督办发表后，其一切事宜，均在积极筹划中，顷据确切消息，此项督办钤记，尚在中央，大约三日之内，准可颁发到鄂。而时即正式接印视事，地点一层，从前本在特别区，现拟改设于汉口武汉农工银行内，俾资办公。农工银行，系湖北公有，因该行停顿，已由汤督办函致省公署，暂借该行为商场筹备处，至其内部组织，从前系分四处，现在改为三课，诸事从俭，（一）文牍课，（二）会计课，（三）测绘课，以上三课，各暂设主任一人，专司其事，将来再行扩充，缘此项开办费，尚属无着，须俟将来就地筹款，有大宗经费后，再为发给薪水，此时系尽纯粹义务云。（十月二日）

（《益世报》）

5.专电：劝川军退出鄂境

（1921 年 10 月 6 日）

汉口电　张绍曾江电复伍廷芳，请劝川军退出鄂境，当保证吴不侵川，并请劝导西南当局，赞助国是会议。

汉口电　汉商会江（三）（日）开成立大会讨论会，推万泽生、郑似松为正会长、曾务初为副会长、胡厚斋为干事长，又干事十三人（以上四日下午五钟）。

（《申报》）

6.汉口商场督办之进行

（1921 年 10 月 7 日）

汤芗铭督办汉口建筑商场事宜，自明令发表后，颇惹起各界之注意，连日各界人士前往谒汤氏询问意见者，颇不乏人。兹将汤氏对于筹款计划及进行方针，列述于下：

（甲）筹款办法。汤氏对于筹款办法非常注意。盖以建筑事宜，必须大宗款项，此项大款，筹措不易，若不慎重将事，必致发生反响。现汤氏业已决定，不借外债，完全就地筹款，由各大资本家投资，听其自由担任，并不加以限制，其利率则以商场惯例为度，至于还本，则俟建筑成功后，分期筹偿。刻正草拟募款通启，不日即可发出，并闻汉口各大资本家情愿投资者颇不为少。

（乙）进行方针。此次工程浩大，非事先将进行方针准备就绪，决难免于阻碍。兹汤氏已决定一面筹款，一面建筑，其建筑手续，拟先从后城马路入手，将后城马路由怡园至桥口筑成后，再筑河街马路，以后渐及于大街及□马路，循序渐进，庶易成功，并接洽妥协，即行发表。汤氏已准于日内入京，返鄂之期，至迟迟不过半月，至督办处，则须俟汤氏返鄂后，方可组织成立，现正物色办事人物，但此项人物殊不易觅。据汤氏云，必须具此项学识或经验者为合格。云云。（十月三日）

（《益世报》）

7.官钱局消息二则

（1921 年 10 月 19 日）

新币调换旧币

官钱局加印新票四百万，已由财政部印刷厂制成解鄂，加盖四项印章交柜行使。但此票已指定为调换旧式龙票之用，前因直军饷需困乏，将库储旧票权宜行使，兹特将实行收回。连日局柜上收旧票换新异常忙碌，金融帮亦将旧票价值抬高，平头新旧两无轩轾，商业大臻活动云。

恢复六岸分局

该局营业部分近来极为发展，盖以官票、铜元调剂市面，商业大复原状，金融自臻起色，郭总办现正力谋扩充，除汉口一埠特设专局已择地建筑局址外，拟将宜昌、沙市、樊城、老河口、沙洋、武穴六岸恢复前清各设分局旧观，以谋各属金融之灵通，刻正派员切实筹备云。（国利）

（《国民新报》）

11 月

1.商会长筹款济饷

（1921 年 11 月 2 日）

汉口电　吴世日在汉行辕接见各厅局长，极注意于财政收入，又令汉商会长筹款济饷，众皆惴惴。

（《申报》）

2.宴吴军政界

（1921 年 11 月 3 日）

汉口电　汉商会冬（二日）午后二时开会宴吴，军政界陪客百余人。

（《申报》）

3.汉商会演说宜息养根本办法

（1921 年 11 月 4 日）

汉口电　吴冬（二日）在汉商会演说，湖北为自古英雄必争之地，湖北存则国存，湖北亡则国亡，故率军与川湘战，兹幸告平正，宜息养根本办法，在实行真正精神上自治，使湖北为模范省，武昌为模范城，汉口为模范市（三日下午五钟）。

（《申报》）

4.吴佩孚抵汉前后之言动

（1921 年 11 月 4 日）

刘承恩大受吴佩孚抵汉前后之言动
决定宣布岳州戒严
电赵恒惕共和防粤
派员协商鄂赣联防
逼汉商会长筹军饷
刘承恩大受其教训
在汉官员均碰钉子

（汉口特别通信）吴佩孚行将返汉，宣传已有旬余，因为鄂西施南方面川军未曾退尽，并有反攻巴东的传言。迟延至二十七日，始协同第八师长王汝勤乘楚振离宜，当晚停宿沙市阅军。二十八日晨，鼓轮下驶，午后八时到岳，仍宿楚振舰中，次晨登陆，驻节于二十四师司令部内。

萧耀南、刘承恩二十七日接吴来电，令偕往岳面商要政，遂于二十九日晨同车赴岳，张绍曾、曹锳、杜锡钧亦随行。闻萧、刘到岳后，吴即召集上级各军官，为非正式会议，协商防务及对川湘意见。佥以粤军北伐，二十八日前锋已抵韶关，而李烈钧与沈鸿英部，二十六日又在衡州激战，衡州业为李部所占，岳防极为吃紧，决定宣布岳州戒严，并派二十四师师长张福来为戒严总司令，另开鲁军张克瑶旅，进驻长乐街，豫军林鑫旅进驻破塘口，增防岳南前线，以防粤军反攻，又拟电赵恒惕，请他速定方针。湘鄂唇齿相依，亟应联军制粤，而粤军北伐，赣省亦当其冲，决派马毓宝赴赣与陈光远协商鄂赣联防，赣境如遇紧急，鄂省得抽队前往应援。吴于计划湘鄂边防外，颇注意于鄂省财政，初与刘承恩晤面时，即问刘：闻阁下召集财政会议，现在是怎么了？刘答：鄂省财政千纬万端，一时尚没有什么头绪，吴怫然厉声道，此事动议甚久，何以至今还没有头绪？我听说阁下颇受同乡，省署连茶役都是乡亲，难道我们就没有什么同乡可用吗？我劝阁下用人惟公，不要专徇情面，滥竽充数。刘受此一顿教训，极为怏怏。因吴定三十日离岳，沿途尚须阅军，故萧、杜、刘先于二十九晚返省，三十日午前四时，吴偕同张福来、张绍曾、曹锳、马济及秘书参谋副官卫队五百余人，乘楚振下驶，六时二十分，即抵嘉鱼，当在该处停泊，偕王都庆旅长检阅二十一旅防军。三十一晨，始登轮启行，因满江大雾，舰行甚缓，十一时半，抵武昌白沙洲，十二时，到刘家庙改换行辕，沿途军警政商各界欢迎情形，无非是军乐悠扬，礼炮震耳，记者虽不细述，阅者想亦揣索而得。萧、刘是日因有他事，委派张联棻、刘振玑代表出迎，午后二时，始协同渡汉至查家墩谒吴，其余军政要人，在辕候见，途为之塞。吴先接见两长，余亦以次接见。据闻，凡入见人员，大小均碰个钉子，不过轻重不同，而财政界自魏厅长以下各税局长，都面遭吴教训，并吃些恐慌。就是汉商会长万泽生入见时，吴云余此次南下援鄂，击退川湘，使武汉未受兵燹，实为大幸，现粤军北犯，鄂省又当其冲，以直、鲁、豫、鄂、赣雄军数十万，西南亦何足平，惟军饷艰难，请君为我设法，万答武汉商家，因受战争影响，极感困难，目下筹款，颇觉不易。吴云我听说自治军发行数千万纸券，以兵抵武汉之日兑现，设果如所愿，难道也说得困难吗？言下深至不悦，万无奈，当答以俟闻紧急会议后，再行报命。对于各税局长，也是追问每月收入若干，能担负军饷几何？因是人人自危，往日有一税局长缺出，几乎万头攒动，各思染指，现在汉口征收局长金世和辞职，竟无人敢往问津，可知吴氏威严之一斑咧。今(一日)晨六时，吴偕萧督到汉阳查视兵工厂，在厂早餐。九时，即同渡江到省，军警政商各界，皆在文昌门江岸列队欢迎，省城商店，皆由警厅分散旗帜，借资点缀。吴到省时，顺道视察军储局火药库毕，即赴军署欢宴，陪坐有一百余人，尚有外宾数人，当记者发稿时，吴尚在省游抱冰堂，今晚是否返汉，尚不可知。至吴此后行止，据使署友人言，决赴保定一行，与曹商防粤具体计划。但在汉召集军事财政大会，约耽搁一星期，一俟事竣，即行北上。昨晚已发出通电，略谓佩孚已于三十一日午平安抵汉，尊处文电，请直接寄汉等语，可知吴氏一时暂难离汉云。

(十一 · 一日 · 小轩)

(《晨报》)

5.两湖公民讥武汉商会

(1921 年 11 月 9 日)

(本埠新闻)

两湖公民刘淇等致武汉商会函云,天将乱中国而生吴佩孚,吴佩孚以冯国璋火烧汉口犹未尽,(中略)而来我湖北,同人不敏,惧为是凶星下降。不幸武汉当其冲,诸公明达,喜为是吉曜遥临。幸而武汉托其□,于是始欢迎,继助饷,终于吴大将军胜川返汉时,置酒商会,悬灯结彩,极一时之盛。意者天生特别另具有肺肠,不然人皆有心肝,武汉商会中何多叔宝,卒不知其在于何处也。吴秀才一生奸诈,日前赴宴演说,将使湖北为模范省,武昌为模范城,汉口为模范市,满口慈悲,实以势成骑虎,借此买武汉人心,使鄂人而尽如诸公之驯顺,积威成渐,不久湖北必为吴氏子孙者,武昌必为吴氏子孙城,汉口必为吴氏子孙市无疑。同人避地海滨,祖宗坟墓尚在故乡,诸公奴隶性成,附势趋炎,固无他顾,然亦思幽冥虽隔,缅想堪怜。当诸公与吴将军杯盘交错,席上酒酣之际,正湘鄂人民无辜,被吴凶手决堤淹毙地下鬼哭之时,呜呼已矣,天良丧尽,苟且偷生,反颜事仇,不知人间有羞耻事。遥望家乡,笔泪齐下,旅沪两湖公民刘淇、吴刚等七十二人同启。

(《民国日报》)

6.吴佩孚定淮盐每引加价四两二钱

(1921 年 11 月 11 日)

吴佩孚屡迫武汉商会筹款,商民嗟怨,现又定淮盐每引加价四两二钱,即日实行。

(《民国日报》)

7.吴佩孚共搜二百万元

(1921 年 11 月 13 日)

吴佩孚此次共搜索二百万元,武汉商会等一百四十万,中国银行六十万,吴仍不满。

(《民国日报》)

8.汉口金融界之善后办法(汉口通信)

(1921 年 11 月 22 日)

汉口中、交两行,因受某国人谣言影响,突于十五六两日发生兑现风潮,当时虽颇拥挤,而以两行准备充足,又得其他商业各银行及各钱庄之从旁维持,兑现风潮未久即归平息。顾鄂省各界于原因明白之后,对于某国极为愤慨,银行公会钱帮公所,以及各大商店多有提议,拒收该外商钞票,凡有存款于外人银行者,一律提取借厚库存。武、汉两商会昨亦根据银行公会公函,通知各商店,勿听外人谣言,太会协进会除通告各界,谓当此华会开幕,我国生死存亡关头之时,切不可妄听谣言,自扰市面外,并函请省议会,将某国破坏我国金融证据通电各省,电陈太会，请求公法裁判，萧督亦于十八日午前七时召集官商大会议，讨论维持金融方法，列席者除萧刘两长外，尚有杜镇守使陈交涉员、崔警务处长、魏财厅长郭、官钱局长及汉商会长万泽生、武副商会长张则先、汉口中行副行长洪琴、西交行行长曾务初、兴业银行行长史晋生、中孚银行行长孙荫庭、工商银行行长陈伯庄、四明银行行长孙衡甫、盐业银行行长李瑞生、金城银行行长陈巨川、懋业银行行长丁志兰等十八人，决定办法六条：（一）由汉口各银行委托造币厂多铸银元，以为现银发生恐慌之预备；（二）江汉关及同地军警于舟车出境时，应切实检查，防止现银输出；（三）银行公会钱业公所及官钱局随时在汉口开联席会议，维持营业信用，以免纸币发生拥滞；（四）由军民两署出示禁止武阳夏三镇钱商任意压抑票价，如违则永远停止其营业；（五）由陈交涉员非正式向汉口外交团声明，汉口各银行资本雄厚，营业稳健，决无意外之虞，请勿为谣言所惑，丧失从前好感；（六）由汉口银团电请京津沪各埠银行，从速召开全国银行联合会，共商自决办法，开会地点主张在天津，讨论至十二时始散，使以上决议，果能一一见诸实行，则此次风潮，适足为我国金融界之好印象，是在国人之觉悟尔。（十一月十九日）

（《申报》）

12 月

1.武汉商会电争国税自由

（1921 年 12 月 1 日）

（武昌通信汉）

长江联防声中之大会议

武汉商会电争国税自由

长江联防早已着手，鄂萧、苏齐两督，函电纷驰，信使往还，进行不遗余力，所有经过情形，业经揭载各报。顷据军界消息，联防办法业已筹商就绪，不日即可实现，惟萧、齐两氏，以长江区域甚广，萑苻满地，若实行联防，首以消弭匪患为要点。加之萧、齐两氏，近以国家多故，兵连祸结，庐山国是会议，至今不能成立。上海国是会议亦复进行困难，国内纠纷迄无解决希望，拟于联防之中，力谋解决国是。近特发起长江联防大会议，为以磋商联防办法，一以解决国是，并拟关于联防办法。推举联防总司令及总司令部之设置暨其权限，胥于会议时决定之，关于解决国是问题，则征询各省意见如何，以便取一致行动。现萧、齐两氏已通电长江各省，嘱其各派代表列席，一俟复电达到，即定期开会。至开会地点，或在南京，或在武昌，临时再行决定云。

吾国关税税率为各国协定，足以减国课之收入，阻实业之发展，历年以来，屡谋改订，迄未克行。此次华会开议，我国代表提出改协定为国定税之议，武汉两商会深表赞同。特恐进行不利，又归无效，故通电北京大总统、国务总理、外交部、财政部、农商部，转电会议代表，本此主张，坚持到底。其文曰：衔略，此次太平洋会议，我国提出国税收回自由权一案，其主旨改协定税为国定税，本世界之公例，为正义之要求。凡我友邦，自无不乐于赞助之理，但念相沿已久，忽议更端，彼此详求，亦所时有。我国民思之熟矣，税率自定，本属名正言顺之事，谅无彼众我寡之时，即以现行厘金为言，不知我商民等对于裁厘一举，早拟提出预备方法，行将参稽众见，择善而从，既可信人同此心，即不致省自为政。第恐重洋远隔，或未悉我国民之一致，如此而时机或误，历劫难回，此事为国际争平权，为法律争自主，虽云一节，实与全局相关，故敢以生死向前之决心，为坛坫折冲之后盾，务恳钧座，转知会议代表。本此主张，坚持到底，一面对外切实宣示民意，庶代表益尽厥职，友邦咸谅此心，临电悚惶，词不尽意。武昌总商会、汉口总商会叩云云。（十一月二十八日）

（《益世报》）

2.各界联合会对于鲁案之运动

（1921 年 12 月 6 日）

沪汉人士对于鲁案之运动

上海各团体警告政府

各界联合会致电许斯

各报馆愤国人之冷淡汉

商团举行游街大会

上海五日电　江苏教育会、上海总商会、上海各路商会联合会、上海商工会等团体，以太平洋会议开会已有二十余日，中国代表尚未将山东问题正式提出，会议形势日益危急，乃于昨日午后在总商会开紧急会议，讨论对付方法。先将余日章、蒋梦麟两国民代表之来电报告，后即议决，急电外交部及华府中国全权。电文曰，鲁案及“二十一条”由全国国民决定提出于华府会议，今据所闻者，该会议将于耶稣圣诞日闭会，政府代表尚事踌躇，未行提出，行见绝好机会，即行逸去。政府如仍受日本之抑制，听日本之指挥，不促三代表提出于会议者，则国民将出以严重之表示，用特警告云。

又全国各界联合会致电，华盛顿会议主席许斯及各国代表云，本会谨代表我国民意，提出左列之主张：（一）撤回驻华之军队警察，取消领事裁判权。（二）改正关于政治上、经济上之不平等条约。（三）归还在华租界、租借地及租借港至割让地，听人民投票自决。（四）一九一五年“二十一条”及一切不合法之条约声明无效。（五）承认我国新政府。（六）承认韩国及远东共和国。（七）撤销对于北京政府之承认，并勿助之以借款以妨碍我国改造之机会。希望阁下暨各国代表根据国际平等、民族平等之原则，以解决之，世界永久和平，基于此举。又电，自鲁案开始交涉说，传至本地后，本地舆论渐形激昂。有谓日本加藤氏之主张，依然将山东实情瞒隐列国，以取山东之实，而还其躯壳于中国者。有愤慨国人淡视此大问题者，其言曰，华府会议所决定之客邮撤废、关税增加及领事裁判权之取消，均附有条件，倘又将山东问题在会外直接交涉，则更堪痛恨，万一山东问题不能圆满解决，则华府将湮没其开会之目的也云。又汉口五日电云，汉口商团为援助华会，警惕国人起见，定于麻日（六日）举行游行大会，与会者二十余团体，事先已通告各外国领事云。

（《晨报》）

3.商会难负筹垫军政费责

(1921年12月8日)

汉口商会已调三十万金　汉口商会昨电,本埠商会,略谓,近因鄂省为筹饷需款一事,曾由督署商调银三十万金,业经由会勉力筹交。惟各埠商会之设,系为商界之代表,并非官厅财政机关,而各地方之官厅,迩来时有商调银款之事,值此商业艰难之际,殊难遵办。现拟征求各埠商会之同意,以便要求政府,嗣后勿以商会为财政之来源,遽行商借款项应请贵会代为通电各埠商会,征求同意,一俟得复,仍祈贵会电呈政府,要求等语。闻已准如所请,立即起草,不日即可通电云。

(《申报》)

4.汉商会提议抵制武人

(1921年12月9日)

星报汉口八日电:汉口商会拟联合全国商会等团体设法抵制武人勒索,据闻该会近又曾因劫掠恐吓,为武人垫款三十万。该会已电北京请政府整理财政,以免武人常向商会商人勒索款项。

(《新闻报》)

5.汉口商会反抗吴佩孚

(1921年12月18日)

大陆报十三日汉口电　汉口商会会员　董事,昨日开特别会议,决议致电上海全国商会联合会呈请北京政府,设法一使般武人,勿再向当地商会勒索款项。吴佩孚于今年夏间湘鄂战争时,曾向汉口商会索借三十万元,迄无着落,汉口商会又提议通告全国各处商会,发起全国一致反抗北京政府之运动云。

(《民国日报》)

6.电致天津、汉口商会声明发行十年八厘公债基金用途请力为赞助并代宣布俾利进行文

(1921年)

天津汉口商会鉴,此次发行十年八厘公债三千万元,所有公债条例,业奉大总统教令公布,兹再将本部对于此项公债基金用途两项特别注重之点,切实声明如下:(一)巩固基金,凡购售大宗公债之银行公司商号,均得公推代表管理基金,并加入与基金有关系之主管员司,共同组织公债基金处,该处未完全成立以前,先设基金筹备处,将应拨之款,按数拨定,以昭信实;(二)慎重用途,本公债既标明清理短债,补充国库,凡从前应还之短债,如京师税务与津浦货捐担保之特种库券,即以此次募集之公债优先偿还,如此债款既清,基金确定,至于各项积欠饷

费，均不得以本公债抵扣，并不得以本公债为各种借款抵押品，此外用途除补充实业基会及维持治安必要费用外，余款酌量缓急，偿还各银行商号短期内债，以资活动金融，以上两端，业经本部会同公债局与各银行主要人员开会当众宣布，总之民国以来，发行内债为数虽巨，然政府以岁入之四千余万元，指拨公债本息，始终未失信用，且本年抽签偿还各项公债数目约在三千万元左右，此次所募之债，适足相抵，并未增加人民担负，贵会热诚爱国，尚祈力为赞襄，并将此电宣布，俾利进行，财政部勘。

（《财政月刊》第 8 卷第 93 期）

7.财政部致天津、汉口商会电

（1921 年）

天津汉口商会鉴，此次发行十年八厘公债三千万元所有公债条例业奉，大总统敕令公布兹再将本部对于此项公债基金用途两项特别注重之点切实声明如下：一、巩固基金，凡购售大宗公债之银行公司商号均得公推代表管理基金，并加入与基金有关系之主管员司，共同组织公债基金处，该处未完全成立以前，先设基金筹备处，将应拨之款，按数拨定，以昭信实；二、慎重用途，本公债既标明清理短债补充国库，凡从前应还之短债，如京师税务与津浦货捐担保之特种库券，即以此次募集之公债优先偿还，如此债款既清，基金确定，至于各项积欠饷费均不得以本公债抵扣，并不得以本公债为各种借款抵押品，此外用途除补充实业基金及维持治安必要费用外，余款酌量缓急偿还各银行商号短期内债，以资活动金融，以上两端，业经本部会同公债局与各银行主要人员开会当众宣布，总之民国以来发行内债为数虽巨，然政府以岁入之四千余万元指拨公债本息始终未失信用，且本年抽签偿还各项公债数目约在三千万元左右，此次所募之债适足相抵，并未增加人民担负，贵会热诚爱国尚祈力为赞襄，并将此电宣布俾利进行财政部勘。

（《政府公报》第 1954 期）

1922 年

1 月

鄂督署之财政大会议

（1922 年 1 月 20 日）

鄂省金融紊乱，在王占元任内，已成难支之象，每月军政各费时在窘乡，王氏乃不惜用挖肉医疮之法，呈请北京政府加印官票五百万，以致引起多数鄂人之反对。迨萧督继任后，虽欲设法整顿，而元气伤损过巨，苦于无从着手，前曾经邀请汉口银行团以及武、汉两商会，到署筹划救济方法，无如军费浩繁，省有收入，虽极力加增，亦难出纳相抵。昨日又笺请各银行领袖，以及两商会、财政厅长魏联芳、造币厂长郭干卿到省大开会议，关防颇密，闻其结果，决定办法如下：（一）规定各机关预算以为减政之着手；（二）裁撤一切骈枝机关，以免虚糜公款；（三）划一鄂省省有军队饷糈，以便按月筹措；（四）由各银行按日拨付现金十万，以为流通市面；（五）设法加征百货税率，重新由武汉商会估本；（六）严行监督各征收机关弊病，并由军署酌派密查，分往上下游巡视；（七）田造币厂每日加铸双铜元二万串，重量不能太轻；（八）官钱局赶紧设法兑现，以免官票停滞。

（《申报》）

2 月

1.国内专电：接洽筹款计划

（1922 年 2 月 2 日）

汉口电　沈鸿英派颜德璋卅（三十）到鄂商北防。

汉口电　估本收税，东(一日)实行。

汉口电　萧担任筹款三百万赎路，已与刘省长及武汉商会接洽筹款计划，并通告主客各军将领及各县提倡。(以上一日下午五钟)

香港电　伍廷芳寝电美外部，谓梁为帝制谋主，徐乱命其组阁，不啻证明北京为一无法纪政府，列强宜将其承认北京者转移于本政府，则更能促成中国之统一，打消孙北伐之举，吾人恳美当局出为首倡。

(《申报》)

2.汉商会电请协争二十一条

(1922年2月5日)

全国商教联席会议总事务所，昨接汉口总商会电云，华府开会，四国协定，关于我国最严酷之二十一条件，各国屏勿予提，所获者浮泛空虚，无裨事实。某使团犹以我国此后几增税收四千数百万，洋洋有得色，公理不彰，平等无期，转瞬闭会。美总统将提交国会核批，一经批准，则铸成大错，万劫不回，一发千钧，稍纵即逝。幸美议员仗义执言，已有不满之论调。我全国各团体，宜一致主张，急起直追，各自径电美国参议院表示不满，坚执否认，请其主持大公，勿予批准，补救万一，舍此无由，事急矣。请迅由尊处发起，务取共同态度，完此手续，不特可为我代表抗议之后盾，并可为美国会反抗之根据。切盼进行，无任翘祷云云。

(《新闻报》)

3.昨年钱业之调查(汉口)

(1922年2月6日)

汉口为通商巨埠，市面金融除公立、私立各银行用资周转外，其余商户折息多以钱庄为挹注，操钱业者向分本、赣、徽、绍四帮，大小店户不下三百余家。就本帮论，以广大、汇康、丰记、丰康、丰盛乾、巽裕等号为最巨。就赣帮论，以茂昌、敦义、裕厚德等号为最巨。就徽帮论，以久康、谦义、恒和等号为最巨。就绍帮论，以德丰、厚德、汇康等号为最巨。民国九年以还，汉口纱商失败倒闭者十余家，破产理债以四成为最多数，钱帮商人受损失二百余万元，市面金融大受影响。去年钱帮开市咸有戒心，对于各户用款一致缩小范围，放出债额最多不过十万元，小比归结至少收回六成，三节大比必收回八成以上。银根既紧，各用户亦谨慎营业，不敢放步。坐此两因，钱业已无危险之可言。加之六七兵变，商业呆滞，川湘军兴，沉寂数月。自夏徂秋并无大宗放款，入冬以后市面稍见活动零。

(《汉口新闻报》)

4.鲁苏发起全国赎路会，汉口商学两界分头积极筹款

(1922年2月11日)

山东湖北之赎路运动

济南联合江苏发起全国赎路会

汉口商学两界分头积极筹款

济南通信云，鲁省各界，日来奔走赎路运动，不遗余力。赎路集金会内之各股办事员，亦积极进行，已粗有头绪。目前(五日)在公园开国民会议讨论一切，除议决本省分乡分镇，竭力募集资金外，特公推代表刘庄民等五人赴苏，与该省各团体接洽，将由鲁、苏两省发起组织全国赎路集金联合会，共策进行云。又汉口通信云，汉口总商会，自接到全国商会联合会送来简章后，会长万泽生即于七号请汉上各团体各派代表二人，在总会筹备组织救国赎路分会。又学界方面，自经成立赎路委办会后，每校推举一人，共同筹备组织储金柜事，此柜每校及行人要冲处停放一具，以备自由捐款之需，由该会加盖封条，其谕令中国银行保管，每周清理一次互登账簿，俾使稽查。捐金人由中国银行发给收条，又制定三等九级之奖章，以鼓励认捐人民云。

(《晨报》)

5.武昌商会发起集款赎路

(1922 年 2 月 12 日)

武昌通信(诚然)

武昌商会发起集款赎路

吴使维持官矿之新表示

武昌商会长徐荣廷为发起集股赎路通函外交协进会、省议会、教会、农会、汉口商会，教实财政四厅、各机关团体及学生联合会云：敬启者，胶济铁路一案，前读交通部函电，兹二月二日，准全国商会联合会函知设立救国赎路集金会，并简章一纸，期限两月全数集成，并接北京学界集股赎路会函送附章一份。同日接天津来函，设有中华国民赎路会函送简章各等因。查鲁路问题，关系重要，国家存亡，在此一举。京津既发起赎路会，惟兹事体大，自非群策群力，不易期成，本省军、政、学、工、商各界诸公不乏热心之士，命脉所关，谅必踊跃，共救危亡，用特函达台端，素仰贵会厅，当仁不让，对此事迫时急之举，必有卓谋伟尽。究竟如何主张、如何进行之处，统祈示知，以便公同磋商，一致进行，至公纫谊，云云。

武、汉两商会，创废除官矿督办制，请将象矿归并官钱局接办一节，迭经部令驳复，该会再接再厉，仍未牺牲成见，其中有无别种作用，不得而知。至全鄂各县旅省代表程振费等联电中央，请求维持官矿，与商会主张相反，实不啻民商宣战，但商会仅能代表武汉商人，各县代表顺应多数人民心理，民意所在，与少数商人对敌，胜负不卜可知。顷据由京师归来之鄂籍某京官述及吴子玉巡使最近有维持官矿之表示，其内幕甚大，曲折尤多，访者以官矿关系票本命脉，为全鄂人民所注视，用不惮烦琐，探录详情，以供各界研究。某京官云，武汉商会请并矿署之议，乃湖北旅京同乡会某系人物所发引，该会乃被动的，非自动的，仍含有人的问题、权利问题之竞争。其中黑幕，皆出于哈矿督办一席以代之，但无机可乘，遂结合某派鄂籍京官制造一种空气，并密订交换条件。第一步即将矿署根本推翻，撤销督办，归并官钱局，以资过渡，另设湖北官矿特别管理局一所，由京鄂同乡会公推哈为局长，名为缩小范围，实则仍为独立机关，与督办制名异而实同也。第二步即哈接办后，速行筹办化铁厂，规定基本二千万串，官商各租其半，官款即由官钱局加盖官票一千万，其余召集商股。密定仅招六百万串，留四百万之优先股票，专为京鄂同乡此次代为出力者之报酬品，视其人身分与出力之大小以定股票分赃之多寡。彼大老辈盖已视官矿为其私有产业,所谓固全票本,发展公益者,乃一种门面语,以欺吾侪小百姓耳。前议在京妥定后,即于去冬派胡某、李某代表回鄂接洽商会,实行包围政策。此两次请并矿署之通电所产出也,第一电被部驳斥,当由京官杨某担任向部疏通,满拟第二电可以达到目的,但恐巡阅署临时发生障碍。如范之杰正式任命武昌关监督,吴使不准到差之前车,遂急电胡某由鄂驰往洛阳,切实疏通,果尔吴子玉大不谓然,且加一番教训。吴云哈乃四凶之一,祸国祸鄂,谁人不知,更何配当官矿督办呢。鄙人前在汉时,清查官矿沿革,现任督办何,以鄂人治鄂矿,人地颇宜,办理正有起色,何必要改弦更张,务希京鄂贤明人士化除权利人的两种私见,以振官矿而固票本,鄙人无任崇拜,至此种阴谋破坏,则殊不敢闻命,而职责所在,当然维持,云云。胡某大碰钉子,即扫兴返京渡岁,谢绝疏通责任,而哈之官矿热度,仍未稍减,刻已赴津要求某某两大佬,至缄吴使解释,结果如何,容续后闻。(二月八日)

(《益世报》)

6.汉商会促国人反对"二十一条",希望径电美参议院表示不满

(1922年2月17日)

汉口总商会因华盛顿会议未将"二十一条"密约取消,将致电各省法团,邀同向美参议院陈述不满之表示,请其主持大公,勿予批准和约。俾我代表与美国表同情于我国之参议员,有抗争之根据。兹将原电披露于下:各省省议会、农会、商会、上海商教联合会、北京总商会鉴,华府开会,四国协定,关于我国最严酷之"二十一条"件,各国屏勿予提,所获者浮泛空虚,无裨事实。某使团犹以我国此后几增税收四千数百万,扬扬有德色。公理不彰,平等无期。大会和约,美总统将交国会核准,一经批准,则铸成大错,万劫不回,一发千钧,稍纵即逝。幸美议员仗义执言,已有不满之论调。我全国各团体,宜一致主张,急起直追,各自径电美国参议院,表示不满,坚持否认,请其主持大公,勿予批准。挽救万一,舍此无由。事急矣,请迅由尊处发起,务取共同态度,完此手续,不特可为我代表抗议之后盾,并可为美国会反抗之根据,切盼进行,无任翘祷,汉口总商会叩。

(《晨报》)

7.国是会议之汉口商会代表

(1922年2月19日)

商教联席会议总事务所昨接汉口总商会来函,推定国是会议出席代表。原函云:敬复者,昨准贵会宥日代电,以阳历二月二十八日召集国是会议,嘱即推举代表届时赴沪与议,并将代表姓名先行电告等因。准此,经推定敝会会董王君义甫,秦君□卿为敝会代表,除分函王、秦两君查照,届时赴沪参与会议外。合将推定代表姓名,先函奉达,即希台察为盼。汉口总商会启。

(《申报》)

3 月

1.汉口电:汉商会请取消估本征税案

(1922 年 3 月 12 日)

汉口电　汉商会灰日推蔡辅卿等六人谒萧、刘,请取消估本征税案,萧、刘允交财厅核议。

汉口电　余日章继长、武高已发表,该校教职员及学生均函电促驾,武、汉两商会在亦电沪促余回鄂,报告华会情形。(以上十一日下午八钟)

(《申报》)

2.国内专电

(1922 年 3 月 17 日)

汉口电　萧、刘以财厅前订百货物价畸重畸轻,致商民反对估本抽税,因令郑焯会同财厅及汉商会重行审订,并须分过境销场为二,分别征收。现汉商会拟召审查估本案大会议,各帮正在审查中。

(《申报》)

3.汉商会呈财厅将水面厘金改为统捐征税

(1922 年 3 月 19 日)

汉口电　汉商会近因各帮函诉关卡征税留难,决呈财厅将水面厘金改为统捐征税一次。

(《申报》)

4.汉商会养日议估本征税案货价

(1922 年 3 月 24 日)

汉口电　汉商会养日议估本征税案,货价决由各帮自行估定,由会转呈财厅施行。(以上二十四日上午一钟)

(《申报》)

4 月

1.征收局重订物价

（1922 年 4 月 2 日）

汉口电　前传估本征税案取消,兹查乃系缓行。现财厅委魏颂唐等五人会同汉商会汉口征收局重订物价,仍须施行。

（《申报》）

2.财厅商借现款

（1922 年 4 月 3 日）

汉口电　汉商会对财厅商借现款百万,表示拒绝。（以上二日下午七钟）

（《申报》）

3.湖北商会联合会之筹备筹措经费

（1922 年 4 月 3 日）

汉口通信云,湖北全省商会联合会,自发起以来,无日不在积极筹备中,其内部组织,均已就绪,各科办事人员,亦分别委派,各司其责。惟开大会,不能不慎重其事,上月三十一日,该会筹备处又在汉口商会,开茶话会,讨论一切进行事宜,由主任吕超任主席。其讨论事件,第一在筹措开会经费,良以全省商会代表到会,一切供应及开会所需之一切经费,护应预为筹集,以免临时仓促。第二即筹备提案,所有在大会应提各案,须预先订妥,以使在大会提候公决。此项议案,应先为筹备,由文牍科起草,第三即开大会之期限,此项会议,既系全省名义,应得全省商会过半数之同意,始能发生效力。但各该商会均表赞同,只以道途远近不一,一时难以到齐,须俟全省商会过半数到汉后再开大会,大约此项会期,须展缓数日,始能定夺。现在各县商会代表,络绎而来省,已有十余县之多,该筹备处除应接外,并积极筹备开会之一切手续,极为忙碌云。

（《晨报》）

4.鄂官界之祝嘏忙

（1922 年 4 月 5 日）

汉口三十一日通信云,夏历三月初七为吴佩孚四十九岁生辰,吴曾有令停止庆祝,讵鄂督萧耀南,仍违令预备,其筹备办法,传言全省官员,除军省两长及师长镇使均听其乐送外,余分福、禄、寿、喜四字,福字每份五百元,禄三百元,寿一百元,喜五十元,礼物可由筹备处代办,卸任财厅魏联芳闻以十六万元,在汉口老天宝银楼特制金寿星五尊,为吴寿萧亦于二十八日,徇张道坦之请,应汉口之黄州会馆春宴,大观汉剧,借补自寿,并闻复徇张请,决往黄冈东乡夫子河圣庙主祭(闻定期夏历三月初十祭孔),至此间赴洛祝寿人物已陆续出发,萧派参谋长张联棻为代表,偕同刘承恩代表,黄永熙(烟酒事务局长)于今(三十一)日晚车北上,闻洛阳亦将不免开祝嘏会议,故张黄均带有特别任务,三十日赴洛者有魏联芳,二十九日赴洛者有张福来之参谋长,魏宝琳,魏氏尚别有与吴晤商派队援赣之任务,吴佩孚闻近欲川湘并联,以便一心对奉,故前日特电聘金永炎。

朱兆熊、唐克明为高等顾问,金等遂亦借祝寿为名,于三十日同赴洛阳,并预约分赴川湘为吴接洽。综上述以观其表面,一般武人政客,观剧的观剧,祝寿的祝寿,升官的升官,固俨然太平景象,可只苦了财厅长熊祥生,除急待筹款八十万解洛外,吴又电令再赶速加筹六十万,又逼得熊氏函请汉口商会向各商号代借一百万,并说明以汉口征收局税收作抵,限三个月还清,尚不知汉商如何答复也。

(《申报》)

5.孙传芳至鄂筹饷,鄂商民又遭盘剥

(1922年4月7日)

萧耀南疲于筹饷解粮

孙传芳前月由洛路过武昌

欢迎会席上请发两月饷

吴佩孚令筹饷煤并要军米

萧对两人皆不能不答应

结果只是鄂商民又遭盘剥

(武昌特约通信)

上游总司令孙传芳自洛阳回省后,驻节汉阳兵工厂,曾于上月三十一日渡江拜会萧耀南督军,有所磋商。昨日军政界即假抱冰堂设筵欢宴,查孙系王占元私人,自湘鄂战败,王氏坍台,孙系奄奄几不能振,后吴佩孚保之为上游总司令,孙氏遂隶吴佩孚部下。孙自任上游总司令以来,此为第一次回省。一般人多谓孙氏此来,必挟有重大问题,亟待解决,颇惹起一般人之注意,故对于孙氏之一举一动,记载均不厌其详。孙当未赴宴时,即已由汉阳渡江,径赴南湖,因南湖有二师留守之骑兵炮兵也。孙氏至南湖,为时尚早,时不过七句钟,孙氏至营,由该留守官弁迎入,略事休息,即按目兵名册,亲自点检一遍,并训勉以严守军纪风纪,认真操练等语。至九时,又由大东门进城,至二师工兵营,为勤务上之考查,查毕,回两湖书院二师司令部午餐。至午后二时,始乘车至抱冰堂赴宴,宾主共约百余人,军界则为萧耀南督军,及汉黄镇守使杜锡钧、兵工厂厂长杨文愷等数十人,政界为刘承恩省长,及官矿督办何佩镕、江汉道道尹周英杰、财政厅厅长熊祥生、政务厅长邓振巩、教育厅长钱葆青、警务长崔振魁、水警厅长何锡蕃等数十人,济济一堂,颇极一时之盛。萧督于席间致欢宴之词,略为贵总司令,宣勤上游,奠定川鄂,化干戈为玉帛,起黎庶于泥涂,苦心孤诣,举国同钦。兹因雅磨驻省,特集同人,敬祝健康,云云。孙司令亦致答谢之词。席散后,游览花木一周,始各分手,闻孙氏曾与萧督商筹该师军饷,拟请

发给两个月，以安军士之心，萧督已允竭力设法。孙氏拟俟此项饷银筹有着落，再行回宜昌原防。惟日来鄂中主客各军，饷期均已届满，除客军不计外，主军军饷每日需银一百三十万元，加以驻鄂海军，因中央不能筹款发给，亦要求鄂省接济饷银二十万元、煤□百吨，以资维系。吴佩孚驻洛，亦曾迭电鄂中当道，筹饷巨万，并派委员在鄂购办军米麦面等物运洛，以百孔千疮之湖北，颇难供应，然又不能置之不理。闻萧耀南拟于明日（三日）下午二时，召集武、汉两商会会长筹商军饷问题，预料结果，必不出于借贷或盘剥商民一途也。（十一·四二·听天）

（《晨报》）

6.吴佩孚将以鄂造币厂押借外债以筹军费

（1922年4月8日）

商会只肯代筹廿万

北伐声中吴佩孚之筹饷忙

一面电催中央拨款

一面商请武汉商会接济

商会只肯代筹廿万

吴将以造币厂押借外债

自孙文誓师北伐之后，吴佩孚之目光不能不射到南方，现在第一难题，即在军费。闻吴于五日曾有电拍致国务院及参、陆两部，请筹拨军饷，以资防御南军。其文曰：（衔略）江电敬悉，孙文北犯，迭经密饬前线军队，妥为防范，惟军饷竭蹶，罗掘无方，应请速拨饷费，以免贻误戎机，至为切盼，吴佩孚歌印。至中央如何应付，尚未探悉，惟闻吴氏现以需款甚急，已决定就鄂省先筹巨款支用。据武昌来函云，鄂督萧耀南除日前商请省长交谕财厅通令各处征收机关，将上月征收税款，限期一律征解到省外。三日晚间，又在督署召宴武汉商会会董，当场提出商借饷款要求。磋商至，再请先为代筹六十万元，结果两会仅允赶为速筹二十万，以应急需。此外前财政厅长魏联芳日前由洛归鄂后，称受吴使之委，拟以湖北造币厂为抵押，向汉口英国某洋商订借大洋两百万，惟该厂在王占元督鄂时，既向友华银行已经抵借二百万元，除陆续分偿尚欠八十万元之谱。萧刘两长谓此欠数，可另筹付，二百万新议借款，应仍从速进行，利息限期各项，正在磋商中。又驻汉湖北租船监督处三日晨，忽被某方面拘去数人，据说原因系为索船不交，查该处现有轮船三只，平昔在沿江行驶，每月得租价若干，隶属交通部所辖，此次索船捕人真相，则尚难悉知也。

（《晨报》）

7.吴佩孚威权下之鄂财政

（1922年4月9日）

最近又来两电：一为直接致萧令　于前索各款外，另筹六十万。一为与魏联芳请代借二百万，魏在军需课长任内账目不清，交代未算，极怕吴翻脸，故接吴电后，并不敢因已去职而有所推诿。闻已商准两长以造币厂担保向外商某行借款，已得前途允诺，惟息金与期限，尚在商洽中，至萧接吴电后，曾请刘承恩到署会商办法，初拟以汉口征收局税收令，财政厅向汉商会抵借现款百万，除解六十万赴洛外，余四十万尚可为鄂省军政费之挹注，乃汉商会力陈艰难，拒绝其请，萧、刘无法，又于三日召宴武、汉两商会会董三十九人，令熊祥生及军需课长王连城作陪，席间萧述鄂省主客军饷已有两月未关，无论如何本月十日须先筹发一月，以安军心，请代筹六十万元。商董等一闻萧言，均各面面相觑。良久始由武、汉两商会长允各筹十万元，余款请另设法。萧以各军欠饷待发情势迫切，上月底曾责令熊祥生限期筹发，近因尚未凑足，又于昨四日召熊入署限三日内筹出三十万，解送到署，因是熊日来乃大忙，但结怨商民甘冒不韪，诚为熊氏不值矣。

（《申报》）

8.吴电鄂筹饷

（1922 年 4 月 18 日）

汉口电　吴电鄂筹饷百万，闻汉商会认六十万串，汉银行认四十万。

（《申报》）

5 月

1.杜锡钧向汉商会借万元发军饷

（1922 年 5 月 2 日）

汉口电　汉黄镇使杜锡钧，向汉商会借万元发军饷，汉商会艳日议决，由会筹五千及省公债余款下拨五千交杜，由杜签字认息。

（《申报》）

2.汉口商场又有停顿之势

（1922 年 5 月 10 日）

据某机关消息云，鄂人汤芗铭，自被任为汉口商场督办以来，即到处运动借款，及至去岁十一月，始与某国商人借十万元，月息三分（无担保），言定先交两万元作开办费，汤氏因旧有之办事处局面太小，不敷应用（汤被任督办时办事处系在汉口大森里），乃于二月初间，迁至汉口特别区。该处房屋共有二百余间，地址宽阔，因之所有办事人员，均移居该场内，汤氏现已将办事各职，概行分配，计每月职员薪资及房租约两万四千余元，其所借十万元，未及两月，业已告罄，而办事实际，毫无进步。当奉直换防时，鄂财政厅长继任者为熊祥生、汤乘熊新来，即请熊先通挪五十万元，当被熊氏拒绝，汤亦无法再追，只得暂为停办云。

（《益世报》）

3.武昌商会选举新会董(汉口)

(1922 年 5 月 18 日)

汉口函　十二日午后一点钟,武昌商会召集新选帮董及有选举权之单家注册商户经理人到会,开会董选举会。徐会长、张会长先后说明投票应依法办理,违法者概无实效。陈渭滨宣言已连任者,不得再连任,无商店经理资格者,亦不得有效,全场一致鼓掌赞成,乃公推易词臣、盛伯常为官票员,吕衍伯、吴干丞为监察员,周小泉、程云卿为发票员,丁舜臣、陈燮廷、庞成章等为唱票员,邱益三、严芹初为开票员,刘文伯、赵吉齐为记票员。半点钟投至三点半钟,投毕开票,当选会董为徐荣廷、程凌霄、殷树齐等四十人云。(十四日)

(《民国日报》)

4.鄂商联会劝戒吸烟

(1922 年 5 月 23 日)

鄂商联会劝戒吸烟(武昌)

湖北全省商会联合会,向全省各县商会发出通启云:敬启者,案据汉口总商会代表杨松圃等,于本会第二届大会第十四期会议提出劝诫纸烟一案,本会同人佥以纸烟耗财戕身,害民病国,亟宜由本会提倡劝诫,以遏流毒,而节靡费。当经公决于商会联合会,事务所附设劝诫纸烟会,并于本省各商会附设劝诫纸烟分会,拟定章程,呈请省长批准立案,并印刷简章,分寄各商会,合力提倡劝诫,以期弊害早绝,良效宏收。兹特寄上铜质会章一方,章程一百份,劝戒交一百份,石印会章一方,至希查收,惟石印会章,系发给愿入会之会员,俾悬挂客室,用资信守。每份收入会费二元,请代征收,汇交本会,至会员银质徽章,现正制造,一俟贵会报明随时入会人数,再行陆续按数奉寄可也。(十八日)

(《民国日报》)

6 月

1.两汉商会议提款

(1922 年 6 月 4 日)

汉口电　冯玉祥派员来汉,持存折守提义泰、德泰两行赵倜存款三万两,汉商会议以提款不仅凭折,须有收据,决呈军署转冯拒绝。

(《申报》)

2.汉口商人为何反对没收赵倜财产

（1922年6月5日）

冯玉祥调查赵倜在汉口之财产，拟予没收，以偿豫人在战时所受之损失，其详情已志本报。顷据汉口三日电，汉口各商团对冯玉祥没收赵倜财产，现正从事反对云。

（《晨报》）

3.库元兴倒欠巨款案之传讯

（1922年6月10日）

慎益、渭源、瑞泰等钱庄，前延律师代表投法公堂，控库元兴不理倒欠巨款一案。昨又传讯，先由原告达商律师称汉口库元记总号，前曾函致各原告，声明情愿设法料理，今忽置之不理。请核，聂谳员谕日，本公堂日前接得汉口商会来函，内称，库元兴总号前曾应允帮同料理，现因原告等嫌数甚微，故置不理云云，继由理账员达理称，日前我至库元兴家中检查得被告箱内尚有花砖票据，被告有意藏债不交，应请讯核，诘之库元兴供，此项花砖票据，实系汉口总号胞兄库兰记托代购买等语，中西官判库元兴收押，听候改提库兰记到案再核。

（《申报》）

4.李钦将被任为汉口商埠督办

（1922年6月24日）

李钦调任烟酒事务署长，已经阁议议决，后因本人坚辞不就，故未发表。昨据政界消息，谓李向黎元洪恳辞时，黎氏本拟劝其勉任此职，毋庸固辞，嗣以某反对者在黎前进言，谓徐世昌以任用张小松把持烟酒，为时论所不值，总统何必师其故智。黎氏默然，此令遂无形打消，然黎久拟为李觅一当位置，适汤芗铭已内定为湖北省长，其所遗汉口商埠督办一职，尚难入选，遂决定畀诸李氏，闻不日即可发表云。

（《晨报》）

5.赎路运动近状之报告

（1922年6月28日）

将积极组织真正民有公司　沪委员会今日开会

上海筹赎胶济铁路委员会主任余日章，前以筹款赎路之根本计划首在集合各地自动之赎路团体发起真正之民有铁路公司，故于五月二十九日由沪启程，于三十日到济南视察胶济铁路实在情形，三十一日至天津，与总商会及一百二十三团代表讨论赎路事宜。六月二日至北京，参列鲁案理事会议，凡开会四次。七日至保定，接洽学界方面。九日至郑州，与商会及他团体商榷进行办法。十日至开封，应学界邀请演讲华会经过情形。十四日至汉口，与当地赎路会、武昌商会、汉口商会及其余重要团体，商议民有公司之发起及办法。十九日至长沙，在省教育会内演讲赎路之重要,及国民应负之责任。于二十四日晚返沪,以余氏各处鼓吹之结果,如郑州、开封、汉口、长沙等处均有筹款赎路会之组织,其组织方法完全由各地商会、教育会、青年会等有力团体自动发起,与上海筹赎胶济铁路委员会之组织相同,且联络一致,与鲁案善后督办署无丝毫关系。至各会因宣传或鼓吹所需之经费,不由鲁案督办署拨发,亦不由赎路储金项下开支,均出于原始组织之团体或个人自由捐助,总之各地方人士对于赎路之主张大抵均不以由政府有关系之机关担任发起,筹备为然,必须由人民自动组织其组织之方法有二:(一)由上海筹赎胶济铁路委员会,会同各处同等团体推出素著声望之人物作为公司发起人。(二)由银行会担任发起,惟依据各地方讨论之结果,为成立迅速起见则以采用第二种办法为最适宜。

(《申报》)

7 月

鄂商会维持官票之呼吁

(1922 年 7 月 1 日)

鄂商会维持官票之呼吁,要求官钱局接收官矿。

北庭积欠湖北各项垫借二千八百余万,无法偿还,特许将集矿归鄂开采,以作抵偿,而维票本。讵开采以来,不惟票本未得维持,且耗去官票六百七十余串,是以官票信用,江河日下,武昌商会长徐荣廷曾请将矿署归并钱局办理,无如北政府置若罔闻,兹武、汉两商会全体特致电黎氏请为维持,原电附后。

窃本会等前因湖北官钱局票本金无着,票数过多,言念前途,不寒而栗,曾以种种危险情形,缕陈政府,请照民国四年大总统明令财、农两部会呈,由湖北官钱局兼办湖北官矿,以便兼筹而节靡费。及奉部覆,谓为性质不同,碍难照准等语。殊不知此项矿山,名虽预备票本,实系抵给债权,当日但由官钱局接收,即足进行一切,而汲汲于设督办,立公署,大挪局款,以谋建置,其根本已不厌人心,至后愈变愈奇,分门别户,脱离关系。种种自由,票本则视若不关,已绝亡羊补牢之望,借款亦无能还出,竟存得鱼忘筌之心,谁生厉阶,致成大错。本会等前次所请,尚系拘于原案,以冀履行,未足为湖北人民之满志也,又况即论原案,既经特许,更何得以恒例相绳耶。窃念湖北近年以来,兵灾匪灾,水灾旱灾,民不聊生,亦云极矣。此即开山纵獵,弛泽容鱼,揆之损上益下之经,并不为过,矧此票之数至万万者,皆由供应军需垫支政费,先其所急,我人民并无异言。今更仰体时艰,不求遽还现款,仅以官矿归并为言,楚弓楚得,亦复何嫌,而亦如此之起落,无异狐埋狐猾。我湖北人民尊重政府,夫又奚言,独恐天下人民闻之,所关匪细,嗣由全省商会联合会鉴情代呈,旋奉两政长令归己,由官钱局呈准部咨,将来矿利盈余,当然尽知鄂有。照案提拨钱局,以固票本而维信用。该商会等毋庸再事疑虑等因,如果画饼可以充饥,亦何敢不少安毋躁,然该公署固自有案可考,所谓每日售砂不过一万二千余元,每月常费共应二万四千余元,临时动支在外,入不敷出已成习惯,如何弥补,尚非外人所知,更何来余利之可言。现在问原案则已同日暮穷途,俟盈余又未免所见垫绌,以致武汉银钱行市,银元至一串八九,官票仅三钱七〇,日下江河,莫知所届,诚恐一旦演成湖南覆辙,官钱局固有辞以解矣。独苦我湖北人民之有票者,或士或农,或工或贾,以及穷乡僻壤,寡妇孤儿,平日之安守本分,事畜无虞者,一旦天崩地塌,不可再存,是水旱诸灾之尚有孑遗,至钱荒则无人能脱此,其气象真不堪言状矣。本会等力竭声嘶久矣,当此见微知著,险象万分,不敢不倾吐一陈,伏乞□□□曲体下情,力纾众望,或饬财政部筹还垫款,或饬农商部准由官钱局接收官矿事宜,则挹注既灵事易收效,机关较小,费难滥支,民心可冀就安票价不虞终落,湖北之幸。非第湖北之幸也,本会等言尽于此,以后湖北人民安危生死,皆惟政府之赐,本会不敢再置一辞,以重干咎戾,不胜惶悚待命之巨,武昌总商会、汉口总商会全体同叩。(二十七日)

(《民国日报》)

8 月

1.国内专电:汉商会电黄陂鄂潮

(1922 年 8 月 1 日)

汉口电　汉商会电黄陂,鄂潮系中央一纸命令所引起,迎汤拒汤各走极端,万一酿生他变,商民其何以堪,惟请敝屣尊荣,以弭隐祸。

(《申报》)

2.鄂省长争潮仍未解决

(1922 年 8 月 6 日)

萧耀南有软化说　国闻通信社汉口通信云,鄂省长问题,演成怪剧,今已四日,尚不闻中央有切实解决办法。此间,自萧氏于上月二十九日起,密令武汉临时戒严后,邮电更加不便,彼迎汤拥萧之电报分“局送”和“印刷”两种,纷载当地各报,极尽光怪陆离之能事。拥萧派鉴于迎汤者,三十一日绅商及各团体代表会议得有组织联席会议之结果,未免着慌,嗣闻吕达先等世日通电,临时改署七十九名(原三百余人),知尚有最后大表示之通电出现。刻已由督署张某主张,由武汉行政各官厅联名通电,谓萧氏暂兼鄂长系俯从民意,暂维现状,保持地方之安宁,仍听候中央解决云云。一日午后,督署迭电汉口商会会长过省,有所商榷。据闻,萧已悔今回兼长之孟浪,深恐省长一席或果落张联棻之手(按张本实行鄂督职权,现在名为萧兼长,实不啻张兼长),将益遭鄂人之指摘,闻拟保李开侁、夏寿康、晓汉祥三人,择一以继汤任。且侦悉,某某等已运动二十五师军队,到不得已时,须以某种表示,为萧永兼省长之后盾。萧甚不谓然,三十夜三十一日晨,特召一百团军官至署,为进一步之解说。谓今日专为迎汤就任之预备,萧之行动亦殊有令人不可测度者,至武汉各界筹备中之联席会议,现已通函各团体,为选举代表之预备,暂定律师公会为临时通信机关。汉口总商会亦定于二日下午六时,开紧急会议,大约关于省长问题有所讨论。

（《申报》）

3.湖北旅沪同乡会拥汤两电

（1922年8月9日）

湖北旅沪同乡会为鄂省长问题，电呈北京府院参众两院，湖北各法团请为坚持，以保中央威信。兹录原电如左：（一致北京电）大总统、国务院、参众两院钧鉴，此次中央特任汤芗铭长鄂，前日汤省长衔命莅汉，各法团赴站欢迎者两万余人，足见鄂省民意，尊崇中央威信之一般。近日报载，竟有捣乱分子，伪托公民一面拒汤一面请萧自兼，公民可以假借，法令可以弁髦，似此纠纷国将不国。伏念吾鄂年来水深火热，痛苦已深，今以民心属望之省长而迟迟不见来苏，民无所归，群情愤激，恳我大总统乾纲独断，巽命重申，既经任命，应请坚持严命督军，迅将省长印信移交汤省长接任视事，以慰群情而平公愤。湖北旅沪同乡会正会长刘万青、副会长陶理堂、李明辅暨全体会员公叩虞。（二致湖北电）湖北省议会、武汉商会、慈善会、各法团公鉴，此次中央特任汤芗铭长鄂正合鄂民心理，近见报载，前日汤公莅汉，各法团赴站欢迎者两万余人，亦足见鄂省真正民意，一面反对汤公到任，一面蒙请督军自兼，中央任命之官吏，公民属望之省长，而能从中把持，颠倒黑白，威信何存，民意何在。况总统以湖北为桑梓之邦，省长能贤，则全省人民得所寄托，否则吾鄂水深火热，痛救亡之无日，念人格而何存。贵会为吾鄂民意代表机关，务望俯从公论，力争上流，一致电请中央，严令督军即将省长印信，移交汤公接收，俾中央威信可以保全吾鄂民心，从兹实现，不胜激切屏营之至，湖北旅沪同乡会具，名同上。

（《申报》）

4.鄂督署筹议军饷

（1922年8月23日）

国闻通信社汉口通信云：湖北主客各军不下十万人，每月饷银约需百万，黄陂复职之始，鄂人顺应潮流，为撤兵之运动，冀减省民担负，颇有不达目的不止之势。讵自省长问题发生，此项运动，几完全无形消灭。而军饷问题，反因之扩大，盖前此积欠军饷尚不过两三月，近竟积欠至五个月之多，此中有无作用，外人皆不敢知。不过萧耀南一星期前，曾亲向留守各军许以四五两月欠饷日内可发，乃迄今仍无影响。财厅五百万元之借款，即莫由进行，上星期与本星期限该厅所筹之六十万亦无着落，萧焦灼万分，十七日特请中国、交通、金城、盐业等银行行长至署，告以军队欠饷情形，商筹款项以维公安。各行长均允帮忙，十九日上午九时，萧又召集代理财厅长戴光龄至督署会议，官钱局长郭干卿、烟酒局长李拟、印花税处长刘楫、屠宰税局长窦以钰等亦均在被召之列，讨论筹饷办法。由萧主席首即报告鄂军欠饷已有五月，近因各处兵变之影响，以致谣言繁兴，虽不免匪徒乘机煽惑，但士兵之程度究亦不齐，为根本救济计，应速先筹两个月的款，即日发放，庶免军心动摇，众无异议。旋由萧指定与议各厅局处分别担任筹款数目，计财厅二十万元，官钱局十万元，印花税处及屠宰局各五万元，烟酒局八万元，権运局十万元，共不过五十八万元。相差尚巨，遂议再向武、汉两商会筹借二十万元，余则请中、交等行酌量借足,并限定五日内一律筹齐。决于二十四日点名发放。汉黄镇守使杜锡钧亦因所部欠饷无着,曾派员向汉口商会筹借若干万(或云五万),以应急需,该会特于十八日开全体会议,闻已决定筹借,武、汉两方军饷,即皆小有着落,地方治安暂可无虑矣。

(《申报》)

9 月

1.武昌商埠行将开始经营

(1922 年 9 月 21 日)

武昌商埠自张之洞奏准开放,已有大规模之筹划,海内一般资本家,莫不竞拟投资,以祈企业之发展。盖以该埠系京汉、粤汉两路之交点,襟江带汉,交通极为便利,一旦粤汉通车,汉口大部分商业即有潜移默徙,直趋武昌之势,将来工商业之繁盛,必驾汉口而上之。嗣以粤汉路股屡起纠纷,路工作辍,时有所闻,资本家皆徘徊观望,莫敢投资,该埠迟迟不能发达者,此其大原因也。辛亥一役,汉口商场毁于兵火,时黎总统兼领鄂督,兵燹之余,百端待举,其最大计划即恢复汉口商场,并于同时建筑武汉铁桥,以便交通。于是海内外资本家,麇集武汉,争作投资之运动。斯时各种企业均有欣欣向荣之势,适经营武昌商埠之宝善地产公司,亦应运而生。该公司资本金二百万元,其发起人为盛丕华、虞洽卿、李思浩、邱渭卿、任琴父、刘书农、赵冠庆、刘聚卿诸人所拟计划,先辟马路三条,(一)由草湖门至徐家棚车站,(一)由汉阳门至江口车站,(一)由宾阳门至青山为干路,依次建筑商场房屋,分修支路,并次第兴建自来水、电灯、马车、人力车、电车各业,其企图之伟大,已堪惊异,旋以南北政争,粤汉路工,亦延未告成,所拟计划,迄难实行。现值大局初定,湘鄂间路工亦将接轨,武昌商埠之发达,指日可待,该公司已推定任琴父为总理,刘书农为副经理,来汉开始经营,设事务所于汉口之梨园。闻前日德兴轮船抵埠,有虞洽卿之代表带领各种工程师二十余人来汉,盛丕华、邱渭卿二氏,亦于昨日乘江华轮船莅止汉皋,将来各界欢迎,必有一番盛况也。

(《晨报》)

2.劝戒纸烟成立会

(1922 年 9 月 23 日)

汉口电　商联会定敬(二十四),在汉商会开劝戒纸烟成立会,公决劝戒方法。(以上二十二日下午三钟)

(《申报》)

3.鄂商联会否认移京开会电

（1922 年 9 月 27 日）

各局分送各商会并转各省事务所钧鉴，顷接北京研究关税代表筱电，意欲趁讨论税则机会，变更本届大会地点。沪会既不谓然，敝省尤为反对，谨抒管见以备采择。查改良税则，人具同情，政府果有决心，国人自当赞助，外以谋关税之独立，内以期舆情之一致，其第一要义，在税则之是否良善。初与开会地点无关，至谓官商隔阂难期实施，亦非精神之言，本届大会，政府果能开诚布公，不妨将具体计划交会审议，并派员出席说明理由。同处漏舟之中，何事难期谅解，如以变更大会地址，为接近政府表示，历届国会何尝不在都中，情同水火，迭遭解散，最大殷鉴，是何健忘，矧京汉交通，至为便利，与其多数代表勉就当局，何若以少数委员俯徇众意。且本届常会在汉举行，历经大会议决，何能以研究关税代表之资格，为推翻大会定案之议论。现敝省筹备召集已具规模，即希查照前电，如期集合，幸勿两歧，致稽时日，临电屏营，宁候复音，全国商会联合会湖北省事务所有印。

（《申报》）

4.全国商会常会仍在汉举行

（1922 年 9 月 28 日）

全国商会第四届常会移京一事，因沪汉各总商会均不表示赞同，已不成事实。日昨本埠全国总商会事务所特将上述情形电知各省区总商会及省事务所电云，宥电正发邮间，接鄂省事务所梗电，称本届常会，未便变更议案，移京举行，已电阻否认。京无代表到汉，尚祈协争等语，并闻上海总商会已举定代表赴汉与会，合并奉闻。商联会总事务所宥。

（《新闻报》）

5.会务纪载　议案　中华民国十一年九月三十日第二十期常会议案（三）

（1922 年 9 月 30 日）

此案亦系上届临时会未经议决者，现接北京全国商会联合会各省区总商务代表来函，大致谓关税研究会所提废除旧税另征所得营业二税之问题必须广集全国商民意见与政府实地磋议方能解决，拟请将本届汉口全国商会联合会改行在京集会，希予赞同等语，又接全国商会联合会湖北省事务所来电，大致谓税则之是否改良，初与开会地点无关，京汉交通至便与其以多数代表赴京何如以少数政府委员赴汉，本届常会在汉举行，历经大会议决何能以研究关税代表之资格推翻大会定案等语应如何决定答复之处即请。

（《上海总商会月报》第 2 卷第 10 期）

10月

1.国内专电:汉商会开筹备会

(1922年10月5日)

汉口电 全国商联会筹备处,江日在汉商会开筹备会,报到有粤、川、湘、赣、苏、浙、闽、陕八省代表,当推定职员二十三人,并由汉、武两商会各认二千元,汉阳商会认五百元。

(《申报》)

2.赴汉商会代表名单

(1922年10月6日)

全国商会联合会江苏省事务所,顷致函被推选赴汉开会代表得票各员云。径启者,本年全国商会联合会第四届大会,前由湖北省事务所遵章定期于本年十月二十日在汉口开会,通函本省请令推举代表届期赴会。当由敝事务所,依照上届成案,函请本省各商会联记推举十五人为本省商会代表。现在本省各商会投票到所者有三十五县,已足法定数目。检查票数,先生实为当选之一,除函报湖北省事务所预签席次外,相应函请先生查照,希准于十月二十日以前赴汉列席,至为企盼云云(附录当选人名单一纸,已见本埠从略)。

(《新闻报》)

3.汉商会函告大会应在汉举行

(1922年10月7日)

汉口总商会复上海全国商会联合会总事务所函,照录如下:敬复者,顷准贵总事务所有宥两日代电,一是敬悉,查此次全国大会应在汉口召集,系根据议案办理,敝会尊重议案对于移京举行一节,未便赞成,除已由湖北省事务所通电力争外,准电前因,相应奉复,即希查照为盼,只颂公绥。此致全国商会联合会总事务所汉口总商会启。

(《申报》)

4.(上海)总商会催代表速赴汉

(1922年10月21日)

本埠总商会,昨致函所选出之代表,催促赴汉口商联会大会云。接准全国商会联合会湖北省事务所十月十五日函开,各省报到代表,已足法定省数,夏历九月一日,准可开会,务希迅催贵代表即日来汉,以便届期与议等因,合即函达,惟希察照。

(《新闻报》)

5.会务纪载　议案　中华民国十一年十月二十八日第二十二期常会议案(二)

(1922 年 10 月 28 日)

(甲)拟将本年五月会同银行公会钱业公会议决补救铜元三策,即:(一)禁止生铜转口;(二)公家对于人民完漕纳税不拘多少准其一律以铜元上兑;(三)稽查轮船火车私运夹带应令税关路局各抒所见,定一严厉而有效之办法,提出于本届汉口大会以期全国商民一致主张庶几力量较厚前项请求较易贯彻。

(乙)裁厘加税委员会经两次审查之后,拟有裁厘意见七项,即:(一)加税收入专抵裁厘不得将此款另抵新债或担保旧欠;(二)嗣后与无约国新订商约或与有约国另订商约,均应坚持国定税则;(三)常关应与厘金一律取销;(四)洋货日用品值百抽十二・五,奢侈品值百抽十五;(五)出洋土货原料品值百抽七・五;(六)土货制造品无论运销国内外以及转口一律免税;(七)不出洋之土货原料一律免税,除先于本月二十一日摘要电致政府外,拟再提出本届汉口大会以期成为全国商民一致之主张。

再(乙)项议案已先由本会代表冯少山君携往汉口合并声明由主席报告毕照原案通过无讨论。

(《上海总商会月报》第 2 卷第 11 期)

11 月

1.汉口商联会准备开会

(1922 年 11 月 3 日)

正与北京疏通　全国商会联合会已到代表,计江苏、浙江、安徽、江西、湖南、四川、云南、福建、河南、山西、广东、陕西、山东、湖北等十四省,共八十余人。定十一月一日开正式大会,已遍发东请鄂省武汉两处各官厅、各公团届时莅会观礼,并由汉口总商会通告汉口各商店,届期一律悬挂国旗,以伸庆祝,通告如下:敬启者,十一月一日(即夏历九月十三日)为全国商会联合会在汉举行第四届大会之期,各省区商会代表联翩莅止,发展商权,洵属一时盛举,凡我汉商允宜悬旂庆祝,以表示固结团体之诚意,当为诸君子所赞同也,届期,务祈查照办理,是为至盼,专颂财绥。汉口总商会公启,十月三十日。

汉口总商会门前已遍装松柏灯彩,新闻记者另有长期旁听券以备届时出席记载,闻各团体、各机关备有祝文者甚伙,良以此会集合全国商界巨子于一堂,将来讨论结果对于税则及一切不良之病民政策,多有主张改良方法有益民生,谅匪浅鲜。故举市若狂,同伸庆祝,前因报载北京张维镛等,已拟十一月一日开会,各省代表睹此颇有疑义,嗣接天津总商会会长卞荫昌君来函,亦极端主张不可变更议案,须在汉口开会。各代表始恍然大悟,一致主张同心协力,以防破坏者之浸润,闻北京方面亦有人尊重原议案之不可擅变,已有杨君来汉接洽,此间各代表咸以为商人本无分南北，不可互生意见，已托王义甫君以私人名义函北京，请不必坚持己意，致伤感情。王君亦谓彼此误解，总可销融，允任调人，并请北京各代表亦联袂来汉，共商进行。此间近来正在排印议案，闻三十日止，已共收到议案三十八件，以裁厘、加税及取缔铜元与印花税案为最多，一日开会后，次日即开议，大约三四星期内可以闭会矣。

（《申报》）

2.汉口商联会一二两日开会纪

（1922 年 11 月 6 日）

十一月二日为商联会第一次开议之期，到者十三省，计四川胡文轩、湖南谭绍堃、山东石绍先、云南彭子铭、广东吕善甫、山西宋昭章、陕西蔚保真、河南贾宗之、江西罗伯农、安徽朱晋侯、江苏苏民生、浙江包赓笙、湖北徐荣廷等五十五人。铁子禄主推吕超伯为临时主席，众赞成，吕君登台后，谓今日议题有二：（一）议事细则案；（二）裁厘加税案。第一案系鄂事务所提出，今日对于此案，北京来有一函，应先报告，报告毕，由书记宣读议事细则草案。第一条，苏民生主将议长改为会长，众赞成。第二条，副议长改为副会长，众亦赞成。三至七各条无异议。第八条冯少山主不得下加吸烟及三字，众赞成。九至十八各条无异议。十九条议长亦改会长。二十条汪润之、罗伯农、张余仲、满心如皆有讨论，结果，议长改为主席，众皆起立赞成。二十一、二十二条俱无异议。总表决全体起立即为通过，将草案二字除去。旋由王义甫报告北京关税会议之情形，讨论结果，主将裁厘加税案交审查会审查，当即推定审查员苏民生、罗伯农、黄寿和、石绍先、余德馨、铁子禄、柴良臣、方竹铭、朱晋侯、胡文轩、包赓生、宋昭章、吕善甫、刘仁山、吴干臣、王义甫、张铨丞等十七人国是会议干事，孙筹成分赠宪法草案后遂散会，同赴茶话室，接开茶话会，仍由吕君主席。贾蕴高谓今日报载武汉新闻记者联欢会，昨电上海总商会请撤销冯代表，本席主张电告上海以明真相，众皆赞成。冯君谓邮电加价业已实行，各处反对者多，本会亦应表示裁厘加税提案甚多，应并交审查结果，反对邮电加价，请书记拟电拍发，裁厘加税案，明日并义，乃散会。

三日，全国商联会又开第二次会议，到者五十三人，仍由吕超伯主席，先由书记报告到会省区人数及昨日发出之反对邮电加价电文并议事日程。主席谓今日又新到苏、直代表，鲍执之、于小川、王肇泰诸君，现皆出席，特为介绍，众皆鼓掌欢迎。旋请南昌总商会代表罗伯农君报告提议宗旨，罗君遂登台报告第一案。主席谓此案性质与昨湖北省事务所所提之案相同，可并案审查。王义甫主休会一天，专开裁厘加税审查会，以便提议者尽情发表意见。主席谓明日原定上午开第一次审查会、下午开第三次大会，通知单已发，故俟明日开过审查会后再定下次审查会日期。苏民生赞成王说，王肇泰主详细讨论，多举审查员。主席谓明日第一次审查会开过后，推定审查长，再由审查长主□，郑耀文谓关于裁厘加税案可一并讨论。主席宣布加□审查员之姓名，计贾蕴高、王秀山、樊步青、徐荣廷、杜华廷、汪润之、鲍执之、程玉荃、廖炳文九君，并谓第一案主与昨日之案合并讨论者请起立（多数）。嗣请第二案提议人报告，郑耀文谓已在议案上说明毋庸报告，遂亦合并讨论。第三案提议人冯少山报告，并述去年游历欧美时所受之痛苦，主席谓主第三案亦与一、二归并，审查者起立（多数），并因郑、冯二君熟悉外情，亦推为审查员。第四案提议人石绍先报告，主席问尚有讨论否。杨师让谓此案提议者，请政府饬各省停铸，现在中央威信扫地、财政困乏、军阀横行、政府恐无力命令，各省徒靠政府难达目的。苏民生谓停铸铜元，苏省已早请求，政府亦已应允，但其命令不行亦无如何。沪总商会主张之三法，虽较停铸进步，尚非彻底办法，应由本会请政府改良币制为根本解决。主席谓可交审查会妥议办法。苏民生谓欲改良币制须根据货币原理，南京取缔双铜元之办法，系与单铜元定二价，将双铜元折扣，厥后双铜元遂绝迹，本席主用制钱为本位，以铜元折扣则无利可图，不抵制而自抵制，专靠政府恐无效果。主席谓赞成组织第二审查会审查此案，请起立（多数），遂推满心如、张余仲、苏民生、贾宗之、杨师让、丁静庵、姚钧石诸君为审查员。第五案叶惠钧报告，并述上海已获私铸铜元之赵登鳌，迄今数月尚未重办，应由本会电请北京及苏省当道，将赵登鳌从重处治。主席谓五案归并于第四案审查者，请起立（多数），又谓赞成电请重治赵登鳌者请起立（全体），遂请总事务所书记孙筹成起稿，俟明日开会讨论后即拍发，六案咸主归并审查，遂散会，同赴茶话室接开茶话会。徐荣廷谓无论政府能力薄弱，第一步取缔铜元总应请求政府，以后可仿柴米办法，将铜元估重计算，如每斤值几文，则私铸轻质者无利可图矣。主席谓本会会期，虽应由大会议决，但今日应先谈妥，则明日可省时刻，众主先定二十天，如议案多则再延期，又决定自开大会起两星期内收议案，过期不收，众赞成，遂散会。

（《申报》）

3.汉口商联会开会之第三日

（1922 年 11 月 7 日）

今日（四日）商会联合会于下午一时开第三次会议，仍由吕超伯主席书记报告省区人数，计今日到者，苏、直、晋、皖、鄂、川、赣、豫、湘、陕、鲁、浙、滇、粤等十四省代表五十三人，本日议事日程共列六案：（一）折据账簿改贴印花一角，现值国会重开，请由根本解决案（湖北沙市商会代表汪文灿提出）；（二）包销印花颇感困难，应改代销以免赔累案（湖北兴山县商会提出）；（三）印花税票期在实销实领，革除派销积弊案（山东曹县商会提出）；（四）贴用印花，请达政府仍照原法执行，以杜骚扰案（广东广州总商会姚钧石、郑耀文、吕善甫提出）；（五）外债害国丧权宜请政府万勿再借案（广东广州总商会姚钧石、郑耀文、吕善甫提出）；（六）商会法选举会长、副会长及各会董连任只以一次为限，阻碍难行，请切实提议转呈案（江西鄱阳商会提出）。主席先请汪润之报告第一案，汪君报告毕，并谓沙市受印花之累，较他处更甚。满心如谓命令变更法律当然无效，可向国会请愿，王义甫述在京因此事之接洽情形，汪得深谓不承认其命令，罗伯农谓应请照元年国会通过之印花税法办理，王秀山主向国会请愿。刘仁山述发货票加贴印花之不合，苏民生主乘政府未将其变更印花之命令交国会追认前，先向国会详述加贴印花之害民情形，樊步青谓一元以上之发货票即欲贴印花害民不浅，王肇泰提出两种办法，一向国会请愿，请其恢复元年印花税法，一通电各省，谓对于此事已向国会请愿，未解决以前，暂照元年办理不得加贴。苏民生谓商联会事务所亦应去电，余襄丞主商人对于此事须坚持到底，不可始勤终怠。主席以王肇泰君之两法付表决通过，即推起草请愿书及通电，计樊步青、罗伯农、余襄丞、汪得深、王义甫、刘仁山、满心如诸君为起草员。第二案及第三案，皆主归并于第一案办理。郑耀文报告第四案，谓广东对于印花检查员异常凶猛，此案亦关印花，主张归并。第五案姚钧石报告后，满心如谓应请各国以后勿再借债与政府，苏民生谓本会应邀集银行公会等团体，组织监督财政机关，并告公使请转各国，以后非经商人组织之监督，财政机关许可，所借之款一概不认，结果交付审查，推举谭绍坤、徐是法、冯少山、王朝襄、秦禊卿诸君为此案审查员。第六案余襄丞报告后，苏民生起立，谓此案去年已经呈部，可请孙筹成君检出原案，再行拟稿去催，众以为然，于是同赴茶话室用茶点后，主席报告昨日请孙福基所拟之电（江苏督军省长钧鉴，铜元充斥，覆乱金融，影响商市，实非浅鲜。推源祸始，实由私铸，查上海私铸铜元要犯赵登鳌私铸铜元，赃证确凿，破获迄今业已数月，请速转何护军使从严惩治，以伸国法，而维商业。特此电恳请即赐复。又上海何护军使鉴赵登鳌私铸铜元赃证确凿，拘禁军署业已数月请即按律严办，以伸国法，而维商业，专此电恳祈即查照并盼赐复。全国商会联合会）。嗣又讨论经费问题并宣告明日星期，休息一天，后日再行开会，时已五点钟，遂散会。

（《申报》）

4.（上海总商会）复汉口全国商会联合会请疏解演说风潮电

（1922 年 11 月 8 日）

汉口总商会转全国商会联合会鉴，冬电奉悉。敝会先接武汉新闻记者联欢会一电、一函，核与尊电所述情形大致相同。窃谓此事所争者仅在文义细故，果能相见以诚，则纤芥之嫌，无难消释。商联会为全国集合之法团，公开集会，言论举动，昭然共睹。本无所用其监视，在报纸沿袭成文，原无成见，而冯君当日所发言论，亦无非本责难陈善之意，希冀不至以文字上之出入，引起各界之误会。古人处友朋之间，原有攻错之谊。报界与商界，以地位言，则同为民间有力团体；以情谊言，亦确有互助合作之必要。纵使发言稍涉坦率，但当相规相谅，各以诤友自居，万不宜操戈同室，因文字之争执，而酿莫大之纷扰。报界诸公，尽多宏达之士，拟请贵会竭诚疏解，泯此猜嫌，实深感幸。叩庚。

（《上海总商会月报》第 2 卷第 11 期）

5.国内专电：郑焯拟以某税向汉商会商借军饷

（1922 年 11 月 10 日）

汉口电　郑焯拟以某税向汉商会商借七十万元，又建议预征十二年上忙田赋。

（《申报》）

6.汉口商联会开会之第四日

（1922 年 11 月 10 日）

十一月六日下午，商联会开第四次会议，到者苏、鄂、皖、直、滇、晋、赣、豫、鲁、湘、浙、蜀、陕、粤等十四省六十三人，仍由吕超伯主席。先由书记报告到会省区人数，主席宣读各处来电：（一）北京胡钧堂电商联会同人公鉴，罗兄不来，各省代表因疑函询堃，促张克日赴汉，但不便主席特达；（二）上海马息深电，江电悉即来汉；（三）新疆电商联会事务所鉴，黄代表现届任满公举，仍请继任，借资熟手，以便接洽。书记宣布议事日程共六案：（一）否认账折加贴印花税，拟请稍事变更案，山东济南总商会提议；（二）新税室碍难行，宜一致要求政府勿再议行，以安人心，而培元气案，由广东广州总商会姚钧石、郑耀文、吕善甫提议；（三）民国行帖期限十年，多窒碍困难之处，请转详饬照旧章办理案，由江西鄱阳商会提议；（四）要求中央通令各省提倡实业振兴教育案，由江西鄱阳商会提议；（五）调查国货外货输出输入概数，以资比较案，由江西九江总商会提议；（六）陕西兰烟厘税苛重及河南陕州新征税项，应行裁并案，由陕西泾阳县商会代表提议。主席请山东代表报告第一案，石绍先起立，谓此案亦系印花税，日前关于印花税案已有人提案，故无特别意见，可归并于印花税案办理，众赞成。主席请广东代表报告第二案，姚钧石登台报告，主席请诸代表讨论，冯少山谓此案与裁厘加税案性质相近，可否归入裁厘加税审查会一并审查，罗伯农赞成冯君之言，主席谓此案赞成合并，前组之裁厘加税审查会审查者，请起立（多数）。乃请江西代表余襄丞报告第三案，余君登台谓此案关江西一省，请大会行文江西省长办理可也。罗伯农赞成余意，汪润之主再讨论，杨松谓赣如是，他省亦有如是情形，应再讨论。江子章主照前清旧例呈请政府恢复原例。鲍执之谓去年临时会亦曾议及，应请政府划一期限及税则。王秀山谓罗、余二君主仅请江西省长办理，本席不赞成，应呈政府办理，鲍君之主张甚对。汪美堂赞成江君之主张。铁子禄谓官办不知商情，应归商人自办。苏民生请主席付表决，主席谓主付审查会审查者，请起立（多数）。当即推鲍执之、陈悦陶、向济川、彭子清、蔚保真、郑植卿、严芹初七人为此审查员。主席请余襄丞报告第四案，余君登台报告后，并请言论界对于此案，竭力提倡鼓吹，汪润之谓此案用意甚善，惜无具体办法，似嫌空泛，本□主将此案暂时何存，如以后有类似之议案提出者，可合并审查。主席谓赞成汪君之意，请起立（多数）。乃请李良卿报告第五案，李君报告毕，鲍执之谓先由海关着手调查。江子章主拟调查办法交付审查。郑耀文主由本会通知各总商会调查进出口数目，贾幕蓦赞成郑君主张。王肇泰主与第四案一并保存。谭澹生谓商会本有调查进出口货物数目之责任，因偏僻之处，民智未开故未实行，应制定表式，发给各商会以便实行调查。铁子禄主付审查，主席以付审查会审查付表决，多数赞成，遂推华紫珊、张昆生、花滋团、唐礼南、杨贞生、王君为审查员。主席请张钟丞报告第六案，张君报告毕，徐荣廷谓应请陕代表将历次增加数目详细开示，再由会中函请。苏民生亦请将详细情形提出。江子章请付审查、主席以此案成立与否付表决，多主成立，咸谓一面推起草员，一面请陕代表将详情交与起草诸君，乃推刘仁山、徐荣、于小川、李一良、卿林倬云五君起草。主席报告明天七日，因裁厘加税案情重大，专开审查会，请代表有意见者，径赴审查会陈述，故大会停止一天。时国是会议干事孙筹成君在场，分送章炳麟口述、孙福基笔记之国是会议国宪讲演记与各省代表。湘代表向济川起立，谓湘省情形与此间不同，南北未统一，北京政府之命令不到湖南，故裁厘加税等案，呈请政府之文须另缮一份，呈请湘省省长以免隔阂，众皆赞成，遂用茶点而散。

（《申报》）

7.汉口商联会开会之第五日

（1922年11月12日）

十一月八日（星期三），全国商联会开第五次会议，到者六十一人，由吕逵先主席。书记报告到会省区人数后，吕君谓今日依议事日程应讨论八案。（一）组织商团请规入商会法案，由江西九江总商会提议；（二）九江八二之变赔偿无着恳予协争案，由江西九江总商会提议；（三）

历年直接间接军事垫解抵借，痛苦太巨，请公议维持案，由湖南常德总商会代表杨师让提议；（四）赞同废除常关案，由安徽芜湖总商会提议；（五）推销国货减税奖励案，由沙市商会代表汪文灿提议；（六）关于裁厘加税问题，请公同研究案，由湖南常德总商会代表杨师让提议；（七）陕省新加烟酒费率，请力争裁撤案，由陕西大荔县商会代表柴贤福提议；（八）请转呈湖南政府实施统税办法，改良厘金案，由湖南津市商会提议。遂请李良卿报告第一案，并谓九江现无商团，故兵变时无人维持秩序，应请大会呈部请速规定商团办法。杨贞生谓此案六年三月已经阁议通过，可查照办理。胡文轩述川省商团枪械被官厅没收及兵变情形。廖炳文述因组织商团，曾与蔡督理交涉情形。汪润之述重庆商团消灭之原因，并请呈政府商埠内不准驻兵。冯少山谓沪上办商团者，因既耗金钱与精神，又遭官厅之疑忌，故已灰心不办，应由大会劝告，盖此种情形非沪上一处如是，商团枪械被官厅没收者比比皆然，言之伤心。黄寿和请定保护商团法规。鲍执之谓应先除障碍。主席以交付审查付表决，全体赞成，乃推鲍执之、谭濬生、罗伯尤、汪润之、周仲宣为审查员。第二案廖炳文报告时，述九江兵变情形，并出示被劫后各处相片，房屋焚毁，老幼无依，令人不忍卒观。王秀山谓养兵所以保民，今反害民，应呈请政府以后如不能约束强横之督军及不法之兵士，人民当停止纳税。苏民生主商业繁盛之区以后不准驻兵，已受害者应令政府如数赔偿，鲍执之谓可抄叛兵长官之产以偿人民损失，苏民生谓并欲处以死刑。主席谓赞成三种办法：（一）惩办变兵长官；（二）责令赔偿损失；（三）商业繁盛处不得驻兵者请起立，全体赞成，乃推陈悦陶、杨贞生、汪润之、刘佩之、冯少山为起草员。第三案提议人杨师让自主与第二案归并办理，主席以垫解与赔偿性质不同，仍请讨论。鲍执之主请政府通饬各省军人，不得再向商人勒借，众皆赞成，乃推汪得深、石绍先、郑植卿、□静域、谭少坤起草。第四案朱俊侯报告后，鲍执之主裁常关，谓未裁以前，则筹整顿办法。王肇泰主归并裁厘加税案，冯培熹谓电税务司即可办理，结果归并审查。第五案汪润之报告后，周仲宣提出三办法：（一）请政府提倡实业；（二）请税关减轻运费；（三）请商会设立商货陈列所。铁子禄谓我国实业之不发达，各省实业厅长无商业知识，而不知提倡之，故以后各省之实业厅长应由商会公举，主席以周君之三办法付表决，众赞成。第六案提议人杨师让愿归并审查，众亦赞成。第七案柴良臣自主与上次会议之第六案合并办理，众亦赞成。第八案向济川报告后，苏民生谓案可照办，惟申明此是裁厘加税未实行前之过渡方法，众皆赞成。时已四时余，遂散会。

（《申报》）

8.汉口商联会开会之第六日

（1922 年 11 月 14 日）

十一月十日下午，商联会开第六次会议，各代表齐集后，孙福基登台报告，谓今日吕超伯先生因公司内开股东会，特来函请假，故请另推临时主席。贾蕴高起立，推举苏民生为临时主席，众赞成。苏君登台后，书记报告今日到十四省五十六人，苏君谓京电已发如下：北京农商部总次长钧鉴，本届正式大会照议决案在汉举行，早经呈奉令准，现已开会九日，并无与京会接洽，允将汉会作预备会，再移京开会之事，京会近忽假托此说，通电召集显系违反会章，有意蒙混，伏祈钧部依法制止，免涉分歧，余续呈，全国商会联合会叩蒸。书记报告议事日程，计六案：（一）请撤销棉花加征包捐以维国货而恤商艰案，陕西大荔县商会提；（二）统税局员勒收税捐阻碍营业，请秉公评判案，河南泌阳县商会提；（三）裁撤内地厘局增加税率归出口之湖口局一道征收以苏商困案，江西临川县商会提；（四）裁兵裕饷以遏乱萌案，江西九江总商会提；（五）请转呈中央将江西内地厘局概行裁撤增加税率归出口之局一道征收案，江西临川商会提；（六）请划一币制以便贸易而维金融案，沙市宜都江口三商会合提。张钟丞报告第一案后，汪润之主将详情转陕西省长，杜华廷附议。刘佩之、贾慕骞咸主撤销加征。鲍执之主兼呈中央政府，主席以根据原案咨行陕省及呈中央者付表决，多数赞成。贾蕴高报告第二案，并述该统税局员高鸿章、宋廷崇勒捐情形，谓已呈本省长官外，请大会协助。鲍执之谓与京汉路有关，应另咨铁路经过省之长官，王秀山附议。主席以根据原案咨河南省政府及该税局主管处从速取消者付表决，咸赞成。主席谓三、五两案性质相同，且系一人所提，请撤销一案。花滋圃主撤五案并报告三案，王秀山主归入裁厘加税案办理，冯少山谓此在裁厘加税以前之事，应先咨该省省政府，汪润之亦主先咨省政府，胡文轩谓距裁厘加税尚有二年之久，若不先与设法，商民受害匪浅，汪美堂主速裁，杨员生述湖口局一道征收之办不到。主席请原提案人取消撤销湖口局一道征收一部分之主张。花君同意，结果，主未裁厘前，根据原案，咨行赣省政府。廖炳文报告第四案，并述黎主裁兵，刻难办到，商人应为黎后盾，郑耀文谓多一兵即商人多一负担，并述粤省向商勒借军饷情形。杨师让主以工容纳裁兵，汪美堂谓徒言裁兵，不为安插，必致多匪，主提倡民团。樊步青主先废督，盖督废兵无依附之人，则裁之易，石绍先主先查缺额。主席谓此案重大，办法甚多，实行颇难，不若将原提案请政府者，改请国会，俟国会规定兵额，则人民有依据，再请依额而裁，自能达到目的，众皆赞成，主席谓第五案已撤回。请刘佩之报告第六案，覃小濬生主与川鄂两省长官接洽，请以后不再滥发，周仲宣主应治本而勿治标，汪润之述五十铜元由军人硬用之历史，冯少山请呈政府划一币制。主席询可否归入铜元案并办，贾蕴高附议。乃商诸原提案人亦同意付表决，众皆赞成，主席又宣读致各省电曰，总商会转事务所鉴，京电汉会作预备会，实系捏造蒙混，请勿为其愚，余函详，全国商联会叩烝，众皆赞成，遂散会。

（《申报》）

9.汉商反对铁路加价

（1922 年 11 月 16 日）

（东方社十五日汉口电）

汉口铁路转运公会十四日开会，议决反对京汉铁路运费涨价及发行该路公债三千万元，呈请取消。

（《民国日报》）

10.汉口商联会第七次大会

（1922 年 11 月 16 日）

十一日下午，商会联合会开第七次会议，仍吕超伯主席，到粤、苏、晋、直等十四省五十三人。书记报告出席省区人数后，吕君宣读交通部特派湖北交涉员公署来函，谓：美国万国青年会总干事艾迪博士欲至商联会讲演劳工及社会问题，定十五日下午请本会决定钟点。因是日适萧兼省长欲宴各代表于武昌,时间冲突,不若改到十六午后五时,众皆赞成。乃请孙福基起稿,答复交涉署,主席宣告请假代表姓名及新到山西代表等三人,书记宣诵本日议事日程如下:(一)否认邮电加费案(云南总商会代表方竹铭提议);(二)请电呈政府准将邮电两项加费新章取消以便交通而维商业案(汉口总商会提议);(三)奉新出产干古纸税,重叠加增,请转呈罢免,以苏商困案(江西奉新县商会廖金鉴等提议);(四)鄱阳税卡太多,病商害民请转详酌予严加取缔案(江西鄱阳商会提议);(五)鄱阳轮船码头擅立税务查验所,病商扰民,请议决转请取消案(江西鄱阳商会提议);(六)白河向有厘局,今潼关监督派员来办常关税务分局,额外重征是否合法案(陕西白河县商会提议);(七)整顿关卡积弊以维商务案(湖北兴山县商会提议);(八)土匪抢劫绑票,荼毒生民,请列案核议案(湖北当阳县商会提议)。主席请报告第一案,杜华廷谓一、二两案,皆请取消邮电加价,而以第二案较详,可请第二案提议人报告,以便并案讨论。杨贞生报告第二案,鲍执之谓日前本会对于邮电加价,曾来电力争,但现已实行加价,应再谋对付之法,故主交审查。王肇泰主关于此种类似之案并办,主席以一、二两案并交审查,付表决,多数赞成,乃推周仲宣、陈少南、贾蕴高、李良卿、张钟丞等为审查员。第三、第四、第五三案皆江西提出,且俱系江西一省之事,故罗伯农主根据原提议案,并咨江西各当轴,汪润之等附议,主席以罗意付表决,多数起立。第六案汪润之主依据原案,咨行陕当轴,众无异议。第七案主照咨鄂省长及财政厅。第八案鲍执之主并案呈请各当道,以便严剿,而安闾阎主席谓距提案限期仅三天,如有议案请速交下,又谓本席原意,此届专论议案,不选会长。现诸同人皆以京会居心破坏,捏造与本会接洽,允移京举行,蒙混各省,咸欲速选无党派关系、无官僚习气而望重中外之商人为会长,以维会务,则本席亦甚赞同,但湖北同人咸欲牺牲被选举权,本席吕逵先三字,如有人推举者作为无效,谨先声明,万祈原宥。至各省推举之选举会长、筹备委员姓名已经宣布,请明日先行开筹备会,以便会商一切,并读电文如下:"各事务所转各总商会、各商会钧鉴,顷接京会支日代电开,赴汉评议员胡炳堃君归报与汉商接洽结果,鄂会筹备多时,势难中止,经代表公决,汉作预备会,集议数日,即结束,移京开特别正式大会,并欢迎张副会长并关约代表暨评议,一同赴汉,双方兼顾,全体同欢。京会仍定本月中举行,务望尊处速推代表,先电报到,全国商会联合会叩支等因。查本届大会在汉举行,系第三届大会暨去年上海临时大会所议决,前京会主张移京开会,当经通电各省事务所、各商会,多以大会议决地点碍难变更,复电主张在汉开会者,计十八省区,来汉报到代表已达十五省区,爰于十一月一日正式开会,曾将开会日期呈报农商部,业奉令准,并电派湖北实业厅长代表莅视在案。京会评议员胡炳堃君来汉,同人等仅与谈及,请张副会长来与会,并无与之接洽,允将汉会作为预备会,集议数日间移京开特别正式大会之事。京会近忽假托此说,通电召集,显系违反会章,有意蒙混,亟应据实声明,以免淆惑听闻,并希毋庸推派代表入京,以免空劳往返,致涉分歧,除电农商部依法制止外,谨闻。全国商会联合会烝印。"众无异议,因武汉纱厂联合会早已办有马车欢迎代表干事,乃宣告散会。各干事代表等乘车至一码头,坐该厂所备之专轮,赴武昌第一纱厂宴饮,席间演说者颇多,宴毕参观,回汉时已万家灯火矣。

(《申报》)

11.汉口商联会开会之第八日

(1922 年 11 月 17 日)

十一月十三日下午一时,全国商会联合会,在汉口总商会开第八次会议,代表入席后,孙筹成登台,谓吕超伯今日上午赴武昌,顷接吕君电话,谓因家内有人患病,不克来汉,嘱代请假,故请推临时主席。九江总商会代表李良卿起立,谓推苏民生,众皆鼓掌赞成,苏君登台后,由书记报告,谓今日出席者粤、晋、鲁、苏等十四省六十一人,日程如下:(一)请政府规定法币以归统一案(武昌总商会提议);(二)请再呈财政农商两部咨催税务处,先予修改镇江关三联单章程案(江苏镇江商会提议);(三)胶济路交还在即,请各省商会从速倡募股款,以期早日实行赎回案(山东商联会事务所济南总商会提议);(四)疏浚长江广造森林案(湖北沙市商会代表汪文灿提议);(五)汉阳机母钢铁制造厂翻砂机器联合会,请转呈政府令蠲免厘税案(汉阳商会代表杜华廷周冲宣提议);(六)请政府通行以后设有向商界借款,必须双方议定何项国税作抵及利率期限,立约签字,方生效力案(湖南衡阳商会代表黄代杰提议);(七)公决转请撤销宜昌关在平善坝设卡,查禁进口川币案(宜昌商会函请提议);(八)请在尚未裁厘以前,对于厘卡苛虐,合谋一适当方法以维商务案(湖北樊城商会王朝湘提议)。第一案提议人严芹初,自请归并于前日类似之案审查,众无异议。第二案提议人于小川自请根据去年临时大会,关于此案呈部之文,再由会中催办,众亦赞成,决请孙福基君根据旧案办理。石绍先报告第三案,并谓胶济路关系全国,请一律提倡劝募,以冀早日赎回。王秀山主除通知商会外,并告各机关,请同心协助。苏民生主由商联会事务所转,以免遗漏。汪润之谓我国商办事业,稍有成效者,往往改归官办,卒致一败涂地,此路应严主民有。王秀山谓民有二字,已经政府承认,此层可不必虑,结果修正提案文字,通告事务所及各省当道,请通知各赎路机关,协力劝募,以期早日告成。第四案汪润之报告后,鲍执之谓对于森林事业,应从劝告着手,疏浚之法,须先规定。覃浚生谓前清末年,鄂、赣、皖、苏等省已拟联合疏浚,后因改革而中止,若仅责成水利局,恐无效果,应由沿江各省联合办理。冯少山谓现在之政府,仰承军阀之不遑,上海因开苏州河事喧扰已久,卒未实行,浚江工程更大,若赖政府办理,不知何时始能办到。罗伯农谓一面呈政府,一面自筹办法。周仲宣谓外人已有办航业团之意,我若不办,外人欲代办矣。石绍先谓刻下之政府,自顾不遑,安能计及此事,故全在自动。罗伯农主不问其能力如何,照例应同其说话,如坚不办,则再自办。陈文生主与长江有关系之省县备具说明书交与本会,再为汇转政府。鲍执之谓现在江苏所设之浚江局,是有黑幕,不可效尤。主席谓此案关系甚大,可否交付审查,如有意见再提交审查会,众无异议,乃推沿江各省代表鲍执之、周仲宣、罗伯龙、冯少山等九人为审查员。第五案周仲宣报告,并举五种理由,应请蠲免厘税,讨论结果,主照原议案修改文字,转呈政府。第六案陆寿和报告后,秦禊卿、徐荣廷皆述鄂省王占元时代,向商借款迄未着落之原由,并谓前日已有议案,主以后不准向商人勒借,则此案似有矛盾。罗伯农主已借者令补契约,未借者概不允许,主席以归并前案办理付表决,众赞成。第七案因前日已有类似之案提出,可拟一办法并案处理,众皆赞同。第八案王潮湘报告,鲍执之谓应审查,杜华庭谓省事务所对于此案,已有办法,应暂保存,俟省事务所提出报税公所章程后再讨论,众以为然。徐荣廷提出临时动议,谓请政府依据条约,取缔外人在内地设立工厂及采办各货,主席问有附议否,同时起立附议者十余人，乃请徐君报告提案理由。汪润之主根据条约办理，严芹初谓我国官厅怕与外人交涉，故主权日失，若能据约力争，总有公平办法，结果咸以议案印成后再详为讨论，遂至茶话室用茶点，并讨论明日选举事宜而散。

（《申报》）

12.汉口商联会选举正副议长

（1922年11月18日）

商联会各代表，前愤北京捏造电文，通告各省，谓与汉会接洽，已允汉会为预备会，不日移京开会，并向农商部呈控汉会不合法之三点，故决定十四日选举会长，以无官僚习气、无党派臭味而望重中外者为目的，并拟于长江、黄河、珠江三大流域中，各举一人，以示统一而表大公。其时呼声最高者：长江方面，聂云台与吕超伯二君；珠江方面，陈廉伯与黄鹭塘二君；黄河方面王秀山与石绍先二君。嗣因吕、王、石三君表示不就，乃有苏民生与安迪生之议，且有张维镛如能来汉，亦有副会长之希望。十三晚，北京派胡钧堂、江湘浦来汉调停，谓如能缓已选举，即促张维镛来汉，以免各走极端，各代表咸以上次胡钧堂来汉接洽，本请其赴京欢迎张君来汉，不料返京后，发现此捏造之电，皆有责问胡君之意。嗣因胡君多方辩论，谓并非说汉会为预备，本人可在报上声明，各代表鉴其诚恳，乃允缓选会长，以示让步，而免决裂。故十四日改开茶话会，讨论缓选会长问题，众主先举议长，仿去年上海临时会议办法，如北京方面觉悟而来汉者，则言归于好，岂不甚善。湘直代表则以北京反复无当，仍主速选会长，苏代表民生赞成，粤代表主张以胡钧堂前次来汉接洽，彼此错误，致发生无谓争执，不若请胡君将张允来汉及自愿取消前呈等语，以书面报告，免再误会，众皆赞成。遂派刘仁山、汪润之赴交通旅馆，与胡、江二君接洽，休息片刻，即开选举议长会。结果，吕超伯以一百三十八票当选为正议长，苏民生以一百三十一票当选为副议长，王秀山与郑耀文二君，因得票未满三分以上，故又决选，卒由王秀山得九十四票当选，吕君当众声明，谓会长前已说明不应选，今既为临时议长，允暂维持数日，以待北京消息。

（《申报》）

13.鄂商会否认移京开会

（1922年11月18日）

天津总商会昨接中华全国商会联合会、湖北省事务所，转各总商会、各商会钧鉴，顷接京会支日代电开，赴汉评议员胡炳堃君归，报与汉商接洽结果，鄂会筹备多时，势难中止，经代表公决汉作预备会。集议数日，即结束移京开特别正式大会，并欢迎张副会长并关约代表暨评议一同赴汉，双方兼顾，全体同欢。京会仍定本月中举行，务望尊处速推代表先电报到，全国商会联合会叩支，等因。查本届大会在汉举行，系第三届大会暨去年上海临时大会所议决。前京会主张移京开会，当经通电各省事务所、各商会，多以大会议决地点，碍难变更，复电主张在汉开会省，计十八省区，来汉报到代表已达十五省区。爰于十一月一日正式开会，曾将开会日期呈报农商部，业奉令准，并电派湖北实业厅长代表，莅视在案。京会评议员胡炳堃君来汉，同人等仅与谈及请张副会长来与会，并无与之接洽，允将汉会作为预备会，集议数日即移京开特别正式大会之事。京会近忽假托之说，通电召集，显系违反会章，有意蒙混，亟应据实声明，以免混惑听闻，并希毋庸推派代表入京，以免空劳往返，致涉分歧，除电农商部依法制止外，谨闻。全国商会联合会烝印。

（《益世报》）

14.汉口商联会对于豫乱之警告

（1922 年 11 月 20 日）

侨汉各国人民以豫匪之危及外人生命财产，于十五日在维多利亚花园开旅汉各国侨商联合大会，议决要求三办法，并推举执行委员五人，以执行其议决之事项各情，均详昨报。兹悉全国商会联合会于十六日第九次常会开会时，有沪会代表叶惠钧临时紧急动议，谓旅汉外人昨在维多利亚花园开联合大会，对于豫匪之猖獗、外人生命财产之危险，极为愤慨，主张向我政府抗议，要求道歉，此事将引起外人干涉我内政之渐，本会不能不急电政府，严重警告，众赞成。旋讨论良久，决即电京保洛，饬令各军会剿，限期肃清，当推人起草电稿。又由武昌商代表徐荣廷捐电费千元，晚十二时，遂将各电送电局拍发。兹觅得两电原文为录于下：（一）致北京电云，北京大总统、国务院钧鉴，报载连日豫匪猖獗，侵扰数省，代表等正拟设法为民请命。适阅汉口报载，寒日，英、美、日、法、荷、丹麦、瑞、比、挪、意、葡等国侨汉公民，通告删日在汉维多利亚花园开万国公民大会。其主旨以我国政府不力，军阀拥兵自卫，遂致土匪披猖，惨无人道，危及各国侨民之生命财产，河南匪乱数月，尚难平息，被掳之各国人民，亦无良策救回。侨民为目前计，不得不电达各本国政府，责问我国纵兵殃民之理由，必须向各国政府表示最相当之道歉，并责问我国政府之究能否保中国之治安，与外人之生命财产，提起紧要警告等语。闻之不胜惨痛，我国军阀坐拥数十万重兵，只供内争，不顾匪乱，致酿成河南土匪猖獗，危及外人生命财产，若不从速觉悟，将土匪肃清，万一庚子之祸，再见于今日，国家前途讵堪设想，应请严令各省统兵长官，立将境内匪患限期剿平，如再迟延误国，即治以应得之罪，以彰国法，而巩邦基。临电悚惶，迫切待命。全国商会联合会叩铣。（二）致保定、洛阳、开封、武昌电云，保定曹巡阅使、洛阳吴巡阅使、河南张督理、武昌萧督军钧鉴（上文同前），际此民穷财尽，国本阽危，土匪猖獗，竟危及外人之生命财产，庚子之祸，将再见于今日，伏恳垂鉴外人开会警告之危机，刻日出师会剿，将河南匪患，先行肃清，各省匪乱，次第荡平，俾外人不致□言，邦基得以永固，全国商民，戴德无既，不胜迫切待命之至。全国商会联合会叩铣。此外武汉各团体对于豫事，亦甚注意，又因旅汉外人之抗议及鄂东、鄂北所受之影响，拟召集各团体开联席会议，向政府为严重之警告，但此尚在酝酿中，能否见诸实事，则不可知云（十一月十七日）。

（《申报》）

15.汉口商联会开会之第九日

（1922 年 11 月 20 日）

十一月十六日（星期四）下午一时，全体商会联合会开第九次会议，由吕超伯议长主席。

书记报告,到会十四省五十八人后,吕君介绍新到代表,浙江唐爰陆、江苏马息深、四川胡炳堃等三人已出席。又交涉署来函,谓美博士艾迪君准今日午后五时到会讲演。上海总事务所来函,谓泗水巴达维亚、士甲、巫眉三侨埠中华总商会。及甘肃来函,谓因时迫路远,不及派代表与会,赞成在汉开会,以后议决案件一致遵行。又谓日前苏代表冯少山君提议反对邮电加价,曾由会中致电交通部,业已得该部复函如下:径启者　接准贵会代电,请取消邮电加费等因,查此事业经本部详加解释,刊登政府公报,并送登各报,宣布周知,当邀国人谅解,相应抄录该项通告一份,函达查照可也。报告毕,遂报告议事日程,计八案(一)省认所得税案(直隶获鹿县石家庄商会代表王肇泰议);(二)否认所得营业两种新税案(江苏苏州总商会提议);(三)请转呈政府维持阁议,通过将矿署归官钱局接收案(武昌汉口总商会提议);(四)潼关监督在陕南白河设局微税,民生重苦,请电部迅饬收回成命案(陕西安康县商会提议);(五)请张交通振兴实业划一币制保护商人案(长阳县实坵商会代表覃章哲提议);(六)为谷米进口税子口票过境税请提议豁免案(江西安源镇商会提议);(七)请通告各省商会一致振兴实业以挽利权案(河南全省商会联合会代表铁福林提议);(八)税局营私舞弊,请核议筹尽改良案(湖北当县商会提议)。王肇泰报告第一案后,刘仁山、汪润之均赞成其主张。徐荣廷主归并于裁厘加税案内。苏民生谓裁厘加税案审查已脱稿,不若单独提出,依据原议案,呈请政府。胡福堂谓欲完全打消所得税,恐亦难办到。唐爰陆主依照章程,有人提议自应转呈,主席以依据原案呈请政府及直省长否认所得税,付表决,众赞成。第二案原提议人未到,苏民生主讨论,汪润之主将来并呈政府时可加入。罗伯农谓有意见报告,即登台述所得、营二税无存在之理由有三:(一)国际条约上研究;(二)现在国情上研究;(三)税之身上研究,并详述日本对于营业税之办法以引证。苏民生主先告政府,吴延滨谓业外对内有两种观察,应详细审查。马炎文谓总要有一种办法,使政府能有路走。苏民生报告裁厘加税审查会之情形,主席以根据原议案呈政府者付表决,赞成者多。徐荣报告第三案,并历述此案与官厅交涉之情形,万泽生请各省协助□争。胡钧堂谓此案表面似武汉之事,实即全国之事,应由武汉举代表至京力争,务达归官钱局收之目的。吴延滨谓为鄂省争即为全国争。陈文生、罗伯龙均赞同,苏民生主先质问政府,何以阁议通过而未办,再由武、汉两商会派员清理官钱票,结果依据议案,向政府交涉。张履平报告第四案,马炎文主一面呈政府,一面不认此种税局。胡炳堃谓此案北京已经办理,应查明协请以免分歧。汪美堂主严重交涉,结果,根据原议案分呈政府及陕当局。覃章哲报告第五案,贾蕴高主归并日前所议之振兴实业案办理,主席以贾意付表决,多赞成。第六案由江西罗伯龙主咨江西省政府,请其依原提案办理,众赞成。第七案,原提议人铁子禄自愿归并于振兴实业案,众亦赞成。第八案,咸谓可归入类似之案一并办理。

(《申报》)

16.汉口商联会开会之第十日

(1922 年 11 月 21 日)

十一月十七日,全国商会联合会开第十次会议。代表齐集后,孙筹成登台谓顷接吕超伯议长来函,因事请假,请副议长主席。苏民生登台,谓昨因侨民开会事本会已电政府及曹、吴、张、萧诸君,兹特宣布,遂朗读电文(电文已见昨报)。读毕,由书记报告议事日程如下:(一)请由本联合会发起调查商事习惯、编订商律草案，以备立法机关采择；(二)请修正《商会法》条文；(三)请呈政府疏浚大浃江；(四)提倡实业，发展商务当以先谋统计为要点；(五)请将上海临时大会议决各案未经办理有效者，仍由大会依照议决办法，赓续办理；(六)否认邮电加价，请政府收回成命，以恤商艰；(七)否认邮电加价；(八)邮政章程妨害商货寄递，请愿修正；(九)拟请转呈政府令饬各省停铸铜元三案审查报告；(十)外债害国丧权，宜请政府万弗再借一案审查报告。主席请第一案提议人报告，叶惠钧报告后，并谓此案关系甚大，原议办法，约需经费四万，但延聘商事专家时，能请其稍尽义务，则费可减省，且全国商会，苟能协力劝募，则四万金亦易设法，能成此非常事业与否，全赖诸君。秦禊卿谓银行界对于票据习惯已着手调查，苟由本会发起则将来结果更大，不胜盼望。罗伯农主先交审查详细研究，众赞同。乃推冯少山、朱香侯、李梅轩、郑耀文等十七人为审查员。第二案提议人未到，结果以去年亦有此种提案，曾呈请政府，应根据旧案办理。第三案徐荣廷谓工程太大，刻下国家财政困难，人所共知，恐难办到。马炎文谓提案空泛而无办法，可暂保存。胡炳堃主请原提议人补具办法书，结果多主保存。第四案徐是法主归并前日之振兴实业案，众赞成。第五案，马炎文谓既未办理完结，自应继续办理，汪润之谓本年临时会之案，果应如是，即自第一届大会起之案，皆应如是，总事务所既为执行机关，俱应交其办理。吴石松赞成，秦禊卿主请孙福基君将旧案检出清理，结果主依提案人之意办理。第六案王秀山谓邮电加价自应反对，本会已有人提议，且曾电致交部，奈渠之复函未曾允许，应再力争。第七案与此案相同，且提议人未到，不若两案并办，众赞成。第八案王肇泰主根据提议案转呈交通部请速修改，众亦赞成。第九案秦禊卿述审查结果由本会通告各当地商会，转告各本地商人，按照各当地铜元供求状况，就铜元重量优劣，分别开价。汪美堂谓铜元轻重，不易分别，莫若计分量而不点枚数之为便利，结果赞同审查报告。第十案秦禊卿审查结果情形，唐爱陆谓赞成其大体，马炎文主速拟监理国债委员会办理，众鼓掌，乃推胡炳堃、马炎文、杜华廷、刘仁山四君借同原审查员妥拟办法，遂散会。

(《申报》)

17.汉口商联合会来函

(1922年11月21日)

上海申报鉴，贵报十四汉口电商联会因沪代表侮辱报界，以书面道歉等语，原函并无冯代表侮辱报界之事，应请更正，以昭实在，全国商会联合会巧。

(《申报》)

18.江苏全省商会代表已赴汉

(1922年11月24日)

中华国货维持会副会长王介安，被举为全国商会联合会江苏全省各商会代表，当因王君适患足疾，未能即行，现已痊愈，闻于昨日乘轮赴汉出席云。

(《新闻报》)

19.鄂商质问五省银元票

(1922 年 11 月 24 日)

吴佩孚搜括军饷反响

武、汉两商会以中国银行发行五省通用银元票,特提出议案,请全国商联会向北京政府质问,原文如下:为提议事,窃汉口中国银行,近发行五省通用银元纸币,票面注明汉口兑现,川、湘、豫、鄂、陕通用,夫纸币信用,惟在于兑现,而力能兑现,则在于准备金,上年中交停兑,我商人感受痛苦,至今思之,尤有余痛。幸汉口一隅,官商会合力维持,留此金融一线生机,今中行突发行五省通行纸币,报载总额为四千万,准备金是否充足,商人不敢悬揣,如果有准备金,何不加印汉口中国银行纸币,又何必不于他四省添设中国银行分行。况汉口中行纸币,何尝不通行于他省,而必屋上架屋,于汉口中行纸币而外,又新发行通用五省纸币,此项纸币,究竟谁负责任,责之汉口,固明分五省通用也,责之五省,又明有汉口字样也,权责不分,形同儿戏,虽以官厅命令强迫使用,或终不免减价合算,而汉口旧有之纸币,且不免牵动,此皆不可不防也。如果无准备金,是从原有票额之外,增加一种无担保之兑换票耳,试问汉口中国银行,对于五省通用之票,能否照原有之票纸一律看待乎?窃恐力有未逮,否则因多此五省通用之名义,即可以不负绝对之责任,始而挪移兑现,浸假发行日多,捉襟见肘,危险之至,而收受此案者,川、湘、鄂、豫、陕之商人,直接受害固在五省,间接受害者,皆不仅五省。改革以来,我商人受纸币之赐,倾家荡产,固已屡见不鲜,北京之中交票,湖南之官票,川、粤等省之军用票,以及湖北之官钱票,岌岌可危,言念及此,不寒而栗。诚以金融为我商人身家性命所关,如火烧身,不安缄默,拟由大会向政府质问是项纸币果谁负责,一也。规定发行总额以后不再行加印,并监视所发之票纸,只能作为银行营业之周转,不能挪作他用,二也。此票既为五省通用,即应各有可靠兑换机关,三也。准备若干,是否达三分二以上,四也。其发行理由何在,五也。请政府切实答复,以释群疑而固信用。(下略)(二十日)

(《民国日报》)

12 月

1.汉口商联会最近两日开会纪

(1922 年 12 月 1 日)

二十七日,全国商联会是日下午一时开第十六次会议。到十三省五十二人,吕超伯议长主席,报告成都济南来电。孙筹成谓去年临时大会,各省区代表肖影及名录,业已印就,昨由总事务所邮寄来汉。去年与会代表每人各赠一册,如未领到,可速至福基处领去,书记报告议事日程如下:(一)废除常关,免征产销出口税,不妨承认实行新税为交换条件案,江苏省代表淮安县商会徐兆嘉提议;(二)统一币制,以银元为本位,宜由商会自动定期实行案,江苏省代表淮安县商会徐兆嘉提议;(三)修改《商会法》,取消二十四条之但书,宜力争交由国会通过案,江苏省代表淮安县商会徐兆嘉提议;(四)提议转请两湖财政机关改良榷茶办法案,请愿者汉口茶业公所,介绍人上海总商会代表冯培熺;(五)介绍中国改良茶业方针一书并请公决施行案,附方针书,汉口总商会代表樊步青提议;(六)行户代客垫款,因成诉追,或债务人远在尚未统一区域,宜如何设法裁制案,汉口总商会提议;(七)请改宽牙帖年限案审查报告,审查员严芹初等;(八)监督国债案审查报告二读,审查员马炎文等。第一案马自深,谓裁厘加税审查报告,业已通过,此案毋庸再议,可暂保留,主席以马君之意付表决,多赞成。第二案,苏民生谓日前已有类似之案,已经审查终了,无从再议,可保留。马息深谓币制本位究用何种,议论纷纭,照刻下时局,亦无暇研究此事,故议亦无益,主席以保留付表决,赞成者多数。第三案,苏民生谓去年上海临时会已议过,且有部批可请孙筹成查案办理,胡钧堂谓此事去年京会亦已向当局交涉,现在可继续再争,主席谓查明旧案,如批驳则再争,如无批则呈请,众皆赞成。第四案马息深谓可与第五案合并讨论,主席谓此案专对两湖财政机关而言,与第五案性质不同,苏民生主根据原议案,请两湖巡阅使及督军省长,转饬财政机关办理,胡钧堂、马炎文、王秀山皆附议,主席以此主张付表决,皆赞成。第五案樊步青报告,有十种办法,主席谓原案所提之十条,有可自办者,有请政府者,有欲交涉者,如诸君以其纪长不及研究则可先交审查,如有意见则交审查会。苏民生谓会期已促,恐无暇详细审查,不若将其欲请政府者,由会转呈,自办者照咨茶业公会,惟第一条之办法似应审慎。马息深谓第一条主设茶券,恐有流弊,应由本会转问茶业公会,如渠亦同意,则下次会议时提出照办。胡钧堂主由茶业各团体全体同意后再办。贾蕴高主(四)(五)(六)三条替其照呈,其他各条转达茶业公会,将来加欲本会协助则可照办,众皆赞成。王义甫报告第六案,铁子禄谓开会既领行帖,自应维持其行务,否者开行太吃亏矣。樊步青谓应以债务人就债权人,以免吃亏后,因讨账而再贴川资。罗伯农谓土地管辖问题,民事诉讼法已规定,变更颇难,且现在未统一,则更难。严芹初谓行政不统一,商人则统一,可由商会帮忙救济。吴石松谓此种办法湖南已实行过,颇好。胡钧堂主一方面呈司法部,请将债务人提至债权人处审理,不然皆视放账为畏途,则于商业上甚有影响。罗伯龙谓此皆变更民诉法之办法,行之颇难,事实上可请商会协助。苏民生主请司法部以订立契约或成交地为主,商会只能协助,不能判断。罗伯龙谓有两种办法,一面请司法部注意民诉条例,特别审判籍之规定,一面通函各商会,请互相协助,众皆赞成。严芹初报告第七案,谓审查结果,主请政府通令各省,以后请领牙帖,照民国三年湖北详请部定牙帖章程办理。马炎文主请照登记法办理,而推翻牙帖办法,刻下临时救济,则照审查报告办理,众赞成。第八案,马炎文报告,谓外人有共管监督之危言,故我国之财政国民再不监督,恐真欲被外人监督矣,故拟有国民监督国债委员会组织大纲九条,请公决。罗伯农谓章程周到,赞成,秦褉卿谓此种委员会,既由本会与全国银行公会合组,则通过后,应即通知银行公会,主席以罗、秦二君主张付表决,多数赞成。秦褉卿临时动议,题曰商办轮船、招商局关系我国航权,此次受部查办,应予以公平评判,以援商办实业,而保国家命脉,且谓,傅宗耀个人问题可不问,招商局内容亦可不管,但商办实业不能任政府随意摧残,该局办理已久,无甚发展者,皆官督商办四字之误。马炎文谓此案应成立。苏民生谓一方面函招商局,请其将前后情形详示,一方面呈请政府,如必欲摧残,非特该局股东不承认,全国商人皆不承认。樊步青述官督商办之害。胡钧堂主请招商局将内容详告本会,再行核办。王义甫主本会协助其清查。苏民生谓清查系股东之权,本会未便越俎,应请速开股东会办理。马炎文谓照该局股东维持会宣言原告。潘、张二君一系股册无名，一既声明未告，则何能算数。主席谓有两办法，一请该局开股东会宣布该局历史，一请政府谓原告无人，自应撤销，并云即有弊端，应由股东会查明再办，众皆赞成，遂推马炎文、秦禊卿、王义甫三君起草。樊步青亦临时动议，谓近来中央政府对于财政总长罗文干一案，主张不同，议论纷纭，本会亦应主张公道。苏民生主电政府请依法办理，不偏何方，众皆赞成，即推罗伯龙、苏民生、胡钧堂拟电稿，乃散会。（未完）

（《申报》）

2.汉口商联会最近两日开会纪（续）

（1922 年 12 月 2 日）

二十八日，全国商联会，是日开第十七次会议。吕逵先议长主席，到十三省区五十一人。主席谓今日新到直隶代表凌星楼君已出席，特介绍，又谓昨日秦禊卿与樊步青二君临时动议之招商局案及罗文干案，均议决通电现已拟就，即由书记朗诵如下：其一，奉令查办招商局董事傅宗耀舞弊营私一案，证以该局股东维持会宣言，原告张士记既声明未预其事，潘宏记高以长又股册所无，匿名控告，依法不能成立，况招商局依公司组织，似不应沿用前清奏案，启公司股东自危之心，除函达招商局董事会，赶即依法召集股东大会，严重清查，公告全国外，伏乞大总统、国务总理俯念我国航权，仅此一局，令行交通部收回查办命令，由该公司股东自行清查，并令农商部依法保护，以维商办船业；其二，罗财长被捕一案，报载纷纭，真相骤难尽悉，惟以总长而犯纳贿之嫌，议长而有告密之举。无论何方属实，均为国家莫大之羞，况警耗遥传，政潮将起，设借此为导火线，而酿滔天之祸，前途险象。讵忍复言，我大总统坐镇中枢，宜伸英断，请迅饬法庭将此案依法讯办，罗如有罪，即须尽法严惩，罗若被诬，亦须照律反坐。吴张等既系举发之人，即不得凭议长之头衔，而巧卸原告之责，并请将双方事实，详为公布，静候舆论裁判。戢阴谋而弭巨祸，全国蒙庥，若中有所怯，或情有所私，而处分不能悉凭乎法，则法一毁而大乱恐将从此起矣。釜鱼竞泳，幕燕争巢，若辈自忘其危，而国民同受其厄，燃眉祸迫，用敢告哀，涕泣陈词，伫盼电示。于两电外，另致各报馆转全国各法团一电，略为罗案事，上大总统一电文，如前，务请本约法主权在民之旨，一致协争，俾受贿之阁员，弄法之议长，均须受法律之制裁而无术可以避免，则法治崇而乱源止，国家国民交受其福，云云。读毕，报告议事日程如下：（一）请咨催政府查照国会咨行原案，实行烟酒税费，并征值百抽二十，废除一切苛捐案，提议人中国烟酒联合会总代表陈良玉，介绍人马炎文等；（二）拟创设国民互保银行，提倡民生事业，调剂社会经济案，汉口总商会提议；（三）芷江榷运营私舞弊，请转函彻查惩办案，湖南芷江县商会代表杨重元提议；（四）纸烟病国害民，耗财戕身，请由大会合力提倡劝戒，俾便普及全国，早绝流毒案，全国商会联合会湖北省事务所提议；（五）请组设全国劝戒纸烟会，以除毒根而轻民累案，河南全省商会联合会代表铁福林提议；（六）海关华洋司扞需索舞弊案，芜湖常关病商扰民案，审查报告，审查员李光魁等。胡钧堂报告第一案，王秀山主照办，众赞成。汪美堂报告第二案，铁子禄谓能办到甚好，结果以原提案通告各商会，征求意见，再行办理。杨体仁报告第三案，胡炳坤主根据原议案转达，众赞成。第四案主与第五案合并讨论。铁子禄报告第四案，马炎文谓劝戒是道德问题，法律上应注意外国烟税，有两种办法，一劝人不吸，如必不得已则吸国货烟，二由本会咨请加重进口烟税，若原提人主请部通令，可不必。吴石松主联络学界而自动地劝戒。汪美堂谓纸烟有害，不问是否国货，皆不应吸。胡钧堂主通告各商会，述汉口办有成效，可仿照办理。廖炳文谓通令恐办不到，不若请教育部通告各校，请勿吸。唐爱陆谓劝告应由私人发起，不能作为议决案。王秀山主将汉口所办之劝戒纸烟会章程分寄各商会，请仿照办理。马息深谓烟属于消耗品，本会应议决加重其税。主席谓分两层表决，一通函各商会，请联络各法团，组织劝戒纸烟会，二依据议案，呈请部内令行各省。第一种办法多赞成，第二种办法，表决时反对与赞成各半，结果以劝戒为宗旨。李梅轩报告第六案，全体赞成。黄代杰临时动议，以广东省造双毫不承认使用，由关禁阻云云。胡钧堂谓此案上海总商会已请求，并述京会对于此案交涉情形，可查原案再催。马炎文请放行，谓政府既不能禁止粤铸，商人血本有关，不能不用，结果治标，请其发还，治本根据旧案再行交涉。时已四时，遂散会。

（《申报》）

3.汉口商联会第十八次开会纪

（1922 年 12 月 4 日）

十一月二十九日，商联会开第十八次会议，到十三省区五十人。振铃开会后，孙福基登台报告，谓今日吕超伯议长因事请假，请副议长主席。苏民生登台，由书记宣读电稿文曰：北京参议院、众议院议员诸公钧鉴，民国成立，十岁九争，迹其原因，固由武人弄兵、政客挑衅，而总因所在尤以无根本大法以范围全国人士之身心，而纳之于轨物之域，故破坏分裂以迄于今，从未有安宁之一日。率此不变，则国必亡，而国民亦将兽骇鱼烂而同归于尽，今幸各方厌乱，国会重开，为议员者，宜如何毖后惩前，洗心革面，折中列强之成宪，顺从国内之舆情，协力同心，以制成适合国情之根本宪法，顾据连日报载，参院则有竞选议长之举，众院则有擅用院印之嫌，近更道路流传，谓将暂抛弃制宪事业，专代某军阀包办选举，事之真伪，虽不可知，而空穴来风，要不能谓绝无影响，以两次播迁之痛，而□能生一番觉悟之心，心死之哀，孰甚于此，敝会同人等懔大厦之将倾，虑覆压之难免，用本约法主权在民之旨，忠告贵院同人，速本良心，专制宪法，并将裁减军队整理财政诸办法，从速议定，限期实行，以救国家累卵之危，则国安而诸公身名与之俱泰，不此之务，而日□依附要人攫取权利为事，吾恐握有民国主权之四万万主人，决不能永为公等恕也，时危势迫用敢告哀，急不择言，诸希谅鉴，全国商会联合会，又致各报馆文曰各报馆□全国各法团钧鉴，顷致参、众两院一电（文如前），务请一致督催完成宪法以遏政潮而弭巨祸，众皆赞成，遂照拍。主席又谓前推聂、黄、余、蒋诸君为裁兵劝告主任，兹已拟有函稿如下：径启者，豫匪猖獗，掳及外人，致旅汉各国侨民，组织万国公民大会，借维多利亚花园开会，公议警告我政府，诘责各军阀，词气严厉，殊妨我国主权，当由本会召集临时紧急会议，分电府院，暨曹、吴两巡阅，河南张督理、湖北萧督军迅速肃清豫匪，以免外人干涉，各国侨民以本会注重邦交，至为赞许，由汉口青年会会长胡厚斋君介绍该会所派代表玛克劳生密尔士寇克火拍四君来会，协商救济方法，当推本会各省代表苏民生、冯少山、罗伯农、包耕生四君延见，谈次深以我国军阀拥兵自卫，不顾国计民生，非亟谋铲除，不足以保我国安宁，并以我国商、教两界人士，顾念邦交，至所钦纫，拟联合警劝以敦睦谊，本会代表等当以事关我国主权，仍请由我国商教有名人士自动的劝

告，并报由大会公推聂云台、黄任之、余日章、蒋梦麟四君为劝告主任。（未完）

（《申报》）

4.交通部批江苏、上海、湖北汉口总商会

（1922 年 12 月 4 日）

原具呈人江苏、上海、湖北、汉口总商会

呈一件：辛亥武汉战事商帮寄存汉口商局栈货损失一案，至今纠葛未清，恳秉公主持，以了积案由。

呈悉。查此案前据招商局呈请查照原案，仍以公债票补助等情到部，当经本部提出国务会议，旋经议决，应将公债票取消，另由国家借款振兴汉口市场，以寓间接补助之意。所有该局请予补助公债一节，自应毋庸置议，等因，业经令知该局，并电行湖北民政长在案。兹据称纠葛未清，请查照原案，赔偿商民损失各节，事关国库负担，业经咨商财政部酌办，合亟批仰遵照。此批。

（《交通公报》第 81 号）

5.汉口商联会第十八次开会纪（续）

（1922 年 12 月 5 日）

兹将本会议决案一件、该公民代表所提三条，暨本会致府院电另纸录呈鉴核，即希查照，设法进行劝告，以防外侮，而维国本，不胜翘企待命之至云云。众亦赞成。书记又报告致招商局等函，及议事日程如下：（一）上海慈善救济会发行游民工厂基金债券，请质问农商部有无备案、应否禁止案，宁波总商会代表唐哀陆提议；（二）短秤舞弊，病商病民，请公议责令改良案，通城县商会提议；（三）疏浚长江广造森林案，审查报告，审查员罗伯农等；（四）未裁厘加税以前，请先设报验公所，所有枝局分卡，宜概行裁撤案，审查报告审查员李梅轩等；（五）组织商团，请规入商会法案，请政府特许全国商会自练商团案审查报告，审查员罗伯农等。主席谓第一案提议人唐哀陆君因赴粤代表处接洽公务，可先讨论第二案。马息深谓此案可依据原提议人之意旨，呈盐务署函鄂岸□运局照办，众赞成。罗伯农报告第三案讨论结果，主依照审查报告办理。李光魁报告第四案，谓鄂财政厅前任已允，新任延搁，故第一步应再与财厅交涉，将来鄂省办有成效，再通告各处酌量各该省情形采择进行，众皆赞成。时浙代表唐哀陆已回，即登台报告第一案，谓本年九月二日大总统对于彩券曾发明令禁止，并有阳奉阴违即准司法部依法办理之语，现上海慈善救济会发行游民工厂基金债券，类似彩票，谓由护军使核准咨农商部备案，如果备案，是准彩票复活，如未备案，应由法部依法检举。吴延续谓不问其备案与否，既与彩票相同，自应依法禁止。马息深主呈农、法、内三部，请其根据本年九月二日禁止彩券之令，实行封查，一面由本会通函各事务所谓，如有此种债券发现，径请当地官厅查禁。王肇泰谓既由何护军使核准，则何处亦应去函质问。胡炳坤谓禁止彩券，曾经阁议通过，故国务院亦应呈请，结果呈国务院内、法、农三部，并函各事务所。第五案，罗伯农报告，胡炳堃谓第一条办法本会有旧案可检查。马息深谓此项《商团组织大纲》民国五年本年开会时，由本席起草通过，曾

经内务、陆军、农商三部批准，后因边省小县商团不守定章，扰及乡民，政府乃有县知事监督及颁行服制之举。去年上海临时会议对于此案，曾去函反对，且因小部分不定规则，而欲取缔全体，则近来屡有兵变，亦应裁撤全国军队矣。此法本来不通，故仍应依照民五所定章程，不承认其变更，结果根据审查报告并参照旧案承认民国批准之商团组织大纲。主席谓案已议毕，昨接上海总事务所干事长聂云台来函，声请辞职，另行改选。请孙筹成君宣读毕，主席请讨论。王秀山主去函挽留，马息深谓俟选举与否定局后再讨论，众皆赞成，遂散会。

（《申报》）

6.汉口商联会第十九次开会纪

（1922 年 12 月 6 日）

十一月一日（星期五），全国商联会开第十九次会议，吕达先议长主席，到十二省五十人。书记报告致招商局股东维持会函，谓日来交通部对于招商局查办一案，读交通部通电及贵会宣言，事关航权，未便听任摧残，业经提出大会讨论。佥谓招商局为商办实业公司，如有违反公司条例，政府自有依法制裁之责，乃交通部徒凭匿名呈控。根据前清奏案，官督商办资格，而遽用其查办手续，殊属有意侵害，曷胜公愤。除由本会电呈大总统国务总理，令行交通部撤销查办，并饬农商部依法保护外，用特函达贵会速行召集股东大会，彻查内容，革新章制，公告全国。真相既明，群疑自释，应可谋航业之发展，奠国基于巩固。诸公明达，必能依法办理，不负国人期望也。此致商办轮船招商局股东维持会公鉴，中华全国商会联合会谨启，并宣读议事日程如下：（一）补陈盐引限制因商病民理由，请议决破除引岸案，汉阳商会代表周仲宣提议；（二）请各商会设立调查部详查天产人工物品由本联合会汇编刊布案，上海总商会提议；（三）陕西三成商税暨棉捐，公请转咨撤销案，陕西全省商会代表张继宗提议；（四）陈述商情，请予减轻担负以保利权案，陕西全省商会代表张继宗提议。第一案，周仲宣报告，将鄂省食盐情形提出改革理由四种。唐哀陆谓此案关系盐政改革盖难，恐无效果。苏民生主依其理由向政府建议。胡钧堂谓日前关于盐案，曾有人提出可合并前案，由会内撰成建议书，经评议会通过，转呈政府，众皆赞成。第二案，孙筹成报告，谓此案上海总商会因本会闭会在即，摘由电请叶、冯二代表提出，前日该电到汉时，因叶君患病请假，冯君赴湘未回，福基即函请叶君到会，旋接复函，谓病不能兴，嘱福基先摘由报告，会内补交议案，昨日撰成议案后，送交叶君盖印，悉凭君已回，亦请其盖印，代为提出。今日叶、冯二君因事不到会，故委福基代为报告，此业关于工商业影响甚大，请诸公悉心讨论。唐哀陆谓本席对于此案绝对赞成，本席经营国货，有国货调查录，后国人知所取用，振兴工商两业，非此不可。王介安谓苏州总商会本有类是之案，拟提出，现可归并讨论，惟本席又主张先调查国内商会地点以及会员人数，编一全国商会录，□容易通函。孙□成谓王代表之意，总事务所已在办理，惟因经费问题，故未付印，王介安归经着手办理甚好，经费不敷，各商会皆当设法。胡钧堂主照原提案办理。苏民生谓应先订定调查表格式，使有根据，容易办理。主席以依照提案办理，由评议会订定表式，请各商会照填，付表决，众皆赞成。第三案，苏民生主根据原议案转咨陕省当轴，罗伯龙、王秀山附议，众皆赞成。第四案张铨丞主照原案，转请陕西军民长。主席以张意付表决，皆赞同。苏民生临时提议，谓附加账捐，原定一年，现又展期一年，可否由会内电请政府，满期后万不能再展，附议者颇多，众亦赞同。后又讨论第五届大会地点,结果主在济南开会。唐哀陆请将审查报告未通过者一并提出以便结束。王义甫谓日前通过之裁厘加税案呈请政府之前应加审慎。王介安谓明年北京开特别会时,可将此案交其执行,主席谓此案既经大会通过,修改文字则可,变更意思则不可,众以为然。罗伯农报告武昌总商会提议,请取缔汉口中国银行发行湘、鄂、川、豫、陕五省通用银元、钞票,并条陈办法案之审查报告书。胡钧堂、唐哀陆、贾蕴高等咸赞成,结果照审查报告通过。吕超伯因有事请假,改由苏民生副议长主席,罗伯农报告审查。上海总商会提议,发起调查商事习惯、编订商律草案,以备立法机关采择案宗旨及办法唐哀陆谓此种事业商人所应做,本会章程内亦有规定,经费一层,自应力为赞成,遂通过。主席谓另有凌星楼君之裁兵案,请讨论,结果照办,又有王介安君之裁兵意见书,结果主备参考,遂散会。

(《申报》)

7.汉口商联会选举会长纪

(1922年12月7日)

全国商联会本定十月十四日选举会长,因北京派人调停改选议长,以示护步。对省区问题主电部请解释,奈部内适因罗案关系,无人主持,迄未答复。惟对前次呈文,则有依照该会选举章程第九条办理之复函,故三十日特开大会讨论选举与否。是日计到十二省,投票表决,赞成选举者书"可"字,不赞成选举者书"否"字,结果每省十票,共一百二十票,内有一百零八票书"可"字,二票书"否"字,十票书"赞成选举主慎重"七字,遂决定二日正式选举。是日上午,各代表皆齐集会场,先行讨论。川、皖、浙三省代表在宴月楼宴饮,王义甫与孙筹成双方接洽,至一时川、皖、浙三省代表相率赴会,遂开茶话会,讨论人的问题。浙江代表谓此次会长非常重要,对内对外皆有关系,私人意见提出三人,聂云台为正,则望重中外,吕超伯、张维镛为副,以资熟手。苏代表谓聂君道德学识中外钦仰,绝对赞成,但近来聂君公务太忙,对于干事长屡次函辞,同人等深知其难以兼顾,将来总事务所仍欲请其主持,故会长一职,未便再强以所难,不如请穆藕初君担任,众皆鼓掌。吕超伯起立,谓达先早经声明不应选,请同人原谅,蔡辅卿、万泽生等亦向各省代表说明吕君苦衷,请弗投吕票,遂振铃开会。吕君又在会场黑板卜书"达先决不应选"六字。先投正会长票,到者川、赣、豫、湘、陕、鲁、浙、苏、滇、晋、皖、直、鄂十三省五十二人,每省十票,派唐哀陆、黄寿和、张铨丞、方作铭四君检票。结果吕超伯得九十六票,当选为正会长,其余聂云台得二十票(浙投十票、鄂投五票、滇投五票),穆藕初得十票(湘省所投),张维镛得三票(苏省所投),苏民生得一票(鄂省所投)。吕君即声明不应选并欲离席,各代表劝其暂以议长资格主席,俟选出副议长后再夺。吕复入席,即选副会长,结果穆藕初得一百零五票(川、赣、陕、鲁、浙、晋、皖、直、鄂九省完全举穆,计九十票,外有豫八票,苏七票),张维镛得九十二票(川、陕、鲁、浙、滇、皖、皆举张,计六十票,又有赣五票,苏六票,晋八票,直七票,鄂六票),李梅轩得十七票(赣一、豫八、湘七、直一),苏民生得十六票(赣三、湘九、直一、鄂三),聂云台得十四票(赣一、苏三、滇十),罗伯农得六票(苏四、湘一、直一),杜秀升、魏子青各二票(豫投),石绍先一票(鄂投),废票五(湘三、晋二)。穆、张二君当选,吕君又辞,代表皆挽留,遂退入茶话室,吕君即提出一函,力辞应选,各代表均力劝,乃散。

(《申报》)

8.鄂财厅发包征收局之反响

（1922 年 12 月 7 日）

厅局长等大家分肥，报界将向商会警告。

鄂省财政厅长郑焯，恃洛阳奥援，大吹大拍，博得斯席。登台以来，对于整理财政，一筹莫展。日惟以严催旧欠与抵押借贷，为敷衍各方，不二法门。最近复利欲熏心，伙同一般财蠹官阀，而为包办汉口征收局之举。鄂中税局包办之先例，始自熊祥生长财政厅时，以糖捐局与商人樊步青承包，然犹曰招商承包，不背于发包之原旨也。至此次汉口征收局，表面虽为商包，实则官办，且财厅办理此事，事前取绝对秘密主义发表后，即原有局长亦尚在梦中。据深悉税务情形者言，汉局税收每年不下二百万串，其规定之比较额乃不及百万，故一般官僚与政客莫不视此为金穴铜山。王占元督鄂时，亦以此为调剂其亲故地位，犹之北京崇文门税关，非总统信，不得沾其余滴也。现在汉局局长为应云从，系张敬与所保荐，而与府方及保洛，又均有几分关系，故得有此肥缺。到差以来，每月比较总到十二成，虽应工于搜括，抑亦缺好之故。郑焯见此，不觉大为眼红，遂于财政会议席上略露商包之意，又恐应云从破坏，暗与现任烟酒局长李振及前充索还共和代价代表李春萱及某参谋长等秘密接商承包方法，而以李振之外甥程秉声出名，与财政厅订立合同，以一年为期，包额百二十万串，先交二十万为押款，以为财厅敷衍年关军政费之补助。事前迭在汉口俄界东方旅馆密议，十一月三十日正式签字，十二月一日即以厅令汉局移交，又碍于应云从之面子，特调应为汉阳鹦鹉洲竹木局长，而由承包人指委杨培为汉口征收局局长，所有该局所属之，皇经堂、虾蟆几、夏新河、砧家几四分局一律撤销，归并总局。此令到局时，应云从茫然不知，遂赴军署谒萧，萧亦绝未预闻，故应于杨培到局接收时，以交代未办为词，不允即交，暗中又遍电各方，请其援助，承办人见应不交，遂向郑焯交涉。郑以有某参谋长作主，仍令应氏克日交代，据闻应氏已知力不能敌，颇有不能不交之势，彼辈分肥计划，大可庆其成功也。税局招商承办，已不无訾议之处，况其所承包者，乃为一般官僚与财蠹。又就李春萱李振等个人论，皆于鄂省财政罪恶史上，有著名之成绩，郑氏身为财政当局，而亦掺身其中以牟私利，贪赃渎职，两无可辞。汉口日报公会对于此事极为注意，又以汉口商会坐视财厅胡闹，对于商民直接关系绝不加以置喙。于昨日议决，向汉商会提出警告，促其开会讨论。此项警告书大约明日可以发出，闻各商帮昨晚曾开紧急会议，多反对汉局官办，惟尚无具体之表示，但不致默尔而息，则可断言也。（十二月四日）

（《申报》）

9.汉口商联会闭幕情形

（1922 年 12 月 8 日）

全国商会联合会自十一月一日开幕，迄今二月有余，议决议案一百余件，已于月之一日完全结束，并议定明年春在京开特别会，下届大会在济南举行。二日会长亦已选出，三日行闭会式，时会长吕超伯因屡次声明不应选，故未到会。先开谈话会，由副议长苏民生主席，谓此次所选之三会长，吕超伯坚辞不允，穆藕初尚在上海，张笙阶业已动身，今日闭会无人主席，议决各案,无由执行,总事务所干事长聂云台君辞职问题尚未解决,故特先开谈话会,讨论三事。(一)对于吕君辞职问题如何对付;(二)此次议决各案将来究在上海总事务所执行,抑在北京会内办理;(三)聂君辞职,如何应付,并宣读吕会长二次辞职来函。马炎文谓吕君声明在前,坚辞不就,以个人道德论,无任钦佩,何敢相强,但本届会务有对外关系,昨既举出会长,众望所归,请吕君须以会务为重,牺牲己意,万弗固执。盖吕君前年曾担任会长,驾轻就熟,办事较易,众皆赞成。遂每省各推一人为代表,前往欢迎,浙推唐爱陆,苏推王介安,豫推铁子禄,晋推李梅轩,直推王秀山,陕推张铨丞,滇推方竹铭,湘推黄寿和,川推胡钧堂,鲁推徐仲良,皖推余德馨,赣推罗伯农,并持全体代表公函一件相率前往,请俯顺公意,维持会务,一方面依旧讨论(二)(三)两项结果,以此次议决各案。欲与政府直接交涉者多,会长既经选出,不日到京,则执行似在北京较便。对于总事务所,将来编订商律草案,调查天产、人工物品,事务甚繁,去年所推各干事既经期满,当即函告各省事务所,迅推一人,以时在上海者为限。聂干事长辞职一层,应去函挽留,俟新干事推出后,再夺。少顷前往欢迎会长之各代表将吕君围而入场,众皆鼓掌,乃振铃开会,由吕会长主席详述坚辞苦衷,全体向国旗行礼后,即赴院内摄影。时上海交通银行经理盛竹书君在商会内,各代表咸以本会创办之初,盛君煞费苦心,故邀其加入共影,旋入茶话室用茶点,决定明日先开新推之评议员会接洽一切,四时乃散。

(《申报》)

10.汉口商联会选长无效

(1922 年 12 月 10 日)

汉口商联大会,前经农商部电致湖北实业厅,以该省所召集之商联会,不满二十四省区以上,不得举行选举会长,乃该会依旧办理改选。闻农商部日昨特又致电湖北实业厅,认非有三分之二省区以上不能投票,其原文如下:湖北实业厅,敬电悉,并据该联合会代电呈报选举议长及缓选会长等情,复据苏、赣、晋代表苏民生等电请查照七年六月部批解释疑义到部,应仍转饬遵照本部前电办理。俟到会会员满省区三分之二以上后,再定改选日期。由该厅长前往监视,至苏民生所请解释各节。前次到会代表有二十四省区,已满三分之二以上,而投票决选,仅十二省区,是以批饬无效。盖既须到会会员有省区三分之二以上,选举时亦应有已到会之省区会员满三分之二以上投票,方足以证缜密,而免流弊。应一并转行知照农商部,观此电解释,可知前选出会长,农部不能认为合法,惟商联会今已散会,会长问题势将成为悬案矣。

(《申报》)

11.汉口商联会之尾声

(1922 年 12 月 15 日)

全国商会联合会选举会长后,并照章推出评议员,每省二人。当场推出者,陕西张道坦(履坪),张镇庚(钰丞),直隶凌云(星楼)、王肇泰(秀三),浙江唐爱陆、包成鋆(耕生),江西罗人骥(伯农)、李华(良卿),江苏马炎文(息深)、王兆昌(介安),山西李光魁(梅轩)、刘耀藜,四川胡彬(文轩)、胡炳堃(钧堂),河南贾蕴高(慕骞)、铁福林(子禄),安徽余国增(德馨)、朱蕃

(晋侯),湖南吴延续(石松)、黄代杰(寿和),湖北王□庚(义甫)、吴干丞诸君。其他各省拟由省事务所推举,四日开第一次评议会,公推王肇泰君主席,讨论结果:(一)议决以评议会名义用书面敦请吕会长,从速赴京,实行任事;(一)议决本会常年经费,酌定每总商会每年担任银元五十元,每商会每年担任银元十元,自十二年度起开始征集;(一)议决明年应在北京举行临时会议,其开会日期,应在各国特别会议开会日期两星期以前。

(《申报》)

12.汉口商联会劝导裁兵之热诚

(1922年12月21日)

汉口商联会会商裁兵方法,分头进行,即推定聂云台、黄任之、余日章、蒋梦麟四君为裁兵劝导主任,早志本报。兹悉聂、黄、余三君电询如何办法。商联会复函谓已分函各省,当竭力奉□,以为后盾。往来函电如下:(聂、黄、余三君来电)汉口总商会转全国商联会代表鉴,奉函敬悉,裁兵救国,匹夫有责,前次商教联合会亦曾将裁兵理财两端发表宣言,效果未收,现承谬推,未知于文字宣传外,有何较切办法,此应请示者一,如有办法杰等当奉以进行。各省商会能否同作后盾,此应请示者二,杰等爱国之心,讵敢后人,苟有所利,何惜顶踵,敢布腹心,敬候明教。聂其杰、黄炎培、余日章同叩。(商联会复函)云台、任之、日章先生大鉴,昨奉电示,敬聆一切,热忱筹划□佩莫名,惟尊电颁来,业经闭会,各省代表均已言旋,无从宣示,当将尊电录寄各省商会,征求意见,再行奉达。但裁兵救国,关系至为重大,三分宏才硕望,中外□钦,对于劝告进行,应取何种手续,仍祈决定方针,冀收效果。如有需各省商会声应赞助者,一经见示,即当转知竭力奉行,以为后盾,此则本会所敢深信者也,专此奉复,敬颂伟祺,全国商会联合会启。

(《申报》)

13.国内专电:汉商会开筹款赎路

(1922年12月21日)

汉口电 汉商会皓(十)(九)日开筹款赎路大会,请盛竹书报告交涉经过及筹款办法。(以上二十日下午五钟)

(《申报》)

14.公牍:电:电北京天津济南青岛上海汉口广州总商会暨联合会转各商会:山东矿山组织公司日本已组织投资团体中国资本家有欲投资者请速推代表莅会由

(1922年)

北京、天津、济南、青岛、上海、汉口、广州总商会,上海商会联合会并转全国各商会钧鉴按华会解决山东悬案条约第二十二条淄川坊子金岭镇各矿,应移归中国政府特许之公司接办,现在日本方面业经组织投资团体,预备与中国投资团体协商公司办法,并由日本委员在中日联合委员会提议,此事关系至巨,凡吾商民俱应提倡投资以挽利权,为此电达贵会如各当地资本家有愿意在该三矿投资者拟请迅速推举代表,于本月十五以前来京与本公署协商组织投资团体办法,以免坐失利权,并盼先行电复王正廷江印

南京总商会电　收到江印已通告本省各商会由

北京鲁案王督办鉴江电敬悉已录电通告本省各商会矣,特复南京总商会鱼

天津银行公会电　收到江电,俟与天津商会接洽后再行奉闻由

北京督办鲁案善后事宜公署王督办鉴江日代电谨悉淄川坊子金岭镇三矿组织投资团体一事容与此间商会接洽后,如何再行奉闻先此驰复天津银行公会真

汉口银行公会电　收到江电已分别转行以广傅布由

北京鲁案委员会会务处王督办大鉴江日代电敬悉遵已分函武汉总商会傅知各商帮暨分函在会各银行知照并抄送各报馆一律刊登传布,以副我督办提倡实业挽回主权之盛意,谨此奉复即乞鉴察汉口银行公会叩真

山西全省商会联合会太原总商会电　收到江电已通函各处资本家提倡投资由

北京王正廷先生鉴江电领悉淄川坊子金岭镇各矿移归我国开办,实赖我公维持之力,凡我商人同声钦承嘱转知当地资本家推举代表赴京与议,并先电复一节已遵照原电通函各县商会转达当查照办理为荷,此致。

（《鲁案善后月报》第 5 期）

15.汉口总商会为汉口镇守使署来员面谈饷项支出致上海银行汉口分行函

（1922 年）

径启者,前接汉口总商会函开,汉口镇守使署来员面称,饷项支绌,商会向各帮借现款若干以应急需,等语。贵帮究能筹借若干集议见复等情。前来当经开会议决酌予筹借以维地方,并经函致商会。由公会各银行摊借一万串,请将利率及归还确期函告等因。去后嗣准商会复函称已向镇署询明暂以三个月为限,因系维持市面,拟请从轻按月三厘行息。届时本利一并清偿,出具担保信函到会,兹查此项借款经商议,由中国交通两行各摊借一千五百串,浙江兴业、盐业、聚兴诚、金城、中孚、四明、上海、华丰、懋业、工商十银行各摊借七百串,以上共计一万串。目前因商会迭次催交,即由中国银行于十一月六日代整台票一万串,送公会专函致汉口总商会代收转交汉口镇守使署,并请商会出具收据交公会收存,均各在案。所有公会历次与商会来往信函暨与中国银行来往信,相应一并照抄送请。

1923 年

1 月

1.汉商会调停花厂工潮

（1923 年 1 月 17 日）

汉口电　汉商会调停花厂工潮，先将警厅被拘工人五名释放，改正上工时间，工联会认为不圆满。删（十）（五）再函商会促定办法，否则仍须大游行。

（《申报》）

2.汉口总商会与京、津、沪、粤各商会联合向政府提出三项事件

（1923 年 1 月 17 日）

（东方社十五日汉口电）汉口总商会，今日午前开同紧急会议，协议目下时局。决与京、津、沪、粤各商会联合向北政府既各省当局提曰三项事件。一、宪法成立前，不得改选大总统。二、宪法成立以后，大总统未就任前，不得发讨伐令。三、政府及各省当局不得擅自借款。

（《民国日报》）

3.汉商要求政府三不——不举总统，不用兵，不增兵

（1923 年 1 月 17 日）

（汉口十五日电）汉口总商会十五日前特开商董紧急会议，以为现下时局多艰，南有广董之变，北有总统选举之纷争，此外川闽各省各有事变，人民不安，更不待言。此际各省人民如能自决，则不难保持生命财产。特提议与北京、天津、上海、广东各商会联络中央政府及各省当局提出左议三种案件。一、宪法未成立以前，不得选举大总统。二、宪法成立后至大总统就职时，不得颁发何项讨伐明令。三、政府及地方当局不得增兵借款。

（《晨报》）

4.鄂商会反对象矿抵借外债

(1923 年 1 月 19 日)

鄂商会反对象矿抵借外债

保全湖北官票生机

拒绝洛吴卖矿筹饷

鄂函云,武汉两商会为维持票本,请将官矿归并钱局接办,不啻力竭声嘶,舌焦唇敝,始通过阁议,方期实行归并而何督办潜赴洛阳,愿以象矿抵借外债,尽量协济军饷。吴佩孚遂电北京,推翻阁议,电鄂不准移并,是以两商会分函驻汉各领事,请一律拒绝象矿押借债款,此函截要附后。

(上略)闻有将官矿押借外债情事,鄂人闻之,如告死刑,佥谓湖北官票,所以尚能流通者,皆我鄂人生命相维,始有此日。今已明知还本之不易矣,仅一矿山,而亦朝四暮三,不能如望,我鄂人真不知死所矣。至此以后,我鄂人之富商大贾持官票以营运者,将顿失所资矣,我鄂人之寡妇孤儿,奉官票以为生者,将立濒于绝矣。久仰贵总领事驻节汉上,关心民隐,具有同情,湖北官票之关系,湖北人民何如,安则俱安,危则俱危,自在贵总领事洞鉴。诚恐外商有所不知,讹以传讹,遽谓无稽之言为可信,而乘间进行,是不惟有背贵领事夙昔亲爱之心,并直与湖北人为公敌也,且与敝国政府之议案相难也,我湖北人为全省生死计,为政府信用计,惟有誓不承认而已。千夫之所指,逞一意之孤行,是为不仁,一意之孤行,犯千夫之所指,是为不智,贵国各巨商,明于事理,窃意斯举之未必能真也,又不能不望贵总领事之极端维持,使其不能成约,则感荷贵总领事亲爱之谊,岂有涯哉。(下略)闻此项通函,并分致各国驻汉商会,请一致拒绝云。

(《民国日报》)

5.鄂商会通电请裁兵

(1923 年 1 月 25 日)

(汉口廿三日电)湖北商务联合会关于裁兵问题,特开会议,决定再向各方面通电,俟于二十三日经武汉两总商会同意后,即于二十四日拍发云。

(《晨报》)

6.武汉商界赞成罢市运动

(1923 年 1 月 30 日)

武汉商界赞成罢市运动

促军阀与北庭觉悟

鄂函云,上海总商会,发起全国实行罢市之运动,促军阀实行裁兵理财。前曾派员分赴各埠联络进行,昨武汉两商会,复接该会来电,谓各省先后赞成于明年正月十九日,举行全国罢市,当由蔡辅卿、汪美堂、吕珩伯、左仁亲等召集各帮帮董,在汉口总商会开紧急议事。到者百余人，首由蔡辅卿主席发言，谓上海各界，已决于明年正月十九日，全国罢市，武汉为全国中心，观瞻所系，届时能否取一致行动。郑□吾发言，谓年来国家财政破产，军阀专横，而且天时不正，年岁荒饥，然军阀之搜刮，仍有加无已，本席主张与津沪宁等埠一致行动，借以促军阀与政府之觉悟，而为裁兵之实力运动云。主席以蔡议付表决，全体赞成，但罢市之程序，应听上海商会来电，再召集武汉联席会议宣布之。

(《民国日报》)

2 月

1.赣皖风云险恶中之汉江丛讯

(1923 年 2 月 2 日)

湖北商联会亦吁请裁兵

(汉口特约通信员冷然)

阳历元月将终，阴历关年又届，湖北方面所谓军政等费经当局者东拉西扯，当可敷衍过去，而不至发生若何之影响。但是江西方面，既与湖北有种种之关系，近来之形势，日趋险恶，似已无可讳言，据外人消息，谓中止援闽之孙传芳，其前往抚州之第四旅，刻已开始向南昌撤退，南昌颇形恐慌，另讯周荫□与蔡成勋两军，已在距南昌四十里之武阳渡发生冲突，南汉路已不通。惟确否无从证明，即官厅宣传，虽谓孙氏刻复由南昌至抚州，并决将四旅之步队两团，机关枪队两连，炮兵一营、工兵一连、辎重兵一连、电信一队，暂驻抚州，其援闽之军需，仍囤积于抚州以下七十五里之李家渡。然对于南昌方面倒蔡声浪日高之说，亦谓实有其事，但云南昌省城内外，满布蔡部第一师，防范极为严密云。更有一事为记者所不解者，即援闽既经明令中止，而孙尚派彭德铨为援闽后路司令，并在汉口刘家庙组设司令部，究有何用耳。

安庆马许之争，与鄂本无关系，然马氏或亦有借重汉口发泄之处，原马近又托有某商会长胡家典领衔攻讦，许世英之电报内容胪列许之五大罪状，并拥护前巡按吕调元为省长，拍电费由安武军统领史俊玉拨付五百元。马特派其外交秘书谢汇垣，率同数人来汉拍发，现寓交通旅馆，先是□等曾在芜湖电局拍过，因驻局检查员系许所派，致未发出，过九江曾拟照拍，因家数过多，需费太巨，故再进一步至汉，请将原电删改，方始得以如意拍出。然而马与许不能两立之点，即此倩人来汉拍电讦许之一举，已彰彰明矣。

裁兵运动，全国风从，湖北全省商会联合会及武汉两商会近亦电致北京府院，暨参众两院，吁请裁兵。内容沥陈宜裁兵者四，宜审顾者三，原文云，北京大总统总理、陆军部、农商部、参议院、众议院钧鉴，九年十一月间，武汉总商会等曾以裁兵意见，上陈政府，未见实行，耿耿之心，至今未已，迩者元首申言于东电，联会代表夫群情，尘土普天，几于一致。夫犯众人所恶，而一意孤行，是谓不智。耽一己之所安，而有进无退，是谓不仁。不仁不智，虽匹夫犹不可自存，况民具尔原瞻者乎。顾或且谓留以卫民也，然而每思往事，只足伤心，覆为雨而翻为云，谁窥其后，喜则人而怒则兽，相信有谁，此其一。或且谓用以防匪也，然而路遥莫及，地僻难供，岁不呼庚,何致饥寒之召盗,乡严保甲,转胜秦越之同舟,此其二。或并谓上策攻心,宜有建威销萌之借也,然而阋墙不起,同室何嫌,前贤让国亦安,但重求仁得仁之愿,几辈从旁相伺,且存以毒攻毒之心,将至俱伤,非徒无益,此其三。或更谓旧劳可念,当尽同甘共苦之心也,然而望者尚奢,施已难继,不饱则噬,方识穷山虎馁之危,执法相绳,将贻古人鸟喙之感,宜思其大,俾齐厥终,此其四。又况近年以来,水旱多灾,道途不靖,人少谋生之路,天无压乱之心,农辍于耕,商枯于市,而催科仍急,杂税不蠲,国课早完。犹旧欠预征之并举,货厘已纳,更重关叠卡之扣难,驾名军饷所关,谁敢支吾少许,到处人民太息,自怜草木不如,此以国民言之宜审顾者也,至于司农既乏术点金,大□又一空如水,恃外人之举债,则积欠太多,待各省之上供,则截留已净,以致理财之室,逼坐债权。至库之官,难寻活着,政务已穷于设法,官厅复迭有罢工,又况兵饷攸关,军需至急,今日之百万未付,明日之百万又筹,不惟搜刮无余,将成怨府,并令支持不下,徒困愁城,此以国家言之,宜审顾者也。华会开议,以减轻兵备为前提,是海宇尚望澄清,而中国何堪歧异,责言若至,在我已难于设词,提议尚多,从此恐不能进步,阻全国自强之机会,招外人无谓之诘难,谁实为之,一至于此,又况派员协查之请,外债总结之言。各报宣传,恐非风影,即使纯平空气,已足伤志士之心,设更事有难知,将益重国民之痛,此以国际言之,宜审顾者也。本会等每念初衷,敢望忠告,兼之大总统屡颁明谕,各法团同事请求,人之所欲,可卜天心。国有与存,先观民气,现在万方一致,异口同声,所望(当局诸公、议院诸公)信舆论之至公。念小民之重困,对于所请,即赐(实行,提议施行),至方法如何,想(当局诸公)必有筹维于豫者,夫有缺无补。胡文忠不朽之言,移兵作工,孙中山至仁之语,或审择而从,或别求其善,权衡在上,非言者所敢欺也。区区之诚,惟是盼海内泰安,民生咸遂,焚香夜祝,本小人望治之心,衣锦尽行,亦壮士荣归之乐。竭诚上渎,伏冀垂慈,湖北全省商会联合会、武昌汉口总商会全体同仁叩。(一月三十日)

(《益世报》)

2.吴佩孚向汉商借款

(1923年2月6日)

吴佩孚以年关用款支绌,应付维艰,特电驻汉副官长宋芝田,向汉借款。宋因商请魏联芳向汉口津绍两帮之银号、钱庄代借,刻已借款三十万,利息一分八厘,业于一日交清汇洛云。

(《晨报》)

3.鄂省之财政会议

(1923年2月10日)

萧耀南为湖北财政问题,于三日上午十时,在署召集官商联席会议,讨论解决方法,列席者为财政厅长兼官钱局长郭干卿、督军署军需课长兼造币厂总办王莲臣、汉口银行公会代表钟美文、钱业公会代表万泽生,主席者为萧兼省长,首报告开会宗旨,略以年关伊迩,军政费均须酌量发给,市面金融亦须维持,方能保地方之安宁秩序。于是郭王二氏相继报告军政费之困难情形,与市面金融停滞现状,未乃互相讨论。至午后一点钟,始逐项解决,乃由主席宣告散会。兹将讨论事项录下：（甲）关于官听方面者：（一）去年新印之官票一千四百万张，原为掉换旧票之用，定于本月十五日以前实行掉换，由武汉商会相助进行；（二）湖北官钱局以现洋十五万元交付钱业公会为收买官票之用；（三）造币厂所铸铜元造成运往西北五省应用，乃竟在武汉行使，以致铜元充斥，钱价益低，再应允银行公会之请求，代为鼓铸银元，其数目临时规定之；（四）官厅如向银行或钱商借款时，宜履行双方所定之合同，不能有延期之行为，以保信用而免纠葛。（乙）关于银行及钱业公会者：（一）官票行使市面，不得借故抑压票价，铜元虽暂时有过于充斥之现象，亦当共同维持之；（二）阴历年关，汉口市面因受时局及天灾之影响，致金融大受恐慌，可随时商之官钱局予以金融上之接济，以免倒闭之虞；（三）官厅对于本省税收额及备款之抵押品，宜有确实之数目与指定，庶本省借款之已告成立者，不致受任何之束缚。

（《申报》）

4.苏督齐燮元讨论裁兵电

（1923年2月11日）

苏督齐燮元讨论裁兵电

与武汉商会之商榷

武汉总商会对于裁兵运动，已与上海商会联合一致，曾于前日通电全国，征求意见。昨闻齐燮元复电该会云：元日通电，痛陈裁兵办法，及其理由，语重心长，计□虑密，反复披诵，极表赞同。我国苦兵久矣，燮元忝为军事当局，庸于此种民众心理，内外情事，茫无所知。曩者曾就鄙见，著为整理全国军事计划书，历时八载，积稿盈箧，本欲出以问题，特以时会未至，迟迟有待。故自九年受任以来，对于苏省即以汰冗留精，减费节饷为职志，以绘图全部计划之，实行削减。来电所言，讨论全国裁兵计划，以会议开其始，以善后全其终，更以预筹经费促其成而速其效。仁言利薄，实获我心，按之鄙见，自属无甚出入，顾一再思维，犹须与诸公一相商榷者，以为今日多兵之患，裁兵之难，其根本原因不尽在经营无着，而在统一未成，信如尊论，以召集会议责之中央，是必中央政府确能建立于法律之上，南北各省一致表示拥戴之诚，而后召集会议之事，不难立举。昔孔子论□注重于足食足兵，而归本于无信不立，知去兵非难，立信其根本耳。今日之事，倘能将此问题先行解决，则中央政府对于此事，有号令之能力，有筹款之信用，可以支配一切。而各省对于中央乃其相互关系亦复无可捍格，无可猜疑，庶乎易于着手，何也。有信义以为号召，有实力以为支配，有经费以为应付，坐而言即可起而行也。远鉴华会列国裁兵之议，近察上海南北会议之举，一成一败，可知其概矣。燮元为是言，仍鳃鳃过虑也，成事俱在，取鉴不难，如天之福，悉如诸公所期此议旦夕实现，宁非大愿。誓当本其素志，竭其绵力，赞画一切，用俾成功，惟诸公有以诏之。

（《益世报》）

5.汉阳商会代表请废引岸

（1923年2月24日）

湖北汉阳商会代表周仲宣关于盐政提出请愿书一道，条陈改革补救办法，录其原文如左：

为请愿事,窃查引盐限制度,困商病名,不良已极,是当极谋改革,用苏病困,今特将其不良之点,及改革补救办法,胪陈如后。

(一)龙票。查龙票作用之解释,即为凭此买盐之证据,非有此龙票证据即不能买盐。是更就龙票作用之进一步的解释,则龙票又为一种买卖之特种权利券。查盐为国产,号民曰食,事之重大,莫逾于此。何等出此龙票,令何如人有此买盐特权,何如人无此买盐特权,更何因此致令有此特权之少数人,倍利自丰,无此特权之多数人,嗟与民食。若谓龙票之设,创自前清,则治邦之道,首在除害,今之秉政诸公,对于此种因商病民遗毒政策,亦应设法删除。

(一)限制地。查鄂人现有之食盐权,不过淮盐一部,他如本省应城及各省之盐,皆无食用权利。若淮盐果有利于民食,本省及各省之盐,皆不利于民食,政府为强制保护卫生起见,因为加以限制,犹可说也。然淮盐并非尽善,他盐并非尽不善,况欧洲各国食品流通,其政府尚不加以禁限,今我一国之内,何以限制乃而,准此而谈,纵舍困商病民之说于不论,单就民权国体之为词,亦更多顾失。

(一)改革及补救办法。现宜将龙票限制不良之法一并改革,嗣后无论何人,皆可买盐,无论何人对于何地之盐,皆可自由食用。庶不致有困商病民之弊,或谓恐一经改革,则盐运减少,收税无着,不足敷偿外债,殊不知此种困难,亦并非无法补救。设经改革以后,当无论本省及何省所卖之盐,皆可准依淮盐每引运出所得税额,照数增课,至于此项课税手续,可就各制盐所在地设所办理之。凡此盐既经完课税以后,即由课税所填发经完凭单,或类似印花之税票,粘贴盐包之上,勿论再至何处,皆可通行无阻。若未贴此种完凭单及税票者,以漏税论。似此办法,则无论何地之盐,皆不致荒废无用,国家税收,不致因而减少,缉私盐卡,亦无所用其敲商诈民之毒辣手段矣。

(《晨报》)

6.武昌商会审查五省钞票报告

(1923 年 2 月)

汉口中国银行发行五省通用钞票,系因本年股东会议将陕、豫、川、湘四省分行并入汉口。该四行不发钞票,统由汉口发行,集中兑现,以免长途运现之艰险。乃外间不察,诸多误会,该省当局特委托武昌商会审查详情。兹闻该商会审查之结果认为并无流弊,有利商民。其原报告书如左:

查原案主旨,系以汉口中国银行近发行五省通用银元纸币,票面注明汉口兑现,湖北、湖南、河南、陕西、四川五省通用等字样,认为责任含混,恐酿弊害,且怀疑发行此项纸币之理由,因拟质问政府,要求答复等因。事关地方金融,审查方法自宜特别慎重。因决定先行询明该行此项纸币情形,再行审议。旋询据该行复称,昨承枉顾,以敝行发行加印五省通用免费通汇钞票一事,不明真相,分别条询,嘱即函复,具见关心币制,体察金融之至意,曷胜钦佩。查此项钞票,所以加印上列字样者,无非为醒目起见。盖敝行鉴于年来时局多故,内地各行准备多则风险可虑,准备少则应付不敷。不得已内部改组,仿照美国银行分区集中之制,略事变更。择分行中之在通商互埠比较安全者,定为区域行。其他邻近各发行之准备金,概须存入区域行,以昭妥慎。汉行为区域行之一,所有川、陕、湘、汴之中国银行,均属汉行区域之内。该四行准备金,均应集中汉行。惟各该省处于腹地,平时输运现金,已极困难,遇有缓急,更恐难以调运,故由敝行统筹兼顾。拟定收回该四省原发之钞票,专用汉口钞票。在汉集中兑现,借免长途运现之艰险,冀收货币流通之效益。又以该四省行用此项钞票,或因在汉兑现之故,致感不便,故复另订特别优待办法,准其免费通汇。如作存款,并可增加息率。以期商民称便,无碍推行。此项办法,自民国六年,湘行即已如此办理,迄今并无窒碍。此次不过加印五省通用字样,其实与原发行之汉口钞票同一效用,毫无区别,统由敝行完全负责。发行目的,纯为便利商业,巩固基金,绝无他种作用。且该四省中行领发汉钞,汉行当然随时考察,必须有相当之准备,乃能发给,以免风险。辱承垂询,特以详晰布达,尚希查照等因。本员等详加审议,佥以兑换纸币之有无弊害,暨能否维持其信用价格,全视发行机关有无兑现之充分能力,与夫完全负责之表示,对于兑现能力问题,亦议有相当之准备金,并订有免费通汇办法,为五省使用该票之人,谋较优之利益。且据称发行理由,仍在收回四省原发之钞票,专用汉口发行之钞票,在汉口集中兑现,以免长途运现之艰险。其票面加印某某五省通用字样者,系为醒目起见。以此揣测,并无何等弊害。原提案主张质问政府一节,似可从缓实行。一再讨论,意见相同,理合具书报告,仍候大会公决。

审查员:罗伯农、朱晋候、李梅轩、杨贞生

(《银行月刊》第3卷第2期)

7.(中华全国道路建设协会)致武昌汉口总商会会长函

(1923年2月)

敬启者,顷准湖北督军公署秘书处函开,(见前函)等由准此,本会提倡修筑道路,各省均积极进行。贵会地居中枢,中外具瞻。且经贵省萧督军函嘱,务恳鼎力赞助,代为广征会员,共襄伟举。俾全国道路计划,早奏肤公,上开国家无穷之利,下树地方自治之基,民国幸甚。除分函外,相应函请贵会烦为查照,从速议定办法赐示,实为公便。此致。

(《道路月刊》第4卷第3期)

3月

1.鄂商会反对五省钞票,质问中国银行

(1923年3月3日)

中国银行发行五省通用钞票,以汉口总银行担保兑现,商界恐影响汉口金融,迭加反对,兹武汉两商会,各提出质问理由三项,向中国银行质问。要求明白答复,俾释群疑。所质问三项理由志左,(一)发行五省通用钞票,究竟额定若干,何以久不宣布。(二)此钞准备金汇于汉口,究竟以何项之担保。(三)该钞在其他四省发行,不能以现洋论,将来如何救济,有无切实办法云。

(《民国日报》)

2.鄂商界收回旅大意见,主张先转移外国舆论

(1923 年 3 月 24 日)

武汉两商会自接到哈商会收回旅大代电后,昨亦备函答复,并表示商人对于此事之意见,与将来进行之办法。其文云,接诵贵会齐日通电,具征赤诚卫国,莫名钦佩。此事敝会前已迭电院部及国会,力主据约收回在案,核与尊见不谋而合。惟日人自胜俄人以后,其心目中早已满韩并视,力图经营,根深蒂固,而欧西诸国,亦多相契无形,视为彼国禁脔。观于清季我国倡议自修锦爱铁道,日俄两国群起阻挠,而各国亦鲜仗义执言,卒致功败垂成,其明证也。此次我国收回旅大之议再起,而日人即宣言延长租约一事,早已得英人之谅解,欲以阻与国之声援,行久占之至计,故此事收效之难,较之胶澳,不啻百倍。惟事关领土之大计,我国民亦不可畏难而诿,鄙见此事疏通之方,仍须以厚结邻援,请其主持公论为入手。盖当时日据有辽东半岛,原为对抗俄国而设,与英人之租借威海,以与俄之租旅大相对待者,事同一律。兹则俄势已衰,万不足为日人腹心之患,而朝鲜又已入日人掌握,彼自为其国防计,亦实无恃此为军事根据之必要。况旅大、威海,原属同一租期,威海既在商议交还之中,而旅大仍抱一久假不还之决心,是号称同文同种日以亲善相标榜者,语其实际,乃远不及英人之主持公道,讵非自暴其野心于世界,以此立论,常足以动各国之听,此所谓揭□正义,以转移舆论者也。大连为北部最良商港,南满为商运交通孔道,自日人承袭俄约以来,百方垄断,各国早有门户闭锁之概,清季美人所以助我议修锦爱铁道者,大半因此,今若能援助我将旅大按约收回,则东三省之商业,各国均有发展之机会,既博我国民之好感,又收均沾之实利,事之两便,无过此者,此所谓陈说利害,以冀得同情者也。贵埠为英美商人集合之区,诚能以国民外交之手腕,联络倡导,当足以转移外人一部分之舆论。虽曰手续迂缓,急难收效,然胶澳之收回,亦大半得力于英美之援助,目前所可致力者,只此一策。而此事又本非旦夕可以收效,所谓欲速则不达也,卓见如以为然。即请先就哈埠暗中联络,一面分电全国商会,一旧进行,是否有当,仍盼赐教云云。

(《民国日报》)

3.汉商会改选会长结果

(1923 年 3 月 26 日)

译电

(东方社二十四日汉口电)汉口总商会改选正副会长之结果,周星堂当选为正会长,陆德泽当选为副会长。

(《民国日报》)

4.改选会长

(1923 年 3 月 27 日)

汉口电　汉商会二十四日改选,周景棠正会长,陆德泽副。(二十五日下午十二钟)

(《申报》)

4 月

1.鄂人对日交涉之激昂

（1923 年 4 月 6 日）

昨因收回旅大及撤废二十一条事，致电各国国会，请一致主持正义，为我国援助。此电系译成西文拍发，其电如下：各国国会公鉴，日本威胁所结之二十一条款，未经敝国国会通过，根本上已属无效，此理至明，毋庸多辩。乃敝国政府此次提出牒文，日本竟答复拒绝，并租期已满之旅大亦抗不交还，不惟妨害我国主权，亦且破坏友邦在华之均势，处此公理战胜，决不容此帝国侵略主义之存在，贵会代表民意，伏祈主持正义，一致援助是所企盼，湖北收回旅大期成会叩。他如湖北自治研究会、湖北铁道协会均电政府力争，汉口商会因新选正副会长周星棠、陆德泽不愿就职，会务无人主持，致对此问题，尚无切实办法，但武汉各商帮董二百余人，则于三十日在汉口华商总会议决，一致与京津沪宁各埠商会实行经济绝交云。（四月二日）

（《申报》）

2.汉商会请严重交涉取消二十一条

（1923 年 4 月 8 日）

汉口电　汉商会电院部，请严重交涉取消二十一条。（七日下午五钟）

（《申报》）

3.汉商会开会董会议

（1923 年 4 月 14 日）

汉口电　武汉商界要人徐荣廷、吕超伯、周星棠、陆德泽等十二日在一江春议决，抵制日货徐比至汉商会开会董会议，促周、陆十七日先就正副会长职，十八日再开大会讨论，实行抵货办法。（十三日下午五钟）

（《申报》）

4.商会拟推代表组排货委员会

（1923 年 4 月 16 日）

汉口电　武汉商会会董十四日在汉商会议决，检查日货，武昌由徐荣廷负责，各团体亦拟推代表组排货委员会。（十五日下午一钟）

（《申报》）

5.讨论对日运动及赋税改折与教育附加税事

（1923 年 4 月 22 日）

汉口电　武阳夏三商商会二十一日在汉商会联议，讨论对日运动及赋税改折与教育附加税事。

（《申报》）

6.会长就职

（1923 年 4 月 22 日）

汉口电　周星棠辞住友银行买办，就汉商会长职，副会长陆德泽决不干，由郑燮卿递补。（二十一日下午五钟）

（《申报》）

7.组全省商界外交后援会

（1923 年 4 月 23 日）

汉口电　武阳夏三商会及全省商联会二十一日联议，决组全省商界外交后援会，推徐荣廷正干事长，吕超伯、万泽生副，总会设于汉商会。另于各县设事务所。又议检查日货办法：（一）调查各帮进货账簿，停止买卖日货；（二）取缔报关行转运日货；（三）推举检查员分途检查。（二十二日下午五钟）

（《申报》）

8.鄂商界之联席会议（汉口通信）

（1923 年 4 月 26 日）

组织全省商界外交后援会，反对财厅增加赋税。

武汉各团体此次对日运动，办法虽有多端，而抵制日货实行经济绝交，要为共同之目的。但抵货绝交，其重大责任厥在商界，商界若无切实办法与坚决意志，亦无良好成绩可言。武汉商界要人，如徐荣廷、吕超伯等，上次在一江春集议，对此问题之方法，佥因汉商会正副会长问题尚未解决，所有进行均苦无从着手，而现时当选之汉商会长周星堂乃日本某银行买办，当此对日绝交声中不免予人多少怀疑，于是议请周氏以国家体面为重，辞去某银行买办，专就商会会长，周初无意于会长，嗣经多人敦劝，始允就职买办一席，一俟经手事件清楚，即行脱离关系，至副会长陆德泽乃某纱厂经理，事务殷繁决意不干，亦经众议，由得票次多之郑燮卿递补，会长问题既已觅出正当解决之方式，遂由武汉两商会发起武阳夏三商会及全省商会联合会四团体联席大会议，先期发出通启，定于二十一日在汉口商会开会。是日到会者，全省商联会正干事长吕超伯、副干事长蔡辅卿、武阳夏三商会徐荣廷、万泽生、吕珩伯、王义甫、张余仲、赵典之、杜树棠等六十三人，周星堂、陆德泽以尚未就职，故未莅会，由众公推汉商会前会长万泽生为主席，首提汉会正副会长问题，咸以周星堂已愿就职，决定二十三日欢迎周氏到会，至陆德泽决不愿就，可由郑燮卿递补，此案既毕，遂正式开议：（一）收回旅大，否认二十一条案；（二）财厅拟将全省赋税，改征银码案；（三）省署拟加征五厘货税；拨充教育经费案。由主席报告毕，吕超伯、徐荣廷等相继演说，均谓日政府不顾正义，蔑视我国，吾人惟有与之断绝往来，而其枢纽则在我商界，若我商界能坚持到底，实行抵货，日人虽强，终不能不为我所屈服，云云。当经大众讨论结果，决组湖北全省商界外交后援会，公推徐荣廷为干事长，吕超伯、万泽生副之，到会各代表皆为干事，总会即附设于汉口商会。另电各县商会，组设外交后援会事务所，作为永久机关，非达到二十一条撤销旅大收回之目的，决不撤销，当推郑慧吾、王义甫、伍汉臣、张余仲、刘仁山为简章起草员，并参照山东外交后援会章程办理，俟后援会干事部正式成立后，即实行检查日货，其检查办法，亦经议决三项：（一）调查各帮进货账簿，凡前所订购日货及已买进日货，均即日停止贸易。（二）取缔各报关行，以后凡系进口日货，及本国土货之运往日本销售者，均不许代为报关，其各转运公司，亦同时不许其转运日货。（三）派各帮熟悉日货情形者，为检查员，互相分途检查，又讨论后援会经费，由徐荣廷首先捐助二千串，钱业公会捐三百串，余德馨捐一百串，其余会董各捐一百串，帮董各捐五十串，俟简章拟就，即开成立会，继讨论第二案，有人主张与第三案并同讨论，主席咨询无异议，全场会董，对于当道之妄增人民负担，一致反对，谓郭干卿接任官钱局长时，湖北官票，每串值银五钱有零，现则跌至三钱二三分，今反将赋税一串，改折银六钱六分，以官票折算，应征钱二串，是明明增加一倍，郭氏既曰维持钱价，何不将钱价提至六钱六分，此等敲剥政策，万难承认（按此案省署同时咨交省议会及两商会议复，省议员郭璜等，业向省署提出质问，现在各商会决不承认，是此案万无成立之理由，务望当道勉徇民意，打消此议）至五厘附加税，亦难承认，因全省教育费，仅在少数，当道不从撙节军费着想，而乃剥及商民，绝无理由可言，于是公推商联会满心如等四人，汉商会周韵宣等六人，武商会易慈臣等四人，汉阳商会周全山等四人，为商界全体代表，即日向财厅严重交涉，请其将赋税改折银码及征加教育附加税两案，根本撤销，如当道不顾民意，强欲实行，则将通电各县商会，举行全省大罢市，议至晚间九时，始散会。（四月二十二日）

（《申报》）

9.武汉商界决议组织商界外交后援会——抵货亦议三办法——周星棠辞日买办而就商会长

（1923年4月27日）

（汉口特约通信员小轩）

武汉各团体此次对日运动，办法虽有多端，而抵货绝交，要算大家共同的目的。但是只抵货绝交，非商界有切实的办法和坚决的心思，也难有良好的成效。武汉商界要人，如徐荣廷、吕超伯等，上次在“一江春”讨论对日问题，都以汉商会会长尚在虚悬，所有进行，都苦不能着手，拟先请周星棠就会长职。但周氏现任日本住友银行买办，在对日绝交声中，不免令人怀疑，遂推代表数人，请周顾全大局，辞去住友买办，专就会长。周氏初尚不允，嗣经多人苦劝，始允俟将住友买办经手事件完毕后，即行脱离住友关系。至副会长陆德泽决意不干，公决由郑燮卿递补。汉商会会长问题，既有解决方法，遂由商界要人发起全省商会联合会、武昌总商会、汉口总商会、汉阳总商会等四团体联席大会议，先期发出通启，定于二十一日下午四时，在汉口商会开会。是日到会的有吕超伯、徐荣廷、蔡辅卿、王义甫、张余仲、杜树棠、吕珩伯、易词臣等六十三人。午后六时开会，公推万泽生为主席，首先讨论汉会长问题，众以周星棠辞去住友买办，允就会长，决定二十三日，欢迎周氏到会，副会长可由郑燮卿递补。此案议毕，主席报告正式议案。（甲）否认“二十一条”，收回旅大案。（乙）财厅拟将全省赋税改征银码案。（丙）省署拟增收五厘货税，拨充教育经费案，有主张乙、丙两案合并讨论，主席咨询大众，无异议，遂议甲案。吕超伯、徐荣廷相继演说，极为激昂，当议决组织湖北全省商界外交后援会，公推徐荣廷为正干事长，吕超伯、万泽生副之。总会附设在汉商会内，另于各县商会设立事务所，当推郑慧吾等五人为简章起草员，经费由徐荣廷捐助二千串，钱业公会捐三百串，余德馨捐一百串，帮董各捐五十串，俟简章拟就后，即将干事部正式成立，至检查日货，当经议决办法三项。（一）检查各帮进货账簿，凡前所订购日货及已买进日货，均即日停止贸易。（二）取缔报关行，凡进口日货，及本国土货运往日本销售的，均不许代为报关，各转运公司，亦不许其转运日货。（三）派各帮熟悉日货情形的，为检查员实行分途检查。一俟干事部成立，即实行检查继讨论乙、丙两案，都以鄂省灾旱频仍，万难再加负担，公推商联会满心如等四人，汉商会周韵宣等六人，武汉商会易词臣等四人，汉阳商会周全生等四人为商界全体代表，即日要求财厅根本取消两案，若财厅不顾民意，总欲实行，则将通电各县商会，实行全省大罢市。时已九时许，遂散会。（四月二十二日）

（《晨报》）

5 月

1.武汉商人拒加征助吴

（1923 年 5 月 1 日）

汉口函　自洛吴来电改征赋税为银码之消息宣传以来，一般小民，均诚惶诚恐，满拟为人民代表者，必有正确主张，讵大谬不然。昨二十六号午，全省商会联合会，武昌、汉口、汉阳三商会，共四团体，各推代表共四十余人，赴财政厅请愿，郭厅长亲为接见，各代表吴干臣等，纷陈人民种种痛苦，不堪再加担负，并详述各征收机关，种种敲剥，万一必须收支适合，只要破除面情，剔除中饱，岁加不啻倍蓰，请收回成命，免予改征。赵典之、王义甫等措辞尤为激昂，有宁可亡国，不愿加征语。郭大为动容，且宣布原议开源节流两项，继经各代表，要求再四允即转呈督军，请缓实行。各代表又说加抽五十文教育费，亦请免除，时声色俱厉，郭厅长亦允请萧核办。

（《民国日报》）

2.汉商会函请销毁冒牌

（1923 年 5 月 12 日）

上海总商会昨接汉口总商会函，谓沪埠元裕与志和两号发售汉口慎昌桐油，查明冒牌。请即传知该两号，从速销毁冒牌，并赔偿以前损失云云。

（《新闻报》）

3.鄂商会忠告国会议员

（1923 年 5 月 23 日）

湖北全省商联会为促国会制宪事，致北京参众两院电云，北京参议院、众议院诸公同鉴，民国肇造，十有二年，根本宪法，犹属悬案，上无道揆，下无法守，以致政纲纽解，寰宇分崩。独立联省之战，复辟洪宪之争，始则护法，以酿兵端，继且坏法，以滋祸乱，连年烽火，举国驿骚。而摧锋陷镝，尽属编氓，挽粟飞刍，皆为膏血，即号称神圣不可侵犯如国会议员诸公，亦复忧串迭更，累累若丧，追怀往迹，痛心厉阶。是胥由于信条之不立，斯变乱之相寻，去岁法统重光，京华田莅，举国承巨创之余，弭切来苏之愿，意谓诸公不忘在莒，念乱图存，早定大法，昭示国门，解除已往之纠纷，弭后来之忧患，延颈企踵，喁喁响望。而泄沓因循，倏逾一载，会议屡辍，宪典未颁，在诸公既视大法为缓图，社会遂以非议度君子。报纸流传，谓诸公攘乱于长安道上者，非求差缺头衔，即索金钱实惠，动以国家主人自命，时出借案要挟之风，书虽叫嚣于议场，夜乃□□于要路，甚有谓诸公将以议会为护身之符，以宪法为续命之汤，故意迁延而不决，乘间以取利者，凡此流言，虽吹毛求疵，不无过甚其词，而空穴来风，有可贻人口实。敝会窃闻美洲议宪，不三月而成功，俄德新章，亦仓卒以宣布，矧天坛草案，夙有规模，就便调剂于中央地方之间，折中于集议分权之制，果能一德同心，尽可克期蒇事，惠此邦国，万世拜嘉，若复别有用心，放弃职责，诸公虽可纵容以养尊，国人断难舍忍以待命，载舟覆舟，能贵能贱，必有群起而绳其后者。湖北首创共和，敝会代表商界，牺牲代价，痛切剥肤，每值纷争，必蒙肤削，催科急于星火，征敛细于牛毛，稀瓜再摘，涸钳将枯，受改草之祸最深。故望治之情弥切，不辞瘏口，谨贡罪言，风雨同舟，尚幸省览等语，特此奉达，伏乞一致主张，促定宪法，以奠国基，而安商业，湖北全省商会联合会叩咸印。

（《民国日报》）

4.鄂商筹备对日大游行

（1923 年 5 月 23 日）

汉口商界重要份子，订于本月二十一日举行对日经济绝交示威游行，其筹备情形，分述于次。

游行交涉。此次游行，原系商界自动表示对日经济绝交，冀促彼方觉悟，原拟游行英租界一码头一带，讵英捕房，未能通过，十八晚该会公推干事徐荣廷等，向交涉员陈蔗卿陈明此次游行，完全系商界份子，且该租界一码头地址，机华英各半，该捕房不能干涉华界行动，并请陈氏转向英领事交涉。

游行通告。该会十八晚致汉黄镇守使、夏口县知事、汉口警察厅通告云。敬启者，敝会鉴于日政府蔑视公理，悍然不顾，拒绝废止“二十一条”，交还旅大，曾经公决，对日实行经济绝交，以为政府后盾，自成立以来，力谋最和平，最有秩序之坚决抵制方法，以济时艰，诸荷赞许，钦佩莫铭□□□□□□事会议。佥以亟宜择期□□□□□□。重要人士游行运动，□□□□

致决心，而促彼方觉悟，□□□□□□□商号，参与游行人资格名额，并拟定游行秩序，及所执旗帜字样，以昭慎重而免庞杂，兹定于五月二十一日（即夏历四月初六日）上午十二时，举行全镇商民游行大会，合将游行秩序表等件，送请鉴察。警厅函末则云即祈于是日，酌派警士来会云。

（《民国日报》）

5.汉商购办大批味之素，商总会派员劝告

（1923 年 5 月 23 日）

昨日有汉口业南货商立犬号经理俞爰卿乘轮来沪，向五马路悦来号洋行街元丰号、小东门源丰号购办大批味之素等日货，分托各轮船茶房水手等另寄带汉，当有人报告江西路各路商总会，该会以俞某行事，实为破坏抵制之尤，议决一面由五马路商联会派员劝告，一面推陈其熊赴海员工会转知各轮海员，拒绝携带，并代电汉口各团体外交后援会，请于各轮抵埠时，就近堵截，以为一般只图私利不顾国家者儆云。

（《民国日报》）

6.全鄂商会对临城案表示

（1923 年 5 月 24 日）

此次临城劫车事件关系极巨，外人方面或主铁路共管，或主联合自卫，甚至有主张自由行动者。总之，皆极妨碍我国主权之存在。闻武汉两商会及全省商联会各重要分子业已接洽妥协，拟日内召集特别会议，对政府提出严重质问，其要点如下：（一）仅营救被掳外人，而置华人于不理，系何理由；（二）以前对于变乱地方之地方长官及统兵将领不加重办，系何理由；（三）历次匪乱概由收买了事，是否由军队无战斗能力及军官无统率兵士能力；（四）此后保护中外人民生命财产，究由何人负责。此外，武汉各界闻均有种种表示，日内将次第发表。

（《申报》）

7.汉商界之游行会

（1923 年 5 月 25 日）

汉口商界各帮为收回旅大及否认二十一条事，于二十一日上午十二时，各帮均齐集万寿宫，各携旗帜，上书收回旅大、否认二十一条、经济绝交、一致抵制日货等字样，各帮参加者，计汉口商会代表四人，武昌商会代表四人，商业公会代表五人，楚安公司代表四人，纬华纱厂代表二十人，五金帮八十八人，长郡帮二十八人，上海旅鄂杂货帮四百四十人，川麻帮四十人，杂货帮四十人，杂货公会一百四十人，油腊帮四十人，海货帮一百二十人，国货匹头帮四十人，江西金业公会六十人，康成酒厂四十人，板带帮三十人，鬃商公会二百五十人，染织公会一百人，福建帮五十人，报关行帮三百人，匹头公会一百八十人，提庄衣业帮六十人，洋油帮四十人，玻璃帮八十八人，昭武书院一百八十人，颜料帮三十人，覃怀帮五十人，裕生公司十五人，扎花帮十人，机器轧花帮四十人，茯苓行帮三十人，号栈帮一百五十人，江西吉安帮三十人，米粮帮三十人，油行帮六十人，电业公会八十八人，英租界典帮二十人，报关行联合会六十人，铜业公会六

十人，钱业公会六十人，河街山货帮六十人，半边街山货帮三十人，烟叶行帮二十人，衣帮公会六百六十人，洋纱帮一百二十人，茶叶帮一百三十人，香烟公会二百六十人，黄丝木油帮二十人，本地杂货帮二十人，浏阳鞭炮帮四十人，棉花公会五十人，绸缎帮一百二十人，棉纱公会一百八十人，纸业帮一百八十人，丝线帮二十人，广货帮一百人，华界典帮四十人，药材帮五百人，参燕帮一百二十人，饮片帮四十人，草帽帮四十人，各帮集合后，旋即出发，首由徐荣廷、万泽生等各执大旗一面，上书湖北全省商界游行实行经济绝交诸字样，各帮陆续随后，由万寿宫上纬子街，至大夹街，出永宁巷，至鲍家巷，转黄陂街，而至前花楼，过生成里，到后城马路，抵商会，会前国旗飘扬，军乐迭奏，鞭炮声与鼓掌声相应，比以人数太多，商会前院及左右铁梯等处，几有人满之患，时已二句钟矣，是日商会院内预搭高台，由商会联合会长吕超伯氏登台演说，辞旨沉痛，言毕退席，遂摇铃散会，迨游行人散会时，已钟鸣三句矣。

（《申报》）

8.沪汉商界营救被掳者之活动

（1923年5月25日）

上海商联会二十一日有电拍致政府请承认临城匪徒之条件，文曰：北京国务院钧鉴，临城劫案，已逾月旬，然被掳人民之释放尚遥遥无期，政府代表麇集临枣，不知所办何事，其以为保持政府尊严，不屑与匪徒开谈判耶。则以往来孔道之国有铁路，一任土匪之蹂躏猖獗，政府之能力威信，早已扫地无余。为今之计，惟有相机行事，对于匪徒条件，勉强先加承认，以期中外人民早得释回，否则迁延不决，势必枝节横生，交涉更形困难。临电无任迫切，上海各路商界联合会叩箇。（二十一日）又据上海二十四电云，本埠华人对于临城事件，极力请求善后策，叠电政府，责其无能，并要其尽力救出被掳中外旅客，现派遣救护队遭难地带，同被害者家族准备赎金，不假政府之力，直接向土匪救出，贫困无力者，则由救济委员会暂为代垫，并带往食粮、药品、日用品等实地从事救护云。

汉口二十四日电云，湖北联合会、武汉两商会联名电请政府对于临城事件，速定办法，勿再让七国联军之祸，以保国权云。

（《晨报》）

9.鄂商会对临城案之表示

（1923年5月25日）

武昌函云，此次临城劫车事件关系极巨，外人方面或主铁路共管或主联合自卫，甚有主张自由行动者。刻下闻武汉两商会及全省商会联合会各重要分子，业将接洽妥协，拟召集特别会议，对政府提出严重质问。其要点如下：（一）仅营救被掳外人，而置华人于不理，系何理由。（二）以前对于变乱地方之地方长官及统兵将领不加重办，系何理由。（三）历次匪乱概由收买了事，是否由军队无战斗能力及军官无统率兵士能力。（四）此后保护中外人民生命财产，究由何人负责。此外，武汉各界，闻均将有种种表示，容俟探明续报。

（《晨报》）

10.武汉商界对日示威之大游行

(1923 年 5 月 26 日)

武汉商界对日示威之大游行

加入商帮约九万余人

实为我国商界之创举

临城劫车案有严重表示

(汉口特约通信冷然)

鄂人为欲达到日本撤废"二十一条"之目的,实行对日经济绝交,汉口商界自动的准于二十一日大游行以示威,列队者有百三十余帮,共五万余人之多,早见本报通信并专电。兹将记游行之详情,应提前为读者报告一事。既记者前次通信,本春秋责备贤者之议,谓武汉有力团体,于汉口外侨对于临城案已有重大之表示。经过多日似尚充耳不闻,绝无表示。不意游行之日,据友人告记者云,此次临城劫车事件,关系极巨,外人方面或主铁路共管,或主联合自卫,甚至有主张自由行动者,总之皆极妨碍我国国家之存在,刻下闻武汉两商会,及全省商联会各重要分子,业将接洽妥协,拟召集特别会议,对政府提出严重质问。其要点如下:(一)仅营救被掳外人,而置华人于不理,系何理由。(二)以前对于变乱地方之地方长官及统兵将领不加重办,系何理由。(三)历次匪乱概由收买了事,是否由军队无战斗能力及军官无统率士兵能力。(四)此后保护中外人民生命财产,究由何人负责。此外武汉各界亦将有种种表示,此种消息,想为急欲闻者,请记游行之概要如左。

开会之情形。先由杨贞生等在万寿宫布置会场,须先通知已经签名之各帮齐集会场。原定十一时开会,十二时游行,至十一时来会各帮商人非常拥挤,会场至不能容纳,悉站立街头巷尾,交通几为断绝,乃提前开会。推举吕超伯为临时主席,因演说恐不能普遍,故并未演说,而到会者人愈多,当将签名簿,按照决定路线出发游行。

游行之路线。正午十一时,由万寿宫出发,至□子街,上大夹街,出由新街后出永宁巷正街,直下经过沈家庙、杂稼嘴河街,转鲍家巷,入黄陂街直下,由后花楼、正街生成里,上后城马路,折转入中国银行侧路,直达华商总会、新马路,转德里前马路,直至五常里渊,仍至城垣马路,到总商会停止。

加入游行之帮号人数。是日游行各团帮号加入者,极属踊跃,总其概数,约在九万余人以上。兹据调查所得,特志于后,其有遗漏者,则俟补述焉。华生公记制罐公司十五人,鲁成公司五人,裕生化妆公司十五人,童葆元、参燕号二人,保和药号二人,中和愈杨寿丰四人,金同人四人,苏货帽帮四十人,领片帮四十人,咸事帮五十人,西药帮三十人,油行帮八十人,洋油帮六十人,玻璃帮八十人,昭武书院五十人,颜料帮三十人,覃怀帮一百六十人,药材帮五百人,徽墨帮六十人,参燕帮一百二十人,广和杂货号六十人,孝感同乡会五十人,福建帮五十人,报关行帮二百人,匹头公会一百八十人,提庄衣业帮二十人,典当帮四十人,瓷器帮四十人,裕华厂二十人,西货草帽帮四十人,绸缎帮四十人,康成海厂四人,板带帮三十人,鬃商公所一百五十人,染织公所一百人,廉货帮一百人,笔业杂皮帮四人,绉纱帮一百二十人,棉花行帮一百八十人,纸张山货帮三十人,丝线帮二十人,洋广杂货帮一百二十人,油蜡帮四十人,浙宁海味帮一百二十人，国货匹头帮五十人，江西金业公会六十人，棉纱公会五十人，橘饼帮六十人，浏阳鞭炮帮约百人，本埠杂货帮二十人，黄陂同乡会六十人，五金帮八十人，长那帮二十人，上海杂货帮二百四十人，川麻帮四十人，杂皮帮四十人，广九药帮二十人，黄丝木油帮六十人，香烟公会二百人，宁平保安会三十人，江西抚州帮三十人，轧花机器帮四十人，茯苓行帮三十人，号栈帮一百五十人，江西吉安帮三十人，米粮店帮三十人，茶业帮二百人，洋纱帮一百二十人，衣帮公会六十人，烟叶行十人，丰边街山货帮三十人，江口山物帮八十人，手业公会六百二十人，铜业公会六十人，报关联合会六十人，油行帮二十人，汉口电业公会八十人，盆盘帮二十人，湖南棉花帮二十人，江西木器帮三十人，三元殿绸缎帮一百二十人，白布行帮二百四十人，印花布帮四十八人，武昌油坊帮五十人，石膏行帮五十人，汉阳广货杂货帮五十人，针织袜业公会一百二十八人，正义制板部二十人，浙江衣业公会十人，武昌铜业公会三十人，浙江金业公会四人，和德公司、山西票号帮十二人，浙鄂木器帮四十二人，国货匹头帮三十人，夏布麻行帮四十二人，水电公司四人，保险公会二十人，武昌商会十人，赣楚华业帮四人时布帮四人，鼎新号四十人，土墙山货帮数十人，报关行帮六十人，商务印书馆三人，中州同乡会四人，皮业帮二百三十人，和春公司四人，第一纱厂二十人，扬低帮汉慈善会共四十人，汉口贫民工厂二十人，汉口总商会三十人，实际临时加入者甚多。

游行时之状况。各帮商人除派人加入游行外，并各备炮竹，游行队体经过时，皆临门燃放，一路响声不绝，各警署皆加班派人，维持秩序，而各帮又各派有招待员维持秩序，秩序甚为肃穆，人人愤激，各帮皆有(万众一心，勿忘国耻，注意间谍)，白布及绸旗。尤为可敬者，武汉各号之巨商徐荣廷、吕超伯等，皆舍车步行，真可予普通社会以一种悲愤深刻之印象也。

游行者之演说。商界同人游行之后，又至总商会前停止。商会特设一演说台，临时主席吕超伯登台演说，大意谓今日商界同人游行，外表甚为美满，民气之佳干一时无媲。但尚有遗憾，非他，即若非袁世凯想称帝，何致默认日本“二十一条”，又设非徐世昌想为总统，何致承认胶济路等条件，此为袁徐之祸国，亦我国民自己放弃主人之权力所致也。今日游行，不过一种表示，最希望精神团结一致做法，日本绝不能受六月之久的绝交，若吾人坚持至八个月，则或能挽回云。众皆鼓掌，后某君宣言，诸君游行劳乏，不必更行演说，当即散会，其余事诸人，则到会计议以后一切进行云。

(《益世报》)

11.汉口商界之对日游行实行经济绝交

(1923 年 5 月 26 日)

鄂函，汉口商界各帮，为收回旅大及否认“二十一条”事，对日宣布经济绝交，抱定积极进行的主义，乃于二十一日联合举行示威游行大运动，以表坚决，详情如后。

(一)集合情形。是日上午十二时，各帮均齐集万寿宫，各携旗帜，上书“收回旅大”“否认二十一条”“经济绝交”“一致抵制日货”等字样，各帮参加人士，莫不义愤填膺。

(一)游行地点。各帮集合后，旋即出发，首由徐荣廷、万泽生等各执大旗一面，上书“湖北全省商界游行实行经济绝交”诸字样，各帮陆续随后。白旗招展，人声一片，莫不表示爱国精神。由万寿宫上纬子街，至大夹街，出永宁巷，至鲍家巷，转黄陂街，而至前花楼，过生成里，到后城马路，抵商会会前，国旗飘扬，军乐迭奏，鞭炮声与鼓掌声相应。比以人数太多，商会前院及左右铁梯等处，几有人满之患，时已二点钟矣。

（一）演说纪要。是日商会院内预搭高台，由商会联合会会长吕超伯氏登台演说，其词云：今日外交后援会发起商界对日运动大游行，各商帮踊跃加入，自动之愤慨，团结之精神，商帮多至百余，人数多至数万，游行诸君之热心，令人钦佩。人心不死，国事可为，似属非常可喜。然而在此可喜之中，实原有极可痛之事，民国"二十一条"之初订，本于袁世凯欲作皇帝，不顾民命，后复以徐世昌欲作总统，不与抗争，都是因个人私利贻全国以大害，维"二十一条"未经我国国会通过，若使提交国会，国会定当否认。独惜我国此时军阀横行，自私自利，外交事件，无人作主，而我等国民不得已，而有自动对日之举。曷胜惨痛，但所幸"二十一条"尚未完全实行，若至实行之日，则中国无异于灭亡。中国既亡，汉口又安能存在。彼时我等若求如今日之游行，恐不可得，其惨痛当更不可言，甚望诸君本自动的精神，贯彻到底，求得美满之结果而后止。既各有自署旗帜，即请各自携归，悬之座右，为永久之纪念品，以便触目惊心，不忘此日，坚持到底，使外人知我民气之不可侮。今日诸公自晨至午，为国劳顿，本会因地方太小，未能一一招待，甚抱歉忱。言毕，退席。遂摇铃散会，迨游行人散会时，已钟鸣三句矣。

（《民国日报》）

12.商总联会职员会纪

（1923 年 5 月 29 日）

国闻通信社云，上海各路商界总联合会（美伦里）昨晚举行职员常会，到福建路郎志豪、山东路钱龙章及沪北六路成燮春等二十余代表及会员三十四人，副理事长钱君主席，首由主席报告，谓本总会自分裂后，新旧分峙，进行颇多障碍，应如何设法救济案。余仰圣谓本会已有五年之历史，争市民权时，成绩斑斑，全国皆知，现有南京路等二十二马路商界联合会正式代表加入组织，基础极为稳固。嗣经众议决，由入会各马路联合会具名登报声明一切，次议救济临城难民案。主席谓本会因发于义愤，组织救济队，各路会员捐助款物颇为踊跃，现已组织就绪，一俟交通部回电到后，即可起程，此次办理手续深恐发生意外，手续力求周密，曾一再登报公告，不幸传言，有人对于此次义举有所指摘，此事是否属实，或别有作用，尚未得知。然本会为二十二路商界之团体，为郑重全体名誉起见，自应设法声明，以除误会，议决由法律顾问巴仁律师登报公告，如有破坏本会名誉，当依法起诉，一方并查究内容，以明真相，次复议决各案如下：（一）函请纱厂联合会，劝令各纱厂设法多纺细纱，以供需要；（二）函请市民大会，将调查所得之国货名单及商标等送交一份，以便转印分发各马路；（三）致函汉口商会，询问长沙日兵冲突详情；（四）整顿各马路商联会案，主席谓，各马路商界联合会发起之初，本由各马路商店合力组织，今乃有名无实之组织者，应设法调查，议决由本总会分派调查员，前往各路调查详细内容，议毕。聚餐散会。

（《申报》）

13.武昌商界对日大游行，实行断绝贩运日货

（1923 年 5 月 30 日）

武昌函云，二十二日午武昌商界外交后援会开会，所有会董、帮董百余人，全体到会。开会

时,文牍报告中华大学函问,锦章布号,贩运日货,何所凭借。又爱国一分子函,指武昌商界,既办后援会,断绝日货,何故商人贩运日货,反较从前为盛,是后援会几为包运日货处之变相。又调查员邓遽园函告,锦章、益丰等布号,甘心为亡国奴假立日货定单,希图源源贩卖,请公议取缔办法,如是纷起讨论,决定务照原案办理。过初四以后,交到日货表之存根,一律认为无效,以后定货单,亦不准由会盖章,以杜包运嫌疑。陈渭滨、陈寿康先后演说。同人既一致决心办理后援会,断绝日货关系,各应如何激发天良,共救国难。自经今日议决后,若再有阳奉阴违、破坏此举者,是其甘心做亡国奴。吾人认为国贼,当群起而攻之。(全体鼓掌)吕、左两会长报告第一纱厂李紫云对于后援会捐钱五百串,敦促进行。某董报告曹祥泰订购日糖万包,内有毒质。日人用此阴险手段抵抗,同仁幸注意焉,有人说俟调查再议,旋讨论游行办法如左。(一)日期,夏历四月十六日。(二)时间,上午十点至十一点,在商会集合,十二点出发游行。(三)各帮先期开会接洽,将加入人数报会。(四)游行路程,由商会北行经监察院、坡横街,出武胜门,至第一纱厂休息后,沿江岸上行,进望山门返会后,再散会。(五)秩序,以到会签到先后为秩序。(六)游行人各执旗帜,由各帮自备,长二尺,宽一尺。议毕时已五点钟,散会。

(《民国日报》)

14.武汉水陆大游行,武昌商界定本日举行

(1923年5月31日)

(武昌特约通信员了因)

武汉商界,以汉口已举行游行一次,武昌方面,亦须组织游行一次,特于日前会议时议决,于阴历本月十六日(即本日)举行,当即通告各商帮,先期开会。愿加入游行者,即往该商界外交后援会将加入游行人数报告,将来游行次序,即以签到之先后为标准。游行时各人须自备长二尺、宽一尺、自由表示之旗帜,于上午十时至十一时,赴兰陵街商会集合,十二时出发,由商会北行,经长街、察院坡、横街,出武胜门至第一纱厂休息后,复沿江岸上行,进望出门,仍至商会散会。兹闻模范大工厂,系商会会长左仁亲所经营,因左氏随时在厂向工人演讲爱国,各工人被其感动,特举代表向左氏要求加入游行,左氏以工人此种举动,系出良心之爱国,特为代达后入会。该会现已极端表示欢迎,又武昌各社团,闻商界将有大游行之举,无不欣慰。决于是日一致表示欢迎,凡游行经过地点,均拟于是日悬旗扎彩,并燃放鞭炮,以资鼓舞,该后援会,以此次游行,为武昌空前未有举动,对于秩序之维持,自宜特加注意。闻已函知警务处,请其届时派出警队,沿途照料矣。武汉航业公会亦商团之一,对于爱国之事,颇不肯独厚于人,闻已召集武汉航业界中人,公同决定,举行水陆游行示威大运动,现正积极筹备,虽日期尚未规定,大概必不出二十九、三十、三十一日等日。至其办法,闻已规定就□,黄,鄂轮船公司,组织一武汉航业界外交后援会,用轮船五十艘,帆船一百艘,一律悬旗扎彩,多备音乐及警告表示之旗帜,并议定以汉武小轮前导,为各轮船、帆船之指导各轮船、帆船均须受其指导。其集合地点,自龙王庙小河口起,至王家巷止,游行航线,则自小河口王家巷等处溯江而上,经过鹦鹉洲,俟各轮船、帆船一律出发完毕,衔接整齐后,再绕转顺大江中流而下,过汉口旧德界特别区江岸,始斜江渡过武昌至徐家棚下青山,集合各船摄影。俟摄影后,复折回鼓轮上驶,进小河,过桥口,至黑山,始行散会云。届时必有一

番热闹也。(五月二十六日)

(《晨报》)

6 月

1.武汉水陆大游行,武昌商界之热烈更胜汉口
(1923年6月6日)

破天荒之武汉水陆大游行

武昌商界之热烈更胜汉口

八十五团体人数不下万余

(武昌特约通信员了因)

近来我国对于否认"二十一条"及收回旅大之事,业已全国一致,大事运动,其运动之程度,均已日趋激烈。以武汉一隅论,自此问题发生,曾接连开过两次国民大会,举行两次大游行。而各界进行,犹未丝毫或懈,汉口商界前曾举行全省游行大会,但武昌方面商团,多不及加入,且其游行地点,亦仅限于汉口。武汉方面,商人有继续组织游行之举,同时武汉航业公会,以爱国之举,不可甘居人后,亦发起组织方面游行,其筹备情形,早已载之报端。今日为五月三十一日,即此水陆游行实行之期,兹将两方情形,为阅者一群详之:

水面游行,时间较陆路游为早,故先从水面述起。是日各轮帆船集合,支配拖带妥当后,于九时开始出发,其组织系以"汉武"为主船,兼招待来宾之用。派江秉诚、刘召棠、贺庸僕、满莘畬四人为该轮中招待员,又以李华庭、叶香泉两人为庶务员。"汉文"为招待来宾之轮,有熊海卿、胡展园、郑永严、李庆臣四君为招待员,江尧阶、郑筱亭为庶务员。"安平"轮亦为招待来宾之用,有招待员吴寿山、陈协侯、彭青君、胡静如四君及庶务员熊孟祥、张孝先两人。"汉武"先行,为唯一之指挥,"汉文""安平"尾随其后。此外又为"宝华""汉阳""利湘""叔安"各托实帮帆船三只。"文安""武穴""风阳""鸿运""君由""快胜""美华""保瑞""翔鸥""万骅""昌平""汉川""联升"十三轮,各拖湘衡帮帆船二只。"汉湘""合泰""楚裕""荣华""楚猛""尊荣"等轮,单独继其后而行,"武汉""万利""鸿利""鸿发""新麟骧""楚利""常鄂""文连"八轮,各拖兴汉帮帆船三只。"利泰"拖驳船帮木驳两只。"逸群""恒大""义源""常宁"四轮,各拖驳船帮敞口驳船两只。"镇华""同裕""大恒""康平""万兴"五轮,各拖永州帮帆船两只。另"新源""吉星"两轮为纠察船,维持秩序。每轮各有纠察员四人:在"新源"者,其纠察员为夏晋权、叶焱荣、倪石峰、张春山。在"吉星"者,其纠察员为宁芝衷、王海峰、吴叔云、吴铮青。各轮行动,预约有一定汽笛号令,遇有各界欢迎者,由主船发长汽笛三声,各轮船、帆船之人则一律举手摇旗答礼。先傍汉口、汉阳、鹦鹉洲江岸至沌口,再横江渡白沙洲,沿武昌江岸而行。每轮行时,相距均在四丈内外,绵延颇长。无论何船,均满悬白色自由表示之旗。及国旗、船旗,彩布等类,临风招展,极壮观瞻。所过之处,鞭爆声、鼓掌声、欢呼声、汽笛声、摇旗声,一时并起,绵延不绝,两边江岸,观者如蚁。武昌方面,观者更众,近各城门一带,途为之塞,黄鹤楼几

至立足无地。某茶馆且因人众倾圮，伤人颇多，多有流血破面，且闻有数人，竟至跌毙者，此则爱国声中大不幸之事，然亦未尝不可以留一永远伤心之纪念也。

武昌商界之陆路游行者，于十一时齐集兰陵街武昌商会，到会者极行踊跃，较之汉口之役，人数更多，大多不下万余人，到者商团，计有钱业公会、棉业公会、典业公会、洋广货公会、药业公会、食粮帮公会、布帛公会、纸帮公会、棉纱帮、船厂帮、海味帮、香帮、杂货本帮、公信公司、杂货南帮、老万年、徐东源、车业公会、玉业帮、筷帮公会、鞋帮、牛皮帮、白布帮、衣帮公会、劝业场、冯正兴铜货号、稻香村、书业帮、铜业帮、丑帮、西药帮、可大药房、油帮、木帮、江西金业帮、米业公会、亚麟公司、楚安公司、震寰公司、裕华公司……总共八十五商团，不及备载，各团均有一两人或三人抬行之横额及大旗数面，每人手中均执一自由表示之小旗，其旗之质或以布，或以纸，或以绸，或以绫，其旗上之字，或以绣，或书，或以剪贴，各出心裁，各极其妙，大队之前，有鼓一钟一，取暮鼓晨钟之意。沿途散发简明传单及"二十一条"说明书，一时出发，向右行，经芝麻岭、南楼前、长街、察院坡、横街头、粮道街、棋盘街、昙华林、正卫街，出武胜门，至第一纱厂休息。再沿江经筷子街、汉阳、平湖、文昌、望山等门外，进保安门，经望山门街，仍回商会。各公团在省长署照壁外，及兰陵街、青龙巷等处，竖欢迎游行之彩牌楼各一，而用白布书字，横挂街中，表示欢迎者，亦随处皆有。所过各大小商店，无不有悬旗扎彩等欢迎之表示。游行所过，鞭爆声、鼓掌声、摇旗答礼声亦绵延不断。下午五时，方退与原处，模范大工厂等，燃放鞭爆约十余万响之多。而时劝业场前，有所谓公民外交后援团，预搭临时演讲台，表示欢迎者。游行队至，一人据台上大声演讲，颇足动听，闻此演讲者系开图书馆之美术家刘强生云，可谓应有尽有矣，特不知爱国诸君，其实行之力，较之口头与外表为何如，吾将拭目以俟之也。（五月三十一日夜）

（《晨报》）

2.对各界对日运动要求取缔

（1923 年 6 月 6 日）

汉口电　萧支四日午召集商联会、武汉商会会长及各厅处长会议，萧述驻汉日领，因长沙事件对各界对日运动要求取缔，应由商会长转告商界，务和平稳健，并中止绅界游行。（五日下午四钟）

（《申报》）

3.保护鸡公山牯岭旅客之沪闻

（1923 年 6 月 7 日）

大陆报云，鄂省之鸡公山、九江之牯岭均为西人消夏之地，每岁往该两处者，极形盛旺。自山东临城案发生后，各西人对于两处咸有裹足不前之势，昨日，鄂督萧耀南向汉商会代表宣言，拟派兵分往二山保护旅客，以免再有第二临城案发生，并担负完全责任，以重邦交云。

（《申报》）

4.鄂官钱局焚毁旧官票

（1923 年 6 月 7 日）

两日共焚旧龙票百九十六万张。

湖北官钱局于六月一日下午一时，邀集官商两界在汉口后马路南洋公司上首空地，焚毁毛破旧官票。是日清晨，先由官钱局监理人王殿元派人在该处搭盖五色布棚，宽约十余方丈，棚前二丈以内另筑红砖大炉一座，宽约一方丈，专备焚票之用。另请汉口警察厅派队士一排，至场守卫，下午一时来宾陆续莅场，计有官钱局会办萧树仁、监理官王殿元、股长涂正华、监理处员时象晋、丁荣学、朱秉珪、熊维罴、刘化南、吴兆廷、李鹤皋、汪云骏、杨贞生、方少岩、郑惠吾、余德馨、孙锦章。郭璜财政厅代表范庆颐、教育厅代表叶光祖、实业厅代表陈桂芬、江汉道代表费杏郛、警务处长崔玉甫、水警厅代表姜斐如、自治筹备处代表陈君胜、武昌县署代表李希宪、夏口知事侯小汀、武昌地检厅代表谢梦蛉、夏口地检厅代表关其忠、官矿署代表杜伟、汉口警察厅代表包春晖、商联会代表王义甫、武昌商会代表陈渭滨、徐是法、汉口商会代表周星棠、郑燮卿、周韵宣、赵典之、刘仁山、杨松甫、武昌慈善会代表王耀庭、胡如城、汉口慈善会代表陈际山、王开庭、武昌业主会代表龙希白、汉口业主会代表胡贤宰、黄式如、省议会代表周海门、武汉律师公会许鸿禧、黄钟鸣、严山谦、刘人杰、学界代表黄祖香、典业公会代表吴福祥、保安各团代表陈雨卿、徐和亭、范阶平等。当由王殿元报告本日所焚之票。计六十二箱，每箱一万六千张。另外八千张合计一百万张，报告毕，推陈际山、杨贞生、赵典之、杨松甫四人为抽查员，抽查数目相符，再用铁机将票面钉透三洞，钉毕上灶，燃火焚毁，自下午一时起直至下午五时完毕，来宾始各散去。

二日官钱局又在武昌阅马厂继续焚烧旧票九十六万张，先在阅马厂中心，用木桩铅丝，围一大圈，中设一台，扎以彩帛，以备监视员之起坐，圈北留一门，上扎牌楼，额曰焚票处，门首立一木杆上悬牌示，文曰湖北官钱局焚毁官票监查处，上午十时起至十二时止，武汉两商会各法团代表以及各机关主要人员并官钱局监理员等纷纷莅止，正午十二时，各人陆续入厂，登台就座，由官钱局卫队将票十九箱抬置厂中，揭开箱盖，经显真楼相馆拍照后，即有某君等向各箱中查点无讹，即由官钱局卫队工役等，将箱中官票倾出，搁置柴堆上，共分五堆，淋以煤油，始行燃火焚烧，约近三小时之久，始成灰烬，各法团代表与各监视员等即稍事休憩，旋复肃入股员室大开宴会，尽欢而散，已五句余矣。

（《申报》）

5.鄂商函询经济绝交之情形

（1923 年 6 月 9 日）

上海县商会昨接湖北全省商界外交后援会总事务所来函云，径启者，查对日经济绝交问题，敝省自本会成立后，各县镇商会均查照本会定章，组织分会，颇能一致进行，如宜沙等埠，并已实行不准日货登岸，各埠亦将依据踵行，可见国人一心救国热忱，良堪告慰。本镇对于取缔日货办法，前经本会公决，凡于五月七日以前所进及订定者，限期来会登记，经派员查实后，准予交易，如五月七日以后成交者，则以破坏大局论，立派员严密调查，借杜弊混，迭经罚惩有案，宣请报章，谅荷鉴察。旋于举行商界大游行运动后，派员宣传“二十一条”之危害，旅火之关系，及实行绝交，以为后盾之必要，各帮均大感动，相继组织协进会，自相监察，以为本会后盾。前日航业界复联合同业，在江西大游行，表示对日运输绝交，连日复派员调查进出口日货情形，迭据报称，进口日货，尚复不少，佥以不知贵处对于进口日货，如何办法，碍难径行对付为恨。昨敝会特开常务干事会议，讨论一切均以欲谋根本解决，必先杜绝根源。贵处为进出口各货之总枢纽，诸君子爱护国家，毅力热心，素不后人，历来对于国际交涉，国家大局，必先各省而建白，夙为国人所企仰。此次对日交涉，尤为重大，定于对外恤商，早有兼筹并顾之善法，应请迅将办法明白见示，以凭查核办理，并希将贵处办理以来所有成绩，详晳见告，以资遵循而匡不逮。如对于进出口日货，尚未筹有对待方法，务请迅即邀集各界暨报关行，速谋经济绝交切实办法，期收国人一致之效果，借促彼方之觉悟，并祈教言时赐，声气互通，俾免情形隔阂，妨碍进行。临颖神驰，欲言不尽，诸希查照，实纫公谊。

(《申报》)

6.武昌商界后援会电

(1923年6月16日)

顷据湖南赵省长，暨外交后援会冬日通电，始悉日舰兵士在湘击毙市民学生，实属强暴已极。我国人民，向称和平，此次经济绝交，对待文明。该日舰不静俟中日两政府解决，胆敢开衅，此而可忍，国其不国，务恳我政府对日提出严重交涉，以抒民气，而救国危。临电惶迫，伏乞垂鉴，即予施行，无任企祷。

(《晨报》)

7.武汉对日运动之稳健(汉口通信)

(1923年6月17日)

商界外交后援会之对外声明

近来武汉对日运动，虽积极进行，而手段力尚和平，乃汉口日领一再向我提出抗议，均经当道据理驳复，最近并由萧督训令警务处，颁布取缔办法八条，又由教厅训示各校学生，政务厅训令各县知事，严禁对日之越轨行动，鄂政府之辑睦邦交，保护日人，可称无微不至，而日领得寸进尺，又于十二日偕其藏本书记官，亲访萧督，要求解散武汉外交后援会，取消其十一条之决议案，并取缔其他对日各团体，萧督答以该会并无越轨行动，碍难解散，惟对于日人之生命财产，当彻底保护，业已拟具取缔办法，通令军警各机关遵照办理，请转告贵国侨民各自安心云云。至侨居汉口之日本商民，不知自省，促其政府之觉悟，竟复无理取闹，倡言自卫，日租界三元里之亲和会，前晚集会，竟主张向日领建议，召集义勇队，实力自卫，昨十三日午，华界日人亲睦会，又推代表请愿日领，速筹彻底保护日侨办法，日领答以形势已缓和，保证今后日侨决无危险，日领能为是言，实因日领署新坂警署长于十二日两次巡视华界，视察日商状况，毫无不安情形，足见日人倡言自卫，故自惊扰者，实别有作用也。湖北商界外交后援会鉴此情形，特向汉口日本商会提出觉书，促其觉悟，又通告各国商会，声明此次外交运动，仅以对日为范围，绝无其

他倾向与蔓延性之排外举动,兹录其原文如下:

致日本商会觉书

中日国交,向极亲善,商务关系,尤为繁密,而二国商人间之情感,更为真挚浓厚,近来敝国商人所以一变其历来之态度者,斯有不得已之苦衷,大中华民国四年,贵国提出二十一条之要求(一)纯系片面的意思(二)绝无交换的利益(三)被迫胁的承认(四)遭国会的否决,无论如何,不能认为有效条约,已不待言,况此种条约,危害我国国家之存在,违背中日二国共存之原理,并侵夺各国在华既得之权利,在贵国政府及商人,实无取得此种要求之必要,而在敝国政府及商人,苟承认此种要求之一最小部分,即与国家之存在,及个人之生存,发生极大障碍,简言之,即灭亡是也。敝国隐忍八年,本望贵国政府根本觉悟,完全撤回此种要求,不意本年辽东半岛及安奉铁路租期已满,贵国政府尚不交还,是贵国政府始终无完全撤回二十一条要求之诚意,敝国商人出于万不得已,始不惜牺牲营业上之利益,一变其历来亲善之态度,而为最和平最委婉之表示,惟望贵国商人,速以相当方法,促贵国政府之觉悟,俾即日无条件的撤回二十一条要求,并交还辽东半岛及安奉铁路,庶中日两国商业,复归于繁荣,以免敝国商人为更进一步之牺牲,至纫公谊,此上大日本帝国汉口商会。

致各国商会通告

为通告事,贵国人民之侨居敝国者,业务之繁荣,生命之安全,感情之融洽,实以商界为最,良由敝国商人,均以和平宽大,光明正直诸德相勉所致,事实俱在,非过量之饰词,当为贵会所谅解,不幸近日有人谓敝国商人,有一般排外人之倾向,将扰乱国际贸易的秩序,及摇动国际条约的基础,或指为某一团所指使,或漫云有过激派的侵入,此实大谬不然,敝国商界,近日之运动,其动机为纯洁的爱国心,有一定之范围与时间,质言之,实出于万不得已,无论何人,皆能了解之一种行为也,大中华民国四年,大日本帝国,突向敝国,提出二十一条之要求,谨按此种要求之经过,对于国际上一般的条约应有的要件,全未具备,绝对不能认为有效(一)纯系片面的意思(二)全无交换的利益(三)强暴迫胁的承认(四)未经国会通过,事理至明,当能共谅,再敝国人民对于以前任何国家,具备一般条约上要件的条约,虽有极大的牺牲,绝未加以否认与怀疑,或请其再议,敝国人民信任国际条约,至为明了,即此次不承认二十一条之要求,正以此种要求未具备一般条约的要件,恐开国际恶例,以摇动国际条约的基础,自不待言,况在日本方面,实无取得此种要求之必要,而在敝国方面,苟承认此种要求中之一最小部分,即足以危害敝国国家之存在,及个人之生存而有余,且此种要求中,无一点不侵害各国对华条约上之权利,敝国人民,为维持国家之独立,保全个人的人格,与国际上新秩序,尤不能承认此种要求为有效,敝国人民之所以隐忍至于八年之久者,本望日本政府之觉悟,至本年辽东半岛及安奉铁路租期已满,日本政府尚不交还,乃确知日本政府无撤回二十一条要求之诚意,并为实行的开始,敝国人民实无再延一日再让一步之余地,出于万不得已,乃有近日种种对日本臣民之希望,然仍一本于和平宽大光明正直,所希望于日本臣民者为何,即早以相当之方法,促日本政府之反省,即日无条件的撤回二十一条之要求,与交还辽东半岛及安奉铁路是也,绝无其他的意思,再此次运动,全为敝国商人自动的,亦无其他的关系,且专以对日为范围,以日本政府无条件撤回二十一条之要求,交还辽东半岛及安奉铁路之日为终期,亦无其他的倾向,与蔓延性的排外举动,恐传闻失实,特此奉告,此上□□□汉□商会。

(《申报》)

8.湖北商界外交后援会之通告

（1923 年 6 月 18 日）

湖北商界外交后援会之通告

对于侨居汉口之各国商会所发

声明对日运动之范围及其终期

（汉口特约通信员冷然）

湖北全省商界外交后援会对于汉口日商会提出对日运动之觉书，及通告汉口各国商会，声明此次对日运动之范围，及其终期，并无其他的倾向与蔓延性的排外运动，曾详前函及本报专电，兹录通告书（仍为任松如主稿）草稿如左。

为通告事，贵国人民之侨居敝国者，业务之繁荣，生命之安全，感情之融洽，实以商界为最，良由敝国商人均以和平宽大、光明正直、诸德相勉所致，事实俱在，非过量之饰词，当为贵会所谅解。不幸近日有人，谓敝国商人，有一般排外人之倾向，将扰乱国际贸易的秩序，及摇动国际条约的基础，或指为某一国所指使，或漫云有过激派的侵入，此实大谬不然。敝国商界近日之运动，其动机为纯洁的爱国心，有一定之范围与时间。质言之，实出万不得已，无论何人，皆能了解之一种行为也。大中华民国四年，大日本帝国突向敝国提出“二十一条”之要求，仅按此种要求之经过，对于国际上一般的条约，应有的条件，全未具备，绝对不能认为有效。（一）纯系片面的意思。（二）全无交换的利益。（三）强暴迫胁承认。（四）未经国会的通过，事理至明，当能共谅。再敝国人民，对于以前任何国家，具备一般条约上的要件条约，虽有极大的牺牲，绝未加以否认与怀疑，或请其再议。敝国人民信任国际条约，至为明了，即此次不承认“二十一条”之要求，正以此种要求，未具一般条约的要件，恐开国际的恶例，以摇动国际条约的基础，自不待言。况在日本方面，实无取得此种要求之必要，而在敝国方面，苟承认此种要求中之一最小部分，即足以危害敝国国家之存在，及个人之生存而有余。且此种要求中，无一点不侵害各国对华条约上之权利，敝国人民，为维持国家之独立，保全个人的人格，与国际上的新秩序，尤不能承认此种要求为有效。敝国人民之所以隐忍至于八年之久者，本望日本政府之觉悟，至本年辽东半岛及安奉铁路租期已满，日本政府尚不交还，乃确知日本政府无撤回“二十一条”要求之诚意，并为实行的开始。敝国人民，实无再延一日再让一步之余地，出于万不得已，乃有近日种种对日本臣民之希望，然仍一本于和平宽大，光明正直，所希望于日本臣民者为何，即早以相当之方法，促日本政府之反省，即日无条件的撤回“二十一条”之要求，与交还辽东半岛，及安奉铁路是也，绝无其他的意思。再此次运动，全为敝国商人自动的，亦无其他的关系，且专以对日为范围，以日本政府无条件地撤回“二十一条”之要求，交还辽东半岛及奉安铁路之日为终期，亦无其他的倾向，与蔓延性的排外举动，恐传闻失实，特此奉告，此上□□国汉□商会。（六月十四日）

（《益世报》）

9.武昌总商会提议请取缔汉口中国银行发行湘鄂川豫陕五省通用银元钞票并条陈办法审查报告

(1923年6月)

查原案主旨,系以汉口中国银行近发行五省通用银元纸币,票面注明汉口兑现,湖北、湖南、河南、陕西、四川五省通用等字样,认为责任含混,恐酿弊害,且怀疑发行此项纸币之理由,因拟质问政府,要求答复等因。事关地方金融,审查方法自宜特别慎重。因决定先行询明该行发行此项纸币情形,再行审议。旋询据该行复称,昨承枉顾,以敝行发行加印五省通用免费通汇钞票一事,不明真相,分别条询,嘱即函复,具见关心币制,体察金融之至意,曷胜钦佩。查此项钞票,即系汉口中国银行钞票,所以加印上列字样者,无非为醒目起见。盖敝行鉴于年来时局多故,内地各行准备多则风险可虑,准备少则虑付不敷,不得已,内部改组仿照美国银行,分区集中之制,略事变更。择分行中之在通商巨埠比较安全者,定为区域行。其他邻近各行发行钞票之准备金,概须存入区域行,以召妥慎。汉行为区域行之一,所有川、陕、湘、汴之中国银行均属汉行区域之内。该四行准备金,均应集中汉行。惟各该省处于腹地,平时输运现金,已极困难。遇有缓急,更恐难于调运。故由敝行统筹兼顾。拨定收回该四省原发之钞票,专用汉口钞票在汉集中兑现,借免长途运现之艰险,冀收货币流通之效益。又以该四省行用此项钞票或因在汉兑现之故,致感不便,故复另订特别优待办法,准其免费通汇。如作存款,并可增加息率,以期商民称便,无碍行此项办法。自民国六年,湘行即已如此办理,迄今并无窒碍。此次不过加印五省通用字样,其实与原发行之汉口钞票同一效用,毫无区别,统由敝行完全负责。发行目的,纯为便利商业,巩固基金,决无他种作用。且该四省中行领发汉钞汉行,当然随时考察,必须有相当之准备,乃能发给,以免风险。辱承垂询,特以详晰布达,尚希察照为幸等因;本员等详加审议,佥以兑换纸币之有无弊害,暨能否维持其信用价格,全视发行机关有无兑现之充分能力,与夫完全负责兑现之真意表示为转移。前该行对于兑现责任问题,既有完全负责之表示,对于兑现能力问题亦称有相当之准备金,并订有免费通汇办法,为五省使用该票之人,谋较优之利益。且据称发行理由,系在收回四省原发之钞票,专用汉口发行之钞票,在汉口集中兑现,以免长途运现之艰险。其票面加印某某五省通用字样者,系为醒目起见。以此揣测,似尚无何等弊害。原提案主张质问政府一节,似可从缓实行。一再讨论,意见相同,理合具书报告,仍候大会公决。

审查员:罗伯农、李梅轩、朱晋候、杨贞生

(《上海总商会月报》第3卷第6期)

7 月

1.鄂商界请息内争

(1923 年 7 月 4 日)

鄂省商界外交后援会通电云,(衔略)民国成立十有二年,内乱日滋,外侮日亟,为争权夺利之私,罔顾抵御之策,燃箕煮豆,自相摧残,同室操戈,几见胜利。迩者东邻恃强,对于否认二十一条暨交还旅大两案拒绝交涉,既在宜沙击伤学生,复在长沙枪毙市民,恣睢暴戾,惨酷凶横,玩视我国家,欺蔑我人民,其敢于悍然不顾者,实因我国内争不已,故敢肆意横行。当此外交危迫,千钧一发之时,讵犹阋墙启衅,鹬蚌相争,驱元首于都门,作孤注之一掷。中枢无主,外长虚悬,共管之声日高,瓜分之祸益急,言念前途不寒而栗,伏乞诸公,懔内乱丧邦之戒,速息纷争,秉捐私卫国之怀,同御外侮,迅以法律解决国是,借挽危局,而奠邦基,迫切陈言,伏维亮察。

(《申报》)

2.湖北商界外交后援会之复书

(1923 年 7 月 6 日)

湖北商界外交后援会之复书

驳汉口日商会之复函

(汉口特约通信员冷热)

湖北全省商界外交后援会,前为对日问题,一致觉书于汉口日商会,冀早达到运动之目的。不意此书去后,日商会于六月二十六日致函此间商会(见二十九日通信)于我国商民之对日运动,多所误解,外交后援会刻正草拟驳复(亦见本报专电)。兹将该复书草稿原文采录如下。敬复者,顷阅上月二十六日贵会致武汉商会公函,敝会对贵会之表示,深致惋惜之意。近来敝国商界之态度,无一不本于光明正大、和平公正,绝无暗昧强暴等行动,至于长沙、常德、宜昌等事变,究系何国海军军人上岸行凶所致,事实俱在,责任分明,无可讳饰。再国际商约之成立,不过为两国政府允许,或承认两国人民通商之一种方式,并非两国政府强制两国人民通商之法律。近来敝国商界,在国内法上,一本于营业之自由,在国际法上,并无毁弃中日通商条约之若何事实,即两国商人间一切商业上之合同,在有效期间内,无一未遵照惯例办理。贵会所云,违背国际商约及信义,究何所指。且最足以伤害中日两国国民之感情者,惟贵国提出之“二十一条”要求,及贵国不交还旅大事件,欲维持或增进中日两国国民好感,惟有撤销贵□提出之“二十一条”要求,及交还旅顺、大连。尤有进者,欲图谋国家或个人间之安全幸福,在依据公理公法乃正义人道之旨趣,引起真正之好感,与维持增进真正之好感,亦即在是,此当为贵会所了解者也。敝国商界无论何时,皆出以光明宽大、和平公正之态度,此又为贵会及各友邦所共悉者也,函中违背国际商约乃信义,令人大惑不解,更为大谬,云云。对于敝会及敝国商界,未及避免轻蔑、侮辱等语意,敝会最为贵会及大日本帝国全国臣民惋惜。

此致

汉口日本商会

七月二日

(《益世报》)

3.鄂商界外交会复日商会书

(1923年7月6日)

此间,日商会自接到湖北全省商界外交后援会觉书后,特于六月二十六日致函武汉两商会(原函已载二日本报)外交后援会,刻又议决驳复,仍由民新学校校长任君松如起草,全文如下:敬覆者,顷阅上月二十六日贵会致武汉商会公函,敝会对于贵会之表示,深致惋惜之意。近来敝团商界之态度无一不本于光明宽大、和平公正、绝无暗昧强暴等行动。至于长沙、常德、宜昌等事变,究系何国海军人上岸行凶所致,事实俱在,责任分明,无可讳饰。再国际商约之成立不过为两国政府允许,或承认两国人民通商之一种方式,并非两国政府强制两国人民通商之法律。近来敝国商界在国内法上一本于营业之自由,在国际法上并无毁弃中日通商条约之若何事实,即两国商人间一切商业上之合同在有效期间内无一未遵照惯例办理,贵会所云,违背国际商约及信义,究何所指,且最足以伤害中日两国国民之感情者,惟贵国提出之二十一条要求,及贵国不交还旅大事件。欲维持或增进中日两国国民之好感,惟有撤销贵国提出之二十一条要求及交还旅顺大连,尤有进者,欲图谋国家或个人间之安全幸福,在依据公理公法及正义人道之旨趣,引起真正之好感,与维持增进真正之好感,亦即在是,此当为贵会所了解者也。敝国商界无论何时皆出以光明宽大、和平公正之态度,此又为贵会及各友邦所共悉者也。函中违背国际商约及信义,令人大惑不解,更为大谬云云。对于敝会及敝国商界未及避免轻蔑,侮辱等语意,敝会最为贵会及大日本帝国全国臣民惋惜,此致汉口日本商会。

(《申报》)

4.汉杭两商会往来函

(1923年7月6日)

杭州总商会前接,汉口总商会函云,查此次政潮发生,敝会当即电致参众两院,请其速筹补救办法,以维大局,兹将电稿抄送,即希查照,但念此事酝酿,已经旬日,尚无正常解决办法。而连日报纸所载京津方面情形,尤为险恶。设竟变生意外,则首先受祸者,实惟商界,敝会隐忧实深,似非预筹全国商界自卫方法,不足以维持现状而免危机,夙仰贵会诸君子济变才长,救时心热,应如何联合进行,以资团结之处,尚祈酌核见复。俾有遵循云云,当即函复略云,顷奉大函,并抄示致参政两院电稿,以促成制宪为根本救济办法,洵属对症发药,爰国心长,具征卓见。敝会曾于上月哿日通电两院,亦同遵惜,计达青览,并经商请军民长官,抱定保境安民之旨,不入政治旋涡,以维本省秩序,卢督亦有感电表示,促国会速成宪法,此间政局如常,地方安谧,人心甚定，各省如能同此心理，大局当无纷扰之虞，承询特闻。

（《新闻报》）

5.汉商会电询商界自卫方法

（1923 年 7 月 9 日）

上海总商会接汉口总商会来函，文曰，敬复者，昨准贵会删电敬悉。查此次政潮发生之初，敝会即电致北京参众两院，请其速筹补救办法，以维大局，与尊电用意大致相同。但念此事酝酿，已经旬日，尚无正当解决办法。而连日报纸所载京津方面情形，尤为险恶。设竟变生意外，则首先受祸者，实惟商界，敝会隐忧深之，似非预筹全国商界自卫方法，不足以维持现状而免危险，夙仰贵会诸君子济变才长，救时心热，应如何联合进行，以资团结之处，尚祈酌核见复。俾有遵循，伫盼德音，无任翘祷。

（《新闻报》）

6.鄂商二次通告外商宣布日人暴行

（1923 年 7 月 20 日）

湖北全省商界外交后援会前通告汉口各国商会，声明此次国民对日运动之范围及其时间各节，已见各报。顷得该会第二次通告汉口各国商会书云：再启者，近日敝国商界态度，益见宽大和平，光明公正，惟恐引起无谓之纷扰，使友邦商业蒙不良之影响也。讵连月以来，大日本帝国政府增派军舰驶入长江，纵令海军军人上岸行凶，并时有浪人携带武器乘醉滋事。近更有撞入我国官署，侵入我国商店，及种种不法情事。敝国商业，因此大为停滞，损失颇巨。大可择者，大日本帝国政府及其臣民，日以高压手段相恫吓，如将来由此引起国际上极不幸之事变，谁负其责。敝会为维持友邦在华商业之繁荣及极东和平之巩固，与商业上之自卫起见，特再掬诚通告贵会。敬请贵会为相当之注意，云云。

（《晨报》）

7.观迎留日学生

（1923 年 7 月 22 日）

汉口电　汉商会及各团联合会号二十日，均观迎留日学生汤、潘二代表，汤、潘定于二十一晚赴安庆，再由芜湖转宁沪。（二十一日下午六钟）

（《申报》）

8.武汉商界对日运动近讯

（1923 年 7 月 23 日）

武汉此次对日运动，其中坚分子多为商界之领袖人物，如吕超伯、徐荣庭、周星棠等，皆鄂商界之饶有势力者，激于爱国之热忱，而为自动之组织，故此回抵货成绩，竟出日人意计之外，日本商民受此打击,遂力谋所以根本消灭之法,其过去之种种过甚言动,均已散见各报。现复变本加厉,勾通我国奸商,私自交易,如被检查日货者所干涉,则日人硬自出面,要求我国官厅加以取缔。最近发生此项纠葛已有数起,日领又复为其商民张目,向我抗议。因是商界方面益为激昂,而抵货风潮有加无已。商界外交后援会昨日会议,某君主张施行大检查,于各帮调查中日,以六十人上街,执行挨户检查之职务,如有日货系购自五月九日以后者,一律焚毁。此项主张虽有人稍嫌其过于激烈,尚未通过,然商界对日感情之愈坏,则大可见也。日领林久次郎十八日欢宴萧督,席间仍请萧取缔商民抵制日货。萧答人民不用日货,官厅无强其必用之理,如系出于自动,未越轨外者,未加干涉。日领无以难,一笑而罢。据闻汉口商界以日本对华政策尚未丝毫改变,排货运动仍不能一日稍懈,但自抵货以来,我国对日出口亦大见停滞,拟发起东方出口救济会,联络全国资本家与银行团以巨额之款囤积对日出口之原料品,一方面以转图欧洲市场之发展,一方面借为内国金融之活动,此项计划,业在积极进行中。

(《申报》)

9.鄂商界将组织东方出口救济会

(1923 年 7 月 25 日)

(汉口特约通信员小轩)

鄂省此次对日运动,其中坚人物多属商界的领袖,如吕超伯、徐荣廷、周星棠、蔡辅卿等,都在武汉商界,占有重要的地位,激于爱国的热忱,为自动的组织,故自抵货问题发生以后,登高一呼,风起云涌,所获的成绩,几为从来所未有。日本官民,受此意外打击,于抵抗排货风潮的进行也急起直追,相与并进。不过我国民理直气壮,对于排货的态度,益极坚决,而手段极为光明与正大。日人为欲根本消灭此排货的恶潮,而他方面又仍本其势力侵略的政策,故其表现每带有横暴的色彩,此证以过去的事实,确有如此的情形。最近日人又别辟途径,勾结我国奸商,购买日货,如遇调查干涉,便由日人出面搪抵,并请官厅取缔。日领又复为其侨民张目,反向我提抗议,以致此项纠葛愈出愈多。湖北商界外交后援会,以日人前此贿收流氓,诱殴外交委员会调查员袁镶,现又勾结奸商购货,故意从中干涉,并有擅入内地商店,自由居住等情事,我国商业因此几受种种不良的影响,除将此情形,再行通告汉口各国商会,如将来不幸引起意外的事变,应由日本方面负责外,并定呈请军省两署,饬令交涉员,严向日领抗议。昨日外交后援会又开会议,对于市上日货尚未断绝,且有私自购买情事,拟于各帮调查中。日以六十人施行挨户大检查,如有购自五九以后的日货,一律加以焚毁,但有人稍嫌其操切,尚未通过。然武汉商界对于日货的感情,也可见一斑了。又闻商界以自抵货风潮发生后,我国对日出口,也大见停滞,拟组织东方出口救济会,联络全国资本家和银行团,以巨额的款项,囤积对日出口原料品。一方面转图欧洲市场的发展,一方面借谋国内金融的活动,若能持之数月,日本各大工厂原料品缺乏,将见数百万的穷苦失业的工人,或有迫请日本政府改变对华政策的一日。此举对内对外,均有重要的关系,非全国商界的要人,共为详密的研究□可。武汉商界要人颇多赞成此举,刻在积极计划中,日领□久次郎,前日宴请萧督,于席间请萧取缔排货。萧答人民自动不愿购用日货,官厅也无强其购用之理,如无轨外行动,未便加以干涉,日领语塞,遂改谈他事而散,日本官民尚无丝毫觉

悟，于此又可见一班咧。（七月二十一日）

（《晨报》）

10.湖北商界外交后援会之呈文请设法取缔日侨
（1923 年 7 月 28 日）

（汉口特约通信员冷然）

武汉各团对日运动，四五月来，坚持取回旅大，以撤废“二十一条”之精神，到底不懈，而为从来所未有。日侨大恐，曾散布谣言，谓此次华人对日实有排外的蔓延性。曾经湖北全省商界外交后援会通告汉口各国商会，说明此次对日之范围及其时期，深得各国侨商之谅解，讵日侨无法，专在江汉方面，故意寻衅，冀造成长沙六一惨史，以达其特别目的，后援会有鉴于此，顷呈请萧耀南设法预防，原文照录如左。

为呈请事，窃查本月三日午后，确有日人二名撞入汉口警察四署及警察厅之事。至十一日又有日人二十余名，盘踞华界青龙街、华人商店周日升及南生两广货店内，多日不去，居民惶恐，不知所由。伏思近年日人在租界外自由居住经商，既已违背条约，现又撞入官署，侵入商店，则直蔑视主权，若不从速严重交涉，亡国即在目前。再沿江各埠，平靖无事，而日政府增派军舰，出入汉口者络绎不绝，致商务大为停滞，并时有水兵携带武器，上岸挑衅，益□浪人，酗酒滋事，时有所闻。行人裹足，市面萧条，所有种种商业上之损失，应由彼方负责，情驱势迫，不得不呈请我督军兼省长迅予转呈外交部，向日使严重交涉，一面饬陈交涉员，转请日领从严约束日侨，以杜巨患，以保国权。谨呈湖北督军兼省长萧。湖北全省商界外交后援会谨呈。（七月二十五日）

（《益世报》）

11.鄂商外交后援会电
（1923 年 7 月 30 日）

湖北全省商界外交后援会致各路商界总联合会函云，查对日经济绝交，贵会提倡于前，敝会联合敝省各商会声应于后。成立以来，订会章，定公约，选派委员调查，公决惩罚简章，积极进行，未敢稍懈。惟近日迭据调查报告，由贵处运来劣货数仍不少，非商请贵会设法制止运输，以谋根本解决，碍难贯彻实行对日经济绝交之主张，而收外交后盾之效果，并据回汉庄客言及，贵处此次抵制劣货似不及民四之热烈，以致忘耻牟利之徒订约买卖，毫无顾忌，未闻贵处设法取缔各等因。如果属实，殊深惶惑，昨经敝会常务办事会议，佥以防制劣货运输以免流行，实为国民对日经济绝交切要之图。前经函请贵会赞助实行在案，当此内乱日滋，外侮日亟，中枢解纽，国濒艰难之时，遭此重大外交，端赖全国人民同心协力，坚决抵制，方足以济时艰而挽危局。如各行其事，漠不相关，前途危险实有不堪设想者，贵处人士素富爱国忠想，而贵会为商界枢纽，应请迅即大声疾呼，非达到收还旅大、否认“二十一条”之目的，不得与某国商人交易，中流砥柱，以挽既倒狂澜，借促彼方觉悟等语，相应录案函达，务祈贵会积极进行并希见复云。

（《民国日报》）

12.萧因军队索饷甚急,请汉商会长借款

(1923 年 7 月 30 日)

汉口电　萧因军队索饷甚急,二十八日请汉商会长周星棠代向钱帮借二十万元。又令财厅、官钱局、造币厂共筹九十万元,备月底发饷一关。(二十九日下午八钟)

(《申报》)

8 月

1.选举商会警察董事会

(1923 年 8 月 1 日)

汉口电　汉商会警察董事会于 30 日正式成立,票举万泽生董事长。(三十一日下午五钟)

(《申报》)

2.汉商会议抽房铺捐

(1923 年 8 月 13 日)

汉口电　汉商会十一日议抽房铺捐,为杜镇使巡缉营军饷。(十二日下午九钟)

(《申报》)

3.汉商界为史晋生辨诬

(1923 年 8 月 18 日)

汉口宁绍公司烟土案之真相,记者已于日前通讯内详述始末,谅为阅者所共知。日昨汉口总商会、钱行公会、绍兴七邑旅汉同乡会、宁波旅汉同乡会四团体,特为此事各召集临时会议,佥以连日报载宁绍公司烟土案记载,与事实不符,显见有人拨弄是非,中伤史晋生君个人名誉。各团体以史君旅汉垂三十年,行谊素为社会所共仰。(一)为汉口总商会敬告各界者。(二)为汉口银行公会之启事。(三)为绍兴七邑旅汉同乡会、宁波旅汉同乡会为史晋生君敬告各界。其原文甚长,不及备录。

(《民国日报》)

4.议决处置私购日货办法

(1923 年 8 月 25 日)

汉口电　武汉商界二十三日在汉商会联席会议,到七十余帮代表百余人,决对日运动坚持

到底，并议决处置私购日货办法：（一）严密调查；（二）查获奸商，将其事实罪状登报公布；（三）通告各帮与奸商经济绝交，有卢鸿昌等定二十五日宴中日巨商于一江春，似为沟通国民感情，缓和排货风潮作用，对日各团体咸加注意。（二十四日下午六钟）

（《申报》）

5.鄂商界爱国之坚毅

（1923年8月28日）

湖北全省商界外交后援总会于二十三日下午二时召集武、阳、夏三商会及各帮外交协进会各代表暨外交委员会代表等，共到代表约计一百余人，正干事吕超伯主席。旋发言云：今日这个联席大会，有三层意思。第一，本会成立。有二个多月未报告进行办法，并讨论继续积极进行，惟各分会、各帮协会爱国诸君子，也有主张激烈，也有主张公道的，此事关系重大，应请大家计议，以后积极进行郑重方法。第二，近日外间谣传，均系空气作用。务希各分会各协会同仁，仍抱商人自治，勿为谣言所惑，恐生误会。第三，愿爱国诸君，对于检查货物，及往来买卖交易，要将东洋货、西洋货、国货分明清楚，主张和平坚忍进行，即是爱国宗旨意思。如调查奸商破坏公约，当然处罚，惟以后进行，务希各代表发表意见，以便大会讨论妥善方法。周韵萱云：各分会、各协会到者很多，可见爱国热心，望大家将奸商破坏公约者，详细调查，本会自有相当办法。继有武昌分会代表丁舜丞、针织袜业帮代表周允齐等先后登台演说。后由主席讨论议案，并报告总会拟定办法三条。第一条，增派水陆调查，郑重严密进行。（结果）全体赞成。第二条，嗣后再获有奸商破坏公约，即将人证拍照像片各报记载宣布。（结果）全体通过。第三条，如查有屡诫不悛奸商，本会与各分会、各帮协进会，均与该奸商断绝往来，以除商界蠹贼。（结果）全体鼓掌一致通过。议至六时散会。

（《民国日报》）

9月

1.鄂商会反对中日会议

（1923年9月5日）

天津总商会昨接湖北全省商界外交后援会来函云：径启者，顷据敝会赴沪调查对日经济绝交情形，代表王君义甫函报，贵处商人近有在沪购办大批日钞之事。又据报载，贵会自开中日恳亲会后，并未议有具体办法，对于抵制日货进行停顿，尽弃前功等语。窃以贵处人士，爱护国家，素具热忱。此次因收回旅大，否认"二十一条"，日人悍然不顾，拒绝交涉，贵会于对日经济绝交，主张最先，成绩昭著，久为国人所共仰。敝会敢信，决非空言所能软化，报载云云。谅系远道传闻，有失真相，惟奸商图利，忘耻私行买卖，在所难免，应请贵会抱积极抵制之主旨，缜密调查，设法防制，有敢违背公约者，从重议惩，非达到取回旅大，否认"二十一条"之目的，切勿松懈,以免五分钟热心之诮,借杜留言,而重人格,是所企荷。此致。

(《益世报》)

2.赵恒惕出走后之湘鄂形势

(1923年9月6日)

赵恒惕逃上外舰,出走岳州后,其部下军队亦多陆续溃岳。据今日此间商家接得岳州私电,谓赵军纪律不佳,城内商店多被抢劫。赵又电令蒋锄欧、刘重威、邹振鹏、汪磊、唐生智、贺耀祖等部从速设法退岳,以待北军援救,并于出走前电致鄂萧,谓前线战事失利,准备率部退岳,请速派军来援,云云。同时,谭氏代表余道南亦晋谒萧氏,询萧对湘意见,萧谓余认湘事为内部问题,鄂省无过问之必要,若湘军不来犯鄂,鄂军必不侵湘。余代表称谢而退,萧又于昨午招武昌商会长吕珩伯、汉口商会长周星棠入署,告以鄂对湘事,已决定严守中立,请勿误信谣言,以致摇动市面。萧既一再声明,对湘严守中立,是湘事于此,即可告一结束。但据军界传说,陆军二十五师五十旅确已动员入湘,该旅长陈嘉谟前日来省,请示布置鄂南防务,昨奉萧命驰回原防,并闻萧嘱陈,若湘军不来犯我,务必勿先轻动,是萧之对湘,仅在以武装防堵湘军之侵鄂,若谭军不越岳州,或可保持湘鄂之原状也。至洛阳对湘之态度,刻尚无所闻知,外传吴部第三师已有一部秘密入湘,及靳云鹏部第十四师业下动员令者,均属赵党所造之空气,尚不能断为事实也。(九月三日汉口通讯)

(《申报》)

3.发起救灾恤邻募款处

(1923年9月10日)

汉口电　汉商会八日开会,发起救灾恤邻募款处,推周星棠、蔡辅卿、周韵宣为主任。(九日下午七钟)

(《申报》)

4.组协济日灾义赈会

(1923年9月12日)

汉口电　汉口总商会、银行公会、红十字会、慈善会、青年会五团体,十日在汉商会开联席会,决组协济日灾义赈会,于两星期内募足十万元,萧派陈介到会认捐两万元,周星棠允先借四万元,供采办米粮运日急赈。(十一日下午四钟)

(《申报》)

5.(湖北实业厅)致武汉总商会奉部令华茶免税请转行知照公函

(1923年9月)

径启者,案奉农商部第七六七号训令开,准国院函称,准财政部提出华茶现仍停滞,拟将免税减厘办法展至十四年底为止一案，业经国务院会议议决照办，函达查照办理，等因；到部，除分行外，合亟令仰该厅转行各茶商知照。此令。等因；奉此，相应函达贵会查照转行各茶商知照为荷。此致，武汉总商会。

（《湖北实业月刊》第1卷第3期）

6.（湖北实业厅）致武汉总商会奉部令发征品规则请转行查照办理公函

（1923年9月）

径启者：案奉农商部第七九七号训令内开，案据本部商品陈列所呈称，职所前因修订征品规则，暨另订寄售规则，呈请核准备案，并请令行各省区实业厅转行各总分商会实业团体代征出品等情在案。奉令所拟修订征品规则，暨另订寄售规则，尚属可行，应准备案，至令行各省区实业厅转行各商会等一节，应将新订各规则印就送部后再行核办，等因；奉此，现在各项规则业经印刷齐全，谨将征品规则暨寄售规则各检呈二百二十份，呈乞鉴核转行，等情；到部，合行检寄该厅上项规则各十份，令仰转行各总商会各实业团体遵照办理。此令。等因；附征品规则暨寄售规则各十份，奉此，除分函外，相应检同原件各四份，函请贵会查照，即希转饬各县商会各实业团体遵照办理为荷。此致，武汉总商会。

（《湖北实业月刊》第1卷第3期）

10月

1.汉商会赞成整理财政

（1923年10月22日）

上海总商会民治委员会昨接汉口总商会来函，赞成整理财政会议文曰，接诵来函，曾召集会董开会集议，佥曰，国步艰难，整理财政，实为今日救亡要策，欲收良效，应厚团结实力。沪汉为我国最大商埠，商界巨人，更应联合。凡利国便商之提议，互相提携，一致进行，实为必要。敝会代表业已推定，恐先期到沪，淹留太久，暂缓起程。沪汉交通便利，各省代表到齐，能开正式会议，请电知，即东下云云。

（《新闻报》）

2.（湖北实业厅）致武汉总商会奉部令修改税则转请查照函

（1923年10月）

径启者：案奉农商部第七九六号训令开，案准税务处咨称，查本处编订机制洋式货物税现行办法，曾于民国九年六月间通令各关遵办，并咨行查照各在案。现查民国十一年所修改之进口税则已于本年一月间实行，前项机制洋式货物现行办法第三章第四条内，所谓民国八年新税则者应即改为民国十一年新税则，所谓旧则者，应即视为民国八年税则包括在内。除分咨外，咨请查照,等因;到部,查税务厅编订机制洋式货物税则曾于民国九年六月通令各厅分行遵照在案,兹准前因,合即令仰该厅分行各商会一体知照。此令。等因;奉此,相应函达贵会查照,转行各县商会一体知照为荷。此致,武汉总商会。

(《湖北实业月刊》第 1 卷第 4 期)

3.(湖北实业厅)致武汉总商会奉部令规定商标注册限期转请查照函

(1923 年 10 月)

敬启者,案奉农商部第九九六号训令内开,案据本部商标局呈称,查商标法第四条内载,本法施行前以善意继续使用五年以上之商标,于本年法施行以后六个月以内,依本法呈请注册时,得不依第二条第五款及第三条规定之限制,准予注册等语。较之第二十六条第二项所定,应先登载商标公报,俟满六个月,别无利害关系人之异议,或经办明其异议时始行核准者,自多便利优越之处,惟应照该条规定以六个月为限。商标法系本年五月三日公布,而实际之施行,似应俟有呈请手续之规定及受理呈请之机关为始。溯自职局开办后,所有前经备案及挂号之华洋商标,其依法呈请到局者固已颇多,而未及来局呈请者亦尚不少,其中自当不乏以善意继续使用五年以上者。此项法定期限固不容蔑视,而期间起算须力求允当。兹拟从本年五月十六日职局开始受理呈请案之日起,截至本年十一月十五日止,为商标法第四条六个月限满之期,过此定限,以后所有呈请案一律依照第二十六条第二项办理,似此解释应用,庶于法令事实可期兼顾,恳请分别咨行各省区公署实业厅及外交部税务处转饬华洋各商,凡合商标法第四条之规定者,一体遵行,等情;前来,查该局所称截至本年十一月十五日止为商标法第四条六个月限满之期,应即照准,除指令及分行外,合行令仰转饬遵照。此令。等因;奉此,除分致外,相应函请贵会查照饬遵为荷。此致,武汉总商会。

(《湖北实业月刊》第 1 卷第 4 期)

11 月

何东奔走鄂洛毫无成绩

(1923 年 11 月 28 日)

(汉口特约通信员小轩)

发起全国和平统一会议的何东爵士,此次得苏齐的介绍,亲与素以武力自雄的吴佩孚接洽,召集和平会事。其所谈的结果如何,当为关心此问题的所瞩目。爵士于本月十三日由沪到汉,当往谒萧,萧氏殷勤招待,对于爵士的和平主义推许备至,并允于开会时,遣派代表出席。十四日,爵士搭车赴洛,萧派副官王某率卫兵一排,随车保护。十五日到洛,吴佩孚派人到站欢迎,尊以上宾的礼貌,爵士在洛住五日,与吴谈话有数次,吴对于和平会议,初尚不予赞同,且深信他的武力统一政策,有实现的可能。至和平善后,非等到粤川湘武力平定后,决谈不到。爵士反复陈说,武力终不可靠。吴末次和爵士谈话,微露赞成和平主义的意思,但谓须俟时机成熟,后方可开议。听说吴的左右颇疑爵士为孙文所使,来洛缓兵的,暗中怂恿吴氏不可轻易赞同爵士的主张,免堕西南的诡计。其实爵士和国内各派都没什么关系,不过看见祖国长此陷于混乱的状态中,不忍听其日就沦胥罢了。爵士二十日由洛到开封,拜访福来,吴也电令途中各军妥为保护。在开封停留不过三四小时,与张所谈的,大概都是应酬语。张并请爵士参观郑州发现的古董,爵士极为赏识。二十晚,车离开封,二十一午后五时到汉,寓于前汉口交通银行长关鹤舫的住宅(在华商总会对过)。爵士因路途劳顿,又略有感冒,觉得不甚舒适,所有来宾往访一律谢绝,仅驻汉英领事葛福,于次日亲到塌旁,略谈片刻即去。记者今晨特驱车至关宅,往访爵士秘书康君,叩以爵士此行赴洛接洽的成绩。据康君云,爵士此次来鄂赴洛,极承吴萧优待,足见吴萧于爵士的主义,根本上无反对的观念,故此行成绩,总算有几分乐观,但是以和平手段谋国内统一,几为国人共同的希望,此希望能够实现与否,全视国民拥护此希望的力量如何。故此和平统一的会议,爵士首为之倡,至用何方法促其成功,应由国人共同负此责任,云云。康君又言,有人怀疑爵士所发起的和平统一会议纵能实现,但其议决的和平条约,各派未必能一一遵守。那末,这个和平会议,实际上又有何益处呢。不知和平会议议决的和约,既经一致可决,当然总有一大部分能够发生效力,就有一二强悍的军阀,不守和约,各方也必群起而攻,那时师出有名,自不难立时解决云。爵士在汉,大约尚有三数日勾留,汉口商界各领袖正在约期与爵士晤谈,借聆爵士的伟论。又怡和公司买办陈伯洲亦赠爵士以十六字□语:"旋转乾坤,全凭公理,调和南北,煞费婆心"以志景仰,足见汉口商界钦佩爵士之一斑了。(十一月二十三日)

(《晨报》)

12 月

1.欢迎何东略述运动和平会

(1923 年 12 月 8 日)

汉口电　汉商会于(六日)午后三时开会,欢迎何东略述运动和平会经过,信不久或可实现,彼意和会宗旨:一停战,二统一,三裁兵,四理财,尤以裁兵理财为最切要,希望商界赞助研究和平最善办法,由吕超伯代表商界,愿以全力为何之和平主义后盾,英领事定阳(七日)宴何,关鹤舫又柬请各界,阳七日午后四时与何协商和会事,鄂学界定真(十一)在中华大学开会,欢迎何演讲。

(《申报》)

2.汉商报两界与何东爵士

(1923 年 12 月 11 日)

何东希望和平主张,以裁兵理财为急务。

何东爵士日前由洛回汉，养疴于关鹤舫住宅，现在病已就痊，精神亦复原状，连日赴关宅往访者络绎于道。汉口总商会今日特召集本会会董开会欢迎何氏，并请各团体及各银行领袖暨新闻记者多人作陪。午后四时许，何偕关鹤舫及其洋文书记汤姆斯君乘汽车到会，由总商会长周星棠欢迎入座，茗谈数分钟，即振铃开会。列席者约百余人，周星棠主席，首先起谓今日本会同人开会欢迎爵士，荷蒙光临不胜荣幸，又承各位来宾莅临，感谢之至。爵士奔走南北，倡导和平，同人等久忆已钦佩，今幸得此机会与爵士聚首一堂，甚望爵士饷同人等以高论。继即朗读先已拟就之欢迎词毕，何东即登台演说，因恐语音不大明了，特请交通银行行长曾务初代为重述一遍。略谓承蒙贵会诸君开会欢迎，实不敢当，但鄙人为奔走和平而来，贵会之欢迎会，就说是欢迎中华民国和平亦无不可，民国虽然成立十二年，海内纷争，迄无宁日，先而南北战争，继而南与南战，北与北战，几至无一省而无战事。就广东一省而论，改革后所受战事损失在二万万以上，足可还清庚子赔款而有余，以全国计算，当在十万万以上，至于人民生命死亡，更不知几十百万，单就此种情形，国内已有和平运动的必要，况且国际地位日益低落，外人以我国兵匪祸乱有加无已，于是有长江警备及护路剿匪等提案，若我国长此内乱不已，势即难免外人干涉，所以全国人民多已趋向和平，仅有少数军阀各执意见，尚以武力相吞并，兄弟即本全国人民厌乱心理，发动全国首领和平会议，南北各要人中如黎、孙、段、齐、卢、张、萧、郑均已先后来函赞成，洛吴虽认为和平之时机未至，然却无根本反对和平之观念可信，国内和平已有几分把握。此一年内，大约总可望正式开会，惟此事体繁重，非我何某一人所能独任，希望全国人民一致起而赞助，则和平主义成功之日决不在远。至于和会宗旨，就彼一人意见，略有四端：（一）南北停战；（二）南北统一；（三）裁兵；（四）整理财政。尤以裁兵理财为最切要，若兵能裁，财已理，则一、二两项皆可别无问题。不过我个人意见如此，希望贵会开会时，研究和平最善之办法，此则鄙人时愿与贵会相商榷者也。何氏演说毕，掌声雷动，公推吕超伯君代表汉口商界答谢，并愿以全力为何后盾。末由周星棠君声明，今日欢迎爵士，本应具筵助兴，只因爵士病恙初痊，犹节饮食，故仅具茗点，实在抱歉之至。五时许，即摇铃散会。关鹤舫君又定明日（七日）下午四时，在本宅约请汉口各界人士再与何氏面谈和平会事，驻汉英领葛福君亦定明日在署设筵宴请鄂省学界，并定于十一日，在武昌中华大学欢迎何氏演讲。（十二月六日）

续函云，汉口总商会昨日欢迎何东爵士。今日（七日）午后四时，关鹤舫又柬请武汉新闻记者及京沪各报驻汉通信员等三十余人，在其本宅与何东爵士谈话，四时许，各报记者联袂莅止，先在关宅与关君略谈数分钟，嗣即介绍爵士出席，寒暄数语，以到者人数颇多，临时改在华商总会会场谈话，华商总会即在关宅之对面也。五时许，爵士及记者等均入座，首由关君起头，今日特请报界诸君到此，与何东爵士谈话，承蒙诸君光临，不胜欣幸，爵士奔走和平经过，想诸君都已深悉，只以诸君占在舆论地位，对于爵士之和平主义，必具有同情。故特介绍爵士与诸君晤面，共商此和平进行之方针云云。嗣爵士起谓，今日承关先生约，与诸君谈话，故未备有演说，惟诸君对于和平会事，如有意见，请大家询问，以便兄弟答复，当有公论报馆记者王民仆起立略谓，爵士和平主义，自当为全国人士所信仰，惟观察南北军阀，方以武力相竞争，是否愿趋于和平的一途，恐怕尚是问题，不过舆论方面，日日高唱和平，对于爵士和平主义，当然格外赞助，希望爵士对于舆论界，时时接洽，庶可养成全国一致强健有力之舆论，或可促成和平主义实现之希望云云。爵士起问，诸君还有其他意见，不妨尽先发表，以便兄弟并作一次答复，借省诸君宝贵时间，当有北京晨报驻汉记者聂醉仁起谓，昨在总商会得聆爵士伟论，甚为佩服，不过爵士所揭□之裁兵与理财两项，当此举国纷乱时，若欲军阀裁兵，不啻与虎谋皮，且裁兵同时应代彼谋一生路，方不致流为盗匪，就目前中央与各省财政情形论，穷困已极，尚难整理，焉有余力以办理裁兵之善后，不知爵士对于此两大难题，有何善法，尚幸见教，又有扬子通信社记者喻血输起谓，爵士所揭□之和平主义，同人极为赞同，惟见爵士与军阀接洽之时较多，而与人民团体接洽之时则甚少，此点颇足使国民怀疑，希望爵士略为改变手段，而将此和会根基，建筑在国民之身上云云。爵士当就以上问题，综合为二，起而答复，略谓国家如一大公司，人民均属股东，军阀亦为股东之一，今既将公司弄得稀糟，大家都应当起来挽救，所以接洽和平，当然不能舍军阀而不问，且国民均属无枪阶级，若不得军阀赞同，结果所谓和平统一，不过口头谈谈罢了，故兄弟发起此和平会议，军阀与人民两方面，都去接洽，人民当然一致赞同，而军阀也不敢倡言反对，可见得国人已有一致趋向和平的心理，希望舆论界对于和平两个字，予以极烈的赞助，则国人久已希望的和平，或可成功。至聂先生所问裁兵与理财的办法，此事问题太大，关系亦深，此时尚未到发表时机，不过我来提倡这两事，也曾考虑日久，略有成竹，将来和会开成时，即可提出与全国人士商榷，爵士语毕，中西日报记者王华轩及汉江日报记者邓倬云，均起谓，爵士对于裁兵理财，既已略有成竹，不妨略言大致，以便大家来讨论，因为裁兵理财，为今后和会所急应解决的事件，若无切要办法，将来难免不终为和会之障碍，望爵士力持公开态度，对于聂君的问题，明白赐教，爵士谓裁兵理财，问题重大，应大家起来想一善法，至诸君我公开态度，此事绝无秘密必要，因为兄弟既不想名，又不想利，又有何事不能公开呢，爵士言时，忽想起一事，笑谓前日看见某报，登有北京专电，谓我拟以千万元运动和平会，试问中国现有什么东西，以可值千万元的代价，以周年七厘利息计算，一千万元每年有七十万元的利钱，中华民国最尊贵的大总统的公费，除了应酬费用，有这七十万元的大出息吗，此不过是一种笑话，与诸君随便谈谈，总之我对于此事，纯持忠诚二字，来奔走呼号，绝无丝毫作用，能否成功，则归之天意，言时颇表现一种极诚恳之意，嗣后又有武汉商报记者王春先邹碧痕，大陆报记者王子林等，先后起问，大致不外希望爵士放心做去，舆论界必能为爵士后盾，以后如有关系此事之意见，并望不时赐教，时已六时许，各记者遂兴辞而出。（十二月七日）

（《申报》）

3.匹头店伙罢工风潮之调解

（1923年12月12日）

汉镇匹头伙友罢工情形已见昨报，兹悉已由汉口商会、各团联合会两团体各派代表出面解决，商会所推代表为杨松圃、陆德泽，各团联合会为周韵宣，暂时解决办法如下：第一，伙友对于夜市工作时间不得越过九点钟，由夏历二十九日起，一律以九时为止；第二，加高薪俸，决定每月薪资七元者加三成，八元者加二成，十元者加一成；第三，拒绝外路伙友，凡外路所来各伙友不能收为店伙。以上三项完全由调停人负担责任，暂时解决，但尚有少数伙友必须坚持到底，其他各店亦未完全上工，听候调停云。

（《申报》）

4.发起工团外交委员会

（1923 年 12 月 28 日）

汉口电　商界外援会宥（二十六）在汉商会议决，将田案始末通告全国，请一致声援，武昌各工厂工人因田案发起工团外交委员会，宥（二十六）开筹备会，汉口佣于外人之华人，由田叔幼卿发起华工公会。

（《申报》）

5.皮业公所开特别大会

（1923 年 12 月 29 日）

汉口电　黄陂同乡会感（二十七）在皮业公所开特别大会，讨论田案，决不与日人私和，定俭（二十八）开职员会，推代表与官厅各团体及田家属接洽严重交涉办法，闻汉商会及各团联合会均准备开会援助田案。

（《申报》）

6.咨湖北督军汉口商会呈请定期兑付代垫第三师库券款碍难照准业经批令在案咨请查照文

（1923 年）

为咨复事，准咨开据汉口总商会呈称，本会前以各帮于民国九年六月间，代垫第三师有利国库券十万元，逾限已久，开兑无期，垫款虚悬，商情困苦，请定期兑现，以纾商困等情，据此相应咨请查核办理，借纾商困等因到部，查汉口总商会，代垫第三师有利库券十万元一案，前经该商会呈请定期兑现前来，本部以此项库券，前因财政困难，业经登报公布，展缓偿付，该会所请定期兑现一节，碍难照准，批令遵照在案，准咨前因，相应咨复贵督军查照，此咨。

（《财政月刊》第 10 卷第 117 期）

1924 年

1 月

1.请饬总税务司维持内债基金

（1924 年 1 月 6 日）

汉口电　汉商会、银行公会、钱业公会江（三日）电院部及整理会，请饬总税务司维持内债基金。又电安格联，始终坚持无论何方，不准动用关余分厘，持票人愿为后盾。又电沪商、银、钱三公会，请速联合各埠公会，速定办法，为税务司后援，为持票人请命。

（《申报》）

2.交涉署田案阳函

（1924 年 1 月 9 日）

汉口电　交涉署因田案阳（七日）函，日领忠告，请速照前提四条圆满解决，如徒迁延时日，不但益滋纠纷，且恐影响扩大，发生他项事端，本特派员不能负责，汉商会及各团联合会拟定日领仍再狡辩，即举行大规模第二步运动，萧亦函复外委员会，谓该案关系民命国体，已令交涉员严重交涉。（以上八日下午八钟）

（《申报》）

3.日人谋操纵汉口商业

（1924 年 1 月 12 日）

日人经营武汉商业，无微不至，如武昌电灯公司及某纱厂，日股实居多数，丧失国权，言之心痛。最近又收买物品等五大交易所，以操纵市面，掌握商民之生命财产。在日人之阴谋，固不足责，要皆一般猪仔，奴隶成性，引狼入室，尚诩诩以自鸣传意，不知人世间有羞耻事也。顷有汉口巨商刘某等数十人，暨闲散有钱之北方军人某某等，在马厂附近建筑大规模之界市场，其内部较之新市场，更加扩大，各项游戏，名目尤多。另筑电车，以为交通，其预定路线，由马厂起点，经岳家墩，逐渐以达丹水池，自此间至界市场。业于日前正式动工，闻其办法，计定资金一千万元，分股招集，凡投资在千元者，即与以董事名义。据调查内幕，完全系本埠日某某等行所经营，其招集华股，仅限少数，以便掩饰耳目，与武昌电灯公司，同一情形，仍以猪仔以为幌子耳，其所有合同，早已订妥。日来正在招办场内酒馆及项各（各项）商店，预计明年即可开幕云。

（《民国日报》）

2 月

1.鄂萧向汉商借款

（1924 年 2 月 2 日）

汉口三十一日电　萧督军本日在汉口招待中国银行家及商人商量通融二十万元，充旧历年关经费，可望成交云。

（《晨报》）

2.定循礼门铁路外建筑

（1924 年 2 月 9 日）

汉口电　梅神父纪念医院定循礼门铁路外建筑，由刘歆生捐地皮三千方，萧三十一在汉商会宴中外官商五十余人，筹得建筑费六万二千六百元，决组董事会当推萧为名誉董事长，索了敉理事长，陆德泽、周星棠等理事。

（《申报》）

3.武昌商埠大借款二千万

（1924 年 2 月 13 日）

汤芗铭受曹命而来，吴萧暗争政务厅（剑虹九日于汉口）

武昌商埠局大借外款，政务厅长问题吴萧暗斗

汤芗铭以鄂长久难到任，郁郁伏居都门者年余。曹三窃位后，汤以与其有金兰之谊，复乘机活动，顾反对者，愈益强硬。曹三固只以武阳夏商场督办，为转圜下台之计，但办理商场，非先筹巨款，不易办理。鄂省财政，年来已山穷水尽，故汤氏至今仍未来鄂，对于办理计划，亦未具体发表。而最近忽由武昌商埠局杨绪赞经手，由英国某工程师介绍，向某洋行借款五千万元，以将来所有市政之收益，归债权人支配监督为条件，代表债权者为某国驻汉舰长，其合同已由双方拟就，日内即可签字正式交付。办理武昌一地之市政，究需款若干，事前未制定确实预算。一旦借此巨款，不但使湖北财政发生根本破产之虞，亦无异以武昌商埠卖于外人也。省议

会方面,近正召开紧急会议,讨论应付方法,预料毫无结果。盖鄂省议会,党派复杂,对于任何要事,均不能团结一气,乃使若辈得畅所欲为也。

韩光祚本为王占元督鄂时代余孽,此次依附洛吴,得以卷土重来,攫取政务厅长,居然于日前到任视事。当伪令将发表时,萧耀南即利用一手圈养之平社议员,召开会议,积极反对,一面委韩为武昌商埠局长,以为积极保持自身地位,与抵制吴佩孚在鄂之势力。盖韩与何佩镕均为吴佩孚之孝子贤孙,早暗中勾结,将瓜分鄂省政权。韩若得任政务,即何氏长鄂之第一步耳,但韩恃吴为奥援,鄙商埠局长不屑为,拒不到任,非达到政务厅长目的不可。无何伪令下,而萧耀南由软化而屈伏矣。五日京兆之杨会康亦狼狈而去。韩到任之次日,继省议会而反对者,为鄂省旅京同乡会代表何葆华等之一纸快邮代电。此外,绝无所闻也,电中略云:何与韩同为王氏余孽,同为祸鄂蟊贼,何为鄂人,尚不毫予宽假?韩为异类,讵可于实施自治之际,听其侵夺省权?况查何佩镕谋继鄂长,曾有以韩为鄂政厅长之预约,何与韩之关系既如是其切,则今日韩之为鄂政厅长,无异何佩铭为鄂省长之先锋,滋蔓难图,根株尤宜速绝,匪特此也,鄂人拒何长鄂,至于呈诉请愿,期置典刑。虽因何佩铭罪有应得,然其蓄意断送政权、财权,以破坏自治者,亦其招尤速谤之一端。兹无论韩之为鄂政厅长,出于鄂当局之保荐,抑出于程内长之自动呈请,是皆自绝于鄂人,其结果同为违背宪法,破坏自治,实与何佩镕之阴谋祸鄂,如出一辙。韩可为鄂政厅长,何佩镕又奚不可为鄂省长乎?果尔,则鄂人之讨何者,妄也,非正也;私也,非公也,是可忍孰不可忍?总之鄂人非自治无以图存,非排除自治之障碍,则自治仍无圆满施行之望云云。

观上文所云,言韩之罪恶者,必先牵及何之长鄂事,而韩之重来,何人保荐,何人卵翼,则讳不敢言,其用心何在,由何方授意,均至为显明,故今之鄂省,已全为吴萧暗斗之战场矣。

(《民国日报》)

4.鄂商再起争田案,商界后援会决议

(1924年2月27日)

汉口函日警署屈杀田种香一案,日前高检厅将尸亲田士美要求复验,牌示不准后,武汉各法团对于此举,均有表示不满。湖北全省商界外交后援会,于去腊接旅汉黄陂同乡会公函,请求一致援助,该会各股干事,当以岁暮商务结束,无暇顾及,讵料田案至今仍无圆满结果。二十四下午干事长吕超伯,副干事长蔡辅卿、万泽生及各股正副主任等,开茶话会一次,当决定一致援助田案最后进行,兹将臂助函电分别披露于次。

(甲)补志黄陂同乡会函该会致外援会公函云,超伯,辅卿,泽生会长先生钧鉴,敬启者,田案发生以来,敝会不恤奔走呼号嘤嘤求助者,痛夫国权之丧失,悲夫民命之草菅,固不仅种香一人已也。备蒙垂询敝代表等之希望援助意旨与要点,以凭根据进行,足征关心民瘼,尊重国权,无微不至,所有敝会交涉经过情行,除各报翔实披露,无待赘陈外,仅将请求各节条举于后,希乞鉴核。(一)此案发生,全国共愤,交涉员职责所在,应如何雷厉风行,讵官样文章一月有余,毫无结果,请贵会根据法律严重交涉。(一)全国各法团,均系人民代表,安危与共,痛痒相关,理势必有,请贵会分别通电,一致后援(以上各条均议决照办)。(一)驻汉日警擅杀鄂人,应归湖北交涉,按之交涉程序,决无移京办理之可言,请贵会通电阻止,免生误会,致起嚣张(议决致交涉员信中叙明)。

(一)华会匪遥,公理尚在,条约未改,各国遵循,何物日人,竟敢灭裂妄为,一至于此,请贵会分电各公使各领事,据理裁判,保障和平(议决致电各公使)。(一)日人不知觉悟,一味昏蛮,惟有请求贵会,仍照经济绝交,实行办理,制其死命(函询各帮征求意见)。

(乙)致各帮征求意见公函外援会致各帮公函云,径启者,昨准旅汉黄陂同乡会函开,自田案发生以来,敝会不恤奔走呼号嘤嘤求助者,实痛国权之丧失,悲民命之草菅,固不仅为死者一人已也,所有敝会及尸亲田士美交涉经过情形,各报均翔实披露,谅荷鉴及,无待赘陈。惟日人一味狡展,迄未依法解决,近且有移京交涉,以图规避之宣传,似此蔑我国权,玩我民命,若不合力对付,国家前途,何堪设想,应请分别通电全国各法团各机关,一致力争,设法救援,并函武汉各处,仍然经济绝交,以张民气,而保国权,等因到会。查日人对于交还旅大,取消二十一条之通牒,既狡置不理,前在宜昌长沙等处枪杀多命,又无故惨杀我侨胞数百人,均未依法解决,今驻汉日警署,又酷施毒刑,屈杀田种香,实属蔑视国权,破坏法治,是可忍孰不可忍,我国人若不亟谋对付,后患不堪设想。函准前因,除通电全国各法团,一致力争,设法抵制外,相应函达贵帮,应如何对付之处,希即集议见复,以凭取决施行,事关国权民气,幸勿忽视为荷。

(《民国日报》)

3 月

1.武昌市政借款

(1924 年 3 月 1 日)

汉口电　武昌各善堂勘(二十八)午开联席会。讨论武昌市政借款,议决反对五理由:(一)时机尚早;(二)建筑商场应自汉口起;(三)借款用途含混;(四)范围太广;(五)应先发行社债,并议定四办法,推代表二十人办理;(一)谒萧,阻止签字;(二)质问武汉商会省议会何不反对;(三)联合商会业主会开联席会,一致反对;(四)发传单并游行。(二十九日上午九钟)

(《申报》)

2.鄂萧向汉商借款

(1924 年 3 月 2 日)

汉口一日电　萧耀南因军费缺乏,于昨日招待商务会长及银行公会会长,要求三月中旬以前,通融五十万元,但汉口市场,恐一时难筹如此巨款,一说谓此系为吴佩孚筹措援川军费,因之反对者甚多云。

(《晨报》)

3.教职员联合会发援助田贾案

（1924 年 3 月 26 日）

汉口电　教职员联合会发援助田贾案宣言：（一）实行对日经济绝交；（二）宣传日人强暴，唤起中外同情，武汉商会及对日各团体亦决继续绝交，并促沈严重交涉。（以上二十五日下午五钟）

（《申报》）

4.天津赴日接洽取消二十一条代表

（1924 年 3 月 27 日）

汉口电　天津赴日接洽取消二十一条代表鲁嗣香、李伯壎，偕杨殖民、黄丹用、王伯辰来汉，因携有杨以德介绍函，故崔振魁、王啓贵敬（二十四）为设宴，邀商界要人作陪，外援会径（二十五）在汉商会答宴，鲁即席分散报告书，谓赴日接洽，已得日方谅解，二十一条可望取消，惟旅大须并东省悬案办理，继童宾秋、任松如演说，在二十一条未取消旅大未交还前，应继续经济绝交，对代表等报告书尤多抨击，闻鲁等为亲日派，此来含有缓和对日作用，各报多加讥评。

（《申报》）

4 月

1.武汉商会反对增印官钱票表决办法五项

（1924 年 4 月 5 日）

武汉两商总会，以鄂省当道违背上年财政会议之案，忽而新印官票五万张，危害官票信用，曾主张一致反对，昨又开联席会议一次，当时表决：（一）电北京财政部，嗣后再不得代鄂省官厅，印制官票。（一）对于已到鄂之新官票二百五十万张，应要求定期焚毁。（一）对于官钱局监察官王子云违背职责，应设法弹劾。（一）要求官厅，尊重上年财政会议之决案，永远不加增票额，应再布告宣示，俾保票纸之信用。（一）嗣后破票，应以票本产业变现兑换，不得以掉换破票为名，增印新票，杜鱼目混珠之患云。

（《民国日报》）

2.日舰撞沉华船事件，武汉商界异常愤激，日舰队横行长江若无人，撞沉华船后仍继续行驶

（1924 年 4 月 17 日）

汉口快讯云，此次日舰队突然来鄂，商民已极疑惑，乃该舰队于十日离汉下驶，行至黄石港江面，适有由北岸渡过南岸之小划船一只，上乘搭客二十余人，其时该舰队之先锋舰忽鼓轮前

驶,致被横腰撞作两截。该舰初尚前进,嗣见民船上搭客已全落水,始丢救生圈救上六人,而后十四舰又相率而来,因是两岸划船不敢搭客,致溺毙十余人。顷闻军省两署已接黄石港外交办事员报告,该舰队肇祸经过,已向日人交涉,并请示办法,而黄石港商会尤为激愤,当召集紧急会议,决定交涉条件:(甲)惩办肇事军官。(乙)赔偿被难者每人五千元。(丙)由日领向中国官厅道歉,武、汉两总商会,亦拟集会,请常轴与日领严查交涉云云。

(《晨报》)

3.鄂商反对估本加税,汉总商会召集会议

(1924 年 4 月 24 日)

汉口快讯云,鄂省以军费支出过巨,省库日形不支,早有估本加税之议,宜昌商会曾有函电表示反对,但省局将案提交议会通过后,即由财政厅致函汉口总商会定期实行。现该会以当局搜刮靡遗,痛及剥肤,万难承认。昨召集在会各帮董九十余人开会,群情尤为激愤。佥谓官厅如果势在必行,应先要求财政公开,果因正当用途,有不得不加税之充分理由,商民亦可承认,并以省议会系属人民代表,对于当局此等暴敛虐政,居然通过,殊负人民付托,当决定一面致函省议会质问,一面通告武昌汉阳两商会,定期开联席会,筹议对抗办法,据闻该商会将进而联合全省各商会一致反对云。

(《晨报》)

4.(上海总商会讨论)汉口总商会议设国民互保银行案

(1924 年 4 月 28 日)

此事系由汉会提议于全国商会联合会第四届常会。据当时所议决,以兹事体大必须通告各省区总商会,征求意见,再行办理。现由总事务所将此项议决案,函知省事务所转询前来,应如何办理之处。即请,公决。

议决:俟商联会开会时,再提出讨论。

(《上海总商会月报》第 4 卷第 5 期)

5 月

1.商界外交后援会成立

(1923 年 5 月 1 日)

汉口电　商界外交后援会(二十九)在汉商会开成立会,通过简章,推定股员,并决通告各帮于五七前将现有日货种类、数目、价值报告总会,再议处理办法。五七后,如有私订进口日货,将货焚毁,百倍处罚。(三十日下午四钟)

(《申报》)

2.鄂商界反对苛税

（1924 年 5 月 4 日）

汉口快讯，鄂省百货商税，原系值百抽三，旋以预算不敷，拟改为值百抽五，预计每年较前约可增收六百万串。乃提出省议会后，一般接近当局之议员，转以如此加税所得无几，竟改为按照时值切实估本，仍照原案值百抽三。当局因省议会如此卖力，遂将从前税则推翻，另以现在时值估本抽值，预计每年可增收至一千余万。商民方面，对此极端反对，曾由汉口总商会决定，联络武昌汉阳两商会，筹议对待方策，业经武阳两商会，各派代表，于日前在汉口总商会开会。除决定复函财政厅否认估本加税外，并以省会逢迎官厅，剥削商民，特另函省会质问，速即将原案打消云云。

（《晨报》）

3.汉商会江（三日）推周星棠

（1924 年 5 月 5 日）

汉口电　拐案在地检厅审讯两次，据刘大玉供小孩衣服系黄姓寄存，肠皮乃梅某所赠，检厅现传梅黄对质，并将零星肠皮另送天主堂医院化验，外传铁路外北方人欲纵火焚华景街，谋报复，四区公益会江（三日）邀通济、新兴两保安会联议会同严防，并函请镇署派兵一营镇慑。汉商会江（三日）推周星棠等往查真相，前在大智门发现童孩尸骨一具，报请检厅往验，认与拐案无关，但商会颇注意，决请军警驱逐棚户无业北人出境。（四日下午八钟）

（《申报》）

4.鄂财厅估本抽税案近况（萧萧）

（1924 年 5 月 8 日）

武汉两商会函请撤销　省议会并未通过

鄂财厅前拟估本加税办法，经省议会、武汉两商会反对后，乃撤回修正。复于去年呈请省署，咨交省议会复议，省议会以案关加重商民负担，乃交财政股审查，讵料该曾副议长刘楫，并不俟此案经过三读，即将财政股审查报告咨复省署，谓与其增加税则，不如实行估值。省署亦即训令财厅会同商会，着手筹办，汉口总商会接到财厅公函后，曾于上月召集紧急会议，佥以值此时局不靖，商业维艰之时，何能再加商民负担，省议会不顾商艰，对于财厅之估本抽税案，随便通过，实有愧于人民代表之天职，决定公函议会质问，并函请武昌、汉阳两商会开一联席会议，讨论最后办法。此项联席会议，上月二十八日始在汉商会开会，一致否认该案之实行，并决定由武汉两商会领衔，致函财厅，陈述估本办法之滞碍，请即打消原案，以免激起全省商民之反感，此函业于昨日送达财厅。兹觅得其原文，为录于下：敬复者，案准贵厅公函，以奉省长训令准省议会咨复，关于拟呈修正各局税捐则率办法一案，经审查报告，谓与其加增税则，不如实行估值，等语。饬厅参酌办理，等因，转会查照，并附抄件，等因，准此。当查估本一事，上年虽经提议，只以无裨税务，徒碍商情，曾由敝两会缕析陈明临核，并呈蒙省长核准撤销有案。维时正值全省商会在汉开会之际,复经提交大会公同议决,一致否认在案。兹准前因,无论敝两会未敢赞同,而以全省商会公决否认之案,如竟由省议一方面之主张遽予推翻,实属无此办法,矧此时局未靖,商务既尚无起色,商情仍倍觉困难,诚如尊函,正宜借以休养。乃因年来财政支绌,致不忍重累商民者,仍不免重累商民,其实本省财政艰窘之原因,并不在收数不敷也,据各帮之言曰,自民国初元,本省过境销场税,改为值百抽二,每年收入,已有六百万串之谱,迨至民四,因新政需费,议加税率,原拟改值百抽二五,另征落地税五厘,合为值百抽三,嗣以两税分征,手续较繁,咸虞不便,始议定按值百抽三,一道征收,并于入口第一局一次收足,以后沿途局卡,验票放行,概不重征,开办之初,尚称便利,而核计每年收入,亦约九百余万串,乃行之未久,当局者于定章之外,往往任意浮收,如每百石货,必按加三十石计算,定为比额,其无形之担负,已增至数倍矣,而承征员之因而取巧,高下任意,更不知加至几倍,又复添设骈枝机关,如皇经堂等处之五路稽查所,名为稽查,而实则征税,今并改为专局,明定比额矣,夫由汉上行未出三十里之皇经堂,如遇货船经过,即须加征一道,至蔡甸时,又复加征一道,等而上之,处处需索,节节留难,试问与原章所订一次抽足,不再重征之本旨,不背道而驰乎,且与原章所定值百抽三之税率,又相去何如乎,不止此也,当局近更发明包税新法矣,无论何项税务,只须有人承包,不问比额之多寡,必加至数倍以取盈焉,如汉口糖捐,汉口税局,其明证也,似此变本加厉,计每年之收入,当在一千三四百万串左右,使果能济公家之急,涓滴归公,我商民忍痛输将,犹可说也。斯异者,以全年收入之巨,供一省政费之需,尚虞不给,是诚百思而不得其解,又况闻诸道路公家所得收入之数,每年不过七百万串,相差之处,尤属当人听闻,岂传闻异词耶,抑果为经手所中饱耶,不此之求,而但曰无法弥补,于是议及加税矣,且因而改订估本矣,岂知当局既负有整理财政之责,自当谋清厘积弊之方,一旦以中饱之有余,补收入之不足,有盈无绌,已可预言,将所谓根本救济之谋者,固在此不在彼也,等语前来,敝会等复查此事,以原案言既如彼,以商情言复如此,其滞碍难行之处,自在台座洞鉴之中,缘准前因,相应查案据情奉复贵厅长,请烦查核辨理为盼。

省议会于二日,开始为本年正式会第一次会议,正议长屈佩兰,因病请假,由副议长刘楫主席,报告文件毕,即有熊议员维罢临时动议,财厅修正估本加税案,本会尚未经过三读,副议长刘楫,乃擅将财政股审查报告咨出,致商民来函质问,此系议长渎职,应请交付惩戒,刘楫起谓,此案因省署迭次函催,而本会又适闭会,故即将财政股报告咨出,既诸君认为不合,请依法惩戒,语毕,旋即退出主席位次,请另推主席,讨论此案,是时廖秩道谓惩戒议长,是本会对内问题,此时应设法救济估本推税案,刘派议员和之,讨论结果,致函省署,撤回省署咨文,另将刘楫交付惩戒股议罚,是郭干卿计划经年之估本抽税案,已无复实行之望矣。(五月四日)

(《申报》)

5.湖北财政之窘迫已届破产地步

(1924 年 5 月 9 日)

省议会意欲改组官钱局,武汉商会反对估本抽税。

(汉口特约通信页笔)湖北财政窘迫,已达极点,目下实已届破产地步,其唯割肉补疮之救济方法,惟有两点:(一)即滥发官票;(二)增加厘金。该两项办法,第一项续印官票五百万已到，方在发行，因是而引起省议员之官钱局改组案之提出，该案在上年由议员李继胜提到议会，一致通过，咨到省署，当局不依法执行，又不申明困难，咨请复议。现李议员以为蔑视本会议决案，拟请省长出席答复，不然舍依法执行使官钱局改组外，别无他法，是以再由议会质问省署，促其改组，未知能如愿否。第以官钱局一本糊涂账，如允组织为民间或绅士监视，诚难了此一笔糊涂账，且续发官票，尤多阻碍，恐难达到目的也。第二项估本抽税，原系吴子玉巡阅两湖时所定各军饷单之源，经全省商联会否认，未克实行，本年财政厅在发掘具穷之时，又旧事重提，定要实行，并拟定渐进办法，先将米炭丝绵等大宗货物，估定抽税，以是武汉两商会再开联席会议，认定万难承认，并述种种理由会衔函达财政厅，请打消估本抽税处议一仍旧制。兹将其会衔原函录下：敬复者，案准贵厅公函，以奉省长训，准省议会咨复，关于拟呈修正各局税捐率办法一案，经审查报告，谓与其加增税则，不如实行估值等语，饬厅参酌办理等因，转会查照，并附抄件等因，准此。当查估本一事，上年虽经提议，只以无稗税务，徒碍商情，曾由敝两会缕析陈明鉴核，并呈蒙省长核准撤销有案，维时正值全省商会在汉开会之际，复经提交大会公开议决，一致否认亦在案，兹准前因，无论敝两会未敢赞同，而以全省商会公决否认之案，如竟由省议会一方面之主张遂予推翻，实属无此办法。矧此时局未靖，商务既尚无起色，商情仍倍觉困难，诚如尊函正宜借以休养，乃因年来财政支绌，致忍重累商民者，仍不免重累商民，其实本省财政艰窘之原因，并不在收数不敷也。据各帮之言曰，自民国初元，本省过境销场税改为值百抽二，每年收入已有六百万串之谱，迨至民四，因新政需费，议加规章，原拟改值百抽二五，另征落地税五厘，合为值百抽三，嗣以两税分征，手续较繁，咸虞不便，始议定按值百抽三一道征收，并于入口第一局一次收足，以后沿途局卡，验票放行，概不重征，开办之初，尚称便利，而核计每年收入亦约九百余万串，乃行之未久，当局者于定章之外，往往任意浮收，如每百石货必按加三十石计算，定为比额，其无形之担负已增至数倍矣。而承征员之因而巧取，高下任意，更不知加至几倍，又复添设骈枝机关，如皇经堂等处之五路稽查所，名为稽查，而实则征税。今并改为专员，明定比额矣，夫由汉上行本出三十里之皇经堂，如遇货船经过，即须加征一道，至蔡甸时，又复加征一道，等而上之，处处需索，节节留难。试问与原章所定一次抽足，不再重征之本旨不背道而驰乎，且与原章所定值百抽三之税率，又相去何如乎，不止此也。当局近更发明办法矣，无论何项税务，只须有人承包，不问比额之多寡，必加至数倍以取盈需，如汉口糖捐汉口税局，其明证也。似此变本加厉，计每年之收入，当在一千三四百万串左右，使果能济公家之急，涓滴归公，我商民忍痛输将，犹可说也。所异者以全年收入之巨，供一省政费之需，尚虞不给，是诚百思而不得其解，又况闻诸道路公家，所得收入之数，每年不过七百万串，相差之处，尤属骇人听闻，岂传闻异词耶。抑果为经手所中饱耶，不此之求，而但曰无法弥补，于是议及加税矣，且因而改定估本矣，岂知当局既负有整理财政之责，自当谋清厘积弊之方。一旦以中饱之有余，补收入之不足，有盈无拙，已可预言。将所谓根本救济之谋者，固在此不在彼也，等语，前来。敝会等复查此事以原案言既如彼，以商情言复如此，其滞碍难行之处，自在台座洞鉴之中，缘准前因，相应查案据情奉复贵厅长请烦查核办理为盼。（五月四日）

（《益世报》）

6.(上海总商会)严防皖币偷运致汉口总商会函

(1924 年 5 月 24 日)

敬启者,皖省造币厂所铸之一元银币,据香港汇丰银行化验,成色低减,仅含银千分之七八九。经本届银联会议有防弊办法四条,而敝会亦函致该省当局,切实劝告。该厂一面以自本年四月一日起,恪遵成色鼓铸,虚与委蛇,冀避指摘;一面又将所铸银币,大批装运,继续向长江各省输入。贵埠为九省通衢,尤该厂所注意。近阅报载贵会商同银、钱两公会,拟有皖币到埠,先行开箱提验,如果成色相符,再许起货之办法,诚为防弊要图。此项办法,未知是否已奉批准实行,化验时有无法团从旁监视,化验后结果如何,均为敝会所愿闻其详者。尚祈不吝指教,随时见示。惟敝会尚有言者,查沪市洋厘,自本年一月以来,久无起色。江宁、杭州两造币,均以不敷成本,早经停铸。而杭厂并且节减员薪,借款度日,其呈该省长官文内,并谓洋市情形如此,上半年决无开工希望。当宁、杭两厂因亏本停铸之际,皖厂独竭力鼓铸,并以恪遵成色自许。该厂既无点金之术,何能受此重大牺牲,是恪遵成色之语。如将目前洋厘及鼓铸成本(据南京总商会调查,每日鼓铸十二万枚,每枚成本,需七钱二分五厘五毫有零),一加核计,可不问而知其为欺谩之词,固不必待之化验以后也。此次银联会议决办法,其最扼要者,即为不代购生银及代售洋元一条。惟同业既多,志趣不一。兹闻报载该厂竟有在汉采购现银一百万两之举,是必有违反公意,私作此项贸易者。应如何会议,互相团结,及随时稽查方法,以期议案不致虚设,是不能不有赖于贵会之从中规划。至逐次开箱提验一层,亦为要着。惟须有各法团偕同明晰化学人员,从中监视,以期事归实际。如果一经化验,成色不符,则该厂即失其辩护之机。届时呈请禁止进口,自不虑其借词掩饰。惟该厂银币,从前多以兵轮装运,为海关稽查所不及。此次未始不可袭其故智,以幸免于每箱提验之例,故必须以不代售洋元,与此策相辅而行,方免暗中源源输入。想尽筹亦谓然也。圜法所关,利害与共。用敢略抒所见,以备商榷,仍盼贵会将现时办理情形,及此外有无防止方法,逐一赐教,俾匡不逮。

(《上海总商会月报》第 4 卷第 6 期)

7.联合欢宴职教社

(1924 年 5 月 29 日)

汉口电　汉商会、各团联合会、青年会、劝学所、教育局、民新校、教育促进社、堤口保安会、商务、中华两书局、爱国公司及夏口知事,俭(二十八)午后五时,在一江春联合欢宴职教社代表。

(《申报》)

8.汉商会请拒皖币厂采购生银

(1924 年 5 月)

皖省长前请准安庆造币厂在汉采购生银一百万两,陆续运回以供铸币之用。鄂省署令官钱局核议具复,该局当即函询汉口商会之意见。旋据商会复称,以银、钱两公会对于此事,因其有碍本省金融，极端反对，请其转呈省署严为拒绝。该局当即据情呈复，大概此事将被打消也。兹将汉口总商会复官钱局函录下：

案准公函，以奉省长训令，准安徽省长咨称据安徽造币厂拟由鄂、豫采办实银一百万两，转函查明，于本省市面金融有无影响。等因准此，当以生银出境，曾奉通令禁止有案。缘准前因，究竟有无妨碍情形。自以银行、钱业两帮，较为熟悉，即经分函转询去后。兹据汉口银行公会复函，内称敝会当开全体会员会讨论，佥以上年十二月间，本会曾经会同贵会暨钱业公会，呈请督军省长，禁止现洋现银出口，奉批业经通令布告禁止在案。现查汉口市面与上年冬间相较，表面似觉稍纾，然现银存底无多。一经驰禁出口，银根将立时牵动。加以午节期近，关系尤大，万不能以有限之银两，供他省之吸收，致鄂省陷于银荒之境。应请维持原案，勿予现银出境，以维金融各等语，议决在案。为此函复贵会查照，据情转复等情，并据钱业公会复函内称，当经召集会议，佥以上年因现货缺乏，曾已呈请禁止生银出境在案。固为维持市面金融起见，查近来汉埠银根尤复异常吃紧。值此青黄不接之际，既无货物出境，则外来汇款亦因之而减少，生银来源不畅，周转即以不灵，影响市面，似成枯竭之象。自顾犹虞不给，何能供他省之需？所有皖省请领运照一节，应请省长严为拒绝，以免危及市面。相应将敝会集议情形，函复贵会查核转发，实级公谊，等情；各前来，敝会复查现银一项，与市面关系甚重，不能不慎之于始。现在两公会既以维持原案为请，自系权衡轻重，有不能不如此者，然后乃不谋而合，众议佥同。敝会自应代表上闻，以维金融而安市面云云。

（《钱业月报》第 4 卷第 5 期）

6 月

1.检验物品

（1924 年 6 月 4 日）

汉口电　汉商会以出口贸易不振，多由物品搀杂，决设检验物产处。

（《申报》）

2.新堤商会函请维持铜元运汉

（1924 年 6 月 6 日）

湘省轻质铜元充斥鄂境，官厅为维持金融起见，已严令查禁罚办。新堤商会以该处市面，向以旧杂铜元为本位，且与汉号往来，势必以铜元流通为要图。昨由该会将变通转运办法，函请全省商会联会一致维持，兹觅得原函如下，敬启者，案据钱业匹头杂货京□各帮略称，窃查新堤交易，向乏官票银洋，仅以市场流通之旧杂铜元为本位。所销之货品，大都来自汉皐，所卖之铜元，类皆记汉号。近自湘省轻质铜元充斥，吾鄂钱价因而跌落，金融被其扰乱，幸蒙省公署通令严禁，武汉总商会开会禁止，诚为维持市面，救济国币之良好政策。新堤距湘非遥，湘商贩运来新借换银洋以渔利者,固当受其制止。而我新堤各商帮所卖之旧杂铜元,寄交汉号者,亦同被其牵制,谨按各号商每日所入铜元,积历甚多,已成有吞无吐,商人血本几何,势将演出歇业停贸之惨状,兼之底比临眉,节开逼迩,堤汉商号,交受其困。贵会为团镇商业领袖,有扶持拯济之责,为此联邦具书,陈请贵会核议。对于湘省轻质铜元,应如何杜绝来源。对于商等通用之旧杂铜元,应如何维持运汉。事关堤商命脉,不胜急切待命之至等情。据此,当即开会讨论,佥以堤商通用,向以旧杂铜元为本位,堤商往来,悉以汉上为大宗。每值节关大比,堤商应交汉号账款,为数甚巨。顷值比期节关相逼而来,应交之款,急如星火。若不设法流通,不但堤商困难,即汉号亦受其影响。据陈前因,湘商贩运之轻质铜元,业经通令禁止,亟应仍请军警严查,以遏来源而免扰乱,至堤商交还汉号。旧杂铜元,应由商会取其具各商号完全负责甘结后,给予商贩护照,以资保证,庶劣币不致贻害,商路免除其阻梗,除移请驻军贾营长,六溪□水警第三区,暨驻堤水警凌分队长查禁,并将商会布告护照,及甘结字□附呈外,理合肃函贵事务所核议。迅予据情移知湖北财政厅,暨汉阳水警第二区,汉口征收局查照放行,免生误会,而维金融,无任企祷云云。

(《新闻报》)

3.汉商会定开会讨论估本案

(1924 年 6 月 13 日)

汉口电　汉商会定元(十三)开会讨论估本案,外交委员会寒(十四)开会,讨论对日绝交案。(以上十二日下午六钟)

(《申报》)

4.汉商会讨论估本案

(1924 年 6 月 15 日)

汉口电　汉商会元(十三)讨论估本案,佥以税收短绌,系因局卡中饱,决定组董事会,审查估本案利弊。函复省议会,速拟整顿局卡中饱与财政节流办法,省县各商会、分组监察处监督局卡税收。

(《申报》)

5.汉商会审查估本案委员

(1924 年 6 月 17 日)

汉口电　汉商会推萧纯卿十七人为审查估本案委员,定于十七日开审会,已函各帮征集意见。(以上十六日下午九钟)

(《申报》)

6.汉商会估本案审查会

（1924 年 6 月 27 日）

汉口电　汉商会经(二十五)开估本案审查会,王义甫提意见:财政公开,取消包税,裁撤骈枝机关,组货物报点房,免除附税,若当局能办到,庶估本案有研究余地。

（《申报》）

7.汉商会审查估本案

（1924 年 6 月 29 日）

汉口电　汉商会感(二十七)晚开会审查估本案,决咨复省署,省议会如能办到王义甫所提意见,各项可酌加税,则不另估本。

（《申报》）

8.汉商会讨论估本案

（1924 年 6 月 30 日）

汉口电　汉商会决再开大会,讨论估本案,并函请郭干卿出席,说明提案理由及整顿办法。

（《申报》）

7 月

1.汉商会讨论估本案

（1924 年 7 月 8 日）

汉口电　汉商会昨开会讨论估本案,财厅派科长闪宗仁莅会,说明财政困难情形,及厅拟整顿局卡五办法,请勿反对。经众讨论,估本难承认,如不得已,可酌加税,并须组验所及财政公开,闪允请示财厅长再谋解决。(以上七日下午四钟)

（《申报》）

2.鄂商请统一省币制

（1924 年 7 月 19 日）

汉口特约通信　自□币跌价,汉埠夙以铜元为本位之商民,痛深切肤,而某银行复有办理钱庄领券之举,遂引起商民之反响,竟于昨日发现杨铭彝、吴维嵩、许靖伯、严天权等之通电,略以汉上各银行滥发钞券,影响金融,请求官厅严重取缔,并通告各社团一致挽救,以免破坏云云，兹觅得原文如下：

查武汉近顷以来，金融界发生重大变化，洋价曾跌至六钱八分五左右，官票跌至三〇六七左右，铜元更跌至三钱，所有百货腾涌，群情恐慌，搜其翼因，大别有四：（一）外省轻质铜元充斥市面。（二）土产乡庄刻下均未上庄，值此青黄不接之时，官票铜元困积不灵。（三）各乡土匪猖獗，运客畏阻不进。（四）汉口中外银行滥发钞票，喧宾夺主。以上四端，迭经悉心研究，轻质铜元，防禁果严，自难输入，乡庄土产，秋收可望，开庄购货，运转自灵，至于各县土匪，官厅正在搜捕，祈求早日肃清，不难立靖。此皆事之最易解决者也，乃若紊乱市面，妨害金融，侵夺本省之主权，实行经济之侵略，不易解决，而断不容不从速解决者，其惟汉口之钞票乎。查汉口钞票，各银行任意滥发，日新月异，层出靡穷，官票铜元，顿被排挤。今之洋钱两价陡跌，重大原因，实基于此。近来西北各省，每有维持金融办法，限制银行滥发钞票，设省财政机关，统一币制，法良竟美，前事所师，盖银行滥发钞票，危险至不可言，述其大要，厥有数端，银行遍满各埠，一处发生风潮，动辄影响他处，市面受其牵制。商业因而动摇，而且汉口多银行之钞票，某行若干，种类如何，中外银行合计若干，准备金是否充足，发行额数限制是否部定章程，初无精确之调查，更无详确之报告，似此漫无限制，任意蔓延，吾鄂三千万人托命之官钱局，横受压迫，俨置死地，江河日下，长此安穷。用特祈愿恳俯念民情，讯予设法维持，务使官票信用不为钞票所推倒，一面巩固省财政机关设法统一币制，庶几鄂民不绝如缕之生机，或有来苏之日。经济政策，制人死命，踌躇四顾，恐怖环生，伏请我同乡父老危机共挽，一致主张，涕泣陈词，莫不悚切云云。说□谓官钱局改组银行，发行银元钞票，此盖其发端耳。

（《晨报》）

3.维持钱价

（1924 年 7 月 28 日）

汉口电　萧径（二十五）召汉商会长周星棠、钱业公会长万泽生入署，商维持钱价，决议：一由钱帮取缔钱商抛盘买卖官票，一由官钱局设法提高。郭干卿位置动摇，有熊宾长财厅、宗彝总办官钱局消息，萧委程夔兼任官钱局会办。

（《申报》）

4.协议估本交换条件

（1924 年 7 月 31 日）

汉口电　财厅拟东（一日）实行估本，陈再派员赴汉商会协议，闻商会已提出估本交换条件。

（《申报》）

8 月

1.汉商会报告赈灾会经过

(1924 年 8 月 1 日)

汉口电　汉商会长周星棠、慈善会长蔡辅卿,三十日谒萧报告赈灾会经过,请饬筑拦堤防缺口,另携对估本案所拟报验所简章呈核。

汉口电　汉口筹办邻省水灾,赈济协会世(三十一)午假汉商会讨论进行办法。

(《申报》)

2.筹办邻省水灾赈济协会

(1924 年 8 月 2 日)

汉口电　筹办邻省水灾赈济协会,世(三十一)开成立会,计到汉商会、慈善会、红十字会、华洋义赈会四团体,共四十余人,推萧为会长,周星棠、蔡辅卿、刘子敬、曾务初为干事长,张济省区定为湘赣直闽鄂五省。

(《申报》)

3.汉商界反对中国兴业银行,汉口商界之表示

(1924 年 8 月 3 日)

孙丹林之筹设中国兴业银行,为洛吴经济计划之一,含有于必要时调剂军用之作用,自各报纸□详述其强迫招股之概数(七百万)及急切收款之实数情形后,武汉商界领袖,一致认定此银行在汉组设,为莫大之危险,持反对态度甚烈。前日周某万某等应某巨公之召,侃侃而谈,谓中国兴业银行如果成立,将来难免照例之两大危险:

(一)该银行既含有某种作用,其基金敢断言其难充实,至必要时,复提现款百万或二百万,小之足以发生该行之挤兑,大之即足以影响市面之金融,此不可不预防者一。(一)该行基金问题,既日在竭绌之中,势必时常向各方挪借,以济眉急,追捉襟肘见,各银行信用或亦随之扫地以尽,此不可不预防者二。

据闻某巨公此次约与周万等晤谈,原具有疏通反对该行之深意,虽周万等之一席话,一时难以置答,然并未尝稍灰疏通之心,当时极力敷衍以为再度疏通地步。

(《民国日报》)

4.汉商会召集防护张公堤会议

(1924 年 8 月 6 日)

汉口电　夏口知事罗荣衮,支(四日)在汉商会召集防护张公堤会议,到绅商界百余人,决

筹款两万元为防护费,先由周星棠担任一万,商会六千,绅界及县署各二千垫用,江水稍退,如无大风雨,可保无虞。

(《申报》)

5.鄂省大水续纪(萧萧)

(1924 年 8 月 7 日)

被灾二十余县,萧耀南通电乞赈。

鄂省今年大水为从来所未有,差幸水势时涨时退,官民得以预先防备,虽江汉、襄阳两道受灾共有二十余县,然因得防御之力而成全者,尚不在少也。在一星期以前,据海关水量测量报告,江水高四十七英尺,自二十五日起,日退三英寸,至二十七日,水势已退至四十六英尺以下。武汉沿江被淹各地,皆先后退出,一般人颇抱乐观。不料二十七日忽大风雨,二十八九两日雨势尤大,幸皆阵雨,不一二时即停。但因为山洪又发,水势又涨至四十七英尺,沿江退出各地复被水淹,各县堤垸均因风雨冲击之故多遭溃决,而水势有涨无退,至本月初,且高至四十八英尺,汉口滨江之华洋各界一律上水,内街沟渠水满亦漫溢于外。虽各租界日夜以抽水机竭力排水,而内地街道仍有水深数寸及一二尺不等,法界如寿长清、恒升海、寿各里浸水至十数日,臭气触鼻,中人欲呕,居民多有迁徙以避之者。法界巡捕房四周皆水,幸尚浅,犹可出入,沿江岸上多备沙包御水,前花楼口亦筑坝以待,江水虽未冲入,而滨江街道交通已为之阻塞矣。武昌江岸均上水,虽最高之文昌门河街亦为水所侵入,而水势继续加涨,且有灌城之势,武昌警务处日前分令各署,赶备沙袋,架设各城门口,以堵水之灌入,并于城外架设临时木跳多处,以便交通。汉阳地势较低,不仅城外江岸浸水,即城内街道亦多为水所淹没,外江内河波涛淘涌。武汉三镇几完全为水包围也,汉口张公大堤为张文襄督鄂时所筑,关系汉镇安危,为一般人所注意,而江水距堤仅隔尺余,且因风浪冲,堤身亦多松动。夏口知事罗荣衮及汉口商会会长周星棠、慈善会长蔡辅卿,日来督率民夫筑堤抢险,极为忙碌,每日工作恒至余人。武昌武泰闸以至金口大堤,为武昌咸宁、蒲圻、嘉鱼、崇阳、通山、通城七县保障,日前第六区闸身松动,决口丈余,萧督得报,除令武昌县知事陈继良赶往堵塞外,并电令第二旅派队协助抢筑。二日午,萧督亲往金口大堤查视水势。三日,又赴下游沿江视察江岸,据昨今两日情势,江水已形稍退,若不继续加涨或可得庆安澜也。萧督因鄂属灾区甚广,特于省署附设赈务处,筹办全省灾赈事宜,已委二十余员分赴各县调查灾况,施放急赈。日前特电府院请拨币款赈济鄂灾,并通电各省,乞予资助,原电略谓:吾鄂入夏以来,始而旱干,继而阴雨,襄江水势并涨,沿岸堤防多溃,武汉以上受灾者,汉沔、潜嘉共十余县,武汉以下受灾者,黄鄂、圻阳亦七八县,田庐漂没民无所依,此外山乡亦以水旱不均,收获无着,虽欲移民移粟,若无乐土乐郊,因思省界虽分,同是吾民救灾恤邻,古人所重,请分余粜以拯巨灾,则鄂民感德,宁有涯涘云云。观此可知鄂省灾情基重之一般,现汉口总商会、慈善会、红十字会、华洋义赈会四团体,合组之筹办邻省水灾赈济协会,已决定将鄂省列入赣湘直闽之内,一同赈济矣。(八月四日)

(《申报》)

6.汉商会对估本案意见

(1924年8月10日)

汉口电　汉商会对估本案提两意见:(一)组报验所;(二)照旧税率只加一倍,财厅已容纳,尚未定期实行。

(《申报》)

7.汉商会反对日本增加关税(本报十五日汉口专电)

(1924年8月16日)

汉商会寒(十日)日议决通电反对日增关税。

(《晨报》)

8.汉商会对于物产检验处之态度

(1924年8月24日)

汉口总商会十六日开全体会董大会,征求对待物品检验处意见。签到会董四十余人,正会长周星棠主席,物产检验处督办胡龙骧出席说明该处组织简章十□条,并拟在本埠皇经堂武昌卜新河各繁盛码头,派设分所云云。胡氏报告毕,即辞面他往。各会董佥谓本会对于该处当然承认成立,惟此时通过简章,似嫌手续未到,当提出先决办法三项:(一)督办问题,须官商双方同意。(一)所收款项,官商均不得挪用分文,专作办理地方慈善公益事业。(一)各繁盛码头添设分卡一节。固须考虑以上办法,即日由会呈请省属予以承认,俟正式答复后,□将该所简章油印通函各帮,征求意见,酌加修□,始能通过大会议至八句□钟宣布散会

(《新闻报》)

9.检验棉花

(1924年8月26日)

汉口电　汉商会漾(二十三)晚开会,讨论物产检验,督办胡龙骧出席,说明理由,棉花帮到二百余人,对胡设皇经堂四分所皆大哗。嗣经胡表示,听商人自决,始平息,结果决仿沪办法由各帮推代表研究细则。

(《申报》)

10.决电请沪银公会救济市面

(1924年8月26日)

汉口电　此间金融受江浙影响大恐慌,汉商会、银公会、钱公会各正副会长,敬(二十四)午后在商会开茶会,决经(二十五)午后六时,闻联席大会讨论维持方法,钱公会敬(二十四)开

两次紧急会,决电请沪银公会救济市面,并推代表谒萧,请予持。

(《申报》)

11.协商救济金融办法

(1924年8月27日)

汉口电　汉商会、银钱公会顷开联席大会,协商救济金融办法,决由银公会筹五十万元为准备,以防意外。

(《申报》)

12.江浙风云中之鄂讯(萧萧)

(1924年8月29日)

楚谦江贞两舰调赴下游,汉商会三团体之联席会议。

迩来江浙有事之空气,日益紧张,双方盘马弯弓,似有一触即发之势,驻鄂海军第二舰队楚谦、江贞两舰先后调赴下游协防,并传苏齐在汉厂领去大批枪弹,由汉黄镇守使署派李朝栋押运赴宁,此事是否属实,颇难悬揣。惟据某署消息,萧督对于江浙事件力主和平。日前曾以此意电洛,请吴出为调停,并直接分电苏浙闽各当局力为斡旋,免致以东南一隅,牵动大局。又恐江浙军事,或竟不免长江上游,难免不受影响,特电皖马赣蔡,协商联防办法,但外传四省攻浙,早有结合,鄂萧居间调解之有效与否,尚属疑问也。洛吴对于江浙事极为注意,特派其巡署参议崔维堪,于昨二十四到汉,今晚搭轮赴沪,调查江浙军事行动之真相,以便作何应付。在此江浙风云酝酿期中,谣诼繁兴,人心不定,拆息飞涨,银根奇紧,汉口金融因受上海钱庄倒闭之影响,大为恐慌。日前倒闭匹头店两家亏累至十余万金,即因银根紧迫,周转不灵之所致,因之市面益呈危险不安之状态,银价飞涨,钱价暴落,每洋一元可换铜元二串三百三十七文之多,近虽行市稍平,仍未回复前此市面平稳之局面,且月底比期又至,秋节大比,亦接踵而来,可信金融状况将必益陷于危险。汉口商会正副会长周星棠、郑燮卿,银行公会正副会长王毅灵、秦禊卿,钱业公会正副会长万泽生、余德馨等于昨二十四日午后齐集汉商会开一茶话会,佥以江浙风云险恶,上海钱庄倒闭数家,汉口受其影响,亦呈不安状态,若不设法维持,危险将不堪设想,决于二十五日召集三会同人,开一联席大会,讨论救济方法。今晨由汉商会散发通知,午后三时三会正副会长及董事等,纷纷到会,共有百余人,推周星棠主席,讨论良久,决由银公会先筹五十万元为准备,以防万一。直至五时,始行散会。钱业公会昨二十四日午后二时与午后六时,连开两次紧急会,佥以汉口金融紧迫,系受上海影响,决电请沪银行公会设法救济市面,以免牵动全国金融,并推万泽生、余德馨代表谒萧,请予维持。萧督亦恐金融紧迫,影响治安,已面令财厅长郭干卿拨款维持,官商通力合作,金融界或不致有意外之危机也。(八月二十五日)

(《申报》)

13.估本加税案

(1924年8月29日)

汉口电　财厅派闪科长宥日至汉商会接洽估本加税案,周星棠谓,财厅如能将全省骈枝局

卡裁撤，承认加税仍反对估本。（以上二十七日下午五钟）

（《申报》）

14.汉商会商救济办法

（1924年8月30日）

汉口电　财厅向华比商借百万，华比须将紫铜运汉方可磋商，致未成立，至各银行放款亦未确定，因之银厘日涨，本比仍极恐慌。萧定（二十九）艳午后至汉商会商救济办法。

汉口电　汉商会艳（二十九）午后五时召集银钱两公会代表开临时会，协商官钱局担保品折现办法银团勉允筹款，六时半始散，萧因事未来。

（《申报》）

9月

1.江浙风云之鄂讯（萧萧）

（1924年9月1日）

比期之金融难关

日来江浙有事之空气，益形紧张，双方虽各有人不犯我，我不犯人之声明。然军事调动，又大有剑及履及之势，驻泊鄂江之楚谦江贞江犀等舰，前奉杜总司令电调赴宁，嗣又电令楚有军舰，及甫自宜昌开回之列字鱼雷，迅速开往下游协防，是可见徽调海军之目的，不仅为保境而止，鄂萧对江浙事，前已电劝浙卢解散臧、杨两部，并电请苏齐以大局为重，保持东南和平，日前接浙复电，对于萧氏希望和平之盛意，极为感佩，惟臧、杨两部，此时颇难解散，但声明浙方决不甘为戎首，萧氏比将浙电转洛，二十七夜府院，又有会衔来电，力述时局危险，江浙万不可轻启战端，请萧会同吴使出任调停，府方并派秘书周肇雄，于二十八日到鄂，当即谒萧，面陈白宫希望和平之意，请萧设法消弭东南战端，免至牵动全局。据周氏云，彼出京时，尚携有府方要函赴洛，请吴使主持和平，颇得吴之同意，一俟与萧接洽后，即转轮赴宁，为和平之运动，讵昨今两日，谣言益炽，有谓沪宁津浦两路车，停止载客，专以运兵，有谓沪苏军队，昨二十八夜，已在昆山方面接触，此间招商局宁绍公司亦接有沪上来电，似乎外间所传不尽子虚。因是军政机关及商业团体纷纷电沪探问，而将次平稳之市面，仍复大为恐慌。今日又适为阳历七月月底之比期，银厘飞涨，银根奇紧，汉商会、银钱两公会虽竭数日会议与奔走之力，仍不足以支持此危险之局面。据商业中人云，二十五日三团体联席会议，维持金融办法，其最切要者在向外银行借款，以图市面之活动。嗣后接洽结果，仅汇丰银行拆现三十万两，中国银行团共放现款一百万两，但本比以沪上金融紧迫之关系，其艰窘更比平常为尤甚，百三十万两现款，犹不足供市面之周转，钱业公会前日召集紧急会议，公推余德馨等八人向财厅请愿，将所存紫铜两万担向华比押借现百六十万两，乃财厅派员与华比接洽，华比允借百万，但要求将紫铜运存汉栈，方可交款,财厅以此本短期借款,若将紫铜运汉,不久又复运省,一转移间已受数千两运费之损失,遂未允。可,钱业公会见此项借款已成画饼,又于昨日会议推派代表向官钱局商借担保品,转向中国银行团折现百万两,救济本比市面官钱局允其所请。遂由汉商会召集银钱两公会代表于今日(二十九)午后五时许开临时紧急会议,商请银公会各代表本同舟共济之义,对于钱公会向官钱局所借之担保品允,予折兑现款以资周转,银公会代表以大义所在,概允筹借百万两,由各行签发支票交付钱公会散放各钱庄,敷衍本比债款。顷有人访问周星棠君,据周云,本比虽极危险,但以官商之竭力维持,或不致有何危险。惟江浙战云密布,此后有无变化,颇难预定。昨日旅汉江苏同乡会,特致函中国银行行长洪钟美君,请照上年五省恳亲会之例,迅速召集五省同乡,筹应江浙问题之方法。兹录其原函如下:敬启者,上年江浙问题发生,得我公及五省爱国君子发起恳亲大会,登高一呼,如响斯应,而东南公约遂以告成,执事盖归硕画,德望所孚,至今饮水思源,令人钦感。此次江浙问题,据报纸宣传声浪似更紧张,我五省侨民痛痒相关,不能不有相当之援助,仍请我公本饥溺之素怀,俯念桑梓之邦,事机紧急,应如何召集各同乡,量筹应付之策,俾五省和平公约,不致或有变更,敬候迅赐明示,俾便遵行,心所为危,不敢缄默,专此奉布,敬颂台祺,鹄候德首,江苏旅鄂同乡会谨启。(八月二十九日)

(《申报》)

2.汉商会均加入五省同乡会弭兵运动

(1924年9月2日)

汉口电　汉商会、银钱两公会均加入五省同乡会弭兵运动,已拟就通电准冬(二日)拍发内容,以沪汉市民因江浙战谣起大恐慌,倘果交绥长江金融,将立见土崩。无论何方,战胜询问何以善后,且江浙非腹地,若兵连不解外人乘机而入,沦胥即在,目前用特吁,请中止军事行动,以安商业。

(《申报》)

3.汉商会等加入五省弭兵运动(本报一日汉口专电)

(1924年9月3日)

汉商会银钱两公会,加入五省同乡会弭兵运动,已拟就通电,准冬(二日)拍发,内容以沪汉市因此大恐慌,倘果交战,若外人乘机而入,渝胥即在目前,请即中止军事行动,以安人心。

(《晨报》第3页)

4.汉商会请阻鄂省不入战事

(1924年9月4日)

北京电　冬(二日)阁议,顾报沪银公会商会等电请阻战,汉商会请阻鄂省不入战事,芜商会请阻皖赣勿入旋涡,应如何办,决以政府正设法阻战复之,又陈遐龄入京案,洛吴及刘存厚均请缓来,决由院电饬陈暂缓入京。又内程报告交谕,吴使催将刘烈维为粤造币厂长,并调前厂长刘焕为粤警务处长,如何办理,决交内财两部核复再议。又甘陆洪涛来电,班禅日内来京,沿途供给需十万以上，合前次甘向商号借用招待费共二十万，请由盐款拨付决交财部酌办，又犒赏永定河抢险出力人员案，决请示再议。（二日下午九钟）

（《申报》）

5.江浙风云中之汉金融界（萧萧）

（1924年9月6日）

钱业公会发行流通银券百万两，洋厘虽稍跌而银拆仍紧。

此次江浙风云牵动上海金融，市面震惊，汉口商场亦因之大起恐慌。夏历七月底之比期，表面上虽已平稳渡过，然其危险情形，至今思之，实足令人不寒而栗也。据商场消息，此次汉市恐慌原因，不外现银缺乏，而缺乏现银之故，则为外国银行所运出。闻自江浙风潮发生后，不旬日间，竟运出现银七百万两之多，以致市面空虚，银根奇紧。二十五日总商会三团体联席会议，决定维持金融办法，决向外银团商借百万两及华银团自筹百万两，乃接洽结果仅允借三十万两。因是钱帮复于二十七日召集紧急会议，推余德馨等商请财厅将所有紫铜两万担向华比押借百六十万两，以资救济，乃磋商仍无结果。二十八日华银团虽已放出百万两，而所差尚巨。又由汉商会向银团商借三十万两，各以二千两救济各钱庄仍属无补，二十九日即为比期，经商界重要人物之奔走，始得向中外各银行转出七月半比之现银，计汇丰代中国银行拨四十万两，华比三十万两，正金道胜各二十万两，市面得此救济，虽稍觉松动，然危险情形，仍未稍减。钱业公会因紫铜借款未成，曾于官钱局借得有价证品二百万两，二十九日下午四时许，遂由总商会，召集银钱两公会董事紧急会议，讨论押借现款办法，但银行界亦无现银可借，磋商结果，只得由钱业公会以官钱局保证品，发行流通银券二百万两，权作现银行使，限一个月收回，此举本属危险，但感于现银之缺乏，不得不出此下策。银行界处此境地，亦勉予承认，散会后，当由钱业公会备文呈报省当道，出示维持，并赶办印刷手续，晚间，钧有益折货号，忽传倒闭，共亏负五十余万元、市面益形震骇，所有比期结账，直至夜午，犹多不能交割，钱业公会会长及各董事，复于半夜三时许，召集紧急会议，讨论流通券发行办法，总商会正副会长周星棠、郑燮卿，均来列席，佥以发行流通券，本属不得已之举，现比期将次渡过，似宜以百万两为限，当决定印就之券，减发百万，临时组织发行部，公推关英鉴、张理耘、李德斋三人为发行人。凡持有湖北官票与铜元或官钱局所出期票，与有各商店借券，均可为承销流通券之抵押品，八月一日午前六时，开始发行，至晚即已销罄，于此可想见市面需要现银，与金融危险之一般矣，兹录两湖巡阅使署所出维持流通券布告，与流通券行使条例于下：（一）布告，案据汉口钱业公会呈称，窃因京沪金融，异常吃紧，影响所及，牵动汉镇全局，以致现金缺乏，市面恐慌，连日汉口总商会，与银钱两公会，极力设法救济，无如现筹之款，供不应求，当经公议，由汉口钱业公会，发行一种维持流通券，俾资救济，所有筹议办法，除函请湖北财政厅，官钱局，赐予维持外，理合呈请兼宪，准予立案，令行一律通行，俾维市面，附陈流通券行使条例，请赐鉴核施行等情据此，查汉口居长江中枢，为商务重镇，全恃金融流通，不容稍有停滞，近以京沪银根吃紧，致牵动汉市，同受影响，若不急于救济，势将影响全部，详核该公所拟发行流通券办法，系因一时银根过紧，暂图维持市面起见，自应准予照额发行，以资周转，除批示并通令外，合亟照录发行条例布告，仰全省各色人等，一体知悉，须知此项维持流通券，既经该钱业公会，筹有切实保证，自与寻常商号票据不同，凡尔商民人等,务须一律当现通用,不得稍事阻挠,致干查究,切切此布;(二)流通券行使条例,第一条,定名本券定名为维持流通券;第二条额数,本券发行银数,以二百万两为率;第三条种类,本券分五百两,一千两二种;第四条保证,本券以确实有价证券二百万两为保证品;第五条信用,本券经地方长官之特许,而与现银无异;第六条期限,本券发行,准以一个月收清。

市面因缺乏现银之故,而无稽谣言,亦因之蜂起,中南银行,乃受此影响,致有挤兑风潮,昨今两日,闻已兑出不少,但该行准备充足,事前亦经卓行长之调度,故得兑付裕如,直至今日午后,风潮亦渐告平息,萧督除密派军警严拿造遥匪徒外,并出示查禁偷运现洋出境,凡行李携带,不得过五百元,过此数目,即将人洋拘送军法处究办,金融界经此官商合力维持后,日来已呈安定之象,洋厘队渐看跌,惟银拆则因时局影响,仍难有松动之望也。(九月一日夜)

(《申报》)

6.商救节关办法

(1924年9月8日)

汉口电　汉商会、银钱两公会微(五日)在商会开联席会,商救节关办法,各帮支(四日)推万泽生等十二代表亦列席,佥以借款困难,决将流通券扩充为五百万元,推王毅灵等四代表鱼(六日)谒萧,请予维持。

(《申报》)

7.汉商维持节关议将流通券扩为五百万(本报七日汉口专电)

(1924年9月8日)

汉商界银钱两公会微(五日)联席议决将流通券扩为五百万维持节关。

(《晨报》)

8.汉商救济节关金融续讯,惟外国银行仍要求付现

(1924年9月10日)

汉口总商会因金融紧迫,秋节比期转瞬即届,连日筹议救济办法,原拟将各帮存货向外银团抵押款项,如此项办法不行商,即续发流通券三百万。嗣以向外银团抵项一层,不惟于人在国际上之体统有失,亦且外银团要求甚苛,难成事实,是决定实行第二办法。继续发行流通券三百万两,连七月推因底比期所发行者,共为五百万。曾于六日由商钱银三会公会董周星棠、王毅灵、杨俊山、万泽生等,向官厅报告筹划经过,要求准照上项办法,维持节关。惟萧耀南以骤发如许巨额流通券,难免将来影响市面,当嘱周会董等连前只发四百万两,庶将来易于收回云云。三公会方面得报后,即拟照进行,但各钱庄秋节应还外银团之一百四十万两,原拟一律以流通券拨付,惟汇丰等行均不愿承受,要求以现金备付,各钱庄因此遂纷纷购进现洋,以备依照外银团要求现金偿还,惟市面现洋本不充足,因此大批购进,市面洋价更行飞涨云。

(《晨报》)

9.汉商会救济金融大会,以货品向外银团抵押现金

(1924年9月12日)

汉口总商会因前次七月比底业已维持过去,转瞬中秋节比期又届,困难之处,比较七月比底更不堪,是以该会特于本月四日召集各帮开紧急会议,原定下午五时开会,旋因各帮董稍有到迟者,改于六时开会,列席者共有一百二十人。该会正会长周星棠主席,报告维持七月底比期之经过各情形,并谓中秋节系一大关,以予观察,全镇商场在中秋节之内,应付中国银团之申汇为数有六百多万之巨,应付外国银团之申汇为数有一百四十万。虽然有如此巨大之申汇,但中国银团可以磋商,虽有六百万之重大负担,未足为虑。惟外国银团向例要现金,虽只有一百四十万之款,无如汉口全埠缺少现金,虽不多,无现交付,实大难事,况七月比底所发之流通实力,连日间已为官钱局收回数十万。现今在市面流通者至多不过一百万,中秋节比只需现金两百万,市面即可周转,无如现金既无,而流通券又少,素仰诸君卓识宏谋,恳请各抒善后办法,李鼎安云,刻下汉口各帮,均有缺乏现金之虞。本席请众位维持流通券,另以有价货品作为该券之保证品。主席云,窥测汉口市面,其发生恐慌之原因,并非出于商店之亏倒,且汉口商会,并无亏倒情事,所缺者即现金,今日所筹者,亦即筹现问题。本埠对于申汇一层,深望各帮即日开紧急评议会有全局之筹划,办法分为三项:(一)每帮究竟需比期现金若干。(二)各帮对所存有价货物究竟值若干金。(三)各帮对于银行钱店之往来究竟应付出现金若干,请讨论。廖採东云,上次比期,承官商合力维持,得渡难关,刻下一面是江浙告紧,一面是中秋大比,本席主张请汉口中外银团谋一致之维持;另一面呈请萧使增发流通券,并请萧使对于流通券之收回,展长期限,以救此节难关。本席除上述主张外,又有一主张,由各帮将货品向外国银团押金两百万,以应市面,会长燮卿提出两种办法:(一)先调查各帮存有多少货品,再询明外银行有多少现金,然后将货品齐交本会向其担保抵押。(二)如抵押不能办到,则惟有实行最下之策,发行第二次流通券,由本会编号盖章负责,各帮以担保品向本会取用,俾资维持云,当经主席付表决,全体赞成,并决定于九月十日召集会大,再行讨论,比由大众公举十二代表姓名于次:周韵宣、廖采东、李鼐安、范堦平、周衡卿、陆德泽、樊步青、蔚纯卿、蔡用茂、李敬之、周星棠、万泽生云。

(《民国日报》)

10.汉商会筹款五十万

(1924年9月12日)

汉口电　汉商会佳(九日)晚六时大会,周星棠报告,已向银团筹有五十万两,如各帮需款,可将流通货品向会押借,佥以款少不敷,请再筹五十万,周允设法,当推万泽生等二十人为抵押货品审查员。

(《申报》)

11.汉总商会维持节关会议记

(1924 年 9 月 14 日)

汉口市面金融,因受时局影响,瞬息万变。其外银团放出之款,收回均须现银。所有各钱庄之期票,则概拒不收,因是市面金融,愈加疲滞,恐慌更形不堪,且当此节关在迩,乃为商家往来之一大比期。汉口总商会为维持市面计,除前商由钱业公会发行流通券二百万两外,因不够活动。复公拟再由商会发行流通券五百万两,以资救济。日前曾召集各帮会议讨论办法,讵该商会中途变卦,谓前此所拟发行流通券五百万两,倘由该会发行,为数过巨,恐市面转多滞碍,遂力主取消前议,再筹维持办法,因复通知各帮定九月九日仍在该会开大会决定。九日午后六时,各帮均已到齐,共五十余人,遂振铃开会。由商会长周星棠主席,当登台报告,略谓上月比期,市面恐慌,由钱业公会发行流通券二百万两,以资救济,曾经照会外银团,业已一律通用,当然不能推翻成案。至日前所议另由本会继续印发五百万,维持节关大比,兹经与前举之十二审查员一再讨论,结果,觉与前券转兹混淆,决定将第二次发行该券五百万两之议案取消,一面由本会向各银行竭力通融,业已凑集现银五十万两,调剂市面。至支配办法,拟由各帮存有货品交本会担保取用。但经议定以棉纱、杂粮、牛皮、布匹、油类等十数种,为抵押之标准,如以事属可行,即照此办去。所有需用款之商帮,即于明后日来会挂号,本会仍一面进行筹现,总期于五十万之外,多多益善,安渡节关,可否应请公决云云。王森甫发言,谓五十万现金,为数甚少,本镇共有二百余帮,缺款者当居多数,若以货抵用,既已无济于事,手续尤觉麻烦,不如将此项现金,完全支配各钱庄,令其实行放松,及转期办法,较为妥善。时钱帮各帮董对于此议,多持反对,盖以前次发行之流通券,已属钱业公会负责,就本比期而论,除欠中银行约有五百万尚可通融外,所欠外银团计有一百四十四万之谱,是皆非现不可,总期同舟共济,渡此难关,未可责之一帮。杨松甫接谓,今日会议,当以抵货一层为主体,但所指定标准,仅限于棉纱等数种,未免范围太狭,应请改定凡属市面之活动货品,均可抵押。其有不动产如房屋、股票等项,则不在此例。此刻先决问题,即请规定押款利息,以便各自进行,于是附和杨议者居多。主席周星棠遂以王森甫、杨松甫两议付表决,赞成杨议多数通过。主席再宣告押款利息,定为一分五厘,众无异议,遂请众推举审查员核议抵货一切手续办法,当按帮推定数人,及前发行流通券之十二审查员任之,宣告散会。(九月十日)

(《新闻报》)

12.汉口商会之维持秋节金融如是

(1924 年 9 月 14 日)

取消原议之流通券五百万,另借五十万现金周转。

汉口特约通信,汉口总商会于初六日开全体大会,维持市面,当经议决发行流通券五百万两,嗣因与钱帮上月底比发行之流通券有所抵触,及发生种种窒碍,又复共同议决将议案取消,故于九号召集全体大会,讨论另筹办法。是日到会者计周星棠会长、郑燮卿会长、周韵宣、樊步青、王森甫、杨松甫、刘仁山、李鼐安、万泽生、万松涛等,暨各帮董共七十四人。银行帮大约已先事接洽，故无人到会，该会原定午后三时开会，嗣因各帮到会人数太少，延至五时半始行振铃开会。由周会长主席，发言云，今天请诸君到会开紧急会议者，因为本会曾于初六日开全体紧急会议，讨论救济市面方法，当经议决发行流通券五百万两，嗣因上月底比期本会商由钱业公会发行流通券二百万两，已经呈请萧巡帅核准，及通知各国领事暨中外各银行一律通用，各金融机关也很信任。现在若由本会发行，实与钱业公会发行的有所触抵，且欲推翻他的议决案，也是很难的，故本会公同议决将初六日议案取消，另筹办法，惟是八月半比期，只有三天，非常紧急，故星棠连日与中国各银行接洽，竭力设法，已在各银行预借了几十万现银，大约有四五十万之谱，主张分配各帮。如各帮自己有法子想，即请自想法子，如愿以货物来会抵押者，请于十二三两日来会揖号，以便审查分配。再初六日各帮推举之审查员十二人，审查各帮可以将货物抵押者，已有十余帮之谱（比由速记徐鼎卿宣读计丝线、牛皮、揞子、杂粮、棉花等十余帮举）。会董王森甫发言云：本席尚有意见发表，请主席暨诸君讨论，本会初六日开议决的系五百万两维持市面。今日会长发表只筹了现银五十万，本比各帮与钱帮计有七百万两之架子，若将五十万分配各帮，怕不够分，以我的主张，不如将这五十万两银子给与钱帮，由钱帮去周转发放。主席云，王君发表的意见很好，诸君如赞成将这银子给与钱帮，星棠是无不赞成的。总之，本席当取决于大众。钱帮仅万松涛发言云，会长所筹之现银，尚未说确实数目，应请限定数目，以便分配。主席云，大约暂为是五十万现银，星棠当竭力设法，尽吾力而为，多多更好嘛。帮董杨松国发言云，会长所借之五十万银子，仍请限定利息，譬如敝帮的麻，在别处押银一千两，利钱只一分，到会上来抵，要二分，他们必至别处押借，倘会上只要一分，别要二分，必定都到会来押，岂能分配。再本比承会长维持过了下比仍是困难，请会长从长讨论。主席云，这是杨君见得到处，本比事急，不得不先筹本比方法，以维现状。益杨纸帮董廖采东云，敝帮系营纸业，若将纸张来会抵押，殊为困难，惟敝帮本比，欠银有限，无大关系，怕有与敝帮同样之困难者不少，将这银子付与钱帮去周转很好，为数太少，实有不敷。请会长与银钱两帮疏通本比，对于外帮，大家松点手。主席云，廖君所说的话，是邀求钱庄对于外帮放松点，现在所筹的银子，诸君如赞成王君所主张，把与钱帮或赞成来会挂号者，即请诸君表决。杨松圃云，究竟抵押货物审查员以何数目为标准。王森甫云，汉上其共二百余帮，有货可抵押者，只十余帮，难道说会上只维持这十余帮，他帮则不维持。故本席主张，将银把与钱帮去周转。钱帮董万松涛云，这银子要是把与钱帮，本席颇不赞成。因为上回会长热心维持，将银交与钱帮去周转，此次若把与钱帮，难免外帮不指责会上只维持钱帮，外帮则不愿，其实钱帮居周旋之地位，维持钱庄，即系维持外帮。药材帮董刘仁山云，现在有货物抵押者只十余帮，其余不是则不能押么。杨松圃云，本席主张不动产以及保险单均可抵押。主席云，现在审查有货物可抵者，十余帮，并非一定之限制，倘各帮有可押之物，尽可来会报告，再付审查。浙货帮董樊步青云，时间现已不早，请大家对于事实上研究办法要紧，现在不过筹码太少，并不是曾有办法。周韵宣云，请会长讨论押款办法。主席云，王森甫君主张将银子交付钱帮，万松涛君已不赞成，诸君如赞成这五十万两银子来会挂号者，请起立，各帮因为数目太小，不敷分配，未起立。王森甫云，会长所说的是五十万两，诸君之意，似属太少，拟请会长再筹五十万两来维持。主席云，昔年民六民八两年，前任会长维持市面，倘有银行票号放款，故尚容易，现今钱帮上上榨板，自顾不暇，银行有的在观望，有的为本行钞票的预备金，不敢放出，非本席与中外银团之感情，敢说这五十万两银子均难办到，诸君如赞成挂号抵押者，请速表决，以便星棠明日去办事要紧。李翽安云，会长已筹有五十万两，照初六日议案所推之十二人，详为审查抵押，如比期过了，本席仍主张由钱帮发行流通券，如中外银团不相信，即请官厅以四局作保证，杨松圃云，请会长宣布银子利息。主席云，大约一分半。最后由樊步青云，现在会上已办有五十万，比期快到，事体紧急，请各帮从明日（即十日）入手登记，看有多少数目，如银子不够，再请会长另外设法，当经议决暂以五十万为标准，如不敷再行设法，限二日内来会登记挂号，并议决初六日所推审查员十二人，再添八人，以召郑重。由周韵宣提议请会长指派，比派定刘仁山、贺卫卿、杨松圃等八人，共二十人，举办审查银子抵押事宜，振铃散会，已八时矣（九月十日）。

（《益世报》）

13.汉商会维持节比经过详情

（1924 年 9 月 16 日）

汉讯云，商场习惯，每届节关，应一度结束账目，而此届秋节，以受时局影响，银根奇紧，各帮大起恐慌，自原议继续发行流通券，因窒碍难行，临时打销后，总商会长周星棠曾担任筹款五十万，另由钱业公会新印流通券二百万，分派各钱庄领用，惟各帮以周氏只维持钱帮，不顾及钱帮以外之各帮，极为不满。周氏因此乃一面商诸银行公会将阴历七月底比期，各银行维持钱帮之现款三十万，提至商会，一面致函钱业公会在新印流通券内提出三十万，亦交商会，又为钱帮事万某反对。乃由绍帮钱庄将应派领之流通券二十万让渡，周氏便以私产向银团抵借二十万两，共凑成一百二十万两，平均分配各帮。而此项维持金，月息只定一分五厘，期限两个月，故钱帮各帮竞争领用，或不仅在要求维持，而在借此发展其营业也。至钱庄对于国内银团，在节比以内，应付申汇六百万两，银行团为救时计，对于本比之申汇，收三百万（不限现金），转期三百万（限九月底十月半分交），惟汉口钱庄之款，约近二百万两，钱庄急催交付，洋纱帮虽曾开一度会议，亦未筹有办法。而各帮与各帮间纠纷亦多，各钱庄又因流通券不敷分配，银行中只收款不放款，至今（十四日）更觉奇紧。据闻因此本届大比将改至十六日午为止，但不知后日如何结束也。

又据特约通信云，刻下节关快到银根愈紧，商会正筹议设法救济，不料兼做宁波汇兑之萃丰钱庄已于日前倒闭（见十一日本报汉口专电），市面愈被牵动。计该庄共倒三十余万之多，被倒者为存户二万，汇款人十余万，银行三万，同业八万，萃丰在汉营业有年，信用素著，一时周转不灵，以致倒闭，可见汉市金融之恐慌也。

（《晨报》）

14.武汉商界停发流通券，难以再发取消原议

（1924 年 9 月 16 日）

汉口金融，瞬息万变，诚有不可思议者，日前商会公同议决发行之流通券五百万□，刻因窒碍难行已将原议取消，惟节关在迩，此券不成，各商必致发生恐慌，特定九日下午三时开紧急会，讨论第二步办法，兹将其通启列后：敬启者，查本会因汉口市面现银缺乏，金融恐慌，而八月半比期，转瞬即届，需银较多，情势更急，特于八月初六日邀集各帮，开紧急会议，讨论维持办

法,曾经议定由本会发行有价流通券五百万元,以资救济,嗣因上月底比期,本会已经商由汉口钱业公会发行此项流通券二百万两,维持市面有案,现在全镇对于该券均系一律通用,似未便再由本会另行印发,转滋混淆,公同商定,拟将前案取消,另筹变通办法,并定于明日十三日下午准三句钟开全体大会,报告拟定办法,请众讨论公决,以便进行,事关紧要,届时务祈拨冗莅临,至盼至祷。

(《民国日报》)

15.鄂议会要求湖北中立,武汉商会决议警告各方休战

(1924年9月22日)

汉口二十日电　湖北省议会要求萧耀南宣布湖北中立,业将此意通电各方面,又武汉总商会,昨日开大会,决议警告各方面,平和休战,并决定联合上海、北京、天津等处总商会,一致运动云。

(《晨报》)

16.汉口商号又倒三家,钱庄—牛皮行—当铺

(1924年9月26日)

汉口特约通信　汉口受江浙战争影响,金融已趋绝境,又外银团坚持收现,节关被挤倒之商号,已不计其数,节比虽过,而市面仍甚恐慌,乃日昨调查,又有三家商号倒闭,一为晋诚钱庄,一为生和顺牛皮行,一为益昌当铺,查晋诚债务约一百一十五万,而债权亦有一百余万,两抵之外,实亏十万余元,至益昌当铺,共亏二三十万,存货只有十六七万元,尚欠十余万,经理已不知去向。节关虽过,汉口市面甚形吃紧,未可遂抱乐观也。(眉九月二十一日寄)

(《晨报》)

17.汉口总商会为萃孚钱庄倒账一案致查收借款致汉口银行公会函

(1924年9月27日)

敬启者　据贵会轮船公司帮会员朱子芳盖奉介绍德商乾泰洋行,略称窃本镇萃孚钱庄于本月初十日晚,骤然倒闭,经理司账等人卷款潜逃,追查去踪,敝行账房陆续存入该庄之款,为数甚巨。现下正在清查账款,以备追取。惟尚有客票五纸未曾到期。应在扣除之列,计开本月二十日期,义品账房上生康庄七十二号洋例银三百三十四两银票一纸,又本月底比期生计上华大庄二一另九号洋例银二十一两一钱四分银票一纸,又本月底期生记上浙江地方银行五另七一三号洋例银八百另二两八钱三分银票一纸,又本月二十二日期则兴发上厚大庄六十四号洋例银二百八十八两银票一纸,又本月十八日期,曹祥泰寿记上广大庄三八六号洋例银二百八十八两银票一纸。以上共计银票五纸,尚未到期即向来手客家关照,止兑并只照上开银行钱庄,如发见识相银票一例扣留,并分登中西各报声明是票作废,以免中外伸商收其欺蒙。

俾便周知所注意,除已函呈鉴核外,兹特附呈中外报纸一份,正式略请贵会长鉴核立案,并恳转咨江汉关监督公署、夏口县行政公署、汉口租借洋务公所、汉口警察厅、夏口地方审判厅并

银钱两会一律立案,以免纠葛而杜欺蒙等情,并附汉口新关报英文楚报各一份,据此当即派员调查。兹据复称查询情形等异该德商付存,萃孚各票均未到期,业已向出票各户声明止兑,并登中英各报声明作废。应请核转等语,前来复查,此项期票既经该德商径向出票,多家声明止兑,并登中英各报声明作废,而调查情形亦属相符,除将各报存案并分函外,相应据情转达。贵公会请烦查核,一律备案,并希见复,为盼专颂。

汉口总商会启

18.(汉口)总商会亦议决发行流通券

(1924年9月)

钱业公会发行流通券以后,总商会预料各商店本店,共需现款七百四十万之谱,如不早为设法维持,噬脐奚及。因于本月四日特召集全体大会议,讨论维持方法。详情大约如下:

该会于三日即发出通告云,敬启者,近因京沪金融奇紧,牵动本镇,大受惊慌。本会与银钱两会,为筹维持之方,特定于夏历本月初四日午后五时,开全体大会,讨论以后布置办法,务祈各会帮董届时到会列席云云。是日到会帮董,计有一百余人。六点二十五分,振铃开会。由周会长星棠主席,当登台报告开会宗旨。略谓今天开会,可谓是紧急会议。盖因汉上金融,此次受沪埠债票风潮,与江浙战事影响,发生重大危险。上月二十二日接到沪电,比出现金,计达六七百万,以致牵动汉市,恐怖万分。比经官商合筹救济方法,由官钱局以大清股票、地皮股票等项为保证品,发行流通券二百万,活动市面,得将上比渡通。该券已经用出者,计有一百六十余万,现已收回一半。惟秋节大比瞬届,金融涸竭益甚,又属最危险之关头。查本埠商场习惯,皆因贪做架子,遂至交易太大,而筹码不够。必须至九、十月间,始能活动。就本届大比,通盘查核,所欠中外银团应行比出之款,约在七百万以上。虽各帮放出之架子,尚超过此数,但此时骤然如数收回应急,在此转瞬之间,如许现款,从何筹出,其危机实属间不容发。目下中国银团,亦无现金可以挪佐,仍只有向外银团设法之一途。此中困难,尤不待言。即前次发行之流通券,费尽周折,勉强通行。在外人对于该券表示,约有数端:一、保证品;二、何人负责;三、到期能否收回。连日鄙人一再与之磋商,略有头绪。本届大比,或仍照前案办理,或另筹他项善法,总期救此危局,即为幸事。再今日所讨论者,无非因缺乏现金,鄙意以有货即可算钱。拟由各帮将存储货品,向外国银行抵押,亦属救济之一法。务请诸君各抒所见,本共舟之谊,筹万全之策,俾得渡过难关云云。嗣由五金帮李鼎安、湘帮廖某、钱帮万泽生,相继发言。有主张与中外银团开联席会议,共同讨论维持者,有主张要求萧使财政厅,冉提出实在担保货,设法抵借者。有谓以货品抵押,恐周折难以济急者。纷纷聚讼,颇呈一种事急计穷之态。最后由郑副会长燮卿,提出两种办法:(一)先调查各帮存有多少货品,再询明外银行有多少现金,然后将货品齐交本会,向其担保抵押。(二)如抵押不能办到,惟有实行最下之策,即发行第二次流通券,由本会编号盖章负责,各帮以担保品向本会取用,俾资维持云。当经主席付表决,全体赞成。比由大众公举本、外帮代表陆德泽、范阶平、方介平、万泽生、周衡清、李鼎安、易玉田、李敬之等十二人,磋议进行办法。至七点半散会。

(《银行月刊》第4卷第9期)

19.汉口棉商反对检验

（1924 年 9 月）

湖北全省物品检验处，自成立以来，督办胡龙骧即从事积极进行，以棉花为入手，并拟在各县设立分所。而汉口棉花帮商人则大为反对，谓此项检验处，应设在棉花出产地，而汉口非产地，无设立检验所之必要。又征收税率，究系作何用途？应一律公开办理云。

（《纺织时报》第 141 期）

20.汉口棉商反对检验苛征

（1924 年 9 月）

汉口自经全省物产检验处成立后，实行检验棉花已志前报。兹闻以苛征经费，致激起商人之反响。棉业帮会联合各行家开会集议，签谓汉上棉花一项，去年出口计达一百七十余万包。今督办胡氏规定每包抽费银一钱，每年即可共抽得银十余万两。

（《纺织时报》第 142 期）

10 月

1.汉口商店续倒闭

（1924 年 10 月 3 日）

三十日汉口电　汉口金融又紧，续倒闭商店十余家，所倒之账近一百万两。

（《民国日报》）

2.汉商会请准现洋出口

（1924 年 10 月 24 日）

汉口电　汉商会请准现洋出口，萧批准运百万，现由德丰等二十家领照报关，准敬（二十四）运沪。（二十二日下午七钟）

（《申报》）

3.军署俭会议向汉商会借军费

（1924 年 10 月 30 日）

汉口电　军署俭（二十八）会议，旋派两代表向汉商会借六十万元充军费，商会俭晚议决，允借三十万。准艳（二十九）交款，金库券决提前发行。

（《申报》）

4.鄂省物产检验处新订检验棉花规则（已会同汉商会呈请省署核定）

（1924年10月）

汉口通讯云　湖北全省物产检验处棉花检验试办规则，已由汉口总商会与检验处磋商拟订，呈请省署核示，一俟奉准，即可施行。其原文调查如下：

第一条　湖北现内成包棉花，无论自运贩运，均由检验员照章检验。

第二条　本省成包棉花出境外省，成包棉花入境，均须受检验员之检验。

第三条　检验棉花须注意左列各项弊端：一、掺水；二、搀飞花；三、搀棉子；四、搀废花；五、搀和杂物，如石膏、明矾、泥沙等。

第四条　检验员查见棉花掺水做伪情事，烘验。

第□条　检验费，每百斤棉花收银元七分。

第七条　检验处印发三联单，一、存根；二、检验证书，三、缴核于各检验分处检。各验分处检验后，据实填明，存根缴核，一存分处，一缴本处。检验证书交由棉商呈缴复验所，加盖复谂图记。

第八条　查获潮花，除本身潮十一斤不计外；在十五斤以内者，即填明于检验证书；如过十五斤以外，则责令晒干复报检验。

第九条　当事人违及前条规定者，得强制执行。

第十条　本规则如有未尽事宜，随时呈请本省行政公署，增加之。

第十一条　本规则会同汉口总商会拟定，呈请本省行政公署核准施行。

（《陕西实业杂志》第10期）

5.汉口检验处让权于商会

（1924年10月）

汉口物品检验处总办胡龙骧氏，近以棉花帮商人张新垣等反对该处甚为激烈，特与商会订立一种条件，以示清廉而重公务。条件大概如左：

（一）凡处内银钱出入，均由商会经手。

（二）凡处内各项章程，均由商会厘订。

（三）各出产地开办检验，由商会令各该地商会负责。

（四）处内所有开支，由商会列表规定。

（五）处内各项职员，由商会荐充。

又为联络商界感情，办事易于顺手起见，特函聘汉口总商会正会长周星棠为该处会办，副会长郑焕文为该处帮办，并呈报省署备案云。

（《纺织时报》第150期）

6.汉棉商陈说物产检验处之妨害

（1924 年 10 月）

汉口棉业联合会筹备代表张星垣等，反对物产检验处呈请省署收回成命及妨害营业之种种详情。原文照录于下：

窃维汉口设立湖北全省物产检验处，先从棉花入手一案，仰见钧座整顿土物，保存商人之信用，为实业前途谋发展，意至善也。惟是汉口商家呈请设立时，事前并未考虑其中利害，亦未召集董事会议，征求各商同意。及至文告公布，委员设卡，商民等始悉其情，不胜惶惧。当经集议，公同讨论，即如棉业一项，受此检验之害，影响及于市面国税者，约有七端。请为钧座缕陈之：查湖北产棉成包运汉之货，沿江汉两流域，每包重者百七八十斤，轻者亦在百斤左右。其晒包装船之时，异常坚实。赴卡检验，究用何等方法，如每包只割开察看少许，则包中之真伪难分。如每船只验数包，则船中之燥湿莫辨，验与不验等耳。若全船松包上岸，则不独打包装船之费，动需巨款，而且无器具无房屋，散布岸上，骤遭风雨，全货损失，其何以堪。此其妨害商务者一也。花庄正旺时，各路花船连樯而到，每日或数十船，挨次检查，动需时日，汉口货价，瞬息万变，往往有早一日到则获利，迟一日则亏本。因候检验之故，失商人自由之权，遭无形之损失。此其妨害商务者二也。检验之处，必非能泊重载船只之地，拥挤守候，一遭风浪，危险堪虞。此其妨害商务者三也。检验本无机关之理由，则征费之多少，亦无争辩之价值，即以抽价一层而论，不分货物好坏，一律每担征费若干，是不啻变相之加税，商人何堪受此不法之苛征。此其妨害商务者四也。向来棉商，买铜元官票，分布产地，为数约五六千万。近因此检验处之故，各商观望，不独不肯买钱，且将已买之钱出卖，以致钱价骤跌。此其妨害商务者五也。湖北税收，棉花亦为大宗，棉业受害，国税短收，商业亦因而停滞。此其妨害商务者六也。矧湖北上自宜昌，下及圻黄，轮船如织，商人何如用轮船装载，必不受检验，是驱安分商人而入洋籍也。此其妨害国体而并及商业者七也。此外种种弊端之生，尚系办理不善所致，此时不必豫为宣布，而根本上则非取消此项检验处。商业之坏，固不待其发生弊端而始见也。总之商人出资买货，无不欲其良好，其作伪者，则出产地方之小贩希图厚利，出产地方之行户希图行用，收买坏货，以蒙买客。正本清源，宜从产地入手，检查行户，方能杜此流弊。商民等现已组织棉业公会联合会，选派会友分赴产棉地实行检查，务期花色精良，中外咸宜，以仰副钧署关切商情之至意云。

（《纺织时报》第 147 期）

7.（汉口）维持流通券之要讯

（1924 年 10 月）

（一）商会拟定担保办法

汉口商会会长周星棠，以汉上市面，受战事影响，日趋紧迫，特向钱业公会，借得新发行之流通券五十万两以资周转，活动金融。惟目下商场，瞬息万变，倒闭之事，在所不免。诚恐此项巨额，有累商会，特定出三项办法，通知各帮遵照。兹觅得其办法如下：（一）领券时，由各帮董或殷实商店担保,如有危险,由保人负责。(二)如无保人,以货物运至商会做抵押。(三)无保无货,或有银钱两会期票,亦可领得此项流通券。

(二)钱业呈请展期收回

汉口钱业公会于九月二十七日函湖北官钱局郭干卿总办云,案查敝会维持流通券行使条例,原额以二百万为率,期限以一个月收清,早经呈蒙巡阅使暨督军省长核准布告,并函请贵局及财政厅查核各在案。窃惟敝会七月底所用出者,仅只百万有零。正拟按照规定手续,随收随销。预计一月,可以如数收清,以期勿负兼宪暨贵总办维持市面之至意。讵知八月半银根更形吃紧,汉上市面尤复恐慌,因是各帮请求汉口总商会力予维持,俾资救济。复经商会集议,仍议由敝会,依据前案,补足原额二百万之数;又以期限短促,万难周转,并议展至十一月十一日,即夏历十月半,为收清之期,即以此定额二百万之内,拨借五十万两,交由汉口总商会转放负责,按期收清等情;敝会以维持市面大局计,不得不勉从众意,并经印出一种新式流通券,以便将原出之券悉数换回,俾符原案。除将行使条例第六条期限,延长至十一月十一日,即夏历十月半,一律收清外,余均依照前例办理。惟兹事关展期,相应函请贵总办俯赐查照,恳即分呈核准备案,布告咸知,以资维持,而便转周云云。当由郭总办据情转呈军省两署,业经准予备案,并于本月十一日布告周知云。

(《银行周报》第 8 卷第 41 期)

8.汉口总商会维持节比之押款办法

(1924 年 10 月)

汉口总商会在紧急会议中,议决取消发行流通券五百万两一案,改由该会另筹现款五十万两,供各帮抵押之需,并当场派定二十人为抵押审查会董,以志上期本刊。该会当即函致各帮云,敬启者,今日开会,议定押款办法,并推出审查董事二十位,专办其事。所有押款物品,系丝麻、花洋、纱匹、头布、油类、牛皮、棓子、杂粮等货。凡以前项货物押款者,须具有保险单、栈单或提单,并有殷实保证人负责,手续完备,到会登记,先经审查,董事审查后,复经两会长认可,始得确定押款数目。此议定之大概情形也。兹定于夏历八月十二日起,两日内办理登记及审查手续。如各帮中有以前项指定押款物品之一,向会押款者,即希查照议定办法,于十二日上午十二点前到会登记,以便审查支配。惟是此项押款,系为维持市面起见,所有押款货物,务须择其精良,不得稍涉含糊,以免多费周折,是为至盼。除分致外,合将议定办法专函奉达,并祈查照办理云云。各董事自被推后,按日到会,协同办理,颇为认真。至十三日止,计登记者,有九十二万两之数。当由审查长周韵宣鉴别所押货物之好歹,照成本以七折结算者居多数,五六折者亦有之,再次为茶叶一种,系属滞销之品,只以二折抵押。办理结终,计丝花麻纸靛共押银十二万六千两,洋纱匹头共押银十五万七千两,白布茶叶药材共押银三万八千七百两,杂粮杂货五金皮共押银八万三千两,共计银四十万零四百七十两,一律订期两个月取赎。所办押款手续,至为慎重。除各帮所存栈房之货物栈单暨保险单存会外,必须另由各帮董及殷实铺户盖印担保,方可领银。惟银子利息,该会上次公决,系一分五厘;嗣因周韵宣以商情困苦已达极点,深恐各商难以担负,且失该会维持市面,体恤商人之本旨,爰商之周星棠、郑燮卿两会长,已减去二厘,计照一分三厘结算。该会复于十六日派员至各家对保,并函知各堆栈,凡已经在商会抵押之货,非经商会盖章,不得提取云。

(《银行月刊》第4卷第10期)

11月

1.汉商会允借军饷

(1924年11月3日)

汉口电　汉商会允借军饷三十万元但须当道决以二十五师留鄂始交款。

(《申报》)

2.鄂萧助吴讨冯之军讯(萧萧)

(1924年11月3日)

军队开拔,商会借款,半夜枪声。

鄂萧自发出径日通电,服从吴令出兵讨冯后,即积极为军事之布置,除电令信阳寇旅集合,即日北上外,又电令援苏鄂军张允旅,迅速由津浦赴津,听候吴使遣,并于二十六日发出讨冯通电,列名者王汝勤、虑金山、陈嘉谟及各师旅长。萧于二十四五两日在军事会议席上,宣言保境安民,至是已完全不能顾及,而专从事于讨冯靖奉矣。鄂省所派遣讨冯军之寇旅,闻于二十六日开始由豫境进发,业有一部渡过黄河至其目的地点,寇旅长英杰二十六日由信阳来省谒萧,请示前进机宜,并在鄂领饷一关,开拔费万元,枪弹五十万发,炮弹两万发及行军电料,于二十七夜返豫,该旅留守沙洋系马口汉阳等处军队各一排,同日运回汉口,晚即赴豫集合北上,冠旅既闻赴黄河以北,所遗信阳以南防地,萧令鄂军第一旅孙建业所部填驻,孙旅在孝感花园一带,约一团。业于二十五日开赴豫境,其在岳口天门沙洋军队约一团,二十七日悉数运汉,比晚即由孙旅长督同赴豫至信阳以北,由陈嘉谟部二十五师之一团接替。据今日消息,鄂萧除派寇张旅北上讨冯外,刻又拟令二十五师一团及鄂军宋大霈第三混成旅曹士奎补充旅继续北上,肃清京儿,刻已分令各军预备一切。又闻虚金山部十八师亦奉命集中沙市,听候调遣,川省军事当局亦应吴氏电请,决派一师三旅协助讨冯。业有一师(传即陈国栋所部)开抵昌,日内分乘快利骑江等轮过汉北上,萧已令军需处筹备招待,并令京汉路局备车二十列,以便该军输送之用。闻萧拟在刘家庙设立总兵站,办理讨冯军后路输送事宜,已派李某筹备。昨二十八日萧在□召集会议,讨论助吴讨冯之军事及筹划军费事项,结果遣派代表二人赴汉商会要求借款六十万元,发给各军欠饷,否则不负治安责任,商会比晚召集会议,佥以商业萧条,筹款不易,而地方治安亦属重要,决勉力筹款三十万元,以应当局急,并定今日由中交等行垫出交付,借维大局。日来武汉市面恐慌,几达终点,二十七夜武昌发现枪罄数响,群疑某军有变,人心益为惊怖,加以谣啄繁兴,不谓某当局眷属已搬出省垣,即鄂西某军另有举动,此间某报亦载长江上游总司令王汝勤对于时局另有通电,已为电局扣留,故外间绝未之见,但王已列名于萧讨冯之宥,或者其

说不尽可信。然鄂省已呈危急恐慌之象,则确为事实也。(十月二十九日)

(《申报》)

3.愈陷混沌之鄂局

(1924 年 11 月 5 日)

外人惧吴佩孚败退武汉图最后之活动。

国闻社汉口通信　京□变化未及一旬,直系势力已甚岌岌,全国中心之武汉今能否高枕无忧,大有疑问,此间密接曹吴之分子,见萧耀南虽一方声言誓死报曹吴,并尽力运兵筹饷,然对省议会及其他法团所表示者,又始终谓自当尊重民意,保境安民,遂疑萧有二志,而组设所谓临时军事总办公处筹办讨冯事件,并以张国镕为处长,于三十日通告成立,该处会议,决定大计时,鄂人除萧而外,不得参与,其防制鄂人之心,可以想见,但萧并非无自谋之心者,在东南问题发生以前,传曾有某种自卫之密议,卒经人发觉,致未进行,厥后湖北省自治促进会于六月五日呈请省议会恢复省防团案,经议员陈德送会,交由军政股并案审查,军省两署对于此案行将照准,结果经曹吴嫡派,力持反对,致所谓恢复省防团案,遂成泡影。今只闻至必要时维持武汉治安,或将有所谓临时保安队出现而已,至开战以来萧之助吴确为尽力,今回战费加重鄂人之担负者,确有一千数百万,吴既到津,尚赶由外国银行分批汇去二十万,内由正金银行汇去七万。据闻此款原拟向汉口商会息借,因商会婉拒,遂由财政厅长郭干卿献议,将准备焚毁之破烂官票四十万串,向某银行押借十万,又由使署令行中交两行共借十五万,除汇吴二十万外,下余之五万即由使署在本省军事项下支销,又自三十一日晨,尚有吴之代表王维崧来鄂晤萧,密商助吴救曹计划,萧尚表示誓死以报命,闻因京汉津浦两路均发生故障,不能运兵,仍拟另由鄂中出兵一旅,设法秘密由海船达到目的地,以为吴用,在一星期前,吴方到津,此间外商,即预料其必败,并难保其不败退武汉,图最后之活动。曾由某领事电港,请派舰六艘来汉,为必要时保护侨商之预备,该舰大约日内可到。

(《申报》)

4.湖北商会可敬吗?

(1924 年 11 月 5 日)

湖北的总商务会除做吴佩孚萧耀南的走狗,替他们二人筹军费外,别的就以剥削平民们的血汗为他唯一的职务。前次武昌人力车商,借口路捐增加,每日苛增劳苦的人力车夫一百文车价,人力车夫请愿省议会,省议会明了他们的苦情,请警厅转饬车商打消加价原议,车商到此倒也不说什么,却是那寡廉鲜耻的湖北商务会,反出面递呈省议会,说加车价是车商不得已之苦衷,这次政变,吴佩孚曹锟是必倒的,吴氏的孝子顺孙萧耀南不销说有随之而倒之势,如此萧耀南不得不竭尽死力,谋占住湖北那块肥地盘,他就指使商会出面要求湖北的长官保境安民,严守中立,湖北商会不在湖北省议会议决中立时,出来随省议会之后声言中立,而在北京政变直系倒霉时出来做萧耀南的傀儡,说傀儡话!昨天某报记者不知此中详情,在时评栏内,说湖北商会是怎样可敬,说江苏商会是怎样无用,其实这些东西半斤和八两，都是可恨，哪里可敬？

（《民国日报》）

5.汉商会组武装商团自卫

（1924 年 11 月 12 日）

汉口电　汉商会及各团联合会决组武装商团自卫，推周星棠、严韵顾为筹备委员。

（《申报》）

6.汉商会电鄂豫当局，速开京汉南路货车

（1924 年 11 月 13 日）

汉口电　汉商会电鄂豫当局，速开京汉南路货车，以恤商艰。（以上十一日下午六钟）

（《申报》）

7.汉商会开联席会

（1924 年 11 月 15 日）

汉口电　汉商会各团联合会、全省商联会文（十二）晚在汉商会开联席会，决由三团体联电，请段出山，并通电各省请一致促段，速与南北要人妥筹善后，早定大局。

汉口电　各团联合会，文（十二）开会，赞成省议会保境安民主张，决联合武汉商会发表通电。（以上十三日下午六钟）

（《申报》）

8.鄂局形势又趋于混沌（萧萧）

（1924 年 11 月 18 日）

吴佩孚本有来鄂之说，旋因长江方面发生变动，迟迟未果。现因停泊烟台江面，粮饷俱绝，决由烟台赴沪，经宁来汉，已于十日晚致无线电于萧，准十一日晨解缆赴沪，随行军队共约一万五千人，除海筹、华兴、海圻、肇和四舰外，尚有绥福、吉平、江安、恒利、恒贞、南洋六商轮，请即转知宋副官长预备一切。萧接电后，十二日特派决川、濬蜀两舰驶往下游迎接，又通知宋芝田准备。查家墩为吴行辕，并指定刘家庙为吴军驻地。闻吴来汉并不勾留，俟与萧氏晤商一切后，即率军赴豫，至将继续作战与否，尚无所闻。汉口总商会、汉口各团联合会、全省商联会三团体十二日晚在汉商会开联席会，决定由三团体联电天津，请段出山，并通电各省军民长官及各法团，请一致促段速与南北各要人，妥筹善后方法，俾大局得以早定，现以吴将来汉，拟即召集各法团联席会议，推举代表谒吴，请勿在鄂为军事行动，汉口领事团前于八日会议，对吴来汉亦有不愿有他种举动之议决，则吴之此来，决难有所活动也。（十一月十四日）

（《申报》）

9.汉商会询鄂组护宪政府真相

（1924年11月23日）

汉口电　商联会代表吕超伯、武商会吕珩伯、左仁亲、汉商会周星棠、郑燮卿、徐荣廷、银公会史晋生、各团联合会周韵宣等，号（二十）午后五时谒萧，询鄂组护宪政府真相，萧答此事难实现，余亦未加赞同，当仍根据前此保境安民主旨，终始不渝，请转告商界，万勿惊疑。萧旋召军警长官至署，宣示保境安民宗旨，务各尽职责，巩固省防。

（《申报》）

10.双方兼顾之鄂省政局

（1924年11月27日）

武汉商界之表示拥段，保境安民与正当防御，上游王汝勤分区布防

汉口特约通信，河南督理张福来昨晚到汉，说者皆谓系吴子玉到汉之先锋，萧耀南一面顺从民意，宣言保境安民，一面又迎吴来鄂，已派宪兵司令劳炯光赴宁，双方兼顾，时局处于大难之境地，至鄂人对此非常恐慌，省议会与各法团联合，拟召集大会解决，商界方面，并亦已表示拥段，于元日拟出二电，请萧代发，萧于寒日发出，兹将两电并录于后：（一）致天津段芝泉电，（衔略）频年水旱荐臻，加以兵戈侵扰，不惟民生凋敝，而商业弥复萧条，我公静养之余，触兹感想，虽世尊具代人犁辕之痛，而宣取值于无柯斧之时，今幸人既求安，天还厌乱，开运动和平之福，破崇尚武力之迷，然而旋转乾坤，必需重望，调融冰炭，尤赖灵心，惟淡于势权者乃能平势权之讼，惟超乎名利者乃能息名利之争，我公静守吾心，坐忘人事，世之治也，固可闷龙象之精神，即不治也，亦何关鸡虫之得失，乃者群情交属，众望攸归，当道既一致推崇，小民尤同声爱戴，昨日本会等特开大会，征集商情，佥以赤乌依然，宜复周公于西国，苍生如此，忍安谢傅之东山，矧当年欧战能加，薄海犹铭其赐，岂此日民情系望，出山转后其期，伏乞垂怜下诚，指日上道，本我佛慈悲之念，惟吾儒恻隐之心，修己安人，理原一贯，舍身救世，化被十方，从兹一代伟人，合南北东西而无思不服，万年民国，与日星河□而有象常新，又岂徒湖北一隅，商人一届之欢欣鼓舞也哉，我国家实利赖之，湖北全省商会联合会、武昌总商会、汉口各团联合会、汉口总商会全体同叩元。（二）致各省要人及团体通电，（衔略）民国祸乱相寻，迄于今日，所幸政见渐趋于一致，民情更具有同心，报载电请合肥段芝泉出山者，已指不胜屈，本会等昨开特会，佥谓此事匪异人任，而早出一日，即早具一日之乐观，迟出一日，即迟殷一日之渴想，遂于元日具电敦促之曰，天津段芝泉先生钧鉴，（同前电）等因，除径电段芝泉先生外，诸公想望和平，谅同此愿，务乞一致再加敦促，以伸民意，而惬天心，再湖北历岁以来，屡怵邻烽，频伤岁歉，而四民乐业，全境告安者，皆原有驻在各军维持之力，现在屯防如昔，兵力仍充，足以奠厥民居，保兹境土，诚恐远道过劳垂念，合并奉闻，湖北全省商会联合会、武昌总商会、汉口各团联合会、汉口总商会全体同叩元（十五日）

据另通信，吾鄂省议会，前因北京政变，影响全国，吾鄂当南北之要冲，地方治安，最关紧要，特于前月二十九号，召集紧急全体茶话会议，一致公决，咨请军省两署，保境安民，兹悉军

署，昨特为此事咨复云，为咨复事，案准贵会咨开，本会于本月二十九日，开全体茶话会，佥以此次战局初开，本会曾本保境安民之旨，咨请军省当局，查照办理，并承见复在案，嗣后江浙未平，直奉又起，吾鄂以疲敝之区，筹饷运械，络绎供给，报纸宣传，历历可证，本会所以不为严格之追求，方冀大局日有转机，战事早告收束，地方虽受一时之痛苦，人民可享永久之安宁，不料顷来事变益殷，隐尤益大，顾瞻前途，险象环生，吾鄂当南北之要冲，为举国所注目，伏莽潜滋，乘机窃发，对内对外，断不可稍涉疏虞，引起纠纷，论目前之切要，仍应确守本会前此旨趣，妥筹具体办法，凡军队原驻防地，不可轻动，凡以前欠发饷项，不可再缓，闻本月二十八日，官厅在汉口银行钱业商会各团体，业已借款，商人所以忍痛允借者，大抵为求安宁计耳，当局应体谅此旨，用为本省欠饷之需，不宜接济他方，使本省驻军失望也，汉阳兵工厂，所制器械，精利之品，应储为自用，不可远输示人以弱也，至于他省军队，尤宜严定界限，明申约束，各固其圉，不许擅自入境也，所有以上谨守防区，筹发饷需等，各种办法，内之谋地方之整饬，外之防不虞之纷扰，安危之机，千钧一发，应咨请军省当局，切实施行，等因准此，查所指各节，洵为当务之急，具见贵会爱乡情切，顾虑周详，本督军忝领乡邦，于今数载，其爱护桑梓，维持治安之念，始终未敢或渝，当亦为各界所共谅。自中央政变以来，京津沦陷，统治无权，鄂居南北中区，尤关重要，审时度势，自卫宜先，是以设防筹饷，巩固吾圉，无一不与贵会意见吻合，至关于鄂省饷械需用孔急，自不得供济他方，疏于自卫，准咨前因，相应备文咨复贵会，查照为何云云。同时并以两湖巡署名义，出示布告，照得时局不靖，战局频仍，本使忝绾疆符，怒焉如捣，历年以来，对于所辖区域、所定方针，均以息事宁人保护地方为职志，始终不渝，当能共晓，查鄂省居长江中枢，武汉为通商重镇，经济交通，在在均关紧要，当此时局□□之际，诚恐谣诼繁兴，淆惑听闻，是以明白宣示：本使服务乡邦，首以保境安民引为己责，决不使地方有危险之象，人民受雨□之惊，凡尔商民人等，务宜各安生业，切勿稍事惊慌，如有他方军队，侵犯鄂境，自应正当防御，以卫闾阎，倘查有不逞之徒，造谣生事，摇惑人心，破坏治安，希图扰乱，一经拿获，定以军法从事，绝不姑容，本使既以地方为重，言出法随，幸勿轻于尝试也。除通令军警各机关遵照办理外，合亟布告军民诸色人等，一体周知，毋违，切切此布云云。

此外王汝勤在上游宣言保境安民，不准川军假道，皆为时局中紧要问题，现在巡使表示拥护，王氏本属合肥旧部，其态度当与萧使相同，惟鄂西关系重大，而王总司令近以时局未靖，汤子模蔡巨猷等已入湘西，故荆宜防务异常吃紧，除开调十五旅前往公安等处防制外，并规定设防计划，共分四区，(甲)以施南鹤峰第一防区，为因该处地势突入川湘黔三省之间，向为神兵棒匪之渊薮，虽于旅学忠全部开驻该处，然地而辽广犹有鞭长莫及之势，故调驻万县之卢师李团南下，驻利川，又命鄂军宋旅大霈自抽调一部入住建始，协助于旅。(乙)以秭(归)巴(东)为第二防区，该处密迩□巫，向为溃兵游勇之集合场，非重兵扼驻，殊不足以肃匪氛而靖邻封，特令宋大霈旅留住秭归巴东，以为久驻之计。(丙)以荆宜为第三防区，由自兼之八师本部完全担任。(丁)至于驻沙市之第二十一混成旅王都庆，则因驻岳之陈师嘉谟行将北上，特拟将该旅移驻岳州填防，以为第四防区云。

(《益世报》)

12 月

1.汉口商会电段请速恢复京汉路交通

（1924 年 12 月 13 日）

十二日北京电　汉口商会电段请速恢复京汉路交通，自该路阻断后，商民大受损失。

（《申报》）

2.（武昌）商会筹备改选之急进

（1924 年 12 月 14 日）

武昌商会对于筹备改选事项积极进行，唯会董系帮董所产，是以帮董为初选。十二号始将帮董票分散各帮完竣，各帮投票至早亦在阴历年底，会董投票则在明年二月投，会长票至早在明年三月云。庄丙

（《汉口新闻报》）

3.（汉口）商会筹办冬赈之大会议

（1924 年 12 月 14 日）

十二日，汉口商会会长周星棠在会开冬赈会议，计到者严兼长、杜镇守使、王警察厅长、吴蔼宸、罗知事、蔡辅卿、周韵宜、赵兴之、万泽生、吕超伯、王伯年、郑燮卿等四十余人。由周星棠主席，略谓本年水灾、兵灾相继迭见，汉口五方杂处，避难者众，际此寒冬岁暮，呼寒啼饥，触目皆是自愿赶。

（《汉口新闻报》）

4.汉商会文开冬赈会

（1924 年 12 月 15 日）

汉口电　汉商会文（十二）开冬赈会，萧亲到军省两署捐两万元，萧及陈嘉谟各捐五千元，余共捐八万元。（以上十三日下午十一钟）

（《申报》）

5.商会帮董会议纪

（1924 年 12 月 17 日）

汉口总商会近因市上发现大批轻质铜元，特于十五日午召集各帮董开会讨论。到者三十

五人，由周星棠会长主席。首由主席报告开会宗旨，略谓：各种营业本重利微，进货均以现洋计算，门市收入为铜元。近来洋价飞涨，一元可换铜元二串五百文之多，若再以轻质新铜元充斥市上，前途恐不堪设想。应如何救济，请众公决。旋经各帮帮董讨论，佥以各帮到会者甚少，未便表决办法，决定派员先行调查该项轻质铜元流通市面者，究有若干，再分发通告，请各帮董钧会讨论办法云。梓丙

（《汉口新闻报》）

6.向汉银团借款

（1924 年 12 月 22 日）

汉口电　杨会康以官钱局天字地皮及股票，由汉商会介绍，向汉银团借款五十万元，号（二十）夜在华商总会签字。

（《申报》）

7.武汉商会令豫军及各方军队安驻原防

（1924 年 12 月 26 日）

汉口电　武汉商会敬（二十四）电段，请令豫军及各方军队安驻原防，毋侵鄂疆。

（《申报》）

8.鄂商承认估本加税

（1924 年 12 月 29 日）

汉口快讯云，萧耀南因阴阳历年关财政不敷甚巨，特于二十一日召集财界人员及武汉商会会长等开紧急会议，拟实行估本加税，兹闻商会方面以估本加税虽久经坚决反对，但年关如此紧迫，对于官商两方均宜兼顾，拟变通承认，一以俾官厅得以度过年关，一以了结悬案，近正筹议变通办法，至阴历年内财政收支情形，竟究如何，昨军署军需处王连城、财厅长杨会康曾有详细报告，节录原报告书如下：

（收入项下）各县赋税钱六十一万九千六百串文，各局厘税钱二十二万七千九百一十八串文，又银洋四千五百八十元，以上共计可收钱八十四万七千五百一十八串文，银元四千五百八十元，约共合银三十五万七千七百一十二元，（支出项下）（一）各军饷项及军事机关经费，阴历年内应共发银一百四十三万五千五百四十五元，拟先筹一百元。（一）各机关政费阴历年内应共发钱约六十万串，现拟发钱三十五万七千一百三十九串八百二十文，又银一万元，约共合银元一十万八千八百零八元二角五分八厘。（一）各学校及教育机关经费，阴历年内应共发钱约三十万串，拟发一十九万二千一百二十八串又银元四千零五十二元五角，约共合银八万零零五十三元。（一）留学经费等项，紧急应发七万七千九百元，拟发三万六千元。（一）库券印刷费欠发银一万二千九百二十七元。（一）年内到期应还各借款共计银五十六万四千五百九十元，拟分别函请转期。但恐不能一并照转，或须于年内筹还若干，连同息金至少约计银十万元左右。（一）郭前厅长任内已发通知，金库尚未照发各款，约计银一十三万零五百元，以上各项，

阴历年内本应发银二百四十五万余元，现因筹款困难，酌拟缓发之数不计外，尚需一百五十一万八千余元。以上通计收支两抵，不敷银一百一十六万余元，能否收足尚无把握。刻汉口某里房屋地皮，可望抵押银五十万元，其余尚有六七十万元，尚无着落。不得已，始决实行估本加税以资补救云。

（《晨报》）

9.豫军入境声中之鄂省，鄂北寇孙师旅发生内讧，武汉商会电阻胡军入境

（1924 年 12 月 31 日）

（本报二十九日汉口专电）俭（二十八日）午前二时寇（英杰）师与孙（建业）旅误会冲突，将雪河桥炸毁，至晓方罢，寇俭（二十八日）夜来省报告误会情形，并向商会声明谣传，绝不足信。

（本报二十九日汉口专电）寇俭（二十九日）返省报告防务，并派员赴商会辟谣。

胡景冀所部，通过信阳，向南出动，鄂北形势，大见紧急，胡速宣言决不图鄂，但鄂人因胡军行动，殊未敢深信。闻武汉两商会，已有电致胡，请勿出师图鄂，原电如左：

万急，开封胡督办钧鉴，此次中央政变，全国一致拥戴段公，支持危局，曾蒙段公凭电宣示解决时局方针，深惬国民喁喁和平之望，方以时局粗定，统一有期，军阀野心，不敢再逞，乃近日忽传贵督办，有出师图鄂之说，人言啧啧，江汉惊惶，溯自辛亥以还，吾鄂元气，迄未恢复，历年军事负担，益增农困商疲，不堪再罹兵祸，劳来安辑，惟盼早顺舆情。且现在大局，静候国民会议解决，各省自宜维持现状，鄂省早已宣布保境安民，实行自治为宗旨，师旅足资维护，不烦他省越俎，我公明达，当不至背维持统治之初心，为破坏和平之戎首，此种传说，是否野心家，制造空气希图扰乱鄂境，坐收渔利，务恳我公，剀切宣布，以免谣喙，而安人心，鄂人幸甚，大局幸甚，湖北全省商会联合会，武昌总商会，汉口总商会，同叩宥。

（《晨报》）

10.财政部指令　湖北印花税处汉口商会上届承销印花欠解尾数应饬限期清缴嗣后按半年结算一次仰即遵照文

（1924 年）

据呈已悉，查汉口商会，上届承销印花，全年应实缴税款九万六千元，据该处呈送逐月四柱清册核计，共经解过六万八千元，所有欠缴尾数，连同本年一二月份税款，应严饬限期缴交以清款目，其已经经解处之六千元，即由该处先行专案解部，余数陆续催齐一并缴解，至以后逐月税款，既据声称各节，姑准通融每月尽收尽解，但须与原定票额不相上下，不得过形短少，仍于每半年，按照年额半数，结算清缴一次，以免再有拖欠情事，以上核示各节，本部对于该商会已不啻曲尽维持，仰即转饬遵照办理，倘复借词延不解决，本部仍当随时收回自办，至检查章程，应并迅行拟定呈候核办，此令。

（《财政月刊》第 11 卷第 127 期）

11.汉口公团力争关余电:(三)致上海总商会银行公会钱业公会:上海总商会银行公会钱业公会鉴阅报贵会为关余一案

(1924 年)

上海总商会、银行公会、钱业公会鉴阅报贵会为关余一案,于俭日电总税司及财政整理会,陈义详切,极佩荩筹,本日敝会等亦电请安君始终负责保护关余全部,永久为内债基金,无论何方,不准动分用厘,并电政府督促安君,实行其保管职务,不得诿卸,惟前途情形,殊深悬念,应否由贵会再联各埠各会在沪开一大会,切商办法,抑或另有保全良策,为安君声援,为持票人请命之处,即祈迅赐核示,敝会等自当附骥,无任盼祷,汉口总商会银行公会钱业公会江。

(《银行杂志》第 1 卷第 6 期)

1925 年

1 月

1.豫鄂间风云突起(萧萧)

(1925 年 1 月 3 日)

胡景翼图鄂进行已显著,吴佩孚被迫离豫。

连日盛传胡景翼勒队南下。分路侵鄂,鄂省各法团以胡军破坏和平,极为愤慨,除电请段执政转令胡军,设法制止外,并电胡氏请勿率军南下,如必欲拂民以逞,鄂人惟有罢市罢税,誓死抵制。执政府二十五日覆武汉商界团体一电,谓胡军图鄂之说绝无其事,外间传闻之词幸勿轻信,等语。吾人以为胡军既未得段执政之命令,万不至有图鄂之举矣,讵料最近所得各方消息,胡军图鄂野心尚未消灭,且其军事进行益为显著。据闻胡军已到信阳者,有张治功、李记才两部,约有万余人,其余部队亦将由驻马店郾城陆续南下,业在信阳扣留事头十余个,预备运军之用。又电令信阳县署办理兵站,谓尚有一师两旅及七混成团随后开到,二十六晚李记才下令迫令吴佩孚卫兵及李济臣残部缴械,吴李残部千余人不服抵抗,激战三小时,不支,纷向鄂边溃退,吴亦于二十七日下鸡公山,乘车来鄂。李济臣特将东双河桥梁拆毁,以阻胡军追袭,吴下山时即电鄂萧,谓准于二十八晨九时抵汉,讵料广水至杨家案间路轨,亦被拆毁,不能前进,遂在广水下车,驻节于寇英杰之师司令部。萧督今日特派马济、张其锽赶赴广水,劝吴明白表示下野,并陈述在鄂不能逗留之理由,请其决定主意,究以意影何地为宜。汉口总商会各团联合曾报界同志会及各法团特于今晨七时在汉商会开紧急联席会议,讨论对吴来鄂事,决定电萧,请勿令吴在鄂逗留,以免地方误会,并由各团体预备拒吴安民旗帜,悬挂刘家庙大智门车站及各通衢。又召集商团拟于吴车到汉时,手持拒吴旗帜,列队游行,以示坚决。议定后,当以急电致萧,原文云:"万急武昌萧督军钧鉴,闻吴子玉南下,全镇惶恐,顷在汉口商会开各团联席会议,议决誓死坚拒,万请勿令,在鄂稍延,以免意外而全地方,汉口总商会、各团联合会、武汉报界同志会、湖北各法团及全鄂人民叩俭。"旋因时已逾午,吴尚未到,乃推吕超伯、周星棠、蔡辅卿等八代表谒见汉黄镇守使杜锡钧,询吴之行踪。据杜答称,吴本定今晨九时到汉,因杨家寨路轨拆毁，顷间已在广水下车，拟由襄樊入川。惟湘赵来电，邀其赴衡，无论其入川或赴衡，此间当局则早已预备妥帖，决不令其在鄂稍延，予（杜自称）可以生命财产担保，武汉不至受其影响，各代表以杜答复满意，遂返商会报告。佥以吴既在广水下车，鄂当局又决不令其在鄂稍延，似商团游行之举，可以不必决将此举取消。惟请各团体领袖暂在商会等候，以备临时有事时得以商议办法，鄂人拒吴留鄂之坚决，于此可见一斑矣。

（《申报》）

2.汉商会请送吴出境

（1925 年 1 月 3 日）

汉口电　汉商会推徐荣廷、吕超伯等东（一日）晚谒萧，请送吴出境，免滋疑虑，萧允劝吴离汉，拟俟其休息两三日，即送往武昌西山。吴刻在大智门花车上，欲见萧，萧婉拒。惟陈嘉谟、杜锡钧、刘佐龙、马济等均往安慰，商会亦送吴酒肉面包，其所部卫兵系寇师所派，湘赵因受谭熊压迫，欲请吴入湘镇慑，故马济坚请吴赴岳，惟熊克武电赵反对，萧亦不赞成，已作罢。

（《申报》）

3.武汉两商会对增印官票态度

（1925 年 1 月）

鄂省官票，迭次加印，已至不可收拾之境。乃财政当局，因年关无法挹注，忽有主张增印官票之建议，各方面闻讯，异常恐怖。武、汉两商会，因事属切肤，不能缄默。况不加印官票，曾于上年财政会议时，已表决有案。目下钱价日落，设再增印官票，不但于上年会议案有违背，而且于钱价民生，有莫大关系。是以准备开联席会议，以上述两端理由，提出研究，而防患于未然云。

（《银行杂志》第 2 卷第 6 期）

2 月

1.商会集合善后会议议案

（1925 年 2 月 7 日）

汉口总商会会长周星棠此次被北京段执政指定为善后会议委员，大概情形已见各报。连日以来，商会方面会长与各会董颇有接□其。是议之要点略分三大端：（一）历观内乱大半出自军阀，全国生活程度加高，全国商业凋敝，均系各处军队太多之弊。此次会议应提出请求救，应以短时间施行裁兵之方策。（一）裁厘加税曾经前次全国商会联合会提出，议有结果。此次应在善后会议席上提议。（一）请求政府将汉口一隅划为特别区域，永远不驻军队。地方责职由商□维持。以上三项已由周会长暨各董事拟就议案，以便周氏赴京后在善后会议席上提出。

信丙

（《汉口新闻报》）

2.商会限期选齐帮董
（1925年2月7日）

汉口总商会会长此届就去年冬月满期，旋因修改会章故展至今年二月举行，已呈见报端。该会以选举伊不能再事延宕□。函催各帮限于夏历正月十五日以至。由各帮自行□帮董选定函送商会，以便定期召集选举会董。会丙

（《汉口新闻报》）

3.汉口商会长来京
（1925年2月9日）

汉口七日东方电　汉口□□商会长定于九日晋京，出席善后会议云。

（《晨报》）

4.汉商会之三大提案：实行裁兵、裁厘加税、汉口划为特别区
（1925年2月11日）

善后会议经中央容纳农商教育团体代表加入后，汉口总商会会董均一致推会长周星棠来京列席，闻该会对于提案一层，近经一再开会，决定提出之三大要案。

（一）连观内乱，大半出自军阀鼓动，影响所及，致全国生活程度日高，商业凋敝，实由各处军队大多之弊，此项会议，应提案请求政府，以短时间施行裁兵之策。（二）裁厘加税，曾经前次全国商会联合会提出，议有结果，此次应在善后会议席上提出。（三）请求政府将汉口划为特别区域，永远不驻军队，地方职责由商团维持。以上三案，业已拟单妥协，由周氏带京提议云。

（《晨报》）

5.鄂商会长北上（本报十日汉口专电）
（1925年2月11日）

商会长周星棠、左亲仁佳日（九日）北上，就善后会议专门委员。

（《晨报》）

6.江汉关监督鄂萧电京留吴
（1925年2月15日）

吴佩孚仍在黄州，武汉商会长北上。

汉口特约通信，部派新任江汉关监督叶兰彬，已于六日由沪来鄂，七日（即元宵）即赴督办署谒萧珩珊，萧拒不见。闻萧已电京留原任吴万宸，并将严令吴氏，不得擅自交代，训令九日或十日，即可发下。盖江汉关与交涉署，在民三以前，原系分缺，后因经费太绌，为减轻鄂人担负计，始得合并，今京当局借花献佛的徇在京一二鄂中败类之请求，安置不通外语之叶兰彬，并因是而又安置老朽的胡钧做交涉员，将定案合并者拟自此而仍分为两缺，是真将三千五百万鄂人，为一二鄂人之玩具，京政府又焉可以如此麻木者。

洛系密谋祸鄂之败露，迭详前讯，顷闻萧衍珊除派员前赴黄州，婉劝吴佩孚准备离鄂，并两次亲函申述苦衷，吴均置之耳外，近又派程子端劝吴谢绝来宾，以息谣喙，吴仍不听，此间各公团，决计请愿萧珩珊，派兵押送吴氏出境，以免后患，并闻定于十五日在省议会开一联席会议，即实行请愿云。

武昌商务总会会长左仁亲，汉口总商会会长周星棠，于九日午前十一时，联袂乘车北上，参列善后会议，各界莅站送行者，为周亚芬、孙薛裳、刘康丞、吕超伯、蔡辅卿、陆德泽、郑燮卿、万泽生、曾务初、周韵宣、喻耕屑、童宾秋等百余人，齐祝左、周此行一定如意，左、周并各带一书记随行，至前传汉商会草拟若何议案，准备在京提出说，据查完全失实，不过周、左此行，闻实负有相机索还辛亥以来，中央积欠湖北垫款四千万之任务云。（二月九日）

（《益世报》）

7.交通部致天津、上海、汉口、奉天、张家口各商会电

（1925 年 2 月）

天津、上海、汉口、奉天、张家口商会鉴，查本部前为接济京师平民食□，拟定经由京汉、京奉、津浦、京绥四路运京之整车粗粮，减按五折核收运费。自十三年十二月十日起，以两个月为限，业经电达在案。此项办法，至本年二月十日，即行期满。现查京师所存粗粮，尚不甚充，仍须设法招运，俾资接济。所有前定运京整车粗粮减价办法，应自十四年二月十一日起，展期两个月，以维民食，并经提出国务会议，议决照办。除饬各该路遵照并通告外，转达查照并希转知各行商知照为盼。交通部□铣。

（《交通公报》第 823 期）

3 月

1.京绥京汉商订运茶专价

（1925 年 3 月 1 日）

凡由汉口起运茶叶或茶砖，经过京汉达京绥指定各站，每二十吨整车，所收运价，按下列数目摊收。

（一）茶叶

	卸车站名	京汉应收	京绥应收
茶叶	张家口	五五〇元九角	一四二元四角
	丰镇	五五〇元九角	三〇〇元
	绥远	五五〇元九角	四五七元四角
茶砖	卸车站名	京汉应收	京绥应收
	张家口	四〇七元	一一五元
	丰镇	四〇七元	二四二元四角
	绥远	四〇七元	三六九元四角

京汉京绥段内,所有一切附属费,按各本路章核收,惟装车及卸车费,可以免除之。再此项价章,仅以整车为限,如零担或零吨,仍按普通价章核收云。

(《晨报》)

2.鄂省加税加印官票之波折,汉商会虽通过——商人仍反对

(1925 年 3 月 8 日)

汉讯云:鄂省当局因估本加税及加印新官票两事,为各属商会坚决反对,迄未见诸事实,遂有财政整理会之设。网罗武汉商会中重要人物为会员,另予优厚之津贴。而汉口总商会,本素与官厅接近,日前居然开会通过加税印票两案,商界闻讯大哗。昨有张作襄等特致函该会,严重质问,原函略云:湖北财政厅发起财政会议,实行增加厘税,较之原额,不止一倍。此种敲骨吸髓之政策,凡属有血气者,无不疾首痛心,同声反对。贵会为商界代表,未闻稍持正义,已属奇怪异常。而又召集会议,通过此案,对于加印官票之举,亦一致赞成,此种情形,殊令人百思莫解,岂以鄂中父老,数应死尽,必为之操刀代割耶。况加税印票两种,系全省父老之负担,应交全省民意机关代议。贵会以部分商业团体,公然通过,然则湖北议会,不已等于虚设耶。总之贵会诸公,悉为商界份子,数年苦痛,彼此共尝,锐意求协,尚恐未及,岂可推波助澜,重祸梓桑。务望俯念鄂中父老一息仅存,将此苦衷,代呈当局,倘能取消原议,则造福当无际涯云云。

(《晨报》)

3.汉商会所拟之货税报验所简章

(1925 年 3 月 14 日)

第一章　组织

(第一条)湖北货税报验总公所(以下简称总公所)由汉口总商会组织之。

(第二条)货税报验公所(以下简称公所)就货税征收局所在地组织之,即以所在地地名冠首,以为名称。

(第三条)货税征收局所在地,如系扼守江河要隘,并设有商会,应由总公所会同征收局驻在地之某县或某镇商会组织之。(如宝塔西公所,应会同嘉鱼县商会组织。张家湾公所应同樊城商会组织之类)

(第四条)组织货税报验公所,概以各征收局所在地为限,其各征收局所属各分卡,不得以公所名义另设分所及支所。但各征收局所属分卡,距离较远,出产丰富者,亦得设立分所或支所。

第二章　职员

(第五条)总公所正、副所长,由总商会正、副会长兼充。各公所正、副所长,即以所在地商会、正副会长兼充,均为名誉职。其办事细则,由总公所另定之,但须呈粮湖北省长及财政厅查核备案。

第三章　办法

(第六条)商货由各地起运或由他省运货入鄂时,应由货主赴公所详实报告货物种类、量数及起运指销地点,由公所填发报验货单相符。完税后,仍将原单由局盖戳,发还货主,粘贴税票上,持赴复查,及出口到达各局局卡呈验,如货单不符,即将原单扣留,由局通知公所复验,另填报单,照章处置。

(第七条)货主已领报单后,或沿途加载或卸出一部分,均须报由附近公所在运单内注明。

(第八条)商货出各地起运,或由他省运货到达鄂境地点,经过第一征收局卡,如公所尚未成立者,应将货物种类数量及起运□销地点,径赴□卡报验。无庸公所填单,倘有争议,准报明就近公所会同复验取决。

(第九条)货物报告公所填单赴□查验。(斛以汉抬斛为标准,尺以海关尺为标准,秤以海关秤为标准)如有以多报少,以贵报贱情弊,除照应纳税额收税外,处以三倍以上五倍以下之罚金。此项货船公所,如□通□隐匿,被货主□讦者局中,处罚之数,应由公所填单人负责,与货主各半认缴。如公所理实不知情,应由货主完全认缴。但积至三次以上者,应由公所将经手填单人撤换,以明白责任。

(第十条)货主运销货物,有为现行税则所未载者,税局估价抽取,货主有争议时,公所公同估定。

第四章　权限

(第十一条)总公所之职权列左:

(一)监督全省货税报验公所,并制定每年之预算决算。

(二)制定货税三联报单(一联至商、一联送局、一联存所)及经收报验费两联收据。

(三)公所报验货物与征收局有争议时,总所得派员会同财政厅委员公同随查,以凭处理。

(四)各公所职员,如有收受货主财物,把持税务局情形事,查有实据者,应由总公所送请法庭严加惩办。

(第十二条)公所之职务列左:

(一)据货主呈报填明报单送局查验,有分运单者,由公所盖印,再行送局查验放行。

（二）对于货主所报货色货数，随时抽查或复查。

（三）详定每日收税报告总分表陈报总公所□核。

（四）税局员如有需索舞弊营私事，查有确据者，报明总公所函请财政厅转送法庭严办。

第五章　经费

（第十三条）各公所支用经费，按实收税额，每串抽收报验费二十文。

（第十四条）前项经费由公所抽收，并给予两联收据。

（第十五条）公所按月扣□应支经费外，余数缴解总公所。

（第十六条）公所经费不足时，陈由公所具领，但未经总公所核准支用事件，公所不得预支。

第六章　附则

（第十七条）本简章以呈报湖北省长公署，并函报财政厅核准之日施行之。

（第十八条）简章有未尽事宜，得临时修改呈报省长公署，并函报财政厅察核备案。

（《新闻报》）

4.鄂商界整理官钱局商会省会推举委员（本报二十汉口专电）

（1925 年 3 月 25 日）

整理财政委员会议组织整理官钱局委员，由武汉商会、省商联会推委员十一，省议会推委员十一，共商进行。

（《晨报》）

5.鄂商会请划汉口为特别市

（1925 年 3 月 26 日）

各公团亦希望此项运动之成功

汉口特约通信，汉口总商会会长周以灿，前此代表入京，参与善后会议，关于运动划汉口为特别市区，亦负带任务之一。夏口地方自治促进会等八团体，因希望周氏此种运动之成功，亦曾公推杨铎闻泉氏入京，与周为同一之运动，并曾谒见段执政，深受嘉许。旅京鄂人，对于周、杨之运动，并一致表示愿竭力援助。汉口市为沪埠第二，当不在远也。兹将周以灿请执政府将汉口划为特别市区呈文，录之如次：敬呈者，窃维汉口居全国之中心，为南北之枢纽，以形胜言，固为各方所注视；以商务论，实属互市之要区。溯自辛亥改革以还，元气大伤，比岁经营难言恢复，加以偏灾迭见，变故纷乘，有碍进行，原因非一。而近日会师武汉之说，又复宣传众口，报不绝书，影响所及不惟商难乐业，并且民鲜安居，瞻念前途，相扰曷已。此次东南战事，派埠众商。鉴于已往之兵祸，因求补救于将来，仰蒙钧座本维护商业之心，筹特别保障之法，业奉明令准予划出淞沪商埠区域，以后永不驻兵。遐迩闻之，无不同声感颂，因念汉口地方，论往事既受损失较巨，论现状又隐患方深，敢忘居安思危之心，亟盼一视同仁之赐，仅就管见，约有三端，敢为钧座缕析陈之。查沪汉商务,向有连带之关系,汉为百货汇聚之区,沪上乃各物运输之地,无汉埠汇聚,则沪埠失其运输之资,无沪埠运输,则汉埠莫取汇聚之利,势本相因也。今如在沪得安无事之天,在汉时呈恐慌之象,远道传闻,自当裹足,将见客货之不能汇聚于汉,在即无法以运输于沪,是沪汉两埠,仍同受极大之影响矣,此其一。汉口地居形胜,既为全国注意之区,如蒙明令宣布,准援沪例,将汉口划为特别市之商埠。凡在若干里以内,任何军队,不得驻扎,去和平之障碍,期永久之安宁,既杜各方觊觎之心,庶达商业振兴之望。而税源充裕,国用自足,在国在民,交受其益,此其二。辛亥武昌起义,汉口首当其冲,全镇为墟,损失甚巨,现在市场虽渐复旧观,而商业尚难回原状,休养生息,正在此时。设再罹变生莫测之灾,将益万劫不复之境,国于天地,必有与立,为大局计,为商埠计,均应有特殊之待遇,并非为逾格之要求,此其三。以灿经商汉地,垂三十年,内察商情,外观大势,汉口市政,实有改良之必要,用敢冒渎,援例陈恳。仰祈钧座俯赐鉴核,准予所请,以维商业而重地方,无任悚惶待命之至,谨呈总执政。(三月二十二日)

(《益世报》)

4 月

1.讨论大兴钱庄

(1925 年 4 月 14 日)

汉口电　钱业公会文(十二)开常会,讨论大兴钱庄被劫案,决电请督署、镇署、警察厅严办,汉商会元(十三)亦讨论此案。

(《申报》)

2.武昌商会请筹备裁厘加税

(1925 年 4 月 19 日)

某社云,武昌总商会,昨有催促进行裁厘加税之电到京,略谓厘金病商扰民,华府会议,各友邦均望吾国早日实行裁厘。中、英、美、日、葡各国条约,载明同时实行增加进口税,至切实值百抽二·五,以为厘金抵补,可见加税问题,实缘裁厘而起。厘金一日不裁,外人即一日不见加税,事理昭然,毫无疑义。现在金案已决,关税会议即可举行,使我国对于中外共盼之裁厘事项,毫无准备,遂至互相观望,迁延一日,吾国即少收入约十万元,此仅就实行二·五附税之第一步时而言,若合裁厘后再增值百抽五计之,日将少收四五十万元之巨,应恳即颁明令,实行裁厘,并于实行以前。讯由主管各部,赶速筹备,根据各国条约,同时实行增加进口税,切实值百抽二·五,以为裁厘损失之抵补,庶代表会议时,不生疑虑,而加税裁厘要政,可免无谓枝节云。

(《晨报》)

3.燮昌火材厂抵债务，炭山煤矿出煤增加

（1925 年 4 月 23 日）

（汉口特约通信）本埠燮昌洋火厂，本为汉埠华商宋伟臣所办，近闻宋因去岁办理既济选举，亏累甚巨，有将该厂抵押于德丰钱庄以了债务之意，但该厂先本押于天主堂，而股东方面刻正向宋氏提出抗议，恐不免发生纠葛云。

炭山湾煤矿，自王植接管以后，大加整理，每日出煤较前倍增，前之每日七八十吨者，近则每日可出一百七八十吨。闻熟悉该矿情形者云，照该矿现在工作观察，每日当可出五百吨有奇，所惜者厂长纷更，实利日蹙，不能不为湖北公产前途悲也。（眉四月十六日寄）地

（《晨报》）

4.汉口商情一斑（汉口特约通信）

（1925 年 4 月 25 日）

本埠各种商情最近状况如下：

（杂粮）来源殊无把握，河下之货随到随销，大致仍现平和。

（棉花）存底无多，好货亦少，棉纱销路不见畅旺，各厂□买亦滞。

（棉纱）近值春假，纱号皆未派人下行，上海电报亦见沉寂，故门市客帮，亦归清淡。

（面粉）销路甚佳，行市尚未涨跌。

（砂糖）因川湘豫陕战未息，焦荷遍地，运输困难，故上海香港底子虽高，而此间并不见有起色。

（生漆与猪鬃）漆价因到货不涌，尚称坚定，猪鬃则以外国行家无大批生意，亦形疲滞。

（米）米价因钱价暴落，各米商以湘豫等省办货必须用银，故米价数日内已较前涨过二串文，值此青黄不接之时，甚盼当局有以维持民欠也。（眉四月十六日寄）元

（《晨报》）

5.汉商电促裁厘

（1925 年 4 月 26 日）

汉商会电京促裁厘加税早实行。

（《晨报》）

6.武昌商会请筹备裁厘加税电

（1925 年 4 月 27 日）

（衔略）厘金病商扰民，华府会议，各友邦均望吾国早日实行裁厘。中、英、美、日、葡各国条约，载明同时实行增加进口税，至切实值百抽二.五，以为厘金抵补，可见加税问题，实缘裁厘而起。厘金一日不裁，外人即一日不允加税，事理昭然，毫无疑义。现在金案已决，关税会议即

可举行,使我国对于中外共盼之裁厘事项,毫无准备,遂至互相观望,迁延一日,吾国即少收入约十万元。此仅就实行二.五附税之第一步时而言,若合裁厘后再增值百抽五计之,日将少收四五十万元之巨,应恳即颁明令,实行裁厘,并于实行以前。讯由主管各部,赶速筹备,根据各国条约,同时实行增加进口税,切实值百抽二五,以为裁厘损失之抵补,庶代表会议时,不生疑虑,而加税裁厘要政,可免出枝节,武昌总商会叩。

(《益世报》)

7.汉商会议决劣质铜元作八折,并严禁入口

(1925 年 4 月 27 日)

汉口电　钱价大跌,径日财厅召武汉商会代表会,议决劣质铜元作八折,并严禁入口。

(《申报》)

8.汉商会在全国商联会提案

(1925 年 4 月 28 日)

汉口电　汉商会在全国商联会提案:(一)国币成色分量不一,请政府筹根本办法,并饬币厂将劣币改铸,以重国信;(二)请政府厘定票据法规;(三)请政府电令各省放还被扣车辆;(四)请颁行保险法规。

(《申报》)

5 月

1.汉商会对币制及票据法之意见(续)

(1925 年 5 月 4 日)

(二)票据为执行债权履行债务之凭证关系,贷借行为应请政府速行厘定票据法规并公布施行,以资人民遵守案。为提议事,查政府起草票据法,于前清末叶,业已着手。民国以后,法律编纂馆之对票据法,亦甚注意,而迄未见成立草案。以现在世界交通之便,经济状态之繁,债权债务行为益形复杂,则票据法之颁行,尤为当今要举,使人民有一定成法可以遵守。即不为防御欺诈盗骗。而受授手续,亦应精密,贷借计算,亦需根据。凡关于票据之出票人、抬头人、付款人以及票据形式、文字、签章、并辗转相让之背书义务,付款时效等等,均应列以专条,万难徒事习惯,勉强通融,致招弊实而蒙损失。当今日人心不古,变幻莫测,以立法之严,尚有尝试者,故上海总商会于前年曾有研究票据法之举,上海银行公会亦相应作票据之研究,政府□派员专事调查各地票据习惯及形式文字,以备参考。又逾二年之久,未闻有票据法草案之成立,颁行更无确定。外人尚有创议国际票据法规,以应世界经济之适用,岂我一国之内,习惯长存,将永无成立法律之希望欤。夫国之立法也,揆乎情度乎理,归纳其各不相课之点而折中之,决

无抹煞一概习惯。而厘定无谓条文,强使人民遵守之理,况票据法尤与习惯接近,此事全在政府调查票据习惯之周详,无须有长时间之研究。一旦颁行,间或有确难实行之条,仅可修订。如求进一步办法,先将起草条文,遂达各省区议会商会,征询意见,限期答复,然后集合其不同之点,而加以折中修正,再提国会通过,庶完成一种法律,公布施行,决不致再有多大之隔阂。试以公司条例相比拟,当颁行之初,人民似觉条例□苛,手续繁重。而渐行至今,转觉非遵照条例办理不可。票据法亦何独不然,初次颁行,必觉细琐可厌,而日久遵奉,其利自现。在我商人,贷借关系上,于票据授受尤为重要,应请政府将票据法限期颁布,所以资人民遵守,而保交易之安全。是否有当,仅候公决。

(《新闻报》)

2.汉口商埠并未借款,汤芗铭登曲真相

(1925年5月4日)

昨日(三日)报载汉口商埠续向英商三妙□公司进行借款。兹闻武阳夏商埠督办汤芗铭因汉口商埠,并未向任何国订立借款合同,三妙□公司交涉,为前任督办杨度经手之件,此项消息,毫无根据。已向各方郑重声明,否认一切。

(《晨报》)

3.汉口银行公会为官钱局堡垣地契作担保与原案不符致汉口总商会函

(1925年5月19日)

径启者:接准五月十九日台函并述,财政厅函请将借款续展两个月,等因。查昨准财政厅函同,前因当经敝公会以贵会经借本会各行洋二十五万,系代官钱局办理,由官钱局出立期票并函明以官钱局堡垣地契作担保,厅函所称各节核与原案不符等语。函复财政厅并钞稿送请,贵会查照在案。兹准前因,相应再函声明,即希贵会查照可也。

此致

汉口总商会

(汉口银行公会抄)

4.汉商会提议修改商事公断处章则

(1925年5月29日)

因商事公断处章程及办事细则发生窒碍之点甚多,分条说明拟请照章修改。

为提议事,查商事公断处之设,对于商人间之商事争议,原系立于仲裁地位,而其立法主旨,则在和解息讼,修正商事公断处程第二条之一定,意旨显然。敝会商事公断处开办以来,处理商事争议,因限于定章,发生窒碍,以致不能达息讼和解之目的者多有,兹分析说明之。

(一)查修正商事公断处章程第十四条,公断处受理第二条之事件,以左列各款为限。第一项于未起诉先,由两造商人同意,自行声请者,又修正商事公断处办事细则第十六条,声请公断事件,属于左列各款者,不得受理。第六项未经当事人同意,仅由一造声请者,又同细则第十

七条，法院委托调处之案。属于前条所列各款之一者，应仍函请受讼法院核办各等语，是公断处对于商人声请或法院委托案件，非两造同意，不得受理，但人情之常，情虚者必畏评议，章则既有明文规定，则凡理曲者，必不肯同意，自属无从公断，即无从实施其和解方法，此因当事人之不同意而无所限制，以致不能达和解息讼之目的者一。

（二）查修正商事公断处办事细则第四十四条，当事人如确有事故，不能如期到场受公断者，应先期声明，酌予展期。公断日期展至三次，而当事人仍有借故不到者，即将该事件撤销不理。其由法院委托调处之事件，仍函请受诉法，办理等语，是当事人确有事故不能到场，本可展期评议，惟因展至三次，而仍借故不到，该案即可撤销。以故遇有声请或委托案件，当事人先经同意各具声请书到处，而理屈者恐难逃众议。无故可借，终不如期到场，或无逞其狡辩，经一度之评议，未能终结，迨至事实调查清楚，续行判断，彼则坚不到场。既经展限三次，只得遵章将该案撤销。公断既无结果，而理直之一造，自不得不赴法院起诉，此因当事人之不到场，而无所限制，以致不能达和解息讼之目的者二。

（三）查修正商事公断处章程第二十二条，评议员得询问证人、鉴定人，但不得强制其出场或具结。又办事细则第四十六条，评议员询问证人、鉴定人时，不得有强制威口下之行为各等语，查证人、鉴定人依现行法例，本系应尽之义务，但为证人、鉴定人者，因其证明或监定之结果，而该案之是非曲直，即得以判定，必不利于当事人之一造，苟非有不得已之情形，自不愿证明鉴定。故现行法例，其无故不到，或为虚伪之陈述者，有罚处理。商事争议，本与民刑诉讼有殊，故不能相提并论，但既规定评议员对于证人、鉴定人，不得有强制之行为，而章则又未限定证人、监定人一经延请，既有应尽之义务，则证人、监定人本于自然之理，即不肯出场，而无从取证，或出场而不具结负责，则与当事人之一造有关系者，即可为虚伪之证明鉴定，以致淆乱是非，而该案即莫能解决，此因证人、鉴定人之不出场具结，而无所限制，以致不能达和解息讼之目的者三。

（四）查修正商事公断处办事细则第十九条，公断未结之案，在外调停和息者，应由两造将和息情形，各具原书声请注销。如系已经赴讼者，由公断处取具两造原书，函送受讼法院等语，是无论于未起诉先，或起诉后，声请公断案件，一经在外和息，必须各具原书，声请销案，此为一定手续，乃当事人之一造，往往因其所主张之虚伪事实，一经评议察觉，自知难于对抗，即行在外和息，而隐恨公断处之摘奸发覆，终不肯出具原书销案。其已经起诉之件，亦未能取得两造原书函送受诉法院，遂至案悬莫结，此因当事人之不具原书，面无所限制，以致违背章则规定之手续者四。

（五）查修正商事公断处章程第二十条，评议员对于理屈者，得征收费用，其两造主张，各有一部理由者，得使其平均负担费用，但不得逾所争物价额百分之二。又同章程第二十一条、第二十条，费用之用途评议员须向两造宣告，并须得其同意。又公断处办事细则第二十条，公断处章程第二十条之费用，若当事人曾在商会注册，负担常年会费之义务者，得照部定最高□减半征收各等语，是公断费视当事人曾否在商会负担常年会费，即可分别按年征收。既然有定率之限制，似不必再有同意之规定，盖公断费用，照章向理屈者征收，原寓有惩儆之意。而公断之结果，在理曲者必不满意，令其负担费用，在彼心实不甘。若再依前项章程第二十一条之规定，向其宣布用途，即用途正当，而理屈者势必故为驳诘，不肯同意，以致公断费用，无法征收。此因当事人对于公断费之不同意，而无所限制，以致章则收费之规定失效者五。

总之,公断处之职员,既系由商会会员中选出,则其处理商事争议,与当事者同系商界中人,自不至有强制威吓滥权违法之事。设立公断处之主旨,即在和解息讼。面如上述当事人即可以任便不同意、不到场、不具原书、不纳公断费。而为证人、鉴定人者,亦可以任便不出场、不具结,而无法可施,似此拘于定章,公断处几等于虚设。而所谓和息讼者,亦徒托空言。盖当事人之理屈者,如不同意到场,则虽欲和解而无从和解,虽欲息讼而反以激讼也。且理直之一造,声请公断,原冀和解息事,以免讼累,乃至拖延时日,因彼造之不同意到场,而公断毫无结果,仍不免于起诉,是不特无裨于商,而反以滋累也。敝会意见,一造声请公断,他造非已向法院起诉,或在外央人和解者,必须到场。其业经同意者,至定期评议,非有特别障碍,必须到场,以杜理屈者之规避拖害。公断处对于证人、鉴定人,自不得有强制威吓之行为。而章则必订明证人、鉴定人有出场并于必要时具结之义务,以期证言之尽实,仅定之无虚,至公断不结之案,在外和解者,必须出具愿书,不许故抗公断既结之案,评定理屈者,必须照章征费,不许故违。若虑公断费用之多,自可将定率酌减,无须再征同意。致案结之后,区区公断费,使理屈者借以争论不休,其有一造声请公断,他造无故不同意,或无同意而后故不到场,或在外和息而不具原书,或评定理屈而不缴用费者,可依照公断处章程第十六条之规定,函请管辖法院,为之传催。夫如是而和解之方法可施,息讼之目的可达。况公断之后,当事人如不愿遵守仍可依公断处章程第十八条及办事细则第四十八条之规定,自由起诉。并非一经公断,即无法救济,则一造声请公断,纵限令他造必须同意到场,亦无弊害。以上所陈窒碍各节,曾函询京沪各商事公断处,接准函覆,均感困难。而天津总商会覆函内开,久欲组设公断处,因章程种种窒碍,迄今尚未得成立等语,足见前项章程,有必须修改之处,意见均属相同。再查商会公断处章程第八条,评议员调查员各于商会现任会员中互选之。第二项投票用无记名单记投票法,以得票满投票人总数三分之一者为当选。又办事细则第八条,前条之选举,若当选人不足额数时,应照章再选,以足额为止,如再选仍不足额时,得就票数较多者,按照所缺名额,加倍提出决选之各等语。此项选举,既规定用无记名单记投票法,则每票只记被选者一人姓名,而得票必须满投票人总数三分之一者为当选。则每次票选,即一票不散,亦只能投出当选者三人。况投票选举,断无一票不散,而得票者,均恰得总数三分之一之票之理,是虽经再选,当选者必不足六人,而公断处之组织,依章程第六条之规定,视事之繁简,设评议员九人至二十人,调查员二人至六人。就设额较少者而言,再选亦不能足额。若商务繁盛之处,设评议员二十人,调查员六人,经再选后,尚有大多数之缺额,以大多数之职员,依细则第八条之规定决选,未免与章程第八条规定当选人必得票满投票人总数三分之一之法意不符,且前后条文,语意亦不无抵触之处,似应予以修正。查公断处章程第三十七条,又办事细则第五十八条规定,此项章程细则,认为发生窒碍时,须经全国商会联合会呈请修正,现值大会开会之际,特提出议案,转请修改,俾免困难,是否有当,仍候公决。

(《新闻报》)

5.国币成色分量不一应请政府通筹根本办法并速饬币厂将轻质各币按例改铸任人兑换以维币政而重国信案(汉口总商会提出全国商联合之议案)

(1925年5月)

为提议事,查我国币制不能统一,最为商务之阻碍。自民三币模颁行以后,币厂固遵币制条例铸造,人民亦乐于需用,渐见盛行全国。所谓本洋、墨洋、港洋等外币,已在被逐之列,确为将来统一币制之基础也。无如年来国内币厂,时有办理不得其人,轻质减成之事,喧传耳鼓。去年幸将宁厂所铸主币,在沪化验,并无减轻成色情事,外人无可借口。然而皖厂所铸民八之一元国币,确为轻质,前年输入上海,当被拒绝。去年香港汇丰银行复得佛兰格林化验师于一千九百二十四年三月二十四日化验安徽造币厂民国八年字样银币之结果表记一份,交上海银行公会,证明其币制轻劣。兹照译录该表记如左:

译录佛兰格林化验师致香港汇丰银行函

敬启者,一九二四年三月二十四日交来银币,业已化验完毕。兹所得结果如下:

银币表记

有(安徽造币厂民国八年)字样

银币重量

格兰姆:二七、〇〇七二六、八六五二六、六九八

格林:四一六,八、四一四,六、四一二,〇(最少重量须格林四一四、五一七平均成色七九六、五)

最下成色须:八八七、三三

银币每枚之纯银重量

格兰姆:二一、五一一二一、四〇〇二一、二六五

格林:三三一、九五三三〇、二三二八、二

佛兰格林启:

上海银行公会以此表记报告全国银行公会第五届联合会议,当于民国十三年四月二十八日函致财政部。录其原函如左:

录全国银行公会联合会议致财政部函

敬启者,兹据上海银行公会代表声称,据香港汇丰银行交来佛兰克林化验师函称,一千九百二十四年三月二十四日交来银币,业已化验完毕,所得结果,银币表记有安徽造币厂民国八年等字样银币重量格兰姆二七、〇〇七又二六、八六五与二六、六九八银币,每枚之纯银重量格兰姆二一、五一一又二一、四〇〇与二一、二六五等语。谨按国币条例第二条规定,以库平纯银六钱四分八厘(即二十三格兰姆又九七七九五〇四八)为价格之标准,民国三年所铸改为六钱四分〇八毫(三三,九〇二四八〇八四八公分)等语,上项化验师所化安徽造币厂所铸之银币其纯银分量仅格兰姆二一、有零相差之数,殊非微弱,其为违犯国法,扰乱币制,无可讳言。查造币厂为大部直辖机关,鼓铸之币,是否合法,当有监督考核之专责。此次安徽造币厂竟铸不足法定成色之银币,流行长江各埠,为数已达巨万,贻害经济社会至为重大。外国银行尚以币制关系商务,不容坐视。本会议各代表受全国金融界之委托,集议都门。乃据此项报告,尤难含默,究竟大部如何处置该厂,及防止其轻质银币流弊之处,事关国法。用特函达,尚祈察核见示,毋任公盼。此致。

财政部、全国银行公会第五届联合会议启。

致函之外,复将维持办法条陈财政部。当蒙批准,正在令行各省严核主币成色之际,皖省

尚咨请鄂省填发运现护照百万，以济其铸本，而鄂省当局深明此中情形，当函嘱汉口总商会从详议复。汉口总商会即邀集银钱两公会联席会议，结果佥谓皖省民八轻币已在禁铸之列，万难再任装运现银出口，一面筹议抵制轻币入境及拒绝当地行用办法，详复在案。当时上海方面又发现国币中搀杂民八轻质者不少，复经华洋银行公会议决，对于此种轻币一体拒绝收用，为消极的抵制，并通告国内劝取同一办法。综观轻币发现市上以来，已有数年，铸者自铸，而禁者自禁；拒者自拒，而用者自用。痛政府威信之不行，慨商人心理之不同。因鉴将来币政愈紊乱，国信愈堕落，势必招外人借口，竟有乘机而夺我造币权之一日。至是而再求补救挽回之方，恐无济事。爰拟正本清源之法，为一劳永逸之计。试贡管见如下：

一、对于以后国币铸造及造币总分厂组织办法

（一）上海造币厂为全国造币总厂，应赶促成立，限期开铸；

（二）总分各厂准人民遵例自由铸造；

（三）分厂须完全归总厂管辖节制；

（四）铸币模型概由总厂颁发；

（五）币质之合料及化验概由总厂负完全责任；

（六）主辅各币均须遵照币制条例所定成色分量铸造，如有违反，按例治罪；

（七）总分各厂各设监查会，监查员由各该地商会、银行公会、钱业公会选举各该会会员充之，为铸币及厂务之监督；

（八）分厂限已设之，各省币厂改组不得再添。

二、对于现在轻币之取缔及改铸兑换办法

（一）轻币准人民随时送到造币厂改铸，不纳改铸费用；

（二）准各币厂所在地商会、银钱两公会派员检查铸模及化验其铸币之成色分量，其结果确有不合币制条例者，应即吊销铸模，严办经手人员，并令总厂未成立以前，不得开铸；

（三）委托中、交总分行，准许人民由自兑换。

以上所列于币制根本问题，及对于现在轻币办法，苟政府与人民一心一德合力进行，决可见有成效。故提出大会讨论，一俟议有头绪，应赶速推举代表，与财政部切实接洽，以期急进。盖整顿币政保持国信端在乎斯，幸毋再待。是否有当，谨候公决。

（《银行杂志》第 2 卷第 14 期）

6.国内保险事业应请合力提倡并请速呈政府赶将保险法规颁布施行以资遵照案（汉口总商会提出全国商联会之议案）

（1925 年 5 月）

为提议事，查国内保险事业为国人所经营者，现今虽有数家，而完全在本国政府注册立案者，只知永宁保险行一家而已，其他数家即以华商名义，亦在香港□□注册，完全适用外国法律，不属本国政府监督之下。一有危险发生，关系赔偿问题，动涉华洋，诉讼估不计被害者之利害，而如国家主之权何？当今日人口数率之增进，商货交易之繁盛，交通运输之便利，国人亦深知国家主权人民利害之关系重大。种种保险事业之急应筹办，徒以无一定法律可资遵守。倡而复止、办而复停者，比比皆是。如永宁保险行者，资本非不厚，信用非不著，终未见其事业之

进步，亦未见其有同业之兴起。此无他国人以保险法之未颁，信仰心之无从也。故一般外国公司，得以垄断其间。慨夫利权之损失，国权之旁落，敢请国人合力提倡，以资挽救，一面速呈政府颁布保险法规，以资遵守。是否有当，谨请公决。

（《银行杂志》第 2 卷第 14 期）

6 月

1.全国商联会第十二次会纪

（1925 年 6 月 5 日）

（尊庸）当散会时，适李财长代表泉币司长章某，应大会之要求出席说明整顿币制事项，在会未散者即改开谈话会欢迎，章述大意，谓李总长对于改革币，制久思竭力进行，只以今日外重内轻之政局，财部实等于各省军阀之账房，政令毫不能行，惟商人尚能统一，如此次商会开会，全国各省以及海外华侨俱到，可见商人团结之力，以此种力量来谋国家幸福与商人利益必可成功，故对于币制改革，深愿征集全国商会意见与政府共策进行，由王文典先表欢迎，次致答谢，并述此届开会各商会提出改革币制案，不下十余起，俱认币制不良，商人痛苦最大，惟改革办法，必须政府提倡，商会自当尽力协助，章谓改革二字，财部已坚决进行，惟具体办法因此事非常复杂，故尚未决定，商会有意见甚愿多多提出，财部如视为可行，无不尽量容纳，王文典谓紫铜进口一事，由汉口商会提出，业经大会议决，咨呈即日到部，请即提倡实行，章谓既是商会一致，容与总长商酌，当然可以顺从民意照办，并述私运钞票业经严令制止，财部已定专照，非领有此项专照者，即转口亦不准行，禁止私运钞票，财部总算办到，惟江浙商家以丝茧上市，又来电谓手续太繁，颇感不便，此亦实情，但财部对于正当商家运钞，并不禁止，惟多一领照之烦，若为一部分商家便利免除此种手续，则禁运私钞之令，效果又等于零，故只好请一部分商家顾全大局，勿仅顾手续一时之便，尚望便中多为财部解释，又谓俄国曾有通令，禁止外币进口，我国从前受俄卢布损失，现在正争赔偿，甚防俄币再在我国流通，财部已援俄国先例，亦禁俄币入口，业由税务局令各海关遵照，并由外交部照会俄使，俄使以自国既禁外币入口，我系援彼之例，无可辩驳，心虽不愿，但卒不能不承认，至对整顿币制具体办法，章意尚须征集各方意见，尤注重在与商会协商，期在能于实际推行，不徒在一纸命令，各代表认为满意，谈至七时始散。商联会今日下午接穆湘玥自郑州豫丰纱厂来函，略云京汉货车窒滞已久，社会困苦不堪言状，京汉第一段车应装盐煤，而久未南下，故彰德以南一带及扬子江流域，素所仰给之地，均缺盐煤，第二、三段间有北上货车，卸货以后不令南下，以致运货车辆逐渐缺乏，各大站货积如山，诸商民诉苦无地，湘玥等现为维持民食疏通商运计，组织郑州商务运输协进会，并切望各地实业界，群起呼吁，以解倒悬，俾全国商运迅复原状，可否就近派员与交部及京汉局长接洽，并询问以何因缘，北上货车不放南下，致妨商运，借重鼎言。用慰霓望等语，闻王文典等拟明日在大会提出紧急动议，筹商援助办法。（五月二十八日）

（《申报》）

2.严重抗议沪案

(1925 年 6 月 6 日)

汉口电　汉商会支(四日)电段及外部,请严重抗议沪案,据理力争,周星棠另电虞和德,询沪案交涉近况,表示一致援助,外委会支开会,到二十余团体,代表四十余人,决召集国民大会,先设筹备处于外委会,并推二十余代表分赴各团接洽,省教育会通知各校,推教职员一人、学生二人,于微(五日)晨到会,商援沪案。萧支(四日)午后一时,召范教厅长及各校长到署会议,谓愿负责明日即电请政府与英日公使严重交涉,各校长亦应负责劝导学生上课,校长等以事关等学生生全体,不敢轻诺,惟允于今日在省教育会开会协商。(以上五日下午六钟)

(《申报》)

3.武汉市民有决死心,汉口商会之奋起

(1925 年 6 月 7 日)

(本报五夜汉口专电)武昌学生支(四日)大游行,分四组,湘籍学生坚持全队渡汉游行,范(鸿泰)教厅长劝阻不听,谓非多死人不能醒社会迷梦,湘生愿列前导,并书“誓死”二字,示决心,范恐蹈沪覆辙,泣劝乃已。

(本报五夜汉口专电)萧(耀南)支(四日)召范(鸿泰)教厅长各校长会议,谓即电请政府与英日严重交涉,请劝导学生上课,校长等允微(五日)在省教育会开校长会协商。

(本报五夜汉口专电)汉商会支(四日)电京请严重抗议沪案,周星棠另电虞和德询沪案交涉近况,表示援助。

(本报五夜汉口专电)外交委员会支(四日)议开国民大会,先设筹备处,推代表廿余人,分向各国接洽。

(本报五夜汉口专电)汉领团欲令海军登陆,以某领反对始罢。

(《晨报》)

4.武汉各界援助沪案之热烈(萧萧)

(1925 年 6 月 9 日)

武汉各界援助沪案情形,已纪前报,日来,进行益为积极,兹续纪其情形如次,团体方面:(一)省议会三日大会,有熊议员维黑临时动议,讨论沪案,结果决电请政府与使团严重交涉,并电各省议会一致援助,咨请省当局维持地方秩序,函教厅转知各校劝导学生,勿为越轨动作,通函各法团联合援助,已令秘书厅拟稿,分别送出;(二)外交委员会四日召集紧急会议,到二十余团体,代表四十余人,决定召集国民大会,先设筹备处于委员会,到会代表皆为发起人,另推二十代表,分向全省商联会、武汉商会、各团联合会、银行公会、业主会等团体接洽,并定每晚开一次常会,筹备一切;(三)汉商会昨经帮董会议,决定致电段执政及外交部,请严重抗议沪案,据理力争,以顺舆情而崇国体,又另由商会长周星棠以私人名义致电虞和德,请将交涉近况随时电示,以便一致援助;(四)省教育会三日亦开评干联席会议,决定于武汉各团体一致援

助，并电京请向英日公使严重交涉。此外，如反帝国大联盟及湖北青年团体联合会等连日均有会议，讨论援助此案。

（《申报》）

5.讨论援助沪案
（1925年6月10日）

汉口电　省议会、农会、教育会、武汉商会、律师公会、学联会、教职联会定灰（十日）在省议会开第一次联席大会，各推四代表列席讨论援助沪案。（以上九日下午七钟）

（《申报》）

6.武汉商学一致奋起，学界连日游行讲演，商界实行经济绝交
（1925年6月12日）

（本报十夜汉口专电）萧（耀南）佳电段（琪瑞）沈（瑞麟）报告学界佳（九日）游行请愿七条，请速裁夺。学界后援会灰（十日）电沪团体报告鄂学界连日游行演讲情形，请坚持勿懈，各法团联席会议灰（十日）不及召集，改文（十二日）举行。

（本报十夜汉口专电）汉口十余团体佳（九日）开联席会议，决开国民大会，推代表向各团接洽，武昌商店实行英日经济绝交，均贴不用英日钞票及货物字样。

（《晨报》）

7.武昌商界之游行示威
（1925年6月13日）

状颇严肃，亦至沉痛

汉口特约通信，武昌商界，八日游行，状颇严肃，亦至沉痛，兹将是日情形录下，晨十时，各帮在总商会内集齐，散布前后花厅。首由商会发出启事云，敬告各帮游行诸位先生，游行道途，整齐严肃，维持秩序，切勿疏忽，致贻笑外人。此为商界人格关系，非常重要，各帮帮董纠察各帮员，负完全责任，是为盼祷，武昌总商会启。次布游行路程云，八日游行路程，由本会出发走长街，转察院坡，上抚院街，下三道街，经横街头，至府街口走得胜桥，出武胜门，由簸橘街到筷子街，顺江干，从制麻纱布局，进武昌门，转豹头街堤，过督军署，折至正街，回本会散队。武昌商会布，迨出发时，开一临时会议，推左仁亲主席，左当报告游行宗旨，最后宣布进行条规。（一）严守秩序；（二）态度和平；（三）勿吸香烟；（四）勿事喧笑。且谓商界亦国民之一，爱国热忱，何后与人，今此游行，表示示威，特爱国运动之起点，以后运动，自当努力，经济绝交，提倡国货，此为唯一宗旨，望诸君谨志勿忘，言毕。并嘱各帮归各帮整队，遂出发，人手一旗，标帜不一，喝语不齐，惟衣帮旗帜，系用五色绸缎制成，老万年银楼用白粉布制有一牌坊，中悬匾额云“同胞快醒”，两旁联云“卫国卫家卫同胞，御侮御敝御野蛮”，计游行帮数共十八帮，约六千余人，袜帮二百余人，钱帮一百八十余人，金帮一百六十余人，米帮二百二十余人，土果帮二百余人，劝业场三百四十余人，棉业公会一百六十余人，洋广货帮一百余人，匹头公会二百余人，煤

油公会一百五十余人，炭帮一百余人，面帮八十余人，模范大工厂二百六十余人，药材帮二百余人，嫁货帮一百余人，其后沿途加入者，如杂货帮，转运公会，书业帮，第一纱厂，为数不少。行至司门口，遂改订路程，由察院坡，经抚院街，过三道街，至横街头，转粮道街，出四衙巷，折东巷棚，过青石桥，经户部巷，出汉阳门，进文昌门，始照原定路线游行，直至二时，至商会内，稍事休息。始各徒手纷纷散去，是日秩序整肃，当游行所至，旗帜招展，掌声雷动，爆竹喧天，其队前队、尾队旁均有军警随同维持，而各校演讲团与各校门首，莫不大书特书欢迎商界游行云。（九日发十二日到）

（《益世报》）

8.鄂省援助沪案之进行（召）

（1925 年 6 月 13 日）

商界大游行为罢市之初步，学界又商定进行办法。

湖北教育界援助沪案激昂各情形，迭志本报，各校自本月二日午后起，迄今已七日之久，仍在停课之中，各学生每日分组游行及演讲，并举行各项会议，前日（六日）上午十时，武汉学生联合各校代表在商大开紧急会议，其议决事项：（一）街上发现下等社会人不规则行动，应急速纠正；（二）外人所办之文华大学及博文博学书院学生，连日纷纷退学，应根据上次议决，实行援助；（三）报告代表往谒萧督情形；（四）各校学生于次日上午四时全体出发请求商家罢市，武昌总商会代表因请求罢市问题，特于是夜十时与学生联合会代表及学界外交后援会代表，仍在商大开联席大会议，商会代表吴干丞等八人谓罢市固赞成。但近日米价奇昂，似宜缓罢，应分两种步骤，先举行商界大游行，并邀约各界加入作大规模之运动，如仍不得要领，然后罢市，学联代表许鸿等原不赞成，经学界外交后援会代表褚汇宗等调停，遂定于今日（八日）举行商界大游行，萧督闻知此信，于昨日（七日）午后三时特邀武汉地方军警长官，武昌商会长左仁亲，汉口商会长周星棠，会议维持市面方法，力劝静待，解决切勿操切，当议决如下：（一）增加军警游行组数队，轮班巡查（连日如司门口、长街察院坡等闹市，每百步远即有军警一二十人，情形颇觉严重）；（二）各教会及教会附设学校并侨民寓所，一律添派警卫；（三）增加双岗；（四）对于外人外出，均以警察随行；（五）侦查匪类，免造谣生事；（六）散发印刷品，不过为过激之宣传，并劝商界游行须守秩序。昨夜武昌商会即传知各商家准备旗帜，并于是日实行与英日两国，首先经济绝交，今日午时各商家纷纷至商会齐集，十二时半由商会出发，首由会长左仁亲执大旗，次会董吴干丞等四十人，次各帮董二百余人，再次各帮商家，每帮均有大旗，凡百余帮，每帮人数不等，共约二千数人，每人均执小旗，每帮又有横匾，间有书写长联者，旗有绸、有布、有纸，形形色色，长列数里，颇为严肃整齐，从商会起，经过长街司门口、察院坡抚院街三道街横街头府街武胜门正街，出城绕箍桶街、筷子街、汉阳门、平署门、文昌门，进望山门，返商会，路计长三十余里，返商会时，已午后四时矣，商会既于前夜决定大游行，本日早九点钟，学界外交后援会，在省教育开会，亦决定继商界举行学界大游行，其议决办法如下：（一）日期定为明日。（二）明日上午九时，在公共运动场集合。（三）各校教职员学生，全体加入。（四）先到督省两署请愿，对于沪案务须充分援助，其请愿项目凡八，（甲）惩办凶手；（乙）赔偿死者伤者家族生活费；（丙）取消会审公廨；（丁）取消领事裁判权；（戊）向我道歉；（已）取消码头捐；（庚）取消印刷附律;(辛)电告上海军队严重保护。(五)请愿书推宁伯青王仲友起草。(六)推陈希贤、萧复初到汉口、汉阳各校接洽,各就本地游行。(七)否认官厅提前放假,议毕散会时,适值武昌商会游行经过,各校门面,多有“欢迎商界大游行”字样,情形激昂,于此亦可见一斑矣。(六月八日)

(《申报》)

9.各界援助汉口惨案

(1925年6月14日)

爱多亚路商会电　汉口商会、学生会、转各团体鉴,沪埠惨波未平,贵处格杀又起,恶耗传来,群愤愈激,如此忍心残酷,举世罕见,暴戾凶恶,莫此为甚,草菅吾民,国体奚存,此而不争,宁有噍类,此间众志越坚,迅望一致对付,临颖不胜涕泣之至,爱多亚路商界联合会会长鲁廷建等挥泪叩。

汉口路商联会致武昌电　武昌萧督办汉口交涉员钧鉴,闻汉口于尤日又发生英捕枪杀华人多命,海军登岸助虐,噩耗传来,曷胜愤痛,沪案未了,汉案复起,其为蔑视华人,蓄意挑衅已达于极点,哀我华裔,讵能甘此奇辱,务恳钧座严厉力争,毋稍顾虑,我国人宁为玉碎,不愿瓦全,誓竭死力以作后盾,上海汉口路商联会叩文。

沪西商联会致汉口商会电　沪西四路商联会致汉口电云,汉口总商会交涉员钧鉴,沪案未了,汉埠英捕复击死同胞多人,务望毅然力争,不达最后目的不止,以争国格而平民愤,敝会誓为后盾,沪西四路商界联合会叩元。

(《申报》)

10.武昌商人游行示威,参加者四十余帮,商会长亲执大旗

(1925年6月14日)

(武昌特约通信员了因)此次武昌商人对于沪案,敌忾同仇,自动发起商界大游行示威,并实行与英日经济绝交,八日即为大游行之期。先期由武昌总商会,发出通电,每商店至少须派代表四人预会,并用白布大书通启,张贴商会门首,及司门口照壁。惟于罢市一层,以日来正值米荒不顾孟怀从事。是日上午十时,各帮商人,纷纷向兰陵街。

商会集合计有:首饰本帮四十人,又外帮三十人,钱帮三十六人,土果帮五十六人,布帮八十三人,砖瓦帮五十二人,油帮四十七人,棉花帮四十五人,广货帮四十八人,杂货帮五十人,嫁货帮二十二人,丝线帮五十六人,肉帮四十人,石灰帮三十二人,纸帮五十八人,鞋帮四十六人,草帽帮五十人,烟帮四十七人,炭帮四十七人,煤油帮五十六人,袜帮七十五人,药材帮九十五人,米帮八十六人,猪行帮三十四人,木帮九十人,海味帮三十八人,帽帮六十六人,机器米帮五十人,鞭炮帮百零五人,匹头帮九十六人,车帮百二十人,武昌劝业场全体商人四百余人,其他未及签名,无从查考者尚多。首由商会发出通启云:敬告各帮游行诸位先生,游行道途,须整齐严肃,维持秩序,切勿疏忽。此为商界人格关系,非常重要。各帮帮董纠察各帮员,负完全责任,是为盼祷云云。旋又布告游行路程云:本会出发走长街,转察院坡,上抚院街,下三道街,经

横街头，至府街口，走得胜桥，出武胜门，由种橘街到筷子街，顺江干，从制麻纱布局，进武昌门，转豹头街堤，过督军署，折至正街，回本会散队云。各帮遂于十二时整队出发。当出发时，左仁亲会长当众演说，略谓：今天我们商界举行大游行，是对于沪案一种援助之表示。今天游行以后，更望各帮，无形与英日经济绝交，不达到圆满解决之目的不止，云云。词气悲壮，闻者咸泣，遂出发，武装军备，维持秩序。各商人均手执小旗，上书“不用英日钞票”“不买英日货物”“打倒帝国主义”“收回租界”等语。商会会长左仁亲并亲执大旗，上书“商界援助沪案对英日经济绝交”字样，为之前导。所过处爆竹之声不绝于耳。其传单云：沪上学生惨遭杀戮，辱国丧权，愤慨同声。本会开会议决，一致援助。除电中央严重抗议并电沪会外，抱决定后援宗旨。敬祈各界同胞坚持到底，以雪国耻，而保主权。(一)援助沪案，断绝英日经济。(一)亲善疾恶，分别友人敌人。(一)固结团体，联合各界一致。(一)保守秩序，莫为轨外暴动。(一)从长计议，共谋对付办法。(一)坚持到底，不作自杀政策云云。游行既毕，归至商会散队。已六时矣。

(《晨报》)

11.关于汉口惨案之来往电

(1925 年 6 月 15 日)

工商互助会致汉口商会电　工商互助会，昨致汉口总商会电云，沪案发生，全国慨愤，乃汉口又发生枪杀同胞，殊属令人发指，务恳详示惨情及死伤人数，俾一并提出抗议，敝会愿作后盾，工商互助会叩□。

(《申报》)

12.汉商会各团联会十二均开会对汉案请当局交涉

(1925 年 6 月 15 日)

汉口电　汉商会各团联会十二均开会，对汉案决请当局交涉，先复租界交通，撤退各国义勇队，并请军警负责维持中外治安。

汉口电　武汉各法团，文(十二)在省教育会开第一次联席大会，列席有省议会、教育会、农会、律师公会、武汉两商会、各团联会八团体，代表三十余人，旋商决准许学联会推四代表出席，众对英领调军激成事变颇愤慨，决由各法团联电中央及各界宣布汉案真相，请一致抗争，并组各法团外交后援会，定元(十三)在省议会开二次会议，通过简章及通电。

(《申报》)

13.莫日货以后下等办法

(1925 年 6 月 15 日)

总商会及各商会请劝告各商店，对于囤货价格，不可陡涨牟利；(四)函浙西水利议会事，请推派代表，复临安沪案后援会，为推举代表接洽事；(五)函请拱埠城北商会，沪案发生，已逾两周，何以绝无表示，且不加入本会之原因；(六)急电汉口商会询租界英水手枪杀市民原因，借谋一致对付；(七)电沪总商会征汉案交涉意见，公团联合会第二组委员会系专办冯氏离校女生善后事宜，委员王璧华女士对于极贫苦之六女生，不主张由公团联合会集资数千元，为六女生学膳之需，十四日特提出意见，商由教育会长李杰及公团联合会主任，向教育厅请愿，将该六女生分配省立各女校，而免其学膳费，至日常生活仍由委员会负完全责任。

宁波外交后援会，十二日下午在后乐园开第九次委员会，由主席王思成报告开会宗旨，并欢迎新委员赵钵尼、袁端甫、张葆灵等到会，次报告上海旅沪同乡会□□琴君来函，谓第一批捐款六千六百元，已转缴商会，并附上海总商会收据，次汪子望、金臻庠提议案二件通过，由本会建议于沪杭汉各公团，中等学校教员联合会昨开第二次委员会，讨论宣传方法，议决：(一)持久的出外宣传由各校替换行之；(二)由各校教员供给宣传资料，次议甬江女校学生，此次对于五卅案运动宣传，非常热心，而该校校长提早放假，公决责成该校教员发信致出校学生照常回校，以期与本会一致。

(《申报》)

14.江浙各界电

(1925年6月16日)

江苏商专学生会致汉口电　汉口商会学生会鉴，贵地又演惨剧，同伸悲愤，特此电慰，并希努力。上海江苏公立商专学生会叩删。

南京机器业代表沈炳南等代电　各报馆均鉴，上海于五卅、六一两次惨剧，皆英人蔑视公理，只恃强权所演成，今幸我国上下觉悟，一致抵抗，务达圆满目的而后已，我宁垣机器业工全体愿为后盾，谨先电达南京机器业代表沈炳南、边凤祥、郗定万率全体工人泣叩。

(《申报》)

15.汉口租界惨杀案续纪(萧萧)

(1925年6月18日)

武汉各法团正午在省教育会开第一次联席大会，到者省议会、省教育会、省农会、武汉两商会、武律师公会、教职员联合会、汉口各团联合会、学生联全会等九团体代表三十六人，公推省议会代表丁荣学主席，由省教育会代表任松如报告汉口英租界惨杀华人情形，大众甚为愤慨，决将汉案情形通电全国，请一至抗争，并组各法团外交后援会，以谋沪汉两案之正当解决，准于今日(十三)在省议会开第二次联席大会，通过后援会简章与通电，汉口商会与汉口各团联合会昨午亦各开紧急会议，大致对于汉案均主张请省当局严重向英领交涉，而目前则须请当局交涉，先将租界外兵撤退，恢复租界交通，以免种种谣诼，同时函请军警注意武汉地方治安，汉口各团体外交后援会昨亦召集四十余团体代表八十六人，开联席会议，决对汉案通电全国，宣布英日帝国主义者残杀华人之惨酷情形，并推定委员二十三人组织国民大会筹备会，定于十四日在三星街宁波公学侧开国民大会，讨论应付沪汉两案办法，省议会昨午开会，亦决推十二代表偕同三议长。于晚间谒萧询问汉案真相及政府交涉近况。

(《申报》)

16.援助沪工人

(1925 年 6 月 21 日)

汉口电　汉商会皓(十九)开会,决不罢市,惟以经济力援助沪工人,至少须募助三五万元,由各帮自由认款。

(《申报》)

17.汉商会募款援沪

(1925 年 6 月 22 日)

(本报二十日下午七时三十分汉口专电)汉商会皓(十九日)决由商会募款三五万元,援助沪工。

(《晨报》)

18.沪汉案救济会成立

(1925 年 6 月 23 日)

汉口电　沪汉案救济会马(二十一)在汉商会开成立会,捐款二万余元,推吕超伯正主任,理事周星棠、吴干丞、副陈时、郑爕卿等二十一人常任理事,各督办厅道处长、机关领袖均名誉理事长。

(《申报》)

19.江浙各界对于沪案之援助

(1925 年 6 月 26 日)

镇江外交后援会,昨日(二十四)午后三时在万寿宫开紧急会议,由杨植之主席先报告和兴煤号运卖日煤及议决罚款经过情形,嗣即公推代表接洽该项罚款,尽本月三十日以内,令该号将罚款二万元完全交出,至于罚款用途则由公众讨论,后经多数决定,充作建筑公共演讲厅之用,并公举筹备委员七人,筹备该项进行,旋即散会,今早后援会所设之援工委员团,因江边驳运工人等罢工已有数日,急须接济,特在该会发款,每名工人先给洋四角,以后每天二角,又后援会因汉口又发生惨案,应一致声援,昨特致函汉口商会表示,誓为后盾并询真相,又学生联合会于昨日上午十时召集大会,兹将其议决案录下:(一)提议和兴之罚款二万元,限一星期内募缴,存款何处,和兴不能干预,如过期不缴,本会自有对付方法,通过;(二)提议抵货方法,当即推定稽查员十二人分至车站轮埠等处担任职务,通过;(三)提议学生联合会在暑假期内如发生重大事情,即请本埠假期内回镇学生,帮助办事,通过;(四)提议问上海学联会对于沪宁路代表孙伯池等报告有疑问地方,议决由文牍函问;(五)提议援工团发给罢工工资,请暂拨和兴之七百元罚款权为接济,通过;(六)举卢兆祺、陈越、余乃成等三人,代表纠察援工团发给工人款项;(七)提议发给职员□□,通过;(八)提议召集商会、县议会、市议会、市董会、商团五团体代表开谈话会,通过后即散会。又镇江英租界工部局,因今日(二十五)为旧历端阳节,深恐有工人等至租界江边游看龙船,特将各□□关闭,请军队驻守与华界断绝交通,以免再生事变。

(《申报》)

20.武汉商店节筵助工人

(1925年6月28日)

廿六日汉口电　武汉各商店废端节日筵宴,即以筵费助沪工人。

(《民国日报》)

21.商会对英日经济绝交

(1925年6月29日)

汉口电　武汉商会将对英日经济绝交办法,送交法团外援会核议,俟决定后即通知各商实行,并定悬绝交旗帜三日,以示坚决。(以上二十七一下午八钟)

汉口电　省议会、汉商会感(二十七)均开会,以萧请缓演讲游行,议决从缓,各法团外援会感午后三时开会,讨论此案,省议会特推刘、李两副议长到会报告,学联会、省教育会代表主张依原议进行,律师会代表主张推代表赴军署质问,结果,推宁柏清等五人偕刘、李两议长谒萧,询问交涉顺利情形,俭(二十八)午再开会决定。

汉口电　沪汉案救济会成立后,银公会捐万元汇沪,三千五百元交汉商会。

(《申报》)

22.汉商会对币制及票据法之意见

(1925年6月)

提出议案于全国商联会

汉口总商会以我国币制亟须整顿,票据法规亟宜颁行,特于第五次全国商联会中提出议案,表示意见。兹录其原案如下。

第一,国币成色分量不一,应请政府通筹根本办法,并速饬币厂将轻质各币按例改铸,任人兑换以维币政而重国信案。

查我国币制,不能统一,最为商务之阻碍。自民三币模颁行以后,币厂固遵币制条例铸造,人民亦乐于需用,渐见盛行全国。所谓本洋、墨洋、港洋等外币,已在被逐之列,确为将来统一币制之基础也。无如年来国内币厂,时有办理不得其人、轻质减成之事,喧传耳鼓。去年幸将宁厂所铸主币,在沪化验,并无减轻成色情事,外人无可借口。然而皖厂所铸民八之一元国币,确为轻质。前年输入上海,当被拒绝。去年香港汇丰银行复得佛兰格林化验师于一千九百二十四年三月二十四日,化验安徽造币厂民国八年字样银币之结果表记一份,交上海银行公会,证明其币质轻劣。上海银行公会以此表记报告全国银行公会第五届联合会议,当于民国十三年四月二十八日函致财政部,录其原函如左。

敬启者:兹据上海银行公会代表声称,据香港汇丰银行交来佛兰克林化验师函称,一千九百二十四年三月二十四日交来银币，业已化验完毕，所得结果，银币表记有安徽造币厂民国八年等字样银币，重量格兰姆二七·〇〇七、又二六·八六五、与二六·六九八，银币每枚之纯银重量格兰姆二一·五一、一又二一·四〇〇、与二一·二六五等语。谨按国币条例第二条规定以库平纯银六钱四分八厘（即二十三格兰姆又九七七九五〇四八）为价格之标准，民国三年所铸改为六钱四分〇八毫（三三·九〇二四八〇八四八公分）为价格标准等语。上项化验师所化安徽造币厂所铸之银币，其纯银分量，仅格兰姆二一有零，相差之数，殊非微弱，其为违犯国法，扰乱币制，无可讳言。查造币厂为大部直辖机关，鼓铸之币，是否合法，当有监督考核之专责。此次安徽造币厂竟铸不足法定成色之银币，流行长江各埠，为数已达巨万，贻害经济社会，至为重大。外国银行尚以币制关系商务，不容坐视。本会议各代表受全国金融界之委托，集议都门。乃据此项报告，尤难缄默，究竟大部如何处置该厂，及防止其轻质银币流弊之处，事关国法。用特函达，尚祈察核见示，毋任公盼。此致财政部、全国银行公会等五届联合会谨启。

致函之外，复将维持办法条陈财政部。当蒙批准正在令行各省严核主币成色之际，皖省尚咨请鄂省填发运现护照百万，以济其铸本，而鄂省当局深明此中情形，当函嘱汉口总商会从详议复。汉口总商会即邀集银钱两公会联席会议，结果佥谓皖省民八轻币已在禁铸之列，万难再任装运现银出口，一面筹议抵制轻币入境，及拒绝当地行用办法，详复在案。当时上海方面又发现国币中搀杂民八轻质者不少，复经华洋银行公会议决，对于此种轻币，一体拒绝收用，为消极的抵制，并通告国内，劝取同一办法。综观轻币发现市上以来，已有数年，铸者自铸，而禁者自禁；拒者自拒，而用者自用。痛政府威信之不行，慨商人心理之不同。因将来币政愈紊乱，国信愈堕落，势必招外人借口，竟有乘机而夺我造币权之一日。至是而再求补救挽回之方，恐无济事。爰拟正本清源之法，为一劳永逸之计。试贡管见如下：

甲、对于以后国币铸造及造币总分厂组织办法

（一）上海造币厂为全国造币总厂，应赶促成立，限期开铸。

（二）总、分各厂准人民遵例自由铸造。

（三）分厂须完全归总厂管辖节制。

（四）铸币模型概由总厂领发。

（五）币质之合料及化验，概由总厂负完全责任。

（六）主、辅各币均须遵照币制条例所定成色分量铸造，如有违反，按例治罪。

（七）总、分各厂各设监查员，监查员由各该地商会、银行公会、钱业公会选举各该会会员充之，为铸币及厂务之监督。

（八）分厂限已设之各省币厂改组，不得再添。

乙、对于现在轻币之取缔及改铸兑换办法

（一）轻币准人民随时送到造币厂改铸，不纳改铸费用。

（二）准各币厂所在地商会银钱两公会派员检查铸模，及化验其铸币之成色分量，其结果确有不合币制条例者，应即吊销铸模，严办经手人员，并令总厂未成立以前，不得开铸。

（三）委托中、交总分行准许人民自由兑换。

以上所列，于币制根本问题，及对于现在轻币办法，苟政府与人民一心一德，合力进行，决可见有成效。故提出大会讨论，一俟议有头绪，应赶速推举代表与财政部切实接洽，以期急进。盖整顿币政保持国信，端在乎斯，幸毋再待云。

第二，票据为执行债权履行债务之凭证关系贷借行为应请政府速行厘定票据法规并公布施行以资人民遵守案。

为提议事，查政府起草票据法，于前清末叶，业已着手，民国以后，法律编纂馆之对票据法，亦甚注意，而迄未见成立草案。以现在世界交通之便，经济状态之繁，债权债务行为，益形复杂，则票据法之颁行，尤为当今要举，使人民有一定成法可以遵守，即不为防御欺诈盗骗，而受授手续，亦应精密，贷借计算，亦需根据。凡关于票据之出票人、抬头人、付款人以及票据形式、文字、签章，并辗转相让之背书义务、付款时效等等，均应列以专条。万难徒事习惯，勉强通融，致招弊窦而蒙损失。当今日人心不古，变幻莫测，以立法之严，尚有尝试者。故上海总商会于前年曾有研究票据法之举，上海银行公会亦相应作票据之研究，政府复派员专事调查各地票据习惯及形式文字，以备参考。又逾二年之久，未闻有票据法草案之成立，颁行更无确信。外人尚有创议国际票据法规，以应世界经济之适用，岂我一国之内，习惯长存，将永无成立法律之希望欤？夫国之立法也，揆乎情度乎理，归纳其各不相谋之点而折中之，决无抹煞一概习惯，而厘定无谓条文，强使人民遵守之理；况票据法尤与习惯接近，此事全在政府调查票据习惯之周详，无须有长时间之研究，一旦颁行，间或有确难实行之条，尽可修定。如求进一步办法，先将起草条文，送达各省区议会商会，征询意见，限期答复，然后集合其不同之点，而加以折中修证，再提国会通过，庶完成一种法律，公布施行，决不致再有多大之隔阂。试以公司条例相比拟，当颁行之初，人民似觉条例太苛，手续繁重，而渐行至今，转觉非遵照条例办理不可。票据法亦何独不然，初次颁行，必觉细琐可厌，而日久遵奉，其利自现。在我商人，贷借关系上，于票据授受尤为重要，应请政府将票据法限期颁布，所以资人民之遵守，而保交易之安全。是否有当，谨候公决。

（《钱业月报》第5卷特刊号）

7月

1.武汉大游行讲演仍决实行（湘雅）

（1925年7月1日）

武汉各公团决定二十八、二十九、三十三日举行游街演讲，省议会议员皆愿亲自出马，萧耀南得信，覆以“暂缓举行”，惟法团多数主张仍依照原议，游行讲演，并于二十七日午后三时假省议会再开各法团外交后援会第五次会议讨论进行方法，如何决定，刻尚未悉也。湖北外交后援会通函：径启者，本会于六月二十二日开会，讨论抗争汉案与英经济绝交一案，决定夏历五月某日由各法团派员分赴武汉各地演讲，九日上午七时齐集省议会，八时出发，由武昌游行起，至汉口商会止，以表示民气，并请各法团自备徽章佩带，所有应用白色纸旗，亦同各等语，相应函达，请烦查照办理为盼，附抄游行旗式七项：（抗争汉案与英经济绝交）横式旗一方，（一）本案调集军队系英领事，开枪系英海军舰长，实施枪击系陆战队及义勇队，均应请英政府分别撤惩；（二）停泊汉口之英国舰，应一律退出境外；（三）收回汉口英租界；（四）所有本案之伤亡抚恤以及因本案所受之损失应由英政府分别赔偿;(五)英政府向我政府道歉;(六)废止中英间缔结之一切不平等协约。以上六项均用斜角小旗。

(《申报》)

2.鄂商实行对英绝交

(1925 年 7 月 3 日)

(本报二日汉口专电)鄂商联会电各县商会,实行对英经济绝交,不购英货,不用英钞,不乘英轮,不受英雇,不与英人往来。

(《晨报》)

3.武汉各法团示威大运动(萧萧)

(1925 年 7 月 4 日)

武汉各法团外交后援会为表示鄂人对于沪汉案之愤慨起见,日前议决于二十八、二十九、三十等日举行大规模示威运动,分日游行演讲,旋因萧督办覆函劝阻,致未克如期举行,二十八日该会开第六次会议时,众以游行演讲,为本会所议决,为欲维持本会各法团及湖北全省人格,万难以官厅一纸命令遽尔中止,且本会为各法团所组织,亦不应受官厅之干涉,惟以时期迫促,决于三十日举行大示威,先开大会,继游行,后演讲,汉口华洋杂处,恐滋误会,仅就武昌举行,遂由该会临时通告各团体,请其届时参加,今日(三十)午前七时,各团体代表及各界纷纷至省议会前阅马厂集合,计到有省议会全体议员百余人,武昌商会千五百余人,汉口商会代表百余人,武汉律师公会二百余人,省教育会五百余人,省农会三百余人,学生联合会除代表百余人外尚有武汉各学校学生六千余人,又武昌善社联合会三百余人,湖北新闻记者外交后援会五十余人,其余团体未及签名者尚多,而市民以个人资格加入者更接踵而至,共计总数当在六万人以上,各团代表均佩有本团徽章,并执有“抗争汉案,对英经济绝交”“援助沪粤,努力奋斗”横式旗帜两面,每人尚携有小旗一面,上书惩办英人凶手,赔偿死伤损失,撤退英国军舰,解散英义勇队,收回英租界,废除不平等条约,种种警语,均在阅马厂草场席地而坐,秩序整齐严肃,毫无喧哗紊乱之状。

(《申报》)

4.各银行本年上半年盈余之调查

(1925 年 7 月 5 日)

由阳历十四年一月一日起至十四年六月三十日为止,系各银行上半年结束之期间,二日银团各正式宣布营业之盈余数目。兹将华商各银行盈余额报告于下:

中国兴业七万元,浙江兴业三万元,浙江实业五万五千元,中国银行十二万元,交通银行十二万元,大陆六万元,上海六万五千元,懋业三万元,大成三万元,中孚二万元,棉业四万元,工商一万元,中南七万元,金城九万元,盐业六万元,农商二万元,广东五万元,华丰二万元,四行仓库六万五千元。信丙

(《汉口新闻报》)

5.(武昌)商会长呈请备案
(1925 年 7 月 10 日)

武昌总商会第一届职员任满,曾于六月十六日依法改选正会长吴干丞,副会长周小泉。

业志前报。六月二十八日,吴正会长、周副会长接准前副会长交到武昌总商会关防一颗,并文卷、簿记等项,即于是日就职任事。昨吴等以《商会法办事细则》第六条开载,应于就职后将就职日期呈请查核备案,并予转咨云。鄂丙

(《汉口新闻报》)

6.商会维护民食之要电
(1925 年 7 月 10 日)

汉口总商会因汉市米商各商在苏所购米石,每以江轮由泸过□□□□位,未能即时维护,以济民众,人□□□□□□□□请多设舱位,通□□米□汉□司□业同时另电三北宁绍两公司为同□一,请求报电并录如次:

总商会庚电　上海招商总局傅总办□□汉市米慌全资购运现米,商派人赴苏州采办三万包。闻贵局上水轮经过,未载米石有稽时日,县请饬知上水江轮每只多留数千石,舱位到无准。由汉商装米运汉,以济民食,迫切盼复。汉总商会庚

周星棠庚电　上海总商会虞洽兄鉴,汉市米慌,各商均派人赴苏采办,急待接济,应请饬知三北、宁绍两公司上水轮船过苏多留舱位,准由汉商装米到汉,以维民食,深级舟谊。弟星棠庚。国乙

(《汉口新闻报》)

7.举行追悼汉案大会
(1925 年 7 月 11 日)

汉口电　汉商会、学联会均议决真(十一)举行追悼汉案大会,汉在总商会,武在公共体育场举行,商界悬旗志哀,实行经济绝交。

汉口电　工学联合会决组临时执行委员会,推委员十三人,互推五人为常务委员,对汉案进行议,决组废约同盟参加武汉实际爱国运动。

(《申报》)

8.援助汉案紧急会
(1925 年 7 月 12 日)

汉口电　汉商会佳(九日)开全体帮董援助汉案紧急会,决专对英经济绝交。

汉口电　武公共体育场汉商会,真(十一)各开追悼汉案大会,午前九时至午后四时,各界陆续致祭,团体下半旗志哀,商店均悬对英经济绝交白旗,武昌并用白布书对英各标语,

分给佩带。

（《申报》）

9.汉商对英经济绝交，汉总商会报告政府

（1925 年 7 月 14 日）

执政府外交部昨接汉口总商会来电，声明自真日（十日）起，对英实行经济绝交。非俟沪汉粤各案交涉目的完全达到，决不中止。原电录左：

北京段执政外交部钧鉴，自沪案发生，群情激愤。本会即已电请政府，据理力争。乃彼方仍无悔祸之心，以致汉案粤案相继而起。复经合组湖北省各法团外交后援会，选举代表，无役不从。兹届汉案匝月之期，复由本会特开大会，佥以彼方三次答复，顽强犹昔，既情感理喻之具□，非愿与经济绝交，不足以生其悔悟。爰于七月十一日在本会开追悼三案诸烈大会，所有本会全体会董会员，均经亲到，以伸悲悼。并当场声明，自本日起，对英经济绝交，非俟沪汉粤各案交涉目的完全达到，决不中止。公同议决，即日实行，特电陈明，伏维垂鉴，汉口总商会叩真（十一日）印。

（《晨报》）

10.汉商会推对英经济调查

（1925 年 7 月 14 日）

汉口电　汉商会真（十一）于追悼后开会，决组干事部，推对英经济调查干事二十一人，当发宣言，一致对英经济绝交，非俟沪粤汉各案解决不止，虽重大牺牲亦所不惜。

汉口电　人权保障八条准文（十二）以省令公布，对英条件下星期内提出。

（《申报》）

11.鄂各界进行汉案交涉

（1925 年 7 月 15 日）

外交委员会之会议

商学两界发起追悼死难同胞

汉商会议决单一的经济绝交

湖北外交委员会，九日午后二时，在督署开第一次会议委员全到，萧亲主席，即将八日各法团与京同乡代表所递之汉案交涉条件十条，详细审查，结果为尊崇民意起见，未加更改，惟于交涉之方式，计议极为精密，五时始行散会，并闻已定除将全部交涉条件电呈中央外，第一步日内即将先决各项，交由交涉署向英领提出，俟得完全解决，再及其他。

武汉学生联合会，发起追悼汉案死难同胞，于九日午后七时，假商科大学开筹备会议，各团体到者，除武汉学生联合会代表外，并有武昌商会、楚学会、楚安公司、造币自治所、裕华纱厂，及其他各团体代表，公推胡治新为临时主席，报告六月十一日汉口惨案，并谓沪粤各处同胞，亦受同样之残杀，言之可为痛心，不有祭悼，精魂何依，故学生联合会发起于本月十一日周纪念之

期,联合各界举行追悼,以表哀忱,如何办理,即请共同讨论,当经众议决:(一)日期,七月一日。(二)地点,湖北公共体育场。(三)经费,由各界量力捐助。(四)职务,分总务布置宣传三股,由加入各团体互推总务股,内又分文书会计庶务交际四组。(五)设备,由布置股负责,列单报告。(六)表示,请各机关各法团停止办公半日,工商各界一律停业半日,下半旗一日志哀。(七)宣传,除由宣传股尽力宣传外,加入各团体应散传单,随地演讲。(八)礼节,临时规定,继又决于十日上午十时,假武昌总商会邀集武昌全部团体开联席会议,推出负责办事人员,分担职务,筹集经费,并即由本晚到会代表于十日上午以前,分途邀约各团体,一面在各热闹街市,悬出白布大标帜,通告各界全体参与追悼,学联合会代表又报告,汉口方面已由工学会及汉冶萍工会,联合各界同时举行追悼,至十一时始行散会。

汉口总商会,于九日下午五时召集全体帮董开援助沪汉案紧要会议,到会者共六十余人,由主席周星棠报告开会宗旨后,王义甫即报告连日出席各法团联席会议经过,暨因保障人权条例请愿督署各情形,继云今日报纸记载英领三次覆文很关重要,应请诸君注意讨论,以免交涉失败,各会董对于英领此次答复,均有激烈表示,王氏又云,本会握汉口商务枢纽,应自动地表示援助外交,请讨论办法,主席云,现在交涉,应以实力做去,范围不宜扩大,现在进行专以对英为目的,诸君如赞成者请起立,全体通过,当议决对英经济绝交办法如下:(一)发表宣言,详述英人在华各大商埠开枪之罪状。(二)通电全国各界及外交团,对英经济绝交,以促彼方觉悟。(三)本月十一日,本镇各商店一律悬挂对英经济绝交旗帜。(四)是午二时,全体会董会员,均挂徽章,赴会追悼沪汉粤各处爱国捐躯烈士,并自由演讲。以上议案通过后,周允斋提议拟于是午闭市一句钟,以示爱国热忱,各会董均云,容待磋商,主席又云,援助沪案,本会先已垫款一万元,惟现在所收款项,不过数千,应请各帮诸公极力进行,至于汉案捐款,现已收有七千五百元左右,均存银行,听候支配,众无异议,旋又讨论宣言通电及追悼礼节,议至九时,始行散会。

(《申报》)

12.武汉市民追悼大会,武昌市民到者五万,汉商会议决经济绝交

(1925年7月15日)

(汉口特约通信员小轩)汉口英租界英兵惨杀华人案,今日恰满一月。武汉各界日前特发起追悼大会,并哀悼沪粤死难同胞。武昌定在公共体育场举行,汉口定在总商会举行。武昌方面,于十日即在公共体育场组织临时办事处,布置一切。会场大门,扎有白彩牌楼一座,联曰“重于泰山,轻于鸿毛,男儿死耳,不为强暴屈。人为刀俎,我为鱼肉,天下悼之,乃于公理伸”。场中央,建广阔灵堂一座,亦纯为白绿扎成。场内东西各楼及西屋,皆为来宾休息所。并于场内外设演讲台十二个,为演讲所。灵台匾曰“杀生成仁”。正中设沪汉粤三案死难同胞的灵位,陈香花果品素供,四壁所悬挽联不下万余副,鲜花圈数十个,均为各界所赠者。布置极形整齐。并由警务处派保安队一对,警卫司令部派步兵一连,与全善、敬善两校童子军,分别照料,秩序异常整肃。今日到会各团体及市民,共有五万余人。凡到会的均佩戴“取消一切不平等条约”“打倒帝国主义”“中华民族独立万岁”字样的徽章。午前十时,宣告开会,公推张知本主祭,时象晋、李书城、王襄、黄嗣艾、唐粹安、吴士崇、钱介盘、汤连元、牛步书等二十人为陪祭,余为与祭。排列整齐后,由武汉音乐社奏哀乐,全体向国旗行三鞠躬礼,升炮三响,向死难同胞灵

位行三鞠躬礼，主祭上香献花果，司祭文者读祭文，祭文读毕，由全善小学生奏哀歌，次奏哀乐。吴士崇报告惨案情形，略谓：沪汉粤英人强暴，残杀同胞情形，今日到会诸公，均所共悉，无庸赘述。此次英人行动，竟至开枪轰击，直不以人类视我国人。今日所以提出报告者，正借此汉案，匝月的纪念，及追悼死难同胞之机会，为一度之迴愿，以伸悲愤之怀。愿各界勇猛奋斗一致对英，为外交有力之后盾云云。报告毕，全场静默五分钟，三呼“打倒帝国主义”“取消一切不平等条约”“中华民族独立万岁万万岁”等口号。并一面分班演讲，听众多有泪下者。汉口总商会今日追悼会，以限于各帮代表，故到会数千余人。由周星棠主祭，祭毕开会，讨论对英实行经济绝交办法。总商会门首，悬有对英经济绝交大旗。全镇商店，都悬有同样的小旗，各团体并下半旗一日以示哀悼。（七月十一日）

（《晨报》）

13.汉口商界已实行对英经济绝交

（1925 年 7 月 15 日）

六万余人之大追悼会，认对日绝交并未终止

汉口特约通信，自汉口总商会代表王义甫六日在各法团联席会议，报告汉商会议决准于十一日举行汉案一月纪念，追悼汉案诸烈士，并议决于是日起，实行对英经济绝交后，武昌方面，亦表同情。闻是日午前在公共体育场举行，各界到六万余人，张知本主席，时象晋等二十余人副主席，率众向汉案及沪粤案被难诸烈士行三鞠躬礼，汉口为长江上游，英商经济之中心，商人自动的于是日追悼纪念会，宣言实行对英经济绝交，其影响于对英交涉甚巨，故特详记如左：

◎会场之布置。汉商会门首，高悬两手白旗，大书“对英经济绝交”六字，礼堂设在该会茶花室，上悬追悼大会白布横幅，旁挂挽联，文为“诸君精神不死，我辈气节宜存”十二字。大会场设在议场，是日该会原议发出汉口总商会汉案追悼会白绫徽章，于三百余帮董及代表佩带，临时到会者除来宾千余人不计外，商帮共到五百余人，为自有商会以来未有之盛。

◎开会之情形。午后三时由会长周星棠主席，先是并悬开会之秩序如下：一振铃开会，二主报告开会宗旨，三致祭，四静默，五宣言，六演说，七讨论进行办法，八摇铃闭会。主席报告开会之宗旨略云：（一）本会追悼汉案被难同胞，完全基于人道主义。（二）现在决行对英经济绝交，由驻汉英领三次照会措辞残暴已极，太与吾国人以难堪。（三）此次英人上海惨杀行为，不仅美国国会外交委员波的氏不以为然，即英国前首相路德乔治氏亦极端反对，况吾人身受其祸，岂可无坚决之表示与消极之抵抗。（四）吾国八十余年以来受不平等条约之束缚，已达极点，而此种不平等条约之起源，完全在英国迫我承认之江宁条约（即鸦片战役结果）。欧美各国，先后援照最惠国条款，始成为后此之一切不平等条约，今日欲废除一切不平等条约，非首从英国着手不可。按照秩序，请诸君到礼堂行追悼礼。众到礼堂后，周星棠领率行礼，郑燮卿为副，由王君义甫赞礼，引众三鞠躬，静默五分钟，礼毕，仍到会场。王教甫、马彬、任松如、周允齐等相继演说，尤以任氏演说为最有条理，为述其大要如次，任松如君，演说大意，谓启珊今日以商人资格（代表商务印书馆出席）到会追悼被英人惨杀诸同胞，心痛几不能出语，且自接到沪上噩耗，晕眩至今未愈，尤恐语不能达意，仅述下列数点，请各位指教。（一）光天化日之下，亲见赤手空拳之同胞，被英人惨杀，谁无恻隐之心，不仅有不可言不忍言之悲哀，更认为极大之耻辱。(二)欲洗此耻辱,稍抒我悲哀,只有各就各的地位和职业,来直接的做,经济绝交,不过是我们商人的一种救国方法。(三)经济绝交,在消极方面算是第一好法子,一可表明商人的人格,二可促进本国实业,三可令对方觉悟,从前对美对日,成效俱在。(四)对政府立于指导、监督、催促、援助的地位,不使因外交引起内争,对于社会方面,注意于一谋智识程度之接近,二图稳健(老年)激进(青年)两派之协调,以免再蹈前此虎头蛇尾之弊。(五)吾人预防交涉决裂,只可从实际上整军经武,似不□高唱宣战论,失却酷爱和平之民族性。此外尚有两事,尤刻不容缓:(一)凡依靠英人之企业,即时设法自立,克蹈沪上英工部局停止供给水电之害。(二)宜踊跃捐助救济失业同胞之款项,以为消极的持久战之预备云云。礼毕之后,演说之前,发布宣言如下(汉口总商会为汉案被难同胞开追悼会并对英经济绝交宣言):自沪案发生之后,不幸我汉口之惨案,即继之而起,今则粤案又见告矣,奇耻大辱,于斯为甚,凡有血气,孰不痛心,矧本会对于汉案,更觉痛切剥肤,谊难漠视。顾一月以来,其所以稍持镇定,静候解决者,实以此案已由鄂政府抗议于前,中央政府复交涉于后,正当解决,指顾可期,兼之汉埠通商,惟英最早,向敦睦谊,重联感情,兹事发生,英当局果稍具天良,自应引为疚心,推诚商洽,乃昨阅报载交涉经过情形,鄂政府虽三次提出抗议。而彼方三次答复,毫无诚意之可言,狡赖性成,蛮横无理,认残暴之行为为正当,视同胞之性命如马牛,恃彼强权,蔑兹公理。此而可忍,何以立国,何以为人。今当汉案匝月纪念之期,特于本会开全体大会,以志悲悼。并与我商界同人约,自今日起,一致对英经济绝交,期慰先烈在天之灵,借作外交后援之助,非俟沪汉粤各案交涉目的完全达到,决无中止之期,虽至重大牺牲,亦所弗计,爱国同胞,愿共勉之,谨此宣言,伏维公鉴。

◎进行之办法。自由演说毕,当决定对英经济绝交,非先从调查入手不可,遂决定组设调查干事部,并推定周韵宣、王教甫、周衡卿、杜树棠、王禹延、谭奎仙、程荣卿、周洪卿、杨松图、关英监、萧纯卿、周允齐、任汉臣、刘必齐、余德馨、苏实来、张碧泉、秦楔卿、洪彬延、王义甫等二十一人为对英经济调查干事,进行办法决定后,振铃闭会,正五点钟。

◎市民之表示。总商会发交各商店悬挂之旗帜上,仅有对英经济绝交字样,多数商人不知对日经济绝交,并未宣布中止,乃于英字两旁,加写两日字,是亦大可注意之事也。(七月十一日发十四日到)

(《益世报》)

14.汉商会追悼死难烈士

(1925 年 7 月 16 日)

十二日汉口函,总商会九日会议,决定十一日举行汉案追悼大会,并定从是日起实行对英经济绝交。是日商会门首,悬对英经济绝交白旗一对,追悼场设在该会茶花室,上设香案中供沪汉粤案殉难烈士主位三座,额悬追悼大会四字,在右挽联一副文为"诸君精神不死,我辈气节宜存",系留日国民外交后援会归国应援代表马彬手笔,各界代表入场者皆佩有汉口总商会汉案追悼会徽章,除来宾不计外,各帮帮董代表到者五百余人。午后三时开会,会长周星棠主席,周星棠主祭,郑爕卿副祭,由王义甫赞礼,向上设主位行三鞠躬礼毕,静默五分钟,复至议场,即正式宣言毕。王义甫、马彬、任松如(商务印书馆代表)、京代表某君、周允爕诸君相继演说,大多数趋重对英经济绝交之一途,并深信此次必须坚持到底。其经济绝交之进行办法,决定从调查入手,并组设干事部,当推定周韵宣等二十一人为对英经济绝交调查干事。

(《民国日报》)

15.武汉追悼大会纪(萧萧)

(1925 年 7 月 16 日)

两地同日举行

汉口英界惨案,今日恰满一月,武汉各界特发起追悼大会,并及沪粤死难同胞,武昌定在公共体育场举行,汉口定在总商会举行,武汉学生联合会九日会议,决于十日先在武昌公共体育场,组临时办事处,布置一切,会场大门,扎有白彩牌楼一座,联曰"重于泰山,轻于鸿毛,男儿死耳,不为强暴屈;人为刀俎,我为鱼肉,天下悼之,乃于公理伸"。场中设广阔灵台一座,亦为白彩扎成,场内东、西、中各楼及西屋,皆为来宾休息所,场内外设演讲台十二个,为演讲所,灵堂匾为"杀身成仁"四大字,正中设沪汉粤三案死难同胞之灵位,陈列香花果品□供,四壁悬挂挽联祭幛,不下万余副,花圈数十个,布置极为整齐,并由警务处派保安一队,警卫司令部派步兵一连,与全善敬善两校童子军,分别照料,故秩序异常整肃。今晨各团体及各市民,先后到会者,数达五万余人,素车白马,途为之塞,到会致祭者及军警,均佩戴"打倒帝国主义""取消一切不平等条约""中华民族独立万岁万万岁"之白布徽章。午前十时,宣布开会,公推张知本主祭,时象晋、李书城、吴士崇、汤连元、牛步书等二十人陪祭,排列整齐后,首由武汉音乐社奏哀乐,全体向国旗行三鞠躬礼,升炮三响,向死难同胞灵位行三鞠躬礼,主祭上香献花果,司祭文者读祭文毕,由全善小学生奏哀歌,次奏哀乐,吴士崇报告惨案情形,请各界一致对英,勇猛奋斗,报告毕,全场静默五分钟,乃三呼"打倒帝国主义""取消一切不平等条约""中华民族独立万岁万万岁"等口号,复举行分班演讲,听众异常愤激,有痛哭失声者。是日汉口商会追悼会,以限于各帮代表,故到会者仅千人,由周星棠主祭,总商会门首,悬有两面大旗,一为对英经济绝交,一为追悼沪汉粤死杂难同胞,追悼场,设该会茶话室,上设香案,中供汉沪粤案殉难烈士主位三座,额悬追悼大会四字,左右挽联一副,文为"诸君精神不死,我辈气节宜存"。各界代表入场者,皆佩有汉口总商会汉案追悼会徽章,除来宾不计外,各帮帮董代表到省五百余人,午后三时开会,会长周星棠主席,其开会秩序如下,一振铃开会,二主席报告开会宗旨,三致祭,四静默,五宣言,六演说,七讨论进行办法,八摇铃闭会,主席报告,大意谓英兵惨杀同胞案,商界尤为悲愤,近见英领事三次复交涉署照会,态度强硬如故,故九日大会决定就今日汉案一月纪念,追悼同胞,实行对英一切办法。冀交涉得最后之胜利,依开会秩序,请大家到礼场致祭,到礼场后,周星棠主祭,郑变卿副祭,由王义甫赞礼,向上设主位行三鞠躬礼毕,静默五分钟,复至议场,即正式宣言(原文录后)毕,王森甫、马彬、任松如,及京代表等相继演说,大多数趋重对英经济绝交之一途,并深信此次必能坚持到底,其经济绝交之进行办法,决定从调查入手,并组设干事部当推定周韵宣、王森甫、周衡乡、杜树棠、王禹廷、谭奎仙、陈荣卿、周洪卿、杨松团、开英鉴、萧纯卿、周允斋、任汉臣、刘心斋、余德馨、苏宾来、张碧泉、秦稧卿、洪彬廷、王义甫等二十一人为对英经济调查干事,五时闭会。其宣言如次:"汉口总商会为汉案被难同胞开追悼会并对英经济绝交宣言。自沪案发生之后,不幸我汉口惨案即继之而起,今则粤案又见告矣,奇耻大辱,于斯为甚,凡有血气,孰不痛心,矧本会对于汉案,更觉痛切剥肤,谊难漠视。愿一月以来,其所以稍持镇定,静候解决者,实以此案已由鄂政府抗议于前,执政抗议于后,中央政府复交涉于后,正当解决,指顾可期、兼之汉埠通商,惟英最早,向敦睦谊,重联感情,兹事发生,英当局果稍有天良,自应引为疚心,推诚商洽,乃昨阅报载交涉经过情形,鄂政府虽三次提出抗议。而彼方三次答复,毫无诚意之可言,狡赖性成,蛮横无理,认残暴之行为为正当,视同胞之性命如马牛,恃彼强权,蔑兹公理,此而可忍,何以立国,何以为人,今当汉案匝月纪念之期,特于本会开全体大会,以志悲悼,并与我商界同人约,自今日起,一致对英经济绝交,期慰先烈在天之灵,借作外交后援之助,非俟沪汉粤各案交涉目的完全达到,决无中止之期,虽至重大牺牲,亦所弗计,爱国同胞,愿共勉之,谨此宣言,伏维公鉴。"

(《申报》)

16.租界停电无关重要,沪商会致汉商会电

(1925 年 7 月 17 日)

汉口十四日快讯,上海英工部局电气处,对于各纱厂及重要处所,均停供电力,上海总商会,恐远道传闻失实,日昨特电汉总商会说明情形。兹特披露如左:

汉口总商会鉴:沪自开市后,工人仍合力坚持,对方见无隙可乘,弥形缺望。工部局电气处,乃借故工潮,违反契约,于本月鱼日,停供各厂电气马达,以冀扼我实业命脉,增加罢工人数,使我不能持久,其用心至为可畏。幸除纱厂外,均已设法自装引擎,粗有部署,所增辍业工人数万,拟由各厂自筹救济,不致另增负担,酿成重大事故。惟恐远道传闻失实,特电陈明,尚希亮察。上海总商会(元十三日)

(《晨报》)

17.维持民食之杂闻

(1925 年 7 月 18 日)

总商会前次致电上海招商总局傅宗耀总办,请嘱江轮多留舱位,以便过芜多装米石运汉接济民食及傅氏复电均详前报。顷悉总商会十六日再电傅氏云,上海招商总局傅总办鉴,佳电奉悉,但上次江顺江永至芜未装米,现在武汉盼米接济情势甚殷,务祈切嘱江顺预留万石舱位专装汉商在芜所办之米以济民食,仍盼赐复。汉总商会(十六国丙)

(《汉口新闻报》)

18.组全省商界对英绝交后援会

(1925 年 7 月 19 日)

汉口电　汉商会筱(十七)开对英干事会,决组全省商界对英绝交后援会,加推经济调查干事八人,吕超伯干事长,樊步青、王森甫副,至检查货物,俟武阳夏三商会马(二十一)联议决定后,再分部办理。

(《申报》)

19.汉口商会检查英货

(1925年7月19日)

本报十八日汉口电　昨日(十七)汉口总商会选定检查进口英货委员二十一人实行检查英货。

(《民国日报》)

20.鄂商界大团结

(1925年7月19日)

(本报十八日汉口专电)汉商会组全省商界对英绝交后援会,推干事二十九,吕超伯干事长,武昌夏三商会联议讨论检查英贩,杜绝货源办法。

(《晨报》)

21.汉案条件提出之要讯

(1925年7月22日)

胡钧即向英领事提出汉商界进行经济绝交

汉口通信云,汉案条件,经湖北外交委员会十三日二次会议,将甲项先决者(原三条)移增为五条。乙项本案者(原七条)减为六条。交涉员胡钧,自该项条件大体由各法团外交后援会决定以后,因鉴于英领态度之强硬,深恐此种条件,一经正式向英领提出,难保其不退还。故连日以来,从事直接间接向英领疏劝,并与英领约定准予二十日正式提出。因此之故,遂将十三日外委会决定增加先决条件,撤除租界以外太古公司堆栈等条一,改为"在苗家码头之太古公司由中国保护,印捕不得越界干涉",外交当局如此迁就其条件,英领当可收受也。至本案条件六条,亦须一并提出,但于去文中声明除某某条件,应由京部与英使谈判外,所有先决等条,应与英领就近商决云云。汉口总商会自十一日宣言,从是日□□实行对英经济绝交,并推举樊步青、王森甫等二十一人为干事后,十七日午后六时在汉商会开干事会,周星棠主席,公决增加干事吕超伯、张余仲、李复初、金廷杰、万筱舫、彭少田、喻炳炎、吴利山等八人,该会定名为湖北全省商界对英绝交后援会,推吕超伯为干事长,樊步青、王森甫为副干事长,周允齐为宣传干事,下余二十四干事,将分部支配,负责进行,尤注重宣传及检查,大约均以英货之检查,源头远在上海,应特别注意。决将派代表赴沪接洽一切,手段决取和平,期待久以达到预定之目的而后已,详细进行办法,下次干事会再决,八时半散会。(七月十八日发二十一日到)

(《益世报》)

22.武阳夏三商会联合作战,武昌商会提出绝交八办法

(1925年7月23日)

(本报二十二日汉口专电)武阳夏三商会马(二十一日)联席会议,武商会提实行经济绝交

办法八项，决交商界对英经济绝交后援会通过实行。

（《晨报》）

23.汉案交涉之要讯（萧萧）

（1925 年 7 月 23 日）

先决条件将先提出，武阳夏三商会实行对英绝交。

汉口商会昨十七日亦开对英干事会，决组湖北全省对英绝交后援会，加推经济调查干事八人，连前所推二十一人，共为二十九人，公推吕超伯为正干事长，樊步青、王森甫为副干事长，至检查英货，杜绝货源，均为绝交之急务，俟武阳夏三商会二十一日在武昌商会联席会议，讨论详细办法后，再开干事会决定，照现在情况以观，似较对日经济绝交办法为精密，其成绩当有可观也。（七月十八日）

（《申报》）

24.汉商会长周星棠取媚外人

（1925 年 7 月 24 日）

汉口电　学联会养（二十二）通告，宣布汉商会长周星棠，取媚外人，破坏爱国运动四大罪状，誓与全国共弃。

（《申报》）

25.对英外交同志会

（1925 年 7 月 25 日）

汉口电　对英外交同志会漾（二十三）开会，决俭（二十八）假汉商会请武汉各团体领袖，协商水陆示威大游行日期及方式，并发出对英通电，惟宣言在起草中。

（《申报》）

26.汉商会亦破坏抵货

（1925 年 7 月 25 日）

（本报二十三夜汉口专电）学联会养（二十二日）宣布汉商会长周星棠取媚外人，破坏爱国运动，四大罪状。

（《晨报》）

27.全国一致援助沪汉案（廿九）

（1925 年 7 月 26 日）

武汉商界之对英联席会议

◎汉口通信，武阳夏三商会，根据各法团外交后援会对英经济之议案，二十一日下午四时，在武昌总商会开联席大会议，武昌总商会代表吴干丞、周小泉等十八人，汉总商会代表王义甫、王仁甫等六人，汉阳商会杨松山等，公推吴干丞为临时主席，报告开会宗旨，谓沪汉粤案，举国同愤，对英经济绝交，武阳汉三商会早已自动的实行，现准各法团外交后援会通告议决案，对于商界货物的绝交，已有决定，并请详定办法，以期实行得良好结果，至于此项详细办法，即请大家公决，并报告办法如后：(甲)英银行钞票一律要其兑现(汉口只汇丰麦加利二家)。(乙)凡在英国银行存款，一律提移中国银行，其他各界应请学会，协同劝告。(丙)凡中国出产可为军事上用者，亦停止卖与英人。(丁)中国出产，可为工业上原料者，仅本国所用，不卖与英人。(戊)中国出产，属于消耗品者，如丝、如茶、如绸，则照常听其买卖，以上物产，采列举主义以免日后争议。(己)英国出产如匹头、洋纱、各色洋糖、西药、钟表、玩器、化妆品物，为中国偌大漏卮，所有仇货，现时牌名，须先请汉口商会详细调查，列表刊印公布。首先遏止其交易，随派员至英属各部，调查其某货已否挂他国之牌号，及改换某种花样，随时报告来华，以便陆续公布，以免英人暗售其奸，则绝交之功用，乃得实益。(赓)调查仇货属于商界者，由本地之商会，调查毕之，如公认本地之商会，有不尽不实者，可公请邻省县商会调查，互相举发之，至非商人购买仇货者，由地方自治团体调查举发之。(辛)英货来货，均应轮船火车装运入口，当设法会同其他各外交团体，勒令各苦力，一致不起运，自然制其死路，但此时生活程度甚高，苦力界应请设法资助以鼓励之，方可坚决持久云云。旋经讨论，所有上项之绝交办法，交全省商界对英经绝后援会，通过实行云。

(《益世报》)

28.鄂学生宣布汉商会长罪状，破坏救国运动

(1925年7月27日)

(汉口特别通信员小轩)汉口商会会长周以杰，号星棠，在三年前本为日商住友银行买办，及运动当选汉口商会会长，其时正值排日风潮正烈的当中，一般人对周任会长，恐将出而袒日，故多对周充当住友买办，加以攻击。周遂辞去买办，来就会长，实则周与日人关系甚深，表面虽将住友买办辞去，暗中仍与他人合□。周就会长后，一味巴结军阀，想过官瘾，官厅有所取求，无不咄嗟立办。故汉口商会久成为半官式的机关，商人敢怒而不敢言。本年周的任期届满，商会预备改选，周又百计经营，竟以军署指令，暂缓举办。周遂得以过期的会长资格，运动被选为湖北参政，周既日以媚官做官为能事，对于爱国运动，自然漠不关心。武汉学联会，为联络武阳夏三商会，组织经济绝交委员会，特推代表谒周。周竟拒不见面，反唆使会役，肆意侮辱，学联会愤甚，向周严重交涉，并提出要点三条。(一)惩办不法会役。(二)周向学联会道歉。(三)同时对英日实行经济绝交。周亦自知理屈，复函承认一二两条，对三条经济绝交，只允对英不对日，学联会以周为日商买办，公然□日，昨二十二日，特通告宣布周氏大罪状，其文如下：

全国各报馆、各学校、各团体暨全体同胞钧鉴，沪汉粤惨案发生，震动寰宇，凡属国民，无不痛愤，呼喊奔走，为民族争生存，为国家争人格。乃汉口商会会长周星棠，平时勾结军阀，取媚外人，此次别具肺腑，摧残爱国运动，专在卖国勾当，兹将其罪状四大条，宣布于下：(一)沪汉粤各案相继发生，全国人民，愤气填膺，有与汝皆亡之慨，上海香港罢工工人达二十万，可以制

英日人之死命。倘全国一致援助工人,必可得最后之胜利,乃以全国最大商场之一之汉口商会,不捐分文,且联络其他商会,一致破坏爱国运动,对于万恶军阀,如吴佩孚等,虽予取予求,多至三五十万元亦所不惜。(二)武汉一般市民及小商人,在此运动中皆有充分表示,该会长不能因势利导,加入提倡,并暗中施以高压手段,致一般市民及小商人,虽有罢工捐款之心,慑于该会长之权,不敢有所表现。(三)前后援助沪案运动,敝会屡派代表,向周星棠接洽,请求合作,乃不惟无合作之可能,得向官厅告密。诬学生为过激党,并指报多人,请官厅对付密拿本会代表,即周星棠之所致。因此得到参政头衔,又此次敝会代表,至该会与周星棠接洽,不见颜色,且唆使流氓对于代表,肆行侮辱。(四)此次爱国运动,风起云涌,该会长无法抵抗,乃倡对英不对日之谬论,以淆惑国人观听。盖该会长自身曾为汉口日本洋行买办,故不得不替主人说话。以上各项事实彰彰,在人耳目。此等卖国贱种,实属罪大恶极,当与天下共弃之。临电,迫切,无任神驰,武汉学生联合会叩。(七月二十三日)

(《晨报》)

29.汉案交涉中之要讯(萧萧)

(1925年7月27日)

胡钧将携卷赴京

学联会攻击汉商会长。

武汉各法团外交后援会,所提汉案条件,分先决与本案两项,嗣经外交委员会审查结果,对于原案略加修改,其修改内容已由萧督办号电报告北京(原电已录前报),自此案送至交涉署后,胡交涉员特先与英领交换意见,希望英领为平息华人公愤及顾全英人利益起见早日谈判,俾此案早得一日解决,英领亦表示抱有同一希望,惟谈判条件,次先请示驻京英使后,方可开议,故外交委员会前日公决,俟英领得英使覆电后再定办法,闻胡交涉员奉外部电召,令携汉案全卷赴京,胡拟即北上面商一切,汉口商会会长周以灿(字星棠)本为日商住友银行买办,嗣于前年运动当选为汉商会会长,时值对日运动正在激烈期中,颇多对周加以攻击,周乃表面上辞去住友买办就会长职,近两年来,周遂借商会会长资格,日与军署周旋,本年任期届满,商会筹备改选,周又四出运动,竟得署军指令,暂缓实行,而周乃以过期的会长被选为湖北参政,前次学联会为联络武阳夏三商会,组织经济绝交委员会,推派代表谒周。周不惟不接见,反怂恿会役肆行侮辱,学联会向周严重交涉,提出要求三条:(一)惩办不法会役;(二)周向学联会道歉;(三)同时对英日实行经济绝交。周仅承认一、二两条,而于第三条,只允对英不对日。学联会以其为日买办,大为愤懑,已于二十二日宣布周之四大罪状,其文如下:全国各报馆、各学校、各团体暨全体同胞均鉴,沪汉粤惨案发生,震动寰宇,凡属国民,无不痛愤,呼号奔走,为民族争生存,为国家争人格,乃汉口商会会长周星棠,平时勾结军阀,取媚外人,此次别具肺腑,摧残爱国运动,专作卖国勾当,兹将其罪状四大条宣布于下:(一)沪汉粤各案相继发生,全国人民,愤气填膺,上海香港罢工工人达二十万,倘全国一致援助工人,必可得最后之胜利,乃以全国最大商场之一之汉口商会,不捐分文,且联络其他商会,一致破坏爱国运动,对于万恶军阀如吴佩孚等,虽予取予求,多至三五十万元,亦所不惜。(二)武汉一般市民及小商人在此运动中皆有充分表示,该会长不能因势利导,加入提倡,并暗中施以高压手段,致一般市民及小商人虽有罢工捐款之心,慑于该会长之权,不敢有所表现。(三)前后援助沪案运动,敝会屡派代表向周星棠接洽,请求合作,乃不惟无合作之可能,转向官厅告密,诬学生为过激党,并指报多人请官厅对付,宁拿本会代表,即周星棠之所致,因此得到参政头衔,又此次敝会代表至该会与周星棠接洽,不见颜色,且纵使流氓,对于代表肆行侮辱。(四)此次爱国运动风起云涌,该会长无法抵抗,乃倡对英不对日之谬论,以淆惑国人观听,盖该会长自身曾为汉口日本洋行买办,故不得不替主人说话。以上各项事实彰彰,在人耳目,此等卖国贱种,实属罪大恶极,当与天下共弃之。临电迫切,无任神驰,武汉学生联合会叩。(七月二十三日)

(《申报》)

30.讨论对英外交同志会

(1925 年 7 月 28 日)

汉口电　感开联席会,讨论对英外交同志会,俭假汉商会欢宴各团体及各界要人,商汉案外交,武汉佣工已有人倡议筹备佣工绝交会。(以上二十七日下午三钟)

(《申报》)

31.开筹款救荒大会

(1925 年 7 月 28 日)

汉口电　汉商会径日晚开筹款救荒大会,当场认捐二万六千串,余由各帮分摊,共为五万串。又决由商会民食筹备会各推代表十人,清查铁路余款本息,提办平粜。

(《申报》)

32.汉商会控告学联会为其侮辱

(1925 年 7 月 29 日)

(本报二十八日汉口专电)汉总商会感(二十七日)午召集紧急会议,到会董三十余人,由郑燮卿主席,报告学联会通电攻击周星棠事,认为侮辱商会,请一致反对。结果:(一)函电并声报辩证。(二)向庭提起公诉。

(《晨报》)

8 月

1.楚安公司订于八月初一日在汉口总商会开股东常会

(1925 年 8 月 1 日)

一、楚安公司订于八月初一日在汉口总商会开股东常会,报告上届营业情形,业经登报公布矣。

二、第一纱厂已聘定李锦章君为经理，惟厂长卓莹煜近忽提出辞职，尚在挽留之中。

三、裕华纱厂订于九月初一日在武昌本厂开股东会，业经董事会议决，不日当可登报矣。

四、泰安纱厂新添布机二百乘，纱锭五千枚，近均陆续到汉，厂屋亦在赶造，闻阳历年内可以开工云。

（《纺织时报》）

2.鄂商学会注意抵货，商会提出检货办法，学联会拨组查国货

（1925年8月2日）

（本报二十一日汉口专电）商会拟检货办法十条，各法团外援会东（一日）开会讨论，及定实行日期，学联会以商界抵货不力，拟组查货团。

（《晨报》）

3.各界援助沪汉两案之所闻

（1925年8月6日）

商联会抗争惨案之通电，武汉商界同人对于沪汉惨案异常愤慨，曾决定对英绝交，并组织全省商界对英绝交后援会坚持到底。兹由湖北全省商联会武昌总商会发出通电，表示一致抗争附带解释，对英绝交非周星棠一人意见之误会，其原电如下：各省埠总商会，本省各县镇商会鉴，英人强横，藐视中国，惨案迭出，交涉迁延，凡我国人同深愤慨，吾鄂现已组织全省商界对英绝交后援会，积极进行誓死抵制，奇耻不雪决不罢休。尚祈指示方针，互相援助，协力同心，无稍敢懈松。为政府之后盾，期交涉之胜利，以保人格，而卫国权。再武汉学生联合会现指斥一致对英为周星棠会长一人之意见，未免误会。查此次吾鄂商界对英绝交系湖北全省商会联合会同武汉总商会联席会议决定之案，不惟非周星棠一人之意见，且并非汉口总商会一方面之主张，诚恐远道传闻，不明真相，附电申明，诸希亮察，湖北全省商联会、武昌总商会歌。输丙

（《汉口新闻报》）

4.商会筹办商团之近讯

（1925年8月6日）

汉口总商会自汉案发生后，即欲筹办商防队，招募新兵二千，聘有陆军知识者为教练官，操练纯熟，以便保护商民。前已柬请备案并请准予在汉厂购办枪弹，奈一时无此巨款，现闻有某某商等集议，暂照华商总会商团办法，由各商号出人一名，捐一百元，作为军服之费，余款由发起人筹募，以五百名为额，闻将进行云。慕

（《汉口新闻报》）

5.典业公会通告改选

(1925年8月6日)

全鄂典业公会顷通告改选情形云,径启者,查敝会于民国十年春间援案组织成立暨初次选举正副会长姓名、履历呈奉前湖北省长。咨准农商部核复行知,分别函达在案。兹于十四年六月初六二日次改选,召集各□典业董事到会照章选举。当众开票选。吕逵先选举票数计一百十九票,当选为正会长。吴受芝得次多数,计一百十八票当选为副会长。所有二次改选正副会长并当选姓名、履历□缮□册□具,呈请省长鉴核并咨农商部备案,并分行通告外相应检送□册,函请查照。计开总董吕逵先广新典经理(武昌金口镇)、副董吴受芝公和典经理(汉口万安巷),董事王全福福谦典(武昌巡道岭)、苏宝来裕生典(夏口利济巷)、程维周太茂典(鄂城)、金挹沅肇大典(黄石港)、潘枚卿晋太典(阳新县)、朱荫堂隆昌典(汉阳黄陵矶)、左亚舫恒益典(孝感)、王小沂履太典(圻水)、汪治舟长春典(黄梅)、王良柱元典(武穴)、程道州协济典(河口)、秦承基世盛典(宜城)。信丙

(《汉口新闻报》)

6.鄂各法团外交后援会开会纪

(1925年8月7日)

通过查货办法

鄂讯,一日午后三时,湖北全省各法团外交后援会开紧急会议,到者为省议会、省农会、省教育会、武汉商会、武汉律师公会、武汉学生联合会诸代表,公推郭璜为临时主席,当报告本会发出两次通电,请息内争,共御外侮,共用去电费三千元之谱,旋讨论汉口商会拟检英货办法,经众详为研究,对原办法稍事修改,全体通过,用将修正全案志下:(一)检查英货由检查所制备检查证发给各检查员携带以资遏信。(一)检查员至各店号检查时须将检查证持交该店号执事人阅看,但阅看后,仍自收回保存。(一)检查分初步检查、实施检查两种登记,以前为初步检查期间,登记以后为实施检查期间。(一)登记之期自某月日起至某月日止,逾限不再展期。(一)检查员初步检查时,须嘱各店号东或执事将所存英货商标、种类、数量及已定未到之英货,依限一并详细开单,即赴检查所登记:(一)各店号曾经登记之各项英货,应俟检查所派员检查后,发给查讫证,以资证明;(一)登记截止后,检查员应往各店号及起卸码头运输通衢实施检查,如有私购英货及无查讫证者,初犯罚十分之三,再犯罚十分之六,三犯全数充公;(一)检查员须秉公查验,不得有挟嫌诬指私行放卖,类似敲诈之行为;(一)检查员须将每日检查情形来所报告,以便公决办法;(一)检查员至各店号检查时,务取和平态度,不得任意骚扰;(一)本办法如有未尽事宜,得由本会随时修改之。检查办法通过后,当又经众推定吴士崇、周鹏程、吴醒吾、王义甫起草对英货物绝交检查所组织大纲及细则,又对于来实施检查执行办法,加以讨论,多数主张检查所设于商会,或商会附近地点,仍仿商界外交后援会之形式,或设总所于汉口,设分所于武阳以及各属,以商界团体中人为主体,另以各法团推出代表为辅助,分干事及评议两部,干事担任施行检查职务,评议讨论关于检查进行一切事宜,解决各项纠纷,此为大

概，俟细则拟定，交下次会讨论，再为详细之规定，继又讨论第二案推举代表赴京，敦促政府严重交涉汉案，再赴沪会商杜英货入口办法，乃因讨论时间过长，天气甚热，经众决定，将此案保留，待下次会议讨论，六时宣告散会。

（《申报》）

7.鄂商联会坚决经济绝交

（1925年8月7日）

（本报五夜汉口专电）鄂商联会武商会歌（五日）通电经济绝交，奇耻不雪，决不罢休，又□明对英之商联会及二商会联席议决案，非周星棠及武商会主张。

（《晨报》）

8.汉商会捐三千余元

（1925年8月8日）

本埠总商会昨接汉口总商会函云，径启者，据汉口钱业公会称，查五卅沪案，惨杀华工，凡属国人，莫不同声愤懑，罢市罢工，期于抵制，惟以失业工人，厄于生计，其惨状更不堪言。以故各界群相资助，敝业同人，仅以端节筵资，悉数捐助，共洋三千零八十一元，计汇条一纸，即希查收转寄，所有捐户花名，另造清册，送请台察，并希见复是何等情，附送汇票一纸，计九十八规元银二千二百念五两一钱七分，合洋三千零八十一元。系汉口后生庄发，上海□隆庄兑，阴历六月二十日期并清册一本到会，据此合将送来汇票清册，一并备函转寄贵总会，请烦查收代为分给，并希赐复，以便转复为盼。

此致上海总商会

（《民国日报》）

9.会商平粜办法

（1925年8月17日）

汉口电　萧派饶凤璜与武汉商会要人会商平粜办法，决分鄂东西北及武汉四区发售，黎黄陂捐助鄂赈万串。

（《申报》）

10.鄂商界之宣传

（1925年8月19日）

（本报十八日汉口专电）鄂商界对英绝交后援会，皓（十九日）在太平会馆开宣传大会，并发表宣言及国耻歌。

（《晨报》）

11.鄂商限期登记英货

(1925 年 8 月 21 日)

(本报十九夜汉口专电)商界对英绝交后援会通告漾(二十三日)起登记英货,一星期截止。

(《晨报》)

12.在汉商会召集各团体代表大会

(1925 年 8 月 22 日)

汉口电　对英外交同志会定漾(二十三)在汉商会召集各团体代表大会,商办水陆游行。

(《申报》)

13.反对修正对英经济绝交案

(1925 年 8 月 24 日)

汉口　各法团外援会,以汉商会代表反对修正对英经济绝交案,提出辞职,养(二十二)决推郭璜、周鹏程疏解,免法团破裂。

(《申报》)

14.汉口交涉案

(1925 年 8 月 27 日)

国闻通信社云,汉口交涉案停顿,同人同深愤慨,汉口总商会二十六日特分电请据理力争,并原以全力为政府后盾。原电见录如左:

北京外交兼武昌萧督办均鉴,报载英领对于汉案拒绝谈判情形,商民闻之咸深愤慷。佥以汉案先决条件会议不止一次,今英领忽出此态度,足见狡赖成性,毫无诚意,其侮辱我国体,蔑视我人民,莫此为甚。环请转呈钧座,提出严重交涉,据理抗争,勿稍退让。商民等愿以全力为政府后盾等情,前来本会代表所关用。特电陈伏乞迅赐施行,以慰众望。汉口总商会叩宥。(二十六日)(国乙)

(《汉口新闻报》)

15.汉口总商会力争汉案电

(1925 年 8 月 27 日)

北京外交部武昌萧督办钧鉴,报载英领对于汉案拒绝谈判情形,商民闻之咸深愤慨,佥以汉案先决条件会议不止一次。今英领忽出此态度足见狡赖成性,毫无诚意,其侮辱我国体,藐视我人民,莫此为甚。环请转呈钧座,提出严重交涉,据理力争,勿稍退让,商民等愿以全力为

政府后盾,等情。前来本会代表所关用,特电陈伏乞迅赐施行,以慰众望。汉口总商会叩宥。(二十六日)

(《国民新报》)

16.鄂萧英领拒绝谈判

(1925 年 8 月 28 日)

汉口　汉商会宥(二十六)电外部,鄂萧英领拒绝谈判,侮辱我国体,蔑视我人民,商民咸愤慨,请据理抗争,愿以全力为后盾。

(《申报》)

17.汉口武汉各团体捐钱

(1925 年 8 月 31 日)

汉口　武汉各团体代表艳(二十九)在首义公园议决,汉商会捐钱千串,武商会及同志会各捐五百串为水陆游行费用,另将游行路线呈请军警照料,并定九月七日午后一时至四时,商店歇业,悬旗志哀。

(《申报》)

9 月

1.沪商会函请募金救国(函汉口商会)

(1925 年 9 月 10 日)

汉口总商会会长周星棠氏昨日接得沪商会一函云,径启者,本埠各界前以五卅交涉迁延日久,讫无解决之期,国民爱国运动急宜准备实力方能制人而不为人制。爰是约集同人有中华爱国募金大会之组织,其募款额数以五百三十万元为度,自开募日起,分十期募足,以一月为一期,每期应募集五十三万元,组织则分一百正队,正队之下有十分队。凡此情形已另详该会组织大纲兹不备述。发起以来未及一月,承各界之热忱赞同,已征集五十余队,泰山土壤差,足为国民外交一切。惟是爱国运动本有囿于方隅,而沪承五卅事变之影响,损失极巨,此项募金计划尤不能不有赖于众拿。溯自沪案发生以来承贵埠义粟仁槃源源接济,敬拜嘉德久矣。当兹折冲樽俎、尚无寸进之时,正国人遗大投艰仔肩未卸之会(中略)用特不揣冒昧,奉上该会募金,缘起一份,敢请贵会予以扶助,广为号召。庶几预定计划,得以克期集事,而爱国运动不致一篑功亏。沪案前途实利赖之,云云。(信利)

(《国民新报》)

2.反对关税会议
(1925年9月16日)

汉口　工学联会盐(十四)议决通电,反对关税会议,援助九七沪案,外交协进会、各县同乡外援会,均通电援助九七沪案,汉商会决通电,反对司法重查沪案。

(《申报》)

3.汉商反对重查
(1925年9月16日)

(本报十五日汉口专电)汉商会将通电反对司法重查。

(《晨报》)

4.汉商会发电辟谣
(1925年9月17日)

汉口　萧因鄂谣甚盛,将通电表示态度,汉商会亦因谣言影响金融,决发电辟谣。

(《申报》)

5.汉商会之建议
(1925年9月19日)

(本报十八日汉口专电)汉商会电京,请以华洋义赈会为关税附加赈捐主管机关。

(《晨报》)

6.汉口商会改选
(1925年9月21日)

汉口　汉商会改选已投票,萧以时局不靖,令暂缓选,并毁选票。商会皓(十九)开大会,决依法开票,推周韵宣等五代表号(二十)谒萧解释,旋推出席商联会关税会议代表,公推周星棠,省商联会、武商会亦各推一人。(以上二十日下午三钟)

(《申报》)

7.武昌商会组织平价米厂接济民食
(1925年9月26日)

节选志报端,该会恐因人民尚□完全知晓,昨又发出六言暗示云,照得采米西贡借济灾歉之穷,米色外洋头等平价有无相通,南段安徽会馆、北路龙神庙中、中段府学设厂已处定价为同,零购□斗为止,籴米务各纵容。上午八时开厂,下午三时停,公若购整包米石,本会亦可通

融,聊尽转移义务,诸君原谅苦衷。伯丙

(《汉口新闻报》)

10 月

1.商联会预备会议消息,武汉商会报告所推代表

(1925 年 10 月 13 日)

总商会昨接全国商会湖北省事务所来函云:径启者,案准中华全国商会联合会总事务所函开,准上海总商会函开,敝会第十八期会董常会议决,以关税会议为期不远,即经电请全国商会联合会召集各省区商会代表,开会讨论在案。昨接张会长致敝会虞会长电,谓已经评议会议决定于十月在京举行,等因。敝会拟俟各代表经过上海时,先期开一预备会以资接洽,属将此意分函各省区事务所、总商会,请即迅举出席代表,凡有道经上海者,先期知照敝会,俾可先期开一预备会议共商一切等由,准此。除分函外,爰特据情函达,即希查照办理。如代表有道过上海者,并希先期函知总商会,以便定期先开预备会议,借资接洽,为期已近,希即迅予施行,等因,准此。查此次北京召集临时大会,本所已公推郑君植卿为本所出席大会代表,并准武昌总商会函告,已公推刘君季为代表,汉口总商会函告公推周君星棠为代表,除分函郑、刘、周三代表外,先赴上海出席预备会议,再行晋京与会外,相应函达贵会查照,至希接待是荷。

(《民国日报》)

2.汉商会开临时紧急会

(1925 年 10 月 22 日)

汉口　汉商会皓(十九)晚开临时紧急会,讨论时局,警厅长周际云到会,说明军警维持治安,望商民勿惊恐,会议结果,决欢迎吴出岳。(二十日下午六钟)

(《申报》)

3.汉商会迎吴

(1925 年 10 月 23 日)

汉口　省会议长议员、各公法团代表千余,在江岸迎吴,吴下舰一一周旋后,乘舰由刘家庙登陆,国会议员百余,汉商会全体及各团代表,均请即时就总司令职,吴抚慰毕,同乘车至查家墩行辕,下午一时,就总司令职,四时开军事会。(二十二日下午六钟)

(《申报》)

4.汉商提倡国货运动

（1925 年 10 月 23 日）

汉讯云，上海提倡国货会国民抵制仇货总联合会代表张子柱，十月四日乘江裕船到汉，继李管卿宓汝卓两代表之后，与各法团接洽，磋商切实办法，力求彼等带来之四项任务（提倡国货、抵制仇货、关税自主、爱国募金）期于实行，结果，提倡国货一项，由品珍珠宝号、广生行、南洋兄弟烟草公司，前中华国货商店主人唐爱陆，市声周报社主任李孤帆等，发起一汉口提倡国货会，并创办一国货商场于歆生路。八日午，该会特在商场筹备处开一全体大会，欢迎张代表，到会者，国货商店百余家，先由张代表演讲，继则各到会商人交换意见，所有办法亦于其时商妥，抵制仇货一项，当由湖北全省商界对英经济绝交后援会切实执行，关税自（主）一项，则由汉口商会长周星棠北上与会力争。爱国募金一项，周会长亦已愿意担任一队云。又各界以张系旅法各界救国联合会文书部主任，复请张分日在各团体演说云。

（《晨报》）

5.汉商陈述苦情

（1925 年 10 月 24 日）

（本报二十二夜汉口专电）汉商会推周星棠等六代表谒吴（佩孚），陈商场困难，请维持。

（《晨报》）

6.息借汉商会七十万

（1925 年 10 月 24 日）

汉口　吴将赴宁须筹百万方可成行，闻已向汉商会息借七十万，武商会三十万。（二十三日下午七钟）

汉口　汉商会养（二十二）推周星棠、蔡辅卿等六代表谒吴，面陈商场困难情形，请予维持。（二十二日下午九钟）

（《申报》）

7.吴佩孚到鄂之各方面

（1925 年 10 月 24 日）

汉口总商会与钱业公会因见报载中国兴业银行将发行钞票一千五百万，官钱局亦发行官票一千五百万，以充此次对奉之军费，云云。以为此种事件非常与市面有关，乃特开联席会议，公推周星棠、郑燮卿（汉口商会代表）、关英鑑、余德馨、杨俊山、郑乾山（钱业公会代表）等六人于昨日下午二时赴查家墩谒见吴氏，询问其事之有无。吴氏答云，报载各节并无其事，愚意以为发行钞票与官票系一种扰乱金融之行为，余决不至发行谈举。各代表遂与辞出司令部，濒行时，吴司令请各代表以吴氏主意转告诸执事，云云。信丙

（《汉口新闻报》）

8.商摊饷银

（1925 年 10 月 25 日）

汉口　吴在查家墩总司令部，召商界领袖商筹二百万元，商界允尽力，但不能定数目，汉商会敬（二十四）午紧急会议，商摊认多少。

（《申报》）

9.沪国货代表在汉之工作

（1925 年 10 月 25 日）

进行四项任务。

上海提倡国货国民抵货会总联合会代表张子柱君十月四日乘江裕船到汉，继李管卿、宓汝卓两代表之后，往与各法团接洽，磋商切实办法，进行彼等所负之提倡国货、爱国募金等四项任务，结果提倡国货一项，前中华国货商店主人唐爱陆，市声周报社主任李孤帆等发起汉口提倡国货会，并创办一国货商场于歆生路，八日午该会特在商场筹备处开一全体大会欢迎张代表，到会者国货商店百余家，先请张代表演讲，继则各到会商人交换意见，所有办法亦于其时商妥，抵货一项，当由湖北全省商界对英经济绝交后援会，切实执行关税自主一项，则由汉口商会长周星棠北上，与会力争爱国募金一项，周亦已愿意担任一队，又各界以张代表系旅法各界救国联合会文书部主任，熟谙外情，特先后开会欢迎，请张演讲，十月五日与胡适之、马寅初等同时在精武体育会演讲（华侨之爱国精神），七日在民新男校演讲（爱国），八日在粤商广生行南洋兄弟烟草公司广东银行交通银行等宴会席上，演谨（留法状况），九日在民新女校演讲（女子对国家的责任），十日在关帝庙市民庆祝国庆大会中演讲（国庆日的真意义），此外在武昌方面演讲，尚有数次。

（《申报》）

10.吴向汉商索款二百万元

（1925 年 10 月 25 日）

汉口二十四日电　联军司令总部养（二十二日）向商会银团借款，原要二百万元，漾（二十三日）商洽至少百万，限七日交款。

（《晨报》）

11.汉商会筹借军费

（1925 年 10 月 26 日）

汉口　汉商会敬（二十四）通过筹借军费百万元，月息一分二厘，三个月后，每月摊还十四万，六个月还清。

（《申报》）

12.关于中国近事之外电

(1925年10月26日)

二十五日北京电　本星期抄各方面绝少确实消息,惟华字各报登载汉口等处专电,如属确实,颇堪注意,一谓吴佩孚、萧耀南等开会议决,吴向武汉商会筹得百万元后,即拟赴宁,晨报称吴已派代表,往晤岳维峻。

(《申报》)

13.汉商会筹百万元分六个月摊还

(1925年10月27日)

(本报二十五夜汉口专电)汉商会敬(二十四日)决筹百万元,六个月摊还,月息一分二,下星期交款。

(《晨报》)

14.吴佩孚借款调兵

(1925年10月28日)

在汉将开军事大会

要向武汉商界借百万

第三师旧部将再成军

二十四日汉口通信,吴佩孚昨通电就联军总司令职,所有一切进行,诸待筹划。兹特规定办公时间,以资限制。该司令之眷属,此次并不住法租界巴黎街,转住于西马路刘家花园,以符其不住租界之语。每日上午七时,由居宅赴司令部,实行办公,夜间十时半,由司令部返居宅,司令部出进,完全由第二师四旅八团二营与警察第一队警察七署武装巡警逐时照料,并雇定□道夫□名,专负司令部至居宅清洁街道之责任。

吴自发出就职通电后,即预备实行讨奉计划,以未赴豫之先,拟在汉开一讨贼军事大会议,由联盟各省,指派代表参加,会议地点,已指定西园。现各省驻鄂代表,均纷纷电请各该省督办示复,是否赞许,一俟各省赞许电到齐后,即正式开会。

又吴抵汉后,于军费一项,亦在积极筹措。据昨日商界消息,以款无所出,当转向武汉商界息借,汉口七十万元,武昌三十万元,已经接洽妥协。

吴旧部第三师,本为其基本军,去岁虽经解散,半多逗留豫鄂两地,实未尝忘怀旧主人,兹吴再起。此饱经烽烟之健儿,亦不无可用,拟派张福来赴洛阳从事召集,枪械由汉阳兵工厂养给,俟编制成军,仍驻扎洛阳。

闻吴此次出山,专为对奉作战,在岳未起程之前,萧耀南曾派杜镇守使与陈师长赴岳与吴接洽,吴氏只主持讨奉范围以内之军事,对于鄂省政局,则毫不过问,故暂时当无若何变化。

(《民国日报》)

15.汉商筹垫军费之条件，以吴军是否开拔为标准

（1925 年 10 月 29 日）

（本报二十七夜汉口电）武汉商会银钱两会寝（二十六日）联席会筹认军费，决以吴（佩孚）军开拔与否为交款标准。武会认筹二十万，汉会八十万，感（二十七日）开会摊款。国闻社汉口二十八日上午一时电，汉商会感（二十七日）紧急会议，对吴军借款百万，决武昌十万，汉口九十万，对宥（二十六日）夜吴军加借百万，及萧谕财厅向商会借本月政费六十万未允。闻吴军向盐商借百三十万元。

（《晨报》）

16.汉口、武汉两商会开联席会，摊认百万军费

（1925 年 10 月 29 日）

汉口　武汉两商会、银钱两公会，寝（二十六）晚七时在汉商会开联席会，摊认百万军费，武商会备述困难情形，仅能筹借一二十万。佥以同感困难，又不能不借，应以吴军开拔与否，为交款与否标准。决感（二十七）再开联会摊派。（二十七日下午五钟）

（《申报》）

17.汉口商界允筹吴军开拔军费

（1925 年 10 月 29 日）

汉口　商界允筹吴军开拔费百万元，吴派刘绍曾请照原议筹二百万，萧因本月军政费无着，嘱财厅向商会挪借。汉商会感（二十七）晚九时半开紧急会，决定吴军只能筹百万，除武昌商会认十万外，银行公会摊认四十万，钱业公会与外帮各认二十五万。（二十八日下午一钟）

（《申报》）

18.萧令财厅向汉商会挪借军费

（1925 年 10 月 31 日）

汉口　张英华建议，发行十省通用票千万元，闻已在汉口某印字馆发印，萧令财厅向汉商会挪借军费六十万元，商会允筹二十万。

（《申报》）

19.吴佩孚决定赴宁，鄂人亟盼吴军出境

（1925 年 10 月 31 日）

续讯：吴佩孚究将赴宁、赴豫，久为研讨不决之问题，顷据吴侧传出消息，查家墩总司令部二十六日午后又开军事会议，业经决定赴宁，除随带所部卫队外，并拟以陈嘉谟所部二十五师

随吴翊卫，一俟开拔费筹齐，即由决川、浚蜀、楚振、楚有、金瓯、海鸥六舰分运东下，昨已正式发表寇英杰为讨贼鄂军第一路总司令，陈嘉谟为第二路总司令，卢金山为第三路总司令，寇部日来补充军实，极为忙碌，并编炸弹队三大队，以备冲锋，于学忠、宋大霈两混成旅及刘玉春第十五旅，刻正向武胜关开拔，待命入豫，又闻杨森军队尚有二万余人，业由杨率到万县，吴已任杨为川军第一路司令，令其率部来汉，随同赴宁，决川、浚蜀两舰昨日午前十时上驶，传系往装杨氏军队，鄂省人民则深虑战祸蔓延，鄂省治安不保，极盼吴军出境，武汉两商会及银钱两公会昨在汉口商会开联席会议，佥以市面困难万分，官厅尚责令筹款，军用孔急，又不能不为筹借，惟恐款交而吴军仍不离汉，故决以吴军开拔与否，为交款与否之标准，请两会长将此意转达当道，至商会允筹百万之款，今日再开联席会议摊认，如期交付，以免吴军有所延宕，是亦可见鄂人畏兵心理之一般矣。

（《申报》）

11 月

1.开军政联席会议

（1925 年 11 月 3 日）

汉口　军署东（一日）午后五时开军政联席会议，决令各县赶募夫役，大县五百名，中小县三百名，警察所募百名，限两星期运省备用，又因武汉商会借款未交，吴迭函催问，决由军省署会函商会催促。

（《申报》）

2.吴佩孚得巨款汉商界的报效

（1925 年 11 月 6 日）

本报四日汉口电　吴佩孚向汉口银行公会钱业会馆各商铺及武昌商会索一百万元，闻已成立，偿还期十个月。

（《民国日报》）

3.吴军在汉筹借军费

（1925 年 11 月 7 日）

债额一百万元，七日可以付清。

汉口通信　吴佩孚于二十一日到汉后，次日即命萧耀南邀武汉两商会长吴韩臣、周星棠并银行公会董事会王毅灵至查家墩总司令部，商请暂借吴军开拔费二百万元，以生成里房产作抵押品，电话、电报及京汉路南局三机关收入作偿还，月息一分二至一分五，俟再商定，周、王等当允与杜锡钧、李炳迴协商出司令部后，周、王详述个中困难情形，始得减少百万，只借百万，经商会联席会议决定由武昌商会分摊十万，汉口商会分摊九十万（银行四十万、钱帮二十五万、外帮二十五万），原限七日内交款，旋因种种困难，直至一日夜间，萧始偕同官钱局总办饶凤璜于二日午后将生成里契约及拟订之百万借款合同一并携至查家墩，与杜、李协商，决定此项借款，额定为一百万元，电报、电话、铁路南局三机关为债务人，两商会为债权人，三机关奉省当局命，向两商会押借，抵押品为生成里（生成里为官钱局管业），担保人为官钱局，月息一分五，以三机关收入，限一年分期将本息还清。先二个月只付息，从第三个月起电报、电话两局共拨付四万，铁路南局拨付七万，路局自第四月起减少拨付一千五百元，十个月付还清楚，并由省政府两商会各推代表一人组织监视团，监视三机关收入，以便按月拨付，此项合同商会三日午后三时联席会加以研究，即交官钱局转省政府三机关盖印，共须七份。三机关各一份，两商会各一份，官钱局一份，省政府备案一份，签字后一切手续弄清，即付款五十万，五日付二十五万，七日再付二十五万，惟识者谓此区区百万，决不能了事也。

（《申报》）

4.汉口商会杂志（四则）

（1925 年 11 月 10 日）

汉口总商会因援助沪汉案组织对英绝交后援会，正在进行之际，忽为时局关系，致被搁浅。顷闻该会消息，各会董以停顿为耻，仍拟维续进行，并首先注意宣传事宜云。

商会担任借饷二十五万元，至今仍未筹齐，除催促刘仁山、郑慧吾等与各帮接洽外，并拟日内召集帮董会议一次，劝令从速借款，以便联军开拔云。

商会新修洋楼两栋，工程已经告竣。昨午，商事公断处湖北货税报验所均已迁入新屋办事，并通告商界知照。樵丙

商会此次代联军总司令部承借款项，其分配办法已见各报，此项借款尚未缴出，总商会因联军总司令部迭次催缴事，于八日通函各帮董克日缴款。兹将原函录下。略谓，顷接湖北军需处李炳煦函一件，内称星棠会长台鉴，前议借款三番商议方可成立。现在交款期迫，请即通知各商号克日交清，否则敝各军唯有自向各号支取，既有合同又有利息，何以不顾大局如斯。敝各军万不得已牺牲治安等语，云云。心丙

（《汉口新闻报》）

5.钱帮与借款

（1925 年 11 月 10 日）

三机关借款一百万元，商会方面原公决钱帮分摊二十五万元，在借款合同未签字以前，钱帮即有恐未能如数之表示。顷签字已经七日，闻该帮尚只能汇交二十余万云。国丙

（《汉口新闻报》）

6.吴佩孚向武汉商会借款合同

（1925 年 11 月 10 日）

总额现洋一百万元分三期交款，三机关负责以生成里房地担保。

汉口特约通信,吴佩孚以亟欲开拔,派刘绍曾向商会借款,已经迭志本报。据悉该项借款合同,前夜业经签定。昨午并交第一批现款五十万元,兹竟得原合同内容,爰为略录如下:京汉铁路南段办事处、汉口电报局、汉口电话局、(下称三机关)今因临时需要,奉湖北省政府令,向汉口武昌总商会(下称两商会),押借现洋一百万元,议定条件如左:一、此项借款总额现洋一百万元,分三期交款。第一期五十万元,于本合同签字后,合同内所载一切手续□竣时方交付。第二期二十五万元,于第一期交款后七日交付。第三期二十五万元,于第二期交款后五日交付。三期交款,同并应由三机关共同出具收据为凭。二、此项合同由湖北省政府令行湖北官钱局,以官钱局所有汉口生成里地皮房屋产业之全部作担保品。该项担保品之各种契据,因官钱局向义品银行抵押,除还尚欠洋例纹银六十万两,现归义品银行保管,应由湖北省政府令行官钱局照录合同,加盖关防,专函义品银行声明,除义品原押银两外,此次借款之两商会,为该项房地产业之第二债权人,请其一并保管。如此项借款期满,本息不能偿清,俟第一位债权人本息清了后,即由义品将该项房地产业之各项契据,直送交两商会,自行管理。自取收入归还本息,以还清为度,但不得处分变卖。三、此项借款,以十二个月为期,每月以一分五厘计息,其息自每次付款之日起,按夏历计算,每月付息一次。开始付款后,第一、第二两个月只付息,第三个月起还本,分十个月还清,每月十万元,利随本减。前项还本办法,如在期前,三机关另有款项,得随时归还。利即如期随本减算。四、此项借款,月即由三机关之收入项下,除本各机关逐月开支,仅先自留备用外,分别另行拨出款项之一部分,充付此项借款。每月付息还本之用,其办法及数目如左:一、电报局电话局自本合同签字后一月起,每月共拨出一万五千元,自第三月起,除开支外,每月拨出七万五千元,但自第四月起,每月共拨四万元。二、京汉南段自本合同签字后,第三月起,每月少拨一千五百元,前列款项由两商会向三机关收取后,自行摊还本息,至三机关所欠一切旧债,由三机关负责自理。五、前条所定三机关于收入项下,应行拨出之各该款项,由三机关于本合同签字日,同时按照每月应拨数目分立各本机关之期票,交由两商会存执,到期如数向三机关收款。再为特别慎重还款起见,由湖北省政府派员一人,两商会推代表一人,组织监视团,随时监视三机关收款账目。六、本合同一式七份,三机关两商会及官钱局各执一份,另一份由三机关两商会官钱局,会衔呈请湖北省长公署备案云云。下有三机关两商会官钱局署名关防。(十一月六日发九日到)

(《益世报》)

7.汉口新闻界对吴之表示

(1925年11月13日)

反对在鄂召集国会并发行军需券,军需处催促商会缴款。

国闻社汉口通信　汉口警察厅长周际芸奉萧手谕,八日午后三时请各报记者到厅谈话,周氏婉商各报,对吴讨奉加以赞助,某记者等先后表示,对吴讨奉,固可不持苛论,惟在鄂召集国会,组织政府之主张,断不能容其实现,当由周氏担保召集议会及组织政府,决不令其在鄂省举行。某记者问外传将举行军需兑券一千万,并力述其影响金融为害甚大,果有其事,请转达当局,万勿令其举行。周谓此事据闻尚未决定办法,云云。五时散会,但据私人消息,发行军需汇兑券一千万元(或云二千万)之主张,原系张英华及符定一等之计划,现张、符虽均表示不敢硬干，但有川人舒礼鉴刻正表示愿竟张、符之全功，现决以湖北特捐押借一千四百万元，作军需券之准备金，再向盐商借六十万元作临时军费，前借武汉两商会之一百万元，闻银行界只能交三十六万（原摊四十万），钱帮只能交二十万（原摊二十五万），预料将来决难交齐。然当局催交甚急，兹节录汉商会会长周星棠转各帮函如下："顷接湖北军需处李炳煦函一件，内开云云，前议借款三次磋商，方可成立，现在交款期迫，请即通知各商号尅日交清，否则敝处各军，惟有自向各商号支取，因有合同，又有利息，何以不顾大局如斯，敝各军如至万不得已，惟有牺牲治安。"云云。

（《申报》）

8.汉口军警商界开治安会议

（1925 年 11 月 15 日）

汉口　文（十二）午后军警商界要人在汉商会开治安会议，汉警厅长周际云主席，讨论结果，汉镇治安由军警商联合维持，商会借款，文（十二）夜续交二十五万元，军用票改名军需券决发行千万，现正筹借基金。（十三日下午九钟）

（《申报》）

9.武商会筹饷新法，预备房租一月

（1925 年 11 月 16 日）

十三日武昌函，商会筹饷，特发通告云，为通告事，刻因省政府临时急需，由汉口电报电话京汉路局，三机关，奉令将武汉商会，押解巨款。惟武昌商力绵薄，筹措维艰。迭经开会讨论，为商会特别认借，然为数有限。大会议决平允办法，按照商店租金息借一月，所有城厢内外商号住客，按照全月租价，各借半数。概由商号，先行垫缴，如系自住之产，亦即估借租价照缴全月，事关要需，不能推诿，务祈体谅苦衷，共济时艰。本会公推重要职员，分赴各实号募集，并分别制取收据按户领取，仍顺先期预备，以省顺渎，而免刻延，是为至盼，武昌总商会通告。

（《民国日报》）

10.汉口总商会函转发财政部为查明各商民积存俄钞数目致汉口银行公会函

（1925 年 11 月 18 日）

径启者，十一月四日奉：财政部佳电开，九月江电行查各商民积存俄钞数目报部正在汇核办理。问准中俄会议公署声称须将种类名称分列等因，应请转如原报各商民，凡已报积存俄币，查明各票面上所托或系旧俄制时代卢布即帖，或系临时政府时代卢布即大帖亦名帖，或系革命时代苏联及地方政府发行之各种卢布，数目务须分别种类列表，每种附一样本送部。此外如存有俄国公债票及国库券亦即专案查报，并将发行时期证明至俄钞如有续经查明存数，将来报部时统照，此次电开办法列报务须一个月内齐先，将每种总数分别已报来报，暨债票数目时期一并电复，一面造表飞送，均勿稍延致误等因。

奉此查前奉财政部江电业经转据各帮函报，积存俄币数目由会先采总数电陈，大部鉴核在案,正赶造表册,闻奉电前因除登报通告外,合再专函奉达即希。查照凡以前报过俄钞存数者均请遵照此次部电所开办法,于期限内将各票种类名称分别详细声复,以凭转报。如有续经查明存数尚未具报者,并请照工列办法一律赶速补报,均以十一月三十日(即夏历十月十五日)为截止之期,幸勿稽延自误,切为要顺颂均绥。

汉口总商会启

11.吴佩孚在武汉勒款

(1925 年 11 月 19 日)

汉商会已缴五十万,武昌会勉筹十万。

十五日汉口通信,电报电话铁路南局三机关,奉省政府命,因时事急需,以生成里作抵押品,向武汉两商会借款一百万元。至十日晚,由汉商会会长竭力凑交第一期之五十万元。当此时势奇紧之日,官商两方,对于经办此项借款之两商会,均能激底谅解。故第二期之二十五万,及第三期之二十五万。商会方面,刻正努力催缴,冀如期交付。至武昌商会分认之十万,除由商会通告城内外商号,统借房租一月外,顷闻已由楚安震寰裕华第一等纱厂,各摊认二万。其筹措已确有把握,盖大家皆认定吋至今日,不得不体念时艰,帮助商会,即系爱护自己,至稳度难关,又持捐借款,为一百四十万元。主其事者系向汉口某七家协商,七家银行,则均许以俟报得总行如何同信再谈,盐商借款系就三百票分认,每票二千元,三百票计共六十万元,盐商承借多少,尚无确信。

(《民国日报》)

12.汉口总商会为杜邦纪调查专员接洽问题致汉口银行公会函

(1925 年 11 月 19 日)

敬启者,昨准经济讨论处函开,查敝处职责在讨论经济问题,以促国内工商业之发展。前为实地考察各省经济情形起见,曾派杜邦纪为敝处驻鄂调查专员。兹因该员有事,须赴贵会面为接洽,相应函达,请烦查照敝希赐予接洽,见指示一切。俾利进行至纫公谊。等因。准此,并由杜君莅会面述前情,拟于即日径往来各帮,实地调查,请为分别函达以期接洽等语。前来除分致外,相应转达。台端即希查照接洽为盼,顺颂时绥。

汉口总商会启

十一月十九日

13.发行军需券

(1925 年 11 月 26 日)

汉口　警厅径(二十五)午召宴报界于普海春,说明发行军需券理由,汉商会定宥(二十六)开紧急会,讨论军需券问题。

(《申报》)

14.汉口军需汇兑局成立

(1925 年 11 月 28 日)

汉口　军需汇兑局,定东(一日)在南洋公司三楼组织成立,已公函推萧为董事长,武汉商会、银钱公会会长及杜锡钧、周际芸、刘绍曾、李炳煦等为董事,日内布告,有反对阻挠者,即军法从事。

(《申报》)

15.报告军需券

(1925 年 11 月 28 日)

汉口　汉商会寝(二十六)开大会请杜锡钧到会,报告军需券事,杜谓吴意决不扰民,筹有现金若干,即发行军需券若干,原议在前敌行使,现奉军内变,鄂军已无出兵必要,将来是否发行尚未定,又谓外传强迫筹款及招匪成军说,均谣言,请勿轻信。(以上二十七日下午四钟)

(《申报》)

16.汉口商务感受军事影响,银根奇紧,交涉停顿

(1925 年 11 月 29 日)

汉口通信　自军兴以来,汉口商场,因感受军事之影响,市面银根奇紧,又重以摊借饷款,因之商务萧条,顿呈一落千丈之势。据商界中人云,阴历九月底比期,折息已高至三分有零,银行钱帮,只收进而不放出,缺乏流通现金。各业商人,均在叫苦不迭,幸某银行由沪运到现银三百万两,故折息乃跌至一分零数厘,得以勉强维持市面。然现值军事发动,常德津市及襄河之杂粮棉花,均已停止办货,无交易之可言。京汉路又停止商运,各色货物,皆停滞于汉口及郑州驻马店,而上海之棉纱,亦复停止运输。忽目下汉口市面,只有食物交易,其他营业,皆在无形停顿中,若军事期间延长,商务必益衰落。阴历年关,不知成何景象云。

(《益世报》)

17.军需汇兑局登报通告

(1925 年 11 月 30 日)

汉口　军需汇兑局登报通告,东(一日)开幕成立,兑换券分一元五元十元三种,券面有汉口字样者,可在汉局及代兑所兑现,汉日代兑所为大陆、大成两银行。胜丰益、德干、亨三银号和成钱局等处,对于发行券额及准备金若干均未提及,再券面有汉口字样,可知行使地点并不限于前敌,武汉商会、各团联合会均拟联呈总部取消。(以上二十九日下午四钟)

(《申报》)

12 月

1.军需券条例

(1925 年 12 月 3 日)

汉口　军需券条例八条,其要点以在武汉国有产业价值三千万元为担保品,券由总局兑现,分支局只兑费通汇,无论流通何地,于军事停止一个月内,由总局以现款收回。凡本司令所属各省及本军力所到之处,银行、钱店、商民、铁路、交通机关一律收受,并得完税作现款之用,如拒绝行使或毁损信用,一律以军法惩治,汇兑局开第一次董事会,萧董事长未到,仅到十二董事,由李葆元招待,稍谈即散。东(一日)将券样分送武汉商会,劝商民行使,票额及基金几何,至今未宣布。

(《申报》)

2.武汉军需汇兑券已实现(萧萧)

(1925 年 12 月 6 日)

军需汇兑券发行条例,计有八条,业由军需汇兑总局函送武汉商会查照,并分送汇兑券一元、五元、十元三种券样,请转知商界一律收用,兹觅得其条例原文,为录于下:(一)讨贼联军总司令部为拨充临时军需及保卫治安起见,发行汇兑券定名为军需汇兑券。(二)此项汇兑券由本司令部特设之军需汇兑总局发行之。(三)此项汇兑券,以下列国有不动产价值三千万元,由本司令部将契据交与汉口总商会保管为担保品:(甲)财政部造纸厂;(乙)交通部所有汉口地皮;(丙)交通部京汉铁路南段事务所房屋地皮;(丁)其他国有在汉不动产。(四)此项汇兑券必须由总局兑现,凡本司令部所设军需汇兑分支局之处,只兑费通汇。(五)此项汇兑券,无论流通何地,于军事停止一个月内,由军需汇兑总局以现款如数收回之。(六)此项汇兑券,凡本司令部所属各省及本军力所到之处,银行、钱店、商民、铁路及各交通机关一律交受,并得完纳课税及代其他现款之用。(七)此项汇兑券无论军民,如有拒不收受及毁损信用行为,一律以军法惩治之。(八)本条例由军需汇兑总局妥筹订定,呈总司令部核准施行之。就此发行条例以观,与李葆元前此对于报界所发表之谈话,及杜锡钧在汉商会所报告之意思完全不同,洵属异事,前此所谓行使于前敌者,今竟发行于并非前敌之武汉,且照目前形势观察,此项军需汇兑券之流通,或毕竟无行使于武汉以外之一日,至于发行券额若干,(闻已印就一千七百余万元)及准备基金若何,并无明白宣示,其影响如何,诚不敢推测也。

(《申报》)

3.禁止强用军需券

（1925 年 12 月 8 日）

汉口　商界请愿代表，鱼（六日）午先在武商会开联席会，通过请愿呈文，推吕超伯为谒萧发言代表，各会副会长协助，嗣萧下手谕，经吕报告大众后，众要求萧出示禁止强用军需券，萧亦允，众始满意出署，闻各属商会及各团体纷电武汉商会询问真相，并请坚决反对，预料想揩油者终归失望。又汉商会函军需汇兑总局，谓查样票背面所刊以国有产业三千万元契据，交汉商会保管为担保品，当以敝会并未收有各项契据，正拟转询间，适各帮商众纷纷向会询问，有无其事，敝会以此事关系甚巨，未便稍涉含糊，除当众据实声明外，相应函请查照。（七日下午三钟）

（《申报》）

4.鄂商界反对军需券之激昂

（1925 年 12 月 10 日）

汉口通信　总司令部设立军需汇兑局发行军需汇兑券。其发行条例与汇兑总局通告，均详前报，愚以其发行券额与准备基金，均无定额，而其发行条例与通告之要点又前后不符，足见其本身尚多不可告人之问题，即断定其前途尚多暗礁。今果激起商界反感，已有实行反对之举动矣。昨五日午后五时半，武、阳、夏三商会及湖北全省商会联合会、汉口各团联合会等五团体在汉商会开联席会议，讨论军需券问题。共到百余人，众推汉商会长周星棠主席，周即登台，谓联军总司令部进备发行军需券，在军需汇兑总局未通知以前，汉商会绝未与闻其事。至该券背面印有发行条例八条，其第三条四项，所谓价值三千万元国有不动产诸契据交与汉商会保管为担保品等语，实则此种契据属于交通部者在交通部，属于财政部者在财政部，商会除收到该总局公函一通、券样三张外，并未收到其他片纸。请武昌商会吴会长发表对于该券应注意之要点，再讨论应付办法。吴干丞继登台，指陈利害，极为精辟，且词极激昂，到会者皆为感动。吴氏报告毕，仍由周氏登台，主席王森甫动议，谓今日应先问到会诸君是否赞成此券在鄂发行，请主席提出征询大众意见，再付表决。主席询问大众有无异议，众请付表决，主席即高声谓诸君如不赞成此券在鄂发行，即请起立。全场一致起立，王森甫又谓，到会诸君既一致反对军需券在鄂发行，诸君为全省商民代表，倘诸君有一人因反对军需券，而受若何影响，全省商民即起为后盾，请主席提付表决。主席即据以谓如诸君赞成王君动议者，即起立，全体起立。丁舜钦动议，谓汉口方面倘有一人因反对军需券而发生若何影响，武昌即首先罢市，以为后盾，全场鼓掌赞成。再次陈荣卿、周允斋、严芹初、李定安、徐荣庭、任汉臣、周韵宣、徐世法等相继发表意见，决定到会各团体代表于六日同赴武昌，向萧耀南请愿，无论如何，不许该券在鄂发行。况杜镇守使锡钧上月二十七日在汉商会报告该券决不在汉发行，应请当局实践前言，如萧不允负责，再联合向吴请愿，若吴不为负责答复，则唯有出于最后之一途，实行罢市，期达到不能在鄂发行之目的而后已。请愿书即晚在汉商会缮就，汉商会及各团联合会代表六日午前十一时，在汉商会集齐，同赴武昌商会，候汉阳商会代表到会，即偕赴督办公署递呈请愿。闻省议会平维两派议员日前集议,拟联合各团体,为大规模请愿。现商界自动反对,省议会当然加入,为一致表示。当属稿时,请愿代表尚在督署未出,其情形俟明日续志。(十二月六日)

(《申报》)

5.武汉商界反对军需券

(1925年12月10日)

六日汉口通信,汉口总商会,武昌商务总会、汉阳商会、湖北全省商会联合会为讨贼联军总司令部发行所谓军需券,特于五日午后五时半在汉口总商会开联席会议,讨论商人对于该券应取之态度。四会共到一百一十余人,由汉商会长周星棠报告开会宗旨,并声明请公推主席,众推周氏主席。周氏详述讨贼联军总司令部准备发行之军需券,在军需汇兑总局未通知以前,汉商会绝未与闻其事。既通知以后,该券背面印布八条例第三条中之四项,所谓价值三千万元国有不动产诸契据,谓交与汉商会保管为担保品。诸君皆知此种契据,属于交通者在交通部,属于财政者在财政部,商会除收到该总部公函一通、券样三张外,并未收到其他片纸,请武昌商会吴会长发表对于该券应行注意之点,再讨论应付之办法。吴氏痛快淋漓陈述一番,仍有周氏报告切,请众讨论。王森甫动议,谓今日应先问到会诸君,是否赞成此券在鄂发行,请主席提出征询意见,再付表决。主席据以征询意见后,即高声谓诸君如不赞成此券在鄂发行,即请起立,全场起立。王森甫又谓,到会诸君,既一致反对军需券在鄂发行,诸君为全省商民之代表,倘诸君有一人因反对军需券而受若何影响,全省商民,即起为后盾,请主席提付表决。主席据谓诸君如赞成王森甫君提议者,即起立,全体起立。于舜钦动议,谓汉口方面,倘有一人因反对军需券,而发生若何影响,武昌即首先罢市以为之盾,全场掌声如雷。再次陆荣卿、周允齐、严芹初、李定安、徐荣廷、任汉臣、周韵宣、徐世法陆续发表意见,经众表决,决定是日到会全体,于六日同赴武昌,向萧督请愿,无论如何,不许该券在鄂发行,况十一月二十七日杜镇守使谓该券决不在汉发行之言犹在耳。应请当局者负这种责任请愿,即晚至汉商会办就,汉商会是日到会诸君六日午前十一时,至会集齐。再同赴武昌商会,候汉阳商会诸君到来,即同往督办公署呈请愿书,期达到该券不能在鄂发行之目的而后已,议至此,已六时三十分,遂散会。

(《民国日报》)

6.武汉商界向鄂萧请愿为军需券问题

(1925年12月11日)

七日汉口函,汉口总商会、武昌商务总会、汉阳商会、全省商会联合会,为反对讨贼联军总司令在汉发行军需券,五日晚在汉口总商会开联席会议,决定是日到会之一百二十余人,于六日午全体到武昌督办公署请愿,务期达到该券不能在汉行使之目的,汉口各团体联合会亦决定加入。兹悉六日午,在汉口商会集齐者一百二十余人。团联会加入者百余人,钱业公会四十余人,共二百余人。先后乘自备火轮渡江,到武昌商会。至则善社联合会亦已加入,汉阳商会亦到十余人,计七大会共到三百余人。午后三时,吴干丞、周星棠、吕超伯、郑燮卿、周韵宣、汉臣、余德馨、王森甫等由武昌商会联袂步行至督署。是时,萧正登马车,准备到启黄中校参与该校毕业礼，适商界为反对军需券来署请愿，到辕门，遂复下车登大楼。吴、周诸氏等遂率同众直至大楼，向萧详陈请愿原因。旋呈请愿书，萧一面抚慰，一面谓吴昨日尚来函说明军需券决不在汉口市面使用，嘱转告绅商，勿加疑虑。旋余德馨谓，日前汉口商会为军需券问题，特开大会，杜镇守使当场曾负责声明，谓该券决不在汉口发行，讵据军需汇兑总局通函所附该券券面，竟系汉口字样。且该券背面印布条例第三条所附之四项，指定价值三千万元，国有不动产之担保品，其契据均在北京。固不仅吴无授与权，汉口商会又何能保管，即此一端，可见吴对于该券，甚是茫然，全是左右为政。君子爱人以德，吴很爱惜名誉，督办视民如伤，故商等很希望督办劝告吴大帅，勿为此军需券所累，致损坏名誉，并贻害全省小民。萧大为感动，旋即手谕云："查此项军事兑换券，系在军前使用，如军事不急，决不轻于行使，昨据吴总司令来函，此项军需券并不在汉口市面使用。并嘱宣告绅商诸公，毋庸疑惧等语。足见无强迫行使之意。请大家一体放心，无过惊疑为盼，此交请愿诸公带回宣示，俾各安心营业可也。"此谕下后，吴、周等三百余人，均经萧送出署，复至武昌商会，一律留餐，六时均分返阳夏。

（《民国日报》）

7.萧耀南对时局态度，对中央与吴均求敷衍

（1925 年 12 月 11 日）

汉口三日通信云：此间局面，依然是萧（耀南）有武昌，吴（佩孚）有汉口之形势。但萧尚可以命令全部，吴则仅可布告一方。且吴布告第一号，即为行使破坏湖北金融之军需券。从可知吴部对于军需券之重视。至该券发行额数究为二千万元抑或一千万元，迄无确实之报告。但该券背面刊布价值三千万元，交由汉口总商会保管，作为该券担保品之各种契据，即：（一）财政部造纸厂。（二）交通部所有汉口地皮。（三）交通部京汉铁路南段事务所房屋地皮。（四）其他国有在汉不动产。据查上述四种契据，均在京部。

汉口商会并未收到可供保管之片纸，且吴自称为十四省联军总司令瞬将两月，此十四省中，迄无一省需要吴自拥之联军。彼赳赳者，亦既始终自由的随吴屯集汉皋，给养已属不少，于理万无在鄂发行军需券之余地。该军需汇兑总局，虽经吴函请萧为该局董事会之董事长，汉商会会长、银钱公会会长周星棠、陈介、杨峻卿等十二人为董事。此一打董事，均有无事可董之感想。萧则以该券关系湖北金融之前途太巨，始终表示决计不就该局董事长。

但为敷衍吴面子，亦曾严令所属，通用该军需券。或云，该券前已由靳云鹏携往徐州十万元，易现洋若干万元，为死力取鲁之用。此闻至不得已时，恐将以之发给所谓讨贼联军总司令部薪水或军饷云。又时局变化，将至若何节度，殊难预言。故萧对政治问题，迄无具体主张表示。范之杰之得江汉关，人谓萧是敷衍孙传芳，其实不尽敷衍孙传芳也。黎澎之得财政厅，人谓是萧敷衍黎元洪，其实不尽敷衍黎元洪也。故其对于中央，段在台一日，萧拥护之忱，似不至大变，质言之，谁主中枢，即拥护谁。此即萧对于时局万变不离之宗旨，对于吴，似乎只要敷衍得过去，绝无其他想头。故一年以来，虽屡有绝吴之机，而始终不为已甚云。

（《晨报》）

8.武汉商界反对军需券大请愿

（1925年12月11日）

汉口通信　武、阳、夏三商会及全省商联会、汉口各团联合会等五团体联席会议决定反对军需券，并定六日联合向萧请愿，停止发行各情形。已纪昨报，六日午，武、阳、夏三方面代表先后到武昌商会集齐，临时又加入汉口钱业公会、武昌善社联合会，共有七团体代表三百六十余人。午后二时，先在武昌商会开联席会议，公推商联会会长吕超伯主席，通过请愿呈文，群情激昂万分，均主张如萧不为负责答复，武汉即首先罢市，又公推吕超伯、周星棠、吴干丞为谒萧发言代表，各会副会长协助。四时许全体出发，由吕、周等步行前导，偕赴督办公署，其时萧甫乘舆出，赴启黄中校参与毕业礼，闻请愿团至，乃下车返署，在大楼接见七团体领袖吕超伯、周星棠等。吕等先递请愿呈文，继即陈述请愿目的，萧颇为动容，当谓吴玉帅昨尚来函，谓并不在汉发行，嘱为宣布，请各界不必惊疑。吕等谓，吴总司令一日布告，明明欲以军法为该券发行保障，且谓已将国有产业价值三千万元之各项契据，交汉商会保管为担保品，实则商会并未收到何等契据，是吴对此事尚属茫然，诚恐主持者多方蒙蔽，将为吴总司令名誉之累，故盼督办为爱惜吴总司令名誉计，为保全桑梓人民计，切实阻止该券在鄂发行。萧当答复，决不在鄂发行。吕等请下一手谕，以为保障。萧即草一手谕云，查此项军事兑换券系在军前使用，如军事不急，决不轻于发行，昨接吴总司令来函，此项军事券，并不在汉口市面使用，并嘱宣告绅商诸公，无得惊惧等因，足见决无强迫行使之意，请大家一体放心，无过惊疑为盼。此交请愿诸公带回宣布，俾各安心营业可也。吕周等比将萧手谕报告大众，众请萧出示严禁强迫行使军需券，萧亦允照办，始满意出署。至武商会晚餐而散。兹将请愿呈文录下：一为会同请愿事，窃查本会等迭据武汉各商民以报载联军总司令部发行军需兑换券，所颁行条例，其第三条有以价值三千万元契据，交与汉口总商会保管为担保品一语，纷来询问，并以杜镇守使前在汉会演说，曾谓此项兑换券，系预备行军时所用，并不在汉口发行。今则汇兑局已经开幕，煌煌文告满布市街，且有凡拒绝该券行使者，一律以军法惩治之条文，商民等诚恐诚惶，莫知所措。伏念本年灾旱甚重，生意萧条，百物增昂，金融日紧，在湖北原有之官票，已有日趋低落之势，设再益以此种巨额之军需汇兑券，则将来市面往来，均系空纸，物价将较前益昂，远客复裹足不来，商业之无以自存，固势所必至矣。而军民之强兑现款，及勒购什物，将来若何景象，当局即不为商民计，独不为地方计耶？商民等瞻念前途，不寒而栗，应请联会请愿督办转达联军总司令部，垂念商艰，准将此券免予发行，以惠鄂人，同声感戴各等语前来，本会等复查此事，关于第三条由汉口商会保管契据一节，已经汉商会将并未接洽情形，据实条陈在案，至该商民等所述各节，亦系实情，兹据实请愿督办，俯赐鉴核，恩予主持公道。

军需券之担保品，为在鄂省国有不动产，此项产业契据均存于北京主管各部，乃该券背面刊印发行条例，谓已将契据交于汉商会保管，为担保品，汉商会不独未收到何种契据，且并未一度接洽。可见军需汇兑局完全以不正当手段欺骗商民。现汉商会已正式函复该局，声明否认其函如下：昨准贵局公函开，敝局现奉讨贼联军总司令委任令开，委令李葆元为本部军需汇兑总司局长，并奉令颁发木质关防一颗，文曰讨贼联军军需汇兑总局关防等各因。奉此，现经赶速筹备，组织就绪，即于本日启用关防，并择定于十二月一日开幕成立，除分别呈报函知外，相应将启用关防及开幕日期，暨发行军需兑换券一元、五元、十元三种票样，计共三纸，检同函请查照，并转知所属各机关一体遵照，以昭信用而便流通等因，并附送军需兑换券票样三纸到会，准此，查样票背面所刊军需兑换券条例第三条，内载此项汇兑券，以下列国有不动产价值三千万元，由本司令部将契据交与汉口总商会保管为担保品，一财政部造纸厂，二交通部所有汉口地皮，三交通部京汉铁路南段事务所房屋地皮，四其他国有在汉不动产，等语。当以此事，敝会并未接洽，亦未交有各项契据，正拟转询间，适据各帮商众以报载有本会保管契据一节，纷纷询问有无其事，并请明白宣布，以释群疑。等情前来，敝会复查此事关系甚巨，自未便稍涉含糊，除已当众据实声明外，相应函复贵局长，请烦查照为盼。

军需券在武汉印书馆印刷，其总额为二千万元，印费为十四万五千元，刻已印就一千万元，前已汇交总部，总部因欲补印军需汇兑总局数字，故仍发还加印。现武汉商界既已坚决反对，各县属团体商会亦纷纷电省否认，吴、萧又有明文，表示决不在鄂使用，则此券或毕竟中止发行，亦未可知也。（十二月七日）

（《申报》）

9.鄂商请愿停发军需券经过

（1925 年 12 月 13 日）

各团体代表三百余人赴督署，萧答复该券决不在汉使用

汉口六日讯云：汉口总商会，武昌商务总会，汉阳商会，联省商会联合会，为反对讨贼联军总司令部在汉发行军需券，五日晚在汉口总商会开联席会议。决定是日开会之一百一十余人，于六日午全体到武昌督办公署请愿，务期达到该票不能在汉行使之目的。汉口各团体联合会，亦决定加入。六日午，在汉口商会集齐者一百二十余人。商联会加入者百余人，钱业公会四十余人，共二百余人。先后乘自备火轮船渡江，到武昌商会。至则善社联合会亦已加入，汉阳商会亦到十余人，计七大会，共到三百余人。午后三时，吴干丞、周星棠、吕超伯、郑□卿、周韵宣、任汉臣、余德馨、王森甫等，由武昌商会联袂步行至督署。是时，萧正登马车，准备到启黄中校参与该校毕业礼，适闻商界为反对军需券来署请愿，已到辕门，遂复下车登大楼。吴、周等遂率同大众直至大楼，向萧详陈请愿原因。旋呈请愿书，萧一面抚慰，一面谓吴大帅昨日尚来函，说明军需券决不在汉口市面使用，嘱转告绅商，勿加疑虑，旋余德馨谓日前汉口商会为军需券问题特开大会，杜镇守使当场曾负责声明，谓该券决不在汉口发行，讵据军需汇兑总局通函所附该券，券面竟系汉口字样。且该券背面印布条例第三条所附之四项，指定价值三千万元，国有不动产之担保品，其契据均在北京，吴大帅实无授予权，汉口商会又何能保管，即此一端，可见吴大帅对于此券，甚是茫然，全是左右为政。君子爱人以德，吴大帅很爱惜名誉，督办视民如商，故商等很希望督办劝告吴大帅勿为此军需券所累，致损坏名誉，并贻害全省小民。萧颇感动，旋即手谕云："查此项军事兑换券，系在军前使用，如军事不急，决不轻于行使，昨接吴总司令来函，此项军需券并不在汉口市面使用。并嘱宣告绅商诸公，无庸疑惧等语。足见无强迫行使之意。请大家一体放心，无过惊疑为盼，此交与请愿诸公带回宣示，俾各安心营业可也。"此谕下后，吴、周等三百余人，均经萧送出署，复至武昌商会，一律留餐，十人一席，计共三十六席。六时均分返阳夏。

（《晨报》）

10.汉总商会电谢助赈
（1925 年 12 月 20 日）

总商会昨接汉口总商会来电云，总商会转协济鄂灾义赈会会长王君一亭、副会长盛君竹书、委员姚君紫若、坐办徐君乾麟暨会董诸先生均鉴，鄂灾奇重，待济甚殷，顷接沪函，借悉诸公垂念饥寒，慨允协济，热忱毅力，感佩莫名，逖听之余，谨代灾黎九顿以谢。汉口总商会叩铣。

（《新闻报》）

11.汉商会开联席会，讨论盐斤加价问题
（1925 年 12 月 25 日）

汉口　武阳夏三商会、全省商联会、各团联合会定漾（二十三）在汉商会开联席会，讨论盐斤加价问题，省议会、县议会联合会均提案反对加价，马（二十一）午武汉绅耆黄庆曾等十余人谒萧，询问加价事，萧答不知，已明加价事，完全为黎澍、曹元森、万拗伯等所蒙蔽。（以上二十三日下午五钟）

（《申报》）

12.鄂人反对盐斤加价之激昂
（1925 年 12 月 25 日）

鄂岸盐斤加价，业于本月十日布告实行，定为每担加洋一元五角，以每引六担计算，即每引加洋九元。鄂岸淮盐现每年约销三百票，每票六百引，共为一十八万引，每引加价九元，则每年可得一百六十余万元，且淮盐在鄂岸引地，从前每年可销三百六十票，后因芦盐精盐侵入，减少六十票，此六十票即为芦盐精盐所占有。此次盐斤加价布告，规定芦盐精盐事同一律，则仍当以三百六十票计算，共有二十一万余引，每引加价九元，则实有百九十余万元矣，此为盐斤加价每年增加收入之确数，至此次加价之祸首，系新任财厅长黎澍、鄂岸榷运局长曹元森、淮盐分所经理万拗伯等，汉口各报均经揭载，而不知黎澍尤为祸首中之祸首，先是黎运动继任财厅长，当局以黎之财政经验，不克胜任未予遽允。黎谓年关之政费，到任后自有办法，当局遂以财厅长畀之，黎所谓办法，即系盐斤加价，其计划以盐斤加价，每年既可增加二百万元之收入，以此二百万元之收入为抵押品，可成立一百万元之借款，足供稳渡年关之用，以故黎甫到任。而盐斤加价即实行，未几而盐价借款之说，喧传殆徧。据闻盐价借款，虽曾一度接洽许以利息由银团自定之权利，然银团因盐斤加价，舆论沸腾，能否实行到底究不可知。故对盐价借款，尚无何等表示，年关瞬届，借款未成，黎已焦急万分，一筹莫展，兼以当局对于盐斤加价问题原系为黎等所蒙蔽，批准实行。刻见各法团群起反对，对黎深滋不悦，黎闻之尤岌岌不自安，至各法团反对运动，以商会为最力。日前汉商会常务会议，关于此事，曾提出详加讨论，决仿反对军需券办法，联合全省商联会、武阳夏三商会及汉口各团联合会等向当局请愿，收回成命。刻正接洽中，大约不日即有大规模之运动，此外武汉绅耆，亦一致反对，曾在武昌某处集会一次，亦决定向当局请愿，不达目的不止。省议会方面，已由议员陈邦忠提出质问案，昨由议会咨行省署限其答

复。全省公民团体亦纷纷开会，议决组织全省公团请愿团，举行大示威运动，联络各界定于日内开各团体联席会议，加入者已有省议会、武汉两商会、汉口十五保安会、律师公会、学生联合会诸团体，而武汉各工人以盐斤加价，最受痛苦者，惟此劳动之工人，闻各团联合反对之消息，工人亦决定推举代表加入，以表明劳动界之苦楚。某大学生并提倡组织泣血请愿团，效申包胥故事，往督署痛哭陈情，倘不收回成命，便作秦庭七日之哭，总以达到目的才止，逆料当局如不立行取消，风潮将愈扩愈大也。

(《申报》)

13.武昌商会之来函

(1925年12月30日)

转知纸烟保护捐税不确。

武昌总商会　日前有函致总商会云，径启者，案准湖北财政厅公函开，径复者，案准来函，以前闻某外烟公司借一百三十万纸烟保护捐一案，曾请当局打消此议。兹准上海总商会来电，以汉报登载，此案将签约，认为丧失主权，乞力持正谊，始终抗争，务将此项协约取消，以保主权而维税法等因，除分呈查核取消此项协约外，函请查照，预将此项协约取消始末情形，明白见复，以凭再转沪会，解释疑虑而顺商情等因到厅，查此项传说，前准沪商会暨贵会先后电函见询来厅，当以中央原拟附加保护捐，撤销吸户捐办法，有妨内地课税主权，业经分咨各省一致否认，断无局部径与外商订约认捐之举等语，分别具复释疑在案。敝厅长甫经视事，自应查照，前议办理，以重主权，汉报所载全属子虚，准函前因，相应查案函复，即希查照，并转上海总商会知照，俾释疑虑为荷等因。准此，相应函达贵会，请烦查照转知为荷，此致上海总商会、武昌总商会启。

(《申报》)

14.函执政府秘书厅汉口总商会请将海关附加赈款拨交华洋义赈会保管一节未便变更成案请查照转知文

(1925年)

径启者案奉，执政府发交汉口总商会快邮代电一件内称，关税赈灾附捐，为恤民要政，灾黎仰赖赈款，主管得宜与赈务前途所关至巨，查华洋义赈会成立有年，办理赈务，成绩昭然，中外交誉，关税附捐，既指定为赈灾用途，主管机关，自以该会为最适宜，敬乞鉴纳等情到部，查海关及由海关兼管之五十里内常关附加赈捐保管一事，前已准税务处咨称，各该关每月征收此项赈捐银两，应由税务司按月核提，解由总税务司径交督办赈务公署核收应用等语，此事业经定案，该会请由华洋义赈会保管一节，似可毋庸置疑，除咨达督办赈务公署外，相应抄录税务处来咨，函请贵厅查照转知可也，此致。

(《财政月刊》第12卷第143期)

15.指令湖北印花税处所陈新旧票同时并行碍难照办至武昌总商会所存旧票既经该处陈复当据情函致商联会查照文

（1925 年）

呈悉，查本部改制新票，系为杜绝冲销起见，新票实行之时，一二分暨一角旧票当然停止行使，所陈新旧同时并行，碍难照办，至武昌总商会所存旧票一节，既经该处录案陈复，除由部函致全国商会联合会，查照外，仰即知照，此令。

（《财政月刊》第 12 卷第 144 期）

16.指令湖北印花税处据呈拟设武昌办事处以商会会董充任委员如果经费扣支百分之十应准先行试办其汉阳等各办事处经费均应依照通案以百分之十为率并即为遵照文

（1925 年）

据呈拟设武昌印花税办事处，派委武昌商会会董丁镇东等为正副委员，拟具简章呈送检核等情，自系为整顿税收起见，惟查武昌商会，十一年度实销印花五千五百元，兹因承销不力而有办事处之设置，若仍以该商会会董充任委员，税收是否能见起色，每年销额八千四百元，能否销足，该会董等有无把握，原送简章第十七条所载，该办事处经费，仍照向例提扣二成，本年九月本部业经通令经售费一律改支百分之十，该商董丁镇东等，如果依照通案，就核定经费百分之十数月开支，应准派充该办事处委员以观成效，否则唯有由处收回，另行派员办理，仰该处长察酌情形具文呈覆，再行核饬遵办，再汉阳等各办事处经费，均应依照通案以百分之十为率，并即遵照，此令。

（《财政月刊》第 12 卷第 144 期）

17.函汉口总商会请核复航业公会修改报验规则以便分别函呈由

（1925 年）

径启者，案奉省长公署第三四号训令开案，据武汉航业公会呈称，窃属会于上年呈请于湖北省范围内船只停泊较繁之处，择要设立武汉航业工会驻某地办事处，以便就近维持航业一案并简章一扣仰沐令行，湖北财政厅会同江汉关核议具覆，嗣因财厅驳复不准设立关署又议复赞成设立，复沐钧署认关署议复为有理由，令行属会将办事处简章妥慎修改，另呈核夺各等因在卷，本年三月属会以办事处简章各条均经关署议复核准，无修改之必要，惟办事处简章第二条第二项关于船商完税停验事项，财厅前有驳复意旨不得不详陈理由，将办事处简章第二条第二项妥慎修改以期斟酌尽善，复于前月具交呈请鉴核，三月三十一日奉钧署二百三十五号指令，内开呈悉该公会会章暨细则各条文，既经遵照部令修改，呈由交通部核准，转饬遵照施行应准备案其施行细则第二条甲款第二项之规定，查核修改字句尚无不合，惟前项维持手续将来如另订章则时，须先呈送本署核夺章则存此令，等因。奉此仰见钧署维持航商不遗余力之至钦威莫名，惟念船商完税停验事务复杂手续繁难，各办事处对于此项事务既有事前事后维持之资，载明于办事处简章二条二项之内，则办事处对于维持船商完税各手续自不能不另订报验详细专则以期办事有所准绳，伏查汉口总商会对于货主完纳厘税一事，已在湖北财政厅整理委员会竭力提倡组设湖北货税报验所，一以杜税局之中饱，一以免留难之痛苦，法良意美切实可行，然定名为货税报验所且统称为货主报税，而绝不曰船商报税，依严格解释当然指陆面商家在外贩运之号货而言，陆面商人已由陆面之会务法团设有相当维持完税之机关，若水面航商自船自本贩运之货成千上万倘无详细报验之规则发交各地航会办事处执事，则航商报税岂非任人鱼肉听人宰割乎，在未有航会以前尚可置诸不闻不问之列，今武汉航会既明明遵照中央颁布法令组织而成，各省各处之航商均已纷纷入会，倘对于船商完纳厘税事宜再不出而担当维持责任，不但航会势同虚设抑且违反法定职权，属会详加考虑，拟仿商会现行成例另订商船报验规则，其规则之内容与商会所订货税报验所简章并行不悖，撮其大要约有利益三种，以货税报验所维持陆面商家货主完税之事项，以办事处维持水面航商自船自本完税之事项，彼此分别办理，庶水陆商人享同等之幸福，其利一也；货税报验所之职员由商会指派必能熟悉货主之情形，办事处之职员由航会就会员拟派亦必深知航业运货之情形，各有专门知识，均可驾轻就熟，其利二也；陆面商会维持货主完税事项，水面航会维持航商完税事项，均属言正名顺且免隔膜流弊，其利三也。有此三种利益，故属会谨就航会办事处简章二条二项之规定另订报验规则，以为维持航业完纳停验之手续法等情，附规则一扣到署。除指令呈及规则均悉，据称汉口总商会对于货主完税厘税一事已在湖北财政厅整理委员会竭力提倡组设报验所，而船商报税则未列入，拟仿商会现在成例另订船商报验所规则以为维持航业完税停验之手续法等情，查汉口总商会设立货税报验所，尚未据呈报到，署该会所呈船商报验规则有无冲突之处无从核办，仰候令行财政厅核议具复再行核夺饬遵可也，此令印发外合行抄发规则令仰该厅遵照办理切切此令等因，附发抄件奉此正在核办间准武汉航业公会函开案，查民国十二年十月五日敝会根据会董袁任菴宁芸衷等提议案呈明船商困苦万分，应择要设立航会办事处，就近维持，拟具简章请求湖北军省两长鉴核当奉。湖北督军省长公署会衔指令内开，呈悉，查该会拟请择要设立航会办事处，就近维持各节究竟于地方税收有无窒碍，仰候令行财政厅会同江汉关核议具覆再行示遵，此令简章存旋于民国十二年十二月十日及同年同月十四日先后奉到。湖北督军省长公署会衔指令二件一系转到贵厅单独议复，呈文否认设立航会办事处一系转到江汉关监督公署议复，呈文主张设立航会办事处有种种利益惟关于地方税收一项未加可否，由军省两长认定关署议署议复有理由，令行敝会将简章妥慎修改另呈核夺，各等因在案，敝会以航会办事处简章，除关于第二条地方税收一项，由贵厅驳复尚未妥协外，其他各条文均经关署核准及军省两长承认，是航会办事处之应行组设已无研究之余地，所应修改者不过办事处简章二条二项职权之一种耳，接经召集会议研究修改条文于本年三月六日复将修改航会办事处简章二条二项条文及贵厅前次驳复意旨不当各理由专案，呈请湖北督军省长公署，鉴核本年三月三十日奉湖北省长公署指令内开，呈悉，该公会会章暨细则各条既经遵照部令修改，呈由交通部核准转饬遵照施行，应准备案其施行规则第二条甲款第二项之规定，查核改修字句尚无不合，惟前项维持手续将来如何另订章则时，须先呈送本署核夺章则存此令，等因。是贵厅前所指驳条文又经敝会修改呈由湖北省长公署核准矣，按之经过事实是航会办事处简章，业经省政府将全文批准立案手续具备，自应着手筹备实行设立,现又经敝会根据办事处简章第二条二项拟订各会办事处报验规则,及与商会提议货税报验所简章并行不悖,各理由详细缕陈湖北省长公署,以备各地航会办事处成立后对于维持船商完税停验有一定章规之可循,此不过航会办事处职权之一种,并非航会办事处职权之全部与商会提议仅以报验为唯一之职务者,鲜有□壤之区别,敝会为水面航业总法团,对于航业上害切肌肤之事按之部章自不能不予以积极之维持,揆之省令尤有实行设立办事处之必要,兹当筹备伊始,诚恐贵厅未明个中真相,相应将经过原案全抄一份函达贵厅,请烦俯念航商痛苦,对于办事处之组设予以援助进行,至深观感并盼见复,等因。附呈原案一件,到厅准此复查该公会所拟报验规则,核其性质,贵总会拟设之货税报验所,相同在货本未经推加以前,敝厅对于该公会请求不能不出以慎重,现在百货估本既经贵总会承认推加则问,系报验机关核驳则碍难措词议准则,又嫌重叠,惟详译本年四月二十三日该公会呈复省长文内声明修改报验规则理由,以货税报验所为维持陆面商家完税事项办事处,为维持水面航商自船目本完税事项究竟,贵总会组设之货税报验所,是否包括水面航商在内所拟规则,能否与贵总会组设之报验所并行不悖,未准,将简章送厅无从臆度相应照抄原案暨规则函请贵总会,详核见复,并一面将报验所简章函送过厅以便分别函呈足叙公谊。此致。

(《湖北财政月刊》第 17 期)

1926 年

1 月

1.汉商会选举
(1926 年 1 月 6 日)

汉口　水电公司支(四日)在汉商会开股东大会,报告甲子年营业状况,修改章程,决阳(七日)开选举会,选举董事及正副经理。(五日下午五钟)

(《申报》)

2.汉商会开选举会
(1926 年 1 月 10 日)

汉口　水电公司阳(七日)假汉商会开选举会,哈汉章等三十一人当选董事,苏善夫等六人监察。(八日下午七钟)

(《申报》)

3.武昌商会解释军用券
(1926 年 1 月 13 日)

武昌商会七日通告各商号云,十二月十日,奉军省两署公函内开,径启者,案查前准联军总司令部咨,以拟发行军需汇兑券,咨请饬属遵照等因一案,当以此事关系商场金融甚巨,诚恐商民发生误会,拟请格外审慎。对与武汉重要绅商会商妥协,再定行止等语,咨复,旋省议会函,以报载有发行军用票之议,函请禁止等因。又经将办理情形,函复各在案,兹准吴总司令函开。查军兴之始,原拟率师出援,现金难于筹运,议者遂有兑换券之计划。而兴军用券性质不同,其时用兵至何程度,与其收束之时期,均不能□定。而一旦出发,即需巨款,自不能不先为预备。且印刷券票,开局筹本,均非仓卒可办者,故第如议准其设立,此中自有不得已之苦衷也。旋徐州克复,豫告奋勇,鄂不出兵,情势大安,自无须发行此项兑换券。然局已设立,券亦印就,遽然停办,亦觉大失信用。窃以为兑换券之所以为商民虑疑者,为强迫行使,及不能兑现两端而已。昨李总监向该局董事会,声明此券,不于汉口市面使用,则强迫之虑疑可消。至于兑现,议有定章,自须遵守。且发行券权,与所存现金,作何比例,届时董事会,当能妥为公订,决无滥发,以代现金之事,亦不至累及商民。至于设或战事发生,前敌需用时,如何取信于地方,通行于军队,虽办法临时详订而以能否兑现为根本办法,决不能毁信用而涣军心,亦当识所闻知也。又布告之文,商民初见,或生畏惧之心,而汉民既不使用,则久之亦当冰释。总之汇兑局,以目前情状论,已同具文。今以不办之办处之,则信用不失,而非议自当宁息,谨详悉奉复,以纾厚爱之念。士绅中有奉询者,并请宣示此意幸甚幸甚,等因,准此。除分函外,相应函达贵会,请烦查照,是荷,等因,奉此。用特油印多份,通告全城商店查照张贴门首为荷,切切特告!

(《民国日报》)

4.汉口商会同人公鉴

(1926 年 1 月 16 日)

径启者,我国商会依法成立,原为商人取缔机关,凡关于商务及选举事宜,当根据法律。去年奉农商、司法两部颁布法定新章,附设公断处。我汉口商会依法组织成立,对于选举评议、调查两员不依规定第三章第八条。现于任会员中互选,乃竟有会长、会董互合降级产出,似与法定相反。日值改选任期,务祈我各会员注意,坚持慎重改选,不得一误再误为荷。

汉口湘帮纸业帮会员廖采东谨启

(《汉口新闻报》)

2 月

1.汉商会决请省政府向银团借款

(1926 年 2 月 2 日)

汉口　汉商会决请省政府向银团借款百三十万元,收回破烂官票。

(《申报》)

2.汉商会代购面包解往前线分发各军

(1926 年 2 月 5 日)

汉口　寇电,汉商会代购面包两万斤,东(一日)解前敌,被服厂世(三十一)解皮衣万三千套,解往前线分发各军。

(《申报》)

3 月

1.庚款由英支配并未退还此时无从预拟用途复武昌、汉口总商会电

（1926 年 3 月 5 日）

武昌总商会，并转湖北全省商联会、汉口总商会、汉阳总商会鉴，来电通悉。英于庚子赔款，由彼国自行直接支配于对华事业，与日本略同，与美国之径行退还者大异。来电谓英政府悉数退还，恐于事实尚未尽符，故敝会以为电呈政府，主张兴办事业修筑铁路，揆诸事实，不免扞格。请亮詧，微。

（《上海总商会月报》第 6 卷第 3 期）

2.鄂商会对英退庚款用途主张用于实业及铁路

（1926 年 3 月 6 日）

总商会昨接湖北商会等来电云：总商会鉴，报载英政府议将庚子赔款悉数退还我国，并已派韦爵士来华调查用途等语，敝会等因见前美退庚款系专充教育经费，此固为培植人材起见，然究系分利之事，不如先就生利之事谋之，而后乃不穷于分利。此次英退庚款，应请拨为兴办实业及修筑铁路之用，将来两项得有收入以作教育基金，更属一举，而数善皆备。昨经联席议决，本此理由已电陈政府，力予赞成。应请贵会查照前情，一致主张，合同电请，期达目的，至为盼祷。湖北全省商联会、武昌汉口总商会、汉阳商会同叩。

（《申报》）

3.汉口汉商会开官商联席会议

（1926 年 3 月 9 日）

汉口　汉商会微（五日）开官商联席会议，讨论维持官票办法，黎澍、饶凤璜均到会，说明官票价落原因，宜改组银行，发行银元票，收回旧官票，经商界辩论，决定责成官钱局设法兑现，商会推五代表协助钱局办理，并以联席会议名义，请当局另印新票二千万，掉换破票。（六日下午一钟）

（《申报》）

4.虞洽卿为英退庚款问题复汉口总商会会长

（1926 年 3 月 10 日）

对英退赔款须辨明性质，虞洽卿复汉商会会长电。

虞洽卿为英退庚款问题，复汉口总商会会长电云，汉口总商会周星棠兄鉴，英庚款用途公

电,敝会先于微日奉复此事,英政府尚未提明退还字样,鄙见宜先一致要求其仿照美例径行退还,再议用途,将来支配,仍以实业教育分拨为是,乞酌,虞和德庚。

(《申报》)

5.协商维持官票办法

(1926 年 3 月 22 日)

汉口　省议会皓(十九)茶会,决请财厅长钱局总办及武汉商会长,哿(二十)到会,协商维持官票办法。(二十日下午十一钟)

(《申报》)

6.汉商会改选

(1926 年 3 月 26 日)

汉口二十四日国闻社电　汉商会漾(二十三日)改选,方少岩、周星棠、陈介等四十三人当选会董。

(《晨报》)

7.汉商会董改选

(1926 年 3 月 27 日)

本报二十四日汉口专电　汉商会漾(二十三日)改十三人当选会董。

(《晨报》)

8.汉口总商会为关于外国调查法权委员会致委员会秘书处函

(1926 年 3 月 27 日)

径启者,准法权讨论委员会秘书处函开,外国调查法权委员会不日即将出京,调查昨经议决,凡调查时所至地方中外人士,对于该会权限以内各事,倘有意见,皆可向其陈述或报告该委员会,允代为严守秘密。查此事正可利用各地人士或法团,如曾有身受领事裁判或上海会审公廨之对于华人为原告之案件,为偏颇之处,对者不妨将具体事实据实搜集,报告该会,促其注意,该会系各国共同团体,当不虞一国之领事或外国律师所报复。兹将该会议决案原文及译文,附呈一份,即希转达各界至深切盼。等因。准此,除抄印分函外,合就转达贵帮一体查照是盼,并颂台绥。

汉口总商会启

三月廿七日

9.汉商会附设之官票维持会

(1926 年 3 月 27 日)

汉口　陈介本定漾(二十三)接江汉关监督,因范之杰有条件,未商妥,现定径交代。

汉口　官钱局漾(二十三)将产业约据交汉商会,内附设之官票维持会,该会转交银公会保管。(二十五日下午六钟)

汉口　汉商会漾(二十三)改选,方小岩等四十三人当选会董。(二十五日下午六钟)

(《申报》)

10.汉口英庚款委员团

(1926年3月31日)

汉口　英庚款委员团、中英委员各三人,会员十一人,中委员为胡适之、王景春、丁文江、寓德明饭店,英领署俭(二十八)午后四时半为设茶会招待,与各委员团交换意见,军署定世(三十一)欢宴汉商会定东(一日)欢宴,委员团原拟由汉赴湘,现因湘乱,拟赴宁杭一行。(二十九日下午十二钟)

(《申报》)

4月

1.英国庚款代表团莅汉(召)

(1926年4月1日)

英国庚款委员会代表团于前夜到汉,系乘大通轮船到汉时,除英国总领事葛福亲到码头欢迎外,中西人士之前往欢迎者亦众,该团委员中英各三人,英为威灵顿子爵及其夫人苏希尔·安德生女士,中为胡适之、王景春、丁文江等共十一人,威氏夫妇寓英领事署,苏氏寓英人卡尔君家(译音)、安德生女士寓英人罗茨家(译音),胡、王、丁三君及秘书长约翰顿、秘书祁德生等均寓法租界明德饭店,英领事于昨日(二十八)午后四点半在英领事署,备具茶点欢迎该团,并招待武汉各界及新闻记者,借资介绍各界到者,有中华大学校长陈时,医科大学校长陈雨苍,法科大学校长张知本,商科大学校长郭复初,汉口总商会会长周星棠,副会长郑燮卿,湖北全省商会联合会会长吕超伯,银行公会长王毅灵,中国银行行长洪岑西,江汉关监督兼交涉员陈介,汉口镇守使杜锡钧,湖北第二师师长刘佐龙、齐燮元、张志潭、劳之常、曾务初、徐荣庭、夏光宇、张月笙、王荫樵、王显丞、舒栋臣、向复庵、刘少岩等,此外尚有英商会长马克英,工部局总董柏恩太古大班格洛卫,英文楚报记者计哈利等均由英领事夫妇竭诚招待,由交涉员陈介,科长刘康康丞等一一介绍,倾谈甚欢,分敬茶点,约至五时四十分,宾主尽欢而散。吴佩孚定于今日(二十九)午后七时半在银行公会欢宴,陈嘉谟定于三十一日午前在军署欢宴,是日午后参观武昌各大学校,武昌、汉口、汉阳三商会及全省商联会银钱两会,则于四月一日午后七时半在汉口商会欢宴教育界宴会期尚未定,该团约盘桓一星期后离汉,并拟乘轮西上游览巫峡风景。(三月二十九日)

(《申报》)

2.武汉商界宴英庚款委员

（1926年4月2日）

本报三十日汉口专电　武阳夏三商会、省商联会、银钱两会，定东（一日）假汉商会宴英庚款委员团。

（《晨报》）

3.汉商会宴英庚款委员团

（1926年4月5日）

汉口　武汉、阳夏三商会，商联会，银钱两公会六团体东（一日）晚七时半在汉商会宴英庚款委员团，中英陪宾六七十人，周星棠致词，请委员团注意庚款管理方法，次及庚款用途，六团体已经开会研究，多主先办交通实业，再以余利办理教育，威林顿允为注意。（三日下午七钟）

（《申报》）

4.汉口总商会关于政府维持币制三项办法致汉口银行，银行公会函

（1926年4月6日）

径启者：顷准汉口银行公会函开，查民十币近日汉埠发现更多，扰乱市面于金融业，妨碍甚大。兹敝会禀呈军省两署，拟有办法三条，请求极力严禁所有呈稿，相应抄送贵会查照。俟奉到批示，再行照抄奉致。如贵会查有前项劣币情事，并希函告以便会同举发，借固金融，实纫公谊，抄附件到会。等因。准此除贵帮请烦查照是盼，顺颂财绥。

汉口总商会启

5.汉口商会长选出　周星棠郑燮卿当选

（1926年4月10日）

国闻社八日汉口电　汉口商会（七日）选正副长，周星棠、郑燮卿当选。

（《民国日报》）

6.汉商会长连任

（1926年4月12日）

本报八日汉口专电　汉商会阳（七日）选正副会长，周星棠、郑燮卿连任。

（《晨报》）

7.武汉商界欢迎英庚款委员团

（1926年4月13日）

主张用庚款办交通实业以余利充永久教育基金，威灵顿允尽量容纳。

汉口一日通信云，汉口总商会、湖北全省商会联合会、武昌总商会、汉阳商会、汉口银行公会、汉口钱业等六团体，于四月一日午后七时半，在汉口总商会欢宴英庚款委员团，到威灵顿勋爵、苏希尔约翰斯顿、丁文江、胡适、王兆熙等。陪宾有英总领事葛福马克计哈利等十人，及华人劳逊玉、王荫樵、沈子良、刘锡三、刘康丞等。总商会等六团体代表为周星棠、吕伯超、吴干丞、周文轩、周金山、陈庶青、杨峻山、蔡辅卿、郑□卿、王毅灵、蒋镕卿、周小泉、曾务初、洪岑西、陈椿棠、许容廷、刘歆生、余德馨、万泽生、李德齐、刘少岩、徐是法等，资生共五十余人。先在茶话会室休息，分敬茶点。七时四十五分入西餐室。（设在议场）就餐。由周星棠主席，八时四十五分周星棠致欢迎词，由刘少岩翻译。略云：今天我们商界六个团体欢迎威灵顿爵士同五位代表。承惠然肯来，不胜荣幸之至。又承中英官商降临作陪，更为感慰。威爵士同五位代表此次来汉，系调查湖北方面对于英国退还庚款用途之意见。我们团体，曾经开会研究，多数主张英国庚款退还用途，应先办交通实业，候交通实业获有余利，即以此项余利办理教育。因英国退还之庚款，为期计十五年，如长以此款办教育，则十五年后所办之教育，恐不免因乏款而停滞。不如以此款先办交通实业，再以余利办教育，则此项教育，有永久可靠之基金。惟我们团体，以为英国退还庚款主权问题，最关重要，我们中国一方面代表应请注意。威爵士前晚在吴联帅席上所说，海绵是最能吸收的物件，我们今晚所说亦不过是一种供给吸收的材料，希望此种海绵，尽量吸收，将来发现出来，确是吸收的真正原质，必能得中国国人多数之同情。今天是一个好机会，我们六个团体，均系商人，在商言商，中英邦交，向来亲善。还希望中英商人，互相提携，发展商业，则商人必益加亲善。威爵士同五位代表远道奔驰，热心可佩。今天招待不周，尚祈原谅。谨同晋遵，祝威爵士健康，并祝五位代表多福云云。周致辞毕，威爵士致答谢辞。由胡适翻译，大致略谓威爵士及五位代表今日承贵六团招待，甚为欣幸。复赐敝委员团以良好之意见，尤祈感谢。敝委员团自当如海绵性尽量吸收，总期达到发表的时候，能使全中国大多数的意思，都能满足。入席之前，主席曾请应先注意庚款管理方法，次及庚款用途。此两点平均有吸收意见研究尽善之余地，但此时尚未能发表，应请贵团体代表原谅，敬献一杯，祝贵团体代表健康，各位多福云云。就餐摄影毕，至九时四十分，宾主尽欢而散。

（《晨报》）

8.汉口总商会为转湖北军务公署、湖北省长公署关于严令现金流通训令致汉口银行公会函

（1926年4月13日）

径启者：顷奉督务湖北军务公署、湖北省长公署训令开，查武汉居长江中枢，为商务重镇，全恃现金流通不容稍有缺乏。迩来武汉市面金融紧迫，亟应严申禁令，嗣后凡行旅携带现洋至多不得过五百元。如数在五百元以上者，无论水陆一律禁止出境。倘有奸商大批偷运，查出照章充公，以儆刁玩。除分令外，合亟令仰该商会查照，并转各商帮一体周知为要此令。等因。奉此除分函外，相应录令转达台端，查照并希分知是盼。此颂财绥。

汉口总商会启

9.汉口总商会为开会董会议致唐寿民先生

（1926 年 4 月 23 日）

敬启者，兹因周、郑两会长当选连任尚未就职，而本会事务殷繁，特订于夏历三月十三日下午五时开全体会董会，共同研究办法，俾便进行。务祈准临良深，企盼。

此致

唐寿民先生台鉴

汉口总商会第十一届改选筹备委员会启

10.汉口总商会为转发湖北省长公署关于严格化验币制的训令致汉口银行同业公会函

（1926 年 4 月 24 日）

敬启者：案准湖北省长公署训令第六四一号开，案据汉口银行公会呈称，前据报告南昌造币厂所铸民十银币成色不足，市面颇起讹言。经委托中国交通两银行依法化验，据报称该项银币，其成色仅只八三有零重量，成色均于法定不符。又准上海银钱两公会电称，民十低色银币，系九江等埠，转运来沪，经公会呈请钧署咨行赣省，彻查禁止出口，并行江汉关于该项银元进口严查，勿令偷越起岸等情。嗣于本年二月二十四日，奉钧长训令，以准江西督办、省长咨复赣省厂铸造银币，重量成色与国币条例相符，汉埠发现劣币，当系他处所铸等因，转行公会知照等因。奉此查民十劣币，近来汉埠发现愈多，化验成色益复低劣。据称查系南昌勾通商人运汉销售，言之鉴鉴，可据报关进口者不多，而越境登岸，轮船夫带私运者，诡计百出，甚有串通。据查种种情弊，在该省贪利铸造，当然不肯承认，而奸商贪狠之心虽危害金融，亦所不恤公会。鉴于国币之破坏市面，若再不设法挽救，后此一省铸造，各省效尤，其流弊即与今日市面所流行之杂色辅币及恶劣之铜元相等，行市低下，一发难收，其危险将有不堪设想者。兹拟查禁办法一劣币，进口私运为多，应请钧署饬派水路警队于轮船抵岸时，查明有无银元数在五千元以上未经报关，即行起坡者，如经查得准即扣留，报送钧署发交造币厂化验。倘有成色不足，一律充作以二成充赏八成办赈，并最追求私运之来历，处以国法。其外商轮船亦请令行交涉，特派员转商所属国领事，协同办理。一请严饬江汉关转知税务司严密检查进口各轮，有无私运银元，数在五千元以上之情弊，并取缔迁延，不得任意疏忽或伙同舞弊。倘查出实有私运，即由税务司送交关监督送厂化验，果系劣币，一并充公，处治至报关进口之银元，并由税务司逐日报知关监督备查。一商人贪利，人类不齐，应请钧署严令汉口银行公会钱业公会及汉口商会一体凛遵。倘有商人勾通私运劣币，危害金融等事，即由各该会据实报告，请求按照国法惩治，昭示国人，以悬炯戒。

以上各节均系查禁劣币扼要办法，为此缕晰具陈，伏祈钧署俯赐垂察，迅予分别严令饬遵以维金融而安市面，国币幸甚，鄂省幸甚。并批示施行，实纲德谊等情。据此查案前据呈，当经咨查分令在案，兹据前情，除指令呈出，据陈查禁轻质银币，入境办法尚属扼要，应准照办。除通令饬遵外，仰即知照此令，印发并分行外，合仰该会迅即转知各银钱商号，一体遵照为要此令等因。又准汉口银行公会函知奉令，前因各奉准此。查前准银行公会函抄呈稿到会，当经照抄分知在奉。兹奉前因,除通函外,相应照录转达贵帮一体查照,是盼。顺颂财绥。

汉口总商会启

11.汉口总商会为转发湖北实业厅关于统一度量衡期限事宜,致汉口银行公会函

(1926年4月28日)

径启者:顷准湖北实业厅公函开,案奉省长公署训令第一六八号内开,案准农商部咨开案,据江苏上宝两县闸北市议事会议长徐春荣等呈恳酌定划一度量衡期限,通咨各省依期实行等情,到部查本部推行权度,前经定有分期分区办法,先拟京师为试办区域,以次推及于商埠省会县治,逐渐施行。呈准有案,嗣因窒碍,恐多推行不易。十年以来,除山西已经划一,京师现正试办外,其余各省区未能依次推行。该会所恳各节不为无见,应请贵省长酌察地方情形,是否可以推行新制,以期早收划一之效。除批示外,相应抄录原呈,咨请查照核办,并希见复等因。附抄件,奉此查此案于民国十一年黄谢雨厅长任内,业经函达贵会,遵照部颁权度法案,力谋整齐划一,以杜奸巧在案,为时已久,迨未举行。佛纳甘令前因,除分行外,合再抄录,原呈函请贵会酌察地方情形,应如何推行新制办法,详细具复,以凭核转为荷。等因。准此查此事迭准实业厅公函,均经分转在卷。兹准前因除通布外,相应录函,照抄转达贵会查核,呈希见复是盼,顺颂财绥。

汉口总商会启

12.鄂商组织官票债权团准备起诉

(1926年4月29日)

本报二十六日夜汉口专电　商界组官票债权团,聘谢健为律师,备提诉讼。

(《晨报》)

5 月

1.协商借款维持官票

(1926年5月2日)

汉口　陈嘉谟艳(二十九)在署欢宴汉银团,协商借款维持官票,商界陷(三十)在汉商会会议,维持官票方法,又通函各县,组官票债权分团。(三十日下午五钟)

(《申报》)

2.鄂省公债换回官票之波折,鄂商会反对,质问政府七项

(1926年5月12日)

湖北官票信用破坏后,虽经各界极力呼号挽救,结果,当局始拟以公债票换收官票之办法,

决定每官票作二钱收回。此种办法,一般人虽认为满意,而官票债权团,则认为不满,刻已向当局提出质问七条:(一)公债票换收官票,官票虽有着,试问公债票之信用,果能超过官票否?(二)公债票所持者为官产,与官票相同,何不直接以官产维持官票?(三)官产力量,能否对公债票发生绝大效力?(四)收受公债票人,能否极端相信债票,不步官票后尘?(五)直接维持官票,何等销捷。必加上一转湾,使公债票换入,岂不多加一番烦琐?(六)官票系官物之一,负责者有人,担保有官产,尚且一败涂地,况易以公债票,厉之公家银行,设果如湖南银行之倒闭,将若之何?(七)湖南银行之纸币,至今不能出该省一步,能必湖北银行,可以畅通省外。已著之信用较易维持,未著之信用毫无把握。愿当局及早计划,多请谙练经济学家从长筹议云。

(《晨报》)

3.汉口总商会为提议联合请愿致汉口银行公会函

(1926年5月22日)

敬启者,日昨开武阳夏商会联席会议对于当局实行货税改征现洋一案,全体一致否认,并定于夏历五月二十三日,由武阳夏商会暨全省商联会各会员前赴军省两署请愿,收回成命,以维商业。一面据情电陈各在案,兹因此事关系甚巨,既经议决,联合请愿,自应查照办理。务祈贵会员准于明日(即二十三日)上午十二点钟在本会聚齐,以便联袂前往,为盼。除分函外,专此奉达,即希查照,顺颂台绥。

汉口总商会启

4.鄂商会拟发小票以代官票先发十万——能流通再增发

(1926年5月25日)

鄂讯云,鄂省自官票低落后,市面流通多为洋元、铜元二项。而最不便利者,则持买零星物件,找铜元二串有余,携带甚重,大不如行使官钞时之轻便。一般人民,□拟官票恢复,则照旧行使,乃迄今日久,恐难复原,市面及须一种小票行使。开商会拟发行小票,而小票基金责成曹祥泰益大各钱店,维新益泰各典,一俟集合各商家议决,再行呈请财政厅核准,即便印制发行。并开拟先印十万串,如能流通,则再增加云。

(《晨报》)

6月

1.汉口总商会为开会董茶话会致唐寿民先生

(1926年6月5日)

敬启者,兹因本会改选以来,事务日见殷繁,亟赖诸君子分科担任相助为理,特订于夏历四月二十七日下午准五点钟开会董茶话会,商定分料任事办法,以利进行,并于是日依法推选特别会董。以上两事均关重要,届时务祈台驾,拨冗莅临,万弗吝玉,是所企盼,除分知外。

此致

唐寿民先生台鉴

汉口总商会启

2.节关已迫之汉口商业

(1926 年 6 月 6 日)

倒闭者数家,原因有三

汉讯云,本埠商业穷困状况,已达极点。第(一)大原因,即在生意萧条,房金与日用太贵所致。第(二)原因,即在人心不古,生意亏折,即行倒闭,□几成还赈,然后再张营业,从中减轻债务额数。第(三)原因,即在中国之现金,纯被外国之香烟与洋货生意吸去,银价日涨,商人之存本过高。卖者虽卖,买者不买,营业于是日现堕落。际此节关已迫,已有多数商家倒闭,其倒闭之原因,均不出上述三种原因云。

(《晨报》)

3.汉口总商会为开会董会议致唐寿民先生

(1926 年 6 月 9 日)

敬启者:昨开第一次全体会董会,诸君子多数列席仰见,热心会务,共济和衷。本会精神为之一振,当日原议定于夏历五月初一日下午四时,续开会董会议,用再奉达,务祈准临(开会钟点以四时至七时为限),万弗吝玉,是为至盼。

此致

唐寿民先生台鉴

汉口总商会启

4.直方之筹款办法(公言)

(1926 年 6 月 20 日)

前敌筹饷督办公所成立后之收入

保定通信,军兴以来,用度浩繁,款从何出罕知之者,记者为特观觐其详,吴居汉皋时,对豫用兵,险由杜锡钧、李炳煦□在军警督察处所抽官膏税,暗为拨付外(湖北为川滇黔湘藏陕甘新等省烟土聚处,军警督察处专抽烟税,实变相之官膏局,湖北军费概出于此,杜锡钧镇守汉黄多年,地面情形熟悉,李炳煦则以陆军二十五师旅长兼武汉军警督察处处长为由,财政厅及督署军需处直接向总部拨款,易招鄂人反对,故也按月由军警督察处暗中拨付,外人罕知其详),张英华劳之常辈,亦托武汉商会、银行公会以官产作抵押,略周转数百万,然终缓不济急,且为数有限,其可靠之来源,仍为军警督察处之拨款焉,自京津继下军队北移,于是河南全省及直省,保大两道完全归总部支配,下而财政来源顿见宽广,路线最长之京汉铁路,亦已完全隶其范围,而加税增赋以纾军饷之事,乃易办矣,于是有前敌筹饷督办公所之组织,成立以来,所为重且大之事件,则添加食户捐、军事特捐,各县催款,京汉全路火车货捐改组等项为宜,特别记载者,食户捐者乃二重盐税,肇创于豫省,而推广于直省者也,其办法即每斤食盐加收捐五枚,名曰食户捐,为避直接取诸食户零星烦琐也,办法向盐商于运抵目的地先行估征,准其抬高售价,故直省□价视前陡增(然其原因不纯在此,因车辆缺乏,盐之来源既,断故其售价陡增,直省他道亦同此现象),预计食户捐兴办以来,保大两属盐税,全年可增收数百万元,军事特捐则视食户捐为尤重矣。即百种捐税,统照比例,加收一倍。名曰军事特捐,准于军事完毕,即行取消,故火车货捐客票及百货厘金,一切杂税,均视前加倍,军饷既有所徒出,而税局经征人,亦有发财机会,且其范围,推行甚广,不特直省为然,而河南亦一律施行,统计每月增收,约在千万以上,自筹饷督办公所成立以来,所收巨款,惟军事捐为特重矣。再言各县催款,自筹饷督办公所成立后,所有保大两道财政,均缴纳筹饷督办公所,而筹饷公所,亦派出其料员差遣,分赴各县,催解田赋,本年上忙地丁,既已催齐,复令各县,预解大县七万,中县五万,小县三万,责成各该知事克期解到,有迟延者,定以军法从事,所出布告则曰,预为垫解,准以下忙作抵,实则能否作抵,不敢期望,而暂为垫款应命,则刻不容延也(此种办法,直省他道,视此为苛,保大两道,比较为轻,以张英华为本省人,直省绅士,敢与理论,若津海道更甚矣,津东永平府遵化州各县,有摊款过五十万者,此闻诸津东省议员来保请愿者所面述)京汉火车货捐改组事,则化零为整,原来京汉火车货捐,创于清季,分为河南河北两局,在河南者名曰鄂豫总局,在河北者,名曰直豫总局,逮民八九年,省自为政,收款不解中央,局亦由二而四,分为京直豫鄂四段,自北京至保定,为京直局,款解京兆,由保定至大名,为保大局,款归直省财厅,由彰德至信阳为河南局,款归豫省财厅,由武胜关至大智门,为鄂豫局,款归鄂省财厅,是京汉货捐划分四段,行之数年矣。顷有人建议,化零为整,改并一局,设分局卡各车站,收款统解总司令部,业蒙当局采纳,暂委王某董其事焉,再言火车加价,则京汉路客货票,统加二成,此则为永久性,不与军事捐之具临时性者同也,京汉路局收数,每年过数千万,刻统加二成,所收当有赢无绌,悉数解归总司令部。故总部财政,视前充裕,故对讨□军事,彼中人俱抱乐观也。(六月十三日)

(《申报》)

5.汉口总商会为改选汉口警察董事会事宜致唐寿民先生

(1926 年 6 月 23 日)

敬启者,案查汉口警察董事会系由本会与汉口市业主会组织成立,并经拟定章程,呈奉军省两署核准备案在卷。查原订章程第十条董事长董事任期系以二年为限,兹因任期届满,迭准警察董事会函,催改选前来,自应照章办理。所有本会应选董事会董事九人,已定于夏历五月十八日下午二时在本会议场,由现任会员投票选举。除将董事会章程及选举票并会员名册当场分发,暨函请汉口警察厅长莅视检票外,相应函达,即希查照。届时亲持本会原函莅会换票、填投,事关公权,幸勿放弃,为盼。

此致。

唐寿民先生台鉴

汉口总商会启

6.汉口银行公会为汉口电报电话局借款一案致汉口总商会函

（1926 年 6 月 29 日）

敬启者：查十四年十一月十日，贵会经手京汉铁路南段办事处汉口电报电话局借款一案，所有付息还本之期，迄今已逾数月，并未照约履行，迭经奉询，未荷复示兹因敝会各银行纷纷诘问又值上期结账之际，亟须清结，实属无从答复，用特专函奉致，务希而免诘责，一面转嘱以复按月照约，运款以重契约，事关官厅信用，贵会经手尚祈，速赐办理。俾知官厅借款不属空虚，亦以见贵会重视责任也。有渎清神，至纫公谊，并候迅示是祈。

此致

汉口总商会

照抄汉商会复函七月四日收到

敬启者，昨准台函嘱转催电报局等三机关，应还到期借款一事，兹已呈请，省政府分饬各该机关照约履行，一面函达，军需总监部查照转催矣，用特奉复即希。台誉顺颂，公绥。

汉口总商会启

7.汉口总商会为开紧急全体大会致唐寿民先生

（1926 年 6 月 30 日）

敬启者：顷准，湖北货税报验公所函，以征收税款改现一事，现准征收局函知奉令，通饬定于七月一日实行。查此事关系甚重，特订于夏历五月廿二日下午四时开紧急全体大会，务祈准到，万弗吝玉，至盼。

此致

唐寿民先生台鉴

汉口总商会启

7 月

1.鄂商会反对赋税改现制电陈嘉谟取消成命

（1926 年 7 月 3 日）

国闻社卅日汉口电　全省商会联合会武阳夏三商会因反对赋税改现制，陷“三十”会议，决电陈嘉谟收回改现成命。

东方社一日汉口电　湖北厘金向用铜币征收，此次改用银币，定于七月一日实行，各商会联合共同反对，于本日陈书督理，请愿取消成议。

（《民国日报》）

2.鄂商界反对货税改现之踵起,势将酿成罢税

(1926 年 7 月 4 日)

汉口　汉商会冬(一日)开大会,决冬(二日)向军省署请愿,取消货税改现案,并赶印传单,劝全镇商民一致罢税。又推周允斋、王森甫、周星棠、郑燮卿为请愿发言代表,如请愿无结果,即实行罢业。又老河口、沙市均来电反对改现案,决定七一罢税,请武汉商界一致力争。(二日下午二钟)

汉口　商联会、武阳夏三商会,陷(三十)午后五时,在汉商会开联会,讨论征收改现案。决:(一)即电兼长收回成命;(二)四会会员冬(二日)午后向陈请愿;(三)四会东(一日)各开会报告本日议决后,并讨论善后;(四)报验总公所与四商会联电各商会、各报验所在案未解决前暂勿纳税,当发致陈黎及各县两电,七时半散会。自治筹备处陷(三十)开会,亦议决,呈请当局取消续验红契及赋税改现。(二日下午二钟)

(《申报》)

3.鄂商界反对货税改现之激昂

(1926 年 7 月 4 日)

黎澍之赋税改现政策,丁漕税额竟擅加倍半之多。

鄂省财政厅长黎澍之赋税征收改现计划,一面提出行政会议,要挟兼省长陈嘉谟主席即行通过,并定于即日实行,使人民迅雷不及掩耳,无反对抗拒之余地。兹探录其当日呈陈兼长摺原文如下:兼宪钧鉴,敬陈者窃维财政以预算为基础,而编制预算要素不外两端,一量入为出,一量出为入,量入为出者,无论支出若干,苟有逾收入之数,即分别以削减之,量出为入者,无论收入若干,苟不敷支出之数,即酌量以增益之,旨趣虽殊,其力求出入平衡,收支适合,初无二致。鄂省预算收不敷支原因复杂大致不外,洋亏债息,而症结所在,尤以预算收入不尽确实,为亏短之主因。厅长曾于本年一月间,拟具财政计划案内,分晰缕陈,方期渡过阴历年关,续筹整理,讵意票潮突起,国库收入几等于零,而领款各机关,不暇为司计者、借者代筹,徒以生活日高,纷纷要求改现。收入方面又以官票行使甚广,为全省金融命脉所关,迫于环境之吁请维持,遂不惜忍痛牺牲。遵电县局,照旧收用,以冀提高价格,恢复原状,讵料官票信用一经丧失,殊非官厅独力所能转移。市场交易纯属现金、官票用途,悉以县局为尾闾,于是财厅所辖征收各机关不啻悉变为官钱局收储之所,而国库直放之款在昔感受洋亏债累,久已寅支卯粮,东挪西扯。今因官票之影响,竟致有收等于无收,支出分文无着。厅长以职责所在,适丁厄运,不得不设法息贷,暂济眉急,而艰难困苦迥异平时,至直接征收,各县局虽间有搭收铜元,借资挹注,而借口功令所在,报解悉为官票,徒饱私囊,无裨国用,反以支拨各款无法应付,电请核示纷至沓来,情势所趋,准驳两有未便,若不速筹根本救济办法,其何以维现状而策安全,自应仍就量入为出与量出为入,二者之中择一施行,以图补救。查鄂省国地及中央专款预算收入都为一五法洋一千六百三十九万余元,合钱二千四百五十八万七千余串,又银洋七十九万七千余元,合钱二百三十九万一千余串,两共钱二千六百九十七万八千余串。现在支出改现,除军费内有由他

项拨支外，其余由厅月支三十万元，连同政教各费每年约需银一千三百五十余万元，以现时钱价折合为四千五十余万串，两抵不敷，计在一千四百万串之谱，约合银洋四百六十余万元。此就预算数比例言之，若照实收数计算，所短犹不止此，至于借款，除厅长经手借款，业经指定贩商报效费、验契费两项抵还外，其近年临时借款必须偿还者，截至现在止，尚有银八百余万元无法筹拨。为今之计若采量入为出主义，对于支出各款大加缩减，势既有所不能，惟有此照支出改用银币办法，无分国地各税，一律改定征收货币，以祈收入之平衡。况湖北官钱局业筹定结束官票办法，收为银行股本，是官票一项已有归宿，改定征收货币，于官票并无妨碍。即或股本尚未收尽，官票尚在流通，仍可按照市价收纳，如将来银行成立之后发行新铜元票，随时兑现，信用优者自可按照银价收入以裕库收，而维币政。若谓商人借口于估本推加，行之未久，今又改定征收货币，是因支出改现不免疑虑。不知估本推加，是因物价增长，变更估本。改定征收货币是因支出改现，若不改定，征收本位出入过于悬殊，且商家货物出入均以银为本位，而完纳税捐，反以钱为本位，亦非情理之平。至谓上年岁收荒歉，改定征收货币，窃恐民力弗胜，似宜从缓。不知本年春收茂盛与上年情形不同，即或有荒歉县份，自应照章分别蠲缓改定征收货本。系改定征收本位，并非对于民间有所苛征页，详查本省财政收入之空虚，支出之浩繁，悉心讨论，自非分别酌拟标准，改定征收货币，不足以维持现状。而预算不无整理之方矣。厅长谬筦度支，瞬逾半载，调阅案牍，亦自拟有具体办法。第以兹事体大，未敢冒然主张，究应如何核议之处，理合具摺呈请钧座俯赐核准，提交行政会议公同研究，议决施行，不胜迫切待命之至，谨呈督理兼省长陈。湖北财政厅长黎澍印。

鄂省赋税改现案。自行政会议通过后，黎澍即照案施行。关于丁漕税契部分，已通电各县知事遵照办理。原电云：各县知事均览，本月二十五日奉兼省长召集行政会议共同议决，改定征收货币本位。分别规定，(一)丁漕按照民四画一折价，每钱一串折合银元七角零九厘二毫计算，地丁每两折征钱三串者改征银元二元一角三分；漕米每石折征钱六串者改征银四元二角六分，屯饷正税，银同丁银，米同漕米，租课正税亦同地丁，所有丁漕、附税、学捐、串劵捐等项，一并随正改征。(二)契税一项产价原为银两、银元者，只应照章课税，如产价系属钱数者，每三串折合银圆一元，依率征收原有串劵一项，部案定为征收经费，名目仍照旧章百分之二抽收银元，契税定于本年七月一日实行征收，丁漕、屯饷等项自本年下忙，开征之日起实行改征银元，其本年上忙及从前旧欠，均准以官票完纳。惟向不分上、下忙完纳县份，准一串完纳官票，一串完纳银元，其以下忙并入上忙完纳者，上忙准收官票，下忙一律征收银元，以昭平允，而杜取巧。但银币缺乏地方准以本省官票及通用银铜元、银角按照市价折收，不得以劣币攒杂完纳，以维税率，而肃弊政。现奉兼省长感电分别饬遵，除分电外，仰该知事，即便遵照办理，勿稍延误，仍将办理情形分别具报，以凭查核，切切。财政厅沁印。

湖北全省商会联合会、武、阳、夏三商会三十日午后五时，在汉口总商会开联席会议，到六十余人，由郑燮卿主席。正在开议，适报验所交来汉口征收局函，奉令所有百货税一律于七月一日实行改征现洋，佥以兹事关系太大，遂变更议案，临时讨论征收改现案。全场一致痛骂黎澍，因货税前既由一串文加成二串五百文。今又以一五法价改为每一元，实税现洋八角，不啻以一串文逐渐变成一串四百余文，名为改现实系加税结果决定。(一)三十日，即电陈兼长请收回改现成命；(二)四会会员二日午后一时，向陈兼长请愿；(三)四会七月一日各自开会报告本日会议决定之议案，并讨论善后；(四)报验公所与四会联电各商会、各报验所在本案未解决以前暂勿完税。七时半议毕,兹将两电并录如下:(一)四会电云,武昌督理兼省长陈钧鉴,湖北财厅长黎台鉴,顷由报验公所准汉口征收局函转奉感电,议决改定征收货币本位办法,所有百货税原征钱数一串五百文,改征现洋八角,附加一律于七月一日实行等因,传观之下,惶恐万分。窃自上年货税认加以来,为时未几,复有此种决定,名曰改征,实又加税,且数目之巨,不啻倍之。商民困苦已极,万无余力担此重负,是以各帮集会请议者已有多数,实系上年旱灾太重,客运已稀。今春官票不行,商情重困,即使重加体恤,尚有不能终日之时,若更竭泽而渔,更不知成何景象。政费固所当顾,商情太觉可怜,准将感电收回成命,以安商业,而定人心,除俟面乞恩施外,谨先电闻,不胜迫切待命之至。湖北全省商会联合会、武昌总商会、汉口总商会、汉阳商会同叩。(二)四会报验所联电云,各商会、各报验所均鉴,天祸吾鄂,黎澍盘踞财厅,蒙蔽两长,敲吸政策层出不穷,兹更征收改现,每税钱一千五百文改征现洋八角,事前毫无闻知,明日即须实行。敝会等本日特开临时紧急会议,佥以鄂当百业凋敝之余,焉能迭受脔割,群情愤激,誓不承认。除由全体另向省座请愿,务达取消目的外,请即转告各商民及就地报验公所,在未解决以前,所有各大小商船一律在所到局上停泊,暂勿完税,忍痛须臾,以待解决。万望勿为愚,致堕万劫,临电迫切,希速通传,分转为要,湖北全省商会联合会、汉口总商会、武昌总商会、汉阳商会、湖北报验总公所陷印。

(《申报》)

4.武汉商会请取消税收改现,陈嘉谟允改洋为钱

(1926 年 7 月 5 日)

本报三日下午六时汉口电　昨日下午四时,武昌、汉阳、夏口三商会,因货税事,开联席会议。六时至督署请愿,陈嘉谟允通电取消财厅货税,改收现洋厘,即改为收现钱。

(《民国日报》)

5.鄂商联会将开大会通知各商会定期举行讨论厘税收征等案

(1926 年 7 月 12 日)

汉口九日下午八时国闻社电　省商联会佳(九日)电各商会,定检(二十八)开第三届大会,讨论厘税收征等案。

(《晨报》)

6.汉口总商会为开全体大会事宜致唐寿民先生

(1926 年 7 月 13 日)

敬启者,案查交通部武汉电话局发行短期债券,拟托本会代募债款一案,曾经开会组织委办会推定委员七人,将原订草稿详加研究在案。兹经委办会委员缮具意见书送交到会,函应公同讨论,俾便进行,特订于夏历六月初六日下午四时开全体大会,所有原拟意见书业经由会备具印章,当场分送台阅,先此预约,务祈如期准临,至为盼祷,除分致外。

此致

唐寿民先生台鉴

汉口总商会启

7.鄂商联会召集第三届大会

(1926 年 7 月 15 日)

鄂督陈嘉谟暨财厅长黎澍,施行厘税改征现洋,迭经各方表示激烈反对,始允七八两月厘税,仍照旧税则改征铜元,以后如何改征,尚未决定。兹湖北全省商会联合会,特为此事召集第三届大会,讨论办法,原电录后:

全省各商会均鉴,卅冬两电计达,歌晚督署因厘税改征现洋事,召集官商会议,讨论结果,七八两月厘税仍照旧税则改征铜元,以后如回改征,俟召集全省商会联合会大会议决,再定办法。兹定于本月二十八日,即夏历六月十九日,在汉口总商会开湖北全省商会联合会第三届大会,讨论厘税改征要案,并修正全省报验所简章,既遵照部定新章改组本会各事宜,特此通电召集,务祈贵会照章迅推代表一人至三人,先行电告代表姓名,限会期前三日齐集汉口,俾免延误,惟会费支绌,所有贵会经常临时各费,均祈交贵代表携汉,借资补助,至深盼祷,湖北全省商会联合会叩真。

(《晨报》)

8.汉口总商会为开全体大会致唐寿民先生

(1926 年 7 月 17 日)

唐寿民先生台鉴,敬启者:顷准,湖北省商会联合会函开,查本月七日联席会议决定本月二十八日为召集全省商会联合会第三届大会之期,并由贵会与武昌总商会各推招待员八人,专司招待各县商会来汉与会代表事宜等因。业经佳日,由本会通电各商会召集大会,并电请贵会推举代表一人至三人在案。惟会期瞬,届除由本会积极筹备外,相应函请贵会照议迅推招待员八人,并希先行函告,推定代表既招待员姓名,俾便分函接洽以利进行,实纫公谊等由。准此兹定于夏历六月初十日下午五时,开全体大会当场推举代表一人至三人、招待员八人,以便转复汇办。再武汉电话局拟托本会代募债款案,昨开大会到会人数不及十分之一,以致未能开议。务祈诸君子拟冗莅会,并案公同议决,万弗再事汉置再甘放弃,盼祷深之,除分致外,专此奉约,祗颂台绥。

汉口总商会启

9.决办本省水灾急赈

(1926 年 7 月 22 日)

汉口　汉商会皓(十九)开大会,通过代募武汉电话局公债二百五十万元案,并决办本省水灾急赈。(十九日上午三钟)

(《申报》)

10.成立湖北水灾救急义赈会

（1926 年 7 月 26 日）

国闻社二十三日汉口电　养日省署成立湖北水灾救急义赈会，推陈毅为会长，蔡辅卿、周星棠为副会长，发起五百人，各捐百元，当场特别捐三十二万串，军政绅商各界推人募捐，会所附设在汉商会。

（《申报》）

11.湖北赈务处公电

（1926 年 7 月 29 日）

湖北赈务处电　各报馆鉴吾鄂入夏以后霪雨为灾，川湘汉三流迸溢，水势汹涌，始则冲破监利之车湾堤，全境均成泽国，溺毙人口无算，田园庐墓尽付沦胥，其痛苦悲惨情形从来未有。而黄梅之王家堤、广济之康公堤、武昌之金口堤、大冶之港乡堤、蕲春之余家寨堤、汉川之协和各堤、咸宁之盘、泗洲等处或被溃决，或遭漫淹，他如崇阳通城同时复起蛟患，横流所届村落为墟，人民栖息屋顶树梢，无所得食，上则烈日熏铄，下则湿气蒸腾，命在旦夕，求其转徙流离而不可得。迭据查灾员报称，监属毛家口回流地方尸身浮积约五六亩之广，新堤唐家堡等处亦各积尸千数百具，其浮沉水面者触目皆是，至闭居室内被水淹没者，尚不知凡几，言之酸鼻思之刿心，节经会同绅商筹办急赈，对于灾民生者一面派船救济，设所收容，一面筹款采买运粮。散放死者饬由水警分途打捞，红十字会派队掩埋以免暴露，而防疫疠并组设水灾义赈会于汉口商会为募捐机关，成立之日到会认捐者至三十万串有奇，颇形踊跃惟是灾区甚广，来日方长普及固属綦难持久，尤为不易，除由省长电请发币赈济外，所有被水受灾及办理急赈经过情形谨先电达，际兹鄂库如洗，罗掘俱穷荒歉频仍，盖藏早罄公私交困莫展一筹，伏冀俯念哀鸿待哺之急，共宏指困赠粟之仁，出于深热之中，登诸衽席之上劫余三户德感再生，临电彷徨诸希鉴察湖北赈务处督办陈毅感。

（《申报》）

8 月

1.湖北水灾义赈会开全体大会

（1926 年 8 月 4 日）

汉口　湖北水灾义赈会，俭（二十八）午在汉商会开全体大会，到三百余人，由陈嘉谟主席通过简章十六条，推黎、陈为名誉会长，刘佐龙等百余人为干事。

（《申报》）

2.鄂商联大会纪

（1926年8月8日）

汉口　全省商联会，支（四日）午在汉总商会开第三届正式大会，到者约百余人，陈亦亲自莅会致词，由吕超伯主席。各代表演说，均多反对厘税改现，佥主整顿税收，恢复官票。决歌（五日）午开始议事，否认厘税改征银元，否认烟酒税费改征银元两案，均列歌日会议日程（五日下午十钟）。

（《申报》）

3.鄂商联会通过驱黎案

（1926年8月11日）

汉口　全省商联会歌（五日）通过驱逐财长黎澍案，决：一发宣言，宣布黎罪状，二坚持否认厘税改征，三呈请当局撤黎。又否认厘税及烟酒费税改征银元两案，付审查，本届会期公决为十五日，必要时得延长若干日。（六日上午一钟）

（《申报》）

4.鄂商联会开会志

（1926年8月12日）

四日汉口通信云，湖北全省商会联合会，于八月四日午后二时，在汉口总商会开第三届大会，是日午后三时五十分，摇铃开会。到三十七县区四十商会，共七十八代表，行政长官及来宾，到陈兼长嘉谟、杜帮办锡钧，江汉关监督兼交涉员陈介，政务厅长杨会康，财政厅长黎澍，实业厅长杨树□，周警厅长际芸，夏口县知事王绳高，水警厅长熊祥生，省议会刘楫，将军蔡希圣、唐春鹏、邓玉麟及王民璞、郑慧吾等二十四人（按来宾席在台下两旁之左）。三商会招待方少岩等十一人，共计一百十三人。议长及副议长同各商会代表暨行政长官及来宾，均先后依次就席。五十五分奏乐，议长副议长同各商会代表向国旗行三鞠躬礼，乐止，吕议长超伯宣读开会词（全场掌声），陈兼长起立，谓：今日得与各地商会聚首，实为欣幸。至本人有愿与诸位说明事件，请实业厅长代为发表。杨树棻及代致长篇训词，对于厘税不得不即改征，亦颇持之有故。旋张聘之登台演说，谓陈兼长训词中所述厘税改征之苦衷，商人已经闻命，今既有下情上达之机会，则商艰民饥，我们应尽量陈述，想为各代表各长官所愿闻，或亦所不忍闻（全场掌声）。大致厘税昨年改章，征收顿加倍半，殆即所谓开源，讵不闻如何节流，可为太息者一。今名虽改现，实系加征，到底不能剔除中饱，可为太息者二。改现则改现，加征则加征，今竟加征于改现之中，是罔利愚民，可为太息者三。水旱连年，商民救死不暇，不能承认改现之理由一。官票破产，银洋只活动于武汉一隅，不能普及各属，此不能承认改现之理由二。中饱不能剔除，所谓征收局，后台银东公司等，不能撤除。即万倍征收，亦不足填无底之壑，此不能承认改现之理由三。救济之法，拟：（一）慎选局长，免除押金。（二）严行考绩。（三）巡视税局。此其荦荦大者。果能择善以行，则省库可望充裕，民困可望免除。谨代表商民向各行政长官呼吁整顿税收,剔除中饱,各行政长官万岁,各来宾万岁,各代表万岁(全场掌声如雷)。张星垣演说,注重在税收简章,应须修改期在实行。晏卫甫演说,对于官票之破产,水灾之遍地,陈述痛苦,认为改征势不能行,全场一致掌声。议长吕超伯致答词毕,遂摇铃奏乐,齐到议场外由容康合摄一影,再至茶会用茶点,五时三十分散会。各代表齐赴普海春报□总公所六时之欢宴云。

(《晨报》)

5.汉口总商会为召开全体大会事宜致卓筱梅先生函

(1926年8月12日)

敬启者:查本会前于夏历七月二十八日以当此军事期间,各帮营业无形停顿,曾经议定暂停收解办法,分别通告在案。现在时局已渐就数平,各帮亦陆续复业,而钱业公会已于昨日(即八月十一日)在公所市场先行开盘交易,并议拟定办理收交,以维营业等情,函达前来。兹特订于夏历八月十三日午后二时开全体大会,当场报告前情,并共同集议照理收交办法,以归一律而便进行。事关重要,务须查照,准时莅临,辛勿吝玉,是所殷盼。

此致

卓筱梅先生台鉴

汉口总商会启

6.汉口总商会为运输铜元购办货物免予领护照或证明书以省周折一事致函汉口银行公会

(1926年8月13日)

径启者,关于运输铜元购办货物免予领护照或证明书以省周折一事,昨由敝会郑副会长面商,江汉关监督请准照办等情。去后兹准陈监督函内开昨谈甚快,查运输铜元按照省署禁令本应请领本署护照商会证明书以凭验放,前以票价跌落,各商办货兑账非恃铜元不足以资周转,曾以凡各正当行号输送铜元,在本省境内经过各卡时只须询明确系办货或兑账之用。即予放行毋庸呈验,证明以示体恤。兹承尊嘱用再饬科函知,各卡重申前谕,切实奉行希释,谨念。等因。到会,准此除分知外,相应函达贵会员即请查照转知为盼。专颂台绥。

汉口总商会启

7.汉口总商会为召集全体会董会议致唐寿民函

(1926年8月25日)

敬启者:昨准督理湖北军务公署、湖北省长公署公函开,现值军事紧急,需费浩繁,若费筹备大宗款项,殊不足以利戎机而应军需。兹拟由贵会筹备借洋贰百五十万元为援助湘军费之用,此款即以中央规定,由鄂岸榷运局应拨四分之三协款归还。事关军用,又地方安危,所繁务望迅速如数筹妥,以济急用,勿稍游移除,令鄂岸榷运局知照外,为此函达即希,查照办理,具复为盼等因。奉此当即召集全体会董,开紧急会议,佥以此次借款为援湘军费,所需关系较重,如何分认筹借,自应召集全体会员开会公决等因在案。兹订于明日即夏历七月十九日下午四时,开全体大会，事关紧要，届时无论执事如何公忙，务须拨允准临为盼，除分致外，专此奉达，顺颂台绥。

汉口总商会启

8.党军入岳后之战局

(1926 年 8 月 27 日)

汉口　陈决自筹五十万元助军费，又令武汉商会代筹二百四十万元。

(《申报》)

9.鄂战阵线又有变动

(1926 年 8 月 29 日)

汉口　汉商会长周星棠径谒陈，请堵前方溃兵，不准□入武汉，一律在刘家庙收容资遣，又请调刘佐龙部驻防武汉，华洋各界陈允可，并请商会勉筹军费。

(《申报》)

10.吴到后之武汉治安(萧萧)

(1926 年 8 月 29 日)

鄂陈布告安民　武汉人心渐就安定。

鄂陈以党军窥鄂，迫进武汉，谣言四起，市面震惊。特于汉阳鹦鹉洲设溃兵收容收，又于武昌徐家棚、鲇鱼套、汉口刘家庙、大董家巷设临时收容所，以免溃兵阑入街市，摇动人心，并于昨二十五日出一安民布告，谓前方我军现虽退出岳州，我鄂险要，尚多可守，业调生力军两旅加入前线作战，防务已臻巩固，并由苏赣各军从萍乡、浏阳、铜鼓、修水各路抄击敌之侧背，武汉治安自无他虑，更幸吴大帅亲率六旅之众，已于本日抵汉，并调驻直豫及其他各军队，分别积极集中，陆续南下，指日大军云集，不难殄灭□氛，诚恐外间不明真相，致涉惊惶，为此布告各色人等，一体知悉，毋得惊惶，各安生业为要，云云。但前线退回军队仍有不遵命令，结队横行情事，二十四晚突有溃兵五百余人(一说二千余人)武装不全冲进省城，陈闻报急令留守省垣之九十八团步兵及机关枪连武装上街，并以机枪架设，各巷口迫令出城，传溃兵中有放枪者，因无援应，至天明，始被迫出城。一时省城人心震动，昨今两日搬家过汉者络绎于途，经军警多方镇摄，渐就平定，汉口市面亦骤形紧张，洋价一日间陡涨二百数十文。汉商会长周星棠昨渡江谒陈，请严堵溃兵不准阑入武汉，又请调刘佐龙部队分防武汉华洋各界，陈允照办，并请商会勉筹军费，以固前线军心。汉商会定今午后四时开紧急会，商筹军费二百五十万元方法。汉口各团联合会昨开紧急会，决推代表分竭吴陈，请维持武汉治安。又拟仿照沪上办法，组织保安义勇队，协助军警保护地方。省议会昨亦与警务处协商，拟在武昌警察范围内添组保安十大队，以维省城内外治安，现因吴之统率大军到汉，人心稍觉安定，若前线战事得手，则形势益臻稳固。闻吴孙已商定夹击党军计划，苏赣军由赣西出动，抄袭蒋唐侧面，吴军由正面分水陆两路反攻岳州，昨晚总部军事会议散后，即有密电分致宁，孙赣邓请饬赣西各军与正面联军同时出动，以收夹击之效矣。

(《申报》)

11.战局最近形势

(1926 年 8 月 30 日)

汉口　陈训令汉商会筹借定湘军费二百五十万元,限宥交百万元,俭交八十万,世交七十万,宥晚开会,决定承借,惟期限迫促,决先由各帮代表先行借垫,免误戎机。(二十七日上午八钟)

(《申报》)

12.鄂商联会改选揭晓

(1926 年 8 月 30 日)

国闻社二十八日汉口电　鄂商联会敬开会改选,吕超伯当选会长,郑燮卿、蔡辅卿副。

(《民国日报》)

13.鄂商会借款二百五十万分三期交清

(1926 年 8 月 31 日)

汉口二十六日国闻社电　商会二百五十万借款限宥(二十六)俭(二十八)世(三十一)分三次交清。

(《晨报》)

14.请武汉商会筹款

(1926 年 8 月 31 日)

路透社二十六日汉口电　前敌无大战事,惟吴佩孚已命联军委弃蒲圻,退至青溪洲(译音),又闻联军出赣攻击,现发展甚疾,吴定明晨赴前敌指挥战事,联军极大之困难,乃在财力不足,现已请武汉商会筹款二百万元。

路透社二十八日汉口电　闻吴佩孚限武汉商会于八月三十一日前缴款二百五十万元,以充讨□军费。

(《申报》)

15.湖北全省商联会第三届议案汇纪

(1926 年 8 月)

不承认征收改现案

为提议事,查征收改现一案,前经湖北财政厅规定,每税钱一串五百文改征现洋八角,即每串征洋五角三分三厘三毫，其银币缺乏地方，准以本省官票及通用铜元银角按照市价折收。嗣经商联会及武阳夏商会一致反对，请愿陈兼长召集官商讨论结果，七八两月仍照旧税则改征铜元，凡商人纳税应完官票一串者，改征铜元一百枚，其以官票缴纳者，照市作价，以后如何改征，俟召集全省商会联合会议决再定办法。敝会代表等查悉之下，窃以为改收现洋，固绝对不能承认，即改收铜元一节，亦须变通办法，使于商情省库暨官票信用，三方兼顾，庶可实行。按改洋办法，每串合洋五角三分三厘三毫，是一元之价，仅合钱一串八百七十五文，无论敝镇银洋缺乏之区，其市价常在三串五百文以上，即武汉通都大邑，亦常在三串一二百文，如照市价合洋完纳厘税，是向之纳官票钱一串，今应纳铜元钱一串九百余文，实无形增加六倍，即以官票照市价完纳，亦暗加三倍之谱。去岁实行估本加税，已照原额增加倍半之多，今又加三倍至六倍之多，商民何能胜此，此其不能承认者一。且襄河上游如老河口郧阳等镇，毗连秦豫，单双铜元，均属缺乏，通用者多系当一二百铜元，若银元则为数甚少，一旦征收改现，安得如许现洋。至厅令银币缺乏地方，准以本省官票折合，则敝镇自去岁发生官票跌落风潮以后，实无市价可言，即间或有之，亦每串不过值钱三百余文，如以官票合洋，则当官票无市之日，又可何价为标准，此其不能承受者二。且本省官票，只以各征收机关照常收受，故尚有一线生机，征收既改现洋，而官票及仅照最低之市价折合，其不等于废纸而为湖南官票之续者几希，此其不能承认者三。但省库空虚，军需孔亟，官厅方面，亦不免罗掘俱穷，征收酌改铜洋，似无不可，惟于商情困苦及官票信用，必须兼顾，拟请嗣后商人纳税，一串改收铜元五成。但各镇通用铜元，有当二百一百二十一十之别，其应纳之铜元一半，必声明系指各地通用者而言，盖某镇通用者为二百或一百铜元，即以当二百或一百铜元完纳，某镇通用者为当二十或当一十铜元，即以当二十或当一十铜元完纳也，至于改征现洋一层，万不能承认，如成事实，即陷于万劫不复之中，应请一致力争，使毋实现，则商民幸甚，地方幸甚，是否有当，仅提出议案敬候公决。（老河口商会提出）

（《银行杂志》第3卷第22期）

货税改征铜元官票铜元分成完纳案

为提议事，查征收改现一案，业奉兼座而论，嗣后各商纳税，凡应完官票一串者，改双铜元一百枚，其以官票纳缴者，照市作价等因。敝会当于支日电请否认，并恳趋谒兼座，请求以官票铜元分成纳税，谅蒙鉴及。切以征收改现办法，财厅目的只在打消官票，收取铜元，其勘电所云改征现洋，当系一种作用，如遵兼长而论办理，不免堕彼术中。盖以铜元计之，较前完纳官票，仍不啻加征数倍。且本省官票，幸赖税局照常收受，故尚有一线生机，今一旦改照市价折收，实陷官票于绝境。况敝镇自去岁发生官票跌落风潮以后，无市价可言，即间或有之，亦每串不过作价三百余文至四百文不等，且复毗连秦豫，通用者皆系当一二百铜元，银币即属寥寥，而本省单双铜元又素形缺乏，即欲仰遵宪谕，亦事势有所不能，似不如以官票及当一二百铜元分成纳税，其应如何配搭，是在贵会酌之，敝会等距省较远，不敢遥断也。除传知敝镇各商号及往来货船暂行停止纳税外谨，再电请贵会查照即，祈积极进行，务期达到目的，以维官票而轻担负，除电陈省宪俯予所请外，特此提议应请公决。（同上）

（《银行杂志》第3卷第22期）

呈请撤惩财政厅长收回征银成命案

为提议事，查厘税征银，不便商贾，请呈请省宪撤惩财政厅长以清祸源，提出大会公决，窃湖北财政厅长黎澍，受职以来，横征暴敛，所有恶迹，书不胜书，前经省议员刘国骏时象晋等提议查办在案，讵黎不知悔悟，一意孤行，劫夺民财，无微不入，而尤以厘税征银关商人切肤之痛，若不群起抵制，将来征金征镑，必无底止，是商人死刑已宣告于今日。虽然，扬汤止沸不如去而抽薪，古人早有明训，此獠若在，吾商人安能有安枕之时，吾商业又安能有发达之望乎，故欲除此项苛政，非撤惩黎澍不可，为此特提出大会公决，请即呈请省宪迅将财政厅长黎澍撤差，收回征银成命，以顺舆情而维商业，是否有当，敬候公决。（黄石港商会提出）

（《银行杂志》第3卷第22期）

厘税改征铜元决难负担请一致反对以苏商困案

为提议厘税改征铜元，决难负担，请交大会公决一致反对，而苏商困事。窃湖北素用制钱，相沿已久，乡镇行使官票，已非一日，此碍难负担者一。原有厘税，准官票完纳载在票面，并经督省两长通令，如有抑勒照军法从事，若骤易铜元，岂独违抗命令，亦且遗害贫民，此决难负担者二。夫改现二字，不知作何解说，岂官钱局之票果由民间赊欠而来乎，拒收官局之钱票抑系商人之纸币乎，此决难负担者三。现置政府命令于不顾，县局抑勒如初，即官钱局有意之倒塌，亦应照民间骗账破产摊还办法，此决难负担者四。查湖北官钱局以钱价之盈余，产业之租金，足敷全年之政费，今即倒票，所有产业，应组织地产公司拍卖摊还，悉数兑现，不应空设湖北银行，此决难担负者五。夏初以来，各县水灾奇重，若拒收官票，改征铜元，不啻枭首以后，复加枪毙，此决难负担者六。有此六大问题，而官票应一律通用，誓不以铜元缴纳，望我商人实所坚持，请诸代表力尽义务，一致反对而苏商困，是否有当，仍希公决。（同上）

（《银行杂志》第3卷第22期）

否认厘金改征银元案

为提议否认厘金改征银元事。

窃纳税乃人民之义务，邮民亦当道之要图，吾鄂自前清开办厘金以来，害商病民，改革以还，苛征尤甚。迨至去年估本加税，竟超过原本一倍半，各项附税随之增加，怨声载道，而人民不堪其苦矣。曾几何时，而又有改征银元之特令，核其改现之规定，原本一串改征银元五角零九三，按现时洋价合算，是不啻又加一倍半矣。阳托改现之名，阴行加税之实，自欺欺人，莫此为甚，此不能承认改现之理由一。官票系省库金融、人民命脉，原系铜元之代价，准完纳本省丁曹厘税。讵意停止兑现，票价顿落，人民创钜痛深，呼吁无门当道，不设法补救，反通令各厘卡拒绝收受，改征铜元，无形中已加三倍有零，犹不明将改选银元之令取消，此不能承认改现之理由二。去岁，旱魃为虐，今夏洪水成灾，正在救死不遑之际，岂有加倍输将之力，此不能承认改现之理由三。本省向以钱为本位，自发行官票以来，现银缺乏，官票停顿之后，赖以流通者厥维铜元，武汉三镇，则借各银行纸币，其余市镇寥寥无几，穷乡僻壤，更不知银元为何物，此不能承认改现之理由四。查约法所载，凡官厅增加税则，必经省议会通过方能施行，此次变更未由省议会认可，公然一意孤行，此不能承认改现之理由五。似此无理增加人民负担，自应认为不法苛政，极端反对。先由全省商联会代表暨武阳夏商会会董齐赴督省署请愿，表示拒绝，请为具体之答复，再通电省议会及全国商联会一致援助。倘政府不自反省，依然强迫实行，则惟有全体歇业，停止纳税，不惜牺牲，誓死抵抗，凡此种种之方，端赖大众之力，是否有当，理合陈请大会公决。（新沟商会提出）

（《银行杂志》第3卷第22期）

誓死反对厘金改现案

为提议事，查此次贵联会召集第三届大会，提议湖北全省关税征收改现，一声霹雳，增加商人最重负担。惟商民处今日，有不能改现痛苦。简而述之。湖北去岁大旱，有土皆赤，十室九空，商务凋零，已达极点，今年大水，无地不淹，堤溃甚多，遍成泽国，居民逃生无地，更无交易之可言，兼之政府发行官票不能兑现，各处市面大受影响，以上二项，虽影响于四民，嗟我商人，受害尤巨。敝邑阖镇商号，共计五百余家，为受官票水旱灾影响，因而歇业者计八十余家，倘再加以无限制之苛征，置官票于不用，则是令商人无一线生机，致商人于死命。窃不思当道曷不思中华以工商立国，毫不体惜商人，一味横征，治国知识简单，敲诈行为百出，诚自杀政策也。烈强环处，亦终必亡，言之痛心，闻之泪下也。贵会为全省商人领袖，无论如何，誓死不能承认改现，务恳竭诚力争，一致反对，援商人于水深火热之中，而登衽席，即将来酿成如何交涉，如何危险，敝会当厅驰驱，虽赴汤蹈火，亦所不计也，此上即希公决。（蕲水商会提出）

（《银行杂志》第 3 卷第 22 期）

不承认改征现洋案

为提议事。一本省货税完纳，原以官票为本位，商人认加税额，亦即以官票为作用，成案通行，尚未经年，省政府因官票破产，忽有改征现洋之议，未经大会召集，协议认可，不但有拂商情，而且格于成案，此法制上不能承认者一也。本省财政，节次会议整顿，无不主张公开，方期于公有济，于民无扰，乃自货税议加之后，公帑仍虚，民力益困，弊之所在，不言而喻，迄今财政困难，尽人而知，不思彻底解决，剔除积弊，以为维持目前之计，徒议改征现洋，重累商民，此根本上不能承认者二也。从前官票注明准完本省丁漕厘税，商民奉行垂数十年，现在官票既失信用，洋价时有涨落，若责以现洋完纳厘税，不特正税无形增加，商民负担过重，而零星尾数，卡司高抬时价，任意折算，商船停泊卡上，稍不遂意，即生留难，此种弊害，当在意计，此事实上不能承认者三也。查现时各国税章，并无厘金之说，我国我省情形不同，相沿已久，商民隐忍负担，上年议加厘税，已按旧章增加倍半，现以官票关系，发生改征现洋问题，是为巧立名目，敲民之骨，吸民之髓，吾民何辜，其何以堪，人情理上不能承认者四也。以上四端，是否有当，即希公决。（蔡甸商会提出）

（《银行杂志》第 3 卷第 22 期）

不承认厘税改现并条陈改归商办案

为理议事。窃查六月三十日接准金口征收局转奉省长暨财政厅长通令，以七月一日起厘税改征现金，每官票一张改为现洋五角三分三厘。敝会以厘税改现，关系全省民命，应俟全省一致，方能实行。当请税局将敝市商号应完厘税暂行登记，以送查票盖印为凭，俟正式解决再行照补以维现状等因。嗣准大会电内开，厘税改征现洋事，官商会议结果，七八两日厘税仍照旧税改征铜元，以后如何改征，俟召集商会联合会再定办法等因。查湖北近年以来水旱频仍，饥馑荐臻，去年旱荒，元气未复，今年又遭水患，民生凋敝，十室九空，商业清淡，达于极点，若再令加税，是人民未罹饥馑之忧，先受苛征之累。且本省厘税，去岁增加一倍半，不及一年，何能再加。况税则向有定例，岂有年年增加之理，不惟无此税率，恐世界各国亦无此通例，无论如何增加，商民誓不承认。如谓国库空虚，寻常岁入，不足以济其穷，自应整顿税收，革除中饱，较之加税有增无减，何必重人民之担负，而饱彼等私囊。且查税局与行商狼狈为奸，私自下票放行之事，时有所闻。复查局亦通同一气，置若罔闻，虽有报验所之监查，而彼等为便利计，竟不到所报明，实属验无从验。就事实而论，如欲革弊端，非请将全国厘税改归官督商办不可。万一省政府坚持改征现洋，商民为自身痛苦计，只有大佥请愿或罢税或罢市以相抵制，是否有当，请

求公决。(金口商会提出)

(《银行杂志》第 3 卷第 22 期)

否认财政厅通令厘金改现案

为提议事,查厘金之设,原为裕国,颁行已久,绝无异议,乃黎厅长不知剔除中饱积弊,只知增加人民负担,此等苛政,商民决不承认,乃黎竟借口官票影响,提议征收改现,绝未取商联会同志,查官票倒塌,人民已大受痛苦,因此倾家者不知凡几,省政府以六钱余银一串用出之官票,乃以几分银子一串收入,前经督理通知厘金一律征收铜元,在省政府虽未增加收入,人民已增加负担矣。且吾国近年以来,商业之不振,实厘金之为厉阶,洋商品物,只完进口税一次,即可以通行全国,华商则统捐之外,又完复查,捐验票捐,几乎五里一局,十里一卡,远道货物厘税,势将加货本之上,今再以一五法洋八折改现,华商贸易,永无振兴之望,是以请求大会一体力争,若不达到取消目的,只有一致停运以待解决,是否有当,即希公决。(随县商会提出)

(《银行杂志》第 3 卷第 22 期)

否认厘金改征银元案

为提议事,查窃民国成立以还,人民赋税负担,无论直接间接,比较前清时代收数的定额,有超越数十倍之多,即以宝塔洲厘金一项而言,其员司苛收留难,种种不法行为,姑置不论。在公家方面正式抽取者,逐年迫增,去岁萧督理已于估本施行,加抽过半,兹黎树复力倡征收现洋,其无形加纳,尤见巨甚。是则厘税因易一人而增加一度,嗣后增度不知伊于胡底。且此种举动,匪特商民一面感受痛苦,而本诸人情法理,亦殊难通过,所有表示否认改洋原由,是否有当希图公决。(崇阳商会提出)

(《银行杂志》第 3 卷第 22 期)

否认厘税改征案

为提议事,此次厘税改征,根据行政会议,未经议会通过,法团认可,遽尔发表,此种屠杀政策,省政府实寓有变象加税之计划,关系全鄂三千万人民负担,吾民自应一致否认。兹因吕会长召集全省商联会议,谨将商民痛苦及否认理由,提交大会公决。吾鄂省币制,向以铜元为本位,官票为代用制,系省政府所发行,完纳国税,载在部章。如谓官票低落,收入损失,则省政府应负赔偿责任,人民实不能负其咎,此厘税不能改征银元之理由一。乡镇因沿用票元,习惯已久,市面流通,绝少现洋,并有不知钞票为何物者。至负贩小贸,银钱折合,计算不清,此厘税不能改征银元之理由二。省库如洗,司农兴嗟,非人民之咎。自去夏厘税改章,加征负担,已超原额,人民因有纳税之义务,未与政府以所难。若必征收改现,竭泽而渔,则欲壑无厌,漏户难填,吾人感受痛苦,所应极端否认之理由三。天灾流行,饿殍相望,实政府之过。自今春官票陡跌,乡民有千钱不得一饱者,政府无维持之能力,不以人民以救济,惟国税可完一线生机。今若征收改现,陷官票于死境,则饮鸩止渴,剜肉医疮,吾人感受困难,所应极端否认之理由四。综上四端,在理由上无改征之必要,在事实上无改征之可能,人民叹求生之乏术,政府方救死之不遑,上下交困,莫酷于此。为今之计,官票之收入有限,人民之纳税正多,政府忍痛维持,不数月间则官票自绝,人民自用铜元纳税,此又无须明令改现,而厘税自有可靠之收入也。况吾民至纯,奉政府通电全省准以官票完纳国税维持信用之时,已属用官票铜元各半完税,数月于兹矣。假使明令发表,一律推行剔除中饱,上下交利,亦为临时救济之一法。为此草成议案提交大会表决,请愿省政府收回成命,俯顺与情,勤恤民隐,仍照原章纳税,以免迫走极端,商民幸甚,政

府幸甚，敬候公决。（彭市河商会提出）

（《银行杂志》第 3 卷第 22 期）

否认改现请交大会公决案

为提出否认改现理由，请交大会以便公决事。窃以本省百货抽税，由统捐而改厘金，添卡增员，浮征苛敛，商业早已不堪其扰，民力亦不胜其疲，且历年灾苦，生业凋敝，为民上者，方振救维护之不暇，乃财厅忽出征收改取现洋之举，虽经各大会请愿收回，而官票改现元，已归实行，改收现角，仍在展限之中，是前途隐患犹在未除，同人等身列商界，当为商人请命，自应鼓勇力争，方足自尽其责。且改取现洋，增加负担，已属不合，而铜元改现，又与局卡以舞弄之机，为害商民，何堪设想。兹特将不能改现之理由分陈于后，务希众志一心，极谋抵御。（一）全省货币未就一不能改现也，查本省市面通行，素以铜元为本位，商业往还，虽不乏银两银元作用，然而货价物值以钱计算者十居七八，则是以钱计算之货，改征洋元，其规定征款，将以何为标准也。按国家征税，例有定率，断不能任意标示，即可谓为不易之通行。且积弊不除，税源停滞中饱日多，比较日少，不为正本清源之举，而徒改现，亦徒滋关卡流弊已耳，于民间多有损失，于省库难补益，综其利害，自以不改为宜。（二）改征徒增负担不能改现也。查厅令以一串五百文改征现洋八角，使其改征仅按市价折合银元，似尚近于情理，乃以一串五百文改成八角，不知是何洋市，令人无从捉摸。大凡官厅行政发令，要必有所张本，或出于民意，或根据法律命令，如此改征，系民意抑法律命令耶，是则名为改现，而实巧立名目，借以突进增加耳，自饰欺人，其将何以号令全省耶。文明进步，百物固必随之而进，然则税则奚可谓其无变更增进之理。但必审时度势，处置以诚，断非如此，诈可以通行也。为政者必将曰军政费增加无出，非改不足支足用云云，不知一省之大，出入之繁，自应早有预算，必经法定手续，循规就矩，何虞不足，倘无规则以范围之，则人民负担，将无丝毫余地矣。（三）商民灾苦过重不能改现也，查本省自光复以还，无日不在兵役之中，人民无形之供给与有形之负担，不知经过凡几，此人人所知。且年来或旱或水，天灾非一，加以官票停兑，影响达于全省，已于无地无人不感其痛苦，是人民之灾苦，与人民之负担已如此其极。乃对不上谋振助之方，对下极尽搜括之术，充其所至，势将不尽不止，为鄂人者，其将何以聊生耶。（四）为政宜本民意不能改现也，书云，天视自我民视，天听自我民听。又云罔拂百姓以从己之欲。是则凡百为政，要以民意为主，民意所从，百为无阻。今民间交易多以铜元，而官厅政收必取现洋，其不合民意已属显然。况官票改收银元，虽经暂时通行，实已大不满于人意，□可进而改征现洋，则民意如何，不待知者而后知也，倘民间通用，果系一律洋价，则官厅政收，又何用改现之有，总之宜听自然之势，万不可逆流行之也。以上四端，均系不能改现之实在情形，务望众志协力同谋抵御之方法，毅力坚持，誓达收回之目的，然后民业可兴，民力稍舒，税收可裕，省库可充，是夫子所谓百姓足君孰与不足者，正为此也。谨具管见提出理由，说明事实，务希提交大会公决。（宜昌商会提出）

（《银行杂志》第 3 卷第 22 期）

否认厘税改现案

为提议否认厘税改现以恤商艰事。窃吾鄂不幸，灾厄频仍，去岁大旱，赤地千里，今年大水，多成泽国，上年又官票跌落，商民同告破产，频连困苦，民不聊生。当此浩劫鼎沸，人心动摇之日，政府应如何顾全大局体恤民艰，乃财政厅长黎澍不谋救济良策，而反乘机摧残，将厘税丁漕税契一律改收现洋。揆诸改现之目标，原视洋价之高涨，名为改现，实则加税。诚如改现税率超过原额数倍，横征暴敛，一意孤行。不思光复以后，新税繁多，负担奇重，人民早不堪其累。况乡间金融，向以官票为流通，现洋稀如麟角，铜元亦不充斥。今一旦改现，何异速民以死耶。查官票关系政府信用，注明准完国税，财政厅有维持官票之天职，乃竟放弃信用，未免有丧国体。不仅此也，他如盐斤加价，红契复验，牙帖加重等事，均若势在必行，层层剥削，敲骨吸髓，浩劫余生，不亡何待。且不通过省议会，俨然专制复活，背共和之国体，反全省之民意，妨害民主，邦本安在。黎澍以鄂人官鄂，复以官鄂祸鄂，我三千五百万人民，唯有一致决绝，方足以救自亡。而自救法，又惟有仰请我商联会暨各代表诸公，坚固团体，一致面恳方层宪收回成命，如其目的不达，再惟有以全省商联会名义通电全体罢市，停纳各税，以求最后之解决。敝会不敏，愿随诸君子之后，义不反顾，是否有当敬候公决。（新店商会提出）

（《银行杂志》第 3 卷第 22 期）

请修改报验所章程案

为提议事。查办理湖北全省货税报验公所一案，原根据于湖北全省商会联合会第二届大会之倡议，惟迟延未得举办，至去年萧督办组织财政委员会，始将报验公所简章并公所办事细则分别规定，同时并经委员会将湖北征收过境销场税章程修正，暨厘定复查局章程于八月十五日各公所一律组织成立，实行试办。现在瞬及一年，所有公所办理有无成绩，及各商人完税一切，与未设报验以前是否较为便利，各征收局之苛征勒索，与未设报验以前是否较为轻减，与会诸公，均近在咫尺，闻见较真，应请切实审查上列各点，以研究报验所有无继续存在之必要，此实为先决问题，即祈先付表决以定行止。倘万一报验所应继续存在，或有窒碍流弊而非报验所本身应负之责，尚有可纠正之处，总公所谨将管见所及，并综合各公所条例意见，提出对应要求修改八条，胪列理由于后。厅颁现行尺，宜改为通用裁尺也。查量算货物，以习用因乘表为主，而因乘表必须与货物实际相合，始有标准可言。乃今日用因乘法所求其货物十石者，而实际上或只六七石，甚只五六石，因之商人与税局发生重大争点。税局谓其量算不讹，商人亦谓吾货物不错，而一切诸弊皆由此生，殊与实报实完之义不合。揆厥其故，因乘表并非用现行尺所求出，系用裁尺计算，现行尺合裁尺只八寸八分，以从之虚尺而袭用足尺所定之因乘法，宜乎不相合也。现若按照现行尺改订因乘，则其事甚费时日，不如一律恢复裁尺较为易辨。拟在报验简章第十条内括弧下尺以奉农商部较准通令者为标准一语，改为尺以汉足裁尺为标准，此要求修改者一。三复查局宜归商办也。查厘定复查章程，以虾蟆矶为长江上游复查局，下新河为长江下游复查局，皇经堂为襄河复查局，均属应辖。自开办以来，留难苛索，于征收局之外多一盘剥机关，盖同属官办性质，其手段自同。黎厅长任事后，因觉其未善，乃加订补充规则，着各局派员驻内收取中途添载货税，实行未久，其弊益甚。缘各局派驻员均与各该局通气，各局所做之弊，派驻员均能会意，充其极将为各税局联合分赃之地，其手续之琐碎麻烦尚不与焉，受其损失者尤在国库。盖以各派驻员监制各税局，与原章程之以官督官其辙同也。不如改归商办，以对峙之精神，为相互之监视，决不能串通弊舞，而省库收入必多。拟于报验简章原有六章之外，加增复查一章，其子目另定之，此要求修改者一。报验所于税票上宜分别加盖验票放行及复验放行也。查报验之设，虑商人之过于周折，故手续以力求简单为主，因之简章内规定于商人报告后，仅由公所填发报验单赴局完税，于完税后，并不转向公所盖章放行，以致报验单已否向局完税，及完税数目是否填报单相符，均无从证明，殊非慎重之道。应于第三章第七条赴局查验单货相符完税后，仍将原单由局盖戳发还货主黏贴税票上之下，修改为持回公所核对无讹，在税票上加盖验票放行戳记后，再持赴中途局及复查局出口到达局卡呈验，如甲局起票之货赴乙局时，亦先持票单至驻乙地公所核对后，在原票上加盖复验放行，然后赴乙局请验放行，绝对不准查货，至丙局时亦同，此要求修改者一。报验所宜订明有会查抽查权也。查公所办理报验，固以力避繁琐为原则，除货物毫无异议，自照常填单外，其有填单与纳税不符，经货主或征收局请求复验时，或未经请求而公所认为必要时，及公所对于货主所报货物怀疑时，皆得行使其会查及抽查权。以上应归第四章第十六条第二项内，此要求修改者一。驻水卡之报验所均宜设哨划也。因实行加盖验票戳记，及遇有会查抽查起见，皆有设置哨划之必要，而复查局改归商办时，更不待论矣。应于十六条内加一项，各公所得于水卡驻地备置哨划，此要求修改者一。货物除散舱外仍得兼用权衡也。查税则内有论包论件之货，本驻有斤两石斗，倘此项货物因量算发生争议时，不得笼统用尺，仍得照件点算，主张权衡以昭平允，且使部章及报验章上所载之汉抬斛海关秤等字样，不至虚而无着，此要求修改者一。附税数目及贴用印花宜划一也。查正税每串附税一百三十，串串二十，皆便列算。惟要捐分级累进，殊觉障碍不明，似宜每张规定要捐钱若干，以资划一。印花按照税法贴用，即以现行税则之估本为标准，此要求修改者一。税局过税须要现有报验单也。查简章货物应先报验然后纳税。各征收局对于报税货物如未填有报验单者，应先饬其赴所填单，不得率尔完税，以养成完税人一票一单之习惯，借杜一切弊端。应由财厅严令饬遵，此要求修改者一。以上八条均属对厅要求，必须办到，然后报验前途方就正轨，至于内部应如何改良，办事应如何惩奖，尤应集合众策，从长讨论，俾臻完善，统候公决。（汉口总商会提出）

（《银行杂志》第 3 卷第 23 期）

请撤销郝穴征收专局并暂设报验所案

为提议撤销郝穴征收专局，并请于未撤销前暂设报验所以资监督事。窃郝穴滨临荆江，市镇狭小，居沙市下游八九十里，原与沙市同一河道，从前关于货税征收，仅由沙市征收局分设税卡，官商两无大害。去春财政当局改弦更张，竟将郝镇分卡改为专局，因之用人既多，苛索难堪，商民受害之巨，有非笔墨能尽宣者。郝镇商会即派人来省分赴省署及财政厅呈请撤销，并陈由商会联合会致函官厅协争，迄今已近一年，尚未达到撤销目的。现在郝穴专局员司之苛索日甚一日，非请急于撤销，不足以解商民之倒悬，应请即由商会联合会函知财政厅及早撤销。惟公文往返尚需时日，在财政厅未有明令撤销以前，应仍赶紧设立报验所以便稽核一切。盖员司少一日之苛扰，即商民少一日之痛苦，为时虽暂，造福则大，似不能以应在裁撤之列，即谓可以暂缓设立。若谓比额仅四万串，而四厘经费不敷报验所之办公，似可委托郝穴商会会长或会董一人，暂行兼充所长，所址即附设于商会内。无论敷与不敷，均由商会负责支用，不再补贴，此诚双方并顾之善法也。是否有当，敬请公决。（郝穴商会提出）

（《银行杂志》第 3 卷第 23 期）

整理湖北财政剔除中饱案

为提议事。窃吾鄂财政紊乱，达于极点，人民负担，甲于全国，军警各政需用固繁，正附各税名目亦多，虽系四民分任，有直接间接之不同，而就实地观察，惟我商人担负为尤重。溯自前清末季，政治窳败，尚未如是之暴敛，民国改建，十年以前，收支尚可两抵，十年以后，支出较巨，借债弥补，于是将各县契牙屠宰等税，以及征收各局先后押借至千余万元之巨，嗣经未税加税，已税加额，而仍入不敷出，忽异想天开，借入钱出银之亏折，而惟改现之是图，则厘税又复无形加征，于改现之中，一再加征，陷商民于万劫不复之境，谁实为之，孰令致之，财政当局，不能辞其责，然亦不能独户其咎也。书曰：生财有道，今竟背道而驰，所以然者，言节流则不敢，言开源则无能，下至所属之税局，任其开关放行，饱入私囊，不肯设法查提，期欲税收，而独于弱小之商民，不惜敲骨而吸髓，商民虽愚，是其可以忍受耶。尝考整理湖北财政计划一书，治标以借债整理，分具说帖，治本在实行银本位，重以凶年断难轻议为词，曾几何时，不曰实行银本位，而曰改现，是岂改现不同于实行银本位耶，即凶年所指上年旱灾而言，今兹川湘汉三水并发，溃堤决口，死亡无算，禾苗淹没，庐舍为墟，饿殍载道，流难失所之非谓凶年耶，不然何言犹在耳，事竟忘心也。虽然，彼行不顾言，无研究之价值，夫所谓根本计划者，不在改现而在考查实际，剔除中饱。取之于商，悉数解厅，征钱足见其有余，非然者，长此因循，征银亦患其不足，查各征收局比较有公私之别，大之私比有超过于公比者，次之亦两两相等，未有公比较多于私比者，尽人皆知矣。试观各局押金，有数万十数万或二十七余万不等，合钱有七八十万之多，身任局长者，类多无此财力，何莫非于息金外以分成赂银东而始凑得巨数，设非私比较可观，在银东不轻投资，在局长不敢负责。本代表有鉴及此，慨公私之交困，期上下其有济，毋庸改现，剔除中饱足矣。依此则有左列办法数种。一，慎选局长免除押金也。任用局长，自以人之贤否为断，今以押金为归，试思人而贤者，未必有金钱，即有金钱可作押金，而谓贤者为之乎，势必拥重金者滥竽充数，抑或暗出股份从中分肥，则公家吃亏不小。如任贤者充任局长，则涓滴归公，即省库厘税收入，可加一倍之多也。一，严行考绩以示奖惩也。查考绩本有专章，迄未实行，盖以局长纯以押金取得，容或查有不肖局长从而撤之，该局长即以返还押金为要挟之具，继任之人，难筹巨款者不一而足，则考绩专章，竟成具文，从此免除押金，严行考绩，纵有贤不肖之掺杂其间，一经查明，分别奖惩，则贤者可免，不肖者亦可劝也。一，特派密查巡视税局也。选派密查，较局长为尤慎，省中不乏节操之士，慎选一二按月巡视，抵境时不使局中知道，不受局中招待，一秉至公，从事彻查，据实报告财厅，厅长据以赏罚。设厅长瞻徇，密查得以呈报省署，另饬复查，即密查报有不实不尽之处，厅长亦得据以送法庭惩处也。一，增加薪俸以养廉耻也。现在生活逐渐增高，仍旧开支，不足以维现状，况中饱尽数剔除，枵腹从公，圣者难能，故应增加薪水以适合生活程度，方可以遏贪念而养廉耻也。一，禁交条子以免牵制也。每一新委，各机关或友朋交条子纳乾薪者，比比皆是，甚至来历势大，动辄挟制，舞弊私营，局长不但无法制止，反从而敷衍之，以保其位置，尚复成何事体。今一律禁止，俾局长随意任用属员，便于督率，不致有牵制之累也。以上数端，大概防范者三，保障者二，俟实行时，再行详为规定。说者谓此种办法，平庸无奇，不足资以整顿。抑知平庸者常道也，中道也，可以整吏治，可以肃官方，可以行一时，可以垂永久，岂第税收云尔哉。说者又谓现代潮流，任何良法无补时艰，旨哉是言。徒法不能自行，古有明训，今之为证亦在得人，人存政举，身正令行，以言整顿，犹反手也。我兼宪摄篆以来，锐意刷新，见吏治之坏也，通令整饬，叹国家之衰也，议改存古，而于税收之弊，独惜其壅于上闻耳。由是洞悉利弊，责成财厅认真整理，中饱既除，省库自裕，有何亏者之是虑，是否有当，伏乞公决。（钟祥商会提出）

（《银行杂志》第 3 卷第 23 期）

拟由商联会设立物产检验总所并注意与各地商会交换意见案

为提议事，拟由商联会速宜自行设立物产检验总所，各地商会设立分所，实行自治以防官厅借口，令搁置未办之全省物产检验处复活。总分所一面成立，即一面呈请发取消该处之明令。商联会宜注意与各地商会时时交换消息，庶收集寡成多合众为一之效，无事时可以洞悉各地军官商之情形，有事时可以收指挥若定众志成城之实功，此请公决。（沙洋商会提出）

（《银行杂志》第 3 卷第 23 期）

请公布税则及公斗公秤案

为提议事。查征收税则，经此大会议决呈请核定后，请全省商联会翻印，先由各商会代表酌量认购若干份，照数须缴印刷费，俟联会示期照领，俾使商人普通明瞭税则。再斗秤必须议决，专对本省纳税之公斗公秤（斗或以樊儿亦必注明以汉口抬斛为标准或大几升或小几升秤或以库秤必须解释曹零儿），即令厘卡飞量浮算，商民亦得据以争辩，是否有当，即请公决。（蕲水商会提出）

（《银行杂志》第 3 卷第 23 期）

请省政府规定货物度量衡案

为提议事。窃税局查验货物、前财政厅规定以度量衡并用为标准，刻下税局查验货物，只用部尺扦量，以因乘表计算。货用度量衡所核之数与部尺扦量之数比较，每百石商人要吃亏卅石。结货用度量衡所核之数与部尺扦量之数比较，每百石亦要吃亏廿余石。长此吃亏，势难担负，非请求省宪改放尺寸与度量衡所核之数相符，不足以昭公允。查改放尺寸，每尺加放一寸，每百石少量七石五斗、惟不能挤密装仓之货，就用放尺扦量亦是吃亏，应请省宪规定此种货物，只能以度量衡较核而恤商艰。至税局代收附捐，以及报验经费，应照各县钱粮收单例，将所收附捐详细书明票后，以免含混取巧，是否有当，请求公决。（金口商会提出）

（《银行杂志》第 3 卷第 23 期）

官票请求兑换不承认照市收用案

为提议事。查鄂省管票自本年发生低落风潮以来，迭经军省两署颁布官吏拒收，悉按军法之令，准其完纳赋税，则管票尚有一线生机。乃黎厅长不事维持，反行抑勒，创照市收用之变例，朝四暮三，置政府信用于不顾，将官票所置之地产，不为变价收票之用，反而组织湖北省银行以遂其一骗再骗之计。说者谓官票可以入股，不啻变相之维持，不知该银行开幕一月有余，闻所收者仅一千数百余万，而大多数仍在我外县各商民之手。我商民去岁以旱荒之后，生意萧条，而所售之官票又复成为废纸。加以水灾遍地，满目苍痍，既救死之不暇，有何余力以入股金，用特提出大会请求咨请财政厅收回现时税局改收铜元之令，仍准以官票完纳本省丁漕盐课厘金，在官票未经收回以前，一律不得改征铜元，是否有当，希候公决。（鄂城商会提出）

（《银行杂志》第 3 卷第 23 期）

皇经堂分关敲诈行商请严行交涉案

为提议事，查皇经堂分关敲诈内港行商携带，或搬运国币铜辅币，经本代表目击不一而止，内港流通法所通许省界出入，既云扣关，何以贿纵，宜严行交涉以肃关征而宁商旅，是否有当，即请公决。（沙洋商会提出）

（《银行杂志》第 3 卷第 23 期）

拟再行陈请土布豁免厘税案

为提议再行陈请提议土布豁免厘税以邺商艰而苏民困事。窃维近年以来，人民疾苦，达于极点，惟尚存有一线生机者。端赖此手织之土布，日博微资以谋生活，成本轻则制造易，推行便则销售广，所以各省商会屡吁恳邀免厘税者，一以维持小民生计，一以振兴国家实业，虽迭蒙大部优加体恤，减征半税，一再展限，其惠甚深，本无再行烦渎之必要，在不知内情者，必以商人贪得无厌，要求过甚，殊不知此中困苦，实有难言之隐。就厘税而论，在政府格外减征，不为不厚，而税局司巡上下其手，沿途勾难，任意苛索，从则血本攸关，违则风险堪虞，进退维谷，靡所适从，只好听其宰割，名虽半税，较之全征为尤重。一人受亏，人人自危，运商则观望不前，机户则束手待毙，博半税之虚名，受无穷之实祸，乃国家岁收所入，决不计此区区，而穷檐以此营生，所全者大，此其应求豁免者一。又况土布一项，本中国妇女之手工，实贫民生计之要图，洋布进口，税极轻微，价廉易售，土布税反而加重，价贵难消，今日洋布日见发达，土布愈形减少，若不立予提倡，似不啻为渊殴鱼，为业殴爵。兼之鄂省近来旱干水溢，哀鸿遍野，凡属产布之区，均皆失业，欲生不得，求死不能，唯此妇织女红，聊可自给，睹斯情状，不独湖北为然，各省商会对于土布纷纷呈请免税，足征人有同情，并非商等个人私意，此其应求免税者二。要之立国之方，最重保赤，勤民之政，不外惠工，籥风以授衣立教，卫文以大布开疆，古训昭然，理应取法，所以商等呈请贵会提议转呈农商财政两部豁免土布厘税之处，是否有当，伏乞大会公决。（保康商会提出）

（《银行杂志》第 3 卷第 23 期）

长期牙帖无效请函厅收回成命案

为提议事。案准各行帮略开，敝各行帮昨奉贵会傳知厅令，大致以三十年牙帖已满十年者，均应无效，饬即补交捐款换领新帖等因。窃维民国开国，已十五年，其领有三十年长期者，今皆不止十载，犹复优予抵扣筹安全，毋亦仁心仁闻，而民不被其泽，正此之谓耶。窃法令应有一定之规定，决不能以省令变更之理，全鄂行商，何以堪此，为此迫恳贵会代表请公迅赐提议，俾恤商艰，咨厅取消，实为公便等因，准此应节录略情提出大会讨论办理，敬待公决。（武昌商会提出）

（《银行杂志》第 3 卷第 23 期）

请取消牙帖专局暨长帖作废并要求维持官票案

为提议事。查湖北财政厅黎厅长自到任以来，厉行敲吸政策，无非摧残我商务，吮吸我脂膏，兹当大会第三届会议之期，除征收改现已另案提议外，其余应须一致否认者，约有二项。一，滥设牙帖专局，各行商所领三十年长期牙帖，已满十年应一律作废也。查从前各镇行商牙帖，向于所在地方官署请领，其各商所缴帖费及手续费，亦由地方官署经收，意美法良，本无弊窦，自财厅另设专局，变为包办，开其苛索之路，予以骚扰之权。不知官厅多设一机关，即为民间多增一担负，如欲整顿牙帖税剔除积弊，在专局可以办到，县公署亦未有不能办到者。况包办性质势必深舞其弊，弊将安除，弊不能除，而谓牙帖可以整顿，断无是理。至三十年长期牙帖，凡满十年者一律作废，尤属不合。盖鄂省各行商所领三十年长期牙帖，有前清请领至民元补缴一成捐款换领新帖者，有民四以前照章陆续请领者，依今计算，要皆一律满足十年，均在废止之列。不知章程尽可随时变更，而法律不能溯及既往，三十年长期牙帖，于民四后已不准再领，凡领长期者均以十年为限。然已领之三十年长期牙帖须俟其时效已满不准再领可也。如因新改牙章，长期以十年为限，翻将旧领之三十年长期牙帖已满十年者即为废止，实属于法不合，于理违背。夫国与人民之间要皆以信用为主，谓清廷推倒之际，旧帖似失效力，更换而再领之犹可说也。岂民国成立，国体未解，昭然厅印之牙帖，亦当以变更新章废弃而更换乎。此应否认者一。一,钱粮税契均改收现洋也,查钱粮税契,向以本省官票完纳,故老版官票,均注有准完丁漕国税盐课厘金字样,厅令钱粮税契改现,实拒收官票之饰词,此举实行,官票将等于废纸,盖官票一串,犹能折价三百余文者,只以国税支受也,国税既拒绝不收,商民自不肯用,且兼省长维持官票不啻三令五申,各商会仰体宪怀,苦心劝导,禁止抑勒,而财政厅竟一纸通令而破坏之,使吾鄂三千数百万人所恃为代表现金活泼金融相依为命之官票,为湖南官票之续,不知财厅何忍出此,故钱粮税契改现,绝对不能实行,此应否认者又其一。以上二项,敝代表等均以有必须取消,拟请齐谒财政厅长要求收回成命,一依本年以前办法以恤商艰而免纷扰,是否有当,应提出议案,敬候公决。(老河口商会提出)

(《银行杂志》第3卷第23期)

修改报验所章程并参加货税总包意见案

为提议修改报验所章程并参加货税总包意见以待公决事。窃本联会上年创办报验所以来,虽无成绩之可言,然未满一年,尚能保持商人厘税监督之权利,公所诸君,固热心公益,要非前届代表一直提倡不为功,实上届本联会良好之结果也。似此情形,应加改良力图完善,兹经本届三次茶话会讨论之意,聊贡旧荛一得之言,拟将该项章程暨参加货税总包意见,列举数项于后,以待公决。改良湖北货税报验总公司简章,第五条(修改)(但书下)各征收局所属分卡,无论远近亦得设立分所或支所,(说明)各卡明系复查,原防半涂加载,实则暗添一局,即多一番苛索,重重留难,弊端百出。第七条(注意)本所报验单应具有强制之效力,除照原条办理外(添注),再雇复验稽查员数人哨及划等如征收局之设备,遇有争执,该员驰赴发生地方以正当处置,倘查有下票情事,另订罚则。(改良)度尺原订含混,以部通令者云云,究以何度为标准,未定明文。(添注)按裁尺为标准,剀切声明,庶无流弊。第十七条(改良)本所扩充前项事权之必要,其经费应增加若干,仍以附税并入计算。参加货税总包意见。(报验无灵)现在弱肉强食之世有何公理可言,章程如何修改,文字不能节制强权,官厅任如何命令,朝发自行夕改,若不总包报验,不能生效,公所形同虚设。(税额加增)满清改为统捐民国叠行增税,而今税率比较往年,已增至百分之十三,即以最近之比较,已加一倍,全省税额如六百余万串,对今年增至一千三百万串之强是也。(局长黑幕)凡充局长者,视征收为投机之会,财厅既定比较,日益加增。而征收局长仍此争彼夺,唯恐落后,有前后台老板之称。(反对改现)商人过厘过税,从无赊欠,湖北官钱票既系官票,不问兑现与否,应照票面完纳丁漕厘税,改征铜元,誓不承认,一致反对,坚持到底。(成效可仿)如汉口之糖捐局,卷烟吸户特捐局。先是重征加征不已,包办以后,已无较前之痛苦,此项成规,原可仿效。(直接订约)总包原无可奈何之中,实为剔除中饱,减轻痛苦之意,总包而后,财厅冗员,必起妒忌,故应与督省两署直接订约,按现政府对于财政,均已独立,如财厅屠宰牙帖种种,已在各县设立专局,以身着陆军制服之卫兵,在乡镇地方,淫威敲洗,无所不至,其知事公署,不过丁漕尚未独立总包,将来财厅不免设立专局,严定比较矣。(年限订远)现中央政府关税会议尚未告成以前,时局蜩螗,民不聊生,非永包不可以裁厘加税为止。盖厘税丁漕为国家正供,然官厅之欲壑难填,局卡之苛索日甚,岂容日日改现,年年加增,无所底止耶。管蠡之见,是否有当,理合陈请公决。(黄石港商会提出)

(《银行杂志》第3卷第23期)

建议省政府改选省议会案

为提议湖北省议会议员已失法律上资格信用,应恳大会核议,敦促当局迅速改选以苏民困事。窃查共和国家，一省之议会机关，即为一省人民之所托命，关系至为重要。盖必须具有代表全省之资格信用。始足为人民造福，否则即等于赘疣，且反阻碍人民一切进步，其为害将无底止。我湖北省议会议员自民七改选后，迄今已及八载，任期早经届满，徒以各议员利用时局多故，贪位恋栈，迁延莫肯改选，遂令我尊严之机关，为彼诈财之场所，此实我湖北全省人民之羞，亟应起而自谋者也。查议会法议员系规定三年为一任期，所有一切权限，亦皆为法律所赋予。今议员任期已满，在法律上已失其时效，议会为立法机关，本身之根据既已不能存在，又安能望其产生法律，此不能承认者一。况社会进化甚速，一时期中之人物，仅能代表一时期之时间性。今以民七之议员延长至八年之久，即令人皆贤俊，已属违反潮流，其不能承认者二。议员在法律不得兼他项行政职务，限制綦严，今全会议员一百零四席，兼有行政差缺者计达八九十人之多，且钻充税局局长，敲吸我商民，以立法之尊严，竟侪于行政之附庸，奴颜婢膝，体面何存，如此而尚称吾民代表，不亦羞当世之士耶，其不能承认者三。议员为人民代表，当为全体谋幸福，不当为一己计利益，乃贪婪性成，以每月所入法洋四百三十串之一五折价，不足供其挥霍，日以改现聒于省政府，遂得八折发洋之结果，月入增加十分之六，致省政府得以收支不符为理由，向人民以罗掘，如盐斤加价也，红契复验也，以及屠宰包办，长期牙帖废止，而最为吾民剥肤之痛者，莫如田赋征收改现，盖即以改现为加征，而其动机实发自各议员之自利，卒之乞人之怜者，不敢议论人之事，俯首帖耳，任听政府之所为，而监视之资格丧失殆尽，则即谓人民所受之痛苦，为拜各议员之赐，当亦非过，其不能承认者四。本上种种理由，现议员实无存在之必要，应亟一致否认，并敦促当局将未发之薪即日停发，从前已发之薪截至三年法定任期为止，以外历年不当利得之月薪收入，一律勒令退出，以为办理各处水灾赈抚之用，为现时议员作忏悔，为将来议员昭警戒。一面克期依法改选，在未改选以前，倘省政府悍然不顾，依旧发给现议员月费，我全省人民应一致不承认省库此项之支出，此尤当先行郑重声明者也。为此提出大会共同集议向省政府请求迅予照办，以免处糜省库，久祸人民，是否有当，敬候公决。（沙市安陆蔡甸鄂城黄冈五商会提出）

（《银行杂志》第 3 卷第 23 期）

请撤销印花专员案

为提议事。查印花一税，吾鄂各大埠及各县认销已久，现在各征收局卡另由湖北全省印花税处赘设专员，商人完税后，竟于税票上每正税一串文浮贴印花一分，设如完正税千串，而贴印花洋十元，不遵印花税法，勒用无限制之堆算法推算，甚至正税不足一串者，而勒抽钱四百文，显然税上加税，商民何堪痛苦。似此违法勒加，如同抢劫，应请大会向湖北全省印花税处撤销印花专员，以正税法而苏商困是否有当，敬候大会公决。（安陆商会提出）

（《银行杂志》第 3 卷第 23 期）

拟由本联合会组织湖北商业银行案

为提议事。查湖北轮轨四达，居全国中心，论其形势，本可大有为也，一按实际，竟与此相反者，多由我湖北商人素乏自卫能力，与金融周转机关之组织耳。然自官票倒塌以来，交易之媒介无，货物之输送断，全省商务完全停顿，数月来所受痛苦，实有罄竹难书之势。官票信用既难恢复。官钱局变相之湖北银行，将来之成绩，吾人更可逆观。本会为维持全省商业起见，岂可久任交易之媒介无，与将来金融周转之机关缺乏乎。本席环顾此时商人痛苦，与默计将来商业发展起见，特提组织商业银行案，其利约有下之数端。一，增加交易媒介。本省商业，向恃官票，官票倒塌后，则交易之媒介无，而货物之交易几断，数月来商人所受损失，为数当不在小，最短期限内，此项痛苦当不能减除，且官厅亦无补救之办法，商人为自卫起见，惟有组织湖北商业银行，发行钞票，一以代替官票媒介交易，一以铲除地方土票统一货币。二，周转商业金融。本省商人经营商业，其范围皆甚狭小，前途亦极难有发展之希望，此其知识与经验固然有关，然资金缺周转之机关，亦最大原因之一也。本会为谋全省商人便利计，为图全省商业发展计，此项极关重要之资金周转机关，岂可长此置而不理乎。三，流通社会资金。湖北虽非富饶之区，亦非贫瘠之地，地方资金，若有相当之存储银行，分设于各重要县市，各死藏资金之富商，亦必乐交银行存储生息。原富商死藏资金者，一因各处钱号组织不良，信用未固，其为可靠之中央银行及他种银行，仅设于汉口沙市宜昌各县，往返诸多不便。若我全省商界组织一商业银行，各县中设立支行，或委托代理店，则地方过剩资金，必乐为存储商业银行之支行或代理店，而信用可靠，资产充足，缺乏金融周转之商人，亦必得以通融资金发展商业矣。以上所举，不过比较大者，其他如各县市共同出资组织湖北商业银行，地域既广，招股必易，各县市商会或商号办理代理店，信用必易为昭著，营业必易于发达，以后本省商人之经济权操于他人手中者，亦可挽回万一矣。是否有当，即祈公决。（孙桥镇商会提出）

（《银行杂志》第 3 卷第 23 期）

拟请省政府饬财政厅公布收支预算清册案

为陈明意见恭请核议事。窃自黎厅长厉行苛政以来，（盐斤加价，牙帖独立，屠宰改包，税契改现，钱饷改现，厘银改现，烟酒征银，复验红契）搜刮固无微不至，每一令下，全省骚然，文电交驰，唇焦笔秃，谨饬者历陈困苦，冀将成命收回，激昂者愤其专横，群谋消极抵制，而黎厅长悍然不顾，一意孤行，唾骂亦置若罔闻，呼吁更付之不理。幸陈兼长体恤商艰，予吾人以考量之余地，此等机会，诚不易得。但财厅总以财政不敷为理由，非加税不能救济，倘吾人仅为具体之要求，抑或为无理之反对，则彼将施其高压手段，恐终无效果可言。查财政原则以收支适合为度，就现在时局而论，固不能量入为出，开源节流。今姑让步言之，只求量出以为入，应请兼长转饬财厅将各项预算造具详细清册，令全省人民咸了然于加税之用途，果属正当开支，人民当然负责，若或任意浪费，负担谁肯甘心。回忆熊前厅长任内，尚能检举漏规，李前厅长任内，尚能减少军费，未闻逐渐加税如今日之苛，独黎厅长任内竟不敷若是之巨，此种请愿，谅该厅无拒绝之理由也。是否有当，敬候公决。（孝感商会提出）

（《银行杂志》第 3 卷第 23 期）

货税改由商联会按额包征以杜中饱案

为提议货税改由商联会按额包征以杜中饱事。查厘税制度不良，已为一般人士所公认，而其害之大弊之深者厥惟中饱一端。近年以来，政局混乱，法纪荡然，中饱之风较前更甚，如比额为十万者，而浮收必倍于十万，比额为二十万者，而浮收必倍于二十万。苛浮于正，在公家毫无实益，在商民实有难堪。欲阻抗于下，则不敌员司之横暴，只有含辱忍痛填其欲壑。欲呼吁于上，则当道置若罔闻，无损员司之毫末，而商民反受无穷之拖累。此种黑暗现象，诚古今中外所仅见者。今欲于厘税制度未废除以前而图挽救之方，惟有由商民直接照额包征，其包征办法，拟即由湖北全省商会联合会按照全省货税总额向官厅承包后，即以各处现呈之货税报验所改为收税机关，所有财政厅设立之征收局一律撤销，此种办法，于公家收入无减，于商民负担较轻，诚一举两便之道也。至此次征收改现，本属一种变相的加税，商民万难承认。不过包征办法,如官厅不加否认,则商民以从前员司浮收之款,易为改现之税,两相比较,有盈无绌。彼时纵为官厅所迫,不得不允予改现,而商民所受负累亦为较轻,此就征收改现而言,尤不得不改用货税包征办法也。是否有当,敬请公决。(郝穴商会提出)

(《银行杂志》第 3 卷第 23 期)

设法筹赈水灾案

为提议事。查本年水灾最为惨酷,哀我同胞,惟此浩劫设法筹救,义不容辞。特灾请过重,需款最巨,非一手一足所能援助。拟由各县商会附设筹赈水灾会,广为劝募,共惠灾黎,在汉口为万商云集之区,旅馆戏园到处林立,似可劝令于每日入费加收一成作为赈款,各旅馆多系富饶,以区区之资为慈善之用,当必无不乐从,于旅馆戏园营业毫无妨碍,于赈灾款项得以集腋成裘,诚筹赈便利之法也。是否有当,即希公决。(通城商会提出)

(《银行杂志》第 3 卷第 23 期)

否认烟酒百货改现并认真整顿报验所案

为提议事。窃自前清创办厘金以来,积习相沿,弊害之大,早已尽人皆知,固无待于赘述。奈近日层层剥削,愈演愈烈,即如敝县出产,向以烟叶为大宗,而烟酒局加重征现,苛刻已到极点,百货局如再改现,加重一倍有余,当此天灾人祸交乘之会,商民仅余残喘,何能肩此重税,亟应将货税报验所认真整顿,以谋抵制而延商命。兹特分述襄河一带厘税局卡留难苛索,以及烟酒加重征现各情节于后,事实既彰,则整顿自不容稍缓矣。一,老河口征收局。自报验所成立,各地商民莫不欢欣鼓舞,同声称便,以为数十年之积弊从此剔除,留拦苛索之痛苦或可减轻。不意施行未久,故态复萌,留拦如故,苛索依然,报验所如同虚设,明是保商之策,反为虐商之政。估本既经加重倍半之多,则从前所有留拦苛索诸弊端,自应剔除净尽,方不负政府保商之至意。今估本加重,一切积弊丝毫不能剔除,故曰保商之策,反为虐商之政也。查该局有旱卡二十二处,设于沿河各码头及各城门,水卡三处,上中两卡相距不及一里,上卡灰印未干,中卡复查又至,名虽查验,而实则苛索也,名虽公实则私也。下卡设于谷城之古路嘴,无论上下船双借照票为名,行苛索之实,如由河口上行之货,除正税外,先向经过之第一卡交苛索扣除讫,于前卡分之钱以纸里封固盖章,令船户代交前卡,前卡认明私章即可放行,此种办法,名曰打包,愈演愈奇,不知以后更有何名目出现。河口一局如此,其余亦可依次推想,应请整顿报验所认真监视以杜流弊者一。一,张家湾沙洋蔡甸皇经堂等征收局卡。查张家湾征收局虽设在湖北境内,然该局职权只以稽查唐白河流域出进口货为限,该局竟于距离该局二十里外襄河东津湾设一分卡,无论上下船只,大喊照票,每船多者三四百串,少者一二百串不等,否者即被留拦,稍不遂意,司巡即肆口大骂,如此横行无忌,亦非国家保商之道。商民负担税务,无辜受此侮辱,情何以堪。最苦者由汉口上行至襄郧陕西一带货船经过该卡,均须勒扣加报,加报后至老河口局,谓东津湾局加报无效履行加报,船户处此进退不能之时,欲交涉而势力不逮,如狼似虎之司巡一吼,船户之魂魄已天外矣,欲回号报告,则往返颇需时日,加之襄河水流湍急,汹滩恶石,连亘相望,不得已惟有听其苛索而已。襄河局卡万恶者,实无过于该局卡,在前清时代曾迭经商民呈请将该卡迁移小河以内,皆有案可查。至沙洋蔡甸皇经堂等局卡,亦无一不以照票为名,而实行苛索,应即请咨明财政厅令行张家湾征收局转饬东津湾卡,凡通行襄河上下船载货物,以后不得越权干预,借端需索,并请厅布告商民周知,以后经过该卡,如再任意加征,即呈厅撤惩,俾警将来,此又对于东津湾卡应请财政厅严加取缔商行以内者二。二,河口东津湾两烟酒局卡。查烟酒两项固属消耗物品，而税率之重亦数倍于他种货物，公卖费施行，均烟每百斤估本为八串，近年迭加至十串一二，收税一五合法洋五角七分六厘一五五，合钱八百九十二个八，附加赈捐一成八十九个二八，又正税三百六，附加赈捐一成三十六，此外加印花串数票捐，合共扣钱不过一串四百三十余文之谱，此按每捆七十二斤合算者也。今春官票停顿后，省烟酒局异想天开，布告烟酒商人以原率八成折征现洋等因，名为体恤商人，实则剥削唯恐不尽。现在均烟酒分栈每捆收现洋八角一分二厘，不知如何算法。均县地居山僻，非通商大埠可比，现洋缺乏，官票影响于前，川省当二百铜元紊乱于后，现市每洋一元换钱四串六七八不等，若以八折征现计算，陡加一倍有奇，此就正副杂税而言者也。至烟船经过河口局每捆苛索钱一串四百左右，东津湾卡每捆又勒索钱一串左右，若按估本十串计算，则每捆价值不过七八串之谱，而正副杂税及河口东津湾两卡苛索已去钱五六串，此外如运费及沙洋蔡甸皇经堂等卡苛索及一切杂费均不在内，商人有几许膏血，经得如此剥削，应即咨请烟酒事务总局转令所属，以后征收烟酒等税不得额外取巧，任意苛索，并一面援照百货局成案设立烟酒报验所，即附呈于货税报验所内，借以节省縻费，百货烟酒同属商人，甘苦宜均，自不能稍有轩轾，此应请加设烟酒报验所以恤商困者三。上述三端，实为现时病商之要点，代表等痛切附疽，难安缄默，故特提出意见，是否有当，希即公决。（均县商会提出）

（《银行杂志》第3卷第23期）

大冶象鼻山官矿应收归商办偿还票本案

为提议大冶象鼻山官矿应收归商办偿还票本事。窃湖北官钱局自官票倒塌有害贫民，困我商界，夫人而知之矣。代表等前反对湖北银行拍卖产业，早经提出大会在案，兹不复赘。惟大冶铁矿甲于全国，除鄂城宁乡各矿尚未开采外，象鼻山与黄石港近在咫尺，见闻较确，故详言之，谅诸君所乐闻也。查该矿所有建筑铁路机厂矿车以及工程等费，概由湖北官钱局借垫官票二百万余串文，开办以后，每年售出矿砂约计三十万吨，得价近百万元，而采运两股，每月开支不过数千元，所有盈余，不知作何用费，临场说明，姑且不论。近因官钱局倒票，该矿既属官钱局垫本开办，理应归官钱局所有，而官钱局所欠人民官票，既不兑现，该矿理应归诸民有，以为抵偿官票之资，而官票尤以商人居其多数，当然收归商办，以免人民受此亏累，而维商家血本。应请大会公决，电恳讨贼联军总司令暨军省两署要求象矿收归商办，以顺舆情而维民命。一俟该矿发达，即收官票兑现以昭国信，则大会造福鄂人，功德匪浅矣。特此提议，敬候公决。（黄石港商会提出）

（《银行杂志》第3卷第23期）

拟设法禁止各征收局违章复查并使各报验所实行监督案

为提议事。查厘金一项，积弊丛生。需索留难，久为世所诟病。去年九月经大会函准湖北财政厅裁撤骈枝复查局卡，实行过境消场，加税一道征足办法，更由商人于各征收所在地点设立报验公所，互相纠核，以革清留难中饱等弊。就襄河而论，凡货物报税于起运地点一次完足外，惟皇经堂复查局须照章复查，此外无论何项局卡只验票放行，不得看货查船收费，如各征收局有留难需索情事。即由各该地之报验所禁止之改革之。初尚能照章办理，敝代表等窃以为厘金积弊，从此一扫而空矣。讵各征收局奉行未久，故态复萌，盖近据襄河船户报称，凡货船过沿途局卡，每货一件勒索杂费一百文至三百文不等，否则借端查验，任意刁难，意在延宕时间，以遂其需索之诡计，而各该地之报验所又付之不闻不问，任其为所欲为。敝代表等查悉之余，深为骇异。查加税报验简章,除复查外,其他局卡本无复查权限。今襄河各局卡,竟敢违章查验,无所顾忌,而各该报验所又不能纠正,是必阴受其利而不敢问也。即不然,报验所为监督机关,原有纠□之责,今坐视征收局之舞弊而不加干涉,不知各该地之报验所究竟所司何事,设立此报验所者又其意何居。夫商人于正税之外,每串又加报税钱四十文,以为报验经费,原冀其监督征收保障商人也,乃各报验所不能实行职权,虚耗经费,则各征收局将肆行敲剥,所谓裁撤骈枝局卡,不过徒有虚名,是征收局与报验所双方均不得辞其责,若不急图救济,后患何堪设想,其应如何设法禁止各征收局违章复查,并使各报验所实行监督之处,谨备具议案,提交大会,敬希公决。(老河口商会提出)

(《银行杂志》第 3 卷第 23 期)

否认财政厅变更牙税章程将牙帖有效期间任意缩短并另订抵换办法以重商累案

为提议事。据汉镇各行帮盖印公略内称。窃商等各行帮自前清以来,世业行商,至民国元年大会奉前大总统兼湖北都督黎令更换各商行牙帖,当时沿照清例,以每帖期间六十年计算,按帖更换,法良意美,舆论翕然,群以民国新创,固宜保持原有之成法。夷牙帖原则,前清部定以六十年为期者,一则为国家税源计,一则为商人毕生营业兼可依其统系传及子孙计也,当时立法人之本旨,国祚民生,双方兼顾,谓为良法,谁曰不宜。逮及民国五年前湖北财政厅未察斯旨,遽定为新帖期限三十年,而行商当时未加疑议者,以期限三十年虽不能传及其子,尚可为本身营业计也。讵至八年财政厅为搜括起见,细大不捐,民命国祚,均所不计,遽订新章,帖期缩至十年,帖税较前三倍,尔时国税地方税既未划分,中央农商财政部对于帖政未暇顾及,省自为政,亦固其所,但事关立法,既未经通过议会,财出于商,又曾经大会请缓,孰料财厅一意孤行,行商处于当局二三其德朝令夕改之下,又不敢有所违反,故开行营业者亦只得隐忍照领,固不暇自问本身是否短命而有购此短命营业之执照也。(假如一人营业至六十年须更换牙帖六次,)近年以来,因帖委屡更,已成来鸿去燕,一委之来,而时时验帖加税,行商已不堪命矣。孰料近阅报载现任黎财政厅长更变本加厉,有通令全省取消三十年长期牙帖,一律更换十年牙帖之命,各州县均以均已发表群起反对之论,而当局似有悍然不顾之意,本镇帖委所以尚未发表者,盖欲取法周公挞禽鉴法于成王之意,欲他处先推行而后本镇所无借口反对耳。敝行帮等分属商民,对于国家地方,皆有休戚之关系,而私心所祷。窃愿本省长官为地方立长治久安之法,实不愿其快一时之意为短促聚敛之计,是以联合二十七帮公同集议,佥谓牙帖一项,历年习惯,有类于人民置产,故年有常税,而国家为长治之计,自不得缩短人民毕生营业之期限。前此改为三十年者,尚可谓为一时地方之计,嗣后财厅遽改为十年,实有背向来帖政原则,既未经省议会商会通过,我行商自万难承认。(虽有勉强遵领者实居少数)况行业为百货来源之总汇,年来本省税收畅旺,皆由行商直接招来,行商既不负地方,而地方当局何独负于行商,此尤为行商所扼腕深痛。在敝行帮等公意,为本省立法计,诚宜恢复旧制六十年期限,即不然,亦需折中定为三十年。若当局不察,仍以十年短期为定法者,行商实逼处此,最后惟有罢业改图而已,实难自居为短命之商人也。为此各行帮询谋佥同,一致联名具略陈请大会台前,请祈核准建立改良帖政议案,提交于本届全省商会联合会公同议决,以期呈请省当局分别施行,地方幸甚,行商幸甚等情。据此查此事会为本年八月二日准湖北财政厅公函开。案查民国三年四月间原订牙税章程,牙贴有效期间定为三十年,民国四年张前厅长任内奉财政部颁发整顿牙税大纲八条,其第四条规定牙帖营业年限至多不得过十年,凡从前逾限旧帖概行取消,另约缴费领帖等因。经厅遵照部章重订章程，规定营业年限以十年为满，呈奉核准于五年三月一日实行。但对于新章未颁布以前请领之户，以及旧帖照整理一成捐换办法换有新帖者，扔照原章以三十年为限。彼时盖因大局初定，章程迭更，加之当时捐换办法正在实行，尚未告竣，自不能不稍事通融，借维原限。十余年来积弊玩生，此项牙户，死亡歇业者有之，蚀本停贸者有之，旧帖多未缴销，年税因而短少，帖政紊乱，已达极点。现在迭遽各区牙帖捐税局长各县知事暨新领牙商纷纷具呈，佥口该牙户顶替转卖，弊端甚多，且时效既有参差，担负殊欠平允，恳设法整顿以昭画一等情，呈请核示前来。查旧领三十年长期之帖，若绳以部章，概应无效，但遽予一体取销，又恐商力难胜，敝厅长筹维再四，总期于整顿之中，仍寓体恤之意，特拟定准抵换帖办法九条，暨应缴捐款数目表一纸，呈奉省长指令内开呈悉，所拟更换长期牙帖办法，系为整顿捐税起见，自可照办，仰即饬属遵照可也，清折存此令等因，奉此自应遵照办理，兹定于本年七月一日起至九日底止为捐口换期间，除分令外，相应检同整顿旧帖办法暨应缴捐款数目表，函请查照，劝导各商迅赴汉口牙帖税专局照章缴换等因有案。窃本省牙税章程，比年以来，迭有变更，在捐率既逐渐增加，而帖期又愈行缩短，行商生意微末，委属力难担负，所陈各节，俱系实情，拟合据情函达大会提交公议，呈请当局准予仍照旧章办理，以恤商艰，是否有当，伏候公决。（汉口总商会提出）

（《银行杂志》第3卷第24期）

否认财政厅新订牙帖捐税案

为提议事。案准全鄂典业公会函开。查本年财厅新订牙帖捐税章程，设局专办，对于敝业当帖捐税，分繁盛偏僻两项加税，繁盛当帖六百元，质帖四百元，偏僻当帖四百元，质帖二百元，捐税按照百分之五十征收，并附抽百分之五手续料，帖期又缩至十年为限，举凡已领之帖，均需送局查验，仍不免勒索规费，否则处罚，名目繁多，征收苛刻。窃按敝业领帖设典，名虽营业，实为便民，以故所取甚微。况当帖捐税，自前清以至民国，业已加过三次，近数年来，湖北迭遇水旱兵灾，担负日重，营典业者多不能支，停当收歇，几至无年不有。今湖北财厅值此时间，竟以省令变更部订全国遵行之税则，国会通过之良规，实属故违法令，暴敛横征，原无遵行之必要，惟案关全省各业各帮之利害，敝会所属各典，纷纷函询办法，素谂贵会热心公益，究应如何应付之处，用特函请贵会提付大会公同讨论等因准此，相应节录函请，敬请大会讨论公决。（武昌商会提出）

（《银行杂志》第3卷第24期）

银行发行钞票是否按照币值条例筹有准备金案

为提议事。查湖北官票跌落后，人民所受其害至深且巨，虽经多方呼吁，迄今竟不能恢复原状。溯自张文襄创口发行以来，将及三十年，通行遐迩，吸收甚富，故票本基金，即以现在论，见于产业委员会所清理者，其动产不动产价格尚且超过票额，然徒以缺乏准备现金之故，终不能挽回票价。现今银行林立，发行钞票日益增加，在在皆关系市面，各银行是否按照币制条例，筹有相当之准备金及其保证金，并未予人民以共见。以湖北官票信用之昭著，基金之丰厚，其结果已若此而各银行发行钞票之一切准备金，尚无何等确切之保障，此实际可注意之事。覆车可鉴，来轸方遒，应请大会讨论，如何先事预防，务使市面金融永远安全，即希公决。（武昌商会提出）

（《银行杂志》第3卷第24期）

拟呈请取消荆河脑两湖米捐复查局案

为提议事。谨将荆河脑两湖米捐复查局即应取消理由提交大会公决。查两湖米捐局创办于光绪二十四年张南皮督鄂时，该局组设，湖南设一总办，湖北设一会办。征收章程，南米过境照章纳税，北米每一十石补征一石所收税款，湘分六成，鄂得四成。十年以来，此种税款，鄂中未见分文。现镇南米阻禁，此米因水旱连年毫无过境，藕池调关侯关等米捐局完全停办，该局仍设如故，妙想天开，藐法妄为，每逢百货船只过境，借查米为名，每船一只勒索手续费洋数十元不等，该局员形同抢匪，凶横异常，运商难与理论，任其宰割，以此违法苛索，理合提交大会公决。（石首县商会提出）

（《银行杂志》第 3 卷第 24 期）

条陈湖北省银行办法应求妥善案

为提议事。查湖北官票为全省金融命脉，创行最久，信用甚著，既被操纵把持，多方破坏，遂有改设银行借资救济之议。第信用既失于前，倘无良善办法，决难再坚信仰。现招股开幕已久，而入股者寥寥，已可概见。凡办事首在得人，以不能维持官票之总办，复充银行主任委员，何足以符众望，主任如此，其他是否得人，更难征信，人民皆惊弓之鸟，深恐蹈官票之覆辙，此入股不踊跃之原因一也。官票市价，每串只三百余文，需十串有零方可买洋一元。所定招股办法，以官票三串五百文作为一元，悬隔十倍，而完纳赋税，又有皇皇通令，只准照市价折收，人民以完税如彼，入股如此，显系架空，开办即受重亏，根本何能稳固，故不特不肯以现洋入股，即官票亦存救一分算一分主义，情甘照市价出售，不愿缴入银行终成废纸，此入股不踊跃之原因又一也。欲求妥善，应于用人招股切实改良，既为官商合办，一切应主公开。官票为人民生计财产所关，以前再四吁请维持，原望可苏民困，现贫民小户所存官票，均已贱价售完，概囤少数财阀钱商之手，留为收买官产之用，特照市价提高十倍，求为处理官产股东，不啻刮小民之膏血，破全省之公产，揆诸公理，可谓平乎。是以官票入股，亦常照市价扣算方昭平允。此次银行与全省商民有密切关系，未可局外旁观，爰提出讨论，是否有当，即希公决。（通城县商会提出）

（《银行杂志》第 3 卷第 24 期）

各局卡员司任意敲诈请严定惩戒条例案

为提议事。查各局卡员司任意敲诈，非严定惩戒条例，无以遏其贪暴。譬载实数百担，局员浮收百五十担，准由商人电请总报验所到场监视，复过戽桶，商人取巧少报，以多出之货充公，外加惩罚，若所报相符，以虚坐惩究员司。其总报验所来人监视，往返川资出败诉人，仿司法例行之，应请公决。（蕲春县商会提出）

（《银行杂志》第 3 卷第 24 期）

征收局重征捐税阻碍运输案

为提议重征捐税阻滞运输事。窃湖北财政厅自改统捐，凡货物运输，纳税制票，迨货运转乙埠，得凭税票请颁分拔，复由乙埠又欲转运丙埠者，仍由分发再请调换分拔，缘分拔票根据大票产生，二者皆有同等效力。昔日大票载有无论如何转运概不重征字样，订定以六个月为有效期间，是官厅无苛暴之名，而行号有通畅之利，兼筹并顾，法至善也。其后财厅分别加以限制，将分拔票再请调换，分拔期间缩短为三个月。又其后更将分拔票再请调换分发一条取消，行号受此苛政，七载于兹，痛负累之过重，叹呼吁之无门，购客裹足，营业萧条是皆财厅之赐也。兹复查张家湾征收局对于分运单再请掉换分运，仍然奉行，同一征收，同一省境，何致两歧，应请财厅解释者一也。又查现行分运单注明定章玩纳一次不再重征之明文，假如武穴行号在汉口购运黄豆二麦桐油粉丝木耳湘磁等货，领有分运单指运武穴，然后复欲转运阳新等处，所持分运单既不掉换分运，则该项货物非重纳税制票不可，似此情形，与不再重征之明文大相背谬，应请财厅更正者又一也。兹值大会开第三届大会之期，是否有当，理应提出大会评议，函咨财厅令饬各征收局对于分运单再请掉换分运一条，率由旧章而释重累，是否有当，提出公决。（武穴商会提出）

（《银行杂志》第 3 卷第 24 期）

整顿报验所改良厘金办法案

为提议整顿报验所改良厘金办法事。查报验所之设，原系官商之交换条件，官厅借以加税，商民借以监督税局员司需索留难舞弊营私者，汇有定章通令施行。乃行之一年，除官厅所加倍半税额照常征收外，而商人剔除中饱，杜绝弊端之报验所，迄未能行使职权，以致各税局任意浮加，需索留难者，不一而足。若不请政府竭力维持报验所行使职权，则员司中饱之弊永不可除，而商人苛征之苦亦终难免矣。至改良厘金办法厥有四端。一、改定扦量尺。查报验所简章第十条规定，斛以汉抬斛为标准，秤以海关秤为标准，尺以奉农商部较准通令者为标准，厘局量衡之大小，均视度之短长以为伸缩。现在各局扦量之尺与市上通用之尺仅八四折，按杂粮三乘四因算法、而一百石已加七十余石矣。尺不改订则斛秤自不能遵照原定标准，此应请改定扦量尺一也。二、填写丈量单。查本省过境销场税章程第三条，过境销场税应由起税各征收局或征收分卡一道征足，第二局卡查验放行，本无复征之理。奈厘局不遵章程，留难浮加，到处皆然，发厥原由，盖由未填丈量单，税局浮加，纳税人无凭借与之办论。若甲局填写丈量单，将船货长短深浅宽窄注明算清，俾乙局照单查验，自可免浮加之苦，此应填写丈量单二也。三、确定附加税。查厘金附税本有一定，而税局不按额征收，任意滥算，若于大票上将附税名目额数载明，仿照钱粮单办法，以便纳税人有所复核，则滥算之弊可除，此应请确定附加税三也。四、裁撤复查局。查复查局之设，系裁撤虾蟆矶下新河皇经堂三分局，改为长江上下游襄河三复查局，三分局裁撤后，关于原有起捐货物、应分别归并其他征收局附近分卡稽征，则是以分局名义改为分卡名义，另添复查局机关，而货船经过三分卡，仍须查验，则以多报少之货船，当能查出，何须又设局复查乎。窃复查局职权专司复查经过货物，绝不开票征收，今复查局本未开票，然对于经过货船，每每留难需索，轻者十余串，重至百余串，是复查局之设，专为留难需索之机关，断难认其存在，此应裁撤复查局四也。凡此种种，均为商人切肤之痛，应请一致主张，俾报验所得以整顿，厘金得以改良，而商人之痛苦亦得稍纾矣，管见所及，不知当否，陈请提交大会公决。（新沟商会提出）

（《银行杂志》第 3 卷第 24 期）

拟具维持官票恢复原状办法案

为提议维持官票恢复原状事。窃以今日因赋税改现，上下交争，官厅则雷厉风行，人民则誓死反对，断断未已，而不知其症结所在，良由官票倒废所致，果能维持官票，恢复原状，则改现之争议自息，解铃系铃，机括在此。查湖北官钱局发行票额与不动产及他人借去之债款，前已由局印刷账单颁布在卷。然票额虽巨，而基本富饶，两相比较，何能任其倒废，而不维持乎。维持之法有二。一则保存基本以恢复其借用也。当官票既失效之后，必人再为信用，自属困难，故非使人人知其基本充足不为功，宜将官钱局不动产之契约租金，及他人借去债款之借券息金，详细编印成册，发交省县各法团各存数部任人查阅，广为宣传，除债款应由官厅负责追债外，其不动产则限定年数、不准变卖抵押，以作官票之后盾，至必要处分此票本时，应由官厅会同省县各法团同意处理，人民见基本如是充足而又可靠，官票之信用有不即时恢复者乎。一则分担责任以恢复其流通也。居今日而仍欲行使官票，非有负责机关，绝不足以促进其流通，是必由省县各法团连合分担责任，先清理官票总数，订定以后不准添印，然后加盖各商会印记，作为一种流通券，酌量县镇之大小，分配票数之多寡，每张照常值铜元一百枚，流通市面，不得作价跺价，每届年终，由各商会将不能行使之烂票造册送联会，并由联会核算租金息金若干，用以兑换烂票若干，此种烂票，由官商会同毁焚，如此则总票额可以逐渐减少，而基本金亦得以完全保留，一俟官票毁尽，所留保之基本金自可作他项用途，惟其行使之先，须亟陈明省公署暨财政厅仍准完纳丁漕课税，果其流通无碍，信用复活，人民亦决不至群起兑换，观民国十五年以前，绝未有至官钱局挤兑铜元之风潮，则其故断可识矣，兹所以必请各商会连合分担责任者，不过促进其即时恢复流通已耳。是否有当，静候公决。（孝感商会提出）

（《银行杂志》第 3 卷第 24 期）

货税改归商办案

为发表意见事。窃维税局积弊，沿习至今已到极点，无待赘言，如欲从事整顿，势非将现行官办制度合力推翻，实觉无从着手。盖官办用人既多，虚耗尤巨，而最大之弊，更在于中饱，故上不利于国，下不利于商，而为局长者一经交卸，则无不面团团作富家翁矣。倘该归商办，商人以货物为交易之命脉，关系既深，自不至浮征苛派自重负担，此中关键，想我同仁早经洞悉。例如楚兴公司，从前在官办时代，则亏折数百万，及改为商办，不数年间竟盈余千数百万之巨。又如糖捐官办则收数极形短绌。及改商办，每年亦陡加十数万之多，先例俱在，尽人皆知。现在税局已成为官场争利之渊薮，纵使改现能达目的，将来结果亦惟病商余甚而已，于省库仍不能得若干之增加，此可断言者也。故窃谓不若直接痛快改归商办，即由各县镇商会酌议分段承包，自征自解，务使积弊扫清，不染丝毫旧习，中饱既能剔除，当然涓滴归公，即我商人亦可免层层剥削之苦，而省库收入更可获年年增加之望，是一举而上下交利也。否则改现一朝实行，必陷我商人于万劫不复之中，虽欲自拔，亦不可得已。敝代表感暑卧病，未能追陪末席，寸心实歉。然一念我商人切肤之痛，实较病苦为尤甚，故特勉强发言，敬祈我大会同仁公决可否，不胜跂盼。（老河口商会提出）

（《银行杂志》第 3 卷第 24 期）

请变更报验所章程案

为提议事。查报验所之设，原意监视局卡越章刁难，使商人循章纳税，铲除横征暴敛苛索留难等弊，简章规定必由当地商会组织者，以其情形熟悉痛痒相关也。兰溪出进口货，均属于敝会管辖区域，货税之旺，固不减于巴河，因受简章第五条之限制，报验分所尽归巴河支配，成立以来，商民未受丝毫利益，徒加重一层负担。缘巴河兰溪虽同隶一县境内，而相隔穹远，痛痒素不相关，由事实上推究，兰溪报验所似应拨归敝会派员接办，庶几名实产符，此等情形，各镇谅有相同者，可否将简章第五条予以变更之处，应请公决。（蕲水商会提出）

（《银行杂志》第 3 卷第 24 期）

请修报验所章程案

查湖北货税报验公所简章第四条，货税征收局所在地，如系扼守江河要隘，并未设有商会，应由总公所会同复收局驻在地之某县某镇商会组织之。又第五条组织货税报验公所概以各征收局所在地为限，但各征收局所属分卡距离较远出产丰富者，亦得设立分所或支所等语。老河口货税征收局下卡，设在谷城县境格垒嘴地方，此卡距谷城商会十五里，距老河口商会水路九十里，陆路六十里，设立报验分所，应会同谷城县商会组织始为正当，因征收局虽在老河口，而此卡实在谷城县境，商会法规定商会区域以县行政区域为区域，格垒嘴确属谷城县行政范围，老河口镇不得越俎，此明极明。若会同老河口商会组织，实与商会法冲突，谷城县商会对于会同老河口商会在谷城县境组设报验分所应有不能承认之点，兹值修正全省报验所简章机会，提出大会加以讨论，静候公决。(谷城商会提出)

(《银行杂志》第 3 卷第 24 期)

府河运商拟举一人常驻府河口助理报验所案

为提议事。查府河口自设报验公所以来，对于过境货船纳税，无不极力办理，劳苦固属可嘉。无如过境货船，多系随县运商之货，而所员与运商，人既生疏，情形自多隔膜，各船户以多报少者，而厘局不照实征任意浮收者，种种弊端，难以枚举。敝会有鉴于此，公决推定一人常驻该所以资助理一切，至助理员经费，仍由敝会担任，是否有当，静候公决。(随县商会提出)

(《银行杂志》第 3 卷第 24 期)

否认烟酒收征银元案

为提议事。据武昌烟帮三善徐东源叶复泰吕隆昌等号略称。为略陈否认烟酒局改征现洋，敬恳鉴核提交全省商联大会并案维持事。窃查敝帮烟丝一项，原有落地筹饷税，(现改为烟酒税)创自前清张文襄公，向以钱为本位，至民国五年公卖局成立，除税钱仍旧外，其公卖费以法洋为本位，仍照一千五百折算，自招商包办后，又附加赈捐一成，敝帮商人遵章缴纳，历年无异。讵本年因官票风潮鹘起，烟酒事务局突然发表税费两项改征现洋，按照原率法八成折现征收，虽借票跌为理由，其实即系加税，敝帮叠经集议，誓不承认，谨举其说。官票为省库发行券，本为极有价值之现币，官票跌落，系省政府自毁信用，不能以此妨碍人民纳税，自不得为改现之借口，其不能承认者一。烟丝虽为奢侈品，无妨寓禁于征，然原料纯为国产，自纸烟输入，抵销不少，烟业已无形淘汰，若再以改现为加税，似惟恐纸烟抵制力不强，而助之张目，其不能承认者二。征税标准，关系完税人负担，当然应从严格立论，不应任意变更。烟税根据前清筹饷捐，原以钱为本位，固无论已，即公卖费虽以法洋为标准，彼时既因潮流以一五折钱，则已变成钱本位矣，此因价钱日跌，官厅遂回想折转法洋，假定价钱日涨，官厅岂能轻易听人民变更耶，狐埋狐猾，决无此理，其不能承认者三。赋税收现已为人民一致反对，烟丝税费亦为税之一特别部分，断不能违反人民公意，率尔盲从，其不能承认者四。况现在烟店售货，多系零星，所收皆钱，更不便折洋完纳税费，其不承认者五。总之烟酒事务局以官票跌价为动机，充其量不过排除官票之障碍为止，敝帮让步至多，亦只能改完铜元为极，为此缕陈贵总会俯念商艰，恳即提交商联大会核议以资维持，实为公便等情据此。相应提交大会并案讨论，以资维持，即希公决。(武昌商会提出)(又汉口商会亦有此案提出、文同、不赘)

(《银行杂志》第 3 卷第 24 期)

提议否认烟酒收征现洋案

为提议事。窃敝市烟酒遵照定章以一五法洋完纳筹饷费及公卖费，奉行日久，前经省局长规定以一五法洋忽改征现洋八角，曾通令各分局在案，逖听之下，力难担负。得闻武阳夏烟酒一致誓不承认，并答请当道收回成命，敝市烟酒商亦竭诚附骥尾以为后援。查改征现洋，事前并未交送省议会通过，亦未与大会接商，经通令实行，此法制不能承认者一也。一，税局设县镇,对于本地酒商横征暴敛、毫无忌惮、对于各乡私酿之户,兹因道途远离,放弃不理,惟认税之户成本增高,而不认税户,成本减轻、自然之理,历年该商营业竞争,以致县镇酒商生意日减,而各乡酒贩生意反增。以上系县镇酒商所受捐税不平等痛苦,无处申诉,何能再加担负。且税开源之法,专为商人身上设想,并不在已开之源追求利益,似觉非是,此情理不能承认者二也。一,湖北去年大旱,有土皆赤,十室九空,商业凋零,已达极点。今岁洪水为灾,堤坝溃倒,湖北所属多成泽国,居民逃生无地,各商□有生意,为耗消食品,尤无交易之可言。兼之官票倒塌,似成废纸,虽影响于四民,唯我商人受害尤巨,该商受此影响歇业者十有四五,倘再加苛征,实致该商于死地,此事实不能承认者三也。以上三端,均是实在情形,务望各代表协力共谋抵制之策,请大会力为交涉,俾期达到收回成命之目的,以苏商困,谨具管见提出理由,说明事实,尚希大会公决。(金口商会提出)

(《银行杂志》第 3 卷第 24 期)

取缔重征裁撤复卡案

为重复苛敛,关卡繁扰,请予转函撤查取缔以维民生事。窃商业端赖运输,运输尤须便捷,然后可以投机营业,借获棉薄。无如近来税章紊乱,关卡栉比,需索留难,变诈百出,而商人欲求运输之便捷,已成不可能之事实。即以宜昌一隅而言,其来自上游者,则有上哨中哨,其来自下游者,则有仓木溪骆家河,近在宜境又有东卡南卡西卡北卡之设,每经一关卡,更有烟酒印花糖捐厘金之分,完纳浮捐,则又查票复验照票划子等费之名,浮征既足,然后至局纳税,仍必浮收附捐,擅估物价,手续层出,不一而足,商人处此,如坠五里雾中,真莫名其妙,亦徒听其宰割已耳。尤有甚者,凡大批货物进口,已纳过度之税,及零碎卖出,则各卡又复征敛,揆之古人关几不征之旨,实已大谬不然,倘长此以往,势必商人裹足,商业以滞,中饱日多,税收日蹙,国税前途,何堪设想。为今之计,唯有请求大会转函财厅将骈枝重复之机关立予裁撤,浮敛重征之捐款严行取缔,大批进口转为分拨,零星小物查照清单,则留难减轻,商业称便,流弊以除,税源日旺,上充府库,下裕民生,莫此为盛矣。为此提出议案,务恳交会公决转函执行,是否有当尚希公决。(宜昌商会提出)

(《银行杂志》第 3 卷第 24 期)

拟请函达财政厅饬武穴征收局照章收税不得任意重征浮加各案

为提议事。一,近年汉运之煤炭,若船装一百担,武穴征收局要完纳三百担,否则控制商船,商人恐风波之险,忍痛照完,应请并入议案,咨请财政厅转饬武局以后不得勒加案。一,乐坪靛比瑞昌德安山土靛价高,今武穴征收局估本不分高低,要同等完税。查乐坪靛大木桶一百斤每桶本十串,瑞昌德安山土靛篓四十斤每篓本二串四百文,又蕲春州土靛篓八十斤每篓本四串八百文,应请并入议案咨厅补登税则,饬局分别成本轻重估计征税案。一,嗣后货船抵卡复查货票相符,不得勒加浮收,及增加分外票捐附捐等项案。一,榨业所进菜子芝麻等货,武穴征收局不照现时谷米成例,改以三乘五因算税,于每百担内约重征三十担之多,应请并入议案咨厅饬局援照谷米杂粮之三乘四因同一成例,不得两歧案。一,药材自汉口成捆运武,已在汉局完税,到武起坡,武局勒令重征,请并入议案咨厅饬局以后不准重征。一,广济产麻不多,向经阳新大冶两县购来,必由汉源口富池口两地出境,会经该地征收纳税到武出口,应在武穴征收总局挂号填给分拔之,惟分拨票尚能分运下游各省,当然可以疏通,何故窒碍。殊难索解案。一,花包前奉征税新章大包以一百五十斤完税,中包以一百斤完税,若以汉庄而论,大包实有一百八十斤，中包实有一百二十斤，照章完税不无减轻之处。惟武穴所踩花包，征收局并不照章分别，概不秤准纳税，嗣至下新河复查局又要浮收，不惟不与新章相符，并且有加商累案，以上七案，应请一并提出公决。（武穴商会提出）

（《银行杂志》第 3 卷第 24 期）

官票不能回复否认省银行成立案

为提议事。窃木欲蔚茂必培其本，水欲流长必浚其源，吾鄂刻际筹设之省银行，无异无本之木绝源之流，妄冀其繁茂葱茏，流长泽远，非愚则痴。盖湖北官钱局为发行官票调剂金融之机关，自前清张文襄督鄂任内创办，以至民国，历数十年，官民交便于中，虽未行兑现，而钱价不无跌落，然所恃者省政府各机关一律收用，故人虽受钱价亏耗，亦照常乐用。何物黎澍甘于亡省，胆敢违抗军民长官倘有拒用官票者以军法从事之明令，令各征收机关不收官票，以致官票一蹶不起，而官厅亦听之倒塌毫不顾及，且变本加厉，由官绅一气组织所谓官钱局财产保管委员会，黑幕重重，又糊糊涂涂弄出一个湖北省银行筹备处，试问官钱局有巨大之财产，而官票可以倒塌，将财产变卖改组银行，而该行钞票谁能保其他日无虞乎。此种换汤不换药卑劣之政策，流毒人民而有余，瓜分省产适斯足，此官票未解决以前不能承认省银行之成立者一也。查省银行入股之章程，有二百整股者方得被选董事，当斯官票每张仅值二三百文之际，则大资本主可贱价收买，而普通人民望尘莫及，实省自易为少数人支配，故近日谣传于强有力者，有送干股至千股以上者，骇人听闻，莫此为甚，大利所在，谁不攘夺，此官票不恢复而省银行未能承认成立者二也。变卖省产作银行官股，谁保无政府强迫之挪移，其不步官钱局之覆辙者伊谁信之，此为保存省产计而不能承认省银行之成立者三也。易曰，三人占则从二人之言，湖北官产者吾三千五百余万省民所公有也，主张变省生产组织银行，省议会闻未与闻，又未得全省法团多数之同意，由少数权绅与官厅鼻息一气，姑无论有无上下其手，以湖北全省利害所关重大之事，付之于少数人之手，未免高掌远遮，擅断之咎难辞，多数公理又背，此免除多数人为少数人所宰割，而不能承认省银行之成立者四也。传曰，作始也简，将举也钜，凡事不审之于先，而舍本逐末者未有不遭失败者也，质言之，欲调剂吾鄂之金融，维持官票其根本也，另设银行其末也，官票之信用不顾，而谓省银行之钞票可以通行，何异无根之木涸源之流，吾见其枯干可翘足而待矣。谨将官票不能恢复不能承认省银行之理由，提出大会，可否一致赞成，伏乞公决。（汀泗镇商会提出）

（《银行杂志》第 3 卷第 24 期）

请取消包办厘税案

为提议事。查各税包办，弊窦丛生，盖承包之人，花费既巨，即不能不额外苛征，稍有不遂，多方留难。商贾明知背章，无法抵抗，只得忍气吞声，任其盘剥，以行程多滞一日所费不资。沿途关卡每于已经完税货物不为查验放行，或谓税未征足，或谓货额不符，信口吹嘘，横生枝节，必俟欲壑已填，方准放行无滞，节节拦阻，层层诛求，商民血本，任其分噬，怨声载道，莫可谁何。虽有报验所防其浮勒，奈多一气贯通，等于虚设，此中所受损耗，较诸正税超过倍蓰。故每一关卡局长任事稍久，不特本人可致巨富，即局内一切员司，罔不富饶，何莫非商民之膏血，供若辈之中饱，揆其弊端，纯由包办所致，因官厅取诸总包，总包取偿分包，分包又取偿于各员司，凡本于局内求得差委，必有相当报效，则其向商民肆行敲诈，实有以迫之使然也。今欲根本改良，官商两利，必将包办取消，一律仍改委办，优予薪俸，酌增比额，责令督查员司严杜浮征，如有违背,依法撤惩。商民既得减除各种痛苦,应尽纳税义务,不得稍有隐瞒,违则照章罚办。庶几中饱可除,税收自畅,不必改现而不啻改现矣,是否有当,即希公决。(通城商会提出)

(《银行杂志》第3卷第24期)

拟吁请省公署依议撤销湖北全省物产检验处案

为提议事。窃查民国十三年阳历八月内,市上忽发现汉口设立湖北全省物产检验处,胡龙骧为督办之布告,同日又有先从棉花入手,每包酌取检验费之布告,商民错愕。旋经旅汉棉业同人查悉该税拟定章则,横暴苛扰,虐害商民,极端否认,一面组织旅汉棉业公会联合会,附设检验总事务所,选派会友分赴产棉地方自行检验,一面向军省两署呈诉,历奉指令三方会议。(汉总商会旅汉棉联会物医检验处)乃胡督办(龙骧)不但抗不集议,而且私行派出检验员数十人四出苛扰(十三年冬腊月间事)当经棉联会电呈督署,奉复电已严令物产检验处暂行停止,迅将各处委员一律撤回,仍遵前令三方会议解决,而他方卒不会议,迄无解决。棉联会以兹事体大,未便久悬,援将本案经过情形及其中违法虐商扎台诈骗详情,于上年夏历二月内缕陈湖北省议会正式会交实业股员会审查报告,认定该检验处根本事实均无存在理由。但棉花一项,关系国际贸易,应咨请省长将该处限期取消,另由棉联会查照妥拟办法自行取缔以全信用在案。旋由正式会公同讨论,一致可决,咨请省公署撤销原案去后,省公署将本案咨由汉总商会集议见复,迄今年余未得解决明文。兹届本会大会之期,用将本案经过情形露布,及省议会审查报告书一并附陈提出大会讨论,咨请省公署查照省议会原议将湖北物产检验处命令取消,以符原案,是否有当,仍候公决。(蔡甸商会提出)

(《银行杂志》第3卷第24期)

呈请省长令催阳宋汽车公司从速建筑并令饬苛卸萧公闸案

为提议事。查商埠之发达,恒视交通为转移,故东西各先进国无论乡村市镇,水陆交通,莫不称便,吾鄂黄冈麻城黄安三县交通,向恃冈属之鹅公颈一道航线,外接大江流域,内通举倒二水,举抵麻邑,倒达郏城,故三邑所属各镇出进货物,得以快便往来于汉口。在京汉铁路未通以前,麻属之宋埠镇有小汉口之称,因河南之商城固始光山罗山光州等县买卖货物皆集于宋,不必远至汉口故也。讵萧公督鄂之顷,为其邑一二有势力者所蒙蔽,贪图个人少数之利益,而竟闭塞数县之交通,将鹅江起闸名曰萧公闸,即此是也。是时三邑人士,亦曾以既阻商务之交通,又碍内河之宣泄等情具禀谏阻,乃未蒙允准,至今遗恨。追闸甫告竣,利少害多,即萧公亦大有悔意,而仓卒又未便取消,故有阳宋汽车道之提倡,冀以陆路之交通为补救之方法。因迭传三邑人士组织公司,克期建筑,不谓该公司虽已成立,而建筑仍未见诸实行,凡我被害之人,未尝不叹昔之毁坏交通何其踊跃,今之建设交通何其迟滞,倒行逆施,莫此为甚。萧公已逝,督责何人,迫不得已,敝代表只得衔命提向本会公同讨论,借群策群力呈请兼宁雷厉风行,令催该公司克日开工,以期早日告竣,而利交通,并请令饬乃将鹅江之闸口折卸,恢复原状,实为地方大多数造福不浅也。是否有当,敬希公决。(宋埠商会提出)

(《银行杂志》第3卷第24期)

请省政府明令严禁各轮船公司专利暨垄断航业把持航线案

为提议事。垄断行业,把持航线,实行专利,为害商旅,提交公决,咨请省长暨江汉关监督驳斥此种专利之请求。查有汉沙宜楚与公司以捐缴堤费朦禀官厅,意欲戳收垄断之专利。窃河道为公共流域,向无专利之条例,因汉襄安公司专利航线,蹂躏商旅,于民国十一年经武汉航商陆福田等呈请交通部禁止专利，曾奉部令严禁在案。该公司把持专利，一经实行，为害沙宜者小，石首藕池郝穴等商埠受害实大，沙宜等埠有三公司轮船载运行旅，石首藕池郝穴向无三公司轮船停泊，出产载运与行旅之往来，有小火轮五十余只行驶，尚称便利。若该公司以少数轮船实行专利，更甚于汉襄安汉黄鄂等之贪载勒索蹂躏商旅，为商旅生命财产，计势难缄默，只得缕举航业之专利为害，提交公司决。（石首商会提出）

（《银行杂志》第3卷第24期）

急应整顿浙河盐局引盐以重民事案

为提议事。查浙河盐局，自前清划归淮商引岸后，由鄂岸榷运总局委分局长督销，向由淮商提驳真梁运浙分销，因浙岸毗运豫省，乃淮纲之边岸，故减价抵私以期疏销。迨民国以来，百物昂贵，生活日高，惟淮盐运费仍未加价，以致提盐各船户迫于生计，掺杂膏粉，暗抽盐斤，沿途盗卖，船至浙岸卸盐，而淮商明知不究，暗用大秤压斤收仓，借得余盐之利，自是相习成风，掺杂愈重。近年来浙岸所售之盐，化验只有六成，人民若购别岸之盐，则犯越境之咎，即免强购食该局之盐，人民多发生瘫痪等疾，民食攸关，岂容长此毒害卫生。该淮商应照市加足运费，提收真正白盐，自无掺杂之虞，应请提付大会公决。（随县商会提出）

（《银行杂志》第3卷第24期）

请咨汉沪招商局遵照北京部处两令刻日发给灯旗示期停轮案

为反对部令，违背商情，函请协助进行，转咨照准以维航业而兴商务事。去年因沪案发生，各公司轮船停止，以致邮务传递，既感困难，上下行人，尤多不便。故拟在蕲春上河口挂口地方添设招商局轮船洋棚码头停轮，搭客开会公决，一致欢迎。当即据情呈请北京交通部督办税务处核准注册立案，蒙批候令饬上海招商总局查照办理，仰即知照等因。旋蒙咨请湖北水警厅派员莅蕲春查勘，据复毫无窒碍，又经敝会分别呈报申汉两关监督，迭函上海招商总局催请发给灯旗，及早开办，上春复奉部处先后迭令催矣。仰征部处维持航业一秉大公，无微不至，乃沪局于奉令之后，始则呈称现拟修改条约，内地航线尚须予以限制，一经照准，深恐外人援例要求，当经部驳华轮未停以前，洋商纷纷停泊，何至华轮既停以后，反恐外人要求，以文字上解释殊欠明了，其中有无别情仰即具复核夺。继则呈称蕲春地僻客稀，妨碍行驶期间各等语，故意吹求，其表示反对之意显然可见。敝会查此案既奉大部批准，中途废止，殊为可惜，且有不能已于言者，谨为贵会详尽陈之。大凡时局变迁，原无一定，有昔盛而今衰者，有昔为偏僻而今则成为重繁者。蕲春滨临大江，界连吴皖，邻近则有蕲水，对江则有阳新以及李家洲古牛洲等处，营业之种类增多，商贾之行李益众，文明促进，只期有利可图，虽容足之地，亦能鸠工它材创开新局，此关于大势所趋不得不争也。民国改革以来，尊重民权，谊切同胞。利当普及，外人对于蕲春尚有怡和鸿安日清各公司轮船先后停泊，何独一族之中秦越相视。况蕲春为鄂东六区之一，虽不能目为巨埠，亦不至落人后尘，终使向隅，心岂能甘，此关于公理所在不得不争也。商人智识渐开，咸知爱国，挽回主权，尤为众意所归，往往有行客或由黄石港趁搭招商者，其眼光所注射无非以该轮内部组织，诸凡完善，且行抵汉口，下船又较各轮码头为近，一经抵埠，宾至如归，对于搬运一切，尤称便利，故一闻添设该轮码头，无不欢声雷动，望切云霓，非仅我商人一致欢迎，即各界亦极引领。近日地方人士，因事久未行，来会探问消息者，几如山阴道上应接不暇，此关于人心向往不得不争也。建造新棚，既不需公司资本，水性高下，又经委员查勘，更无危险之可虑，一经停泊，非但该轮名誉为之澎涨，而搭客如蚁赴□，获利尤难数计，种种发达不可臆度，此关航性不得不争也。总之,招商停输一案,商情维系,期在必成,窃思贵全省商会联合,对于开辟利源发展商业事件,均负有维持评议之责,相应委托吴鸿钧持函前来,面领教益指示方针,并希一切转咨汉沪两局,仍遵北京部处两令,刻日发给灯旗,示期停输,以慰众望而兴商务,无任急切盼祷之至,是否有当,尚须公决。(蕲春商会提出)

(《银行杂志》第 3 卷第 24 期)

请规定行号破产偿债办法案

为提议事。据敝会会董李德齐提议书开。查各埠商场交易,大都辗转往还,则银钱交往,实为商业必经之阶级,然盈虚消长,亦属商业应有之恒情,设因甲埠号家停业,而乙埠因之受其影响,如是连带及于丙埠,惟甲埠债权近在咫尺,消息较为灵通,即以敏捷手段,据将该停业之号所存货物及其产业悉数摊分至乙埠丙埠各债权得讯较迟,纵即与之交涉,则该号已经破产矣。致令乙丙两埠之债权,徒事向隅,莫可如何。按向来对于此种情形,从无具体办法,而各埠因是纠葛,亦所在难免,倘此后类似等之问题发生者究竟各行其是,抑系合而办理。窃德齐对于商务殊鲜研究,而于此等情事深滋疑窦。然事关商业前途至为重要,未甘缄默,理合提出上项缘由,伏只大会鉴核转咨全省商会联合会秉公评议,以资表决而便遵循等情据此。查此等连带债务,各埠亦所时有,非议有妥善办法,即无以解决纠纷。今当各会代表齐集之时,该会董提议及此,实为公司讨论一良好机会,用特据情函达大会,即请查照提议乃希公决。(汉口商会提出)

(《银行杂志》第 3 卷第 24 期)

请转函财厅撤销宜昌河西支卡案

为擅设支卡,扰骚不堪,恳请函厅严令撤销,以杜浮滥而恤商艰事。窃宜昌征收局向于平善□设上□,宜昌江岸中设下哨,各城关分设一卡,相沿既久,从无变更,民间固已受扰不堪,但已习之为常。乃近来该局既不通知地方,复未禀明财厅,突于河西擅设支卡劫拦行商,搜刮坐贾,甚至登陆入乡,四处骚扰,附近居民早已不安,纷纷至会陈请交涉。而该局冥顽万分,悍然不顾,反至变本加厉。查人民纳税,固为法定之义务,而官厅征收,亦有一定之设置,何得任听局长肆意妄设,只图获利,不顾民生,此等政治长存,则国家何能行使职权以为保障人民之具也。为此提出大会,务请公决转函财厅,迅予严令撤销,以免浮滥设置,而省商民痛苦,不胜感盼之至,此请全省商民联合会公鉴。(宜昌商会提出)

(《银行杂志》第 3 卷第 24 期)

拟在河溶丝卷专局组设报验所案

为提议公决事。窃敝邑土产出口,向以黄丝丝头为大宗,共计不下两百万两,系由沙市征收局在邑南河溶分设丝卷专局,抽收厘税,初无异议。待至前清光绪十二年溶局在淯溪设有陡卡,强征棉花,百货商民反对,甚至罢市,后由县知事商会会衔出示,不得强征,勒有碑石在关帝庙足证。今岁淯地陡卡,万其违法滥征,扰害商民,先每包过钱四千,外加查验钱六百,后每包过钱五千六百,愈征愈加,愈加愈多。查陡卡并无大众完税之资格,今竟喧宾夺主,变本加厉,复经沙市宾箕四局卡见货又加半倍,似此强加中饱,商旅何堪,非请大会在河溶丝卷专局所在地设立报验所,一面函知财政厅饬令查办,则土货出口日减,商害难除矣。特此提议公决。(当阳商会提出)

(《银行杂志》第 3 卷第 24 期)

请省政府剔除厘税中饱节省支出案

为提议事。今之理财政者，动曰军政费需用浩繁，巧妇难为无米之炊，势不能不从厘税加征改现入手，以期收支适合。今之为商民者，佥云水旱兵匪相寻，何有余以供无厌之壑势不能不筹一致否认抵御方法，以达取消目的。综此以观，是官与民各持理由，各走极端，斯时而欲求收支适合，岂不尤尤乎难哉。夫立法不难，难在革弊，治标不难，难在治本，所谓弊者指中饱而言，所谓本者指支出而言，中饱不除，人民永受苛征之苦，税收终无起色之日，支出不节，收入纵可勉强相符，转瞬仍有不敷之虞，兹欲谋根本上计划，惟首在剔除中饱，节省支出二问题，详加谈论，庶几于公于民两有裨益，管窥之见，是否有当，特此提议即希公决。一，剔除中饱。中饱之弊，起于税局员司，例于下票一节收钱不立票，以及需索留难等情，比比皆是，倘能实事求是，对于私营舞弊查有确据者，应由省政府严厉惩治，中饱自然剔除，税收自然畅旺。一，节省支出。查本省收入支出清单，前奉财厅颁发，除收入无从考查外，所有支出就理论上诸多欠合，在财厅为改现起见，不能不将开支缕列以副收支适合之口实，殊不知收入有万不能改现之情况，而支出非绝对不能减少之余地。爰就支出欠合之点，略举数于左。（甲）汉口商埠警察厅，月支洋一万四千一百余元，按商埠警察系就地筹款，汉口设立警察董事会，并担负警察经费，何至又有如许开支之理。（乙）炭山湾煤矿官厂月支洋一万一千八百余元，炭山湾煤炭矿成效早著，应有收入，何至有如此月支之巨款。（丙）参众两院选择举事务所月支洋五百六十元，选举事务所月支一千八百余元，此种机关，系临时性贸易，毋庸常年专设事务所，拟请归并全省自治筹备处以节糜费。（丁）汉口警捐月支洋八百二十余元，此局现归警察董事会接办，既警察经费尚归警董会筹解，岂有另请开支之理。（戊）汉口马路工程局月支洋一千七百余元，查马路局原附于警厅，并无须此种大开支，况城垣马路朽坏不堪，应仍照原案以节浮费。（己）堤工费约每期摊洋一十万元，此系临时开支，今列入额支，究竟某处开支者若干，自应标举名目以释疑窦。（庚）官纸因数据月支洋三千一百六十余元，此系营业性质，每年有无赢余，何至有开支而绝无收入。（辛）毛呢厂临时费洋二千元，查此厂停办已久，何以每月尚给如许临时经费。（汉阳商会提出）

（《银行杂志》第 3 卷第 24 期）

整顿厘税积弊以苏商困案

为商困待苏，弊端宜去，不应横加征敛，谨就管见所及陈请公决事。窃吾省商力薄弱，无可讳言，近年水旱频仍，兵差络绎，尤为疲敝不堪。当道不加体恤，更益以横敛暴征，有加无几，我商民痛哭流涕，握财权者充耳不闻，亟图自救，事岂容缓。查厘金税则例，值百抽三，奉行已久，近于旧例之外加至一倍有半，值兹人祸天灾市而萧索之际，我商民已觉难堪。今又异想天开，将税款一串五百文合银一元按八成缴现，无形中加收我商民五分之三，我商民财力几何，日朘月削，岂能忍受。且国体既定，政尚共和，省议会系代表民意机关，未经省议会通过，悍然执行，只图一己之私，不顾小民之害，前经代表诸公向兼宪请愿，已蒙顾念商艰，准缓两月期限，瞬致苛令将行，亟应继续遴派代表向兼宪力争，不达到打销原案撤惩祸首不止，至必不得已时，即采用最后相当抵制方法，百折不同。如谓库空如洗，需用浩繁，则整顿厘金局卡，系属握财权者应尽之职务。吾省局卡林立，黑幕重重，或载货千石，投税甲局，该局员司数必取盈，而填票则仅及半数，或竟十止三四，及载入乙局票货两歧，则又多方挑剔以峻罚相恐喝，商民不啻又完一次，至丙局亦然，常有载货千石而厘金耗费四五千石税款相等者，公家收入不及十之一二，员司苛索入已者，且占十之八九，倘能剔除积弊，按则例征收，商民缴纳之数稍减，而公家收入之数转增，以除弊者兴利，视无端苛索商民，不较为正大耶。至剔除局卡弊端，报验所自足为财厅臂助，前定报验所章程，宜速为修改，购船加入，设备完密，务令报验所员司与局卡员司公同勘验，扦量宿弊自可渐次剔除。俊曾建议总所言之基详，诚使有报有验，名实相副，商民不扰，库帑自增，夫已氏政以贿成，对于各局卡之舞弊，自反不缩，不敢过问，吾商人则靡所顾虑，当官而行，收效自捷，长此因循非算也。至于官票破产，改组银行，形同术骗，应请其拍卖官票基本产业，以为兑现之资。三十年长期牙贴，现又取消，更巧立名目，需索注册等繁费，应请其制止。吾邑淮盐局库平引价，不照章每日悬牌，水程单不注明银钱数目，弊窦显然，恐各县亦不免有此类行为，应请兼宪通令遵章并撤惩违章员司，以儆官邪而杜弊混，俊见闻狭隘，墨误滋多，总之握财政者不得其人，上行下效，捷如影响，应由此次会议通过，呈请兼宪顾念民艰，诛弘羊而窜惠卿，吾商民或有复苏之望，愚昧之见，是否有当，伏乞会长提交大会公决。（安陆商会提出）

（《银行杂志》第3卷第24期）

厘税苛烦每借口报验所并请将该所收支清册印刷公布案

为提议事。案据敝镇铁碳帮来函，为厘税烦苛，商民困苦，恳提出讨论讨论以洗陋规事。窃满清专制时代，每货一石仅照一石纳厘。民国改革以来，如下新河税局除炭另提外，凡锅一口，必以七八口征收，在税率固已加增其货额，复重十倍，是敝业痛苦不知伊于胡底。尤可异者，该局每借报验所苛索附捐，而报验所又无制止之力，应请提出大会将报验所收支清册印刷宣布，并应于税单上载明各项附捐数目，查验人姓名，收款人姓名，以免报验所代他人受过，而便商人明了完纳，不受明亏暗累之痛苦等情。为此录照原函，敬请大会公决。（黄石港商会提出）

（《银行杂志》第3卷第24期）

拟请变卖官产收回官票案

为提议事。官票倒废，百业凋敝，人民直接间接所受痛苦，罄竹难书，官厅迭经设法维持，曾于皓电规定每张价银二钱，凡钱粮厘税，市面交易，照常通用，不得任意抑勒，乃未几又有感电，以本年上忙及从前旧欠，准以官票完纳，本年下忙改征洋元，官票则按照市价新收，是官票一张，照现在市价仅作三百文之谱，与皓电大相冲突，可见毫无维持官票诚意，前后两电，矛盾若是，成何政令。查官票额数九千万倒塌之后，官厅陆续收回，以及六月以前各县之解款，当不在少数，现在塌在民间者，不过五六千万，若以官钱局不动产估价计算，收回官票，绰有余裕。现在官票额数究竟若干，收回若干，焚毁若干，散在民间者尚若干，以官产作价能否相抵，应请联会备函财厅暨官钱局询明，并请将产业扫数变卖，备价收回，当众毁尽而除流毒，未经收回以前，应仍准完纳丁漕盐课厘金，借资周转。再查官厅借口维持官票，以官钱局产业作基金，设立省银行，官票定以三串五百文作一元收股，内容黑幕如何，姑置不论。以现有基金之官票，尚不行使兑现，而作为银行股本，其谋垄断官产，架空情形，显而易见。省银行将来所出之钱票，能否敌官票信用，倘或行使不畅，又以威力追用，或借口时局影响，一塌再塌，势必瓜分基金产业，此种计划，留心金融者莫不皆知，为思患预防起见，应请联会陈请省政府仍准官票完纳税款外，并希积极主持，将所剩官票产业扫数变卖，收回官票，偿我人民，以免觊觎而杜乱萌，聊贡□荛，尚希采纳，是否有当，敬候公决。（云梦商会提出）

（《银行杂志》第3卷第24期）

反对湖北银行拍卖官钱局产业案

为提议反对湖北银行拍卖官钱局产业，摊还官票抵偿以济民穷，并请饶凤璜质问事。查湖北官钱局创自张南皮，惟时大小龙票，照市价每串易银八九钱，民国改革，尚值六七钱，民八仍值四五钱，而仅跌至二钱，是钱价日落，官钱局票价，盈余日厚，以盈余之比，十剩其三，而官钱局尚不能悉数兑现，人民何辜，受此荼毒，其票本利息产业租金尚不计之，盖由于财厅之挪借，员司之舞弊，无可讳言。今既倒矣，应照民间破产方法拍卖摊还，以铲流毒而除民害，乃计不出此，始而将官票倒塌，继而勒令税项改现，民力薄弱，既不敢要求税项抵押，复不能变产摊还，任其组织湖北银行以空，架空骗而又骗，汉口银行林立，钞票日增，若群起效尤，倒票之后，更换招牌，扎台有术，汉口金融岂堪设想，湖北人民岂堪担负，此反对湖北银行之理由。政府日逼人民改现于倒悬之中，乡间穷民，日望官票兑现为柴米之费，官钱局有二千一百万之产业，理应拍卖以济民急，此拍卖官钱局产业摊还抵偿之理由一也。讵饶凤璜通同舞舞，罔知民之疾苦，事前既无维持之理，事后又无整理之方，一味扎台撞骗充任产业委员长，囤积官票，吞产肥私，无耻蠹吏，孰过于此。应请大会公决，将官钱局所有产业契约，交明本会保存，占标拍卖，公摊公兑，不容图骗，此应请饶凤璜即日出席质问，其理由又一也。(黄石港商会提出)

(《银行杂志》第 3 卷第 24 期)

请规定商会选举权案

为提议事。查两商会每届改选，其商人有选举权者，即有被选权，竟有未经商者亦欲有选举权及被选权，又有商人素不出商会经常等费者，亦争有选举权及被选权，以上二者，敝会无从解决，祈请大会公决，指示规定，以免争执而重权限，此宜请议，即希公决。(应山商会提出)

(《银行杂志》第 3 卷第 24 期)

烟酒包税黑幕请取消总包办法规复旧制以裕国计而苏商困案

为提议事。窃吾鄂烟酒两业生意之衰败，未有甚于此时者也，烟酒两业商人之憔悴，未有困于此时者也，说者以为旱荒也，水灾也，原料奇涨也，销场不旺也，不知皆非也，推原症结所在，实由烟酒当局总包办法之黑幕所致。何以言之。总包办法者，烟酒当局罔利之门也，一年一办者，历任烟酒当局苞苴之径也。自民国十三男赵秉琛改组总包以来，表面为国家纳保证金三成，暗中则索手续费亦如之，厥后历任局长师其故智，以为榷税之良章者，无不为手续费也。往岁不过一年一办，今则未满三月，烟酒当局谬托改现，比额扩大，严饬十二区补缴不足保证金三成，暗索手续费三成至一二成不等，勒索巨款，腰缠累累，接洽有员，开议有地，大言公开恬不知耻，岂取各区总包耶，抑取自各栈经理耶，凡此贿赂之公行，无非小民之脂膏，大鬼怒目，小鬼磨牙，层层剥削，膏血易尽，吾小民尚有噍类乎。且其办法之不良，不止需索手续费一端也。昔本八区，今改十二，公家增无数之靡费，其弊一。总包既纳手续费。省局则予以直接缴纳税费之大权，各分局长形同赘疣，不过为一司票员，政权颠倒，莫此为甚，其弊二。不问总包人有无资格，只要公有保证金，私有手续费，皆可承包，政棍流氓混杂，其弊三。总包既花多金，取偿于经理，经理又花多金，授司巡取偿于小民，需索留难，处处皆是，其弊四。总兹四弊，非皆由烟酒当局需索手续费皆之厉耶，今欲扫除秕政，拟请规复旧制，试陈改良办法如下。(甲)拟请规复京署旧章县烟酒费税由烟酒业商人承包。(乙)如无烟酒业商人承包拟由各该县商会承包。(丙)拟请规复民国十二年鄂省研究征收费旧制取消总包办法。(丁)拟请规复民国十二年旧制，全省仍改为八区，旧有直辖栈仍归省局直辖，以减靡费。(戊)永远革除烟酒当局需索包税手续费，如有明知故犯者，以脏物罪论罪，枉法至五百元以上者，依官吏治罪条例处死刑。信能行此五者，则上裕国计，下便民生，可操左券也。拟请咨明湖北行政最高官厅采择施行，是否有当，仍祈公决。（蔡甸商会提出）

（《银行杂志》第3卷第24期）

请转函江汉关维持商业运输铜元案

为提议事。窃自湖北官票倒后，人民因金融之停滞，所受损失痛苦，不知凡几，尽人皆知，无俟赘述。兹有特别情形，不能不举所知于会众者，即洋关借查船之名而害我商业金钱之运输，倘不设法救止，足以制商人之死命是也。前阴历六月初间，彭市河商人刘姓者，因水涨堤危，驳兑无法，由君山输搭载铜元三百串，下驶至黑山，洋关借查客情，忽见舱面堆聚铜元两袋，（每袋一百五十串）诈称违禁私运，即将人元一并拿去，嗣经多方斡旋，始允放行，然已干没十六串矣。又六月十一日岳口金万和由汉号购寄银洋六千元，预作采办棉花之需，亦被该查关人查觉，高低带去，诈索钞币四十元始放。其余敲诈极多，笔难尽述。查襄河流区，上自汉中，下至汉口，各商货之必运销汉口，正如百川之归海，而借汉口之金融，以回润各商埠固鲋，亦为舍此莫由之事实。又查洋关之权，不能行使内河，其对于往来襄河之小汽船，亦只有稽查该汽船所载之人数货量，及是否与原报立案相符之权限，而不能干涉搭载之货客，客货且不能干涉，则对于交换货物之货币，更无过问之余地。如谓干涉现洋出境，则上述各事，或则载元来汉买货，或则运洋至岳办花，皆无出境之可虑，即无查问之必要，过问且不可，该洋关人竟将洋元并人带去，肆行敲诈，至再至三，继续不已，其害甚于贼盗抢劫，设各商埠以周转不灵，因之绝断来源，岂止商民之不利，其于全省之生活，国家之税源，所关匪细。本会为全省商业代表，若不为民请命，力除弊端，函请严罚明案，问心其何以安，用特提出议案，乞公议，并应亟问江汉关监督是否有此规定，知此事实，务希详切答复，以儆将来而去积弊，是否有当，敬候公决。（彭市河商会提出）

（《银行杂志》第3卷第24期）

拟请财政厅规定舱口单并在厘票注明税率及附加各捐案

为提议填具舱口单，并在厘票注明税率，及附加各捐，另票填明，或注入厘票与造具月报由。吾鄂财政支绌，实由官吏舞弊，而官吏得以上下其手者，实由官吏袭满清积习，假民可使由不可使知之义，于所定之例秘不宣传，所税之数多不登记，使知之者无从稽核，不知者苦其朦索，是以民受浮滥之害，国致短收之痛，病国病民，莫此为极。我辈在商言商，暂以商理说明理由。譬如采办一货，必以度量衡计其多寡，次以价格合其银钱总数，再次取行家与卖家清单，方称手续完备，采办者才能卸责。所谓填具舱口单者，如一船货物不识多寡，径以宽长深计其容纳，是与采办一货经过度量衡无异。所谓厘票注明税率者，即批明某货一立方尺，容某货凡几，某货一石，纳税几多，是与采办一货确定价格折合无异。所谓附加各捐，另票填明，或注入厘票者，即如采办人不能以口头报货物多少，去钱多少，必由行家或卖家开明货几价几外，加用搅几，是与办货清单丝毫必计无异。能如是，则不知者不受蒙蔽，知之者有所合计矣。然后辅以报验所稽查，每月造具月报，自涓滴归公，财政当道，永无入不敷出之淆混报告，而我商业亦有确实之核算，消长盈绌，知所补救矣。此稿拟就，经随县商会代表张次青讨论，谓该代表曾于报验公所董事会提出三联票式，与本案意见相符，经董事会保留，希调阅票式，并案公决。（黄石港商会提出）

（《银行杂志》第3卷第24期）

拟由本会组织月报社案

为提议编辑月报事。窃本会每届开会，议案既繁，责任亦大，但会期为日无多，意见不免遗漏，代表间或缺席，议案每未全阅，甚至平时甲会与乙会不通声气，临时集会，此县与彼县又多间隔，自非帼集成册，附编评语，不足以资考证。且闭会以后，代表星散，各会无常川驻汉人员，其对于各会提案，俾获刊布征求书面而表决，本联会有关全省商会共同利益，亟宜编辑全省商联会月报，不独本会声应气求。亦可交换知识，且借该报宜传本会之要旨，而贯注商界之精神。如蒙大会赞成，即由本会组织月报社，从本届各提案起，执行第一期之发行，各处商会认购派销，以作印刷之费，而为永远之成积，是否有当，应祈公决。（黄石港商会提出）

（《银行杂志》第3卷第24期）

拟发行湖北全省商会联合会第三届大会纪念册案

为提议事。窃以此次大会集合，好景不常，纪念当留，以资联络，鄙意待大会结束，发行《湖北全省商会联合会第三届大会纪念册》，内刊各分会代表商联会职员铜牌相略历通讯处，及提议修正各要案，其有印刷费，悉归各代表承认，是否通过，请付公决。（蕲水商会提出）（议案完）

（《银行杂志》第3卷第24期）

9月

1.吴佩孚向鄂商借款可望成立二百五十万

（1926年9月1日）

汉口三十日电通社电，吴佩孚向汉口总商会要求借款二百五十万元，并谓总商会务请承认该项借款，以便维持武汉治安。据一般观测，该借款似有成立之望。

（《晨报》）

2.大败前之吴佩孚敲剥鄂商居然到手二百五十万

（1926年9月2日）

三十日汉口通信，汉口总商会，因连奉陈嘉谟函令，饬筹所谓援湘军费二百五十万元。二十四日经会董议定，于二十六日召集全体帮董大会，征求众议。是晚七时，到各帮帮董共百余人摇铃开会，郑燮卿主席报告本会前日接陈督函，嘱筹援湘军费二百五十万，以鄂岸监税四之三作抵。继李耀庭总监亦致函，鄙人与赵典之催促，昨陈复来训令，限期之款，势甚急切。现请书记将各函令宣读，如何办法，请诸君讨论。王森甫起言，此款不能不筹，大家都有生命财产，如此时小病不加诊治，将来恐成大病。李鼎安起言，吾人求保全身家性命，款固应筹，惟嫌期限太促。周允霁主张由银钱及各帮量力支配，力大多借，力小少借。张碧泉、杜树棠，均主张摊派。王森甫谓训令紧急，可先行借垫，然后摊派，并由会长与各帮董在茶话室商派，并必在大会表决。王毅灵主张由各帮董自行推举代表,庶可负责办理。刘仁山、李鼎卿、陈春棠相继发言,意见略定。当由各帮推定代表吕超伯、刘仁由、李鼎安、方少岩、樊步青等二十余人。七时四十分散会,各代表即往茶话室筹商办法。闻各代表筹商之结果,银钱两帮共担任借一百万元,其余一百五十万元,摊派各帮。银钱两帮并已于二十七日,先垫出五十万,送交军需总监部。

(《民国日报》)

3.汉口总商会为会董会议致唐寿民先生

(1926年9月3日)

敬启者,本会有紧要事件,订于夏历八月十八日午后四时开全体会董会。祈拨冗准时莅临至盼,除分致外。

此致

唐寿民先生台鉴

汉口总商会启

4.武昌附近之剧战

(1926年9月3日)

汉口华界极恐慌,大商店铁棚半掩,汽车、马车、人力车,均涨价十倍,各银行钞票挤兑,由汉下驶商轮无隙地。

汉口　联军移防纸坊,武汉大震,世晨武昌未开城,渡江轮停班,汉口租界房屋涨价十倍,搬家络绎于道,武昌城内各要口,均堆沙包架炮,城外洪山、凤凰山、相国寺一带正掘壕备战,军警已令城内人民限五日内一律出城。(三十一日下午八钟)

汉口　汉商会承借军费,已交一百五十万,余百万今明可齐。(三十一日下午一钟)

(《申报》)

5.武昌尚未脱离危境

(1926年9月4日)

汉口　汉商会、省商联会世函,刘佐龙、杜锡钧请维持汉口治安,刘杜允竭力维持,请转告各界安心营业。(一日下午二钟)

(《申报》)

6.武昌城外尚在剧战中

(1926年9月5日)

汉口　靳云鹗东到汉寓三合里办公处,日内就武汉警备职,刘佐龙辞省长,吴陈力劝,允即就职,刘向汉商会表示担负汉口、汉阳治安全责,请劝告商民,勿惊扰。(二日下午八钟)

(《申报》)

7.汉口总商会为开全体大会致唐寿民先生

（1926 年 9 月 7 日）

敬启者，本会有紧要事件亟待共同商□，刻不容缓，所有议案俟当场再行宣布，务请诸君子准于明日（即夏历八月初二日）下午一点钟驾临，以便准时。特开全体大会，万勿吝玉，盼祷深之。除分别奉邀外。

此致

唐寿民先生台鉴

汉口总商会启

8.汉商民劝吴佩孚退出

（1926 年 9 月 8 日）

本报七日汉口电　汉口中外官名，鉴于形势危急，刻正要求吴佩孚退出，以免战祸。

东方社七日九江电　汉口总商会等之诸团体，对于南北两军，希望于汉口方面中止战事。

（《民国日报》）

9.汉商会与外侨要求南北停战，吴佩孚已拒绝

（1926 年 9 月 9 日）

东方社汉口六日电　汉口总商会与外人方面联络，运动防止武汉一带战祸，已向南北两军将领，要求停战，吴佩孚不容纳。

（《晨报》）

10.公函武昌商会函复请发免厘护照事由

（1926 年 9 月 9 日）

径复者，案准贵总会函开，以免厘护照业已转发告罄，请再印发免厘护照一千张以广仁施而资救济。等因准此。查敝厅现因节届秋收，鄂省民食当不致仍前缺乏，已将续准免厘之蚕豆、小麦、红薯、包谷四项自九月一日起停止免征，无论有无护照均仍照章征税，至各县法团购运米谷两项，办理平粜赈饥，验明护照相符准仍宽展免厘期限一个月以至九月末日为止，其商人营运米谷仍应照章征税，如有冒领护照蒙运取巧情弊，一经查明应予严惩，业经呈报兼宪暨通令各县局遵办，并函知贵总会在案。免厘货目既经减少期限仅止一月，而又以各县法团办理赈粜者为限，衡诸现情需用护照已属无多，准函前因。姑再印送护照五十张以备应用，务希核实给发，毋稍徇滥致滋流弊至外县，法团购运米谷办理赈粜需用护照，照案应向各该知事情领无庸，由贵总会转给相应检同护照，函请贵总会查照为荷。

此致

（《湖北财政月刊》第 18 期）

11.北伐军入汉后之情况(召)(节选)

(1926 年 9 月 12 日)

刘陈尚死守武昌、吴军损失之概数

八日汉口通信,党军前日(六日)占领汉阳,昨日(七日)进据汉口,午后三时许,党军经由桥口到后城马路,绕租界沿京汉铁路,下刘家庙时,沿途人民燃放鞭炮,并鼓掌欢迎,街头巷尾,万头攒动,颇表现欢迎之热烈。经过之党军,笑面相迎,其官长亦扬鞭颔首,表示谢意。该军由岳州到武汉,一路确秋毫无犯,纪律颇严,刘家庙国站,所有车辆及车头,尽被吴军带去,故党军只得沿路步行,驻有吴兵二百余人,当被缴械,该军即向前追吴,情形如何,虽不得知。但今早该路电报不通,必系已发生战事,因吴军后面,不徒有党军追赶,其孝感方面,亦先有党军迎击也。至武昌城内,顷据军界人言,尚有八师三师及十三混成旅之各一团,一师之一旅,第一混成旅之四营,二十五师之五营。另有督署之卫队,及左右两旗所收容之溃兵,数近两万,粮食仅供一二日之需。而城内住户,尚有八万余人。截至愚发信时,其缴械条件,尚未磋商就绪。缘昨日午后三时,武昌商会会长吴干丞、副会长周筱泉,兹善会会长项仰之。绅耆徐荣廷、刘鹄丞、童宾秋等,由武昌到汉,赴汉商会,约同汉商会一同调停。据言陈嘉谟话尚易说,惟刘玉春因平日与彼等无感情,颇难进言,坚持不缴械,经吴等再四恳求,仅允由刘佐龙收编。昨夜唐生智拜会刘氏,唐刘与陈嘉谟直接用电话谈判,仍无效果。故是夜在武昌城外之党军,仍然攻城,尚幸不大猛烈。讵今晨反形剧烈,汉阳龟山上之大炮,亦向武昌射击,其声甚洪,直至午后犹未已。而武昌城外,又发现火焰七八处(近数日曾发火十余次),火光熊熊,炮声隆隆,虽在汉口隔岸观之,犹觉心悸,想困处武昌城中之难民,身当其境,其痛苦当何如也。此时武昌商会长吴干丞慈善会长项仰之,又从武昌来到汉口商会,据说条件之外,尚有解散费十万元,拟每兵给川资五元,由武昌担任但先由刘鹄丞筹垫,刘等为民请命,冒险奔走,今日如不妥协则今夜攻城必更猛烈也。蒋介石昨日午后已移驻武昌宾阳门外之洪山宝通寺,在汉各党人已着手筹备大规模之欢迎会,党军之鄂军第一师长夏斗寅,昨寓汉口大同旅社。据党军方面消息,襄阳镇守使张联升已向樊钟秀表示合作。宜昌之上游总司令卢金山等,亦表示中立,故鄂北鄂西近日无战事。汉阳兵工厂已照常工作,每日能造步枪弹十五万颗,步枪二百支,而吴军此次之损失,计步枪四百余支,机关枪一百七十余架,大小炮八十余门,步枪子弹一千三百余万颗,大米七千余袋,面粉三千余袋,至宋大霈董政国则逃亡不知下落。陆澐身死,其余旅团长死四十一人,李倬章因神经震动疯痴矣,兵士则达八万人以上。如此说非虚则,吴军损失之巨,大足骇人,良可慨矣。

(《申报》)

12.汉商会欢迎革命军

(1926 年 9 月 12 日)

国闻社九日汉口电　汉商会阳派前推之交际员,欢迎国民革命军。

(《民国日报》)

13.蒋介石到汉后之要讯(萧萧)

(1926 年 9 月 13 日)

武昌城尚未解决,发行三种票币

北伐军到汉后,尚未闻有若何军事之布,所谓追击吴军亦因缺乏车辆无法前进,现正从事休息。至军饷一项,已令商会代筹若干,商会已决将前次借垫吴军尚未解交之百三十万元,筹齐送交刘佐龙支配。蒋介石亦携来广东中央银行所发行之票币三种,于昨日布告一律通用,兹录其布告于下:"照得本军北伐,饷糈浩繁,为携带便利起见,所有军饷除搭发中央银毫洋票币外,并核准中央银行发行湘赣桂三省通用毫洋票及中央银行光洋临时兑换券,以资法通。查该行基金充足,信用夙着,在广东、广西十足通用,并随地设有兑换所,所以便商民兑现。兹值大军云集武汉,军民交易至为繁杂。除函知武汉商会组织临时兑换所,并令行湖北省政府转令各征收机关一律收受外,合行布告,仰商民人等一体知悉,遇有前列三种票币,应照票面额一律收用,不得借端拒绝,扰乱金融,致干未便。"

(《申报》)

14.汉口快信

(1926 年 9 月 13 日)

武昌北军尚婴城固守,庚午刘佐龙以电话与陈嘉谟接洽,促速缴械出城,允给六万元为遣散费,并担负安全出境。午后汉商会长周星棠、武商会长吴干丞偕赴武昌谒陈刘,请念人民痛苦,承认缴械,商会愿筹八万元,遣散回籍,陈意稍活动,刘仍倔强,必欲该部携械开回上游,至佳晨尚无结果。

武汉商会前奉陈令,筹款二百五十万元,仅交百二十万,现党军亦索款甚急,汉商会庚晚开紧急会,决将余款筹齐,解交公安总司令部支配,借款合同仍旧,惟改由公安总司令签字。

(《申报》)

15.武昌城吴军九日尚未退

(1926 年 9 月 13 日)

蒋介石于昨八日由圆胜桥抵武昌,即驻南湖文科大学内,当急电武汉两商会,嘱共晓谕武昌城内北军,限自八日正午起,至九日正午止,在此二十四小时内缴械投诚,否则即是甘心附逆,只得集中炮火向其轰击,但直至九日下午尚未见陈刘签复,故北伐军刻已准备轰城,各团体代表以北伐军如果轰城城内居民势必受殃,尚在极力挽救,兹将蒋电原文录下,"万急汉口商会并转武昌商会诸公鉴,吴逆佩孚殃民祸国,罪恶贯盈,我军联合全民,一致声讨,现吴逆主力已被我扑灭,吴逆巢穴已被我捣破,仅余少数残部据守武昌,蕞尔孤城何难击堕,但念城中千万同胞之生命财产,悉系于是,不忍肆于一击,同罹浩劫,且吴逆所部各官佐士兵本属民众份子陷于胁诱,情有可原,如能观过知仁,闻风向义,解除武器,效顺党军,当与军民同胞齐其待遇。着限该吴逆余部于今日正午起至明日正午止,在此二十四小时内缴械投诚,资遣回籍,如届时尚未履行,则是甘心从逆,本军只得集中炮火,向其轰击,城破之日,玉石俱焚,希诸公即本此意,剀切晓谕之,盼复。国民革命军总司令蒋中正九月八日午前九时发于南湖行营”。(萧萧)

(《申报》)

16.战事发展中之汉讯

(1926年9月14日)

汉口　汉商会因北伐军需款甚急,周星棠将私产押二十五万,刘歆生地皮押二十万,商会房屋产业押二十万,尚有某垫借十万,真(十一)已交款三十万。(十三日)

(《申报》)

17.汉商会索款

(1926年9月14日)

路透社十日汉口电　南军向武汉商会索款约三十万元,该商会前曾以巨款付联军,今极难于筹措,且商会会员之富有资产者多已避走,因是益觉困难。

(《申报》)

18.刘佐龙函汉商会加筹军费

(1926年9月15日)

汉口刘佐龙函汉商会加筹军费百万元。(十二日下午一钟)

(《申报》)

19.汉口总商会为会董会议致唐寿民先生

(1926年9月16日)

敬启者,关于本会内部要事准定夏历八月十一日下午六时开全体会董会,务望诸君子如约准临。万一不能分身,亦请函知到会,避免缺席。事关全体会董责任,不得不预先申明,总以人数到齐为盼。

此致

唐寿民先生台鉴

汉口总商会启

20.路透社十四日汉口电

(1926年9月16日)

昨日午夜南军猛攻武昌,助以汉阳之排炮,猛轰约二小时仍未得手,至上午二时炮声始已,武昌商会请汉口商会转恳双方司令协商,容人民离城,谓自受围后平民死者甚众,现且乏食,益增困难。大汉报因登载不利于南军消息,记者被拘。

(《申报》)

21.武昌北军仍不允缴械出城(萧萧)

(1926 年 9 月 16 日)

武昌总商会遂电恳汉商会,就近代恳蒋总司令勿再以飞机掷弹,免伤人民。汉商会即由吕超伯转函刘文岛奉求,刘当即复函允诺,兹录其来往电函如下,(武昌总商会电)汉口商会火速转吴干臣会长鉴,蒸电悉,刘省长派孙副官长同武汉两商会代表过省,磋商一切,救民水火,同深感戴,已面恳陈督理、刘总司令令饬沿江军队,勿再施放枪炮,并知照平湖门放行,已得许可,不过时间人数,须先电通知,敬祈台驾约同孙副官长暨汉口商会代表,迅赐渡江,以便磋商为祷。昨午数次飞机在省抛掷炸弹,兵士一人未伤,惟青龙巷、吴家巷、巡道岭、豹头堤等处,炸毙民人约五十口,伤妇女无数,又附近济善堂等堂报告,粉身碎骨,惨不忍睹。切盼我公即刻电刘省长,无论战局若何,和平之期望,如何飞机抛掷炸弹一举,祈勿再施,以全蚁命,武昌总商会叩真。(吕超伯致刘文岛函)文岛仁兄主任大鉴,顷奉复示,同人泣感,兹接武昌商会来电,所述飞机炸伤人民情形,惨不忍闻。

(《申报》)

22.危在旦夕之武昌人民(召)

(1926 年 9 月 16 日)

(守候消息之武昌避难)民众约数百余人,莫不望眼欲穿,环绕间讯,众以事见头绪,稍觉安慰。遂各转告其家人父子矣,讵延至今早,犹未得武昌回电,复又焦灼万分,只得拍一急电去问。迨至午后四时,始得武昌商会回电,文曰:汉口商会火速送吴干丞会长鉴,文电悉,顷项(仰之)周(副会长周小荃)吴(惠轩)童(宾秋)四君当转电晋谒,事可磋商,请兄速约同傅楚材、孙子霄、杨异众(八师师长刘玉春之驻汉办公处长)、孙文楼(与刘玉春有私交)暨汉商会会长诸公,命驾过省,当面接洽,沿江保护,亦已通知当道。并闻,武昌商会文午,众阅电,哗然曰昨夜既开军事会议,行与不行,一言而决,不言会议之结果,但谓事可磋商,且待电催而后复。似此故意延宕,此非缓兵之计而何,况待到邀集众人,已时近黄昏,□能过江,势必至北伐军无可容忍。巨炮轰城,飞械掷弹,玉石俱焚,城内十数万民命尽死于炮弹之下矣,言已众皆泪数行下,束手无策。

(《申报》)

23.公函汉口、武昌总商会为奉省令平抑物价一案请拟议见复由

(1926 年 9 月 16 日)

径启者,案奉湖北省长公署训令第六九六号内开,案准内务财政部咨开,案据孙同康折呈请设会研究平抑物价,以谋社会经济之安定等情,当经派员会商。佥以平抑物价与民生至有关系,请通知各省区行政长官转饬设法办理,于必要时再行设会研究等情,相应咨请查照办理,并

希将办理情形随时咨部,以备查考等因,准此。除分令外,合行令仰该厅即便设法办理,以维民生。并将办理情形具呈核转此令等因。奉此。查武汉为商贾繁盛之区,贵会为商界总汇之地,当有伟尽宏筹以维民生而重功令,用特函请查照,并希将所拟办法详为见覆以凭转呈为荷,此致。

(《湖北财政月刊》第 18 期)

24.武昌仍未妥协

(1926 年 9 月 17 日)

党军又有总攻说。

汉口商会代表寒(十四)邀武汉中外教士数人,调停武昌问题,晚在协和教堂联议,拟请领团出面担保陈、刘安全。革军寒(十四)晚未攻城,闻已另有计划,可望不攻自破。(十五日下午三钟)

汉口外教士调停武昌事,以有干涉嫌无结果,革军决取积极手段,删(十五)起封锁武昌江面,并照会驻汉领团,无论何国兵舰商船,均勿停泊,并不得输运粮食款项。如因停泊输送发生事故,本部概不负责。(十六日下午五钟)

汉口传革军于望山通湘门外掘地道轰城,有铣(十六)晚总攻说,汉各团删急电刘玉春请开放一门,俾百姓逃生刘不覆。(十六日下午五钟)

汉口第八军何李两师寒(十四)各开一营增防,孝感花园,唐驻花园指挥留守委参谋长龚浩副官长宋增馥办理。(十五日)

汉口蒋删委刘佐龙、陈公博、刘文岛、胡宗铎、夏斗寅、何成浚、李汉俊、王乐年、詹大悲、邬希禹、张国恩、刘赓藻等十四人为委员,组织湖北省政务委员会。(十六日下午五钟)

(《申报》)

25.北军困守中之武昌城

(1926 年 9 月 20 日)

又武昌绅民昨电武汉各团体,陈述城内人民之痛苦,哀请设法拯救。电文如下,汉口商会联合会吕会长、总商会周会长、慈善会蔡会长、华洋义赈会中外会长,暨诸会同人、地方父老钧鉴:武昌战祸,于今为烈,人民二三十万困处危城,其毙命于枪炮炸弹中者,犹得以速死为快,惟有求死不得,饥忍待毙者,奄奄一息,尤为惨痛。武昌商会及地方人民奔走呼号于两军之前,迄无结果,贵会既汉口父老于武昌惨状,当不致充耳无闻,而在第一要义在救济妇孺出城,既可觅食他方,亦借免梭炮炸弹之惨痛。闻华洋妇孺救济会办法业经武汉商会拟具简章,呈经武昌军事长官核准,应请贵会等赓续进行,迅速救济,若再稍事延缓,恐全城妇孺皆将转于沟壑无救济之可言也。第二接济民食,现在武昌米谷杂粮搜罗殆尽,饿毙之声,不绝于耳。华洋救济之妇孺收容所至数万人之多,亦均绝食待毙。武昌赴汉购米接济,亦经核准,惟必须得汉口军事长官俯念武昌数十万生灵之嗷嗷待哺,准商人由汉运米接济民食,庶几不死于枪炮炸弹之中者,尚可苟延残喘。若汉口军事长官意在减少武昌之军食,不准运粮,则全城人民将无噍类矣。待毙之民急不择言,想贵会及诸父老,当不以武汉之隔,如秦越人之不相顾也,啼泣陈词,伏维鉴察,时象晋万世章、郭肇明、吕迪先、胡咸林、胡大镇、周试筐、司椿华、索阀、王调元、冯兆南、万国光、周楚珩、李华、厦子文、范揖争、邓振玑、时功玖、旅晒美侨、孟良佐率全城二十余万人同叩。

(《申报》)

26.路透社十八日汉口电:武汉商会不能续筹借款

(1926年9月20日)

武汉商会呈报,南军财力已竭,不能续筹借款,商会会员于呈报后均人人自危。

(《申报》)

27.武汉商会无力应募军债已通知党军领袖

(1926年9月20日)

武汉商会通知党军领袖,资金已竭,无法应募军债,又恐党军出以暴力手段,大有进退维谷之势。

(《晨报》)

28.汉口总商会因开全体大会致唐寿民先生

(1926年9月21日)

敬启者,本会定于夏历八月十六日下午二点钟开特别全体大会,有紧要事件当场报告,务祈拨冗准临,至盼至祷。

此致

唐寿民先生台鉴

汉口总商会启

29.汉商会电告安谧汇划照常收交一屋未毁一货未损

(1926年9月23日)

本埠总商会等接汉口总商会来电云,总商会钱业公会鉴此次时局变迁,敝布市厘,一屋未毁,一货未损。现各业均已开市,至汇划收交,并议定夏历八月日□照常办理,知注特闻,汉口总商会鉴。

(《民国日报》)

30.汉商会电告安谧

(1926年9月23日)

本埠总商会等接汉口总商会来电云,总商会、钱业公会鉴,此次时局变迁,敝埠市廛,一屋未毁，一货未捐，现各业均已开市，至汇划收交，并议定夏历八月□日照常办理知注，汉口总商会鉴。

（《申报》）

31.武昌谈判尚难妥协

（1926 年 9 月 26 日）

武昌谈判本已濒于决裂，以美人孟良佐、韦格非之冒险投信及武汉商会代表之奔走斡旋，又有一线和平之希望。孟、韦两君昨晨渡江后，午后一时即偕陈之代表蒋雁南，刘之代表张沛雨，乘萍福轮来汉。同来者尚有商会代表丁舜丞、陈渭滨及妇孺救济会代表郭炯堂、阮次扶等。当即偕谒刘佐龙。协商甚久。关于城内军队问题，拟定四条件：（一）陈、刘等部一律由刘佐龙收编，不愿改编者，资遣回籍。（二）改编后之师旅长由下级军官公推。（三）以襄河上游为驻地。（四）改编遣散费由商会担任，数目多少，俟与陈、刘磋商后再定，并限于二十一日午后一时答复。蒋、张两代表当晚即返省与陈、刘协商，至救济妇孺出城问题，双方亦已允诺，惟限于上午九时至下午二时开放平湖门出入，各界得此讯后，无不喜形于色。当晚分别租赁大轮，汉口红十字会亦星夜赶备船只，预备今晨。（二十一）九时开往武昌，接渡久困城内之妇孺，不料今晨各船开往武昌者，均被北军入枪击回，所谓救济妇孺出城之议，已成虚望，而和平条件是否妥协，虽无所闻，但革命军飞机顷已出发示威，北军正用高射炮轰击，则此事之吉凶如何，亦不难窥见也。

（《申报》）

32.武昌善后与汉口近况

（1926 年 9 月 28 日）

汉口　各团体以武昌和平绝望，敬（二十四）晚在汉商会决议善后：（一）武昌白十字会担任救济武昌民食；（二）红十字会担任办理棺木掩埋等事；（三）武昌善联会担任救济妇孺出城。（二十五日下午三钟）

（《申报》）

33.武昌又谈判和平

（1926 年 9 月 30 日）

（汉口）俭（二十八）午丁舜丞、赵典之、王绳高赴武昌，商和议，并拟偕张沛云、孟良佐来汉接洽救济妇孺事，陈、刘允商会艳（二十九）派两轮过江迎接。（二十九日下午二钟）

（汉口）武汉商会定感日再推代表赴武昌，协商救济妇孺出城事件。（二十七日）

（《申报》）

10 月

1.武昌谈判渐有希望

（1926 年 10 月 1 日）

汉口救济武昌妇孺出城，经城内士绅请求，刘寝晚电汉商会，可派萍福复卢两轮来接，但须先两日通知，以便放行。感晨丁舜丞等三代表偕四邮差，乘萍福轮往省，经革军检查两次放行驶。近武昌江面北军开枪射击，萍福轮仍驶回汉，闻法领又斡旋和议。（二十八日下午二钟）

（《申报》）

2.革命军与武汉商人联欢

（1926 年 10 月 1 日）

二十六汉口特约通信，昨日本部，假总商会开商民各团体联欢会，到会者□五十余人，均系各团体之职员，与会董团体参加者，共有二十多个。首由主席本部朱科长报告开会的理由，分四种记述，一、解释革命军是为人民谋利益的军队。我们就他的事实上观察，便可证明他是人民的军队，与吴贼提出□□的口号是完全不对的。二、汉口本系中国商业中心点，吴贼盘踞武汉已数年，他勾结帝国主义者，剥削商民的膏血，所以我们革命军急欲会师武汉解除你们的痛苦。三、今日联欢之用意，一方面慰劳商界同胞过去受帝国主义者和吴贼之宰割，一方面从今日起有国民政府之保护，充分发展你们的商业，庶可抵制外商之货物。四、武汉商界团体无团结力，如同一盘散沙样，所以今天的联欢会，欲使各团体凝结起来，成一强有力之组织。其次，由总商会代表报告该会成立的历史，及组织之意义。请国民政府帮助该会能力之所不及，并诚意的与国民政府合作。其次，由商民协会代表报告会务情形及该会对于革命工作，十分努力与各商团组织之性质不同。因该会纯系一班小商受压迫过甚而团结起来的。又其次，由各团联合会代表报告该会成立的历史很久，而宗旨在为地方上求利益，为人民谋幸福。如汉口救火会及修理街道，设立商警等事，由该会负担。至于经费，由会员捐助，共有三十二小团体联络而成。又其次，市党部代表报告，该党部在军阀时代，未公开时与各商团无结合之机会，故不免有隔阂的地方。现值公开时候，彼此应当合作。且党部内设有商民部，专为小商人谋利益的及解除一切商人之痛苦。最后，商民协会代表提出讨论事项，分两种：一、要求国民政府收回海关，取消一切厘金杂税等事。二、我们商界人，该与国民政府合作，打倒帝国主义者和军阀，应由汉口商民，各团体团结起来，取一致行动，成一最坚固的团体云。所提事件，全体通过，毕会时，大呼口号，尽欢而散。

（《民国日报》）

3.汉商会请解释信郑仇视鄂人误会

（1926年10月2日）

总商会昨接汉口总商会代电云，上海总商会鉴，顷据豫省归客所云，谓郑州、信阳一带现有仇视鄂人举动，系因传闻革命军莅汉时，鄂人曾仇杀北人，借图报复等语，聆悉之余，不胜骇异，窃汉口为五方杂处之地，商贾云集，何省蔑有，向无畛域之见，讵有南北之分，此种谰言不知从何而起，虽前当吴军离汉，秩序未定之时，地方流氓不免有寻仇殴人情事，然未闻有击杀毙命者，且亦系不数份子所为，当经各团体转请地方长官严行制止，早已相安如常。道路流言或即指此，诚恐以讹传讹，致滋误会，循环报复，为害匪轻。用特据实奉达，即希善为解释，以解纠纷，而召祥和，幸希转致各报馆为荷。伫盼德音，无任感祷。汉口总商会。

（《申报》）

4.武昌北军图抢粮台之激战

（1926年10月3日）

天津黎元洪艳电，武汉商会及刘玉春、陈嘉谟请援辛亥前例，放武昌难民出城就食，维持人道功德无量，今日得刘陈覆电已允，谓现正办理此事。（一日下午七钟）

（《申报》）

5.汉口总商会为转发湖北财政委员会关于清理应城石膏公司及中国兴业银行基金致汉口银行公会函

（1926年10月3日）

敬启者，顷准湖北财政委员会主任陈公函开，征借房租一案，业经本会与贵会协议，决定由本会派员办理商业两会，派员协助在案。兹派本会秘书陈达等组织借租委员会，专则办理并议定借租条例四条，积极进行。除布告并分别函令外，相应检同借租条例并借租收据样式二份，函请贵会查照转知各房主、住户、商店，一体遵照为荷等因，准此。除通知外，相应录函照抄转达台端，查照希即分知是荷，并颂财绥。

汉口总商会启

附:借租条例收据样式一份

根存租借

兹收到　街　里第　号住户/商店
本年　月份借租洋　百　拾　元　角
湖北财政委员会

字　第　号

据收租借

兹收到　街　里第　号住户/商户
本年　月份借租洋　百　拾　元　角
此款准该住户/商会向业主抵纳房租，业主不得拒收此据

租借条例

1.现因军需紧急,特由湖北财政委员会商同汉口总商会业主会决租借一月,由房客先行垫缴。湖北财政委员会取回收条以凭向房主抵纳房租,房客与房主同为一人者亦须遵缴齐数额,由本会经收委员及总商会业主会派出之办事人共同评定。

2.凡住屋或商店每月房租不满十元者免收,十元以上未满二十元者减收半数,二十元以上者概不减免。

3.一切收条皆加盖湖北财政委员会印信,如无此项印信,无论交付何人均不生效力。

4.此项借租限一个月内收足,如有抗命不缴,当从严处罚。

6.汉口总商会为庆祝孙中山六十诞辰一案致汉口银行公会函

(1926 年 10 月 6 日)

径启者,十月十二日(即夏历十月初八日)为先总理孙六十晋一诞辰。查先总理共和手造,功德在民,而提倡革命之精神至今不朽,每聆遗训,声刻如闻。当兹诞降之期,公行庆祝之典,一人有庆,万众胪欢,诚感举也。我商界同人追思伟烈,宜表钦崇,拟请传知各同业届时一律悬旗张灯,以志庆典,并请台端。于是日上午九点钟以前,齐集本会,以便联袂偕往会场参与感会同伸庆祝,合盼深之。除分致外,转此奉达。顺颂均绥。

汉口总商会启

十月初六日

7.二十六日刘玉春函复汉商会

（1926 年 10 月 6 日）

武昌短简

二十六日刘玉春函复汉商会，可派苏福复盛两输渡江救妇孺，但需先两日通知。武昌商会迫不及待，二十七日即派苏福渡江，为黄鹤楼北军射击而轰。

（《益世报》）

8.汉口华商保险公会启事

（1926 年 10 月 7 日）

折者"即对于所出之保单、所载保本数目只担负四分三责任是也"本公会会员公司无此项办法，务望各保户诸君注意区别，免致误会为幸。特此通告并希公鉴。

汉口华商保险公会会员联保

永宁华兴华安公安先施永安公司启

（《汉口新闻报》）

9.国庆纪念日增刊

（1926 年 10 月 10 日）

三十日鄂吴调田维勤、阎曰仁、魏益三、马登瀛诸部助战武汉防务加紧，党军占汀泗桥蒲圻、咸宁。鄂征汉商会二百五十万，先交百万。闽张毅入漳布防，财顾商发库券不成，苏浙间协议出兵援赣，苏孙令解散沪保卫团丁。

（《申报》）

10.汉口武昌和议条件

（1926 年 10 月 11 日）

经调人与唐生智、邓演达、刘玉春商民七条：（一）城内各部归刘收编，以有枪为限；（二）收编后服从刘令，饷项归鄂政府担任，待遇与十五军同等，但目前给养暂由武汉商会担任；（三）佳（九日）晨七时至午后二时，北军出武胜门，经徐家棚至青山集合，候改编，即开赴葛店鄂城暂驻，武昌秩序由革军入城维持；（四）改编限文（十二）日就绪，听候点验；（五）北军军官眷属财产由商会及十五军派船接运；（六）全部行李由商会及十五军代运；（七）限庚（八日）午后四时答复，由调人携此条件过省，陈刘阳（七日）晚电复承认，但请稍延出城时间，及绅商联袂出城，唐、邓亦允可。庚（八日）午条件经三方代表签字，改定佳（九日）晨十时北军出城，午后一时革军接防，武昌商会定佳（九日）开欢送陈刘大会，但闻佳晨武昌城门仍未开。（九日下午五钟）

（《申报》）

11.总商会捐款汇汉拯灾

(1926 年 10 月 13 日)

总商会昨应汉口慈善会之请,由会长会董□招商局汉冶萍公司合捐洋一万元,托交□银行汇汉拯灾,兹录去电如下:汉口总商会转蔡辅卿先生鉴,武昌人民,此次久困围城,满目疮痍,言之心恻,敝会长与各会董等个人合捐洋五千元。又招商总局汉冶萍公司各捐洋二千五百元,共一万元,俾资善后,本日由交通银行□□上,土壤细流,略尽拯救溺□微忱,款到祈□筹妥为支配散放,□深企祷。上海总商会叩文。

(《新闻报》)

12.汉口总商会为转发汉口征收总局处理报局卡登记问题致汉口银行公会函

(1926 年 10 月 17 日)

径启者,顷准,汉口征收总局函开,昨准大函略以前准贵局公函,以起运货物,如无原挚税票缴验及事先未报局卡登记,一律照章征税。当经分转去后,兹据汉口印花布公会盖章函称,奉函具悉查自货物往洋街时,未见各卡员司,则事先报告登记无从着手,且亦未见有必要登记证明文本日。敝帮各号实行到卡登记,竟被拒绝,群情惶惑,莫知所措。用特函达总会体恤商艰,向局交涉,对于原货搬回者不得留难,以免重征而维商业,无任祷盼等情。前来查各帮前将货物寄存洋街,系因时所迫,以致无从登记,自属实情。此次原货搬回,似应邀免重征以示体恤。相应据情转达,请烦查核维持并希见复等因。正具复间,适又准贵会函开,据汉口布业公会盖章复函,丰泰衣庄函称,情同前由,请予并案维持并由贵会长亲临声请,体察情形,分别办理,当与贵会长面定通融办法。传知敝属各卡查照在案,查敝局前定限制办法,实因凡由洋街运来之货,动辄以因乱寄存洋栈为搪塞,迨即盘语,每每理屈词穷,虚伪毕露,甚且不服,理喻任意,缠绕殊属有心,偷瞒实不尽牵混已也。

敝局长服务桑梓,但期于公于商两得其平,决不稍存丝毫苛求。若不酌予限制,亦与税收大有妨碍。除各该帮商号货件运存洋街时,曾经报卡登记者仍应至原登记之卡,报明查核外,所有事先未经报登记之货物,仍照与贵会长面定办法,由各该帮帮董开单证明,送由贵会切实查核,盖印来局。再行转知各卡,验明放行以示体恤。似此通融办法,理偏再有蒙混透漏情事发生,则是该商自外生成,一经查明,定行照章从重处罚款关饷粮,决不瞻徇。至印花布各商于取回货件时,自难照准函前因,相应合并函复,即希查照分别转知该商帮遵照办理为荷等因,准此。查此事既准汉口征收总局定有办法,各帮中如有似此情事,自应一律照办,以省骄语。除通知外,相应录函转达台端,查照并希分知是盼。顺颂财绥。

汉口总商会启

13.汉口总商会为转发国民革命军总司令部军需处关于维持中央银行发行大洋小洋的币制致汉口银行公会函

(1926 年 10 月 18 日)

径启者,顷准国民革命军总司令部军需处公函开,查中央银行发行之大洋小洋,票币及本部发行之临时兑换券,湘赣两省均已通用无阻,而武汉方面尚多滞碍。查厥原因,实由未设兑换机关,以致人民信仰心遵行使为艰。兹由敝处呈报总坐备案,依照成规,就武昌存钱局设立兑换所,代理中央银行临时兑换,以期活泼金融而济军需用。特检同章程一份,函达贵会即希转知各行商,一体查照,共同维持,至为感荷等因。附送兑换章程一份,到会正转知间,并准国民革命军总司令部军需处处长朱来函开,中央银行兑换所业经组设成立,并将兑换章程函送贵会在案。惟每日现洋由汉口运回武昌,颇费周折,现经改定数目,在五十元以下由武昌兑换所发兑,在五十元以上,托汉口湖北银行代兑。敬烦贵会通知各行,一体知照,其余零星折换铜元,并请通知钱业一律照中交两行价格收受。如有故存歧视,即以扰乱金融治罪,事关币政,不得不严厉执行,统希特别开导以利推行为辛等因,准此。查前项票帮兑换办法,既经订明条例,均应查照办理。至另函所指数载五十元以上,托由汉口湖北银行代兑及零星兑换铜元,应照中交两行价格收受,各即系为维持信用便利商民起见,自当一律遵照,以重币政而维金融。缘准前因,除分别通知外,相应一并函达贵会员,即希查照转知为盼。顺颂均绥。

汉口总商会启

14.武汉重要团体来电乞赈

(1926年10月20日)

本埠湖北同乡会,昨晨接汉口各重要团体乞赈电如下,上海湖北同乡会暨各省湖北同乡会均鉴,(上略)此次两汉之克,废时未久,武昌一隅,相持四旬,幸无折该易子之忍,而饿殍之多,相望于道,家室之毁数不能稽,露宿野处,无食可求,加以秋老霜寒,啼饥者又复啼冻,政府力关救济,无如大兵之后,力不能充。武汉慈善各团体,亦设法收容,不遗余力,徒以杯水车薪,无补浩劫。□会开怀桑梓,素所闻知,叠年灾歉,皆赖仁施,此次奇厄,实所罕□。诸君子力予振济,则德施无量,大泽与江汉长流矣。兹经同人发起武昌灾民救济会,设在武昌总商会内,倘蒙汇□,乞交汉口商会、汉口上海银行、汉口农商银行等。为江汉宣抚使田捐,湖北省商会联合会会长吕达先,汉口慈善会会长蔡文惠,武昌总商会会长吴干丞、周嘉敏,武汉纱厂联合会会长徐荣廷、刘季五,汉口总商会会长周星棠、郑燮卿,特别会董龚国城,汉口各国联合会会长周韵宣、周楚城、任汉臣,武昌慈善会会长项仰之同叩铣。

(《申报》)

15.汉口总商会为转发夏口县实业局关于推销杂志问题致汉口银行公会函

(1926年10月21日)

径启者,顷准夏口县实业局函开,查汉口商场繁杂,无精确之统计,则各帮之参差不通,无详细之调查,则彼此之情形莫谙。有鉴及此,早经呈准,各上县先就汉口全镇商场实地调查,统计商情,分帮类编,按期刊行,名曰夏口实业类刊,内容详载各帮之盈亏消长,各店之兴革盛衰。凡各商号之名称、住址、资本、商标、经理、姓名无不记载纂详。至于各业经营之利弊与改进之方法,更复著为专论。对于商民所益其大,对于商业便利实多,原所以俾商民得以鉴往知来而有所借镜也。兹因编印就绪,发行在即际,兹商战剧烈时期,凡属商贾不能不手执一部,庶足以供观摩而资借鉴，既可作商情之览本，亦可为交易之南针。

兹为发展商业便利起见，特定一种推销方法，以期普遍而免向隅。无论商号公司工厂均应先观为快，以后庶不致受人欺蒙而令营业无所标准。本刊发行旨趣，原为揭示商情，俾商民知所趋避以内者，营业正轨而设。故当兹发行之初虽迭蒙，各上县提倡资助之功而事关商务，尤不能不借重。贵会赞助之力，素仰贵会为商场之领袖，商务之枢纽，对于实业之提倡，每不遗余力。敝局此次类刊旨发行，倘承登高一呼，自能万山应响，将来是刊旨畅销与维持长久，全系实业之发展与商务之勃兴，亦维贵会是赖为期发行劝销办法。拟请贵会先行通知各帮，请各帮再通知各帮之商号，分途劝销，其劝销手续仍请贵会先将各帮各若干家数及各帮董住址查复赐局，以便随后依赖户数，分帮分派类刊。径送各帮分途劝销，所有各节，除呈报总政治部暨夏口县署备案，并出示劝销外，相应函达贵会，请烦查照办理，俾便推销而利进行，是荷。附送陈夏口实业类刊第一期一册。等因。到会准此查是书于实业近况，记载纂详。凡我本镇同人如果人手一编，殊有俾益，相应照录转请台端，查照转知劝销乃盼。顺颂均绥。

汉口市总商会启

16.武汉善后委员会成立（节选）

（1926 年 10 月 21 日）

武昌通信，此次武昌人民惨遭浩劫，饿殍载道，伤死众多，城内人民既被多番之抢，城外屋宇亦成一片焦土，且陈尸累累，疫厉堪虞。失业者之众，当在十万以上，若辈皆无衣无食无家可归，伤心惨目，不可名状，善后设施亟待筹备。国民党湖北省党部因于日前召集武汉各团体及各军政治部代表，在武昌商会开会，讨论组设武汉善后委员会。是日到会者有武汉两商会、两慈善会、省教育会、省党部、省工会、省农民协会、武昌善社联合会、汉口红十字会、汉口市党部、总司令部政治部、总指挥部政治部、第四军政治部、第十五军政治部、武汉卫戍司令部、武汉两律师公会、武汉学生联合会等三十五团体，午后二时开会，公推吴德峰主席，彭石荪记录。对于善后问题，经长时间之讨论，多数主张即日拆城消毒，并特设执行机关，以便办理一切善后事宜。决定由到会之三十五团体，推举二十一团体为执行委员，又由执行委员中互推七团体为常务委员。当日分配执行委员数目，武昌十二、汉口七、汉阳二，武昌被推为执行委员之十二团体，为慈善会、商会、善社联合会、省工会、妇女协会、党红十字救护队、总政治部、武汉卫戍司令部、总指挥部政治部、第四军政治部、省教育会、全省学生联合会。汉口被推为执行委员之七团体，为商会、慈善会、各团联合会、市党部、学生联合会、商民协会、妇女协会。汉阳被推为执行委员之二团体，为商会县党部、又推定吴德峰、彭石荪、宛希俨、曾光烈四人，为组织大纲起草员，四时散会。十五日午后二时，在武昌首义公园开执行委员会，仍推吴德峰主席，彭石荪记录，先讨论组织大纲，凡十四条，逐条修改通过，又互推七团体为常务委员，当选者为武昌慈善会武昌商会湖北省党部、省工会、汉口商会、汉口市党部、汉阳县党部，又由此七团体互推省党部为正主席，武昌商会为副主席，经费由各团捐助及省政府补助，地点暂设武昌商会内，十六日起每常务委员团体派一人到会，开始办公。所有组织大纲中规定之各科各股职员，由下次常务委员会聘请，四时半散会，附录委员会组织大纲。

（《申报》）

17.汉商会发起救济武昌灾民电各同乡会乞赈

（1926 年 10 月 23 日）

汉口十九日国闻社电　田桐与商会慈善会各领袖发起武昌灾民救济会，铣（十六）电各同乡会乞赈。

（《晨报》）

18.汉口总商会为开全体大会事宜致卓筱枚先生（附议案）

（1926 年 10 月 23 日）

径启者，本会定于夏历九月十九日下午五时特开全体大会（议案列后），公同讨论，立待表决。事关重要于本镇各商号，均有莫大关系，窃愿在会诸君如约准临。窃愿在会诸君如约准临，万勿放弃职权，是为至盼。

此致

卓筱枚先生台鉴

汉口总商会公启

19.革军统治下之鄂财政

（1926 年 10 月 29 日）

本会依照政治会议议决，所有湖北全省各项厘税分别规定底，价招商投承。兹定于十一月一日起至十二日止，除星期日休息外，逐日午后一时在汉口商会开投，如有自愿投承者，务希于前一二日内来本会，出具投承愿书，附缴押票金六洋一千元领取票纸，以便届期当场填投。所有各局底值数目分别如左，蔡甸三十三万三千三百三十三元，宝塔洲三十九万七千七百三十六元，（十一月一日开投）武昌十万元，□□洲一十三万三千三百三十三元（十一月二日开投）。

（《申报》）

20.汉口商业银行呈请注册

（1926 年 10 月 29 日）

商人汪翊庚等，集股一百万元，拟在汉口设立商业银行，按照股份公司组织，拟具章程及注册文件，呈请农部注册。该部以事关财部，据情转资查复，已否核准有案，以凭办理。兹录财部所接该部咨文如下：

为咨行事，查商人汪翊庚等，设立汉口商业银行一案，前经本部将关于公司组织未合之处，批饬修改，并咨准贵部抄送批稿等因，各任案。兹据该商等，遵示修正章程请鉴核等情到部，本部核阅该商等此次所报改正章程，关于公司组织大致尚合，其银行事项以否经贵部核准。除原文分呈有案不另抄送外，相应咨请查核见复，以凭办理。

（《晨报》）

21.汉口总商会为转发湖北财政委员会关于稳定中央纸币价格事宜致汉口银行公会函

（1926 年 10 月）

汉口总商会为通告事，案准湖北财政委员会公函开，顷奉总政治部发下中央军事政治学校入伍生部炮兵团第一营指导员黄格君称，自我革命军克复武汉以来，中央纸币一项曾经总部通告数次，以二千四百文为率。不料武汉一带奸商操纵金融，只顾一己之私利，玩视条例，有以二千一百文或二千二三百文作算不等，总之照规定者十不获一。故往往彼此之下，时起争端，知者曲在奸商，不知者以我革命军借端扰事。想我革命军人日常经费通以此种纸币为本，信用行如此其艰，将何以为生，不但有失我军名誉，即党国前途亦何堪设想。兹特恳请钧座与商会筹商严厉出示，俾金融不得为奸商所操纵，而我军名誉亦得以无损，并请从速开办兑换处以昭信用，而免争端等因。查中央纸币曾经划定价格，行使市面不得短折在案。既据该兵呈报，如有此种情事，殊属不合。相应函达贵会，请烦查照，予以转知各商号、钱摊一律遵照规定数目收用，不得短折，以免争端，为荷等因，准此。查中央纸币行使市面，既经总部通告，以二千四百文为率，自应一律遵照规定数目收用，不得短折致启争端。缘准前因用特通告，即希查照一体遵办为盼。

汉口市商会启

11 月

1.党军苛征引起反响，汉商会大反对

（1926 年 11 月 6 日）

汉口二日电通社电，汉口商会因党军为筹饷计，征收房租税二成乃至五成，并赋课其他种种苛税，已对党军实行经济绝交。

（《晨报》）

2.汉口总商会为开欢迎大会致唐寿民先生

（1926 年 11 月 6 日）

径启者，兹因中央委员已于昨抵鄂，汉口各界并订于明日（即夏历十一月初七日）开欢迎大会，我商界同仁自应一律加入，以表欢忱，特此奉达台端，即希查照于明日上午十时在本会聚齐（佩戴徽章），以便十一时同往江汉关码头欢迎伫候驾临，无任翘企。

此致

唐寿民先生台鉴

汉口总商会启

夏历十一月初六日

3.筹备湖北省银行会议

（1926 年 11 月 17 日）

（汉口）武汉党军总部政治主任邓演达、财政主任陈公博昨日召集汉口商务总会及银行钱业各会长开筹备湖北省银行会议，经众讨论，以湖北官钱局财产作抵，向汉口实业各公会借九百万元，开办湖北官银号。（十五日下午五钟）

（《申报》）

4.汉口总商会为转发湖北财政委员会关于湖北省立银行业发行钞票问题致汉口银行公会函

（1926 年 11 月 17 日）

敬启者，顷准湖北财政委员会函开，查湖北省立银行业于十一月十五日宣告成立，现为统一度支起见，所有商民人等如有应交政府款项，务须缴解该行掣回收条，然后持向本会换取印收，其中央银行发行之大洋票一律十足通用，毋得歧视。此项钞票统归该行代兑。该行系以官钱局价值二千一百余万元，全部庄票拨充资本，基金充足，信用坚固，除代理省库外，兼营一切银行应有业务。深恐未及周知，除布告外相应函达，查照烦转各商人知照为荷等因。到会准此，除分知外，相应录函转达台端，查照转知乃盼。顺颂台绥。

汉口总商会启

5.十四年度之棉花检查

（1926 年 11 月 18 日）

标准以下者占多数

检察权旁落之由来

上海棉花检查处至本年七月之一年间，计收棉花检查验费三九・九二一・五六两，变卖货样得二・七八一・八四两，除开销净获纯利一万六千六百二十两九钱，受检验之棉花数量较去年同期犹减少百分之十九，其实数如下：

本埠用棉之受检查者

汉口棉花之受检查者

合计

前年六月至去年七月（担）

三七〇・八五六

六二五・四五八

七九六・三一四

去年六月至本年七月（担）

四一三・三三四

三七六・一九七

七八九·五二一

曾经检验之棉花其在

标准之上者一〇(同上)一七(同上)

标准之下者八三七九

不合格者七四

过去十年间,棉花经检验后认为及于标准者其百分数如下:

一九一六年三六　一九一七年二九　一九一八年二九

一九一九年三四　一九二〇年三三　一九二一年二二

一九二二年四〇　一九二三年三一　一九二四年一七

一九二五年一〇

上海棉花检查处由下列各行组织而成,其处长则为怡和洋行之密克列高尔君。

怡和纱厂黄埔滩二十七号

怡和洋行同上

宝隆洋行广东路一号

东兴洋行九江路八号

茂新洋行四川路四十四号

三井洋行四川路四十九号

上海纺织公司四川路四十九号

日本棉花株式会社汉口路八号

东方纺织公司杨树浦路五五八八号

欲知该处历史当追溯至一九〇一年之四月,其时有防止棉花搅水公会之设立,旋于一年以后停止工作。因其时上海道已出示晓谕,禁止作弊。兹略举如下:

(一)于适当地址设官厅检查机关。

(二)检查委员由官厅任命,如遇棉花搅水等情,即付以严惩之权。

(三)道台得指挥棉花公会推定干练检查员会同西人检验。

(四)罚款概交道台,听其支配。

(五)道台任命之检查官吏随时随地皆有要求检查之权。

(六)检查条例得道台与领事间之同意,可以提出修正。

一九〇二年上海道委定检查官开始办事,惜未能继续维持。至一九一一年之三月三日,多数重要西商鉴于此会之必要,遂假怡和洋行召集会议,并推出六人组织委员,亦即今日之棉花检查处之所由成立也。凡入会会员须交保证金一千两,经常费则取自检查所收之费。检验方法乃至大包棉花中捡取一定单位秤其重量,然后用火烘干再秤,其重量前后相差之数即为百分数之标准。现该处设于苏州路七号。(商)

(《汉口新闻报》)

6.武汉工潮澎湃

（1926 年 11 月 21 日）

汉口农业协会、总工会、省市党部、总商会、学联会等发起二十二日在汉商会开各团体大会，协商援助英美烟厂工人。

（《申报》）

7.武汉设劳资仲裁机关

（1926 年 11 月 22 日）

英美烟厂工潮尚未了

汉口政治委员会决组劳资仲裁委员会，以总工会、省市党部、武汉商会、政委会、卫戍司令部各代表组织之，为解决劳资争议机关。（二十一日下午四钟）

汉口武汉各团体代表二十日在汉商会开联席会，协商援助英美烟厂工人，决组武汉各界援助英国烟厂停工失业工人委员会，推十五团体代为执行委员，并决定援助方法：（一）实力援助工人生活，（二）扩大运动由抵制英烟进至抵货，（三）由政府向英领提抗议又通过委员会简章九条。

汉口印刷工潮未解决，印刷店主二十日驳覆工会要求，分四要点，定二十一日上午十时，双方各推代表在总工会协商条件。（二十一日下午四钟）

（《申报》）

8.武汉此起彼落之工潮

（1926 年 11 月 23 日）

未解决者，英美烟厂桥口特别区两厂工人，不下三千余人，罢工多日，厂方坚持停工，发给工人解散费二千五百元，经各方交涉多日厂方态度强硬，略无转圜余地。昨十八日汉口特别市党部召集会议，协商最后方法，佥谓欲解决此事，当运用中国政治主权及民众势力始可望，博得最后胜利，遂决定由全省农民协会、妇女协会、总工会、总商会、省市党部、各团联合会、学生联合会等团体发起，于二十二日在汉商会开援助英美烟厂工人大会，讨论应付办法。至该厂工人停工多日，生活困难，刻已由省政府发给二千五百元，暂资救济。其次，衣业店员，于十八日晨起全体罢工，提出增加薪资，改良待遇十三条，由总工会代表饶靖国、十五军政治部代表詹光泉，出任调停，浙帮店东拒绝条件，尚在相持中。惟徽帮店东允与店员谈判，店东方面代表彭春廷、吴舜臣，店员方面代表江永昌、王奎生，于昨晚在总工会谈判结果，议定条件如下：（一）徽帮决不与店东当面讨论，只推代表出席。（二）柜厘决定店员得千分之四，内厘千分抽十六。（三）徽帮原有薪水，一律加五元从十月初六加起。（四）工作时间，仍照旧例。（五）学徒入会费洋二元由店东缴纳。（六）外埠而来本埠营本业者，应由来者缴纳入会费洋五十元。（七）非本业而至本业执行业务者，应缴纳入会金一百元由加入者担任。（八）学徒服务，仍照旧章。（九）店东辞退店员应在年底，但本年不得辞退店员，确犯应辞退之规，则可由店东报告工会协商行之。(十)本省店员每年假期两月,外省店员三年头假期六月,如有特别事故请假者,店东不得阻止。(十一)店员因事请假,须请他人代理职务,应得之厘头或俸金,各得其半,代理应平均担任利害之责。(十二)送货出外,设遇折骗,按照原码赔偿,店东认四成,售货经手人认四成,送货人认二成,双方签字后,今日复工。

(《申报》)

9.汉口总商会为会董会议致唐寿民先生

(1926年11月23日)

敬启者,近有议案数事,订于夏历十月二十日下午五时开全体会董会,当场报告一切,务祈准临列席与议为盼,除分知外。

此致

唐寿民先生台鉴

汉口总商会启

10.汉口总商会为会董会议致唐寿民先生(附议案)

(1926年11月25日)

敬启者,日昨开会董事时,因诸君子到会者无多,而待议之案又极关重要,以未克开议,特再订于夏历十月二十二日下午五时开全体会董会,所有议案摘由录后。此事关系至要,届时无论执事如何公□,务祈查照,如约准临,以资公决,而便进行。幸勿吝玉,盼切祷切。

此致

唐寿民先生台鉴

汉口总商会启

11.武汉工潮近讯

(1926年11月26日)

烟厂工潮扩大,印刷工潮未解决,日界洋务工人罢工,政府拟组仲裁机关

汉口通信,英美烟厂之停工潮,日益扩大,武汉省市党部等八团体,发起援助工人大会,于昨二十日在汉商会开联席会议,到会团体有汉商会、汉市党部、湖北省党部、汉口律师公会、各团体联合会、商民协会、全省学联会、汉口市政委员会、中华海员工会汉口分会、总政治部、十五军政治部、中国济难会等百二十余团体,代表二百余人,公推市党部代表谢定远为主席,报告开会旨趣后,次由交涉署卢秘书,报告交涉经过情形。大众讨论结果,决定组织武汉各界援助英国烟厂停工失业工人委员会,通过简章九条,并推发起八团体及武昌汉阳两商会、律师公会、济难会、商民协会、武汉善后委员会及新闻界等共十五团体代表为执行委员。次讨论援助进行方法,议决(甲)进行纲领:(一)实力援助工人生活,(二)扩大反英运动,(三)政府应严重抗议英领事轻视侮蔑中政府之推托态度。(乙)具体办法:(一)发表宣言,申述此事真相,杜绝帝国主义者之造谣。(二)筹备垫款与工人,以安工人之心,推定谢定远、周延、许白昊为宣言起草员。

今日午后三时，在汉商会召开第一次执行委员会。工人方面，今日亦发出宣言，请各界予以援助，是烟厂工潮将更无妥协余地矣。

（《申报》）

12.汉商会推审判刘陈代表

（1926 年 11 月 28 日）

陈（嘉谟）、刘（玉春）审判委员会，汉商会推任汉臣代表。国闻社二十七日汉口电。

（《民国日报》）

12 月

1.汉口总商会为转发湖北财政处关于维持毫洋价格致汉口银行公会函

（1926 年 12 月 1 日）

敬启者，顷准湖北财政处函开，案查接管卷内准政务委员会函开，业据公民杨新三呈称，国民政府所发二角一枚毫洋，武汉两镇无论大商小贩，一律拒绝收受，人民感受痛苦最深。应请贵会厘定价格，严令流通，庶国家金融不致被奸商操纵破坏等情。据此相应函达贵会，请烦查照核办为荷等因，准此。卷查双毫一项，业经政财联席会议第十二次议决，并奉政治会议核准通令各县局税关毫洋照市价折算，一律遵照在案。查此项毫洋既准照市价折算，自应便于市面流通，该商贩人等因何拒绝收受，殊不可解，相应函达贵会，即希查明见复。一面仍开导各商人一律行使，以维持信用而资流转，毋得故意操纵，致碍金融至纫公谊等因。到会准此查照此案，准湖北财政委员会、国民军总司令部军需处函请维持，业经通函转达在案。兹准前因除分别通知外，相应录函转请贵会员查照转知，并希将各商，因何拒绝收受缘由，详查见复，以便核转是所至盼。顺颂均绥。

汉口总商会启

2.汉商会讨论劳资问题召集全市商民大会

（1926 年 12 月 3 日）

汉商会定江（三日）申至酉，开全市商民大会，征收解决劳资意见。（本报一日汉口电）

汉口商界有鉴于近日劳动家为加薪问题，到处发生罢工风潮，拟组织工资协调仲裁委员会以图缓和之策，定于三日开商民大会讨论之。（东方社一日汉口电）

字林报云，昨日上海商行数家接汉口分行来电称，该埠总罢工问题暂时已告解决，各业工人实际上也一律复工，惟武装纠察队尚取一种“观望”政策。昨晚另接报告，谓有若干雇主已允从工会之条件，以图解决工潮，故总罢工可不至实现，惟条件如可，不得而知。电中又谓本星期六及星期两日将举行大示威游行，并通过决议案。工潮结束若何，尚须于此两日决之，不能完全乐观。

（《民国日报》）

3.汉口商民大会征集劳资意见

（1926年12月4日）

汉口二日国闻社电，汉口商会定江（三日）日申刻至酉刻，开全市商民大会，征集解决劳资问题意见。

（《晨报》）

4.汉口总商会为转发汉口公安局关于武汉商民迎接蒋总司令事宜致汉口银行公会函

（1926年12月4日）

敬启者，顷准汉口市公安局函开，本年十二月初四内外，蒋总司令即莅武汉，所有地方机关团体以及商店各户均应制备新式国旗，悬挂门首，以表欢迎。诚恐地方人民未得周知，特酌定于本年阳历十二月五日号以前无论商户住户，贫户不计，须将新式国旗完全制挂用昭一律，除分别函知外，相应函达，查照转知本镇商户各户一体遵照办理是荷等因。到会准此，除分函知照外，相应录函转达台端，请烦查照办理并希分知为盼。祇颂均绥。

汉口总商会启

十二月四日

5.汉口之交涉与工潮

（1926年12月5日）

汉口汉商会三日午后四时开全市商民大会，讨论消弭工潮。（三日下午五钟）

各社要电，国闻社四日汉口电，汉商会江日召集全市商民大会，到万人，决提劳资仲裁意见：（一）加薪，（二）时间沿习惯法，（三）辞就店主自由权，（四）待遇平等。全市商民愿以最后手段为周、贺两代表力争后盾，其有感痛苦者，请分函仲裁会与商会。

（《申报》）

6.武汉工潮杂讯（汉口通信）

（1926年12月5日）

劳资仲裁委员会成立。武汉工潮迭起，商界首受影响，武汉商业团体曾联合电请蒋介石，设法救济，蒋已允为制止。因是政委会遂有组织劳资仲裁委员会之议决，一方面拥护工人利益，一方面顾及企业家前途。现劳资仲裁临时委会已于二十九日在武昌省党部，开第一次委员会。列席者有省党部代表罗贡华、周延墉，总工会许白昊，汉商会贺衡夫、周允斋、武商会刘季五、左仁亲，政委会胡忠民，总政治部盖镇寰，卫戍司令部徐名鸿等，公推罗贡华主席，讨论结果表决六项:(一)本会负有解决及仲裁以后湖北劳资之责任。(二)本会办事细则(附仲裁条例)由许白昊、胡忠民、刘季五起草,下次开会通过。(三)手业者及店员之生活待遇,由总工会、总商会,各拟出具体方案,交大会审查,作为以后解决问题之标准。(四)登报通告本会已正式成立,以后各项劳资问题,如至不能解决时,可交本会仲裁解决。(五)举省党部代表主席。(六)会址附设省党部。劳资仲裁委员会虽已成立,而能消弭此重大之风潮与否,则尚属问题也。(十二月三十日)

(《申报》)

7.汉口商民决提出劳资仲裁意见分加薪时间用人三项

(1926 年 12 月 5 日)

汉口四日国闻社电,汉商会江(三日)召开全市商民大会,到万余人,决定提出劳资仲裁意见,(一)加薪,采用渐进级办法。(二)时间,沿用普通习惯情形。(三)辞就,店主有用人自由权。全市商民,愿以最后手段为周、贺两代表力争。其有感受痛苦者,请分函仲裁会与商会,以为后盾。

(《晨报》)

8.汉口今日开反英大会

(1926 年 12 月 6 日)

汉口市党部发起六日午后一时在汉商会开市民反英大会,已函各团体派员参加。(五日下午五钟)

汉口武汉洋务总工会四日在新市场开成立会,随即整队游行经过英法租界,秩序极整,总工会、商民协会均发反英通电。(五日下午五钟)

(《申报》)

9.武汉工潮淘涌与商民态度

(1926 年 12 月 6 日)

汉口汉商会三日开全市商民大会,到万余人,周星棠主席,首由出席劳资争议仲裁委员会代表周允斋、贺衡夫报告委员会情形,旋提出劳资问题意见书,内分六点,请众发表意见,当场面交意见书者十余人,陈述感受劳资争议痛苦者五六人,综合全场意见有四。(一)加薪须逐渐酌加。(二)工作时间须沿习惯。(三)辞就员工为店主自由权。(四)待遇极求平允。旋有人主张周、贺两代表,既负有商会重任,全市商民应准备最后手段,为代表力求达到四项目的之后盾,如不能达目的,即实行罢市。周允斋当声明,请大众将感受痛苦及解决意见,用书面提交商会或仲裁会,以备下次委员会讨论。并发散调查商业状况表,请一并填就,作为参考,六时半散会。(四日下午三钟)

(《申报》)

10.汉口总商会为转发国民革命军总司令部军需处关于维持通用纸币致汉口银行公会函

(1926年12月7日)

径启者,顷准国民革命军总司令部军需处处长朱函开,查中央银行三省通用纸票,流行武汉,原订由敝处及湖北银行代兑。兹因汉口湖北银行尚未筹设完备,未能开兑,敝处所设武昌兑换所又因各种困难,不能尽量兑付,以致近来市面价格渐趋低落。似此情形,实与政府信用及商场交易,均受莫大影响,除已由敝处电请中央总行从速设立武汉分行外,在此过渡期间,务请贵会代为负责通知各行商一体维持,严禁短折,是为公便等因,准此。查此项纸票,前准总司令部军需处函送代理兑换暂行条例到会,曾经通知各帮一体,查照在案。兹准前因为政府信用计,为商场交易计,所有该三省纸票价格在此过渡期间,自应一律维持,不得再有短折情事,以维金融。除分致外,相应函达台端,即希查照,分知为盼。顺颂财绥。

汉口总商会启

11.湘省亦实行杯葛

(1926年12月8日)

(汉口)六日午汉商会市民反英大会筹备会,因天雨,仅到十一团体,改开谈话会,决十日再开筹备会。(六日下午十钟)

(《申报》)

12.汉商会开商民大会

(1926年12月9日)

表决劳资问题四项意见,四日汉口通信,汉口总商会,为解决劳资纠纷问题,特于昨三日午后四时,召开全市商民大会,先期发出通告,请各商民踊跃到会,陈述意见,以备总商会出席劳资争议纠纷委员会代表,为讨论之根据。故昨日到会者达万余人,皆属各厂主及各店东。四时零五分振铃开会,公推周星棠主席,王森甫、杜树棠、余龙桥、王义武四人为纠察。首由主席报告开会宗旨,略,谓近顷工潮汹涌,劳资冲突不绝于耳,社会群感不安,总司令部特为召集各团体,选派代表组织劳资仲裁委员会,以为解决劳资一切纠纷机关本会业经推举周允斋、贺衡夫两君为出席代表,特召开大会,请各发抒所见,与所感痛苦。俾代表出席仲裁会,为解决一切纠纷之标准云云。次由周允斋报告出席仲裁委会情形,因事关商界全体,不敢自专,谨提出意见书。

(《申报》)

13.汉口总商会为转发汉口市公安局关于敝局办事人员以及各区署官警暨征稽队员舞弊纳贿情事致汉口银行公会函

（1926 年 12 月 9 日）

敬启者，准汉口市公安局函开，查敝局办事人员以及各区署官警暨征稽队员警等经严令告诫，确守廉洁，不得有非法舞弊纳贿情事。承认有不肖之徒假借本局名义在外招摇，应请贵会随时检察，如发见舞弊情形，即向敝局正式告发，以便依法撤办，除登报外，相应函达，即希查照转饬一体知照为盼，并颂均绥。

汉口总商会启

14.汉口总商会为迎接蒋总司令事宜致汉口银行公会函

（1926 年 12 月 9 日）

敬启者，案准武汉各界欢迎大会汉口筹备处函，阳历本月十三日欢迎蒋总司令，张、谭两主席莅汉，订于上午十二时在华商跑马厂集合，嘱即通知等因。务祈执事于是日上午十时莅会，携带徽章，以便公同联班前往，为盼勿颂。

时绥

汉口总商会启

一月十二日即夏历十二月初九

15.汉口总商会为转发汉口市公安局关于迎接中央委员筹备事宜致汉口银行公会函

（1926 年 12 月 10 日）

径启者，顷准汉口市公安局函开，本月八日准武汉市各界欢迎中央委员大会筹备处紧急通知内开，今日召集□□□、宋子文君等已乘飞机抵省，谓中央代表国民政府委员准于十二月十日上午九时抵武昌，在文昌门外布局码头抵岸上坡，即赴阅马场开欢迎大会。为此紧急通告贵处，推派代表二人佩戴本会徽章于十日上午九时恭候布局码头江岸迎接，其余群众则集合武昌阅马场。所有汉口方面参加欢迎者均请于十日上午八时在招商局码头上船渡江，并请严守秩序，不得拥挤，以免危险，相应函达，请烦查照办理。

本月九日复准武汉各界欢迎中央委员、蒋总司令，大会筹备处函开，敬启者昨日各机关代表会队关于欢迎中央委员、国民政府委员鲍罗廷顾问方式略有变更，并再通告于下：一、中央委员国民政府委员鲍罗廷顾问之坐船准于明日上午九时抵文昌门外布局码头。二、参加欢迎各团体，由各团体通知所属人民全体（前通告只说派代表，特更正）于八时半齐聚该码头恭候。三、各团体推定代表二人（由本会制备徽章）上船欢迎，其余群众均在岸上欢迎。四、齐集阅马场大会静听各委员演讲。五、各团体须推举指挥一人纠察四人至十六人维持本团体秩序。六、各团体须制备小旗，分散本团体群众持之并备标语传单张贴散发。七、各团体须通知居民悬挂国旗表示欢迎。八、各团体须用布写各种标语，张挂街中。九、后日各委员赴汉口大会（济生三马路),各团体亦须尽量参加。十、明日中央委员到时,龟山鸣炮礼烟,请转知各人民无得惊扰。以上各节务望即予执行,辛勿漠视,至为盼祷各等因,准此。除分别函传外,相应函请,查照转知本镇各团体一体知照办理,以表欢迎,实纫公谊等因,准正转知间,并准国民革命军总司令武汉行营值日官函开,现因国民政府各委员莅临武昌,于明早(十一日)由汉口一码头起岸在济生三马路开会,届时请即尽量参加,借表欢迎为荷等因。前来除分致外,相应一体函达台端,即希查照分知一律照办为荷。顺颂财绥。

汉口总商会启

十二月十日

16.汉商民空前大会征集解决劳资问题意见

(1926 年 12 月 10 日)

汉口通信,汉口总商会因解决湖北劳资问题委员会成立。据该会周允齐、贺衡夫两代表回会报告,是日成立会议决以后,凡有各项劳资间之纠纷,至双方不能解决时,均可提交该会仲裁解决。故该会特印传单式的通告一万五千份、布告式的通告一万份,散布汉口各厂店各街巷,标明定期夏历十月二十九日,(即十二月三日)下午四时至五时,开汉口全市商民大会,征集解决劳资问题意见。在平日汉口一般社会,对于总商会任何会议,并不十分注意。但近两旬来,因感受工潮影响之痛苦者,百业均有,因而陆续而往该会声诉者,竟达万人,楼上楼下,均为挤满,后至者挤立于楼门及会场门外。诚为汉口自有商会以来,未有之盛会,且秩序并异常整齐。刚到四时零五分,即按照秩序振铃开会,并公推周星棠主席,王森甫、杜树棠、王义甫、余蓉樵为纠察员。主席报告,今日开汉口全市氏商民大会宗旨,系征集汉口市商民对于解决劳资问题之意见,俾便本会周贺两代表提交仲裁会为解决劳资问题之参考。至两代表主席仲裁会之情形,请周贺两君当场报告,旋贺君推周代表报告,周君大致谓自工潮汹涌,民国政府深知社会深感不安,故若组成解决湖北劳资问题委员会,并特许武汉两商会各派代表二人为委员,充解决劳资问题之仲裁人。可见国民政府深信商民为拥护国民政府之有力分子,论农工视同一律,才许我们商民有仲裁劳资资格,我们商民既得有说话的机会,我与贺君又被推为说话的代表,今敬请到会诸君发表解决劳资问题伟见,为提交仲裁会采作解决劳资问题之标准。就今日会场形势看,可见我商民精神团结力之伟大,但发表意见,务须持平。仅劳资一同均得过得去,勿令两败俱伤,致顿失拥护国民政府之重心,而况中国不独汉口无资本家。所谓厂主,所谓店主,彼此够得一个工头罢了,大家都是工头,即汉口有何劳资问题难以解决。本会谨代表提出劳资问题意见书内容,分前六项、后四项,计甲:(一)欲解决劳资纠纷,是否要平情论事,双方维持,免致彼此失业,是为第一点。(二)厂主店主工友店员,是否有连带关系,彼此失业,是否影响社会,扰害市厘,是为第二点。(三)资本家三字作何解释,我中国有无资本家,中国厂主店主是否为资本家,极需认明,是为第三点。(四)劳工与资本彼此有何关系,平时有无冲突,如何待遇公平以维永久,是为第四点。(五)近时生活高昂,劳工受压迫者不胜计,非提高工资,不足以言救济。提高工资,究以何法为最宜,是为第五点。(六)各业增薪。厂主店主亦非增加货值,不足以言维持,但各货增值后与社会有无影响,是为第六点。乙:(一)劳资两方虽用受生活之影响,但对于(加薪)(时间)(待遇)(辞就)及其他问题,亟应依照各帮习惯,酌量现时情形,自动平允加薪,改良待遇,以期早为解决。(二)各帮如有未解决之处,请将意见书函送仲裁会,(湖北省党部)以便集议。(三)本会备有调查商业状况表,请各帮逐项填明,准明后(十月卅日冬月初一)日送会,以便代表提出参考。(四)今日与会诸君如有高见,尽可当场提议,共同讨论。曾有某粤人店,对于纠察队同表不满,于是全场一致主张请将各工会纠察队一律取消。综合是日当场所接受的意见,汇为下列的四项:(一)加薪,取逐渐增加方法。(二)时间,凡百工作沿习惯法。(三)辞就,员工之或辞或就,悉店主之自由权。(四)待遇,极端改良,以期平允。四项意见汇成后,由主席提出大众表决。结果全场一致通过,时已六点三十分,遂散会,而赓续到会者,尚络绎不绝云。

(《民国日报》)

17.汉口限制停业罢工

(1926 年 12 月 11 日)

候□裁会决定,汉口汉商会九日通告,准劳资仲裁委员会八日函开,凡劳资争议,在未经本会最后决定前,厂主店东不得随便闭厂停业,各工会不得随便罢工。(九日下午六钟)

(《申报》)

18.公函各大商会详查商民有无收存俄国公债票国库券希见复文

(1926 年 12 月 11 日)

径启者,查接管卷内案奉财政部佳电内开,上年八月文电行查各商民收存俄钞数目报部,业经汇咨中俄会议公署,兹准声称须将种类名称分别等因,应即转饬原报各机关,将已报所存俄钞查明各票面上所记,或旧俄系帝制时代卢布即老帖,或系临时政府时代卢布即大帖,亦名录帖,或系革命时代苏联及地方政府发行之各种卢布数目列表,务须分别种类每种附一样本送部。此外,如存有俄国公债票及国库券,亦即专案查报,并将发行时期注明。至俄钞如有续,经查明存数,将来报部时,统照此次电开办法列报,务于一个月内办齐,先将每种总数分别已报未报暨债票数目时期,一并电复,一面造表飞送,均勿稍延致误等因,到厅奉此。查卢布损失行查一案,前奉部令饬查,业经分行各县知事详查,具报在案。兹奉前因,究竟鄂中各商民有无收存俄国公债票国库券,亟应查报用备索偿以维权利。除分函本省各巨埠商会查照办理外,相应函达贵商会,即希迅予详查见复,以便转陈至公谊此致。

(《湖北财政月刊》第 19 期)

19.本馆专电:请将海关附加一成赈捐

(1926 年 12 月 12 日)

汉口全省商联会、武汉商会,九日函江汉关税务司,请将海关附加一成赈捐,解交鄂省政府,筹办赈济。(十日下午二钟)

(《申报》)

20.鄂商会请拨关附充赈

（1926 年 12 月 13 日）

汉口通信，湖北省商会联合会武昌总商会、汉口总商会九日联名致函江汉关税务司费，请将向来汇解北京政府之本省本年海关附捐一成，如数解交国民革命军湖北省政府，俾资筹办赈济。函云，径启者，查历年因各省赈济需款，由各海关附捐一成汇解北京政府，分配各省作为赈济之用。本年夏季以来，本省洪水暴发，以致堤岸冲溃，灾情浩惨，为近年来所罕闻。迭经本省官商各法团筹施急赈，无如杯水车薪，效益无多。现正届冬令，尤须修筑堤岸预防明年水患，并筹本年冬赈，治本治标，需款甚巨。惟以国民革命军现已克复武汉，早与北京政府断绝关系。本省海关附加之一成赈捐为数不少，若仍由海关转解北京收受，则本省必致分文无着。拟请贵税务司通融办理，即将本省本年海关附加之一成，如数解交国民革命军湖北省政府收受，俾便官商通盘筹算本省赈济事宜。此种办法，不过将赈捐交付手续，一为转移，与附加原则毫无异趣。且以当地海关附加之捐款，即以用于当地之赈务，尤属事符实际，款无虚糜。相应函请贵税务司查照通融办理，以裨振务而惠灾黎至级公谊，并希见复为盼，此致江汉关税务司费。

（《民国日报》）

21.汉口总商会为会董会议致唐寿民先生

（1926 年 12 月 14 日）

敬启者，兹因有紧要议案数起亟待讨论，特订于夏历十一月十一日午后五时开会董会议，届时务祈台驾，拨允莅会以便公决。除分知外，专此奉达，即希查照，如约准临，盼切祷切。

此致

唐寿民先生台鉴

汉口总商会启

22.汉口总商会为红会乞赈

（1926 年 12 月 16 日）

本埠湖北旅沪同乡会，昨接汉口总商会会长周星棠致该会董事刘万青、关纲之、周霁光诸君为汉口红十字分会筹振呼吁，函云，敬启者，此次武汉军兴，伤亡载道，汉口红十字会分会抱人道主义，组队设院救护伤亡，出入疆场，不避艰险。只以事繁费巨，应付万难，曾经函述苦衷，筹请诸公援救，乃蒙不遗在远，慨助千元，足征博济为怀，钦感无量。惟是大战之后，伤残过多，该会所设医院医务尚繁，举凡日用所□亦苦不继。加之汉市百业停滞，实属无从告募，情不容已，只得推定代表杜树棠、王森甫、谢铸陈、方鉴予四君携带救护□真册来沪募捐，务望诸公鼎力提倡，集腋成裘，俾该会□总善基系于不坠则高厚之赐，不独湖北一省感颂已也，望夙叩祷，无任依驰，书此恭叩道安，愚弟周以灿谨启。

（《新闻报》）

23.不允截留鄂关赈款江汉关致鄂商会之一函

（1926 年 12 月 20 日）

汉口十五日通信云，湖北商联会及武汉总商会九日联名致函江汉关税务司费克森，请将本省本年应得之附加赈捐一成，直接解交国民革命湖北省政府收受，俾使官商筹办湖北赈济事宜。税务司费氏顷已函复，以该项附加捐一成。惟北京华洋义赈会董事部，始有支配之权，如欲截赈灾，应由该三团体直接请改会董事部照拨，税务司实无权办理。原函略谓，接准台函，及本团监督函业经本税务司呈奉然税务司合复，此项附加赈捐，系中央政府，商请列强所允许，并交托华洋义赈会董事部支配，专作全国赈济之用。故欲提用此款，赈济两湖灾黎，须该董事部始有支配之权等因。业已函复本关监督在案，兹准前由，查前项附捐，系交由华洋义赈会董事部支配全国南北一律，应由贵会等直接请北京华洋义赈会董事部照拨，本税务司实因无权办理，除呈□严税务司外此复。

（《益世报》）

24.汉口总商会为转发国民革命总司令部军需处关于充分兑现中央票币问题致汉口银行公会函

（1926 年 12 月 21 日）

敬启者，准国民革命总司令部军需处函开，案查中央银行鄂湘赣三省通用大洋票在鄂发行，前经函请贵会转知各行商一律收用在卷。兹查今日以来，武汉市面有少数商人不明大意，对中央票币或故意短折，或拒绝不收，种种操纵行为，皆足以妨碍币政。

贵会为全省商务领袖机关，负有指导商人之责，务请最以大意即日分函各行商一律收用，不得再有短折情事。致干查究，现在政府既以北迁，凡军财大计，皆筹有具体办法，而于中央票币，尤注意于最短期间开始充分兑现。除令行湖北财政处转饬各征收机关，于人民完纳，正杂附税一律收用，并出示晓谕外，相应函达贵会，请烦查照办理，并希见复为荷等因，到会准此，查中央银行三省通用纸币前往通知，一律维持在案。兹准前因，尤见筹划周详，以昭信用，自不得再有短折情事。除分函外，相应函达台端查照，并希分知查照为盼，祗颂财绥。

汉口总商会启

25.汉口总商会为转发上海总商会函电致上海银行汉口分行函

（1926 年 12 月 21 日）

径启者，十二月二十一日准，武昌总商会抄送上海总商会删电开，武汉总商会鉴各省商会联合会定筱日开，研究大会此时为商人大团结，自谋解放起点，应请转致各处商会商店一律悬旗致庆，以期商会彻底了解商运意义等因，到会准此，除分致外，相应函达贵帮，即希查照转知各同业，于十二月二十二日（即夏历十一月二十九日起）一律悬旗三日，以志庆祝。是为至盼。顺颂财绥。

汉口总商会启

26.汉口总商会为全体会员会议致唐寿民先生

（1926 年 12 月 26 日）

敬启者，查本会改选一事，前因烂票问题，迄今未解决，停顿至今。惟长此宕延，不惟负责无人亦属不成事体，现在阳历年关已过，自应从速决定，以便进行。昨开会董会议，佥以解决此事，仍须征询众意，但每次开会时间到会人数不多，未能公决，似应定期再开全体大会，邀齐各帮会员，将毁票问题用投票法当场决定，避免文延以重会务等因在案。兹定于夏历十一月二十四日准下午六点钟开全体大会公决此事（以投票为标准，多数取决，其借故不到者对于每数决定之办法，即作为默认）。务祈台端，查照如约莅临（逾期不候），万勿吝玉，盼切祷切，除分函外。

此致

唐寿民先生

汉口总商会启

27.汉口总商会为转发汉口印花税支处关于查处伪造印花税票案致汉口银行公会函

（1926 年 12 月 26 日）

径启者，顷准汉口印花税支处公函开，案查汉口市面近日发现一种伪造印花税票，业经敝处严密拿获人犯，证据送请司法厅依法究办，并呈报在案。惟是此种伪造印花，虽经极力搜查，一时或难尽，商人难于鉴别，不免受其欺骗。敝处为根本整顿起见，呈明湖北全省印花处，将各代销印花商店一律撤销，改由敝处派员酌设分发行，发行印花税票。凡商人需用印花税，除特别营业，应在各印花税专员办事处购贴外，其普遍印花概在敝处，发行股暨各分发行所发前充代销。各店不得再行销售，并不准任何人持印花上门兜售。如有人持花兜售，准人民扭送敝处查核，究办并酌核案情给告发人以相当赏格。其有贪图低折收买兜售伪花者，一经查出，与受同科，务使人民不受其欺骗。伪花流毒，克日肃清。除布告并分函外，相应函请贵会烦为查照，转知各商人一体知照，是为至荷等因，准此。除分知外，相应转达台端，查照并希转知同业一体，查照为荷。顺颂财绥。

汉口总商会启

28.宋子文招待汉商会

（1926 年 12 月 27 日）

汉口二十四通信，国民政府财政部长宋子文，于二十二日晚假座汉口华商总会，欢宴武阳夏商界领袖，到吕超伯、徐荣廷、郑慧吾、周允斋、贺衡夫、周星棠、蔡辅卿、王开庭、项仰之、周文轩、吴干丞、左仁亲等，连各机关、各级党部陪宾，到八十余人。此为政府迁鄂后官商间第二次正式酬酢，宾主间一席话，关系湖北财政前途，至为重大。盖先一日，商界欢宴各委员，吕超伯沥陈汉口商业实业不能发展之原因，由于军阀专政，致关税及金融权操之外人，深望政府委员本其经验,解除此种束缚。宋氏欢宴商界,即对此希望,表示其对于解决劳资整理财政,及劝人安居之意见。宋氏略谓对于工潮问题,要劳资双方放大眼光,只要工人不过分要求,商人自应谅解。工人生活问题解决商业自然发达,商人仍一样有利。国民政府,对于农工商学兵,是一样尊重,所以对于财产,一律布告保护,不可听信反革命派之谣言,发生误会。湖北官票,国民政府已有办法。关于财政整理,亦是当务之急,鄙人讨论公债方法,一方向银行募借,一方向商界募借。有两层担保,一层是官钱局所有官产,一层是海关附加二五税,信用很坚固。国民政府对于人民最讲信用,将来发展到长江下游,以至北方,都是要取信于人民的。广东民十,只有几十万收入,经鄙人整顿之后,铲除中饱,现在每年已收到一万万。湖北财政一统一,二千万马上可增到三千万,二五特税四五百万,渐渐就会好了。但是在这青黄不接的时候,总希望商界诸君,大家帮忙,维持自已的政府,维持为人民谋利益的政府。继吕超伯发言,大意谓,此次公债有切实担保之好信用,商人是极端赞成,国民政府保护商人利益,商人是感谢万分。劳资问题当帮助向商人开道云云。后宋子文复声明中央钞票在粤系十足,兑现信用最好。因为此次牺牲太大,北伐军费曾用去五千万,不足,乃添印三省钞票数百万。现在汉口中央银行,务求于最短期内成立,不久可恢复信用云云。

(《申报》)

29.鄂省财政要讯

(1926 年 12 月 28 日)

最近行政机关及各党部经费,均发中央钞票,军费亦□发七八成以上,市面钞币充斥,纠纷较前益多。总司令部昨又布告,切实维持。原文如下:“照得中央银行,自民十即在粤东设立,准备十足现金,代理国库,发行票币,历年流通两粤,信用极为昭著。自北伐军兴,乃进而推行湘鄂赣三省,其目的一方纯在调和地方金融,借以补助军费,一方更分设临时兑换所,兑给现金,期得人民信仰。政府兼筹策划,实费苦心,非徒以不兑换券任意发行,重民负担,所可同日而语也。徒以军事纷繁,大局尚未大定,不克于各发行地点设立分行,十足兑现,此本总司令对于民众不得不引为内疚者。现在政府北迁,举凡军财民事各项大计,无不力谋整理,而于中央票币,尤特别注意。凡我商民人等,其各共体此意,一律收用,借纾政府之财力,表示军民合作之精神,党国前途,实利赖之。自此布告之后,如再有奸商不明大义,从中操纵,希图短折,或拒绝不收,一经查出,定当从严惩办,决不姑宽。除令行湖北财政处转饬各征收机关,于人民完纳正杂附税,一律收用。并函知武汉商会,通知各行商知照外,为此出示晓谕,仰商民人等一体凛遵毋违。”顾当局虽以严重文告维持该票,而实际上因不能充分兑现,今日票价仍未见提高,此则无可如何,尚待政府之设法挽救也。(十二月二十二日)

(《申报》)

30.宋子文宴武汉商界说明将募借公债

(1926 年 12 月 30 日)

汉口二十三日通信云,党政府财政部长宋子文,于昨晚六时,假座汉口华商总会,欢宴武阳夏商界领袖，到吕超伯、徐荣廷、郑慧吾、周允齐、贺衡夫、周星棠、蔡辅卿，连各机关各级党部陪宾，共八十余人。此为党政府迁鄂后，官商间第一次正式酬酢。宾主一席话，关系湖北财政前途，至为重大。盖先一日商界欢宴各委员，吕超伯会沥陈汉口商业、实业不能发展之原因，由于军阀专政，深望政府委员必能本其经验，解除此种束缚，俾今后之商业，得以自由发展。故宋氏欢宴商界时，对于解决劳资，整理财政，均节要发表意见，大意略谓：对于工潮问题，要劳资双方放大眼光，只要工人不过分的要求，商人自应谅解工人生活问题解决，商业亦自然发达，商人仍一样有利。国民政府对于农工商学兵一律尊重，所以对于财产一律布告保护，不可轻信谣言，发生误会。湖北官票，国民政府已有办法。财政整理，亦为当务之急。鄙人讨论公债方法，一方向银行募借，一方向商界募借。有两层担保，一为官钱局所有官产，一为海关附加二五税。国民政府对于人民最讲信用。广东民十只有几百万收入，经鄙人整顿之后，铲除中饱，现在每年已收到一万万。湖北财政统一，即可由两千万增至三千万，二五特税尚有四千五百万。但在此青黄不接之际，希望商界帮助，维持政府。继吕超伯发言，谓此次公债，有切实担保，商人自极端赞成。国民政府保护商人利益，商人感谢万分。劳资问题当帮助向商人开导，并希维持中央钞票信用，速成立汉口中央银行。至九时半散会云。

（《晨报》）

31.汉口总商会为转发湖北财政委员会公函关于遵守中央纸币价格致汉口银行公会函

（1926年）

径启者，查前准湖北财政委员会公函开，案准总司令部武汉行辕秘书处函开，径启者，顷奉总司令发下中央军校炮兵团第二连长成刚报告一行为，请规定中央纸币即毫洋价格，令总商会转饬各商店收用，由本谕抄送财政委员会等因，奉此。相应抄送一份函请查照办理等因，准此。查中央银行毫洋纸币，每元折合大洋八角通用，业经本会通令，各征收机关并函请贵会通告各商人等一律收用在案。嗣准前因并双毫洋应折合铜元四百八十文一节，相应函请查照通饬各商民人等一律行使为荷等因。并附抄成刚报告一份到会，准此当以规定双毫洋划一价格，自系为免启事端起见，惟是金融行市与普通货价情形，微有不同，如中央纸币原系银币之替代品，只重信用不问优劣，故定为八折使用，进出一律自是遵行。

前发公函以中央纸币划定价格，以二千四百文为率，市面行用不得短折等因。当经通告各商一律从照在案。亟君毫洋一种，其成色重量不免时有参差，即市价高低自难加以限制，实得此项双毫洋外间仿铸者甚多，故其色量极不一致。且闻沿江一带如沪宁等处贩运之家，每以大洋一元易得毫洋至十七八枚之多，是该毫洋之对于大洋既不能以十进而欲与大洋一律按八折使用。匪惟人情既不便亦恐价格之难行，即便强以还从在用之者，国所乐为而收者谁甘受损。亟公家之能否照此数收入更一问题收，则其来无穷公家之受亏甚巨，否则易入难出闾阎之疑惧愈多。贵会体恤人情，维持市面兼筹并顾当更蒙权冲于其间也，缘准前因区区之愚，难安缄默。惟究应如何办理之处仍祈。

32.财政部指令:指令湖北印花税处前据武昌商会请改提经费业经令饬将应得经售费与分销商号分配否则收回自办仰仍遵照前令办理文

(1926 年)

据呈已悉,查承销印花提扣百分之十经售费,系经印花税会议议决呈准通行之案。前据该处呈称,转据武昌商会函请改提经费一节,业经本部核饬即将应提百分之十经售费,由该商会与分销商号平均分配,各得百分之五,以资调剂。若该商会仍持异议,即由该处收回自办,指令遵照在案,汉口商会事同一律,仰仍查照前令,转行遵照,此令。

(《财政月刊》第 13 卷第 146 期)

33.各埠金融市况:汉口反对商会发小票

(1926 年)

鄂省商会,前以官票价值低落,铜元缺乏,市面周转不灵,呈请省当局,准予发行小票。兹据武昌函云,湖北省宪讨论会教育会、农会等团体,特为此事开会,佥以商会此举,如果成为事实,则鄂省金融混乱,更不可收拾,结果全体表示反对。并依据下列反对理由,呈请当局,严予拒绝,以杜后患。将其反对理由分述如下:(一)各钱店发行小票,可以架空渔利,使钱价更感低落影响,人民生活程度无形增高,应反对者一。(二)各钱店发行小票,将来难免伪票情事,且社会对于基金巩固之官票,尚不能信用,则对各钱店发行小票,焉能信仰,必致朝发夕兑,徒增纷扰,应反对者二。(三)武昌各钱店如能握发行之权,而各县将有词可借,已查禁者,死灰复燃,未发行者,群起效尤,应反对者三。(四)许之则易,禁之则难,现造币厂业已定期开铸,铜元不虞缺乏,似无允许之必要,应反对者四。

(《银行月刊》第 6 卷第 6 期)

34.汉口总商会为代募债款一案致唐寿民(附名单及短期债券草案)

(1926 年)

径启者,日昨开会董会议,继续讨论交通部武汉电话局发行短期债券,拟托本会代募债款一案。佥以此事关系较重,讨论不厌求详,应即组织委办会推出委员,将原订债券章程草案及其合同拟稿等件详加研究,以便与部派员接洽商办。当经推定诸君子为委办会,专办其事,除分别函达外,合将油印前项债券章程草案等件备函,送请台阅,即希查照接洽为盼。顺颂时绥。

汉口总商会启

附送印件一份、名单一纸(委办会委员姓字列后):

王君毅灵、唐君寿民、余君德馨、李君鼎安、刘君少岩、周君允齐、曾君与吾

附件:交通部武汉电话局发行短期债券草案

第一条、今因武昌电话局亟待重设,汉口电话亟待扩充,需用资金甚巨,拟发行扩充营业短期债券,定名为武汉电话局,扩充营业短期债券。此项债券所得款项除前项规定之用途外,不

得移作别用。

第二条、此项债券总额定为银元。

第三条、本债券分千元百元十元票三种。

第四条、此项债券利率定为周息厘，每办年付息一次，息随本减。

第五条、此项债券发行价格，每百元实收九十元。

第六条、此项债券期限定为年，即民国十五年×月一日起至民国二十年×月×日止。第一年只付利息，第二年至第四年每半年付还本银十分之一，第五年每半年付还本银十分之二。前项还本付息以每年六月三十日及十二月三十一日为期。

第七条、此项债券以武昌话局所购重设电话机料及汉口话局扩充之工程产业为担保，并于借款募齐后，由汉口及武昌电话用户月租内，每户各提出元，随时拨存经理银行保管，作为还本付息之基金。倘有不敷，在话局收入项下尽先拨款补足。

第八条、此项债券自民国年月一日起开始募集，所有是年月一日起至十二月三十一日止之利息，得在交款时预付。

第九条、此项债券得作话局职员保证金暨工人押金及电话用户押租之用。

第十条、此项债券由汉口总商会或其委托之银行经募并经理还本付息。

合同拟稿

今因武汉电话亟待重设，汉口电话亟待扩充，需用资金甚巨，拟发行扩充营业短期债券元。特由武汉电话局（以下简称话局）委托汉口总商会（以下称商会）代为募集，并经理保管此项债券，还本付息之基金订立条件如左：

一、话局以债券元全数委托商会代募，商会允即按照债券章程第条之规定于民国年月日以前全数募齐。

二、依债券章程第条之规定，发行价格每百元实收玖拾元，共实收元，由话局另订用途表，随时提用。

三、话局应将逐日所收月租费悉数交存商会指定之银行，除按照债券章程第七条之规定，每户提出元收存债券基金户外，其余数悉存话局，往来户照银行往来户定章程办理，由话局随时提用，其债券基金户按周息厘计算。

四、话局应将逐日所收月租费悉数交存商会指定之银行，除按照债券章程第七条之规定，每户提出元收存债券基金户外，余数悉存话局往来户，照银行往来户定章办理，由话局随时提用，其债券基金户按周息厘计算。

五、每届月终，如债户基金户所存之数不敷时（另列债券本息偿还预算表），得在话局往来户拨款补足，有余时即行拨归话局，以昭平允。

六、商会得派稽核员一人，常川驻局，会同话局职员在电话用户月租收条上逐户签章，以资查核。

七、本合同之效力至债券本息清偿之日为止。

八、本合同照缮分一份存交通部备案，一份存话局，一份存商会，分存商会委托之银行。

35.函汉口总商会请饬鄂豫火车货捐局对于汉口局完税轧花机件勿再重征一案

（1926 年）

径复者，案准贵总会函开，据汉口轧花机器帮泰记场、汉昌公记、凌振昌鼎孚东桐号、利华厂、隆泰号、吕方记，略称轧花机器帮各同业制造轧花车及一切机件运销鄂豫各地应纳税项，悉遵部章完纳第一道税再遇局卡不能重征，请将运往河南，已在汉口征收局完税机件，令饬鄂豫火车货捐局验放等情，函请查核饬遵仍希见复，等因，准此。查部定机制洋式货物完税办法，系按海关章程，照海关税则完纳值百抽五，关平银一道征足以后不再重征。该商号所制机件如果均经呈奉部令核准，援照机制洋式货物完税免厘办法办理，尽可径向江汉关报完关税领取机制洋式货物运单。如因便利起见，原在汉口征收局完纳亦应照上项办法办理，经过局卡方能验单放行，若不领运单，仍照普通货物完纳过境销场税者，即应照本省单行税章办理，汉口征收局所征者，货厘鄂豫火车货捐局所征者，货捐性质不同，本省向无以厘税抵捐成例所请殊多误会，碍难照办，准函前因，相应函复即希贵总会查照转知为荷，此致。

径复者，案准贵总会函开据汉口轧花机器帮泰记场、汉昌公记、凌振昌鼎孚东桐号、利华厂、隆泰号、吕方记略称轧花机器帮各同业制造轧花车及一切机件运销鄂豫各地应纳税项，悉遵部章完纳第一道税再遇局卡不能重征，请将运往河南，已在汉口征收局完税机件令饬鄂豫火车货捐局验放等情，函请查核饬遵仍希见复，等因，准此。查部定机制洋式货物完税办法系按海关章程，照海关税则完纳值百抽五，关平银一道征足以后不再重征，该商号所制机件如果均经呈奉部令核准，援照机制洋式货物完税免厘办法办理，尽可径向江汉关报完关税领取机制洋式货物运单。如因便利起见，原在汉口征收局完纳亦应照上项办法办理，经过局卡方能验单放行，若不领运单，仍照普通货物完纳过境销场税者，即应照本省单行税章办理。汉口征收局所征者，货厘鄂豫火车货捐局所征者，货捐性质不同，本省向无以厘税抵捐成例，所请殊多误会，碍难照办，准函前因，相应函复即希贵总会查照转知为荷，此致。

（《湖北财政月刊》）

1927年

1月

1.汉商界之觉醒商民协会招待各界

(1927年1月1日)

国闻社三十一日汉口电,汉口商民协会陷(三十)夜招待各界,刘亦华报告商协组织之过去及现在,成立分会五十六,组织中五十七,备案待查五十。来宾杨瞬、罗尤照、秦君侠演说,希望商协会大组织,联合农工学严重监督政府,打倒军阀,俾商战成功。

(《民国日报》)

2.汉口总商会为全体大会致唐寿民先生

(1927年1月1日)

敬启者,查本届改选前由各会员所按之票,已于日昨(即二十七日)当众焚毁,自应依法另行投票。惟投票之期应订何日,急须开会公同议定,以便进行。兹特订于夏历十二月初三日下午五点钟开全体大会公议改选投票日期。相应奉达,即希贵会员查照,届时莅临为盼,除分函外。

此致

唐寿民先生台鉴

汉口总商会启

3.汉口总商会为军警两界在本会开联席会议致唐寿民先生

(1927年1月4日)

敬启者,查报载本镇马王朝正街太和里地方,昨晚又发现匪人抢劫钞洋并击毙学徒情事,晌届阴历年关为商场归结之期,银钱往来,亦所时有似此抢劫之案曾见迭出,不惟妨碍市面,而于地方治安均有关系,不能不妥筹办法,以善其后。兹特订于夏历十二月初二日下午准三点钟,邀同军警两界在本会开联席会议,讨论办法。届时务请台端拨冗莅临列席,与议事关紧要,幸勿漠视为盼。

此致

唐寿民先生台鉴

汉口总商会启

4.汉口总商会为开全体大会致唐寿民先生

(1927 年 1 月 5 日)

敬启者,昨以本届改进投票以事,曾订于夏历十二月初三日开全体大会公议日期,以便进行,分别通知在案。兹因明日两会长有要公渡江,恐难开会,特改于初四日下午五时,奉达诸君子查照,届时莅临,至为祷盼,除分致外。

此致

唐寿民先生台鉴

汉口总商会启

5.汉口英界惨案之应付

(1927 年 1 月 5 日)

武汉各界召集紧急会议,国民政府布告正商办法,英水兵昨撤形势仍严重。

汉口三日晚,各团体纷开紧急会议,讨论英水兵惨杀案,决即通电报告惨案真相,请求政府抗议,并定四日午在汉商会召集各界紧急联席会议,协商应付方法。汉口英界水兵四日晨全撤,由公安局武装警队往来梭巡,江岸上下华人集观甚众,形势仍极严重。(四日下午四钟)

(《申报》)

6.汉商民协会之进展

(1927 年 1 月 5 日)

汉口函,汉口商民协会于三十日下午七时,招待武汉各界领袖,由郑慧吾主席,刘易华报告商民协会一年来工作之经过,及党军到汉后公开的进展情形。谓在九月以前,为革命工作者,不过五六十人,仅中华国货维持会、汉口青年励志会等二三团体,系商协之化身,绝无富商大贾敢于加入。近四阅月,由五十家组一分会起,进而同一区域同一业务。某邦中某段保安会,争先加入。商业协会原系奉有党部使命产生,一般加入者,或许含有他种作用。虽本会限制极严,并已于旬日前,开正式代表大会一次,实行分股办事,且规定经营费,每月八百元。然已经成立商协会五十六处,约二万余人,正在组织中者,五十七处,约三万人,报请归案,尚待审查者约五十处,致今经济人材两均不敷,应请各界领袖详细指导,俾资遵循云。次由前敌总指挥部杨瞬代表致词,力言商民协会应积极扩大组织,训练会员,并联合农工学各界,□严重监督政府并拥护政府,效法广东,维持中央钞票。俾政府人民化之唯一努力革命工作,方能达到。次由罗之煦互相致词，与杨氏大旨略同，郑刘极表感谢。由唐爱陆倡呼各种口号，十时散会。

(《民国日报》)

7.各社要电：农工商学代表向英领提出办法八条

(1927 年 1 月 6 日)

国闻社四日汉口电　支午农、工、商、学代表在汉商会联席会议，结果决定办法八条，推十四代表赴南洋大楼，请政府向英领提出，限七十二小时答复，如不答复，或答复不圆满，请政府封锁并收回英界。

(《申报》)

8.各界向当道请愿并开联议

(1927 年 1 月 7 日)

汉口四日午，农工商学各界在汉商会联议英界凶案，议决八条：(一)向英提严重抗议。(二)英须赔偿死伤损失。(三)行凶英兵交中政府撤办。(四)撤退英舰及电网沙包。(五)英向中政府道歉。(六)英界内华人有集会结社游行演讲自由。(七)解除英捕及义勇队武装。(八)英界由华军警管理，即由十四团体各推代表一人，赴南洋大楼向政府请愿，孙科接见，表示完全接受。(五日)

汉口各团体代表四日赴南洋大楼请愿后，仍回汉商会报告续议五项：(一)联会提出八条，限英领七十二小时答复，否则人民自由封锁英界，并自由对英罢工。(二)五日午后二时，在济生路举行示威大运动。(三)组经济绝交委员会。(四)组武汉市民委员会。(五)通电世界报告凶案真相。(五日)

汉口徐谦、孙科、蒋作宾，四日晚八时到新市场，向众报告联席会议对英界凶案决定办法，七时已派兵三连，分驻江汉关一码头等处，并即由卫戍司令部公安局派军警，接驻英捕房。政府决取强硬态度，与人民一致，希望人民受政府指挥严守秩序，勿自由行动，共争最后胜利。孙蒋均有演说，表示政府与人民决一致对英。十时散会，仍由十四团体代表偕赴南洋大楼，与政府委员联议协，商进行办法。(五日上午十钟)

(《申报》)

9.汉口总商会为转发湖北全省印花税处关于检查印花联席会议决议办法致汉口银行公会函

(1927 年 1 月 8 日)

径启者，顷准湖北全省印花税处函开，顷准贵会函送日前关于检查印花联席会议决定各项办法，前来自应照办。惟查一二三项与当日会场所议不无误录之点，兹特逐一陈述之。一原议钱庄本票贴用印花，暂缓实行，当日答复银钱收付，折簿暂缓。逐笔贴用印花钱庄本票仍应照章贴用。一原议簿折各据及发货单等均须照章贴用印花文(说明)。关于发货单用累进法贴印一节，当须酌量变通，俟新章须步后，再行遵照办理。此时仍其旧当日答复，发货单不必照累进法，至多以贴用二分为止，暂行税法，虽订累进暂仍其旧，本处可不执行。一原议簿折各处每年度换贴印花一次，以阴历年干为标准。当日答复系按照阳历年干换贴印花，准遇阴历年后再行检察。非按阴历年干为标准，事关议决案件，未便歧义。准函前因，相应函复贵会，烦为更正，即希转知各帮查照办理，并希见复，至纫公谊等因。除分行外，相应录函转达贵会员查照办理，并希见复，以便转复为荷。祇颂公绥。

汉口总商会启

10.汉口英租界发生重大事件

（1927 年 1 月 9 日）

英水兵干涉宣传队演讲，华人死一重伤二轻伤甚多。四日汉口通信，汉口英租界当局于革命军到汉后，无日不在戒严之中。电网沙包，迄今未撤，水兵与义勇队，轮流布防，武汉人民，以英界无故戒严，已不免因怀疑而反感。加以前第七军发生误会，几致冲突，当局迭此交涉，要求撤退，而英当局仍不允许。且时以武装示威，识者早引以为忧。武汉各界在此新年举行庆祝，各级党部及各军政治部无不有宣传员出发演讲。据昨三日午后二时许，其政治部宣传员在英界一码头江汉关附近演讲时，英界水兵出面干涉。宣传员以围观人众，恐酿意外，随即退至河街街口，但群众愤愤不平，且愈集众。其时英舰水兵亦全部登陆，四时许，英兵突以刺刀向群众冲击。当有某政治部宣传员臂部被刺，立时毙命，码头工会某会员刺伤腹部，势极危殆，市党部宣传员腿部被刺刀戳穿，立时倒地。其余被枪托击伤，未中要害者甚多（确数尚未查明），群众睹此惨状，悲愤不能抑止。幸公安闻讯，派队赶到，极力弹压，党部亦派员驰来，劝导群众暂散，以待政府交涉，于是此一幕惨剧暂告终止。是晚提灯会游行队出发时，英界更加紧戒严，警号终夜未止，游行队幸亦保持秩序，未入英界内地。各团体当晚各开紧急会议，讨论此案办法，决定除急电各地报告惨案真相，请求政府严重交涉外，并定今日（四日）在汉商会，召集各界紧急联席会议，协商应付方法。武汉军警当局以英兵惨杀华人，亦甚为愤慨，当令七八十五各军，一律调在租界附近，加紧戒严，以防再有意外发生。今晨中央联席会议发出紧急公告，劝导人民静候解决，其文如下，“中央执行委员国民政府委员临时联席会议闻英水兵行凶之事，我同胞一人被杀，数人被伤，政府同人不胜愤激。政府必当采取适当方法，保护人民，在二十四小时内当可决定办法，防止以后再有此等惨剧发生。在政府未决定办法时，希望人民离开租界，以免危险，政府一经决定办法，立即通知人民，于一月四日午后七时在新市场正式宣布，特此公告”。今日开联席会议，在华商总会召集，刻尚未散，英界水兵今晨全部撤退，由公安局武装警队梭巡，惟人心异常激昂，形势仍甚严重也。

（《申报》）

11.国内要闻：汉口英租界事件发生以后

（1927 年 1 月 11 日）

武汉农工商学各界昨午在汉商会联席会议，讨论此案。各团体代表列席者五百余人，当议决提出八条，要求政府执行，条件如下：（一）立即向英领事提出严重抗议。（二）英政府须负责赔偿此次同胞之损失。(三)英政府须立将肇祸凶手,交中政府依法惩办。(四)英政府须立即撤退驻汉英舰,及英界之沙包电网等作战物。(五)英政府须向中国政府道歉。(六)英租界内华人,须有集会、结社、游行、演讲之绝对自由。(七)英界巡捕及义勇队,须一律解除武装。(八)英租界须由中政府派军警管理,当推定十四团代表,即赴南洋大楼,向政府请愿,由孙科出见,表示对联会所提条件,政府完全接受。联席会议即将开会,自有适当办法。俟晚间亲到新市场向众宣布,代表等认为满意,仍回商会报告,继续讨论。

(《申报》)

12.汉口总商会为转发国民政府关于逆产问题致汉口银行函

(1927年1月13日)

径启者,顷奉国民政府财政部函开,查武汉逆产业经中央党部、国民政府联席会议交由财政部办理处分,议决在案。相应函达贵会声明,自本年一月一日起所有武汉逆产完全由本部标对办理。嗣后如有人在外冒名到各商店住宅骚扰者,即由该当事人前赴贵会指名控告转呈,并将实情详报到部,以便究办而维秩序。即希贵会通告商民人等,知照为荷,等因,奉此。查武汉逆产既由财政部申明,自本年一月一日起完全由部标对办理,自不容有冒名骚扰情事,以维秩序而安人心。缘奉前因,用特转请贵会言查照,并希分知,一体遵照为盼。顺颂财绥。

汉口总商会启

13.汉口总商会为转发国民政府财政部关于发行整理湖北金融公债及财政公债致汉口银行公会函

(1927年1月17日)

径启者,顷奉国民政府财政部函开,本部前拟发行整理湖北金融公债及财政公债计划,先由中国民国党中央执行委员会、国民政府委员临时联席会议第二次会议议决,复由本部制定完整湖北金融公债条例十四条,整理湖北财政公债条例十三条,并经中国国民党中央执行委员会、国民政府委员临时会议第六次会议议决,由部分别公布在案。查汉口为商业交通之中心,前两种公债将来流行,当以汉镇为集中之地。兹特将排印条例检送贵会,希即转发各界,以供众览,使之此项公债担保确定信用昭著,庶于进行整理。裨益较多,除由部另颁布告外,相应函达贵会,请烦查照为荷,等因。附送排印整理金融财政公债条例各二百份,到会奉此除分函外,相应检同排印条例,函达台端。请烦查照乃盼。祗颂均绥。

汉口总商会启

14.汉商会向英领抗议

(1927年1月23日)

国闻社二十一日汉口电,陈友仁数谈汉案,内容仍密,但闻双方均坚持,约养日最后晤谈妥协,或决裂,准敬日公开表示,汉商会以英商借口停业,不照契约到期交货,各商损失,应负责赔偿,陈请向英领抗议。

(《申报》)

15.英对汉案决取协商途径

(1927年1月24日)

汉口汉商会以英商银行洋行停业,华商不能提款提货,损失甚巨。二十一日向英商会抗议,并呈请外部严重交涉,要求赔偿。陈友仁据以向阿马利谈判,英商会二十一日召集会议,决令银行二十四日复业,英轮二十四日开班。(二十三日下午二钟)

(《申报》)

16.鄂商民之呼吁疏通货运救济金融

(1927年1月24日)

汉口十六日通信云,蒋介石于昨晚在□海春宴请武汉各界,到农工商学军政报界代表等□百余人。蒋首先演说,劝各界团结一致,努力于革命工作,□□□□□□,□□□□□□□。当从商业代表吕超伯发言,略谓武汉的商民,与各界的民众,在革命战线上,已是团结一致。今天趁此机会,仅代表商民有几点要求。查武汉商场近来萧条已极,其原因:(甲)因为运输不灵。盖京汉路已数日不通,百货不能往来,唯一的救济在疏通京汉路的运输。(乙)市面金融停滞,其原因有二,一是本地山西票号,现在因市场萧条,多有倒闭。二乃沪汉金融不流通。商民等亟盼当局设法维持。(丙)关税问题,国货受关税压迫,外货税轻,土货税重,此亦市场萧条之重要原因,希望从速将关税收回。我们武汉商人,也是能够牺牲的。今后仍当继续努力,惟望国民政府中央党部,从速迁鄂。此外尚有劳资问题,工人因生活痛苦,要求加资,商人异常了□,已往事实,都经公会调停。以后□望政府从速定出法规,俾有所遵循云云。蒋对所述各节,均允竭力设法。宴举,至夜深始散云。

(《晨报》)

17.汉口英商昨全复业

(1927年1月25日)

英租界秩序极安静,汉案仍在汉协商。汉口英银行、商行、船公司二十四日均复业(二十四日上午九钟)。

汉口汉商会向英商会抗议函,略谓日来贵国商轮行驶长江下游者,运货来汉,仍用原船装回,货栈停止出货,商行停止收货,银行停止营业。致华商对进口货不能起,出口货不能交,银行存款不能提,银行支票不能兑,置契约信用于不顾。致我国商人营业上受莫大影响。兹特函达,郑重声明,凡我商人直接间接所受一切损失,皆须贵国商人负责赔偿,希查照迅复等语。(二十四日上午九钟)

(《申报》)

18.武汉市民委员会讨论汉案

(1927 年 1 月 25 日)

议决事件六项,通电全世界。汉口、武汉各界对英委员会二十三日午后在汉商会议决:(一)组对英经济绝交委员会。(二)组财政委员会。(三)定下月四日在济生路开追悼汉口武穴团风等惨案死难大会。(四)定二十六日午在新市场召集各团代表大会,请政府委员出席报告交涉经过。(五)函请政府令汇丰、麦加利复业,并禁止两行现金出口。(六)请政府向安格联交涉,将最近关余及两行存放逆款交出。(二十四日上午九钟)

(《申报》)

19.汉案交涉尚在谈判中

(1927 年 1 月 28 日)

安格联到汉接洽附税。汉口通信,英参赞阿马利到汉后,与陈友仁晤谈数次,双方意见,似距离尚远。武汉各界、各团体以外部交涉许久,究意英方对各团体所提八条,有无诚意表示,曾纷向外部探问。外部以谈判未了,未到发表时机,不肯披露,故能知谈判内容者甚少。惟英租界仍在华当道之管理状态中,华军本已完全撤退,现又有少数军队,驻屯英捕房后进栈内,华捕除总工会要求开除指定数人外,余均恢复工作。惟印捕十余人尚未支配职务,又与英界毗连之前后花楼及河街铁门,前日起开始动工撤毁,华英交通之障碍物,完全废除,租界秩序更较前为安静。英商会在十二日曾决议即日复业,迄今并未实现,汉商会以英商银行洋行关门停业,华商不能提款提货,致营业停顿,损失甚巨。昨二十一日,特向英商会提出抗议,并呈请外交部向英严重交涉,要求赔偿华商损失。闻英商会昨接得汉商会抗议书后,当召集紧急会议,决发通告,所有英商银行洋行,一律于二十四日复业,英国行驶长江轮船,亦于同日开班。并电召赴沪各英人,急速返汉,重行恢复汉口之商业。英参赞连日与英商要人接洽,亦主张即日复业。二十一日午后二时,特赴外部访问陈友仁,表示英商复业后,国民政府能否负保护之责。陈答国民政府业经累次声明,保护外侨生命财产安全,而英商仍不安心复业,结果徒受痛苦与损害,影响汉口市面者,尚在其次,若能即日复业,自可免除彼此交涉之障碍云云。观此则英商复业,当不致展期,而双方交涉,或可较前接近一步矣。

北京总税务司安格联,自沪来汉,已有数日,闻与陈友仁接洽二·五附税事,已有头绪。二十日中央执行委员国民政府委员特在外部,请安格联谈话,拟提俄款修筑湖北堤工,其内容尚未探悉,安现住税务司住宅,闻在汉尚有数日勾留。(一月二十二日)

(《申报》)

2 月

1.汉口总商会为动员各业参加孙总理逝世二周年典礼致汉口银行公会函

(1927 年 2 月 6 日)

径启者,三月十二日(即夏历初九日)为孙先总理逝世二周之期,查先总理在日,提创国民革命本三民之主义为建国之方略,伟烈丰功,至今不朽。我商界同人亦国民份子之一,既仰企乎风徽,并钦聆夫遗嘱精神,未死謦欬如闻。爰当二周之期,举行纪念之会谨。于是日在本会会场内恭悬先总理遗像,届时无论何业或为店主或系店员,均请一律参加典礼,同伸瞻拜,表死如生之义,达同心一德之休。本会同人深企祷焉。

汉口总商会启

二月初六日

2.汉口总商会为全体会议致唐寿民先生

(1927 年 2 月 14 日)

径启者,本会现有议案数起,急待公议。其最关重要者:(一)为匹头纱业两公会及其他纳税各帮,函请提议汉口税局改征洋码一案。(一)为继续讨论募集捐款慰劳军士一案,用特订于夏历正月二十五日准下午四点钟开全体大会,公同集议。届时无论尊务如何繁忙,务祈查照拨冗莅万弗吝玉,盼切祷切,除分知外。

此致

唐寿民先生台鉴

汉口总商会启

3.汉口总商会为转发湖北全省印花税处关于整顿印花税事宜致汉口银行公会函

(1927 年 2 月 17 日)

径启者,顷准湖北全省印花税处函开,印花税取之于财物成交,以后税率低微,在商民轻而易举得合法之保障,在国家集腋成裘为正常之收入,广东政府早经办有成效。鄂省历年以来,沿用色销劣习,既背税法原旨,复有碍于税收,现当整顿伊始,亟应照章实贴实销。除通函外,相应函达贵会,即希转知各帮,对于应贴印花,各项务须切实遵行,照章贴用,勿得希图漏免,是为至荷,等因,准此。除分知外,相应转达台端,查照并希转知同业,一体查照是盼。顺颂财绥。

汉口总商会启

4.汉口总商会为人民同乐会筹备致汉口银行公会函

（1927 年 2 月 21 日）

径启者，顷准中国民国党汉口特别市党员恳亲、汉口特别市人民同乐会筹备处函开，本会定于二月二十七二十八两日，即夏历正月二十六二十七两日举行。中国国民党恳亲会既汉口特别市人民同乐会所有游艺娱乐之设备及其方法，无论为灯会戏焰火及其他化装故事，均由各团自行筹备参加，但须含有解放之精神及革命之意义，并须注意秩序之维持，并应禁止赌博行为之。游艺至于礼堂讲台及聚集休息之地点，一俟觅定，另行通告。此次为本市人民同乐创举，凡我民众务须表示热烈参加。素仰贵会领袖各帮尚祈迅予转知，先为筹备，并将筹备情形及一切名目随时送交本会，以备稽考而广宣传。再各帮如愿派一人逐日至本会，共同讨论，尤为欢迎。等因。计附标语二纸，准此。查此事可以联欢，市众畅发民情，既准函请转知，先期筹备，除分知外，相应录函照抄，转达台端。查照转知同业，一体查照是荷。顺颂财绥。

汉口总商会启

二月廿一日

3 月

1.汉口总商会为转发汉口印花税处关于制定印花税发货单票致汉口银行公会函

（1927 年 3 月 5 日）

径启者，顷准汉口印花税处公函开，案查商人发货单票每低价在一元以上，未满十元者应贴印花税票一分，十元以上者应贴印花税票二分。曾奉财政部布告，遵行在案。乃查各商店每有用送货脚簿替代发货单票者，是此项脚簿应照货单票比例征税。每送一货，一次照规定税率征贴印花税票一次，以杜疏漏而重税收。相应函请贵会烦为查照，转饬各商人一体遵照，按次照章贴花，不得故意疏漏，致被查出处罚，是为亟荷，等因，准此。除分饬外，相应录函转达台端，查照并希转知同业，一体查照是荷。顺颂财绥。

汉口总商会启

2.汉口总商会为通知召开孙总理逝世纪念大会致汉口银行公会函

（1927 年 3 月 8 日）

敬启者，昨开大会人数寥寥或因天雨，难齐未便相强。惟关于孙总理逝世二周年纪念大会议案最为紧要，除由当场举定筹备员，俾专责成外，兹再订于夏历二月初六日下午五时整，续仍开全体大会，公同先期布置，表示纪念真诚，万勿视为寻常事件。立候如期到祷，切盼切顺颂台绥。

汉口总商会启

三月八日

4 月

1.汉口总商会为召开全体大会致汉口银行公会

（1927 年 4 月 4 日）

径启者，前以本会原有章程核与现在情形多不适用，而国民政府新订之商会法规一时又未见颁布，以致本会办事无所遵循。爰于会董常会期间，提议先由本会拟定暂行章程草案，俟大会通过后，即行呈请湖北省政府核示遵行，等因公决在案。现在此项章程草案已经编订脱稿，特订于夏历三月初五日下午四点钟开全体大会，公同讨论，事关重要。届时务祈台端，拨冗莅临，辛勿漠视。除分致外，专此奉达，即希查照为盼，顺颂时绥。

汉口总商会启

2.汉口总商会为转发湖北全省印花税处关于商民协会提议五项办法致汉口银行公会函

（1927 年 4 月 5 日）

敬启者，案准湖北全省印花税处公函开，案奉财政部批印字第一八四号开，印花税处案呈迭，据湖北省印花税处转呈汉口支处具报，商民协会对于印花税处提议办法五条，究应如何办理，祈示饬遵等情。正核办间，并据该商民协会常务委员会主席郑慧吾呈，同前情前来查，整理印花税务照章劝检兼施，并行不悖。前据支处以汉口市面推行印花税，历属包办商人，未谙税法，当兹收回委办之。始拟先派员劝导，缓期实行检查，迭呈请示到部，业经准予展期在案。兹据该协会以旧历年关后，各商店极多，因故尚待开贸税法，多未谙悉，提议办法五条，转呈核示。前为体恤商情，去除弊病起见，但能推行，尽利无妨政府主权，自应采纳意见。兹经按照原拟各条，体察情形，酌定办法如下：（一）检查时期，应准展至阳历四月一日起实行。但在停检期内，仍须遵章贴花。（二）晓喻印花税征收办法及检查日期，应由汉口支处单街广为布告，并函知商民协会即总商会转达各商民一体遵照。（三）凡违反税法所处罚金，由汉口支处悉数径解本部印花税总处，并分报省处备案。（四）各商店银钱货物出进流水簿，仍照章贴花。至关于店内伙食零用草簿，姑准免贴。（五）应准组织处罚，违反税法审查委员会，援照广东成例，由本部印花税总处、湖北省处、汉口支处、商民协会、汉口总商会各派一人共同组织之。但执行处罚仍由该支处送交该管警署办理，上列办法五条，应由该处迅予分行汉口支处及该商民协会、汉口总商会分别遵办具复，毋稍违延此批，等因。奉此。除分令行汉口印花税支处遵办具复，并分函外，相应函达，请烦查照办理，并希见复，等因。并准汉口印花税支处公函，事同前由，尾开除遵办，并分函外，相应函请贵会烦为查照办理，转达各商民一体遵照，并希于四月三日正午十二时以正式公文委派代表一员，在汉口特别区四明街三十号敝处，出席商订审查委员会之组织及其进行一切办法。但四月一号检查期近，敝处现正印刷布告，晓喻印花税征收办法，借广宣传，再行确定检查日期，呈报举行。并函致贵会转行知照，合先函达，并请查照为荷，等因。到会，各准。除已推举余董事蓉樵为出席代表，并检查期定，再行函知外，缘准前因合先函达台端，即希查照，分知为盼。顺颂财绥。

汉口总商会启

3.汉口总商会为召开紧急全体大会致汉口银行公会

（1927年4月18日）

敬启者，现因国民政府为维持金融，集中现金起见，令饬财政部颁发布告，岂切严明。凡我商民均在国民政府领导之下，亟应一体禀遵，不得稍有违反。兹特订于四月十八日（即本日，夏历三月十七日）下午准七点钟开紧急全体大会，一面函请武汉市政府委员、汉口特别市党部届时莅临出席，宣布出席宗旨。除将布告暨条例，先行印送台阅外，务祈如约准莅，齐集本会。俾众周知，至盼至祷，专颂台绥。

汉口总商会启

4.汉口总商会为函请各业参加北伐誓师典礼致汉口银行公会函

（1927年4月18日）

敬启者，四月十八日准汉口特别市党部函开，北伐誓师典礼准于本月十九日上午十二时在武昌南湖举行，务希贵会通告所属分会，群众全体参加。特此通告，即希查照为荷，等因，准此。除分致外，相应函达台端，即希查照，分知同业一体参加为盼。顺颂财绥。

汉口总商会启
四月十八日

5.汉口总商会为选派代表参加农工商学代表大会致唐寿民先生

（1927年4月28日）

径启者，四月二十七日准，湖北省全省总工会函开，政府外交政策和财政计划各界民众未能一致明了，以致行动殊多差异。兹为统一群众行动，拥护政府外交经济两政策起见，定于本月三十日午后二时在血花世界大舞台开农、工、商、学代表大会，请政府派负责代表出席报告，即希贵会通知所辖各团体，准时各派代表参加，等因。准此查近日政府所定之外交经济两项政策，曾经本会函请武汉市政府、汉口特别市党部派员莅会，当众宣布在案。兹准前因系为统一群众行为拥护前项政策起见，自应准时各派代表参加，以期一致。除分函外，相应奉达台端。即希查照先期到会领取徽章，以便届时前往参加为盼。

此致

唐寿民先生台鉴

汉口总商会启

6.汉口总商会为转发湖北财政厅关于限制银钱价格案致汉口银行公会函

（1927 年 4 月 29 日）

敬启者，顷准湖北财政厅公函开，近查有人操纵金融，自由伸缩银钱价格，以致市面颇受影响，亟应设法限制。兹特规定银钱价格，暂时标准洋，每元应值铜元至少三千一百文铜元，每串不得超过二钱三分。此标准价格在中央未另行规定，以前不得抬高低，抑除分函外，相应函达贵会，请烦查照是荷，等因。准此。查规定银钱价格，暂时标准系为维持市面金融起见，自应一律遵照办理，除分函外，用特奉达台端。即希查照分知为盼。顺颂财绥。

汉口总商会启

5 月

1.汉口总商会为开紧急全体大会致唐寿民先生

（1927 年 5 月 10 日）

敬启者，兹因湖北财政厅讨论会议决事项，有调查物价之组织，系为便利民生，持平市价起见，凡我商人亟应特别注意。爰于本月十二日（星期四）下午准六点钟开紧要全体大会，说明讨论会宗旨，务祈按照钟点如期准临，万弗汉置至盼。除分知外。

此致

唐寿民先生台鉴

汉口总商会启

2.对武汉商民代表会议说几句话

（1927 年 5 月 12 日）

据最新消息，闻说中央要召集一个武汉商民代表会议，来解决一切摆在我们目前的重大问题。因为本党是拥护一切被压迫民众利益的党，是解除一切被压迫民众痛苦的党。所以，在这最危险的局面当中，还没忘记受着痛苦的武汉商民。反转来说，就是只有本党最能够为民众、为商民解除痛苦。其中的意义是很重大的，一方面固然是切实地替商民减轻痛苦，一方面却是表示本党与商民真正的合作。

我们知道：现在的武汉，已成为帝国主义者联合战线进攻的目的；同时在中国革命过程中是一个很严重很紧张的局面。我们的敌人，时时刻刻都在破坏我们这新根据地，捣乱我们这北伐军的后方。我们在这个生死关头，除却集中一切革命民众的力量去抵抗他们——帝国主义，新旧军阀，别无二法。我们绝不要犹疑了！我们要把一切革命力量都集中起来，运用起来，通盘筹算起来，以求获得整个力量去和敌人奋斗，去打倒敌人！所以我们为整齐武汉商民的步骤，团结武汉商民伟大的革命势力，就有召集这个会议之必要，绝没有疑议的。

然而，帝国主义者进攻我们的力量，却不敌过革命民众的反抗力量。他们虽然用尽武力的压迫，用尽经济的封锁，用尽最强硬最毒辣的死政策，却不敌过我们的外交退却政策，集中现金政策。在这两个月奋斗当中，尤其是武汉商民对于革命的势力，对于打倒帝国主义的决心，更值得我们的钦佩和敬仰。因为武汉的商民，能够深切地认识本党的主义和本党所取的革命策略。

可是，现在的武汉商民在本党领导之下，地位虽比以前增高，对于革命所获的利益，只得到一部的解放——集会结社，可以自由，还是不断地去努力。然而回顾咱们的痛苦，还是没有减轻一点，商业的前途，还是一天一天的堕落，虽然也有旁的关系——环境的关系，也足以引起一部分浅视的商民，对于本党主义的怀疑，和敌人利用离间我们革命队伍的口实。这是个很要紧的问题，决不容我们漠视的。而且武汉是全国商业的中心，尤其在现在革命的新根据地。武汉商业的盛衰，实与革命势力有莫大的影响。我们要恢复武汉的商业，减轻武汉商民的痛苦，还要巩固内地金融，所以在这时召集武汉商民代表会议，正是其中意义之一。

武汉的商民们！我们的生死关头到了，我们不冲出这生死关头，我们就不难陷进敌人的火坑去。换句话说，我们能否冲破这生死关头，全靠革命民众们努力奋斗的结束。我们要应付着这严重的局面，生死的关头，只有站在革命的观点上、革命的利益上，相信革命必定能够得到最后的成功，只有用愈挫愈奋、再接再厉的精神，不断地奋斗和不断地牺牲，放远咱们的眼光，忍耐着目前的痛苦。因为国民革命之成功，是全靠革命民众的努力。我们要能够忍耐目前的痛苦，革命就能够达到最后的胜利。进一步说，中国能否得到真正的自由平等的幸福，是全靠这次北伐之能否成功。而武汉商业之能否恢复，要看能否免去敌人的经济压迫，想着免去敌人的经济压迫，也全靠这次北伐之进展到什么地步。不消说，北伐的胜利，就是武汉商业谋发展的唯一手段。因此，召集这个会议，它的意义，更重大了。

更要知道：我们商业不发达的原因，还是在帝国主义者，和它的工具——新的，旧的，大的，小的，军阀以及买办阶级的重重压迫。除却参加国民革命，为革命而努力打倒我们共同的敌人——帝国主义，军阀……之外，再没有能够达到国家的自由平等，发展我们商业的方法。尤其是再不能抱着“在商言商”和空言诅咒万恶军阀、万恶帝国主义的心理。我们要向穷凶极恶的军阀和它的主人——帝国主义者反攻呀！

武汉的商民们！我们要希望恢复武汉的商业，希望减轻咱们的痛苦，便要国民革命早日成功，彻底地成功呀！可是，要达到国民革命的成功，便要打倒军阀，打倒帝国主义；要达到打倒军阀，打倒帝国主义，便要民众的力量与革命的军事政治力量联成一气，便要我们商民的力量与农工学各界民众——革命的民众连成一气，一致参加国民革命的运动，共同奋斗到底。所以我们在这个武汉商民代表会议当中，其重要的意义，固然是要武汉的商民有一致的联合，同时更进一步，便是要使武汉的商民与农工学各界联合，推而至于各界民众与革命革命的军事政治联合，努力打倒军阀，打倒帝国主义，促进国民革命的彻底成功，达到国家的自由平等及一般民众的和平幸福！那才有意义！才有价值！

我们对于这个武汉商民代表会议的要求要达到：

（一）武汉商民与本党真正的合作，

（二）团结武汉商民的革命势力，

（三）实现农工商学兵大联合，

(四)减轻武汉商民目前的痛苦,

(五)巩固武汉内地的金融,

(六)恢复武汉的商业。

这个会议,闻已交由汉口特别市商民协会,和汉口总商会两个团体发起召集,并议决在本月二十日那天举行成立。

(《商民运动》第 10 期)

3.汉口总商会为转发湖北省第一区印花税支处关于印制三百张通告致汉口银行公会函

(1927 年 5 月 13 日)

径启者,顷准湖北省第一区印花税支处函开,敝处为唤起商人特别注意,印花税率及其罚则起见,于各种文告之外,印制一种小张通告,除分户散发外,相应检送三百张函请贵会查收,转发各分会暨各商家。俾互相传观,引起注意,免罹罚则是荷,等因。计送通告三百张到会,准此除分函外,相应函达台端。查照为盼。顺颂公绥。

汉口总商会启

4.徐谦同志在武汉工商联合代表大会之演讲:劳资应该合一

(1927 年 5 月 18 日)

今日武汉工商联代表大会,举行盛会,讨论工商努力革命种种问题,实在是革命民众接受了中央党部的指导,本着工商自身的觉悟,应着现在革命时局的需要,一致联合起来,巩固这条国民革命的战线。这个意义,非常伟大。我个人表示十二分的赞成!

今略说几句我个人的意见:去年我初到武汉,我已提出这几句话,在国民革命的轨道上,不用"劳资斗争",是要"劳资合一"。我这句话,当时没有人注意,甚或有以为太右了的,我因为没有机会多演说,也只可等待民众的觉悟!原来革命的时候,有许多事是在试验中的,不过试验到发见出来有点不合宜,就要立刻停止试验,另换他法,譬如医生治病,就是顶好的医生,也有辨不清病症的时候,先用药来试验过,一经试验到不相宜,他就立刻要另换方药。现在工商联合代表大会就是另换方药的好医生,我是很佩服的!

国民革命是向帝国主义进攻,所以帝国主义对付国民革命,在不能公然用武力压迫的时候,一定要用经济封锁。我们中国不幸的是经济落后,但侥幸的也是经济落后。因为我们的经济,仰赖帝国主义的很少,是要我们自己工商联合,任凭帝国主义对我们经济封锁,我们并不怕,但是我们自己万一工商不能联合,自己把自己封锁起来,那是危险万分,所以国民革命,必须工商联合,不但(只)是一时的,我所望是长久的!因为国民革命的意义中,工商的利害是相同的,不是相反的,工商共同的敌人,是帝国主义。

反帝国主义的工具军阀,单用工人的力量是不能将他们打倒的,单用商人的力量,也是不能将他打倒的,必须工商联合起来,方能将他们打倒。打倒之后,试问如何?就是工人提高生活,商人提高生活,并不是工人提高生活,商人必须降低生活,所以说是利害相同。怎样说工人提高生活，商人也提高生活呢？因为工人生活，若没有工商业，是不能提高，若想靠政府设立大工厂大合作社，来提高工人生活，在现在还有不能，必须私人工商业发展，才能使大数量的工人提高生活。工人提高生活，是不是于商人有妨害呢？我看是没有。因为商人的利益，是靠正当获得的，至于过分的获得，是不应该的。至于从刻苦工人来获得利益，更是不应该的。不过这句话不是很简单的。

怎样使工人商人都提高生活，都有利益？就必须实行"劳资合一"这句话！因为工商业必须资本，是无论何人不能否认的。什么是资本？就是工人要承认商人方面所出的劳力是资本。那么大家就有了股份公司了，按照股份公司分酌股本的利益，一定不能偏向哪一个；可是公司是大家有份的，好是大家的好处，坏也是大家的坏处。所以在利益未分配前，总要顾着公司的营业，不要预先把利益支去了。那样公司就要关门，公司若关了门，大家却没有好处，商人失业，同时工人也失业，这是我盼望工商两方互相了解的！（五月二十八日）

（《商民运动》第 14 期）

5.本埠特讯——人民社消息

（1927 年 5 月 25 日）

（外交部伦敦讯）英国保守党议员因工党议员马伦对英政府派兵来华及虐待华民之举攻击不遗余力，深以为恨。昨日众议院开会时保守党议员彭克直指马伦为贻羞英使之卖国贼之一。后工党议员韦伍德辩称彭克在欧战时之功绩不及马伦远甚，马伦仗义发言，爱国之忱固不逊人也。

（人民社消息）武、阳、夏三镇华众运动委员会于昨日发出对于五卅纪念会之紧急通告。本月三十日，武、阳、夏三镇同时纪念五卅纪念运动，追悼各地被难同志及民众济难运动宣传周及庆祝纱厂童工实行八时工作制大会，各界赠送挽词、花圈、祝词等件，即于二十八日以前分送武、阳、夏三处华众运动委员会。至是日，大会规定各点另列于后，企各界查照为盼。（一）地点：汉口德国球场、武昌阅马场、汉阳球场。（二）时间：三十日下午一时。（三）各界华众参加大会务须严守革命纪律，严守会场秩序。（四）本会经费除由中央拨给外，各机关团体以十元起，请尽力资助交所在地各华中委员会查收。

（人民社消息）湖北全省总工会汉口特别市商民协会为谋工商团之积极联合，于本月十六日在汉口特别市商民协会开全体执行委员联席会议，讨论工商间一切问题，解决之原则早志本报。昨日联席会议继续举行，两方共到委员三十余人。六时半开会，主席仍为詹大悲、向忠发、郑慧吾三人。议决雇佣店员问题及营业收款、店主私逃问题，工会支部干涉营业问题等，计十一起，共决议二十余个内容，俟整理后公布。（参看后条）在此联席会议中已充分表示工商联合之精神，实为巩固革命之基础之进一步的活动。对于革命前途裨益良非浅显。在该联席会议中并决定组织工商俱乐部，由省总会与汉口商民协会及店员总工会各推代表若干人就俱乐部设置仲裁机关解决工商间一切纠纷案件，并为扩大工商联合之宣传，特由省总工会与汉商协会另组织委员会办理关于工商联合之宣传标语及召集工商代表大会等事项。闻此委员会已于本月二十三日开会计划进行云。

又一消息，湖北全省总工会全体执行委员与汉口特别市商民协会全体执行委员因工商间问题亟待解决，曾于五月十六日在汉口特别市商民协会举行联席会议（二十二日），又继续开会，所有关于工商间一切问题均已妥善解决。店东店员间权利义务互求持平。从此工商间可以避免许多无谓之纠纷，工商间的革命联合战线将愈见坚固矣。兹将其议决案宣布如下：

改良店员待遇问题（议决）

（一）营业室内，夏季须设置电扇或风扇，冬季须设置火炉或火盆。（二）夏季各店员应由店东按名备送汗衫一件、毛巾一条，惟价金不得过两元。（三）每月朔望，店家须备办较优之肴食。（四）店中至夏季须备置经常救济药品。

店员工作时间问题（决议）

店家暑季在上午七时一律开店，店员每日工作时间原在十一小时以内者照旧，如在十一小时以上者一律改为十一小时。若营业有延长之必要时，可规定店员轮班工作，在工作时间内，店员不得自由离店，如有要事及店东或管事之许可，在工作时间外，店东不得限制。

工商界限问题（议决）

（一）凡手工业之店东，自己作工而又雇有工人者，应一律加入商民协会，但不能因自己工作故意裁减原有之工人，影响工人生计。

（二）在手工业中之自做自卖如缝艺、鞋艺等，而未雇用工人者，以其依赖作工维持生活而非完全持资本营业者可比，仍属劳动性质，则加入工会。

（三）凡独立贩卖之小商店，而未雇用店员之店主则加入商民协会，以其恃资本营业而非靠卖劳力可比。

（四）商民之经理多半为店主之代理人，应加入商民协会。

（五）在非个人经营而为股份组合之商店，其股东同时又服务于店内者则加入商民协会，但此类店中之股东在职务上有经理、店员之分别，其担任店员工作之股东则加入工会，若其雇用店员甚多之大商店由股东参加其中工作者，则该工作之股东仍加入商民协会。

（六）半工半商性质担摊职业者，界乎工商之间，但其经济地位又无显明实明之界限，因组织分裂，易于在营业上发生纠纷。现值革命紧张之时，如巩固革命力量，消减民众组织内部冲突起见，在工会、商协双方所属之摊担职业组合均一律退出会籍，另组织摊担联合会直属于市党部。此种决定由汉口特别市党部、湖北全省总工会、汉口特别市商民协会共同召集各方摊担职业联合会商执行。

劳动童子团问题（决议）

（一）童工在商店工作时间，规定以每日八小时为限。在工作时间之内，童工不得无故离店，须受店东之正当指挥。在工作时间之外，童工之行动店东不得加以限制。惟童工工作时间应如何轮班支配，童工日常店外行动应如何自治，童子团总部当有极完善之规定。商协可提出意见以供童子团总部之参考，童子团总部亦当以其规定通知商民协会。童工在每星期中将休息半日，作为教育训练时间。

（二）店东担任童工之童子团服装费每人至多不得过六元一次为度。

（三）童工操练或其他集会后致错过开膳时间，店东须预留膳食供其膳用，为养成童工艰苦卓绝之性德起见，预留膳品或由童工自行料理，店东不必另给零用费。

用人问题（议决）

（一）工会及店员不得强迫店家加用店员。

(二)店员有不正当行为或不服店家之正常管理者,店东可先通知店员工会辞退之。如发生纠纷,由商民协会与湖北总工会解决之。

(三)平时辞减店员依照解决工商纠纷委员会所定条例办理。条例附后。1.凡在工会现任职务者不得辞退,但有私人过失者不在此列。2.凡有实据证明亏本不能支持者得收歇,但须以营业状况证明之。3.因营业状况证明须得缩小范围而辞退店员者,依该店员服务时期以定辞歇。4.店员有重大过失者得辞退之,但必由工会另行介绍,经店东、经理同意补充。5.被辞之店员照辞款例发给辞歇费,有另外条件者得参照该条件行之。6.学徒除有不端行为者不得辞退。7.被辞歇之店员若原有与店东给川资之规定者,外省及武汉外之店员照给原定川资之半数,无川资规定者不得援例。8.论季营业者照先年同期营业习惯办理辞就。9.营业缩小范围必须辞退店员之店家,按缩小之成分比例之。

(四)店家用店员时由店员总工会之职业介绍所介绍之,但介绍之店员由店家试用一星期,如不合格即可辞退,另行介绍。介绍之店员,店家可索相当担保,但店家营业特别辞职而不肯加入时,由商民协会与湖北全省总工会据报审查后酌加。

营业收歇问题(议决)

(一)店主收歇问题由湖北全省总工会与商民协会审查实在情形,依照解决工商纠纷委员会所定条例解决之。如工商两方不能解决时,呈请政府仲裁机关解决,但在未解决以前,店主不得有逞货私逃等事。店员不得有逮捕店家及管理店产等事。

(二)店东或因他种关系弃店私逃时,其财产由商民协会及湖北全省总工会处理之。惟须尽先发给该店店员及工人之救济金并呈政府备案。

营业管理问题(决议)

(一)店员应促进商务之发展,在工作时间内不得怠忽工作。

(二)店员及支部不得干涉店家之营业管理权。

(三)支部不得单独向店家提出要求,店家亦不得单独承认店员支部之要求,其有要求之条件须经店员总工会盖章。

(四)店员在工作上应受店家之正当指挥和管理。

工商谈判问题(议决)

(一)由湖北全省总工会与商民协会组织工商俱乐部解决一切工商间之纠纷问题。工商俱乐部之性质及组织法另订之。

(二)店员总工会因与商民协会关系最切,得加入工商俱乐部共同处理各项问题。

工人对店东总算账问题(议决)

(一)工人向店东提算总账事已由湖北省工会通告制止,其有特别情形者,或发生纠纷时,由工商俱乐部解决之。但店东不可私自承认其总算账之要求。

救济失业工人问题(决议)

(一)商协须积极宣传救济失业工人。

(二)商协须设法筹备失业工人之救济金。

(三)用工商联席会议名义呈请政府迅速办理以下事项:1.京津路货车迅即通车。2.沪汉汇兑迅即恢复。3.即速结束河南战事,讨伐蒋介石,恢复长江交通。4.肃清土匪,恢复襄河交通。5.饬令各处军队不得驻扎民房并恢复建筑事业。

停工加入大会问题(决议)

由工会单独通告全体工人停工参加大会者,每年以两天为限,其他纪念日须得商民协会同意,可全体参加普通纪念大会每店以三分之一人数轮流参加。(武)

(《汉口新闻报》)

6.钱业公会之请求

(1927 年 5 月 25 日)

汉口钱业公会因钱庄庄票点用印花,系用累进法粘贴,殊难担负,特上呈财政部,准予援照银钱收据,每张贴用二分办法,以恤民艰。不卜部长准予所请否。寒丙

(《汉口新闻报》)

6 月

汉商购米救济粮荒总商会筹款借垫但湘米仍难运鄂

(1927 年 6 月 9 日)

国闻通讯社云,据汉口消息,武汉因受军事影响,米粮患忧,各团体及财政厅协商之结果,已决定暂由商会运粮救济,汉总商会业筹得现洋十万元,托忠实米商,分赴苏湖及苏州黄梅等处,采办食米,来汉接济。惟汉口至长沙,电报依然不通。据览武昌方面,可通嘉鱼,由嘉鱼再转岳州长沙。武长不能直接发报,车船交通,亦极感不便,所以赴湘采办粮食,目下尚难望实行云。

(《益世报》)

7 月

武汉商店最近状况各商店店员之概况、成分、人数、工作时间

(1927 年 7 月 13 日)

成分——人数——工作时间

武汉讯,中央党部工人部,昨派出干事李士豪、张子石二人,调查武汉店员概况,兹将其调查所得录之如下。

店员卖力劳动,与普通工人无异,在生产落后之中国,店员之地位,更不可忽视,兹将武汉店员概况,分条缕述于后。

(一)店员之成分。店员从广义言之,凡在商店内作工而取工资者,无论其为股东,或大公司之经理,均得谓之店员。惟武汉店员,即凡有股本的,都属店东,不在店员之列,兹将其成分

分列如左。(甲)在职店员,不包括股东经理在内。(乙)司务,有技艺之熟练工人。(丙)学徒。(丁)外班,类似码头工人,而为店中所经常雇用者。

(二)店员之人数。武汉店员加入店员工会者,①店员,一八七三三人。②司务,六四〇八人。③女工,五六四人。④学徒,五三六二人。⑤失业者,八九二三人。

共计四〇〇六二人。

(三)店员工作状况。店员工作状况,在昔自鸡鸣以至夜半,自岁首以至年暮,无间寒暑,近日公会成立,始略有改善,兹将工作时间分述如下。①每日工作时间,多数每日工作时间十二小时,亦有九小时者,有十四小时者,或仍照旧者,颇不一致。兹据店总报告,工作时间大概,男工自上午七时至下午九时或十时,女工自上午九时至下午五时,童工自上午七时至下午十时或十一时。②特别假期及休息,兹将店总各分会支部要求条件中之关于特别假期及休息之点,分析如下。每年特假,七十至九十天者六十一起,六十天二十起,四十至五十天者十一起,六十天二十起,四十至五十天者十一起,十天至三十天者五起。每月休息,六天者一起,五天者一起,四天者二起,上午者一起,三节者二起。阅上表可知每年特假及每月休息之时期之长短,与分配之分量,惟店总各分会支部要求条件,共有四十九起,有特假及休息规定者,为四二及七起,余均未明定,当系照旧,未有变动。

(《益世报》)

8 月

1.汉商会请救济库券

(1927 年 8 月 14 日)

(汉口)汉商会十一日讨论救济库券问题,议决请政府勿再增印,已发者尽四个月内收尽,同时增集现金备兑现,并请以官钱局串文官票作为一角行使,或速印一二百文铜元票,以便找零。(十二日下午四钟)

(《申报》)

2.汉商会讨论金融问题

(1927 年 8 月 14 日)

国闻社十二日汉口电,汉商会十一开全体大会,讨论维持金融办法,决以前湖北官票,每串作一角,流通市面,并推代表定十三向省政府商洽用官票收毁国库券,及换回债票手续。

(《申报》)

3.汉口总商会为开紧要全体会议致唐寿民先生

(1927 年 8 月 20 日)

径启者,昨准武汉市政府公安局函(原文当场报告)嘱会克日召集各商帮恢复营业,亟应照办。查本市现象众目共睹,无可讳言,本会为各帮领袖集合之区,其于市面安危,约有切身关系,无论对人对已,断难袖手旁观。兹订于夏历七月二十五日午后四时开特别紧要全体大会,诸君子如有困难,尽可当场尽量陈述,以便公同讨论。务祈按照约定钟点,拨冗惠临,无任殷盼,除分知外。

此致

唐寿民先生台鉴

汉口总商会启

4.武汉商店暂停市恐军队滥用国库券

(1927 年 8 月 26 日)

汉口二十三日东方社电,此间乘民船输船下江者颇多,武汉市中恐不良军队乱用国库券,收市者过半数,尤以武昌为多。

(《晨报》)

5.武汉商渐复业,政府安抚商民

(1927 年 8 月 28 日)

汉口二十六日东方社电　武汉政府,□□对于商民表示恤□,二十六日宣布军人取消令,商民□□□,国库券□理令,□□出布告,解散不良军队,□□□□,国库券市价渐统复,关闭商店开市者渐多,一般人民又渐□□武汉政府。

(《晨报》)

9 月

1.总商会再请放精盐赴汉

(1927 年 9 月 4 日)

上海总商会,昨电南京国民政府财政部云,接准汉口总商会有电开,运销汉口精盐,在沪被扣,迭经函请维持,现在敝处盐荒日甚,立待接济,务乞贵会垂念鄂民淡食,迅向江海关监督据案力争,将所扣精盐,即日出口转口,以维民食为祷等由到会。查此案上月铣日奉钧部电复,嘱转知久大精盐公司,仍遵节次批饬办理,迅将指抄各案,刻日录送,以凭察夺等因,奉此。即经录电通知该公司查照，尚未据复。兹准汉商会电称，盐荒日甚，鄂民淡食各情，可否俯准所请，先行酌量饬放之处，出自钧裁。谨此电呈，伏乞鉴察，上海总商会叩江。

（《申报》）

2.各社电讯　豫鄂军事消息

（1927 年 9 月 22 日）

国闻社十九日汉口电　交通界息，十八晚汉车先开，郑车后到，开车暂时无规定，只候运输司令示汉郑电通。

国闻社十九日汉口电　第四集团兵站部只少数留汉，余十七日均开下游。

国闻社十九日汉口电　汉商会各团体告军委会裁判所，代刘佐龙请先行开释。

（《申报》）

3.汉口商界之两要电

（1927 年 9 月 22 日）

国闻社汉口通信。武汉金融，变化甚速，前日（十四）申汇涨至三千两零，昨日（十五）并无正式行市，但秘密成交者，仍三千余两，且很难觅做手。申钞亦无正市，零星成交者，由三二涨至三五（即三元二或三元五汉钞买一元申钞）。前日尚止三千元零，其变化情形，实空前所未有。汉口总商会、银行公会、金业工会三团体，早经鉴及，曾于十二日联电南京国民政府汪、谭两主席云，鄂省于军阀搜括剥削之余，金融素感枯竭。去岁党军入鄂，政府迁汉，武汉民众忍遍体疮痍之痛，奋拥护合作之诚，故当时宋部长发行湖北整理金融公债，商民竭力购买，咄嗟千万。组织中央银行，发行兑换券，亦流通无阻，鼎兵戎之际，遭丧乱之余，而鄂省金融，赖以维持于不败，此虽宋部长惨淡经营之明效，亦商民忍痛牺牲踊跃维持，有以佐其成也。乃数月以来，遭时多变，民生日困，鄂省金融，势将破产，人心惶惶，市面萧条，库券跌价，申汇飞涨，而中钞亦已跌至三折，且金融公债，虽有基金，尤急须保障。伏思武汉为九省通衢，实全国金融之重心，万一陷于不可收拾之境，非徒鄂省受困，而影响于国家财政者，更不忍言。当此中央迁宁之际，正百政更新之时，宋部长素孚民望，对于武汉金融，既能整理于先，必能救济于后，群情喁喁，渴望宋部长力任艰巨，早筹解决之方，庶人心可以大定，商业可以恢复。大旱云霓，实同此情，临霓迫切，伫望新猷，汉口总商会、汉口银行公会、汉口金业工会同叩文。

又汉口总商会于十三日电致南京执监全议，表示拥护，亦有所请愿。原电如下：南京第四次全体中央执行委员会议钧鉴，中央迁宁，统一党权，荟萃群贤，集思广益，定党国之大计，自询谋之佥同，革命成功，指日可待。惟我商民之希望于钧会者，一方整理金融，以解目前之痛苦，一方统一民财两政，以固党国之根基。而厘金苛税如何废除，关税自主如何进行，及历次对于商民之议决案，如何使其完全实现。凡兹请愿，均关要图，务祈钧会本勇往之精神，谋革命之利益，本会誓率全体会员，以十二分热诚，拥护钧会一切议决案，伫盼新猷，无任祝祷。湖北汉口总商会叩元。

（《申报》）

4.汉口总商会请放运汉精盐,因汉口盐荒之故

(1927 年 9 月 24 日)

上海总商会接汉口总商会来电,谓敝处盐荒日甚,亟待接济。请贵会垂念鄂民淡食,迅向江海关监督力争,请将该关所扣运往汉口之精盐即日出口转运,以维民食为盼。

(《新闻报》)

5.(上海)总商会请放运汉精盐不准

(1927 年 9 月 28 日)

汉口总商会致函上海总商会,请转恳当局迅放被扣之运汉精盐等情,已志二十四日本报。兹悉该会接函后,会据情电请国民政府财政部,俯念该地人民淡食之苦,迅令放行,以济盐荒,顷接复电,不准饬放,故该会已据情照转矣。

(《新闻报》)

10 月

1.库券亦拟提前收回,汉商会谋补救办法

(1927 年 10 月 2 日)

汉口中国银行拟筹现金二百万兑现库券亦拟提前收回汉商会谋补救办法

汉口二十六日电,中国银行对银会主张三行共筹现款二百万元,以钞五元兑现一元之议,闻已完全赞同。候现金筹齐,经过法定程序,即定期鉴量兑换,并传库券决提前完全收回。武汉整个死的市面,又渐呈活气。

(《益世报》)

2.汉商同意新经济政策,汉钞十二日起折价开兑

(1927 年 10 月 4 日)

三行筹现三千二百万库券亦决以低价收回开兑期前仍停止兑现

国闻社二十八日汉口电,财委会布告,在中交三行筹集兑现期间,各商业银行停止支付兑现。

国闻社二十八日汉口电,感(二十七)钱市开盘,申汇千两需现千三零四元,申钞千零廿三元,换现千元,俭(二十八)申汇千三零四元,申钞千零卅四五元,已一律用现洋交易,大致行市暂时无大变动。(迟到)

国闻汉口通信社云,自此间财政委员会用电令发表规定中央中交三行钞洋法价,并规定鄂湘赣三省征收改用现洋,三省军政费用亦发放现洋。三行须照法价及预定期开兑等各种消息

后，汉口商民协会二十七日之联席会议，表示反对。但此事关系武汉政分会威信，恐未易变更。况政府行此新经济政策，自亦有道。据闻汉钞在市面流通者，中国确只三千二百万，交通八百万，中央连辅币二千万，其按法价兑现，三行共筹三千二百万，已各有把握，只坐待时期。至国库券数目闻九百万元，传已定为法价每元一角二分，将借房租两个月（按将定房租收现）以之收回国库券，俾有余裕。并将发行一种公债，偿还房租借款。中央行汉经理南夔，已于二十七日视事，前被看管者为前经理胡大铨，而非行长陈健庵。经此声明，财委会实施新经济政策起见，并曾于二十六日遍颁布告于汉口各商业银行，着于三行筹备兑现期间，停止支付兑现，表示合作。布告文如次：

照得政府为维持金融，整理财政，实施计划。已令中央中交三银行，将所有钞币，于十月十二日起，规定价格，全数开兑。业经公布在案，兹为官商通力合作，筹集现金，以备兑付起见。在此期间付兑现，除仍照常维持原状，仰各遵照办理勿违，此布，九月二十六日常务委员王祺、邓寿荃、孔庚。

停市多日之钱业公会，直至二十七日财委会新经济政策宣布后，始行开盘。查二十七日申汇规元一千两，需现洋一千三百一十四元，申钞一千零廿三元，始换现洋一千元，二十八日申汇一千三百零四元，申钞一千零卅四五元，已一律改用现洋交易。大致钱市行情暂时无大变动，纵差池亦不过在几元内外云。

本报汉口通信，武汉政治分会财政委员会整理中央中交钞情形，业详前函，惟对于国库券无相当办法，一般商民颇感痛苦。兹该会为彻底整理财政，改善金融起见，决定借征武阳夏三镇房捐两个月，为收回国库券之用，昨（廿八）日特发出布告云。

“为布告事。本会前因市面金融紊乱，票券低落，亟欲设法收回该项票券，以减轻商民之痛苦，而渐谋金融之稳固。业经具拟方案，呈准武汉政治分会核定。除收回票币方法另案通令，并布告遵照办理外，其收回国库券一案，决定借征武阳夏三镇房捐两个月，专为收回库券之用。缴纳房捐时，以国库券一元规定为现洋一角。商民缴纳房捐后，即给予借款收条为证，将来另由政府调换相争之公债。其收回之国库券应即全数销毁，不再行使。若房东无国库券时，亦得解缴现金。此项现金专为收回国库券之用，不得划作别项开支，至以后房东征收房租，应准一律收现，以资调剂。各商人民等须知此项借征办法，专为整理财政改善金融，助资一时挹注余。本来不忍重扰，而两害取其轻，实是苦衷，计划已定，事在必行。务期共同赞助，踊跃轮将，忍须臾之痛苦，谋永久之福利。如有借端阻挠，破坏大计，亦惟有执法以绳，决不宽假。所有借征办法及举办时日，另令公布。合行布告，仰即一体遵照，切切此布。”近日库券在市面完全拒绝行使，此种整理办法，人民自然乐从，且将来仍由政府调换相等公债，非完全作为无效可比。预计今后武汉金融，当有一线曙光也。

汉口英文报载称，据武汉财政委员会孔庚称，目下武汉市上流通之中央银行及中、交两银行钞票，其有五千八百万元，计中央二千万，中国三千万，交通八百万，市价均属大跌。依财政委员会之决定，拟以二折收赎，即每元作价二角，由省政府及关系各银行一同筹现银一千一百六十万，定于十月十二号收赎完毕。此一千一百六十万元中，中央银行筹四百万，中国银行筹六百万，交通筹一百六十万。至于汉口其他华人银行，已由财政委员会训令，从即日起至十月十二号为止，停止各该银行钞票之支付与收赎云。

（《民国日报》）

3.武汉政局渐形安定

(1927 年 10 月 9 日)

电通社六日汉口电,武汉政局近因四团之压迫,日渐减少渐形安定,租界外之日本商店,亦次第复业。

国闻社三日汉口电(迟到),贺胜桥匪肃清,武长车恢复,传当局向商业银行借百五十万元,限两月还清,有两湖银行将出现说。

国闻社二日汉口电,汉商会呈请开放杂粮棉花出口,均经当局核准,此举可吸收大批现洋活动市面。(迟到)

(《申报》)

4.武汉军政要讯

(1927 年 10 月 10 日)

汉口财委会令中央银行准备开兑手续,钞票收回时,应按照法价数目,加盖戳记。另函军委会,军队兑票,不行携带武器。

汉口鄂农工厅劳资仲裁会,汉商会列席代表张域泉,因争营业自由辞退自由不得,退会。武商会与银行公会,均函汉商会请坚持,汉商会经召各帮代表会议,结果决向各机关陈述意见,并函高协一致进行。(八日)

(《申报》)

5.汉商会退出劳资仲裁会

(1927 年 10 月 14 日)

汉口通信。鄂省政府农工厅所组织湖北劳资促裁会,原为协调劳资两方,使在国民党农工政策与工商联合战线之下,共同致力于国民革命。不谓该会成立未久,即因讨论劳资仲裁条例,汉口总商会代表因争营业自由与雇用人员辞就自由问题,不得列席代表同意,致愤而退会。此事为鄂省商界之最重要问题,如不能谋得正当解决,则此后纠纷正多,劳资即永无协调之希望。兹录汉商会致农工厅声明退会原因公函如下:"敬启者,昨敝会代表张棫泉报告,棫泉奉命出席湖北农工厅劳资仲裁会,其第三次会议,因病缺席,第四次会议,在汉口农工厅驻汉办事处开议,讨论劳资仲裁条例。当日因出席团体只有法定团体十一,勉过半数,讨论之下,定为初读,草草通过。棫泉因该条中第三章各条,关系全省商务不小,曾于十月一日在会报告兹事体大,棫泉恐不克胜任。蒙会长及诸会董逐条讨论,加以签注,并当场面嘱该条例内容须不背营业自由、雇用人员辞就自由两大原则,其余均可略事迁就,以固工商联合战线,如与两大原则相反,嘱棫泉不妨退出议场等语。今日棫泉依时出席,到会团体计七,如仪开会讨论,二读第一、二章稍有更改,尚无关出入。至第三章第十六条时,棫泉依照签注,提出删去但书,讨论多时,未蒙采纳。至十八条须完全删去,虽当场陈述种种困难,必须删去之理由,讨论约一小时之久,未荷。出席诸代表谅解,主席付表决时,赞成删去者只武昌总商会一团体,以少数否决。棫泉以此关系匪轻,即声明退席,主席不许,乃改请假程式,退出议场。兹谨将该条例油印一份,及一日晚间在商会签注一页,附呈台阅外,窃维棫泉才识浅陋,实不足应付此重大责任,从本日起,暂行辞去劳资仲裁会委员责任,请另派贤能,以资襄助,用特报告,敬希察核为要等语。查该代表于第三章中各条,依照签注,提出删除但书,或须完全删除者,系经敝会大多数之同意,亦确有删除之必要。今既未蒙采纳,自应退出会议,以图救济。复查此事敝会代表提出意见,既未荷各代表之谅解,予以容纳,则为商务前途计,实未便再行推举代表,前往列席。除已订期开会讨论办法外,所有贵厅明日会议,敝会未经大会议有办法之前,未便推举代表,即希查核为盼,汉口总商会,十月四日。”

汉口总商会前日特为此事召开各帮代表紧急会议,除报告张棫泉代表退出劳资仲裁会经过情形,请为讨论外,并附带报告三点:1.湖北劳资仲裁暂行条例及本会提出修改各节。2.汪精卫前在长沙商民代表大会演说要点。3.武昌总商会来函,表示赞成本会代表退出仲裁会议,此后进行,愿归一致。汉口银行公会来函,表示赞成本会主张,决议:(一)分向武汉政治分会、湖北省政府、武汉市政府、省市党部、唐总司令、武汉卫戍司令,陈述商民痛苦,请予营业自由与雇员辞就自由。(二)函请汉口商民协会一致进行,但今日各党报登载此项新闻,类多指摘汉商会不明政府维持工商用心,希望政府及各界设法纠正该会错误,此事结果如何,尚难预料也。(十月八日)

(《申报》)

6.汉口三行钞票实行兑现

(1927年10月16日)

中央钞仍照规定价格一律行使。汉口通信,汉口中央中交三行钞票,财委会规定一元作价二角,于十月十二日起,开始兑现。一般人以照财委会规定办法,三行亦须筹备现洋一千一百六十万元,始能一律开兑,多料此项大批现洋,不易筹出。而十月十二日兑现之说,或亦不甚可靠,故自折价兑现办法规定后,钞票行市仍益低落。在一星期以前,现洋一元可买钞票七八元,若以钞票购物,虽以九十元作现一元,亦无人收受。至日前财委会令饬中央银行赶备兑现手续,已兑之票,即按照规定价格,加盖戳记。并函请军委会通令军人兑票,不得携带武器,免生事端。于是始知当局确有兑现决心,并非漫无把握。一般投机者遂于最近数日中,为下列三种之投机事业:(一)兑换铜元。此项兑换,非店面亦非钱摊,大概每人携十数串铜元,蹲在街头巷尾,专兑三行钞票,如五角小票,兑换铜元百文,以至百四十文,一元钞票,兑换铜元四百文左右,持票往兑者趋之若鹜。(二)贩卖纸烟。此等烟贩,多以售价百六十文一包之哈德门仙女牌等类香烟,专售钞票五角。(三)贩卖肥皂。此亦如烟贩,以售价百文之肥皂,专售钞票五角,而其获利之厚,较烟贩尤过之。故此种叫卖之声,到处震人耳鼓,果然三行钞票今日(十二)实行兑现,地点在汉口总商会内,中央与中国兑现处。在该会礼堂,交通兑现处在该会前商协图书馆,时间每日上午十时至十二时,下午一时至三时,无限制开兑。汉商会门首今早即人山人海,拥挤不开,三行特请兵站总监部派兵一队,维持秩序。但中央银行钞票兑现后,仍定按照规定价格,一律行使。财委会昨特出布告,不准抑勒或任意低昂,其布告如下:“为布告事,本会前因市面票价,涨落无常,金融紧张,影响商民生计甚巨,规定中央银行票洋,每元价格为光洋二角，自十月十二日起，开始兑现。各征收机关依照法定价格，搭收五成纸币，业经通令并布告遵行在案。所有该行在汉发行之百元、五十元、十元、五元、一元、五角之各种票币，一律依照规定法价兑现。各征收机关搭收，以及商民行使市面，不得稍有拒绝或歧视，如有托词折勒，或任意低昂情事，一经发觉，即以军法处决。除通令外，合行布告各商民人等遵照。须知汉口中央银行各种钞票，既经开兑之后，法定价格，自应保持稳定，以后市面如再有托词抑勒，或任意低昂情事，即行尽法惩治，决不宽贷。”

（《申报》）

7.湘鄂皖财政会议

（1927 年 10 月 17 日）

三省财政当局均出席，汉口三银行兑现情形。汉口政分会定十五日召集湘鄂皖三省财政会议，已电三省财政当局出席，湘财厅长赵墨农、盐务处长杨时杰均到汉。（十五日）

汉口湘财政厅长赵墨农，应财委会电召，来汉参加财政会议。（十五日下午二钟）

汉口皖财厅长王大桢来汉，闻湘鄂皖三省财政会议十五日在财委会开幕，财委会孔、邓、王三常委员及湘鄂皖财厅长、盐务处长等皆列席。（十六日上午一钟）

汉口汉商会三行兑现处十四日因军人拥挤，仅兑一批，嗣军委会及唐总司令先后悬令，禁止军人兑票始未生事端。政分会十四日再严令各征收处局，按照法价搭收钞票五成，如违以扰乱金融论罪撤职惩办。（十五日下午二钟）

（《申报》）

11 月

1.鄂中央票又停兑

（1927 年 11 月 1 日）

汉口财委会三十布告，三十一起中央银票停止兑现，以武阳夏三镇房捐两月及营业牌照捐十分之五，委托汉商会、商民协会，办理收回钞票及国库券，钞票仍照法价搭二成，在市面行用。（三十一日下午三钟）

（《申报》）

2.汉口总商会为禁止设立店员支部等事致上海银行汉口分行函

（1927 年 11 月 4 日）

敬启者，查本会前据大众公意提出三项要求：（一）维持营业自由。（二）辞就店员及工友之权完全自主。（三）取消店员支部。曾经会同武昌总商会转呈党部政府鉴核，维持各在案。兹于十一月三日奉中国国民党武汉政治分会令，以此案业经提交第九次大会训令，禁止讨论议决，已训令省市两党部遵照中央训令，禁止民众团体自由逮捕及设立各商店支部。至关于营业自由及辞就自由两项，并已分令各条例内妥为修正，迅速颁布，以解纠纷，等因到会，奉此复查各商店支部，既奉明令禁止设立，而关于一二两项已在修正，不日即可公布，务望各帮安心营业，以重商场。缘奉前因，除分致外，相应函达即希查照转知为盼。顺颂台绥。

汉口总商会启

3.汉口商界请取消起卸捐

（1927年11月13日）

汉口各行号商人，为武汉市政府创办货物起卸捐，不堪苛扰，特请汉口总商会，转呈当局，即予取消。略谓一年以来，各种捐税不仅丝毫未能废除，今武汉市政府财政局更有加征起卸捐之担定，责令实行。似此商业前途，何堪设想。窃查武汉为川湘河港会源之处，水势汹涌，船泊江干，偶一不慎，即遭倾覆，若遇狂风巨浪，危险尤属堪虞。况风雨之来，出自俄顷，未可预料，故平日装运货物，必须随到随起，随卸随行，不敢片刻停留然，而不测之祸，尚难尽免，若再加以完捐盖印之限制，势必时日延长，一遇风波，不能自由迁避，性命血本所关至巨，此不能不请求取消者一也。至其税率，按货物价值千分之一或二抽收，其数固微，惟局卡员司从中取巧，留难之弊在所不免。如此则货主对于正当捐数所费尚小，对于员司取巧留难之害，所损实大，此不能不请求取消者二也。再完捐手续繁多，商人匆促起卸之间，难免无疏忽遗误之处，一经发觉，处罚甚严，资本鲜微，何能堪此，此不能不请求取消者三也。以上荦荦三端，不过为商等切身之显明痛苦，至其小而暗者，更难枚举。缘此商等特于本月五日，集合街邻紧急会议，讨论应付方法，结果一致主张，呈请钧会，代向政府当局设法呼吁，必期达到目的，否则商等势将停业，不复更有维持之能力矣。

（《申报》）

4.汉商会迎宁军派代表谒李宗仁

（1927年11月15日）

汉口十二日东方社电，十一日唐生智自前线归汉，在华街模范区，与总商会及各区代表者会议。总商会为维持治安计，决要求平和让出武汉，传已派代表赴李宗仁处，传达欢迎宁军意。

（《晨报》）

5.汉商会电告平安

（1927年11月16日）

接汉口总商会来电云，上海总商会鉴，唐已下野，汉市面安靖如常，特告。汉口总商会元。

（《新闻报》）

6.唐生智离汉前之暴行

(1927 年 11 月 19 日)

唐于战事发生后,先后向财委会、造币厂、中央银行提去现洋近三百万元,决定下野之夕,尚向中国银行索洋四十万元,向汉商会及各商业银行索洋一百三十万元,声势汹汹。中国银行乃将备兑钞票之款献上二十六万元,各商业银行行长俱避匿不面,唐无法,命邓绍汾率武装卫兵,强提中央银行现洋,亦因行员先期走避,无法提动。当晚二时,命宋良仲(缉私处长)率队二百余人,破毁中央金库,毁其库门锁钥,终夜仍不得入。天明洞壁而进,将库内所存现洋七十箱,悉尽搬出,每箱现洋五千,计共三十五万元,该行报告卫戍司令部,派兵保护。贺国光当派队赶来,而洋已运出,遂经交涉结果,唐军劫去二十五万元,留下十万元为卫戍司令部之维持治安费。今(十四)午十二时,中央银行函请武汉各机关及各报记者,前往监视该行劫后检查清理情形。至午后三时始毕,库内现洋劫掠一空,仅存元宝一百三十七只,钞票库券若干万,文卷亦多被翻乱,惟各种簿账幸未散失。

(《申报》)

7.(财政部)致汉口总商会电

(1927 年 11 月)

汉口总商会览:巧电诵悉。禁运汉口银、煤等物品,已于筱日令关一律弛禁。特复。

财政部长孙科(印)

(《财政日刊》第 13 期)

12 月

1.汉商会与裕济公司往来函,为盐斤涨价案

(1927 年 12 月 3 日)

汉口总商会为询明盐斤涨价一案于十一月二十八日致裕济公司函云:径启者,自贵公司奉令批准饬运以来,敝会从事疏通得以成立,行销鄂岸,原期售价公平,顾全民食意至良也。查此项盐斤每引照盐局牌照洋八十七元九角三分开秤挂盐,便利商贩销场,极形畅旺。乃连日据贩商来会报告近两日间盐价涨至每石洋十六元,较前旧价相距太远,担负过重,群向敝会要求转陈军事长官、鄂省政府,请予质问理由。敝会以为同属商人,未便徇一面之情,且于该商贩所报情形是否实属无从悬揣,特先行函询贵公司,此中真相希即查明示复为盼。昨日该会接驻汉裕济公司复函并录于下:径复者,准贵会函开,连日据贩商来会报告近两日来盐价涨至每石洋十六元,较前旧价相距太远,担负过重等情,曷胜诧异。敝公司□□浙盐济销湘鄂,原为救济盐荒,始终□□盐牌价每石售洋十四元六角五分五厘,每引合洋八十九元九角三分,并谓□□分

文,显系有人从中拨弄,除部□登报□明文相应函复,请烦查照转知为荷。信丙

(《汉口新闻报》第 3 张)

2.商会改委会组织委员请假

(1927 年 12 月 3 日)

汉口商会改组委员会组织委员王森甫抱病日久,现病状渐减,然调理需时,所由会内应尽职务特函托周允齐代任□。该氏曾任武汉市政府慈善团体委员会委员,特函托王民仆代任,一面面请□□会查照云。信丙

(《汉口新闻报》第 3 张第 5 页)

3.汉商会开第三次全市代表大会预备会

(1927 年 12 月 5 日)

汉口汉市党部三日在汉商会开第三次全市代表大会预备会,定四日开正式会,并拟大游行,向卫戍司令部请愿释放震寰被捕学生,卫戍部恐肇事端,四日宣布戒严,禁止开会游行,在押各学生今日停止接见亲属。(四日下午二钟)

(《申报》)

4.汉市党部新选执委

(1927 年 12 月 6 日)

覃振辞特委会委员。汉口市党部召集三次全市代表大会,在汉商会开会,有程潜代表及孔庚致词,张敷等十一人为执行委员,李芳园等七人为候补执委,最后孔庚作党务报告散会。(五日下午三钟)

汉口《民国日报》由四路指挥部派队守卫,尚未出版,《楚光日报》仍继续出版。(五日)

(《申报》)

5.武汉军政要讯

(1927 年 12 月 13 日)

汉口汉商会推定张域泉、余蓉樵出席沪商会联议。(十一日下午四钟)

(《申报》)

6.汉口总商会为检查印花之期致上海银行汉口分行函

(1927 年 12 月 16 日)

径启者,顷准湖北印花处公函开,查汉口印花自经敝处派员,俟户劝销委托商店代售以来,收入甚行畅忘。惟汉口市面宽广,虽免无习校商民漏贴情事,自非派员再行检查不足以促进而

利推销。兹定于十二月二十日为执行检查印花之期,除派员随时挨户严密检查,并函请汉口市公安局转饬各分局随时派员协助办理外,相应函达贵会查照,即希转知各商店,将所用簿约单据赶速购买,新式印花税票照章贴足,勿得希图短漏,致干查罚,至纫公谊,等因。附湖北印花税处检查员办事规则一纸,准此除分行转外,相应录函照抄转达台端,查照并希转知同业,一体查照办理是盼。顺颂财绥。

汉口总商会启

附抄件规则一纸

湖北印花税处检查员办事规则

第一条　本处为促进印花税进行起见,特派检查员分赴汉口各店户照章执行印花检查,以期实贴实销。

第二条　检查员须由本处发给检查证,以便执行。

第三条　检查员应按照派定区域,每日换户检查,不得因循遗误。

第四条　检查员须会同各区派定警察协同前往,查有商民违背印花税法各情弊,得检同违反税法证据,报告本处核刊,罚金报请当地警署执行。

第五条　检查执行处罚后即由警署将应提罚金扣处余款,解送本处酌提该检查员奖金以示鼓励。

第六条　检查员应将每日经过情形报由检查长汇送本处查核。

第七条　检查员履行职务时,须遵照规则办理。如有借端讹诈及干预范围以外之事,得由商民告发撤回检查证书并与议相当之除分。

第八条　本规则如有未尽事宜,得随时由处修改。

7.国库券救济近讯:武昌商会议决救济金融办法

(1927 年)

武昌总商会为维持市面问题,召集全体帮董会议,公推丁舜臣主席,同时武昌第一公安分局长梁敏傑、武汉市金融救济委员会代表孙洪烈、武汉卫戍司令部代表王芝仙、武昌市党部代表王培霖,亦出席参与,开会如仪。首由主席报告开会宗旨,因为武昌市面亟待恢复,故有此次全体商董会议之召集,以便公同讨论,并荷各方代表参加,定有良好办法指导,希望各抒意见云云。继由梁局长发表意见,略谓武汉商友近因感不得已之苦衷,相继辍业,此中困难亦所深悉,实由流氓地痞,勾结冒充军人不良分子,如各商店强行兑现,发生纷扰,各商友务仍照常营业,一面由本局加派巡查,严行禁止,查办此种莠类,可负全责。又王代表报告卫戍司令部对军人亦已严行禁止向商人兑换,以后如有发现向商人兑换之事,定行查办,以维商业。又孙代表报告:一、国库券发出,未及九百万,外传业有数千万,系反动派造谣。二、财政部现已筹备,以中央钞票兑国库券无限制收回。三、以造币厂所造铜元及中行所出辅币,决定在武汉设兑换所,已着手筹备,金融不久可复原状云云。最后结果:

(甲)关于维持市面。一、二十八日全体复市。二、劝导复市时,由各帮帮董会同各警署办理。三、复市后请武汉卫戍司令部及公安分局增加巡查队伍,禁止莠类强行兑换。

(乙)关于救济金融。一、武昌商人一致拥护国库券。二、请政府设兑换处,每日拨兑铜元及辅币，以活市面流通。三、请武汉市救济金融委员会，对于金融速筹妥善办法。四、代表参加主席，其时论结果，一律开市营业，倘有少数军人，以国库券勒索找零兑现之事，由卫戍司令部驻武汉办事处长负责，倘有地痞流氓以国库券勒索找零兑现之事，由公安局局长负责，保障有赖，商民幸甚，凡各商号务须克日开市，以仰副各机关维持市面之盛意，特此奉达，诸维台鉴云云。

（《银行杂志》第 4 卷第 22 期）

1928 年

1 月

1.鄂省推销二五库券

（1928 年 1 月 6 日）

汉口商会借款六十万，已交十五万，现拟向各商号挪借房租额两月，可望足数。汉口库券劝销办法，由三镇业主，以二月房租额承销，可得百四十万元，余数由各商店摊认。刻因军费紧迫，商由银行垫款百万，十四日接洽结果，银行界至多允先垫二十万。（十五日下午六钟）

（《申报》）

2.武汉商会留胡　已向宁方表示　胡本人尚在汉

（1928 年 1 月 11 日）

汉口九日下午九点本报专电，胡宗铎因公务未了，尚在汉，武昌总商会电宁方军委会及李、白、程，传胡将调驻沙宜，请仍慰留，坐镇武汉。

（《益世报》）

3.武汉商场债务问题

（1928 年 1 月 16 日）

汉口武汉商场债务清偿问题，为阴历年关最可注意事件。据商会计算，商场债务总额达三千万元，因刻下券票跌落，偿还价格无标准，致债务不能履行。倘年内无解决方法，明年银钱商号，势必大半关门。白崇禧前晚召银钱商会要人，即促磋商整理债务方法，决由银公会、钱公会、商会及富有财政经验者，各提一方案，折中办理。现省政府及前财委会对此问题，曾决议所有债项统以债权发生之日价格偿还，颇得多数人同意，但银行界尚持异议。（十五日下午六钟）

（《申报》）

4.汉口总商会为邀请参会致唐寿民先生

（1928 年 1 月 19 日）

敬启者，岁暮聚论，会有常规，业经分送知单计邀台洽。惟明日（即夏历十二月廿八日）尚有要事待商，无论尊事如何冗繁，请分数小时间惠临列席，不仅为杯若联欢也，除分致外。此上

唐寿民先生台鉴

汉口总商会启

（《财政日刊》第 53 期）

5.汉商会设立理债处

（1928 年 1 月 28 日）

汉口友益街新巴黎街华法交界之处，法领前以预防骚乱，筑有一墙，与交通不无妨碍。经甘交涉员与法领交涉，刻已完全拆去。汉口汉商会设立理债处，公推王毅灵、万泽生、秦禊卿、杨松圃、蒋榕卿、任汉臣、余蓉樵等七人为起草章程委员。（二十七日下午八钟）

（《申报》）

6.汉商会请饬工商合作

（1928 年 1 月 31 日）

湘鄂政委会据汉口商会呈，请布告工厂行号一律恢复营业，工人店员应涤除从前恶习，各守范围、努力合作。已照办。（三十日五时发）

电通社廿九日汉口电，两湖政委会通令取消总工会、分工会与各厂所订之苛酷条件，民政处照现时工人生活程度，另订条例施行。

（《新闻报》）

2 月

1.汉口洋例纹恢复通用

（1928 年 2 月 17 日）

汉商会之电告阴历二月十五起实行，洋例纹之沿革史。

汉皋金融上习用之平例在逊清光宣年间，通用平色为估宝，即九八六平足兑之宝纹。民国以还，鉴于沪埠习用平例为九八豆规银，即公砝平九八兑是也。申汉汇票交易，年来逐步繁盛，不得不改变旧习，而沿用洋例银也。查洋例银平本与估宝一律为九八六平，惟色稍低，估宝为直兑，而洋银为九八兑犹之申公□平之与豆规银，亦以九八扣除也。至于申规元与汉洋例银比

较之差额，大约汉洋例银九百七十两合申规元一千两。故汉埠金融界例有上海汇票之市价，每日开做交易，市面互有低昂，其间有"对期""见票"之别。"对期"者由汉庄开出之票到期时，申解而汉收，同时举行，故谓之"对期"。"见票"者，由出票人先向受票人收取现银，然后付十天期申票，谓之"见票"。其交易时之市价，因而轩轾不同，如"对期"票市价为九百七十一两时，则"见票"市价至少为九百六十八两(大约以银拆高低为禁标准，如银拆三钱，即照"对期"价扣三两，四钱则扣四两，三钱五分则扣三两五钱，余类推)，此汉埠金融业之普通常例也。

(《申报》)

2.汉口金融将复原状

(1928 年 2 月 17 日)

上海总商会，昨接汉口商会电云：上海总商会鉴，查汉口商场用银习惯，向系汉例九八六平九八兑，上年因时局之关系，改用申钞现银，专做申汇，故各埠往来，均按规元计算，此乃一时权宜办法。现经公议，当此交通便利，汇兑照常，自应恢复汉口商场用银习惯，按汉例九八六平九八兑以现金交割，汇划一律。并以戊辰年二月半即阳历三月六号为实行改现之期，恐未周知，用待电达，即希贵会查照通传各商号知照，仍盼见复。汉口总商会佳。

(《申报》)

3.汉口近闻：改选事宜

(1928 年 2 月 25 日)

汉口 汉商会二十二日开会，筹备改选事宜。(二十三日下午三钟)

汉口 四岸食盐济运会议，因湘鄂当局反对，湘鄂两岸榷运局长，将不前往与议。

(《申报》)

4.(财政部)致武昌总商会代电

(1928 年 2 月)

武昌总商会鉴，愿代电悉。查簿折等贴用印花，前准湖北省政府据该会效代电转咨到部，业将簿折规定年贴一角按诸旧例并未增加。及鄂省帆船承揽单房租折等贴花章程，早经批令纠正，各情咨覆转饬在案，仰即遵照办理。至施行检查，原为防止漏贴起见，迭经严令各省局诰诫检查员毋得涉于操切。兹据电呈各情仰候，令行湖北印花税局查明，倘有故意苛扰情事，自当依法撤惩，以肃风纪，并仰知照。财政部回印。

(《财政日刊》第 106 期)

3 月

1.武汉商人留胡坐镇,会同陶钧部清乡

(1928 年 3 月 17 日)

国闻社十六日汉口电　武汉商会银钱会电湘宁,请准胡宗铎率全军坐镇武汉,会同陶钧军分赴各县清匪,以维商业。

(《民国日报》)

2.汉口总商会为转发湖北印花税第一分区分局关于各商店承销印花税局鉴核案致汉口银行公会函

(1928 年 3 月 20 日)

北印花税第一分区分局公函开,径启者,案查敝局拟定汉口市各商店承销印花税局鉴核一案,奉批开呈悉,据实拟定检查员劝检汉口市各商店承销印花税票规则,各条查核尚属妥协,应准备案仰即随时督饬各检查员和平劝检,妥慎从事,毋稍操切为要,此批规则存,等因,奉此。为原定二月二十一日实行为期过迫,诚恐各店未及周知,兹展期二月二十六日开始检查。除令饬各检查员遵照办理并呈报外,相应抄送检查规则函达贵会,请烦查照即希,转行各商帮知照。自经规定检查,推销办法实行以后,如各商店拒受检查或经催告延不请领印花税,各情事应即送交警区,按照违反印花税法罚办。倘各检查员对于商店如有勒索诈财等情,并准实未局呈控以凭撤惩,案关和平劝检,即希转饬各该商店切实遵守行,幸勿自蹈咎戾,至纫公谊,等因。附送规则一纸到会,准此,除分转外,相应函照录规则函达。台端即请查照分知为盼,顺颂财绥。

汉口总商会启

附送规则一纸

湖北印花税第一区分局检查员劝检汉口市面各商店展销印花税案规则

一、各检查员按照各景区调查商店现存印花税案后,应按旬检查各商店流水账簿一次。

二、检查各商店流水账簿应查明每日售出货物价值在一元以上者若干起,十元以上者若干起,按照税法本旬应销一分及二分税案若干枚,并列表汇报查收。

三、经过第一旬检查后,各商店前存税案应准抵消,如经抵消完毕,即由各检查员督同商店备款来局领票,经续贴用。

四、凡经检查来局领票之商店,应将票类及票数分别载于请领印花税单内,并须用该店牌号图章,一面由原检查员加盖名章,以资证明。

五、各商店领票须照票面洋十足缴款。

六、凡各商店领票所缴税款准以五厘提奖,原检查员每届月终由发行股汇齐领单列表,呈候核明,拨给之。

本规则自十七年二月下旬实行,如有未尽事宜,得随时增改之。

3.汉口总商会为转发武汉临时财政整理委员会关于遵令印花税暂行条例致汉口银行公会函

(1928年3月20日)

武汉临时财政整理委员会令开为令行事,案奉湘鄂临时政务委员会令开,案准民国政府财政部第一三六号咨开为咨请事,查印花税暂行条例经呈由国民政府交中央政治会议,于本年八月四日议决,施行除令各省印花税处遵照办理外,相应将此项条例检送五十份,咨请贵委员会转饬所属及各商会团体一体知照,并希协助进行,以裕税收,至纫公谊。等因。附葵暂行条例五十份,奉此除分行外,合行令仰。该会即便知照此令计发条例一份。等因。到会奉此,兹将此项印花税暂行条例照印多份,除分送备查外,相应检送一份,函请台端查照为盼,顺颂。

汉口总商会启

4.咨湖北省政府第二九四号

(1928年3月20日)

为咨复事,案准贵省政府咨开据武昌总商会效代电称,准上海各省商会联合会电开印花税新章簿折年贴一角,比旧骤增五倍,商民力不能任。又年节账单并非银钱收据,各税局勒贴印花尤为违法,迭接函陈痛苦。除于青日电请财政部取消外,请一致坚持力争到底,等由,准此。查武昌地方所受印花新章痛苦犹不止。此近据各商帮报称烟酒牌照印花、房租折约印花、化妆品印花、帆船印花,武昌征收印花各局处均系苛细杂捐抑勒留难,俨如厘金第二。除电复外,谨此代电答恳钧府垂念武昌商民迭经浩劫,不堪繁苛,转电中央财政部取销印花税一切繁苛,以免纷扰,而恤商情,等情。前来查案关国税,应由大部主持,相应咨请查照赐复俾便转饬,等由,准此。查印花税暂行条例系经中央会议议决施行之案,对于簿折规定年贴一角按诸旧例,并未增加上海商联会总事务所等狃于旧习执持成见,转议变更国定条例殊有未合,业经本部依据法例分别驳复在案。至以前鄂省单行税法如帆船承揽单、房租折约等贴花章程,有迹近苛细之处,迭经批令纠正,饬即依照条例办理,并告诫经征人员对于印花税之推行,重在劝导人民依法实贴,而无取乎法外苛求,各商会当亦深明此意,准咨前因相应咨复。

贵省政府查照饬遵至□公谊此咨。湖北省政府。

国民政府财政部长宋子文

中华民国十七年三月二十日

(《财政日刊》第102期)

5.汉口总商会为转发湖北全省印花税局关于所有帆船印花税等专员一律取消案致汉口银行公会函

(1928年3月21日)

敬启者,查本会前据江西纸币薛慎计等以下新河印花税专员周祥生违章苛勒强迫征转,请撤查究惩等情,大会曾经据情分呈湘鄂临时政务委员会、武汉临时财政整理委员会,暨函请湖北全省印花税局查核究办在案,兹于三月十九日准湖北全省印花税局复函开查本案,业奉武汉临时财政整理委员会议决,令饬所有帆船印花税等专员一律取消其帆船承揽印花税,暂行停收,酌定办法。等因。遵经通饬各属限日撤销在案。准函前因,相应函复请烦查照转知是荷。等因。到会准此,除分函外,相应布达即请台端查照分转各同业一体知照为盼,顺颂财绥。

汉口总商会启

4 月

1.函复汉口总商会整理旧帖办法碍难变更由　征字第一五号

(1928 年 4 月 3 日)

径复者,接准贵会来函以据汉口行帮公会联合会全体行帮函称,商情困苦,请即转呈,免除整理旧帖办法,仍照旧章办理等情,函厅查核见复,等因,准此。查此案前据夏口牙贴局王局长转呈,前由当经武汉临时财政整理委员会详细核明据理批示,嗣奉湘鄂临时政务委员会令,据武昌总商会呈请规复牙贴有效时期,等因。又经敝厅叙明,碍难变更,理由备文呈复,并分别函会令县知照各在案。现在整理旧帖第一时期早已经过,各县均遵照办理。汉口为商务繁盛之区,商民负担虽不较其他各县加重,而事同一律,亦未便特予通融。定案所关仍望竭诚拥护,以维帖政而济要需。除令夏口牙贴局照案迅速办理外,相应抄同呈批各稿函贵会查照,仍即转知各行商遵照为荷。

此致

汉口总商会

计抄送呈批各稿各一纸,湖北财政厅长张难先。

(《湖北财政月刊》)

2.武汉近闻:召集武汉商会代表,开剔除厘金积弊讨论会

(1928 年 4 月 5 日)

汉口财厅长张难先,四日召集武汉商会代表,开剔除厘金积弊讨论会,汉商会推贺衡夫等十四人出席。(四日下午三钟)

(《申报》)

3.武汉商界请求纸币兑现之应声

(1928 年 4 月 10 日)

南京总商会,为援助武汉商界,请将折兑纸币,克期十足兑现,上国府财部电云,顷接武汉总商会暨一百一十六团体通电,称中国、交通、中央三银行,在汉口所发行钞票,暨国库券,丧失

信用，不能使行，以致金融枯竭，百业凋残，社会恐慌，民生憔悴。业经电请国省当局严令中、交两行，从速兑现，并设法维持中央钞票暨国库券办法等语在案。事关全省金融，商民生计，嘱为维持公理，一致援助等由到会。查武汉中、交两行中央银行钞票，暨国库券等，发行之初，均按十足行使折价兑现，即已欺骗民众。今并拆兑而不可得，其与劫取民财又何以异。况中、交纸币，现正推行全国，中央纸币，亦有再事发行之势，各种国库券，又陆续增发而未有已。而对于武汉之纸币库券，竟任其永远停兑，而不速为之所，万一民众借鉴前车，群起否认，其影响于全国之金融，及国家之财政，宁有既耶？准电前由，合亟电请钧府部，垂念商艰，迅令中央暨中、交三行，将武汉折兑纸币，克期十足兑现。并将库券按照原价收回，以全大信，而拯商困，临电迫切，立候示遵。南京总商会叩虞。

（《申报》）

4.汉口之中法交涉

（1928 年 4 月 12 日）

国闻社十一日汉口电，收回法界后援会，十日决由武汉商会组经济绝交委员会。

（《申报》）

5.（湖北建设厅）函复武汉两商会建议建设新湖北各节由

（1928 年 4 月 13 日）

径复者，案准贵会函提建设新湖北各节，请予裁酌施行，等因，准此。事关国计民生，自应亟谋进行，惟查建设各条，除第三条内保护轮船、电灯，业由本厅厅务会议议有办法力图整顿外，其余事项，不属本厅范围之内，势虽越俎代庖，既经贵会分呈，似应仍候两湖善后委员会暨湖北省政府核示，准函前因，相应函复，即希查照为荷。

此致

武昌、汉口总商会

湖北建设厅厅长石瑛

（《湖北建设月刊》第 1 卷第 1 号）

6.汉口商会请声援维持钞券

（1928 年 4 月 20 日）

南京钱业公会致函上海总商会谓，汉口总商会等函称，因中国、交通、中央三银行，前在汉口发行之钞票，暨国库券，丧失信用，不能行使，以致金融枯竭，百业凋疲，社会恐慌，民生憔悴。已电请当局从速设法维持，以恤商艰，而维国信。请一致声援，俾达目的，相应函请贵会查照云。

（《申报》）

7.汉商会最近两通告

（1928 年 4 月 21 日）

请推修税代表

汉口总商会曾于三月初一日通告各帮云：敬启者，四月十七日准湖北财政厅函开，径启者，查本省征收过境销场税则久未修改。方今物价日见高昂，较税则所定估本相去甚远，若不照货物时价予以修正，殊非平允之道。经由本厅厅务会议提出讨论，佥谓此项税则有修改之必要，议决在厅内附设税则修正委员会，以本厅推举之职员暨各机关推派之代表组织之。期于交换意见，共同磋商，籍臻完善。兹拟定四月二十九日午后一时开成立会，即以本厅东院会议厅为会址用，特检同组织纲要一份，函请贵会查阅，届时务希推派代表一人，并转知各帮各派代表一人依期莅会指导进行等因。附送修正税则委员会纲要一份到会，准此。查此项委员会系专为修正税则而设，与纳税各帮均有关系，现已定期阳历四月二十九日开成立会，为期不远，应请贵帮查照，迅即推选代表一人，届时同往参与会议。并祈将推定代表姓字先行函复，以凭备转。俾资接洽，除分致外，用特照录组织纲要一份备函奉达，即希查阅，赶速照办为盼。

信丙

汉口总商会启

督促各帮改组

汉口总商会改组委员会昨日向各业发出通告。兹将原文照抄于下：径启者，本会改选业经广登报纸，遍发通告。至于四月三日开全体大会，公推各帮帮董为各同业帮改选筹备委员征求新会员谅荷，照章改组。兹特附送改组暂行章程若干份，介绍原书若干份，希即查照。即日召集同业催促改组，并请广为宣传。俾商人咸知人□同时填具介绍原书，缴纳入会费暨常年捐来会，掣取收据为证。如果章程原书不敷分布或有不明了组织之处，每日上午十一时至下午五时，迳赴总商会改选委员会咨询办法是盼。

汉口总商会改选委员会启

信丙

（《汉口新闻报》第 3 张）

8.汉口总商会为速设立钞票兑换机关致汉口银行公会函

（1928 年 4 月 28 日）

径启者，昨本武汉临时财政整理委员会批开，据敝会呈一件，呈请设法维持申纱在汉兑换，现由奉批呈悉查此案，可径由该会商同银行公会，电请沪银行公会转知各发行钞票之银行，在汉速行设立兑换机构，以资维持，仰即知照此批，等因，奉此。相应照抄敝会原呈一件函达，贵公会请查照见复为盼，此致。

汉口总商会启

9.汉商会主对日经济绝交发出通电

（1928 年 4 月 28 日）

汉口二十七日国闻社电，武汉两商会，均主张对日经济绝交，以促田中觉悟。汉商会顷有通电发出。

（《晨报》）

10.武汉商界对日绝交　通电促田中觉悟

（1928 年 4 月 28 日）

国闻社二十七日汉口电，武汉两商会均主对日经济绝交，以倒田中，汉商会顷已发通电。

国闻社二十七日汉口电，日领宥（二十六）将田中出兵申明书送达交署。

（《民国日报》）

11.南京总商会请国府维持汉口纸币

（1928 年 4 月）

南京总商会为汉口中国、交通、中央三银行钞票事，代电国民政府暨财政部，略谓顷接武汉总商会暨一百十六团体通电称，中国、交通、中央三银行在汉口所发行钞票暨国库券，不能使行，以致金融枯竭，百业凋残，社会恐慌，民生憔悴。业经电请国省当局严令中、交两行从速兑现，并设法维持中央钞票暨国库券办法。事关全省金融，商民生计，嘱为维持公理，一致援助。查武汉中、交两行中央银行钞票暨库券等，发行之初，均按十足行使，乃非但折价兑现，并折兑而不可得。中、交纸币，现在推行，全国中央纸币，亦有再事发行之势。各种国库券又陆续增发，对于武汉之纸币库券，倘任其永远停兑而不速为之所，其影响于全国之金融及国家之财政，宁有既极。合亟电请钧府垂念商艰，迅令中央暨中、交三行，将武汉折兑纸币克期十足兑现，并将库券按照原价收回，以全大信而拯商困。

（《银行周报》第 12 卷第 14 期）

5 月

1.鄂商对日经济绝交

（1928 年 5 月 10 日）

汉口汉商会八日晚，宣布对日实行经济绝交。（九日上午九钟）

（《申报》）

2.汉口商界对日经济绝交　各帮董会议决定

（1928 年 5 月 12 日）

汉口十日国闻社电，汉商会昨晚开各帮帮董会议，结果，决组汉商会对日经济绝交委员会。

（《晨报》）

3.武汉各界反日之激厉

（1928 年 5 月 12 日）

汉商会定期实行经济绝交。汉口通信，自日本出兵山东，破坏我主权，侵犯我领土，武汉各界民众早已深表不满，电恳外交当局据理力争。迭由交涉员甘介侯提出抗议，请日领转达日政府在案。据最近以来，日本对华政策变本加厉，宽敢戕杀济南特派交涉员及我国军民一千余人，近更大举出兵，并有犯我首都之议，书报传来，弥深愤慨。查日本此种暴行，不啻与我国民宣战，在此严重时期，非实行经济绝交，不足以促其反省。昨日（七日）汉口总商会发出通告，定九日召集各帮代表，开对日经济绝交大会，讨论方案已准备。

（《申报》）

4.武汉民众对济案之表示，汉商会宣布对日经济绝交

（1928 年 5 月 12 日）

汉口函：武汉民众闻日兵在鲁暴行之耗，群情愤慨，群起而谋正当之应付。汉口总商会于八日宣布实行对日经济绝交，以为政府后盾，并电上海总商会转各省商联会事务所，征询应付方法。武昌商会亦发通电，请政府民众一致对日，有"敝会誓当宁为玉碎，不为瓦全，与日人作一绝对之举动"等语。此可见武汉商民愤激之一斑也。此外武汉民众外交后援会，于七日第二次执委会议，决对鲁案发四种文电：（一）《告世界各国民众书》，（二）《告全国民众书》，（三）请中央严重交涉电，（四）悼唁山东交涉员蔡公时被日兵残杀电。以上四种文电，均于八日分别发出。其《告世界各国民众书》系译成英、法、德各国文字发出，特录于后，其余文电，从略。

外交后援会《告世界各国民众书》：我中国国民党为谋国际地位之平等、人类自由之幸福，而为革命运动，与美之求独立、法之争自由，固先如出一辙。是以特组织国民革命军，与我国压迫民众之恶军阀奋斗，以求民族之真正解放。职是之故，深得全国民众之同情与拥护，战无不胜、攻无不克，期年之间，我国民革命军之势力，已奄有全国五分之四以上，革命成功，指日可待。不意此次我国民革命军正在节节胜利将抵济南之际，日本政府突然出兵于我国之山东，阳借保护日侨之名义，阴为奉鲁军阀张目，破坏国际公法，侵害我国主权。虽经我国民政府一再严重抗议，日本帝国置若罔闻。我国民政府对于外侨生命财产之安全，业经郑重声明，愿负保护全责，彼日侨在我山东，实无危险之可言。试观各国侨民，在我山东境内者，皆能安居如常，即可证明我国民政府对于保护外侨之尽责，实已毫无遗憾。迨我国民革命军既入济南，外侨之生命财产，更觉安如泰山。乃日兵不但不撤退，且向我百端寻衅，竟于本月三、四等日，施行亘古未有之惨剧。用大炮、机关枪等向我济南毫无防御之市街扫射至数小时之久，致我毫无武器

之民众,死伤千数百人。其残忍横暴之行为,与未开化之野蛮人何异不惟此也!日兵更进而焚烧我国山东交涉公署、捆缚我交涉员蔡公时,先用刺刀割去耳鼻,继乃用枪击毙。同时交涉公署职员惨遭杀戮者又十余人。查日本前在我国清季时代,曾谋暗杀我国派往订约专使李鸿章,今更明目张胆,惨杀我山东交涉员,其蹂躏公法,殆成惯性!夫世界之和平、社会之进化,全赖人类能相亲相爱。而国际往来,尤赖有外交人员联络其间,始能实现互助之精神。是以外交官身体不受侵害,久为世界各国共守之公法。日本自命为文明国,乃有此野蛮举动,不特侮辱我国国家主权,实开国际间未有之恶例。履霜之渐,可为寒心。不独为我国之公敌,抑亦全世界之罪人。日政府自知此种野蛮举动,难逃世界公判,于是捏造事实、颠倒是非,以期淆惑听闻,图卸开衅之责任。我国民政府为爱护东亚和平起见,仍不欲以武力对抗,愿以外交正当手续,解决此重大问题。惟我国民众,深知日人狡猾不可恃,有不得已于言者,爰将日兵在我济南残暴之行为,据实宣布于世界,以求公正之评判。想世界爱公理重人道之民族,为洗雪国际污点计,为保持人类安全计,对于日兵在我济南之暴行,必与吾人表深切之同情,而予以精神上之援助也。(五月九日)

(《新闻报》)

5.汉商会实行对日经济绝交

(1928 年 5 月 13 日)

九日汉口通信,震动全世界之日兵残杀案发生后,武汉各界以日本此种暴行,纯系向我国民挑战,我国对付方法,亦将由预备经济绝交,而进至实行经济绝交之时期。昨八日晚,汉口总商会正式宣布对日经济绝交,一面电沪及各省商联会,征询办法。其电云,上海商会转各省商联会事务所公鉴,自日兵在鲁种种暴行消息传来,群情愤激。尊处如何对付,希迅示机宜,以便遵循,立盼电复云云。至该会原定九日召集紧急会议,因时间仓猝,改定十日开会,昨发出通告云:"兹因日本违法侵入我山东之军队,无故挑衅,向我革命军肆意射击,并炮轰民房,屠杀民众,复派队侵入山东交涉署,将特派交涉员蔡公时割去耳鼻,与在署职员十余人,一同枪杀。种种暴行,不惟蔑视我国主权,抑属惨无人道,噩耗传来,同深愤慨。本会特订于阴历三月二十一日(即五月十日)午后四时,召集全体会董会员开紧急会议,实行对日经济绝交,以为政府后盾,事关重要,无论尊务如何繁冗,务祈如约莅临,幸勿漠视,实深盼祷云云。"武昌总商会亦因此事,昨发出通电云:"顷阅报章,日兵在山东侵入交涉署,将交涉员蔡公时君,横加残害,先割耳鼻,旋复枪杀,交署职员十余人,亦全行杀毙,外交部办事处亦被捣毁,逖听之余,愤懑填膺。此次我政府兴师北伐,并未波及外交,日人阻梗要隘,我政府派员交涉,乃系以宾礼相加,稽之兵交使在其间之例,即两国战争之际,亦不杀行人。今者我国并未与日人启衅,日人竟如此野蛮,不独违背公约,亦且惨无人道,贻我国耻,无逾于兹。比利时受辱于德普,而养民愤起,至今播为光荣,我中国为数千年文明礼义之邦,讵容受此奇辱。夫人所与天地并立者,即恃此一线廉耻,中国民众四万万,日人即称凶暴,岂能将中国人民,全数殄灭,即令全数殄灭,泰西文明各国公使俱在,亦自有公道存乎天壤之间,我国虽败犹荣,敝会誓当宁为玉碎,不为瓦全,与日人作一绝对之举动,特此肃电,伏乞我政府及全国民众,一致声讨,是为至盼,武昌总商会叩庚。"

(《申报》)

6.抵货运动之发展

（1928 年 5 月 15 日）

汉口　汉商会十二日开对日经济绝交委员会成立会，十三日举行第一次会议，再推举调查委员。（十三日下午三钟）

（《申报》）

7.武汉商界进行经济绝交　组织委员会办理

（1928 年 5 月 15 日）

汉口特约通信，日人在济南残杀我官民，蹂躏我主权，公理灭绝，无复人理，凡我同胞，对于此种欺辱残酷之行为，莫不发眦欲裂，悲愤填膺，起为有秩序之运动。武、汉两商会并召开会议进行，经济绝交，其开会详情如下。

汉总商会之会议

汉口总商会日前（九日）下午在会召集各帮代表，开对日经济绝交大会，讨论问题者四点。一、对日实行经济绝交，是否与武汉外交后援会合力进行，抑或经由本会进行。二、决定调查各帮已订日货若干，又已到汉日货若干，确定绝交日期。三、参考本会及各省商会，前此对日经济绝交成案，及斟酌现在情形，制定执行绝交手续。四、确定继续开会日期，并推负责人员。至昨（十日）下午五时，汉商会复召集各帮代表，继续讨论对日经济绝交事宜。是日各帮到者九十余人，参加者武汉外交后援会代表高重源、陶冶公。主席周星棠恭读遗嘱后，即报告开会宗旨，大意谓今天对日经济绝交大会，到者甚多，足见诸公热心爱国，且到会的虽只八九十人，就是一人代表一帮，如此算来，就是八九十帮，足见我们民众爱护政府，爱护国家。虽然说是政府持稳健态度，可是日本人的反宣传非常厉害。我们当有一种表示，今日对日，当有长时间的讨论，我们此时请高委员的指导，高重源逊谢至再，乃起筹兄弟今天以外交后援会代表资格，参加大会。因现在日本蔑视我国的主权，妨碍我军的北伐，才有今日的对日经济绝交大会。在这次经济绝交的以前，有不少的经济绝交，大凡到会的同志，是饱经况味的，确是我兄弟现在认定今日的大会，是有价值的，是极重要的，只要我们持坚决的态度，不愁日帝国主义者不软化。只看去岁英国对于收回汉口的英租界，和近来法领事引渡□□党就知道公理可以胜人。现在日本在山东的军队，完全以武力干涉我国，且不以人道地谋杀我山东交涉员，这是全世界所未有的，这是不把中国以国家待遇的。我们此时不以海陆军与他争，只以商战与他争，且商战不是与他争海外商权，是在国内与他经济绝交。虽说互相有损，然而两害相权，经济绝交，实不可少。吾人须不论经济绝交上的损失如何，只要为国家争人格，都要尽力做去，若国家的大格不存在，我们有什么体面。不但我们商人要抱牺牲主义，大家都是要抱牺牲主义的。且日本在世界上为经济落后的国家，一切全靠中国，现在虽然发达，仍然靠我中国，我们今既与他绝交，第一应注意替代物品，第二应调查日货状况。可是历来对外经济绝交的过程，空惹五分钟的讥刺，这一次我们同人当然须有觉悟，不是敷衍的绝交，要在实际上着手，而且我们商界的同人，不可妄自菲薄，要共同担负国家的责任，要更加奋发，云云。复次石和湘、王森甫、周允齐、陶冶公均有演说。

演说后，公决进行方法，立时组织经济绝交委员会，推举委员十一人，计当选者，为匹头帮吴品山，海味帮何文炳、周宏勋，棉纱帮周微卿，杂粮帮邵希周，五金帮程荣卿、朱福田，麻夏帮杨松甫，纸帮端汉卿，棉花帮梅康候，洋广货任汉臣。继复公决，经济调查会。俟经济绝交委员会成立会开后，再行组织，且规定十二日下午四时开成立会云。

武昌总商会之会议

十日下午三时，武昌总商会开全体紧急会议，公推吴干丞为临时主席，报告日人残杀侮辱我人民，我们应该兴起，作有精神的表示。一时演说者甚多，语皆沉痛，一致主张对日经济绝交。继讨论组织武昌总商会对日经济绝交委员会，推举委员十五人，分任调查、宣传、登记、总务、提倡国货等五股，推定左仁亲、罗竺僧、程凌霄、张文山、曹云阶、易瑞廷、胡树楠、徐是法、丁舜臣、陈渭滨、俞寿臣、吴幹丞、萧锦轩、舒文钦、马毓麟等十五人为委员，并由曹云阶主张此次对日经济绝交，应联合汉阳汉口两商会，函至日本在汉之日本商会，说明态度。众赞成，时已六时，遂宣告散会。（松十一日）

（《民国日报》）

8.武汉商会进行对日经济绝交

（1928年5月15日）

汉口通信，武汉商会为日兵在山东举行，十日下午各在本会开会，讨论援助政府对日办法。武昌商会于下午三时开紧急会议，到会董三十余人，武汉民众外交后援会派项仰之参加，吴干丞主席，讨论结果，决组武昌商会对日经济绝交委员会，定委员十五人，当推举左仁亲、罗竺僧、程凌霄、陈文山、曹云阶、易瑞廷、胡树楠、徐是法、丁舜丞、陈渭滨、余寿臣、吴炳轩、舒文钦、马毓麟等，为执行委员，并决该会分设调查、宣传、登记、总务、提倡国货五股，定十一日下午一时开成立会，讨论一切进行办法。

汉口总商会于午后六时开会，各帮帮董到九十余人，武汉民众外交后援会原派陶冶公、麦焕章、高重源参加，麦、陶均因工作紧张，未能准时到会，公推周星棠为临时主席。开会后主席报告，谓今日之会为各帮请求对日经济绝交，其进行办法，将有长时间之讨论，即请高委员重源指导一切。高氏就席演说，约三十分钟，即按照开会秩序，自由演讲，首由帮董石和香痛述日兵在山东横暴，希望此次对日实行经济绝交，必能坚持到底。次王森甫、周允斋等演说，时适陶冶公到，由主席介绍，即请指导。陶演说谓，我们能在此自由开会，此刻济商同胞已不能了，济南何地？日本何物？因日本军阀凶横之故，而致我济南今竟若此，这是何等耻辱！旋历述日本侵略我国之经过，谓最足令我们耻辱的，是民国二十一条之协定，或即日本今日在山东暴行之祸胎，倘国民认为山东自山东，我们自我们，如过去朝鲜人之无爱国心、无团结力，结果恐不但山东蹈朝鲜之覆辙，各处亦将尽为朝鲜第二。今观贵会对日运动之热烈，并主张对日实行经济绝交，此实足以致日本野心家之此命，胜于武力对日万倍，尤请注意棉花、铁、米、豆麦等国货不卖于彼作原料或养料云云。主席起立对于陶、高两委员之指示，表示接受，谓此次对日非贴标语发通电所能成功，已拟组织汉口商会对日经济绝交委员会，该会会务之进行，必与外交后援会切实联络旋付表决。全体通过，决定置委员十一人，经众推举吴品山（匹头帮），周衡卿（棉纱帮），何文炳、周鸿勋（海味帮），邓希周（杂粳帮），陈蓉卿、朱福田（五金帮），杨松圃（麻夏帮），梅康侯(棉花帮),任汉臣(洋货帮),端汉卿(纸帮)等十一帮董为汉口商会对日经济绝交委员会委员,并定十二日开第一次执委会议,组设调查会,以利进行。

(《申报》)

9.汉商会对日经济绝交　召集各帮代表会议　先列举绝交之要点

(1928年5月17日)

汉商、本市□商会,曾因日本田中内阁,出兵山东,决令准备对日经济绝交,现以日兵在我山东屠杀我官民,已至实行对日经济绝交之时期,现定九日,召集各帮代表,开对日经济绝交大会,至诸会认为届期施行讨论之点,先行例事如后。(一)对日实行经济绝交,是否与武汉外交后援会合力进行,抑或径由该会进行。(二)决定调查各帮,已订日货若干,又已到汉日货若干,确定绝交日期。(三)参考该会及各省商会,前此对日经济绝交成案,及斟酌现在情形,制定独行绝交手续。(四)确定继续开会日期,并推负责人员。

(《益世报》)

10.武汉对日经济绝交　汉商会订委员会章程

(1928年5月18日)

汉商会十六日戌刻开茶话会,订经济绝交委员会总事务所章程十二条,分总务宣传调查制裁交际五股,分事务所章程十条。(本报十六日汉口电)

宜交涉员对日领二次抗议,负保护日侨责,请转日政府速撤兵。(本报十六日汉口电)

外委员会对付日反宣传,十六日公决,发英文周节纠正。(本报十六日汉口)

(《民国日报》)

11.各地反日救国运动

(1928年5月19日)

汉口　沪商会复汉商会电,已定二十五日在沪开会,讨论一致对日方法,请派员参加。(十八日下午三钟)

(《申报》)

12.汉商实行对日经济绝交委员会成立

(1928年5月22日)

汉口十一日通信云:汉口总商会,于昨日午后六时,开成立会议。各帮董事到九十余人,武汉民众外交后援会长陶冶公、高重源参加,周星棠主席,报告今日之会,为各帮请求对日经济绝交,其进行办法,将有长时间之讨论。即请高委员重源指导一切。高就席演说约三十分钟,痛述日兵在山东横暴情形,誓雪此耻,相信我们此次对日实行经济绝交之日,即是我国实业发展之时,必能坚持到底,以期成功。旋议定组织"汉口商会对日经济绝交委员会",该会会务之进行，必与外交后援会切实联络。推出委员十一人，吴晶（匹头帮），周衡卿（棉纱帮），何文炳、周鸿勋（海味帮），邓希周（杂粮帮），朱福田、陈蓉卿（五金帮），杨松言（麻夏帮），梅康侯（棉花帮），任汉臣（洋货帮），端汉卿（纸帮）等十一帮董，为汉口商会对日经济绝交委员会委员。并决定明日开第一次执委会，即组设调查会，以利进行，七时五十分散会。

（《晨报》）

13.反日救国运动

（1928 年 5 月 24 日）

汉口　汉商会电沪，对日经济绝交委会已派张寿泉为负责代表，出席会议。（二十三日）

汉口　汉煤业对日经济绝交委员会，二十二日成立，选定沈米廷、陶燮臣、万文斋为常委。（二十三日下午三钟）

（《申报》）

14.汉商界将检查日货

（1928 年 5 月 25 日）

汉口　汉商由对日绝交调查委员会，二十三日开一次会议，规定登记期限，决议以本会成立之日为订日货截止之期，已定之货，限两星期内登记完毕。检查方法，决议登记满期后，组织各业检查队，实施检查，调查国货替代案，决议请沪、宁、苏、浙、粤、闽等处商会查复，以便介绍订买。（二十四日下午四钟）

（《申报》）

15.汉商界对日经济绝交会扩大

（1928 年 5 月 25 日）

汉口商界，愤日兵在济之横暴，特组织对日经济绝交委员会，以消极之抵抗，作政府之后援。成立以来，进行极为努力，日商受此不合作之影响，出进口货，停滞万分，此可见商人爱国之热忱，亦足征经济绝交之明效。昨二十日，该会为紧张工作，特召集第五次会议，计出席委员，王森甫、周鸿卿、何文炳、石和湘、杨松圃、邓希周、余蓉樵、程荣卿，暨商会长周星棠、郑燮卿。等开会后，首由主席王森甫报告谓，今日开第五次会议，一切进行事宜，应先请本会会长周星棠君指导，当由周氏发表意见。略谓此次对日，虽有省政府通令，遵守中央意旨，和平办理。惟本埠居全国中心，南北枢纽，爱国运动，自应较他地为热烈，以资表率，商界同人，更须实行对日经济绝交，以表示本身力量。现在第一须速成立调查股，限期停办日货，第二应成立制裁委员会，务请诸委员加紧进行，俾达到圆满结果。一面更宜提倡国货，以固根本云云。主席谓此次对日，为中国在亡关键，务须在抵制二字实事求是做去，适承会长指导，极表接受，次讨论议案。（一）互推常务委员三人，议决，推周允斋、王森甫、任汉臣三人为常委。（二）互推各股主任委员五人，议决，惟朱福田为总务股主任，石和湘为宣传股主任，何文炳为交际股主使，余蓉樵为调查股主任，周鸿卿、程荣卿为副主任，梅□侯为制裁兼股主任。（三）限期登记日货，规定登记费，议决，规定四项：（甲）登记簿式；（乙）登记证；（丙）登报；（丁）通知。交调查股办理。（四）推举委员起草制裁纪律及检查方法，议决，交制裁调查两股会同办理。（五）函请业日货各商，调查日货物品种类报会，并函请两商会，供给需要货品，及请介绍出口货销场，更严防将日货变更商标，议决。交调查股办理。（六）上海总商会请派代表赴沪事，议决，就前次本会派往出席沪商会代表张棫泉，就近电派。次石和湘动议，请讨论数点：（一）已到之货如何处置；（二）已订之货，如何办理；（三）如何禁止再订日货；（四）对日轮船取缔乘坐及运货客商；（五）其他进行办法。议决，组织检查队，实施检查。周星棠、余蓉樵动议，调查、制裁两股，应扩大组织委员会，议决，成立调查、制裁两委员会，限一星期内组织成立。并加推王森甫、杨松甫、石和湘、端汉卿为委员，分担责任，又加推邓希周为交际股副主任，胡景棠、马星垣、黄南屏、张嗣臣、蔡润卿、陈曜东、郭荣芳、周允斋为宣传股宣传员，议至此已八时，宣告散会。

（《申报》）

16.国民政府财政部令：第二四四一号

（1928 年 5 月 29 日）

国民政府财政部令（第二四四一号）

令湖北印花税局局长谭仲绩，副局长梁敬义：

为令行事，据汉口总商会函称汉口参燕帮对于物品印花却有困难之处，据情转呈核示，等情，据此，查此案前据汉口市西药帮五洲药房等呈请西药暂缓征收，以恤商艰，前来当经批准，停止征收，并令仰该局遵照在案，据函前情，究竟参燕是否包括在西药之内，合再令仰迅速查明，具复原函，抄发此令。

中华民国十七年五月二十九日

（《财政日刊》第 162 期）

6 月

1.国民政府财政部批，第五四三〇号：批汉口总商会

（1928 年 6 月 1 日）

批：国民政府财政部批（第五四三零号）

批汉口总商会

呈一件，为据请转呈，援照西药印花成案，免征颜料进口印花，以恤商艰，乞核示遵由。

呈悉，查此案前据汉口颜料洋货公会呈请援案，豁免颜料印花等情，到部业经批示，准予援案停止，并令行湖北印花税局转饬遵照，各在案据呈前情，仰即知照，此批。

中华民国十七年六月一日

（《财政日刊》第 165 期）

2.(湖北建设厅)函武汉两商会请各推代表一人于六月九日来厅会商国货商场事宜由

(1928 年 6 月 4 日)

径复者,案查修正湖北省立国货商场暂行条例,业经公布在案。兹查该条例第四条,国货商场主席委员及委员均由本厅委任,但主席委员由本厅主管科长兼任,委员三人中,由武汉两商会各推一人,则以本厅职员兼充等语,亟应依照组织,切实进行。除函致武昌、汉口总商会外,相应函达贵会,请烦查照,推举代表一人,于六月九日(星期六)来厅,会商进行为盼。

此致

武昌、汉口总商会

建设厅厅长石瑛

(《湖北建设月刊》第 1 卷第 2 号)

3.汉商界彻底对日经济绝交

(1928 年 6 月 4 日)

汉口通信。汉口商界对日经济绝交委员会,自成立以来,以坚决意志,作最大努力,为期未久已见成效。惟经济绝交与抵制日货,虽商界全体之资任,而关系较深,抵制尤易为力者,则当推银行公会与匹头帮。该会有见及此,昨特分函银行公会暨匹头帮,请防止现金输出,及警告暗购日货,以为根本之图。一面又函致各帮,一律停止日汇,勿用日币。兹将三函分录如下。《致银行公会函》:查对日经济绝交一案,节经本会讨论,关于拒绝日货不用日币,及与日商断绝银钱交往等项,业已公决办法,次第施行。兹本会开第六次执委会议,佥以对日经济绝交期内,难保无不肖商人贪图私人利益,继续定购日货,而一般日本侨商,势必利用时机,吸收现款。若不事先防备,其影响所及,适足以破坏对日团体,紊乱社会金融。是以公决函请贵会,转知各同业,对于往来各商号,凡有购日货者,立予停止交往,以维团体而固金融。素仰诸公热心救国,定表同情,又况紊乱金融,影响于贵会各同业,关系尤重,更当严密过止,以防未然。至关于组织对日经济绝交委员会事务所一案,各业纷报成立,贵业为首屈一指之帮,观听所系,亦请早日成立,协助进行,至盼至切。《致各帮通函》:查反对日人在鲁暴行,不外乎经济绝交,而关于经济绝交,尤以断绝银钱交往,为第一要义。是以本会章程第六条宣传股第七项之规定,凡银钱业及各商业,对于行使钞币,暨汇兑等项,须由本会商请停用日币,并停止与日人通汇,此乃根本问题,亟当照章努力进行,以固对日经济绝交之基础。素仰贵帮诸同志热心救国,不让人先,特用专函相达,务希联络一致,不用日币,不与日人通汇,以作外交后援,而雪我奇耻,无任份□。《致匹头帮函》:本会第六次执行委员会提出匿名汪□商报告函件,经书记报告后,全体出席委员一致公决,以贵业布匹,日货向占大部分。本会前函通知本镇各业商会,一体组织事务所一案,近日各业纷纷报告成立,而贵会曾否组织,亦未据函报。查此次对日经济绝交,在国民革命联合战□之内,无论何界行业,皆须明白表示,贵业居仇货最多之商帮,尤宜从速成立,以示观瞻,而免外界猜疑。况据匿名函件之报告,有匹头帮在绝交之时,乘机暗用日货六十余件，被日人吸收现金五百余万，以致本埠金融，为之震摇等语。此函是否确实，姑不具论，惟本埠金融为日人吸收，发生震摇实不可讳。贵业同人爱国者必占多数，或因少数投机之人有上列情弊，外界不察，致有笼统贵帮之诬，为贵业多数同人计，亦宜早日组织，积极进行，以霉此诬也。为此据案函达贵商会，请烦查照，并警告少数同业，勿再续订日货为要。（五月三十一日）

（《申报》）

4.两湖军费在筹商中　武汉商界认销卷烟库券　湘军费月需百四十余万　海军费廿万请中央拨付

（1928年6月9日）

鲁涤平派参谋长彭新民来沪，接洽湘省军费，敛力撙节，月需一百四十余万，由第四集团筹划支付。（本报八日汉口电）

财政委员会八日午宴武汉商界，筹销卷烟库券，决武汉两处百二十万，其他各埠八十万，按商号员薪认销，一次为度，并向银行预借百万，接济军费。（本报八日汉口电）

李宗仁八日电蒋总司令及宋财长，两湖海军军费每月二十万，自六月份起，请由中央担负。李宗仁委胡文斗为第六军长。（本报八日汉口电）

（《民国日报》）

5.武汉金融界近闻：商会议推出席经济会议人员

（1928年6月15日）

汉口　汉商会十三日开临时董事会，议推周星棠、刘秉懿赴沪，出席全国经济会议。（十四日下午三钟）

（《申报》）

6.汉商会推定经济会议代表

（1928年6月16日）

汉口　汉商会推周星棠、刘秉懿（义）赴沪，参加全国济会议。

（《新闻报》）

7.筹设湖北省银行　武昌商会提出意见

（1928年6月19日）

（汉口特约通信）拟议中之湖北省银行，虽被当局一度提议，而迟迟复迟迟，实现尚需时日，武昌商会对于此项计划，因关切肤，未能缄默，昨乃提出意见，呈诸当局，以为他山之助，亟将原文，览录于次。

窃银行之设，所以活泼金融，调剂市面，然必先厚集基金，巩固信用，而后推行纸币，方不至发生障碍。吾鄂数年来，先以官票倒塌，继之中央票及国库券之止兑，终以中国、交通两行之停顿,其损失至为巨大,人民对于官营事业之信仰,几乎扫地以尽,现拟筹设省银行,固可免申钞之亏耗,杜现金之输出。然非有精密之计划,完善之组织,俾吾鄂人民,咸知政府此举,纯为地方利益起见,决不能移换多疑之脑筋,而挽回已失之信用。敝会忝领商界,饱经忧患,敢竭一得之愚,聊供尧舜之献,可否之处,伏候采择。谨将筹备湖北省银行,应行注意事项列后。甲、关于组织方面。(一)省银行之股本,除将省官钱局所有产业,以及各项应当收入,全都扩充外,再由省政府呈拨现洋若干万元补足之,以厚基金。但旧官钱局负各种债项,亦应同时整理,其整理之意见列后。(二)省银行之基金,既系旧官钱局产业,对于产业负全责整理,惟不得变卖,摇动基础。(三)省银行应设监察会及金融维持会,监察会负责管基金监督出纳之责,金融维持会负活泼金融调剂市面之责,然对于基金钞票,亦应负共同切实监察之责,彻底公开,以免人民误会。(四)监察会及金融维持会之人罗列下。(子)监察委员会,由地方团体推荐三十人至五十人组织之。(丑)金融维持会,由武汉两商会及武汉银钱两公会,推荐二十人或三十人组织之。(五)省银行之正、副行长,应由监察会及金融维持会共同推荐确有银行经验者数人,呈请政府任命之。(六)省银行负代理金库之责,无论中央地方税收,须一概缴解。(七)湖北省银行应发铜元票及银元票两种,铜元票暂以一千万串文为限,银元票暂以一千万元为限,如营业发达,求过于供时,再由监察会、金融维持会共同议定,呈请政府酌加。(八)省银行之银元票,票面概印一串文,银元票暂定一元、五元、十元三种。(九)省银行每月发行纸币号码,月终登武汉银行公布之,但必须监察会检查库内现金,是否符合,连同登报证明。(十)省银行应与商业银行、钱庄等取一致态度,从前官钱局、中央银行之官样恶习,一律删除。(十一)省银行营业,关于抵押事项,只能以知期并随时可变卖之必需品,不得为超过物值之抵押,至于不动产及公债股票之抵押,俟发达后再议,但不得营颇似赌博之业务。乙、关于推行方面。(一)省银行推行纸币,不仅期其为兑现券,并当恪遵总理遗训,从现兑券上工作,庶可得民众欢迎。(二)省银行所发省钞,其完纳丁漕、国税、厘金,以及一切税款,并请政府明令征收机关,每月征缴款项,一律以省钞为主。(三)省银行在本省各县以及商务较巨之区域,须委托县署或商会设代兑处,至于通商大埠,须遴委专员,以司其事,或委托他银行钱庄殷铺店户代理。(四)无论人民或同业持票往兑,不能加以限制。(五)明令各县各埠,严禁对于省钞进出,不得有贴水以及抑勒洋厘情事。(六)在本省范围以内,持钞向代兑处或总行汇兑,汇水须特别从轻。(七)各机关如有拒收省钞行为,无论被人告发,或自行察觉,均应从严惩办。(八)各机关、各军队,每月发给薪饷,如系现款于未发前均应向省银行调换省钞,省银行为营业性质,无任何种机关,不得透支借垫,致人民疑虑。(九)省银行盈余,每年终由监察会及金融维持会共同核算一次,登报申明。(十)省银行盈余,酌提奖余外,其余一律作为公债金,以固基本,或径呈省政府附整理官钱局意见。一、官钱局产业,既完全归为省银行基金,以简中央指作担保品,及中央发行整理金融各项公债,自应由省政府负责交涉,归中央税收机关拨还。二、旧官钱局,应一律设法收回,旧官钱局债项,亦应一律解决,免于省钞流动时,发生阻碍。三、收回官票解决债项之详细办法,应由政府提交省银行之监察会,及金融维持会,共同议定。(六月十五日松)

(《民国日报》)

8.武汉财政要讯

(1928 年 6 月 19 日)

(汉口)卷烟库券借款,银行界商界允于节前交清,在库券未到以前,由财委会出具印收。汉商会派赴沪出席全国经济会议代表刘秉懿,准十八晚首途。关于金融公债国库券,中央、中、交汉钞之清理,具有提案,待大会公决。(十八日下午三钟)

汉口财厅修改税则委员会,十八日举行闭幕典礼,各机关及武汉商会,均派员参加。(十八日下午三钟)

(《申报》)

9.鄂商联会开会

(1928 年 6 月 21 日)

汉口　全省商联会,十九日开议,计提案四十三,各省商联派余蓉樵就近出席。

汉口　全省商联会,十六日举行第一次大会开幕典礼,省政府主席张知本、政分会代表张有桐、省党部代表习文德,均出席致训词。(十九日下午八钟)

(《申报》)

10.汉商界抵货根本办法　决以国货替代日货　解决燃料困难问题　函棉纱厂勿虑涨价

(1928 年 6 月 22 日)

汉口通讯,汉口商界对日经济绝交委员会,前闻大会议决,相复调查、制裁两委员会,业已先后成立,其实现程序,先令各商,将所存日货至会登记。次即累加调查,如有奸商私自购订,时加以严厉惩处。关于抵制方法,可谓周密,惟抵货以后,应以何种国货替代,不能不事先筹备。该会因此特定九日开紧要会议,讨论燃料接手问题,及纱厂救济办法,以期根本解决。兹将致纱厂绝交会及栈业各会原函采录如下:"(一)致纱厂业对日经济绝交委员会函:前准大函,以关于燃料棉质机件困难及沪纱厂涨价等情,声复到会,准此。查所称各节,多赐重妥。当此绝交期中,尤应通盘筹划,当将来函提交调查委员会,详细讨论,以期议有办法施行。即经第二次调查委员会议定,对于来函各点:(1)拟召集棉业会议,并呈请设听,设立棉花检验处。(2)召集燃料会议,切实以国货替代。(3)五金机件,确供实业用者,准来会领特照通行。(4)本前已函上海纱厂联合会,勿剧涨价。(5)关于添锭推广,乃促第一纱厂开工,现已达劳资合作时代,本会认为根本之途,更应待贵会诸同人努力勿妥。以上五项,除关于三、五两项,当由本会临时处理,并拟本星期六(九日)下午六时,先行邀请各厂、各煤矿业到会,共同讨论燃料问题,实行国货替代,事关根本救国之计,届时请贵同业齐集为盼。(二)致煤业各厂、各公司、各矿局函:一径函者,绝交期内最关重要,厥为燃料问题,国内烟煤,如鄱乐、萍乡、中兴及湘南大埔、醴陵,均有出产,关于运输俱给,及如何供本埠各帮替代日货之用,自须通力合作,互相讨论,以期切实施行。本会有见乃此,特订本月九日下午六时,在本会召集燃料会议,务请各矿厂公司，准时出席，共同研究，议决实行，事关抵货实施问题，同负兴亡之责，勿贻落后之讥，是为至盼。”

（《益世报》）

11.汉商会注意钞票问题

（1928 年 6 月 25 日）

（汉口）商联会二十三日电全国经济会议，请提案解决中央、中、交钞票及官票、国库券，另电出席代表周星棠，向大会力争。

（《新闻报》）

12.武昌商界宴党政军领袖

（1928 年 6 月 27 日）

（汉口）武昌商会暨纱厂联会二十五日欢宴党政军领袖，丁仁亲致欢迎词，方本仁等均有演说。（二十六日）

（《申报》）

13.欢宴汉商会领袖

（1928 年 6 月 27 日）

汉口总商会领袖周星棠氏，最近因出席全国经济会议来沪。本埠总商会执行委员穆藕初氏于二十五晚邀集金融界、实业界及总商会、县商会、闸北商会各重要人物，假座大华饭店欢宴周氏，到四十余人。席间穆氏起立演说，略谓汉口总商会会长周星棠先生，一二年来牺牲一己，维持汉口市面之热心毅力，至足令人钦佩。而此后国内统一，汉沪商业上之往来，必愈增繁盛，故特秉周先生来沪出席经济会议之便欢叙一堂，以谋汉沪商业上更密切之合作。继由周星棠氏起立演说，略谓刚才蒙穆先生过奖，殊不敢当，惟有一部分确系事实。今幸国民政府统一全国，财部召集经济会议，鄙人来此出席，得与全国金融界、实业界、商界重要人物一堂聚首。鄙人以为欲解决经济问题，非整理财政不可，欲整理财政，非全国裁兵不可。以前我人在商言商之旧习，必须打破，因为现在是全民革命，商民同有密切利害关系，希望金融界、实业界、商界大家密切联合起来，共同建设新中国，云云。

而特行推举代表四人，晋谒丝锦总公所主席委员黄揩臣，声称罢工期间之工资，本难责令厂房照付，惟星期赏务请各厂主鉴怜女工生计原谅照付，以恤工艰。黄主席允俟召集各厂商开会后再核，各代表遂称谢而退。

全沪八十六家丝厂，因遵去年劳资调节会审定之条件，将工作不合之职工择尤解雇统计，同丰永等十八家丝厂解雇职工共四十余人，昨已遵照官厅命令，开单报告总公所，转呈警备司令部存查。

（《民国日报》）

14.国民政府财政部训令:令湖北邮包税局

(1928年6月29日)

为令遵事,据汉口总商会呈称,据汉口绸缎商会函称,窃查湖北邮包税局以邮包为专税设局,专征在前,仅收出口邮包。于近日开始征收进口,然在出口已经完过邮包税者,并有证明已纳戳记与凭单,到汉提时亦须加以完纳,殊关重征敝业。绸缎一宗,江浙等省出产最盛,贩运汉镇销售,皆以邮包递寄现时,江浙等省已经设有邮包税局,所有绸货邮包均已遵章纳过,非若他省所来,未经完纳者,可比且于邮包之上贴有纳税凭单,或于提单之中盖有已征戳记原所,表示已税与未税之区别也,以此原包到汉当可通行无阻,不得再征。今湖北邮包税局对于邮包不问已税、未税,一律重征,竟视凭单戳记,如用废纸查邮包,凭单首载国民政府财政部邮包税总局发给加盖某省某处邮包税局收讫戳记。可见邮包税凭单,系由国府财部邮包税总局颁发各省,不过就地经收,凡有邮包已经一局税过之后,他局只应查验,不得再征复阅。湖北邮包税局颁发章程,首条即载本章程根据部定全国邮包税暂行征收简章云云。按此简章即系部定,又曰全国显然全关国税性质,通销国府境内绝无一税再征之理,当与印花之税同一比例,甲省已经贴足,乙省不须再贴。今邮包一税,倘各省局各自为政,已税而复税,一征而再征,不独税法紊乱,而商民势必改邮储而为输运,其影响直接于邮包之税收,复间接于邮政之营业,其为损失有可预言矣。复思纳税,本商民应尽义务,然丝绸一物负担甚重,原有海关税,正半税一道,附加二五税一道,则一包之货已经四征矣。且汉地绸货销场批发居多,咸由江浙本省运来分销,近而本省四乡各口岸远,而川湘豫陕各邻省往来均以邮递。若邮包之税进口,均要征收商人一笔交易,仅此邮包一税来往必须征收四次,则是一包之货一种之税,竟征至百分之十矣。加之临省办去亦复贩卖,若再分销戈,又难豁免,于是重征累积,物价抬尚,不惟商人蒙其莫大,而需者更不胜其担负。

总理主义,重在民生,国军口号,免除苛税,况乎绸缎一业,纯粹国产,邮局来货,又独绸缎为多。至于舶来绸货、呢绒,全由装箱寄运,若邮包纳税重叠,绸缎首当其冲,于是无形中助长外货,尤失税法精神。年来外货充斥,国产凋零,经济压迫,外侮频仍,徒言抵制,何补时艰,正赖提倡实业,鼓励提倡。今邮包进出,重征有至四项之多,敝业批发之家行将不能立足,因邻省顾客势必直向江浙申杭就地采办,而汉埠绸缎谁欲过门。如是不徒,敝业同人生活危险,而汉埠商场亦必减色。感此痛苦者在汉岂独敝业一帮,其影响所及,更有不堪细数者。相应函请大会,查照仰乞,分别转呈国民政府财政部武汉政治分会鉴核,恳予饬令。湖北邮包税局以后对于邮包,在出口已经完纳者进口即免除再征以维国货,而恤商艰,无任盼祷,等情。据此查邮包征税办法,曾经钧部颁定专章,自应一律遵照办理,无如该商会所陈湖北邮包税局,对于该同业已在江浙等省完过出口税之绸货,邮包于其到汉时,又附加征进口税一道,既已违反税法,更觉有碍商情,当兹提倡国货之时,急盼特予维持之赐除,分别转呈外,理合据情,呈祈鉴核示遵等情,据此。查全国邮包税暂行征收简章第三、第四两条,分别载明邮运货物于起运及到达地点各应纳税一道,全国划一,湖北不能独异,仰即遵照,抄录部章,转函汉口总商会查照,函复该商会知照此令。

(《国民政府财政部财政日刊》第188号)

15.汉口市商界对日经济绝交委员会成立宣言

(1928年6月)

同胞们,大家想想我们中华民国自从庚子乱后,受日本政府摧残和压迫也不止一次了。就最简单的说,什么辛丑条约哪,二十一条件哪,已经是把我们中华民国的民众不当做人类看待了。只说他的政治侵略手段,我们已是万难忍受,谁知他的政治侵略之后,又连接发最卑劣的屠杀手段。前年上海日厂擅杀华人,今年日本兵舰又惨杀福建民众,诸如此类,我们还记不了许多。总而言之,他们把我们中华民国看作鱼肉一样,由他随意宰割罢。此次复出兵山东,名曰保护日侨,其实是帮助我国军阀,阻挠我们的国民革命,这是人人知道的。如其不然,他何以公然占领我们的济南和胶济铁路呢?何以戕害我们的交涉员呢?何以向我们革命军进攻呢?何以屠杀我们济南的民众呢?他这种举动总算是有心挑衅,我们国民政府知道他的阴谋,只和他文明交涉,不和他野蛮浪战,以求最后的胜利。我们民众当然要明白政府的意思,大家镇定的为是。话是这样说,但是我们民众既然同在国民革命的一条战线上,处此时机,也要本着自己的良心为政府的后盾,还要取文明的手段,以免中日人的阴谋。老实说罢,日人这样的举动,完全是不顾中日的感情了。他既不顾感情,我们也无感情之可言。俗话说得,有恶人我不交,恶酒我不喝。从今日起,我们大家联合起来,与他绝交便了。讲到绝交头上,最要紧的就是不买日货,不用日货,不用日币,不坐日本船,不要日商保险,不供给日人原料,不替日人运输货物。抱定这几个方针,自动的做去,日人一日不觉悟,我们一日不罢休。现在我国各通商大埠俱已开始对日绝交了,我们汉口商界同志同是中华民众,对日绝交各有应尽的天职,正当及时努力,不落人后才好。现在我们汉口商界同志各业各会联合起来组织对日经济绝交委员会业已宣告成立了,进行的事务已设专股举定负责职员依次进行了。大家要明白对日经济绝交是我们全体民众切身的事,我们组织对日团体依次进行是做政府的后盾,大家也要齐心协力来做团体的后盾,这才能够求得最后的胜利!我们对日经济绝交的限制,非达到后列条件,决不中止。请大家注意:(一)撤退日本来华军队;(二)赔偿山东济南死伤之军队及民众损失;(三)取消日本一切不平等条约;(四)慰唁我国殉难之交涉员蔡公时;(五)赔偿胶济民众损失;(六)向我国民政府道歉。说到此处,更希望在华日侨要明白觉悟我们对日经济绝交,不是同日侨为难,实是日政府逼迫所致,本来我们华商和日商交易多年,感情是极好的。此次经济绝交,出于万不得已,日侨要把此意拿去忠告日本政府赶早觉悟,那么中日邦交就不难恢复了。

(《湖北省政府公报》第1期)

16.汉口市商界对日经济绝交委员会制止奸商投机致各纱厂函

(1928年6月)

径启者,自济案发生,本埠一般奸商乘间投机,纷纷争购日货,以致市价陡涨,仇货居奇,现金外溢,金融紊乱,在彼辈不知大体,只图目前之小利,不顾日后子孙之灭亡,在有识者未尝不认为其饮鸩吞饵也。近日对方谋略愈出愈奇,汇水陡跌以迎合奸商心理,为诱进订货之计,劣货则直运本埠,现金则直输彼邦,长此以往,若不设法制止,诚恐财源竭枯,国内购货力必减,本埠各业皆将同受影响。是以有见及此，曾经议决除设法制止，并提倡国货外，并请贵会召集同业一面公议，对于纱价暂勿陡涨，以免为丛驱雀。一面请各厂增加出货以供需要，并关于原料供给早为预备，以免缺乏。再贵业第一纱厂尚未开工，亦请群策群力，造观厥成。上列诸点均关重要，请早日开会公决施行。

附登记规则：(一)订货截止日期以本会成立之日(十七年五月十一日)为截止之期。(二)期前已进之货由各号盖印负责，有提单者执单证明。(三)期前已定未到之货须执有定单证明。(四)各货估价无定单证明者，先由该业商会估定盖章到会核算。(五)登记时缴费随付收条，并给登记证，如售外埠及往洋行提货时，须将原登记证携会批明后发给通行证。(六)登记时间上午十时至下午六时(在总商会大厅内)。(七)未登记之货私自发卖，检查员查出或经本省各地商会查出者，均须受制裁委员会之制裁。(八)各业商店倘有不服检查意在破坏者，即系自绝于国人，经检查员报告该店员负责人，即应受制裁委员会严重之制裁。

规定劣货登记费种类表：消耗品缴值百分之一，滋养类缴值百分之一，丝类缴值百分之一，药品类缴值百分之五，电气类缴值百分之二，糖类缴值千分之三五，金类缴值千分之二，煤类缴值千分之二，海味类缴值千分之五，笔墨类缴值千分之三，纸类缴值千分之二，木材类缴值千分之三，棉类缴值千分之三。

(《湖北省政府公报》第 2 期)

17.汉商对日经济绝交致各厂店函、致纱厂业对日绝交委员会函

(1928 年 6 月)

前准大函，以关于燃料棉质机件困难及沪厂涨价等情，声复到会，准此。查所称各节多关重要，当此绝交期中，尤应通盘筹划，当将来函提交调查委员会详细讨论，以期议有办法施行。即经第二次调查委员会议定，对于来函各点：一、拟召集棉业会议并呈建设厅设立棉花检验处。二、召集燃料会议切实以国货替代。三、五金机件确供实业用者，准来会领特照通行。四、本前意函上海纱厂联合会，勿遽涨价。五、关于添锭推广及促第一厂开工，现已达劳资合作时代，本会认为根本之图更应请贵会诸同人努力无馁。

以上五项，除关于三、五两项请冀群力群策，共策进行，及函会办理外，至上列三项当由本会随时办理，并拟定本星期六(九日)下午六时先行请集各厂、各煤矿业到会，共同讨论燃料问题，实行国货替代，事关救国根本之计，届时请贵同业齐集为盼。除据案函复外，相应函达贵会，请烦查照，并转知同业各厂届时莅会讨论，是为至荷。

(《湖北省政府公报》第 3 期)

18.财政厅制定尺秤斛标准致汉口总商会函

(1928 年 6 月)

敬启者，查各征收局扦量商货之尺斛秤，原系由厅制发行用日久，磨损滋多，兵燹频仍，不无遗失，以致各局所用大小长短参差不齐，殊与税务局商情两有妨害，亟应仍照旧章，尺以营造尺为标准，斛以汉抬斛为标准，秤以关秤为准备，另定颁发，以昭划一。相应函达贵会查照，迅

将现时通用之营造尺、汉抬斛及关秤各检一件送厅,以便照制较准,烙印颁行。至纫公谊。

此致

汉口总商会

(《湖北省政府公报》第 3 期)

7 月

1.汉商沿沪检查仇货,对日经济绝交会干事会议,通告全市商人颁布检查法

(1928 年 7 月 4 日)

汉口通讯。本市商界对日经济绝交委员会,召集各监察干事会议,其通告云:“径启者,日前本会职务会议公决,本月二十五日检查员会同各众分会检查干事上街,挨帮沿户,实行初次检查一案,事关重要,自须召集各业所推检查干事开会,细密研究,以利推行。兹订本月廿三日(即夏历初六日)下午四时,开检查干事会议,用特函达贵执事查照,务请准时出席,以期协定施行,事关救国,幸勿延误为荷。”又通告云:“为通告事,业查本会登记仇货,业已满期截止。自应即派检查员上街,挨帮沿户,实行初次检查。凡属本埠商店均应服从公理,按照本会检查规则,一律实行检查,倘有意抵抗,不服检查,自属奸商之列,本会检查员,须照第六项税则办理,回会报告,以便裁制,幸勿在外争斗。并祈全市商业界同人,顾念兴亡有责之义,共担大任,勿蹈公辙,以经济绝交之武器,为折冲樽俎之后援,本会有厚望焉。”附录“初次检资办法”:(一)初次检查,以登记证为标准,凡人应将登记证会同该业检查干事,将店中存货,一一指明无异,由检查员书明初次检查簿,并由该店盖章。即将初次检查证列号填日,交该店自贴以资证明(务须贴固,勿失为要)。(二)初次检查时,查有商店未行登记,或以多报少情弊,由检查员会同检查干事将货件书明簿上,同会报告,并嘱该店经理,五日内来会声明事实,以便处理。(二次检查不得援例)(三)初次检查,如遇奸商反抗,或有意凌辱检查干事及检查员,可随时报告岗警证明,回会报告,以便制裁。

又汉市商会对日绝交会,毕又发出通启云:“径启者,本会成立已久,反日工作虽努力进行,无如市区辽阔,深恐未能扩大,致启遗议。经第九次执监会公决,召集二次市代表大会,以期加紧进行。兹订本月二十四日(夏历五月初七日)下午四时,开第二次全市代表大会,并欢迎上海反抗日军暴行委员会来汉,代表夏、胡、陈三同志,及本埠市党指导员,民众后援会代表演讲,俾作南针,以免陨越,凡我商界同人,务盼如时早临,以表热忱,是为至要。”

(《益世报》)

2.汉口商界之新消息

(1928 年 7 月 9 日)

湖北全省教会议定删(十五日)开。(本报八日汉口电)

汉口总商会定佳(八日)讨论新税则。(本报八日汉口电)

湖北省商联会代表会庚(八日)午闭会。(本报八日汉口电)

(《民国日报》)

3.汉代表之反对声

(1928 年 7 月 9 日)

对发行公债收回三行票币及国库券。八日南京电,汉商会出席财政会议代表周星棠、刘秉义,对于金融组决商发行公债,收回汉口中央、中、交三行票币及国库券办法,表示反对。八日该代表等接到湖北全省商联合会及武汉总商会来电声援,并督促努力齐心。又另电财政当局,请照原提案通过,以恤商艰,周、刘等日内招待京沪新闻记者,报告一切。

(《申报》)

4.冯少山今日欢宴粤汉商会代表

(1928 年 7 月 13 日)

上海总商会主席委员冯少山,定于今日正午设筵,欢宴广州全省商会联合会代表梁阆秋、陈玉珩,汉口总商会代表周星棠、刘秉义,广州市商会代表李朗如、杨公卫诸君。昨已分发请柬矣。

(《新闻报》)

5.鄂商力争中交兑现　电请中央仿粤省办法

(1928 年 7 月 17 日)

武昌商会十五日电中央,力争中、交钞兑现,并主张仿粤省办法。(本报十六日汉口电)

(《民国日报》)

6.汉口总商会为转发湖北印花税第一分区关于派员分赴各商店认真检查单折簿据期条契约案致汉口银行公会函

(1928 年 7 月 18 日)

敬启者,准湖北印花税第一分区公函开,径启者,敝局长奉令按办印花税局务推行各项均待整理,近查各商号铺户所用单折簿据期条契约遵章照贴者因属不少而隐匿不贴者,亦屡次发现。兹为切实检查起见,准于本月十六日起派员分赴各商店认真检查,特先刷通印告一千份,送请贵会查照分发各商帮,转知各商号铺户,一体周知,俾免误会是为至荷。等因。并附送印刷通告一千份到会,准此。查通告内载遵章贴花方为适法之凭证,既经定期检查系为整顿税收起见,亟应检同印件分别奉达即希。查照为盼,顺颂。财绥。

汉口总商会启

7.中央政治会议武汉分会财政委员会令汉口总商会饬转知钱银帮各推代表到会共拟解决债务纠纷由

(1928年7月19日)

为令遵事。案奉武汉政治分会发下该会呈复解决汉口市商场债权债务纠纷一案,该会各帮及钱银两公会三方代表所拟办法不同,理由各异,未敢专断,附来抄折请核示等情。查阅来呈及附件内称,设立理债处,该三方代表一致赞同,惟所拟办法各殊,究竟如何解决方为适当,亟应详加讨论,以期平允。合行令仰该会遵照,即便转知三方面,各推代表于本月二十一日下午一时同莅本会,共同悉心拟定妥善办法,再行组立理债处俾资解决而免纠纷。切切此令!

(《财政旬刊(汉口)》第5期)

8.中央政治会议武汉分会财政委员会指令:令汉口总商会呈一件据西药及参燕各业商会函西药印花税在明令取消征收以前进口各货似无补税之理请予豁免等情转请鉴核施行由

(1928年7月27日)

呈悉卷查,前据汉口商民协会暨改会并汉口西药、参燕各帮以西药、颜料、化学、化妆各物品印花税迹近苛扰,无补税收,迭请撤销,原案部令均系始终,转令体察情形妥议复□并未云。在未议复以前,暂缓征收,且本年五月间据湖北印花税局议复前项各税未便准予豁免,并经前临时财委会批饬仍旧照征。现在本会虽已明令取消鄂省所订西药、颜料、化学、化妆各物品印花税暂行细则,决定停征税款,日期惟在六月十六日以前,近口未经缴税,各存货当然照章补征税款,所请一并豁免一节,殊无理由,碍难照准,据呈前情,仰即分别转行遵照,按章补纳勿违。切切此令!

(《财政旬刊(汉口)》第5期)

9.中央政治会议武汉分会财政委员会训令 令汉口总商会、武昌总商会为发经济统计调查表由

(1928年7月30日)

为令知事,查湘鄂两省经济状况,向无精确统计设施计划深感不便,本会有鉴于此,拟即编制两湖经济统计,以资查考。对于各方材料自应广为搜集,兹特制定汉口各商业银行及武汉钱庄统计调查表式分发填注,除分令遵式填送外,合行检发调查表份会仰该会知,照此令。

计发调查表各一份。

(《财政旬刊(汉口)》第5期)

10.汉口总商会函致各帮商标图样应遵部令改良

(1928年7月)

案奉国民政府工商部令开,为令行事,查商标图样虽为商业上一种标识,而绘制良否,影响

于社会风俗者,至为重大。良以民众日用百货,无不附有商标,其传播力之大,较之任何宣传,实为普通。现查各种国货商标,其图样或为山水风景,或为人物故事,其有裨益世道人心者固多,而伤风败俗、诲盗诲淫者亦属不少。若不严加限制,贻害社会,不堪设想。该会为商业领导机关,对于商业道德亦应负提倡劝导之责,仰即分别劝令工、商两界,嗣后绘制商标,务取正大而有益社会为标准,切勿涉意淫靡有伤风化,以为挽救末俗之一助。本部有厚望焉。此令,等因,奉此。正分转间,并奉湖北省政府令开,为令遵事,案准国民政府内政部咨开,查一切商标图画散布社会上,与民众教育有密切之关系。用之得当,足以唤起民众;不得其当,足以伤风败俗,深堪注意。讵近竟有无识卷烟制造业于匣中附送匣片,或为赌博用具,或为倡优肖像,甚至为裸体猥亵之类,诱惑人心,防碍风化,为害匪浅。除函上海、天津、北京、广州、南京、汉口总商会转行劝告改良,并通令查禁外,相应咨请贵政府转饬所属商会及各工商业,速将一切伤风败俗,以及迷信神权、崇拜帝制之神仙帝王等商标图画,一律改作爱国雪耻、劝勤崇俭,以及提倡体育、德育、智育等有益社会人心之图画文字。他如一切货品之包皮、箱匣,亦宜加入此等含意,借以唤起民众造福国家,至纫公谊。等由,准此。除分行外,合行令仰该会转函各商会及各工商业,一体遵照。等因,奉此。查两令所指绘制商标图样及货品包皮、箱匣,应行改良办法,具见大部维持风化,提倡道德之至意,自应遵照办理。用特照录,一并函达台端,即请查照分知一体遵照为盼。

(《湖北省政府公报》第7期)

8月

1.沪汉商拟组全国实业联会

(1928年8月1日)

前晚(七月三十日)八时,沪汉实业家为讨论组织全国实业联合会事,曾有一聚会,到者由汉口总商会会长周星棠,汉口水电公司代表刘少岩,上海无锡汉口申新纱厂茂新福新面粉厂代表荣宗敬,申大立大面粉厂代表顾馨一,永安纱厂代表郭顺,豫丰纱厂代表穆藕初,开源煤矿代表刘鸿生,三友实业社代表陈万连,中国铁工厂代表陆成文,新民铁工厂代表胡厥文,中华针织厂代表谢渭清等数十人。首由穆藕初氏起立致开会辞,大意略谓近数年来办理实业之人,咸感觉非常痛苦,同时感觉实业对于社会关系,又非常重大。现在国民政府北伐完成,正是千载一时之机会,一方面如何消除自身之痛苦,一方面如何发展推广,以适应社会需要,在在均有互相联络组织团体之必要。现在政府当局,确有为国为民兴利除弊之诚意,但无代表实业之团体贡献意见于政府,责一切均不免隔膜。按照孙中山先生民生主义实业计划,我国实业前途,大有发展希望。现在乘周星棠、刘少岩两先生在沪之便,大家可以联合发起人组织一全国实业联合会,将来尚须派人向广东、天津、浙江等实业界,接洽联合起来,务使全国实业界,有一坚固团体,以为发展实业之准备云云。次周星棠、刘少岩、胡厥文、陈万运、毕云程诸氏,各有演说发挥组织实业团体,不但解除痛苦,保障安全,而且发展实业,可以为社会造福。最后议决:一、到会诸氏，均为发起人。二、推举周星棠、刘少岩、穆藕初、陈万运、毕云程五人为起草员，起草宣言及章程。三、筹备期内经费，由周星棠、刘少岩、穆藕初三人负责。

（《民国日报》）

2.（湖北建设厅）函武汉两总商会转发工商部规定土布免税六则令转饬各商一体遵照由

（1928 年 8 月 6 日）

径启者，案奉国民政府工商部第四百三十四号训令，内开，为令尊事，准财政部函开，准商字三四三号函开，行销内地土布免税一案，据各省商业团体，函电纷驰，均以案经国府议决，亟应从速施行为请。前项土布免税办法，如何规定，希即见复，以凭饬遵，等因，准此。查手工土布为国产大宗，供需两方大抵均系贫苦人民，为提倡国货维持民生起见，自当酌免税厘，俾广行销，本部已遵国府议决案于六月二十三日通饬各厅关局遵照实行，其规定之办法摘列如左：（一）免征税项，系根据提案愿意，凡属行销国内之土布，所有五十里内外常关税，及其附征之内地税，（即附税）并内地征收之税厘，概与免征。（二）免税日期，自各厅关局奉令之日起一律免征。（三）土布标准，按照民七成案办理，已据江苏浙江等省财政厅及近省各关局将遵办情形具报到部，准函前由，相应抄录民七土布标准办法，一并函复，即希查照，等因，准此。除分令外，合行抄录土布免税标准六则，令仰转知各商一体遵照。此令，等因。附土布免税标准六则，奉此。除分令外，相应抄同原件函达贵会，请即遵照办理为荷。

此致

武昌、汉口总商会

湖北建设厅厅长石瑛

（《湖北建设月刊》第 1 卷第 4 号）

3.武昌商会电美政府　对关税新约表示好感

（1928 年 8 月 8 日）

武昌商会电，美政府感谢签订关税新约。（本报七日汉口电）

国文社七日汉口电，武昌商会电驻汉美领转美政府，谢订中美新约。

（《民国日报》）

4.沪汉商界代表请愿　关税自主　汉钞兑现

（1928 年 8 月 11 日）

沪总商会、县商会、闸北商会共同组织请愿团，昨派代表虞洽卿、冯少山到京，向五中全会请愿关税自主，并同日向财部请免内地杂税，全会愿书明日呈处。（本报十日南京电）

沪汉商民组织汉钞兑现请愿团，昨派代表洪雪帆、梁国祥到京，向五中大会及财政部请愿，要求兑现。（本报十日南京电）

（《民国日报》）

5.中央政治会议武汉分会财政委员会训令:令江汉关监督、汉口银行公会等,为制定沪汉间运送钞票暂行规则五条仰即遵照由

(1928 年 8 月 11 日)

为令遵事,查近来汉口各银行商号运送钞票长以未执护照发生纠纷,各行商深感困难,兹为便利商民起见,制定沪汉间运送钞票暂行规则五条。业经本会第六次常会会议通过,除呈报武汉政治分会备案及分令外,合行附抄规则,令仰该监督会知照,并转各银行、钱业知照,此令!

(《财政旬刊(汉口)》第 6 期)

6.(湖北建设厅)函各县总商会转发工商部劝告商人提倡国货布告饬属张贴具报备查由

(1928 年 8 月 23 日)

径启者,案奉湖北省政府训令第四〇二一号内开,为令遵事,案准国民政府工商部函开,查我国工商业甫在萌芽时代,提倡保护,宜如何上下一心,通力合作,乃商人昧于国势,每当群众提倡国货运动之际,贪图小利,反而抬高物价,以致国货价格恒超出于外货以上,不能与外货相竞争。本部执掌工商,环顾情形,自应加以切实劝告。兹特制就布告四百张,函请贵省政府令发各属遵照张贴,俾众周知,而资警惕。除分行外,相应函请查照办理,等因。附布告四百张,准此。除分行外,合行检发布告一百张,令仰该厅转属遵照张贴,俾众周知,具报备查为要,此令。计发布告一百张,等因,奉此。除分令并呈复外,相应检同布告一张,函请贵会遵会遵照张贴,俾众周知为要。

此致

沙市、汉口、武昌、宜昌商会

湖北建设厅厅长石瑛

(《湖北建设月刊》第 1 卷第 4 号)

7.中央政治会议武汉分会财政委员会令湖北印花税局为据汉口报关商会呈请免贴轮船运货装单以恤商艰仰即克日呈复核办由

(1928 年 8 月 24 日)

为令饬事,案据汉口报关业商会呈称,本月二日准汉口洋务印花税检查所输船客票印花办事处,函开案奉洋务印花税检查所,令委敝主任办理输船客票暨输船承揽商货运载单据等项,印花税业经通告,布示在案。七月十六日复奉洋务印花税检查所第二五号训令内开,奉湖北全省印花税指令。据本所拟呈输船承揽商货运载单据,定为按件征收,比照输船客票办法,运费未满一元者,亦以一元计算,贴花一分,系为严杜漏免,增加收入起见,应准试办,等因。合行转饬该主任,即便遵照办理,等因,奉此。查输船承揽商货运载单据自应粘贴,方为适法。所有行驶内港各公司,均已遵章贴用。惟对于行驶外港各输船公司,亟宜着手办理,以重税政,尤应筹划妥善办法,以便稽征查报关行业原属代理商人。报关运货商人应纳水脚运费,向由各报关行

代缴。兹为便易起见，将此项税收交由各报关行推销代售，于每张单据遵照前项办法，按件照贴印花，相应函请贵会查照，转知各行商照办。事关国税各行商，谅必乐于输将，务祈协助进行，为何，等因，准此。商会于本月三日召集全体行商会议，佥称商货运载单据，即是关给装单一种，质言之，是该货经关查验无讹，并印花税各税等均已完讫，给此装单，犹如证明该货事事毫无错误，准给装单，令其装载放行也。若对此单再令贴花，免一货再税违法重征，何言之，查输船载运商货已当取得，各输船公司提单考提单一项，早经大会决定移在税饷单上，按部定累进法贴花。既一度将该货提单移在税饷单上贴花，而又令贴该货装单非一货，再税违法重征而何如，谓比照输船客票办法商货运载单据，亦应征贴印花，不思客票征贴印花只系收一次。若征贴运载单据即是一货重征，事本同床异梦，何可并为一谈！重为民累，依次议论终结。除将碍难遵办情形函复该处，请暂停止进行外，素仰大会裕税与便商兼筹，对于苛捐杂税早期贯彻革命初旨，极力铲除，是以不揣冒昧，具函呈请大会，乞即体恤商艰，转饬湖北全省印花局刻即收回征贴运载单据印花成命，以资救济而杜重征，等情据此。查报提单印花既已实行，改在税饷单上征贴所有商货装运单据，自应免贴，以除繁苛。且从前办理帆船承揽单印花税发生种种弊端，业经前武汉临时财政委员会决议取销湖北单行税法、停征税款有案，近来印花税办理不善，为世人病诟，亟应恪遵定章免滋纷扰，何以该局对于洋务印花检查所拟呈输船承揽商货运载单据定为按件征收之案，并不先行转呈核示，擅自批准试办，殊属不合。究其前项单据印花税，除大江商输不计外，其有内河小输承揽商货水脚每次至多，均有若干因，何不遵条例办理，必须按件征收，合行令仰该局即便遵照克日明白，呈复以凭核办，切切此令！

中华民国十七年八月二十四日

（《财政旬刊（汉口）》第 8 期）

8.公函：函湖北教育厅，武昌、汉口总商会，总商会通令各校暨转知各商号限于九月五日以前将各项出品径送国货陈列馆以便陈列由

（1928 年 8 月 30 日）

函湖北教育厅、武昌总商会、汉口总商会，总商会通令各校暨转知各商号限于九月五日以前，将各项出品径送国货陈列馆，以便陈列由（八月三十日）

径启者，案据湖北省区国货陈列馆长朱树馨呈称，呈为呈请事，窃属馆估工修理，本月二十五日以前即可完竣，展览期逼，允宜筹备，除各县应备物品陈列，已蒙通令按照征集出品简章办理外，所有武汉各工厂学校暨各实业机关各商号，亟应呈请钧厅，准予转函教育厅及武汉各商会，提前通知准备九月五日以前将各项出品运送到会，以便陈列，理合具文，呈请鉴核施行，等情据此。查此案前据该馆长呈送征集出品简章到厅，当经令行各县，查照办理在案，据呈前情，除指令外，相应抄同原件，函请贵厅通令所属各校，贵商会转知各商号，限于本年九月五日以前将各项出品径送该馆，以便陈列为荷。

此致

湖北省教育厅、汉口、武昌总商会

湖北建设厅厅长石瑛

（《湖北建设月刊》第 1 卷第 4 期）

9.函复汉口商会、湖北全省商会联合会已令汉口局呈准丝线胚免税办法由　征字第一七一号

（1928 年 8 月 30 日）

径复者，案准贵会函以准汉口丝线绉纱业商会呈称，为税捐重叠国产凋敝工商两病请求转呈，将自制之丝线胚往返武汉准予免税等情，转请查酌办理并希见复，等由，准此。查此案前据汉口本帮丝线绉纱业商会具呈到厅，当经令行汉口征收局查明具复并批示在案，兹据复称查生丝线胚一项在未制之前，其黄白丝业已完税已制之后，复须练染成熟始成卖品，一经贩运又复完税，其未成之生胚本在免税之列。该商所称汉口房屋狭小，价值高昂，不能不就武昌乡间设厂，便雇童妇工作，自系实情，并非贩运者。比是销售场与制造场虽地分武汉本属一家，若令往返完税，实所难堪。兹拟查验之法，由汉过武以丝之转运票或大票为凭，由武过汉以商号之折据为凭，有则免税，无则加征，以示限制，而免流弊，等情前来。除指令呈悉据议复生丝线胚往返武汉验免办法尚属可行，应准如拟办理，仰即知照，此令等语印发外，准函前由，相应函复贵会查照，转知为荷。

此致

湖北全省商会联合会

汉口商会

湖北财政厅厅长张难先

（《湖北财政月刊》第 2 期）

10.函复汉口总商会函据安庆茯苓帮代表李玉菴等请咨厅速饬兰溪等局设立槽船过秤苓货等情由　征字第一七九号

（1928 年 8 月 30 日）

径复者，案奉贵会函以据安庆茯苓帮代表李玉菴等略称，敝帮货船经过下新河时，以苓货斤量不符扣留处罚，并陈兰溪稽征仍用旧法，致敝帮受此无罪之罚，请予咨厅速饬兰溪、巴河、鹅公颈三局设立船，以搬货过秤之时可利用，为缓和地步官商均受利益等情，转请查核施行，等因，准此。查此案前据该代表等具呈到厅当经明晰批示，并一面分行汉口等局遵办在案，兹准函述前因，相应将原批随函抄送贵会，请烦查照为荷。

此致汉口总商会

计函送原批一件。湖北财政厅厅长张难先

附原批湖北省政府财政厅批征字第一五二二号

原具呈人，安庆茯苓业帮代表，李玉菴等呈一件，呈为请饬下新河稽征所，速将扣船放行，并令兰溪等处设置船，以利商运。由呈悉，查茯苓一项新税则载明系，以每百斤计税，从前习惯当然不能适用。据称兰溪稽征所并未按照新章征税，以致该帮货船经过下新河时，应行补税，以及处罚各节，究竟是否属实，除令行汉口征收局转饬核实，除皮计算补征税款，从轻处以罚金，暨令樊口征收局，迅饬兰溪分所，嗣后务遵定章办理，以维商运外至货船到所，随时查验，章

则均已规定,应准再予分行遵办。再新税则早经本厅函送湖北全省商会联合会转发有案,该帮何以尚未奉到,殊不可解,仰即前往索取阅看可也。此批。

(《湖北财政月刊》第 2 期)

11.全省商会联合会致财政厅请减华木税函

(1928 年 8 月)

径启者,案查敝会前于召集各商会代表大会第十一次会议期内,据武昌总商会提议称,为华木税率太重,恳予鉴核转请减轻事。窃查湖北现行征收税则条例为值百抽三,竹木亦为百货之一种,而税法绝不相类。如同一木也,鹦鹉洲对于运武汉三镇者值百抽三六,运湖北内河者值百抽四五,运出湖北境者值百抽八二,较之百货税章有加半倍者,有加半倍多者,可谓不平等之极。至量数原系用滩尺,民国以后乃照滩尺改小八折,又加重障碍,当时厄于军阀权威,莫可申诉。查竹木为民生日用所需,非奢侈消耗诸品所得比拟,本无特别加重之必要。况自洋木进口自多,税率既轻,手续又简,于值百抽五关税,加以进口半税,即可通行全国,不再加征。我国木植由黔湘以运皖苏,运经五关十六卡,重重剥削处处敛征,统计所纳捐税已达百分之七十有奇,以与税轻价廉之洋木相竞争,无怪外货暗销于长江流域,享无穷之利益,而华木反因于重征揞克驯致亏折停歇,莫能自拔。武汉为竹木大总汇之区,今存滩之货与出口之货皆一落千丈,其衰微之象随在可见,若不设法维持,非徒影响商业民生,实亦税源隆替之所关。此次贵厅发起修改税则委员会,当有鉴于税源之应培养以为根本之上,酌盈剂虚,决不在竞此目前锱铢之利,彰彰明甚。竹木税在今日已情见势绌,确有与百货税则同一修改减轻之必要,为此提请大会核议,转呈财政部及函湖北财政厅立予改良,以苏民困,等情。前来经大会复核无异,一致通过在案。兹当敝会成立,除呈财政部通盘筹划,分饬各省,以定革除从前苛税,以利华木销路外,相应函请贵厅查照,准予修正以恤艰商。无任盼祷之至。

(《湖北省政府公报》第 9 期)

12.武昌商会通电请一致向中央请收回法租界

(1928 年 8 月)

衔略钧鉴,本月十日湖北省立第二中学校因整队欢迎李主席、戴委员返校时,道经法租界,法捕竟拒绝通过,拘禁教员学生,并捣毁乐器,似此蹂躏我国人权,蔑视我党国,强暴胁迫,公然在内地如此横行,凡属血气莫不同声愤慨。我先总理遗教,首在求中国之自由平等,今该法人犹逞其帝国主义者之侵略压迫手段,对于教员学生施以非法之侮辱,其不平等孰甚?不自由孰甚?事关党国前途,至深且巨,务祈一致主张,电请中央立即收回法租界,以保主权而光党国。不胜翘企引领之至,武昌总商会叩。

(《湖北省政府公报》第 9 期)

13.函复汉口总商会转请取消洋靛油名目归一律征税应准如所请由 征字第一〇七号

（1928 年 8 月）

径复者，案准贵会函据颜料洋货业代表周攀五略请依照原案，无论何种洋靛均照估本八十元完税，并取消洋靛油名目，以归一律，转请查照见复，等因，准此。自应准如所请，将税则内列洋靛油两项名目取消，在湿干洋快靛下加注洋靛油水靛同字样，除通令外，相应函复贵会查照为荷。

此致

汉口总商会

湖北财政厅厅长张难先

（《湖北财政月刊》）

14.函复汉口总商会以金龙云记公司运麦麻袋请照例放行以恤商艰一案由 征字第一三七号

（1928 年 8 月）

径复者，案准贵会函以据汉口金龙云记面粉公司函称，敝公司营业面粉向系由驳船装运旧麻袋至桥口，载运麦子至法租界六码头起回公司，此项麻袋纯系自用，并非贩卖。本年七月二十一日驳船装袋经过打扣巷水卡，呈单据云应完正附各税，请予行局饬卡仍照原例办理，以恤商艰等情，转函查核施行，仍希见复，等因，准此。查新税则规定旧麻袋每个收正税洋五厘，系以营业麻袋者为限，如系自用持有单据呈验者当在免税之列。除令行汉口征收局饬属验明单据，即予免税放行，以利通运外，相应函复贵会请烦查照，转知为荷。

此致

汉口总商会

湖北财政厅厅长张难先

（《湖北财政月刊》）

9 月

1.函复汉口总商会已令汉口局照案免征裕隆公司面粉税并请转知前往注册由 征字第一八二号

（1928 年 9 月 6 日）

径复者，案准贵会函据汉口裕隆机器面粉公司略称，在汉营业机制面粉所用双凤、芙蓉两商标，从前原系一体免税，去年时局变化因之停歇，兹以市面秩序回复，已经继续开机营业，请函财政厅准予援照成案,行局免税放行等情,转请查核见复,等由,准此。查机制面粉国民政府财政部既准免纳厘税,该公司事同一律自应准予免征,以符原案,而维实业。惟全国注册局现已成立,该公司亟须前往注册,仰副政府维护商业之至意,准函前因,除令行汉口征收局饬属,遇有该公司运出面粉验明货单相符,即予免税放行外,相应函复贵会查照转知遵办为盼。

此致

汉口总商会

财政厅厅长张难先

(《湖北财政月刊》)

2.函复汉口总商会为各种靛油税额已经定案碍难更正由　征字第一九九号

(1928 年 9 月 12 日)

径复者,案准贵会函据汉口印染花布业商会函,以快快靛与靛油不能同等纳税,转请曲予通融查核见复,等由,准此。查各种靛油税额系由该商帮推举代表出席修正税则委员会,自行规定,旋由该代表等详加研究另行修改,始行定案,乃施行已久,该会何得又持异议,致滋纷扰,自应仍照税则完纳。至快快靛价值较靛油为重税,则上并未规定,厅候通令各局所核实估抽以昭平允,相应函复贵会,查照转知为荷。

此致

汉口总商会

财政厅厅长张难先

(《湖北财政月刊》)

3.中央政治会议武汉分会财政委员会指令:令汉口总商会呈一件呈据汉口精盐商会函为中途垫缴北伐费断难为继转请援案转呈财部仍照向章办理由

(1928 年 9 月 13 日)

虽悉查此案前据该精盐商会来呈,业经本会据情案呈武汉政治分会函部核示,并于人月马日径电转恳核准在案。现奉财政部阳电开马电悉,查久大公司第一批由通州轮装运汉口精盐三百四十吨,计五千七百十二担,又第二批由明生轮装运长沙、湘潭、宜昌、汉口共一千四百吨,合二万三千五百二十担,所有应缴之北伐费每担一元五角,均已由本部饬令取具保结,限期在沪缴纳,此后该公司如再有运销湘鄂精盐,当暂准其在销地缴纳,以副尊嘱特电奉复,等因,奉此。除分令各榷运局盐务分局一体知照,并转饬遵照外,合并饬知,此令!

(《财政旬刊(汉口)》,第 10 期)

4.函复汉口总商会请变更炭行帖则例未便照准由　征字第二一〇号

(1928 年 9 月 15 日)

径复者,案准贵会函以据汉口炭帮商会请,变更炭行帖则解除痛苦,转请查核饬遵见复,等因,准此。查煤炭一项为营业大宗,而供给于社会者至广,且要当此汽机发达在在需煤,汉口为商业中心尤非他埠,可比至谓炭行营业。虽与黄丝木油比并,须知黄丝木油成本固大,而供给有时非若煤炭随时可以介绍买卖,且炭行则例早经固定,捐税各率自民五迄今并未增加,何能借口从前捐税额轻变更成例。该行帮所请未便照准,相应函复请烦查照,并转炭帮商会知照。各该炭行,从速捐换,以免贻累为荷。

此致

汉口总商会

财政厅厅长张难先

(《湖北财政月刊》)

5.中央政治会议武汉分会财政委员会令汉口总商会、银行公会、钱业公会为发汉口商场理债处组织大纲由

(1928年9月17日)

为令行事,查解决武汉商场债权债务纠纷及组设理债处一案,迭据该商、公会等赍送理债处组织大纲,请予核示前来,业由本会于九月十一日召集各该会代表,到会讨论,经据公同订定组织大纲九条,核尚可行。除分令外,合将理债处组织大纲检发该商、公会,仰即遵照,会同办理,并妥拟办事细则,呈报备查。切切。

计发理债处组织大纲九条。

理债处组织大纲

第一条,理债处为解除武汉商场当事人一部之纠纷,及使武汉金融流通起见,由总商会、银行公会、钱业公会公同组织之,以调处十六年四月十八日以前商业上发生之债权债务为主要任务。

第二条,十六年四月十八日以后,现金集中政策弛禁以前,发生之债权债务,经双方之同意,请求处理时,理债处亦得斟酌情形,予以调处。

第三条,理债处调处商场债权债务事宜,不得有侵犯司法行政,及违及现行法规之行为。

第四条,理债处设理事十五人,由商、银、钱三会各选五人。设理事长一人,由各理事复选之。各理事、理事长姓名,应报财政委员会备案。

第五条,理债处调处债权债务之纠纷,须经理事过半数以上之表决为合法,但遇债权债务任何一方对于表决案不服时,得自行和解,或向法院呈诉,理债处不得加以拘束。

第六条,理债处成立后,存在期间以两个月为限,限期届满,即行结束撤销。

第七条,各债权债务当事人,在理债处成立前或成立后已向法院呈诉者,经双方同意,由原告人撤回诉状后,请求理债处调处时,理债处仍得予以调处。

第八条,理债处调处债权偿务之纠纷,应依据前湖鄂临时政务委员会颁布七条之规定办理。

第九条,理债处内部其他组织,如酌用雇员及选任调查员等及办事细则,应依据本大纲意旨由理债处另订之。

(《财政旬刊(汉口)》第10期)

6.汉商会议案纪要

（1928 年 9 月 17 日）

汉口　汉商会十四日晚开会员大会，到百余人。郑燮卿主席，议决：（一）推王森甫等四代表赴财委会，陈述不能认募国货银行股本三百万。（二）推余蓉樵等四人筹设平均物价委员会。（三）理债处改由商会推理事十五人，银钱公会各推五人组织，由政府派员参加。对军兴以后债务一律处理。

（《新闻报》）

7.四集团请拨裁兵费　全部需款三百万元　已由汉商借垫半数

（1928 年 9 月 21 日）

四集团军裁缩经费，约需三百万，总部电国府军会，请照拨，以便裁遣。（本报二十日汉口电）

马文德十九日赴黄州，缩编部队。（本报二十日汉口电）

国闻社二十日汉口电，闻已由银界借垫百万，汉商会卅万，京款到即欢。

（《民国日报》）

8.中央政治会议武汉分会财政委员会函汉口总商会、银行公会、钱业公会为武汉总商会等承认募股本洋一百万元请查照由

（1928 年 9 月 22 日）

径启者，本会九月十五日召集汉口总商会及银、钱两公会到会，讨论劝募国货银行，提倡股款数目。业经贵会商定，公同承认募股洋一百万元足征爱国热忱，曷胜佩慰。除函复中国国货银行筹备委员会并分函外，相应函请查照所有认募股额，务希迅速进行，并妥拟认股办法，见复为盼。

此致

汉口总商会、银行公会、钱业公会

（《财政旬刊（汉口）》第 11 期）

9.公函：函复汉口总商会展缓接收汉新汽车公司殊难照准由

（1928 年 9 月 22 日）

函复汉口总商会展缓接收汉新汽车公司殊难照准由九月二十二日

径复者，案准贵会函开，以据汉新长途汽车公司函请转恳展缓接收，以示体恤等情，转请核办见复，等因。并附抄件一份，准此。查汉新汽车路，为省道汉宜路之一段，关系鄂西交通，至为重要。该公司自创办以来，对于全路工程既未举办，一切设备亦多简略，若不设法整顿，深恐有碍交通。当由本厅令饬该公司从速改良，迄未照办，以致迭次发生翻车伤客之惨剧。且汉宜

省道，已经本厅遵照省府决议，派员查勘，分段修筑，同属一路，尤不能不遵照。省府决议，即日接收，以便统筹整理，至一切接收办法，并经分别规定，原募股款，既准照章换领省路股券，决不至因接收而稍有损失。政府接办，仍须继续行车，各工人如能勤慎工作，又何致虑其失业。所有该公司呈请展缓一节，殊难照准，兹准前因，相应函复贵会，请烦查照，转饬该公司迅速移交，勿任违延，至纫公谊。

此致

汉口总商会

湖北建设厅厅长石瑛

10.（湖北建设厅）函武阳夏总商会准中华国货展览会电催迅即饬催各厂商速送出品及分令各商会协助经费由

（1928年9月24日）

径启者，案奉湖北省政府训令第四四六五号，内开，为令遵事，案准中华国货展览会主席委员长定璠等齐电开：工商部中央国货展览会征求出品，并请协助经费，节经奉达，并承复允饬属办各在案。现在开幕期迩，陈列各品，亟待布置，会费尤赖协助，务请催促各厂商迅送出品，并颁协助经费，分别转饬各商会协助经费，国货前途，实深利赖，等因。查此案前准工商部暨该会先后函送组织大纲及章则出品原书等项到府，迭经本府抄检原件，令发该厅，饬属遵办，并据该厅呈复，拟具中华国货展览会武汉筹备委员会章程，请派员会同办理。经已派员，并分令各厅暨武、阳、夏三县武汉两商会会同该厅遵办各在案，兹准点催前来，合亟令仰该厅查照，迅即饬催各厂商速送出品，及分令各商会协助经费，以襄盛举。时期迫促，勿稍延误，是为至要，此令，等因，奉此。除分别函令外，相应函达贵会，即希遵照办理为荷。

此致

武昌、汉口、汉阳总商会

湖北建设厅厅长石瑛

（《湖北建设月刊》第1卷第5号）

11.函复武汉市公安局据汉口肉业商会呈以卫生有捐法无再征恳请撤销检查所由　征字第二三六号

（1928年9月25日）

径启者，案据汉口肉业商会呈称，为卫生有捐法无再征检查严厉，客贩裹足，禀恳赏予令行武汉公安局，迅将食肉检查所实行撤销，以维市政而保国税事。窃商会前奉武汉市公安局函，开为设立食肉检查所一案，召集商会推派代表赴局出席讨论，一切当奉面论，以现时为整顿卫生起见，拟于汉镇先行设立食肉检查所，次及武阳，业经呈奉湖北省政府批准在案。惟检查细则登记章程尚未印就，以及开办手续又复杂冗，俟规划详尽再行召集各帮代表到局，面示办法，次第举办，等因，奉此。商会代表返会后即将此项情形一致晓论全体同业，其间虽有人虑及检查实行成立后，不特于商务客贩两有妨碍，抑且于国家各种正税抵触尤多。但当时因未探悉检查细则确切真相,以故未便陈述,困难静以待命。不料九月一号忽闻检查所长谷子俊于是日率同武装,径赴桥口花园一带猪行实施检查并谓先由猪行检查,次及屠商等语。连日又经报载检查细则登记章程共二十五条,此报一出全市震动,数日以来各屠商之营业日渐减少,立变惊惶之象。推免其原,实由客贩闻检查严厉之信,咸以命本攸关相告裹足,以致来源觉无形断绝,接济无术,行商即无进猪之路,屠商即无购买之地,眼见各屠商业已有请求分让一二猪而不可得,倘经延长,何堪设想。况商帮同业均系中小商人,逐日以营业为生活者比比皆是,人非匏瓜,岂能不食,长此以往,直同失业,惶恐之状,迥异寻常。当此种现象属实,特闻故商会不能不将检查所各种碍难及卫生捐早有成案,详细情形为我厅长缕晰陈之,以资采纳核办,而维市政现状。(一)国家正税为军饷来源,对于猪只有关税、厘金及屠宰税、猪捐、警察卫生捐(即现在之市政捐)等项,每猪商捐在二元以上,令共岁收约数十万元之谱,关系甚重。今检查所成立之后,一般客贩咸有戒心,来源断绝,则正税因受抵触之虑,顿失巨款,顾此失彼,孰重孰轻,此应请求保全正税,郑重饷源迅饬撤销检查所者一。(二)查国民党之三民主义,则以解除人民痛苦为唯一之原则,而党政府历来宣言则谓训政开始,即须蠲免一切苛捐杂税。至对于日生必要品,尤须先免其杂税,此则民生主义支配事实之第一步也。再就吾国人民嗜好上之习惯言之,则猪肉之须要,直与米麦菜蔬相等。今检查所成立,每猪收检查费洋三角,不特未免轻其税捐,抑且加重其负担,兼之检查细则规定严厉,一般客贩闻信裹足,市面顿形绝货感受极大影响。对于市政商务毫未兼顾,以致开办数日,即发现此种状况,此应请求保全市政维护业务迅饬撤销检查所者二。(三)按检查所原为卫生而设其所,收验费亦即卫生捐之规定,查卫生捐一项于民国三年间经前汉口警察厅长亦以检查卫生名义定征,捐费,责由商会代征代解,每年规定缴销一万四千四百串文。自去岁张前公安局长任内,收归局改征每猪洋二角,旋市政府财委会委交夏口屠宰税局代办。嗣钧厅成立财委会,将全案卷宗移送钧厅,接管此项捐款,故仍由屠宰税局征解。现在钧厅所指谓市政捐即是此捐是检查卫生费,并未取消,仍由帮商照常缴纳,亦未间断,依法似无再征之必要,此种名义显然冲突,此应请求撤销检查所者三。综以上论点,足证检查所实非万全之举,利益有限,损害无穷。为此,请求厅长台前俯纳下情赏予,令行武汉市公安局迅将食肉检查所实行撤销,以维市政而保国税,实为公便,等情,据此。查此案前据汉口猪牛行帮民一顺德、沈从本等禀,即经敝厅分别函达在案,据陈前情,除批示外相应函请贵局并案办理,并希见复为荷。

此致

武汉市公安局

湖北财政厅厅长张难先

(《湖北财政月刊》)

12.致天津、北平银行公会,汉口、南京总商会电

(1928 年 9 月)

天津、北平银行公会,汉口、南京总商会鉴,整理金融短期公债及十四年公债,现定九月十日在上海总商会执行抽签,希届时派员莅场参观。财政部长江印

(《财政日刊》第 244 期)

13.省政府命财政厅核办商联会所呈自制之丝线绉纱免厘

（1928 年 9 月）

案据湖北全省商联会呈，以准汉口丝线绉纱业商会呈称，为税捐重叠，国产凋敝，工商两病，请求转呈将丝线纱绉业自制之丝线胚，往返武汉准予免厘，等情。请察核示遵，到府，除批示外，合行抄发原呈，令仰该厅酌核办理且覆。此令。

附原呈：

呈为呈请事，窃属会昨准汉口丝线绉纱业商会呈称，为税捐重叠，国产凋敝，工商两病，请求转呈蠲免重征，以维实业而挽利权事。窃敝帮在汉操丝线业有年，前清之季，泾汉两帮约百余家，逐渐减少，迄今不过二十余家，其衰落已概见。推原其故，时局变迁不无影响，其最大原因由于税捐重叠，以致成本太高，不能推销各省，于是日本之木纱它线畅销中国，进口之数逐年递加，国产工业，日形凋敝。欲筹挽救之策，非减轻成本不为功，惟有蠲免税捐，庶足以资维持。查敝帮商店设于汉口，因房屋狭小佣值万昂，势不能不就武昌乡间设厂制线，以其房屋宽大，妇女童工均可就近工作以谋生活。向例以生丝交武昌工头领归，制成线胚，再行持交汉口商店练染成熟，始行销售，自由往返，从无税捐，故成本轻而销路广。民国以来，军阀专政，只知肥己，罔惜民艰，遇物抽厘，逢卡纳税，殊不知商店所用之丝已经完税，而工头持丝渡江，又责令完税至三次多，恐世界各国无此税法。即中国各省亦无此税则。且手工业更番往返，非贩运者可比，如谓贩运者射影取巧，则有商店之折据在，不难加以取缔，科以重罚。从前数经敝帮呈诉官厅，据理力争，请求免税，而财政当局每令武汉税局查复，维时均系包办性质，谁肯牺牲利益而恤商艰？呼吁无门，公理难伸，隐忍迄今，莫可如何？兹逢政治刷新，又值现财政厅长破除包办，改订税则，以纾商困，凡属商民，莫不额手称庆。敝帮制成之熟丝线，照市价规定成本每两五角，而线胚未曾列入，私心窃幸，庶几蠲除。讵新章实行之日，即变本加厉之时，竟以生线胚而照熟丝线纳税，衡以时价，无形加倍，群情惶惑，罔知所措。幸近日国民政府颁布明令手工土布完全免税，其余生活必需之国货，调查税率分别减免，等因。仰见国府体恤民隐，无微不至。查丝线亦缝纫必需之国货，且又系手工制成，为贫民生活所关，自在免税之列。况丝线胚重征之税，尤应蠲除。为此请求大会鉴核，据情转呈省政府查核，将商店设厂自制之丝线胚往返武汉，准予免纳税捐，以维国货而挽利权。在公家乃毫末之事，而商等受无穷之赐矣，等由，到会。伏查手工国货准予免厘，而手工布已实行免征，先后奉工商部通令准湖北财政厅函知在卷，该帮自制之丝线胚亦手工国货之一种，应在免征之列，尤以汉口丝线号发往武昌，制线工人持丝渡江，厘卡责令完税，迨线胚制成送汉后，又须完税，重复征收，似越常情。为此据情呈请钧府鉴核，准予令饬财政厅，将自制之丝线胚准予免税，以维国货而恤商艰。所有呈请将丝线绉纱业自制之丝线胚往返武汉，准予免厘。缘由理合备文，呈请钧府，俯赐察核，批示只遵。实为公便。谨呈。

（《湖北省政府公报》第 14 期）

10 月

1.中央政治会议武汉分会财政委员会训令:令江汉口内地税局局长孙吴瞻据汉口总商会请取消重征复进口货物附税办法仰查复核夺饬遵由

(1928 年 10 月 4 日)

为令行事,案据汉口总商会呈称,据汉口沙业商会、汉口匹头商会、汉口洋广杂货业商会、汉口浙汉帮海味糖盐同业商会、汉口市咸宁海味糖盐业商会、汉口铁业商会盖印公函称,敬启者,案查征收二五附税,前代理财政部长兼江汉关监督兼内地税局局长张肇元与报关公会同业约其办法,系按照海关成例办理。如海关业已征收正半税者,则根据海关税单比附征收二五附税,如已免者亦均照一样办理。因开征系在民国十六年一月一号期,时上海尚在伪政府孙传芳管辖中,于征收二五附税碍未举行,故于汉关无论进出口及复进口等货,一律征收二五附税,以免遗漏。俟上海收复,政府统一,凡出进口货物只要在沪关完纳二五附税者,至汉概不征收附税,以符海关税不重征成例。至于复进口货物当然免收复税,自不待言等语。今宁汉同一业经年余,而江汉口内地税局,对于复进口货物,仍然出单征收。虽有江汉口内地税局发给免征放行单据,可以抵销,然客商执有副张呈验,尚不准抵销,必须江海口内地税局有正张寄汉查实,方准抵销(正张向由海关直寄汉关),若遗漏忘寄,则均不免重纳附税。至于免税货物,在沪不能取得免征放行单据寄汉者,复补完二五附税。是我汉埠商人自宁汉统一以来,迄今年余受此重征损失为数甚巨,敝帮等因同受此种痛苦损失。对于江汉口内地税局,不照前兼任局长(原议统一后照海关成立办理)不同江海口内地税局办法,而于新立名色复进口货物仍然征收附税,加增汉埠商人担负,不解是何居心。理应根据原议及援照江汉口内地税局办法,而于汉局复进口新立名色,要求代向中央政治会议武汉分会暨财政委员会恳请明令取销所有洋货,均照海关成例,于出进口时一次完足二五附税外,以后遍行中国内地所有沿途海关查验放行,概不得另立复进口名目,借端重征,以免敝帮等受此无谓损失。为此迫不获已,只得公请贵会希即据情转呈中央政治会议武汉分会暨财政委员会,核准取销征收复进口办法,实行依照海关成例办理,以纾商困是为至感等情,据此。伏查所称江汉关监督前与报关公会所议汉关征收复进口等货,二五附税原系一时权宜办法,现在中央政府政令早经统一前项临时办法,自应在取销之列。既据该商会等环请转呈钧会,准饬江汉关对于洋货均照海关成例,于出进口时,一次完足二五附税外,以后通行内地所有沿途海关一律查验放行,不得再立复进口名目,借端重征,前来不能不代恳维持,如请施行,以纾商困,理合据情。特呈伏祈鉴核饬遵等情,据此除指令外,合即令仰该局长即便遵照,按照上项所称情节切查具复,以凭核夺饬遵,切切此令!

中华民国十七年十月四日

(《财政旬刊(汉口)》第 12 期)

2.汉商会呈请维持公债原案

（1928 年 10 月 6 日）

汉口总商会及银行公会六日会衔，分呈政分会及财委会，请予维持湖北整理金融及财政两公债条例原案。其原呈云：

呈为公债条例未奉明令修改，应恳维持原案，以固国信而释群疑事。窃准国民政府整理湖北金融公债基金管理委员会公函，以奉钧会武汉政治分会训令，案据湖北省政府，呈据湖北财政厅，呈请发还湖北官钱局产业执照契约，经第二十四次常会议决，根据全国财政会议原案，令基委会将湖北官钱局产业执照契约交由湖北财政厅保管等因。相应照钞原发财厅提议，暨财政会议审查两项原案，函达查照等因。查公会前因财政会议有变更整理湖北金融、整理湖北财政两公债条例之说，以为国家威信，关系綦重，经分电呼吁，请求主持。旋于九月十二日奉财政部震电，内开所陈各节，似有误会，在中央财政计划未有明令实施以前，各项公债，当然按原案办理。除电知武汉政治分会财政委员会外，特此电复等因。并奉财委会贵会函转财部电同前因，详细释读，始恍然于行政系统上，公会确有误会之点。谨按全国财政会议，系财政部召集之会议。财政部为国府行政机关之一部，至整理湖北金融公债，乃中央发行之公债，亦即财会政议通过案内所谓有确实担保之内债，其条例经中央执行委员国府委员联席会议决议，由财政部明令公布，即基委会之组织法，亦系中央政治会议决议通过。由此观之，此项条例，既与中央一切法规无稍差异，而财部震电之意思，亦明示以财政会议之议决，与中央明令之实施，显有区别。兹于财政会议规程第十三条，本会议议决事项，由财政部分别采择施行一语，即可想见大概。若就财政会议议案而言，关于审查全国经济会议之公债股议决七案，其通过者，类如有确实担保之内外国债，应照原案履行。又国府所发债券，因革命期内情形特殊，有以省产为担保者，仍照原案继续有效，均于国省债案之内，著有专条。可见履行原案，是为政府大体主张，益以见债案所关至巨，未可因议决而认为实施，此公会误会之所在也。至于湖北官钱局产业，全部指定为金融公债担保之一。此次财政会议虽属议决发还，但拨之财政部震电，应如何而后发还，似尚在中央计划之中。且金融公债，为中央迁鄂第一次财政大计，其还本付息基金，已规定于中央议决条例，即令有所变更，恐亦非仅财政会议之议决，所能实现。今财政厅请求发还，自系尚未奉到财部震电，如震电早日到鄂，得由钧贵会转行知照，则财厅对于法治程序，亦必将是案待诸中央明令也。抑有进者，公债条例，指定基金，原为昭示国家债信起见，倘未经明令修改，遽使基金动摇，持票人必大起恐慌，市面金融即无形影响，甚至金融公债开其先例，其他中央所发行之公债，人人必视为公布条例，无论何时何地，均可随意变更，失其保障。不独公债前途，莫大妨碍，即国家财政计画，亦将间接不利。况此项金融债票，完全散布在鄂，迄今流通，均有相当价格，万一中央办法未定，而债基先摇，则债价势必立见低落。是中央原欲发行公债救济湖北之困难者，转使吾鄂因此先受其害矣。商会等为尊崇国家威信计，为巩固金融根本计，更以同据基委产生机关之地位，隐然负有上下委托之责任，再三筹虑。因思钧贵会与中央同属一体，惟有仰恳统筹全局，力予主持，或就财部震电切实解释，庶足以镇定人心，而不致发生误会。除呈武汉政治分会财政委员会、武汉政治分会外，理合会呈，敬祈鉴核批示施行，不胜感戴之至。谨呈中央政治会议武汉分会、中央政治会议武汉分会财政委员会。

（《银行周报》第 12 卷第 41 期）

3.函复汉口总商会请商同靛帮拟定各种靛类税则开单送厅以凭审订由　征字第二七二号

（1928年10月12日）

径复者，案准贵会函据汉口印染花布业商会等略称，以快快靛水快靛靛油同等纳税轻重悬殊妨碍营业等情，转请查核，各按实值估本分别征税，以昭平允借息纠纷，并希见复，等由。附送价码单一纸到厅，查税则迭经修正翻印颁行已久，本不能再事变更，兹准函以各种快靛水靛靛油价值轻重悬殊同等科税，殊失平允，不得不略予修正，以恤商艰。但其他各帮皆不准援以为例，致滋纷扰。至于各种靛类税额，究应如何划分估本若干，烦由贵会商同该帮各按实值估本，详细分类，拟定开单送厅，以凭审订通令遵行，相应函复贵会，查照为荷。

此致

汉口总商会

湖北财政厅厅长张难先

（《湖北财政月刊》）

4.武昌商会之三项提案

（1928年10月24日）

武昌商会二十三日向全国商联会代表大会提案分三项：一、请兑中交汇票及库券官票；二、取消苛捐杂税；三、统一印花税。（本报二十三日汉口电）

（《民国日报》）

5.汉商会选出执行委员

（1928年10月24日）

汉口　汉口商会廿二日午开选举大会，到各帮代表四百十二人，各界来宾四十余人。由周星棠主席、王森有报告筹备经过，政治分会省政府市党会代表均有演说。选出执行委员会廿五员、候补执行委员十三员，监察委员定一日选举。

（《新闻报》）

6.国民政府财政部批：第七四三六号　批汉口总商会

（1928年10月25日）

国民政府财政部批（七四三六号）　批汉口总商会：

呈一件，为据情转请对于面粉，准予通饬令免征税，以维商运由。

呈悉已由部分令豫鄂湘赣各厅关局，仍照向章免税放行矣，此批。

（《财政日刊》第285期）

7.函复汉口总商会不能变更炭行帖则由　征字第三〇二号

（1928 年 10 月 26 日）

径复者，案准贵会函以据汉口炭帮商会续述困难情形，请饬局派员调查，以便变更炭行帖则，转请查核施行，等由，准此查煤炭为营业大宗，汉镇销行额广，虽有自运自销之公司，而买卖经行户介绍仍属不少，有目共睹，无待调查。况煤炭公司之开设当亦有年，并非今日始有，对此久经订定之则例，何能借口据请变更。现在旧帖捐换期间，瞬将届满相应函复请烦查照，并转知炭帮商会知照。各该炭行，迅即依例捐换，以免贻累为荷。

此致

汉口总商会

湖北财政厅厅长张难先

（《湖北财政月刊》）

8.汉商会已改委员制

（1928 年 10 月 27 日）

选出执行委员周星棠等二十五人。二十三日汉口通信，汉口总商会，自初次成立，即系采用会长制。十余年来，迄无变更，去岁西征军抵汉，乃有遵照中央颁布之商会暂行条例，改组委员制之动机，经半年长时间之筹备，始具雏形。最近改选期届，乃于先期数日，由筹备改选事务处，通知各帮商会，选派代表，以记名投票法，推选执行委员，主持会务。昨日（二十二）正式开选举大会，当选出执行委员周星棠等二十五人，候补执行委员周鸿卿等十三人。兹将改选情形详述于下，该会原有会员三千二百五十一人，由会员选举代表四百一十二人，负选举执委之责。是日四百一十二人均到，推选余服民、陈经畲、徐炽卿、何文炳为管票员，朱福田、胡桂森、杨耀田、叶壁如、严竞先、梅云章为发票员，马埠垣、王心斋、陈际山、马干臣、注伯章、黄两屏为唱票员，监选周楚臣、吴镜波，监票万雨香、马干臣。各机关代表，亦到有省政府戴乐山、保安联合会周楚澄、财政厅陈炳麟、省党部黄继义、建设厅孙耀卿、市党部徐邦杰、政治分会夏安修、民政厅蒋树人、交涉署刘明钊、卫戍司令部□飞熊等数十人。至正午十二时，宣布开会，公推周星棠为主席，奏乐就位，并行礼如仪，主席致开会词，王森甫报告筹备经过，各代表相继演说，主席答词毕，遂开始选举。二时开匦唱票，每票计选举三十八名，故至夜间十二时始告竣事结束。当选执行委员廿五人，计周星棠、郑樊卿、贺衡夫、王森甫、周充斋、余蓉樵、石和湘、萧纯卿、李德齐、杜树棠、杨松圃、任汉臣、陈经畲、朱福田、蓝希周、张域泉、蒋容卿、万泽生、吴镜波、方少岩、徐炽卿、杨辉庭、余服民、黄文植、殷惠昌等，就中以周星棠、郑樊卿得票最多。又选候补执行委员十三人，计周鸿卿、胡桂森、胡锦堂、周衡卿、钱叔铮、李鼎安、史晋生、邓希周、何文炳、马辉臣、杨选卿、陈焕章、曾雨吾等。各委员当选后，即当场宣布就职，组织执行委员会，并由各委员互推常务委员七人，复推主席一人，处理会务。至监察委员，决由会员大会选出，于本日将票交由各业代表，分送会员，于十一月一日前送报，四日开票。

（《申报》）

9.武汉近闻:欢迎新选执委

(1928 年 10 月 29 日)

汉口 汉商会各业代表二十七日欢迎新选各执委,讨论选举监委办法,周星棠表示不兼常委及主席。(二十八日下午一钟)

(《申报》)

10.(湖北建设厅)函武阳夏商会遵令暹罗中华国货陈列馆征集国货商品由

(1928 年 10 月 29 日)

径启者,案奉国民政府、工商部令开,案据暹罗中华国货陈列馆、常务委员、姚雁波等呈称,窃侨商等,以暹罗版图辽阔,华洋杂聚,交通便利,商业繁盛,素称南洋群岛之冠。吾国侨民,经营于各属者,数达六百余万。第以吾国商业不振,致旅外之侨商,所操营业,多为运销外货,市面销场,十居其八,稍具爱国热忱者,莫不戚然伤之。况以侨商旅外时久,对国内近时出品,多未注意,且贪洋货易销,时于利欲,国货遂无竞争余地。乃今日外侮日亟,噩耗频仍,大多稍能觉悟,然无如未知国产状况,购办无从着手,奸狯者,又以洋货改装哄骗,国货前途,殊难希望发展,侨商等有感于斯。爰为发扬国内实业,惟广海外贸易,以负国民政府倡用国货起见,特组织中华国货陈列馆,于暹罗京,以发展国货前驱,兼设国货介绍所,创办中华国货劝销场,以开国货销路。现幸众志成城,筹备已见规模,用特拟定简章,分向国内各地征求出品,籍俾陈列、参考,以供侨胞浏览,引起购用之心外,谨特检上征品简章,暨货品说明书各一份,呈请钧部,察核准予备案,给照保护。并咨行各省实业,及各地商会,转告各出品家,依照征品规则,检品填书,克日寄馆陈列,以扬国华,而资劝销等情。并检送征求商品简章,说明书到部。查暹罗京为南洋繁盛商埠,侨胞众多,该委员等,关怀祖国,组织中华国货陈列馆,兼设国货介绍所,借资提倡,而期发展,良深嘉慰。除批示准予备案,并分令外,合亟令仰该厅,转行各商会,劝告各国货商厂,酌量征集出品,送交该馆陈列,是为至要,此令,等因。并检发征求商品简章,说明书等件奉此。除分函及分令外,相应印发原件,函请贵会劝告各国货商厂,酌量征集出品,送交该馆陈列,实纫公谊。

此致

武昌、汉口、汉阳总商会

湖北建设厅厅长石瑛

(《湖北建设月刊》第 1 卷第 6 号)

11 月

1.(湖北建设厅)函武阳夏总商会省政府发下工商国货哔叽呢绒织品最近调查表令饬所属知照由

(1928 年 11 月 2 日)

径启者,案奉湖北省政府第二二三五号令开,为令饬事,案准国民政府工商部工字第二五五号公函开,查近来社会,采用中山装、学生装及西装者,日见增多。惟有所用质料,大半系舶来品,金钱外溢,殊属堪虞!苏、泸、广州等地,各棉毛织品工厂所仿制之外国呢绒哔叽,及其他替代品,种类尚属不少,且出品优良,与外货不相上下。兹就调查所得,将厂名出品及商标等,暂印简表,函送查照,即希贵省政府通令所属人民,一体购用,以挽利权,而维国产,至纫公谊,等因。附国货哔叽呢绒织品最近调查表一份。准此。除分令外,合亟抄发国货哔叽呢绒织品最近调查表,令仰该厅通令所属一体遵照,此令!附国货哔叽呢绒织品最近调查表一份,贵商会转知各商店为荷。

此致

武昌、汉口、汉阳总商会

附国货哔叽呢绒织品最近调查表一份(略)。

湖北建设厅厅长石瑛

(《湖北建设月刊》第 1 卷第 7 号)

2.武汉民食大起恐慌　汉商会电湘请弛米禁

(1928 年 11 月 2 日)

汉商会电湘商会,请设法弛湘米禁,维持武汉民食。(本报一日汉口电)

赈灾会议决,筹款六十万元,开办平粜,接济米荒。(本报一日汉口电)

(《民国日报》)

3.两湖近闻:省银行开幕、推定商会常务委员

(1928 年 11 月 3 日)

汉口　省银行一日开幕,党政军商各界均派代表参加,是日收入存款百余万元。

汉口　汉商会新选各执委一日就职,当推定殷惠日等七人为常务委员。(一日下午二钟)

(《申报》)

4.汉商会选出常委

(1928 年 11 月 3 日)

汉口　汉商会执委一日就职,选定段惠昌、李德斋、余蓉樵、张□泉、任汉臣、黄文质、陈经畲为常委。

(《新闻报》)

5.鄂省银行监委就职(节选)

(1928 年 11 月 4 日)

汉口通信,湖北省银行监理委员会,前经省政府,委派张难先、陶钧、石瑛、于垞咸、孙绳、唐有壬、夏赋初、蔡惠臣、万武定等九人为委员,并指定张难先为主席,业将内部组织完竣。兹以省银行订于十一月一日,正式开幕,各委员应提前就职,以重职权。昨日(三十日)特在该行礼堂,举行宣誓就职典礼,除监理委员全体到会外,并到典礼主席张知本,监誓委员李宗仁,政分会秘书长翁敬棠,省政府委员但焘,省党部委员刁文德,汉市党会委员涂允檀,财政委员会委员金宗鼎,清乡督办署参谋长袁济安,高等法院院长汤葆光,市政委员会秘书长董修甲,汉口商会代表周星棠、郑燮卿,武昌商会代表吴干臣等八十余人,车马载途,颇极一时之盛,下午五时,宣布开会,由张知本主席,恭读总理遗嘱毕,即授印,监理委员会主席张难先受印,旋率全体委员,诵读誓词,誓词云。

(《申报》)

6.函复汉口总商会已据情令行老河口局验明洋靛油放行由征字第三一七号

(1928 年 11 月 5 日)

径复者,案准贵会函,据汉口万顺行略称,以所运洋靛油由厅颁布修正税则,致完纳税数前后不符,被老河口税局扣留等情,转请饬令放行见复,等由,准此。除已据情令行老河口征收局,验明该商所运洋靛油,如果系税则变更致有税数前后不符情事,应予放行外,相应函复贵会查照,转知为盼。

此致

汉口总商会

湖北财政厅厅长张难先

(《湖北财政月刊》)

7.汉商会选举,监委揭晓

(1928 年 11 月 6 日)

汉商会选举监察委员,四日开票,选定舒静山等十三人为监察委员,严竞先等七人为候补监委。

（《新闻报》）

8.函复汉口总商会为宜局折验估抽未便据谓非是请转释误会由 征字第三二八号

（1928 年 11 月 8 日）

径复者，准贵会函以宜昌市商会函称，本市京货业中小商人在汉购买零星货物凑集成件，宜昌征收局近忽变更定章，以有贵重物品屡如杂货以内，即不以杂货目之逐件折验估抽，使一般中小商人独受其殃，拟请令饬该局照章抽税，以免烦苛等语，转厅查核饬遵，并希见复，等由，准此。查新税则苏洋广货类所定杂货，每件估本三十元，税额九角，就系普通情形概括厘定。俾装运者有所限制，抽税者有所标准，其有杂货每件价值计约三十元之谱，自照定额征收，如每件价值远不及三十元或超过三十元以外，为数甚巨，即应由征收局所折验估抽，以昭核实，而杜取巧。此案前据宜昌市商会电陈到厅，业将上述情由电复，并电令宜昌征收局遵照办理，惟不得有意挑剔，致滋苛扰在案。兹准函前由并据宜昌市商会，仍以此案原径呈前来，果如原文所谓宜昌征收局见有贵重物品入杂货以内，始行折验估抽，自未便据谓非是。除批示暨汇令宜昌征收局仍遵前电，妥慎办理外，相应函复，即希查照转知，俾释误会是荷。

此致

汉口总商会

湖北财政厅厅长张难先

（《湖北财政月刊》）

9.（湖北建设厅）函复汉口总商会准函转解决岳阳茶商与汉口茶行争执改订标准应准立案由

（1928 年 11 月 9 日）

径复者，案奉贵会函开，案据汉口茶行商会，旅湖南岳阳茶业商会，盖印会函内开，径复者，敝岳阳茶帮，月前在汉口组织商会，因争执应有权利，致与敝茶行帮，发生争端。惟行客两方，具有唇齿相依之势，应以人己两安为原则，此攻彼击，终归两败。前荷贵会调解，语重心长，敬佩殊深。嗣经彼此让步，戚原化除意见，从事协商，因于十月三日，开两会代表联席会议，对于争执七点，逐一讨论，改变惯例，订立适当标准，俾两方同人，遵循不背。除将该项标准各存一纸外，相应另抄一份，函请贵会查照备案，并祈据请转函各级官厅备查，以凭销案，至为纫感，等情。附抄送改订标准一份，到会，据此。查此案前准武汉市公安局、夏口县行政公署公函，嘱据该两商会函称，前情，是两方对于战争争执七点，既经商得同意，改订适当标准，一致遵守，解决纠纷，所请函转贵厅，准予备案，并将前案核销之处，不能不代为转达，以顺商情。除分转外，相应抄单，据情，函请贵厅长烦为查核，如请施行，仍希见复为盼，等因，准此。查此案争执七点，既经贵会迭次召集双方商得同意，订定适当标准，以为后来一致遵守之依据，是此案业已解决，自应准予备案，并希转饬知照为盼。

此致

汉口商会

湖北建设厅厅长石瑛

(《湖北建设月刊》第1卷第7号)

10.函复汉口总商会凡由武昌起岸存栈之煤觔仍于进栈时征收统税一道以后不再征税由　征字第三三二号

(1928年11月12日)

径复者,案准贵会函送关于义丰公司请免征由武昌起岸煤焦税厘一案,并抄送江汉关署布告及湖北省长公署批令各一件,请查核施行见复,等由,准此。查前湖北省令现在自不能认为有效,且亦无准免统税明文,本年三月江汉关布告亦只载明该公司煤觔到汉,务将应完税款,先赴本关缴清,再开往武昌江岸煤厂码头起卸等语。则是煤觔到汉,必须先完关税,方能起卸,而由武昌起岸存栈之煤觔,仍于进栈时即将统税一道征足,以后不再征税,以符定章外,相应函复贵会查照,转知为盼。

此致

汉口总商会

湖北财政厅厅长张难先

(《湖北财政月刊》)

11.(湖北建设厅)函武汉三商会奉省政府令转饬采集工商年鉴材料由

(1928年11月13日)

径启者,案奉省政府令开,案准国民政府工商部公函开,查工商事业,经辑万端,必须有控驭综赅之方,始足以见盈虚消长之数。本部为指导工商起见,现拟编制工商年鉴,以便发布,而资参考。惟兹事体浩大,门类繁多,自非广征材料,虽期详尽,拟请贵府转饬各地实业机关,征集关于工商业及劳工等调查统计之图表论文,并其他之各种年鉴材料,统令□民国十八年二月底以前具报□部,以□□订,□□规矩,相应函达,请烦查照办理,实纫公谊,等因,准此。合函令仰该□□照办理,并转饬所属一体遵照办理为要,此令!等因,奉此。除分行外,相应函请贵会查照令文各节,广征材料,于民国十八年一月三十日以前函交过厅,以便汇转,毋任切盼。

此致

武昌、汉口、汉阳总商会

湖北建设厅厅长石瑛

(《湖北建设月刊》第1卷第7号)

12. 中央政治会议武汉分会财政委员会令汉口总商会为前据呈协丰昌庄清理处略称民国十五年驻汉纸烟捐务处向该庄拨借洋二万五千元一案遍查档案均无此项文卷无从核办由

(1928 年 11 月 14 日)

为令行事,案查前据该会函呈以据协丰昌庄清理处略称,民国十五年前,驻汉纸烟捐务处向该庄借洋二万五千元,经该庄呈奉张前处长批候,转呈财政处核示偿还一案,请转呈令饬查案拨还,转请示遵等情前来,当经本会令行湖北卷烟税局查复核夺,并批示在案。嗣据湖北卷烟税局呈复,以协丰昌庄所请偿还拨借款项一案,无案可稽。复经本会以前湖北财政处撤销时,是项卷宗是否移交湖北财政厅接受,饬科函查去后,旋接该厅第三料函复称,前财政处监理中央税款之各项卷宗,均于财政部驻汉时,一并移部接收等语。又经本会遍查档案,仍无此项借款文件,无从核办,合行令仰该会查照转知。此令。

(《财政旬刊(汉口)》第 16 期)

13. 武汉将设商事特别法庭

(1928 年 11 月 16 日)

受理现金集中后之债务纠葛。汉口通信,武汉因上年秋间受现金集中及中交三行钞票停兑影响,以致发生债权债务纠纷,迄今不能解决。贷方既不认受钞票低落以致成废之损失,借方则以钞还钞,亦不肯认受此损失,遂致一年以来,商业金融均被牵动,而武汉之经济重心,亦遂操之于沪上矣。查汉口商场,债务总额,自夏历丙寅七月二十四日停止划拨起,至八月二十日止,汉口钱帮共放出款项六千万两,内有由银行借来转放者一千三百万两。至丙寅年终,钱帮共收回放款四千七百万两,即交还银行一千一百万,而外间尚有一千三百万,未能收回。至银行方面未收回之款,尚有一千万两,共计尚有二千三百万两之谱。银行放款均有抵押,尚易解决,钱帮则全系信用放款,此最难解决之事。钱帮既系信用放款,无法取偿,而所欠银行之款,除已偿还一千一百万外,其余二百万,遂无法偿还,此等信用放款,亦即汉口商场债务不能解决之症结也。武汉政分会主席李宗仁鉴于此项债务不能解决,致使商场凋敝,金融呆滞,复以财政委员会前召集商界代表讨论解决方法,未有结果。故于昨日(十日)再召集武汉两商会、银行公会、钱业公会代表,讨论一适当解决办法,务使贷借两方各得其平。是日武汉两商会、银钱两会代表均到,并有财委会委员金宗鼎,当由李主席宣布开会宗旨。略谓武汉因去年现金集中影响,致一年以来债务不能解决,不但商业金融交受其困,即平民生计,亦为波及,亟应从速解决,以恢复武汉商业金融,调剂平民生计。随由政分会秘书长翁敬棠起立,向各代表征询三点:(一)商业不能恢复,是否完全因债务不能解决。(二)现在债务总额究有若干,已偿还者若干。(三)商人方面,是否希望政府协助,当由各代表答称,汉口商业不能恢复,确因债务未解决所致,希望政府协助解决。继有汉商会代表陈述汉口商场债务纠纷,实际约分两点:(一)动产押款、股票押款及前政府私人借款。现在借款者不动产股票多成为逆股逆产,而人又出亡在外,刻下清理逆产又未终结,以致此等债务无法清理。(二)官票押款、政府借款、信用呆账放款。中交三行钞票,均因尚未整理,以致商欠久悬,盼望政府从速清理解决。复由银行公会代表陈述,银行放款,视债务人之资力若何,可以相当减让。银业公会代表则表示盼望从速解决,因该帮处于债权债务两者之间,比较债权债务之任一方尤较困难也。旋经讨论结果,由政分会秘书处会同财委会草拟组织商事法庭规则,受理汉口债权债务诉讼,其组织内容如下:(一)由政分会秘书处会同财委会,拟就组织规则,呈请中央核准后,再行组织成立。(二)裁判债务人有偿还能力而不偿还者。(三)债务人如无力偿还,则判令减折债额,或分期摊还。(四)关传避匿他处之债务人。(五)裁判债务时,商业团体得派代表到庭,陈述意见,一俟此项组织法草就后,即交各会签复,然后再呈中央备案,正式组织商事法庭。(中华社)

(《申报》)

14.鄂人发起航空公司

(1928年11月17日)

汉口　武汉民用航空发起人十五日假惠尔登开会议决,确定名称为民用航空有限公司,未招足股款十万元,由汉商会担任募足,加推王森甫、殷惠昶为干事。(十六日)

(《申报》)

15.武汉近闻:公债整理

(1928年11月17日)

汉口　汉商会对中央以公债整理中央、中交汉钞,表示不满。十五日电国府财部武汉政分会请另筹办法,分别整理,以重国信。(十六日下午四钟)

(《申报》)

16.汉商会请整理三行汉钞

(1928年11月20日)

汉口通信,汉口中央及中国、交通三行在汉应兑现之券,共约四千八百八十九万九千三百零五元,计中央国库券约八百五十九万九千零五十一元,中央负责发行之钞票二千七百七十四万六千八百四十二元,中国银行钞票一千三百七十四万五千七百零三元,交通银行七百四十万零六千七百六十元,一般市民以为该三行并无重大损失,且均有复业之计划,其尚流通在外之四五千万汉钞,无论如何,必有照数兑现之日。故事虽逾年,市民对该三行汉钞,始终满具兑现之热望。自财部决定发行十七年长期金融公债四千五百万元,为三行整理汉钞之消息传播来汉,群情惶惑,纷纷集议,请由汉商会出面电致财部,请予另筹分别整理办法,以重国信而安人心。汉商会已于昨(十五日)夜发出电文如下:"南京国民政府财政部、汉口武汉政治分会钧鉴,顷阅报载政府预备发行十七年金融长期公债四千五百万元,作为整理汉口中央、中国、交通三银行停兑钞票之用,等因。商众闻之,咸深惶惑,佥以全鄂人民自受三行钞票停兑影响,损失极巨,困苦不堪,而尤以武汉商场受害为最重,因之号呼奔走请愿。往年经过情形,早邀垂鉴,深冀政府对于此案,必筹有切实办法,解兹痛苦,借维民生,而结果竟得如斯,殊为觖望,纷纷转请设法维持前来。窃谓上海中央银行现正开始营业,其新印钞票仍须各省之流通,而名称既已相同,民众尤难辨别,设存以彼例此之心,难收推行尽利之效,此以信用言之,不能不请曲予维持者一。即退一步言之,上年汉口中央钞票因有特别情形,不得不以公债为之整理,是政府为难苦衷。在人民固当共谅,然拨之恤商爱民之素,仍盼损上益下之施,至若中交两行钞票,固为着我商业银行所发行者,开设之时既久,获利之厚可知,性质不同,办法自异,乃亦援中央之例,未免失情理之平。此以事实言之,不能不请曲予维持者二。属会忝居代表机关,既有所知,并据众请,势难缄默,理应代陈,务祈钧座俯鉴前情,准将三行停兑钞票,另筹分别整理办法,以重国信而安人心,无任迫切待命之至,汉口总商会全体同叩咸印。”(国闻社)

17.函复汉口总商会已令汉口局查明龙章纸厂造纸确系洋杭运式自应照洋杭运税额征税由　征字第三五七号

(1928年11月21日)

径复者,案准贵会函,据龙章纸厂汉口分销处而以发行十五万刀洋杭运照章完纳厘税,每件系两角四分,现在汉口征收局改为二元七角三分,请据轻税率以资提倡国货,等情。转请查核维持见复,等由,准此。除据情令行汉口局查明该公司所造纸张,如果确系仿洋杭运款式,自应比照洋杭运税额征税,以示提倡外,相应函复贵会查照,转知为盼。

此致

汉口总商会

湖北财政厅厅长张难先

(《湖北财政月刊》)

18.函复汉口总商会为炭行商会仍请变更帖则碍难尤准由　征字第三六二号

(1928年11月21日)

径复者,案准贵会函,以据汉口炭行商会再陈困难情形,仍请变更帖,则以示体恤,转请查核见复等由,准此。查汉口炭行业有遵章重订整理旧帖办法捐换繁土者,同一地点货目未便两歧所请改换繁中,碍难尤准,相应函复请烦查照,转知为荷。

此致

汉口总商会

湖北财政厅厅长张难先

(《湖北财政月刊》)

19.函复汉口总商会为宜昌棉花不征出口税已电复宜昌商会并电饬宜局遵照由　征字第三六五号

(1928年11月24日)

径复者,案准贵会函,准宜昌商会代电以据宜昌棉业分会陈,称宜昌棉花向只完进口税一道,素不重完,乃征收局于出口又复重征等情,转请准令该局照例征,收以免苛须,等由,准此。查此案前据宜昌市商会电呈到厅,当经代电复(见第四期代电征字第一二三号)等语,并电饬宜昌征收局遵照在案,相应函复贵会查照,转知为盼。

此致

汉口总商会

湖北财政厅厅长张难先

(《湖北财政月刊》)

20.汉商会主席黄文植当选

(1928 年 11 月 24 日)

汉商会二十三日午常委会互选主席,黄文植五票当选。(本报二十三日汉口电)

(《民国日报》)

21.汉商会推定主席委员

(1928 年 11 月 25 日)

汉口　汉口商会新执监委员廿三日就职,并互选黄文植为主席。

(《新闻报》)

22.两湖近闻:商会选举主席

(1928 年 11 月 25 日)

汉口汉商会二十三日开成立大会,互选主席,委员黄文植当选,各监委亦补行宣誓就职。(二十四日下午二钟)

(《申报》)

23.汉商请废公债

(1928 年 11 月 28 日)

汉口商会暨银行公会二十六日公推史晋生、沈季宣、孟纲臣等赴京,请迅发金融、财政两公债,整理政府欠汉商款。(本报廿七日汉口电)

(《民国日报》)

24.鄂人请整理两公债

(1928 年 11 月 29 日)

南京　汉商会银行公会,以报载政府发行十七年金融公债四千五百万元,整理汉口三行钞票。查民国十六一月一日,中央曾颁财政公债条例一千五百万元,为救济商民因军阀政府勒借债款之用,金融公债条例二千万元,订明归还国府新债之用。今为时已久,尚未办竣,而中央对于适未解决之七行汉钞,已颁新令办理,久经公布之新旧两项公债,反久悬不决。特电政会请查照原案,将金融财政两项公债根据条例,分别实施,政会已交财部查复。(二十八日下午十钟)

汉口汉银行公会派史晋生等赴京,向财部请愿。依照颁布条例,实行发行整理财政金融两公债,偿还武汉新旧债款,汉商会亦定二十八日开二次执监联会,推举代表偕往。(二十八日下午三钟)

(《申报》)

25.汉口总商会银行公会为依照已公布之公债条例整理湖北金融公债财政公债致南京总商会等单位函

(1928 年 11 月 30 日)

南京总商会、上海全国商会联合会、财政部、全国经济会议公债股常务委员、总商会、银行公会、北平总商会、银行公会公鉴,查民国十六年一月一日中央执行委员会国民政府委员联席会议,议决整理湖北金融公债、整理湖北财政公债两项条例,由财政部明令公布。其条文明定金融公债总额二千万元,内以三百万元归还国府新债。财政公债总额一千五百万元完全为清理前政府借款之用,在案仅按武汉会师之时,非萃鄂民资力无以巩北伐之基,非施公债政策。又以纾鄂民之困,鄂民倾体斯旨,故条例一颁,虽值凋敝之余,而对筹措现金部分之金融公债悉所输,将惟恐居后不意,政变发生中遭停顿,偿欠之债屡经呼吁,迄今未实行。现在全国统一业已告成,而武汉金融日困一日,敝会等上维国信,下念民生,职责攸关,难安默缄。因于十一月二十二养日,会同分电中央暨鄂省当道请求,依照公布两年之两公债条例分别实行,以贯彻救济吾国之初旨等文曰,全文见排印亦不录,等因。惟念武汉贯通南北,实国内经济之中心,荣枯生死,不仅影响一隅,务恳贵会垂念休戚攸关利害,所共一致主张力予援助,倘得中央按原案克日实施,是不仅吴鄂商民所当馨乎祈祝者也。临电神驰,应明教养,电及两种条例业已印就,由邮另寄,借供参政,并希洽照汉口总商会银行公会同叩。

(湖北建设厅)函各商会征集劳资双方互订一切新旧合约汇送过厅以便转呈由

(1928 年 11 月 30 日)

径启者,案奉湖北省政府训令第二五三二号内开:为令饬事,案查前该厅呈复遵令抄呈劳资双方签订合约之呈报有案,清册一件,请鉴核转复等情。当经检同原册,咨复工商部公函内开,并批示各在案。兹准工商部公函内开,□前准咨送建设厅抄呈清册,均系呈报有案之劳资合约,核与劳字第八九号函索之劳资合约,性质略有不同。准函前出,相应函请贵府查照,□饬所属转饬个工商团体,迅将该项劳资双方互订一切之新旧合约,征集抄呈转送过部,以资参考为荷!等因,准此。合亟令仰该厅查照,转饬各工商团体,迅将该项劳资双方互订一切之新旧合约,征集抄呈汇集,以凭转复,切切此令。除分函外,相应函达贵会,转知各工厂及工商团体,迅将该项合约,搜集汇送过厅,以便转呈,至纫公谊。

此致

汉口、武昌、沙市、宜昌总商会

湖北建设厅厅长石瑛

(《湖北建设月刊》第 1 卷第 8 号)

26.汉口钱业公会工作报告及建议

(1928 年 11 月)

汉口市钱业同业公会报告书暨附陈意见,简略报告:

本会经常费:

月入约计一千一百元。

月出约计一千六百余元。

本会举办事项:

一、钱业补习学校及附属小学

补校夜班:甲级十八人,乙级四十五人。

附小日班:高级五年级十七人,六年级十三人。

初级三年级三十一人,四年级三十人。

以上学生计一百五十四人。

一、汇划办事处

办事员:计二十四人。

月计划数:约二千万元。

一、日刊部

专办逐日行市日刊。

一、俱乐部

同业职员于事余之暇到部作正当娱乐。

本会执委会每星期日开常会一次,报告及讨论各案,曾经详载于议案。

附陈意见:

窃查本会组织迄今逾数十载,对于工商业金融上,虽未能普遍供给,而中小商人咸赖转移。银行事业未发展以前,金融之枢纽,操之钱业实无愧。近因政府金融设施取重银行,于钱业听其自生自灭,终鲜救济。在此政策下,故有今日之环境。钱业盛时代,同业达一百六十余家,今仅三十家,瞻顾前途,不寒而栗。犹如汉市钱业所纳营业税比上海市重千分之七,屡呈上奉依例更改,均未蒙允可。今汉市营业处于如此一蹶不振,萧条达极度之中,欲求挽救舍减轻民众担负,无以振兴,兹以钧部。视察委员莅会视察之便,因敢将困难原因陈请鉴核是幸,持是为幸祷。谨呈。

与三行汉钞无殊，而换给公债，亦中途停顿。政府垂恤民瘼之初旨，没而不彰，宁不可惜，此应请迅赐施行者四也。综上所述各端，实属情急势迫，商会等职责攸关，难安缄默，除于十一月养日电陈概略外，理合将切恳整理新旧各债缘由，具文呈请鉴核，节赐主持，即日令行政、财政部查照原案根据两项条例，分别实施，无任待命之至。兹由商会公推蒋锵卿、方少严、王森甫三人为代表，银行公会公推史晋生、沈季宣、孟调臣三人为代表，赴京晋谒，详细面陈，伏乞训示遵行，实为德便。谨呈。

（《民国日报》）

5.武汉市市政委员会训令财政、社会、公安局为据汉口总商会转呈请严令禁止川省当五十铜元流行市面以免影响物价紊乱金融转饬各该局严厉禁止并将遵办情形具报备查由

（1928 年 12 月 12 日）

为令遵事，案据汉口总商会呈称，据汉口米业商会、苏皖杂货店业商会等陈称，窃近来银价高昂，铜元低落，商场营业既受影响，人民生计亦感困难。乃又有川省当五十铜元流通市面，更虞不便。查此项铜元，初仅行用于肩挑小贩，继则通用于各业商店，询厥来源，系由襄樊及沙宜一带，辗转输入武汉。闻各该处每银一元可换当五十铜元七八串之谱，较之武汉每银一元抵换当二十铜元四串余文，其中难免无贩运牟利情事。设不转请严行禁止，将见此项铜元充斥市面，小之影响物价，大之紊乱金融，而商场之营业更难支持矣。他不具论，第就米业一项言之，曩者市用一文制钱时，至贵之米每升不过二三十文。自当十铜元出，而昔之二十三文一升者，即已涨至六十或八十文一升矣。迨至当二十铜元行用以后，则米价又逐渐增加。计至于今，即尾号之米每升亦须四百数十文。假使此项当五十铜元，准其在武汉行用，势非又加数倍不能购入，此害之在普通民众者也。至若商店门市，收入此项铜元，势必日见其多，而转向外省各埠办运货物，又均拒而不用，则只有收进而无从用出，不惟坐受损失，而商本因之缺乏，周转即已不灵，为害之大，实有不堪设想者。基上理由，拟恳大会即日据情转呈湖北省政府武汉市市政委会社会局，设法取缔，严行禁止；一面通令本省各县镇一律禁用，以维商业而固金融各等情，据此。伏查此项当五十铜元据称，系为川省所筹，从前仅在沙宜一带行用，近则不惟流行襄樊等处，而武汉地方亦有输入。兼之在彼处，系以贱价收来者，在此处，又复易洋往购，辗转贩运，既开奸商牟利之端，买卖纠葛益增，市而不安之象，而因以影响物价，紊乱金融，皆为势所必至之事。该商会等所陈各节，不为无见。经于第二次代表大会提交公议，一致主张照案转呈钧会，请予严令禁止，以安市面前来。除分转外，理合据情呈祈鉴核，迅赐施行，并恳批示祗遵，等情到会。除分行外，合行令仰该局严厉禁止，以免防害金融，并将遵办情形具报查考，切切此令。

委员长胡宗铎

（《武汉市政公报》第 1 卷第 2 期）

6.汉商会推派代表晋京之电知

（1928 年 12 月 13 日）

上海总商会接汉口总商会及银行公会电云，敝会等上月会同通电，请求实施整理湖北金融

财政两公债条例,业经电达,恳请援助在案。兹由敝商会推荐镕卿、方少容、王森甫三君,敝公会推史晋生、沈季宣、孟调臣三君为代表,即日赍呈晋京,前赴中央请愿。用将呈稿奉上,即请查阅,并希鼎力予以协助,以利进行。

(《新闻报》)

7.中央政治会议武汉分会财政委员会令湖北印花税局(抄原呈)

(1928 年 12 月 14 日)

呈一件:为汉口西药、颜料、化学各项存货应纳税款,各该商会仍置之不理,应如何办理,转请示遵由。

呈悉。事关应补税款,不容拖延不理,仍仰转令严饬照章补税,毋任再延,切切此令。

中华民国十七年十二月十四日

抄原呈

呈为据情转呈仰祈鉴核示遵事,案据湖北印花税第一区分局呈称,案奉钧局第三四六号训令开,案查汉口西药、颜料、化学等项存货印花税,前据该分局呈以可否准免补征请示前来,当经据情转呈中央政治会议武汉分会财政委员会,核夺示遵在案。兹奉指令内开,呈及抄件均悉,查西药、颜料等物品印花税,前经本会议决于六月十六日一律停征,业经布告在案。所有该商等六月上半月及五月份进口各存货,自不得听其借词要求免缴,仰仍遵照前令,即遵章补税可也。此令。抄件存。等因,奉此。合行令仰该分局,即便遵照办理具报。切切此令。等因,奉此。属局当经令委课员杨笃周、检查员江月波前往各该商会接洽,请转谕各该商店遵照补税。事隔旬日,未能就范。复经属局一再函催在卷,讵该商会等竟置之不复。查此案系奉钧局令,转奉财政委员会令饬遵办之件。今该商会等竟抗不遵照,究应如何办理之处,理合备文,呈请鉴核令示只遵,等情。据此,查汉口西药、颜料化学等项存货,前经奉令转饬照章补税贴花,自应遵办。乃为日已久,该商会等仍置之不理,殊与税务进行,大有妨碍。据呈前情,应如何办理之处,理合具文转呈。伏乞钧会俯赐核示,以便饬遵。谨呈中央政治会议武汉分会财政委员会。

湖北印花税局局长唐少昌

(《财政旬刊(汉口)》第 19 期)

8.两湖近闻:武汉国货展览

(1928 年 12 月 17 日)

汉口政分会派员与汉商会磋商武汉国货展览经费,由商会十日开会摊认。(十六日下午二钟)

汉口武汉民用航空会决先设场站,武昌在南湖,汉口在跑马厂,又拟于宜昌、襄阳、长沙、衡阳等处各设分站。(十六日下午二钟)

(《申报》)

9.汉商禁向日商保险

(1928 年 12 月 17 日)

汉口总商会通告商户,毋向日商保险,已保者迅速退去,违者照公约处罚。(本报十六日汉口电)

(《民国日报》)

10.鄂商会分等向国货银行认股

(1928 年 12 月 19 日)

汉口此间六团体组织之代国货银行招股委员会,十八议决招股办法,将全省商会分十等,一等六万元,二等四万,三等三万,四等二万,五等一万至五百元止,以次递差。(十九日上午一钟)

(《申报》)

11.武汉市市政委员会令社会局、公安局、汉口总商会为接浙江省政府电称西湖博览会展期开会仰即遵照办理由

(1928 年 12 月 24 日)

为令知事,案查前奉国民政府工商部函送浙江西湖博览会审查征集出品规则,暨该会开会、闭会日期等因,前来。业经抄发附件令仰该局遵照办理,依限呈会,以凭核转在案。兹接浙江省政府筱电开,敝省筹设西湖博览会,定于民国十八年三月一日开幕。所有各省市县出品,请于十八年二月十日以前征集运杭。业经通电,奉达在案。惟西湖博览会有关中外观瞻,非从容布置,力求美备,不足以发扬国光,而边远之区运送出品动费时日,为期过促,亦非所宜,因特展延一月,改定四月一日开幕,七月三十一日闭会。敬希协征出品,务于三月十日以前输送到杭,以便分别陈列。特此电达,敬希察照。浙江省政府叩。等因,前来。除分令外,合行令仰该局遵照办理为要。此令。

委员长胡宗铎

(《武汉市政公报》第 1 卷第 3 期)

12.汉商认募民航股款

(1928 年 12 月 25 日)

汉商会二十四日申科闭会,认募民用航空股款十元。(本报二十四日汉口电)

(《民国日报》)

13.汉商会建议要政

(1928年12月26日)

汉口　汉口商会廿五日电国府,请召集裁兵、预算、财政三会议,确定裁兵计划。

(《新闻报》)

14.汉商会请开三会议　裁兵、预算、财政

(1928年12月27日)

汉口商会电国府请分别召集裁兵、预算、财政三会议,以利党国。(本报二十六日汉口电)

(《民国日报》)

15.中央政治会议武汉分会财政委员会函汉口银行公会、总商会为善后公债中签票面洋应作现抵还借款届时由会派员会同点交请查照由

(1928年12月27日)

径启者,案准贵会暨汉口总商会、银行公会会函,以本会前作借款担保品之善后短期公债票,已于十二月一日在上海抽签还本,所有中签号码,业经函向上海总商会询明,请派员将该担保品内已中签各债票点明数目,俾抵借款,等由。查前次借款,原经本会指定,以善后短期公债所募债款,抵偿现存。贵会债票,其中中签票面金额合计共洋四万九千五百六十、三万九千八百元整。自应查明票面数目,一并点交作现。抵债借款,即由善后公债劝销委员会,按照原定提取公债及解交债款手续办理,并由本会届时派员前往,会同监视点交。除会饬善后公债劝销委员会遵照办理,并分函外,相应函达贵会,请烦查照。

此致

汉口总商会、汉口银行公会

(《财政旬刊(汉口)》第20期)

16.中央政治会议武汉分会财政委员会令善后公债劝销委员会据银行公会及汉口总商会呈以本会前作借款担保品之善后短期公债票已在上海抽签还本

(1928年12月27日)

为令遵事,案据汉口银行公会及汉口银行公会及汉口总商会会呈以本会前作借款担保品之善后短期公债票,已于十二月一日在上海抽签还本,所有中签号码,业经询准上海总商会电复,系一零、一九、二二、三一、四四、五九、六七、七一、八三、九九等,请派员将该担保品内已中签各债票点明数目,俾抵借款等情。查该项押存银行及商会之善后短期公债债票共一百二十万元,除业经本会先后令由该委员会分别提取三十万零一千三百六十元,转发认购公债人。截至抽签前十一月三十日止,计兑出公债票面二十五万六千六百五十元外,该委员会未兑债票余

额，其中中签票面金额共洋四千四百三十元，连同现存汉口上海银行中签债票票面金额共洋四万九千五百六十元，及存汉口总商会中签债票票面金额共洋三万九千八百元，总共中签债票票面洋九万三千七百九十元整。据呈前情，自应如数点交该会等，作现偿还借款，即由该委员会按照原定提取公债及解交债款手续办理，并由本会派员前往，会同监视点交。除函复该会等查照外，合行令仰该委员会遵照，会同本会派员妥慎办理，并具复为要。此令。

（《财政旬刊（汉口）》第 20 期）

17.省政府令汉口商会据 教育厅呈请设立各商业补习班

（1928 年 12 月）

为令遵事，案据湖北教育厅长刘树杞呈称，查汉口商业素称繁盛，各商店店员学徒为数甚伙，而求其稍能识字粗通文义者，实居少数。值此中外商业竞争时期，从事商业者如无相当之知识，将何以资应付而期优胜？顷据汉口钱业商会呈称，由该会集资设立钱业补习学校，招收各钱帮店员学徒入校肄业，授以商业技能，并附具简章前来。职厅以该会所请一节洵属切要之图，当经批示，准予试办在案。惟查该市各业商会不三百余所，每所均有会址公款，似可仿照钱业商会办法开办各该业补习学校一二班，以资补习而广教育。惟查商会非职厅隶属机关，未便径行令饬遵办，理合备文连同职厅所订章程呈请钧府鉴核，转饬遵照办理，并恳指令只遵，等情，到府。除指令外，合亟抄发简章令仰该会遵照办理，并将办理情形随时具报核夺。此令。

主席张知本

附简章：

第一条 宗旨，本校以灌输商学智识，增进营业技能为宗旨。

第二条 经费，本校经费由各该业商会自行担负。

第三条 校址，本校附设于各该业商会内。

第四条 组织，本校组织计分两项如下：

1.董事会，董事七人至九人均为名誉职，由各该业商会会董公推，并由各董事互选一人为主席，担任筹划校务及审核经费事宜。

2.职教员，校长一人总理全校事务事宜；教务及训练主任各一人，分任校内教务及训练学生之责；会计兼庶务员一人、书记一人，分负收支杂务及缮写之责；教员若干人，分任各科教授。

第五条 班次及名额，本校暂设一班或二班，每班规定学额五十名。

第六条 课程：（1）普通课程：党史党义、商业常识、经济概论、簿记、商品学、商业历史、商业地理、国语（附应用文）、数学（附珠算）、外国语。（2）专习课程，就各该业所必需学习者教授之。

第七条 教授时间，每日上课二小时，暂定下午七时至九时。

第八条 肄业期限暂定一年半或二年肄业，期满考查成绩及格者给予毕业证。

第九条 入学资格，凡各该业商店之学徒，年在十三岁以上二十岁以下，有志补习者，均得报名投考。

第十条 报名手续，凡投考本校者须缴四寸半身相片二张，并得酌收试验费。

第十一条 退学，本校学生若犯左列各项之一者，得令其退学。

(1)违犯党纪者;(2)身体病弱者;(3)操行过劣者;(4)无故离校未经本校许可者。

第十二条 惩戒,本校学生倘有不规则行动妨碍本校名誉者,得权其轻重,施以左列之惩戒:(1)训诫;(2)记过;(3)除名。

第十三条 修业日,凡星期、夏节、秋节及纪念日均修业一天,年假三日,寒假一月,暑假四十日。

第十四条 学生费用,不收学费,惟书籍文具概由学生自备。

第十五条 附则,本简章自呈奉湖北省政府核准公布施行。

(《湖北省政府公报》第 27 期)

18.公函:中央政治会议、武汉分会财政委员会公函汉口总商会为中国国货银行筹备委员会函催承认股款请查照从速办理由

(1928 年 11 月 22 日)

径启者,顷准中国国货银行筹备委员会函开,十月二十八日在沪开发起人大会,议决各项通电全国在案,兹寄上快邮代电一件,即希查照。将所认股款如期汇沪,交本行登报指定之代收股款银行收存,以资提倡。前曾寄上认股单,以备尊处转募时之用,现在已募若干,请转催依限交款,并先示复,至为盼转,附快邮代电一件。又准该会于代电开俭日代电,及附函谅达典签各处认股已届缴款之期,发起人为认股者之表率,尤盼提前先缴,以示提倡,而资观感先生热忱赞助倡议于前尚希慨然早征股款,玉成于后。国货银行因济案而发生,以实业救国为任务,全国提倡,中外公闻,倘竟一篑功亏,必致邻邦贻笑,此不得不请先生详查者也。至银行方面业已商妥,一经交股即按周年六厘计息,早一日缴股,则多一日利息,本月十五日截收。发起人股款之期瞬息即届,务请先生将所认及代募各股款迅即缴存,上海代收股款,各银行认股单填就并缴还,至为企盼,各等因,准此。除电复外,相应函达贵会查照,希即迅予进行,并先见复,以凭转复为荷。

此致

汉口总商会

(《财政旬刊(汉口)》第 16 期)

19.各省财政:汉商会转请汉厂面粉免缴特税

(1928 年)

津苏鲁区麦粉特税局,自实行征收特税后,无论华洋各种麦粉一律征收。昨汉口总商会通电,天津总商会,以中央财政部有令,凡未裁厘之省份,麦粉不收特税。现鄂省尚未裁厘,请开会转呈麦粉特税总局,暂行免税,照章放行。商会得电后,即时修函转呈特税总局,一方电复汉口商会云,兹将三原文录后。

一、汉口总商会致天津商会电,天津总商会鉴,敝处福新粉厂运津红牡丹牌面粉,津特税局要纳特税,查财政部办法,麦厘未裁之省份,不征特税。鄂省未裁税厘,不应重征,务恳转呈贵处面粉特税总局,照章放行,并盼见复,汉口总商会冬。

二、总商会致特税总局函，敬启者，顷准汉口商会冬电内开（同上电文从略），准此除先行函复外，相应函转，即希贵局查照，俯准放行，以恤远商，至级公谊，并望惠复，以凭转复为荷，此致国民政府苏鲁区麦节特税总局。

三、天津总商会复汉口总商会电，汉口总商会鉴，冬电悉，除据情迅即转函办理，一俟准复再行函复外，特电奉复，即希查照。天津总商会江

（《银行月刊》第 8 卷第 11 期）

20.通电各省财政厅各总商会各省商联会

（1928 年）

各省财政厅长，本京、上海、汉口、广州、北平、天津总各省商会联合会钧鉴，据全国财政会议决议于七月十五日由财政部召集各省财政厅长，京、沪、粤、汉、平、津总商会，各省商会联合会之代表，在首都成立裁厘委员会议等语。兹由本部定于七月十五日在首都本部内成立裁厘委员会议，即希各省财政厅长，本京、上海、汉口、广州、北平、天津总各省商会联合会之代表，届时来都出席，与议事关国计民生务望各抒伟见，弘济艰难，是所至盼。财政部长宋子文元印

（《财政日刊》第 199 期）

21.公函：函武昌、汉口、汉阳总商会派员会同守提国货出品应征由

（1928 年）

函武昌、汉口、汉阳总商会派员会同守提国货出品应征由

径启者，查中华国货展览会，首都国货陈列馆，及本省省区国货陈列馆，征集国货出品一案，敝厅于本月十一日招集武、阳、夏三商会领袖到厅开会，讨论征集办法，当经议决，由敝厅派员分赴武、阳、夏三商会，会同商会派员，亲到各帮同业公会，守提应征国货出品，以免稽延。并拟定武昌、汉口两商会各派二人，汉阳商会派一人在案，敝厅自应查照派遣。兹派国货陈列馆干事危复泰、崔学诗等，前赴武昌商会，敝厅科员孙自悟、许世墉等前赴汉口商会，科员邱秉刚，前赴汉阳商会，饬各该员会同贵会派员，分赴各帮守提应征货品，限于本月二十四日以前一律运送贵会暂存，并希每项货品各备三份，以便分别转发，除分函并分令外，相应函达贵会查照，希于该员到时，迅予派员会同办理，至馊公覆谊。

此致

汉口、武昌、汉阳总商会

湖北建设厅厅长石瑛

（《湖北建设月刊》第 1 卷第 5 期）

22.湖北建设厅令夏口县长据委员石肇基呈复遵查旅汉湖南岳临茶业商会呈控汉口茶行剥削茶商业一案逐条呈核由

（1928 年 8 月 22 日）

为令遵事，案据旅汉湖南岳临茶业商会吴赤伯等呈称：呈为痛陈茶行苛刻，恳予严令铲除，

以纾商困,而维茶业事,窃我岳临两邑,原系产茶之区,政府明令减税轻厘,以示优异,无非鼓励国货之出口也;迩年以来,茶商运茶到汉,本利相衡,有亏无已,溯厥由来,实汉口各茶行以茶商知识浅陋,素无团体组织,散漫可欺,茶商饱经蹂躏,痛甚切肤,敢将各茶行种种劣迹及应予更改之条逐一陈之:

(一)破坏法定秤码汉口市面所用之称,概以钱秤关秤为率,与茶商原籍之称不相上下,近来茶商每一百斤茶到汉售与各行,只称六十一二斤,调查该行售出仍作一百斤。且茶商茶包二百以内者,将秤打平时明丢八斤,在二百斤以外者,每丢十斤,此种丧良之举,未审根据何例,任凭如何交涉,各茶行采经济压迫手段,取一致强硬态度,不可理喻,现在湖北财政厅已有统一秤尺斛之规定,业经通令各属,凡用秤码者,一律改用关秤,而该行等玩视政府法定,私用大秤如故,此应请严令改用关秤者一也。

(二)操纵金融:汉口各项生意,均以洋码为率,该行出货亦然,今年该行等异想天开,买茶改用钱码,如同行违悟,则议罚酒席十桌,光洋二百元,但该行只用钱码以定茶价,及结账时复折洋码,每元照市价抬算三十余文,辗转盘剥,茶行公会贴有,同兴公、同裕生等栈紧要声明可证,此应请严令改用洋码以符统一币制者二也。

(三)多算印花:粘贴印花,国有定章,乃该行以茶商愚昧可欺,于售茶清单上,如贴印花一分者,则收洋一角有奇,贴一角者,则收洋一元以上不等,茶商与该行交易甚巨,受其多算不赀,现有该茶行交茶商结单可据,此应请严令照章粘贴照花算洋者三也。

(四)更换样茶:茶商卖茶,先将原茶包成小件,由经手分送各行,待其评定标价,如茶商愿卖者,此样茶即存该行,若行有涨势,尚无多大问题,行情见下,该行等枝节丛生,竟将原茶样斟换,或将好茶掺和其中,待次日交茶时,云不对样,抑勒减价,由数串至数十串不等,忍心害理,至此而极,此应请严令再不更换者四也。

(五)少补袋价:茶商装茶之麻袋,在茶称后,自应将袋退还,乃该行措袋不退,每只麻袋仅补钱一百四十文,近来各项甚贵,每袋需洋一元左右,该行等不照市价补袋,其损人利己,已可概见,现有该行交茶商结单可证,此应请严令照价弥补或准退袋者五也。

(六)恃帖居奇:查牙帖之设,恐弱小商民受奸商垄断诈欺也,凡行家领帖,在原则上系代客买卖,值百抽拥一・五,双方攸宜,兹该行值百抽用五・四,未知有何根据,既不代客买卖,显系屯积居奇,似此恃帖妄抽,孤行其是,与牙章原则大相背谬,此应请严令更正以符定案者六也。

(七)其他骗勒:茶商之茶祇汉时,各茶行争先迎起其行,迨茶起行之后,请求定价,而该行搁置不理,迄行情下降时,则将茶掮买,茶商有知识者,欲将茶转出别卖,而渠措词留难,尤有异者,茶商卖茶于该行,其抬包力、堆包力,理归该行负责,方为平允,往年该行只扣茶商抬包钱一百六十文,堆包钱四十文,挖渍并无其例,去年以来,该行等徒扣抬包钱八百文,推包钱三百文,如要复称,又加抬包堆力钱一串数百文,倘包稍有旧痕,该行管行人狂噬某包有水渍,用刀割破,将贵重之茶,满布地下,听其没收,还除挖渍费由六百至三串文不等,丧心病狂,变本加厉,有该茶行公会贴同兴公、同裕生等栈之章程可为覆按,此应请严令根本扫除者七也。

综上七端,系举该行等最大压迫剥削而言者,余不惮述,现值北伐告成,训政开始,我政府对于商瘼民隐,极端关心,岂容此奸行仍旧专横,若不彻底铲除,从重究办,不特茶商后患不堪设想,尤有失政府维持国货之至义,达三等代表茶商,对此不平等之苛刻条件,誓死奋斗,务达解除目的，用敢将上列弊端，暨汉口奸茶行一览表，一并赍呈钧厅，恳赐察核，迅予查明，依法究办，庶奸有所惩，匪岳临两县茶商蒙其福利，即国货前途亦端赖提倡矣。迫切陈词，无任屏营之至，附呈汉口剥削茶商之茶行一览表及副呈各一件，等因据此，除批示仰候委员石肇基前往查明具复再行核办外，当经检发副呈一览表，令行该委员迅即前往遂条调查明晰具报，以凭核办各在案，去后，兹据委员石肇基复称：呈为遵令查复事，案奉钧厅一一二三号令开，为令遵事，案据旅汉湖南岳临茶业商会高达三等呈控汉口茶行剥削茶商，举出最大七端，恳予查究到厅，并附呈汉口剥削茶商之茶行一览表一纸，据此，合行检发副呈及一览表，令仰该员迅即前往，逐条调查明晰具报，以凭核办，切切，此令。附检发副呈一件，等因，奉此，遵即前往汉口，先赴旅汉湖南岳临茶业商会，将所呈各条，向该会职员详细质讯，旋赴茶行商会，细查该会所属各行，对待岳临茶商有无种种盘剥情事，更向其他方面从事访察，冀获真相，兹将查得情形，仍照原呈所指七条分别胪列，并取有证据数件，一并附呈：（一）原呈破坏秤码，每百斤称少三十余斤，并明丢十斤八斤不等，该岳临帮执有清单数纸，内有一纸逐项注明，并粘贴是日钱价单，细加察核，尚与所呈相符，即将此单取附于后，以资证明，惟据商会茶行所述，系通用二十两称，每百斤除五斤补秤，并云秤码大小，各处原不一致，只在愿买愿卖等语，据此，则双方所隔只有多少之分，其非十六两秤码，及另除补秤，已为通例，证以注明清单所载磅秤，内中不无曲折。（二）原呈操纵金融，该岳临帮谓茶行改用钱码，拾价付洋，辗转盘剥，并指出茶行商会紧要声明为证据，茶行商会所言，向以钱为准，至要洋与否，听客自便，均照钱店市价折算，问其有无紧要声明一事，该行会即取出一张付阅，限定钱码收茶，方能获利，且严定罚则，此中不无可议之点。（三）多算印花。该岳临帮呈出清单（即第一条附单），背面实贴印花二角八分，单内扣银五钱，据行会所言，此个人事，与公会无涉，但已由公会通知实贴矣，通知单呈。（四）更换茶样，双方均无证明，此关于道德行为，决非定例，亦难决无此事。（五）少补袋价，盛茶麻袋，每袋由茶行补茶商钱百四十文是实，据岳临帮言，是时百物价涨，麻袋价值已达一元，不应拘守旧时限制，据行会所言，茶须有袋，本可不给袋价，但我行帮只守惯例，故仍给钱。（六）恃帖居奇，据茶行商会所言，实系九七扣佣，“三分”尝因生意需要关系，津贴津纪一二分，如当时扣现则九七·六，如半月期限则九八·四，此向例，亦各业通例也，据岳临帮呈出清单（附第一条），依单核算，系九四·六扣，合佣钱五·四，原呈相合。（七）茶行争先起茶到行，事后留难措买，及挖渍扣钱等弊，此种商情，势所不免，然亦决非茶行商会议定通例，如限用钱码之类，划归一致也。至于抬包堆包，此系临时雇用外班所需之费，与行无涉，另有同业公议力资价格一览表可证，（一并取呈）惟表内所列搬包岳州帮每件二百文，原呈行家扣钱系三百文，略有歧异。所有以上各条，均属确实情形，理合检同证明数件，一并缮折呈复，伏乞鉴核，附呈证明单四件，等因，据此，该商民吴赤伯等所控汉口茶行各条据，查多属实在情形，该行商等殊属不合，亟应抄发汉口剥削茶商之茶行览表一纸，并检同证明单四件，令仰该县长即日会同汉口总商会认真持平办理具报，以凭核夺，此令。

厅长石瑛

（《湖北建设月刊》第 1 卷第 4 期）

23.各省财政:关于汉口组设理债处之要闻:汉口总商会理债处条例草案

（1928 年）

汉口总商会理债处条例草案:

第一条,本处为维持商场,解除经济上全部纠纷,设立理债处,专理商人一切债权、债务事宜。

第二条,汉口市因时局关系,以前各商店一切债权、债务,应在本处陈请受理。

第三条,本处呈请省政府委派专员督同办理。

第四条,本处设处长一人,仲裁员二十四人,调查员八人。

第五条,专员有督察本处之权,处长有处理本处一切事务之权,但除执行案件外,要有重大事件,应与总商会及专员协商而行。

第六条,凡有已在本处申请仲裁案件,应由本处函咨法院,不得受理,但本处以商行为限,不涉及民事、刑事。

第七条,本处接受案件后,有传知债权、债务人限期到案听候仲裁之权,如传知当事人三次不到,得缺席判决。

第八条,关于理案事件,遇有债务人或各县各省者,本处得呈请本省长官,函咨该管官厅,就近传知赴案,如被传人延不到案,应请该管官厅押令来汉,以免规避。

第九条,仲裁员认定仲裁案件,经证人或鉴定人到案诘问,得限令证人或鉴定人依限赴案,案遇抗不到案或有意规避,本处得函请官厅严追到案听质。

第十条,经仲裁员认为当事人有交保或拘留之必要,得责成债务人取具铺保,如无铺保,得由本处函送官厅管押。

第十一条,案经决定,当事人不服裁决后,向法院起诉者,限十日内准由当事人申请即检齐卷宗移送法院核办。

第十二条,已经在法院先行起诉之案件,无论出自原告、被告,复向本处陈请,即函达法院,应检齐卷宗物证,移交本处办理。

第十三条,但遇有争议条文,无明文规定者,总商会应负解释之责。

第十四条,本处凡受理案件,皆以正当手续处理,无论任何机关及军人,不得以特殊势力妨害进行,或故意破坏之。

第十五条,本处对于受理案件,得酌征费用,其两造主张各有一部理由,使其平均负担费用,但不得逾所争债额百分之二。

第十六条,本条例未尽事宜,得援照辛亥年理债章程办理。

第十七条,本处办事规则另订之。

第十八条,本条例经大会通过后,呈请湘鄂临时政务委员会,湖北省政府批准,通饬各级法院,令行各级官厅,一体遵照,以奉到批令照准,即行开办。

(《银行月刊》第 8 卷第 8 期)

24. 公函中央政治会议、武汉分会财政委员会公函汉口银行公会、总商会为汉市中交三行钞票已准财政部呈准发行十七年金融长期公债以资整理由

（1928 年）

中央政治会议武汉分会、财政委员会分函

径启者，案奉中央政治会议武汉分会训令内开本，会以两湖金融未能活动，商业未能复兴，系受汉市中央及中国、交通三银行停兑钞票之影响，亟须设法整理，俾得回复原状，以利民生。前因中央银行开幕，曾经电请财政部长，迅将整理汉市三行旧钞方案决定实行去后，兹准宋部长号电，开冬电敬悉汉口中央银行钞票，暨本部在汉，所借之中国交通银行钞票，业经呈准发行十七年金融长期公债，以资整理，特电查照，等因。除分令外，合亟令仰该会知照，等因。除分函外，相应函达贵会知照。

此致

汉口银行工会、汉口总商会

中华民国十七年十二月十三日

（《财政旬刊（汉口）》第 18 期）

1929 年

1 月

1.汉口总商会、汉口银行公会暨会外各银行联席会议记录

（1929 年 1 月 3 日）

一议商会银行汇送政府新旧债款证据呈部核办案主席、中国银行代表王子鸿先生，略谓昨接本会三代表由沪来电云，已奉财部批令，属将新旧债款呈部核办，等因。汇送各项证据赴沪，但将来呈部时，手续关系重要，应请讨论公决。

讨论结果呈部时应由商银两会呈及，随后与部接洽办法，其签字商会即由龚君寿征代表银会，即由原推史、沈、孟三君代表至各种证据如正式总合同及总印收等，到沪后先请三代表会同龚代表汇齐，逐一拍照，如能将照片备文呈部，一面请部援照查验，中交两行证据办法由即派员莅沪，两市连同校对各项正式原件，随时呈对，随时收回最为妥。如难办到，则将证据正文呈部时，文中即请声明核后仍请发还，再将照片或抄件补呈备案。至各家分局，如商会或银会所出零收条或公函之类，由各家检寄上海各行保管。万一财部除检查总合同及即收之后须再查此等证据，所在行分别接洽，逐一检请审查，其接洽事宜，商会即由龚代表，银会即由哈君帮同三代表办理。

2.武汉三镇清洁运动

（1929 年 1 月 5 日）

汉口通讯，湖北民政厅奉内政部命令，于十二月十五日举行大扫除，但因筹备不及，定期于十二月三十一日，武汉三镇举行全市大扫除，并由民厅呈报内政部备案。查此间大扫除之种种筹备，完全由新组织之武汉市清洁运动大会负责办理，武汉市卫生局长李博仁、科长张尔亭及公安局长余希纯，均以全副精神，于期前加紧工作。闻此项运动，会费预算，仅列一千二百元，大约至多亦不过用到一千三百元。三镇各警察区署，每区各领卫生药水四十磅至五十磅不等，扫帚汉口市领二千把、武昌五百把、汉阳二百把，其余标布牌座，无论要区僻壤，触目皆是。运

动大会，三镇同于是日上午九时举行，汉口会场在济生三马路大坪，中间搭高台一座，届时宪兵警察各团体学生，均按照各区组织之规定，沿台之左侧，顺所标第一组以至第十五组之秩序排列。预定大会主席团各主席，如省府委员陶钧、市党会涂允植、政分会翁敬棠、市政委会李博仁、汉商会黄南屏等均到。公安局余希纯为总指挥，市政委秘书长董修甲、财政局于垞盛、工务局长赵心哲、夏口县长徐绍藊、政会宣传股长罗敦伟均皆在场指挥一切。十时开会，由汤作新司仪，陶钧总主席致开会词，次涂允植、翁敬棠、李博仁、黄南屏相继致词，大致均趋重由各个卫生，努力做到完善的公共卫生，过去的武汉污浊，均应随十七年除日以俱去，未来武汉的清洁，均从十八年元旦以来，十二时台上、台下会场摄影毕，即由陶、翁、涂等十数人，各执一帚，率领十五组中宪兵警察团体学生数千人，出会场上中山路游行，并沿途实行扫除工作，到怡园又摄一影，各队均照指定区域，分途工作，下午一时始散。

（《申报》）

3.汉商会协助官方要需

（1929 年 1 月 5 日）

汉口　财委会向汉商会息借百万元，商会三日开会，决于三日内缴四分之一，并于四日先缴十万元。

（《新闻报》）

4.汉商会请提高商会地位

（1929 年 1 月 7 日）

国闻社六日汉口电，汉商会赞同归商会，请纠正商协会攻击商会代军特电部皖，请提高商会地位，改良待遇，并颁布法令，以息浮言。

（《民国日报》）

5.汉商会议定摊认息借商款

（1929 年 1 月 8 日）

汉口　汉商会七日晚召集各帮开会，讨论财委会息借商款百万元事，议决于十五日前，先由各帮摊认廿五万元，以济要需。

（《新闻报》）

6.武汉商事法庭之组织

（1929 年 1 月 18 日）

汉口　处理因现金集中时，各项债务之商事法庭已由鄂高法院主持组织，并由省府社会局武汉三商会各派一人会办。（十六日下午十二钟）

（《申报》）

7.两湖近闻:武汉市法庭成立

(1929 年 1 月 19 日)

汉口　武汉市法庭于二十日前成立,汉商会已推定贺衡夫,银会推殷惠昶,钱会推陈椿堂为参加代表。

(《申报》)

8.武汉商情枯窘

(1929 年 1 月 20 日)

国闻社十九日汉口电,武、阳、夏三商会复市财局,历陈市况,商情枯窘,请暂缓施行营业税。

(《民国日报》)

9.汉口水案可免扩大

(1929 年 1 月 21 日)

汉口　汉商会十九日电外交部,请与日方力争,务达惩凶赔偿道歉,及撤退水兵目的。北平总工会电,市党会渭水案交涉情形,允筹集巨款接济。(十九日下午十二钟)

(《申报》)

10.函湖北全省商联合会为取缔各县市票并得强制收兑由　公字第七八号

(1929 年 1 月 23 日)

径启者,查敝厅取缔各县市票暂行条例,暨规定登记收兑期限节经函达贵会,并请转行各县市商会不得再行擅发及各印刷商店不得再行承印各在卷,兹以取缔各县市票,为整理金融,拯救民生之要政务,须依限肃清,以符通案。惟恐商民漠视功令,致碍进行,特重申前令,如出票人有借故阻挠,不遵照本条例如期登记或收兑者,得查封其财产,并强制变卖,作为收兑其所出票之资金。由县财政局长或县财政局尚未成立之县署呈请本厅核准执行,除呈请湖北省政府备案并通令外,相应函达贵会,查照转行各县市商会,知照为荷。

此致

湖北全省商会联合会

湖北财政厅厅长张难先

(《湖北财政月刊》第 7 期)

11.汉日军又复寻衅

(1929 年 1 月 27 日)

汉口　外部覆电汉商会,渭水案迭经电达日使,转饬驻汉日领,对地方所提要求,迅与鄂交

署商洽，因此案发生及事后检验当地有确证。故仍以就地交涉为宜。（二十六日下午九钟）

（《申报》）

12.汉商会讨论营业执照问题

（1929 年 1 月 27 日）

汉口　市委会令商会，在营业税未施行前，先举行颁领营业执照。商会定廿六日开代表大会讨论。

（《新闻报》）

13.汉商会请缓征营业税，集合武汉夏各商一致请愿

（1929 年 1 月 28 日）

汉口　汉口商会廿六日晚开各帮代表大会，讨论市财政局实行营业税，及颁领营业执照，决要求缓办，定廿八日集合武昌、汉阳、夏口商民，赴省市党部省市政府政治分会请愿，如无效，即电中央请求。

（《新闻报》）

14.函汉口总商会函请将海货以每件每桶每捆计税者照单逐一查填重量函送过厅由　征字第五九号

（1929 年 1 月 28 日）

径启者，查统税则内第九类海货，关于课税单位一项，多有沿用每件、每桶、每捆等名称，此种名称原系商场惯例，本有一定之重量，但商人转运此类货物，往往有不能成件、成桶、成捆者，而各局员司以税则内无量之附注，无凭推算，不得不适用估抽办法，畸重畸轻，在所不免。殊非裕国便商，兼筹并显之道，自应详加注明，俾便推算。所有海货中以每件、每桶、每捆计税者，按照商场惯例各应若干斤，相应开单函，请贵会逐一查填明确，函送过厅，是为至盼。

此致

汉口总商会

计函送海货清单一纸

湖北财政厅厅长张难先

（《湖北财政月刊》）

15.汉商界缓税运动

（1929 年 1 月 28 日）

国闻社二十七日汉口电　汉商会因迭请市财政局缓办营业执照不许，二十六日晚开各营代表会议，任汉臣主席，佥以汉市本边业三头，近年各省行商裹足，避免汉口苛税，水陆多越捡面过，纳营业课税，影响更巨。结果决由三镇商人于二十八日上午向省市指会、省市政府、该分

会请愿缓办,如不允,仅电京。

二十七日酉刻,汉商会开代表大会,坚请缓办营业税,财政局长出席,说明营业税颁行后,杂税免除,于市民有益,众仍反对,定二十九日赴省市政府及政分会、省市指委会请愿。(本报廿七日汉口电)

(《民国日报》)

16.外部对日抗议汉案

(1929 年 1 月 29 日)

汉口　罢委会、反日会于二十八日假汉商会开会,欢迎中央民训会特派员刘家树,并请新闻界参加,万钧致欢迎词,涂允植报告罢工及日人寻事经过,刘亦有极详之报告。(二十八日下午十一钟)

(《申报》)

17.汉商会请缓办营业执照

(1929 年 1 月 29 日)

汉口　汉商会二十七日代表大会,对武汉市财局实行营业执照,决由三商会推代表,向市政府、省府政分会、省市党会请愿缓办。(二十七日下午十一钟)

18.鄂商请愿缓办营业税

(1929 年 1 月 30 日)

商界请缓征营业税,二十九日请愿,市指委会允开会议商决,市政委员会允,再议。(本报二十九日汉口电)

国闻社二十九日汉口电　武、阳、夏三商会请愿属千余代表,二十九日已在汉商会集合,推张械泉、石和湘、蒋阳卿、饶觉成、舒文钦、陈善舜丞、周金山、万尔高等为请愿团代表,率参首赴市指委会,次至致分会,市政府请愿,缓颁营业税及营业执照,并请准市民参政,定三十日赴省指委会、省政府请愿。

(《民国日报》)

19.鄂省府等对商会请愿表示

(1929 年 1 月 31 日)

汉口　三商会代表三十日晨九时赴省府省党会,请愿缓办营业税。省府党会均派员接收请愿书,允转为商办。

(《新闻报》)

20.省政府据汉口总商会电呈日军轧毙水杏林惨无人道令交涉员甘介侯向日领严重交涉

（1929 年 1 月）

为令遵事，案据汉口总商会敬日电开，日本驻汉海军陆战队于筱日下午三时，在内地同德里附近因演习巷战，炮车横行，致将我国车夫水杏林轧毙，肇事以后，并希图含混了事，此种举动不惟惨无人道，亦属有辱国体。汉口市民目击情形，同深悲愤，环恳转呈钧座，对此惨案，务饬严重交涉，必须惩凶，抚恤死者家属，不达目的，誓不中止。并一面废止中日间一切不平等条约，以绝厉阶，属会愿率全市商民为政府后盾，临电迫切，惟希垂察，等因据此。除指令外，合亟令仰该员务向日领严重交涉，并将交涉情形随时具报为要。此令。

主席张知本

（《湖北省政府公报》第 32 期）

21.武汉民用航空飞机议定先购七架：推定周星棠等九人为董事，周为总经理、黄文植为协理

（1929 年 1 月）

武汉民用航空协进会，上月二十日下午三时在该会议所开第二次干事会议，讨论事项：

（一）立案手续，（决议）先组织武汉民用航空股份有限公司，以便呈请政府立案，并由股东推定周星棠、黄文植、张棫泉、余仲虎、李德齐、刘少卿、殷惠昶、张承谟、邹燮卿等九人为董事，并决定周星棠为董事长兼经理，黄文植为协理。

（二）购飞机案，（决议）购买：A.英国地海佛伦，轻便摩斯式四人座水陆飞机各二架，每架约洋九千八百余元；B.美国莱茵五人座二架，每架约三万二千元；C.德国永克六人座每架约五万余元。说明若德国永克飞机价目，在四万元以内，则多购莱茵（美国）飞机二架。

（三）股款收集案，（决议）除已缴者外，未缴限十日内一律缴齐。其在湖南方面代募者，由本会函催，对于汉口跑马场股款，由周星棠负责。

（四）筹备航线案，（决议）暂先规定五大干线：（子）汉粤线，（丑）汉川线，（寅）汉平线，（卯）汉沪线，（辰）汉陇线。讨论至五时余散会。

（《汉平新语》第 1 卷第 7 期）

2 月

1.武汉商界请愿缓税

（1929 年 2 月 1 日）

国闻社三十一日汉口电　三商会请愿团五百人三十日午，由团代表带至武昌商会，赴省府

请愿，缓办营业税，张知本允于二时常会后即回复，各代表一部分赴省党部请愿，由秘书长出见，允转达。傍晚省政府委员胡宗铎、陶钧接见各代表，代表等遂出府散归，现候省府批示。

（《民国日报》）

2.中央政治会议武汉分会财政委员会指令：令汉口总商会呈一件据黄帮各业商会永远福等，呈以宜城沙洋等处印花专员擅收过境税勒贴肥私等情抄赍结稿转呈派员查办由

（1929年2月2日）

奉武汉政治分会发下该商会函呈及结稿均悉，已据情令饬湖北印花税局，从严查办，具复核夺矣，仰即知照，此令！

中华民国十八年二月二日

（《财政旬刊（汉口）》第23、24合期）

3.中央政治会议武汉分会财政委员会指令汉口总商会

（1929年2月2日）

呈一件：据黄帮各业商会永远福等呈，以宜城、沙洋等处印花专员擅收过境税，勒贴肥私等情，抄来结稿，转呈派员查办由。

奉武汉政治分会发下该商会函呈及结稿均悉，已据情令饬湖北印花税局，从严查办，具复核夺矣，仰即知照。此令。

（《财政旬刊（汉口）》第23、24合期）

4.中央政治会议武汉分会财政委员会训令湖北印花税局据汉口总商会呈据黄帮各业商会禀控宜城沙洋印花专员擅收过境税勒贴肥私一案仰派员密查据实具复由

（1929年2月2日）

为令遵事，案奉武汉政治分会发下汉口总商会呈一件内称，据黄帮各业商会永远福、正太福、复盛昌、阮祥泰、同兴福、鼎盛信、同泰祥、永成庆、恒茂明、利源裕、兴发善、同昌德、永源和、聚兴永、记祥记、恒太明等盖印略称，为印花专员擅收过境货税，勒贴肥私，病国病商，呈请转恳撤差查办事。窃商等向在汉水流域老河口、樊城、臼口等处，采购棉花运汉销售，历来遵章完纳统税、领填大票、贴足印花，沿途查验放行，并无流弊。自印花税分区征售，各专员均系包销，只图多销印花，少报收数，以肥己私，病国病商，毫不顾惜。近来商等在老河口、樊城等处采购之花，均已由张家湾完纳统税、领填大票、贴足印花。及货船行至宜城，勒令加贴印花，声言每包花须贴印花一角。行至沙洋，又勒贴印花每包一角。至仙桃镇，又勒贴印花每包一角。至臼口所购之花，已由沙洋税局遵章完纳统税、领填大票、贴足印花。至仙桃镇仍如前，计包加贴。且其口称加贴印花，实则只令船户计包缴洋，并不发给印花贴于货上。船户稍一辩论，即指为抗税，立送公安局拘押，罚洋十元至二十元不等。罚款收后，则由局出一结稿，加船户以抗税、侮

辱等罪名，勒令船户照缮画押，以防其上诉，然后释放（结稿粘呈）。此等行为，较之前清逢关纳税、遇卡抽厘之虐政，有其过之。查暂行印花税法，虽有第二条各项之规定，然并无重重加征、沿途均收过境货税之明文。且印花专员原以销售印花票面之数为报解之数，今收洋而不发印花，公然中饱，恬不为怪。政府加税裁厘，原以杜弊，今税局尚无多弊，而印花专员如此妄为，其与厘金之弊相去几何？若不呈请派员撤查，从严撤惩，将商务日坏，国税日绌，是岂今日廉洁政府之所以风示中外哉！情迫只得联名具呈大会，恳予据情转呈武汉政府分会，并函请湖北印花税局恳予派员密查，确实依法惩办，以维国税而恤商艰，等情。附粘抄结稿一纸，据此。查印花税法，所有各种单据于一次贴足印花之后，概不得重复加贴，早经订明有案。今如该商会各商号所称，张家湾以下各局印花专员，对于该商等所运棉花不惟违章勒贴，并有任意严罚情事，实足以妨碍商业，自不能不转恳钧会准予所请，派员密查，依法惩办，以恤商艰。缘据前情，除分转外，理合呈祈鉴核施行，等情。附抄结稿一纸，据此。查控关违章勒征、任意苛罚，亟应从严查办，以儆贪污。合行令仰该局即便遵照，遴派妥员前往，严密彻查，据实具复，转呈核办，勿稍徇延。切切此令。

附抄结稿一纸。

（《财政旬刊（汉口）》第23、24合期）

5.函复汉口总商会以菊花税额过重转恳饬局照旧案办理由　征字第七六号

（1929年2月2日）

径复者，案准贵会函，据汉口市参燕业商会函称，菊花税额过重，转恳饬局照旧案办理等情，查核施行见复，等由，准此。正核办间，适据汉口征收局呈称，案据汉口参燕业商会来函，据参燕同业多家来会声称，近日各号运到菊花经汉口税局查验，每担饬完税洋三元，比较原定税率超过四倍之巨，缴税莫由，希将下情转当局，依照原订税率每担菊花税洋六角，否则案县不决，商等不能负逾期之咎等情。到会查菊花纳税前经修改税则委员夏主任赋初，与敝会暨药业代表公同磋议，因菊花种类繁多，无从详辨，为免去一切纠纷起见，无论系何种类，平均估本每担合洋二十元纳税六角著为定率，今经收员或者不明此案底细，致生误会，亦未可知，函请仍照每担六角征税，俾该商等速行遵缴，免致县延，等由，据此。查菊花一项，种类繁多，价值相隔甚巨，犹之同是一燕而有上、中、下之别，此次税则所定每百斤估本二十元是普通野花杭菊自下时价，并无每斤二角之事，税率须平均负担税则是根据估本。该帮事前既不据实列出，意图蒙混职局只有按照税章第七条未载之列，照实估税，杭菊每斤估本一元当然不重，其普通野菊每百斤仍照抽六角，于税则亦甚相符。且已有多数商家照完毫无异议，办法未便两歧，当经函复请转为开道，该帮勿为借口，不明底细，致将正当税收久事拖延。嗣据该参燕业商会会同汉口药材行业商会一再函请求复，以各该号所运之货确系真正杭菊，应按每百斤估本一百元抽收，以示税率平等。又经函复转致各号遵照办理各在案，所有杭菊按照实价估本抽税情形是否有当理合，具文呈请钧厅核示，遵实为公便，等情，据此。指令（见指令征字第六六一号）引发外，兹准前由，相应函复贵会查照，转知为盼。

此致

汉口总商会

湖北财政厅厅长张难先

(《湖北财政月刊》)

6.汉口商界与营业税　财政当局认为轻微平允良税　商会请缓行营业执照之详情

(1929年2月3日)

汉口通讯　汉口总商会因武汉市财政局,对于三商会代表,暂缓实行营业执照之请求,不予容纳,特于前日(廿六)晚五时,开汉口各帮代表大会,同时并请财政局长出席该会,说明实行营业执照,即实行营业税的第一步。盖财政局先系函告商会,谓将施行营业税,三商会一致请准缓行,未及财政局又函该商会,谓在营业税未施行以前,限各业基金在五百元以上,须于本月二十日以后,二月十日以前,到财政局照章撤费领照。惟该商会历陈商艰,请一并暂缓施行之函不复,故有二十六日之商帮代表大会,届时到百余人,主席任汉臣,先后发表意见,有罗荣卿、贺衡夫、张棫泉、石和湘等数人,虽经财政局长于氏详加说明营业税,是如何良税,又轻微,又平允,且一旦实行,其他苛税,一概废除。但全体商帮代表,均以请缓期实行营业执照和营业税,并不为商人个人,乃是为整个死的过载的武汉市,以为近年来各地商人办货,为避免种种苛捐杂税起见,已不在汉口过载,都从东北水陆大道一径走了。故结果于氏虽因事退席,而全场依然一致决议,向省市党部、省市政府、政府分会请愿,一并缓办,请愿日期为二十九日上午十时,请愿人为武、阳三商会所属各帮代表。并决定如不得当局之许可,即电向南京请愿,至十时始散会。记者特录汉商会第一、第二次致财政局请缓办函,以见汉口近年市况,姑先录财政局所颁之营业税课税标准及营业按级领照,并缴费之规则如左。

营业税按月缴收一次课税标准:

物品贩卖业营业金额千分之五

铺租千分之五

雇员每一人三角

银行业钱业保资本额万分之十五

险业制造业铺租千分之七

雇员每一人五角

行号堆栈业铺租千分之五

雇员每一人五角

印刷业及照相业营业金额千分之五

铺租千分之五

雇员每一人三角

菜馆旅馆营业金额百分之三

铺租百分之五

雇员每一人三角

茶馆业楼上每桌一角

楼下每桌二角

牙行业收益额千分之二

雇员每一人四角
承揽业(如建筑公司运输公司之类)营业金额千分之五
铺租百分之一
雇员每一人三角
营业执照一年一换,请领时缴纳照费等级
等级费额资本额
甲一二百元五十一万至百万以上
甲二百五十元二十一万至三十万
甲三百元十六万至二十万
乙一八十元十一万至十五万
乙二六十元九万至十万
乙三五十元七万至八万
丙一四十元五万至六万
丙二三十元二万至四万
丙三二十元七千至一万
丁一十元五千至六千
丁二五元三千至四千
丁三三元一千六百至二千
戊一二元一千一百至一千五百
戊二一元七百至一千
戊三五角五百至六百

(《益世报》)

7.函复汉口总商会以鄂豫火车货捐于路运商业并无窒碍,仍希刘切开导,解除误会,俾各遵章完纳,不得再行借词要挟由　征字第七九号

(1929年2月4日)

径复者,案准贵会函,据汉口转运同业商会呈为汉平铁路鄂豫火车货捐新则,税率加重,客货改道运业,全体转请准予暂照旧章办理,以示体恤,并希见复等由,准此。查火车货捐鄂豫通车即已设局稽征,彼时物价低廉估本极轻,迄今多年从未修改,前年百货厘税虽一律推加估本,而于火车货捐悉仍其旧,所谓估本加税至增税率一倍,全非事实。工赈捐附征一成由来已久,此外尚有捐税、附税、票捐、补助费名目繁多,易滋流弊,上年修改税章合散为整统征为附税二成,取消各种名称,以资整齐,亦便计算,并非于正税而外新加附捐三成,捐率值百抽收二五。凡由汉至豫,暨由豫至汉各货,又皆减半征收。此外修改捐则而捐,率并未更改,只以时势变迁,物价低昂,今昔悬殊,火车运货既非从前旧章税捐,事同一律,实有修改章则之必要。又以路政所关,亟宜兼顾,按值估本,格外轻征,即如黄运、厚楪、鱼肚、洋靛、白朦、颜料、锡箔等七种,是该转运商等所指为加捐甚重者,兹以川运而论,每百斤捐洋七元,且系直接征洋,非以五三三折算,是否加重市价,具在不难查考,其余皆可类推。且已徇商人之请,业将七种货物捐额

核减二成,以八折征收,是于整顿税收之中,仍寓体恤商艰之意。至谓货捐厘金不能兼完,并以税捐分征之故指为重征,若非有意索混,即系不明章程,各征各款,已非一日。鄂省征收统税,专为原有厘金一部分彻底改良起见,与另案征收之火车货捐绝不相涉。总之火车货捐关系全国,鄂豫征收亦须一致,豫省既已照章施行,鄂省亦不能独异。前准河南财厅来电,谓纳税商人对于修订捐则毫无异议,不过少数公司向借包税、包运为渔利者,不免有所把持,稍生波折,现亦平息等语。是于路运前途商业方面,并不发生若何窒碍,贵会代表商界维持税务素具热诚,仍希刘切开导,解除误会,俾各遵章完纳,不得以不便私图再行借词要挟,致滋纷扰。相应函复贵会,请烦查照,转知为荷。

此致

汉口总商会

湖北财政厅厅长张难先

(《湖北财政月刊》)

8.汉商营业税执照　展期至三月底领用　日需品税轻　奢侈品税重　当局与商会辗转磋商之结果

(1929年2月10日)

汉口通讯　自武汉省政府财政局局长于坨咸决定一月二十日至二月十日为各业领用营业执照期,以为定期实行营业税之标准。即形成武、阳、夏三商会组织请愿团,于一月二十九、三十两日向汉口市党省委会、政治分会、市政府及省政府、省党指委会请愿。遵行缓办之后,关于二十九日向市党会、政治分会、市政府请愿情形,已详前报。查三十日请愿代表团依然五六百人,请愿之程序,先向省政府次向省党委会,党委会系由民调会秘书建维代为接见,允将请愿团之请愿者转达常委会。省政府则先由主席张知木接见诸代表,诣准将请愿书提交本日常会讨论,请各代表先行回去候信,各代表都不肯回。张主席遂返府,开常会讨论结果,以是用营业税原经兹会议决实施,应毋庸议,对商民请愿,虽加以否准,但在府候信各代表团不知也。省府各委公举后,如张知本、石瑛均经出府,登车回寓,刘树杞、胡宗铎、陶钧亦随后出府,时均晚六点钟,各代表一致声明,其有跪地以求者,最后虽不得不各自出府归去,但仍不知省府会议已经否准所请。不过经此一来,当局反形注意,武汉卫戍司令部秘书长聂怒夫以冬防吃紧、地方治安问题,应请商界共同注意,当于三十一日电约总商会代主席陈经畲、武昌商会会长吴幹丞、汉阳商会会长周仲宜等到司令部谈话,多所垂询。关于营业税问题,陈经畲及吴、周两会长节要申述实施之种种影响,请求设法救济。至地方治安问题,决不至由商界方面发生若何影响。聂谓现既军民合作,关于营业税问题,总有商量余地,云云。自是而后,新市长潘宜之及秘书长董修甲,送经电约商界领袖,征询对于营业税之意见,同时并表示,凡足以影响市场之处,均可以提出修改。经此数次非正式接洽之后,潘远东请三镇商界领袖,于二月四日下午一时,在市政府备具茶点,为一度正式商会,届时到黄文植、吴幹丞、周仲宜、贺□夫、萧纯卿等七八十人。开会如仪,潘对商界颇有合作之表示,故商界方面,若黄文植、吴幹丞、周仲宜、萧纯卿等,先后发言,尽道申述。对于营业税之种种意见,潘亦表示完全接受,但因本人已决定五日因公赴平,约两周后,始得返汉,即委托黄释会长,于财政局长负责,与商界接洽。本人亦提出一种意见,其最要者,关于领用营业执照,决展期至二月底,营业税课税标准关于日需品,必经过商界代表正式参加修改之后,再由市政府呈请省政府核准施行。潘虽预定三月一日为实行期,但亦并无成见,四日之会,为谨见之好现象云。(五日)

(《益世报》)

9.武汉商民请缓办营业税　潘宜之召商界交换意见

(1929 年 2 月 13 日)

国闻社汉口通讯　武、阳、夏三商会,询各商帮之请求,执行大会决议,组织请愿团,于上月廿九、卅两日向当政当局请愿,缓办营业税及营业执照。二十九日在汉口方面,向市党委会政治分会,及市政委会请愿。三十日三商会请愿团五六百人,于午前在武昌商会集齐,约十二时自省政府出发,到达后适是日为省政府当会之期,首由张知本主席出语,团代表周允□、石和湘等十人,谓君等请愿书,准于本日当会提出讨论,请即率同众代表回去候信。众代表坚欲得一圆满解决消息,遂留一部分在省府候信,分一部分向党委会请愿。省党委会由民调会秘书长接见,允集情转达,各代表遂仍驻省政府,候至傍晚,并无消息。卒未得结果,遂各自出府,分道散归。次日各报载称是日省府会议,对三商会呈请令饬武汉市财政局,将营业税及领用执照暂缓实施案,当经一致认为案经议决施行,所谓着毋庸议,而完全否准。但三镇商人,对于汉口整个的商埠,日趋绝境,咸深杞忧。三十一日卫戍司令部参谋长聂洸电邀三商会主席陈经畬(汉商会代主席)、吴幹丞(武商会会长)等前往谈话。盖深恐奸人乘商界请愿缓办营业税的机会,有所煽惑,万一演成无聊举动,当此冬防吃紧及商场照例年终收束时期,影响实巨,故聂氏谆谆以地方治安为念,即对营业税问题,亦多所垂询。陈经畬遂将汉口商场现在的地位,及实施营业税(指市财政局所定的条例言)后所得的影响,详细陈述一番,请为设法救济。聂谓现在军民合作,营业税条例,既有不妥之处,总可商量。陈经畬恳切声言商人但求如何能够安居,如何能够乐业,兹无论如何决不致有轨外行动。吴幹臣、周仲宣(汉阳会长)亦各就本题多所陈诉,聂极为然。嗣后武汉市政府新市长潘宜之及市秘书长董修甲,亦迭经电邀三商会领袖前往谈话,对于市财政局所颁行之营业税条例及领用营业执照规程亦多所讨论,一致表示施行是税必以无害于商,有益于市为原则。旋潘更用个人名义,柬请武、阳、夏三商会,汉口银行公会,保安联合会等九团体领袖,于四日下午一时到市政府茗谈。届时到黄文植、陈经畬、周星棠、贺衡夫、萧纯卿、石和湘、任汉臣、吴幹丞、周仲宣等七十余人。各领袖进府、出府时市府特备音乐,表示很隆重的迎送。二时如仪开会后,潘市长主席,恳切宣示,大致谓武汉市犹之大家庭,各商帮犹之小家庭,必通力合作,才能同舟共济。至如何才能切实合作之处,请尽量指数,云云。次黄文植、吴幹丞、周星棠、萧纯卿、石和湘先后发言,归纳其总意见,大致可说都是借此机会为缓办营业税一个变相的总请愿。潘当表示完全接受,但案经省政府决议施行。为推行尽善计,决由商界推代表若干人,与董秘书长及于垞咸财政局长对营业条例及执照领用规程,加以修改,再呈请省府核准施行。至领用执照期限,决由二月十日延长至月底。盖潘因公准于五日赴平也。至修改要点,假定日用必需之品,改为千分之一或二,奢侈品增为千分之三或四,银行保险业等资本额万分之十,行栈堆栈业铺租千分之十五,并决由官商合租,报税委员会,以求既便于商,又利于市云。

(《民国日报》)

10.武汉商会调查各帮营业

（1929 年 2 月 16 日）

国闻社十五日汉口电　三商会代表十五日联席会议，决组武汉市商会调查商业委员会，推黄文植、陈善长、周仲宜、张械泉十一人为委员，黄伟主席，限二十五日起，两周内将各帮营业调查竣事，二十五日再开联议大会，商议一切。

（《民国日报》）

11.调查武汉商业　三商会联席会议议决

（1929 年 2 月 17 日）

汉口十五日专电　三商会咸（十五）日联席会议，议决组织武汉市商会调查商业委员会，限各帮于旧历正月后半月内，将各帮营业状况，调查完竣，并于月半后开三商会联席代表大会，商决实施营业税事。

（《益世报》）

12.中央政治会议武汉分会财政委员会训令汉口总商会：为限期掉换从前所发印花并分令各县商会知照由

（1929 年 2 月 19 日）

为令行事，案查鄂省从前发行各种印花税票，均系财政部驻汉时所印制，前武汉临时财政整理委员会因印花缺乏，屡向中央请领未得，充分接济不获，已将原存特制爆竹印花盖戳，改作普通印花代用，或以原制五角一枚之普通印花改作一角，使用种类既属复杂，商民难免猜疑。兹为划一印花式样起见，经已决定除加盖区戳之部会所制印花，应准由商民贴用，暨北政府印花，当然失其效用者外，凡属国民政府旧式印花，一律准其掉换会制新式印花。其掉换期间，自三月一日起至四月底为止。掉换手续，武、阳、夏地方，即由湖北印花税局遴派妥员，会同各商会办理，其他各县则由持花人于限期内将应掉换之印花，送交各该地县商会汇齐专送，或邮寄湖北印花税局掉换，转发各商民贴用。倘或逾限不掉，即行作废。除布告并令湖北印花税局遵办外，合行令仰该商会即便遵照，转告商民依限掉换，并分行各县商会一体查照。此令。

（《财政旬刊（汉口）》第 25 期）

13.武汉市将征营业税

（1929 年 2 月 23 日）

汉口　市财政局决组营业税审查委员会，委员聘商界五人，委四人充任，于垸成为当然委员兼主席，组织章程已由市府批准。（二十二日下午二钟）

汉口　市财政局三月一日改行征收营业税，经商会接洽，允减轻，原订千分之五改千分一二，奢侈品改千分三四，调查各商营业状况，由三商会负责，并转报财局，武昌商会通告各商，须

入会注册，未注册商号，仍由财局调查征税。（二十二日下午十二钟）

（《申报》）

14.武汉商业调查已自昨日开始

（1929 年 2 月 26 日）

汉口　二十五日下午十时七分本报专电，武汉三镇调查商业日期，经官商协定，自本月二十五日起至三月十日止，襄（十一）日至世（三十一）日为领取营业执照期。

（《益世报》）

15.汉商会调查营业税

（1929 年 2 月 27 日）

汉口　汉商会五次代表会举办武汉市营业税调查方法，决议由各商会分任调查，期限以二月底为止，并推张棫泉为代表，参加欢迎典礼。（二十五日下午十一钟）

（《申报》）

16.（武汉市社会局）令武汉三商会汉口银行公会对于中央银行印行各种兑换券须与现金一律行使通用并饬转知由

（1929 年 2 月）

为令遵事，案奉武汉市市政委员会第二八五号令开，案奉湖北省政府第二五七四号训令开，案准国民政府文官处函开，径启者，奉国民政府令开，据中央银行总裁宋子文呈为拟印发行各项兑换券，计一元、五元、十元、五十元、一百元五种，附呈图样，请予分别公布备案等语。除照准备案外，着京内外各机关转行所属征收、交通各机关，并布告商民一体知悉，对于此项兑换券，须与现金一律行使通用，以重币政而利金融。此令。等因。除分函外，相应录令函达查照。等因，到府。除函复并分行外，合行令仰该委员会查照，并转饬所属一体知照。此令。等因，奉此。除分行外，合行令仰该局查照，并转饬所属一体知照。此令。等因，奉此。除分行外，合行令仰该会查照，并转知各业一体遵照。此令。

局长涂允檀

（《武汉市社会局局务汇刊》第 1 卷上册）

17.（武汉市社会局）令汉口总商会转知钱业商会嗣后每银洋一元兑换同元最高率不得过四十串文以经民生由

（1929 年 2 月）

为令遵事，查本市铜元价格低落，百物昂贵，民困未苏，就中尤以小贩、车夫终日辛苦所入尽属铜元，以之购物米珠薪桂，受累匪轻。亟应设法救济，严为提防。为此令仰该会转知钱业商会，自本月十一日起，钱市开盘务须注重民生，妥为调剂，每银洋一元兑换铜元，最高率不得过四串文。庶于酌量供求之中，兼寓关怀民瘼之意，有厚望焉。此令。

局长涂允檀

（《武汉市社会局局务汇刊》第 1 卷上册）

18.（武汉市社会局）令汉口总商会为据汉口机器米业商会复函称现在市上米价情形函呈查核仰仍照前次所呈变通办法转知米商遵照并仰查照暂行整理湖北商会条例每日将日用必需物品价格公示市民由

（1929 年 2 月）

案据该会函略称，汉口机器米业商会函复，暂时米价每石售银自十四元五角至十元止，不敢操纵居奇，请查核，又称该会同业无力筹款并无此项提议，应请据实具复，俾免误会各等情前来，不胜诧异。查此案前经该会于去年十一月二十七日拟具变通办法，以凡遇有大宗米谷，或系他商运销武汉，或由汉商前往购办，均准其筹备巨款，自由囤积，不加限制。惟购进米价实需成本若干元，先须据实报告，将来售出时，亦只能酌取相当之利益，不得抬价居奇，有碍民食等语。呈复到局，当经令仰转知米商遵照。复经本局派员前往各地调查，并将该员呈报情形令行该会开导米商，核实减价各在案。该会既为汉口商业之总机关，不独米商随时报价办法，系由该会自行呈准有案，即按照暂行整理湖北商会条例第十四条之规定，调剂物价取缔暴利，每日应将必需物品价格公示市民各节亦属该会之专责。兹据前情，除函致物价评定委员会外，合再令仰该会仍照前次所呈办法，转知米商随时将购进米价连同单据，核实呈报物价评定委员会，以凭考核，勿令长此蓄谋操纵剥削贫民，并仰遵照上项条例，每日务将日用必需物品价格公示市民，以副名实。事关要政，毋得稍涉敷衍，致碍民生。切切，此令。

局长涂允檀

（《武汉市社会局局务汇刊》第 1 卷上册）

3 月

1.武汉市市政府指令财政局局长于垞咸（附原呈）

（1929 年 3 月 4 日）

呈一件：呈报营业税审查委员会已经成立，并分别函聘黄文植、陈经畬等九人为委员，请核准备案由。

呈悉。准予备案。此令。

市长潘宜之

附原呈

呈为呈报事，窃查职局前为施行营业税便利起见，曾经遵照中央颁布各省征收营业税办法大纲第五条之规定，拟具营业税审查委员会组织章程，呈奉钧长核准施行在案。兹由职局聘请汉、武、阳三商会代表黄文植、陈经畬、萧纯卿、吴干承、周文轩,并委派职局职员赵炳光、张友三、陈彰英、高光炎等为营业税审查委员会委员,即日成立。除分别函聘并令委外,理合备文呈请钧长核准备案,实为公便。谨呈武汉市市政府市长潘。

武汉市财政局局长于垞咸

(《武汉市政公报》第1卷第5期)

2.武汉三商会为实施营业税成立调查商业委员会

(1929年3月4日)

推定主席及各股主任与宣言,发出实施工商业总调查委员。

武汉市实施营业税牌照税案,业经官商接洽妥协,由三商会组设调查商业委员会,昨三日已就汉商会成立,开始办事,并推黄文植为主席,余蓉樵为总务股主任,张棫泉为委员,陈善长为调查股主任,陈文珊、余服民、万雨香为委员,周仲宣为审查股主任,周文轩、赵百珊、姚竟成为委员,调查种类如后:(一)营业牌号;(二)营业种类;(三)营业住址;(四)营业姓名;(五)资本额;(六)损益额全年概数;(七)全年营业全额之估计概数;(八)备用人数;(九)房租每月若干。一面并发出宣言,用附于后:

武汉市商会调查商业委员会实施工商业状况总调查宣言

武汉全市工商界同志们,这次武汉市商会组织调查商业委员会,实施工商业状况总调查,是因为武汉市政府求市政的发展,实行营业税,和发行营业执照的缘故。商业状况总调查,就是推行营业税的第一步,要是没有这一次总调查,全市商业状况的真象,都不易明了,营业税的进行,也就感觉不便。现在正是着手调查的时候,特把营业税和总调查的关系办理经过情形,详细说明,请大家注意。

市政府实行营业税的原意。市府当局,谋市政的发展,感觉财政困难,由市政局推行营业税,以为市财政基本税源,原拟施行办法:(一)决定先发行营业执照,等到执照领齐,同时即征收营业税;(二)由市财局派员挨户直接调查,规定调查项目,极为繁细;(三)由市财局组织营业税审查委员会,为营业税一切关系事件的唯一审查的机关,所有委员人数,合委员的职权,可参考审查委员会组织章程第二、第五两条的规定。

施行营业税必先行总调查的意义及办理的经过。武汉市商会,觉得市财局的办法,虽属完备,但是武汉商界同志,暨各类商会,纷纷陈述觉得于工商业本身上,有许多不便的地方,嗣经三商会,商由武汉市商会负责先行调查工商业状况后,再领营业执照,经过长期和多次婉商,□得市府当局的采纳,这就是武汉市商会调查委员会成立的历史。

委员会实施总调查的责任和办法。委员会实施总调查,一方面协助市财局施行营业税的初步,□方面是代武汉全市工商界负整个的责任,最重要者,是寓有征求全市商业的情况,是否健全,以便精确统计而为逐渐改良的意思。那末这个总调查,不独为营业税的进行,是为武汉市工商界自身谋发展的,不待言也。至于总调查的办法,是以业务范围为单位,由各业商会各帮帮董分途负责调查,设有未入帮或各业商会,实施总调查时,得和平劝导加入,但遇有整帮未入商会者,由本委员会直接办理之。

所有总调查的规程,和调查方法,都经订定,应行调查工商营业税项目,已取得市财局的同意，表中规定，亦觉简便。营业税实行的必要，办理经过的困难，既是如此，在这个实施总调查的时候，对于我全市工商同志，就有如下的希望。

一、这个总调查，实由武汉商会和当局协商的办法，替全市工商界负整个责任，希望于实施调查时，大家诚意接受，勿生隔阂。

二、人民均有纳税义务，况我工商业者，所负的责任，所处的环境，更有不同，当这个市财政短绌的时候，尤须踊跃输纳，希望我工商界同志，对于此项营业税，万勿怀疑，致碍进行。而且营业税是单纯税，如果一行，凡属同性的税，和一切杂细捐款，都可免除，这一句话，市财局曾向我市商民，一再宣言过的，想绝不会欺骗我们的。

三、凡关财政设施，均以量出为入为原则，所以多半先决用途的数目，再谋收入的办法，武汉市府，对于市行政和建设的经费，当然于施行营业税的里面，早有预算。希望我工商界同志对于总调查规定资本流水损益各项，莫隐瞒或少报。隐瞒少报，固可少纳一点税，但是市府预算，一经不符，势必又要增加税率，（例如四万资本，减去三万，仅报一万，是少报四分三，如市府通盘计算，依调查结果，只千分一，即足用设全市总计数少四分三，最低亦须千分二方可应用，否则预算过于不符，势必增高税率是。）而且一经察觉，除依照实在数额收税外，还要处罚，那是贪图小利，反受了最大的损失，这是最要注意的。

（《汉口中山报》）

3.汉商会代表会议讨论施行营业税问题

（1929 年 3 月 9 日）

黄文植报告营业税办法及意义，并推定劳资金裁委员会各委员。

汉口总商会昨（八）日下午五时开第六次代表大会，到会者一百五十余人，黄文植主席开会如仪，主席报告开会意义，略谓今日召集各帮代表开会其最重要者，就是营业税问题。营业税的办法，是以十七年流水账簿为标准，按千分之一二计算，奢侈品按千分之三四计算，一不调查账簿，二不取具备案，务望各代表转告各商帮，了解此种意义，不要观望怀疑等待。继由保险业代表，棉花业代表，相继发言，请将营业税条例，详为报告，并请限令时日，登记完毕，旋由主席解释营业税意义，如有怀疑，可用书面到会咨询，时期以二日为限。后经各代表要求，谓限期太迫，一时赶办不及，展限七日，一致通过。时论事项，社会局来函请组织劳资仲裁委员会案，当由余蓉樵报告劳资□编取缔法之意义按章规武阳夏应推举委员三十人，汉口十五人，武昌十人，汉阳五人，请各帮代表应将产生之代表推出等语。计推举劳资仲裁委员姓名于下：苏太余，刘少卿，杨松国，罗保生，余服民，焦秀安、赵□民、赵百册、何文炳，熊□洲，周尤□，严竞先，张域泉，周鸿卿，吕兰亭。临时动议。主席报告印花税，（后面缺失）印花税禀条例审查委员会，（通过）石和湘报告筹备国货经过案，李德齐报告财政部两次借款，前者为二五厘券，后者为卷个借款经过案，余蓉樵报告党政军民联欢大会明日请各代表一致参加，议毕散会。

（《汉口中山报》）

4.武汉商事法庭今日成立

（1929 年 3 月 10 日）

汉口　武汉商事法庭定十日在汉商会开成立会。（八日下午十一钟）

（《申报》）

5.市府暨汉商会昨日宴请沪国货旅行团团员

（1929 年 3 月 12 日）

上海厂商国货旅行团，拟定十六日休业，以国展会诚□□□，展期至十九日，复经各□局一再磋商，请□国展会同时闭幕，惟该开在沪时，会□□□界豫陕甘鲁等省赈济农览会之约，须往参加，而运汉物品又以价格低廉，将次售罄，故不能再行展期。业经开会决定，以一部分留汉特别廉售，□国展会同时闭幕，以副此时当局挽留之盛意，另一部分□□于今日下午十时休业，明日搭轮赴沪，至该团总团长□□尤□工作人员，则拟酌留数人在汉照应，以备结束，武汉市政府、武汉三商会昨特邀请该旅行团工作人员及厂商代表，在□花楼股宴组践，聊尽车云云。

又讯，武汉国货会展□□□□科特刊股编印国货特刊，□已出版，内容丰富，约三十万□所有纸张，概用国货，□由该会赠送各机关各□□□，特加印一千余本，托该□上大□书局、商务印书馆、中华书局□□书局代售，每本实售大洋一元。

（《汉口中山报》）

6.汉商会拨六千元接济罢工

（1929 年 3 月 12 日）

保安会将开会募款。

水案交涉，以日帝国主义者专横，迄未得到解决途径，所有对日工友救济金，亟待分途任募。昨悉汉口总商会决定助拨六千元，除缴四千五百元外，其余之一千五百元，定今“即二十”日如数缴清。又保安联合会，亦将于今明两日内召集临时大会，为对日工友沿户募集救济金，交罢委会转发云。

（《汉口中山报》）

7.武汉商事法庭成立

（1929 年 3 月 12 日）

汉口　武汉商事法庭十日成立，六委员同就职，张知本监誓，并致训词。（十一日下午三钟）

汉口　武汉商事法庭理债标准分五等，一等十足偿还，二等七折以上，均可分期，三等四折至七折，四等二折至四折，五等二折以下或免还。（十一日）

（《申报》）

8.汉商会接济罢工工人

(1929 年 3 月 21 日)

汉总商会十九日拨六千元,接济水案罢工工人。(本报二十日汉口电)

罢工委员会获日译李荫堂,据供日人授予手枪二支,预备寻衅,并言已被日人买收百人,洽禾为总目,罢工会得供。除惩办李荫堂外,当召集罢工工人调查,勿为日人利诱。(本报二十日汉口电)

(《民国日报》)

9.省政府令发武汉政治分会规定武汉中华国货展览会各县长商会征集出品奖惩规则

(1929 年 3 月)

为令行事,案奉武汉政治分会训令内开,查本会为征集武汉中华国货展览出品,曾经规定县长商会征集出品奖惩规则一种,并将该规则标准电达该省政府饬属遵照在案,兹检同该规则九十份令发该省政府,仰即转发,所属各县长商会一体遵照为要。此令。等因。附奖惩规则九十份,奉此。查此案前奉武汉政治分会佳日代电,以武汉国货展览会现距二月一日开幕之期,极形迫促,先将规定县长商会征集出品奖惩规则标准,电达,等因。正核办间,适逢前因,除将该规则分别存留令发外,合亟检发规则,令仰即便转发,所属一体遵照为要。此令。

主席张知本

附奖惩规则:

第一条　武汉中华国货展览会(以下简称武汉展览会)为督促两湖各县长及县商会征集员征集展览会物品事宜,制定本规则分别奖惩之。

第二条　奖励分二种,如左:1.记大功;2.记功。

第三条　县长及商会征集员有左列事实之一者,予以记大功之奖励。

1.完全征集该管区域内(即征集员负责征集之地域)之特产物品送会陈列者。

2.征集之物品现为国际贸易品及将来可为国际贸易品得一等以上奖在五种以上者。

3.征集之物品有足以抵制外货挽回利权得一等以上奖在十种以上者。

第四条　县长及征集员有左列事项之一者,予以记功之奖励。

1.征集该管区域内(即征集员征集之地域)之特产物品在半数以上送会陈列者。

2.征集之物品于历史上或科学上有相当之价值得一等以上奖在十种以上者。

第五条　惩戒分二种,如左:1.记大过;2.记过。

第六条　县长及征集员有左列事实之一者,得予以记大过之处分。

1.该管区域内(即各会征集地域)之特产物品不予征集送会者。

2.征集之物品不在期限内运送到会者,于限内电告在途者,不在此列。

第七条　县长及征集员有左列事实之一者,得予以记过处分。

1.该管区域内(即各会征集地域)之特产物品遗漏在半数以上者。

2.征集之物品全无得奖者。

第八条　本规则所未列举而事实相等者,得照各条之规定奖惩之。

第九条　依本规则应受记大过及记过之处分者,如在开会或延会期内,能将出品征集多数补充陈列时,得撤销其处分。

第十条　依本规则应受记功、记过之奖惩者,由武汉中华国货展览会开具事实,分别函请办理。

第十一条　依本规则县长受有奖惩者,应函请两湖建设厅查照归入县长考成案内办理。

第十二条　依本规则各县市商会征集员受有奖惩者,应函请各县市商会分别办理。

第十三条　本规则自公布日施行。

(《湖北省政府公报》第38期)

4月

1.汉商界欢宴各要人

(1929年4月2日)

汉口　汉商会昨欢宴党政军各界要人,刘峙、刘文岛均有演说。(二十五日专电)

(《申报》)

2.汉商业旅行团　汉商会所组织

(1929年4月4日)

汉口总商会组织各商场及各专门商业旅行团,游历各埠,首先参观西湖博览会。

(《民国日报》)

3.武汉商民获昭苏　蒋主席允取消营业税

(1929年4月7日)

蒋主席六日下午二时半赴民众园各界欢迎大会,市长刘文岛致欢迎辞。蒋演说,谓鄂人政权交诸鄂人,应请自决,加以保障。商会黄文植致辞后,蒋主席立即答复,决取消营业税,三时半返行辕休息。(本报六日汉口电)

(《民国日报》)

4.函汉口总商会为检送湖北石膏专卖章程暨施行细则请查照由 公字第三七四号

(1929年4月8日)

径启者,查石膏专卖章程暨施行细则业经本厅拟就,呈由湖北省政府第八十九次政务会议议决通过，检案行厅令饬遵行在案。嗣后石膏收售事宜由湖北石膏专卖局直接办理，凡商民需膏者可径向该局购买，无须请托居见，除令饬该局遵照布告，并令各征收机关知照外，相应函送该项章程暨细则各一百二十份，请烦查照，并希转函各县市商会查照为荷。

此致

湖北全省商会联合会检送湖北石膏专卖章程细则各一百二十份

湖北财政厅厅长张难先

（《湖北财政月刊》第 10 期）

5.武汉各界　明日开迎蒋大会　汉商会昨晚欢宴

（1929 年 4 月 10 日）

武汉各界定十一日下午二时，在济生三马路开欢迎蒋主席大会。（本报九日汉口电）

汉商会九日宴蒋主席。（本报八日汉口电）

贺耀祖表示，蒋主席对军事取宽大主义，政治暂委人负责，党务拟设法整顿。（本报九日汉口电）

汉电武汉定十日开军民联席会。（本报九日汉口电）

蒋主席八日派张静江点收鄂省清乡署什物文件。（本报八日汉口电）

蒋主席派方觉慧接收《中山日报》及《民国日报》。（本报八日汉口电）

汉商会通告，营业税承蒋主席允准取消。（本报八日汉口电）

（《民国日报》）

6.汉商会报告军事垫款十六万

（1929 年 4 月 12 日）

懋业钞票照常通用

汉口　汉商会定十一日开大会，报告胡陶借去十万，垫付治安费六万。（十日）

汉口　汉商会将布告商民，懋业银行钞票照常兑现，务一律通行。（十日）

（《申报》）

7.宋子文清查汉商债款

（1929 年 4 月 15 日）

宋子文连日除计划两湖此后财政及处理商业银行外，对于汉口商场所欠三妙尔公司债款，已调集原经手人，分别清查。

禁烟会十四日派员查办武汉烟税。（本报十四日南京电）

（中央社十四日南京电）禁烟会拟武汉前政分会担任禁烟分会，在该地抽收烟税，前后至二百余万元，实违反国法，将派员赴汉，查办此事，将于下次会议提出讨论。

江汉关监督缺十三日由宋子文该委席德柄充任。（本报十四日汉口电）

（《民国日报》）

8.整理两湖税收程序
(1929 年 4 月 16 日)

汉口　汉商会十五午开会,欢迎宋子文,发欢迎宣言,以清还中央积欠汉商会积款,及免除苛捐杂税二事,仰赖于宋、懋业银行,经俞飞鹏等清查结果,并亏十五万,宋决令就亏款储蓄复业,再依法处分逆产。

(《申报》)

9.宋子文新委湘鄂财政人员
(1929 年 4 月 17 日)

汉口　宋子文十五日在汉商会演说,谓一切不良税收,国府拟有具体计划,切实整理,望人民与政府合作,俾统一全国财政。(十六日专电)

汉口　汉商会定十六日宴鲁涤平、刘文岛。(十六日)

汉口　国民政府顾问怀爱德昨夜乘吴淞号抵此。(十六日路透社电)

(《申报》)

10.汉商会欢宴鲁刘
(1929 年 4 月 18 日)

汉口　汉商会十六日欢宴卫戍司令鲁涤平、市长刘文岛。鲁表示不株连、不滥杀,以全力捍卫武汉。刘表示当努力建设,并拟请蒋将前财局长于垞咸枪毙,以儆贪污。(十七日专电)

(《申报》)

11.鄂省府裁撤西北行政委员
(1929 年 4 月 22 日)

汉商会定期宴军政长官

汉口　代民厅长方觉慧令裁撤鄂西北行政委员,已电饬李纪才,陈家瑞遵办。(二十一日专电)

汉口　卫戍部破获自称民团军机关,总司令胡广,二路正副司令左宝珩、叶炳衡等,均被逮。(二十一日专电)

汉口　汉商会定二十三日下午五时,欢宴蒋以下军政长官。(二十一日专电)

(《申报》)

12.汉商会宴党军政要人
(1929 年 4 月 25 日)

汉口　汉商会二十三日午宴党军政领袖,到刘峙、曹万顺、刘治渊、方觉慧、萧萫、刘文岛等百余人，三刘均有演说。

（《新闻报》）

13.武汉特别市财政局批

（1929 年 4 月 26 日）

具呈人汉口市馆业商会：

呈一件

呈请改良筵席捐经征取缔办法由

呈悉仰速派代表一人，于本礼拜六早十时来局详陈可也，此批。

局长兼副局长刘文岛，任耀先，戴维夏

局长陈毅民、副局长任耀先

（《汉口特别市财政局财政月刊》第 1 卷第 1 期）

14.汉口总商会代兑中央辅币券之通启

（1929 年 4 月）

敬启者，查前日代表大会提议，以现在市面行用一种中央辅币券，该券票面并未注明发行地点，亦未在汉口设立兑换机关，买卖交易殊多不便，经众公决，由会转呈财政部宋部长，请予在汉设立中央辅币券兑换所，以资便利等情在案。兹准中央银行王君逸轩来函内开，奉宋部长交下贵会，呈据各业代表提议，请速转呈财政部，设立中央辅币兑换所，等因。查前总司令部所发中央银行一角二角小洋辅币券，自去年十二月七日起，业由政府拨足准备金，无限制兑换，为兑换便利起见，并委托全国中、交两行各分支行同时办理。兹准前因所有武汉地方一角二角小洋辅币券兑换事宜，在敝汉行未成立之前，拟请贵会自明日起，暂行办理兑现，其兑换基金，当由敝行先拨现洋五千元应兑。此款兑尽，即请以兑入券送交敝行，以便再行续拨。现款送交贵会，但此项小洋辅币券，应以十二角兑大洋一元。至前中央银行汉口分行所发五色五角大洋辅币券，已由财政部公告另案整理，不在兑换之列，应请贵会注意并布告周知。合特函达，统希查照办理等因。并交到现洋五千元到会准此，除布告定于四月十九日起，每日上午九时至下午四时止，由本会暂行办理兑现外，相应函达台端，即请查照，分知为盼。

（《湖北省政府公报》第 44 期）

5 月

1.豫陕甘灾情奇重，汉商会极力募款

（1929 年 5 月 3 日）

关于筹募豫陕甘赈灾捐款一事，汉口总商会前日开代表大会，公议劝募办法，结果决暂从

狭义入手，就各业分途募集，所有各业代表，均为发起人，自认捐款，以十元为准，其代募之款，多固益善，少亦无妨，期集腋之成裘庶众擎之易举。该会复以三省灾区较广，灾情奇重，求拯之书，急如星火，待援之众，望切云霓，设稍缓夫鸿施，恐无济于干涸。昨（二日）并录案函请各代表，广为劝募，积极进行，至募获捐款无论多寡，期在早日交会，以便汇解，用济赈需云。

（《汉口中山报》）

2.济南惨案周年纪念

（1929年5月4日）

清江浦　三日午淮阴县党部等五十余团体，假慈云寺，举行五三惨案周年纪念，各界并休假一天。（三日专电）

汉口　武汉各界三日假汉商会举行五三惨案周年纪念会，追悼蔡公时及济南殉难诸烈，到各团体代表千余人，主席团蒋坚忍、王怡群、陈希平。黄文植等为主席团，总主席官全斌，十二时开会，先行追悼礼，由吴鲸波主祭，蓝希周读祭文，当场分散宣言及特刊，极热烈悲壮。（三日专电）

（《申报》）

3.武汉特别市政府训令汉口总商会据汉口业主会呈请各节经第二次市政会议议决仰转饬知照由

（1929年5月4日）

为训令事，案据汉口业主会呈请，（一）缓办土地登记，（二）禁止任意提取房租，（三）请改良工务局所定让宽街道办法，（四）禁止军人杂居民房等四项。经本市长提交第二次市政会议，议决如下：

（一）土地登记，疑难缓办。（二）房租不准任意提取，令财政局查照。（三）令工务局公布让宽街道计划。（四）呈总司令通发布告，禁止军人占住民房。

以上议决案，除第四项业奉总司令布告严禁，余均分令各局遵照办理外，合亟分仰该会转饬该业主会知照。此令。

市长刘文岛

（《武汉特别市市政月刊》第1卷第2期）

4.汉商会定期欢宴省市整委

（1929年5月4日）

汉口总商会，以省市两党部整理委员，皆已正式宣誓就职，特定于本月六日星期一下午一时在该会备办茶点，率领全体会员，欢迎两党部整理委员，请求训示云。

（《汉口中山报》）

5.印花税局在本市设立五劝检所

(1929年5月4日)

汉口总商会昨函各业商会,以五月□日,准湖北省印花税局第四□号公函开,该局所辖各分局,对于各种印花税务,照章本可察酌情形,委员专办。武阳夏分局办理汉口印花税,分类设置专员经征员,计达十有五员,机关林立,名目繁多,苛案滥征,殊形滋扰。敝尹局长莅任以来,迭据各商民纷纷而陈,并由该会函转请求改善办法,业经严令剔除弊端,禁止拦街苛索检查,而将筹划整理,力图改良情□,分张布告,函复,呈报在案。兹经督饬该分局张悉心考察,酌量拟定,除含有特□性质之堂条戏券,轮船客票,化装物品,房租折约,汽水,鄂豫火车货单,鄂岸确运局盐票等项印花专员,暂缓裁并外,其余各专员经征员,一律裁撤。惟汉镇幅员辽阔,普通印花,仅分区发行,远道商民,零星购买,殊感不便。因即按照警区,分设劝检所五所,以警察一、二、三署区域为第一所管辖地段,以四、五两署区域为第二所管辖地段。以六署区域为第三所管辖地段。以七署区域为第四所管辖地段。以八、九两署区域为第五所管辖地段。即由各劝检所发行普通印花,以便各该区商民,就近购领贴用,拟于五月一日实行,各所设主任一员,司理其事,由该分局选委妥员充任,刊发木质图记盖用,其职责只限于担任各该区内劝销、检查及售花收款等□。至于对外发布文告,统以分局名义行之,该分局转发各所税票,仍分区加盖戳记,俾资考核,但无论何所售出印花,均准商民在汉口全市通用,以免歧视,至武、阳两县各项印花税务,一律归并各该县专员办理。

(《汉口中山报》)

6.工商部训令商字第三三四〇号:令汉口总商会(武汉中华国货展览会征集出品)

(1929年5月7日)

为令知事,案查武汉中华国货展览会征集出品,曾于本年一月十四日,由部领用财交两部会印之五联免税证书暨五联减费运单各一百份,均自七百零一号起至八百号止,按照前颁填用证书连单办法,凡征品已毕应,即将未发书单并已发存根及第四联汇送本部核销,以昭慎重,乃武汉国货展览会自闭幕后所办会务均未具报本部。特于日前令派商业司、劝业科长杨卓茂,前往考查。兹据复称武汉国货展览会办事人员均于中央讨逆军到汉之际各自逃散,会务由汉口总商会代办结束等语,合行令仰该总商会查明前项证书运单,各以汇案移交办理结束,应即将未发各份并已发之存根及第四联分别呈缴来部,以符定案而便查核,此令。

中华民国十八年五月七日

(《工商公报》第13期)

7.湖北省政府训令建设厅据汉口总商会呈为遵照部批补具章程名册专案呈请鉴核转咨颁给关防以资信守等情令饬该厅查明呈复以凭核转由

(1929年5月7日)

为令遵事,案据汉口总商会呈称,呈为遵照部批,补具章程名册,专案呈请鉴核转咨颁给关防，以资信守事。窃查属会前于二月二十三日，准全国商会联合会代电，以工商部商业司函送拟定商会请领印信暂行办法，转会查照备文呈请给领新印，以资一律，等因。当经遵照请领印信暂行办法，连同应缴公费四十元，呈请工商部核示只遵去后，兹于四月三日，奉工商部商字第二七七四号批开：呈悉。附缴公费，亦经照收。据称该会去年十二月改组委员制，会经造具履历，呈请湖北省政府，转咨本部鉴核备案等情，办理手续，尚无不合。惟该委员会委员履历清册，本部尚未准咨有案，所请颁发国防，核与商会请领印信暂行办法第一条规定不合，仰即遵照向章，补具章程名册各二份，专案呈请省政府核明，咨转到部核准备案后，再行颁发关防，公费暂存，此批。等因，奉此，复查属会此次改选，所有各委员履历清册，会经分别缮造，呈请核转在案，奉批前因，理合补具章程二份，名册二份，专案呈祈钧府俯赐鉴核，转咨工商部备案，并请颁给属会关防一颗，俾得只领应用，以资信守，实为公便等情。附章程二份，名册六份到府。查前据该总商会呈报就职日期，并□送执监常务名委员清册，请鉴核咨部备案等情，当以该总商会改选委员，是否与章程相符，业经饬令该厅查案核复，以凭咨部在案。兹据前情，除指令外，合亟令仰该厅，迅即遵照前今各令，查明呈复以凭核转，毋延为要，此令。

代行政主席职务萧萱

（《湖北建设月刊》第1卷第12号）

8.武昌商会推举代表晋京请愿

（1929年5月9日）

武昌总商会，以前武昌围城期间，被军阀勒去款项为数过巨，商人因而倾家荡产者甚多，均待救济，虽迭呈政府批允设法拨偿，但至今尚未有具体解决。故昨（八日）复推邱益三、程翼庭两委员，赴京请愿，其所携呈宋部长请愿书原文，略谓：武昌商民，在围城期间，被勒款项，遵此悬予照案提起偿还，以资救济，此案共计被勒款洋二十余万元，迭经造具清册，拍照印据，呈送鉴核，日前钧座莅汉，亦经呈奉批候汇案办理，兹公推职会委员邱益三、程翼庭，另清册一份，来呈查核，伏乞迅予照案偿还，以苏涸鲋云。

（《汉口中山报》）

9.豫陕甘灾情奇重，汉商会劝捐赈济

（1929年5月10日）

汉口总商会同人以豫陕甘三省，灾情奇重，昨特发出代启，向各界劝捐济赈，兹将其原文录后：盖大地之性，人为贵，所贵乎人者，有理性，有情感，性因情发情以感通，孺子将人于井，而救之惟恐不及者，仁之至也，相邻有门，而披发撄冠以往者，义之因也，利害而起相关，患难而起相顾，有无而起相通，因孤而生，亦即人类进化史，推演至于今日，滋生繁衍，不悖于共存共荣之要素也，若夫天灾人祸，惨变非常，火热水深，共图拯救，则又政治人事相需为用之道矣，是以饥已溺，其人之胞与为怀，移粟移民，执政之权宜得计，开义仓而备歉，出金帛以安民，贷粟不书，原非树德，急公好义，具有同情，政不悖于救灾恤邻，捐不限于万种一粟，此昔圣君贤相，志士仁人，各尽其所司，各致其所力，重诸史册，昭示来兹而不谬者也，缘夫急难呼天，望种好生之德，

引援同类，动存恻隐之心，国既民主而共和，民必相亲而益善，救人即所以救己，舍己何碍于从人，则有今日豫陕甘三省赈灾募捐之事矣，穷查豫陕甘地连数千里，人口数千万，灾区之广，灾情之重，为我国数百年来所未有，即世界各国，亦未闻有如此之甚者，两年不雨，禾麦不见夫青苗，百业无成，道路满载乎游手，井泉皆竭，颗粒无收，初尚啮以菜根，继则吞以木屑，牛羊犬马，宰食无余，老少孤贫，投生无路，或悬梁而自尽，或坠井而捐躯，沟壑难填，盖藏久毁，流离失所，呼庚癸之无门，饿殍载途，举啸聚而劫食，死亡枕藉，疫疠颠连，图难绘乎流民，声惨闻于荒野，益以盗匪横行，劫掠屠杀，一饮一啄，十室十空，飞蝗屡蔽于天空，腐单不留夫□气，闻有黄河沿岸，偶得甘霖，而洪水冲沙，又遭积压，石田千里，丘宅为墟，加之大军，因之以冰雹，戾气充塞，构成奇灾，近则易子而食矣，析骸而衅矣，天见不怜。人造之孽，相因而至，惨不忍闻，虽有三省官神，割俸而糠粃，中央政府，拨款而资□粥，然嗷嗷待哺，遍野哀鸿，欣欣向荣，满园枯木，以有限之米粒，赈无穷之灾黎，筹捐需时，缓难济急，此泛舟之役，不得不借助于捐输，告罹之文，不得不易催于度牒也，况唐季黄巢，明末少开，类皆集饥民而为流寇，资凶岁而为厉阶，大乱之源，每基告终，而各地土匪，出没如故，饥寒盗贼，已兆其端，是豫陕甘灾荒之救济，不独为单纯消极之慈善事业，实是全国治安问题，同人等忧目时艰，究心荒政，与□佐食之无力，矫令发仓而无权，矢愿襄施，合词劝募，分灾救患，运商惠人，杯水固无救于车薪，成裘端有赖夫集腋，所望仁人君子，慷忧解囊，救苦之途，神明共鉴，活人一命，□拜雀□起，此不仅同人□视□已也。

（《汉口中山报》）

10.银商两会派代表晋京请早日整理湖北债务

（1929 年 5 月 10 日）

汉口总商会及银行公会，因历年以来，财政部迭久地方及商会、银行界，新旧债款，总数达两千余万，当财政部长宋子文在汉时，曾酌量地方情形，拟定整理湖北新旧债务计划大纲，带回首都，着手整理。但宋氏回京，迄今业已多日，尚未见诸施行，总商会及银行公会，为促其施行整理，早日偿还欠债起见，特推派代表晋京请示，计总商会推周星棠、龚寿征，现正整理行装，日内即可启程，至银行公会所推沈季宣、孟调臣、王毅灵三代表，则已于昨日启程矣。

（《汉口中山报》）

11.汉商会之两请愿

（1929 年 5 月 10 日）

汉口　商会派邱益三、程翼庭携呈赴京请愿，偿还前年围城被勒之廿余万一款。

汉口　汉商会推周星棠、万寿征，银行公会推沈季宣等赴京，向财部请愿早日实施宋部长在汉批示整理湖北新旧债务计划。沈等九日晚东下。

（《新闻报》）

12.武汉商界代表来京请愿

（1929 年 5 月 10 日）

武汉商会推邱益三、程翼庭赴京，请财部偿还十五年被军阀勒去欠款。（本报八日汉口电）

汉商会推周星棠、张寿徽,银行界推沈季宣等五代表九日赴京,向财部请愿实行整理新旧债务。(本报九日汉口电)

(《民国日报》)

13.国货银行劝委会讨论劝募汉商会股款办法

(1929年5月11日)

先推代表向业主会接洽。

中华国货银行湖北劝委会昨(十)日下午六时,在总商会开十七次常会。出席人朱松山、陈文山、余蓉樵、方少岩、焦秀安等十余人,主席石和湘。报告毕。开始讨论:(一)汉口总商会应募之四十万元,如何劝募案。议决:推朱松山、方少岩、焦秀安为代表,先赴业主会接洽。(二)对于各县劝募股款,应否呈请省府广续劝募案。议决:俟省政府正式成立,即悖文呈请广续办理。(三)湖南劝募股款事,魏贵松担任十万,如何去函办理案。议决:函魏君在湖南尽量劝募,并寄宣传文件及章程股单。

(《汉口中山报》)

14.武汉特别市财政局公函:函汉口行业商会联合会函请推派代表二人来局以便面询一切由

(1929年5月11日)

径启者,查本市牙帖章程业经敝局拟就草案,呈请市政府核定公布施行在案,惟其中尚有数点亟待博访问周咨以期完善。即请贵会推派代表二人,于本月十一日下午二时前来敝局,以便面询。一切相应函达即希查照为荷。

此致

汉口行业商业联合会

武汉特别市财政局

局长陈毅民

副局长任耀先

(《汉口特别市财政局财政月刊》第1卷第1期)

15.致上海北平天津汉口银行公会、总商会代电:第二四〇八号

(1929年5月14日)

上海、北平、天津、汉口银行公会,上海、北平、天津、汉口总商会,鉴善后短期公债第二次还本七年六厘,公债第三次还本,军需公债第一次还本,赈灾公债第一次还本均定于六月七日在上海银行公会执行抽签,届时希被近派定代表莅场参观,借昭大信。

财政部长宋

中华民国十八年五月十四日

(《财政日刊》第445期)

16.鄂商界参加奉安代表启程

(1929 年 5 月 15 日)

汉口　敛上商联,汉商会参加奉安典礼,代表周星棠等于十四日赴京。(十四日专电)

(《申报》)

17.汉商会推定豫陕甘赈灾募捐委员,函请限期换掉印花税票

(1929 年 5 月 15 日)

汉口总商会,昨召集执监委员联席会议,讨论对于豫陕甘赈灾募捐委员人选,当时决定为十一组,以便普遍向各帮进行劝募,兹将推定各募捐委员,探志于下:第一组:李德齐,方少岩,石和湘。第二组:陈经畲,蓝熙周,潘云鹏。第三组:任汉臣,杜树棠,胡桂森。第四组:余蓉樵,周鸿卿,朱福田。第五组:周允□,杨松圃,杨辉廷。第六组:陈焕章,万凤逸,凌舜卿。第七组:马煌垣,周尚文,喻变卿。第八组:余服民,周衡卿,徐炽卿。第九组:吴镜波,徐洪文,马干臣,张星垣。第十组:刘希周,何文炳,高伯常。第十一组:王森甫,严竞先,雷少芸,赵□珊。同时对于从前政治分会制定税票,为要求屡期掉换并划一办法起见,特函湖北印花局,以准贵局函,会制税票,不再发行,各商民所有各项单据,亦应遵购部票粘贴,以昭划一,如有购存未用会制税票,无论是否盖有暂代部票字样戳记,均着即日暂行停用,函请通告各县商会,一体知照,等因准此,查会制税票,前经贵局各地劝检员劝销,各商店存留甚夥,今一日着令停用,另须购贴部票,殊失□会商□之本意,且恐偏远县分,商民未及周知,倘遇不肖员司,又可乘机敲诈,徒滋纷扰,应请仍照从前限期掉换会票原案,限以相当期间,向就近各分局或专员办事处,一律掉换部制税票,在限期内,并能照常贴用,俾商民不致重感困难,而贵局划一税票办法,自可依时实现,无扞格难行之处,税政商民,两有裨益,准函前因,相应函请俯予鉴核,令行各属遵照云云。

(《汉口中山报》)

18.鄂省委欢迎何应钦

(1929 年 5 月 17 日)

汉口　汉商会定十七日欢宴何应钦及各党政军领袖。(十六日专电)

(《申报》)

19.武阳两商会定期改选

(1929 年 5 月 19 日)

武昌总商会改选早已逾期。旋因该会长吴干臣,久病未愈,以致迟迟未果。现该会改选委员,以一切会务,急待整理,势难再事拖延,遂经公决,准即召集改选会议。讨论改选事宜,昨该会已发出通告云,敬启者,敝会兹订于夏历四月十四日,午后一时,召集会议,讨论改选一切事项,届时务希拨冗光临,是所至盼望。汉阳商会,定本月二十四日,举行改选大会,昨并推定刘

劲诚、萧登云、陈吉安、王铁僧、萧濂臣、朱梓齐、陈汉镒、康佐臣、陈克明、万雨香、邓森棠、吴文滨、胡慕周为筹备委员，另以胡慕周、朱梓齐、陈吉安、王铁僧兼理文书股事宜，万雨香、陈克明、萧登云、邓森棠兼理会计股事宜，刘劲诚、萧濂臣、康佐臣、吴文滨、陈汉镒积极议事筹备。

（《汉口中山报》）

20.汉商会昨函催换领新照

（1929年5月19日）

汉口总商会，昨函各公司，应一律遵照工商部部令，在法定期限被，换领新照。其缄云：敬启者，五月十三日，奉工商部商字第三三五零号训令开，为训令事：案查本部颁布公司注册暂行规则，第四十九条第五十条之规定，凡民国十六年十一月以前，核准注册给照之公司，或十六年五月以前，在旧北京政府注册者，除已向全国注册局补行注册，领有执照者外，均应自本规则施行之日起，六个月内，将原有执照，呈请本部查验，凡呈请查验执照者，依照新章，应一律换领新照，各规定迭经分别咨行，通令遵照在案，各商依次呈请，查验换照者固多，尚未遵照办理者，亦复不少，现查此项法定限期，截至本年六月十日期满，深恐各地商人，未明利害，或因闻见本周，除通告外，合行令仰该总商会，转知商人，一体周知，凡前列各规定，尚未经遵办者，务须依限呈请，查验换照，以符法令，而资保护，毋任在延此令，等因奉此，合亟录令函请贵公司，倘未经呈请查验换照，务于本年六月十日以前，依法办理，一经逾限，部令綦严，幸弗观望自误，是为至盼。

（《汉口中山报》）

21.市民训会审定各民众团体整理委员

（1929年5月22日）

汉口特别市党务整理委员会民众训练委员会，昨（廿一）日上午十时，在该会会议室，开第二次委员会议，出席委员官全斌、蒋坚忍、王怡华，主席蒋坚忍，记录谢蒨茂，开会如仪：（甲）报告事项：（一）宣读上次议决案。（二）报告已办及未办事项。（乙）讨论事项：（一）请委王芸圃、龙超群、刘伯英、杨在刚、周启发、张鹏、陈德谋、郭曙南、胡元寿等九人，为汉特别市总工会整理委员案。（二）请委蔡受之、郭寄生、胡侣农、戴宸纶、谢蒨茂、任维章、黄仲馨、鲍德荣、高伯常等九人，为汉口特别市商民协会整理委员案。（三）请委陆勋纵、钱淑芳、杨开瑾、汪华贞、乐泳絮、蔡心澜、曾忆因、赵婉华、李志坚等九人，为汉口特别市妇女协会整理委员案。（四）请委王献芳、万人骥、戴维均、陶涤亚、万巨星、张维行、高锦华、何大驹、真宗亚等九人为汉口特别市青年联合会整理委员案。以上四案，决议：通过。提请整理委员会核委。（五）各民众团体开办费，应如何筹划案，决议：提请整理委员会，先拨三百元。（六）常务委员提：本会组织细则，请讨论案，决议：修正通过。（七）本会办事细则，请讨论案，决议：修正通过。（八）民众团体整理方案，请讨论案，决议：修正通过。

又该会总务科，昨（二十一）日上午十时，开第一次科务会议，分配该科各职员工作，其议决分配之工作如下：（一）本科由主任总负全科文书事务事宜。（二）干事陈之光，负撰拟呈文稿件,及银钱物品出入总责。(三)助理干事芦建人,负撰拟呈公函稿件及指挥收发保管文件事宜,宋素生负撰拟公函批令稿件及指挥剪贴新闻油印事宜。(四)录事,张志僧负校对文件及译电,并善写公函批令事宜,陈宜彰负缮写呈文及油印,兼剪贴新闻事宜,邓皋伊负善写呈文公函油印及领发物品事宜,周兰亭负缮写公函批令及照料油印事宜,屠瑞芝负收发保管文件事宜。

(《汉口中山报》)

22.武汉近闻

(1929 年 5 月 25 日)

汉口　汉商会经募之豫陕甘赈款停止解输。(二十四日专电)

汉口　汉商会二十二晚,宴省府各委员为酬答靖难之惠,定敬午欢宴党政军各要人。(二十三日专电)

(《申报》)

23.武汉特别市社会局致汉口总商会公函

(1929 年 5 月 25 日)

径启者,案查工商调查,迭奉层峰命令督促举办,前已检送各项规则表式函达贵会查照转知,并经本局拟具调查暂行规则及预算书呈准市府各在案。查工商调查关系工商业发展异常重大,调查员所至,处处须与市民接洽,如不明真象,群起惊疑,不惟良好结果难期,或恐庸人自扰,谣诼繁生,反致影响社会安宁。敝局为慎重将事起见,于举行工商调查之前,特为扩大宣传,除印制各种文字宣传品随时散发以外,拟请贵会在本月三十一日以前用简明通启宣导工商调查之意义,并希召集全体大会,将开会时期函知敝局,以便届时派员出席,讲解此次调查之主旨,兹特函达,即希查照见复为荷。

此致

附工商调查暂行规则三份、举办工商调查敬告市民书一百份。

代理局长戴经鏖

(《武汉中山日报》)

24.印花税实征实贴　勿受劝检所私向包销之愚,汉商会昨通告各帮

(1929 年 5 月 27 日)

汉口总商会,昨(二十六)致函各商帮,谓对于应贴印花,亦实征实贴,勿为劝检所借故包销,致被蒙哄。其缄如下:敬启者,本月二十二日,准湖北全省印花税局函开。径启者:案查敝局印花税包销办法,早经明令废除有案,此次裁并专员,分区劝检,原为实征实贴,保障商民权利起见,兹闻各劝检所销售印花,竟有不按定章,私向各商店包销,给予收条,不给印花等情事,如果属实,有乖印花税法之本意,殊属非是,除一面派员密查外,为此相应函达贵会查照,希即转知各商店,对于应行贴花之件,均应一律实贴,幸勿为劝检所所愚,是所至祷,等因,准此。查

局函所指,是恐各劝检所私向包销,不予实征实贴,致受欺蒙,其保护商民具有深意,用特录函转达贵会查照分知同业,共体斯旨,一体遵章实贴为盼。

(《汉口中山报》)

25.市社会局定于六月三日起开始调查武汉工商业

(1929年5月27日)

汉商会明日召集各帮讲解调查意义。

武汉特别市社会局,前奉市府命令,调查武汉工商业等情,已志前报,兹悉限定六个月调查完竣,每月经费六百元,自六月三号起,开始调查,并于六月三号,在市政周刊内出一特刊公布,以示市民云。

又:汉口总商会,以社会局函请该会,协助调查武汉工商业,于本月底以前,召集各业,先由社会局派员讲解调查事宜,因定于明(二十八)日午后五时,召集各业代表大会,届时请社会局派员莅会,出席讲解,以期各业了解调查意义,昨(二十六)午,除已函达社会局查照外,并一面分函各业,请于是日推派代表出席云。

(《汉口中山报》)

26.汉商会函请放行国产煤炭

(1929年5月29日)

汉口总商会,昨日(二十八)函请汉口特别市反日会,请放行大陆银行由青岛转来煤炭,其缄如下:敬启者,顷据青岛大陆银行呈称,按该行汉口杭州养电开,现托汉口通利公司,采运博山白谷屯煤二千顿,由青直放汉口,因无华轮,雇佣日清公司巴陵丸载运,请预电汉商会证明国货,以免误会,并经该行具保到会,证明完全国货,敝会函电证明,祈贵会鼎力维持国货至威!青岛总商会叩漾。等因,准此。相应函请贵会查照云云。

(《汉口中山报》)

27.武汉商事法庭今日审理德胜钱庄债务案

(1929年5月29日)

武汉商事法庭定今日下午五时,审理德胜钱庄与中国兴业等银行债务案。昨日(二十八)致函汉口总商会、银行公会,请派代表列席,陈述意见。其函如下:径启者,本庭定于五月二十九日下午五时,审理德胜钱庄经理汪耀先等,与中国兴业等银行债务涉讼一案,依照本庭庭务规则第十三条,应由贵会派代表一人,列席陈述意见,希即推定代表一人,准时莅庭为荷。

(《汉口中山报》)

28.武汉筹备奉安纪念

(1929年5月29日)

汉口　各界纪念奉安筹委会,昨开第一次常会,决定奉安日武汉同举行公祭,武昌在首义公园,汉口在民众俱乐部,并定阅马厂举行群众大会。又预推何应钦、刘峙及省市党部、省市政府、卫戍部、武汉商会、武大各一人为主祭团,何为总主席,武汉市面,二十六起一律下半旗,停止娱乐宴会,各职员学生臂缠黑纱,状极悲怛。(二十八日专电)

(《申报》)

29.汉商会代表大会讨论金融

(1929年5月30日)

汉口　汉商会二十八晚开第十次代表大会,讨论救济铜元低落办法,及兑换申钞流通市面各案,懋业银行二十九日休业。(二十九日专电)

(《申报》)

30.本市金融两大问题

(1929年5月30日)

申钞须设兑换所,铜元应准出口,钱业公会昨向汉口总商会之提议。

汉口钱业公会,昨日(二十九)向汉口总商会提议两项,一请上海各银行,在汉设立兑换所,请准铜元流通出境,其提议书如下:(一)为提议事:窃惟银行发行钞票,原为流通便利起见,必须准备充足,随时随地可以兑换,庶可以昭信用而利交通。兹查上海各银行之钞票,行使本埠,为数甚巨,大批输入,日见充斥,仅只武汉三镇尚可通用,于本省之各乡各埠,俱难行使,所以申钞愈多,现银益少,缘以此间现金,固属有限,一经吸收,几成枯竭之象,因之申汇难平,有增无减,皆由汉口申钞不能输出之故。偶以私人所带少数,又被海关搜查,悉数充公,金融既难以活动,商业何由而发展?非惟敝业感此困难,即汉口商民,莫不同此影响,应请各该行,在发行钞票地点,设立兑换所,俾全信用,请大会查核,恐即召集执监联席会议讨论云云。

为提议事:切惟铜元禁运出境,早经明令弛放,对于本省各埠,原无禁令之规定。乃近日以来,常有运往本省各乡镇之铜元,每位海关阻止不准通行,甚至处以罚金,商民对于铜元交易,深感不便。查货币原属流通性质,如积聚一埠,充斥市面,不惟营业难期发达,且铜元之价格,已有日趋低落之势。况社会局又复限制价格,每洋一元,掉换铜元,不能超过四串以外,明令禁严,奉行维严,若不速谋疏通办法,俾资救济,则将来商业,何由发展,而市面交易,益启纠纷,敝会为百业枢纽,责任攸关,既有所见,自未便□于上闻,理合提请大会,俯赐维持,迅予召集会议云云。

(《汉口中山报》)

31.昨日银钱两业均极力维持申钞

(1929年5月31日)

昨日星期四,本市金融因银钱两业,积极维持申钞起见,行市均发生激烈变动,钱业申钞开盘时,由七钱〇〇五降至六钱九分九厘半,是时形势殊觉可危,后以四明银行托某庄尽量在场收买,始提至七钱挂零,至落盘时复经该业委员长李德齐竭力维持,牌价始挂为七钱〇〇七五,此钱业商会上午十时至十一点三刻维持申钞之情形也。又银行业方面由十二点半至下午二时,在此一点半时间中,上海商业储蓄银行卖出现洋五万元,收进申钞十余万,人心为之大定,盐业银行又收进中南申钞六七万,照市价加二毫半,四明银行除对该行申钞照市补汇水兑现外,复向各钱庄尽量收进,同时中南银行收进电汇规元八万元,价位九百七十七两五,(但行市仍为九八〇)以为收买该行申钞之用,申钞风潮于焉平息,至汉商会请设各行申钞换一节,在事实上因汇水关系恐有不能,不过补水兑现必能办到。至此次申钞风潮,金融发生激烈变动者有三:(一)拆息提高;(二)规元跌落;(三)现洋步涨。至上海来电,洋厘稍缩,折息加大,天津来电,洋厘小,行化大,兹分录行市如次:

平市:申汇月底期现交九百七十六两五,折息每天五钱,洋厘七钱〇七七五,申钞七钱〇〇七五,双元一钱七分七,三行汉钞,交通三元三角五,中国三元三角四,中央三元七角,国库每万八百五十元,官票每万二百七十三元。

汇兑:电汇规元九百八十两〇一钱二,申钞汇申洋每千元补四元五角,申钞汇规元七钱一分三七五,银元汇规元七钱二分〇五,银元汇长沙每千元补六元。

津电:洋厘六钱七分一六二五,行化汇规元一千〇六十两〇五。

沪电:洋厘七钱一分六七五,折息每天一钱七。

(《汉口中山报》)

32.财政厅训令各征收局准汉口商会据皂烛业函称估本过重自应准照市价酌减仰即遵照

(1929年5月)

为令遵事,案准汉口总商会函开,据武汉皂烛业商会函称,敬陈者,兹据曹祥泰汉昌等皂厂函称,查我业外与祥茂竞争,内感厘税增长,再者物价不准提高,困苦艰难已达极点。去年修正税则,财政厅对于各实业购用之原料,无不爱护周至。乃厘局不察,竟有随便估本不按税章征收者,如曹祥泰在洋火厂驳松香至武昌,向例每桶只完正税三角六分,今则须完九角。汉昌在桥口驳籽油,夫籽油本属水油一类,向例每石纳正税洋三角,今则厘局认为印色油,强令认缴洋九角六分,试问印色油应用之油,岂有购至百担之理?厘局穷词,遂又改称为肥皂油,须完正税六角,随便命名,征收任意,是厘局已往之恶习,不料处此青天白日之下而竟有变本加厉者,岂不大可慨乎?至于碱类各皂厂所驳木桶、铁桶,在修正税则以后,自七月至十二月,相沿半载,每桶完正税洋八角,毫无疑问,乃突于十二月十五日后则又强令每桶完正税洋一元八角,当于今年曾请钧会转函征收局质问在案。旋据复称,系遵照财政厅颁发续编,洋碱每担估价六十元办理。查续编系修正税则以后所编订,为各商人所不及知者。洋碱估本每担六十元,核与市价相差不少,木桶碱实价仅洋三十四元余,铁桶碱实价仅洋五十三元余,此种价格是在海关加税以后,若二月一号前仍不需此数值。此提倡国货保护实业之际,应如何体恤商艰,方克有济?若估本较市价为高,则负担太重,势必予祥茂皂以可乘之机。为此不得已粘存洋碱发票两纸,请求转函总商会据实转呈湖北财政厅,饬令各税局卡对于敝厂等需用原料中如松香籽油等一律照旧征收。至续编载洋碱每担估本洋六十元,亦请照前定洋碱则例改正,即或不能照旧,亦乞按照市价核减,另行公布,以维实业而轻负担。抑尤有请者,方今帝国主义之祥茂皂厂在江浙一带施行大垄断手段以来,上海皂厂因之闭歇者十居八九,敝厂等在汉亦不免受祥茂皂之影响,虽勉力撑持,然已经收歇者汉中、明星两家,若再不蒙政府保护,恐此后相继收歇者不止此两家已也。等因,到会,准此。想钧会为商民代表,对于维持实业尤觉不遗余力,今既据该皂厂等陈请前来,理合转求代请湖北财政厅,恳祈饬令各税局卡对于皂业购用松香籽油一律照旧征收,不必巧立名目,其续编上载洋碱每担估价洋六十元,亦请照市价核减更正,以维实业而恤商艰,不胜迫切,待命之至等情;附粘呈卜内门洋碱发票两纸到会,据此。查所称松香籽油征税早有定章,洋碱一类续订税则加重,其势难负担情形,似属实在,案关提倡实业,自应据情转请维持,以恤商艰,用特检同发票函达贵厅请烦查核,如请施行见复是荷等由;附原送发票二纸,准此。查第二次税则补遗所列烧碱、泡花碱两项,既据函称估本过重,自应准照市价,将烧碱每石估本减为十一元,税洋三角三分,泡花碱每石估本减为七元,收税洋二角一分,以昭核实而示平允。至松香籽油已经载入税则,应仍遵照税则征收。除函复并分行外,合行令仰该局长即便转饬所属一体遵照办理。毋违此令。

(《湖北省政府公报》第 46 期)

33.(湖北)省政府据汉口总商会呈称现行印花税法窒碍情形函请财政部湖北财政特派员核办(附原呈)

(1929 年 5 月)

径启者:案据汉口总商会呈请取消印花专员及分类办法,并改良手续,准照前案施行,以示体恤,祈鉴核饬遵。等情,到府,详阅原呈,多系实情。除饬由秘书处函复准予转请查核办理外,相应抄同原呈,函请贵署查核辨理,并希见复为荷。

代行主席职务萧萱

附原呈

敬呈者,案查前准湖北全省印花税局公函,以检送关于印花税法各项布告条例,请广为劝导,俾商民咸知,遵章购贴印花,免致干罚。至承办税务人员,如有少给印花多给税款,收钱而不给花,或于条例未规定之外任意勒索,甚或巧立名目征收查验、注册、手续等费者,务望转知被征人取得证物或法定人为证,扭送来局,以凭查究,等因。具见印花税局于裕课之中,寓恤商之意,当经开会报告,以期周知。惟据各业代表意见,以湖北印花税,当国民政府迁汉之日,即由公家收回自办,各业商众无不遵章贴用。但对于商场习惯,因有特殊情形,虽于法无据,而其情尤有可原之处,曾经议订变通办法,核准遵行有案,自应仍请认为有效者。又以此时新设之印花税专员违章处罚,以及检查员拦街检查种种情事,与定章既有不合,于商情亦多滞碍,尤应转请赐予维持者。兹将其所述理由,为钧府分别陈之。

佥谓印花税征税机关,除省局外,武、阳、夏三镇原设有分局经理,其事行之已久,商民称便。今乃分门别类,一业委一专员,而各业专员又复设立所谓办公处。此种专员在部章,既无此规定,而当局并未拨给其公费,仅赖销花折扣之资,以作办公经费之用。兼之印花分类,销数自少,用人较多,开支更大,既不能维持其支应,势不免额外之苛求,以致我商人之无故受罚者,其痛苦实无从申诉。应请转达,准将此种专员一律取消,仍照向章办理,以恤商艰,此其一。

又谓印花税为国家正税,现在财政已归统一,自应施行一种印花,全国通行,以期利便。乃湖北一省之印花，其花面上加盖字样，名目甚多，辨别不易。且复一业限定只用一业之印花，以致甲业印花即不能用之于乙业，稍有错误，罚则随之。不便商情，莫此为甚。夫湖北既在国民政府统治之下，自当以财政部所颁发之一种印花为标准。例如邮局邮花，即系裁定一种通行全国，阻滞毫无，可为明证。今湖北制定之印花，既已分区，又复分类，为从前未有之举，开各方争执之端，于公于商，义无所取。应请转达，准将印花分类办法即予取消，以便遵行，期归一律，此其二。

又谓露天检查印花，其法未尝不善，但拦街检货、违章处罚，实属有碍商情。今如油行购油十担，须用十人挑运，若照拦街检货手续，须得每担油篓上粘贴印花，以备检查，其不便者一。又如某一钱庄向另一钱庄兑取现洋钞票，兑到后其票据当然归付款之钱庄收去，而兑到之现洋钞票，势必用笆篓肩回，如露天检查员拦街检看，则此项现洋钞票，试问如何贴花？且值此世风不靖，盗匪出没无常，当检看之时发生意外，又谁负其责？并有各省各埠所寄汉兑之汇票，其应贴印花，当然由立据人照贴。惟近来各省埠对于贴花手续多不一致，或因包销关系及其他情形，有全未贴用者，亦有贴不足数者。此在收票之家，原不负何项责任。如印花税当局取缔此事，亦只能请各省埠之印花税局，转知该地各商照章实贴。若令汉地收票人代其补贴，未免有失平允，其不便者二。又如市面搬家移宅，事所恒有，设由甲里搬至乙里，其家常日用之物当经过街面时，谁又知其系为搬家，或系由购买而来者，如必逐件检查，咸将视为畏途，其不便者三。如某家女眷拟向绸缎店购买材料，其女眷又不便出门，或指一往来之店家先送绸货数匹以为看样之用，至此种货样当送往退回之际，彼拦街检查者，突然遇之，又何由知其是为看样，或已成交至其他各业？类此之事，尤所时有，无从辨别，徒启纷争，其不便者四。略举数端，已多不便，长此以往，受累何堪。应请转达，准将此项栏街检货手续，设法改良，以利推行，借纾商困，此其三。

又谓民国十五年间，革命军达武汉，印花税当局与商人，亦时有争执之事，嗣以革命主旨，系为解除人民之痛苦，自应容纳人民之要求，爰向财政部正式请愿改良办法，以恤商情。当蒙宋部长面允，如有不便商民之处，尽可提出修改。后经中央党部鲁同志召集印花税局及商会与商民协会，联席会议，公同议定：关于结单收据及零用草账，均予免贴印花。其日用必需之品，如柴、米、盐等十元以内免贴印花，油、酱、醋、茶五元以内免贴印花。至于清单发票以及汇票支票等均系十元以下者，贴一分，十元以上者，概贴二分（并不适用累进法）。办法既定，一致遵行，上下相安，至今感诵。应请转达，准照前案，继续施行，以示体恤，此其四。

以上四项，系为各业一致请求之事，亟盼钧府迅予核准施行。除分转外，理合据情转呈，伏祈钧府鉴核饬遵，实为公便。谨呈。

（《湖北省政府公报》第46期）

6月

1.水案募捐会请汉商会协助募捐

（1929年6月5日）

武汉各界救济水案失业工友募捐委员会，函请商会接济捐款，其原函云：径启者，敝会业于五月三十日承各界襄助,共同组织,正式成立,对于水案失业工友,救国之志虽达,而生活尚全依赖,嗷嗷待哺,其情甚怜,值此现金空乏,三餐难筹,势不终夕,虽得各界少数接济,然杯水车薪,终难济事。窃思商界同志,饥溺为怀,扶危济困,早已蜚声汉上。兹为失业工友呼援,望慨许解囊,不吝援助。认捐若干,以活数百工友,于国增荣,于地无疆,除每日派遣干事协同保安会人员代表工友劝募,以资接济外,用特函请贵会转达各帮,协助接济,至纫公谊。昨该商会已转知各业商会及各帮,尽力援助接济云。

(《武汉中山日报》)

2.湖北建设厅训令武昌、汉口、汉阳、沙市总商会奉工商部转据商标局呈送商标注册布告请转发各省市政府广为宣布使商人不再仿冒商标等情令仰该商会宣示周知由

(1929 年 6 月 5 日)

为令饬事,查接管卷内,案奉工商部令开,案据商标局局长温万庆呈称,窃查商标注册,关系商人利益,及国货发展,至为重大。乃有无知商人,不思创制商标,表彰自己商品,专事仿冒他人商标,妄图近利,实属有干法纪。兹制就布告,请赐分送各省市政府,令饬所属,广为宣播,务使商人皆知商标注册之重要,而不致再踏仿冒影射之弊,等情。除分行外,合行抄录原呈,检同布告,令发该厅,仰即分发所属,广为宣布,此令,等因。计发布告四十张,抄呈一件,奉此。除分令外,合亟检抄原件,令发该商会转示各商遵照,此令。

计发布告十张抄呈一件(略)。

兼代厅长萧萱

(《湖北建设月刊》第 2 卷第 1 号)

3.汉市各民众团体整委第二次联席谈话会

(1929 年 6 月 6 日)

汉口市各民众团体整理委员第二次联席谈话会,于六月五日下午二时,在市党部举行,出席委员:民训会代理常委王怡群,妇协汪华贞、杨开瑾、曾忆因、蔡心兰,商协胡侣农、戴宸纶、郭寄生、谢蒨茂、高伯常、任维章,工整会郭曙南、王芸圃、龙超群、胡元寿、陈德谋,青年会高锦章、陶涤亚、万人骥、吴忠亚、张惟行。主席谢蒨茂,记录庐建人。行礼如仪。

主席报告开会意义。各位同志,今天是本市各民众团体委员第二次联席谈话会议,因为各团体自民训会拟定各整委开始工作以后,曾经举行一次联席谈话会,以便分头工作,现在距离第一次谈话会,为日已久,而各团体所进行之现况,尚未具体明了。此次召集会议之意义,就是请各整委,将第一次谈话会以后之筹备工作,作详细的报告,以便讨论此后进行之方针。

工整委郭曙南报告。(一)会址问题:尚未觅得相当地点,现暂借罢委会作临时办公处。(二)经费问题:本会因有特殊情形,在上次谈话会后,向民训会领得二百元,仅能置办各种文件,故在人员上仅暂设事务文员各一,分担任务。(三)调查情形:自上次谈话会后,本会推王芸圃、杨在刚两委员,准备调查工作,现在尚未得到结果。

商整委郭寄生报告。(一)会址问题:商协会员在三十万左右,为完成整委责任起见,会址不宜过狭,经数次讨论,择杨子街二号房屋为会址,在□内百迁□。(二)经费问题:成立伊始,经费浩大,已由会中有经济能力之委员,向他方挪用千元,现在仍公共筹措。

妇整委汪华贞报告。(一)会址问题:尚未觅得,现向公产处设法。(二)经费问题:上次在民训会领得百元,置办一切文具,尚不敷用。(三)工作情况:自上次谈话会后,即召集各整委开谈话会两次,因各委多患病,或赴京参加奉安,未能莅会,至流会两次,故本会尚无工作成绩。

青整委吴忠亚报告。(一)会址问题:已推戴万两同志妥觅,刻暂借中央通讯社临时办公。(二)工作情形:因暑期在即,刻已开始调查。(三)经费问题:上次谈话会后,在民训会领得开办费一百元,备置文件,已将用罄。

讨论事项:(一)对于各民众团体觅会址案,决议:未觅会址者,先设临时办公处,用书面报告民训会转公产处设法拨借。(二)临时工作方针,决议:甲、在未颁布组织条例以前,先行办理调查、宣传、检举等等事务。乙、草拟调查及宣传计划。丙、在未正式办公以前,暂由整委担负工作,即酌请人员,必依经济力量为标准。

临时动议。王怡群提议:各位同志,我们此次整理党务,是整理过去的错讹和缺点,在民众团体上,亦是如此,以前办民众团体的,不以主义为依归,所以发现了许多纠纷。我们应该遵照中央的意旨,以光明磊落的态度,来办民众团体,才能纠正过去的错讹和缺点,才能收到整理的效果,这一点小小的贡献,望各委员注意。

(《武汉中山日报》)

4.函汉口总商会邮包绸货已经完纳邮包进口税自应免除分拨验放请查照由　征字第四八号

(1929年6月7日)

敬复者,案准贵会函,据汉口绸缎业商会函请转咨通令各厘卡,凡敝业绸货系已完邮包进口税照章免除分拨,一律放行等情,转请查核通饬施行见复,等由,准此。查邮包绸货既经完纳邮包进口税后自应不再征收统税,免除分拨,验明放行,以符通案,而恤商艰。除通令外,相应函复贵会查照转知为荷。

此致

汉口总商会

财政厅厅长李基鸿

(《湖北财政月刊》第12期)

5.函复武昌总商会绸货已完邮包税应免除分拨放行前据汉口总商会函请业已通令请查照由　征字第五一号

(1929年6月7日)

敬复者,案准贵会函,据武昌匹头业商会折称绸货进口已完纳邮包税,请函转饬武昌征收局查验汉口批发绸货单,即予放行等情,转函查核,等由,准此。查此案前据汉口总商会函同前由业经通令各局,嗣后如过已完邮包税绸货,应即免除分拨,验明放行,不得碍难重征在案,兹准前由相应函复贵会即希查照转知为荷。

此致

武昌总商会

财政厅厅长李基鸿

(《湖北财政月刊》第 12 期)

6.公牍摘要 其他 函请推选临时市参议会参议:函汉口总商会请速会商汉阳县商会推举参议三人见复由

(1929 年 6 月 9 日)

函请推选临时市参议会参议

函汉口总商会请速会商汉阳县商会推举参议三人见覆由(十八年六月二十九日)

径启者,案查本府前以汉阳县商会呈请推举参议等情,曾经函请贵会会商办理,贵会函覆,俟会同商办并送还聘函三件在案,本府现奉令改为汉口特别市市政府,对于临时参议会亟应广续办理,惟现在本特别市只以阳夏为管理区域,武昌方面即已不成问题相应函达贵会,即希查照,迅为会商。汉阳县商会推举三人于五日内见覆为荷。

此致

汉口总商会

市长刘文岛

(《新汉口汉市市政公报》第 1 卷第 1 期)

7.粤汉转运业建议救济铜元办法,请汉商会公决施行

(1929 年 6 月 10 日)

粤汉转运同业商会,以武汉近来铜元充斥,银元缺乏,为免经济发生恐慌计,特向汉商会建议办法四项,请公决施行其办法:(一)铜币因广铸劣质铜币,遂致价格低落,同时各种税收,又一律改用洋码,概征银洋,铜币一项,仅社会通行,非请政府对于征收各种税款,搭收铜币半数或几分之几,断难救经济之恐慌。(二)自征收厘税改用洋码以后,凡属商家出入,无论城市乡村,均以银元为标准,乡村铜币,自难尽流通之利,屡转驱逐,概积聚于武汉一隅。同时中央湖北各银行,且先后发行一角至五角钞票,在在足以制铜币之死命。而禁运铜币出境,亦具有相当之关碍,此项禁令,若不立予废弃,使之通行全省各埠,势必铜元一项,即蒙政府搭收,而其本身信誉,亦将无法维护,市面交易,益感苦痛。(三)现在商家收入,惟有铜币,收藏动达数千数万之多,奸商操纵,折息飞腾,社会局限制价格,每银洋一元,不得超过四串,而市面暗盘,竟至四串二三百文,宜速取缔奸商操纵金融,实为当务之急。(四)上海各行纸币,大批输入,成为一种不兑换之流通券,随时随地,可以造成恐慌局面,应请该行在武汉广设兑换所,借平申汇,而昭信实。

(《武汉中山日报》)

8.汉商会请开调剂洋价会议

（1929 年 6 月 11 日）

汉口　汉商会因社会局限洋价，每元不得过四串，致铜元充斥。十日呈市府，请召集党政各界扩大联席会议，商调剂办法。

（《新闻报》）

9.汉市工商妇青四整委会组织条例全文

（1929 年 6 月 13 日）

汉口特别市总工、商协、妇协、青联四整委会组织条例，业经民训会委员会议通过，复由民训会提出昨日市党整委会常会讨论，均照原文通过，兹将各条原文分录如左：

总工会整理委员会组织条例。第一条，本条例依据中央颁布之各级民众团体整理委员会组织条例，并参酌本市情形订定之。第二条，为整理本市各工会，并促成其组织之统一与健全，而期其发展起见，特设立汉口特别市总工会整理委员会。第三条，汉口特别市总工会整理委员之职权如左：一、代行汉口特别市总工会执行委员会之职权。二、派员保管及整理各工会。三、办理全市工人总登记事宜。四、筹备各工会之组织与成立事宜。五、指导下级各工会之整理组织及一切活动事宜。第四条，市总工会之整理委员定位九人，由民众训练委员会提出市党部整委会通过委派，呈报中央备案。第五条，市总工会整理委员会，直属于市党部民众训练委员会，有接受其命令及其他一切指导之义务。第六条，市总工会整理委员会，设常务委员三人，由整理委员中互选担任之。第七条，市总工会整理委员会，每周至少须开会一次。第八条，市总工会整理委员会之内部组织，及其职务如左：甲、登记科——办理各工会登记事宜。乙、指导科——指导各工会之组织与活动事宜。丙、调查科——掌理关于各工会之调查事宜。丁、总务科——掌理关于全会之文书收发保管及其他不属于各科事宜。第九条，各科主任，由整理委员中互选担任之，但常务委员不得兼任科主任。第十条，各科主任之下，因事务之繁简，得设干事若干人，由整理委员会提出常会通过委派，但须呈报民众训练委员会备案，民众训练委员会认为必要时，得直接派员参加工作。第十一条，各科干事助干之下，得酌设录事若干人，由各科主任提出常会通过委任之。第十二条，市总工会整理委员会，于登记完毕下级团体成立在三分之二以上时，得呈报市党部民众训练委员会核准，举行代表大会，选举委员，正式成立市总工会。第十三条，市总工会整理委员会之期限，至总工会正式成立时为止。第十四条，市总工会整理委员会之经费，以本身负担为原则，但民训会认为必要时，得呈准市整委会援给津贴。第十五条，总工会整理委员会每月收支之预算决算，须呈报市民训会核销备案。第十六条，市总工会整理委员会，于必要时，得呈请民训会组织特种委员会，其组织法另订之。第十七条，本条例如有未尽事宜，得由民众训练委员会，提出市党部整委会修正之，或由总工会整理委员会，呈请民训会，转请市党部整委会修正之。第十八条，本条例由民众训练委员会提呈市党部整委会常会通过呈报中央备案，公布施行。

商民协会整理委员会组织条例。第一条，本条例依据中央颁布之各级民众团体整理委员会组织条例,并参酌当地情形订定之。第二条,为整理本市各商民团体,并促成其组织之统一与健全,而期其发展起见,特设汉口特别市商民协会整理委员会。第三条,汉口特别市商民协会整理委员会之职权如左:一、代行汉口特别市商民协会执行委员之职权。二、派员保管及整理各商民团体。三、办理全市商民之总登记事宜。四、筹备各商民团体之成立事宜。五、指导各下级商民团体之整理组织及一切活动事宜。第四条,市商民协会整理委员,定为九人,由民众训练委员会提出市党部通过委派,呈报中央备案。第五条,市商民协会整理委员会,直属于市党部民众训练委员会,有接受命令及其他一切指挥之义务。第六条,市商民协会整理委员会,设常务委员三人,由整理委员互选担任之。第七条,市商民协会整理委员会,每周至少须开会一次。第八条,市商民协会整理委员会之内部组织及其职务如左:甲、登记科——办理各商民团体登记事宜。乙、指导科——指导各商民团体之组织与一切活动事宜。丙、调查科——掌理关于各商民团体之调查事宜。丁、总务科——掌理关于全会之文书之收发保管及其他不属于各科事宜。第九条,各科主任由整理委员中互选担任之,但常务委员,不得兼任科主任。第十条,各科主任之下,因事务之繁简,得设干事助干若干人,由整理委员会提出常会通过委派,但须呈报民众训练委员会备案,民众训练委员会,认为必要时,得直接派员参加工作。第十一条,各科干事助干之下,得设录事若干人,由各科主任提出常会通过委任之。第十二条,市商民协会整理委员会,于登记完毕下级团体成立在三分之二以上时,得呈报市党部核准举行代表大会,选举委员,正式成立市商民协会。第十三条,市商民协会整理委员会之期限,至商民协会正式成立时为止。第十四条,市商民协会整理委员会经费,以本身负担为原则,但民训会认为必要时,得呈准市整委会给予津贴。第十五条,市商民协会整理委员会,每月收支之预算决算,须呈报市民训会核销备案。第十六条,市商民协会于必要时,得呈请民训会组织特种委员会,其组织法另订之。第十七条,本条例如有未尽事宜,得由民众训练委员会随时提出市党部整理委员会修正之,或由商协整委会呈请民训会,转请市党部整委会修正之。第十八条,本条例由民众训练委员会提呈市整委会常会通过呈报中央备案公布施行。

青年联合会整理委员会组织条例。第一条,本条例依据中央颁布之各级民众团体整理委员会组织条例,并参酌当地情形订定之。第二条,为整理本市青年团体并促成其组织之统一与健全,而期其发展起见,特设汉口特别市青年联合会整理委员会。第三条,汉口特别市青年联合会整理委员会之职权如左:一、代行汉口特别市青年联合会执行委员之职权。二、派员整理各学生会及其他青年团体。三、办理各青年团体之考察及登记事宜。四、筹备各备各青年团体之成立事宜。五、指导各青年团体组织及一切活动事宜。第四条,市青年会整理委员,定为九人,由民众训练委员会提出市党部通过委派,呈报中央备案。第五条,青年联合会整理委员会,直属于市党部民众训练委员会,有接受命令及其他一切指挥之义务。第六条,市青年联合会整理委员会,设常务委员三人,由整理委员互选担任之。第七条,市青年联合会整理委员会,每周至少须开会一次。第八条,市青年联合会整理委员会之内部组织及其职务如左:甲、登记科,办理各青年团体登记事宜。乙、指导科,指导各青年团体之组织,与一切活动事宜。丙、调查科,掌理关于各青年团体之调查事宜。丁、总务科掌理关于全会之文书之收发保管及其他不属于各科事宜。第九条,各科主任由整理委员中互选担任之。但常务委员,不得兼任科主任。第十条,各科主任之下,因事务之繁简,得设干事助干若干人,由整理委员会提出常会通过委派,但须呈报民众训练委员会备案,民众训练委员会认为必要时,得直接派员参加工作。第十一条,各科干事助干之下，得设录事若干人，由各科主任提出常会通过委任之。第十二条，市青年联合会整理委员会，于登记完毕下级团体成立在三分之二以上时，得呈报市党部核准举行代表大会，选举委员，正式成立市青年联合会。第十三条，市青年联合会整理委员会之期限，至青年联合会正式成立时为止。第十四条，市青年联合会整理委员会经费，以本身负担为原则，但民训会认为必要时，得呈准市整委会给予津贴。第十五条，市青年联合会整理委员会，每月收支之预算决算，须呈报市民训会核销备案。第十六条，市青年联合会于必要时，得呈请民训会组织特种委员会，其组织法另订之。第十七条，本条例如有未尽事宜，得由民众训练委员会随时提出市党部整理委员会修正之，或由青联整委会呈请民训会，转请市党部整委会修正之。第十八条，本条例由民众训练委员会提呈市整委会常会通过呈报中央备案公布施行。

妇女协会整理委员会组织条例。第一条，本条例依据中央颁布之各级民众团体整理委员会组织条例，并参酌当地情形订定之。第二条，为整理本市妇女团体并促成其组织之统一与健全，而期其发展起见，特设汉口特别市妇女协会整理委员会。第三条，汉口特别市妇女协会整理委员会之职权如左：一、代行汉口特别市妇女协会执行委员之职权。二、派员整理各学生会及其他妇女团体。三、办理各妇女团体之考察及登记事宜。四、筹备各妇女团体之成立事宜。五、指导各妇女团体组织及一切活动事宜。第四条，市妇协会整理委员，定为九人，由民众训练委员会提出市党部通过委派，呈报中央备案。第五条，妇女协会整理委员会，直属于市党部民众训练委员会，有接受命令及其他一切指挥之义务。第六条，市妇女协会整理委员会，设常务委员三人，由整理委员互选担任之。第七条，市妇女协会整理委员会，每周至少须开会一次。第八条，市妇女协会整理委员会之内部组织及其职务如左：甲、登记科，办理各妇女团体登记事宜。乙、指导科，指导各妇女团体之组织，与一切活动事宜。丙、调查科，掌理关于各妇女团体之调查事宜。丁、总务科，掌理关于全会之文书之收发保管及其他不属于各科事宜。第九条，各科主任由整理委员中互选担任之，但常务委员不得兼任科主任。第十条，各科主任之下，因事务之繁简，得设干事助干若干人，由整理委员会提出常会通过委派，但须呈报民众训练委员会备案，民众训练委员会认为必要时，得直接派员参加工作。第十一条，各科干事助干之下，得设录事若干人，由各科主任提出常会通过委任之。第十二条，市妇女协会整理委员会，于登记完毕下级团体成立在三分之二以上时，得呈报市党部核准举行代表大会，选举委员，正式成立市妇女协会。第十三条，市妇女协会整理委员会之期限，至妇女协会正式成立时为止。第十四条，市妇女协会整理委员会经费，以本身负担为原则，但民训会认为必要时，得呈准市整委会给予津贴。第十五条，市妇女协会整理委员会，每月收支之预算决算，须呈报市民训会核销备案。第十六条，市妇女协会于必要时，得呈请民训会组织特种委员会，其组织法另订之。第十七条，本条例如有未尽事宜，得由民众训练委员会随时提出市党部整理委员会修正之，或由妇协整委会呈请民训会，转请市党部整委会修正之。第十八条，本条例由民众训练委员会提呈市整委会常会通过呈报中央备案公布施行。

（《武汉中山日报》）

10.武汉要讯

（1929年6月13日）

汉口　汉商会定寒欢宴徐源泉、夏斗寅，万国赛马会炸弹案，总部行营决会同卫部公安局

组临时审查委会,务究来源,该会明后日可成立。(十二日专电)

(《申报》)

11.省商联(会)第二届代表大会昨开第一次会议

(1929 年 6 月 14 日)

组织大纲草案已修正通过,商团及苛捐杂税安交审查。

湖北全省商会联合会,昨(十三日)下午三时,举行第一次正式会议,出席者汪孝慈(黄石港),胡竟存(宋埠),明海琴、江季青(安陆),黄文植、余蓉樵、方少岩、石和湘(汉口),贺步安(兰溪),杨厚安(孝感),张星垣(蔡甸),司马世辅、陈长轩、刘仲儒(公安),朱松珊(保安),贺耀秋(新堤),姜尧陔(白霓桥),胡清波、陈举百(蒲圻),马春丞(鄂城),童毓芳(团风),苏均之、张次卿(随县),黄梅生(武昌),喻荫之(分水嘴),王开廷(金口),左仁亲、丁舜丞、陈善长(武昌),桂一枝(咸宁),张友三(武穴),章子怡(圻春),胡互卿(云梦),李心齐(通城),雷畅夫(羊楼洞),刘尧臣(大沙坝),高彰九(沙洋),王儒杰、张福堂、邓义成(黄陂),易宝臣、刘滋善(长江埠),甘朝章(崇阳),冯幼卿、孙松岑(胡金镇),何在安(沙市),徐莲甫、孟秀安(贺胜桥),张原平(宜都),张青秋(新堤),杜焕章(宜昌),李泽甫(广水),胡慕周、万雨香(汉阳),欧广廷(彭家场),程少轩(嘉鱼),华紫珊(武镇)。主席黄文植,因事请假,由汉商会代表余蓉樵代理主席。开会如仪。

(甲)报告事项:在预备会期后,报到代表各会,计武镇、黄陂县、樊城、岳口、黄冈县、仙桃镇、通山、羊楼洞、麻城等九会。又巴东县商会函请本会,就前执委内派人代表,已推请蒋君镕卿担任,连前到代表共计六十会。又黄梅县商会,请派人代表函一件。

(乙)讨论事项如下:(一)拟修本会组织大纲草案。议决:照全文修改通过。(二)(黄石港商会代表汪孝慈提),为遍地蕉苻,焚掠等事,层出不穷,请省政府警备司令,于最短期间肃清匪患案。议决:转呈警备司令及编遣特派员办事处、省政府。(三)(新堤商会代表张文锦贺翊贤提)劝恳省政府,厉行肃清土匪,以安商旅案。议决:归并第二案办理。(四)(嘉鱼县商会代表程正炜、张松达提)各县市商会,应设立商团,以图自卫案。议决:交审查后,照转省政府。推定汪孝慈、杜焕章、何在安、黄梅生、张心达为审查委员。审查时,由原提议人参加。(五)(随县商会代表张次卿、蕙均之、朱俊臣),为请省政府发给枪支,组织商团,以弭匪患案。议决:与第四案并行办理。(六)(安陆县商会代表明海琴、汪季清提)禁止军人当街拉夫。议决:照转。(七)(崇阳县商会代表甘朝华提)实行取消苛捐杂税案。议决:本案交审查,组织审查苛捐杂税委员会。委员会定以十三人,并定二日内由各代表,以书面推选云云。七时散会。

今(十四)日因汉总商会宴客,该会正式会议,停止一日。

(《武汉中山日报》)

12.省商联代表大会,今日会议提案

(1929 年 6 月 15 日)

湖北全省商联会代表大会,定今日(十五)午后三时,开第二次大会。兹将第二次提案录

下：(一)增加本会经费，以继会务案(保安等八商会提)。(二)黄冈团风烟酒分局刘文铎、唐南勋先后违法浮收案，经呈恳转请规复部章，以安商业案(团风商会提)。(三)否认随县教育局在浙河镇设卡抽征棉花捐案(随县商会提)。(四)请取消丝花兰鸡鸭蛋捐案(脉旺嘴商会提)。(五)请取消花木花包学捐原案，以纾商困案(公安局会提)。(六)各县财政局稽征机关，因召人承拦包办，以致任意苛索，扰商病民，请政府制止案(金口商会提)。(七)请江防局撤销杂费案(兰溪商会提)。(八)堤工现已停办，而堤工□尚在抽收，应请政府即予制止，以释负担案(金口商会提)。(九)上海海关报税运武各货，除收正税外，应免除内地税，以纾商困案(武穴商会提)。(十)请印花税局掉换会花，并撤惩孝感专员王正寅违法殃民案。

(《武汉中山日报》)

13.社会局为公司商店注册，昨函各商会劝导

(1929 年 6 月 16 日)

社会局昨函武汉各商会云。径启者，案查敝局遵奉工商部暨武汉特别市政府令，附设公司及商店注册分所，业将成立日期，布告本市商民周知，所有注册意义及部令限期，亦经分别通告，并函请贵会转饬知照各在案，乃查各公司商店，按章来所注册者固多，而观望不前希图延缓者，亦复不少，素念贵会领导各业，休戚相关，即希查照，划切劝导各公司商店，遵章注册，务于最近期内，确定法益保障为荷云云。

(《武汉中山日报》)

14.省商联二届代表大会昨开第二次会议

(1929 年 6 月 16 日)

商会经费决照前四年加一倍。

昨(十五)日下午，湖北全省商会联合会，举行第二次正式会议。出席者计三十八商会，五十二代表，值日主席丁舜丞，速记武伟。开会如仪。

(甲)报告事项。(一)主席报告：截至本日止，又报到商会计谷城、大沙坪、饬市、钟祥四处。现共到总数，商会六十四处，一百一十三代表。(二)又审查员何在安、汪孝慈、张星垣报告：审查组织商团提议案结果云："顷由大会交到嘉鱼随县商会提议案，略谓自辛亥以来，吾鄂频遭匪患，商业萎顿，各县市驻防军队，开拔无常，商民无一定保障，急宜团结自卫查通都大市商会，从前本月商团办法，上年全国商联会，亦有商团组织大纲之决议，似宜呈请省府，核准施行等语。兹经敝委员等审查，拟呈请省府，准许商人组织自卫团，以商会主席为团总，团丁之数，从二十人至一百人，给养由商人自行酌情办理，仍听各该地方官监督。开办之初，所需之枪支，由商会自备半价，呈请省府发给，管见如此，敬乞大会公决。"决议：由主席团谒省府方代主席，对此案面为商榷。

(乙)讨论事项。首即继续讨论上期未完案件。(八)建议政府，严订取缔钞票办法，以减商累案(新堤商会提)。(九)取缔银行随意发行纸币案(安陆商会提)，决议：归并为一案，交付审查后再议。(十)提倡国货：分经济、调查、宣传三项，应如何锐意进行案(新堤商会提)，决

议:保留候参考。以上三项案议毕,即讨论本期议程。(十一)为增加本会经费,以维会务案(保安等八商会提),决议:照前四年加一倍。(十二)为黄冈团风烟酒分局刘文铎、唐南勛先后违法浮收案,经呈恳转请规复部章,以安商业案(团风商会提),决议:照案转呈。(十三)否认随县教育局,在浙河镇设卡抽收花捐案(随县商会提),决议:照案转呈。(十四)请取消丝、花、菜、鸡、鸭、蛋捐案(脉旺嘴商会提),决议:汇齐照转。(十五)请取消花木花包学捐原案,以苏商困案(公安商会提),决议:并十三案照转。议毕。七时始行散会。

(《武汉中山日报》)

15.省商联代表会分组审查提案

(1929年6月17日)

湖北全省商会联合会第二届代表大会,开幕以后,各代表提案甚多,亟待分组审查,以昭郑重,昨(十六)日业经支配就绪,开录于后。

总务组:萧均之,高彰九,王仕先,邓晋封,张清先,金伯良,李秀安,雷畅夫,武殿一,陈奉先,余少详,唐仲模,王正明,陈海山,张稚生,何松琴,石燕飞。

法规组:余蓉樵,汪孝慈,刘晓臣,黄梅生,吴子青,胡竟存,叶楚珊,萧登云,李瑞华,刘佐唐,王勋伯,梁文质,贺步安,欧阳泽周,陈长轩,甘朝章,朱俊臣,王儒杰,彭辅烈。

税务组:刘幼三,刘芝田,刘竹坪,苏甲林,冯幼卿,辛荣臣,余德齐,方秀池,左仁亲,徐廷卿,石和湘,程敬谟,何在安,蒋雁石,胡臣卿,张星垣,杨耀廷,杨厚安,陈举百,成禹门。

经济组:陈春长,叶盛三,方少岩,姜克垓,明海琴,李心齐,邓礼臣,雷紫云,万雨香,江季青,钟少诚,张厚平,马春丞,杨义在,徐连甫。

治安组:张次青,章子怡,张香秋,汪芝亭,王开庭,胡清坡,欧广庭,李祥孚,刘静廷,张鹤国,刘祯初,童毓芳,陶君炯,萧少堂,贾正凡,张福堂,孟秀安。

实业组:朱松□,贺耀秋,邓义成,余服民,黄文荪,司马世辅,吴仲介,李泽甫,朱俊才,喻荫之,周吉甫,卡慎卿,程少轩,杨显卿,刘仲儒,易宝臣,桂香林,刘滋善,易海澄。

(《武汉中山日报》)

16.湖北建设厅指令汉口总商会据呈遵令补具章程名册等件请核转等情应准转呈湖北省政府分别存转备案仰即知照由

(1929年6月18日)

呈悉,查该会先后呈来章程名册等件,核与暂行整理湖北商会条例,大致尚属相符,应准分别存转备案,仰即知照,此令。

兼代厅长萧萱

(《湖北建设月刊》第2卷第1号)

17.（湖北建设厅）呈省政府据汉口总商会呈来章程名册各件核与暂行整理湖北商会条例不相违背请鉴核存转备案由

（1929 年 6 月 18 日）

呈为呈复事，查接管卷内，案奉钧府政字第一八七号及密字第六九八号先后令，以据汉口总商会呈报改选情形，其改选委员，是否与章程相符，饬查案核复等应下厅，当以该会改组章程名册，尚未据呈到厅，无凭审核，等由，呈复。并令饬汉口总商会赍章程名册在案。兹据该总商会补来章程三件，清册九件，前来，核与暂行整理湖北商会条例，大致尚合，除将原件各提一份备案外，理合将其余各件，呈来钧府鉴核存转备案，实为公便。

谨呈

湖北省政府

附呈汉口总商会章程二件名册六件（略）。

兼湖北建设厅厅长萧萱

（《湖北建设月刊》第 2 卷第 1 号）

18.汉商会力争铜元流通

（1929 年 6 月 19 日）

汉口　汉总商会力争铜元流通本省境内，特推李实斋携带呈文，面呈省府主席，请将以前禁运铜元各章程明令取消，并行知江汉关监督，不得擅自扣留，以维商业。又全省商联会二次代表会十八日四期会议，讨论加征特税收回官票中钞国库券各案。（十八日专电）

（《申报》）

19.省商联第四次正式会议

（1929 年 6 月 19 日）

催促实施统一度量衡，请偿还象鼻山矿借款，以官钱局产业兑官票，悉筹的款开兑国库券。

湖北全省商会联合第二届代表大会，昨（十八）日因假座之汉口总商会大会场，须于下午七时举行各帮代表会议。故是日之第四次正式会议，乃照规定钟点，（下午三时）提前一小时举行。出席者三十四商会。代表团十一人。值日主席宜昌代表杜焕章。开会如仪。

（甲）报告事项：秘书处报告，主席团决定事项如后：（一）各小组会议，出席三人以上，即可开会。（二）定第八次正式会议时（本月二十二日），选举第二届执监委员。

（乙）讨论事项：报告完毕，即按照议事程继续讨论。（二十五）请刊发同会录案（云梦县商会提）。议决：由秘书处制表分送各商会照填。（二十六）统一度量衡实施案（崇阳县商会提）。议决：呈请催促实行，并函各商会协助施行。（二十七）为县属以令行商会请省政府收回成命，其有商会行文，委照旧商会法规，以示一致，而免纷歧案（黄石港商会提）。议决：转呈省政府。（二十八）请省政府取消前桂系政府令行各县政府对各商会之行政，政用令呈，以重体制，而尊民权案（应山县商会提）。（二十九）县长对商会行文，不得妄用批令案（安陆县商会提）。（三十)请取消县署对商会行文用令案(通山县商会提)。议决:归并二十七案,转呈省政府。(三十一)请省政府饬令象鼻山铁矿,前借商会款四千元,暨连年息金,如数清偿,以恤商艰,而全信用案(黄石港商会提)。议决:照案转呈。(三十二)为樊口堤票,仍不兑现,应请财建两厅扣押堤工委员张镜谭惟清,克日兑现,以苏民困案(鄂城县商会提)。议决:照案转呈。(三十三)为官票倒兑于前,中交钞倒兑于后,影响商业,关系民生至巨,应请省政府财政厅,指定公产的款,函知中交银行,早日开兑案(黄石港商会提)。议决:(子)官票:应请以官钱局产业变价开兑;(丑)国□券:应请即筹的款开兑;(寅)中交钞:中央已定以展期公债掉换,应候办理。(三十四)请政府收兑官票及中央钞票,以全信用,而利弊政案(应山县商会提)。(三十五)请政府收回在鄂所发国库券,与三行钞券,一致办理案(新沟商会提)。议决:归并第三十三案办理。(三十六)铜元市价,应以银钱业逐日市价为标准,不能以官厅命令之价格,致阻流通案(武昌商会提)。(三十七)汉川县前商民协会,存放中央银行汉口分行钞票,请交涉发还案。(汉川县商会提)议决:两案照转。(三十八)实行改用银元制,废除银两名称案(崇阳县商会提)。议决:现在中央已有统一币制之议,此案留待呈候参考。(三十九)历来军事招待,借款颇巨,困苦万状,请转呈省政府,指定的款拨用,以苏商困案(孝感县商会提)。议决:由秘书处通知该商会,检具印据,以便转请。(四十)请政府饬县拨还前任林县长向商民挪借军事饷款案(公安县商会提)。议决:照三十九案办理,五时散会。

(《武汉中山日报》)

20.上海银行公会已允申钞由各该汉行兑现

(1929 年 6 月 19 日)

日前,申钞在汉会一度发生风潮,乃由汉口钱业商会提议,请各该发行上海地名钞票之行家,在汉设立兑换机关,借以维持申钞信用,并由汉商会去函上海银行公会征询意见。昨(十八日)该会接上海银行公会复函云:径启者,顷准六月五日大函,借悉贵会容纳尊处钱业商会之提议,因申钞充斥,汉市现金顿呈枯竭之象,而该项钞票,只能通用市面,不能行使各乡,致商业金融,均无活动发展之望,兼之拒收风潮,又时有所闻,为申钞信用及武汉金融计,特嘱敝会转知各银行,在汉迅设兑换机关,以资维持,等因准此。敝会党以事关重要,特召集各发行银行公同讨论,佥以敝处各银行之发行上海地名钞票,其准备金原是统由各该沪行存储,以符发行原则,至钞票之流散各地,乃是自然趋势,自不难随时随地可以兑换,惟重以贵会爱护金融之至意,敝会自深表同情,现经公议便利持券人办法,通知各发行沪行,转知各该汉行照办,相应函复,即希查照为荷。

此致

汉口总商会

上海银行公会启

六月十四日

(《武汉中山日报》)

21.汉商会请变通银元禁例

（1929 年 6 月 19 日）

汉口　汉商会推李德斋十八日向省府递呈，请取消营运银元章程，准银元在本省境内流通。

（《新闻报》）

22.鄂商民服膺本党主义

（1929 年 6 月 19 日）

全省商联会十七日议决，国民党公开征求党员时，商人一律加入。（本报十八日汉口电）

鄂西遣散军官，行营决举办登记，择优录取，或送军校肄业。（本报十七日汉口电）

编遣办事处十七日通令各县，又草绥靖区嘉奖条例，呈请蒋主席核示。（本报十七日汉口电）

（《民国日报》）

23.省商联昨开第五次正式会议

（1929 年 6 月 20 日）

昨（十九）日下午三时，湖北全省商联合会第二届代表大会，举行第五次正式会议，出席者三十六商会，四十六代表。主席团值日主席武穴商会代表张友三因病请假，由汉商会代表余蓉樵代。开会如仪。

（甲）报告事项。（法规组交到随县商会提案）各县市应设立短期学校，训练商界人才案。议决：照转。（治安组交到兰溪商会提案）拟请江防总局撤销号费案。议决：仍交给治安组办理。（治安组交到嘉鱼县商会提案）各县市商会，应设立商团，以图自卫案。议决：仍请治安组修正文字，交主席团即日请转省政府商洽。

（乙）讨论事项。报告毕。即按照议事日程，继续讨论。（四一）请是省政府转呈国民政府，令招商局航行长江各轮，经过圻春停轮搭客，以便商旅案（圻春商会提）。议决：照转。（四二）武汉轮渡为武汉交通要政，请政府特别维持案（武昌商会提）。议决：照转。（四三）请政府拨款，辅助修筑汽车站，以利交通案（公安县商会提）。议决：保留。（四四）请政府拨款，疏浚河道案（公安县商会提）。议决：保留。（四五）各县市路政关系商业发展，请政府维持案（嘉鱼县商会提）。议决：保留。四十三、四十四案，并交下届执监委员会，于相当时间，向政府作整个的贡献。（四六）请政府在鄂□官盐不能源源供给以前，应暂时撤销缉私队，以维民食案（应山县商会提）。议决：组织特种委员会判查。推委员十一人于下：王儒杰，陶炯，朱松珊，高新久，汪孝慈，张月清，杜焕章，明海琴，易宝臣，张友三，张星垣，并推张星垣负召集责任。（四七）为维持食盐，请政府将缉私严加限制案（胡金镇商会提）。议决：并入第四十六案。（四八）请函知鄂岸榷运局，明日表示销售人民食盐案（云梦县商会提）。议决：并入第四十六案。（四九）实行取缔缉私队陋规案（通山县商会提）。议决：并入第四十六案。（五十）为提请转呈政府，速将中央银行宜昌分行成立，使盐税纠纷根本解决案（宜昌商会提）。议决：照转。

（《武汉中山日报》）

24.省商联昨续开正式会

（1929 年 6 月 21 日）

决请政府扩充土布用途，脉旺嘴请撤销该地公安局，印花税请由各该地商会办理。

昨（二十）日下午三时，湖北全省商会联合会第二届代表大会，开第六次正式会议，出席者三十三商会，四十一代表。主席团值日主席余蓉樵，速记武伟。行礼如仪。

（甲）报告事项。（一）巴东县商会删电：为新任现在李剑安作恶，酿成罢市，请代请命由。决议：据电照转省政府民政厅，并电复巴东商会查照。一面由主席团晋谒方代主席兼厅长，而请撤惩，以肃官方。（但该会是日下午续接巴东县商民杨绍德等来电，谓该县商会挟嫌捏报，并无罢市事）（二）省党务整委会民训部，派周用祺持函送交调查民众运动工作人员意见调查表，请各代表填送。

（乙）讨论事项。（五十一）提议扩充土布用途，请政府指定，作为军警学各界制服料案（保安镇商会提）。议决：照转。并转知各县商会，以示提倡。（五十二）请政府蠲免土布厘税，以提倡国货，而抑外货案（应山县商会提）。议决：土布税已蠲免，毋庸议。（五十三）请政府取缔掺潮棉花，以维商业案（公安县商会提）。议决：保留。交第二届执监委员，通知各县市商会。（五十四）请撤销本镇公安局，以节地方经费案（脉旺嘴商会提）。议决：交治安组审查。（五十五）请政府撤销公安支关案（公安县商会提）。议决：交税捐组审查，并通知原提案人参加。（五十六）请转财政厅严行取缔厘卡，苛案留难案（宋埠商会提）。议决：呈请财政厅重申前令，严行取缔员司杜绝恶习。（五十七）请函知财政厅，转饬所属厘卡员司，不得仍沿恶习案（云梦县商会提）。议决：归并五十六案办理。（五十八）各县办理印花税，不宜另设机关，由各地商会办理案。议决：组织专案委员会审查之。并推石和湘、张星垣、何在安、杜焕章、陶炯、丁舜丞、王开庭为审查委员。（五十九）请改良湖北印花税案（武昌总商会提）。议决：归并五十八案办理。（六十）请整理印花税征收办法案（蒲圻县商会提）。议决：归并五十八案办理。六时散会。

（《武汉中山日报》）

25.省商联昨开第七次正式会

（1929 年 6 月 22 日）

印花审查结果，决请严禁比额厘定，薪水统一种类，禁设分卡撤销专员。

宜昌商埠事务决请发还地方自办，各县市民有电气事业请官厅保护。

昨（二十一）日下午三时，湖北全省商会联合会，第二届代表大会，举行第七次正式会议，出席者三十七商会，四十九代表。主席团值日主席武昌商会代表丁舜丞，速记武伟。开会如仪。

（甲）报告事项。一、印花审查委员何在案、张星垣、陶炯、王开庭报告审查结果：子、请严禁比额；丑、请厘定承办人薪水，以资养廉；寅、请统一种类；卯、请不要限时间地域；辰、请禁止水陆设卡征收；巳、请撤销各种印花专员。议决：照转。二、税捐组审查报告：子、审查武穴关请免内地税案，时事涉关税问题，暂作保留，由执委会相机办理；丑、金口关县财局提案，兹就原文修正；寅、公安提案，请撤销支关案，与武穴案并案保留；卯、崇阳县提案，候执委会征集苛难实事，指请政府取消。三、治安组报告审查结果如下：子、兰溪镇商会提议，拟请江防总局，撤销内河竹筏号费，以示礼恤一案，认应撤销此项号费；丑、河阳县脉镇商会提，请撤销该镇公安，以减地方担负案，应行撤销。议决：通过。

（乙）讨论事项。（六一）否认武昌私立荆南中学征收荆阳七县棉花出口附捐，及江陵县教育局征收该县棉花学捐案（沙市商会提）。议决：照转。（六二）为武昌县财政局擅自拘押，应请财政厅严行制止，以解商人法外之累案（金口商会提）。议决：照转。（六三）为和兴公司拟请转函县署撤销传票一案，被县署拒绝，请转民政厅案（安陆商会提）。议决：子、和兴案照转；丑、县署对商会行文并前案。（六四）关于胡陶解决后之商会问题案（仙桃镇商会提）。议决：子、请求清乡，及禁绝拉夫；丑、请撤销丝花菜蛋捐；寅、提倡国货。议决：归并前有提案办理。卯、取缔襄河轮贪载。议决：照转。（六五）为提请转呈省政府，将宜昌商埠事务，援案发还地方自办案（宜昌商会提）。议决：照转。（六六）请求取消出口土产附加捐案（沙市商会提）。议决：照转。（六七）武昌民有电气事业，应请官厅优予保护案（武昌总商会提）。议决：修改，凡全省各县市民有电气事业，请通令一律保护。（六八）请政府核准办理商团案（公安县商会提）。议决：并前案。（六九）请禁止需索军事给养案（蒲圻商会提）。议决：照转。（七十）请当局通令各军队，不得强占商店民房案（武昌商会提）。议决：照转。

（《武汉中山日报》）

26.武昌商会仍筹备改选

（1929年6月22日）

武昌总商会，早届改选之期，无如迭次筹备，迄未成为事实。现据确实消息，该会以此事实难长此搁浅，拟于本月二十四日（即星期一）下午一时，开改选筹备大会，关于筹备改选一切手续，即于斯会为具体之决定，以便定期举行。

（《武汉中山日报》）

27.全省商联会昨选举二届执监委员

（1929年6月23日）

湖北全省商会联合会第二届代表大会昨（二十二）午，开选举第二届执监委员大会。省政府派吴叔虞。省党整委会派刘凤伦，莅场监察。各县市商会出席者：四十六会，六十一代表。主席团为汉口总商会代表黄文植，武昌总商会代表丁舜丞，汉阳总商会代表胡慕周，宜昌总商会代表杜焕章，武穴商会代表张友三。并由主席团公推黄文植为总主席。孙瑞麟司仪。武伟速记。开会如仪。

首由总主席黄文植报告。略谓今天开第二届执监委员选举大会，关于选举方案，已经第二届代表大会第三次正式会议规定。即请各代表按照方案,赐以指导云云。

继由省党部整委会代表刘凤伦训词。今天是湖北全省商会联合会第二届代表大会,旋即第二届执监委员之期。兄弟奉派前来参加,非常荣幸,并觉得商界在现在社会中,实处重要位置,我们并很相信各位是能站在民众方面,为大多数民众去谋利益,去努力奋斗的。我国经济落后,屡受帝国主义的侵略,欲打倒帝国主义,谋经济的充裕,国家的富强,尤非赖我商界的诸位努力不可!所以我说商界的地位,非常的重要云云。

又由省政府代表吴叔虞训词。今日贵会开第二届执监委员选举大会,方代主席拟亲来,因为今日省政府有临时会发生,所以不能分身。将才刘代表,将各位在现在社会所处地位之重要,说的很是清楚。并将今天会场中情形看来,诸位精神的团结,以后必能团结一致,来拥护党国。谋商业的进展,发达我国经济的力量,这是可以预祝而可庆幸的云云。

继即推定会场临时职员,余蓉樵、朱松珊、余宾田为监票员,江季卿、高彰九、汪孝慈为检票员。李菊庭、王晓安为记票员。孙瑞麟为唱票员。

开始选举。至于选举结果:黄文植、朱松珊、王开庭、马春丞、张星垣、杨厚安、左仁亲、徐莲甫、方少岩、易宾臣、胡清波、华紫珊、萧有之、明海琴、张耆秋、李泽甫、胡巨卿、李心齐、桂香林、张鹤圃、孙松岑、余蓉樵、丁舜丞、成禹门、姜尧阶、刘晓成、高彰九、杨义在、欧阳泽周、喻荫之、甘朝章等当选为执行委员。张友三、叶盛五、杜焕章、汪孝慈、何在安、杨厚卿、万雨香、宋子青、陶炯、彭鸿卿、王儒杰当选为候补执行委员。杜焕章、汪孝慈、何在安、石和湘、江季卿、曹振凡、张友三、陈善长、陈举白、张次青、孟秀安当选为监察委员。刘滋善、萧少堂、冯少卿为候补监察委员。但被选之黄文植、丁舜丞、朱松珊、余蓉樵、易宾臣、马春丞均当场辞职。尚无解决,六时散会。

(《武汉中山日报》)

28.市民训会第四次会议通过各团体整委会会员登记细则草

(1929 年 6 月 23 日)

市整委会民训会,昨二十二日,开第四次会议,出席委员王怡群、蒋坚忍、陈希平,列席谢蒨茂。主席蒋坚忍。记录谢蒨茂。

报告事项:一、调节共和轮纠纷经过。二、裁减本会职员经过。三、总工会整理委员王芸圃辞职,已呈准常会,以官委员全斌接充。四、查办反日会财务保管委员朱福田,挪用公款情形。五、查办汤济民、胡继良,包运仇货,公然贿赂情形。六、已提请中央修正省执委会组织条例。七、中央明令劳资仲裁应以行政官署为主席。

讨论事项:一、拟就各级民众团体整理委员选派条例,请讨论案。决议:修正通过。二、拟就各级民众团体整理委员会工作人员任用条例,请讨论案。决议:通过。三、拟就妇女协会组织条例,请讨论案。决议:通过。四、拟就学生联合会组织条例,请讨论案。决议:通过。五、草就各级民众团体整理委员审查表,请讨论案。决议:通过。六、草就各级民众团体工作人员审查表,请讨论案。决议:通过。七、拟就市总工会会员总登记规则草案,请讨论案。决议:通过。八、拟就市商民协会会员总登记细则草案,请讨论案。决议:通过。九、拟就市妇女协会会员总登记细则草案,请讨论案。决议:通过。十、拟就市青年联合会会员总登记细则草案,请讨论案。决议:通过。

(《武汉中山日报》)

29.巴东县长不法　鄂商联请查办

(1929 年 6 月 24 日)

全省商联会因巴东县长李剑安擅提商务维持会费,私收盐税土税,拘捕商会会长,笞责商人至毙,激成罢市风潮,二十一日呈请省府彻查严办,又决继请取消出口油附税。(本报廿一日汉口电)

(《民国日报》)

30.陈绍妫、李基鸿昨宴各县市商会代表

(1929 年 6 月 24 日)

讨论劝募关税库券办法。

湖北财政特派员陈绍妫,财政厅长李基鸿,昨(二十三)日午后二时,假汉口总商会宴请各县市镇商会代表。计到五十余人,席间由陈、李两氏,报告此次中央发行关税库券四千万,现奉部令,限一月募齐三百三十四万。日前曾召集商会重要分子,作一度讨论,结果颇圆满。因再召集各代表,讨论劝募办法,务于最短期间募齐云。宾主欢聚一堂,至四时许,始尽兴而散。

(《武汉中山日报》)

31.汉阳商会派员协助募捐

(1929 年 6 月 24 日)

武汉各界救济水案失业工友募款委员会,成立以后,已分派劝募员孙九如等,分途募款。昨(二十三)日汉阳总商会特召集各帮开会,以水案罢工,各工友不惜为长久期间之牺牲,以争水案外交最后之胜利,自应一致捐款救济。并议决派会董鲁河门、周均山会同该会劝募委员积极劝募。

(《武汉中山日报》)

32.全省商联会请免谷米税以救饥荒

(1929 年 6 月 25 日)

昨开第八次正式会议议决。

黄文植、余蓉樵等请辞执决定慰留,关税库券公债各县摊派数目已决定。

湖北全省商会联合会第二届代表大会,二十六日因财厅及财政特派员公署欢宴,休会一日。昨日(二十四)因汉口精盐公会宴请,提前于是日下午一时举行第八次正式会议。出席者省商会。四十三代表。值日主席团主席宜昌商会代表杜焕章,速记武伟。开会如仪。

报告事项。一、武穴商会电告:榷运局留难,请转政府由。议决:照转。二、公安县商会电告:烟酒局苛捐情事由。议决:照转。三、巴东商民薛玉卿电告,未参加控告该县李县长由。议决:保留。四、省党部整委会发下民众团体意见表由。议决:推杜焕章、余蓉樵、高彰九三人审

查。五、黄文植、余蓉樵等呈请辞去执行委员由。议决:辞呈璧还,由大会秘书处分别去函慰留。六、候补执行委员,复被选为监察委员者,如何办理。议决:以邓礼村、朱俊千、雷畅夫三人选候补执行委员。七、关税库券公债票,各县摊派数目。决议:沙市六万,宜昌四万,老河口三万,樊城二万,武穴一万一千,新堤一万,沙洋一万,黄石港六千,蔡甸五千,广水五千,应城膏盐商会三千。八、食盐审查委员会报告:(子)顷由大会交应山县代表,请省政府在鄂岸官盐,不能源源供给以前,应请暂时撤销缉私营,以维民食案。(丑)又由大会交胡金镇代表,为维持人民食盐,请政府对于缉私队,严加规定限制案。审查二案事实相同,归并。请据情转饬陈榷运总局根本解决,维持引盐运盐,分各局销受以济民食,一面剔除缉私队舞弊,以解痛苦,庶几官盐自可畅销,私盐不致充斥,上无损国税,下裨益于民生矣。又由大会交云梦县代表原提议案内云:该缉私队乘此荒之时,私收各种苛费,于法于理,均有未合。亦应据情转陈总局查照办理,以即商艰。又由大会通城县代表提议:实行取缔缉私队案取陋规案。应据情转请总局,查照严行禁止铲除。议决:关于缉私队舞弊,另转缉私总处。

讨论事项。(七一)请转函湖北财政厅,查照原议准将皇经堂虾蟆矶下新河三处复查卡,一律撤销,以便商旅案(汉口总商会提)。议决:照转。(七二)请政府令饬黄冈县,严令禁止大补街保卫团在鸡公颈设卡擅抽货厘案(麻城县商会提)。议决:照转。(七三)谓财政厅转令各税局,货票相等,不得再加案(钟祥县商会提)。议决:归并以前类似案,照转。(七四)请转恳省政府,暂免湖北境内谷米厘税,以救全鄂饥荒案(谷城商会提)。议决:照转。(七五)请政府豁免米厘,以苏民困案(麻城县商会提)。议决:照转。(七六)请转呈个上峰准予撤销苛捐,以恤商艰案(仙桃镇商会提)。已照转,毋庸议。(七七)为屡遭匪患,请转湖北编遣特派员迅调军队前往驻防,以维治安而保商业案(武镇商会提)。议决:照转。(七八)请政府恢复水上警察旧制,以安商旅案(汉口总商会提)。归并以前类似案照转。(七九)请政府设法肃清匪祸,以安商旅案(麻城县商会提)。并前案照转。(八十)请湖北各部队编遣特派员,彻底剿匪案(钟祥县商会提)。并前案照转。

(《武汉中山日报》)

33.武汉特别市财政局训令各区稽征处准汉口行业商会联合会函为整理旧帖及完税办法业经提交第七次局务会议议决令仰遵照办理由

(1929 年 6 月 25 日)

为令遵事,案准汉口行业商业联合会函,以本月十八日该会代表杨松圃、石和湘、陈焕章等,到局面陈整理旧帖及完税办法。当经商定:(一)上半年完纳帖税,延长至七月十五日止。(二)十七年向财政厅换领之帖,此次换领本局新帖,一律补足半年帖捐,无论请领月日,概以年年为额限,六月底换齐新帖,填本年七月一日起,帖期十年。(三)原定换新帖手续费五元准予免缴,请转令北区稽征处查照办理,等因,到局。查该代表等所陈三项办法,均关本局定案,未便率尔变更,援提交第七次局务会议,议决一、二两项,照案通过。惟第三项原定换领新帖手续费五元,以关本局新制帖证,暨各种单据印刷需费,未便全数免除。兹为体恤商艰起见,在民国十七年已换之帖,酌予减免二元,即每张仅纳手续费三元以资弥补,而未换之帖仍须缴纳五元。案准前因,除呈请武汉特别市市政府备案分行外,合函令仰该处长、主任即便遵照办理为要。此令。

局长陈毅民、副局长任耀先

（《汉口特别市财政局财政月刊》第 1 卷第 2 期）

34.市民训会各级民众团体整委选派条例通过

（1929 年 6 月 28 日）

市民训会各级民众团体整理委员选派条例，经前日市整委会，第十四次常会通过，照录如下。

第一条，本条例根据民训会第三次委员会议第十一项议决案订定之。

第二条，凡关于本市各级民众团体整理委员之选派，悉依本条例办理之。

第三条，凡本市最高民众团体之整理委员，由民训会常委拟定名单，先在民训会常会通过后，再提请市整委会常会通过委派之。

第四条，凡本市各下级民众团体之整理委员，由最高民众团体整委会拟定加倍之名单，呈请民训会审查核定之，但民训会认为必要时，得于名单制外另委之。

第五条，各级民众团体整理委员之候选人，其资格须合于左列各款：一、绝对信仰本党主义者。二、曾经十七年总登记合格，取得本党党籍等。三、曾经办理各该民众团体，著有成绩者。四、明了民运理论，且志愿民运工作者。五、未曾加入本党所反对之政治团体者。六、曾任各级党部民运工作，而富有经验者。七、在过去民众团体取得会员之资格，而无反动行为者。

第六条，凡有左列各款之一者，不得为各级民众团体整理委员之候派人：一、有反动言行，其证据确实，或为大众所公认者。二、违犯本党纪律，首付惩戒者。三、曾经加入或组织其他政治团体者。四、受刑事上处分尚未撤销者。五、曾任各级民众团体职员或会员，而有破坏团体之言行者。六、对本党主义，无坚决信仰者。

第七条，凡具有第四条所列各款资格，而无第六条所列之一者，得准其填具民训会所制发之审查表，志愿书，附具相片，请求各该最高民众团体整委会审查之。

第八条，前条审查完毕后，由各该最高民众团体整委会，择定加倍人数，附具候派人所填审查表，志愿书，呈请民训会择优核定，发交该会委派之。

第九条，各下级民众团体整理委员，以五人至七人为限。

第十条，凡未经民训会核定者，不得派为各级民众团体整理委员。

第十一条，本条例如有未尽事宜，得由民训会随时提出市整委会修正之。

第十二条，本条例由市整委会通过公布施行。

（《武汉中山日报》）

35.省商联二届代表会今日闭幕，昨开第九次会议

（1929 年 6 月 28 日）

省商联第二届代表大会，前（二十六）日因欢宴党军政各界，休会一天，昨（二十七）日下午一时，继续开第九次正式会议，出席商会三十二，代表四十人，主席团值日主席余蓉樵，速记武伟，开会如仪。

报告事项。一、汉口总商会函,为财政特派员与财政厅,筹募十八关税库券,请函各商会代表商办认募案。议决:照转。二、安陆县商会函,为何县长勒逼屠业迁至天后宫,墙壁匆然倒塌,压毙多人,请代呼吁案。议决:照转。三、老河口商会函,为王文德等办理党务工作,成绩斐然,请仍派赴河口继续工作案。议决:保留。四、汉口发业商会函,为□口征收总局,谬开税例,请予救济案。议决:函复,请径向汉口总商会提议。

讨论事项。(八一)为襄河火轮,发现抢劫,请据情呈请军政当局,设法制止,以维商业案(分水嘴商会提)。议决:并前案照转。(八二)为禁止拉夫,无论军事如何吃紧,各埠应存留轮船一艘,以利交通案(金口商会提)。议决:并前案照转。(八三)为襄河轮船,垄断航利,危险行旅,公恳决议,请省政府严格取缔,以利交通而保安全案(汉川仙桃镇岳口沙洋四商会提)。议决:函请江防局保护,并请建设应严厉取缔。(八四)拟请发起卢布总登记,以国民债权收回中东铁路案(汉口总商会提)。议决:转请全国总商会向政府请求。(八五)请取消私缉队苛索案(钟祥县商会提)。议决:并前案照转。(八六)请政府在盐法未经根本解决以前,对于精盐成案,应仍旧贯,以维国税而重民生案(黄石港商会提)。议决:照转。(八七)请政府明令解除精盐限制,以期普及而重民生案(武穴商会提)。议决:照转。(八八)请政府将限制精盐行销内地一案解除,以利民食案(圻春商会提)。议决:照转。(八九)请转呈政府,将限制精盐案打消,以利民生案(岳口沙洋商会提)。议决:并上案办理。(九十)请转呈政府维持精盐原案,以利民生而苏商困案(保安镇商会提)。议决:并上案办理。(九一)鄂岸榷运局缉私队留难货物,请转知遵章办理,以免烦苛案(孝感商会提)。议决:并前案照转。(九二)请转呈榷运局、财政部,核减川盐附税案(沙市商会提)。议决:照转。(九三)请政府转饬鄂榷运局,将广水官盐,援照孝感县向例,官商比较销售,以裕民食而杜弊端案(广水商会提)。议决:专案转请榷运局办理。(九四)请转咨榷运局,厘正北盐筋两案(白霓桥商会提)。议决:保留。(九五)为请政府明令废除引案,以利民食而厚民生案(应城县商会提)。议决:交常务委员会转全国商联会呼吁。(九六)请转呈财政部,令饬湖北印花税局,援照前案,改良印花税办法,以苏民困而恤商艰案(汉口总商会提)。议决:照转。(九七)为建设呈请湖北建设厅,令饬各纱厂,造四十二支洋沙,以抵制外货案(汉口商会提)。议决:照转。(九八)为武昌制造毛绒袜,往返武汉,请免重征厘税案(武昌总商会提)。议决:照转。(九九)请政府撤销禁运买卖货物铜元,流通内地,以恤商艰案(蔡甸商会提)。议决:照转。(一百)请政府注意江防扼要地,添设水上巡查队,以资防守,并请规定统一办法,杜绝流弊案(蔡甸商会提)。议决:并前案照转。(一〇一)请政府严禁水口地方痞棍,借拖船为名,实行讹索,以便交通案(黄陂县商会提)。议决:请民厅该转饬黄冈县办理。(一〇二)拟就各商会附设夜校,训育商店学徒案(兰溪镇商会提)。议决:并前案办理。(一〇三)请规定商镇萝夫运卖章程,以便商旅,而资协调案(兰溪镇商会提)。议决:由各地就近与党政劳资四方协商办理。(一〇四)为汀泗桥烟业税卡,在中伏铺及马良嘴附近,招集流氓,私设税卡,敲诈商民,请函各省烟酒局,严加制止,以苏商困案(蒲圻县商会提)。议决:并前案照转。(一〇五)为广水历年受军事影响,商业萧条,已达极点,恳请专函应山县政府,维持广水商会经济独立,以恤商艰而轻担负案(广水商会提)。议决:修改文字后,函知应山县长,以后摊派地方款项,不专偏重广水。

又,该会各项议案,业于昨讨论终结,定今日下午一时举行闭幕礼,同时第二届执监委员,宣誓就职,业推选常委以专责成,第二届筹备委员会,亦于昨晚七时,开筹备会议,讨论结束事宜云。

(《武汉中山日报》)

36.省商联二届代表大会闭幕

(1929 年 6 月 29 日)

市整委会王怡群致词,左仁亲等当被选为常委,黄文植被推为常委主席。

湖北全省商会联合会第二届代表大会,本月十二日开幕以后,计举行正式会议九次,议决各县提案一百〇五件,大都是解除全体商人痛苦,及谋全省工商业之发展,站在群众利益方面,党的立场上,可说供献不少,现因所有提案已告完全结束,遂于昨二十八日下午二时举行闭幕式,同时第二届执监委员宣誓就职,选举常委,是日计到三十八商会,四十九代表,参加者,省市党务整理委员会代表王怡群,省政府代表方寂耀,主席团为黄文植、丁舜丞、胡慕周、杜焕章、张友三,以黄文植为总主席。开会如仪。

首由市整委会王怡群致词。略谓:商联会组织的目的当然是在改良商业政策与商业组织,求商业发展与进步,但是我觉得照中国之商业一般情形看起来,中国商人只在组织上求改良,政策上求进步,中国商业是永无发展进步的可能的。因为我们国际不平等,有不平等条约的束缚,受帝国主义的经济侵略,关税未完全自主,外人得任意在我国开设银行,创办工厂,中国商人的盈亏,完全操诸外人之手。所以说中国商人欲求工商业的进步发展,不能徒注意于主观的改良,最要注意客观恶环境的打破,就是要努力于不平等条约的废除,求得了国际平等,方有办法云云。致词完毕,第二届执监委员举行宣誓,执行委员为黄文植、朱松珊、王开庭、马春丞、张星垣、杨厚安、左仁亲、徐莲甫、方少岩、易宾臣、胡清波、叶紫珊、万均之、胡海琴、张香秋、李泽甫、胡正卿、李心齐、桂香林、张鹤圃、孙松琴、余蓉樵、丁舜丞、成禹门、刘晓臣、高彰九、杨义在、欧阳泽周、喻荫三、甘朝章。候补执行委员为叶圣五、杨显卿、陶炯、万雨香、吴子青、彭鸿卿、王儒杰、邓礼材、朱俊千、杨辉庭。监察委员为杜焕章、汪孝慈、何在安、石和湘、江季青、曹正凡、张友三、陈举百、陈善长、张次卿、孟秀菴。候补监察委员为刘滋善、萧少堂、冯卿。

至执监委员誓词。执行委员誓词云,予等当选为湖北全省商会联合会执行委员,自维材干,难荷重任,谬蒙推受,深为惶悚,谨于民国十八年六月十八日就职。誓以至诚,遵守中国国民党党纲,及本会组织大纲,执行大会决议案,发展本会会务,增进商人力量,解除商民痛苦,并团结商人精神,领导参加政治运动,以期无负于各商会代表之委托,谨此宣誓。又监察委员誓词云:予等当选为湖北全省商会联合会监察委员,自顾非材,难膺重寄,谬蒙推受,深为惶悚,兹谨于民国十八年六月二十八日就职,誓以至诚遵守中国国民党党纲及本会组织大纲履行监察职务,对于执行委员有失职或违法行为,决以大会提出弹劾,并审核本会预算及决算,庶本会会务得以发展,商人力量逐渐增加,商民痛苦,次第解除,辅助政府,澄清庶政以期无负于各商人之代表委托,谨此宣誓。

宣誓毕。随后选举常务委员。临时推定高彰九、汪孝慈、王儒杰为监票,朱俊千、易宾臣、邓礼材为检票。孙瑞麟为唱票。选举结果如后:黄文植二十五票,左仁亲二十票,方少岩十七票,张星垣十六票,易宾臣十五票,当选为常务委员,并以黄文植为常务委员主席。下午五时始摄影会。

(《武汉中山日报》)

37. 市商协布告原有商团停止活动

（1929 年 6 月 29 日）

市商民协会，以成立伊始，对于本市旧有或未成立各商民团体，急待整理，所有前已成立之各商民团体，暂应停止活动，昨该会特发出布告云：本会责在整理汉口商民团体，整理步骤，首须举行会员登记，在此登记时期，所有旧有商民团体，一律停止活动，如某会、某业筹备会等名称，更无存在之理。所有会员，均须赴本会设立之临时登记处登记，听候本会指导组织，如有假借名义，在本特别市招摇者，一经查出，定即从严究办云云。

（《武汉中山日报》）

38. 函复汉口总商会禁运铜元令业经省政务会议议决取消请查照转知由　征字第一四九号

（1929 年 6 月 29 日）

敬复者，案准贵会函，以请将铜元兑价略予变更，对于各商输运铜元准予照常放行以恤商艰，希查照迅赐提出省务会议议决施行，等由，准此。当经于省政府第八次政务会议临时动议提请讨论，并经照案通过各在案，兹准湖北省政府秘书处来函内开，敬启者，查本府第八次政务会议汉口总商会请准将铜元兑价略予变更，对于各商输运铜元准予照常放行，以恤商艰案，业经决议禁运铜元，令准予取消并函知江汉关查照将已扣铜元放行以恤商艰等因在卷。相应录案并附抄原件函请查照为荷，等因。此相应录案函复，即希查照，转知为荷。

此致

汉口总商会

财政厅厅长李基鸿

（《湖北财政月刊》第 12 期）

39.（湖北）省政府据汉口总商会呈请设法维持转运铜元办法函武汉特别市市政府

（1929 年 6 月）

径启者，案据汉口总商会主席黄文植呈称，呈为据情呈请事，据汉口钱业公会提议书称，窃维铜元禁运出境，早经明令弛放，至对于本省各埠原无禁令之规定，乃近日以来，常有运往本省各乡镇之铜元，每为海关阻止，不准通行，甚至处以罚金，商民对于铜元交易，深感困难。查货币原属流通性质，如积聚一埠，充斥市面，不惟营业难期发达，且铜元之价格，已有日趋低落之势。况社会局又复限制价格，每洋一元掉换铜元不能超过四串以外，明令綦严，奉行维谨。若不速谋疏通办法，俾资救济，则将来商业何由发展，而市面交易益启纠纷。敝会为百业之枢纽，责任攸关，既有所见，自未便壅于上闻，理合提请大会设法维持，迅予召集代表会议，公决施行。等情，据此。当经召集代表大会提请公议。佥以汉口商场惯例，系以钱为单位，自官票废除以后，而铜元一项即为各业交易之所必需，门市生意无论矣，即各运商之前往四乡、各埠购办丝花等货,亦以铜元为适用。前于民国十三年,虽因铜元缺乏,曾有禁运出境之令,然在本省境内仍准照常通行。盖以货币为交易之媒介,义取流通,原无限制。兼之汉口大宗货物,多系来自他省。门市售价,既为钱码,向外购进,又属银盘。如值银贵钱贱之时,则以钱易银,所受亏损,委属不资。故铜元之与现洋,其供求之度,尤贵相需。设彼有所盈,即此有所绌。盈则其价跌,绌则其价涨,自然之势也。自社会局有每洋一元掉换铜元不能超过四串之规定,而海关又有禁运铜元之限制,以致铜元则日见充斥,银根即日趋枯竭。是以现洋一元而易铜元四串则易,若以铜元四串而买现洋一元实难。此市面之所以易启纠纷,而商业亦末由发展也。维持之法,应请转商:一面准将银元兑价之规定,酌予变通;一面准将运往本省境内行使之铜元,免用护照,以便流通。照此办理,庶铜元可免充斥之患,而金融亦得调剂之方,商业民生于焉是赖。等情。前来。商会详加体察所陈各节,确系实情,应请钧府俯赐鉴核,分饬施行,并恳批示只遵,实为公便,等情,到府。查维护商业、调剂金融,自属切要之图,据呈前情,除指令外,相应函请贵市政府,查核办理为荷。

此致

兼代主席方本仁

(《湖北省政府公报》第 52 期)

40.汉口总商会捐建花房建筑费

(1929 年 6 月)

汉口总商会代表周星棠、刘少岩二先生,于来京参加奉安大典趋园览胜之余,景仰万分,欲于先总理奉安恭献永久纪念物,以表敬意。适为陵园计划委员工商部次长穆藕初闻之,当以纪念先总理恭献物品,以永久性质为归。陵园垂万世景仰,建筑系远近观瞻。问诸本园傅主任技师,悉园中缺少花房一所,以培养暖地花木。周、刘二先生即代表汉商献资二万元谓此项建筑之需。本园已将花房图样绘成,送与穆次长,请其转寄周、刘二代表备查矣。

(《中山陵园工作月报》第 8 期)

41.汉口棉业商会呈请工商部变通检验办法

(1929 年 6 月)

为呈请变通检验修正细则,解除棉商痛苦,仰祈鉴核,以利进行而免流弊事。窃维中国数千来年,以农立国,产棉区域极大。而汉口居全国之中心,据长江之上游,轮轨交通,实为棉花集中地点,亦系出口大宗物品。考其成绩,卒不能与欧美争胜者,非棉质不佳,因作伪者自欺欺人,政府无检验机关以绳其后耳。钧部有鉴于此,对于出口棉花设置检验处,于汉口商品检验局内修订检验细则十余条,提高国际贸易信用,用意极为深远。际兹商战竞争激烈时代,不使帝国主义者有经济之侵略,棉商稍知大义者,方拥护之不暇,焉敢存分外之要求?惟检验各规定,核与汉口地方商情诸多隔阂,有损于民无益于国,所请暂缓施行之处,业于虞日电呈梗概在案,谅邀鉴察。兹将检验棉花细则,应予变通修正各要点,分别陈明于下:

一、查该细则第六条第二款内载,机捆大包,每一百包开样包四件,每筒取样花二磅云云。

不知凡用机器捆打之花包,异常紧密,非人力所能办到,一经折开,除重新再打外,无其他方法与手工可使之回复原状。既须重打四件,所需工力与打费约银十五两,加以八磅样花值银二两,连同每一百斤收检验费洋六分,合计每一百件须损失银洋四十七元,有盈无绌。因检验而无故受此重大损失,棉商无法取偿。若惜费不愿重打,沿途听其散漫,则偷漏更无可稽。血本攸关,皆该细则阶之厉也,将用何术以填补之耶?此应请变通修正者一。

二、查棉商资本雄厚者固不乏人,而财力薄弱者实居多数,其在市面得以活动者,全恃汇票信用为媒介,通融于银行、钱店之手,倘票期已到,而应兑稍有稽延,则出票人之信用扫地。该细则第七条内云,请验须先具请求单,至迟限二日内完毕,星期及其他放假日,仍须依次延长等语。照此规定候验,例如星期四打成之包,至速须下星期一方可起运。设遇船只不便,或有其他阻碍,星期一尚难出口,坐使每百件明耗数十两之息金,若再受市价涨落之影响,危险更难设想。装船无一定日期,一面履行该条检验之程序,迟之又久,致抵解汇票发生重大问题,此种无可避免之损失,未始非受该细则之拘束所致也。此应请变通修正者二。

三、查汉口出口棉花之总数,就上年最近之比较推算,除本市各纱厂自用者外,出口森花共计为二百四十四万八千六百余担,有海关之底册可稽。依该细则第十二条每担收费六分,及第六条第二款每件取样花二磅等规定,总计每年收入不下十六万六千余元之多。其他各种物品,如麻、丝、茶、油、豆、牲畜、毛革、陆陈等类,所收之检验费,尚不在内。该局经常费断无如此之巨,似乎监督官厅实际上变成征收机关,不但与廉洁政府之意义不合,且与设置检验提高商品之主旨大相背驰。此应请变通修正者三。

四、查该细则第九条内载,检验局发给之证书,暂以二个月为有效时期作废云云。此种时效之规定,无论长短,总以出口时能免除覆验不再收费为要件。倘上海纱厂在二月有效期内,不肯照单收受,或上海重行出口又须覆验,而一切费用均不能免,是使汉口已受检验之棉花空费时日、虚縻款项。设有此类情事发生,不知有何救济方法,能使原检验单不失效力。该规定极为含混,绝未计及,殊欠妥洽。此应请变通修正者四。

依上述种种困难情形,均有事实不可能之性质。汉局开办之初,本会迭派代表向该局长再四磋商,表示根本上服从检验,决不反抗。惟要求手续不能太繁,负担不能太重,徒增棉商之痛苦,并乞转呈钧部核办,乃舌敝唇焦,绝不容纳一语,群情惶惑,始有虞电之恳求。总之汉口系中国腹地,运往上海之棉花,乃国内贸易,验否,应听商人之自由。就令情愿,请验照上海本地买卖之例,每担只应收费洋二分,方为公允。若运往外国者,须受严格之检查,方可出口。惟颁发汉口检验细则,各案未能因地制宜,理合将变通修正各理由,呈请钧部鉴核,伏乞俯顺舆情,即日训令汉局遵照暂缓施行,一俟变通办法、修正条文,再行饬遵云云。

(《湖北省政府公报》第 52 期)

7 月

1.市商协会整委会第四次常会

(1929 年 7 月 3 日)

市商协整委会,昨上午十时,举行第四次常会,到整委谢蒨茂、胡侣农、戴宸纶、蔡受之、高伯常、鲍德荣、郭寄生、黄仲馨。主席蔡受之,记录周京。开会如仪。

讨论事项。一、武汉特别市政府,函致本会,请推举参议一人,于五日内见覆,以便照聘案。决议:推任委员汉章参加。二、汉口精盐商会呈,请本会转呈国府财政部盐务署鄂省府,代请明令开发,听人民自由购买案。决议:推胡、高两委员调查具覆,再行提会讨论。三、河口码头同业业主代表陈正德等,为呈请登记颁发章程,组织码头分会案。决议:呈民训会请示。四、市党部民训会,犯法各民众团体财务委员会组织条例,令即遵照组织成立案。决议:(一)推黄、谢、戴、胡、高五委员负责组织。(二)互推谢委员为主席。(三)限本月十日内筹备成立。五、登记科提:(一)店员第七临时登记处登记员王百川辞职,遗缺已派刘藻清补充,请追认案。决议:追认。(二)本科开始登记,十五殷繁,原有办事员录事,不敷分配,拟请增加办事员三人、录事二人案。决议:准其临时添用办事员一人,必要时,再由各科调用。(三)通知各业商会,转知各店主,如店员及学徒,请假前来登记时,不得留难及克扣薪资案。决议:照办。由本会通知各店主。(四)摊贩登记员出发登记时,恐外面发生误会,拟请函知公安局,转饬各署,加意保护案。决议:照办。(五)拟改定摊贩登记费,分甲、乙、丙、丁四种:(甲)八角;(乙)六角;(丙)四角;(丁)二角,请讨论案。决议:原订甲、乙两种照旧,加添戊种一项,收费□角,资本在十元以内者适用之。(六)关于学徒登记费,拟由各店主代缴案。决议:通过,由本会通告各店主。六、指导科提:(一)拟订本科工作计划大纲,请审核案。决议:推谢委员审查。(二)本会开始登记,一般商民,或有不明意义,兹拟就登记标语十种,请审核案。决议:推谢委员审查。七、调查科提:(一)拟请增加本科办事员二人、录事一人,请讨论案。决议:保留。(二)拟就失业店员表,及本科办事细则,请审核案。决议:失业店员调查表,修正通过。办事细则,交常委审查。八、总务科提:(一)拟就本会工作人员惩奖条例,请审核案。决议:交常委会审查。(二)本会各职员生活费,可否预支,请讨论案。决议:交常委酌量办理。

临时动议。一、谢委员提:拟改商民周刊为日刊,以便宣传案。决议:通过。其办法交指导科详细拟订,提交下次常会讨论。二、胡戴两委员报告,审查本会预算,请讨论案。决议:交财务委员会审查。三、谢委员报告:审查本会告市商民书,请讨论案。决议:通过。交总务科印发。

(《武汉中山日报》)

2.商民协会积极办理全市店员摊贩总登记

(1929 年 7 月 3 日)

市商民协会,现已择定特三区扬子街,广东银行间壁,为办公地址,昨(二)日开始办公。并划定登记区域,及发表登记处职员,兹将登记处职员名单列下。

店员登记。店员第一临时登记处至九如桥,登记主任邹继文,登记员郑树棠、陶海山、薛世钦。第二临时登记处,自万寿桥至四官殿,登记主任徐鸣九,登记员曹少钦、刘道芬、范未明、张庆恩。第三临时登记处,自清芬一马路至中山路,登记主任杜集唐,登记员鲁季屏、王晓云、李清林,陈福谦。第四临时登记处,自石码头正街至交通路。登记主任谭念生,登记员陈桐轩、李少明、汪汉臣,陈□卿。第五临时登记处,自芦席街至药王庙,登记主义田樵生,登记员王子云,谭丹忱,罗鹄生,王绪镒。第六临时登记处,自升平街至篮子街,登记主任王亭渭,登记员戴雨臣、胡受虚、王云卿、陈秉义。第七临时登记处,自回龙寺至球厂街,登记主任黄濠。第八临时登记处,自清芬一马路至桥口外,登记主任熊瀛洲。第九临时登记处,自郭家巷至七署对门,登记主任李俊卿。第十临时登记处,自升平街至大王厂,登记主任万启熙。

摊贩登记。摊贩第一临时登记处,堤街与居仁门正街交岔一带,登记主任李子英。摊贩第二临时登记处,大夹街与白家巷交岔一带,登记主任曹英□。摊贩第三临时登记处,前花楼与香山巷交岔一带,登记主任胡大成。摊贩第四临时登记处,总商会一室,登记主任宁养吾。摊贩第五临时登记处,电报局至界限路一带,登记主任王耕余。摊贩第六临时登记处,汉景街一带,登记主任桂松生。

3.市商协整委会布告,明日开始登记店员等

(1929 年 7 月 4 日)

市商民协会,昨通过本市会员云:为通告事,本市会员总登记,业经本会规定,于七月五日开始办理,至八月十五日截止。此次举行登记,是为统计会员数量,淘汰不良分子,以谋会基之巩固,促进商业之发展。本会为便于商民登记起见,依据中央规定,参酌本市商务情形,规定商人登记,由本会直接办理。店员方面,依业务之区别;摊贩方面,就警区之划分,设立临时登记处,办理登记事宜。凡属本市商民。务须遵照本会规定日期及登记处,前往登记,幸勿观望自娱,特此通告。

附商人店员摊贩登记区域一览表于下:

关于店员者。第一临时登记处,皮业,制革业,杂皮业,肉业,猪鬃业,山货行业,蛋行业,鱼行业,猪肠业,军装业。第二临时登记处,米业,杂粮业,面粉业,各种炭业,各种木器业,电料业,木料业,柴业。第三临时登记处,京广洋货业,鞋业,帽业,绉纱业,磁业,梳篦业,玻璃业,珠花业,颜料业,珠宝古玩业,扇业,针织业,绣业,席簟业。第四临时登记处,典业,估衣业,报关业,旅栈业,轮船各业,转运各业,各种饭馆业,盆荡业,各种车业,保险业,乐器业。第五临时登记处,钱业,银楼业,五金业,铜货业,铁货业,锡货业,钟表眼镜业,水电业,银行业,烟草卷烟业,堆栈业。第六临时登记处,绸缎业,呢绒业,各种布业,染坊业。第七临时登记处,杂货业,

海味业,糖业,酒业,各种油业,各种糖食业,盐业,浏阳鞭炮业。第八临时登记处,药材业,饮片业,西药业,参燕业,茯苓业,各种烟业,石膏行业,红土窑烟业,丝线业,折药业。第九临时登记处,水果业,鲜果业,瓜果业,印刷业,茶叶业,纸业,笔业,书业,清茶业,照相业,仪器文具业。第十临时登记处,纱业,棉花业,棉籽业,油饼业,洋油火柴业,碳灰水泥业,漆行业,机器业,烛皂厂业,营造业。

关于摊贩者:第一临时登记处,警察第一区,第二区,第一分署,第二分署。第二临时登记处,警察第三区,第四区。第三临时登记处,警察第五区,第六区。第四临时登记处,警察第七区,第八区,第二分署。第五临时登记处,第三特别区警察第十一区法租界。第六临时登记处,警察第九区,第十一区,第四分署,第五分署,日租界。

(《武汉中山日报》)

4.市社会局召集各团体讨论筹设公典办法

(1929 年 7 月 4 日)

市社会局,为扫除商人重利盘剥,救济贫民起见,曾请各界商同筹设公典。昨(三)日下午一时又召集各团体,开会讨论进行。出席者黄学具(市党部民训会代表),李德斋(钱业商同代表),瞿长三(总商会代表)。主席戴经塵,记录贺涤塵。如仪开会后。当议决以下事项:(一)商办典当及保护办法:(甲)遵照商典规则,月息不得过二分,期限至少十二个月。(乙)保护办法:1.除帖税外,其他一切捐款及临时摊派之款,一概豁免。2.如有强当及滋扰等情事,由社会局负保护责任。(二)官督商办:(甲)由汉口银钱两会,及总商会组织公典筹备处。(乙)于本市内筹设公典十处,计汉口八处,汉阳两处。(丙)利率:月息一分八厘。(丁)期限:十二个月。(戊)筹备处先筹现金一百万元,由市府特准筹备处发行存单二百万元,并请银钱两帮储款代付。自发行后,限十年收清,每年销缴二十万元。(己)其余办法,均依商典规则办理。(庚)在存余项下,提出十分之二,作办理本埠公益之用。(辛)保护办法与商典同。(三)即日由社会局呈请市府,照颁布商典规则,向日法租界当局交涉。

(《武汉中山日报》)

5.汉商界对党国热忱

(1929 年 7 月 5 日)

昨(四)日下午七时,汉口总商会因募款赠建总理陵园温室,及市公债关税库券事,特召集全市各帮代表,开全体大会,计到八十五代表,主席黄文植。开会如仪。首由主席报告关于市政公债,由汉口总商会、汉口业主会,共同担筹五十万元。此五十万元筹措办法,经官商会商结果,决按汉口房租抽收一月,房客、业主各半。至关税库券,汉口商会摊筹二十万元亦定抽收各商业住户房租一个月,则由房客完全担任,如此结果,是否可行,即请公决。当经各代表发表意见,讨论结果:(一)市公债关系地方建设。(二)关税库券关系国家要需,无论如何,商人总应勉力担负,当一致通过,决定照办。继续复由主席报告:本会赴京参加奉安典礼代表回汉报告:总理陵园,缺少温室一所,拟由本会赠建。各代表以总理生前为全民众谋解放而奋斗,丰功伟烈,永垂千古,吾辈尤应群力□将以留纪念。当决定即日凑款两万元,以作赠建此项陵园温室之用,并当场公推马星垣、吴镜波、王森甫、方少岩、石和湘五代表,担任收款。最后并由赴京向财部请愿偿还武汉新旧借款,代表周星棠,报告向财部请愿结果,略谓:此项新旧借款,约三千三百余万元,可分为三种:(一)王占元、萧耀南、吴佩孚时代所借。(二)省财政厅所借,及官票倒款。(三)革命军到达武汉后政府所借。现经财部允准:对第一种以十八年长期公债偿还,此项公债,五年以前付息二厘,五年以后至二十年内,为偿还期间。第二种以省库债券偿还之,即由整理官钱局产业盈余为息,照现在整理所得,可得三分,将来可得五分利息尚未可知,现在省府对官钱局产业,为免除人民怀疑,力争由省府整理,将来若果成为事实,尤可乐观。对第三种,定以十八年短期公债偿还十年以内可偿清云云。各代表认为满意,至九时始散会。

又,汉阳商会,对关税库券认筹两万元,定日内召集全体大会,磋商认筹办法。

(《武汉中山日报》)

6.全省商联会昨开第一次执委会

(1929 年 7 月 5 日)

湖北全省商联会第二届执行委员会,昨(四日)下午四时,举行第一执行委员会议。出席委员:方少宕,叶盛五,蕙均之,张星垣,成禹门,黄文植,易宝田,张鹤国,朱松珊,徐莲圃,余蓉樵,王开庭,刘晓臣,姜尧坡,邓礼门。主席黄文植。记录孙瑞麟。开会如仪。

(甲)报告事项。(一)淮盐局函:解放限精盐行销办法案,已转呈部署由。(二)准汉商会转函军政部,已令各军杜绝令商会供应军差由。

(乙)讨论事项。(一)草拟本会经济委员规则案。议决:通过。定六日下午六时开经济委员会。其规则附后:第一条:本会依据商联会组织大纲第八条之规定,以谋商联会经济之巩固为宗旨。第二条:本会委员,由商联会于执监委员内,公推三人组织之。第三条:本会处理关于商联执委会,或监委会交付及委托一切经济事项,并催缴各会经费事宜。第四条:本会为谋催缴经费之便利,应就各商会所在地,划为鄂东、鄂西、鄂南、鄂北等四区域,由执监会议推定负责人,协同本会进行。第五条:本会于处理事务时,得随时稽核商联会财政收入及支出各状况。第六条:本会所处理方案,应报告执委会或常委会,议决执行之。但受监委会所委托者,应报监委会。第七条:本会每月开常会一次,遇必要时,得随时自由集会。第八条:本规则如有未尽事宜,得由执监委员会议补充或修正之。

(《武汉中山日报》)

7.(湖北建设厅)呈工商部据汉口总商会呈复已搜集华洋贸易各项定单材料三十二件纸呈部查收请鉴核由

(1929 年 7 月 5 日)

呈为据情转呈事,案查前奉钧部令催,迅将华洋贸易定单材料搜集呈部,以凭参酌办理,等因。当经令催汉口总商会迅将前项材料,实为搜集,呈厅核转在案。兹据该会呈复略呈,业已搜集匹头、海味、五金等业进口定单,及杂粮油类等出口定单,共三十二纸,并经汇送钧部查收,请予鉴核转呈,等情,据此。理合据情转呈钧部鉴核。

谨呈

工商部

兼湖北建设厅厅长萧萱

(《湖北建设月刊》第2卷第2号)

8.市商协整委会第五次常会

(1929年7月6日)

汉特别市商民协会,昨(五)日上午十一时,开第五次常务会议。出席谢蒨茂、戴宸纶、黄仲馨、鲍德荣、高伯常、任汉章、郭寄生、主席胡侣农,记录周京。开会如仪。

报告事项(略)。

讨论事项。一、本会应否即行选派商人店员摊户之总会整理委员会案。决议:保留。二、本会登记开始,收入各费,应如何保管案。决议:(甲)各临时登记处,限每三日连同收据,缴核扫解登记科。(乙)登记科主任,随时汇交财务委员会。(丙)每星期一,由登记科主任,连同收据缴核,向财务委员会结数。三、拟就会员登记图样三种,请审核案。决议:(一)商人分两种:(子)登记证书。(丑)长方形搪瓷证。(二)店员用两折纸质证。(三)摊贩用椭圆铜质证。四、遵拟汉口商民日刊详细计划案。决议:推郭、戴二委员审查。五、拟请通告商人团体,接受本会调查案。决议:照办。六、续请加用雇员,为临时调查员,调查商店店员摊贩,以资补助登记进行案。决议:由调查科拟具详细计划,提出下次常会讨论。七、勤务兵制服费,应否援各机关例,给予津贴。决议:每名津贴半数。

临时动议。一、遵议调解玉露参与仁寿宫房屋纠葛,并拟具办法,请讨论案(任、胡、高三委员提)。决议:转呈民训会。二、市民训会交下查复湖北全省商联会呈请明令废除引岸案,请讨论案(郭委员提)。决议:照原文油印,分送各委员,提交下次委员会讨论。议毕散会。

(《武汉中山日报》)

9.汉商会通电请严重抗议张学亮案

(1929年7月6日)

汉口总商会因报载上海张学亮案,经英军审讯,结果竟宣告无罪,不胜愤激。昨为此事特发出通电云。(衔略)均鉴:迭阅报载,驻沪英国水兵,前因鸡奸戕杀同胞张学亮一案,现经英军审讯,结果宣告凶犯无罪。窃查该国水兵,兽行未遂,故意杀人,同胞张学亮,因□致死,医验证明。愿彼英军同恶相济,认为伤害罪不成立。杀人罪无所凭。法不以公,凶不成犯,此诚国家之大辱,个人之奇冤也。溯自英人挟其帝国主义,侵略吾华以来,领土国权,□□蹂躏,弁毛我法令,草菅我人民。近复乘我国民革命对内肃清军阀之时,重行其炮舰政策,派遣大兵,进驻上海,抗议无效,压迫频施;或越界驻防,或飞机暗探,水兵之自由行动,华妇之被逼时闻;至于鸡奸杀人,已属穷凶极恶,此而无罪,人道何存?敝会同人,同深愤慨,万望党政诸公,严重抗议,凡我胞属,誓为后援,务期达到杀人抵命、优恤死者家属之目的为依据,临电迫切,无任神驰。汉口总商会叩。

(《武汉中山日报》)

10.社会局筹设公典,昨函汉商会请鼎力提倡

(1929 年 7 月 9 日)

关于社会局决计筹设公典商典一事,曾于本月三日,召集各界会议,议决办法三项,已志前报。兹悉该局以兹事应请总商会提倡筹设,昨特致函该会云:径启者,查筹设公典商典事项,曾经各处代表,在敝局开会讨论,并经议决筹设商典公典,及取缔日法界典商各项办法,兹特检送会议录五份,函请贵会查照办理,无论筹设公典或商典,务祈鼎力提倡,俾得早日实行,以重公益,而济穷困。

(《武汉中山日报》)

11.汉商会推定出席省赈务会代表

(1929 年 7 月 9 日)

关于组织省赈务会事,省政府昨接汉口总商会来函,已推定该会执委郑燮卿为代表,原函略谓:案奉钧府函,以兼民政厅长提议,请聘任委员,组织省赈务会一案,经提出第八次政务会议,议决:一、公推民财两厅长。二、省市两党部及武、阳、夏三商会各推一人,共同组织之,请将代表姓名,先行见复,以便聘任等因。遵即推定执行委员郑燮卿,为商会代表,理会呈复。

(《武汉中山日报》)

12.汉口特别市商民协会整理委员会通告

(1929 年 7 月 9 日)

为通告事。本市会员总登记,业经本会规定于七月五日开始办理,至八月十五日截止。此次举行登记,是为统计会员数量,淘汰不良分子,以谋会基之巩固,促进商业之发展。本会为便于商民登记起见,依据中央规定参酌本市商务情形,规定商人登记由本会直接办理,店员方面依业务之区别,摊贩方面就警区之划分,设立临时登记处办理登记事宜,凡属本市商民务须遵照本会规定日期及登记处,前往登记,幸勿观望自误。特此通告。常务委员郭寄生、戴宸纶、任维章,委员及登记科主任胡侣农。

(《武汉中山日报》)

13.废除引岸,市商民协会赞成省商联会主张

(1929 年 7 月 9 日)

昨九日上午十二时,市商协整委会,开第六次常会,出席委员郭寄生、谢蒨茂、戴宸纶、任维章、高伯常、蔡受之、胡侣农、鲍德荣、黄仲馨,主席鲍德荣,记录陶维侃。

讨论要案:(一)民训会交下查复湖北省商联会请废除引岸一案,继续讨论案,决议:一、同

意湖北省商联会主张。二、推胡、戴两委员起草，呈复民训会。（二）略。（三）上海化妆品同业公会专函，为反对化妆品特种印花税，请讨论案，决议：推任、高两委员负责办理。（四）决议：通过调查科提出调查详细计划，举行大规模调查全市商人店员摊贩，添办员三人、录事一人，负责调查，事如在整理期间有未完工作，移交商民协会接办。（五）决议：关于工商业含糊不清者，由调查科负责调查，报告常委，再与市总工会联席会议讨论划分办法。（六）决议：商民日报计划修正案，通过：交指导科筹备。

临时动议：本会办事不力人员，应如何处分，请讨论案，决议：交常委照奖惩条例办理。

（《武汉中山日报》）

14.商字第四三九九号　令上海商人团体整理委员会、汉口总商会：为令遵事案据上海华商纱厂联合会呈

（1929 年 7 月 10 日）

工商部训令商字第四三九九号

令上海商人国体整理委员会、汉口总商会：

为令遵事，案据上海华商纱厂联合会呈称，查纺织原料织维最贵纯洁，乃据各厂报告，收购棉花除水分外，复有掺和粗劣品质及油灰矾粉等物，以图增加重量，其贻害纺织工程，堕失商业信用，实较水分尤巨，应请从严取缔，颁行专章，分饬各产，棉区域长官切实查禁等情，并开列各地棉花作伪单到部。查棉花掺杂由于棉农者固不乏人，而棉商作伪究占多数。上年七月间曾准内政部函，据上海达丰染织公司函，请查禁前来当经训令，前上海总商会、该总商剀切劝谕各棉商切勿掺杂弄巧，并函请江苏、湖北两省政府饬县，查禁各在案，兹复据上海华商纱厂联合会呈称前情，除经批示，该联合会转知各纱厂于收花之时认真剔除，并咨请各产棉地省政府饬令，产棉各地方官切实劝导，并取缔外，合再令仰该委员会、总商会转致各棉商，对于出售棉花切弗掺杂作伪，以增棉业信用，而维纺织工程是为至要，此令。

附抄发各地棉花作伪单一纸。

中华民国十八年七月十日

工商部长孔祥熙

（《工商公报》第 15 期）

15.汉阳商会认筹市政公债五万元

（1929 年 7 月 11 日）

汉阳商会，以市政公债，关系建设用途，应踌躇认筹，以裕市库。连日与官厅接商结果：由该会筹认五万元。昨（十）日特召集代表会，讨论筹募办法。议决即依照汉商会所定方针，抽收房租。由房东、住客各担任一半，以一个月内办竣，汇齐呈缴。

（《武汉中山日报》）

16.武昌商会暨沙联会推代表谒财政当局商榷筹募关税库券办法

（1929年7月12日）

武昌商界拨筹关税库券二十六万，原由武昌总商会及纱厂联合会会同募集。惟武昌总商会以武昌商场自围城以后，一蹶不振。如此巨数，实难应付，若照阳夏抽收房捐办法，亦只可得一万余元。又纱厂联合会方面，亦以各厂现尚借债度日，对于此款，实感困难，故昨（十一）日由商会推周小泉为代表。联合会推苏泰余为代表，定今日晋赐财厅长李基鸿，及特派员陈绍妫，商榷办法云。

（《武汉中山日报》）

17.武昌商会改选

（1929年7月12日）

武昌总商会，以全国商联所颁商会组织条例，是改会长领袖为委员制，而该会之原有组织，已不合法。亟当遵例改组，早已召集代表大会，产出筹备改组委员会。现已筹备就绪，于昨（十一）日午开会。决定本月十五日上午十一时举行改选大会。选举执监委员，同日并发出请柬，请政府党部派代表监督，并邀各团体代表参加，想届时必有一番盛况也。

（《武汉中山日报》）

18.申钞迟不实行通汇

（1929年7月12日）

汉商会为春季申钞通汇事，昨电财政部云，窃查商会前情电饬上海银行公会，转知各行，在发行地点设立兑换所，或直行通汇，以维申钞信用等情，曾蒙钧部寒电开，已电知商会银行公会照办矣，等因。商民闻之，同声感颂，嗣又接上海银行公会复函，以此事现经公议便利持券人办法，通知各发行沪行转致各该汉行照办等语。当经函询汉口银行公会转饬各该汉行何日开兑，先期见告，乃候至今日，尚未得复。而各该汉行，对于此事亦毫无准备，各商民咸深疑虑，纷请电饬转催前来，合再电恳钧部，迅饬上海银行公会转催各发行沪行切实遵办，以慰众望，借维金融，无任盼祷之至，汉口总商会叩真。又电上海银行公会云，前准台复，以申钞在汉兑现一事，规经公议便利持券人办法，通知各发行沪行，转知各该汉行照办等因。具见维持，同深感荷，当即分知各商查照，一面函请汉口银行公会，转询各该汉行，何日开始兑现，即先期见告，乃静候迄今，尚未得复。而该汉行对于此事，亦毫无准备，原因所在，解索实难，在商民既疑虑滋深，于金融亦影响甚大，务祈贵公会查照前函，迅于转饬各发行沪行电达各该汉行切实照办，并希电复，无任盼祷之至，汉口总商会真。申钞通汇办法，此间汉行原有票汇之议，电汇一层，则暂缓实行，并闻票汇办法中，有每千元收二元五角手续费之说，果如所云，则持券人以之通汇，殊无大划算也。

（《武汉中山日报》）

19.湖北建设厅训令汉口、武昌、沙市总商会饬催汉口、武昌、沙市克日填报国货调查表由

（1929 年 7 月 12 日）

为令行事，案查前奉湖北省政府准工商部咨送国货调查表式转发到厅，当经检发原表十张，令饬该会派员详细调查填报，并令催克日填呈厅，以凭汇转各在案。查该调查表，各处贵呈到厅者甚多，惟尚未据该会填报，合行令仰该会，克日遵式填报，以凭汇转，幸勿再延。此令。

兼厅长萧萱

（《湖北建设月刊》第 2 卷第 2 号）

20.汉商会催询申钞兑现办法

（1929 年 7 月 12 日）

汉口　汉商会十一日电财政部及沪银行公会，谓申钞在汉兑现及通汇，汉各行尚无实行准备，请催办。

（《新闻报》）

21.省商联会请裁撤覆查卡

（1929 年 7 月 13 日）

湖北厘金，现已改为统税，查统税规则，凡应完税率，于一道征足，沿途概不重征。即原有之覆查局卡，均须一律裁撤，以惠商旅。本省之皇经堂，虾蟆矶、下新河等卡，前已议定裁撤，迄今仍未实行。昨省商联会，特根据汉口商会提案函请财厅，迅予裁撤，而维商艰。其文略谓：查敝会开二届全会代表大会，汉口总商会出席代表提议称，窃维加税裁厘，原属要政，恤商裕课，亦应兼筹。湖北省税，自上年前湖北财政厅，会同修改税则以后，已由厘金而变为统税，故原章所订，凡应完税率，于一道征足之后，沿途概不准重征，即原有之覆查局卡，除必要之地点，其余均有须裁撤，盖多一检查，即多一留难也。不谓一年以来，议定裁撤之皇经堂与虾蟆矶、下新河三处覆查卡，仍旧设置。而对于往来商船，并有借口货票不符，任意加征情事，实缘该三处码头，水势急流，每当风雨不测之时，当有生命危险之虞，商船至此，未敢久停，忍痛□将，久已苦无可诉。近自李厅长莅任，严加整顿，尚少留难。诚恐日久玩生，亦有防不胜防之势。兼之该三处，距离汉地，并非甚远，而货船当入口之时，其扼要地点，既各设有稽查卡所，迨抵汉之日，如无货票，又不能自由起运，似此稽查之严密，实无偷漏之可言，则此等骈枝机关，如果仍其存在，公家徒增靡费，在商民更感困难，应请大会，查照前情，迅予转函湖北财政厅，准照原议，即日将内河之皇经堂，与外江虾蟆矶，又下新河三处覆查卡一律裁撤，以便商旅等语。经大会第八期会议，详加讨议，佥以覆查卡之设，其用意在避免偷漏，然货船当入口之时，其扼要地点，既各设有稽查卡所，抵汉之货，无票又不能自由起运，则偷漏已无所施。况上列皇经堂等三卡，在前修改税则时，为张前任财政厅长所许可裁撤之卡，只以重视其事，暂缓时日。嗣因新关税实行后，有各省一律裁撤厘卡之议，皮之不存，毛将焉附，遂又认为裁撤覆查卡，无足轻重，迨湘变

事起，便无暇举办裁撤之案。坐是因循，兹值贵厅长整理税收，厘□积弊，此等骈枝赘瘤，自无延存之理，爰一致决议，转请照案裁撤，以新观听，而惠商旅云。

（《武汉中山日报》）

22. 市商协七次常会通过废除淮盐引岸案

（1929 年 7 月 14 日）

汉口特别市商民协会整理委员会昨开第七次常会，出席委员戴宸纶、郭寄生、胡侣农、鲍德荣、高伯常、任维章、蔡受之。主席任维章。记录周京。开会如仪。

讨论事项。一、常委提：据胡、高二委员报告，第四次议决，交下周查汉口精盐情形，并附具意见，请讨论案。决议：分呈省市两党部，及省市两政府，并财政部鉴务署，援助汉口精盐商会呈请维持原案，并取消禁止精盐行销内地禁令。二、常委提：据胡、戴二委员报告，起草呈复市民巡会交下查复废除淮盐引岸一案，请审核案。决议：修正通过。三、登记科提：拟请呈请民训会，严令总商会，转知各业会员，应一律向商协整委会登记案。决议：照办。四、登记科提：本科助干李俊卿，调充临时登记处主任，遗缺拟调常委室办事员李亚云补充，常委室办事员遗缺，拟调本科办事员戴大生补充，是否可行，请公决案。决议：准调戴大生到常委室试用。五、调查总务两科会提：本会成立已满一月，职员生活费，应速筹发案。决议：交财务委员会筹发。

临时动议。一、调查科提：本市工商业混淆不清者，应与总工会开联席会议讨论案。决议：定下星期一下午二时，本会全体委员出席，邀请总工会全体委员，在本会联席讨论，并呈请民训会，派员列席指导。二、指导科提：商民日报，业已遵照议决案，着手筹备，并订于本月二十日出版，乃指定负责任姓名，呈请鉴核案。决议：准予备案，并呈报市党部备案。三、郭委员提：应令各登记员，逐日填具工作报告表，以资考核案。决议：由常委制定表式，交登记科印发各登记处照填。

（《武汉中山日报》）

23. 汉市商会呈请当局取缔违法钱市日刊

（1929 年 7 月 15 日）

总商会昨（十四）呈市党部整委会及市政府，请取缔违法之钱市日刊，原呈略称：据汉口钱业公会函称，（上略）前此铜元充斥，钱价日形低落。曾奉社会局令饬以银元，银元换铜元不得超过四串之外，遵即督率同业，逐日开盘议价，勿敢稍越范围。数月以来，本此办理。复又接社会局训令：仍以维持限制原案，责令照办等因。敝会仍然遵办，以重功令各在案。兹查有市上发现一种武汉钱市日刊，不知何人所办，价格既多歧异，复于反面附粘小条（或小条另附送）另标价格，似此违反法令，甘冒不韪，实属有意扰乱金融，为害市面，诚非浅鲜。若不厉行取缔，不足以敬将来，敝会以责任所系，未甘缄默，除将查获之违法日刊及送刊人，一并由警察五署转办公安总局查核究办外，应请严重加以取缔云云。

（《武汉中山日报》）

24.武昌总商会昨举行改组大会

（1929 年 7 月 16 日）

昨（十五）日上午九时，武昌总商会，举行改组第一届代表大会。计到武昌各商帮代表一百四十八人。应该会之请参加监视者，有省政府代表李奇湘，省党务整理委员代表周永祺，武汉卫戍部代表宋笃诚，建设厅代表赵俨瞻，市公安局代表陈绳祖、殷爱生，市党务整理委员邱鸿钧，汉口总商会余蓉樵，武汉新闻记者联合会代表管□齐。开会后，公推周筱荃为临时主席，项筱荃为记录。开会如仪。

首由主席周筱荃报告开会宗旨，略谓本会相沿采用会长制，由吴干丞会长担任会务，已历六年之久。中间因时局多事，经过不少纷乱，故本市商务，至少发展。然吴会长亦极备尝艰难，可以告无罪于本市诸同业。至于鄙人，则才识□陋，忝职副席，则尤，对同业绝少贡献，此实筱荃异常愧对之事。自全国商联，规定各地商会组织法，改用委员制以后，本会即已推定筹备委员担任筹备改组事宜。现已告竣，故召集全市同业代表大会，实行选举。即请依照法定手续，正式产生执监委员。筱荃相信此次改选以后，必能集武昌全市人才于一室，会务同时必能得到飞展，此则可以预祝云云。

继即选举执监委员。结果如下：周筱荃一百二十二票，左仁亲一百二十一票，黄梅生一百二十票，丁舜丞一百一十八票，胡树楠一百一十票，舒文钦一百〇一票，陈渭演一百〇一票，陈善长一百票，苏太余九十五票，程凌霄九十五票，董锦轩九十五票，曹云阶八十七票，陈文山八十六票，段宝诚八十三票，汪履福臣八十三票，易兰生七十八票，丁海清七十五票，徐是法七十四票，谭玉山七十一票，黄巨封六十一票，张源廷六十一票，胡海清五十八票，易瑞亭五十四票，鄢少陵五十一票，陶柳溪四十七票，当选为执行委员，又殷树齐四十四票，姚竟成四十三票，刘季五四十二票，余寿清四十二票，张继武四十一票，王笃初四十票，王荣荪二十票，范夔亭三十六票，吴炳丞三十六票，吕履千三十五票，刘同舟三四票，邱益三十三票，尹仲涛二十九票，当选为候补执行委员。又王钦哉五十二票，陈锦山五十六票，冯惠安三十六票，胡书城三十七票，童秉初三十五票，鹿成章三十二票，邬海清二十八票，当选为监察委员。又甘净域二十七票，唐小山二十六票，董寿山二十四票，当选为候补监察委员。选举完毕。

即请省党整委会代表训词。略谓：今天贵会举行选举大会，产出执监委员。我想被选的诸位必定都是武昌市商界的忠实而很努力的分子，对于商业的将来，必能有极大贡献，站在武昌市全体商人方面，去为武昌市全体商人去谋利益，并能站在党国方面，作国民革命进程中一个大帮手。但是诸位要知道，商人在过去的国民革命历史上，是站在最重要的位置，当总理革命时，经济上得南洋商界的帮助，实在不少。国民革命得有今日的成功，可说商界亦与有相当力量。所以兄弟极希望武昌市商界同志，应急需着努力。现在中国在世界可说是一个经济落后的国家，欲谋富强，谋工商业发展，他无别法。欲谋工商业发展，就是商界诸同志的使命，这个责任，是不得不要商界诸同志一齐负起来，在本党领导之下，积极去做的云云。演毕。

又由省政府代表李奇湘致训词。略谓：今天贵会开选举大会，方代主席本拟亲临参加，因新从北平归来，政府要务亟待办理，故不克分身，派兄弟前来代表方主席说几句话：以前所谓全国统一，军事结束，训政开始。但是湖北地方继续不断地遭□□的破坏，桂系军阀的蹂躏，而最近时局上又发生许多纠纷,实是完全未达到目的,到最近才可说已经完全解决了,全国可说已真正统一,军事可说真正已告结束了!即训政亦实现的开始了!此种关于时局事件,今天方代主席在纪念周,已有详细的报告,诸位明天在报上可以看得到。再谈到训政一切建设,真是非财莫举,故目前急要之务,就是发展经济力量,欲经济充裕,自非先图工商业发展,不克达到目的。诸位并要知道:现在政府非从前湖北政府,现在政府是根据本党主义,为全民众去谋利益的,以后必能与诸位互相帮助联合起来,向三民主义路上走去云云。

汉商会代表余蓉樵致词。略谓:一个国家,立国要素是什么?就是军事政治文化经济,内中最要的就是经济,我们可以□到各帝国主义,他的经济是何等充裕。若是经济不充裕,国家万难强盛,所以总理遗训告诫我们:“实业富国”这种政策,是与商人有密切关系,而尤须待商人自己负起这种责任的。武汉居全国中心,商业的兴衰,影响所及,非常的重大,我们不但要谋国内贸易发展,同时并更要谋国外贸易发展,贸易发展,国自富强,帝国主义不打自倒,这点是敝会同人,所勉励而同时贡献于贵会的。最后祝贵会改选后,无量进步!

演毕。各代表均有演说,词长不及备载。后由主席致答词,对各代表所指导各点,尽量接受。散会已下午八时矣。

(《武汉中山日报》)

25.市商协整委会第八次常会

(1929 年 7 月 17 日)

市商民协会整理委员会,昨十六日开第八次常会,出席委员戴宸纶、鲍德荣、郭寄生、任维章、胡侣农、高伯常,谢蒨茂。主席谢蒨茂,记录周京。

报告事项:一、市整委秘书处函,准予□委员受之辞商协整委,仍兼指导员,遗缺派杨□庭接充。二、上海特别市商人团体整委会,请援助废除领事裁判权代电。讨论事项:常委提:汉特市工商业混淆不清者,业与总工会联席谈话,讨论划分结果,应与总工会会□通告案。决议:函总工会,请将讨论结果,会衔通知各该业,并会衔呈请民训会备案。常委提:对于报社新闻记者、律师、医生、戏剧家,究应属于何界,请讨论案。决议:呈民训会请示。郭委员提:本会主任派员调查临时登记处工作情形,应令调查员详细书面报告案。决议:通过,由常委指派轮流视察,每次须填具报告书。鲍委员提:本会交通费过于浪费,拟由本会雇用包车两辆应用,较为节省,可否,请公决案。决议:保留。郭委员提:请令登记科,严令各临时登记处登记员,应遵从各该处主任指导案,决议:交登记科办理。胡委员提:奉民训会同志,汉阳商民,拨归本会管辖,关于汉阳会员登记,如何进行案。决议:一、在汉阳设特别登记处,负登记该地商人店员摊贩之全责。二、汉阳特别登记处工作人员,由本会现有工作人员拨充,不另雇新员。三、汉阳特别登记处之组织,及人员□派,由常委会同登记科主任办理。鲍委员提:请设法维持本会经常费案。决议:交财委会办理。鲍委员提:请饬令各科职员,对使用公物务节省,不得任意需索,以节公费案。决议:由常委同志。郭委员提:商人店员摊派三总会整委,组织条例,应派员起草案。决议:交指导科起草,提出下次常会。

(《武汉中山日报》)

26.汉总商会催询申钞通汇办法

（1929 年 7 月 17 日）

上海银行公会前准汉口总商会函声，要求在汉设立申钞代兑机关，以利金融。当经议决定自七月四日起，实行通汇办法，以资补救，并曾函复该会查照在案，乃届期各银行对于通汇办法，并未实行，汉市商界颇滋疑虑。昨日，银行公会又接汉口总商会来函，略云前准答复，以申钞在汉兑现一事，业经公议便利持券办法，通知各发行沪行，转知各该汉行照办等因。具见维持，同深感荷。当即分知各商查照，一面函请汉口银行公会转询各该汉行，何日开始兑现。即盼先期见告，乃静候迄今，尚未得复。而该汉行对于此事，亦毫无准备。原因所在，解棠实难。在商民既疑虑滋深，于金圣亦影响甚大，务祈贵公会查照前函，迅即转饬各发行沪行电达各该汉行，切实照办，并希电复，无任盼祷之至。闻银行公会接函后，已转函各行，依照原议决案办理矣。

（《新闻报》）

27.函复武昌总商会武汉米量由外运来应照票面一定地点起卸前已分别函令遵照由　征字第一八二号

（1929 年 7 月 18 日）

敬复者，案准贵会函，以据武昌粮食业商会呈为武汉购办米量多，由湘赣贩运，票上只注汉口字样，到达武昌均查验放行，兹有客人胡兴泰由九江办来粘米领有汉口字样税票，经过望山门征收局不能作用，商运多感不便等情，转函临情行局仍照向章办理，以恤商艰，等因，准此。查税票各联规定到达地点字样，自以票面所填一定地点为起卸货物处所，若以指销汉口之货三镇均可通行，此为从前积习，殊与现行章调不合。敝厅对此业经通饬各局遵照现章办理，并一面函达湖北全省商会联合会，转知各帮一体遵照，各在案。准函前因。相应函复贵会请烦查照，转知为荷。

此致

武昌总商会

财政厅厅长李基鸿

（《湖北财政月刊》第 1 期）

28.省商协整委会第一次会议

（1929 年 7 月 19 日）

湖北省商协整委，业经全体宣誓就职，因会址尚未决定，致工作停滞，前十七日全体整委，假汉口黄陂路四十一号，开第一次会议。

讨论议决于下：一、本会依照条例规定，设常委五人，分总务、登记、指导、调查四科。科主任由委员兼，不另支生活费，干事助干，按照事务繁简，斟酌支配。当互选张弭川、陈次宗、蔡天祚、刘谷臣、艾毓英，充常务委员。刘志达兼总务科主任，王鼎成兼登记科主任，庞眉兼指导科主任,刘荣映兼调查科主任。二、会址由刘志达同志负责找定。三、宣言由蔡天祚同志审查,交下次会议通过。四、标语由指导科拟定,交下次会议通过。

(《武汉中山日报》)

29.市商协整委会第九次常会

(1929年7月20日)

市商民协会整理委员会昨十九日开第九次常会,出席委员胡侣农、戴宸纶、郭寄生、任维章、杨谭庭、谢蒨茂、高伯常、黄仲馨、鲍德莹、蔡受之。主席高伯常,记录周京。

讨论事项。一、指导科提:商民日报社,拟请购置电扇脚踏车、报袋,并请雇勤务二名,请公决案。决议:(一)电扇脚踏车,由本会总务科,视经济状况整个计划。(二)报袋由商民日报在杂费项下置办。(三)勤务由总务科指发一名,该社自雇一名。二、调查科提:本科助干李国霖,拟请调充办事员,遗缺以办事员吴佩卿补充,请公决案。决议:通过。三、调查科提:本会筹备各职员,应否在开办费内,酌给津贴案。决议:邓爱平、吴肖韩、胡祝三、钱云郯四人,在开办费项下,照现在薪支,查明到差日期补发。四、登记科提:拟就特别登记处组织条例,请审核案。决议:推高委员伯常、谢委员蒨茂审查,提下次常会讨论。五、登记科提:各临时登记处职员伙食费,请酌发案。决议:各登记处每日发伙食洋二元,在其生活费内扣除。六、登记科提:请指导科拟定登记宣传大纲,分发各临时登记处奉行,以资统一宣传,请公决案。决议:交指导科照办。七、常委提:据胡、戴二委员报告,遵议起草援助汉口精盐商会呈请维持原案,并请取消禁止精盐行销内地文一件,请讨论案。决议:交常委修正通过。八、常委提:商人登记证,已择定搪瓷牌照两种,究用何种,请审核案。决议:用大党花搪瓷牌照,但照上须添"商人"二字,交常务办。九、总务科提:本科助干刘燮卿请长假,已由常委批准,遗缺请以刘宗藩充任案。决议:通过。十、总务科提:关于《商民日报》一切经费,请直接由财委会拨发案。决议:通过。十一、财委会提:审定七月份支出预算书,请通过呈请民训会核准案。决议:照办。十二、(密)。

临时动议。蔡委员受之报告:商整委兼职,请市整委会,准予辞去,所有指导科主任及《商民日报》社长职务,请另推同志负责,请公决案。决议:指导科主任,推郭寄生委员担任,其《商民日报》社长,由本会聘请蔡指导员受之担任。胡委员提:汉阳特别登记处,请推定主任案。决议:推高伯常委员担任。

(《武汉中山日报》)

30.撤销领判权为举国一致之主张

(1929年7月20日)

汉市商民协会整委会通电响应沪商人团体。

汉口市商协整委会,昨(十九)发通电云,(衔略)均鉴,顷接上海商人团体整委会快邮一件,文曰:迭见报载,本年政府外交方针,专注重于撤废领事裁判权一事。最近万国商会,在荷兰阿姆斯特丹开会,吾国出席代表,亦将以此问题,提出讨论,时机迫促,转瞬即逝,必须内外一致主张,方足动友邦之观听。敝会顷已电致该会,文曰:荷兰阿姆斯特丹万国商会鉴,闻贵会开会，甚注意于中国之革新运动，深感友谊，欲世界经济安稳繁荣，必先求中国和平进步，欲求中国和平进步，必先从废除损害中国主权之领事裁判权入手。诸公负改造世界经济之宏愿，对于中国此项合理要求，深望其为同情的援助，敝会谨代表上海全市商人，述此愿望等请。查吾国经济之濒于破产，实缘于无自由发展之机会，而领事裁判，尤为经济发展之致命障碍。该会严伸大义，词旨凛然，敝会除表同情外，并盼全国同胞，一致主张，务违目的。汉口特别市商民协会整理委员会叩。

（《武汉中山日报》）

31.十八年关税库券券款

（1929 年 7 月 20 日）

财政厅暨财政特派员公署，昨会函汉口总商会云："敬启者，案查贵会认募十八年关税库券券款，为时已阅多日，早届缴款期间，亟宜派员会同监授权，以昭慎重，兹由本厅署会派本厅向严、熊特中，本署胡祖谟、沈鸿墀，监收券款，相应函请贵会查照转知，并希力催各商团体，务将认募此项券款，赶速照额缴呈，无任感荷。"（按：本月四日汉口各帮代表大会，对关税库券券款，曾表决一致踊跃担任，想汉商会必能于最短期间，如数筹缴，以贯彻其拥护党国之本衷也，记者愿拭目待之）

（《武汉中山日报》）

32.武昌总商会执监委昨宣誓就职

（1929 年 7 月 23 日）

昨二十二日，武昌总商会新选执监委员，在该会议场举行宣誓就职典礼，计参加者到有省党部代表李国器，省政府代表李奇湘，建设厅代表朱树馨、赵俨瞻，卫戍司令部代表萧鼎元，武昌市公安局殷爰生，公安局警察一署代表徐栋丞，汉口总商会代表黄南屏，新闻记者联合会代表管雪齐及该会执监委员五十余人。主席周筱荃，司仪项小□。开会如仪。

首由主席周筱荃致词：略谓今日为本会第一届执监委员宣誓就职，并改选举常委，主席委员之期，承蒙党军政各界代表，不必溽暑，惠然辱临指导，无任感激，并无任荣幸。同人等鉴于武昌市全体商人付托之中，敢以自励，嗣后当一致团结努力，拥护党国，发展经济，以谋全商民之利益，以副党军政各界之希望云云。继即各执监委员宣誓，执行委员誓词云：余等誓以至诚，遵照总理遗教，在党治之下，领导全体商人，谋整个的利益，如有违背职务，愿受本党最严厉之制裁，谨誓。又监察委员誓词云：余等誓以至诚，遵照总理遗教，在党治之下，本团结之精神，以促进本会所负之使命。如有违背职务，愿受本党最严厉之制裁，谨誓。后即进行选举常委及主席。临时推举王新齐、黄成山、邬海清、陈锦山为监票员，庞成章、王新齐为唱票员，陈锦山、邬海清为发票员，以昭郑重。选举结果，计黄梅生二十二票，左仁亲二十二票，陈善长二十一票，丁舜丞二十一票，苏汰余二十票，胡树楠十九票，舒文钦十九票。以上七人为常务委员，互选黄梅生为主席委员。选举毕，并请省整委会会代表李国器训词：略谓：现在训政开始，一切均待建设，这种建设责任，全体民众都应负起，各位执监委员今天宣誓就职，就应想到目前进行建设最要问题是什么,就是要充裕国家经济力量,这种责任,是要商界的同志,努力去做。充裕国家经济力量,亟当先从发展工商业着手,又可以说非商界的同志去努力,不克达到目的,各位执监委员,负了这种重大责任,将来不能努力去做,就是违背今日宣誓本旨。

继由省府代表李奇湘训词。主席,诸位同志,今日兄弟代表省政府方代主席来参加贵会执监委员就职典礼,并代表致词,兄弟个人非常荣幸。我们知道,现在中国是在革命时代,革命的目的,是要解除整个中华民族所受压迫的痛苦。中华民族所受的痛苦,一方面是受帝国主义的剥削,一方面是受军阀的蹂躏,在这双重锁链下面的中华民族当中,所受压迫最痛苦、最深而最直接的,可说就是我们商民,所以我们要解除军阀及帝国主义者的压迫,必须要我们商界同胞,遵照总理三民主义,集中全体商人的力量,一致团结起来,参加革命,使本党主义早日实现,这就是今天就职的各位委员所负的使命。兄弟今日对就职各委,大概有几点意思贡献:(一)是帮助政府,打倒帝国主义与军阀,例如为政府革命外交后盾,极力发展实业,提倡国货,抵制外货,以及反抗军阀专制,提倡自治等事,都是我们商人援助政府,打倒帝国主义与军阀的方法。(二)援助政府,积极建设。现在革命的阶段,已到了建设时期,建设是发展商业的必要的先决条件,商界同胞应该有这种认识,对于政府这种事业,极力援助,与政府通力合作,共策进行。(三)在革命进程中,提工农群众,国民革命,是要中华民族整个的革命力量表现出来,商界同胞,在革命的进程中,应该提携工农群众,造成工农商的联合战线,以期表现整个的革命力量,促进革命的迅速成功,而能除整个中华民族所受压迫的痛苦,助人如自助,商界同胞务须切实注意此点。

又由卫戍部代表萧鼎元训词。略谓,中国在国际上是一个经济落后的国家,同时帝国主义并用武力来压迫我们,以武力应付,是我们军人的责任,但是一个国家,若是经济不充裕,武力是没有得到健强地,所以必先要谋经济充裕,然后才可以谈到武力。同时,这种发展经济责任,实如省党整委会代表所说,要我们商界同志去努力,我们不用外货,同时并要建设国内工商业,使趋发展,然后经济始可希望充裕,此种责任,请各位执监委员负起云云。

至五时,宴会摄影而散。

(《武汉中山日报》)

33.财政部批:第八五八一号请将武汉财委会制发印花流用市面者缴换部花祈核批由

(1929 年 7 月 23 日)

批:财政部批第八五八一号

批汉口总商会

请将武汉财委会制发印花流用市面者,缴换部花,祈核批由。

呈悉查前武汉财政委员会自制印花,紊乱税政,已属非法,现在武汉既经收复,此项会制印花亦经早日废置,截数封存,虽流用市面不无零星尾数,惟商民出资购票,如果为实贴之用,断不致多有积存,按之事实商民并不因此受巨大损失,前据湖北全省商联会呈请,一律以部花掉换,当经明白批示,碍难照准,兹据前情,仍毋庸议,此批。

(《财政部财政日刊》)

34.省商协整委会今日开始办公

(1929 年 7 月 24 日)

省商整委会第二次会议,原定二十日在汉口黄陂路开会,嗣因巨风轮渡被阻,以致住在武昌各委员不能赴会,遂改于二十二日下午一时,在省党部举行。

兹将会议情形,详录于下。是日会议出席委员蔡天祚、张弭川、王鼎成、艾毓英、刘志达、刘绍映、庞眉、陈次宗,缺席委员刘谷臣,主席蔡天祚,开会如仪。

报告事项(略)。

讨论事项。(一)提以兰陵街同善社会址,为本会会址案。议决:请省党部贾委员函商卫戍司令部拨借。(二)请规定本会职员人数案。议决:常委室设干事一人,助干一人,总务指导,登记,调查四科,各设干事一人,助干二人,办事员二人,录事设四人。(三)提议编造本会预算案。议决:交由总务科负责拟定,交下次常会讨论。(四)规定本会开始办公日期案。议决:定于七月二十四日开始办公。(五)省党部秘书处,绍介民训会职员刘亮畴、刘亚丹、熊楚屏三人来会工作,请公决案。议决:由常委室干事先行召集谈话,报告下次常会,再行决定。(六)请以□树德、孙一鲲、沈峙东、蔡天祐、蔡松琴、高尚志等,为本会干事。刘业建、黄保和、张籍、李雄超、朱明□、黄烈、钱□非、姜雨浓、刘协□、彭国藩、陈墨村等,为本会助理干事。陈浚、张骏、胡学古、熊尊青等,为办事员。何种藩、辛达源、朱永炎、陈彰录、任协助、程维则、韩匡咕、夏辅龙等,为录事案。议决:以上职员,请由各介绍委员,自行同志,务于后(二十四)日下午一时来会报到,听后审择分配。(七)决定常会日期案。议决:定每星期三六下午一时,为本会常会开会时间。(八)呈报启用印信,并开始办公日期案。决议:交常委室干事起草。(九)经费筹措案。议决:请陈王二委员,负责向福源等公司商借,刘蔡二委员,负责向商会方面商借。(十)起草组织大纲、办事细则,公文处理规则案。议决:由庞艾二同志会同常委室干事负责起草,交下星期三常会审查。(十一)宣言草稿,请予审查案。议决:先行油印发给各委员核阅后,交由下次常会再行审查。

(《武汉中山日报》)

35.省商联会呈请恢复水上警察

(1929 年 7 月 26 日)

省商联以水上治安,至为重要,昨特根据汉口及沙洋市等商会之提案,呈文省府建厅,令饬江防局查照办理。其原呈云:呈为转呈事,窃查属会第二届代表大会,据汉口总商会暨沙洋镇汉川县岳口镇等商会,关于襄河商旅安危,提出议案,请求审查,核其事由,计分三点:(一)恢复水上营业旧制,以清盗匪。查襄河流域,河汉纷出,帆樯如织,盗匪既易□迹,行旅时有戒心,从前水上警察厅,曾于各埠市镇地方,分设轴板□船,以资保护。自水警厅裁撤以后,原有之轴板船只,均经废弃,而昔日之顿以帷导者,今则失所保障。以致蔡甸上下,迭遭匪抢,商民损失,不可数计。因事制宜,是从前水上警察,实有恢复之必要。(二)限制轮船贪载。查汉襄中间,轮船上下如织,际兹伏泛泛滥,河流湍急,如装载过多,殊属危险。在各公司未联合以前,尚能估计吨位,遵章装运。现该公司等,一致联合,以贪载为目的,对于商民命本毫不顾及,历年沉覆惨案,言之痛心,矧轮船受载过重,不仅有风波之危险,且易遭匪徒之觊觎,往事昭然,可为殷鉴。(三)请撤内河竹筏号费,以示体恤。查江防水警,俱有规定薪饷,原不能借故需索,且内河竹筏,是属雇工之业,似不应征收号费,致失扶持弱小劳工之本意,为此恳予撤销,以示体恤。经属会分期提出讨论,一致表决,转呈在案。伏查该会等声请各节,关系水上治安,商民命本,至为密切,理合抄录各会提案,备文呈请俯赐鉴核,准予转行令饬湖北江防局查照办理,实为公便,又该会对江防局,亦有同样之公函云。

(《武汉中山日报》)

36.省政府指令商联会请将商会行文程式仍照旧商会法办理(附原呈)

(1929 年 7 月)

呈悉。查本府前奉行政院一三五四号训令,以商会法现在尚未公布,在此过渡期间,事实虽系适用旧法,但其中变更之处亦甚多,且省商联合会系新设机关,更为旧法所未规定,势不能概沿旧法,致多窒碍难行之弊。建设厅兼掌工商,为全省工商行政之主管长官。凡属本省各工商团体,当然在其中指导监督之下。嗣后各总商会、各省商联合会对于本省主管工商之建设厅、工商厅或原有之实业厅,均应一律用呈,以明统系,等因。业经令行建设厅转饬遵照在案,兹据呈前情,县商会对县署行文程序以院令类推解释,亦当然用呈,所请仍照旧商会法办理之处,应毋庸议,仰即知照。此批。

兼代主席方本仁

兼秘书长萧萱代行

附原呈

呈为呈请事,窃查商会为商人法定团体,所有行文程式向系依据旧商会法施行细则第十三条所载,对于县公署用公函,历经办理在案。讵上年十一月间,京山县长游道循突于上项程式提出疑义,蒙禀前湖北省政府核准县署以命令行会,通饬各商会遵照。自此案发生后,各商会以体制所关,纷请设法补救,迭经属会据情转恳收回成命,暨呈奉工商部批准,在新商会法未颁布以前,暂照旧法办理,并由部咨请湖北省政府查照。卒以在桂系专擅时代,毫无结果,致案悬累月。此次属会开第二次代表大会,复据黄石港、应山县、安陆县、通城县等商会提议,请将是案从速解决,以谋商人福利保障,经大会详加讨论,佥以就法律言,旧商会法既未宣告废止,而上年奉令恢复之商会又即该法之所产生,在此新旧绝续之交,自不得不暂承认其有效。况国民政府前颁布之暂行整理商会条例,亦载明商会有法人资格,而列有得对政府提议及应地方官厅委托之权,则商会与县署实立于对等地位,前省政府自不应以命令变更法律。此其一。就事实言,在过去军阀专制,往往以行政权压迫工商业,然尚有商会代表其法益若形式上竟用命令,则予取予求,商会更无协商之可能,其流弊将无底止。此其二。倘循此而不解决,则县署与地方法团必日趋于隔阂,团体内一切重要事件或转因不愿接受此种蔑视,以致放弃搁置,影响于商业实巨。尤其在本党提倡平等政策之下,发现此种矛盾事实,恐非尊重民权所应有一致决议,呈请钧府矫正桂系时代错误,将商会行文程序仍暂照旧商会法办理,以免分歧,理合备文呈乞鉴核,照准批示,只遵实为公便。谨呈湖北省政府主席方。

(《湖北省政府公报》第 56 期)

37.(湖北)省政府指令汉口总商会呈请取消清乡保卫团捐(附原呈)

(1929 年 7 月)

呈悉。正核办间,据夏口县呈报保卫团经费催收困难情形,祈鉴核令遵等情,到府。查夏口县保卫团常年经费,完全取征于旅馆、号栈、轮船三帮,办理殊失允当,自应一并取消,以维公道而恤商艰。据呈前情,除令夏口县遵照办理,并分令民财两厅知照外,仰并转行各该商会一体知照。此批。

兼代主席方本仁

附原呈

呈为据情转呈事,据汉口号栈业商会函称,为重申前请,恳祈分别呈转事。窃敝会前以桂系军阀以人生最低限度日需食住勒捐,供给清乡期内保卫团临时费用,全体会员佥以食住纳捐,实有不能负担之种种困苦隐痛,呈由大会转呈湖北省政府,恳予令饬撤销,以维营业在案。旋以未奉省政府撤销明令,同业等乃于本月十八日推举代表,分赴湖北省政府及民财两厅请愿,以维商困。当时因萧代主席公出,致无结果。而归查捐税之种类不一,要皆以不使民众受痛苦为原则,以故奢侈品可税、百货可税、田地可税、遗产可税,从未闻食住而亦可税者。如以食住为可税,则民众之着衣、行路、呼吸空气皆可税矣。古今中外,宁有此奇特之捐税否乎?清乡固一时要政,保卫团为适合清乡期内之需要。县置保卫团,自系保卫全县人民而言,并非专为一、二商业团体而设。兹者清乡已告结束,县保卫团在武汉特别市区域内即有存在之必要,而县保卫团所需之临时费用,应由全县人民共同负担,自不能勒令一、二商业团体供给。乃夏口县署以接管卷案,据为勒捐张本,不谋普筹办法,连日谕派队士荷枪实弹胁迫缴纳。同业以比年以来,既遭旱魃为灾,又感交通阻滞,营业已属不可支持,再加以负担税十有数项,势将破产,而又无产可破。所有应请撤销食住苛捐理由,理合备文呈请大会,叩恳转呈湖北省政府令饬撤销,并恳咨经民财两厅会核罢免,另谋普筹办法,实为公便,不胜迫切待命之至。等情,据此。查此案前奉钧府批开,业经分令民财两厅会核复夺,等因,当即转知该商会在案。兹复据称前情,实缘此种苛捐匪惟事涉偏枯,委属力难担负,加以夏口县署连日以来又严催缴之令,该帮处此难安营业之常,不蒙明令取消,受累将无底止。商情迫切,自不能不代恳维持,除已分别呈转外,理合据情呈祈钧府鉴核施行,实为德便。谨呈。

(《湖北省政府公报》第 53 期)

8 月

1.（湖北）省政府秘书处函汉口棉业出口商会为工商部咨复变通检验修正细则（附电二件）

（1929 年 8 月 1 日）

径复者，奉主席谕，查前据汉口棉业出口商会呈请咨部变通检验修正细则等情，到府。当经据情咨请工商部查核见复，并批示在案。兹准复称，查此案前据该商会等呈同前情，当经本部巧宥两电分别批复各在案。准咨前由，相应抄录原电各一件，咨请查照为荷，并抄录巧宥两电各一件。等因，准此。除巧宥两电业由工商部经电知照，不再录示外，饬即转知。等因。相应函达，即希查照为荷。此致。

附电一

汉口总商会、棉业出口商会、旅汉棉业联合会均鉴：虞电及呈，均已阅悉。所请变通检验修正细则，列举事由四端，措词不免过甚。查检验费仅取千分之一点二，不可谓之曰重；检验须时仅一二日，不可谓之曰久；即折包果有不便利之处，尽可向局妥商办法，更不可先谓之曰损失。至上海纱厂收花除潮分外，尚须检验织维之粗细长短、色泽之明滞及霜黄雨锈等等，汉局仅验潮分，焉能强沪上各厂凭单收受？又汉棉验后抵申重行出口，难保无掉换、顶替等弊发生，焉能听其来往自由，不再另施检验？总之棉花掺水积弊，已数十年，凡属棉农、棉商以及纱厂受害之深，不可计数。倘仍再事因循，或竟视为繁重，则略占便宜者不过少数，有心作伪之人而已。现在政治刷新，百事待举，除弊兴利，人皆有责。纵检验实行之后，在作伪之纵容，或有一时之不利，然棉商希望铲除积弊，亦正不乏其人。当兹检验方始，同业中人不无疑虑。惟有切盼正当商人或团体，善为解释，俾息无谓之争执。贵会领袖群商，深明大体，务希曲谅政府去弊之决心，用绝棉业无形之损失，则实受鸿施者岂独汉口棉业已哉？协助之责，想贵会所不辞也。临电神驰，无任企盼。穆湘玥，巧。

附电二

汉口总商会、棉业出口商会、旅汉棉业公会联合会览，关于汉口棉花检验一案，前据该会铣电等电呈，当经本部穆次长巧电，根据事实逐项解释在案。兹据该会续呈，据总商会转呈到部，据称根本上服从检验，决不反抗，惟要求手续不能太繁，负担不能太重等语，足见该会等深明大体，殊堪嘉许。查本部举办商品检验，原以保护国内工商利益、提高国际贸易信用、增进输出商品价值为主旨，防止掺杂作伪，奖进正当营业，注重于具体之设置，以谋检验之普及，非只作局部之业务，以税收为目的者可比。各检验局棉花扦样，系用新式扦筒，开割处极易恢复原状。据称每百包机捆花包，经检验后重打需费银十五两等语，显与事实不符。又称加以样花值银及检验费，每百件须损失银洋四十七元等语，尤为无稽。检验时间，至多以二日为限，岂得谓久？即遇假期，如果确系紧急，尽可向局商办。本部与该局，苟有可以便利商民之处，无不竭力从事。至现收检验费每百斤收洋六分仅合价值千分之一点二，岂得谓重？且此项办法各地一律，汉局安能独异？此次在汉设局实施棉花检验，事前业经详加考察，多方商洽，深悉汉棉商情，始行订定细则，宁有与地方商情隔阂，实多削足就履，诸多隔阂之理？除巧电已详，不再另叙外，当兹开办伊始，少数棉商狃于旧习，意存观望在所不免，该会等亟应予以指导，俾共觉悟，所请修正汉口棉花检验细则一节，应毋庸议，仰即知照。工商部，宥。

（《湖北省政府公报》第57期）

2.鄂预算不敷千余万　汉商会催整理旧欠

（1929年8月6日）

国闻社五日汉口电　鄂预算每年总收入一千八百余万，总支出三千余万，决请中央补助。

国闻社五日汉口电　汉商会电京，催发公债，整理旧欠。

（《民国日报》）

3.鄂新旧公债之整理

（1929年8月8日）

汉口　财部整理湖北新旧公债，前由汉商会代表周星棠等到京，向财部请求设法，准以公债票偿还，该会六日呈财部，照数发给债票，武汉共八十三万元。（六日）

武进县政公报公牍呈二六

（《申报》）

4.湖北建设厅训令武昌汉口汉阳各县商会、湖北全省商会联合会、各县县长奉省政府令准工商部咨商团组织条例无在保护团条例内规定之必要等因令仰遵照由

（1929年8月10日）

为令遵事，案奉湖北省政府第二四三〇号训令内开，案准工商部咨开，案查商团组织条例草案，前经本部会同军政内政两部厘定，呈送行政院审核施行在案。兹奉行政院第二二三六号训令内开，为转饬遵照事，现奉国民政府第五五一号训令开，据立法院呈为呈复事，案奉钧府第三七三号训令，检发商团组织暂行条例第一件，饬审该具复等因。当经本院十八年六月八日第二十七次会议议决，付法制委员会会同军事委员会，与地方保卫团条例案，并案审查。嗣据法制委员会会同军事委员会，报告审查结果，并称遵于六月十九日，职会等第三次联系会议提出讨论。对于地方保卫团条例内，包括规定商团组织一案，认为都市地方军警较多，维持治安，责无旁贷，似无须有商团之组织，且商人既可组织自卫团体。则其他农人、工人等，亦将援例组织，势必引起纠纷，发生流弊。本此理由，地方保卫团例内，尤无包括规定商团组织之必要，等情。复经本院十八年六月二十五日第三十次会议，照审查报告通过，兹谨录案备文呈复鉴核，等情。查此案前据该院呈请核交立法院审议，并据转请令催各等情前来，当经先后令由立法院查照议复在案。兹据前情，除指令称悉，已知议令由行政院转饬遵照矣，仰即知照，此令印发外，合行令该院分别转饬遵照此令，等因。奉此。除分令内政部军政部暨全国商会联合会外，

合行令饬遵照，此令。等因，奉此。除训令全国商会联合会并分咨外，相应咨请查照，转饬所属一体遵照，实纫公谊。等因，准此。除咨复暨分行外，合亟令仰该应遵照，并转饬所属一体遵照，此令，等因，奉此。除分行外，合亟令该会、县遵照，并转饬所属一体遵照。此令。

兼厅长萧萱

（《湖北建设月刊》第 2 卷第 2 号）

5.汉商会请扩精盐销路

（1929 年 8 月 10 日）

汉口　汉商会据精盐商会呈，分电财部省府，请革除淮商弊窦，取消精盐运销限制。

（《新闻报》）

6.函复汉口总商会以净鬃应行征税业经分别函令照办应请转知鬃商照章纳税由　征字第二六七号

（1929 年 8 月 14 日）

径复者，准贵会函，以据鬃业商会请议书称汉口征收总局不谙商情曲解税则，恳予令饬收回验票重征成命一案，转请查照准如所请施行等因，准此。查此案前据鬃商刘文卿、刘全泰等先后禀陈到厅，节经令饬汉口鉴征员并案查复，旋据该局鉴征员以查本省统税税则第八类山货列有毛鬃、净鬃两种，毛鬃每担估本十二元八角，净鬃每担估本五十二元价本，悬殊自系两色，此案关键即在毛鬃、净鬃之分。该商等所称各节全将毛鬃净鬃混为一色，未加区别，不知毛鬃由该商等买进后加以炼制变为净鬃，就税则所载，估本计算，其价值已超过毛鬃数倍。而按之实际市价净鬃之昂者价值每担竟达二百余元之巨，则较之毛鬃原价不啻超过十余倍矣，而竟按五十二元抽收绳以估本抽税，原则实无重征之嫌。至原禀所称由华界运交洋行一次买卖不成仍须运回再卖，上下往返，不免重复征税云云。似于情理不合，谨按净鬃运交洋行，均系大件，以如此笨重之物，往返运送所费脚力为数甚巨，商人算盘甚精，当不如此，即令有之，亦可于运回时向经过卡所登记，以票护货，万无重征之理。原禀又称沿途局卡林立，层层节制，以为决无漏税之事，此亦理想之谈，谨按汉上毛货其来自四川鄂西者多系大宗，当然有税票可验，其由四乡贩户持来以及本镇宰户所出过于零星，漏税之处自所难免，积少成多为数亦巨。毛鬃既已无税，净鬃再为豁免似觉过于优渥，于税收不无影响。原禀又称验票云者行之，不加工作之整庄货品则可行之，猪鬃则不可，此则未将毛鬃、净鬃加以区别之故。该商等所称不可验之票，系毛货之票，而汉局所索验之票，系净货之票，毛货变为净货后，毛货之票不但不可验，且不必验盖，净货自有净货之税，决不能以毛货之税作抵也。该商等狃于漏税旧习，遂以汉局之认真抽收为有意勒税，混毛净为一色，未免误会太甚，所有议复净鬃，应另行抽税，缘由理合缕陈临核等情。呈复前来，业经敝厅核明，以所议净鬃应行征税与税则规定甚相符合，转令汉口征收局遵照办理，并令湖北全省商会联合会查照转知各在案，兹准，前由。奉湖北省政府仍据贵会此案原呈随令抄发下，应除叙案呈报外，相应函复即希查照，转知鬃商，照章纳税是荷。

此致

汉口总商会

财政厅厅长李基鸿

〔《湖北财政月刊》(卷2)第2、3期〕

7.汉商界关心度支　对宋子文鱼电表同情

(1929年8月18日)

汉口金融团体电国府云,立国以民为重,民以国为归,上下相依,而要以财政为枢纽。顷读宋部长鱼电,以缩减军费确立预算二者不能实行,为人民历陈痛苦,毅然求退,苦口危言,商等感涕之余,正深惊讶。读钧府慰留青电,以倚畀之殷,定筹商之计,而于军费缩减,预算确定宣以严加督促,仁言利薄,钦服莫名,伏维钧电,兢兢于国家前途。宋部长电,慓慓于人民负担,其情义为国府之根本,其旨归为民生主义实现之问题,彼此相通,亲难共济,军费减则预算立,预算立则财政定,商民之延颈而跂踵者,盖忍痛之余,日求统一,统一之后,日盼建设也。为此呈请钧府,以督促之决心,表实行之诚意,度支不馈,在当局宜纾贯彻之忧,兵氛滞销,在商民弥切来苏之望,竚盼施行,伏祈垂察。汉口总商会、汉口银行公会、钱业公会即咸。(本报十七日南京电)

(《民国日报》)

8.汉东路后援会扩大宣传

(1929年8月18日)

汉口　汉东路后援会十六日开第一次会,决定扩大宣传,令民众认识赤色帝国主义野心,一致为政府后援。汉商会十六日通告各业商会,迅设民众阅报室,使民众明白东铁情形,以利宣传。(十六日专电)

(《申报》)

9.汉口总商会为汉口衍源银号与华比银行为申纱交涉一事致汉口外国银行同业公会函

(1929年8月21日)

敬启者,前接贵会(月日无从查悉)复函以汉口衍源银号与华比银行为申纱交涉一事,无契约之成立,只须希望该行买办偿还损失,并嘱敝会留意通例,凡银行只能对于契约或文书确载有相当委托之行员签字者方能负责,等因,即经转致汉口银行、钱业两公会在案,兹据该两公会复称:敬启者,接准大会函转汉口外国银行公会函,查阅之下不胜骇异,窃以钱业各庄与外商银行交易甚多,向例银钱收付均由各该行委任买办经手在彼内部手续,辗转责任,殊有含混。长此因循,将来影响于敝业前途,何堪设想,即此次衍源与华比交涉一事,可为般鉴,至该西商银行所云各节偏于一己之间,敝会认为事理非平,未便赞同。其最要者,分为二点,附后应请外国公会负责答复,以凭办理此函。请大会查核转致,并潘见复,等情。并附列征询各条,到会发以此事关系银钱两业,中外交易,经于四月十三日银钱两公会代表公同研究,佥以所列二点有转询明白,答复之必要,相应照抄函达贵会。请即查核,迅予具体答复,以维信用而联感情,实为厚本。此致,汉口外国银行公会。

汉口市总商会

计抄列征询要点二项于后

一、各项订单(为电汇及各项交易)成立后,履行之时,对于银行收付各该行向例,由买办经手收付,假使交款人已将款交付买办,未取得银行相发委托签字员之凭证,或收款员已将票据交付买办,而未收到应收之款等,间买办发生挪移盗窃等事,银行应否负责。

二、银行支票持票人至各该银行取款,按照外商银行向例,亦由买办经手,假使持票人已将支票交付买办,而疑未收到其间,买办发生挪移盗窃等事,银行应否负责。

10.武汉商号停售俄货

(1929 年 8 月 24 日)

对俄外交后援会二十三日函商会,停售俄货。(本报二十三日汉口电)

国民社二十三汉口电　武汉两市自接苏俄侵犯满洲里之报告,今日起抵制俄货,现收回东路协会甚为活动,各商店已接有通知,停售俄货。

(《民国日报》)

11.鄂商吁请缓办验契

(1929 年 8 月 27 日)

汉口　财部派熊曾援来鄂验契,月比五十万。鄂财长李基鸿、汉商会长黄文植以兵匪水旱,请缓未允。各县市商会以霪雨蝗蝻,禾稼败尽,农商交困,纷纷电请全省商联会,吁恳省府再转呈中央,俯念民艰,收回成命缓办。(二十六日专电)

(《申报》)

12.批第一九二号:汉口精盐商会缕述与淮商纠纷

(1929 年 8 月 27 日)

汉口总商会主席黄文植,呈准汉口精盐商会缕述与淮商纠纷,声叙成案及理由,请取消引岸开放精盐一案转请调案,核准放行由,呈悉。查此案前据精盐商会呈请到院,经交财政部核办在案,仰即知照,此批。

(《行政院公报》第 78 期)

13.汉商购办湘米

(1929 年 8 月 31 日)

市府三十日议决,由汉商备款赴湘,暂办米十万石,接济民食。(本报三十日汉口电)

(《民国日报》)

14.汉口总商会为撤废领事裁判权国民当一致为政府后援之通电

（1929 年 8 月）

窃领事裁判制度之基础纯系属人主义，其所适用之法律及法院悉以当事人之国籍为标准，即凡侨居异国之人民，不受其居留国法律之支配。自十七世纪属地主义日形发达以来，此种特殊制度当然无存在之理由。况国际法规定綦严，凡独立自主之国家对于其领土以内之人民财务，无论属于本国抑属于他国，均有完全管辖之权。而各国在华所取得之领事裁判权，俱由武力或经济压迫所缔结之不平等条例而来，行之十余年，侵害我国主权，至今尚无实行撤废之表示，奇耻大辱，莫此为甚。慨自辛丑合约成立之后，我国上下一致奋斗，各国相互为奸，砌词支展巴黎和会提案，力争公理不伸，仍前闪烁动以我之法制未备，监狱不良，借为考虑注意之咨答，一若我国绝无独立自主之权能者也。试思俄、奥、德、匈在华之领判，早已无权行使，其有各该国之人民留居我国，无一不享受我国法律之平等待遇，从未闻有因诉讼事件发生不平之异议，足见旧约各国迁延诋毁，毫无抛弃其帝国主义侵略之诚心，我党国诸公应本革命外交之精神，为限期废约之声请，以保独立以后国权，我国民当一致努力为政府后援也。临电迫切，无任神驰。

（《湖北省政府公报》第 59 期）

9 月

1.汉口总商会函请将政府借款照片检送过会以凭附呈补请清偿由

（1929 年 9 月 2 日）

敬启者，关于整理新旧债款一事，敝会业将贵公司函嘱补报各节备文缮齐在案，惟照片尚须附入，未荷交到，应请检送，以便即日发行停案以待，立候见复至为企盼。

此致

既济水电公司

汉口特别市总商会启

（《商办汉镇既济水电公司季刊》第一期）

2.具呈人湖北全省商会联合会

（1929 年 9 月 2 日）

呈为汉口精盐商会请维持精盐行销，仍照向章办理，检同成案，转请调卷，核准施行由。

呈及附件均悉。查此案前据该精盐商会呈请到院，经交财政部核办在案，仰即知照，此批。附件存。

（《行政院公报》第 80 期）

3.武汉米荒仍未稍减　汉商会决筹款往西贡采购　西北婴孩一百余口得救

（1929 年 9 月 3 日）

汉口二日下午八时四十分得专电　武汉米荒仍未稍减，汉商会决定，除在湘购十万石，再恳省市政府向湘请示外，一而筹款，往西贡购运米粮。第一批暂定五万石，一面并顾豫、陕、甘灾情，决照原定计划积极购运粮食与麦种。庶几冬春两荒既可稍减，夏麦如熟，秋亦有望。刻正分别购运中，汉红十字各子会豫陕甘灾救济员，已有电到汉，闻第一批救得婴孩百廿余，日内可到。

（《益世报》）

4.函武昌商会据武昌征收局呈报拟定转运票填发所地点已准如

（1929 年 9 月 3 日）

径启者，案查前准贵会函复以湖北统税章程第十四条内载商人贩运货物中途可以起卸，武昌自在中途之列，照章应得报局验票起卸。又第十八条载凡已完足统税之商货已到指定落地地点后，复又转运他处者，限五日内持原税票赴落地局所，验明票内所载货物，予以登记，换给转运票，经过沿途及转运最终局所，均免重征，函请准予设法救济，以免武昌商业日渐凋零，等因。当经敝厅以武汉仅一江之隔，货物抵境分销外埠，在汉则有转运票，武昌则否，办法殊不划一，所有上下游运来武昌货物应即查照汉口办法，根据原领税票填发转运票，以维商运。比即令饬武昌征收局拟定应设转运票填发所地点，以便举办去，后兹据该局局长伍乡梧呈复内称，窃税票不填明到达地点不足以杜回龙取巧之弊端，运票不相辅填发不足以济销路，停滞之穷，二者互相为用。属局于此次大会提议普及分拨即此理由。惟转运票之性质系一种免税票之变相填发，宜有限制，非持有原票到局所查验登记不填发转运票，即已持转运票者，不能再请发转运票。“例如在武局已填发转运票者，不能再向汉局请填发转运票”至填发所之地点，须直接受局之监督指挥，以附设于局内为适宜，否则不闻原票任意填发。求速图便，无从防范，以致征税机关本身造出漏税缺点，于商则便，于税收之损失将不可胜言，所有属局遵令填发转运票，并拟定填发所地点，各缘由是否有当，理合呈请，查核令遵等情，据此。除指令准照所拟地点组织开办，暨令行汉口征收局嗣后遇有武昌局填发转运票，予以验放外，相应函达贵会请烦查照，转知为荷。

此致

武昌总商会

财政厅厅长李基鸿

（《湖北财政月刊》（卷 2）第 2、3 期）

5.汉商会购麦运往西北作种子

（1929 年 9 月 14 日）

汉口十三日下午九时廿分本报专电　汉商会贺衡夫函萧纯卿、王森甫、邓燮卿，刻在广水积极购麦,预备运两万担前往豫、陕、甘作种子,并将前往实施。倘车辆接洽就绪,交通无问题,两周内可起运,广水卖价每一百六十斤六元九角。

(《益世报》)

6.湖北省政府奉国民政府令解释武汉商事法庭理债标准第七条意义令汉口法庭、汉口总商会知照

(1929年9月14日)

为令知事,案奉国民政府第八零二号训令内开,为令饬事,准中国国民党中央执行委员会政治会议函开,查武汉临时商事法庭理债标准,前经本会议第一三八次会议通过,并函请政府分别转饬遵照办理在案。兹据汉口总商会呈据汉口钱业公会函称,武汉临时商事法庭条例为适用于武汉临时商事诉讼之特别法律,今银行公会呈请解释理债标准第七条条文意见,多从严格之普通法律立论,前武汉政治分会未加考虑。据令该商事法庭依据呈释条文作为裁判标准,深恐彼此牵涉,致起纠纷,用敢函请转呈中央政治会议,取消前武汉分会治字第二三零号训令,仍照原文正当解释,以解纠纷等情。特据情转呈请予核准,并恳饬检武汉临时商事法庭条例原文及其设立原案,令行司法院转令湖北高等地方各法院分别遵照等情。当经交司法院核办去后,兹据司法院函复,事关解释法令,经发交最高法院拟具解答案呈核前来内开,查武汉临时商事法庭理债标准第七条,所谓事实上不能履行债务者,系指债务人虽有资产,而事实上因受现金集中之影响,不能履行债务而言,故该条第二款,各目所列债务人因不能履行债务而起纠纷时,应依该款各目规定,以该债务人现在营业资产额或停业资产额,比较负债额分等偿还或全部免除,等语,经审核无异,特复请查照转陈等情。据此相应录案,函请政府查照,令饬湖北省政府转知武汉商事法庭及汉口总商会遵照。等由,准此。自应照办。除函复外,合行令仰该省政府遵照,分别饬知为要。此令。等因,奉此。除呈复暨分令外,合行令仰该庭会知照为要。此令。

兼代主席方本仁

(《湖北省政府公报》第64期)

7.西北灾荒　运麦播种

(1929年9月15日)

国闻社汉口电　汉口商会对豫、陕、甘灾决两周内各车辆商妥,交通无问题,至少尽先运麦两万担,前行摇曳,并由贺衡夫、萧纯卿、郑乡齐、王森甫前往实施调查。山西麦价六元二十四斤,陕州三元二十四斤,广水六元九角百六十斤,计二十四斤只需一元○三分五厘。

(《民国日报》)

8.函汉口商会奉省令准各钱商自行报运铜元请查照由　征字第二五八号

(1929年9月16日)

径启者,案奉湖北省政府训令内开为令行事,查本府委员会第二十四次会议临时动议第五

案兼财政厅长提议，准汉口总商会函称汉口铜元充斥，恳准各钱商自行报运，请公决案。当经决议，准其自行报运等因合行录案，令仰该厅即便转行汉口总商会知照此令，等因，奉此。相应函达，烦为查照是荷。

此致

汉口特别市商会

财政厅厅长李基鸿

（《湖北财政月刊》（卷 2）第 2、3 期）

9.汉商会请缓募编库券

（1929 年 9 月 18 日）

汉口　汉商会十七函复财政特派员陈绍为，商场萧条，负债捐四百余万，编遣库券二百万元，请从缓募。（十七日专电）

（《申报》）

10.汉商会拯陕民　派员赴陕购粮施赈

（1929 年 9 月 30 日）

汉口二十九日下午九时十分本报专电　汉商会拯济陕、甘、豫灾民代表贺衡夫等，携洋五万元，（二十七日）咸经赴陕州，购粮施赈。按汉商会原拟在广水购粮，嗣因火车发生种种困难，太不经济，还该改在陕州购粮。

（《益世报》）

10 月

1.汉商会购麦赈陕灾

（1929 年 10 月 2 日）

汉口　汉商会三十派贺衡夫等赴豫，购麦二万担，运往陕甘赈灾。（一日专电）

（《申报》）

2.电复武昌方主席湘灾奇重武昌商会请购米十万石碍难照办文

（1929 年 10 月 3 日）

武昌方主席勋鉴，敬电敬悉前运湘米十万石，原系接济武汉民食，兹奉电示，复经敝府委员会提议，佥以敝省本年灾重，征获不及三成民食奇缺，尚须向外采米运湘，实无余力再济邻省，武昌商会请购十万石，实难照办，等因。议决在案，务请顾念湘灾转知该商会，改向产米较丰省分采办为荷，何键叩江印。

（《财政汇刊》第8期）

3.湖北建设厅训令汉口总商会为准西湖博览会特种陈列所函请就所送出品内容分类提出概况说明仰查照办理由

（1929年10月3日）

为令遵事，案准西湖博览会特种陈列所函开，敝所陈列品研究会，现正开始研究，所有各机关陈列品种类繁多，而研究时间又甚匆促，兹为郑重起见，拟请原出品机关就所送出品内容，分类提出概况说明，并于出品中择其尤为重要者，一一开示。俾研究时，得资参考，而便注意，除分函外，相应函请查照察酌办理，务希于本月二十八日以前，送交敝所，无任感盼，等由，准此。查征送西湖博览会展览出品各事宜，前经饬由该会负责主持，兹准前由，除函复外，合行令仰查照办理。此令。

兼厅长萧萱

（《湖北建设月刊》第2卷第3号）

4.具呈人汉口精盐商会

（1929年10月19日）

呈为前呈准商浮收盐款，恳请饬部派员密查追缴一案未审已否，如呈施行乞批示由。

呈悉。查此案前据该会呈请到院，当交财政部核办，旋据复称，已令饬鄂岸榷运局严密查明呈复，俟复到即行核案等情在案。仰即知照。此批。

（《行政院公报》第94期）

5.豫境西北军纷纷南移　又传鄂北竹山方面有激战　鄂省中央军已全部到前线　汉商会力主以诚信解决时局问题

（1929年10月26日）

上海二十五日下午七时四十分本报专电　西北军为避免与郑州唐军冲突，由陇海线循郢城、许昌趋信阳，显占优势，中央军严阵以待；另一部向老河口推进，鄂中央军已全部出发前线激战。

郑州二十四日下午七时电　洛阳有西北军步兵约一师，炮十余门，渡河南进，又偃师附近约一师。

徐州二十四日中央专电　航空队训队长杨□霄偕飞机师李银胄□□□斯号侦查机昨由前方回徐，敬（二十四）午复带炸弹飞郑。遽闻飞机视察，正面黑石关车站及偃师金谷园一带，敌军近数日来确向后方撤退，有将兵力南移，侧重南阳形势，郑西敌阵极现单薄，日惟以北京泰山号铁甲车队举掩护，防我军进攻。

南京二十四日新闻联合会　自吴安沈平方面，前进中之吉鸿昌、张维两军，出现于鄂北之竹山，与陈诚之第十一师、罗霖之独立第四旅激战，双方似死伤多名。武汉方面增援队陆继出攻,西北军似欲袭中央军之左侧背,以牵制中央战线之势力。西北军方面之作战如此,胜败如何,于全线之成败,极有联系,一般颇重视之。

郑州二十五日下午一时电　夏斗寅部已到信阳,河南各民团连日均向郑州输诚,刘春荣部进到大今店,徐源泉部到临汝西,闻不日即可总攻。

汉口二十五日下午七时十分本报专电　刘峙尚在襄阳视察,现各方布置均妥,已公毕,二、三日内返汉,暂不赴信阳。张治中午三时召行营各处科长以上谈话,讨论行营到汉后各项工作进行事宜。汉商会有(二十五)日电京,并分致各省,力主以信以诚解决西北问题,俾免编遣及豫、陕、甘灾民并中东路诸问题均受影响,蒋尚无来汉确期,欢迎会筹备处,敬(二十四)电京询问。

郑州二十四日下午十时四十分电　何成濬、韩复榘并偕随员等,敬(廿四日)赴许昌视察,并将转往登封定寝,(廿六日)仍返郑州。

郑州廿五日下午一时电　何应钦敬(二十四日)晚返汴,愈飞鹏(二十五日)晨到郑,关于军事事宜,漾(二十三日)敬(二十四日)右(二十五日)曾由何应钦、何成濬、唐生智迭有讨论,约分四路进攻,预定一星期内肃清济关。王金玉敬(二十四日)晚由许到郑,报告前方布告情形,有(二十五日)午返许,刘镇华宥(二十六日)晨可返新乡。语记者,此来系向何成濬、唐生智接洽联防、进攻逆军事宜,已有头绪,即返新乡。

(《益世报》)

11月

1.湖北建设厅训令汉口总商会为奉省府令准西湖博览会电请转知各出品人务于十一月二十日以前领取出品并征求移赠品饬厅转行遵照具报等因令仰遵照办理由

(1929年11月1日)

为令行事,案奉湖北省政府第五四八九号训令内开,案准西湖博览会真电开,敝会原定本月十日闭幕,兹因各界请求展期,特再开放各馆所十日,免费参观,以响众望。前承各处送会出品,规定于闭幕后一个月内,凭出品收据来会领回,以资结束,用特电达,请即转饬所属及各出品人,移赠出品,留作永久纪念,并视赠品之多寡,依照中央颁布条例,请国民政府颁给奖章,或由浙江省政府给予褒奖,以昭激励,请代向出品行征求,以与盛举,无任感盼,等由,准此。除电复外,合亟令仰该厅,转饬遵照办理,仍具报备案。此令。等因,奉此。查本省征送西湖博览会展览出品各事宜,原饬由该会负责主持,所有出品收据。前据本厅派赴西湖博览会代表张天翼报称,业已全数交给该会收执,兹奉前因,除呈复外,合亟令仰该会遵照办理。此令。

兼厅长萧萱

(《湖北建设月刊》第2卷第3号)

2.汉商会通电修改后昨始排出

（1929 年 11 月 2 日）

汉口一日下午七时十分本报专电　汉商会对时局通电，世（三十一）日拍出，内容与有（二十五）电有出入。

（《益世报》）

3.行政院令内政部为奉发汉口总商会呈请国民革命军到达武汉以前各银行庄号抵押之逆产依法予以保障案由

（1929 年 11 月 23 日）

为令饬事，案准国民政府文官处函开，奉主席发下汉口总商会等呈为现当湖北省市政府布告复查逆产，关于武汉各银行庄号抵押之产，确在国民革命军到达武汉以前，应依法予以保障。请赐宣示，先尽银行号庄债权清理有余，再行充公，俾免无辜拖累，或请指定机关限期先行审查约据，以别真伪，乞示遵一案。奉谕交行政院核示，等因。除缄复外，相应抄同原件，缄达查照办理。等由，准此。查处理逆产条例第十六条规定，逆产所有人因预算见其财产被没收之虞，所为之一切财产权移转行为无效，但承受移转者确不知情时，不在此限。又该总商会等本年五月间呈奉国民政府批示内，亦有果系定约在前，确无虚伪，应依法保障之文明。现湖北逆产各案，既经湖北省政府会同汉口特别市政府遵令复查，将处理办法公布。其中应行没收各产，如有银行各钱庄抵押债权，自应由该省市政府详加审查，结果系定约在前，确不知情，即依照处理逆产条例第十六条但书之规定，办理以资保障而恤商艰。除缄复外，合行抄发原呈令仰该部即便转行该省市政府遵照办理。此令。计抄发汉口总商会等原呈一件。

（《行政院公报》第 104 期）

4.财政部指令湖北印花税局呈一件为汉口总商会请求特准于比期账单免贴印花录函转呈核夺由

（1929 年 11 月 25 日）

呈悉。查账单贴花，各省均经遵办，湖北未便独异，所请碍难照准，仰即转饬知照。此令。

（《财政日刊》第 611 期）

5.财政部指：第一九八五四号为汉口总商会请求特准于比期账单免贴印花录函转呈核夺由

（1929 年 11 月 25 日）

指令：财政部指令第一九八五四号

令湖北印花税局

呈一件为汉口总商会请求特准于比期账单免贴印花录函转呈核夺由。

呈悉,查账单贴花各省均经遵办,湖北未便独异所请碍难照准仰即转饬,知照此令。

中华民国十八年十一月二十五日

(《财政日刊》第 611 期)

12 月

1.函复汉口总商会已将税则所列干湿洋快靛一栏取消另订二十成水靛五十成六十成快靛两种税额通令遵办由　征字第三八六号

(1929 年 12 月 1 日)

径启者,案准贵会函,为转达汉口印染花布业商会等对于各种靛类所拟平均估本征税办法,并抄清单请察核审订见复,等由,准此。除将税则第十三类所列干湿洋快靛、洋靛、油水靛同一栏取消,改订二十成水靛,每担估本四十八元,税额一元四角四分,五十成、六十成快靛每担估本一百二十五元,税额三元七角五分两种,并通令遵办外,相应函复贵会,查照转知为盼。

此致

汉口总商会

湖北财政厅厅长张难先

(《湖北财政月刊》第 6 期)

2.行政院令财政部为抄发汉口总商会及银行钱业各公会请将变通整理新旧债款办法迅赐公布原呈仰即议复由

(1929 年 12 月 4 日)

为令行事,案据汉口特别市总商会及汉口银行公会、钱业公会等呈为金融益迫危急异常,恳将中央根据条例议决变通整理新旧债款办法,迅赐公布实行,以救燃眉,等情,到院。查前据该部为整理湖北省新旧各债起见,拟具甲乙丙三类办法,并公债条例三种及还本付息表等件,经院决议交铁道、交通、工商、财政四部审查后,转呈国府鉴核施行。嗣因湖北官钱局财产一案尚未解决,仅据该部将关于整理湖北属于国家旧债之十八年金融长期公债条例及还本付息表酌加修改,呈奉国府令交立法院审议,并行知本院各在案。兹据该汉口总商会等呈称前情,除批示外,合行抄发原呈,令仰该部议复。此令。

(《行政院公报》第 107 期)

3.函复汉口总商会以据西帮茶商李万顺等声称原领甘茶引票被焚请咨甘补发一案已核转请转知由　征字第四四〇号

(1929 年 12 月 20 日)

径复者,案准贵会函以据西烟帮代表穆献臣、刘佑章略,据该帮茶商李万顺等声称汉号设在山陕里百川隆栈与德聚栈，因本年九月二十四日济生马路起火延烧两栈，以致将内存甘茶引票十一张焚毁，采办茶觔未能起运转，请咨甘查案补发以维商业等因，准此。查该商等所陈前领甘茶引票字号以及被焚情节，既经贵会查明属实，自应如请核转以便起运。除咨请甘肃财政厅查案补填引票，敬发甘省本号具领转给外，相应函复贵会请烦查照，转知为荷。

此致

汉口总商会

湖北财政厅厅长张难先

（《湖北财政月刊》第 6 期）

4.全省商联会执监联席会议主席张星垣之报告

（1929 年 12 月）

略谓，今日黄主席因事请假，兄弟代理主席。今日唯一议案为商法规定改组期限已近，依照法定期限改组，并推定筹备委员以资筹备，并继续报告。一、国府颁布商法限定六个月改组，已函促各县市商会提前改组，于上月十五日发出。二、全国商联会特定工商同业公会，法文公布限四个月改组，组织各商会限法文公布六个月改组，以期同进法治，已转告各县市商会。三、本会第二届组织大纲已奉建设厅转奉工商部准予备案，并饬遵照新法，依限改组。

讨论事项：一、商法法定改组期限已促，本会亟应函事筹备，请公决如何进行案。决议十九年二月十日速去函催各县市商会从速改组，如期推代表出席。云梦县商会主张市联商会，请冠以某某县字样，是否有当，请提案公决案。决议商法无此种规定，且以沙市、武穴、老河口、樊城并未冠县之名称函复。二、公推第三届筹备人十一位，张星垣、朱松山、徐莲甫、方少岩、易宝臣、陈善长、王开庭、邓礼村、萧均之、杨显卿、葛雨香。

临时动议：一、经济问题已至绝境，仍请各委员代催各省缴纳会款以资维持。二、杨厚庵君报告，此次改组有刘凤阶、屠文扶，既非商人又非代表，应请函请孝感县政府撤销其委员资格。决议将来文修正函请孝感县政府依商法办理，以息纠纷。

（《湖北省政府公报》第 75 期）

5.汉商会通函各业统一公用度量衡

（1929 年 12 月）

径启者，本月三日奉工商部工字第一八一三号训令开，为令行事，查权度标准方案及度量衡法，业奉国民政府先后公布是项新制，亟待推行，本部前拟定度量衡推行委员会规程，行知各部会及全国商会联合会各派代表，筹拟办法，经于本年九月间召集开会，公同讨论。佥以全国推行，程序最关重要，决采分期分区办法。以民国十九一月一日为度量衡法施行日期，并定于十九年年终以前，先行完成划一全国公用度量衡，以资倡导。以后即按照全国各省区交通及经济发展之状况，定其完成划一之先后，计分三期：江苏、浙江等十六省及各特别市为第一期，应于二十年年底以前完成划一；四川、云贵等十省为第二期，应于二十一年底以前完成划一；最后，青海、西康、蒙藏为第三期，应于二十二年年底以前完成划一。是项程序，业经本部呈奉行政院转呈国民政府核准备案。除分令外,合行检发程序一份,仰即知照。此令。等因。附发全国度量衡划一程序一份到会。奉此。除分致外,相应照抄转达贵会,请即查照,并希分知贵同业一体遵照是盼。

(《湖北省政府公报》第 76 期)

6.汉口总商会因财厅及特派员公署会催汉商速缴编遣库券通告各帮

(1929 年 12 月)

径启者,查武汉筹募编遣库券一案,前奉省市两政府布告,系分两项办法:(一)仿前募善后公债成案,按商工界职工薪洋总数向店主募收一月。(二)按三镇房租额向业主募收半月,十元以下者免募。早经本厅署派收款,并经贵会暨汉口业主会联合通告,一律遵缴在案。惟开募之始,观望仍多,或催收不缴,或屡约屡延,而商界托辞未接本帮董通告不肯缴款,或借口营业缩小仅缴少数。不遵善后公债成案缴纳者,尤所时有,一店如此,各店效尤,此例彼援,积微成巨,势非将此次募券之整个计划完全破坏不止。现值国军讨叛,主座亲征,非彻底解决,不能求编遣之实施,非充裕饷源,无以谋彻底之解决。实此项券款,实关党国安危,各商民苟非附逆病狂,岂愿延长战祸,断不当多方拖展或借词减少,致使筹募券款,久无成功。除仍责令各收款员严行催收,并将减缴券款一律补行收足,否则以反动带究借促进行外,拟请贵会再发严重警告,切劝各商民赶紧踊跃缴款,万勿再延,并转促各帮商会各个宣传,一律遵缴。须知主座驻汉督师,需款万急,此项券款已至延无可延之地步,各商民早缴可免追呼,迟缴必干严究。其以前借口营业缩小,未按善后公债原册缴足之商店,尤应迅速补缴,不得牵动全案。事机紧迫,立盼施行。为此函达贵会,希速查照办理,见复是荷。等因,到会。正分转间,又准第八九号公函内开,径启者,查此次省市两府布告,在武汉筹募编遣库券办法,原以仿照善后公债成案,向各商店募收职工薪额一个月,预计六十万元为大宗。乃自开募以来,各商店始则借口未接贵会通告不肯缴款。迨经贵会与业主会联合通告遵照缴款者固亦有之,而迟延观望者仍居多数,甚且以未按本帮通告仍不遵缴者,或借口营业缩小仅缴少数,并不按照善后公债原册缴纳,势将破坏此次募券实施编遣之整个计划。前已于十月三十日编字第五十一号公函申谕极详,并请贵会再发严重警告,切劝各商民赶紧踊跃缴款,万勿再延,并转促各帮商会,各个宣传,一体遵缴。仍声明以前借口营业缩小未按善后公债原册缴足之商店,尤宜迅速补缴,不得牵动原案。现在截至本月十五日为止,除循照关税库券原案,纱厂本归特募外,所有在武汉按职工薪洋标准向各商店募获之款,尚只十万元有奇,其中尚有期票二万余元未兑,足见各商店缴款疲延,实为通病,似此情形,安能收足预算计六十万元之数。此数前已报告中央,且已借款先解国库,如果不能收足借款,从何归还?敝厅署迫不得已,于十月三十日函请贵会,再发严厉警告,及转促各帮商董各个宣传之意见,而为应付环镜之必要,故对于延欠不缴或借口请减之少数巨商,仍酌量致函特募,并声明即经特别募收,则应按职工薪额募收之款免予重缴。盖敝厅署之意,以上募收善后公债,距今非久,其职工薪津标准似不致昔多今少,遽相悬殊。况省市两政府布告郑重声明,按照善后公债原册募收,不再调查,以免纷扰。本为便商起见,乃各商店每谓职工减少未肯照交,竟置善后公债原册于不顾,殊不知此项库券按月偿本付息,绝与损税负担不同。姑无论一年之间各店职工未必遽行锐减或少有减省,亦宜各照原册缴款,免致牵动全盘。何得借此短处,纷纷援例。敝厅署特别函募,正为对此等商店而设,各商店事实上请减不获或反增加,其确系著名殷富,非因此等情形而特别函募者,实居绝对少数。现为各商全体计,应请贵会即依前函(即编字正一号函)并此次公函,一面再发通告,一面提交大会,切实劝导各帮商董赶紧各个宣传,凡应按善后公债原册缴款之户,务各照数迅缴,慎勿再为种种借口任意疲。前函所谓早缴可免追呼,迟缴必干严究,实为事所必至,理有固然,利害所关,各宜认识。敝厅署遵照省市两府预定,按照善后公债原册募收编遣库券六十万元之计划,早已照数借解,人所共知。甲减乙增,终须募足。与其推翻原册,标准全无,诚不如各按原册,早日认交,庶免其他枝节。为此急切函达贵会,请烦查照,力为协助,迅赐分别办理见复。等因,准此。查此案已于十一月二十日第十七次代表大会提出报告,并请查照原订筹募库券办法,各按职工(即店员)一个月薪额,一律赶速遵缴在案。实因券款关系,有需认原有定额。兹当需款孔急,允应踊跃照交,既表拥护之诚,借画尽维持之义。设仍意存观望,或竟借词推展,一经延误,咎将归谁,诚如来函所云,早缴可免追乎,迟缴必干严究。又况此项库券按月偿本付息,绝与捐税担负不同,原函业已说明,更毋庸多所计较。影响全案,致敢纠纷,准函前因,用特掬诚通告,务祈查照。切实劝导各同业赶速照额分别筹缴,俾应急需,藉免贻误,是为至要。除分函外,专此奉达,顺颂台绥。汉商会将上项通告发出后,昨复接财政特派员公署及财政厅公函云,径启者,顷承贵主席来谈,各商店对于特别派募编遣库券一事,多属力难遵缴,请予体谅免募等情。查此项特募之捐,原以各商店不按善后公债底册缴纳,势将任此次预定募款计划根本破坏,乃不得不已出于特募。如贵会能切劝各商悉按善后公债底册缴报则已,否则是各商店将原有标准自行打破,本厅署仍只有察酌情形,分别特募之一法,咎由自取,贵会似亦不必代为请求特募。相应函达,即烦查照,迭函办理为荷。

(《湖北省政府公报》第 74 期)

7.公牍摘要　其他:推选临时参议会参议及举行成立典礼

(1929 年)

函汉口总商会推举参议应会同汉阳商会商酌办理由(十八年七月十日)

径复者,顷准复函,以阳夏两商会参议名额共有三人应如何推举,请核明见复,等因。查推举参议自应依地方之繁简而定,参议多寡之名额,即由贵会会同汉阳商会商酌办理可也。

此致

汉口总商会

市长刘文岛

函汉阳商会准函已推定周仲宣为临时参议会参议应照聘由(十八年七月二十二日)

径复者,案准贵会函称,已推举周仲宣为参议等会参议,等因。除聘书随发外,相应函请查照转致为荷。

此致

汉阳商会

附发聘书一份

市长刘文岛

函汉口总商会准函推定万泽生、郑燮卿二人为本府临时参议会参议已照聘由(十八年七月二十二日)

径复者,案据贵会呈报,推定执委万泽生、郑燮卿二人为本府临时参议会参议,等因。除聘书随发外,相应函请查照转致为荷。

此致

汉口总商会

市长刘文岛

(《新汉口汉市市政公报》第 1 卷第 2 期)

8.指令:令汉口总商会为呈明川省当五十铜元在市行用种种流弊请加禁止由

(1929 年)

呈悉,查川省当五十铜元输入本市行用,流弊滋多,亟应严加禁止。除布告周知并咨请公安江防各局协同严密查禁外,仰即知照此令!

令汉口乞丐教养委员会为呈请改定名称颁发钤记由,呈悉仰候,另行颁发可也,此令!

局长涂允檀

(《武汉市社会局局务汇刊》)

9.呈文:呈为案准汉口行业商会联合会函陈整理旧帖及完税办法提经第七次局务会议议决各条文呈请核准备案由

(1929 年)

呈为案准汉口行业商会联合会函陈整理旧帖及完税办法提经第七次局务会议议决各条文呈请核准备案由(十八年六月廿五日)

呈为呈请备案事,案准汉口行业商会联合会函以本月十八日该会代表杨松圃、石和湘、陈焕章等到局面陈整理旧帖及完税办法。当经商定:(一)上半年完纳帖税延长至七月十五日止。(二)十七年向财政厅换领之帖,此次换领职局新帖一律补足半年帖捐,无论请领月日,概以半年为额限,六月底换齐,新帖填本年七月一日起,帖期十年。(三)原定换新帖手续费五元准予免纳,请转令北区稽征处,查照办理,等因,到局。查该代表等所陈三项办法均关职局定案,未便率而变更,爰提交第七次局务会议,议决一二两项照案通过,惟第三项原定换领新帖手续费五元,以关职局新制帖证,暨各种单据印刷需费未便全数免除,兹为体恤商艰起见,在民国十七年已换之帖酌予减免二元,即每张仅纳手续费三元,以资弥补,即未换之帖须缴纳五元,兹准前因。除函复并分行各稽征处遵照办理外,理合具文,呈请钧府鉴核备案,实为公便谨呈。

武汉特别市政府市长刘

武汉特别市财政局局长陈毅民、副局长任耀先

(《汉口特别市财政局财政月刊》第 1 卷第 2 期)

10.训令:武汉特别市政府训令

(1929 年)

令汉口总商会据汉口业主会呈请各节经第二次市政会议议决仰转饬知照由。

为训令事,案据汉口业主会呈请:(一)缓办土地登记。(二)禁止任意提取房租。(三)请改良工务局所定让宽街道办法。(四)禁止军人杂居民房等四项。经本市长提交第二次市政会议,议决如下:(一)土地登记疑难缓办。(二)房租不准任意提取,令财政局查照。(三)令工务局公布让宽街道计划。(四)呈总司令通发布告,禁止军人占住民房。以上议决案除第四项业奉总司令布告严禁,余均分令各局遵照办理,外合亟分仰该会转饬该业主会知照此令。

市长刘文岛

(《武汉特别市市政月刊》第 1 卷第 2 期)

11.训令:武汉特别市财政局训令

(1929 年)

令各区稽征处:

准汉口行业商会联合会函为整理旧帖及完税办法业经提交第七次局务会议议决令仰遵照办理由。

为令遵事案准汉口行业商业联合会函以本月十八日,该会代表杨松圃、石和湘、陈焕章等到局面陈整理旧帖及完税办法。当经商定:(一)上半年完纳帖税延长至七月十五日止。(二)十七年向财政厅换领之帖,此次换领本局新帖一律补足半年帖捐,无论请领月日概以年年为额限,六月底换齐新帖,填本年七月一日起帖期十年。(三)原定换新帖手续费五元准予免缴,请转令北区稽征处查照办理等因。到局查该代表等所陈三项办法均关本局定案未便率尔变更,援提交第七次局务会议议决一二两项,照案通过。惟第三项原定换领新帖手续费五元以关本局新制帖证,暨各种单据印刷需费未便全数免除,兹为体恤商艰起见,在民国十七年已换之帖酌予减免二元,即每张仅纳手续费三元以资弥补,而未换之帖仍须缴纳五元。案准前因除呈请武汉特别市市政府备案分行外,合函令仰该处长、主任即便遵照办理,为要此令。

(《汉口特别市财政局财政月刊》第 1 卷第 2 期)

12.公函:湖北省政府农矿厅公函农字第一〇四号

(1929 年)

函汉口总商会为奉农矿部马电开准立法院经济委员会函请详查各省市粮食种类及生产价目出入与救济办法各情形一案,本厅无案可查,特派科员秦祖培前来调查,希予接洽文。

湖北省政府农矿厅公函(农字第一〇四号)

敬启者,案奉农矿部马电开湖北农矿厅准立法院经济委员会函请详查:(一)各省市前数年及本年粮食生产状况。(二)粮食种类及价目。(三)粮食输入输出数量。(四)现时粮食不足之救济办法等四项情形。合电达仰迅速逐项详细列表呈报至要,等因,奉此。查敝厅成立未久,对于前数年粮食产销状况实无档案可查,贵会为本省商业枢纽,对于上开情形,必有精确统计,兹特派科员秦祖培前来贵会调查即希赐予接洽,至级公谊。

此致

汉口总商会

湖北省政府农矿厅启

(《农矿月刊》第 5 期)

13.电汉口转运商会:关于各路军事附加捐业于文日通令概行停止由

(1929 年)

汉口转运商会览删电悉关于各铁路军事附加捐费,本部业于文日通令各路概行停止,仰即知照铁道部皓。

(《铁道公报》第 9 期)

14.批第二七〇号具呈人汉口特别市总商会等:呈为金融益迫危急异常恳请中央根据条例议决变通整理新奋债款办法迅赐公布实行由

(1929 年)

十八年十二月四日,汉口特别市总商会等,呈为金融益迫危急异常,恳请中央根据条例议决变通整理新旧债款办法,迅赐公布实行由。呈悉已抄发原呈,令行财政部议复,仰即知照此批。

(《行政院公报》第 107 期)

15.指令:令汉口总商会为据汉口机器米业商会复函,称现在市上米价情形函呈查核仰仍照前次所呈变通办法转知米商遵照并仰查照暂行整理湖北商会条例每日将日用必需物品价格公示市民由

(1929 年)

案据该会函略称,汉口机器米业商会函复暂时米价每石售银自十四元五角至十元止,不敢操纵居奇,请查核。又称该会同业无力筹款并无此项提议,应请据实具复,俾免误会各等情前来,不胜诧异。查此案前经该会于去年十一月二十七日拟具变通办法,以凡遇有大宗米谷或系他商运销武汉,或由汉商前往购办,均准其筹备巨款,自由囤积,不加限制。惟购进米价实需成本若干元,先须据实报告,将来售出时亦只能酌取相当之利益,不得抬价居奇,有碍民食等语。呈复到局,当经令仰转知米商遵照,复经本局派员前往各地调查,并将该员呈报情形令行该会,开导米商核实减价各在案。该会既为汉口商业之总机关,不独米商随时报价,办法系由该会自行呈准有案,即按照暂行整理湖北商会条例第十四条之规定,调剂物价取缔暴利,每日应将必需物品价格公示,市民各节亦属该会之专贵。兹据前情,除函致物价评定委员会外,合再令仰该会仍照前次所呈办法,转知米商随时将购进米价连同单据,核实呈报物价评定委员会,以凭考核,勿令长此蓄谋操纵剥削贫民,并仰遵照上项条例,每日务将日用必需物品价格公示市民,

以副名实。事关要政,毋得稍涉敷衍,致碍民生,切切此令!

局长涂允檀

(《武汉市社会局局务汇刊》第 1 期)

16.训令:令汉口总商会转知钱业商会

(1929 年)

令汉口总商会转知钱业商会嗣后每银洋一元兑换铜元,最高率不得过四十串文,以经民生由为令遵事。查本市铜元价格低落,百物昂贵,民困未苏,就中尤以小贩车夫终日辛苦所入,尽属铜元。以之购物米珠薪桂,受累匪轻,亟应设法救济,严为隄防。为此令仰该会转知钱业商会,自本月十一日起,钱市开盘务须注重民生妥为调剂,每银洋一元兑换铜元,最高率不得过四串文。庶于酌量供求之中兼寓关怀民瘼之意,有厚望焉,此令。

局长涂允檀

(《武汉市社会局局务汇刊》)

17.武汉市市政委员会训令:令财政、社会、公安局为据汉口总商会转呈请严令禁止川省当五十铜元流行市面以免影响物价紊乱金融转饬各该局严厉禁止并将遵办情形具报备查由

(1929 年)

为令遵事,案据汉口总商会呈称据汉口米业商会苏皖杂货店业商会等陈称,窃近来银价高昂铜元低落,商场营业既受影响,人民生计亦感困难。乃又有川省当五十铜元流通市面,更虞处不便。查此项铜元,初仅行用于肩挑小贩,继则通用于各业商店,询厥来源系由襄樊及沙宜一带辗转输入。武汉闻各该处每银一元可换当五十铜元七八串之谱,较之武汉每银一元抵换当二十铜元四串余文,其中难免无贩运牟利。情事设不转请严行禁止,将见此项铜元充斥市面。小之影响物价,大之紊乱金融,而商场之营业更难支持矣。他不具论第就米业一项言之,曩者市用一文制钱时,至贵之米每升不过二三十文,自当十铜元出。而昔之二十三文一升者,即已涨至六十或八十文一升矣。迫至当二十铜元行用以后,则米价又逐渐增加计至于今,即尾号之米每升亦须四百数十文。假使此项当五十铜元,准其在武汉行用,势非又加数倍不能购入。此害之在普通民众者,至若商店门市收入,此项铜元势必日见其多而转向外省各埠,办运货物又均拒而不用,则只有收进而无从用出。不惟坐受损失,而商本因之缺乏周转即已不灵,为害之大。实有不堪设想者基上理由,拟恳大会即日据情转呈湖北省政府、武汉市市政委会社会局,设法取缔,严行禁止。一面通令本省各县镇一律禁用,以维商业而固金融各等情,据此。伏查此项,当五十铜元据称系为川省所筹,从前仅在沙宜且一带行用,近则不惟流行襄樊等处,而武汉地方亦府输入。兼之在彼处系以贱价收来者,在此处又复易洋往购辗转贩运,既开奸商牟利之端,买卖纠葛益增,市而不安之象,而因以影响物价,紊乱金融,皆为势所必至之事。该商会等所陈各节不为无见,经于第二次代表大会提交公议,一致主张照案转呈钧会,请予严令禁止,以安市面。前来除分转外,理合据情,呈祈鉴核,迅赐施行并恳批示只遵等情,到会。除

分行外,合行令仰该局严厉禁止,以免防害金融,并将遵办情形具报查考。切切此令!

委员长胡宗铎

(《武汉市政公报》第2期)

18.园务报告(六月份):汉口总商会捐建花房建筑费
(1929年)

汉口总商会代表周星棠、刘少岩二先生,于来京参加奉安大典趋园览胜之余,景仰万分,欲于先总理奉安恭献永久纪念物,以表敬意。适为陵园计划委员工商部次长穆藕初闻之,当以纪念先总理恭献物品,以永久性质为归,陵园垂万世景仰。建筑系远近观瞻,问诸本园傅主任技师,悉园中缺少花房一所,以培养暖地花木。周刘二先生即代表汉商献资二万元谓此项建筑之需。本园已将花房图样绘成送与穆次长,请其转寄周刘二代表备查矣。

(《中山陵园工作月报》第8期)

19.电汉口银行公会、汉口总商会等
(1929年)

电汉口银行公会、汉口总商会、武昌总商会

汉口总商会、汉口银行工会、武昌总商会鉴,查各银行发行兑换券均须呈请本部核准,即已有发行权,而印制兑换券时,亦须先行呈准,方得定制,兹闻武汉一带有未经本部核准之银行而擅自发行兑换券及一角二角辅币券在市面行使,原属违背法令,贻害地方,贵会负有安定金融之责,应请特别注意,并广谕各商家咸知,此种兑换券于法律上毫无根据,倘遽予收受,徒自损失,特此电达,即希查照为荷。财政部歌印。

(《财政日刊》第389期)

20.训令:令武汉三商会汉口银行公会对于中央银行印行各种兑换券须与现金一律行使通用并饬转知由为令遵事案奉
(1929年)

武汉市市政委员会第二人五号令开,案奉湖北省政府第二五七四号训令开,案准国民政府文官处阐开,径启者,奉国民政府令开,据中央银行总裁宋子文呈,为拟印发行各项兑换券计一元、五元、十元、五十元、一百元五种,附呈图样,请予分别公布备案等语。除照准备案外,着京内外各机关转行所属征收交通各机关并布告商民一体知悉,对于此项兑换券须与现金一律行使通用,以重币政而利金融。此令等因。除分函外,相应录令函达查照等因,到府。除函复并分行外,合行令仰该委员会查照,并转饬所属一体知照此令,等因,奉此。除分行外,合行令仰该局资照,并转饬所属一体知照此令,等因,奉此。除分行外,合行令仰该会查照,并转知各业一体遵照此令。

局长涂允檀

(《武汉市社会局局务汇刊》)

21.湖北警备司令部训令，为奉省府令据汉口市总商会呈请严缉同丰庆孚两案抢匪转饬第十三师及暨独立第四、十一、十四旅旅长饬属勒限严缉务获解究

（1929 年）

为令遵事，案奉湖北省政府训令，内开为令遵事案，据汉口特别市总商会呈称，窃据同丰庆孚两金号先后呈报被抢情形，均经分别转呈钧府鉴，核严饬缉，追以安商业在案。兹据江西金银首饰商会、浙江金业商会联名函称，查敝会会员庆孚金号月前二十日突遭抢劫，损失巨万一案，阅连日报载，已蒙武汉军警各机关严令缉拿，限期五日破案，仰见政府关念，逾恂体恤商艰，同深级感。惟查敝业自同丰金号被劫以来，时甫一月，而在同一地址相去数家之庆孚金号又突遭抢劫，损失巨万不独骇人听闻，即此后敝业之生命财产亦无月不在栗栗危惧之中。迭经敝会集议，并据庆孚金号经理报告被抢经过及损失情形，佥以该号平日即有警铃之装，设所处又属军警密布之中心，论时间尚在青天白日之际，论所抢赃物一百六十八两之重，携走尤非易易（据扬子江八月二十九日晚报载，该匪等因赃重在大同巷内梭巡分钟始去）。设令当时有一二人追捕，或狂鸣警笛，该匪等即不难如数就捕，亦必当弃赃逃命，乃竟致该匪等从容远飙，宁不痛心，而该匪等所以敢于一再抢劫，即警士不能缉获抢匪也。敝业现已两罹凶锋，深觉毫无保障，若不蒙迅予破获，似此情形，后患更何堪设想。贵会领袖全商务乞据情转呈当局对于庆孚金号被抢一案严令加紧踩缉，务获限日破案，追赃给领，敝业幸甚，公安幸甚，等情，据此。查汉口商场向称繁盛，自同丰庆孚两案相继发生以后，行旅即多裹足，商贾咸有戒心，市面萧条已非昔比，设此案一日不能破获，即商场一日不得安居，不止该业一帮之受其影响也。商会心所谓危难，安缄默缘据前情。除分转外，理合再行转呈，务祈钧府俯赐鉴核，迅饬勒限严缉，务获究追，以恤商艰，而安商业，等情，据此。查本案迭据该商会转呈到府均经令饬拿办在卷，兹据前情除指令呈悉候，再令民政厅暨警备司令转行所属勒限严缉务获究追仰即，转饬知照此令等语印发外，合再令仰该司令遵照办理，为要此令，等因，奉此。除分令外合行令仰该师旅长遵照，并转饬所属遵照，勒限严缉务获究追，为要此令。

中华民国十八年九月日

司令夏斗寅

（《警备旬刊》第 3 期）

22.汉商会通告商品出口检验暂行规则并商品出口检验局暂行章程

（1929 年）

汉口总商会分函所属各业分会，敬启者，案奉国民政府工商部训令开为令知事，查关于商品检查事项属本部掌管范围，前经拟具商品出口检验暂行规则，暨商品出口检验局暂行章程呈请国民政府行政院鉴核备案。兹奉行政院第一六七号指令内开，呈及附件均悉准予备案，附件存此令，等因，奉此。除遵令分别筹办外，合行抄发该项规则章程各一份，令仰该总商会知照，并转饬所属一体遵照此令，等因。附抄发商品出口检验暂行规则，商品出口检验局暂行章程各

一份,到会,奉此,兹将前项规则暨章程照印多份,除分别办发外,相应检同印件函送贵商会即可,请查照分知为盼,附录商品出口检验暂行规则及检验局章程于后。

商品出口检验暂行规则:

第一条,国民政府工商部为保护国内工商利益,提高国际贸易信用,增进输出商品价值起见,特设商品出口检验于商品出口时实施检验。

第二条,应行检验商品暂分八款如左:(一)生丝;(二)棉麻;(三)茶叶;(四)米麦及杂粮;(五)油;(六)豆;(七)牲畜毛革及附属品;(八)其他贸易商品。

第四条,本规则所列之商品出口时应于报验关税前将各种产地品质数量及起运期限运往处所填具详单,连同检验费于当地或距离最近之检验局检验之,检验费数目另于施行细则定之。

第五条,凡经检验合格之商品,由局填给证书,无证书者不得报关缴税贩运出口。

第六条,商人于检验时行使贿赂检验后,涂改证书或各局检验人员实有溺职,受贿情事,均依刑罚专条分别科罪商人,违反第四条第一项之规定及检验后私易物品或变更数量者,视其价值之数目处以相当之罚金。

第七条,检验细则另定之。

第八条,本规则自公布之日施行。

商品出口检验局暂行章程:

第一条,商品出口检验局依据检验暂行规则第二条组织之。

第二条,商品出口检验局各冠驻在地名以分别之。

第三条,商品出口检验局掌理出口商品之一切检验事务。

第四条,商品出口检验局为处理前条事务得分别设处:(一)事务。每局得设一处办理文牍、会计、庶务统计编辑及出口商品之监视指导调查等事项。(二)检验。每局每一种商品得设一处分别实施检验暂行规则。第三条所列各项检验职务。

第五条,商品出口检验局设局长、副局长各一人(事务较简者不设副局长),承工商部之命综理全局事务。

第六条,商品出口检验局设事务处主任一人,检验处主任、副主任若干人,事务员、检验员各若干人,承局长之命,分任其职务,遇必要时得雇用外籍技师及聘请专门人员为名誉顾问。

第七条,局长、副局长由工商部荐任,事务处主任由工商部委任,检验处主任由工商部选择专家委任,副主任由工商部就每一种商品同业中选委之,事务员及检验员由局长委任呈请工商部备案。

第八条,商品出口检验局因誊写及其他事项得酌用雇员。

第九条,检验及办事细则另以工商部部令分别定之。

第十条,本章程自公布之日施行。

(《财政旬刊(汉口)》第 22 期)

23.公函:函汉口总商会为再行检送政府历年借款表一纸请呈请汇案清偿由

(1929 年)

函汉口总商会为再行检送政府历年借款表一纸请呈请汇案清偿由(九月十一日)

敬启者,本年五月三日准贵会来函,并附原呈及部批一件,以前湖北财政厅向贵会商借洋四十五万元,系由湖北官钱局出立票据,嘱将敝公司分认此项借款三万元之票据检送过会,以凭并案呈验清偿,等因。当以政府历年向敝公司借去之款为数甚巨,除将前湖北官钱局出立票据借去之三万元,检同票据于本年五月十日送请查核转呈清偿外,并将其余历年政府借去之款,亦经分别列表一并函请,遵照部批关于整理新旧债款规定之三种大纲并案转请清偿在案。查表内计载国民政府已到武汉以后共借去洋二十九万一千五百元,国民政府未到武汉以前计借去洋一十万零五千元,又官票钱五千贯。两共计借去洋三十九万六千五百元钱五千贯,除十五年十月借去之洋十万元及十六年七月借去之洋二万元系由政府向敝公司直接借贷外,其余之款均系由贵会派借。现值敝公司经济困窘之时,贵会体恤商艰,谅早承汇案转呈惟事逾数月,此种公债尚未见明令颁行,应请贵会据情转呈财政部催请早日颁发,以符原案,而苏商困。再政府向敝公司先后所借各款手续完备,如贵会尚须审查即请函知,以便检送。除将政府历年借款再行分别列表附送外,相应函达即希查核赐办,并请示复,是为至荷。

此致

汉口总商会

商办汉镇既济水电股份有限公司

24.训令　武汉市市政委员会训令　令社会局、公安局、汉口总商会:为接浙江省政府电称西湖博览会展期开会仰即遵照办理由

(1929 年)

为令知事,案查前奉国民政府工商部函送浙江西湖博览会审查征集出品规则,暨该会开会闭会日期,等因,前来。业经抄发附件令仰该局遵照办理。依限呈会以凭核转狂案,兹接浙江省政府筱电开,敝省筹设西湖博览会定于民国十八年三月一日,开幕所有各省市县出品请于十八年二月十日以前征集运杭业。经通电奉达在案,惟西湖博览会有关中外观瞻非从容布置力求美备,不足以发扬国光,而边远之区运送出品动费时日为期过促,亦非所宜,因特展延一月改定四月一日开幕,七月三十一日闭会。敬希协征出品务于三月十日以前输送到杭,以便分别陈列。特此电达敬希察照浙江省政府叩,等因,前来。除分令外,合行令仰该局遵照办理,为要此令。

委员长胡宗铎

(《武汉市政公报》第 1 卷第 3 期)

25.武昌总商会承认包销黑铅条

（1929 年）

武昌总商会以湘省所产黑铅条，成分甚佳，销售外洋，极受欢迎。昨特致函湘省建设厅承认包销黑铅厂所出黑铅条，以免利权外溢。昨日建设厅已复函该商会请派人来湘，直接向黑铅厂交涉云。

（《矿业周报》第 1~24 期）

1930 年

1 月

1.湖北建设厅训令武昌总商会令发武昌市建筑规则仰即知照由

（1930 年 1 月 6 日）

为令饬事，案奉湖北省政府训令开，案据武昌市市政会议呈称，查属市第十二次市务会议议事录报告事项第一案，省府法规审查委员会，函送审定武昌市建筑暂行规则案，决议，照审查案通过，等因。起录在卷，除函复外，理合检同规则，赍呈鉴核，仰予公布，等情。赍呈审定武昌市建筑暂行规则二份到府，除指令呈暨规则，均悉该项规则，既经审查通过，应予转饬施行，除抄发原规则令行建设厅出示布告，并饬民厅转行武昌县武昌市公安局知照外，仰即知照，此令，等语。印发并分行外，合行抄发原规则，令仰该厅遵照办理，此令，等因。计颁发武昌市建筑暂行规则一份，奉此。案开市政法规，除录令布告，暨函送湖北省政府公报湖北中山日报武汉日报逐条刊布外，合亟检同武昌市建筑暂行规则十份，随令发交该会存查，俾资遵率，仰即知照。此令。

兼厅长萧萱

（《湖北建设月刊》第 2 卷第 3 号）

2.武汉米价奇涨　汉商会请救济

（1930 年 1 月 7 日）

本报汉口电武汉米价奇涨，汉商会呈请官厅设法救济米荒。

（《民国日报》）

3.财政部函复汉口总商会准缓办暨增加匹头等货估本两案土货出口统税

(1930 年 1 月)

径复者,准贵会函以增加匹头等货估本及添设整理土货出口统税稽征所两案,不免发生种种滞碍,应请收回成命,迅予撤销,并请严禁各局卡留难浮收,以恤商情,等由,准此。查该两案既据各业代表声明种种滞碍,一再请求撤销,姑准从缓办理。至谓各局卡留难浮收一节,早经严令禁止有案。除令汉口征收局将整理土货出口统税一案从缓办理,并通令征收局将增加匹头等货估本一案,亦从速缓办,所有匹头等货仍照现行原税则征税,勿庸将该项新订估本应行增纳之款登记补收外,相应函复,即祈查照。

(《湖北省政府公报》第 77 期)

4.省政府为本府第十次谈话会决议办理武昌冬账令武昌商会、平粜局、赈灾委员会遵照

(1930 年 1 月)

为令行事,案查本府委员第十次谈话会议,各委员提议由平粜局赈款项下拨洋一万五千元,武昌商会筹募五千元办理武昌冬赈案,经公同讨论,以时届冬季,武昌贫苦居民啼饥号寒,情殊可悯,在政府原有设法救济之责,而武昌商会筹募微款共襄盛举,谅亦该会所乐为,拟由平粜局赈款项下拨款一万五千元,武昌商会筹募五千元,共洋二万元,办理武昌冬赈,其事易举,其用实宏,当即议决通过,等因。除分令合行录案,令仰该会、局即便如数筹募解府,以凭核办,该会即便遵照办理。此令。

主席何成濬

暂代主席职务萧萱

(《湖北省政府公报》第 79 期)

2 月

1.汉市公安局、稽查处据汉口总商会呈布商辞退店员标语恐吓,令饬严密查拿文

(1930 年 2 月 12 日)

为令遵事,案据汉口总商会主席黄文植呈称,呈为据情转呈,事据汉口布业商会函称为陈请转恳防患未然,维持现状,事窃商场三节辞就人员本属惯例,而敝业客岁营业整个萧条,各店号亏累不堪,因是酌加裁汰勉维现状。前度颁行阳历,国府与省政府有鉴于商场阴历年终结底之艰,暂难变易,因是俯予通融暂行照旧。所有各业进退人员亦准于二月十号内为期元月二十一号。又经市政府郑重宣布劳资处理法对于良善店友当爱护之不暇,否则不能不加以去留,以

资整顿。在店主无事苛求,在店员亦宜自爱明镜,高悬至公至正。讵昨二月二日街上竟贴有布业店员分会标语,有谓店主无辞退权,有谓辞退必得双方同意,有谓辞退誓死不承认种种怪诞恐吓标语。本难足信,无如年关吃紧之时,保无不有反动分子从之煽惑,有害地方治安。用是不揣,冒昧据情呈请大会转呈武汉卫戍司令暨各机关伏乞防患未然,维持现状,以保安宁,等情据此。查关于各业店东去留店员办法,曾奉汉口特别市政府一六六号布告有案双方自应一律遵照办理,不得抗违,致滋纷扰。今如该布业店员分会竟有前项标语贴于市街,恐不免有所误会情事,不蒙钧部转饬制止,小之妨碍该帮之营业,大之影响地方之治安。利害攸关,难安缄默。除分转外,理合据情,呈祈鉴核,维待施行,并恳批示只遵实为公使等情,据此。查该布业商会对于去留店员办法既系遵照国府及省市两府之规定,则店员自不宜另生枝节,故与为难。如有不肖之徒借端生事,任意滋扰,是其心怀叵测,亦即法所难容,亟应严密查拿,以凭究办。除批示并分令外,合行令仰该局长、处长遵照,并饬所属遵照办理,为要此令!

1930 年 2 月 12 日

司令夏斗寅

(《警备专刊》第 1 期)

2.武汉商人之三怕　汉商会昨宴何成濬等期望解除

(1930 年 2 月 15 日)

(汉口十四日下午一时本报转电)寒(十四)日,汉口商会欢宴何成濬暨各委员,黄昌毅未到,商会由黄文植代表致辞,要点谓商人极拥护三民主义,惟有三怕,一怕军事行动,二怕□□共党,三怕苛捐杂税。今何主席以五路指挥兼行营主任,故对一二怕已经不怕,惟怕苛捐杂税,望省府有以慰民众之望,何成濬及熊炳坤、张贯时、方达智均有相当答复。

(《益世报》)

3.公函汉口、武昌、汉阳商会为设立散兵收遣所之经费请转知各团体仍照前案筹拨文

(1930 年 2 月 18 日)

径启者,讨逆军事,虽告敉平,而武汉地近豫境,尚有散兵游勇,流落市面,填衢塞巷,至堪怜悯。若不设法取缔,势必流为盗匪,影响治安,诚非浅鲜。敝部奉令担任卫戍,责有攸关。曾经第一次卫戍会议议决,由武、汉两公安局即日分别成立散兵收遣所,以资处理。但经费无着,事莫能举。查前次武汉设立散兵游民收遣所,其经费系由省市两政府每月各拨二千元,武汉三镇各团体每月筹拨二千元,由三镇商会负责垫交,有案可稽。除另呈陆海空军总司令行营转饬省市两政府仍照前案办理外,相应函请贵会查照,转知各团体援照前例筹拨的款,并希见复为荷。此致汉口总商会、武昌总商会、汉阳总商会。

司令夏斗寅

(《警备专刊》第 1 期)

3 月

1.工商部指令汉口特别市总商会:呈缴民用度量衡标本器价请核收检发由

(1930年3月3日)

令汉口特别市总商会,呈缴民用度量衡标本器价请核收检发由。呈悉据缴民用度量衡标本器价银三十五元已收,兹检发甲组标本器一份,仰即领照,此令。

附甲组标本器一份计十二件。

部长孔祥熙

(《工商公报》第1期)

2.汉市商协各业分会请保障民运工作人员

(1930年3月15日)

汉市民训会,昨呈整理委员会文云:呈为转呈事,案据商协整委会呈称,呈为据情转呈仰祈鉴核示遵事,案据属会杂货业、粮食业、饮片业、油盐业、布业、煤油面粉业各店员分会呈称,呈为保障民权,免碍商运事,窃军事告终,训政开始,团体民众,加以训练,实为本党之最要任务,工作人员之保障,尤不可少。查各属会负责职员,均是钧会审查合格明令委派,或经大会选出,虽不能尽称忠实,亦未有反动言行,平时接受钧会指导,奉公守纪,不敢有越雷池,今动辄被军警强加干涉,甚至拘禁不讯,下情难达,实令人惊意寒心,似此举动,不特有碍各属会进行,实有失钧会威信。若是犯律有据,罪有应得,亦须宣布罪状,由钧会撤战,再行逮捕,方为合法,纵然阴守秘密,捕后亦应宣布,以便申辩,或由钧会委人补职,免旷会务,有碍民运,凡属会职员,或少有过失,理应受钧会党部制裁,军警亦不能横加干涉,为此联名呈请,希即明文转呈党部暨各军警机关,以后在未通知钧会以前,不得无故逮捕,以保民权,免碍商运,迫切陈词,不胜待命之至,等情据此。理合具文转呈鉴核指令只遵,等情据此。窃查近来军警机关,动辄逮捕民运工作人员,并不通知党部或上级主管机关,实属有碍民运前途,且民运工作人员大都均是本党党员,以党犯罪,而不经党部闻问,则不徒党员本身失其保障,即于本党威信,亦至有关,据呈前情,理合备文呈请钧会,恳祈鉴核示遵。

(《湖北中山日报》)

3.(湖北建设厅)呈省政府奉令据武昌总商会临时审查清算事务所呈报依法组织成立令仰查核遵具报等因呈复该所呈报前情到厅已准备案祈鉴核备案由

(1930年3月15日)

呈为呈复事,案奉钧府拥字第一七七三号令开,案据武昌总商会临时审查清算事务所主任胡书城呈称云云，除原文有案，邀免冗述外，尾开，合亟抄发原表，令仰该厅查核饬遵具报此令，附抄发原表一份，奉此。查此案前据该主任胡书城具呈前情来厅，当经指令该会依照会员大会之决议，选任清算人，清算会内收支款项，查与商会法尚无不合，应准备案，仍仰将办理情形，随时具报为安，令发在案。兹奉前因，理合将职厅已准备案缘由，具文呈复钧府鉴核备案。

谨呈

湖北省政府主席何

兼湖北建设厅厅长黄昌谷

（《湖北建设月刊》第2卷第3号）

4.建设厅勉励商会清算会

（1930年3月25日）

武昌商会，历次改组，迄未清算账目。兹该会各帮代表，乃开会议，决组织清算委员会，从事清算，惟经手人，对于账目，迄今未交。该清算会，特将组织情形，呈请建设厅核实，昨建设厅指令准予备案，并令最勉认真清算，务将办理情形随时具报，以凭查考云。

（《湖北中山日报》）

5.（周星棠、刘秉义）拟请改良汉口棉花检验救济工商失业案

（1930年3月）

查汉口为腹地商场，棉业一项占全市中心。据海关贸易册载，十七年计销棉二百四十四万八千余担，计价洋一万万数千万元，裨益市面金融，实非浅鲜。自十八年汉口商品检验局成立棉花检验处后，销数锐减百分之五十，虽时局使然，而感受检验之痛苦，因之歇业者甚多。其影响所及，其直接妨碍运花、拣花、收花、看花、堆花及打包等数十万人之生活，间接妨害银行、钱庄、纱厂、布庄及有关系各行号之营业，以致市面萧条，危机四伏，非改良检验办法，不足以资救济。兹将拟请改良之点，分别陈明于左：

（一）验费宜减轻。欧美各国办理检政，意在以科学方法改善工商业务，其目的然不在征费。乃汉口检验商品，对于棉花一项，每担收费六分，每百件计收费二十四元，复验又复重收，每年所收约计不下二十万元，棉商实无力担负。即谓办事需费，商品检验范围甚广，其他商品亦自有相当收入，办事需费似不应若是之巨。此拟请减轻验费者一。

（二）复验宜免费。局章报验不合格者，应摊潮三日后复验，又须重缴验费，既延时日，又重负担，棉商苦之，且检验合格凭单，运沪又须缴费重验。同一部设机关，层叠收费，于理未安。应请改订规章，每件只报验收费一次。如验未合格，摊潮复验，应不再取费。验已合格，即凭单转口。如未改包，抵沪后即不应再缴验费。此拟请免复验费者二。

（三）样花宜发还。验费损失，既如上述，而检验时又取样花八磅，再加三扦，取出之花，损失亦属不资。商民贩自远道，血本攸关。此种样花，宜加体恤，应予如数退还，以免受无谓之损失。此拟请退还样花者三。

（四）标准宜适中。棉系纤维油质，其本身即有十二斤以上天然潮分，一遇天雨或黄梅节

候,空气潮湿,无论如何须加二三斤,故向例以十五斤为标准。今减缩至十四斤,且定自下年一月一日起实行,以十三斤为标准,事实上万难办到。棉花成本过巨,大抵押汇沪款,银货对期,一有留滞,则周转不灵,陷于倒闭。或因逾期市情巨变,损失尤多。对于标准潮分,似应折中至当,从宽酌定,期在易行。此拟请宽定标准者四。

(五)烤验宜公开。标准之规定既严,烤验之电度宜一铢两,出入关系极大,不同商民烤验,仅凭单据批示,则疑窦丛生。现汉口各帮棉商,已有同业公会,欲杜口实,应请组织一检验监察委员会,以示大公,而收官商合作之效。此拟请公开检验者五。

(六)检验宜彻底。汉口棉花买卖,有申帮、黄帮、襄河帮、河南帮、湖南帮、本地纱厂帮及东洋纱厂帮等,按照商品检验暂行条例第五条、第十条之规定,非检验不得输出或输入或买卖。而汉局只验申帮、黄帮一部分,其他皆未检验,则掺潮杂伪之货,甲不买而乙买,甲低价而乙高价,势非使运申棉商失业不止。又棉花来自各县市,掺杂潮伪,皆轧户乡贩所为,运商断无愿买劣货之理。不彻底检验各县市之来货,而在同一区域内同一出品,又不责之于售伪者,独责之于运转之第三者,未免偏枯。恐剔除积弊,改良物品之目的,终难达到。此拟请彻底检验者六。

以上一至五项,系请求办法之改良,第六项请求检验之普及,与政府厉行检政、发展国际贸易之政策,并不相违。湖北当匪祸之余,全民失业,又值金贵银贱,土货不能畅销,坐令外棉输入,现金流出,殊为痛心。兹为补偏救弊,提倡国货计,应请改良检验办法,彻底整理,庶于国际民生,两有裨益。

(《国际贸易导报》第 1 卷第 9 期)

4 月

1.武昌商会清算会呈请府厅令商会检交历年账项,并通过各帮征求材料

(1930 年 4 月 1 日)

武昌商会清算会,一再函催商会,检交历任账据,以便清算。而经手人只浼出会董易兰生等六人,从事调解,暂算十八年账项,清算会原为彻底清算历任账项,故谢绝调解,仍催照交,讵经手人迄延不理。昨清算会一面呈请省政府建设厅,严令商会即将历任账项交出,以便清算,一面通函各帮,征求材料,以作参考。爰将征求材料之通函附后。

径启者,同人等承代表大会之公推,组织临时审查清算事务所,于二月二十四日,在总商会内成立,曾经呈奉湖北省政府及建设厅核准,并经函请民政厅、公安局、汉口总商会全省商联会及本市各同业公会,存查在案,迄今已届一月,其所入及政府委托代办各款之档案账据,未准函复,延至三月六日,始承盛伯常、陈锦山、易兰荪、吴炳丞、程凌霄、董锦轩诸先生到所接谈,此时档案之能否移交,在对方尚无切实表示,同人等为遵照局间人之转圜起见,静候答复,中经一次函催,并派人分途向诸先生询问究竟,经过许久时日,仍无结果,三月十七日,本所第三次常会,方拟严重交涉,适总会亦于是日召集执监联席会议,该会会议结果,一致表决将档案簿据移交本所,旋于三月十九日,又接函覆,声明五日内照案移交,同人等为初步手续,从此告一段落矣。

不料俟至三月二十三日，期限已满，仍未准移送前来，本所乃推邬海清、尹君仲涛直接向前途催，承左常委仁亲，而许，饬办事人漏夜赶办，于三月二十六日午前移送，查此事始则各常委意见游移，继则办理迟滞，以致所务不得不延长时间，此皆一月来经过实在情形也。以后档案交来，有无遗漏，各项用款，有无不实不尽之处，此时尚难预知，同人等当秉良心主张，认真清算否，一扫历年之积弊，共谋商会健全之组织，唯虑才识浅陋，见闻不周，诸君如有素来留心总会事务及对于某年某款，怀疑未释，或有私人记载底稿，即希密寄来所，借资考证。本所定守秘密，决不泄露，将来审查清算完竣，一切仍听代表大会之主张云云。

（《湖北中山日报》）

2.财政部训令湖北印花税局

（1930年4月10日）

为令行事，案据武昌总商会呈称，窃民国十七年奉钧部颁行，印花税暂行条例到鄂，凡属国民政府统治之下，自应一律遵照。惟鄂省接奉部令以后，并未遵照条例办理，专就一种湖北印花税单行法为纳税之根据，于钧部印花税暂行条例上加以注明，而承办员司又复变本加厉，所有苛细扰累重苦商民情形，有非楮墨所能罄其万一。窃查该项单行法在民国十六七年间，犹得日军政时期，人民自应忍痛输将，以谋此后永久之乐利，商民无不欢欣乐从。但现在军政告终，训政开始，正力谋休养之日，统一法令之时，从前新增之各项税率，均在应予改良之列。兹鄂省对于印花税法，一仍其旧，部定条例，视同具文。迭据所属各商民环请设法救济前来，职会代表商民是其职责，理合检同钧部印花税暂行条例暨湖北印花税总局所注明之印花税暂行条例各一份，具文呈贵钧部俯赐查核，拟请将湖北印花税总局所注明之印花税暂行条例立予取消，以重部令而免纷扰，伏乞批示只遵等情，并附件到部，除批呈件均悉，查湖北印花税局于条例内所加注明，除租赁土地房屋之租约贴印花一角，核与条例不符，应令该局更正外，余均经本部核准有案，所请立予取消之处，应毋庸议，再该会来呈漏贴印花，亦属不合等语印发外，仰即遵照更正，并具报查考。此令。

（《财政日刊》第728期）

3.汉口银行公会、汉口特别市总商会、汉口钱业公会为地方债务致湖北省政府函

（1930年4月19日）

为呈地方债务久悬未决，商民疲困，市面凋残，仰恳迅赐清理以苏民命事。窃查湖北地方债务，原系包括前官钱局本身负债与地方政府迭次息借及发行库券等。借款而言，历任省府暨财所对于处理前官钱局财产之各种计划均系将局债与地方旧债兼筹并顾，从事清理。厘近如财政部整理汉债规定大纲，亦以旧债之属于地方者列为甲债，其办法仍系指定官钱局财产为发行公债，本息基金仰见中央地方爱护鄂民，清偿旧债方案虽不同意，旨如出一辙，率居斯土，感激涕零。

惟阅报载，钧府第十七次会议讨论事项第六项，有清理前官钱局资产债务委员会，呈并规

定清理范围一案,经决议为该委员会清理范围以内事务,关于前官钱局以外债务另案办理等因。伏查钧府于商准财部将甲债收归省办时,业经迭电声明,决不变更案,是另案办理。仅属手续问题,商会等本无鳃鳃过滤之必要,惟在办法未经宣布。以前商民无知,恐因钧府审慎之周详,反致云霓之切望,虽日杞忧过甚,其情不无可原。

夫十余年来,鄂省受祸水深火热,地方元气剥削殆尽,引颈渴望,劫后余生者端赖此清理债务之一途。令乙丙汉债已蒙,同时施行,则武汉市面将难有恢复之可能。原知钧府体恤商艰,垂念民瘼,所有施行办法必正在规定之中,但在此金融枯竭,市面萧条之际,非荷早赐整理不足早释人民之重负,而早关元气之恢张。商会等属在帡幪,时艰默察心危,势亟不敢不言为此会呈钧府敬乞,俯赐垂督,将湖北地方债务无论官钱局范围内外之各债,一体迅予清理。克日实施以资苏复,而慰嘱望,迫切陈词,不择琐赘。尚祈矜全格外,批示只遵实为公德,酌便,谨呈湖北省政府。

汉口银行公会

汉口特别市总商会

汉口钱业公会

4.市社会局昨召集工商团体会议

(1930 年 4 月 19 日)

汉特别市社会局,为整个解决全市各业商帮各码头帮双方力价纠纷起见,特于昨日下午四时召集民训会总商会总工会码头总工会,在该局会议厅开会。届时出行代表,计有社会局艾时、蒋定一,民训会方承敬,总商会朱福田、杨辉廷,总工会熊冰忱,码头总工会张昌华、文福清,公推社会局艾时为主席,开会如仪。请各代表详细讨论后,决定办法如下:组织汉口特别市码头力价审订委员会,社会局指派二人,民训会指派一人,总商会公推五人,总工会公推五人组织之,每次会议,应召集各业商帮及各码头帮代表加入,审订力价,随时呈报社会局核准公布,再该委员会,闻决定设在总商会内云。

(《湖北中山日报》)

5.汉口银行公会、汉口特别市总商会、汉口钱业公会为查抄逆产致省市两府函

(1930 年 4 月 26 日)

为呈请事窃照审查逆产一案,上年九月三十日奉读,钧府会同汉口特别市政府、湖北省政府特刊布告,以该产经联席会议有获更审查案分别没收,发还有按照审查案,通过其应补充手续,再行发还之案件。俟派员会查另案办理,并呈请国民政府暨陆海空军总司令鉴核,等因。仰见钧府情法兼施处理审理慎商会等仰体,保障产权之德意,当经会同呈请钧府暨汉口特别市政府、湖北省政府俯赐宣示,凡应行没收各产,如有银行庄号抵押在前,应先尽银行庄号债权清理有余,再行充公,以免各行号正当债权无辜拖累。倘须格外慎重,并请指定机关,限以时日先行审查,各银行庄号一切约据以便各行依限呈验,仰俟审核,等情。于上年十一月九日分呈在

案，嗣于十一月十六日奉汉口特别市政府指令开呈悉案经呈报中央应俟和准后再行汇案，会商湖北省政府核办此令，等因。又承准行政院秘书处函以奉院长询此案，已令内政部饬行，该省市政府详加审查，果系定约在前，确不知情，即依照处理逆产条例第十六条但书之规定办理，着由秘书处函知原呈请人，等因。并抄行政院令内政部原稿尾开令仰该部即便转行，该省市政府也已照办理此令，等因。

抄发到会，在此伏查湖北逆产等案，商会等此年五月间呈奉国民政府批示，内已有果系定约在前确无历伪应依法保障之明文及牍行政院令内政部之文，亦以没收。各产中如有银行钱庄抵押债权，果系定约在前，确不知情即依照处理逆产第十六条但书之规定办理。是商会等上年十一月间，呈请各节既合于条例所规定后，荷中央之一再批准，分别令行自应分案检呈即行请求审核。

惟读上年九月三十日特刊布告，内载确定发还没收各案，一面公布，一面呈复。中央鉴核又没收各案，如认为不适发者，准发事人自公布之日起，在两个月内申诉理由以便饬转呈中央。其应补完手续再行发还之逆产，应由省市两府派员会查各等语。是没收之案，应俟发事人之有无申诉发还之案，应俟中央之复核饬行而发还案中，应补充手续者，仍有派员会查之经过，以致受押之产在商会等。

虽日盼清理而不敢程序之稍渝发还之产，在商民虽日盼收回，而仍难实行之。遽现刻距全案公布之日已七阅月，而距商会等呈请宣布清理债权，限日审核，其为期亦后半年，行政院之令仰依照条例施行，市政府之批候，会商汇案核办。春秋迭易，岁月忧心，膏泽将施，云霓切望，商会等上年十一月九日呈文至今，尚未奉到。湖北省政府批示业主久待必荷，矜怜债权牵连，更邀洞鉴，最苦者在此将发还而惟发还之际，有被其他机关借往或占住者，户牖拆卸器具，摧残不敢探询，徒膺嗟叹。经时愈久损坏愈多，凡此沉冤无人代曰，窃谓与情本诸爱载而国脉系乎？

人心政事以大公为归，而治理以大信为准。为此再陈痛苦代表，商民伏乞，钧府会同汉口特别市政府、湖北省政府俯赐呈催，中央将前定发还没收各案迅予鉴核，其没收各案经发事人申诉，饬呈者并请中央迅即核覆，连同钧府派员会查，补完手续之发还各产，一并再行会同，分别公布，一体周知。而商会等前请将抵押债权，尽先清理之。原呈亦祈，查照批示，俾各业各办，威德并行。无逆迹者，天日重瞻，物归其主；有逆迹者，雷霆不怒，处得其平。数载迁延，一朝理结，湛恩立沛，江汉同深，商民之辛，鄂省之福。颂声交作，有同处焉。惶悚伏恳，指令只遵不胜翘首。待命之函初，呈汉口特别市政府、湖北省政府誊核外，谨呈湖北省政府、汉口特别市政府。

5 月

1.函汉口总商会为黄州土货代表等请将牛羊皮等货援照桐油免征一案已令汉口征收局查复并照章办理矣复请查照由

(1930 年 5 月 2 日)

征字第一六二号

径复者，案准贵会函，以据汉口黄州山货代表泰和春等函称，商帮等由本省各埠运来牛羊皮棓子等货，莫不遵章先完厘金，若川、湘、赣三省之货由输运来省者亦在原处，先完统厘，复报海关。桂系在鄂一律勒完统厘，桐油帮发生抗议，所有桐油等出口土货均已一律免征。查桐油等货其性质与报完子口税之牛羊皮棓子无异。一则概予豁免，一则仍然重征公恳转请免征，以恤商艰等情。函达查照，原案迅予，饬遵见复，等因准此。查上年设立出口土货稽征所早经停办，该代表等所称各节如与桐油系属一案，自可援案办理。倘属两事仍应按照向章完税，准函前因。除令汉口征收局查复并照章办理外，相应函复查，照为何。

此致

汉口特别市总商会

（《湖北财政月刊》第 2 卷第 11 期）

2.（湖北省财政厅）函武昌总商会准函据征收借款偿权事务所呈请发还债款等由函复应候省府核办请烦查照转知由

（1930 年 5 月 2 日）

径复者，案准贵会函，据湖北前财政厅征收借款债权事务所常务委员邱益三、龚寿征、朱吉光等函称，民国十四、五年间，前湖北财政厅令饬各征收局，向武汉银行钱庄息借现款，综计本息达二百五十余万元，迅赐清偿一案，请烦查核施行。等由，准此。查整理十五年以前，前湖北财政厅旧债，曾经张前厅长任内定有章程，并办理登记事宜，旋经中辍，致未竣事。兹经敝厅于本年四月十六日第七次厅务会议提出讨论，当经决议，继续办理登记，再行统筹办法“并呈报省府等由”记录在卷。前项武汉银行钱庄借款，应与一般省债并案办理，以免两歧。既准分呈，并应仍候省政府核示办理。准函前由，相应函复，请烦贵会查照，并转行知照为荷。

此致

武昌总商会

（《湖北财政月刊》第 2 卷第 11 期）

3.（湖北建设厅）函汉口市政府财政局准函会汉口总商会及业主会再行推销鄂北工赈债券四万元偿还上年挪借鄂北工赈公款一案兹派员协商进行办法请查照由

（1930 年 5 月 4 日）

径复者，案准贵局立字第三二九号函复，敝厅会商汉口总商会及业主会再行推销鄂北工赈债卷四万元，偿还上年挪借鄂北工赈公款，请派负责人员会商一切进行办法一案。除全文不录外，尾开查鄂北工赈债卷刻下，尚未完全销罄。兹拟由贵厅与敝局会商汉口总商会及业主会再行推销前项债卷四万元，即以此款清偿省政府所负债务似属一举两得，相应函复，即希查照，酌派负责人员前来局俾协商一切进行办法，等由，准此。敝厅对于贵局所拟与敝厅会商汉口总商会及业主推销前项债卷清偿工赈公款之办法深表赞同。惟查市府借用鄂北工赈公款，原为八万元。今既设法清偿，应与贵局会商汉口总商会及业主再行推销前项债卷六万元，向上海商业银行推销二万元。俾欠款得以完全了结，准函前由，除派敝厅特务员聂镜明前赴贵局协商一切进行办法外，相应函复，即希查照为荷。

此致

汉口特别市政府财政局

兼厅长黄昌谷

（《湖北建设月刊》第2卷第5号）

4.武汉米荒　汉商会请运湘赣米接济

（1930年5月6日）

本报汉口电，武汉米荒，上米每石十九元，汉商会呈市府，请商湘赣，准运米接济民食，并定五六两月各运十万石。

（《民国日报》）

5.（湖北省财政厅）函武昌总商会据武昌市税捐处呈称车业换给车照纳捐业奉市政会议议决仍照原案办理等情请查照由

（1930年5月7日）

径启者，案准贵会函开，敬启者，据武昌车业商会函称，窃照武昌人力车辆营业二十有余载，按照例章每年更换一次，每辆纳捐洋五元，原与汉口华界车辆换照章程无异。查本年元月汉口车辆换照，曾蒙市政府财政局改征每辆每年缴捐洋一元五角，业已更换完竣，有案可稽。况武汉仅一江之遥，均为车辆换照一项，既事同一律税率，自应平等。而武昌市面萧条，亦较汉市为低，兼之钱价日落，舶来物品以金本位纳税，所有车辆应用货物奇涨无已，车商深受帝国主义经济压迫，危在旦夕。兹据各车商以血本攸关种种苦况，环请转恳援例，按照汉市税率完纳，等情前来。用特吁恳贵会备文分别呈转，俯予鉴核，赏准援照汉市车照纳税，以苏商困而利民生等情。附汉市车照照片四纸。前来查武昌车商，因近来市面萧条，钱价低落，所受影响，已有不能维持现状之势。汉市换照章程，既经市府体恤，改征每辆每年缴捐洋一元五角。武昌一江之隔，似应事同一律。据陈前情，相应检同车照照片一纸，备文赍请贵厅敬烦查核，准予援案缴纳，以示体恤而维商艰，至为公便，并附汉市车照照片一纸。等由准此。当饬武昌市税捐处派员查明具复，以凭核办去后。兹据该处呈称，呈为呈报事，案奉钧厅征字第四五五号训令内开，案准武昌总商会函开，据武昌车业商会函称，汉市人力车换给车照，每辆只纳洋一元五角，武昌车业恳援例办理一案。除原文有案邀免全录外，尾开，查汉口市财政局征收人力车辆税捐，实在实情如何，本厅无从悬揣，合行令仰该主任即便派员查明具复，以凭核办为要。此令。等因奉此。窃查武昌总商会前转据武昌车业商会函称，前情业奉武昌市市政会议第十五次会议议决，仍照武昌前换车照原案办理令知在案。缘奉前因，理合具文呈报钧厅，俯赐鉴核，实为公便。等情据此。相应函复请烦查照，并希转饬车业商会知照为荷。

此致

武昌总商会

（《湖北财政月刊》第2卷第11期）

6.德实业视察团昨参观水电厂定明日赴京(节选)

(1930 年 5 月 9 日)

总商会银行公会前晚设宴欢迎,石佩尔报告德国最近经济情形。

又前晚(七日)八时,汉口总商会、银行公会,在总商会大礼堂,欢宴来汉之德国实业视察团麦慈曼等,届时到者,除该团全体团员外,有德副领事和斯康及驻汉德商多人。我国方面,有省府各委员、华秘书长、刘市长、省市两党部委员及各团体代表共计百余人。酒半酣,黄主席文植,起立致欢迎词,由杨公典译德语,该团团长麦慈曼致答词,由包可永译华语,复由该团员中德国中央银行代表石佩尔报告德国近来经济情形,极堪注意,用并介绍□者,以供我国经济界之参考。兹将各情分志如此:

黄文植致欢迎词。贵□诸君,联袂来汉,同人得此机会,与诸君聚首一堂,得聆教益,非常荣幸,贵我两国,同为革命后之新兴国家,其政治目的,外交正义,具属相同,其相亲相善,当较前更进一步,不过敝国工厂衰落,经济落后,无需讳言,其原因在泥于礼教,而未研究科学,在往昔时代,举今世之声、光、化电诸学,考诸载籍,无代蔑有,敝国物产丰富,供给各国原料甚多,生货输出,熟货输入,利权外溢,经济空虚,希望诸君此来予以建设上之指导,金融上之调剂,本孙总理联合世界民族之旨,以打倒帝国主义,跻于自由平等之国家,是又不能不期望与贵国互相提携者也。

麦慈曼致答词。此次到汉,蒙招待过周,感谢感谢,贵国孙中山先生提倡三民主义,素所赞成,此次同人来华,即表示其十二万分赞成之诚意,今天看见贵两会宣言中,有许多难文人,尤其是社会问题,是难解决,敝国在欧洲大战以后,对此问题,仍感困难,容当详为探讨,□在粤陈铭枢主席,主张社会问题,不论分配,专求生产,此言颇堪注意,五月一日贵国政府宣言中有劳资合作一句,是解决社会问题之惟一途径。

(《湖北中山日报》)

7.市民训会函请社会局饬车业商会勿加车租

(1930 年 5 月 11 日)

汉特市党部整委会民众训练委员会,昨(十)日上午八时,举行第二十三次会务会议,主席柯愈珊,开会如仪。

报告事项:略。

讨论事项。一、总工会呈为江河抽包帮聂承鸿等,呈请增加工资一案,粮食商会拒绝不理,究竟如何办理,请讨论案。决议:函请社会局召集。二、汉口内河芦柴帮代表冯玉泉等,呈请转函市府饬财政社会公安三局,重行核议,改订取缔运柴规则,仍照旧章施行案。决议:转函市府办理。三、高干事朗报告调查胡杰三等,呈控胡运熙擅押□土捏词诬害一案经过情形,请讨论案。决议:呈整委会转法院办理。四、总工会呈为据车业工会呈称华界车业商会高抬车租,恳祈转饬减少等情,请讨论案。决议:函社会局办理。五、周干事密丝,报告调查屠宰工人殷明清控告屠宰工人会整委彭泉敲诈行凶案经过情形,请讨论案。决议:交总工会查明办理具报。

六、干事杜贤达、陈之光、叶天孚报告审查视察各工会报告表,并签具意见,请讨论案。决议:照审查意见呈本会常会。七、据十三工人学校及码头工会为扣收教育费呈请备案一案,可否请讨论案。决议:仰向社会、教育两局呈请。

(《湖北中山日报》)

8.全省商联代表会十六开幕

(1930 年 5 月 11 日)

主席团已由预备会议推定。

昨(十)日下午二时湖北全省商会联合会第三届代表大会,开预备会议。

(甲)报告事项。(一)报到四十八商会,计代表七十六人,本日预备会到三十四商会,代表三十七人,足法定人数正式开会。

(乙)讨论事项。(一)定订大会日期案,决议五月十六日。(二)规定大会会期案,决议暂定七日,从十六日起,如提案过多得延长之,一面呈主管机关核准。(三)实行照章纳费办法案。决议保留。(四)公推大会主席团案,决议武昌左仁亲、蔡甸张星垣、宜昌杜焕章、河口但更生、保安朱松珊。(五)公推审查员审查下列文件案。(甲)会章(审查完毕交大会通过);(乙)宣言(审查后即日付印于大会开幕时散发);(丙)开会词(同上)决议,推定三人,宜昌杜焕章,蔡甸张星垣,圻春章子怡。(说明)本会是由执监委员会筹备,未曾推举筹备主任,今应推举临时事务主任,主持大会一切事务,决议推易宝臣正主任,方少岩、张星垣副之,关于推举主席团一案,老河口商会动议请二届商联常委负责云云。主席黄文植答谓,原有常委五人,内有二人为汉口商会代表,现汉口特别市商会,既不属于省商联,似应重推,但为商会个别职权计,汉商会代表而得为商联常委者,若就令代行主席团事务,在事实上恐无发言余地。若以分化为虑,文植可断言,同是商人,决无彼此之分,以后各县市商会,如有使命之处,汉商会无不尽力。反之,汉商会借助于各县市商会者亦甚多,是汉口特别市商会在商法上虽脱离省商联,而实际上仍属一体,转瞬十月十日裁厘期届,我辈尚当一致促成政府努力实行之。至五时散会。

(《湖北中山日报》)

9.商会说明改组意义

(1930 年 5 月 11 日)

汉口总商会于昨日发出通告,请各业代表,于每日午后三时至七时,到该会组织宣传两股,当面说明改组程序及其重要意义。

原通告云:查本会改组案,曾于四月十六日第二十一次代表大会议决改组程序,是先将各业商会,尽一个月以内,一律依照社会局制定章程样式拟订同业公会章程二份,并造具会员名册二本,送由本会转请社会局核准立案,一面照章举派代表到会,以便本会定期开选举大会,依法改组等因。迭经商达在案。现因原定限期已去其大半,而各业商会依式拟章送会者尚属无多,恐对于改组程序及其重要意义,或有未能明了之处,自应邀请各业代表到会,由本会组织宣传两股委员,当面说明,以利进行,庶免延误,兹定于每日午后二时至七时为谈话时间,务祈查照,拨冗莅临,俾资接洽,事关重要,幸勿吝玉云。

(《湖北中山日报》)

10.全省商会联合会请查禁勒派税票情事

(1930 年 5 月 18 日)

昨(十七)日下午二时省商联第三届代表大会在汉口总商会会议场开第一次会,出席代表:公安袁贡卿,保安周家屏、朱松珊,郝穴李尧衙、黄本喆,黄冈张子厚,德安明海岑、张自清、郭雨邮,宋埠项笃行,孝感屠文扶,麻城陶心澄,蔡甸张星垣,随县秦佑之、萧均之、朱俊臣,新州杨显卿,金口王开庭,藕池焉列魁,彭家场欧阳彬,江口王葆丞等五十一人,主席张星垣,记录叶木公,参加人秘书孙瑞鏖,开会如仪。

报告事项。(一)截至十六日晚止,报到商会五十八会,代表九十七人。(二)武昌商会来信一件。

讨论事项。(一)本会会章草案。决议:俟下次讨论。(二)为拥护商联,应维持经费,拟在大会会期内规定缴纳会费方法案(蔡甸等四商会提)。决议:(一)临时费:大会期内照缴。(二)经常费:分六月底八月底两次缴清。决议:通过。(三)拟办常驻保卫团,请发给枪支以节匪患案(老河口商会提)。决议:通过。(四)请令饬驻军协同江防局肃清河道案(老河口商会提)。决议:通过。(五)请政府拨队痛剿襄河沿岸土匪,以便交通案。(襄阳商会提)决议:通过。(六)为征收局对于已完税货物,勒索重征,请严禁案(老河口商会提)。决议:通过。交审查后发出。(七)为印花局勒派税票,前任票不能移用后任,甚有无票派款及已贴税票单据又补贴,请查禁案(老河口商会提)。决议:通过。(八)为缉私局纵队滋扰商市,请查禁,并恳将售盐之包,由盐仓备价收回,以免借端讹索案(圻水商会提)。决议:原提议人未出席说明,暂保留。(九)为承办军差筹款及挪垫给养开拨各费,无力支持,请设法制止案(老河口商会提)。决议:通过。参加意见发出。(十)为鄂北买卖申纱情形紊乱,拟请由申行分设兑换所案(老河口商会提)。决议:通过。

临时动议。主席提出为爱惜宝贵光阴,拟明日(十八)星期继续举行大会案。决议:通过。

至此已五时,乃宣告散会。

(《湖北中山日报》)

11.市民训会会议纪

(1930 年 5 月 24 日)

旧商民协会既已结束,分会名义应从速改组。

汉市党部整委会民众训练委员会,昨(二十二)日,开第二十四次会务会议,出席人叶天孚、周澄清、周密丝、刘之翰、杜贤达、陈之光、高朗、方承焱,主席蔡受之。(叶天孚代)记录陈之光,开会如仪。报告事项:(略)。讨论事项:一、总工会为据□旧工会呈称,法界番衣店,阻止登记,请转函市府外交委员会,函达法领,协助登记,以利工运,请讨论案。决议:仍交总工会妥为办理。二、酒饭面业工人代表袁厚菴等,请转饬总工会,继续召集该代表谈话,请讨论案。

决议:交总工会考核。三、刘干事之翰报告调查汉阳车业四分会,呈控汉阳车商增加车租,改收洋码一案经过情形,请讨论案。决议:根据报告,令总工会召集双方,妥为调解。四、总工会呈复关于打扣巷码头工人艾良品,呈诉码头三分会常委王转运,恃势逞强,欺压工人一案,分别抄□原卷,中请指示彻究,请讨论案。决议:派员重新调查,具覆再□。五、租界人力车工代表,普明阶,呈请置办□先知,以救数遭剥削之工人,而维将危之工会,请讨论案。决议:派员调查,具覆再议。六、周干事密丝报告,调查前码头商人分会,呈为码头工会率众威逼,强提厘头案经过情形,请讨论案。决议:派员重新详查,具复再议。临时动议:查商民协会业经结束,其各业分会,应依照本会前次决议,从速改组,不得沿用旧有名义,藉杜淆混,请讨论案。决议,通过。

(《湖北中山日报》)

12.本市粮食问题,社会局、商会详商救济办法

(1930 年 5 月 27 日)

市社会局长杨在春,以近来各县匪氛猖獗,避难来汉者,日益增加,据最近统计汉市人口,现已达二百余万人,因此百物昂贵,米珠薪桂,影响人们生计甚大。昨特与总商会主席黄文植,详商食量平粜及救济米荒办法,并拟以全市力量解决此种困难,一面并将再呈市府,转咨省府当局,电请产米省接济云。

(《湖北中山日报》)

13.限期改组各业商会

(1930 年 5 月 29 日)

汉口特别市总商会,兹限于六月一日,各业商会改组完竣。昨日已分向各业商会通知。又云:敬启者,查四月十六日代表大会议决,各业商会,依法改组同业公会一案,原定一个月内(即五月十七日)以前,一律改组,并依照社会局制定章程样式,拟订改组章程,连同会员名册,各备二份,转呈核准立案,以便本会筹备改组,依限完商等因。业经函达并登报通告各在案。兹因限期已满,各业成会,遵照议案拟订章程送会核转者固多,其有仅送章程而无会员名册,或已来会接洽,迄未将章程名册造送者,如此之类,尚属不少,以致往返催询,徒稽时日,进行未能一致,办理颇感困难。须知改组同业公会,为改组商会之基础,设精神不能团结,即根本不克健全,关系一业之事小,关系全体之事大。本会既负催促改组之实,而八月十五日法定之限期,转询即届,势难再延,用特卖函奉催,务祈查照前案,赶速拟订章程二份,连同会员名册二份,准于六月一日以前,一律送会,以便汇案转呈,依限成立,庶免延误,企盼深之,顺颂台绥。汉口特别市总商会启。

(《湖北中山日报》)

14.汉商会垫款赴沪购米

(1930 年 5 月 29 日)

社会局长杨在春氏,自视事以来,不惟极力整顿范围以内一切事件,尤对于米荒一节,特别

注重,因民食问题乃是根本问题,若不先为解决,则一切要务,均为之阻碍,而不能进行。特与总商会主席黄文植详商救济办法,以购米资本,若出之商家,惟恐□人从中操纵,只图私人渔利,不愿民众生计,则一片苦心,徒劳无益。特又与黄文植磋商办法,由总商会垫出大□款子,选派殷实公正商家,向上海购办西贡米来汉,由□商会保存,市米高昂时,则将此米平粜,以资调剂,若□价时,则保存以备米荒。如此办去,虽有丧尽良心之商□,想从中操纵,已属不可能,吾济市民,却可望享到真正之实惠也。

(《湖北中山日报》)

15.公私汽车日益加多　市总商会呈请市府考核汽车夫

(1930年5月29日)

汉市汽车肇祸,时有所闻,而肇祸者,每多置身法外,汉口总商会有鉴于此,昨(二十八)特呈请市政府,严行取缔,其原呈略谓案查属会执监联席会议记录,有临时动议决议案一件,缘以近日公共营业及私人乘用汽车,驭行不慎,时有撞伤或轧毙人命之事发生,肇祸之由,咎在驾御汽车之机工,或有技术欠精,滥竽斯役,或有任意驱使,旁若无人,以疾驰为技能,视路人如土芥,操纵乏术,用应失宜,惨变之来,无法挽救,事后予以惩戒,充其极不过以非故意杀人之误犯罪,以轻微之抚恤罚金,甚至是项恤金,间接由其雇主或隶属之机关认缴。死者不可复生,犯者置身法外,其此以往,则通卫远道,行人畏途,人地生疏,动遭不测,事关行人之生命,全市之公安,应即请求当局严行取缔,以善其后等语。窃维市政建设,本以推广马路为先,本市路政,虽在积极扩展之际,而冲繁要道,广狭不齐,攘往熙来,甚形拥挤,公私汽车之御用,又复日益加多,倘任技术不精,鲁莽灭裂之辈,滥司驾驭之役,则随在足以轧伤人命,危及公安。据案前情,理合备文呈请钧府,俯赐鉴核,准予分令社会工务公安三局,一面晓谕民众,俾知行路之艰难,并实成轮班岗警,加意指导汽车之行使,以防祸患于未然。一面对于公私汽车雇用之机工,严加考核其技术如何,重行登记,并须取得确切保人,方准供任斯役,如有撞伤或轧毙行人情事,应依法严办,以重人命而保公安云云。

(《湖北中山日报》)

16.汉阳商会启事

(1930年5月31日)

径启者,数日前有身着军服之军官一人来会,彼时会内交际员,因公外出,适会内杂役张元在会,来会工作久,未闻军官有何事件。该军官声称,有困难事会副会长,该张元答以副会长今未来会,该军官即请将副会长商号、住址开明,以便往访。该张元青年寡识,又以着军服之军官有事与副会长接洽,故未注意,误将副会长商号、住址开明,交该军官往访副会长数次,共借洋六元,语皆平和,亦无刑骗势迫行为,且副会长平素为人仁厚宽大,胞与为怀,此次见该军官哀请借洋为数有限,遂量力允借洋六元。迨至本月二十八日,该军官复到副会长家,声言来还前借之洋,适为警察第十八署巡逻警士瞥见,即将该军官带署,第恐传闻失实,特此登报声明。

(《湖北中山日报》)

17.钱业补习学校组织读书会

（1930 年 5 月 31 日）

本市钱业补习学校，自办理以来，素称完善，不独职教员办事人数，而学生求学，已极努力。去冬该校于周年时，曾印有精美纪念刊物，分送各机关，报告该校办理经过，内容丰富，社会人士称道不置。该校学生自治会，除办有晨曦周刊外，现又组织读书会，俾便共同研究学术，引起读书兴趣，亦于日昨开成立大会，兹觅得该会简章，特刊登于后：

（汉口特别市钱补读书会简章）第一条：本会定名为钱补读书会。第二条：本会以引起读书兴趣，共同研究学术为宗旨。第三条：本会隶属于汉口特别市钱业补习学校学生自治会。第四条：本会设于汉口特别市钱业补习学校内。第五条：凡钱补同学，均得为本会会员，可自由向本会干事报名。第六条：本会设干事两人，由本校学生自治会聘任，任期半年。第七条：本会得聘请本校教员为指导。第八条：本会读物，暂以本校图书室各书为研究对象，倘有其他书籍，会员中认为有购置之必要者，由会员二人以上之提议，经大会通过后，筹资购买。第九条：本会购书之资金，由下列各项充之：（甲）会员捐款。（乙）校董暨教职员捐款。（丙）学校津贴。第十条：凡本会购置之书籍，只本会会员有借阅权利。第十一条：本会每周开会一次，由本会干事召集之。第十二条：本会会员，得先期认定书籍，于下次开会时讲演。第十三条：凡会员研究某书，觉有兴趣或有不明了者，均得于开会时发表，俾得共同讨论。第十四条：凡读书讲演有优越成绩者，本会得呈请本校奖励之。

（《湖北中山日报》）

6 月

1.孔祥熙：关于推行国历时，以何时为标准事，案准汉口特别市政府咨据社会局呈据汉口总商会

（1930 年 6 月 7 日）

公牍呈行政院商字第 10731 号

为呈请事，案准汉口特别市政府咨据社会局呈，据汉口总商会呈，以汉口布业商会函开窃自十九年政府准一律通行阳历，商人已遵行无异，惟对于向昔五八腊辞就人员之时，今遵阳历究以何时为标准，敝会未蒙训示不得不请求大会指导一切，以便遵行，等情到会。伏查所称辞就问题系商场向来习惯，现既遵行国历，自应据情转请大局核示，以便转饬遵照等情据此。伏查进退店员在推行国历期间究以何时为准，关系商务甚巨，据呈前情职局未敢擅专，理合具文，转呈钧府鉴核，转咨工商部核示只遵实为公便、等情，据此。除指令外相应咨请迅赐核复，等因准此。查商店进退店员在旧习惯本以结账时期为标准，自推行国历后所有改革结账日期办法业奉钧院训令，全国一体遵照在案。惟商店进退店员时期尚未奉有明文，窃查此项辞就店员时

期关系商业前途,至为重要,究以何时为标准,似应明白规定俾资遵守,而利进行准咨前因。除先行咨复外,理合具文转呈,仰祈。

鉴核示遵实为公便谨呈

行政院部长孔祥熙

(《工商公报》第 15 期)

2.商店进退店员能否改以国历结账时期为标准事 第一八五九号

(1930 年 6 月 13 日)

呈准汉口特别市政府,咨以汉口布业商会因阳历结账,商人已遵行,惟进退店员以何时为标准。转请核复,等由。具文转呈,鉴核示遵由。

呈悉既据该部呈称,查商店进退店员在旧习惯本以结账时期为标准等语,现在商店结账时期既经改定,办法遵用国历,所有商店进退店员能否改以国历结账时期为标准之处,应仍由该部参酌中央法令商事习惯妥议,另呈以凭核办,仰即违照此令。

(《行政院公报》第 160 期)

3.不准承认阎逆锡山抵押款项,总商会昨函各业商会知照

(1930 年 6 月 19 日)

市总商会昨奉市社会局转奉工商部训令,阎逆称兵叛乱,搜刮民财,所有该逆用为总司令名义及所属从逆机关,以官款抵押,向银行商号透支之各种款项,一律不得承认,如违查出,定为各该银行商号是问,该会当已照转各业商会,饬屡知照其原函云。

敬启者,为令知事,案奉工商部商字第一〇六七号令开,案奉行政院第二〇九五号训令内开,案准国民政府,文官处第三五八四号公函内开,现奉国民政府令开,阎逆锡山,称兵叛乱,前经明令通饬严行拿办在案。所有该逆叛变以来,用伪总司令及所属从逆各机关名义发行之一切内外公债及缔结合同,政府一概不予承认,其有以官款抵押,向银行商号透支之各种款项,一经查出,定为各该银行商号是问此令,等因,奉此。相应录令函达查照,转饬遵照办理等由,准此。除分令财政外交两部遵照外,合行令仰该部,即便遵照,转饬全国商联会及各地银钱业公会,通知各银行钱庄商号,一体知照,等因,奉此。自应遵照办理,呈复并除分行外,合行令仰该局,迅予转饬当地银钱业公会,通知各银行钱庄,一体知照,并具报查核,此令。等因,奉此。自应遵照办理,除分令外,合行令仰该会,迅即转饬各银行号,一体知照,并将办理情形,克日呈报,以凭核转,为要,此令。等因,奉此。除分知外,相应录令函达贵会,即希转知同业各行号,一体知照为荷云云。

(《湖北中山日报》)

4.省商联会召集武昌商会清算所代表谈话

(1930 年 6 月 26 日)

湖北省商联会,日昨召集武昌商会清算事务所代表,在汉口总商会开始谈话会。出席人,

该事务所张继武、舒文钦、陈松樵、叶鸣声、邬海清。列席人省商联会苏太余、张星垣、方少岩、朱松山、陈吉安，主席苏太余。开会如仪后，首由主席报告，开会意义，次由邬海清报告，此次清算，所负使命，略谓兄弟此次清算武昌商会账项，决遵照建厅指令，会同贵会（商联会）抱公关态度办理，决不稍徇私情，上蒙厅令，下拂舆论，以前各项账目须详细审慎，非达到清楚明白不止。然而兄弟今天接到贵会函开召集到此谈话，在未来以前，已在敝所开过一次会议，本不赞成参加，其理由是贵会函云，"调处了解一切"，如不到会，恐生误会，结果，公推兄弟等前来领教，但因清算而来，决不是接受调处了解而来。况清算事务所，并未与任何方发生争端，实无调处之必要云云。继由主席苏太余答复，今日召请各位到此，用调处意义，是愿全商人团体，以免破裂，日前胡书城君面允，有准于调处意思云云。末由张继武起立发言谓主席，今天是个人谈话，□等退席，如为团体谈话，当然可以负责接受。讨论结果，决议定本星期五继续履行会同清算账务以期早日结束公布，以释各方疑意云。

（《湖北中山日报》）

5.武昌商会清算潮

（1930年6月30日）

武昌总商会，自胡书城等成立清算事务所以来，因关系前商会会长左仁亲及会董徐是法、丁舜丞等，因是纠纷日起，双方延聘律师，舌剑唇枪，彼此攻讦，以致商会会务，因而全部停顿。左仁亲等，以竟成公司为大本营，每日聚处协商对付之策，勾结各帮意志未定之帮董，为破坏清算之运动。宣称胡书城等有违法组织强抢账印情事并谓商联会张方雨委员仅奉命调解云云。而清算所所持理由，则谓过去商会之黑暗，完全由会长笼络少数不良分子而作。此次成立清算所，又是呈请建厅核准，指令商联会派员审查清算解决一切，并无调解字样。且最近关于民十五二兵变之政府抚恤金五万元，民十五围城损失偿还，及哈汉章拨运平粜米二千石，徐是法运米五百石过汉等较大案，均有确切根据，皆拍照留存，以便公布全体商民，从事清算，双方争执，几使武昌商会，陷于破产地位，而元老派盛伯常等，则以愿全交谊，不为已甚，劝令双方让步。而清算事务所方面，仍始终主张奋斗到底，不为威逼，不为利诱，从左仁亲等持竿破坏手段，决不予以妥协，连日正在从事清算中云。

（《湖北中山日报》）

6.全省商会联合会协助湖北财政特派员公署调查本省物品产销情形致各县市商会函

（1930年6月）

径启者：奉建设厅一九二号令开，为令遵事，奉湖北省政府二六六五号令开，准湖北财政特派员公署公函开，前奉国民政府明令定于本年十月十日裁撤全国厘金及类似厘金之一切税捐，而裁厘后改办特种消费税，以期由物课税主义进为特种货物课税主义，亦早经财政部确定计划，并明定特种消费税条例，责由各省财政特派员公署主办在案。目下裁厘期迫，敝特派员职责所在，对于此项消费税之筹备，自属刻不容缓。兹经秉承财政部核定湖北省物品产销调查办法制定表式,派员分区调查以得举办特种消费税之基础。惟调查事务繁重,非赖各地方机关并公益团体之协助,难期顺利进行,为此函请贵府迅由民、建、财各厅分别转行所属,一体随时接洽协助,等由准此。除分行外,合行令仰该厅查照,转饬所属遵照。此令。等因奉此。除令分行外,合行令仰该联合会遵照,并函各县市商会遵照。此令。等因奉此。除分转外,相应函请查照办理是荷。

(《湖北省政府公报》第 99 期)

7 月

1.汉银团允借盐税排款

(1930 年 7 月 1 日)

财政特派员署,以鄂岸盐税担保,向本市银行界息借二百万元一节,已志前报。兹悉银行界对于此事,曾召集同业开会一次,推王毅灵、沈季宣,与特派员署接洽,借额在特派员署方面,由二百万元,减为一百五十万元,在银行界则只承认七十五万元。盖因财部以鄂岸盐税担保,向汉银行界借款,此为第三次,第一次虽已依限偿清。第二次计借三百万元,原约定本月“即七月”底,扫数归清,现尚有一百五十万元未还,在银行界借贷习惯上说,旧债未清,不能再借。再益以年来业务平淡,其本身上自有种种困难,截至昨“三十”晚消息,此项借款经双方磋商结果,已确定为七十五万元,利率计一分二厘,每行摊借若干,正由特派员署与各该银行直接商洽,大约一星期以内,即可成立契约,将款如数交割,至特派员署此次借款,是因财部原指定该署在经征国税项下,每月就地拨付军费二百五十二万元,余款再扫数解部。最近数月,以时局影响,收入顿减,不惟无款解部即每月借拨军费,亦难付讫,上月(即六月份)计收全部国税一百四十九万五千余元,以致应付军费,尚欠一百余万,行营经理处,逐日派员守提其势实不容缓,遂电奉财部核准,举行第三次鄂岸盐税借款,用并志之,俾阅者得窥全豹焉。

又讯　特派员署,昨特电陈宋财长,请示办法兹觅录原电如下:上海宋部长钧鉴,咸电计达,抵押借款事,银团已开会商店认借,惟表示借额,为数甚少,正在分途设法疏通,谨先驰报。

(《湖北中山日报》)

2.领袖群商维持市面

(1930 年 7 月 2 日)

汉总商会办理平粜,昨报已略记之。兹悉该会于红十字会实行平粜之后,而能具此怵惕恻隐之心者,盖市社会局有以促成之也,其往复函件,为并志于次:(一)社会局致商会函:径启者,查近日本市米粮价格,有增无已,影响民生,至为重大,且河下来源缺乏,各厂号存米无多,转瞬告罄,食荒立见,亟应先事绸缪,以资救济,素仰贵会领袖群商,维护市面,特请即日电沪采办食米一万石,运汉平价发卖,如有亏折,将来由敝局会同贵会召集各机关团体,设法筹还,事关维持市民生计，务祈查照，迅予办理，至希见复为荷。

（二）商会复社会局函，（上略）查上海有小□米一种，最近市价，每石银洋十七元六角，该地称量较大，购运到汉，计需实本洋十七元二角左右，业已电沪，即行订购五千石，速运来汉，平价出售，以后随加运五千石，以便接济，惟属会筹垫价本，极感困难，所有将来平价亏拆之数既承大局允予设法归垫，当不至有赔累不胜续办之虞，奉函前因，理合函复大局，请烦查照，并请拨助为荷云云。

（《湖北中山日报》）

3.汉商会即将举办平粜

（1930 年 7 月 4 日）

汉口总商会在沪购米平粜，救济米荒各节，已志前报。兹悉该项米价，在沪购成十七元二角，到汉后粜出价目，为十六元五角，计第□批已由沪于□月二十九三十本月一日三日，分装江□输起运来汉，约有五千余石，明日（五日）即可抵汉，六日可开始平粜，又续购米一万余石，因沪价每石跌价四角，到汉后只售洋十六元。闻该会继续订购甚多，以汉市米价平落为止，武汉米价已趋跌落之势，米荒绝对无虞云。

又社会局以近来米粮缺乏，影响于民生者至巨，该局为设法救济起见，有明了本市现存米粮确数之必要，前日特派科员张启陶会同商会所派人员严□先，赴各处实地调查。据昨日调查所得，各机器米厂现存六万五千石，各银行堆栈现存一万五千石，各洋栈现存八千五百石，潮帮现有二千七百石，浙帮现存七千石，共计九万八千五百石，足供汉口市民二十日之食，日来将有各处运汉之米到来。在此青黄不接时期，容易渡去，不过对少数商人，欲乘机囤聚居奇，宜加以取缔云。

（《湖北中山日报》）

4.总商会今日开始平粜

（1930 年 7 月 6 日）

近来汉市米价奇涨，贫民生计困难，总商会有鉴及此，日前电沪米商，速办大批食米，以供汉皋苦力者之需求。昨（五）日已由上海装江顺输运来一万石，闻每石成本约在十七元二角，定今日（六日）起每日上午五时起在中山路总商会，开始平粜，每石仅售十六元五角，此次损失约在三万元，全由该会亏垫云。

（《湖北中山日报》）

5.总商会函促各业商会速成立，以便依限改组

（1930 年 7 月 9 日）

汉口总商会以现距法定改组期间甚迫，昨再函促各业商会迅速成立，原函略称，顷准全国商会联合会代电，奉转工商部训令，饬知修正商会法第四十二条法文节开，再修正法文手续繁重，与寻常单行章程可以随时修改者不同，此次修正以后，将来万无再予展限之理，并仰转行各

商会,务必先期筹备,依限完成,万勿玩视法文,观望自误,是为至要,此令等因,并附修正商会法第四十二条条文到会奉此。查修正商会法第四十二条本法施行前,已成立之商会及商会联合会,应于本法施行后一年内,依本法改组之等文,相应通电查照,希即遵照法定期限,于十九年八月十五日以前改组,倘期满不能完成,则依照商会法施行细则第十九条之规定,即不得继续行使职权,万希注意,依限改组成立,毋任祷切等因准此。查法定期限,万难展缓,事关功令,利害相连,准电前因。除分知外,相应函达贵会即希查照,迅即改组成立,以期完成全市工商同业之团结,实为全盼云云。

(《湖北中山日报》)

6.商人团体改组办法

(1930 年 7 月 11 日)

省训练部,昨(十日)训令各县市党部训练部云:为令遵事,案奉中央执行委员会第一零二五九号训令内开查商会法及工商同业公会法。颁布已久,商民协会组织条例,亦经本会明令撤销,并限期结束在案,所有各地商人团体,亟应依法改组,以符法制。兹经本月十九日,本会第九十七次常会通过,各地商人团体改组办法之项如左:(一)浙江、广州、上海等省市,经呈准中央,设立商人团体指导改组机关者,其商人团体之改组,准依照核准之法规手续,在国民政府指定之期限内,一律办理完竣。(二)广东、广西、江苏、安徽、湖北、云南、贵州、南京、汉口、青岛等省市,商人团体之改组,依照左列各款办理之。(甲)商人团体之改组,须于国民政府核定之期限内,办理完竣。(乙)商民协会,须于奉到中央办法本办法后半个月内,一律结束。(丙)由当地党部指导原有商会,加入商氏协会之商店行号及法律规定应加入同业公会之商店行号,依据商会法及工商同业公会法,改组之。(三)除一二两项规定外,其余省市商人团体之改组办法,另案办理。右除分行外,特令仰该党部,依照规定办法,指导所属遵照办理为要,等因奉此。除分令外,合行令仰该党部,依照规定办法,指导所属遵照办理为要此令云。

(《湖北中山日报》)

7.汉米商采办川米救荒

(1930 年 7 月 12 日)

汉口通讯。近来,此间米价飞涨,影响民食甚大。汉市米业商号因愿自行集资,赴川属万县重庆等处采办米粮,运汉平价出售。呈请汉口总商会转知重庆刘军长,万县王司令及渝万两商会给照启运,以免沿途留难。汉商会据呈,以该商集资采办川米救济民食,甚为嘉许。昨特分别转知川省方面函云"敬启者,顷据汉口市米业商号裕懋、干新、泰协、昌祥等盖章略称为米粮来源稀少,售价腾贵,民食困难,呈请准予采办川米运汉,平价出售,以济民生。而裕民食事,窃查武汉米粮向系采自湘赣,刻因来源中断,售价顿形腾贵。民食颇患困难,商等有鉴及斯自愿集资往万县、重庆两处采办川米各五千石运汉,平价出售,惟恐该处不明真相,发生阻挡。因此呈请钧会赏准,函知万县重庆两商会,暨重庆二十一军刘军长,万县司令部王司令,放行启运,并发给护照,以免沿途留难,而济民生,以维民食,实为公德两便等情。到会查武汉民食已呈荒象,该业拟集资采办川米,实属刻不容缓之图,据略前情除分函外,相应函达,请烦查照如,该商来川采办米粮务,祈赐予护照,以资保证,而恤邻荒至为盼祷"云云。又汉市总商会为救济米荒,抑平米价起见,曾议决由沪办小交米区千石,来汉平粜。兹查于六日起已实行,平粜三日来,共计粜出约一千包,每日由王遴甫、李德斋二主任亲临监督一切,每升七百六十文合石,不及十六元,至买整石者,则须十六元五角,按照沪市成本,每石蚀亏本一元余,其米色约合机器米厂三等米,晨六时起,至十一时止,为平粜时间,闻已到之米,计二千五百包,续来之米,至少尚有万包,如价不能平尚须继续采办。

(《申报》)

8.平粜延长期间,社会局函请汉商会再增数千石

(1930 年 7 月 14 日)

本埠讯,汉口市社会局长杨在春见入夏以来,米价飞涨,一般劳苦民众,恐慌万状,故特函请汉口商会速办平粜,以维民食。汉口商会日前由沪运米五千余石到汉,当即开始平粜,每晨到该会购米者日必在四千人以上,杨氏为谋继续不断地办理平粜起见,昨十三日又特函汉商会,再行增加数千石,以便平粜期间稍稍延长,使一般劳苦民众减少负担云。

(《湖北中山日报》)

9.省商联执委会函催各商会缴纳会费

(1930 年 7 月 18 日)

湖北全省商会联合会,前(十六)日下午二时,在该会会议厅,开第三次执行委员会,计出席委员苏太(汰)余、但更生、易宝臣、王开廷、朱松珊、张星垣、陈吉安、杨显卿,请假委员萧均之、杜焕章、陶心澄。

(甲)报告事项。一、上次例会议决,呈复建设厅,为武昌商会清算事项,无法解决案,奉指令,先令该会改组,俟改组就绪,再行清算一切。二、上次例会议决,为过往军队,不得占驻商会房屋,请求行营颁发布告,用垂久远案,奉指令,仅发给禁示两张,本会昨又续呈,仍请每会给发一张。

(乙)讨论事项。一、老河口市商会,电请出席国联代表,代向财部力争并案,整理军事借款,应如何办理,请讨论案。议决:一面由本会用呈向财部催询,一面由但常委,以私人名义,将经过情形及所得私人消息,通知河口商会。二、各商会对于应缴会费,迟不缴纳,本月份竟无一收款,应如何催收,以维会务,请公决案。议决:一面用函催,一面由各执监暂垫,并将已否垫付,列表张贴。

(丙)临时动议。张委员星垣报告,蔡甸驻军,又经开拔,防务空虚,请速电行营,迅予拨兵震慑案。议决,即代请求。

(《湖北中山日报》)

10.武昌商会改选今日召开筹备委员会议

(1930年7月18日)

武昌市总商会改选,筹备委员会已成立。昨(十七)日发出通告文云:径启者,本会因改组一事,已于十四日召集执监联席会议,公推邬君少霖、陈君文山、陈君渭滨、谭君玉山、姚君竟成、董君巨封、冯君惠安、陈君锦山、陈君善长、易君兰生、张君源亭、董君锦轩、王君钦哉等十三位为筹备委员,负责进行。兹订于本月十八日下午一时开筹备委员会议,讨论一切,以期依限完成,为此奉达贵委员查照,请即准时到会,幸勿迟误,为祷。

(《湖北中山日报》)

11.汉市总商会之改选期已决定八月八日

(1930年7月20日)

汉口市总商会昨为改组选举大会对各同业公会紧急通告云,敬启者,查本会自奉颁商会法暨工商同业公会法到会以来,即积极筹备改组并分函各业商会依照工商同业公会法改组同业公会,节节催促舌敝唇焦,迁延至今,尚未一律完竣。曾经议定七月十日前,所有已经改组之同业公会,请即依法推举代表到会登记,其尚未改组者,并请赶速筹备拟章送会,以便分转民训会社会局俟核准备案后,一律推派代表来会报到,并预定七月二十日为选举执监委员之期,等因。分别函达暨登报各在案,现在推举代表到会者尚属不多,询厥原因,是已经改组之各同业公会关于定期开会一节,须先呈报行营核准,方得举行,经此辗转不免多需时日,至甫经改组之各同业公会,所有拟定章程,虽由本会分呈民训会社会局请予立案,而核准与否,尚待审查施行,以故各该代表,均未克及时推派,而本会原拟七月二十日之选举大会,亦不能如期实现。昨开临时执监会议,经众讨论,以现距法定八月十五日限期,既已仅止一月,而手续之繁难,又复如上所述,自非酌量展期不可,但本会现任职员,均负有筹备改组之责。按照商会法施行细则第十九条之规定,如果届期不能完成,即不得继续行使职权,关系至为重要,是无论如何,准定八月八日召集已经报到各代表举行选举大会,期于法令事实双方兼顾,如在此期内尚有各同业公会,未及依法成立推举代表出席本会者,则是自甘放弃等语记录在案。兹本会为团结商人团体以期周知起见,特作最后之通告,务望已经成立之同业公会,赶速推派代表出席,其尚未改组各业,如确有种种困难情形者,亦请克日到会,与本会组织股商定办法,以期解决一致进行选□所关商团为重,幸勿观望自误。除将议定选举大会日期呈报民训会社会局外,合再专函奉达,即希查照办理云云。

(《湖北中山日报》)

12.汉商会平粜米整担跌价

(1930年7月21日)

汉口总商会自举办平粜以来,每日销数达三四百担,颇得市民之歌颂。惟对于整担价目原定十六元五角,现为抑平全市米价计,于昨二十日起整担价目实行跌为十六元,至零升仍为七百六十文,仍较整担为便宜云。

(《湖北中山日报》)

13.电汉口总商会黄主席等为请筹募曲阜赈款文

(1930 年 7 月 21 日)

汉口总商会黄主席文植,黄辅卿、周星棠、刘少岩、刘绍卿、陆德泽、万泽生、毛树棠、杜树棠、李鼎安、刘季五诸先生并转精鉴公会诸先生赐鉴,顷接山东曲阜县城各机关团体元删各电,陈述此次曲阜被围,炮火轰击,密如骤雨,围城旬日,毁坏城楼七座,城垣被轰缺陷数处,城内居民房屋被炮震塌弹击,毁坏者不可胜数,商民死亡甚众,其被弹击伤者约千余人,货物损毁市面全无,孔子林庙之文物毁于炮火之下不少,诚空前未有之浩劫,惨苦情状,不忍闻视等语。详阅来电,悲悯曷胜,查曲阜为我国文化之中心,亦胜迹文物汇聚之地,一旦罹此惨劫当亦闻之者所痛心,本会职司赈务,念切灾胞亟应筹集赈款,撄冠往救,除呈请政府设法赈济外,素念台端热心慈善,对于此次曲阜重大灾情必能恫瘝在抱,筹募巨资,以应急赈,匪独灾民感戴即第等亦馨香祝者也。至汇寄款处南京珠宝廊,本会上海云南路仁济堂本会驻沪办事处皆可收领,随收随寄印证并登报端以扬仁风,愈速愈善,并盼电示迫切呼吁,敬希慈鉴赈务委员会主席许世英,会员陈景虞同叩。(马)

(《振务月刊(南京)》第 1 卷第 6 期)

14.武昌商会改选

(1930 年 7 月 27 日)

武昌总商会,昨日通告各业商会文云:径启者,敝委员会筹备改组一事,因期限促迫,不能不积极进行,已于本月二十日检同各种法规,函送贵商会,并请于七月三十日以前,一律改组完竣在案。兹又于昨二十四日开会讨论,决定各业商会仍照前案,于七月三十日以前改组成立,无论如何,不能延缓。本会即于八月十二日开选举人会,决不变更,事关万急,特再奉达贵商会,请烦查照办理云云。

(《湖北中山日报》)

15.咨据汉口布业商会呈称商店进退职员究以何时为标准一案,奉令准暂照各地各业之旧习惯办理惟应一律改照国历请查照饬遵由

(1930 年 7 月 29 日)

咨汉口市政府商字第一一六六九号(1930 年 7 月 29 日)

准咨,据汉口布业商会呈称商店进退职员究以何时为标准一案,奉令准暂照各地各业之旧习惯办理,惟应一律改照国历请查照饬遵由。

为咨复事,案查前准。贵市政府咨据汉口布业商会呈称,阳历结账日期,商人业已遵行,惟进退店员究以何时为标准,请予核复,等因到部。当以事关法案,呈奉行政院指令略开,所有商店进退店员能否改以国历结账时期为标准之处,仍由该部参酌中央法令商事习惯,妥拟另呈,

以凭核办。遵经详加研讨拟具意见略称，查商店进退店员各处各业之习惯不同，有在年初者，有在每节结账时者，以中国之大，行业之多，习惯上既不一致，事实上似难强同，本部遵经参酌中央法令、商事习惯，详加研讨，窃以此案似可仍准暂照各地各业之旧习惯办理，不必另予规定一律相同之日期。惟商家账目、民间契约及一切文书簿据等既奉明令一律改用国历，所有此项进退店员之旧时期，自应一律改照国历以符法令而免分歧。是否有当，理合具文呈复，仰祈鉴核，令遵实为公便等语。呈复各在案兹奉。

行政院第二一七一号指令内开呈悉，案经提出本院第七十八次会议决议照部议办，仰即知照此令，等因奉此。除分别咨令外，相应咨复请烦查照，饬遵为荷。此咨。

汉口市政府部长孔祥熙

中华民国十九年七月二十九日

（《工商公报》第 22 期）

16.武昌总商会筹备改组

（1930 年 7 月 30 日）

武昌总商会，自清算事起以后，双方争执，为时数月，甚少结果，现建设厅以该会改组期限甚为迫促，应即先行筹备改组，俟改组就绪后，再行照案清算，以期财政公开。现该会日前召集执监会议，推定陈善长、鄢少霖、董锦霖等十三人为改组筹备委员，即日进行筹备工作，并呈请省府备案云。

（《湖北中山日报》）

17.省商联会为设国货商场事致各县市商会函

（1930 年 7 月）

径启者，本会开第三届代表大会，据总商会代表杨和甫、刘本尧提议请各商会速设国货商场一案，内称查帝国主义者以经济侵略之手段，以其本国生产过剩之货物运销吾国，吸收吾国金钱已达一百万元之巨，吾国在此时机已呈民穷财尽之现象，其关系之重要，人尽皆知，无待吾人之详述。第吾人处此风雨飘摇之时，厥宜群策群力，谋所以抵制之道，使无数金钱不再流向外邦，以塞漏卮。顾舶来物品精巧美丽，国人皆乐用之。虽几次国耻发生，国人激于爱国热忱倡言抵制，经过情形不无微末之效，然时日一久，旋即消沉，盖国人习用洋货已久，而国内又无相当之国产以代替之。设令其舍精用粗，既不合审美之观念，若强其就贵避廉，亦太背经济之原理，此实为抵制不能持久之重大原因。比年以来，吾国远识卓见之士洞见症结，知非发扬国产创兴国货，则所有一切抵制之方皆属空谈，于是负笈外邦，研究技术，学成归国，开设工厂，仿造各种精美服御饮食物品供给社会之需要。吾人试一考察市上物品，莫不精美之，国货品既不亚于舶来，而价值又复相等且或较廉，在昔一般爱国国民每以无相当国产，势不能不仰给于外货，若国内已有相当之代品，谁无爱国之心可决，其决不致丧心病狂购用外货也。顾生产事业万纬千端，实业发达一方面固有赖于政府之奖励保护，而一方面更盼望全国志士一致奋起，随时代之进化潮流做不断之精神研究，广设各种工厂发展生产事业，以供给全国国民之需要。吾人际此时会亦当尽其一部分重大之天职,何则吾商人介于生产者与消费者之间,负有推销国产、供给需要之大责,故尽量宣传国产、推销国货,实为我全省商联会所领导之爱国商人义不容辞、责无旁贷者也。和甫等尝默察社会心理,皆莫不欲爱购国货,顾以无处购置,且不知何者为国货,何者为外货,以致胡乱购置,而一般目光浅短商人又复以外货冒充国货,此实为各地商场普通易睹之现象。故吾商人亟宜组织国货商场贩售各种国货物品,且以新式广告方法宣传国货之优美效用,则国货之推行将无远而弗,届而营业之发达更可预期,无论帝国主义者之经济坚固壁垒,亦将不攻而自破。凡吾商人既乎投资营业之本旨,又尽爱国爱民之责任,两利之事又何乐而不为耶?等语。经大会决议,交执委会办理在案。查年来本国商场因外货之充斥一蹶几于不振,非有积极建设及联合群策群力,决不足以言发展,该提案请设国货商场,自属扼要办法,惟各县市商会,为商人团体之基本组织,应各就地审查情形,召集著有热心之商人分子量力创设或合资举办,俟初基已定再施行第二步骤,以渐臻美备,此本会所深切企望者也,并希将办理情形随时见告是荷。

(《湖北省政府公报》第 101 期)

18.国民政府工商部以武汉居长江上游向称全国工商业中心

(1930 年 7 月)

国民政府工商部以武汉居长江上游,向称全国工商业中心区域,现值金贵银贱之际,正宜乘此机会厉行国货运动,务期各地制造国货厂商增加产额,推广销场,以挽利权而图补救,已派员来汉视察国货运动。

省政府以裁厘一项一方面可以统一税收,一方面可以解除商民痛苦。现财政部已经设立裁厘委员会,前日有电到鄂,请即设立分会,省府拟一度会议即组织成立。

省政府对省有四局改交公益公司承办以后,鉴于福源承办时,经理不得其法,致令大多数工人趋于失业,今既改由该公司承办亟应体恤工人,以谋补救,已责成该公司速赶于短期间将各局机件一律修理完整,从早复工。

财政厅长张贯时刻下对于裁厘工作正在节节进行,并责成职员数人专办此事,已电裁厘总会发给章规,以便遵照组织裁厘委员会。

鄂省各县公矿共计十二个县,分出矿区域占十五处,矿分铜锑煤铁四种,其中有正在开采者,因故中停者,尚未开采者,分别评述于后:“官厅已开者”县名大冶象鼻山,矿质纯铁。“招商承租者”有湖南安化矿区,在大冶县之西南乡,矿质纯铁,又有阳新煤湾矿质纯煤。“因故中停者”有阳新禹七矿质纯煤,又大冶阳武山矿质纯煤,又大新铜矿区在大冶阳新交界矿质纯铜,又湖东煤矿在江西萍乡矿质纯煤。“尚未开采者”有宜都之南乡,文章区矿质纯铁,同县同乡之写经寺矿质纯铁,又同县五峰化女洞矿质纯铁,又大冶矿区北乡铁山堡矿质纯铁,又同县北乡寺方堡矿质纯铁,又同县之申明堡烈案山、又同县之申明堡大岩山矿质均纯铁。

本省铁砂自鼎新公司承买后,日商用奸计阴谋有意操纵,而鼎新公司刻下已能买卖自如,毫不受其拘束。至其他一部日商见石原公司操纵不遂,恐我国因此同盟不卖铁砂给日本使其工商业感受困苦,现已纷纷于日本、上海等处设法向鼎新公司订购。

江汉关七月份上半月税收较前月份尤见减少,因军事影响,土货出口销路不畅难以尽量输出,进口品亦以交易冷落不便输入。

(《湖北省政府公报》第 104 期)

19.汉口市绸缎业商会为财政部准备实施裁厘 请将该业改为专税呈财政部文

(1930 年 7 月)

盖为政以勤求民隐为先,民情以得能上达为要,无隔阂斯能培邦本,本固邦宁。敝业绸缎乃国货之一宗,关于民生国计良非浅鲜,近以外货充斥,商战失利,几成千钧一发之势,应求维持生机而解除痛苦者,谨切实陈之。夫凡物必求其销路之推广,而推广之道则惟转运利便之是赖,此先总理所以主张货畅其流也。查我绸缎销场之所以为外货侵占殆尽者,其数甚多,而其最要原因为完税待遇之不同。绸缎转运感受束缚,不若洋货有条约为护符,且物品装箱报运一货进口纳足税厘,转运他处至多,仅再纳一转口半税即可,运行无阻。至于绸缎多由邮寄,在出产地先纳绸捐,然后付邮,再完出口进口关税以及附税,又纳出口邮包税,到达收地后又须纳进口邮包税。一货之税须完六种尤其次也。假使此货到达甲地不能销售,转运乙地仍须照前六种重纳,即欲退还原产区,亦不能丝毫豁免,似此即不论外人机械之精良,经济之雄厚,仅就同一成本而论,国货转运一处纳税一次,转运数处,纳税数次,欲求与其角逐,其可得乎?此敝业之最受束缚,必须请求改善纳税手续,将绸缎业列为专税,一货一税,一次由产区纳足运销国内,虽十易其地,免再重征,俾手续较为简捷,运输自多便利,面达货场其流之目的,提倡国货运动,实以此为要着,此敝业之所切望也。查厘金在开始稽征之际,原为暂时性质,因袭既久,遂成固定税收,而税率由百分之一逐渐增加。鄂省自张难先长财政时,因整理税收召集会议,复增至百分之三。敝业绸缎物品仍循旧例,从重量纳税估本,因系国货,亦酌量情形,减折估定为:(一)江浙真丝绸缎估本每斤七元五角,纳税二角二分五厘。(一)中国丝棉人造丝合织品,估本每斤三元七角五,纳税一角一分三厘。(一)南京、镇江、四川绸缎估本每斤六元七角,纳税二角。(一)河南、山东绸缎估本每斤五元四角,纳税一角六分。今闻财部裁撤厘金,改订新章,有特种消费税条例之颁布,而对于织物提出另订条例,由财部直接办理。敝业绸缎各货当然属于织物之一,将来厘定新税,在财部自应集合专门人才周咨博采,以求适合。惟闻此次特种消费新税条例分为一奢侈品、二半奢侈品、三日用品三项,即以最低之日用税率自值百抽二、五至值百抽五而论,此比较敝业平时完税又须增高。裁厘本所以免除苛细,减轻商人担负而统一国家税率,今以所定最低之税已超过裁厘以前之时,不独未予减轻而又须增加,此岂政府裁厘之本意。所以财部对于织物尚须另订条例,想亦有见及此,又寓有分别国货外货之用意。敝业绸缎莫如改为专税,诸凡一切关税邮包之税均包括,一次纳足,无论转运何处,不得另征他税百分之三。盖力挽绸业垂毙之势,不再加担负,使濒绝境,实于国家经济政策关系亦巨。敝业管见所及,列为请求,或亦可以备将来定税时参考之一得也。

(《湖北省政府公报》第 104 期)

20.省政府准工商部咨商会改组截至本年八月十五日限满令建设厅饬属遵办

（1930 年 7 月）

为令饬事，案准工商部商字第一一四八九咨开，为咨请事，查商会法业于上年八月十五日奉到，国民政府明令颁布，遵经通咨转行，依据本法第四十二条修正文有“本法施行前已成立之商会及商会联合会，应于本法施行后一年内依本法改组之”之规定，复以法定期限瞬将届满，咨请转饬所属一体遵照，依法改组，如限完成，切勿观望自误，等语，印发各在案。兹查各地商会遵照办理改组完竣者固多，而因循观望尚未着手者，亦复不少。案关法定期限，未便迁延，除分咨外，相应咨请贵省政府通饬所属各商会公会，遵照法令，克期改组具报，等因准此。除咨复外，合行令仰该厅转饬所属各商会公会，迅即遵照办理具报为要。此令。

主席何成濬

（《湖北省政府公报》第 105 期）

8 月

1.汉特市工商同业公会指导员办事处规定各股职员任用标准

（1930 年 8 月 3 日）

汉口工商同业公会指导员办事处，于七月三十一日下午二时，开第一次常会，出席人钱云阶、任维章、任汉臣、蓝熙周、高伯常、罗相材。参加人民训会杨惊和，请假人黄文植，主席罗相材，记录饶光玉，开会如仪。

报告事项。一、报告执行上次决议经过。二、本处单主任，以事务冗繁，不能到处工作，请黄文植同志代理由。三、总商会，函送各同业公会章程表册，请审查由。四、市民训会，令各业公会，不得于八月一日举行改组由。五、木船商人同业公会，请组织公会由。六、华洋百货业、杂货行业同业公会，定八月五日，八月三日，选举成立由。

讨论事项。一、木船商人刘义炳等，呈请组织木船商人同业公会案。决议：交指导股审核再办。二、杂货行业公会筹备会，呈请准予选举成立案。决议：俟转呈民训会许可后，再行定期。三、总商会，检送号栈业商会及衣业转运业商会章程表册，与金银首饰业同业公会，请示定期开会案。决议：一、衣业转运等业，交指导股审查再办。二、金银首饰业，呈民训会许可后，再行定期。四、绉纱商会呈请改组章程，请审核案。决议：交指导股核办。五、华洋百货业同业公会，定八月五日下午一时，开选举成立会，请派员参加案。决议：请高指导员伯常参加。本处职员任用标准，应如何规定，请讨论案，决议：（总务股）干事一人，助干二人，录事三人。（指导股）干事一人，助干一人。（登记股）干事一人，助干一人。（调查股）干事一人，助干一人。总务股干事赵铁俦，助干朱杰、黄南屏。录事魏筱屏、任毅则、胡保身。指导股干事饶光玉，助干陈廉。调查股干事(略),助干李伯如。登记股干事(略),助干唐毅。七、对于各商店、公司、行号使用人登记,应如何规定案。决议:请示民训会。八、拟本会办事细则案。决议:请罗高两指导员起草。九、呈请民训会,将已成立,未成立,各同业公会令知案。决议:通过。

临时动议。一、一二两次谈话会,决议八案,请追认案。决议:追认。二、高指导员提,本处地址狭隘,不敷办公,应否另觅案。决议:交总务股办理。

(《湖北中山日报》)

2.黄文植代理工商同业指导主任

(1930年8月5日)

汉口工商同业指导员办事处筹备就绪后,已定期举行宣誓典礼,指导主任,依法应由民训会常委单成仪兼任。兹以单氏因公晋京,所有主任职务,已推黄文植同志代理一切,昨并分函各处查照云。

(《湖北中山日报》)

3.汉口商会保联会决议组织商民自卫团

(1930年8月5日)

汉口总商会、保安联合会,近以前方军事紧张,深恐后方不法之徒乘机捣乱,比来军警维持治安,异常得力,地方秩序,固可无虞,但为表示军民通力合作起见,爰于日昨召集联席会议,讨论办法,经决议组织商民自卫团,并将组织章程等分别呈请行营核准后,即行成立云。

(《湖北中山日报》)

4.市工商同业公会指导员前日举行宣誓就职典礼志(节选)

(1930年8月6日)

前日(四日)上午十时,市工商同业公会指导员,假总商会大礼堂,举行宣誓就职典礼,指导员为黄文植、钱云阶、任维章、高伯常、罗相材、蓝熙周、任汉臣等七人,由市党部刘委员云监誓,赵钱寿记录,唐毅任司仪,开会如仪。市党部庞镜塘、萧若虚两委员,暨警备司令部、市政府及各界代表、各来宾,均有极恳切之演说,至下午一时摄影散会。兹将各人演说,分志如下:

监誓员市党部刘委员云训词。略谓,各位同志,各位工商界代表:今天工商同业公会指导员宣誓就职,市整委会派兄弟来监誓,因得参加盛会,见本市工商界中坚,在党指导之下,齐集一堂,非常愉快,并由无穷希望。今姑就管见所及,贡献给各位指导员及工商界同胞:我们举行任何事务,必先找得过去的误点,来作我们改进的标的。很诚恳地说,过去有一部分工商业同胞,确有下列几点错误:(一)忽略组织团体的真意。工商业之所以要组织,断不是来做哪几个人的工具,也不是仅谋哪一业哪一厂单独发展,是要团结力量来谋整个工商业的发达,并且社会经济,是连锁的而不是单纯的。任何事业,决不能脱离整个的社会经济或不群策群力而能单独发展。但是考察过去的工商业组织,有几处确有上述的错误,往往一市的商会,仅为少数营业较大的人所主持,而一业的组织,亦每每仅为少数资本较厚的人所私有,并且有各就其利害关系而组织,遂发生组织上零乱不统一。此种现象,中小商人,固得不到团体组织的福利:而此少数资力较厚的商人,也不免因整个工商业团结力的散乱薄弱,仅能利用一时,久必受社会经济低落的影响而同蒙其害。(二)不明了政治的真相。本党领导的国民革命,进行是有步骤的,是彻底而不是敷衍的。不经过军事时期,哪里能有训政时期?对于破坏革命妨碍统一的叛徒,若不根本铲除,从何处来谈建设?最近对于阎冯诸逆的讨伐,是在革命过程中所必不能免的举动。祸根不去,国本难固,而一部分工商界同胞,往往以一时运输或有不便,捐税稍有增加,就觉得有所不满。此种情形,虽仅限于少数商人,然此种错误实有可憾。须知本党对于叛徒,若不大张挞伐,敷衍迁就,仅图目前安逸,则此种祸国殃民的军阀,使其依然存在,流毒所被势将全国民族永罹其害,尚何能解放之可言,至我工商业之受其荼毒,自更无论矣。(三)泥守成法怠于革新。在国际资本主义压迫与不平等条约束缚下的中国工商业,力求革新,随着潮流前进,尚恐不能支持。若再因循苟且,中国工商业的前途,真是不堪设想。现在虽已有不少工商界同胞,受潮流的激荡,锐意进取。然而尚有数业,仍囿于习惯,一成不变,工厂的制造商品,枢友的应付顾客,很多仍沿用旧习。近来丝茶出口量的锐减,日来推广国货的艰难,虽说有因政治关系,然而一部分工商界的不图改进,是一个最大的原因。设成长此以往,即或不平等条约已达到取消的目的,而因出品的□劣,商业运用的不良,工商业凋敝的前途依然是难于乐观。上述各点,虽并不是整个工商界的舛误,然影响所及,实足牵动全盘。因此乘指导员宣誓的机会,略致几点希望。

(1)各业同业会的组织,务要切实遵守本党的指导,负责分子,力求纯正,组织力求严密,登记须善遍,营业范围,资本力量,无大小厚薄的区别,凡是同业,均须参加团结,如此则一业的公会,方是一业公有的公会。而全市商会,则务须俟各业同业公会组织完备,始再普通来改组,然后关系全市工商业利害的市商会,才是全市工商业所公有的市商会。其团结力的坚强,基础的巩固,可以断言。

(2)在此训政开始时期,讨伐叛逆,谋国本的坚固,是必不可少的工作。工商业同胞,在此时期,固然稍有困难,然欲求革命过程的缩短,俾能使不平等条约早日取消,政府对于工商业,得有充分的维护并促其发展,仍须吾工商业同胞放远目光,眼前忍痛,先力求组织完密,团结力坚固,尽力拥护中央,作物质上精神上之帮助,才能达到目的。须知工商业需要的利益,须由工商业同胞自身的努力得来。

(3)同业公会的使命,最重要的是要谋各业的发展。此后在此严密组织之中,除力谋团结以外,对生产力的促进,商业上的运用,务须群策群力,充分研究,认清全国经济低落的原因,世界工商业发展的趋势,不为旧习所囿,尽力改革使全国中心的汉口市,在生产落后的中国中来做一个工商业振兴的先驱。

…………

(5)指导员是在本党的指导之下,负了本党扶助工商业发展的使命,来指导工商同业公会的组织,其责任的重大可知。希望一德一心努力勿懈,在组织上务求齐整严密,对于本党扶助工商业的主张,要尽量灌输,汉口市全市工商业组织的基础团结的坚实,这种责任,完全是几位指导员负担着,希各位努力,俾能使汉口全市的工商业同胞革命化、主义化、团体化,兄弟对于各位真有无穷的希望。

兄弟今天因见本市工商业同胞的忠实信仰三民主义,服从本党领导,此种好现象愉快难言，所以言辞虽甚简陋，然而确是兄弟极诚恳的表示。负有整个经济上生产与分配两种重大责任的工商同胞，务望注意团结的坚固，组织的完密，方不致于一盘散沙。负有指导工商业组织的指导员，务要体念到指导的责任，尽力进行，夙夜不懈，方不致有负使命。望各位指导员各位同胞共同努力。敬祝各位的成功，并祝各位的康健。

（《湖北中山日报》）

5.汉口市工商同业公会指导员办事处通告

（1930年8月6日）

为通告事，案奉中国国民党汉口特别市党部临时整理委员会派委黄文植等为汉口市工商同业公会指导员等因，并颁发组织条例、工作大纲各一份。奉此遵照，在本市中山路□□里组织指导员办事处，旋奉颁发图记一颗，文曰汉口市工商同业工会指导员办事处图记。业于八月一日开始工作，当经第一次指导员全体会议推定罗指导员相材为秘书主任，黄指导员文植任指导员，汉臣兼秘书任指导员，维章兼总务股主任，钱指导员云阶兼指导股主任，高指导员伯常兼调查股主任，蓝指导员熙周兼登记股主任等议通过在案。兹谨于本月四日假总商会大礼堂宣誓就职，除呈报市党部备案，并请转函总司令行营外，合行通告。本市尚未成立省同业公会，应一律先呈报本处审查合法转呈市党部民训会批准后，方可指定成立日期，一面由本处派员参加指导。其已成立各公会，因时间关系未及审查，所有手续是否合法，无从查考，嗣后应该补行训练，以符章制而利进行，是为至要，恐未周知，特此通告。指导员任维章、高伯常、罗相材、黄文植、钱云阶、任汉臣、蓝熙周。中华民国十九年八月六日。

（《湖北中山日报》）

6.全国商联会催收会费

（1930年8月6日）

特派冯时雄担任长江流域，昨已抵汉。

中华民国全国商会联合会，会址原设上海派克路十二号，但经费开支，向由各省市商会负责维持。近该会以经费支绌，特派定冯时雄君来长江流域，催收会费，并由该会先行电知汉口总商会知照。兹抄其快邮代电如下：汉口总商会大鉴：查本会经费，原属万分支绌，自军兴以来，各地交通阻塞，缴费更少，遂致益形困难，员役欠薪，邮电无款。前经常委会决议，由各常委每人垫付三百元，以维现状，然亦杯水车薪，实难济事。查贵会尚有十九年度常费洋八十元，未曾具缴，兹派本会干事长冯时雄君来长江流域，催收会费，俟冯君到贵会时，务恳赐予接洽，念同舟共济之谊，竭力设法维持，筹缴常费之外，并勉力捐助特别费，以维危局，至为祷切。全国商会联合会主席林康侯叩印。

（《湖北中山日报》）

7.市工商同业公会指导员前日举行宣誓就职典礼志（续）（节选）

（1930年8月7日）

萧若庐演词。今天是汉口市工商同业会指导员举行宣誓的一天，兄弟能参加这种盛大的典礼，觉得非常荣幸，指导员办事处的单主任及各位指导员，对于民众训练的理论和实际均有很好的研究，很多的经验，这是兄弟对于夙以工商业发达号称于全国的汉口市工商业前途，深为抱乐观的。

我们知道本党是以民众相互利益的总信仰为努力的目标，那末，民众相互利益，就要由党来企求，而一切活动，就由党出发，一切政策，就要由党透过，一切工作，就要由党分配，必要这样子做去，然后民众训练工作，才可以把国家的权力和社会的权力打成一气，把国家的政治机关和社会的民众机关，连成一个脉脉相通的血流，而成为一种改造国家和社会的伟力，成为一种处在次殖民地苦境的中国生力军。

总理说：中国民族所有的祸害，一是受列强人口增加的压迫，一是受外国政治的压迫，一是受外国经济的压迫。我们除了受这三种压迫以外，再加上民心涣散，没有抵抗强暴的团结和能力，是自己第一种的积弱。帝制遗毒，流为军阀，人民制裁反动的能力不雄厚，这是自己第二种的积弱。机器发明了百年，而我们还是生产落后，天然的富藏，自己不知享用，而任人占取，得去做吸收中国人血汗的资料，弄得一种全国皆穷的景象，这是自己第三种的积弱。这三种积弱是内部的，那三种压迫是外来的，内外的祸害合拢来，便成为民族、民权、民生的三个总问题。我们要想解决这三个总问题，便要在党的指挥之下，努力实现三民主义。

现在训政时期，在此时期，民众训练工作的主要目的，在培植社会的基础，使民众的保育和养生两件大事，得以巩固而趋于发达，才能直接进于国家大建设的宪政时期。这然后民众训练工作，才不失为三民主义的工作，才能取得不可磨灭的成功。

汉口市的经济基础，是建筑在工商业上面，工商同业会重要，而工商同业公会的指导员所负的责任也就更加重要了，兄弟所以特就民众训练工作方面贡献一点意见，完了。

庞镜塘演词各位指导员，各位来宾，兄弟今天来参加工商同业公会指导员就职典礼，在觉得非常荣幸而愉快的当中，有几句贡献各位：

中国国民党所领导的国民革命第一步的工作，是求整个中华民族的解放，所以他的主力军是整个民众，商民团体是民众一部分，当然对于国民革命工作负有很大的责任，尤其是各大都市的商民，不但对于国内的经济社会占很重要的地位，而在国际间抵抗资本帝国主义者之侵略，也有很大的力量，何以呢？中国是世界产业落后的国家，根本工业毫无基础，所以商场上所销畅的大部分是舶来品，如果各地商民对于革命有了很深切的认识，一方面在提倡生产，一方面再抵制外货，中国的经济社会不至于受外货的充斥而消沉，更进一步遵照总理的规定实行，节制资本，中国人希望各个人都有事做，有饭吃，总理所谓大贫与小贫的两个阶级，自然也可以均平。

现在就三民主义的动因和目的在民生，民族、民权是手段，民生是目的，就可以知道国民革命最终极的目的，是要把中国的民族领导到一条最光明的出路。再就三民主义的连环性讲，为实现民族主义的国际地位平等，同时也要实现民权主义的政治平等，要须要实行民族主义位平等和民生主义的经济平等，所以要解决民族民权两的国际地大问题，更须先解决民生问题。

商民团体是解决社会经济问题的革命集团，所以商人负有民生革命的责任，非常重大，各位都是商界巨子，并且都是三民主义的信徒，我相信对于本身的责任，一定能努力完成。

……最近本市商民团体，已经由党部选派了几位指导员，一方面整理过去的工作，一方面更要为全市的商民造一个新生命，所以各位责任的重大，关系汉口商业的盛衰及中国在国际间经济地位也非常重要。各位今后能本着各人的使命努力奋斗，中国经济地位的提高，未尝不可由此起点，况且处于现在的环境，一切反动势力的潜伏及社会目前的纷扰，为协同党和政府谋社会的安宁，更要严密组织，统一意志。领导汉口几千万商民作政治的后盾，那末政治的运用和人民的意志，都统一本党的领导之下，一切的反动势力图穷匕见，自然很容易就会彻底消灭，所以更希望大家打破环境，为本市开一个新纪元，然后方不负党和政府委托之重及全市商民期望之殷，这才不愧为国民革命的主力军，今天因时间不许可不能和大家畅快一谈，仅仅把几点比较重要的意思，就正于各位，希望给我一种指教才好。完了。

黄文植答词。略谓：今天兄弟等宣誓就职，蒙监誓员刘委员训词及市党部庞萧两委员，市政府、警备部、总工会、总商会，各代表各界来宾，指示一切，兄弟等非常感激。方才各位指导员之责任及意义，说得很详尽，不必兄弟再说，以后唯有努力工作，供献个人能力。又略谓汉市工商界过去时代，因无正当组织，太不完善，只能谋个人利益，不知合作精神。以后遵照总理三民主义及为全民谋幸福之意义，将工商业联合一致，谋一很好的结合，以抵制各强国经济及政治侵略，打倒帝国主义。现在关税自主，工商各业，很容易谋发达，以后兄弟等，必当竭力尽□，俾速谋发展，庶不负市党部之委任及各代表各来宾殷殷指教热忱云。

（《湖北中山日报》）

8.武阳两区将组织商民自卫团

（1930 年 8 月 8 日）

汉口区拟组织商民自卫团，以便人民合力自卫一节，已志前报。兹悉省府方面，亦以武阳华洋杂处，最易潜踪□顿，拟于武阳两区组织自卫团，期于弭患未然。昨已函达汉口总商会，请将该项组织章程，或商团与保安联合会组织章程，检阅一份，以便参考，而资着手云。

（《湖北中山日报》）

9.总商会改选展期

（1930 年 8 月 9 日）

市党部民训会以各同业公会尚须指导暂难照准。

汉口总商会，以该会亟须依法改选，曾订期昨日（八日）举行选举大会。嗣奉市党部民训会令，以各工商同业公会，尚须指导，暂难准予如期开会，该会因以展期改选。兹录民训会训令如次：呈悉。查国府通令该会改组期限，实已急迫，定于八月八日举行，在原则上本会亦甚同情，惟本市总商会改组，关系至为重大，手续尤极烦难，非按法定程序，慎重考查，不足以期圆满，且本市各工商同业公会改组完竣或依法成立者，尚占少数，他如办理会员登记，产生会员代表，审查代表资格，订定选举规程，均未便稍纵简略，所请定于八月八日举行改组大会一节，暂难照准。此令。

（《湖北中山日报》）

10.武昌商会改选

（1930 年 8 月 10 日）

限期紧迫现已着手筹备，各同业公会亦相继成立。

武昌市总商会，奉令改选后，已督促各同业公会从速改选。兹悉，各公会改选现已相继成立，分报到会。该会改选委员会，以省府催促限期紧迫，已着手筹备，于本月十五日改选会之事宜，俾期赶于定限以前成立，而符功令云。

（《湖北中山日报》）

11.武昌总商会改组近讯

（1930 年 8 月 13 日）

不遵照中央法令进行改组，擅自成立筹备改组委员会，市党部函建设厅制止活动。

查人民团体，在成立大会以前，应向当地高级党部，申请许可，由接受申请之党部，认为合格，发给许可证书，并派员指导后，始能着手进行，早经中央规定于人民团体组织方案内。此次武昌总商会改组，既未履行上项手续，复不遵照中央最近公布之商人团体改组办法，行成立筹备改组委员会进行改组，迭经武昌市党部训令制止，仍不遵行，现武昌市党部为遵照中央法令暨维持政府威信计，已依据法令两次函请建设厅制止武昌总商会筹备改组委员会一切活动，听候派员指导改组矣，原函录后：

第一函。中国国民党湖北省武昌市执行委员会公函第六四号，敬启者，案查前奉中国国民党湖北省党部临时整理委员会训令开，为令遵事，案奉中央执行委员会第一〇二五九号训令内开，查商会法及工商同业公会法颁布已久，商民协会组织条例，亦经本会明令撤销，并限期结束在案，所有各地商人团体亟应依法改组，以符法制，兹经本月十九日本会第九十七，常会通过，各地商人团体改组办法三项如左：（一）浙江、广州、上海等省市，经呈准中央设立商人团体指导改组机关，其商人团体之改组，准依照核准之法规手续，在国民政府核定之期限内，一律办理完竣。（二）广东、广西、江苏、安徽、湖北、云南、贵州、南京、汉口、青岛等省市商人团体之改组，依照左列各款办理之。甲，商人团体之改组，须于国民政府核定之期限，办理完竣。乙，商民协会，须于奉到中央颁发本办法后半个月内，一律结束。丙，由当地党部指导原有商会加入商民协会之商店行号及法律规定应加入同业公会之商店行号，依据商会法及同业公会法改组之。（三）除一二两项规定外，其余省市商人团体之改组办法，特令仰该党部，依照规定办法，指导所属遵照办理为要。此令，等因奉此。除分令外，合行令仰该党部依照规定办法，指导所属遵照办理为要，此令，等因奉此。当以武昌总商会在敝会管辖区域之内，令行该会呈报最近情况，以凭派员视察后，指导改组在案，接据武昌市商民代表党员范鸿斌等，呈报武昌总商会，请予明令撤销前来。又经令饬该会停止改组委员会一切活动去后，兹据武昌总商会呈称该会筹备改组委员会，是遵贵厅明令办理，并据武昌市各业商号顺大等六十余家，呈请发给许可证，以便依法组织商会各等情到会。查训政时期，为使各地之商会组织及行动确实适合于三民主义之建国精神起见，在召集正式之设立大会以前，必须经过向党部申请许可及受党部指导承认之筹备期间,此本党中央第三十二次常务会议通过之新商会法运用之方法要点也。故十八年八月十五日国民政府公布商会法之条文,未曾设计党部之指导者,为法律当然之形式,而非脱离党部之关系,不宁唯是。在十八年六月十七日第三届中央执行委员会,第二次全体会议通过之人民团体的组织方案内,关于党部于人民团体之关系,有"本党对于依法组织之人民团体,应尽力扶植,加以指导,对于违反三民主义之行为,应加以严厉之纠正,对于非法团体,本党应尽力检举,由政府制裁之",关于人民团体组织程序有,"一、凡愿组织职业团体者,须有在当地有住所之发起人五十以上之连署,推举代表具备理由书,向当地高级党部,申请许可。二、接受申请许可之党部,应即派员视察党部认为合格时"等语,十八年十二月二日国民政府公布之人民团体设立程序案亦有如下之规定:"左列人民团体,均须遵照十八年六月十七日第三届中央执行委员会第二次全体会议议决之人民团体组织方案,所规定之程序,受党部之指导,方得依照现行各该关系之法规设立之一职业团体,农会工会商会等"。基此则人民团体与党部之关系,实已了然无疑,该武昌总商会改组委员之产生,既未备具上项条件,即属非法组织,敝会自应依法检举,矧武昌总商会为改组性质尤应遵照中央第九十七次常会通过各地商人团体改组办法第二项之丙点办理,除分别批示指令外,相应函达,贵厅查照希即转饬武昌总商会克日停止改组委员会一切活动,静候敝会派员指导改组实组党谊,此致湖北省政府建设厅。

第二函。径启者,查武昌总商会违法成立筹备委员会一案,前经本会依法检举,函请贵厅制止该会活动在案,兹据武昌市电料各业商会代表尹仲涛等呈称,为呈报事,案查本年七月三十日钧部批开,具呈人武昌商民代表党员范鸿斌等为武昌总商会成立非法筹备改组委员会,恳予明令撤销由一案当经批令即日撤销,该项非法筹备改组委员会等因。仰见钧部郑重方案之至意,顷接阅武昌总商会筹备改组委员会通启,仍继各同业公会即日改组完全,以便如期开选举大会等因准此。查该会既经批令撤销,何得又发通启催促各同业公会迅速改组,以便如期开选举大会,似此情形,实属藐法违令,若不从严惩办,则党权何在,而反动者屡见叠出,除将原发通启粘呈外,理合具文报请钧部,俯赐鉴核,赏准严令制止,并加以重惩,而昭炯戒,伏请钧部迅派干员组织指导委员会,以符定案,而期早日改组健全商会,公便党便等情。附通启一纸,据此。相应检同通启函请贵厅查照迅速制止该筹备改组委员会一切活动,听候敝会指导改组为荷。此致,湖北省建设厅。

(《湖北中山日报》)

12.武昌总商会定期开第一届改选会

(1930年8月19日)

武昌市总商会遵照新商会法,推定筹备委员会筹备改选,虽历未久,然以办事手腕之灵敏,至昨(十八)日一切均已将告完竣,并决定举行期间,发出通告文云:敬启者,本会遵照新商会法,订于本月二十一日上午十时,举行一届执监委员选举大会,为此函请贵代表,准时莅临,以重选改,至为盼祷。

(《湖北中山日报》)

13.工商同业公会指导员办事处前日开第六次常会

（1930年8月20日）

汉口市工商同业公会指导员办事处前日开第六次常会，出席人任维章、黄文植、蓝熙周、高伯常、罗相材，缺席人钱云阶、任汉臣，主席高伯常，记录朱杰。开会如仪。

报告事项。主席报告上次决议案执行经过及收发文件。

讨论事项。一、调查股提：奉查药材贩运业折药业情形，另有报告说明，请鉴核案。议决：交秘书室召集谈话后，再行核办。二、调查股提：拟订本股工作计划大纲并调查表，请审核案。议决：交罗指导员查核。三、指导股提：奉查汉口市匹头贩运业、编爆业、印染花布业、麻夏行业、经理保险业等章程意见，请鉴核案。议决：除经理保险业俟考虑后，再行酌定外，其余均照审查意见通过。四、指导股提：遵议拟定别无同业之商店会员登记证式样，请审核案。议决：交蓝指导员审核。

临时动议。一，调查股提：本处工作紧张，请登记股总务股主任，每日按时到处工作案。议决：由秘书室通知。

（《湖北中山日报》）

14.汉口银行公会为衍源庄购买华比银行上海银两一事致汉口总商会函

（1930年8月21日）

敬启者，接准来函反复证述，衍源庄购买华比银行上海银两一事，据贵会所持之议，华比银行应负交易责任。经敝会审慎考虑，以为华比银行与衍源庄间无契约之成立，则贵会所述之交易，该庄如受损失，只须希望该行买办偿还也，并希贵会留意通例，凡银行只能对于契约或文书确载有相当委托之行员签字者，方能负责。

此致

汉口中国总商会

汉口外国银行公会启

15.武昌总商会选举缓期

（1930年8月22日）

武昌总商会，遵照新商会法筹备选举第届执监委员，布置告竣，本定昨（二十一）日期会选举，临时宣布缓期，原因是未请省市党部指导及领得许可证，故省政府根据党部之函请，令其缓期举行，用录该会之通告于后：敬启者，本会订于八月二十一日改选，原是遵奉湖北省政府明令，积极进行，兹于本月二十日下午五时，又奉到省政府改期选举命令，自应遵令停止举办，为此函达，请烦查照，届时免予派员到会，一俟改订日期，再行奉闻。

（《湖北中山日报》）

16.湖北建设厅训令武昌总商会奉省政府指令转饬该会迅速呈请武昌市党部派员指导发给许可证书再行订期改选等因令仰遵照办理由

（1930 年 8 月 23 日）

为令遵事，案查前武昌市党部两次函请转饬该会停止筹备改组委员一切活动，听候派员指导。改组一案到厅，当经令饬该会呈请武昌市党部派员指导，并呈报省政府鉴核备案及函复在案。兹奉省政府中字第四零八八号指令内开呈及附件均悉正核办间，并据武昌县商会呈，为遵令订期改选请届时派员莅会监视，等情。查本府前准工商部咨复，以南漳县及武镇两商会改选一案已否遵照各地商人团体改组办法，申请当地高级党部指导，发给许可证书，未准声叙明白未便遽予备案，请饬查见复，以凭核办，等由。业经令行该厅饬查具复在案。此次武昌总商会改组事同一律自应援案办理，除函请湖北省党部临时整理委员会转饬武昌市党部派员指导，并指令该总商会遵照外，仰即转饬迅速呈请武昌市党部派员指导，发给许可证书，再行订期改选可也。此令，等因，奉此。合亟令仰该会迅速遵照办理，切切。此令。

兼厅长黄昌谷

（《湖北建设月刊》第 2 卷第 6 号）

17.各业公会应速改组成立，指导员昨函总商会

（1930 年 8 月 24 日）

工商同业指导员办事处，昨（二十二）函总商会云：查本市各业依法改组同业公会呈请成立者，为数寥寥，而尚未着手改组者，不在少数，敝处奉令指导，职责所在，业将尚未成立之各业，详细调查明了，除派员分途劝导进行改组外，兹将未成立各业，造册送请贵会，即希查照，转知各业于最短期间依法改组成立，勿任再延，并将敝处派员劝导情形，并为知照各业，妥为接洽，以免发生误会，是所至盼云云，并附未着手改组之各业名册一份，共计四十会（名单从略）云。

（《湖北中山日报》）

18.省整委会派员指导武昌总商会改组事宜

（1930 年 8 月 31 日）

武昌总商会，前定本月二十一日开一届执监委员选举大会，嗣因未遵奉中央颁布之人民团体组织方案办理，亦未请得市党部之许可，当即勒令解散，其情形已志前报。兹悉省整委会以该会为领导全市商民团体，亟应依照人民团体组织方案，组织成立，故特为重视，日昨派该部干事高玉峰同志前往指导改组事宜，以期早日成立，作全市商民之领导云。

（《湖北中山日报》）

19.汉市商会催缴市政公债之公函

（1930 年 8 月）

敬启者，案准汉口市政府财政局函开，径启者，查贵会与业主会分认市政公债二十五万，曾经依照两会联席会议办法设立公债收款处，派员向各业商挨户募收在案。兹查该处成立收款以来，将近一年，先后所收借款，计甲种印收洋十二万三千九百六十一元，乙种印收洋二十三万六千零九十一元，共仅收洋三十六万零五十二元，其余未收足之债款，计洋十三万元九千九百四十八元，纯系商户所欠，应请贵会负责，设法筹补，如数解库，俾符定案而济要需。相应函达，即希查照办理为荷，等因准此。查市政公债既经认缴有案，所有欠缴各户，应即一律补缴完足，以符定案，准函前因。除分知外，相应函达贵会，即希查照催收汇解为盼。

（《湖北省政府公报》第 107 期）

20.武昌总商会改选纠纷请求中央核示之电呈

（1930 年 8 月）

窃查武昌总商会于本年二月养日开全体代表大会，原系筹备改组。维时到会人数，不足三分之一，而各代表未依照商会法第二十七条行假决议，均纷纷散会。突有胡书城及前商协职员范燮亭，冒充筷帮代表张维武等三人提议，在未改组前，应组织清算事务所，举行清算会内前令账据。除同气三数人外，无在场附议者，遂即贸然成立。更于五月艳日，喝令该所盘据会内不识姓名诸人，将本会经管账卷及关防尽数抱走。自兹以后，改组进行因而停顿。迭经本会五十六帮代表周筱荃等，分别禀请省府建厅严令解散在案。兹奉省府令饬仍当进行改组，俟改组成立后，再行合法清算。嗣奉国民政府工商部通令，各商会统限八月删日前，依法改选成立各等因。先后到会，本会遂于七月寒日召集会议，复举定委员十三人负责改组，并推委员三人躬诣武昌市党部，请予指导。已蒙接受，惟在进行间，而市党部受胡书城、范燮亭等蒙蔽，忽于七月陷日令行本会，限三月内将历年账案移交该所，核算明白，据实呈报，勿得违延干愆，并一面勒令改选委员停止活动。本会即于八月冬日，将清算事务所种种违法组织经过，并应予维持改选理由，列呈市党部核示只遵去后。至今未邀指令，群情惶惑，莫知所措。商会改组，叠奉明令，谆谆敦促，自应依限办理，曷敢稍事违延。今遽被胡等假公便私，公然蒙请市党部勒令停止改选之活动，致使行将实现之武昌商会受巨大障碍。谁尸其咎，自有定论。惟本会奉令改组，责无旁贷，究应如何对待之处，伏乞迅电只遵。再前准全商联陷代电，本年五月十二日准四川成都总商会虞电略开，商会依法改组将届完竣，忽有李宝琛者借已奉令结束之商民协会，蒙请四川省党部指委会核准成立发起成都商会筹备处，请予转电制止等由。当经本会通电中央党部国民政府行政院工商部，请求制止去后。五月二十六日奉国民政府文官处五月二十二日函开，奉主席发下贵会删代电据成都总商会改组筹委会电称，该会筹备改组将届完竣，忽有李宝琛等借已奉令结束之商民协会，蒙请四川省党指委会核准成立发起成都总商会筹备处，实违商会细则第十九条之规定，转请迅电制止，并令成立总商会依法进行改组一案，奉谕送中央党部转饬制止，并电四川省政府令行该商会依法办理。等因。除分送并电四川省政府外，相应函达查照。等因。除函复成都总商会外,诚恐各处不少此种纠纷,相应通电查照。倘遇同样纠纷时,迅即录电分呈政府党部,遵照国府命令办理。至祈等因。胡书城等妨害改组行为,是否与成都虞电事实相类,统祈并案解释,俾得遵循,勿任迫切待命之至。

(《湖北省政府公报》第108期)

9月

1.商品检验局成立经过情形

(1930年9月1日)

工商部定于九月十六日举行全国工商会议,该部于事前通令所属各工商机关,草订各机关之成立经过,作为报告,由部汇集成编,以便在会议开幕时分发各出席代表作为参考,此间工商部汉口商品检验局,已将成立经过拟就报告呈部。兹探录其全文如下:汉口商品检验局成立后,工商部即令派吴司长建为局长,局内组织暂分事务及棉花检验两处,首先检验棉花。查汉口出口棉花,据海关统计,自民国八年至十七年,总计约为一千八百九十四万三千三百十七担,平均每年约一百八十九万四千担有奇,可谓出口货中之大宗,惟棉商大多贪图近利,掺水揉杂,希增重量,故施行检验时,即取缔掺和,尤以逐渐减低水分为急务,因事属初办,审情度势,不得不取循序渐进制度,故开验初期,定棉花含水量以百分之十二为标准,百分之十五为合格,如逾规定水分,即不准报关出口。而棉商拗于积习,咸以不便为辞,颇多阻扰,然欲铲除积弊,不能多所顾忌,当遵照部令及核准细则毅然实行。惟填发检验证书报关出口,按照手续,须由工商部咨行财政部,令知汉口海关遵照方能有效,而江汉关直至六月十日,始奉到财部令文,故于检验棉花因之至六月十二日始实行开验,开验以后,报检□包□布包,每日至少有十□□,□□□忙,曾□始料所□□惟检验机包,必须经折关手续,不特棉商方面以□□□□□本局棉检人员,亦常以改良方法为请。盖打包厂之用机器打包,收功极速,甲家之机包方竣,乙家之胚化续来,曾无片刻之停止,且厂中房屋无多,已成之包并无余地存放,往往数家堆集一室,甲家之货,或压在乙家之下,乙家之货,或堵在丙家之内,扦样时翻腾无地,挖取费时,所称不便,确是实情。故于九月起准棉商等之请求,改验胚棉,凡棉花已经成胚尚未打包,即可报请扦验合格,准其打包,不合则使其晒晾,或掺加燥花以减潮分。再予复验,此法既行,双方称便。盖各地情形不同,不能不因地制宜,稍予变通焉。是时沙市一埠,有人创设打包公司,本局鉴于沙市出口棉花,每年亦有六十万担之巨额,向皆运至汉口打包转口,故可在汉检验。现既设有打包公司,则沙市棉花,即可就近打包,直接装输出口,汉局无遥施检验之可能,若不亟设检验机关,则此验被否殊非施行检验之本旨。故呈部核准设立沙市棉检分处,派员积极筹备,于九月二十六日成立,十月七日开始检验,隶属于汉局管辖,当沙市分处成立之前,本局已奉部筹备桐油检验。查汉口出口桐油,年约五万余额,除洪秀油外,多数销售欧美,为提高品质,发展国际贸易计,亟须施行检验。惟桐油与棉花情形不同,棉花过潮则易于霉烂,而桐油则无论品质之优劣,均有相当用途,故于报验出口时,本局化验后,仅于检验书上加以评定,注明品质之高低,俾资证明,以定售价,细则批准,桐检处即行成立,十一月六日实行开验。嗣因审察各方情势,呈部修改细则,对于输出国外之桐油必须品质纯洁,始准出口,以维国际贸易信用,而免外人有所借口。至运销国内者,因用途上之关系化验后无论质品高低,如未掺杂劣质,仍照前定细则,准其出口。汉局成立以来,已阅一载,内部组织,已具规模,在外复有沙市分处,局务殷繁,日渐发展,职员亦日见增加,至每月检验费收入,除开支经费外,尚属吻合。现正积极筹备办理其他商品检验,一俟计划就绪,当即次第举行,以副工商部实行检政之初旨也。

(《湖北中山日报》)

2.国定税则沪汉商人吁请颁布

(1930 年 9 月 5 日)

本报汉口电,汉实业团体以现行海关税则,试行期满,将电中央请颁国定税则。本埠消息,中华国货维持会日昨电呈国府行政院各部请实行国税则,略谓据属会执委沈叔瑜同志建议,请电呈国□,对于海关实行国定税率,迅予公布定期实行。经后交十九届第二十五次执行委员会议决通过在案,伏查现□一关所行临时税则,本定试行沪年,刻已届满,亟宜用海关保护国货贸易政策,定行颁布国定税率,借以保育国货之发展,而塞巨大之漏邑,理□□电恳请钧府院部察核俯准施行,克期颁布,以慰工商而救财尽,不胜迫切待命之至。国闻社云,财政部裁撤厘金,公布国定新税则,原定本年十月十日实行,现时距离实行之期不远,关于裁厘金后抵补税收等办法,虽在积极筹划之中,然事极重大,绝非短时间内所能实行。故确定施行日期,颇有展缓之势。国闻社记者昨曾访晤财部某主管长官于中央银行,询问此事之真相,据云:现时军事尚未结束,各省裁厘军事上颇成困难,虽间补抵厘金之善后方法,然军事方殷,各省多未能入手进行。既江苏省虽已入手进行,但实行之期当难臆断。故就目前现状而言,预定本月十月十日之实行期,万难如愿云云。是以裁厘及公布国定新税则,必须延期至二十年云。

(《民国日报》)

3.汉商会借款应募关券

(1930 年 9 月 13 日)

(汉口)汉商、业两会以开券百万,向省银行押借五十万,□闻募关券,已签字。省行十五日交款,即解库。

(《新闻报》)

4.湖北省政府训令建设厅准工商部咨商会公会改组期限展缓六个月一案兹奉院令准立立法院咨应毋庸议等因令仰转饬遵照由

(1930 年 9 月 26 日)

为令饬事,案准工商部商字第一二六五九号咨开,为咨行事案查商会及工商同业公会改组期间,再行展缓六个月一案。前据全国商联会等电呈到部,当经据情提请行政会议议决,咨送立法院议在案。兹奉行政院第三二一五号令开,为令饬事,案据该部提议请将商会及工商同业公会改组之期,一并展期六个月,等情。经院议决,送请立法院审议,并指令知照在案。兹准立法院第九六号咨开,案准国民政府文官处第四六五零号公函开,奉国民政府交下全国商联会删代电,为商会改组应否依照人民团体组织程序,先由党部许可,经呈工商部转呈行政院咨请司法院解释。迄未奉复商会法规定改组期限为一年,现在仅存一月之短期间,实属无法办理,应恳将商会法第四十二条改为一年六个月,并迅赐解释,俾便通知遵照。案奉批分交行政、立法两院,等因。除原电业,据分陈不再抄送,并分行外,相应函达查照,等由。当经令行商法起草委员会委员马寅初核明具报,嗣准贵院第一六八号咨同前由,并以各省市商会改组办法,有甫经中央核定者,有尚未奉核定者,辗转行文一月之期势难办理完竣,似有展期之必要。惟修改法文权属贵院,除关于解释商会改组程序一项另案办理,相应咨复查照议定见复,等由。又准贵院第一七九号咨请将商会及同业公会改组之期,一并展缓六个月一案,咨请查照,并案审议,等由。到院迭经先后令行商法起草委员会委员马寅初并案核复各在案。嗣据呈称遵查原有商会及商会联合会之改组期限,前经本院修正商会法四十二条予以延展。在该项延展期内,从或尚有多少数,事实上未及依法改组亦仅可依照同法第六、第七等条规定之设立程序办理,似未便牵就事实,再三修改条文致损法律之确定性所请再行展期六个月之处,应毋庸议呈请鉴核,并候提交大会公决。前来于十九年八月三十日,本院第一百零七次会议议决,照审查报告通过,除呈请国民政府鉴核外,相应录案,咨复查照,等由,准此。合行令仰该部查照办理。此令。等因,奉此。除呈复并分别咨行外,相应咨请查照,迅予转饬遵照,等因准此。除咨复并分行外,合行令仰该厅,即便遵照,并转饬所属一体遵照。此令。

主席何成濬

(《湖北建设月刊》第 2 卷第 7 号)

5.湖北省政府建设厅训令各商会各纱厂为遵令转饬筹备出品运赴首都国货陈列馆展览由

(1930 年 9 月 29 日)

为令遵事,案奉湖北省政府中字第四九四八号训令内开,案准工商部商字第一五六五三号咨开,查本部国货陈列馆于本年五月间举行国产丝绸展览会,征集各省市丝绸出品分部陈列颇具规模,以引起社会人士之注意。本部以棉织品为民众服用所必需,销场较广,价格较廉,且为黜奢崇俭起见,亟应继积举行棉织品展览会,以资劝道,而利观摩。前经令饬国货陈列馆,相度时期办理在案。兹据该馆呈报定于本年十月十日,举办棉织品展览会,拟订章程及征品规则,呈请鉴核。前来查核所订章则大致尚妥,业准照办。除指令外,相应检同首都国货陈列馆棉织品展览会章程暨征品规则,咨请贵省政府请烦转饬所属主管机关,暨棉织业团体筹备出品运京展览为荷,等因。附送首都国货陈列馆棉织品展览会章程暨征品规则各一份,准此。除咨复暨分令外,合行抄发原附件,令仰该厅即便转饬所属遵照办理,并具报备查,此令。等因,奉此。查前项会期迫促,除分令遵照并呈复外,合亟抄发首都国货陈列馆棉织品展览会章程及征品规则各一份,令仰该遵照,迅即筹备出品,直接运京交会展览,切切。此令。

附抄发工商部国货陈列馆棉织品展览会章程及征品规则各一份(见法规栏)。

兼厅长方达智

（《湖北建设月刊》第 2 卷第 7 号）

6.汉市党部委员单成仪谈整理市民众团体之意见

（1930 年 9 月）

兄弟自奉中央命令来办理党务，即考察各民众团体办理，似觉太无成绩，只以湘事发生，一切反动分子麇集武汉，希图煽惑暴动，故尔展缓施以整顿。现各反动首要次第就擒，武汉治安日臻巩固，拟遵照中央法令积极加以整理。不过现在办理民众团体，实难昭信，仰只缘一般人鉴于民十五六年的覆辙，觉得民众运动是带有危险性的，似乎应该停止。殊不知本党革命并不是不要民众，所以我们要继续革命运动就不能离开民众活动。不过民众的特殊活动却要加以限制，大约民众活动可分三种：（一）是民众组织；（二）是民众运动；（三）是民众训练，这三种都是包含在众活动之中民众运动，是民众活动的一部。有一般人将民众运动与民众活动混为一谈，因为要提停止一部分有危险性的民众运动，竟连民众组织和民众训练都似乎要停止才好，这是未将民众活动分析清楚而发生之错误怀疑。所以本党革命除关于有危险性的民众运动予以停止外，对于民众组织和民众训练不但不能停止，而且扶助其进展。关于工人团体，现拟遵照中央所颁新修正工会法，切实改组，将各业工会各派改组委员若干人，由民训会直接格派指导员一人，除指导切实组织训练外，并严防把持的恶习。如有把持的行为，定当根据党的纪律严加惩处。关于青年妇女的组织皆任其自动组织，由党部扶助其发展。至于商民协会，现已停止。惟着手组织商会，不过这种商会的组织较以前商会组织不同，因为过去店员组织归入工会系统，在两湖实成为破坏工商联合战线主因之一。店员工会有时占领了商店，逐出店主，商民于是对工会发生怨恨，店员既没有营业上的信用，资本运用又不灵敏，结果商店破产，店员亦因而失业，故现在各业店员店主组为同业公会，并已由民训会设一指导员办事处指导各业公会再组织商会，方免蹈以前的覆辙而谋获共同的利益。再关于过去一切劳资纠纷皆由党部政府会同解决，致使一般民众认为党部是纯粹代表资方利益的，发生许多误会，现中央为谋救济起见，将劳资纠纷的调解划归政府办理，至仲裁（按劳资纠纷处理法有一方不服调解者即付仲裁）方由党部政府会同解决。

（《湖北省政府公报》第 112 期）

7.行政院为商会及工商同业公会改组期限展缓案应毋庸议令工商部转行知照

（1930 年 9 月）

为令饬事，案据该部提议请将商会及工商同业公会改组之期一并展期六个月等情，经院议决议请立法院审议，并指令知照在案。兹准立法院第九六号咨开，案准国民政府文官处第四六五〇号公决函开，奉国民政府交下全国商联会删代电，为商会改组应否依照人民团体组织程序，先申党部许可，经呈工商部转呈行政院咨请司法院解释，迄未奉复。商会法规定改组期限为一年，现仅存一月之短期间，实属无从办理，应恳将商会法第四十二条改为一年六个月，并迅赐解释,俾便通饬遵照一案,奉批分交行政司法两院等因。除原电业据分陈,不再抄送并分行外,相应函达查照等由。当经令行商法起草委员会委员马寅初核明具报。嗣准贵院第一六八号咨同前由,并以各省市商会改组办法,有甫经中央核定者,有尚未奉核定者,辗转行文一月之期,似难办理完竣,似有展期之必要。惟修改法文权属贵院,除关于解释商会改组程序一项另案办理外,相应咨复查照议定,见复等由。又准贵院第一七九号咨开,请将商会及同业公会改组之期一并展缓六个月一案,咨请查照并案审议,等由,到院。迭经先后令行商法起草委员会委员马寅初并案核复各在案。嗣据呈称,查原有商会及商会联合会之改组期限,前经本院修正商会法第四十二条予以延展,在该项延展期内,纵或尚有少数事实上未及依法改组,亦仅可依照同法第六、第七条规定之设立程序办理,似未便迁就事实,再三修改条文致损法律之确定性,所请展期六个月之处,应毋庸议,呈请鉴核并候提交大会公决。前来,于十九年八月三十日本院第一百〇七次会议议决,照审查报告通过,除呈请国民政府鉴核外,相应录案咨复查照,等由,准此。合行令仰该部查照办理。此令。

(《湖北省政府公报》第 112 期)

10 月

1.市民训会常委单成仪谈整理工人团体步骤

(1930 年 10 月 3 日)

汉口市党部民训会常委单成仪,自就职以来,即积极计划,分别改组整理各民众团体,关于整理意见,早经本市各报揭载,记者昨晤单氏,询以刘于整理工人团体情形,当蒙一一见告,兹披露如次:汉市工人均鉴,于以前的覆辙,对于公会殊少信仰,而领导者又不得人,是以整理将近一年,咸属有名无实,兄弟本拟即遵照中央新修正之工会法,将各业工会各派改组委员若干人,再由民训会各派指导员一人,现在考察各业工会内部情形,极不一致,若不慎重将事,猝然一体改组,诚恐蹈治丝益棼之弊,现拟分三个步骤,次第施行。第一步:先由民训会各派组织指导员一人,指导员的人选,由兄弟详细考核,与各该业工会人地相宜,而一切进行均无阻者,方始派充。第二步:各业工会由各指导员,负全体责任,将过去流弊及现在进行困难的一切主因,用客观的眼光作精密的调查,再由民训会统盘筹划,考核原任各工会整理委员的成绩经验,分别派充改组委员,着手整理,方能收对症施药,直趋捷径,免走歧途之效。第三步:各业工会既经改组以后,由改组委员负责改组各分会,并切实加以整理,由民训会以至各分会各工友,能达到如身之使臂,臂之使指,运动畅然,工人团体,方能得到良好的结果。单氏谈至此,并云各业工会指导员,业经派就,仅棉业肥料照料等三工会指导员,未经委派云,兹将各指导员姓名披露于此:车业工会指导员单成仪、码头业工会指导员倪元、泥木业工会指导员杨惊和、酒饭面馆业工会指导员杜贤达、五金业工会指导员方承焱、理发业工会指导员柯愈珊、粮食业工会指导员江署生、制茶业工会指导员袁告成、旅栈业工会指导员杨惊和、厨业工会指导员江署生、烟草业工会指导员袁告成、洋行业工会指导员彭开智、煤业工会指导员田种玉、火柴业工会指导员田种玉、洗染业工会指导员陈之光、猪鬃业工会指导员高朗、屠宰业工会指导员程振声、水电业工会指导员胡元寿、面粉业工会指导员张义胜、纺织业工会指导员敖长焕、缝业工会指导员马浩然、鞋业工会指导员陈之光。

(《湖北中山日报》)

2.民众团体经费须遵照省府议决办理

(1930年10月5日)

湖北财政厅昨训令各县财政局局长云,为令遵事,案奉湖北省政府护字第六七七六号指令本厅呈一件,据蒲圻县财政局长呈复,擅请加捐,禁止报厅一案,附呈议案税率表,转请核示由,内开呈暨附件均悉,查此案曾于本年二月,准省党部临时整理委员会函,请转饬各县市政府及财政局照拨各县市民众团体经费等因过府,当经提交本府委员会第三次会议议决,以各县公款,均已指令用途。现在财政支绌,更属无款拨给,请省党部呈请中央指定,由何项开支抵解,本府再行照办等语,函复并记录在卷。兹据来呈,该县所拟在麻捐项下,附加民众团体经费一节,既与本府议决案不符,又不呈奉核准,即行擅自征收支付,殊为不合,其已经挪付之一千九百五十元,姑照所请,准征全年底为止,归还结报,以后务须遵照停止,以符定案,仰即转饬遵办,并录案通行各县市一体遵照为要,此令。附件存,等因奉此。查各县民众团体经费,前经省政府委员会议决,无款可拨,久经通行遵照在案。兹奉前因,除另饬蒲圻县财政局遵照并分行外,合行令仰该局长,即便遵照办理勿达,切切此令。

(《湖北中山日报》)

3.人民团体理监事宣誓规则

(1930年10月10日)

国民政府六日训令直辖各机关云:为令遵事,案奉中央执行委员会第一五三零四号函开,查人民团体理事监事之就职,例须宣誓,其手续应加规定,以资遵循,兹经本会第一零九次常会通过,人民团体理事监事就职宣誓规则八条,除令各级党部转行遵照外,特检同该项规则一份函达,即希查照,转行所属主管机关知照为荷等因。附宣誓规则一份,准此。经提出本府第九十六次国务会议决议,转行各机关遵照在案,处函复外,合行抄发上项规则,令仰知照,转饬所属一体知照此令。

附人民团体理事监事就职宣誓规则(十九年九月十八日第三届中央执行委员会第一零九次常务会议通过)

第一条,各地人民团体理事监事就职时,须依照本规则之规定宣誓。

第二条,各地人民团体理事监事宣誓时,须经当地高级党部及主管官署派员监誓。

第三条,各地人民团体理事监事宣誓时,由宣誓人举右手宣读誓词,监誓员出席监誓。

第四条,各地人民团体理事监事之誓词如下:“余谨以至诚,实行三民主义,遵守国家法令,忠心努力于本职,如有违背誓言,愿受严厉之制裁,谨誓。”前项誓词由宣读人签名。

第五条,各地人民团体理事监事宣誓后,应将誓词汇呈当地高级党部备案。

第六条,各地人民团体理事监事之就职宣誓,如有特殊情形,得填写誓词,汇呈当地高级党部备案。

第七条,凡人民团体等于理事监事之人员,其就职宣誓准用本规则之规定。

第八条,本规则由中国国民党中央执行委员会决议施行。

(《湖北中山日报》)

4.房客联合会请求备案不准　社会局常会昨议决

(1930年10月18日)

昨(十七)日上午十时,汉口市政府社会局,在该局会议室开第二十二次局务会议。出席人:蒋树芬、周小溪、贺条尘、徐则曾、蒋定一、张海宇、高启圭、徐靖、胡慎仪、张介僧、史直书、周荣亚、杨在春、黄季伟;列席人:李锦公。主席杨在春,记录吴醒尘,开会如仪。

报告事项。一、主席报告。二、秘书及各科科长报告处理事务,暨执行第二十一次例会议决案之经过(略)。

讨论事项。一、据市民白步青等呈请,组织汉口市民房屋租客联合会,恳备案示遵等情,应否照准,请讨论案。(议决)不准。二、为宏大转运公司股东代表程树亭等,函请召集股东会议,解决纠纷,以全命本一案,究应如何处理,请讨论案。(议决)召集双方谈话后,再行办理。三、据合作指委会常委李锦公呈称:养成所毕业学员实习规则,业经常会审查完毕,请交议施行等情,是否可行,请讨论案。(议决)推丁寿石、徐靖、蒋树芬会同李委员锦公审查,由李委员召集。四、为鞋业同业公会等十六会开会成立,事先未经呈请本局备案,准民训会函称:业经行营核准,应如何办理,请讨论案。(议决)推张介僧、周小溪向民训会接洽。五、文家嘴等码头划户,恳准加增渡资,出示通告一案,究应如何办理,请讨论案。(议决)函商水上公安局办理。六、(略)。七、奉内政教育部令颁二十年国民日历,应如何召领仿印,以资推行,请讨论案。(决议)会同教育局办理。

审查报告:一,审查修正新闻机关立案规则立案表及取缔规则报告书(审查人高启圭、胡慎仪、徐则会)。(决议)照审查报告通过,并呈市政府核示。

(《湖北中山日报》)

5.禁止洋商加入商会省　商联会通令各县市

(1930年10月19日)

湖北全省商会联合会,昨日转知各县市商会云:径启者,奉湖北建设厅贞字第二三四号训令开;为令遵事,案奉湖北省政府中字第五零八零号训令开;为令遵事,案准工商部商字第一二九六六号咨开;为咨请事,案奉行政院第三三八零号训令开;为令知事,准国民政府文官处第五七零一号公函,顷准中失训练部为第一零六二八号函,据浙江省执行委员会训练部呈,据该省商人组织统一委员会呈,为洋商登记事宜,转请规定办法等情。查洋商加入商会,于法抵触,应予不许,除指令外,抄呈函达查照,等由准此。经即转呈,奉主席谕,交行政院分饬知照等因。除函复外,相应抄同原附各件,函达查照办理等由。计抄送原函及抄呈各一件。准此。除令知浙江省政府外,合行抄发原附各件,令仰该部知照,此令等□□并附发原函及抄呈各□件到部奉此。除呈复并分咨外,相应抄附原附件,咨请查照,据饬遵办等因。附抄原发函呈各一件,准此。除咨复外,合行抄发原件,令仰该厅遵照,转饬所属遵照办理,此令,等因。计抄发原函呈各一件,奉此。除分令外,合行令发原函呈,令仰该会遵照,转饬所属各商会一体知照,此令等因。计印发原函呈各一件,奉此。除分函外,相应印附原函呈,函达查照为荷云。

(《湖北中山日报》)

6.汉口市总商会紧要广告

(1930年10月23日)

径启者,查本会前以政府对于各帮历次借款迄未偿还,曾经推举代表赴京呈请设法清理,以恤商艰。请愿经年始蒙财政部核准定为甲、乙、丙三种办法,分别清理在案。除甲债性质为旧债中之属于地方者是由湖北省政府另案办理外,其乙债性质为旧债中之属于国家者(如三机关借款镇守使署借款及鄂岸盐税借款等项),至丙债性质为国民政府到汉后所借新债(如鄂岸盐税借款之一部分以及编遣借款卷烟税借款等项)。所有乙、丙两债清理办法均由财政部核准,以十九年关税公债票分别偿还。属于乙种债款是三元还一元,属于丙种债款是一元还一元。现在该项关税公债票以及具领到□,自应着手办理。惟查上开鄂岸盐税借款一项,照财部之规定,虽有乙、丙两种之分,然当日本曾经手转借原系整个办法,此时还款似不便有所区别。爰于十月九日召集有上项各债关系之代表开会,报告前,并在会议时间提经公决,此项盐税还款,无论属乙属丙均案债额每千元一律扯作六□五六照数拨还,以昭平允。至各帮借款零数较多而公债票面至少之额,亦为百元,诚恐偿还时不便于分配,已议定由本会将百元债票提出若干,按照市值变易现金,以便将来遇有零数之款即以现金照市折合,分别找给。以上办法均经是日到会各债代表一致通过,记录在卷。一面由本会组设之清理乙、丙债务委员会,将关于发还债票应备手续分条议定,兹将附录于后,以便周知,并请各业中凡执有本会原给上项借款各收条者即日来会登记以凭核明债额,按照议定办法,分别拨还债票,早资结束,俾利进行。除另函分知各帮外,用特登报通告,即希查照为盼,此请公鉴。附录议订给领债票各项手续。(一)前项公债票除由各帮已将本会原给借款收据径售银行批注过户,并由承购各银行按照下述补息补红票各办法如数扣去债票外,计本会实领回债票原额是一百零五万一千三百元。惟内有中签红票应得洋四万八千五百元,曾经领到本应按数提出,兹为合成债票原额,以便核计起见,已照数购买债票四万八千五百元,以之填补。此票是照市价六折合算计洋二万九千一百元。除此属外,尚余红签洋一万九千四百元,应照领回公债票面一百零五万一千三百元之原额。于各户领取债票时,每百元补给洋一元八角四分五厘,以昭核实。(一)前项债票第一期息银,已由本会代为照数兑回应于各户领取债票时每百元并补给第一期之息洋四元。(一)关于卷烟税借款一项从前借出时,曾经订立合同计算利息。现在财政部发还此项借款计公债票三十三万元,并发给利息,计公债票二万一千九百元,将来本会分还有此项借款各户时,自应按照三十三万元债额,将应得利息每千元计摊分六十六元三角六分三厘本利债票一并给领。(一)领票各户于所领债票其票面不及百元者即由本会暂按市价六折计算,照数折给钞洋。(一)本会为上项债务推举代表一再赴京请愿,所有支用旅费以及邮电登报、印刷等项,需用各款经清理乙、丙债务委员会审查明晰,应按公债票面每百元摊给洋五角五分,以资归垫。

(《湖北中山日报》)

7.公会名称上应冠名“同业”二字,省训部令所属遵照

(1930 年 10 月 23 日)

省训部奉到中央训令,对于各公会名称,应于公会之上,冠以“同业”二字,特训各县市党训练部云:为令遵事,案奉中央训练部训令内开,为令遵事,案查商会法施行细则,工商同业公会施行细则,前经工商部修正公布,并检送该项细则到部当经检发该项修正细则到部,令仰该部知照在案,旋据该部呈为修正工商同业公会法施行细则第一条规定公会之名称,与第九条规定公会之图记不一致,请令遵等情,当以事关解释法律,抄呈函请司法院,查照解释见复在案。兹准复称,查此项修正条文,是否善印错误,经函请工商部查复。去后,兹准函复内开,查工商同业公会法施行细则第十一条规定公会之名称,确是某地某业同业公会字样,此次奉令修正,因临时油印,致将公会之上“同业”二字脱漏,准函前因。除另案分别咨令更正外,相应函请查照,“转函更正,等由前来,相应”转饬知照,等由到部。除分行外,合行令仰该部知照,并转饬所属,一体遵照,此令,等因奉此。除分令外,合行令仰该部知照,并转饬所属一体遵照云云。

(《湖北中山日报》)

8.汉商会函请军警机关严缉抢匪

(1930 年 10 月 25 日)

本市小关帝庙安和钱庄,于前二十二日被抢后,该庄东即将被抢情形及所受损失,报请堤口下段商团保安会,函请汉口总商会转呈军警机关严缉法办。其函云,顷接敝会职员李益臣报称,益臣与伙友设立安和钱庄,向住堤口下段保安会孝关帝庙前进门面,营业无异。不料于十月二十二日下午五时半许,忽有抢匪四人,突到银房,并有数匪拦住门口及左右侧门,约十余匪,匪徒均是长衣大帽,各执手枪,将店伙逼入房侧,强令管钱人将银箱打开,任其将申钞银洋一万五千余元,金镯二对,金锁一把,金链一根,一并包出。此时并有保安会会丁在门首,亦被该匪等多人,在房外用手枪逼迫,不许移走声张,抢毕饱载而去。店伙及会丁即紧报公安局岗警跟踪追捕,乃岗警受伤,匪均远逃,务恳代报军警,即予侦查拘办等情,并抄失单一纸到会,据此。查该安和被抢,情形属实,除分别呈报外,相应函请贵会,迅予转请侦查拘办等语。闻汉商会准函后,决函请武汉警备司令部暨市公安局严缉抢匪,以安市愿云。

(《湖北中山日报》)

9.汉总商会为请修改美国新订税则征询各同业意见函

(1930 年 10 月)

径启者,案准工商部汉口商品检验局第六七号公函开;径启者,案准工商部上海工商访问局函开;径启者,敝局前以搜阅美国加利福尼亚大学商科主任所论,美国新订税则与中国出品商业之关系一文,其增加税率之点影响我国将来对美贸易,至为重大,并谓中国商人对于此次

美国新颁布之进口税则，如有认为不满意，尽可函美国税则委员会声请修改等语。查中国货品速销美国市场者，以生丝为最，其次则桐油、羊毛、棉花、猪鬃、肠衣、毛皮、茶业、地毯、蛋白、蛋黄、冰冻蛋、干蛋、锑花、边发网、带壳花生、去壳花生、花生油、豆油及草帽鞭等，按照美国统计一九二九年共值美金一八二.七兆元，占美国进口货总额百分之四点一。近因金贵银贱，对外贸易已受无形之损失，而美国新订税则，对于进口华货，更欲提高税率，则商业前途何堪设想？曾于八月二日据情呈部，请将美国新订税则准予声明修正，通令各省直辖机关转行各商会知照在案。顷奉部指令内开，呈件均悉，此案若由部令转各地商会研究，未免费时过久。查生丝、桐油、棉花、生产豆类等项商品，系由本部指定各地商品检验局，分别施行检验之商品。各检验对于该项商品之出品数量与货值，皆有相当研究。仰即经由该局会同上海商品检验局，并分函津、汉、青、粤四局，分别就近召集当地各该业商人慎密研究讨论，结果汇集呈部，以凭核办。此令。附件存。等因。除会同上海商品检验局办理外，相应检同原论一文一纸函达查照，希即就近召集当地各该业商人慎密讨论，结果并乞见复，以凭汇报为荷。等由准此。查此案于我国出口商品关系至巨，自应出以毅力请其修改，俾可逐渐发达。事机紧迫，相应函请贵会查照，迅速召集各该业商人讨论办法，克日见复，以凭转复办理是荷。等因准此。查贵业系出口商品之一，对于美国新订税则，应如何转请修改，俾便发展国际贸易之处，即请查照，从速拟具办法，详细见复，以凭汇案核转为盼。除分函外，此致。

（《湖北省政府公报》第 113 期）

11 月

1.各业公会亟应从速成立

（1930 年 11 月 28 日）

市社会局以汉口总商会改组日期，早已逾限。拔厥原因，实由各业商会多未按照法令手续，办理完竣。昨特令催汉商会，转饬各业按照法令手续，赶速成立同业公会，以便商会早日成立。其训令云：为令遵事，查商会改组，早已逾限，迭经本局令催，赶速成立各在案。只以各同业公会改组，尚未完竣，致商会之成立，因以稽延，拔之功令，殊有未合。为此令仰该会遵照，转饬本市各公会各商帮遵照，凡已经成立之公会，手续尚未完备者，应即补完。其已经核准，尚未成立及未改组之各业商会，均须按照法令手续，赶速筹备成立。毋再违延，以便商会早日成立，而臻健全，是为至要。此令。

（《湖北中山日报》）

2.汉口市总商会、汉口市业主会启事

（1930 年 11 月 30 日）

径启者，敝两会为协助市财政局办理户地清查一案，曾将各业主所述填表困难情形，并逐

条签注意见，会函财政局请其准予按照契载与现状分别填报各在卷。兹据财政局复函，照准，特公决制就填表须知俾有依据，凡有疑虑各户，希径赴清芬二马路业主会取阅，并盼按有清丈员订期丈量通知者准时前往指丈，案关公令产权幸勿观望延误。是为至祷。此启。

（《湖北中山日报》）

3.汉口市华洋百货业同业公会批发同行通告

（1930 年 11 月 30 日）

本年国历年终结账国府早经明令公布在案，凡与我同业往来各号务请遵照明令一律于国历年终结束，恐未周知，特此通告。

（《湖北中山日报》）

4.汉口市华洋贸易业同业公会筹备会举行同业登记通告

（1930 年 11 月 30 日）

本会奉令筹备所有登记会员手续业经发有敬告汉口华洋贸易业同人书，并附登记表委托书各份，请各同业按照规定栏内照式填明，限接到之日起七日内，以每日下午三时至八时送交十署两仪街十七号。本会以便登记，而利进行各在案。惟时日促迫事关重要，恐尚未及周知，故再登报通告，请各同业照所发书表开例各项，即日填交本会，幸勿观望自误。特此通告。

（《湖北中山日报》）

5.汉口棉商之呼吁，为检验出口棉花问题

（1930 年 11 月）

汉口棉业，占全市商业之中心。湖北之沿襄沿江一带，以及湖南常德等处，产棉区域，麇集汉口，故汉口组绒遂为上海纱布交所贸易之标准。该埠棉业计分三帮，一为旅汉棉业公会（俗称黄帮），系各地运货到汉求售之集团。一为汉口棉业出口商会（俗称申帮），系在汉采货运沪之集团。一为棉花行业公会（俗称行帮），系买卖两方之居间业。该埠近年除本年纱厂用棉约六万担外，据江海关报告，运输出口者，辄在二百万担左右。输往国内者，系即汉口棉业出口商会所经营。其输往国外者，则日商洋行居其多数。工商部以汉口营业，既握全国棉市枢纽，为提倡国际贸易起见，爰于十八年六月设立汉口商品检验局，委员吴健为局长，首先实施检验棉花。开办以来，仅办出口检验，未办进口检验。潮分以百分之十四为标准，并定至民国二十年减至百分之十二为标准，不及标准者不许报关。其不合格之棉花，每三日后，不论阴晴务须复验。其凭单以出口为限，若货到上海仍须复验。棉商以汉口气候、地质之关系，认为十二斤之标准除夏季外，万难办到。而不验进口，尤使出口商以不便，赴局向吴局长请愿，且出口商向以押汇为流通金融之工具，今一货须滞兼旬，则周转不灵，营业尤遭打击，多有弃业返沪者。致十八年下半年检验局成立后，输出总额仅七六五・九〇〇担。较诸十七年下半年一・三二二・八〇〇担，只及百分之五十七。遂于本年夏季具呈工商部，八月间经部派杨铎往查，归呈复甚详。孔部长据呈后，当经训令该局长，严行彻查。兹棉商以秋季已届，新棉上市仍无圆满结果，

决计束装返沪。出口商会，则已续向工商部请愿。兹闻工商部又经派员赴汉详查云。

(《钱业月报》第 10 卷第 11 期)

12 月

1.汉商会积极筹备改选

(1930 年 12 月 3 日)

汉商会改选一节，对于法令及一般需要，似有赶急成立之必要。惟各业商会，尚多在筹备期间，未能如期成立，是为改选之基本问题，现在商会改选筹备员，一面函催各同业公会改组，一面分股筹备一切，其最感困难者，厥为会址时为军队占驻，滞碍横生，该会准备分呈行营及市政府准予重申禁令，维护改选办公地点云。

(《湖北中山日报》)

2.湖北建设厅训令湖北全省商会联合会奉省府训令以铁道部定期举行全国铁路运价会议特先征询关于运货各项意见等因转令调查复以凭查核汇转由

(1930 年 12 月 4 日)

为令遵事，案奉湖北省政府中字第五六四五号训令开，案准铁道部咨开，为咨请事，查铁路运价至为重要，运价适宜与否，不特与铁路之业务盛衰有关，即国家经济民生状况，以及实业之进展，商务之发达，亦莫不有重大影响。我国国有各铁路货运价格施行以来已十余年，因时变世迁，该项运价事实上已不甚适。川为维持铁路营业，计为发展工商实业，计该项运价实有从新改订之必要。本部现定于明年一月十五日召集各路代表，并邀致与铁路有关，各机关如财政、内政、军政、农矿、工商各部，以及各省市政府、各地商会等，举行全国铁路运价会议，借将现在运价从新改订，为此咨请贵厅查照，届时派员出席，并先行转饬贵辖各商会。盖本年十二月二十日以前，将各该地农产、工业及其他货物产销情形，水陆运输情形，以及对于铁路现定运价之意见详细调查核议，呈送来部，俾作会议之根据。并饬派员，届时出席，借取集思广益之效。事关国计民生，尚希查照，迅予转饬办理是荷，等由，准此。除咨复外，合行仰该厅，即便遵照办理具复，此令，等因。奉此。查全国铁路运价会议期限甚为迫促，奉此，前因。除此令武昌、汉口两商会、湖北全省商联会及汉阳县商会遵照复外，合亟令仰该联合会遵照务将本省地农产、工业及其他货物产销情形水陆运输情形，以及对于铁路现定运价之意见详细调查核议，限本月十五日以前呈报到厅，以凭查核汇转，毋得迟延，切切，此令。

兼厅长方达智

(《湖北建设月刊》第 2 卷第 9 号)

3.本市各业商店筹设盗铃

（1930 年 12 月 15 日）

市公安局前为防范盗匪，敏捷消息起见，曾于各大商店，安设电铃，不过为数无几，盗匪仍得乘机，市府现拟设立一筹备委员会，普遍安设，俾盗匪消弭于无形。兹将拟装设电铃之各业商店，抄录如次，银行，水电公司，钱庄，烟草公司，绸缎呢绒，戏院，典当，电影院，古货，游艺场，参燕业，金银业，保险，钟表眼镜，转运，旅栈，堆栈，特业，面粉厂，海咏，纺织厂，医院，书店，药材行，电料行，中药店，西药房，五金，锡货，铜器，各工厂，衣庄，鞋帽，精盐，细丝，糖业，制革厂，火柴厂，制蛋厂，碾米厂，制冰厂，茶栈，造纸厂，酒厂，玻璃厂，肥皂厂，牛皮行，山货行，颜料，精坊，染店，磁器，报关行。

（《湖北中山日报》）

4.武昌市商会筹备员昨日产出

（1930 年 12 月 17 日）

武昌市商会各发起人，于前日开会讨论筹备事宜，到发起人七十余。市党部委员李国器、傅光海等，均参加指导。由范燮亭主席报告：谓是遵照立法院新颁发令，发起组织市商会，以谋商民利益，已经党部发给许可状，即应推定筹备委员着手筹备，而人选标准，并不在乎资产之大，只求其热心努力，与乎公正廉明而已。随由李国器等训词，即从事推选筹备委员。其方式是一人推举，五人附议，再付全体表决。计被推当选者二十一人，并呈报党部政府备案矣。其当选人□牌号如下：郑希文（万盛祥）、胡书城（刘有余堂）、胡海清（胜□米行）、尹仲涛（昌记电料公司）、黄巨封（鸿发转运公司）、邬海清（邬鸿泰铜货号）、陶柳溪（华洋大旅社）、苏汰余（裕华纱厂）、吴炳臣（德大昌匹头）、李厦千（中西大药房）、舒文钦（胜兰齐香庄）、冯伟臣（德泰永）、叶鸣声（武豹汽车公司）、冯惠安（冯正与铜货号）、张继武（源利炭号）、范燮亭（燮记照相馆）、陈松樵（顺大商店）、鲍云卿（义顺盛槽坊）、马宾臣（武华楼纸号）、郭羽仪（杏花天荣馆）、易兰生（正记盐号）。

（《湖北中山日报》）

5.汉口市总商会紧要通告

（1930 年 12 月 28 日）

查国历年底总结账一案，早奉国民政府通令实行，自应遵照办理。兹因民国十九年年底转瞬，即届所有本市各业往来账目，均应以年底为结算之期。其收解清结以二十年二月十五日为限，至于进退店员应以账务结束后，兹二十年二月十六日起至二十日止。业经执监委员联席会议一致通过，嗣接上海市商会来函，其办法亦复相同。除将议决情形分呈宾业部汉口市政府社会局请予备案并分知外，用特登报通告，即希。

（《湖北中山日报》）

6.汉商会改选,限下月十五日前推派代表出席

(1930 年 12 月 28 日)

关于汉口总商会改选事宜,该会业已成立筹备改选委员会,以便进行。复以改选事宜,不能再缓。特于前晚(二十六)召集各业代表大会,讨论进行事宜。社会局长杨在春、股长张介僧,均莅临指导,各业出席代表百数十人。黄文植主席。讨论结果:决议限于二十年一月十五日以前,各业公会应推定代表报告筹备会,以便再定期改选云。

(《湖北中山日报》)

7.未入会商业应遵守同业议决行规,省府奉院令饬属知照

(1930 年 12 月 29 日)

湖北省政府昨训令建设厅云:为令饬事,案准实业部□代电开,查未入公会之同案应遵守行规一案,迭奉行政院交议,业经本部长遵令拟具意见,呈奉院令开,呈及附件均悉。查该部议复各节,是为商情法理,双方兼顾起见,自属可行,除据情令行上海南京两市政府遵照,并录案函达国府文官处转陈外,仰即知照附件存此令等因。除分行外,相应抄附原呈,电请转饬各主管应局、各商会、各同业公会一体知照等由。附抄送原呈一件,准此。除电复外,合行抄发原件,令仰该厅知照,并转饬各商会、各同业工会,一体知照,此令。计抄原呈如后,为呈复事,窃查未入公会之同业,应否遵守同业议决之行规一案,迭奉钧院第四〇〇一号、四〇七九号、四〇九九号、四一〇四号训令,并检发上海北平两商会原副抄呈各一件,饬即并案核议各等因查此案前以工商同业公会法,既无强制同业必须入会之明文,又无未入公会同业应守行规之规定,而各业所请备案之行规,往往含有垄断性质,或违反善良习惯之处,即为长沙钟表业商民解镜初,呈请撤销巨商所订之修整价规一案。该民以康价修整,系为维持生活营业自由,不服非法处罚,振振有词,终能胜诉。又上海绸绫红坊之贱价,承染椅店之贱值出售,岂不顾及成本,而终肯以贱价承售者,必尚有利可图,若强令一律高价,其心即在垄断,况板椅业前拟会章,并有限制出品情事,居奇垄断之心,更属显著,历本此旨批答,并遵令核议呈复各在案,嗣于全国工商会议案内,列有此案,是上海市社会局提出,经复审查将原则通过,送不采择办理。近复迭据汉口市社会局。据汉口总商会、上海市煤业花粉业两同业公会,暨江阴县商会筹委会、杭州汕头两市商会、宁波市商统会,各具理由,纷请到部,并据上海市煤业及丝光棉织业同等公会等,催请明令颁布,并先后另请派代表请愿,立予实施等情。本部以上海市社会局所提。(一)各业拟订之业规,须呈经当地主管工商之行政官署,核准备案。(二)经核准备案,则视为同一规章,暂共遵守,无论会员非会员,如有破坏者得呈请官厅究办。(三)业规在实事亦发生窒碍时,得由官厅增删之三项办法律,以少数服从多数之原理,复由官厅审核,以防其流弊,似属可行,惟法律上既无强制遵守之规定,事实上欲其一律通行,则各该同业所行之行规,务必一秉至公,未为法律所许可。而官厅对于审查之标准,应以有无妨害社会人民生计为去留,如有高抬价格,限制出产及妄定处罚款,或涉及劳工问题各情事,务须严格取缔。又如定有处罚条款,仍须逐案呈请核断,不得擅自执行,应于商情法理,双方兼顾,是否有当,理合一并具文呈复并遵

检发上海市商会原副呈随文呈缴，仰祈鉴核施行，实为公便，谨呈行政院。

（《湖北中山日报》）

8.汉口市总商会关于裁厘后举办消费、营业两税的意见呈实业部电

（1930 年 12 月 29 日）

案奉政府明令，二十年一月一日实行裁撤厘金及类似厘金之一切税捐，并奉财政部咸电，严定本年十二月三十一日止，凡上例征收机关名色绝对不得再行存在，举数十年之繁苛，此政一旦摧陷而廓清之。凡我商民，莫不额手称庆，惟理财要政，固不外酌盈济虚，而开关税源，要在取之于民而民不怨，厘金固积弊也。而裁厘之后，国家财政所需不得不另谋抵补之，法如已定，消费、营业两税仍须设局征收，手续之纷繁，极易发生额外取盈之弊。凡一新税施行之始，考虑稍失周密，则日复一日，上下相蒙，是又一积弊也。利未形而害先观使后之。视今亦犹今之，视昔弊弊相承，怨言不息，既非政府与民更始之初志更失，商民切望裁厘之本衷，属会惩前毖后，利害相权于拥护革新政策之余，管见所及不得不有所渎。陈于钧部之前也，窃以裁厘之议，始于前清光绪壬寅，徒以利之所在，上下交征，杂税苛捐因缘以起，各省自为风气，中央无案可稽一议，裁厘不惟抵补之税，不足以弥缝其隙而积重难返，牵累实多，此厘金制度所以成为万恶从集之渊也。夫厘金不难于裁，而难于裁厘之后，不复有变相厘金之存在，则抵补之税宜有斟酌，尽善之方。今既定期裁厘，矣行将实施特种消费税，以抵补之矣。然就江西、福建两省试办之成绩，而一考查之其商民所受之痛苦，实较未裁厘金以前为尤深其故，维何即利用消费税名义加重税率，以图补救。从前苛杂之税捐，此种情形，全国通行之后，恐亦各省之所不免。欲矫此弊，应照上届裁厘会议，特种消费税施行大纲之规定，其税率不得高于原有之税额，雷厉风行，勿稍瞻顾，此应请钧部特加谅察者。一查特种消费税条例第七条，但书载有必须分类征收之大宗货品，亦得按类设局。又第九条但书有以分征为便利者，亦得设法按照税率，由产地销地各半分征，各等语。夫裁厘改办消费税，其最重要之点，在一税之后通行全国，欲达此目的，必须严定每一必须征税地方只得总局消费税局一所，不得按照货物种类，每类设局，此特种消费税施行大纲之所规定也。今该条例但书一则曰，亦得按类设局，再则曰，亦得设法分征，似此推行，不惟公家多一机关，即增一宗支用。而特种消费税之货品，品目计分一十九类，类类皆可设局，则局局皆可分征，开此方便之门，是不啻增设无数变相厘卡，将来商货之沿途查验节节留难，恐较百货厘金统收统验，顷扰更多，而百计取盈，概可想见，此应请钧部酌商改订者二，且裁撤厘金，改办特种消费税，原冀由物课税主义，进为特种货物课税主义，以期剔除旧弊，裕国便民。上届裁厘会议，系财部容纳商民之意见，而成其所订定之特种消费税施行大纲，几费周章，兼筹并顾，并规定征收方法，须先征询商业团体之主张。而特种消费税条例对于品目税率一项，责由各省就地方情形自行指定，并区分奢侈品、半奢侈品、日用品之性质，呈报而定。其奢侈品最高税率为值百抽十七，又二分之一商业团体已无置喙之余地，究之何为半奢侈品，仅凭各省当局之查报，恐除柴炭米盐列为日用必需品外，其他一切货物非属于奢侈品，即属于半奢侈品，将来课税之，重纠葛之多，当非可以意计，商民利害切已实用隐尤。值此筹备时期，亟须通令各省财政当局，按照实施大纲召集当地之商业团体会同酌定，以符法不理之公，此应请钧部商饬办理者三。其次，则营业税亦裁厘后，抵补税额之一，查营业税施行大纲，各省难得兹拟

变通办法，而所征税率不得逾于原定最高税率千分之二，此种税法极为繁重，筹施稍一不当，即易涉于苛烦。如最近江苏之以营业登记名目取费至千分之五以上，登记课税尚超原定税率一倍有奇，若直征营业税，当更有加上年桂系主持鄂政，强于汉市筹办营业税，几激成全体罢市之变。盖汉口市捐市税已属无物不征，若再实行营业税，则担负过重，民不聊生。现当革新税制之时，其余必须举办之稽征，宜恤民力之艰苦，而防流弊之丛生，此应请钧部商请纠审者四。综上四端，切关革故鼎新之大用，敢不避干越，据实直陈，伏祈采纳征言，咨商办理，临电惶悚不胜，翘首待命之至。

汉口市总商会主席黄文植叩径

9.汉口特别市政府为接待德国实业观察团致汉口总商会函

（1930 年）

敬启者，接准汉口特别市政府公函，以德国实业视察团来汉游历，日期不远。令财政局长会同王参议宠佑、周参议苍柏，汉口总商会、银行公会组织招待委员会筹备一切，函属敝会会同组织成立等因。查德国各团员此次来华，注重考查实业。敝会准铁道部函开该视察团名单内分经济、钢铁、工程内外、银行电气五组，在德方既每组有代表前来，在汉方亦应每组有代表为之应付。敝会属于银行一组，已推定贺会员一雁、杨会员季谦为招待员，其他经济钢铁工程电气四组之招待员亦应由各事业人员自行推举，并先行定期接洽以便会同招待，应付周详。除函复市府查照，请予主持召集筹备外，相应函致贵会查照，应为何会同筹备，以昭周妥之处，敬候惠复，以便接教。

此致

汉口特别市总商会

10.电询工商同业公会及商会成立后工人团体、雇主团体应如何分别，又该会未组织健全应如何权宜办理一案，查案电复，请查照办理由

（1930 年）

准咸电询工商同业公会及商会成立后工人团体、雇主团体应如何分别，又该会未组织健全应如何权宜办理一案，查案电复，请查照办理由。

汉口市政府勋鉴咸代电，悉查劳资争议处理法第十四条所称工人团体系指工人所组织之团体，雇主团体系指资方（即业主）所组织之团体而言，工商同业公会依工商同业公会法第一条规定系经营各种正当之工业或商业，若所设立商会依商会法第六条规定系由工商同业公会或商业法人暨商店之发而设立，均属资方，所组织同为雇主团体无待分别。至各该会未组织健全其权宜办法一节，因各地情形不同，应由各主管行政官署就近体察所属工人团体及雇主团体组织是否健全，能否代表多数，酌令依法推选仲裁委员呈候核定，前经本部呈奉行政院核定有案。相应电复，即希查照办理，工商部俭印。

（《工商公报》第 35 期）